ENGLISH-BURMESE DICTIONARY

ဆရာယုဒသန်

အနက်ပြန်၍အက္ခရာစဉ်အတိုင်းစီရင်ရေးထားသော

အင်္ဂလိပ်နှင့်မြန်မာ

အဘိဓာန်။

Compiled & edited by :
A. JUDSON

ENGLISH - BURMESE DICTIONARY

BURMESE is the official language of Burma now known as Myanmar, a small country in Indian Subcontinent.

This Edition : 2009

Star Publications (P) Ltd.
4/5, Asaf Ali Road, New Delhi-110002
E-mail : starpub@vsnl.net

Printed at Star Print-O-Bind, Delhi.

FROM THE PUBLISHERS :

We have planned to bring out a series of dictionaries compiled by prominent scholars in different languages of the world.

This Dictionary is one in that series, and we hope readers will find it useful.

This is our contribution in bringing various languages of the world together, and closer to English

A

A, *art.* one, တစ်။ တခု။ some one, တစုံတခု။

Aback, *adv.* နောက်သို့။

Abacot, *n.* ရှေးကာလ၌အင်္ဂလိတ်ရှင်ဘုရင်ဆောင်းသောသရဖူတမျိုး။

Abacus, *n.* a counting table, တွက်ရန်သင်ပုံး။ one kind of cap of a column, တိုင်ထိပ်တမျိုး။

Abaft, *adv.* ပဲ့ဆီမှာ။ ပဲ့ဆီသို့။

Abandon, *v. t.* စွန့်သည်။ ပြစ်ထားသည်။

Abandoned, *a.* extremely wicked, အလွန်ဆိုးသွမ်းသော။

Abandonment, *n.* from Abandon.

Abase, *v. t.* နှိမ့်ချသည်။ ရှုတ်ချသည်။

Abasement, *n.* နှိမ့်ချခြင်း။ ရှုတ်ချခြင်းကိုခံရာအဖြစ်။

Abash, *v. t.* ရှက်စေသည်။ ရှက်အောင်ပြုသည်။ အရှက်ခွဲသည်။

Abate, *v. i.* လျော့သည်။အားလျော့သည်။ *v. t.* လျော့စေသည်။လျော့သည်။

Abatement, *n.* from above, *v. t.* and *v. i.*

Abb, *n.* ရက်ကန်းထွေး။

Abba, *n.* အဘ။

Abbacy, *n.* ကျောင်းနေပုဂ္ဂိုလ်၏အရာ။

Abbe, *n.* ဗရင်ဂျီရဟန်း။

Abbess, *n.* မယ်သီလရှင်အကြီး။

Abbey, *n.* ကျောင်းတမျိုး။

Abbot, *n.* ကျောင်းနေပုဂ္ဂိုလ်။

Abbreviate, *v. t.* to shorten or contract, တိုစေသည်။ကျဉ်းစေသည်။ to abridge, အကျဉ်းချုပ်သည်။

Abbreviation, *n.* from above.

Abbreviature, *n.* a mark used for shortening, စာ၌ကျဉ်းအောင်မှတ်သောအမှတ်၊ an abridgment, အကျဉ်းအားဖြင့်ရေးထားသောစာ။

Abdicate, *v. t.* အရာကိုစွန့်ပြစ်သည်။

Abdication, *n.* from above.

Abdomen, *n*, ဝမ်း။

Abdominal, *a.* ဝမ်းနှင့်ဆိုင်သော။

Abdominous, *a.* pertaining to the Abdomen, ဝမ်းနှင့်ဆိုင်သော။ having a large belly, ဝမ်းကြီးသော။ ဝမ်းပူသော။

Abduce, *v. t.* to draw out, နှုတ်သည်။ to draw back, နောက်သို့ဆွဲသည်။

Abducent, *a.* နောက်သို့ဆွဲတတ်သော။

Abduction, *n.* အခြားတပါးသို့ဆွဲသွားခြင်း။

Abductor, *n.* အပြန်ဆွဲတတ်သောအကြော။

Abecedarian, *n.* အက္ခရာစာလုံးကိုသင်သောသူ။

Abed, *adv.* အိပ်ရာပေါ်မှာ။

Aberrant, *a.* လွဲသော။ မှားသော။

Aberration, *n.* from above.

Abet, *v. t.* အားပေးသည်။

Abeyance, *n.* အခွင့်မရှိသေး၊ မျှော်လင့်လျက်နေရခြင်းအကြောင်း။

Abhor, *v. t.* to loathe, ရွံရှာသည်။ to hate, မုန်းထားသော။

Abhorrence, *n.* from above.

Abhorrent, *a.* loathing, ရွံရှာသော။ hating, မုန်းထားသော။ contrary to, သဘောချင်းမသင့်သော။ ဆန့်ကျင်ဘက်ဖြစ်သော။

Abide, *v. i.* နေသည်။ နေရာကျသည်။
v. t. to await, စောင့်နေသည်။ to sustain, ရပ်ခံသည်။ to bear patiently, သည်းခံသည်။ —by, *v.* သစ္စာမပျက်၊တည်တံ့သည်။

Ability, *n.* power, အစွမ်းသတ္တိ။ တတ်နိုင်သောအခွင့်။ တန်ခိုး။ mental capacity, ဉာဏ်သတ္တိ။ —[extent of] *n.* တတ်နိုင်သမျှ။

Abject, *a.* mean, ယုတ်ညံ့သော။ servile, ကိုယ်အသရေကိုမမှတ်။ ယုတ်ညံ့သောအမှုကိုမရှောင်ဘဲသူအလိုသို့အလွန်လိုက်တတ်သော။

Abjectness, *n.* from above.

Abjure, *v. t.* ကျိန်ဆို၍စွန့်သည်၊

Ablation, *n.* နှုတ်သွားခြင်း။

Ablative, *n.* အပါဒါန်။

Ablaze, *adv.* မီးတောက်ထသည်နှင့်။

Able, *a.* having competent power, တတ်နိုင်သော။ တတ်စွမ်းသော။ having mental capacity, ဉာဏ်သတ္တိနှင့်ပြည့်စုံသော။ —bodied, *a.* သန်စွမ်းသော။

Ablepsy, *n.* မျက်စိကန်းခြင်း။

Abluent, *n.* ဆေး၍စင်ကြယ်စေတတ်သော။

Ablution, *n.* ရေနှင့်ဆေးကြောခြင်း။

Abnegation, *n.* ငြင်းပယ်ခြင်း။

Aboard, *adv.* သင်္ဘောပေါ်။ လှေပေါ်။ —[go] *v. i.* သင်္ဘောပေါ်သို့တက်သည်။

Abode, *n.* stay, continuance, နေခြင်း။ a habitation, နေရာ။ —[make one's] *v.* နေရာချသည်။

Abodement, *n.* တိတ်နိမိတ်ကိုမြင်ခြင်း။

Abolish, *v t.* to destroy, ဖျက်သည်။ ဖျက်ဆီးသည်။ to abrogate, ဖျက်ပယ်သည်။ ပယ်ရှင်းသည်။

Abolition, *n.* from above, 2d def.

Abominable, *a.* စက်ဆုပ်ရွံရှာဖွယ်။

Abominate, *v. t.* to loathe, စက်ဆုပ်သည်။ ရွံရှာသည်။ to hate, မုန်းထားသည်။

Abomination, *n.* extreme detestation, စက်ဆုပ်ရွံရှာ၍မုန်းထားခြင်း။ an object of extreme detestation, စက်ဆုပ်ရွံရှာ၍မုန်းထားဖွယ်သောအရာ။

Aboriginal, *a.* ရှိနှင့်ရင်း။

Aborigines, *n. plur.* ပြည်၌ရှိနှင့်ရင်းလူတို့။

Abortion, *n.* a miscarrying, ကိုယ်ဝန်ပျက်ခြင်း။ the produce of untimely birth, လျှောမွေး။

Abortive, *a.* brought forth prematurely, အချိန်မစေ့မှီဖွားသော။ failing in purpose, အကြံမထမြောက်သော။

Abound, *v. i.* ပေါများသည်။ —in, *v. i.* ကြွယ်ဝသည်။ ဝပြောသည်။

About, *prep.* around, ပတ်လည်။ near to, အနီး။ relating to, အကြောင်းအရာနှင့်ဆိုင်လျှက်။ employed in, အမှုကိုပြုလျှက်။ —*adv.* nearly, အခန့်။ အမျှ။ အလောက်။ here, and there, ဤမှာ။ ထိုမှာ။ အရပ်ရပ်။ round, အကွေ့အားဖြင့်။ ဝိုက်ဝိုက်။

Above, *prep. or adv.* over, higher, အထက်။ အပေါ်။ more than, သာလျှက်။ ကျော်။ မက။ beyond, အလွန်။ —board, *adv.* မထိမ်မဝှက်ဘဲ။ —cited, *a.* အရင်ထုတ်ဖော်ခဲ့ပြီးသော။ —ground, *adv.* အသက်ရှင်လျှက်။ —mentioned, —said, *a.* အရင်ပြောဆိုခဲ့ပြီးသော။

Abrade, *v. t.* ပွန်းအောင်ပြုသည်။

Abrahamic, *a.* ယုဒအမျိုး၏အဘအာဗြဟံနှင့်ဆိုင်သော။

Abrasion, *n.* from abrade.

Abreast, *adv.* ယှဉ်တောင်တန်း။

Abridge, *v. t.* to epitomize, အကျဉ်းချုပ်သည်။ to lessen, ငယ်စေသည်။ နည်းစေသည်။ —of *v. t.* အခွင့်ကိုရုပ်သိမ်းသည်။

Abridgment, *n.* an epitome, အကျဉ်းအားဖြင့်ရေးထားသောစာ။ အကျဉ်းချုပ်သောစာ။ a lessening, ငယ်စေခြင်း။ a deprivation, အခွင့်ကိုရုပ်သိမ်းခြင်း။

Abroach, *adv.* ဖောက်၍အရည်ထွက်အောင်ထားလျှက်။

Abroad, *adv.* out of the house, နေရာအိမ်ပြင်မှာ။ in another country, တတိုင်းတနိုင်ငံမှာ။ in all directions, this way and that, ပြင်သို့ အနှံ့အပြား။

Abrogate, *v. t.* အရင်တည်သောနည်းဥပဒေသစသည်တို့ကိုနောက်တဖန်ပယ်ရှင်းသည်။

Abrogation, *n.* from above.

Abrupt, *a.* broken, craggy, ကမ်းပါးထိပ်ကဲ့သို့ကျိုးပြတ်သော။ sudden, လမ်းပန်းမသင့်ဘဲဘွားခနဲဖြစ်သော။
Abruptly, *adv.* မထောက်မလှန်း။ မစုံမစမ်းဘဲဘွားခနဲဖြစ်လျက်။
Abscess, *n.* အိုင်းနာ။
Abscind, *v. t.* ဖြတ်၍ပယ်သည်။
Abscission, *n.* from above.
Abscond, *v. i.* ပြောင်းလွှဲ၍တိမ်းရှောင်သည်။
Absence, *n.* from next.
Ab'sent (be,) *v. i.* to be not present, မရှိမပါ။ in mind, သတိမရှိ။
Absent' one's self, *v. i.* အတွေ့မခံ။ အခြားတပါးသို့သွားသည်။
Absentee, *n.* မိမိနေရာအရပ်၌မနေ၊အခြားတပါးသို့ပြောင်းနေသောသူ။
Absolute, *a.* complete in itself, အခြားတပါးနှင့်မဆက်ဆံဘဲစုံလင်သော။ unconditional, အခြားတပါးသောအကြောင်း ရှိသည်ဖြစ်စေ၊ မရှိသည်ဖြစ်စေ၊တည်သော။ independent, အခြားတပါးကိုမမှီဘဲတည်သော။ uncontrolled, အဆီးအတားမရှိဘဲအစိုးရသော။ positive, not relative, အခြားတပါးနှင့်မဆိုင်ဘဲသက်သက်ဖြစ်သော။
Absolution, *n.* အပြစ်လွှတ်စေဟုစီရင်ခြင်း။
Absolutism, *n.* ကိုယ်အလိုအလျောက်စီရင်အုပ်စိုးခြင်း။
Absolve, *v. t.* to pardon, အပြစ်လွှတ်သည်။ to free from responsibility, ဝန်ကင်းစေသည်။
Absorb, *v. t.* to suck up, စုတ်သည်။ to swallow, မျိုသည်။
Absorbent, *a.* စုတ်တတ်သော။ မျိုတတ်သော။
Absorbent, *n.* in anatomy, အရည်ကိုစုတ်တတ်သောအကြော။ in medicine, ခြောက်စေတတ်သောဆေး။
Absorption, *n.* from Absorb; —in the Deity, ဘုရား၌မြုပ်ခြင်း။
Abstain from *v. t.* မခံစားဘဲရှောင်သည်။
Abstemious, *a.* ကာမဂုဏ်ချုပ်တည်းတတ်သော။
Absterge, *v. t.* သုတ်သင်သည်။
Abstergent, *a.* သုတ်သင်တတ်သော။
Abstersive, *a.* same.
Abstinence, *n.* from Abstain from.
Abstinent, *a.* မခံစားဘဲရှောင်တတ်သော။
Abstract, *v. t.* to take from, ခွဲ၍နုတ်သည်။ to purloin, ကဲ့ဂုက်သည်။ to consider separately, ခြားနား၍ဆင်ခြင်သည်။
Ab'stract, *a.* separated, ခွဲနုတ်၍ထားပြီးသော။ considered separately, ခြားနား၍ဆင်ခြင်ပြီးသော။ abstruse, ခက်ခဲနက်နဲသော။
Ab'stract, *n.* နုတ်ထုတ်၍ပေါင်းချုပ်သောစာ။
Abstracted, *a.* absent in mind, မှိုင်တွေသော။
Abstraction, *a.* the act of taking from, ခွဲ၍နုတ်ခြင်း။ distinctive consideration, ခြားနား၍ဆင်ခြင်ခြင်း။ absence of mind, မှုက်

မှောက်အမှုအရာတို့ကိုအာရုံမပြုဘဲနေခြင်း။ မှိုင်တွေခြင်း။

Abstruse, *a.* ခက်ခဲနက်နဲသော။

Abstruseness, *n.* from above.

Abstrusity, *n.* same ; that which is abstruse, ခက်ခဲနက်နဲသောအရာ။

Absurd, *a.* လူတို့ဉာဏ်နှင့်ဆန့်ကျင်ဘက်ဖြစ်သော။

Absurdity, *n.* လူတို့ဉာဏ်နှင့်ဆန့်ကျင်ဘက်ဖြစ်သောအရာ။

Abundance, *n.* from next.

Abundant, *a.* ပေါများသော။ များပြားသော။

Abuse, *v. t.* to misuse, မကောင်းအောင်သုံးဆောင်သည်။ to treat ill, ညှဉ်းဆဲသည်။ to revile, ဆဲရေးသည်။

Abuse, *n.* from above.

Abusive, *a.* ညှဉ်းဆဲတတ်သော။ ဆဲရေးတတ်သော။ —for sub-def. see under Abuse, *v. t.*

Abut, *v. i.* အခြားကိုထိအောင်အစွန်းထွက်သည်။

Abutment, *n.* တခြားကိုထိအောင်ထွက်သောအစွန်း။

Abyss, *n.* အဆုံးအဆမရှိ။ အလွန်နက်သောချောက်။

Academic, *a.* သိပ္ပံအတတ်များကိုသင်ခြင်းအမှုနှင့်ဆိုင်သော။

Academy, *n.* a place of education, သိပ္ပံအတတ်များကိုသင်ရာအရပ်နှင့်သင်ပေးသောဆရာ၊ သင်ကြားသောတပည့်စု။ a learned society, ပညာရှိတို့အပေါင်းအသင်း။

Accede to, *v. t.* ဝန်ခံသည်။

Accelerate, *v. t.* မြန်စေသည်။

Accent, *v. t.* ဂရုသံပေးသည်။ *n.* stress of voice, ဂရုသံ။ a mark to denote the stress of voice, ဂရုသံကိုစာ၌မှတ်သောအမှတ်။ words, စကား။

Accentuate, *v, t.* to mark with accents, ဂရုသံပေးရာကိုစာ၌မှတ်သောအမှတ်ကိုရေးမှတ်သည်။ to pronounce with accents, ထိုအမှတ်အတိုင်းဂရုသံပေးသည်။

Accept, *v. t.* to receive favorably, ခံယူသည်။ to agree to, ဝန်ခံသည်။ to esteem, ကောင်းမြတ်သည်ဟုထင်၍နှစ်သက်သောစိတ်ရှိသည်။

Acceptable, *a.* good to accept, ခံယူစရာကောင်းသော။ pleasing, နှစ်သက်ဖွယ်ဖြစ်သော။

Acceptableness, *n.* from above.

Acceptance, *n.* from Accept, *v. t.*

Acceptation, *n.* same ; the meaning of a word, အနက်အဓိပ္ပယ်။

Access, *n.* admittance, အထံသို့ဝင်ခြင်း။ a way of approach, ရောက်ရာလမ်း။ liberty of approach, ဝင်ရသောအခွင့်။ an addition, ထပ်၍ရခြင်း။

Accessible, *a.* မရောက်နိုင်အောင်အဆီးအတားမရှိသော။

Accession, *n.* a coming over to, လာ၍ပေါင်းဖော်ခြင်း။ an addition,

ထပ်၍ရခြင်း။ that which is added, ထပ်၍ရသောဥစ္စာ။ an attainment of office or dignity, တစုံတခုသောအရာကိုခံစားခြင်း။
Accessary, *a.* ကူညီသော။ *n.* လက်ခံသောသူ။
Accidence, *n.* သဒ္ဒါကျမ်းအကောက်။
Accident, *n.* an undesigned event, အကြံမရှိဘဲအမှတ်တမဲ့ဖြစ်သောအမှု၊ an uncaused event, အကြောင်းမရှိဘဲအလိုလိုဖြစ်သောအမှု။ a non-es-sential attribute, မရှိသော်လည်းဖြပ်တည်နိုင်သောဂုဏ်၊
Accidental, *a.* happening undesignedly, အကြံမရှိဘဲအမှတ်တမဲ့ဖြစ်တတ်သော။ happening without cause, အကြောင်းမရှိဘဲအလိုလိုဖြစ်တတ်သော။
Acclaim, *v. t.* ချီးမွမ်း၍ကျေးကျော်သည်။
Acclamation, *n.* from above.
Acclimate, *v. t.* နေရင်းပြည်မဟုတ်သောပြည်မှာကျန်းမာစေခြင်းငှါကိုယ်ခတ်သဘောပြောင်းလဲအောင်ပြုသည်။
Acclimation, *n.* from above.
Acclivity, *n.* ကုန်းတက်ရာ။
Accommodate, *v. t.* to adapt, တော်လျော်အောင်ပြုသည်။ to supply what is wanted, လိုရာကိုပေးသည်။ အသုံးခံသည်။
Accommodating, *a.* disposed to oblige, သူအလိုသို့လိုက်၍ကျေးဇူးပြုတတ်သော။
Accommodation, *n.* from Accommodate, *v. t.*; fitness, adaptation, တော်လျော်ခြင်း။
Accompaniment, *n.* စပ်ဆိုင်သောအရာ။ ပါသောတန်ဆာ။
Accompany, *v. t.* to go with, အတူလိုက်သည်။ to be connected with, ပါသည်။
Accomplice, *n.* မကောင်းသောအမှု၌လက်ခံဖော်လက်ခံဖက်။
Accomplish, *v. t.* from next; one's purpose, *v.* အကြံထမြောက်သည်။
Accomplished, [be,] *v. i.* to be finished, ပြီးသည်။ ပြီးစီးသည်။ to be fulfilled ပြည့်စုံသည်။ to be possessed of educational acquirement, လေ့လာကြေပြွန်သည်။
Accomplishment, *n.* from above; attainment of one's purpose, အကြံထမြောက်ခြင်း။
Accord, *v. i.* ညီညာသည်။ —*v t.* to make agree, ညီညာစေသည်၊ to settle, compose, အမှုကိုဖြေသည်။ to grant, ပေးသည်။
Accord, *n.* agreement, ညီညာခြင်း။ permission, အခွင့်ပေးခြင်း။ own will, ကိုယ်အလို။ —[of one,] *adv.* တညီတညွတ်တည်း။
Accordance, *n.* ညီညာခြင်း။ ညီညွတ်ခြင်း။
According, *prep.* အတိုင်း။ အညီ။ အလျောက်။
Accordingly, *adv.* ညီလျော်စွာ။ လျော်ညီစွာ။
ccordion, *n.* သီခြင်းသံထွက်အောင်ဆွဲနှိပ်သောသားရေမှို။

Accost, *v. t.* စ၍ပြောသည်။ စ၍နှုပ်ဆက်သည်။

Accoucheur, *n.* ဝမ်းဆွဲသမား။

Accouchment, *n.* သားမွေးဖွားရာတွင်ပြုစုခြင်း။

Account, *n.* a reckoning, အတွက်။ အရေအတွက်။ a register of charges, ငွေစာရင်း။ အရေအတွက်စာရင်း။ sake, behalf, အတွက်။ အဖို့။ အကြောင်း။ a narrative, အကြောင်းအရာ၊ အထုပ္ပတ္တိများကို အစဉ်အတိုင်း၊ (if spoken) ဖော်ပြသောစကား။ (if written) မှတ်သားသောစာ။ a reason, ပြုခြင်း၏အကြောင်း။ a ground of estimation, ပမာဏပြုစရာအကြောင်း။ —book, *n.* ငွေစာရင်းစာအုပ်။

Account, *v. t.* to deem, ထင်မှတ်သည်။ —*v. i.* to render an account, စာရင်းပေးသည်။ to render reasons, အကျိုးအကြောင်းကို ဖော်ပြသည်။ —for, *v. t.* အဘယ်အကြောင်းကြောင့်ဖြစ်သည်ကို ဖော်ပြသည်။

Accountable, *a.* အစစ်ခံထိုက်သော။ ဝန်မကင်းမလွတ်သော။

Accountability, *n.* from above.

Accountant, *n.* ရေတွက်တတ်သောသူ။ ငွေစာရင်းကိုစီရင်သောသူ။

Accoutre, *v. t.* to equip, အဝတ်တန်ဆာဆင်သည်။ to equip for war, စစ်တန်ဆာများကိုဝတ်ဆင်သည်။

Accoutrement, *n.* စစ်တန်ဆာအဝတ်စုံ။

Accredit, *v. t.* ယုံလောက်သောအခွင့်ကိုပေးသည်။

Accretion, *n.* တိုးပွားခြင်း။

Accrue, *v. i.* ထပ်၍ဖြစ်လာသည်။

Accumulate, *v. t.* ဆည်းဖူးသည်။

Accumulation, *n.* from above.

Accuracy, *n.* from next.

Accurate, *a.* exactly conformed to, (တစုံတခုနှင့်ပြိုင်လျှင်) တညီတညွတ်တည်းဖြစ်သော။ precise, exact, သေချာသော။ စေ့စပ်သော။

Accurse, *see* Curse.

Accursed, *see* Cursed.

Accusation, *n.* from Accuse, —in writing, တိုင်တန်းသောစာ။ —before a court, တရားစွဲဆိုသောစာ။ စွဲဆိုသောဆင်ခြေ။ တရားလိုစွဲဆိုသောဆင်ခြေ။

Accusative, *n.* ကမ္မ။ ကံ။

Accuse, *v. t.* to blame, အပြစ်တင်သည်။ to inform against, တိုင်တန်းသည်။ to charge in law ; တရားစွဲဆိုသည်။ to accuse on suspicion, စွပ်စွဲသည်။ ယိုးစွပ်သည်။

Accustom, *v. t.* အကျင့်အလေ့ပါအောင်ပြုသည်။

Accustomed, *a.* habituated, အကျင့်ပါသော။ အကျင့်အလေ့ပါသော။ being in the habit of, being used to, အမြဲလေ့သော။ (ပြု)လေ့ရှိသော။ (ပြု)တတ်သော။

Ace, *n.* အနိစာဋ္ဌင်။ ဖဲဋ္ဌင်ာ။

Acerbity, *n.* a rough, sour taste, ဖန်ချည်သောအရသာ။ harshness of temper, စိတ်ခက်ထန်ခြင်း။

Acetabulum, *n.* တင်ပါးခွက်။

Acetous, *a.* အချည်။ ချည်သော။

Ache, *v. i.* ကိုက်သည်။ ခဲသည်။

Achieve, *v. t.* to accomplish by effort, ကြိုးစား၍ပြီးစီးအောင်ပြုသည်။ to gain by effort, ကြိုးစား၍ရသည်။

Achievement, *n.* from above ; a distinguished deed, ထူးဆန်းသော အပြုအမူ။

Acid, *a.* အချည်။ ချည်သော။

Acidify, *v. t.* ချည်အောင်ပြုသည်။

Acidity, *n.* ချည်သောအရသာ။

Acknowledge, *v. t.* to assent to, အာမခံသည်၊ ဝန်ခံသည်။ to own the knowledge of, သိကြောင်းကိုဝန်ခံသည်။ to confess, ဝန်ချသည်။

Acknowledgement, *n.* from above.

Acme, *n.* ထိပ်။ အထွဋ်။

Acorn, *n.* ဝက်သစ်ချသီး။

Acoustics, *n.* သဒ္ဒါရုံနှင့်ဆိုင်သောအတတ်။

Acquaint, *v. t.* ကြားပြောသည်။ —one's self with, ကျွမ်းကျင်လေ့လာ-အောင်ပြုသည်။

Acquainted (be) *v. i.* to know as a friend, သိကျွမ်းသည်။ အကျွမ်းဝင်သည်။ to be skilled in, လေ့ကျက်သည်။

Acquaintance, *n.* from above ; a person well known, အသိအကျွမ်း။

Acquiesce, *v. i.* to assent without opposing, မငြင်းဘဲနေသည်။ to agree in opinion, သဘောတူသည်။

Acquiescence, *n.* from above.

Acquire, *v. t.* လုပ်၍ရသည်။

Acquirement, *n.* သင်၍တတ်သောအတတ်။

Acquisition, from acquire ; the thing acquired, လုပ်၍ရသောအရာ။

Acquisitive, *a.* လုပ်၍ဆည်းဖူးခြင်းသောသဘောရှိသော။

Acquit, *v. t.* လွှတ်စေသည်။ လွှတ်သည်။ အပြစ်လွှတ်စေဟုစီရင်သည်။ —one's self, တော်သင့်အောင်ပြုလုပ်သည်။

Acquittal, *n.* အပြစ်လွှတ်ခြင်း။

Acquittance, *n.* discharge from debt, ကြွေးဆပ်ရမည်အမှုမှလွှတ်ခြင်း။ a certificate of discharge, ပြေစာလက်မှတ်။

Acre, *n.* ကေတည်းဟူသော၊ အလျားအတောင် ၄၄၀၊ အနံ၄၄ရှိသောမြေအတိုင်းအထွာ။

Acrid, *a.* စပ်ပူသည်။

Acridness. *n.* from above.

Acrimonious, *a.* same; calculated to hurt the feelings, နားခါး ဖွယ်ဖြစ်သော။ စိတ်နာစေတတ်သော။

Acrimony, *n.* စိတ်နာစေတတ်သောသဘော။

Across, *prep.* from side to side, တဖက်မှတဖက်သို့။ intersecting, ကန့်လန့်။ ဖီလာ။

Acrostic, *n.* ခေါင်းစည်ပြဒ္ဒမစာလုံးအလိုက်။ အမည်သညာထွက်သော သီခြင်း။

Act, *v. i.* to be in action, လှုပ်သည်။ to operate, ပြုသည်။ ပြုလုပ်သည်။ to behave, ပြုမူသည်။ ကျင့်သည်။ — on the stage, ဇာတ်ပြသည်။ —on, *v. t.* ပြုလုပ်သည်။

Act, *n.* a deed, အပြုအမူ။ an edict, မင်းစီရင်ချက်။ a division of a play, ဇာတ်တခန်း။

Action, *n.* motion, လှုပ်ခြင်း။ operation, ပြုလုပ်ခြင်း။ conduct, ပြုမူခြင်း။ —in law, တရားတွေ့ခြင်း။ တရားမှု။ a battle, စစ်တိုက်ခြင်း။

Actionable, *a.* တရားတွေ့စရာလမ်းရှိသော။

Active, *a.* having the quality of acting, လှုပ်တတ်သော။ quick in action, မြန်ဆန်သော။ လျှင်မြန်စွာပြုတတ်သော။ making efforts, ကြိုးစားအားထုတ်တတ်သော။

Activity, *n.* from above.

Actor, *n.* a doer, ပြုသောသူ။ ပြုလုပ်သောသူ။ a stage-player, ဇာတ်သမား။

Actress, *n.* ဇာတ်သမ။

Actual, *a.* တကယ်ဖြစ်သော။

Actuate, *v. t.* တိုက်တွန်းသည်။

Acumen, *n.* a sharp point, အချွန်အထက်။ quickness of intellect, ဉာဏ်ထက်ခြင်း။

Acute, *a.* sharp pointed, ချွန်သော။ sharp as pain, ပြင်းသော။ of sharp intellect, ဉာဏ်ထက်သော။

Adage, *n.* ရှေးလူဟောင်းတို့ထားသောရသစကားချက်။

Adamic, *a.* ကမ္ဘာဦးသူ၊ပဌမလူအာဒံနှင့်ဆိုင်သော။

Adamant, *n.* အလွန်မာသောကျောက်တမျိုး။

Adam's apple, *n.* စားလုပ်။

Adapt, *v. t.* from next.

Adapted [be,] *v. i.* တော်လျော်သည်။ တော်သင့်သည်။

Adaptation, Adaptedness, *n.* from above.

Add, *v. t.* to put together, ပေါင်းသည်။ နှောသည်။ —by way of augmenting, ဆက်သည်။ ထပ်သည်။

Addendum, *n.* ဆက်ရန်အရာ။

Adder, *n.* မြွေဆိုးတမျိုး။

Addict, one's self, *v.* အကျင့်ပါအောင်ပြုမြဲပြုသည်။

Addicted, *a.* အကျင့်ပါသော။
Addition, *n.* from add ; the thing added, ထပ်၍ပေါင်းသောအရာ။ improvement, သာ၍ကောင်းစေသောအရာ။
Additional, *a.* ထပ်၍ပေါင်းလျက်ရှိသော။ ရင်ပြင်ရှိသော။
Addle, Addled, *a.* —as an egg, အဆန်ချောင်း ineffective, အချည်းနှီးဖြစ်သော။
Address, *v. t.* to prepare, အသင့်ရှိအောင်ပြင်ဆင်သည်။ to direct speech to, နှုတ်ဆက်၍ပြောသည်။ —respectfully, လျှောက်သည်။ to direct a letter, မှာစာလိပ်ကိုစီရင်ရေးထားသည်။
Address, *n.* a directing speech to, နှုတ်ဆက်၍ပြောခြင်း။ a respectful address, လျှောက်ထားချက်။ the manner of address, သူတပါးအားပြောဆိုသည်အနေ။ skilful management, တတ်လိမ္မာခြင်း။ the direction of a letter, မှာစာလိပ်။
Addresses, *n. plur.* (မိန္မကို) လှည့်ခြင်း။
Adduce, *v. t.* သက်သေပြသည်။
Adductor, *n.* ရှေ့သို့ဆွဲတတ်သောအကြော။
Adept, *a.* လေ့ကျက်သော။ လေ့လာသော။
Adept, *n.* agent from above.
Adequacy, *n.* from next.
Adequate, *a.* တန်သော။ ထိုက်တန်သော။ လောက်သော။
Adhere, *v. i.* to stick, စေးကပ်သည်။ to stay in contact, ကပ်သည်။ —as a sentiment, စွဲကပ်သည်။ စွဲလမ်းသည်။ —as a person, ဆည်းကပ်။ မှီဝဲသည်။
Adherence, *n.* from above. —"(a clinging to,) ဥပါဒါန်၊ (Pali ဥပဒါန,) —commonly taken in a bad sense."
Adherent, *a.* from Adhere, *n.* မှီဝဲသောသူ။ ခိုလှုံသောသူ။
Adhesion, *n.* a sticking, စေးကပ်ခြင်း။—as a sentiment, စွဲကပ်ခြင်း။ စွဲလမ်းခြင်း။
Adhesive, *a.* စေးကပ်တတ်သော။
Adieu, *int.* ချမ်းသာပါစေ။
Ad infinitum, *adv.* အဆုံးမရှိဘဲ။
Adipose, *a.* ဆူသော။
Adjacent, *a.* စပ်လျက်ရှိသော။ အနီးအစပ်ဖြစ်သော။
Adjective, *n.* နာမ်နှင့်ဆိုင်သောဝိသေသန။
Adjoin, *v. i.* စပ်လျက်ရှိသည်။ *v. t. see* Join, *v. t.*
Adjourn, *v. i.* နေ့ရက်ကာလရွှေ့သည်။
—*v. t.* to postpone (a business,) ရွှေ့ထားသည်။—a meeting, နောက်တဖန်စည်းဝေးမည်အကြိမ်နှင့်ယခုအစည်းအဝေးကိုဖျက်သည်။
Adjournment, *n.* from above, ရွှေ့စည်ကာလ။
Adjudge, *v. t.* ဆုံးဖြတ်သည်။ —in writing, စီရင်ချက်ချသည်။

Adjudicate, *v. t.* same.

Adjunct, *n.* something added to another, ပူးကပ်သောအရာ။ an associate, ပေါင်းဖက်သောသူ။

Adjuration, *n.* from next.

Adjure, *v. t.* ကျိန်ဆိုစေသည်။ သစ္စာပေးသည်။

Adjust, *v. t.* to make to fit, တော်လျော်အောင်ပြင်သည်။ to put in order, ပြင်ဆင်သည်။ to settle (a difficulty,) ဖြေသည်။ to settle (accounts,) ရှင်းလင်းစေသည်။

Adjustment, *n.* from above.

Adjutant, *n.* an assistant military officer, လက်ထောက်ဗိုလ်။ the adjutant bird of Anglo-Indians, ခိုးစပ်။ ငှက်ကြီး။

Admeasurement, *n.* တိုင်းထွာခြင်း။

Administer, *v.* to dispense, furnish, ထုတ်ပေးသည်။ to act as agent, ဆောင်ရွက်သည်။ —on the estate of one deceased, လူသေဥစ္စာကိုစီရင်သည်။

Administration, *n.* from above; —of government, ပြည်မှုကိုဆောင်ရွက်ခြင်း။ the persons who administer government, ပြည်မှုကိုဆောင်ရွက်သောမင်းစု။

Administrator, *n.* ထုတ်ပေးသောသူ။ ဆောင်ရွက်သောသူ။ —on the estate of one deceased, လူသေဥစ္စာကိုစီရင်သောသူ။

Admirable, *a.* နှစ်သက်အံ့ဩဖွယ်။

Admiral, *n.* တိုက်သင်္ဘောစုကိုအုပ်သောဗိုလ်ချုပ်။ ရေကြောင်းဗိုလ်ချုပ်ကြီး။

Admiralty, *n.* တိုက်သင်္ဘောနှင့်ဆိုင်သောအမှုများကိုစီရင်သောမင်းစု။

Admiration, *n.* နှစ်သက်အံ့ဩခြင်း။

Admire, *v. t.* to regard with esteem and wonder, နှစ်သက်အံ့ဩသည်။ to love greatly, အလွန်ချစ်သည်။

Admissible, *a.* permissible, အခွင့်ရနိုင်ဖွယ်ရှိသော။ that may be agreed to, ဝန်ခံစရာကောင်းသော။

Admission, *n.* from next; admittance, ဝင်ရသောအခွင့်။

Admit, *v. t.* to grant entrance, ဝင်ရသောအခွင့်ကိုပေးသည်။ to agree to, ဝန်ခံသည်။

Admittance, *n.* ဝင်ရသောအခွင့်။

Admix, *v. t.* ရောနှောသည်။

Admixture, *n.* စွက်ပက်၍ရောနှောသောအရာ။

Admonish, *v. t.* သတိပေး၍ဆုံးမသည်။

Admonition, *n.* from above.

Admonitory, *a.* သတိပေး၍ဆုံးမသော။

Ado, *n.* အပန်းတကြီးပြုခြင်း။

Adolescence, *n.* state of growing, ကြီးပွားခြင်း။ youth, ပျိုသောအရွယ်။

Adolescent, *a.* ကြီးပွားလျက်ရှိသော။

Adopt, *v. t.* —as a son, သားအရာနှင့်မွေးစား၍ထားသည်။ သားအရာ၌ ချီးမြှောက်၍ထားသည်။ —as an opinion or practice, ခံယူသည်။

Adoption, *n.* from above.

Adoptive, *a.* သားအရာနှင့်မွေးစား၍ထားသော။

Adoration, *n.* from next.

Adore, *v. t.* ဘုရားကိုကိုးကွယ်သည်။

Adorn, *v. t.* တန်ဆာဆင်သည်။ —တန်ဆာဆင်ပျင်။ တန်ဆာဆင်ရင်။

Adown, *prep.* အောက်သို့။

Adrift, *adv.* အလွှတ်မျောလျက်။

Adroit, *a.* အလျှင်အမြန်ထိုးထွင်း၍အကြံထမြောက်တတ်သော။

Adroitness, *n.* from above.

Adscititious, *a.* ဆက်လက်၍ထည့်သော။

Adulation, *n.* ချီးပင့်လွန်းခြင်း။

Adult, *a.* လူလားမြောက်သော။ *n.* လူလားမြောက်သောသူ။

Adulterate, *v. t.* ရောနှော၍ညံ့စေသည်။

Adulterer, *n.* သူ့မယားကိုပြစ်မှားသောသူ။ မယားခိုး။ [လင်စောင်။လင်ငယ်။ လင်မျှောင်။ လင်စောင် is said to be an Aracanese form of expressiou. E. O. S.]

Adulteress, *n.* မျောက်မထားသောမိမ္မ။

Adulterous, *a.* သူ့မယားကို ပြစ်မှားခြင်းနှင့် ဆိုင်သော။ မျောက်မထားခြင်းနှင့်ဆိုင်သော။

Adultery, *n.* —by a man, သူ့မယားကို ပြစ်မှားခြင်း။ —by a woman, မျောက်မထားခြင်း။ လင်စောင်ထားခြင်း။ သရောင်ထားခြင်း။ လင်မျှောင်ခြင်း။

Adumbrate, *v. t.* အရိပ်ပေးသည်။

Ad valorem, *adv.* အဘိုးဖြတ်သည်အတိုင်း။

Advance, *v. i.* to go forward, တိုးတက်သည်။ to improve, တိုးပွားသည်။ —*v. t* to forward, တိုးတက်စေသည်။ to cause to improve, တိုးပွားစေသည်။ to promote, ချီးမြှောက်သည်။ to propose, စ၍ပြောသည်။ to pay before due, အရင်ပေးသည်။ ပေးနှင့်သည်။ to pay a small part beforehand, စားရန်သတ်သည်။ to furnish to another, for the accomplishment of some joint purpose, စိုက်သည်။ စိုက်ထုတ်သည်။

Advance, *a.* တိုးတက်ခြင်း။ တိုးပွားခြင်း။ ချီးမြှောက်ခြင်း။စ၍ပြောခြင်း။ ပေးနှင့်ခြင်း။ —(for sub-def. see under above;) money paid in advance, စားရန်။

Advancement, *n.* တိုးတက်ခြင်း။ တိုးပွားခြင်း။ ချီးမြှောက်ခြင်း။

Advantage, *n.* favorable circumstance, အကြံထမြောက်စေခြင်းငှါ တော်သင့်သောအကြောင်း။ profit, စီးပွားအကျိုး။ prevalence over, နိုင်သောအခွင့်။ [take,] *v.* တင်စားသည်။

Advantage, *v. t.* အကျိုးကိုပေးသည်။ စီးပွားဖြစ်စေသည်။

Advantageous, *a.* အကြိုထမြောက်ခြင်းအကြောင်းကိုဖြစ်စေတတ်သော။ အကျိုးကိုဖြစ်စေတတ်သော။ အကျိုးရှိသော။ ကျေးဇူးရှိသော။
Advent, *n.* ကြွလာခြင်း။
Adventitious, *a.* လောင်းစွက်သော (အရာ။)
Adventure, *v. i.* to try the chance, နိုင်သည်ဖြစ်စေ။ ရှုံးသည်ဖြစ်စေ။ ယမ်း၍ပြုသည်။ —*v. t.* to hazard, စိုးရိမ်စရာမကင်းသော်လည်းစမ်း၍ပြုသည်။ to risk life, စွန့်စားသည်။
Adventure, *n.* an enterprise of hazard, စွန့်စားခြင်းနှင့်ဆိုင်သောအမှု။ property adventured, ယမ်း၍အပ်သောဥစ္စာ။
Adventures, *n. plur.* အဖြစ်အပျက်အလုပ္ပတ္တိ။
Adventurous, *a.* ready to encounter danger, စွန့်စားတတ်သော။ bold, ရဲရင့်သော။ hazardous, ဘေးဖြစ်မည်ကိုစိုးရိမ်စရာအကြောင်းရှိသော။
Adverb, *n.* ကရိယာနှင့်ဆိုင်သောဝိသေသနာ။
Adversary, *n.* an enemy, ရန်သူ။ ရန်ဘက်ပြုသောသူ။ an opponent, ဆန့်ကျင်ဘက်ပြုသောသူ။
Adverse, *a.* opposing, ဆန့်ကျင်ဘက်ဖြစ်သော။ ဆီးတားလျှက်ရှိသော။ calamitous, ဘေးပြုတတ်သော။
Adversative, *a.* တဖက်တချက်နှင့်ဆိုင်သော။
Adversity, *n.* ဘေးအန္တရာယ်။ ဒုက္ခဆင်းရဲ။
Advert to, *v. i.* အကြောင်းပြု၍ပြောသည်။
Advertise, *v. t.* to inform, ကြားမှာသည်။ to publish a notice, သိတင်းလွှင့်သည်။
Advertisement, *n.* information given, ကြားမှာချက်။ a public notification, သိတင်းလွှင့်စာ။
Advice, *n.* from next.
Advise, *v. t.* to give counsel, အကြံပေးသည်။ to inform, ကြားမှာလိုက်သည်။ —with, *v.* တိုင်ပင်သည်။
Advisedly, *adv.* with advice, တိုင်တိုင်ပင်ပင်။ deliberately, ဆင်ခြင်သည်နှင့်။
Advisory, *a.* အကြံပေးခြင်းနှင့်ဆိုင်သော။
Advocate, *v. t.* to support, ထောက်မသည်။ to plead for, ရှေ့နေလုပ်သည်။ *n.* a supporter, ထောက်မသောသူ။ a lawyer, ရှေ့နေ။
Advowson, *n.* သုခမ္မာဇရပ်အုပ်ဆရာအရာကိုပေးပိုင်သောအခွင့်။
Adz, *n.* တံစဉ်း။
Ægis, *n.* ဘေးကိုကာနိုင်သောအရာ။
Æolian, *a.* လေနှင့်ဆိုင်သော။ —harp, *n.* ဒေဝိုလျှန်စောင်း။
Aerial, *a.* လေလဟာနှင့်ဆိုင်သော။
Aerie, *n.* ဝံလိုအစရှိသောငှက်ရဲ့သိုက်။
Aerolite, *n.* မိုဃ်းကောင်းကင်မှကျသောကျောက်။
Aerology, *n.* ဝါယောဓာတ်နှင့်ဆိုင်သောအတတ်ပညာ။

Aerometer, *n.* လေကိုတိုင်းထွာသောတန်ဆာ။
Aerometry, *n.* လေကိုတိုင်းထွာတတ်သောအတတ်ပညာ။
Aeronaut, *n.* ထေလဟာ၌လွှင့်တတ်သောသူ။
Æsthetic, *a.* အဲသသက်အတတ်ပညာနှင့်ဆိုင်သော။
Æsthetics, *n.* အဲသသက်အတတ်တည်းဟူသော၊လှခြင်းတရားကိုစစ်ဆေးလေ့ကျက်သောအတတ်ပညာ။
Afar, *adv.* အဝေး။ ဝေးစွာ။ ဝေးဝေး။
Affability, *n.* from next.
Affable, *a.* condescending in address, မထောင်လွှားဘဲနှုတ်ဆက်တတ်သော။ courteous, ယောကဝတ်ပြုခြင်းငှါကောင်းသော။
Affair, *n.* အမှု။ အခင်း။ အခွင့်။ အရေး။
Affect, *v. t.* to produce an effect upon, တစုံတခုသောအရာ၌တစုံတခုသောအကျိုးကိုဖြစ်စေသည်။ to move the passions, စိတ်ကြွင်နာအောင်ပြုသည်။ စိတ်ကိုနှိုးဆော်သည်။ to aim at, aspire to, ရအောင်ကြံရွယ်သည်။ to love, ချစ်ခင်သည်။ to make a show of, ဟန်ဆောင်သည်။
Affectation, *n.* ဟန်ဆောင်ခြင်း
Affected, *a.* တစုံတခုသောအကြောင်းကြောင့်တစုံတခုသောအကျိုးကိုခံရသော။စိတ်နှိုးဆော်ခြင်းကိုခံရသော။ ဟန်ဆောင်သော။ (for sub-def. see under Affect, *v. t.*)
Affection, *n.* a disposition of mind, စိတ်။ love, မေတ္တာ။
Affiance, *n.* trust, ယုံကြည်ခြင်း။ marriage engagement, လက်ထပ်အံ့သောဂတိ။
Affiance, *v. t.* လက်ထပ်အံ့သောဂတိထားသည်။
Affidavit, *n.* ကျိန်ဆို၍သက်သေခံသောစကား။
Affiliate, *v. t.* သားအရာ၌ထားသည်။
Affiliation, *n.* from above.
Affinage, *n.* လောဟာမျိုးကိုမီးဖြင့်စင်စေခြင်း။
Affinity, *a.* congeniality, သဘောချင်းတူခြင်း။ relation by marriage, ခင်ပွန်းစပ်၍ပေါက်ဖော်တော်ခြင်း။
Affirm, *v. t.* to assert, ဟုတ်ကဲ့ဟုပြောထားသည်။ to assert positively, ဟုတ်ကဲ့ဟုကြပ်တည်းစွာ ပြောထားသည်။ to confirm, တည်စေသည်။ to declare, as under oath, ကျိန်ဆိုသကဲ့သို့ပြောထားသည်။ သစ္စာပြုသည်။
Affirmation, *n.* ဟုတ်ကဲ့ဟုပြောထားခြင်း။ that which is affirmed, ဟုတ်ကဲ့ဟုပြောထားချက်။ တည်စေခြင်း။ ကျိန်ဆိုသကဲ့သို့ ပြောထားခြင်း။ သစ္စာပြုခြင်း။ (for sub-def. see above, and for the matter affirmed, substitute ချက် for ခြင်း။
Affirmative, *a.* ဟုတ်ကဲ့ဟုဆိုလျှက်။ တည်စေလျှက်။ (for sub-def. see under Affirm, *v. t.*)

Affix′, *v. t.* to unite at the end, အဆုံး၌တပ်သည်။ to connect with, ပူးကပ်သည်။ to annex (a syllable) to the end of a word, စကားဖျား၌ဆက်သည်။
Af′fix, *n.* စကားဖျား၌ဆက်သောဝိဘတ်။
Afflation, *n.* တစုံတခု၌အငွေ့လွှတ်ခြင်း။
Afflatus, *n.* မှုတ်သွင်းခြင်း။
Afflict, *v. t.* နာစေသည်။ ဆင်းရဲစေသည်။
Affliction, *n.* from above; a cause of affliction, နာစေသောအကြောင်း။ ဆင်းရဲစေသောအကြောင်း။
Affluence, *n.* from next.
Affluent, *a.* ရတတ်သော။ ကြွယ်ဝသော။
Afflux, *n.* a flowing to, အရပ်တစုံတခုသို့စီးသွားခြင်း။ that which flows to, စီးသွားသောအရာ။
Afford, *v. t.* to yield, ဖြစ်စေသည်။ to grant ပေးကမ်းသည်။ to be able to sell without loss, မရှုံးဘဲရောင်းနိုင်သည်။ to be able to bear expense, စရိတ်တတ်နိုင်သည်။
Affranchise, *v. t.* ကျွန်အဖြစ်မှလွှတ်သည်။
Affray, *n.* ခိုက်ရန်ဖြစ်၍ရုန်းရင်းခတ်မှုရှိခြင်း။
Affright, *v. t.* ထိတ်လန့်စေသည်။
Affront, *v. t.* to insult, ရန်ရှာ၍မရိုမသေပြုသည်။ to provoke, စိတ်ဆိုးအောင်ပြုသည်။ —*n.* from above.
Affuse, *v. t.* လောင်းသည်။
Affusion, *n.* from above.
Afield, *adv.* လယ်ပြင်ဆီသို့။
Afire, *adv.* မီးလောင်လျက်။
Afloat, *a.* or *adv.* ပေါ်လော။
Afoot, *adv.* on foot, ခြေကျင်။ in an incipient state, ကြံစည်၊ ပြုစရှိသည်နှင့်။
Afore, *adv.* ရှေ့မှာ။ —hand, *a.* or *adv.* အရင်ပျင်ဆင်နှင့်လျက်။—said, *a.* အထက်ပြောဆိုခဲ့ပြီးသော။ —time, *adv.* လွန်ပြီးသောကာလ၌။
fraid, [be,] *v. i.* to fear, ကြောက်သည်။ to be anxious, စိုးရိမ်သည်။
Afresh, *adv.* အသစ်တဖန်။
African, *a.* အာဖရိကတိုက်နှင့်ဆိုင်သော။ —*n.* အာဖရိကတိုက်သား။
Afront, *adv.* မျက်နှာချင်းဆိုင်။
Aft, *adv.* ပဲ့ဆီမှာ။ ပဲ့ဆီသို့။
After, *prep.* behind or later, နောက်။ following, လိုက်လျက်။ according to, အတိုင်း။
After, *adv.* နောက်မှ။ —ages, *n. plur.* နောက်ကာလ။ —all, *adv.* နောက်ဆုံးမှာ။ —birth, *n.* အချင်း။ —clap, *n.* တမှုပြီးလာသောအခါအမှတ်တမဲ့ဖြစ်သောအမှုသစ်။ —cost, *n.* နောက်ထပ်သော

စရိတ်။ —crop, *n.* တနှစ်တွင်တဖန်ထပ်၍ရိတ်သောစပါး။ —game, *n.* နောက်တဖန်ပြုရသောပရိယာယ်။ —life, *n.* နောက်အသက်ရှင်သည့်ကာလ။ နောက်ထဝ၊ —noon, *n.* မွန်းလွဲအချိန်။—pains, *n.* သားဖွားပြီးသည့် နောက် ကိုက်သော အကိုက်အခဲ၊ —piece, *n.* ဇာတ်ကြီးကို ပြပြီးမှဆက်၍ ပြသောဇာတ်ကလေး။ —state, *n.* နောင်ထဝ။ —wards, *adv.* နောက်မှ။

Again, *adv.* once more, တဖန်၊ နောက်တဖန်။ ပြန် (verbal affix;) beside, သည့်ပြင်၊ —and again, *adv.* အဖန်ဖန်အထပ်ထပ်။

Against, *prep.* in opposition, တဖက်၌၊ contrary to, ဆန့်ကျင်ဘက်၊ opposite in place, တဖက်တချက်။ leaning on, မှီလျက်။ in preparation for, တစုံတခုအဖို့ပြင်ဆင်လျက်။

Agallochum, *n.* အကျော်။

Agape, *adv.* ပစပ်ကိုဟ၍ကြည့်လျက်။

Agate, *n.* သဘော်မဟူရာ။

Age, *n.* the measure of life, အသက်အရွယ်။ old age, ကြီးသော အသက်အရွယ်။ period of time, ကပ်ကာလ၊ cotemporaries, တကာလတည်း၌ဖြစ်သောသူတို့။

Aged, *a.* being of a certain age, ဤမည်သောအသက်အရွယ်ရှိသော။ old, advanced in life, အသက်ကြီးသော။ အိုသော။

Agency, *n.* the state of being in action, ပြုခြင်း။ the quality of acting, ပြုနိုင်သောအခွင့်။ the office or business of an agent or factor, ကိုယ်စားလှယ်အရာ။

Agent, *n.* an actor, ပြုသောသူ။ one authorized to act, ပြုရသော အခွင့်ရှိသောသူ။ an active cause, ပြုနိုင်ခြင်းအကြောင်း။ a deputy, factor, ကိုယ်စားလှယ်။

Agglomerate, *v. i.* လုံးအောင်စု၍နေသည်။ *v. t.* လုံးအောင်စု၍ထားသည်။

Aggrandize, *v. t.* ဘုန်းအသရေတိုးစေသည်။

Aggrandizement, *n.* from above.

Aggravate, *v. t.* to make heavy, အမှုကိုသာ၍လေးစေသည်။ to make worse, သာ၍ဆိုးစေသည်၊

Aggravation, *n.* from above.

Aggregate, *v. t.* စုပေါင်းသည်။ —*n.* အစုအပေါင်း။ အနက်။

Aggress, *v. t.* ရန်စပြုသည်၊ စ၍တိုက်သည်။

Aggression, *n.* from above.

Aggrieve, *v. t.* to hurt (one's) feelings, စိတ်နာအောင်ပြုသည်။ to oppress, ညှဉ်းဆဲနှိပ်စက်သည်။

Aggroup, *v. t.* ပုံတပုံ၌စု၍ရေးသည်။

Aghast [stand,] *v. i.* အလွန်ထိတ်လန့်၍မိန်းမော်တွေဝေလျက်နေသည်။ ကြက်သီးထလျက်နေသည်။

Agile, *a.* ပေါ့ပါးလျင်မြန်သော။

Alength, *adv.* အလျားအတိုင်း။

Alert, *a.* watchful, စောင့်တတ်သော။ nimble, ပေါ့ပါးသော။ —[on the,] သတိမလစ်။ စောင့်နေလျက်။

Alertness, *n.* ပေါ့ပါးခြင်း။

Alexipharmic, *a.* အဆိပ်ကိုနိုင်တတ်သော။

Algebra, *n.* အက္ခရာသင်္ချာအတတ်။

Alias, *adv.* သို့မဟုတ်။

Alibi, *n.* အခြားတပါးမှာရှိသည်ကိုပြခြင်း။

Alien, *a.* တတိုင်း၊ တပြည်နှင့်ဆိုင်သော။

Alienate, *v. t.* to transfer, (ဥစ္စာကို)သူတပါးလက်သို့လွှဲအပ်သည်။ to destroy affection, မေတ္တာကိုဖျက်သည်။ —*a.* မေတ္တာပျက်သော။

Alienation, *n.* from above.

Alight, *v. i.* to descend, ဆင်းသည်။ to settle as a bird, နားသည်။

Alike, [be] *v. i.* တူသည်။ —*adv.* အတူအညီ။ အတူတူ။

Aliment, *n.* အစာအာဟာရ။

Alimony, *n.* လင်ကွာသောမိန်းမပိုင်ထိုက်သောဥစ္စာ။

Aliquant, *a.* စားလျှင်အကြွင်းရှိသော။

Aliquot, *a.* စားလျှင်အကြွင်းမရှိသော။

Alive, *a.* living, အသက်ရှင်သော။ sprightly, ပေါ့ပါးရွှင်လန်းသော။ susceptible, ဆတ်ဆတ်သိလွယ်တတ်သော။

Alkali, *n.* အချဉ်နှောသဖြင့်ဆူတတ်သောဆေး။

All, *a.* အလုံး။ အလုံးစုံ။ အားလုံး။ ခပ်သိမ်း၊ ခပ်သိမ်းစုံ။ တကာ။ ရှိသမျှ။ —*adv.* အကုန်။ အကြွင်းမဲ့။ —[not at,] *adv.* အလျှင်းမဟုတ်ဘဲ။ —but, *adv.* လုမတတ်။ —fours [on,] *adv.* ခြေလေးချောင်းနှင့်။ —hail, *int.* အလွန်ကျန်းမာပါစေ။ —knowing, *a.* သဗ္ဗညုတညာဏ်နှင့်ပြည့်စုံသော။ —powerful, *a.* အနန္တတန်ခိုးနှင့်ပြည့်စုံသော။ —seeing, *a.* ခပ်သိမ်းသောအရာတို့ကိုမြင်သော။ —wise, *a.* သဗ္ဗညုပညာနှင့်ပြည့်စုံသော။

Allah (Arab.) *n.* ဘုရားသခင်။

Allay, *v. t.* ငြိမ်းစေသည်။ ဖြေသည်။

Allege, *v. t.* ပြောထားသည်။

Allegation, *n.* ပြောထားခြင်း။ ပြောထားချက်။

Allegiance, *n.* အရှင်၏သစ္စာကိုစောင့်ထိန်းခြင်း။

Allegorize, *v. i.* သွယ်ဝိုက်သောဥပမာစကားကိုသုံးဆောင်သည်။

Allegory, *n.* သွယ်ဝိုက်သောဥပမာစကား။

Alleluiah, *see* Hallelujah.

Alleviate, *v. t.* ပေါ့စေသည်။ လျော့စေသည်။

Alleviation, *n.* from above.

Alley, *n.* သက်ကြားလမ်း။ လမ်းကြားကလေး။

Alliance, *n.* a union of families by marriage, စုံဖက်သဖြင့်အမျိုးတော်စေခြင်း။ a confederation, မိတ်ဖက်၍သင်းဖွဲ့ခြင်း။

Alligator, *n.* မိကျောင်း။

Alliteration, *n.* အက္ခရာတလုံးလိုက်၍လင်္ကာစကားဖွဲ့ခြင်း။

Allopathy, *n.* အနာကိုဆန့်ကျင်ဘက်ပြု၍ဆေးကုခြင်းနည်း။

Allot, *v. t.* ခွဲဝေ၍ထားသည်။ ခွဲခန့်သည်။

Allotment, *n.* ခွဲခန့်သောအရာ။ အငန်းအတာ။

Allow, *v. t.* to permit, အခွင့်ပေးသည်။ to admit, ဝန်ခံသည်။ to grant, ပေးကမ်းသည်။ to abate, လျှော့သည်။

Allowable, *a.* permissible, အခွင့်ပေးစရာကောင်းသော။ that may be agreed to, ဝန်ခံစရာကောင်းသော။

Allowance, *n.* permission, အခွင့်ပေးခြင်း။ admission, ဝန်ခံခြင်း။ an allotted portion, တိုင်းထွာ၍ပေးကမ်းသောအဖို့။ abatement, လျှော့သောအရာ။ —*v. t.* မည်မျှသုံးဆောင်ရသည်ကိုစီရင်သည်။ သုံးဆောင်ရန်အဖို့ကိုတိုင်းထွာ၍ပေးကမ်းသည်။

Alloy, *v. t.* to adulterate metal, ကောင်းသောလောဟာ၌ ညံ့သေးသောဟာကိုစွက်၍ရောနှောသည်။ to reduce by mixture, ရောနှော၍လျှော့စေသည်။ —*n.* baser metal mixed with finer, လောဟာကောင်း၌ရောနှောသောလောဟာညံ့။ that which reduces the quality of the thing with which it is mixed, ရောနှော၍လျှော့စေတတ်သောအရာ။

Allspice, *n.* ငရုတ်ကောင်းတမျိုး။ *see* Pimento.

Allude to, *v. t.* ရည်စောင်းသည်။

Allure, *v. t.* မြှူသည်။

Allurement, *n.* from above; that which allures, မြှူတတ်သောအရာ။

Allusion, *n.* ရည်စောင်းသောစကား။

Allusive, *a.* from Allude to.

Alluvial, *a.* နုံးတင်ခြင်းနှင့်ဆိုင်သော။

Alluvium, *n.* a depositing on shore, နုံးတင်ခြင်း။ deposited matter, နုံးညွန်။

Ally, *v. t.* to connect families by marriage, စုံဖက်သဖြင့်အမျိုးတော်စေသည်။ to unite in a confederacy, ပဋိညာဉ်ပြု၍မိတ်ဖွဲ့သည်။

Ally, *n.* a confederate, ပဋိညာဉ်ပြု၍မိတ်ဖွဲ့သောသူ။မိဿဟာယဖွဲ့ဖက်။

Almanac, *n.* ပြက္ခဒိန်။

Almighty, *a.* အနန္တတန်ခိုးနှင့်ပြည့်စုံသော။

Almirah, *n.* မတ်ဟတ်သေတ္တာ။

Almond, *n.* ဗာဒံသီး။

Almoner, *n.* စွန့်ကြဲသောဥစ္စာကိုဝေငှသောသူ။

Almost, *adv* လုပြီ။ လုနီးပြီ။ လုမတတ်။ ကုန်မတတ်။

Alms, *n.* စွန့်ကြဲသောဥစ္စာ။ —[give,] *v.* စွန့်ကြဲသည်။ —deed, *n.* စွန့်

ကြိခြင်း။— giving, *n.* same. —house, *n.* သူတပါးစွန့်ကြဲ၍ကျွေးမွေးခြင်းကိုခံသောသူတို့နေရာအိမ်။

Aloe, *n.* ရှားစောင်းလက်ပပ်ပင်။

Aloes, *n.* ရှားစောင်းလက်ပပ်စေး။ မုတ်။ —wood, *n.* အကျော်။

Aloft, *adv.* အမြင့်။ အထက်။

Alone, *a.* အထီး၊ ကိုယ်ထီး။ တဦးတည်း၊ တခုတည်း။

Along, *adv.* lengthwise, အလျားအတိုင်း။ onward. ရှေ့သို့လိုက်လျက်။ by or through the length of, ရှောက်လျက်။ —[all,] *adv.* တရှောက်လုံး။ - shore. *adv.* ကမ်းနားမှာရှောက်လျက်။ —side, *adv.* အနားမှာ။ —with, *adv* နှင့်အတူ၊

Aloof, *adv.* at a small distance, မနီးမဝေး။ avoidingly, ရှောင်လျက်။

Aloud, *adv.* ကျယ်သောအသံနှင့်။

Alpha, *n.* ဟေလသဘာသာဗျည်းသရစုတွင်ရှိပဌမအက္ခရာ၊အာလဖ။

Alphabet, *n.* ဗျည်းသရအစည်။

Alphabetical. *a.* ဗျည်းသရအစည်အတိုင်းလိုက်သော။

Already, *adv.* ယခုပင်။

Also, *adv.* likewise, လည်း။ moreover, ၎င်ပြင်၊ ၎င်နည်း၊ တနည်းကား။ ထိုမှတပါး။

Altar, *n.* ယဇ်စင်။ ယဇ်ပလ္လင်။

Alter, *v. i.* ပြောင်းလဲသည်။ *v. t.* ပြောင်းလဲစေသည်။

Alteration, *n.* from above.

Alterative, *n.* တဖြည်းဖြည်းပြုပြင်တတ်သောဆေး။

Altercation, *n.* အချင်းချင်းငြင်းခုံခြင်း။

Alternate, *a.* အလှည့်အလှည့်ဖြစ်သော။

Alternately, *adv.* ဆူလှယ်။

Alternation, *n.* from alternate.

Alternative, *n.* အရာနှစ်ခုတွင်တခုကိုပယ်၍တခုကိုယူရခြင်း။

Although, *conj.* သို့သော်လည်း။ သို့ရာတွင်၊ သို့မချည်း။

Altitude, *n.* height, အမြင့်။ a summit, အထွဋ်ဖျား။

Altogether, *adv.* အကုန်။ အကြွင်းမဲ့။

Alum, *n.* ကျောက်ချဉ်။

Alumnus, *n.* သိပ္ပံကျောင်းသား။

Alveolar, *a.* တွင်းကလေးများပါသော။ —process, *n.* သွားပေါက်ရာတွင်းကလေးများပါသောပါးရိုး။ အာပေါင်ရိုး။

Alvine, *a.* ဝမ်းနှင့်ဆိုင်သော။

Alway, Always, *adv.* အစဉ်မပြတ်။ အစဉ်အမြဲ။ အခါခပ်သိမ်း။

Am, *v. i.* (ငါ) ရှိသည်။ (ငါ) ဖြစ်သည်။

Amain, *adv.* တဟုန်တည်း။

Amalgam, ပြဒါးနှင့်ရောနှောသောလောဟာ။

Amalgamate, *v. t.* to blend metals, လောဟာတစုံတခုကိုပြဒါးနှင့်

ရောနှောသည်။ to blend different things together, ခြားနားသောအရာတို့ကိုရောနှောသည်။

Amalgamation, *n.* from above

Amanuensis, *n.* နှုတ်ထွက်အတိုင်းရေးသောစာရေး။

Amaranth, *n.* မညှိုးပန်း။

Amass, *v. t.* to heap together, စုပုံသည်။ to accumulate, ဆည်းဖူးသည်။

Amateur, *n.* သိပ္ပံအတတ်တစုံတခု၌စိတ်စွဲလမ်းသောသူ။

Amativeness, *n.* ချစ်တတ်သောသဘော။

Amatory, *a.* ချစ်ကြိုက်ခြင်းနှင့်ဆိုင်သော။

Amaurosis, *n.* အာရုံကြောမျက်စိမမြင်သောအနာ။ ကြောင်တောင်ကန်းခြင်းအနာ။

Amaze, *v. t.* from next.

Amazed [be,] *v. i.* to be confused with terror ထိတ်လန့်၍တွေဝေသည်။ to be confused with wonder, အံ့ဩ၍တွေဝေသည်။ မှိုင်တွေသည်။

Amazement, *n.* from above.

Amazon, *n.* စစ်တိုက်သောမိန်းမ။

Ambassador, *n.* သံတမန်။ မင်းသံ။

Amber, *n.* ပယင်း။

Ambergris, *n.* အနံ့ဖတ်။

Ambidextrous, *a.* using both hands alike, လက်နှစ်ဖက်သန်သော။ siding with both parties, နှစ်ဦးနှစ်ဖက်ကိုပင်လိုက်လျောတတ်သော။

Ambient, *a.* ပတ်လည်ဝန်းကျင်၌ဖုံးလွှမ်းသော။

Ambiguity, *n.* အနက်မရှင်းလင်းခြင်း။

Ambiguous, *a.* having two meanings, အနက်နှစ်ပါးရှိသော။ being of doubtful meaning, အနက်မရှင်းလင်းသော။

Ambition, *n.* from next.

Ambitious, *a.* မိမိအနေထက် တက်ချင်သော စိတ်အားကြီးသော။ လွန်ကဲချင်သောစိတ်အားကြီးသော။

Amble, *v. i.* ဆင်ရဲသွားသည်။

Ambrosia, *n.* နတ်ဘောဇဉ်။

Ambulation, *n.* a walking, ခြေကျင်သွားခြင်း။ a moving from place to place, လှည့်လည်ခြင်း။

Ambulatory, *a.* having the power of walking, ခြေကျင်သွားတတ်သော။ moving from place to place, လှည့်လည်တတ်သော။

Ambuscade, *n.* a lying in wait, တပ်သားပုန်းဝပ်၍နေခြင်း။ the place of lying in wait, တပ်သားပုန်းဝပ်၍နေရာအရပ်။

Ambush, *n.* same; the troops lying in wait, ပုန်းဝပ်၍နေသောတပ်သားစု။

Ameliorate, *v. t.* သာ၍ကောင်းစေသည်။

Amelioration, *n.* from above.

Amen, *int.* အာမင်။ မှန်ပါစေ။

Amenable, *a.* ခေါ်လျှင်အစစ်ခံရသော။ မင်းအာဏာအောက်၌ရှိသော။

Amend, *v. i.* to grow better, မကောင်းသောအရာလျှော့၍ကောင်းသောအရာတိုးပွားသည်။ —*v. t.* to correct, ပြုပြင်သည်။

Amendment, *n.* from above.

Amends, *n. plur.* reparation, ပြစ်မှားမိသည်အတွက်ပြန်ပေးခြင်း။ အစားပေးခြင်း။ satisfaction, စိတ်ကြေနပ်အောင်ပြုခြင်း။

Amenity, *n.* နေရာသာယာခြင်း။

Amerce, *v. t.* ငွေဒါဏ်ခံစေဟုစီရင်သည်။

Amercement, *n.* from above.

America, *n.* the continent, အမေရိကတျွန်း။ the United States, အမေရိကပြည်။

American, *n.* အမေရိကလူ။ အမေရိကအမျိုးသား။ —*a.* အမေရိက။ အမေရိကပြည်၊ အမေရိကအမျိုးသားနှင့်ဆိုင်သော။

Americanism *n.* အမေရိကလူတို့သာပြောတတ်သောစကား၏အခြေအနေ။

Amethyst, *n.* သီဟိုဠ်နီလာ။

Amherstia, *n.* သော်ကာ။

Amiability, *see* Amiableness.

Amiable, *a.* ချစ်ဖွယ်သော။

Amiableness, *n.* ချစ်ဖွယ်သောဂုဏ်နှင့်ပြည့်စုံခြင်း။

Amicable, *a.* သင့်မြတ်သော။ မိတ်ဆွေဖွဲ့တတ်သော။

Amid, Amidst, *prep.* in the midst, အလယ်မှာ။ among, တွင်။ ၌။

Amiss, *a.* or *adv.* မှားလျှောက်။ လွဲလျှက်။ အလွဲ။

Amity, *n.* မိတ်ဆွေဖွဲ့ခြင်း။

Ammonia, *n.* ဇဝက်သာရေပြန်။

Ammoniac, *n.* ဇဝက်သာ။

Ammunition, *n.* ခဲ၊ ယမ်း၊ မီးကျောက်။

Amnesty, *n.* လွှန်သမျှလွှန်စေဟုခွင့်ပေးသောပေးခြင်း။

Among, Amongst, *prep.* တွင်။ အထဲတွင်။ အတွင်းတွင်။ ပါလျှက်။ ရောနှောလျှက်၊

Amorous, *a.* ချစ်ကြိုက်တတ်သော။ တပ်မက်တတ်သော။

Amorphous, *a.* ပုံသဏ္ဍာန်မရှိသော။

Amount, *v. i.* စုပေါင်း၍ ညီမျှလောက်ဖြစ်လာသည်။ —*n.* အစုအပေါင်း။ ပေါင်း။

Amour, *n.* မင်းဦး၊ မင်းလောင်ပြုခြင်း။

Amphibious, *a.* ရေ၊ မြေနှစ်ကျင်လည်တတ်သော။

Amphitheatre, *n.* ပွဲခံရန်တိုက်ဝိုင်း။

Ample, *a.* spacious, ကျယ်ဝန်းသော။ large, ကြီးကျယ်သော၊ abundant, များပြားသော။ fully sufficient, လုံလောက်သော။

Amplification, from next.

Amplify, *v. t.* to enlarge. ကျယ်ဝန်းစေသည်။ to speak largely or copiously. အကျယ်အားဖြင့်ပြောဆိုသည်။

Amplitude *n.* from Ample.

Amputate, *v. t.* လက်ခြေစသောကိုယ်အင်္ဂါကိုဖြတ်သည်။

Amputation, from above.

Amulet, *n.* လက်ဖွဲ့။

Amuse, *v. t.* ချော့သည်၊ စိတ်သာယာရွှင်လန်းအောင်ပြုသည်။

Amusement, *n.* from above.

An, *see* A.

Anabaptist, *n.* ခရစ်ယာန်ဘာသာသွင်းခြင်းမင်္ဂလာကိုထပ်၍ပေးရမည်ဟုယူသောသူ။

Anachronism, *n.* သက္ကရာဇ်အတွက်လွဲခြင်း။

Anagram, *n.* အက္ခရာတလုံးပြောင်းလဲ၍အခြားသောစကားကိုထွက်စေချက်။

Analogical, *a.* လက္ခဏာတူသော။

Analogy, *n.* from above.

Analysis, *n.* from next.

Analyze, *v. t.* ရောနှောလျက်ရှိသော အရာတို့ကို အမျိုးအလိုက် တပါးစီတပါးစီခွဲထားသည်။

Anarchy, *n.* ပြည်စိုးမင်းမရှိသဖြင့်မငြိမ်မသက်ရှိခြင်း။

Anathema, *n.* from next.

Anathematize, *v. t.* ပျက်စီးရန်အဖို့ပယ်ထားသည်။

Anatomy, *n.* အနာတမိအတတ်တည်းဟူသောကိုယ်အင်္ဂါများကိုလှီးဖြတ်၍မှတ်သားလေ့ကျက်သောအတတ်ပညာ။

Ancestor, *n.* အထက်ဆွေစဉ်မျိုးဆက်အဝင်ဖြစ်သောသူ။

Ancestral, *a.* အထက်ဆွေစဉ်မျိုးဆက်နှင့်ဆိုင်သော။

Ancestry, *n.* အထက်ဆွေစဉ်မျိုးဆက်။

Anchor, *n.* ကျောက်ဆူး။ —*v. t.* ကျောက်ဆူးချသည်။

Anchorage, *n.* ကျောက်ဆူးချရာအရပ်။

Anchoret, *n.* ရသေ့။

Ancient, *a.* belonging to former times. ရှေးကာလနှင့်ဆိုင်သော။ old, အိုသော၊ ဟောင်းသော။ သမကိရှည်သော။ —*n.* ရှေးလူဟောင်း။

And, *conj.* နှင့်။ ၍၊ moreover, သည်ပြင်။ ထိုမှတပါး။

Andiron, *n.* (Eng.) တံခိုးတင်ရင်နားပန်းချိတ်။ (Amer.) ထင်းခုံလောက်။

Anecdote, *n.* ငယ်သောအကြောင်းအရာအထုပ္ပတ္တိတစုံတခု။

Anent, *prep.* အကြောင်းပြုလျက်။ စပ်ဆိုင်လျက်။

Aneurism, *n.* သွေးကြောဖောင်းသောအနာ။

Anew, *adv.* အသစ်တဖန်။

Angel, *n.* ကောင်းကင်တမန်။ ဘုရားသခင်စေလွှတ်တော်မူသောတမန်။

Angelic, *a.* connected with angels, ကောင်းကင်တမန်နှင့် စပ်ဆိုင်သော။ like angels, ကောင်းကင်တမန်ကဲ့သို့ဖြစ်သော။
Anger, *n.* ဒေါသ။ အမျက်။ စိတ်ဆိုးခြင်း။
Angina, *n.* လည်ခြောင်း၌ဖြစ်သောအနာတမျိုး။
Angle 1, *n.* the point where two lines meet, အထောင့်။ ထောင့်။ a right angle, ကျင်တွယ်ထောင့်။ ရိတ်ထောင့်။ an acute angle, ထောင့်ချွန်။ အတိမ်ထောင့်ကျဉ်း။ an obtuse angle, ထောင့်ပြေ။ အတိမ်။ ထောင့်ကျယ်။ —2, *n.* a fishing instrument, ငါးမျှား တန်ဆာ။ —2, *v.* to fish with an angle, ငါးမျှားသည်။ to try to gain by artifice, ပရိယာယ်အားဖြင့်ရအောင်ပြုစမ်းသည်။
Angler, *n.* ငါးမျှားသောတံငါ။
Anglicism, *n.* အင်္ဂလိတ်တို့သာပြောတတ်သောစကား၏အခြေအနေ။
Angry [be,] *v. i.* အမျက်ထွက်သည်။ စိတ်ဆိုးသည်။ —*a.* စိတ်ပေါက်သော။
Anguish, *n.* အလွန်နာကြင်ခြင်းဝေဒနာ။
Angular, *a.* အထောင့်ရှိသော။
Anhelation, *n.* အသက်ရှူခဲခြင်း။
Anil, *n.* မဲပင်။
Animadversion, *n.* from next.
Animadvert upon, *v. t.* to remark on, အကြောင်းပြု၍ပြောသည်။ to censure, အပြစ်တင်သည်။
Animal, *n.* အသက်ရှင်သောမြေသား။
Animalcule, *n.* အလွန်သေးနုပ်သော့ကြောင့်မှန်ပြောင်းမပါဘဲမမြင်နိုင်သော အကောင်။
Animate, *a.* အသက်ရှင်သော။ —*v. t.* to make alive, အသက်ရှင်စေသည်။ to heighten powers, အားတိုးတက်စေသည်။ to encourage, hearten, အားပေးသည်။ to make lively, စိတ်ကြွ၍အား ကြီးစေသည်။
Animated, *a.* having life, အသက်ရှင်သော။ lively, စိတ်ကြွ၍အားကြီး သော။
Animation, *n.* state of being alive, အသက်ရှင်ခြင်း။ act of making alive, အသက်ရှင်စေခြင်း။ state of being lively, စိတ်ကြွ၍အား ကြီးခြင်း။
Animosity, *n.* မုန်ထားခြင်း။
Animus, *n.* စိတ်သဘော။
Anise, *n.* စမုန်စပါး။
Ankle, *n.* ဖမျက်။ ခြေမျက်စိ။
Anklet, *n.* တန်ဆာဆင်သောခြေချင်း။
Anna, *n.* ပဲ။ အန္န။ အန္နာ။ [E.O.S.]
Annals, *n. plur.* သက္ကရာဇ်လိုက်၍ အကြောင်းအရာ အထူးဖြစ်ပွားကိုမှတ် သားသောစာ။ သက္ကရာဇ်မှတ်စာ။

Anneal, *v. t.* မီးဖြင့်ပျှင်သည်။

Annex, *v. t.* to unite at the end, ဆက်သည်။ to join, put together, ပေါင်းသည်။

Annexation, *n.* from above.

Annihilate, *v. t.* အကြွင်းမဲ့ဖျောက်ဖျက်သည်။

Annihilation, *n.* act of reducing to nothing, အကြွင်းမဲ့ဖျောက်ဖျက်ခြင်း။ loss of present and future existence, နောက်တဖန်မဖြစ်အောင်ကွယ်ပျောက်ခြင်း။ နိဗ္ဗာန်။

Anniversary, *n.* the day, အခါလည်သောနေ့။ celebration of the day, နှစ်စည်ပွဲ။

Anno Domine, (by contraction, A. D.) *adv.* ခရစ်သက္ကရာဇ်။

Anno, mun di, *adv.* ကမ္ဘာသက္ကရာဇ်။

Annotation, *n.* အနက်အဓိပ္ပာယ်ကိုပြသောအဖွင့်။

Annotator, *n.* အနက်အဓိပ္ပာယ်ကိုဖော်ပြသောသူ။

Announce, *v. t.* to give first notice, ဦးစွာကြားပြောသည်။ to give public notice, proclaim, ကျော်ညာစေသည်။

Announcement, *n.* from above.

Annoy, *v. t.* နှောင့်ရှက်သည်။

Annoyance, *n.* act of annoying, နှောင့်ရှက်ခြင်း။ state of being annoyed, အနှောင့်အရှက်ခံခြင်း။ cause of annoyance, နှောင့်ရှက်တတ်သောအရာ။

Annual, *a.* taking place once a year, နှစ်စည်ဖြစ်သော။ တနှစ်တခါဖြစ်တတ်သော။ performed in a year, တနှစ်တွင်ပြီးသော။ lasting a year only, တနှစ်သာတည်တတ်သော။

Annuity, *n.* တနှစ်တနှစ်တွင်သူဥစ္စာထဲကပေးဂေ၍ရသောငွေပေါင်း။

Annul, *v. t.* ဖြေဖျက်သည်။ ပစေသည်။ ပပျောက်စေသည်။ ပလပ်စေသည်။

Annular, *a.* အကွင်းပုံရှိသော။

Annunciate, *v. t.* သိတင်းကြားပြောသည်။

Annunciation, *n.* from above.

Anodyne, *n.* အကိုက်အခဲ၊အနာအကြင်ကိုငြိမ်းစေတတ်သောဆေး။

Anoint, *v. t.* to smear with oil, ဆီလိမ်းသည်။ ဆီလူးသည်။ ဆီနှင့်သုတ်သည်။ to pour oil upon, ဆီသွန်းသည်။ ဘိသိတ်သွန်းသည်။

Anointed person, *n.* ဘိသိတ်ခံသောသူ။

Anomalous, *a.* တနည်းတပုံ၊တနည်းတသွယ်ဖြစ်သော။

Anomaly, *n.* from above.

Anon, *adv.* မကြာမမြင့်မှီ။

Anonymous, *a.* နာမည်မပါသော။

Another, *pron. a.* အခြား။ တခြား။ တပါး။ တထူး။ —[one] တယောက်(ကို)တယောက်။

Answer, *v.* to reply to a call, ထူးသည်။ to speak in return, ပြန်၍

ပြောသည်။ to reply to a question, proposition or charge, ဖြေသည်။ to reply to a charge in court, ထုချေသည်။ ချေပသည်။ to accomplish an end, လိုသောအကျိုးကိုပေးသည်။ to bear a due proportion, တော်သင့်သည်။ to correspond with, အဖက်ဖြစ်သည်။ —*n.* a reply to a call, ထူးချက်။ what is said in reply, ပြန်၍ပြောချက်။ a reply to a question, proposition or charge, ဖြေချက်။ အဖြေ။ ဖြေစာ။ a defendant's reply, ထုချေချက်။

Answerable, *a.* that may be replied to, ဖြေနိုင်ဖွယ်ဖြစ်သော။ obliged to give an account, ဖြေရမည်အကြောင်းရှိသော။ accountable, ဝန်မကင်းမလွတ်သော။ အစစ်ခံထိုက်သော။ suitable, တော်သင့်သော။ correspondent, အဖက်ဖြစ်သော။

Answering, *a.* corresponding, အဖက်ဖြစ်သော။

Ant, *n.* common kind, ပရွက်ဆိတ်။ white ant, ခြ။ —hill, *n.* တောင်ပို့။

Antagonist, *a.* ဆန့်ကျင်ဘက်ပြုသော။ — *n.* from above.

Antarctic, *a.* တောင်ရှုဝံနှင့်ဆိုင်သော။ —circle, *n.* တောင်ရှုဝံနှင့်ဆိုင်သောစက်ဝိုင်း။

Ante, *pref. in* composition, အရင်။

Antecedent, *a.* အရင်ဖြစ်သော။

Antechamber, *n.* အိမ်ရှင်မတွေ့မှီညှော်သည်စောင့်၍နေသောအခန်း။

Antedate, *v. t.* နှစ်လနေ့ရက်ကိုဆုတ်၍သက္ကရာဇ်ထားသည်။

Antediluvian, *a.* မိုဃ်းရေကြီးရွာမလွှမ်းမိုးမှီဖြစ်သော။

Antelope, *n.* တောဆိတ်။ တောမြင်း။ [F. M.]

Antemeridian, *a.* မွန်းမတည့်မှီဖြစ်သော။

Antemundane, *a.* ကမ္ဘာမတည်မှီဖြစ်သော။

Antenna, *n.* ပိုးကောင်၏ခေါင်း၌ပေါက်တတ်သောအမွှေး။

Antenuptial, *a.* ထက်ထပ်မင်္ဂလာမဆောင်မှီဖြစ်သော။

Antepast, *n.* စားချိန်မရောက်မှီအရင်စားသောအစာ။

Anterior, *a.* before in place, ရှေ့မှာရှိသော။ prior, အရင်ဖြစ်သော။

Anthem, *n.* ထက်ာမဟုတ်သောသီချင်း။

Anther, *n.* ဝတ်ဆံပွင့်။

Anthracite, *n.* ကျောက်မီးသွေးစစ်။

Anthropophagi, *n. plur.* လူသားကိုစားတတ်သောသူတို့။

Anti, *pref. in composition,* တဖက်၌နေသော။

Antic, *a.* လူပျက်ကဲ့သို့ဖြစ်သော။

Antichrist, *n.* ခရစ်ရန်သူ။

Anticipate, *v. t.* to be first or before another, ဦးအောင်ပြုသည်။ သူမပြုမှီပြုနှင့်သည်။ တင်ကူးသည်။ to do before the time, အချိန်မရောက်မှီပြုသည်။ to enjoy or suffer in prospect, မျှော်၍ခံစားသည်။

Anticipation, *n.* from above.

Antidote, *n*. a medicine that counteracts poison, အဆိပ်ကိုနိုင်သောဆေး။ a remedy against evil, ဘေးကိုဆီးတားတတ်သောအရာ။
Antimony, *n*. ခနောက်စိမ်း။
Antinomian, *n*. ပညတ်တရားကိုပယ်သောသူ။
Antipathy, *n*. အလိုလိုမုန်း၍ရှောင်ချင်သောစိတ်။
Antipœdobaptist, *n*. မယုံကြည်သောသူငယ်တို့အားခရစ်ယာန်ဘာသာသွင်းခြင်းမင်္ဂလာကိုမပေးရဟုယူသောသူ။
Antipodes, *n*. *plur*. မြေကြီးလုံးတဖက်တချက်၌ မြေချင်းဆိုင်၍နေသောသူတို့။
Antiquary, *n*. ရှေးကာလ၌ဖြစ်သောအရာတို့ကိုစိစစ်ရှာဖွေသောသူ။
Antiquated, *a*. ဟောင်းခြင်း၍ယခုကာလ၌မသုံးသော။
Antique, *a*. ရှေးကာလနှင့်ဆိုင်သော။
Antiquity, *n*. ancient time, ရှေးကာလ။ လွန်လေပြီးသောကာလ။ people of ancient times, ရှေးလူဟောင်းစု။ (*plur.*) remains of ancient times, ရှေးကာလ၌ဖြစ်၍ယခု၌ပင်ကျန်ကြွင်းသေးသောအရာတို့။
Anti-slavery, *n*. သူတပါးကိုကျွန်ခံစေ၍စေစားခြင်းအမှုကိုဆန့်ကျင်ဘက်ပြုခြင်း။
Antispasmodic, *a*. တက်နာကိုနိုင်တတ်သော။
Antithesis, *n*. ကြောင်းတူ၊ သံကွဲစကားချက်။
Anti-trinitarian, *n*. ဘုရားသခင်သည်သုံးပါးပေါင်း၍တဆူတည်းဖြစ်တော်မူသည်ဟူသောအယူဝါဒကိုပယ်သောသူ။
Antitype, *n*. ဥပမည်း။ ဥပမေယျ။
Antler, *n*. သမင်ဦးချိုအတက်။
Anus, *n*. ဖင်။ စအို။ ဝစ္စမက်။
Anvil, *n*. ပေ။
Anxiety, *n*. သောက။ စိုးရိမ်ခြင်း။
Anxious, *a*. စိုးရိမ်သော။
Any, *a*. (person,) တယောက်ယောက်။ (thing,) တခုခု။
Aorta, *n*. နှစ်လုံးထဲကထွက်သောသွေးကြောကြီး။
Apace, *adv*. အလျင်အမြန်။
Apart, *adv*. separate from others, သူတပါးတို့နှင့်ခွဲခွာလျက်။ distinctively, တခြားစီခွဲခွဲခြမ်းခြမ်း။ in exclusion of, မဆိုဘဲ။
Apartment, *n*. အိမ်ခန်း။
Apathetic, *a*. ထုံပေ။
Apathy, *n*. ထုံပေခြင်း။
Ape, *n*. မျောက်။ —*v*. အတုခိုးသည်။
Aperient, *a*. သိမ်မွေ့စွာဝမ်းနုတ်တတ်သော။
Aperture, *n*. အပေါက်။
Apex, *n*. တထွဋ်ဖျား။
Aphelion, *n*. နေကိုဂြိုဟ်လှည့်ပတ်ရာ၌နေနှင့်ဝေးသောအချက်။

Aphorism, *n.* ပညာနှင့်ဆိုင်သောရသာစကားချက်။
Apiary, *n.* ပျားအိမ်များကိုထားရာအရပ်။
Apiece, *adv.* စီ။
Apish, *a.* မျောက်ကဲ့သို့အတုခိုးတတ်သော။
Apocalypse, *n.* ဗျာဒိတ်ကျမ်း။
Apocrypha, *n.* ကျမ်းပွား။
Apocryphal, *a.* pertaining to the apocrypha, ကျမ်းပွားနှင့်ဆိုင်သော။ being of uncertain authority, အခြေအမြစ်၊သက်သေမခိုင်ခံ့သော။

Apogee, *n.* ပြိုဟ်လှည့်ပတ်ရာ၌မြေကြီးနှင့်ဝေးသောအချက်။
Apologetic, *a.* အပြစ်လွှတ်အောင်ပြောခြင်းနှင့်ဆိုင်သော။
Apologize, *v. i.* အပြစ်လွှတ်အောင်ပြောသည်။
Apologue, *n.* ပုံစကား။
Apology, *n.* အပြစ်ဖြေရာစကား။
Apoplexy, *n.* ဝက်ရူးနာတမျိုး။
Apostacy, *n.* from Apostatize.
Apostate, *n.* ဖောက်ပြန်သောသူ။
Apostatize, *v. t.* ဖောက်ပြန်သည်။ —*v. i.* သွေလှန်။
Aposteme, *see* Imposthume.
Apostle, *n.* သခင်ယေရှုခရစ်စေလွှတ်တော်မူသောတမန်တော်။
Apostolic, *a.* တမန်တော်တို့နှင့်ဆိုင်သော။
Apostrophe, *n.* a digressive address, မရှိသောသူကိုရှိသကဲ့သို့မျက်မှောက်ပြု၍ပြောဆိုသောစကားချက်။ a contractive mark, အက္ခရာမြုတ်ကိုပြသောအမှတ်။

Apostrophize, *v.* from above.
Apothecary, *n.* ဆေးဝါးကိုဖော်၍ရောင်းသောသူ။
Apothegm, *n.* မှတ်စရာကောင်းသောစကားချက်။
Apotheosis, *n.* ဘုရားအဖြစ်သို့ချီးမြှောက်ခြင်း။
Apozem, *n.* ဆေးပြုတ်ရည်။
Appal, *v. t.* အားလျော့သည်တိုင်အောင်ခြောက်လှန့်သည်။
Appanage, *n.* သားသမီးအလတ်၊ အငယ်စားရန်ထားသောလယ်၊ မြေ။
Apparatus, *n.* တန်ဆာပလာ။
Apparel, *n.* အဝတ်။
Apparent, *a.* visible, ထင်ရှားသော။ seeming, not real, အယောင်ရှိသော။
Apparition, *n.* a visible object, ရူပါရုံ။ a ghost, စုန်း။
Appeal, *v.* to refer to the decision of a higher power, သာ၍ကြီးသောမင်းထံအယူခံမည်ဆိုသည်။ to refer to for proof, or take to witness in swearing, တိုင်တည်သည်။ —*n.* from above.

Appear, *v. i.* to become visible, ထင်ပေါ်သည်။ to assume visibility, ကိုယ်ကိုပြသည်။ to come in sight, ပေါ်လာသည်။ to present one's self, မျက်နှာပြသည်။ to be evident, ထင်ရှားသည်။ to seem, အဟန်ရှိသည်။

Appearance, *n.* a becoming visible, ထင်ပေါ်ခြင်း။ a visible object, ထင်ပေါ်သောအရာ။ ရူပါရုံ။ an assuming visibility, ကိုယ်ကိုပြခြင်း။ a presenting one's self, မျက်နှာပြခြင်း။ semblance, အဟန်ရှိခြင်း။ assumed semblance, (ဖြစ်) ဟန်ဆောင်သောအရောင်။ likelihood, ဖြစ်မည်သင်္ကေတရှိခြင်း။ a person's exterior, အသွင်အပြင်။ —relating rather to color than form အဆင်း။ —general appearance, considered as good or bad —အဆင်းအရည်။ အဆင်းအရောင်။ အဆင်းအလှ။ အဆင်းသဏ္ဍါန်။ [E. O. S.]

Appease, *v. t.* to quiet, ငြိမ်းစေသည်။ to satisfy the mind (after an injury,) စိတ်ပြေအောင်ပြုသည်။

Appellate, *a.* အယူတော်ခံခြင်းနှင့်ဆိုင်သော။ —court, *n.* အယူတော်ခံရုံး။

Appellant, *n.* သာ၍ကြီးသောမင်းထံအယူခံသောသူ။ အယူတော်ခံသူ။

Appellation, *n.* နာမည်။ အခေါ်။

Appellative, *a.* နာမည်နှင့်ဆိုင်သော။

Append, *v. t.* to attach suspensively, ဆွဲ၍ထည့်သည်။ to add as an accessory (to the principal thing,) ဆက်၍ထည့်သည်။ —(as a person,) တွယ်ပိုးသည်။

Appendage, *n.* ဆက်၍ဆိုင်သောအရာ။

Appendix, *n.* something appended, ဆက်သောအရာ။ a supplement to a writing, စကားဆက်။

App..tain, *v. i.* ဆိုင်သည်။ စပ်ဆိုင်သည်။

Appetency, *n.* ပကတိအလို။

Appetite, *n.* natural desire, တဏှာ။ တပ်မက်ခြင်း။ desire of food and drink, စားသောက်ချင်ခြင်း။

Applaud, *v. t.* to praise, ချီးမွမ်းသည်။ to praise by acclamation, ကြွေးကြော်၍ချီးမွမ်းသည်။

Applause, *n.* from above.

Apple, *n.* သစ်သော်သီး။ —of the eye, မျက်ဆန်။ —pie, *n.* သစ်သော်သီးဖြင့်ပနာသွင်းမုန့်။

Applicable, *a.* that may be applied, ကပ်ထားဖွယ်ကောင်းသော။ that may be fitly applied, စပ်ဆိုင်အောင်ပြုဖွယ်ကောင်းသော။ suitable, fit, တော်သင့်သော။

Applicant, *n.* အခွင့်တောင်းသောသူ။ လျှောက်သူ။

Application, *n.* the act of applying, ကပ်ထားခြင်း။ the thing applied, ကပ်ထားသောအရာ။ a making use of, သုံးဆောင်ခြင်း။ a making effort, အားထုတ်ခြင်း။ a soliciting, ချည်းကပ်၍အခွင့်

တောင်းခြင်း။ the improvement of a sermon, တရားဟောရာ၌ နှစ်လုံးသွင်းရသောအချက်အရာပြခြင်း။

Apply, *v. t.* to put to, ကပ်ထားသည်။ to put to a certain use, အသုံးပြုသည်။ to make related to, (တစုံတခုနှင့်) စပ်ဆိုင်အောင်ပြုသည်။ to make effort, အားထုတ်သည်။ —*v. i.* to suit, တော်သင့်သည်။ တော်လျော်သည်။ —to, *v. t.* to have recourse to, as a petitioner, ချဉ်းကပ်၍အခွင့်တောင်းသည်။ လျှောက်၍တောင်းသည်။

Appoint, *v. t.* to fix or direct, စီရင်သည်။ to place in a situation, ခန့်ထားသည်။ to designate (time or place,) ချိန်းချက်သည်။ to furnish, တန်ဆာနှင့်ဖွဲ့ဆင်သည်။

Appointment, *n.* from above.

Apportion, *v. t.* တော်လျော်အောင်ဝေငှသည်။

Apposite, *a.* တော်လျော်သော။

Appraise, *see* Apprize.

Appreciate, *v. t.* ဤမည်သောအသိုးထိုက်သည်ဟုစိတ်ထဲမှာထင်မှတ်သည်။

Appreciation, *n.* from above.

Apprehend, *v. t.* to seize, ဖမ်းဆီးသည်။ to understand, နားလည်သည်။ to think, ထင်မှတ်သည်။ to fear, ကြောက်သည်။

Apprehension, *n.* from above; the faculty of understanding, ဉာဏ်။

Apprehensive, *a.* quick to understand, နားလည်တတ်သော။ ဉာဏ်တက်သော။ fearful, ကြောက်တတ်သော။ စိုးရိမ်တတ်သော။

Apprentice, *n.* လက်သား။

Apprenticeship, *n.* လက်သားခံ၍နေရာကာလအတွင်း။

Apprise, *v. t.* ကြားပြောသည်။ ကြားမှာလိုက်သည်။

Apprize, *v. t.* အသိုးဖြတ်သည်။

Approach, *v. t.* ချဉ်းသည်။ ချဉ်းကပ်သည်။ အနီးသို့လာသည်။

Approach, *n.* from above; access, အထံသို့ရောက်ခြင်း။

Approbate, *see* Approve.

Approbation, *n.* a being pleased with, နှစ်သက်ခြင်း။ a being pleased with and countenancing, နှစ်သက်၍အားပေးခြင်း။ the act of admitting the propriety of, မှန်ကြောင်းကိုဝန်ခံခြင်း။ a certificate of approbation, အခွင့်ပေးသောစာ။

Appropriate, *v. t.* အသုံးတစုံတခုသို့ရန်၍ထားသည်။ —*a.* set apart or designed for a particular purpose, အသုံးတစုံတခုသို့ရန်၍ထားလျက်ရှိသော။ တစုံတခုသောအကြောင်းနှင့် တော်သင့်အောင်လုပ်လျက်ရှိသော။ most fit, suitable, အလွန်တော်လျော်သော။

Appropriation, *n.* from above; portion appropriated, အပိုင်းအစား။

Approval, *see* Approbation.

Approve, *v. t.* to be pleased with, နှစ်သက်သည်။ to be pleased with and countenance, နှစ်သက်၍အားပေးသည်။ to admit the propriety of, မှန်ကြောင်းကိုဝန်ခံသည်။ to prove, justify, မှန်ကြောင်းကိုပြသည်။ to give permission, အခွင့်ပေးသည်။

Approximate, *v. t.* တဖြည်းဖြည်းချဉ်းသည်။

Approximation, *n.* from above.

Appulse, *n.* ထိခိုက်ခြင်း။

Appurtenance, *n.* ဆိုင်သောအရာ။

April, *n.* အဂ်ပရိတ်နှစ်တွင်စတုဋ္ဌလတည်းဟူသောအာပြီလ လ။

Apron, *n.* ရှေ့ဖုံးခါးစည်း။ —of a gun, အမြောက်နားဖုံး။ —string, *n.* ရှေ့ဖုံးခါးစည်းကြိုး။

Apropos, *adv.* အဆင်သင့်လျှက်။

Apt, *a.* fit, တော်သော။ လျော်သော။ သင့်သော။ having a tendency to, တတ်သော။ as လည်တတ်သော။ apt to fall; quick (in intellect,) မြန်ထက်သော။

Aptitude, *n.* from above.

Aptness, *n.* same.

Aquafortis, *n.* သေလောဒက။

Aquarius, *n.* ကုံရာသီ။

Aquatic, *a.* ရေ၌ကျင်လည်တတ်သော။

Aqueduct, *n.* ရေမြှောင်း။

Aqueous, *a.* containing water, ရေနှင့်ပြည့်စုံသော။ like water, ရေကဲ့သို့ဖြစ်သော။

Aquiline, *a.* နှာရောင်မောက်သော။

Arable, *a.* လယ်လုပ်ရန်ကောင်းသော။

Arbiter, *n.* one who decides between two parties, စပ်ကြားမှာစီရင်ဆုံးဖြတ်သောသူ။ a controller, အုပ်ချုပ်စီရင်ပိုင်သောအရှင်။

Arbitrary, *a.* depending on will or discretion, နည်းဥပဒေသကိုမလိုက်၊ ကိုယ်စိတ်ရှိရာသို့လိုက်သော။ having absolute power, ကိုယ်အလိုအလျောက်စီရင်ဆုံးဖြတ်ပိုင်သော။

Arbitrate, *v. i.* စပ်ကြားမှာစီရင်ဆုံးဖြတ်သည်။

Arbitration, *n.* from above.

Arbitrator, *see* Arbiter. *n.* စီရာသမ္ဘာ။

Arbor, *n.* ပန်းနွယ်၊သစ်ပင်ဖွဲ့သောတဲအုံ။

Arc, *n.* စက်ဝိုင်းတခြမ်း၊ တစိတ်။

Arcade, *n.* အလျားရှည်သောပေါင်းကူး။

Arcanum, *n.* မထင်ရှား၊ နက်နဲသောအရာ။

Arch, I, *n.* —of brick or stone, ပေါင်းကူး။ any low arched covering of bamboo or wood, ပေါင်းကုပ်။ —way, *n.* ပေါင်းကူးမိုးသောလမ်း။ —I, *v. t.* ပေါင်းကူးသည်။ ပေါင်းကုပ်လုပ်သည်။ —2,

a. လိမ္မာသော။ —3, *pref. in composition.* အကြီး။ —angel, *n.* ကောင်းကင်တမန်မင်း။ —bishop, *n.* ဂိုဏ်းအုပ်ချုပ်။ ဂိုဏ်းချုပ်။ —deacon, *n.* ဂိုဏ်းထောက်။ —duke, *n.* ဩဇာရှိတရိပြည်၌မင်းသား။

Archer, *n.* လေးသမား။

Archery, *n.* လေးနှင့်ပြစ်တတ်သောအတတ်။

Archetype, *n.* ပုံရင်း။

Arching, *a.* ပေါင်းကဲ့သို့ကိုင်းသော။

Architect, *n.* ဗိသုကာ။

Architecture, *n.* တည်ဆောက်သောအတတ်။

Archives, *plur.* စာဟောင်း၊စာတန်းထားသောတိုက်။

Archness, *n.* from Arch 2.

Arctic, *a.* မြောက်ရူဝံနှင့်ဆိုင်သော။ —circle, *n.* မြောက်ရူဝံနှင့်ဆိုင်သောစက်ဝိုင်း။

Ardency, *n.* စိတ်အားကြီးခြင်း။

Ardent, *a.* hot, ပူသော။ of strong feelings, စိတ်အားကြီးသော။

Ardor, *n.* from above.

Arduous, *a.* အပန်းတကြီးပြုရသော။

Are, *v. i. plur.* ရှိကြသည်။ ဖြစ်ကြသည်။ *see* Be.

Area, *n.* ပိုင်းခြားသောတလင်းပြင်။

Areca, *n.* ကွမ်းသီး။

Arena, *n.* ပွဲခံ၍တိုက်ကြရာတလင်းပြင်။

Areola, *n.* နို့အုံဖျားကိုဝိုင်း၍ညိုသောအသားအရေ။

Argent, *a.* ငွေရောင်ရှိသော။

Argil, *n.* အိုးမြေ။

Argillaceous, *a.* အိုးမြေပါသော။

Argue, *v. t.* or *v. i.* အကျိုးအကြောင်းကိုပြ၍ဆွေးနွေးသည်။

Argument, *n.* ယုံစေအောင်ပြသောအကြောင်း။

Argumentation, *n.* from Argue.

Argumentative, *a.* အကျိုးအကြောင်းကိုပြ၍ဆွေးနွေးသောစကားနှင့်ပြည့်စုံသော။

Arid, *a.* သွေ့ခြောက်သော။

Aridity, *n.* from above.

Aries, *n.* မိဿရာသီ။

Aright, *adv.* မှန်ကန်စွာ။

Arise, *v. i.* to get up, ထသည်။ to ascend, တက်သည်။ —as the sun, (နေ) ထွက်သည်။ to begin, ဦးသည်။ စသည်။ —as from the dead, ထမြောက်သည်။ to appear, come into notice, ပေါ်သည်။ ပေါ်ထွန်းသည်။

Aristocracy, *n.* government administered by the nobility, မှူးမတ်အုပ်စိုးခြင်း။ the nobility, မှူးမတ်စု။

Aristocrat, *n.* မှူးမတ်အုပ်စိုးခြင်းကိုကြိုက်၊နှစ်သက်သောသူ။

Arithmetic, *n.* အရိသမတိတ်တည်းဟူသောသင်္ချာအတတ်။ ဂဏန်းသင်္ချာ။

Arithmetician, *n.* သင်္ချာအတတ်ကိုတတ်သောသူ။

Ark, *n.* a water-tight box, ရေလုံသောသစ်တာ။ Noah's ark, နောဧတည်သောသင်္ဘော။ the ark of the covenant, ပဋိညာဉ်သေတ္တာ။

Arm, *n.* —of the body, လက်မောင်း။ လက်ရုံး။ —of a tree, သစ်ကိုင်း။ —of the sea, ချောင်းဦးတို။ —chair, *n.* လက်ရန်းပါသောကုလားထိုင်။ —ful, *n.* လက်တပွေ့တပိုက်။ —hole, *n.* မောင်းအိုး။ —pit, *n.* ချိုင်း။ လက်ကတီး။

Arm, *v.* to equip with weapons, လက်နက်ကရိယာနှင့်ပြည့်စုံစေသည်။ to take arms, လက်နက်ကိုစွဲကိုင်သည်။

Armament, *n.* တိုက်သင်္ဘောများ။

Armenian, *n.* a native of Armenia, အရမနီ။ အရမနီလူ။ the language of Armenia, အရမနီစကား။ —*a.* အရမနီပြည်နှင့်ဆိုင်သော။

Armillary, *a.* အကွင်းများနှင့်ပြည့်စုံသော။

Arminian, *n.* ဆရာအာရမိန်အယူဝါဒကိုယူသောသူ။

Armistice, *n.* စစ်တိုက်ဆုတ်ဆိုင်းစာချုပ်။

Armor, *n.* သံချပ်၊ ဒိုင်း၊ လွှားမှစ၍ကိုယ်၌ဆင်ရင်သောအကွယ်အကာစု။

Armorer, *n.* လက်နက်ကရိယာမျိုးကိုလုပ်သောသူ။

Armorial, *a.* ဘွဲ့တံဆိပ်ပုံနှင့်ဆိုင်သော။

Armory, *n.* လက်နက်တိုက်။

Arms, *n. plur.* weapons, လက်နက်မျိုး။ ensigns armorial, ဘွဲ့တံဆိပ်ပုံ။ —[be in] *v. i.* လက်နက်ကိုစွဲကိုင်သည်။

Army, *n.* ရဲမက်ဗိုလ်ခြေ။

Arnotto, *n.* သီတင်း။ M.

Aromatic, *a.* မွှေးသော။

Around, *prep.* and *adv.* about, ပတ်လည်။ ပတ်ဝန်းကျင်။ here and there, ဤမှာ။ ထိုမှာ။ အရပ်ရပ်။

Arouse, *v. t.* နိူးဆော်သည်။

Arow, *adv.* အစီအစည်။

Arracanese, *n.* a native of Arracan, ရခိုင်။ ရခိုင်လူ။ the language of Arracan, ရခိုင်စကား။ —*a.* ရခိုင်ပြည်နှင့်ဆိုင်သော။

Arrack, *n.* ဆန်အရက်။

Arraign, *v. t.* to bring to trial, စစ်ကြောရန်ခေါ်ထားသည်။ to accuse, အပြစ်တင်သည်။

Arraignment, *n.* from above.

Arrange, *v. t.* to put in order, စီစဉ်သည်။ ဖျင်ဆင်သည်။ ခင်းကျင်းသည်။ to settle, ဖြေသည်။

Arrangement, *n.* from above.

Arrant, *a.* အလွန်ဆိုးသော။

Arras, *see* Tapestry.

Array, *v. t.* to dispose in order, ခင်းကျင်းသည်။ to adorn, တန်ဆာဆင်သည်၊ ဝတ်ဆင်သည်။

Array, *n.* from above.

Arrear, *n.* ပေးချိန်ရောက်၍မပေးသောငွေ။ ကျန်ငွေ။ —[in,] *adv.* ပေးစရာရှိသည်အတိုင်းမပေးဘဲနေလျက်။

Arrearage, *n.* ပေးရာသမျှပေး၍မပြေ၊ ကျန်ငွေ။

Arrest, *v. t.* to seize by law, မင်းအခွင့်နှင့်ဖမ်းဆီးသည်။ to stop, ဆီးတားသည်။ — *n.* from above.

Arrival, *n.* from next

Arrive, *v. i.* ရောက်သည်။

Arrogance, *v.* from next.

Arrogant, *a.* ထောင်လွှားစော်ကားသော။ မောက်စောက်သော။

Arrogate, *v. t.* အစိုးပိုင်သည်ထက်လွန်ကဲ၍ပြုသည်။

Arrogation, *n.* from above.

Arrow, *n.* မြှား။

Arrowroot, *n.* the maranta, အာရောရွတ်ပင်။ the starch of the maranta root, ထိုအပင်၏အမြစ်ကိုပြုပြင်၍ရသောအမှုန့်။

Arse, *n.* တင်သား။ ဖင်ဆုံ။

Arsenal, *n.* လက်နက်တိုက်။

Arsenic, *n.* ဒန်း။

Arson, *n.* မနာလိုသောစိတ်နှင့်သူအိမ်ကိုမီးရှို့ခြင်း။

Art 1, *v. i.* (သင်) ရှိသည်။ (သင်) ဖြစ်သည်။ *see* Be. —2, *n.* the act of managing by human skill, ကြံစည်၍ပြုပြင်ခြင်း။ a system of rules to facilitate performance, သင်၍ရသောအတတ်။အတတ်ပညာ။ skill, dexterity, တတ်ခြင်း။ လိမ္မာခြင်း။

Arterial, *a.* နှစ်လုံးထဲကထွက်သောသွေးကြောနှင့်ဆိုင်သော။

Artery, *n.* နှစ်လုံးထဲကထွက်သောသွေးကြော။

Artful, *a.* performed by art, ပညာအတတ်အားဖြင့်ဖြစ်သော။ skilful, လိမ္မာသော။ cunning, crafty ဆန်းပြားသော။

Article, *n.* an item, particular, အချက်။ *a, an, the,* ဟူသောစကား။

Articulate, *v. t.* စကားအခွန်းခွန်းဆက်၍မြွက်ဆိုသည်။ —*a.* အခွန်းခွန်းဆက်၍မြွက်ဆိုသော (စကား။)

Articulation, *n.* junction, အဆက်ဆက်ခြင်း။ utterance of vocal sounds, စကားအခွန်းခွန်းဆက်ခြင်း။ a consonant, ဗျည်း။

Artifice, *n.* ပရိယာယ်။ မာယာ။ ဝေဝုစ်။

Artificer, *n.* လက်မှုပညာနှင့်လုပ်သောသူ။ လက်မှုပညာသည်။ လက်တတ်။

Artificial, *a.* made, not natural, လက်လုပ်သော။ fictitious, not genuine, ဇာတိမဟုတ်။ ပဝတ္တိဖြစ်သော။

Artillery, *n.* ordnance, အမြောက်စု။ the men collectively, who manage the ordnance, အမြောက်မှုထမ်းစု။ —man, *n.* အမြောက်သား။

Artisan, *see* Artificer.

Artist, *n.* an artificer, *which see;* one skilled in some art, ပညာအတတ်တစုံတခုကိုတတ်သောသူ။

Artistic, *a.* ကြံစည်၍ပြုပြင်သောအရာ။

Artless, *a.* unskilful, မတတ်မလိမ္မာသော။ free from guile, ပရိယာယ်မပြုတတ်သော။ ရိုးသော။

As, *adv.* like as, ကဲ့သို့။ အတိုင်း။ အညီ။ အမျှ။ နည်းတူ။ while, အခါ။ အခည်း။ အခိုက်။ because, သောကြောင့်။ —for, —to, *adv.* မှာ။ အရာမှာ။ မူကား။ —if, —though, *adv.* သကဲ့သို့။ —well as, *adv.* အမျှ။ နှင့်အမျှ။

Asafœtida, *n.* ရှိန်းခိုး။

Asbestos, *n.* ကျောက်ဂွမ်း။

Ascaris, *plur.* Ascarides, *n.* တုတ်။

Ascend, *v. i.* to go up, တက်သည်။ to advance, တိုးတက်သည်။ —(a river,) ဆန်သည်။

Ascendant, *a.* လွှမ်းကဲသော။

Ascendant, Ascendency, *n.* from above.

Ascension, *n.* တက်ခြင်း။

Ascent, *n.* the act of rising, တက်ခြင်း။ the way by which one ascends, တက်ရာလမ်း။ a high place, မြင့်ရာအရပ်။

Ascertain, *v. t.* to settle, make certain or definite, သေချာအောင်စီရင်သည်။ to take measures to know with certainty, အတတ်သိအောင်ပြုသည်။ to make sure of, မချွတ်မယွင်းဖြစ်အောင်ပြုသည်။

Ascetic, *n.* အထီးကြီးခြိုးခြံကျင့်သောသူ။

Ascribe, *v. t.* to assign as an effect to a cause, ဤမည်သောအကြောင်းကြောင့်ဤမည်သောအကျိုးဖြစ်သည်ကိုပြောထားသည်။ to assign as an attribute, ဂုဏ်တစုံတခုနှင့်ဆိုင်ကြောင်းကိုပြောထားသည်။

Ascription, *n.* from above.

Ashamed [be,] *v. i.* ရှက်သည်။

Ashes, *n.* ပြာ။

Ash-hole, *n.* ပြာထားသောတိုက်ကလေး။

Ashore, *adv.* on shore, ကမ်းပေါ်မှာ။ ကုန်းပေါ်မှာ။ to the shore, ကမ်းသို့။ ကုန်းပေါ်သို့။

Asiatic, *a.* အာရှတိုက်နှင့်ဆိုင်သော။ —*n.* အာရှတိုက်သား။
Aside, *adv.* on one side, အလွဲ။ at a little distance, ဆိတ်စိကွာဝေး လျက်။ separate from others, သူတပါးတို့နှင့်ခွဲခွာလျက်။
Ask, *v. t.* to request or claim, တောင်းသည်။ to inquire, မေးသည်။ —to invite, ခေါ်သည်။ —leave, အခွင့်ပန်သည်။ တိုင်ကြားသည်။ —pardon, ကန်တော့သည်။
Askant, Askance, *adv.* စောင်းကြည့်လျက်။
Askew, *adv.* အယွဲ။
Aslant, *adv.* အလွဲ။ ကယ်ကယ်။
Asleep, *a.* or *adv.* အိပ်ပျော်လျက်။
Aslope, *adv.* ဆင်ခြေလျှောကဲ့သို့။
Asp, *n.* မြွေဆိုးတမျိုး။
Asparagus, *n.* ကညွတ်။
Aspect, *n.* appearance, အဆင်းအရောင်။ countenance, look, မျက်နှာ။ မျက်နှာအနေ။ မျက်နှာထား။ a looking towards, မျက်နှာပြုခြင်း။
Asperity, *n.* roughness, ကြမ်းခြင်း။ moroseness, ကြမ်းတမ်းသော သဘော။ sharpness of speech, ဆူးစွသောစကားပြင်းထန်ခြင်း။
Asperse, *v. t.* to sprinkle, ဖြန်းသည်။ to calumniate, သူအသရေပျက် အောင်ကဲ့ရဲ့သည်။
Aspersion, *n.* from above.
Aspirant, *a.* from Aspire, *v. i.*
Aspirate, *v. t.* ဟထိုးသံနှင့်ပြောသည်။
Aspiration, *n.* from above; *n.* from next; prayer in the heart, စိတ် နှစ်လုံးထဲမှာဆုတောင်းခြင်း။
Aspire, *v. i.* to desire eagerly, လိုချင်အားကြီးသည်။ to indulge ambitious desire, ရောင့်ရဲခြင်းမရှိ၊အထက်သို့လှမ်းချင်သည်။
Asquint, *adv.* အယွဲကြည့်သည်။
Ass, *n.* မြည်း။
Assail, *v. t.* စတင်၍တိုက်သည်။
Assailable, *a.* စတင်၍တိုက်နိုင်ဖွယ်ဖြစ်သော။
Assailant, *a.* from Assail. —*n.* agent from above.
Assassin, *n.* မထင်မရှားလူအသက်ကိုသတ်သောလူ။
Assassinate, *v. t.* မထင်မရှားလူအသက်ကိုသတ်သည်။
Assault, *v. t.* စတင်၍တိုက်သည်။ —*n.* from above.
Assay, *v. t.* (သောဟာကို) စုံစမ်းသည်။ *see also* Essay.
Assay, *n.* from above.
Assayer, *n.* ရွှေငွေအစရှိသည်တို့ကိုစုံစမ်း၍ခတ်သောသူ။
Assemblage, *n.* အစုအရုံး။
Assemble, *v. i.* စုသည်။ စုရုံးသည်။ စုဝေးသည်။ စည်းဝေးသည်။ —*v. t.* စုသည်။ from above.

Assembly, *n.* အစုအဝေး။ အစည်းအဝေး။
Assent, *v.* သဘောတူ၍ဝန်ခံသည်။ (reverentially,) ဦးတင်သည်။
Assent, *n.* from above.
Assert, *v. t.* ဟုတ်ကဲ့ဟုပြောထားသည်။
Assertion, *n.* from above.
Assess, *v. t.* —a tax, ငွေခွဲသည်။ —produce, အခွန်ခွဲပုံသိုး၍ထားသည်။
Assessment, *n.* from above; the money assessed, ခွဲပုံကျ။
Assessor, *n.* agent from Assess, *v. t.*; an assistant judge, တရားသူကြီးတိုင်ပင်ဖက်။
Assets, *n. plur.* ကြွေးဆပ်ရန်ဥစ္စာ။
Asseverate, *v. t.* ကျိန်ဆိုသကဲ့သို့ပြောထားသည်။
Asseveration, *n.* from above.
Assiduity, *n.* လုလ္လ။ ဝိရိယ။
Assiduous, [be,] *v. i.* လုလ္လပြုသည်။ ဝိရိယထုတ်သည်။
Assign, *v. t.* to allot, ခွဲဝေ၍ထားသည်။ to appoint, ခန့်ထားသည်။ to make over (to another,) လွှဲအပ်သည်။ —a reason, အကြောင်းကိုပြသည်။
Assignation, *n.* a transfer, လွှဲအပ်ခြင်း။ an appointment for meeting, တွေ့ရအောင်ချိန်းချက်ခြင်း။
Assignee, *n.* အလွှဲခံသောသူ။
Assignment, *n.* from Assign.
Assimilate, *v. i.* တူလာသည်။ *v. t.* တူစေသည်။
Assimilation, *n.* from above.
Assist, *v. t.* ကူညီသည်။ ထောက်ပင့်သည်။ မစသည်
Assistance, *n.* from above.
Assistant, *n.* agent from Assist, လက်ထောက်။
Assize, *n.* a court of law, တရားစီရင်ရန်စုဝေးသောတရားမသူကြီးအစု။ a statute for regulating market prices, ဈေးရောင်းဝယ်ခြင်းအမှုဍ္ဍဥပဒေပေးချက်။ —*v. t.* ဈေးရောင်းဝယ်ခြင်းအမှုဍ္ဍဥပဒေပေးသည်။
Associate, *v.* to unite in company, ပေါင်းဖော်သည်။ to form into a society, သင်းဖွဲ့သည်။ —*n.* a companion, အပေါင်းအဖော်။ အပေါင်းအဖက်။ a partner in any engagement, ပေါင်းဖက်၍လုပ်သောသူ။
Association, *n.* from Associate, *v.*; a society, အပေါင်းအသင်း။ —as of ideas, ရှုံညီတွဲခြင်း။
Assort, *v. t.* အမျိုးအလိုက်ခွဲ၍ထားသည်။
Assortment, *n.* from above; things assorted, အမျိုးအလိုက်ခွဲ၍ထားသောဥစ္စာ။
Assuage, *v. t.* လျော့စေသည်။ ညှံ့စေသည်။
Assuasive, *a.* လျော့စေတတ်သော။

Assuetude, *n.* ပြုမြဲ။
Assume, *v. t.* to take on one's self, ယူဆောင်သည်။ to take unduly, မဆိုင်ဘဲနှင့်ဆိုင်သည်လိုပြုသည်။ to take for granted, ယုတ်သည်။ မယုတ်သည်ကိုမသိဘဲအယုတ်မှတ်ထားသည်။ to take an appear-ance, အရောင်ဆောင်သည်။
Assumption, *n.* from above.
Assurance, *n.* strong assertion, ကြပ်ကြပ်ပြောထားခြင်း။ a feeling of security, စိတ်လုံခြင်း။ full confidence, မယုံမှားဘဲယုံကြည်အားကြီးခြင်း။ conviction of truth, စိတ်ကျခြင်း။ boldness, ရဲရင့်ခြင်း။ excess of boldness, မတန်မရာရဲရင့်ခြင်း။
Assure, *v. t.* to assert strongly, ကြပ်ကြပ်ပြောထားသည်။ to produce a feeling of security, စိတ်လုံစေသည်။ to embolden, ရဲရင့်စေသည်။ to confirm, make certain, မြဲစေသည်။ *see also* Insure.
Asterisk, *n.* စာ၌သုံးသောကြယ်ပုံ။ (*)
Astern, *adv.* to the stern, ပဲ့ဆီသို့။ behind a boat or ship, လှေ၊သင်္ဘောနောက်မှာ။
Asteroid, *n.* ဂြိုဟ်ငယ်။
Asthma, *n.* ပန်းနာ။
Astir, *adv.* လှုပ်ရှားသည်နှင့်။
Astonish, *v. t.* make to wonder, အံ့ဩစေသည်။ to amaze, မှိုင်တွေစေသည်။
Astonishment, *n.* wonder, အံ့ဩခြင်း။ amazement, မှိုင်တွေခြင်း။
Astound, *v. t.* အလွန်မှိုင်တွေစေသည်။
Astounded, *part.* အန်အားသင့်သော။
Astraddle, *adv.* ခြေကိုကားရား၍နေသည်နှင့်။
Astral, *a.* ကြယ်နက္ခတ်နှင့်ဆိုင်သော။
Astray, *adv.* လမ်းလွဲသည်နှင့်။
Astride, *adv.* ခြေကိုကားရား၍နေသည်နှင့်။
Astringe, *v. t.* ကျုံ့စေသည်။ ချုံ့သည်။
Astringent, *a.* ကျုံ့စေတတ်သော။ —in taste, ဖန်သော။
Astrologer, *n.* ဟူရား။ အဟောအပြောနှင့်ဆိုင်သောဗေဒင်အတတ်ကိုတတ်သောသူ။
Astrology, *n.* အဟောအပြောနှင့်ဆိုင်သောဗေဒင်အတတ်။
Astronomer, *n.* နေ၊ လ၊ ကြယ် နက္ခတ် နှင့်ဆိုင်သောဗေဒင်အတတ်ကိုတတ်သောသူ။
Astronomy, *n.* အစတရောနမိအတတ်တည်းဟူသော၊ နေ၊ လ၊ ကြယ်နက္ခတ်နှင့်ဆိုင်သောဗေဒင်အတတ်။
Astute, *a.* ညာဏ်ထက်မြက်သော။
Astuteness, *n.* from above.
Asunder, *adv.* တကွဲစီ။ တခြားစီ။

Asylum, *n.* ဘေးလွတ်၍မှီခိုကပ်စေရာနေရာ။
At, *prep.* တွင်။ ၌။ မှာ။
Atheism, *n.* ဘုရားမရှိဟုယူသောအယူဝါဒ။
Atheist, *n.* ဘုရားမရှိဟုယူသောသူ။
Athirst, *a.* ရေငတ်သော။
Athletic, *a.* belonging to active games, လက်ရွေ့။ လက်ပန်းစသော။ အလွှားအခုန်အမျိုးမျိုးနှင့်ဆိုင်သော။ strong, vigorous, ခွန်အားကြီးသော၊ သန်မာသော။
Athwart, *prep.* or *adv.* across, ကန့်လန့်။ crossing a path, သန်းလျက်။ မိထာပြတ်။s.
Atilt, *adv.* စောက်ထိုးခုထားသည်နှင့်။
Atlas, *n.* တိုင်းပြည်ပုံအစု။ —of the neck, ဦးဆက်ရိုး။
Atmosphere, *n.* မြေကြီးကိုပတ်သောလေထုဟာ။
Atom, *n.* အဏုမြူ။
Atomic, *a.* အဏုမြူနှင့်ဆိုင်သော။
Atone, *v. t.* (အပြစ်ကို) ဖြေသည်။ —for, *v. t.* (အပြစ်) ဖြေအောင်ပြုသည်။
Atonement, *n.* from above.
Atop, *adv.* ထိပ်ပေါ်မှာ။
Atrabilarious, *a.* သည်းခြေယိုတတ်သောသဘောရှိသော။
Atrip, *adv.* ကျောက်ဆူးနုတ်၍မြေ၌ထိရုံရှိသည်နှင့်။
Atrocious, *a.* အလွန်ဆိုးသော။
Atrocity, *n.* အလွန်ဆိုးသောအမှု။
Atrophy, *n.* ဝိန်ကျုံသောအနာ။
Attach, *v. t.* to arrest for debt, ကြွေးဆပ်စေခြင်းငှါမင်းအခွင့်နှင့်ဖမ်းဆီးသည်။ to seize, (goods) for debt, ကြွေးဆပ်ရန် (ဥစ္စာကို) မင်းအခွင့်နှင့်သိမ်းသည်။ သိမ်းထားသည်။ to bind by affection, ချစ်ခင်စေသည်။ မိတ်ဖွဲ့စေသည်။ to make adhere, စွဲကပ်စေသည်။ to fasten to, ချည်နှောင်၍ဆွဲထားသည်။ to append (a person,) တွယ်ပိုး၍ပါစေသည်။
Attaché, *n.* တွယ်ပိုး၍ပါသောအရာရှိငယ်။
Attached, *p. p. p.* ခင်တွယ်သော။s.
Attachment, *n.* from above, 1st and 2d def.; a writ of attachment, ဖမ်းဆီး။သိမ်းရုံးရသောမှတ်ချက်။ affection, ချစ်ခင်ခြင်း။ adherence, စွဲကပ်ခြင်း။
Attack, *v. t.* စတင်၍တိုက်သည်။ —*n.* from same.
Attain, *v. t.* to gain, ရသည်။ မိသည်။ to reach, မှီသည်။ —to, *v. t.* မှီသည်။
Attainable, *a.* နိုင်ဖွယ်။ from above.
Attainder, *n.* ရာဇဝတ်သင့်စေခြင်း။
Attainment, *n.* from Attain: that which is attained, ရမိသောအရာ၊

Auricular, *a.* pertaining to hearing, နားကြားခြင်းနှင့်ဆိုင်သော။ told in the ear, နားအပါး၌ပြောသော။

Auriferous, *a.* ရွှေကိုသီးတတ်သော။

Aurora, *n.* အာရုဏ်။ —borealis, *n.* မြောက်မျက်နှာစွန်း၌ထွက်သောအမိုးအလျှံ။

Auspices, *n. plur.* ကျေးဇူးပြုခြင်း။

Auspicious, *a.* well omened, နိမိတ်လက္ခဏာကောင်းသော။ —propitious, ကျေးဇူးပြုခြင်းနှင့်ဆိုင်သော။ fortunate, မင်္ဂလာနှင့်ဆိုင်သော။

Austere, *a.* မျက်နှာထားနှင့်ကြပ်တည်းစွာပြုမူတတ်သော။

Austerity, *n.* from above.

Austerities, *n.* ဒုက္ခစရိယ။ s.

Austral, *a.* တောင်မျက်နှာနှင့်ဆိုင်သော။

Authentic, *a.* မူလမှန်သော။

Authenticate, *v. t.* မူလမှန်ကြောင်းကိုပြသည်။

Authenticity, *n.* from Authentic.

Author, *n.* an efficient cause, ဖြစ်စေသောသူ။ the composer of a book, စာကိုစီရင်ရေးထားသောသူ။

Authoress, *n.* စာကိုစီရင်ရေးထားသောမိမ္မ။

Authoritative, *a.* အာဏာရှိသော။

Authority, *n.* right to control, အာဏာ။ အစိုးရခြင်း။ weight, impressiveness, သြဇာ။ testimony, သက်သေ။ a warrant, အခွင့်။ a legal precedent, စာတန်းစာမှတ်။ acting government, စီရင်ကုပ်စိုးသောမင်း။ governmental dominion, အာဏာစက်။ အာဏာတိတ္တမ။

Authorize, *v. t.* အခွင့်ပေးသည်။ (ပြု) ရသောအခွင့်ကိုပေးသည်။

Authorship, *n.* စာစီရင်ရေးထားသောသူ၏အဖြစ်။

Autobiography, *n.* ကိုယ်အဖြစ်အပျက်၊အတ္ထုပ္ပတ္တိကိုစီရင်ရေးထားသောစာ။

Autocrat, *n.* ကိုယ်အလိုအလျောက်စီရင်ပိုင်သောရှင်ဘုရင်။

Auto-da-fe, *n.* ဗရင်ဂျီဘာသာ၌တနှစ်တခါဒိဋ္ဌိတို့ကိုမီးရှို့သောပွဲ။

Autograph, *n.* one's own hand writing, ကိုယ်၏လက်ရေး။ an original manuscript, မူရင်း။

Automaton, *n.* အလိုလိုလှုပ်ရှားတတ်သောအရုပ်။

Autumn, *n.* အင်္ဂလိပ်ပြည်မှာ တတိယဥတု။ နွေကာလနှင့် ဆောင်းကာလအကြားဥတု။

Autumnal, *n.* တတိယဥတုနှင့်ဆိုင်သော။

Auxiliary, *a.* ကူညီသော။ —*n.* ကူညီသောသူ။

Avail, *v.* ကျေးဇူးရှိသည်။ လိုသောအကျိုးကိုဖြစ်စေသည်။ —one's self of, *v. t.* သုံးဆောင်၍အကျိုးကိုရသည်။

Avail, *n.* အကျိုး။ ကျေးဇူး။ *plur.* ရောင်း၍ရသောငွေ။

Avalanche, *n.* တောင်ပေါ်ကလျှော၍ကျသောမိုးသီးပွင့်အစိုင်အခဲ။

Avarice, *n.* လောဘကြီးခြင်း။
Avaricious, *a.* လောဘကြီးသော။
Avast, *int.* တန်တော့။
Avatar, ဟိန္ဒူတာသာ၌ဘုရားပွင့်ခြင်း။
Avaunt, *int.* သွားဟဲ့။
Ave Mary, *n.* ဗရင်ဂျီဘာသာ၌ပဌနာတမျိုး။
Avenge, *v. t.* to take satisfaction by punishing, လက်စားကြေအောင် အပြစ်အလျောက်ဒါဏ်ပေးသည်။ to revenge, လက်စားကြေအောင် ရန်တုံ့ပြန်၍ပြုသည်။
Avengement, *n.* from above.
Avenue, *n.* an entrance-way, ဝင်ဝလမ်း။ an alley planted with trees, တဖက်တချက်ဘာစ်ပင်စိုက်သောလမ်း။
Aver, *v. t.* ကြပ်တည်းစွာပြောထားသည်။
Average, *v. t.* ပြမ်းမျှ၍အညီအမျှကျအောင်စီရင်သည်။ —*v. i.* ပြမ်းမျှ ကြိတ်နယ်၍ဤမျှအကျရှိသည်။
Average, *n.* from above; a medial sum or quantity, ပြမ်းမျှ၊ကြိတ် နယ်၍အမှတ်ထားသောအရာ။
Averment, *n.* from Aver.
Averse, *a.* disinclined, အလိုမရှိသော။ disliking, မကြိုက်သော။ မနှစ် သက်သော။
Aversion, *n.* from above; strong dislike, မြင်ပျင်းခြင်း။ object of dislike, မြင်ပျင်းရာ။
Avert, *v. t.* to turn from, လွှဲသည်။ to divert, လွှဲပယ်သည်။
Aviary, *n.* ငှက်များလှောင်ရာခြိုင်။
Avidity, *n.* အလွန်လိုချင်ခြင်း။
Avocation, *n.* a calling away from, အခြားသို့ခေါ်သွားခြင်း။ a small business which calls away from (a greater,) (အမှုကြီးကို) လွှဲ ၍ဆောင်ရွက်သောအမှုငယ်။
Avoid, *v. t.* to shun, as a moral evil, ရှောင်သည်။ ကြည်ရှောင်သည်။ to shun, as a natural evil, ရှောင်သည်။ ရှောင်လွှဲသည်။ တိမ်း ရှောင်သည်။
Avoidance, *n.* from above.
Avoirdupois, *n.* အလေးမျိုးတမျိုး။
Avouch, *v. t.* to assert positively, ကြပ်တည်းစွာပြောထားသည်။ to produce in favor of, အကြောင်းကိုထုတ်ပြသည်။
Avouchment, *n.* from above.
Avow, *v. t.* အတည့်အလင်းပြောသည်။
Avowal, *n.* from above.
Avulsion, *n.* ဆွဲဆုတ်ခြင်း။

Await, *v. t.* to wait for, expect, ငံ့လင့်သည်။ မျှော်လင့်သည်။ to attend, be ready for, စောင့်နေသည်။

Awake, *v. i.* နိုးသည်။ —*v. t.* to rouse from sleep, နှိုးသည်။ to rouse to action, နှိုးဆော်သည်။ —*a.* နိုးသော။ မအိပ်ဘဲနေသော။

Awaken, *see* Awake.

Award, *v. t.* စီရင်ဆုံးဖြတ်သည်။ —*n.* စီရင်ဆုံးဖြတ်ချက်။

Aware, *a.* သတိရှိသော။

Away, *adv.* absent, အခြားတပါး၌။ to another place, အခြားတပါးသို့။ *int.* begone, သွား။ သွားဟဲ့။ let us go, သွားကြစို့။ —with, *int.* ယူသွား။ —[cannot] with, *v. t.* မရှိမဆံ့နိုင်။

Awe, *n.* ကြောက်ရွံ့ရိုသေခြင်း။ —*v. t.* ကြောက်ရွံ့ရိုသေအောင်ပြုသည်။

Aweigh, *adv.* ကျောက်ဆူးနှုတ်၍မြေ၌ထိရုံရှိသည်နှင့်။

Awful, *a.* striking with awe, ကြောက်ရွံ့ရိုသေဖွယ်ဖြစ်သော။ struck with awe, ကြောက်ရွံ့ရိုသေသော။ frightful, ကြောက်မက်ဖွယ်ဖြစ်သော။

Awhile, *adv.* ကာလအတန်အရာ။

Awkward, *a.* unhandy, clumsy, နေရာကျအောင်မလုပ်၊ မကိုင်တတ်သော။ unpolite, မယဉ်ကျေး၊ ရိုင်းသော။

Awkwardness, *n.* from above.

Awl, *n.* သားရေနယ်ကိုဖောက်ရန်စူး။

Awning, *n.* မိုးဆီးကာ။

Awry, *adv.* အယွဲ့။

Ax, *n.* ပုဆိန်။ —head, *n.* ပုဆိန်နှောင့်။

Axiom, *n.* ဧကဝုစ်စကား။ အာဂိဆိုတည်းဟူသော၊ သက်သေမရှိဘဲလျှက် ဧကန်စင်စစ်သိရသောစကားချက်။

Axis, *n.* ဝင်ရိုး။

Axle, Axletree, *n.* same.

Ay, Aye, *int.* ဟုတ်ကဲ့။ —Aye, *adv.* အစဉ်အမြဲ။

Azure, *a.* ပြာသော။ မိုးဆီးကောင်းကင်အရောင်ရှိသော။

B

Baa, *v. i.* သိုး၊ ဆိတ်ကဲ့သို့မြည်သည်။

Baal, *n.* ဗာလဘုရား။

Babble, *v. i.* to speak imperfectly as a child, အကလေးကဲ့သို့စကားမပြီမသပြောသည်။ to talk idly, to prate, ပြိန်းဖျင်းသောစကားများသည်။ *v. t.* to tell secrets, လျှို့ဝှက်အပ်သောစကားကို အမှတ်တမဲ့ပြောသည်။ —*n.* from above.

Babbler, *n.* a bird of the genus garrulax, ဝါရောင်းငှက်။

Babe, *n.* နို့စို့ကလေး။ နို့စို့သူငယ်။

Babel, *n.* ရှုတ်ထွေးခြင်း။

Babishly, *adv.* ရှိနို့သူငယ်ကဲ့သို့။
Baboon, *n.* မျောက်ကြီးတမျိုး။
Baby, *see* Babe. —house, *n.* ယည်မင်းထားရာအရပ်။
Babyish, *a.* ရှိနို့သူငယ်ကဲ့သို့ဖြစ်သော။
Baccalaureate, *n.* သိပ္ပံကျောင်းတွင်သင်ပြီးမှအရင်ခံသောအရာ။
Bacchanalian, *n.* သေသောက်ကျူး။
Bacchanals, *n. plur.* သေသောက်ပွဲ။
Bachelor, *n.* an unmarried man, မယားမနေသေးသောသူ။ one who has taken the first collegiate degree, သိပ္ပံကျောင်းတွင်အရင်အရာကိုခံသောသူ။
Back, *n.* the hinder part of a man, or upper part of an animal, ကြော။ the hinder part of a thing, နောက်ဖေး။ —of the hand, လက်ဖမိုး။ —of an instrument, အနှောင့်။ —of a chair, &c. အမှီ၊ —bone, *n.* ကြောရိုး။ —door, နောက်ဖေးတံခါးပေါက်။ —ground, ကားပုံ၏နောက်မျက်နှာစာ။ —room, နောက်ဖေးခန်း။ —side, hinder part, နောက်ဖေး။ buttock, တင်ပါး။ —staff, နေတိုင်းတမျိုး။ —stairs, နောက်ဖေးလှေကား။ —stay, နောက်ဆိုင်းကြိုး။ —yard, နောက်ဖေးခြံ။
v. i. to go back, ဆုတ်သည်။ —*v. t.* from above; to support, ထောက်ပင့်သည်။ —a horse, မြင်းပေါ်သို့တက်သည်။ —*a.* လွန်ပြီးသော။ *adv.* to the place whence one came, လာရာအရပ်သို့။ behind, နောက်မှာ။ နောက်သို့။ toward the past, လွန်ပြီးသည်ကာလသို့။ again, in return, အတုံ့။ —bite, *v. t.* ကတိုက်သည်။ ဂုံးချောသည်။ —slide, *v. i.* ရွေလျှော့သည်။ —ward, *a.* reluctant, (ပြု) ခြင်းငှါအလိုမရှိသောစိတ်ပါသော။ dilatory, ဆေးဆေးနှေးနှေးဖြစ်သော။ dull of intellect, ညာဏ်တုံးသော။ behind in time, နောက်ကျသော။ —ward, —wards, *adv.* with the back forwards, နောက်ဆုတ်။ နောက်ပြန်။ toward the place behind, နောက်သို့။ with the back downwards, ပက်လက်။ toward the past, လွန်ပြီးသည်ကာလသို့။ from better to worse, နောက်ယုတ်။ contrary to natural order, ပြောင်းပြန်။ —wards and forwards, *adv.* ခေါက်တုံ့။ ခေါက်ပြန်။ လူးလာ။
Backgammon, *n.* အန်ကစားခြင်းတမျိုး။
Bacon, *n.* ဝက်သားခြောက်။
Bad, *a.* evil, မကောင်းသော။ ဆိုးသော။ diseased, နာသော။ —tempered, *a.* စိတ်မကောင်းသော။
Badge, *n.* အမှတ်အသား။
Badger, 1, *n.* ခွေးတူ။ ဝက်တူ။ —2, *v. t.* တွေဝေစေသည်။
Badinage, *n.* ကျီစားသောစကား။
Badness, *n.* ဆိုးခြင်း။

Baffle, *v. t.* ပရိယာယ်အားဖြင့်အကြံကိုဖျက်သည်။
Bag, *n.* အိတ်။ —*v. t.* အိတ်ထဲသို့သွင်းသည်။
Bagatelle, *n.* အတွက်မရှိသောအရာ။
Baggage, 1, *n.* စစ်သို့ရာပါသောဝန်စလယ်။ —2, *n.* a low woman, ဆိုးယုတ်သောမိမ္မ။
Bagnio, *n.* a bath, ရေချိုးအိမ်။ a brothel, ပြည်တန်ဆာအိမ်။
Bagpipe, *n.* သီခြင်းသံထွက်အောင်နှိပ်ရသောသားရေအိတ်။
Bail, *v. t.* to liberate on security, ခံဝန်သူနှင့်လွှတ်သည်။ —a boat, လှေထဲကရေပက်သည်။ —*n.* from above, 1st def.; one who becomes surety, ခံဝန်သူ။ the amount pledged by a surety, ခံဝန်သူဝန်ခံသောဒါဏ်ငွေ။
Bailiff, *n.* မြို့စာရေး။
Bait 1, *n.* ငါးမျှားစာ၊ ငှက်ထောင်စာမှစ၍မျှားတို့၊ထောင်ဘို့ထည့်သောအစာ။ —1, *v. t.* —a hook, မျှားတို့အစာထည့်သည်။ to feed on the road, ခရီးသွားရာ၌ခဏရပ်၍ကျွေးသည်။ —*v. i.* to take food on a journey, ခရီးသွားရာ၌ခဏရပ်၍စားသောက်သည်။ —2. *v. t.* to attack by dogs, ခွေးကိုရူးတိုက်သည်။
Baize, *n.* သက္ကလတ်ကြမ်းတမျိုး။
Bake, *v. t.* ပေါင်းသည်။ —house, *n.* မုန့်ပေါင်းသောအိမ်။ —meats, *n. plur.* ပေါင်းသောအမဲသား။
Baker, *n.* မုန့်သည်။
Bakery, *n.* မုန့်ပေါင်းသောအိမ်။
Balachong (Malay,) *n.* ငါးပိ။
Balance, *n.* a pair of scales, ချိန်ခွင်။ equipoise, မျှခြင်း။ overplus of weight, ချိန်ရာ၌အပို။ difference between accounts, စာရင်း၌အကျန်။ the beating part of a watch; နာရီခွက်၌ချိန်ခွင်စက်။ Libra, တူရာသီ။ —*v. t.* to produce an equipoise, ချိန်စက်သည်။ to make even or equal, မျှစေသည်။ to compare, တိုက်သည်။ နှိုင်းရှည်သည်။ to settle accounts, ငွေစာရင်းကိုရှင်းလင်းစေသည်။ *v. i.* to be even, on an equipoise, ညီမျှသည်။ to hesitate between two, စိတ်နှစ်ခွရှိသည်။
Balcony, *n.* အပေါ်ဆင့်ပြတင်းပေါက်ပြင်မှာထုတ်သောကြမ်းပြင်။
Bald, *a.* without hair on the head, ခေါင်းတုံးသော။ ထိပ်ပြောင်သော။ naked, bare, ပလာဖြစ်သော။ unadorned, တန်ဆာမဆင်သော။
Baldness, *n.* from above.
Balderdash, *n.* ရောနှော၍ရှုပ်ထွေး၍ယုတ်ညံ့သောအရာ။
Baldrick, *n.* အင်္ကျီပိတ်မူးမတ်တို့ဝတ်ဆင်သောခါးစည်းတန်ဆာ။
Bale, *n.* ကုန်ထုပ်။
Baleful, *a.* အမင်္ဂလာဖြစ်သော။ အကျိုးနည်းစေတတ်သော။
Balk, *v. t.* (သု) အကြံကိုဖျက်သည်။ —*n.* အကြံပျက်ခြင်း။

Ball 1, *n.* a round body, အလုံး။ —for cannon, အမြောက်ဆန်။ —2, *n.* entertainment of dancing, ကသောပွဲ။ —room, *n.* ကသောပွဲခံရာအခန်း။

Ballad, *n.* သီချင်းတမျိုး။

Ballast, *n.* လှေ၊သင်္ဘော၀မ်းစာ။ —*v. t.* —a boat or ship, ၀မ်းစာတင်သည်။ to make steady, မတိမ်းမရိမ်းတည်စေသည်။

Balloon, *n.* မီးအိမ်ပျံ။ မီးပုန်းပျံ။ *see also* Air-balloon.

Ballot, *n.* စည်းဝေးရာ၌အသီးအသီးသဘောရှိသည်အတိုင်းသွင်းသောလက်မှတ်။ —*v. i.* စည်းဝေးရာ၌အသီးအသီးသဘောရှိသည်အတိုင်းရွေး၍လက်မှတ်သွင်းသည်။

Balm, *n.* a kind of fragrant plant, မွှေးသောအပင်တမျိုး။ a fragrant gum, မွှေးသောသစ်စေး။ any thing that relieves or mitigates pain, အနာကိုသက်သာစေတတ်သောဆေး။

Balmy, *a.* like balm, မွှေးသောသစ်စေးကဲ့သို့ဖြစ်သော။ producing fragrant gum, မွှေးသောအစေးကိုဖြစ်စေတတ်သော။ fragrant, မွှေးသော။ affording relief, သက်သာစေတတ်သော။ soothing, စိတ်ပျော်မွေ့စေတတ်သော။

Balsam, *n.* liquid balm, သွက်သောသစ်စေးမွှေး။ —plant, *n.* ဒန့်ဒလက်ပင်။

Balsamic, *a.* အနာကိုသက်သာစေတတ်သော။

Baluster, *n.* ပွတ်လုံး။

Balustrade, *n.* ပွတ်လုံးလက်ရန်း။

Bamboo, *n.* ဝါး။

Ban, *n.* a public notice, ကျော်ညာစေချက်။ an interdict or curse, ကျိန်ချက်။ —*v. t.* ကျိန်သည်။ ကျိန်ဆဲသည်။

Banana, *n.* ငှက်ပျော။

Band, *n.* a ligature, စည်းနှောင်သောကြိုး။ any thing bound round another, ပတ်ထားသောကြိုး။ a company of persons united, သင်းဖွဲ့သောလူစု။ a company of soldiers, စစ်သူရဲတပ်။ *in architecture,* အိမ်ခါးပန်း။ *v. t.* to bind together, စည်းနှောင်သည်။ —*v. i.* to associate, သင်းဖွဲ့သည်။

Bandage, *n.* ကြပ်စည်းသောအဝတ်။ —*v. t.* အဝတ်နှင့်ကြပ်စည်းသည်။

Bandanna, *n.* ပိုးပဝါတမျိုး။

Bandbox, *n.* စက္ကူနှင့်လုပ်သောဗူး။

Bandit, *n.* ထားပြ။ ဗလက္ကာရပြုသောသူ။

Bandoleers, *n. plur.* လက်နက်ကိုင် ဝတ်ဆင် သော ကြက်ခြေခတ် သားရေစလွယ်ကြိုး။

Bandy, *v. t.* to beat to and fro, ပြန်ချေ၊ လှန်ချေရိုက်သည်။ —words, ပလဲ့ပတင်ပြောသည်။ —leg, *n.* ခွင်သောခြေထောက်။

Boastful, *a.* ဝါကြွားတတ်သော။

Bane, *n.* deadly poison, သေစေတတ်သောအဆိပ်။ cause of mischief, ruin, ဘေးဖြစ်စေတတ်သောအကြောင်း။

Baneful, *a.* ဘေးဖြစ်စေတတ်သော။

Bang, *v. t.* ရိုက်ပုတ်သည်။ —about, *v. t.* ကြမ်းတမ်းစွာကိုင်တွယ်၊ပြစ်ခတ်သည်။

Bangle, *n.* a bracelet, လက်ကောက်။ an anklet, တန်ဆာဆင်သောခြေချင်း။

Banian, *n.* ညောင်ပင်။

Banish, *v. t.* ပြည်မှနှင်ထုတ်သည်။

Banishment, *n.* from above; state of banishment, ပြည်မှနှင်ထုတ်ခြင်းကိုခံ၍နေရခြင်း။

Banister, *see* Baluster.

Bank, *n.* a mound of earth, မြေရိုး။ ကန်ပေါင်ရိုး။ a high shore, ကမ်း။ ကမ်းပါး။ a shoal, သောင်။ a bench of rowers, တက်ခတ်သူထိုင်ခုံတန်း။ a depository of money belonging to several, လူများငွေကိုစုပုံ၍ထားရာ။ a building used for such a depository, ငွေတိုက်။ bank proprietors, စုပုံ၍ထားသော ငွေရှင်စု။ —bill, —note, *n.* ငွေတိုက်ကပေးသောငွေလက်မှတ်။ —stock, *n.* ငွေတိုက်၌သိုထားသောငွေ။ —*v. t.* မြေရိုးဖို့သည်။

Banker, *n.* ငွေကိုထိန်းသိမ်းသောသူ။ ငွေထိန်း။

Bankrupt, *n.* ကြွေးမြီတင်၍မဆပ်နိုင်သောသူ။ —law, ကြွေးမြီတင်၍မဆပ်နိုင်သောသူတို့နှင့်ဆိုင်သောပြဋ္ဌာန်းတန်း။

Banner, *n.* အောင်လံ။

Bannock, *n.* မုန့်ပြားတမျိုး။

Banns, *see* Ban, *n.* 1st def.

Banquet, *n.* စားပွဲ။ သောက်ပွဲ။ —*v.* စားပွဲ။ သောက်ပွဲခံသည်။

Banquette, *n.* မြို့ရိုးအတွင်းမှာရှိသောပစ္စင်။

Bantam, *n.* ကြက်ကွ။

Banter, *v. t.* ကျီစားသည်။

Bantling, *n.* နို့စို့သူငယ်။

Baptism, *n.* immersion, နှစ်ခြင်း။ the ordinance of baptism, နှစ်ခြင်းမင်္ဂလာ။ ရေနှစ်မင်္ဂလာ။ ခရစ်ယာန်ဘာသာသွင်းသောမင်္ဂလာ။

Baptismal, *a.* ရေနှစ်မင်္ဂလာနှင့်ဆိုင်သော။

Baptist, *n.* ယုံကြည်သောသူသည်နှစ်ခြင်းမင်္ဂလာကိုခံရမည်ဟုယူသောသူ။

Baptistery, *n.* နှစ်ခြင်းမင်္ဂလာကိုပေးရာရေကန်။

Baptize, *v. t.* to immerse, နှစ်သည်။ to administer baptism, ရေနှစ်မင်္ဂလာကိုပေးသည်။ ခရစ်ယာန်ဘာသာသွင်းမင်္ဂလာကိုပေးသည်။

Bar, *n.* a long piece of wood, iron, &c. သစ်ချောင်း၊ သံချောင်း အစရှိသောအချောင်း။ same placed across to obstruct, ကန့်လန့်ကျင်။ any obstacle, အဆီးအတား။ a shoal at the entrance of a river,

မြစ်ဝပြင်မှာရှိသောစည်း။ an inclosure where cases are tried in court, တရားမှုကိုစီရင်သောမင်းထိုင်ရာကိုကာသောအတွင်းလက်ရန်း။ the body of lawyers, ရှေ့နေစု။ —of a tavern, ယမင်းဆိုင်ရှင်ထိုင်၍ရောင်းရာအခန်း။ —iron, *n.* သံချောင်းစု။ —keeper, *n.* ထမင်းဆိုင်စောင့်။ —shot, *n.* အမြောက်ဆန်ခလက်။ *v. t.* to fasten with a bar, ကန့်လန့်ကျင်ထိုးသည်။ to obstruct, ကန့်ကွက်သည်။ ဆီးတားသည်။

Barb, *n.* —of an arrow, စည်းသွားထစ်။ —of a fish hook, ငါးမျှားထစ်။ —*v. t.* အထစ်ရှိအောင်လုပ်သည်။

Barbacan, *n.* ခံတပ်။

Barbarian, *n.* a foreigner, တတိုင်းတနိုင်ငံသား။ a savage, လူရိုင်း။ a cruel man, ရက်စက်သောသူ။

Barbarism, *n.* တတိုင်းတနိုင်ငံသားတို့၏မလျော်ပြောထုံးနည်း။

Barbarity, *n.* from next.

Barbarous, *a.* savage, ရိုင်းစိုင်းသော။ cruel, inhuman, ရက်စက်သော။

Barbecue, *v. t.* အကောင်မပျက်ကင်သည်။

Barbed, *a.* စည်းသွားထစ်နှင့်ပြည့်စုံသော။

Barber, *n.* ဆတ္တာသည်။

Barbet, *n.* (green species,) ဖိုးခေါင်။

Barbican, *n.* ပစ္စင်။

Bard, *n.* သီချင်းစီကုံးသောသူ။ စာဆို။

Bare, *a.* naked, အချည်းစည်း။ open, exposed, ပလာ။ ဟင်းလင်း။ unadorned, တန်ဆာမဆင်ပျင်သော။ mere, သက်သက်။ —faced, *a.* with the face uncovered, မျက်နှာဖုံးမပါသော။ open without concealment, တည့်တင်းသော။ shameless, အရှက်မရှိသော။ —foot, *a.* or *adv.* ခြေနင်း၊ ဘိနပ်မပါသော။ —headed, *a.* ခေါင်းတန်ဆာမပါသော။ —legged, *a.* ခြေစွပ်မပါသော။ *v. t.* to make naked, အဝတ်ကိုချွတ်သည်။ to uncover, အဖုံးကိုလှန်သည်။

Barely, *adv.* nakedly, အချည်းစည်း။ indigently, ဆင်းရဲစွာ။ merely, ရုံမျှ။ ကာမျှ။

Bargain, *v.* ရောင်းဝယ်မှုမှာသဘောတူဝန်ခံသည်။ —*n.* from *do.* the thing bought or sold, ရောင်းဝယ်သောအရာ။

Barge, *n.* သံဘန်ကြီးတမျိုး။

Bark, 1, *n.* သစ်ခေါက်။ သစ်ခွံ။ —1, *v. t.* to strip off the bark, သစ်ခေါက်၊ သစ်ခွံကိုခွာသည်။ —2, —as a dog, ဟောင်သည်

Barley, *n.* မုယော။ —corn, *n.* မုယောစေ့။

Barm, *n.* ပေါက်စေသောအမြှုပ်။

Barn, *n.* မြင်း၊ နွား၊ ဆန်၊ စပါး၊ မြက်ခြောက်မှစ၍အသုံးအဆောင်များကိုထားသောတင်းကုပ်။

Barnacle, *n.* ခရင်း။

Barometer, *n.* မိုဃ်းလေကိုတိုင်းချိန်သောတန်ဆာ။
Baron, *n.* ဗာရုန်။ အင်္ဂလိတ်မှူးမတ်တမျိုး။
Baronet, *n.* ဗာရောနက်။ မှူးငယ်၊ မတ်ငယ်။
Barouche, *n.* ပေါင်းမပါ၊ ဘီးနှစ်စုံတင်သောရထား။
Barque, *n.* နှစ်ပင်တိုင်ခွဲသင်္ဘော။
Barrack, *n.* လက်နက်ကိုင်အမှုထမ်းတို့နေရာတန်းအိမ်။
Barrel, *n.* စည်။ a tube, ကျည်တောက်။ ပြောင်း။ —*v. t.* စည်၌သွင်းထားသည်။
Barren, *a.* not bearing children, မြုံသော။ without young, or without fruit, မိုသော။ sterile, ညှို့၍အသီးအနှံများစွာမထွက်သော။ not inventive, ထိုးထွင်းသောညာဏ်မရှိသော။ unproductive, profitless, ကျေးဇူးမရှိသော။ အကျိုးကိုမပေးသော။
Barrenness, *n.* from above.
Barricade, *n.* ရန်သူတို့ကိုကာဆီးသောအရာ။ —*v. t.* ရန်သူတို့ကိုကာဆီးသည်။
Barrier, *n.* a fence or any thing that prevents approach, an obstruction, obstacle, အကာ။ အဆီးအကာ။ အဆီးအတား။ a boundary, အပိုင်းအခြား။ a fortress or frontier, ပြည်စွန်၌တည်သောခံတပ်။
Barrister, *n.* ရှေ့နေ။
Barrow, *n.* သင်းဖြီးသောဝက်။
Barter, *v. t.* လဲသည်။ ထပ်သည်။ ဖလှယ်သည်။ —*n.* from *do.*
Base, *n.* အခြေ။ အမြစ်။ အောက်ခံ။ —(of a pagoda,) ဘိနပ်။ —(of a right angled triangle,) မူလအနား။ *v.* အမြစ်ချသည်။ —*a.* mean, ယုတ်သော။ ယုတ်ညံ့သော။ vile, ယုတ်မာသော။ ညစ်ညမ်းသော။ —born, *a.* illegitimate, မင်းဦးမင်းလျှင်မွေးသော။ of low birth, ယုတ်သောအမျိုးဖြစ်သော။
Baseless, *a.* အခြေအမြစ်မရှိသော။
Basement, *n.* ခုံ။ တိုက်ခုံ။
Baseness, *n.* from Base, *a.*
Bashaw, *n.* ပသီမြို့ဝန်။
Bashful, *a.* ရှက်တတ်သော။ —Bashfulness, *n.* from *do.*
Basilicon, *n.* ဖယောင်းချက်တမျိုး။
Basilisk, *n.* မြွေဆိုးတမျိုး။
Basin, *n.* a large bowl, ဇလုံ။ အင်တုံ။ a small pond, ရေအိုင်။ ရေကန်။ a hollow made by falling water, ချောင်းစာလုပ်။ a small bay, ပင်လယ်ထောင့်ကွေ့။
Basis, *see* Base.
Bask, *v. i.* နေစာလှုံသည်။
Basket, *n.* (of different kinds,) တောင်း။ ခြင်း။ ပုံ။ ဇာ။ ပလိုင်း။

Bass, (*pron. Base,*) *n.* ဘောက်သံ။ ဘသံ။ —viol, *n.* တယောကြီး။
Bass-relief, *see under* Relief.
Bassoon, *n.* နှဲကြီးတမျိုး။
Bastard, *n.* မင်းဦးမင်းလွှင်ရသောသား။ —*a.* ဇာတိမဟုတ်။ ပဝတ္တိဖြစ်သော။
Baste, 1, *v. t.* to beat, ရိုက်သည်။ to moisten with dripping, အသားကင်ရာ၌ဆီဆွတ်သည်။ —2, *v. t.* to sew slightly, သီတွယ်၍ထားသည်။
Bastinade, *v. t.* ခြေဖဝါးကိုရိုက်ပုတ်သည်။ —Bastinado, *n.* from *do.*
Bastion, *n.* ဝက်ခေါင်း။
Bat 1, *n.* the animal, လင်းနို့။ လင်းဆွဲ။ —2, *n.* a stick to strike a ball with, ပလီတံ။
Batch, *n.* a quantity of bread baked at once, တခါတည်းပေါင်းသောမုန့်။ a mass of things made at once, တခါတည်းလုပ်သောအစုအပေါင်း။
Bateau, *n.* လှေတမျိုး။
Bath, *n.* ရေချိုးကန်။
Bathe, *v. t.* ရေချိုးသည်။ —Bathing room, *n.* ရေချိုးခန်း။
Batoon, *n.* စစ်သူကြီးဆောင်သောအရာဒုတ်။
Batta, (East Indian,) — ပိုမို၍ခံရသောအခ။
Battalia, *n.* စစ်အခင်းအကျင်း။
Battalion, *n.* တတပ်။
Batten, *n.* တံခါးပေါင်။ —*v. see* Fatten.
Batter, *v. t.* ကြိမ်ဖန်များစွာရိုက်ပုတ်ထိုးခတ်၍ဖျက်ဆီးသည်။ —*n.* ရောနှောသောစားစရာတမျိုး။
Battering ram, *n.* ဝက်ခွတုံးဆွဲ။
Battery, *n.* a place on which guns are mounted, အမြောက်တင်ရန်မြေကတုတ်။ number of guns mounted, ခင်းကျင်း၍ထားသောအမြောက်စု။ *in law,* သူတပါးကိုရိုက်ပုတ်ခြင်း။
Battle, *v. t.* စစ်တိုက်သည်။ စစ်ထိုးသည်။ စစ်ပြိုင်သည်။ —*n.* from *do.* —array, *n.* စစ်အခင်းအကျင်း။ —ax, *n.* ရဲတင်း။
Battledoor, *n.* ပလီလိတမျိုး။
Battlement, *n.* သူရဲဒိုးနှင့်ပြည့်စုံသောမြို့ရိုး။
Bauble, *n.* အသုံးမရှိသောကစားစရာအရာ။
Bawd, *n.* မိမ္ဘထိန်း။
Bawdy, *a.* ညစ်ပတ်သော။
Bawl, *v. i.* အော်သည်။
Bay 1, *n.* an opening of the sea into the land, ပင်လယ်ထောင့်ကွေ့။ —2, *n.* the laurel, သစ်ပင်တမျိုး။ bays, *plur.* an honorary garland, ပန်းဦးရစ်။ —3, *n.* the act of making a stand when

surrounded, ပြေးနိုင်စရာမရှိ။ ခုခံလျှက်နေခြင်း။ —4, *v. i.* ရပ်၍ဟောင်သည်။ —5, *a.* စိုင်လျှော်။

Bay-salt, *n.* ပင်လယ်ဆား။

Bay-window, *n.* ခုံးသောပြတင်းပေါက်။

Bayonet, *n.* သေနတ်စွပ်လှံ။ —*v. t.* သေနတ်စွပ်လှံနှင့်ထိုးသည်။

Bazar, *n.* ဈေး။

Be, *v. i.* to exist or become or have some quality, ဖြစ်သည်။ —(in some place,) ရှိသည်။ —about, *v. t.* to be doing, လုပ်နေသည်။ —about to (do,) *v.* (ပြု) လုသည်။ (ပြု) လုနီးသည်။ —it so, *int.* ဤသို့ဖြစ်စေ။ ဖြစ်စေတော့။

Beach, *n.* ကမ်းခြေသောင်ပြင်။

Beached, *a.* သောင်ခုံပေါ်မှာတင်၍လှိုင်းခတ်ခြင်းကိုခံရသော။

Beacon, *n.* သတိပေးရန်သော်ငှင်၊ ဘေးလွှတ်ရာလမ်းကိုပြရန်သော်ငှင်၊ ထွန်းသောမီးစ၊ စိုက်သောအထိမ်းအမှတ်။

Bead, *n.* ပုတီး။

Beadle, *n.* မင်းလုလင်။

Beagle, *n.* ယုန်ကိုလိုက်တတ်သောခွေး။

Beak, *n.* —of a bird, နှုတ်သီး။ —of a vessel, သင်္ဘောဦးဖျား။

Beaker, *n.* ကရားတမျိုး။

Beam 1, *n.* a main piece of timber in a roof, ထုပ်။ လျှောက်။ any piece of timber hewed for use, ရွေးပြီးသောသစ်တုံး။ —of a balance, ချိန်ခွင်ပေါင်။ —of a loom, ရက်ကန်းလက်လိပ်။ —of a plough, ထယ်ထုံး။ —of a carriage, ရထားသန်။ —2, *n.* a ray of light, ရောင်ခြည်။ —2, *v. i.* ရောင်ခြည်ထွက်သည်။

Beamy, *a.* ရောင်ခြည်ထွက်တတ်သော။

Bean, *n.* ပဲတမျိုး။

Bear 1, *n.* ဝက်ဝံ။ —[Great,] ဂုဏ်ည်။ —[Little,] ရှုဝိကြေးမှို။ —2, *v. t.* to support, sustain, မသည်။ ခံသည်။ အောက်ကခံသည်။ to carry, ဆောင်သည်။ ကြည်းဆောင်သည်။ to carry about one's person, wear, ဆောင်သည်။ ကိုယ်၌ဆောင်သည်။ —as pain, expense, &c. ခံသည်။ to be able to sustain, endure, ခံနိုင်သည်။ (*neg.*) to be not capable of မချိမဆံ့။ to endure with patience, သည်းခံသည်။ to bring forth, as creatures, ပွားသည်။ —as trees, သီးသည်။ —a hand, ကြိုးစားအားထုတ်သည်။ a price, အဘိုးရှိသည်။ —witness or testimony, သက်သေခံသည်။ —*v. i.* to be practicable, ဖြစ်သည်။ to sail (in some direction,) ရွက်တိုက်သည်။ to be situated as to the point of compass, တောင်မျက်နှာ။ မြောက်မျက်နှာအစရှိသောအရပ်တို့၌နေရောက်သည်။ —away, *v. t.* ဆောင်သွားသည်။ —down, ဖိစီးသည်။ —hard, နှိပ်သည်။ —off, ဆောင်သွားသည်။ —on, ဖိစီးသည်။

—out, လက်ခံ၍ထောက်ပင့်သည်။ —through, ဆောင်ရွက်သည်။ —up, to support, keep from failing, မသည်။ အောက်ကခံသည်။ to keep afloat, ပေါ်လောနေစေသည်။ —*v. i.* to be firm, not to sink, စိတ်မပျက်၊ခံနေသည်။ upon, *v. t.* to rest on, မှီနေသည်။ to be connected with, ဆိုင်သည်။ to be directed against, ရွယ်လျက်ရှိသည်။ —with, *v. t.* သည်းခံသည်။

Beard, *n.* —of the face, မုဆိပ်။ —on the ears of corn, စပါးမြီး။ *see also* Barb, *n.* —*v. t.* to pull the beard, မုဆိပ်ကိုဆွဲသည်။ to oppose to the face, ရင်ဆိုင်၍ငြင်းခုံသည်။

Beardless, *a.* မုဆိပ်မရှိသော။

Bearer, *n.* one that bears, ခံသောသူ။ ဆောင်သောသူ။ a porter, ထမ်းရွက်သောသူ။ ထမ်းသမား။ a tree that bears fruit, အသီးကိုသီးသောအပင်။

Bearing, *n.* mien, behavior, အနေအထိုင်၊အပြုအမူ။ connection, influence, ဆိုင်ခြင်း။ situation as to the point of compass, တောင်မျက်နှာ၊ မြောက်မျက်နှာအစရှိသောအရပ်တို့၌နေရာကျခြင်း။

Bearish, *a.* ဝက်ဝံကဲ့သို့ဖြစ်သော။

Beast, *n.* a quadruped, သား။ အခြေလေးချောင်း ရှိသော တိရိစ္ဆာန်။ a filthy person, ညစ်ပတ်သောသူ။

Beastly, *a.* like a beast, တိရိစ္ဆာန်ကဲ့သို့ဖြစ်သော။ filthy, ညစ်ပတ်သော။

Beat, *v. t.* to strike, ရိုက်ပုတ်သည်။ to strike (as an instrument of music,) တီးသည်။ to hammer, ခတ်သည်။ to pound, ထောင်းသည်။ to agitate, stir up, ခလောက်သည်။ —as water or wind, တိုက်သည်။ —a path, လမ်းဖြစ်အောင်နင်းသည်။ —time, သီခြင်းသံညီအောင်လက်မြှောက်နှိမ့်၍အရိပ်ပြသည်။ to conquer, နိုင်သည်။ အောင်သည်။ *v. i.* —as the pulse, တိုးသည်။ ခုန်သည်။ to sail against the wind, လေညာသို့တိုက်သည်။ about, *v. t.* အရပ်ရပ်တို့၌ရှာသည်။ —against, *v. t.* တိုက်သည်။ ထိခိုက်သည်။ —back, *v. t.* လှန်သည်။ ဆုတ်စေသည်။ —down, *v. t.* to drive down, နှက်သည်။ to break down, ဖြိုဖျက်သည်။ —the price, ဆစ်ဆွက်သည်။ —in, *v. i.* as rain, ပက်သည်။ —into, *v. t.* ကြိုးစား၍သင်ချသည်။ —off, *v. t.* ဆုတ်စေသည်။ —out, *v. t.* to extend by hammering, အပြား ခတ် သည်။ to exhaust strength, အားကုန်စေသည်။ —up, *v. t.* ရုတ်ခနဲတိုက်သည်။ —up for, *v. t.* (ယက်နက်ကိုင်သစ်ကို) ရှာသည်။ —upon, *v. t.* တိုက်သည်။

Beat, *n.* တချက်၊ နှစ်ချက်အစရှိသောအချက်။

Beatific, *a.* ကောင်းကင်ချမ်းသာနှင့်ဆိုင်သော။

Beatify, *v. t.* ကောင်းကင်ချမ်းသာကိုခံစားစေသည်။

Beatitude, *n.* heavenly blessedness, ကောင်းကင်ချမ်းသာ၊ a maxim of blessedness, မင်္ဂလာသုတ်၌ပါသောအချက်။

Beau, *n.* လှပစွာဝတ်ဆင်တတ်သောလူပျို။ —ideal, *n.* စိတ်ကူး၍အရှိထင်သည့်အတိုင်းကောင်းသည်ထုသဘောကျသောအရာ။ —monde, ကာလထုံးစံကိုလိုက်၍ယဉ်ကျေးသောလူစု။

Beauteous, Beautiful, *a.* လှသော။

Beautify, *v. t.* လှစေသည်။

Beauty, *n.* assemblage of features or qualities pleasing to the eye, လှခြင်း။ a particular feature or quality that is pleasing, လှသောလက္ခဏာ။ a beautiful thing, လှသောအရာ။ a beautiful woman, လှသောမိန်းမ။ —spot, *n.* နံ့သာပြောက်။

Beaver, *n.* the animal, ဖျံကတိုး။ a hat made of beaver's fur, ဖျံကတိုးမွေးဖြင့်လုပ်သောသိုး။ the part of a helmet covering the face, မျက်နှာဖုံးသံချပ်။

Becalm, *v. t.* (လေကိုငြိမ်စေ၊ စိတ်နှလုံးကိုငြိမ်စေ) ငြိမ်းစေသည်။

Because, *conj.* သောကြောင့်။ —of, *prep.* ကြောင့်။

Beche-de-mer, *n. see* sea slug.

Beck, *n.* ခေါင်းကိုညိတ်ခြင်း။

Beckon, *v. t.* ခေါင်းညိတ်သဖြင့်ဖြစ်စေ၊ လက်ယပ်သဖြင့်ဖြစ်စေ၊ အမှတ်ပေးသည်။

Becloud, *see* Cloud. *v. t.*

Become, *v. i.* to pass from one state to another, (တစုံတခုသော) အဖြစ်သို့ရောက်သည်။ —*v. t.* to suit, befit, accord with, တော်လျော်သည်။ တော်သင့်သည်။ လျောက်ပတ်သည်။ —of, *v.* to happen to, (၌) ဖြစ်သည်။

Bed, *n.* a thing to sleep on, အိပ်ရာ။ conjugal connection, စုံဖက်ခြင်း။ a compartment, in a garden, ယာခင်း။ —of a river, မြစ်ရေစီးကြောင်း။ the hollow in which something rests, တဖက်မြုပ်၊ တဖက်ပေါ်သောနေရာ။ a layer, stratum, (မြေ၌) အထပ်အလွှာ။ —chamber, *n.* အိပ်ခန်း။ —clothes, အိပ်ရာခင်း။ —fellow, အိပ်ဖော်အိပ်ဖက်။ —maker, အိပ်ရာကိုခင်းသောသူ။ —pan, မထမထိုင်နိုင်သောလူနာတို့ကျင်ကြီးကျင်ငယ်စွန့်ရန်အိုးပြား။ —post, ခုတင်၌ပါသောမျက်နှာကြက်တိုင်။ —rid, ridden, *a.* ကြာကြာနေ၍တုံးလုံးနေရသော။ —room, အိပ်ခန်း။ —side, ခုတင်အနား။ —stead, ခုတင်။ ဖအိုင်း။ —a kind used by people of rank, သာလွန်။ —tick, မွေ့ရာတို့ချုပ်သောအထည်။ —time, အိပ်ချိန်။ —*v. t.* အမြစ်ချသည်။ နေရာချသည်။ —with, *v.* အတူအိပ်သည်။ စုံဖက်သည်။

Bedaub, *see* Daub.

Bedding, *n.* အိပ်ရန်ကရိယာအစုံ။

Bedeck, *see* Deck, *v.*
Bedew, *v. t.* နှင်းနှင့်စိုစွတ်စေသည်။
Bedim, *see* Dim, *v.*
Bedizen, *v. i.* ပဝတ္တိတန်ဆာနှင့်ဆင်ရင်သည်။
Bedlam, *v.* အရူးများကိုထားသောအိမ်။
Be-draggle, *see* Draggle.
Be-drench, *see* Drench.
Bee, *n.* ပျားကောင်။ —bread, ပျားပြုပျင်သောဝတ်မှုန်။ —hive, ပျားအိမ်။
Beech, *n.* သစ်ပင်တမျိုး။
Beef, *n.* a bull, cow, နွား။ the flesh of *do.* when killed, နွားသား။ —steak, *n.* ကင်သောနွားသား။
Beer, *n.* ဂျုံရည်။
Beeswax, *n.* ဖယောင်း။
Beet, *n.* မုံလာဥနီ။
Beetle, 1, *n.* the insect, နောက်ချေးပိုး။ —2, a large mallet, တင်ပုတ်။ —3, *v. i.* အစွန်းထွက်သည်။
Beeves, *plur.* of Beef, *n.* နွားတို့။
Befall, *v.* ဖြစ်လာသည်။
Befit, *see* Fit, *v.*
Befool, *see* Fool, *v.*
Before, *prep.* or *adv.* in front or in presence of, ရှေ့။ preceding in time, previous, အရင်။ အထက်။ ယခင်။ မ-မှီ။ မ-ခင်။ above, superior to, အထက်။ ထက်။ —hand, *adv.* antecedently, အရင်။ မ-မှီ။ မ-ခင်။ in a state of accumulation, အမို့အမို။
Befoul, *see* Foul, *v.*
Befriend, *v. t.* to favor, act the part of a friend, မိတ်ဆွေဝတ်ပြုသည်။ ကျေးဇူးပြုသည်။ to countenance, မျက်နှာပေးသည်။
Befringe, *see* Fringe, *v.*
Beg, *v. t.* to ask in charity, တောင်းစားသည်။ to entreat for, တောင်းပန်သည်။ to assume, ဟုတ်ကြောင်းကိုမပြဘဲဟုတ်သည်ကိုယူသည်။ —pardon, ကန်တော့သည်။
Beget, *v. t.* to generate, သားရအောင်သန္ဓေပေးသည်။ ဖြစ်ပွားစေသည်။ to produce, ဖြစ်စေသည်။
Beggar, *n.* သူတောင်းစား။ —*v. t.* မွဲစေသည်။ ဆင်းရဲစေသည်။
Beggarly, *a.* extremely indigent, အလွန်ဆင်းရဲသော။ mean, despicable, ယုတ်ညံ့သော။ —Beggary, *n.* အလွန်ဆင်းရဲခြင်း။
Begin, *v. i.* to commence existing or being, အစရှိသည်။ စသည်။ ဦးသည်။ to commence operating on, အစပြုသည်။ လုပ်စပြုသည်။ *v. t.* အစတင်။ စတင်။
Beginning, *n.* commencement, အစ။ အဦး။ origin, မူလ။ အရင်း။

Begird, *see* Gird.
Begone, *int.* သွား။ သွားဟဲ့။
Begrime, *v. i.* အညစ်အကြေးစွဲကပ်စေသည်။
Begrudge, *see* Grudge, *v.*
Beguile, *v. t.* to deceive, လှည့်စားသည်။ to while away, ပရိယာယ် အားဖြင့်သာယာစွာလွန်စေသည်။
Behalf, *n.* အဖို့။ အတွက်။
Behave, *v. i.* ကျင့်ဆောင်ပြုမူသည်။
Behavior, *n.* from above, အခြင်းအရာ။
Behead, *n.* လည်ပင်းကိုဖြတ်သည်။
Behemoth, *n.* ဗေဟိမုတ်မြင်းကြီး။
Behest, *n.* ပညတ်။
Behind, *prep.* or *adv.* at the back, နောက်။ remaining, ကျန်ရစ်လျက်။ ကျန်ကြွင်းလျက်။ under, inferior to, အောက်။ယုတ်လျက်။ not keeping up, နောက်ကျလျက်။ not yet brought forward, မပေါ်သေးလျက်။ —hand, *adv.* not keeping up, နောက်ကျလျက်။ in arrear, ပေးစရာရှိသည်အတိုင်းမပေးဘဲ။
Behold, *v. t.* ကြည့်သည်။ ကြည့်ရှုသည်။
Beholden, *a.* ကျေးဇူးတင်သော။
Behoof, *n.* အကျိုး။ ကျေးဇူး။
Behoove (to do,) *v.* မ(ပြု)ဘဲမနေအပ်။ (ပြု)ရမည်။
Being, *n.* existence, ဖြစ်ခြင်း။ a person existing, ဖြစ်သောသူ။
Belabor, *v. t.* ရိုက်ပုတ်သည်။
Belated [be,] *v. t.* အချိန်လွန်မှမိုးချုပ်သည်။
Belay, *v. t.* ကြိုးကိုသတ်၍ထားသည်။
Belch, *v.* to raise wind from the stomach, လေတက်သည်။ to eject violently, ပြင်းစွာထုတ်ပြစ်သည်။
Beldam, *n.* အရုပ်ဆိုး၍ကြမ်းတမ်းသောမိန္မအို။
Beleaguer, *v. t.* ဝိုင်းရံ၍တပ်ချသည်။
Belfry, *n.* ခေါင်းလောင်းစင်။
Belial, *n.* အဓမ္မ။
Belie, *v. t.* to show to be false, မှုသာဖြစ်သည်ကိုပြသည်။ to counterfeit, အရောင်ဆောင်သည်။ to represent falsely, (သူတပါး အကြောင်းကို) မဟုတ်တရုတ်ပြောသည်။
Belief, *n.* from next; matter of belief, ယုံချက်။ ယုံကြည်ချက်။
Believe, *v. t.* ယုံသည်။ယုံကြည်သည်။ —*n.* ယုံသောသူ။ယုံကြည်သောသူ။
Belike, *adv.* ဖြစ်ကောင်းဖြစ်သည့်နှင့်။
Belittle, *v. t.* ငယ်စေသည်။
Bell, *n.* (large) ခေါင်းလောင်း။ (small) ဆည်းလည်း။ a round one, jingle, ချူ။ —man, လှည့်လည်၍ဆည်းလည်းလှုပ်သောသူ။

—metal, ခေါင်းလောင်းသွန်းရန်ကြေး၊ သံရောနှောသောလောဟာ။
—mouthed, *a.* အဝပြဲသော။ —wether, *n.* ချူဆွဲသောသိုးထီး။

Belle, *n.* လှလှဝတ်တတ်သောအပျို။

Belles lettres, *n. plur.* စာမူ၊ စာရေးခြင်းနှင့်ညှိသိမ်မွေ့သောအတတ်စု။

Belligerent, *a.* စစ်တိုက်လျက်ရှိသော။ —*n.* စစ်တိုက်လျက်ရှိသောပြည်။

Bellow, *v. i.* to roar as a bull, (နွား) တွန်သည်။ to make a similar noise, နွားတွန်သကဲ့သို့အော်သည်။ to roar as the wind or sea, ဟုန်းသည်။

Bellows, *n.* ဖို။

Belly, *n.* ဝမ်း။ —ache, ဝမ်းကိုက်ခြင်း။ —ful, ဝမ်းပြည့်ဝခြင်း။

Belly, *v. i.* ဖောင်းထွက်သည်။

Belong, *v. i.* ဆိုင်သည်။ စပ်ဆိုင်သည်။

Beloved, *a.* ချစ်သော။ ချစ်ခြင်းကိုခံသော။

Below, *prep.* or *adv.* အောက်။

Belt, *n.* ခါးပတ်။ ခါးပန်း။

Bemire, *v. t.* ရွှံ့လူးသည်။

Bemoan, *v. t.* ညည်းတွားမြည်တမ်းသည်။

Bench, *n.* a long seat, ရှည်သောထိုင်ခုံ။ a seat of justice, တရားမသူကြီးထိုင်ရာပလ္လင်။ the court, တရားမသူကြီးစု။

Bend, *v. i.* to be crooked, ကောက်သည်။ to bow at the end or sink in the middle, ညွတ်သည်။ to hang over, ကိုင်းသည်။ to be curving, ကွေ့သည်။ —*v. t.* ကောက်စေသည်။ ညွတ်စေသည်။ ကိုင်းစေသည်။ to curve, to draw together at the ends, ကွေးသည်။ to make submit, နှိမ့်ချသည်။ to exert, အားထုတ်သည်။ —as a bow, လေးကိုတင်သည်။ flexibly, pliantly, နွဲ့သည်။ —*n.* အကွေး။ အကွေ့။ ထောင့်ကွေ့။

Beneath, *prep.* or *adv.* အောက်။

Benediction, *n.* ကောင်းကြီးပေးခြင်း။ မေတ္တာပို့ခြင်း။

Benefaction, *n.* ကျေးဇူးပြုခြင်း။ —Benefactor, ကျေးဇူးရှင်။ —Benefactress, ကျေးဇူးရှင်မ။

Benefice, *n.* ဓမ္မဆရာအသက်မွေးရန်ဖြစ်သောအရာ။ —Beneficed, *a.* ဓမ္မဆရာအသက်မွေးရန်ဖြစ်သောအရာကိုရသော။

Beneficence, *n.* from next.

Beneficent, *a.* ကျေးဇူးပြုတတ်သော။

Beneficial, *a.* အကျိုးကိုဖြစ်စေတတ်သော။ အကျိုးရှိသော။

Beneficiary, *n.* အသက်မွေးခြင်းကျေးဇူးကိုခံရသောသူ။

Benefit, *n.* ကျေးဇူး။ အကျိုး။ —*v. t.* to do good to, ကျေးဇူးပြုသည်။ အကျိုးကိုပေးသည်။ —*v. i.* to derive advantage, အကျိုးရှိသည်။ အာနိသင်ရှိသည်။

Benevolence, *n.* ကြည်ညိုသောသဘော၊ ကျေးဇူးပြုချင်သောသဘော၊ ချမ်း

သာစေချင်သောသဘော။ —Benevolent, *a.* ကြည်ညိုသော။ ကျေးဇူး ပြုချင်သော။ ချမ်းသာစေချင်သော။

Bengalee, *n.* a native of Bengal, ဘင်္ဂါလီ။ ဘင်္ဂါလီလူ။ the Bengal language, ဘင်္ဂါလီစကား။ —*a.* ဘင်္ဂါလီပြည်နှင့်ဆိုင်သော။

Benighted [be,] *v. t.* to be over-taken by the night, အချိန်လွန်မှ လာ၍ညည့်နက်သည်။ to be involved in moral darkness, မောဟနှင့်လွှမ်းမိုးလျက်ရှိသည်။

Benign, Benignant, *a.* ကျေးဇူးပြုချင်သော။ အကျိုးကိုဖြစ်စေတတ်သော။ ချမ်းသာပေးတတ်သော။ —Benignity, *n.* from above.

Benison, *n.* မေတ္တာပို့ခြင်း။

Benjamin, *see* Benzoin.

Bent, *pret.* of Bend. —on [be,] *v. i.* စိတ်တန်းသည်။

Bent, *n.* a curve, flexure, အကောက်။ အကွေ့။ inclination, ဝါသနာ။

Benumb, *v. t.* ထုံစေသည်။ ထုံကျဉ်စေသည်။

Benzoin, *n.* ကတ္တူကမည်း။

Bepraise, *v. t.* ချီးမွမ်းလွန်းသည်။

Bequeath, *v. t.* အမွေကိုပေးသည်။ သေတန်းစာနှင့်ပေးသည်။

Bequest, *v.* သေတန်းစာနှင့်ပေးသောအမွေဥစ္စာ။

Berate, *v. t.* တိုင်းထွာသည်။

Bereave, *v. t.* (တစုံတခု) မဲ့ဖြစ်အောင်ပြုသည်။ —ment, *n.* from *do.*

Bergamot, *n.* a species of pear, သစ်သီးတမျိုး။ a species of perfume, နံ့သာတမျိုး။

Berry, *n.* အစေ့ငယ်များပါသောအသီးငယ်။

Berth, *n.* the station where a ship lies, သင်္ဘောကျောက်ဆူးချ၍နေရာ အရပ်။ an apartment in a ship, သင်္ဘောထဲမှာ နေရာအခန်း။ a bed-place at the side of a cabin, သင်္ဘောအတွင်းနံရံကိုမှီ၍ အိပ်ဖို့ရာလုပ်ထားသောစင်။

Beryl, *n.* မြတမျိုး။

Beseech, *v. t.* တောင်းပန်သည်။

Beseem, *v. t.* တော်လျော်သည်။ တော်သင့်သည်။ လျောက်ပတ်သည်။

Beset, *v. t.* to surround, ဝိုင်းရံသည်။ to harrass, perplex, နှောင့်ရှက် သည်။

Beshrew, *v. t.* ကျိန်ဆဲသည်။

Beside, *prep.* at the side, အနားမှာ။ in addition, အပြင်မှာ။ not belonging to, not in course, အလွဲ။ —one's self [be,] *v. i.* အရူးဖြစ်သည်။ Besides, *adv.* moreover, အပြင်။ မှတပါး။ more than, မက။

Beseige, *v. t.* to beleaguer, ဝန်းရံ၍တပ်ချသည်။ to surround and annoy, ဝန်းရံ၍နှောင့်ရှက်သည်။

Besmear, *see* Smear.

Besom, *n.* တန်မြက်စည်း။

Besot, *v. t.* အရူးကဲ့သို့ဖြစ်စေသည်။

Bespangle, *see* Spangle, *v.*

Bespatter, *see* Spatter, *v.*

Bespeak, *v. t.* to speak for beforehand, အရင်တင်၍မှာသည်။ to speak to, ပြောဆိုသည်။ to indicate, အရိပ်အမြွက်ကိုပြသည်။ to forebode, တိတ်နိမိတ်ကိုပြသည်။

Besprinkle, *see* Sprinkle.

Best, *a.* အကောင်းဆုံး။

Bestain, *see* Stain, *v.*

Bestead, *v. t.* အကျိုးကိုပေးသည်။

Bestial, *a.* belonging to a beast, တိရိစ္ဆာန်နှင့်ဆိုင်သော။ beastly, တိရိစ္ဆာန်ကဲ့သို့ဖြစ်သော။ —Bestiality, *n.* တိရိစ္ဆာန်သဘော။

Bestir, *v. t.* နှိုးဆော်သည်။

Bestow, *v. t.* to give, grant, ပေးကမ်းသည်။ to give in marriage, ပေးစားသည်။ to lay out, dispose of, (တစုံတခု) သို့အပ်ထား သည်။ to store up, သိုထားသည်။ —Bestowment, *n.* from *do.*

Bestraddle, *see* Bestride.

Bestrew, *v. t.* ဖြူးသည်။

Bestride, *v. t.* to sit astride, ခြေကိုကားရား၍စီးသည်။ to pass over at a step, တလှမ်းတည်းနှင့်ကျော်သွားသည်။

Bestud, *see* Stud, *v.*

Bet, *v. t.* လောင်းသည်။ လောင်းစားသည်။ —*n.* from *do*; that which is staked, လောင်းသောဥစ္စာ။

Betake, (one's) self to, *v.* to repair to, (တစုံတခုသောအရပ်) သို့သွား သည်။ to apply (one's) self, ကြိုးစားအားထုတ်သည်။

Betel, *n.* ကွမ်း။ —leaf, ကွမ်းရွက်။ —nut, ကွမ်းသီး။

Bethink, *v. t.* သတိရသည်။

Betide, *v. t.* (၌) ဖြစ်လာသည်။

Betimes, *adv.* early, စောစော။ in good season, အချိန်တန်မှ။ soon, မကြာမမြင့်မှီ။

Betoken, *v. t.* to give a sign of, အမှတ်ပေးသည်။ to forebode, တိတ် နိမိတ်ကိုပြသည်။

Betray, *v. t.* to deliver into the hands of an enemy, ပရိယာယ်အား ဖြင့်ရန်သူလက်သို့အပ်နှံသည်။ to divulge, ဝှက်အပ်သောအရာကို ဖော်ပြသည်။ —Betrayal, *n.* from *do.*

Betroth, *v. t.* ထိမ်းမှန်းသည်။ —Betrothal, Betrothment, *n.* from *do.*

Better, *a.* more good, သာ၍ကောင်းသော။ improved in health, သာ ၍ကောင်း[illegible]သော။ —[the,] *n.* သာ၍မြတ်သောအရှင်။ —*v. t.*

သာ၍ကောင်းစေသည်။ —*adv.* သာ၍။ —off, [be,] *v. i.* သာ၍အရေးသာသည်။ သာ၍အကျိုးရှိသည်။

Between, *prep.* in the intermediate space, စပ်ကြားမှာ။ with one another, အချင်းချင်း။ in common, ဆက်ဆံလျက်။

Betwixt, same.

Bevel, *n.* တန်သားတမျိုး။

Beverage, *n.* သောက်ဖွယ်ရန်အမျိုးမျိုး။

Bevy, *n.* အစုအပေါင်း။

Bewail, *v. t.* ညည်းတွားမြည်တမ်းသည်။

Beware, *v. t.* to take care, သတိပြုသည်။ to shun with care, သတိပြု၍ရှောင်သည်။

Bewilder, *v. t.* to lose in pathless places, လမ်းပျောက်၍တွေဝေစေသည်။ to perplex with confusion, မှိုင်တွေစေသည်။

Bewitch, *v. t.* ပြုစားသည်။ ဖမ်းစားသည်။ ရွှာဖမ်းသည်။

Bewray, *v. t.* ဝှက်အပ်သောအရာကိုဖော်ပြသည်။

Beyond, *prep.* or *adv.* further onward than, အလွန်။ before, at a distance not reached, ရှေ့အရပ်မှာ။ on the further side of, တဖက်မှာ။ to a greater degree than, သာ၍မက။ —[go,] *v. t.* to exceed, သာသည်။ to circumvent, လိမ်လည်သည်။

Bezel, *n.* ကျောက်မျက်အိုးအတွင်းနံ့ဘေး။

Bias, *v. t.* စိတ်ကိုတဖက်သို့ဆွဲယူသည်။ တဖက်သို့ငဲ့ကွက်အောင်ပြုသည်။ —*n.* စိတ်ငဲ့ခြင်း။ ငဲ့ကွက်ခြင်း။

Bib, *n.* သူငယ်ရင်ဖုံး။

Bibacious, *a.* disposed to imbibe, အရည်ကိုစုတ်ကတ်သော။ addicted to drinking, သေရည်သေရက်ကိုသောက်တတ်သော။

Bible, *n.* သမ္မာကျမ်း။ —Biblical, *a.* သမ္မာကျမ်းနှင့်ဆိုင်သော။

Bibliographer, *n.* စာဟောင်း။ စာသစ်တို့ကိုရှာဖွေပြုစုသောသူ။ —Bibliography, စာဟောင်း၊ စာသစ်တို့ကိုရှာဖွေပြုစုသောအတတ်။

Bibulous, *a.* အရည်ကိုစုတ်တတ်သော။

Bicapsular, *a.* အစေ့အိမ်နှစ်ခန်းရှိသော။

Biceps, *n.* လက်မောင်းမျက်နှာဘက်၌နေသောလေကြော။

Bicipitous, *a.* ခေါင်းနှစ်လုံးရှိသော။

Bicker, *v. i.* ရန်စရှာ၍ပြောသည်။

Bicornous, *a.* ဦးနှစ်ချောင်းရှိသော။

Bicorporal, *a.* ကိုယ်နှစ်ခုရှိသော။

Bid, *v. t.* to invite, ဖိတ်သည်။ to order, မိန့်သည်။ မိန့်တော်မူသည်။ to offer a price, (ဤမျှလောက်) အဘိုးပေးမည်ပြောသည်။ —good speed, မေတ္တာပို့သည်။ —welcome, ဧည့်သည်ကိုလောကဝတ်စကားနှင့်ခေါ်သွင်းသည်။ —defiance, ကြိမ်းပသည်။ —fair, *v. i.* to appear fair, မျှော်လင့်စရာကောင်းသည်။ to present a good prospect, မျှော်လင့်ရာအကြောင်းကိုပြသည်။ —*n.* ပေးမည်ပြောသောအတိုး။

Bide, *see* Abide.

Bidental, *a.* သွားနှစ်ချောင်းရှိသော။

Biennial, *a.* taking place once in two years, နှစ်နှစ်တွင်တခါဖြစ်တတ်သော။ continuing for two years, နှစ်နှစ်တိုင်အောင်တည်တတ်သော။

Bier, *n.* (Burmese,) မြင်းဖောင်း။ (Eng.) တလားထမ်းခုံ။

Biestings, *n.* နွားမွေးပြီးသည်နောက်၊ အဦးညှစ်သောနို့။

Bifarious, *a.* နှစ်ဆရှိသော။ တနှစ်တွင်နှစ်ခါအသီးသီးသော။

Biform, Biformed, *a.* ပုံနှစ်ပုံရှိသော။

Bifurcate, *a.* နှစ်ခွရှိသော။

Big, *a.* large, ကြီးသော။ full, fraught, ပြည့်ဝသော။ pregnant, နို့ဝါဗိုက်ကြီးသော။ haughty, ထောင်လွှားသော။ high minded, စိတ်မြင့်သော။

Bigamy, *n.* မယားနှစ်ယောက်ရှိခြင်း။

Bight, *n.* a small bay, ထောင့်ကွေ့ငယ်။ —of a rope, ကြိုးကွင်း။

Bigness, *n.* largeness, ကြီးခြင်း။ size, အလုံး အရပ်။ အကြီးအငယ်ပမာဏ။

Bigot, *n.* agent from next.

Bigoted, *a.* အထောက်မတန်၊ ကိုယ်အယူကိုသာစွဲလမ်းသော။

Bigotry, *n.* from above.

Bilateral, *a.* နံဘေးနှစ်ဖက်ရှိသော။ အနားနှစ်ဖက်ရှိသော။ (ပို။)

Bilboes, *n.* ထိတ်တုံး။

Bile, *n.* သည်းခြေ။

Bilge, *n.* သင်္ဘောဝမ်းရိုးရေတဖက်တချက်။ —water, သင်္ဘောဝမ်းတွင်ရှိသောရေ။ —*v. i.* သင်္ဘောဝမ်းပေါက်၍ရေဝင်သည်။

Biliary, *a.* သည်းခြေနှင့်ဆိုင်သော။

Bilingsgate, *n.* ဆိုးညစ်သောစကား။

Bilingual, Bilinguous, *a.* having two tongues, လျှာနှစ်ခွရှိသော။ speaking two languages, စကားနှစ်ရပ်ကိုပြောတတ်သော။

Bilious, *a.* သည်းခြေများလွန်းသော။

Biliteral, *a.* အက္ခရာနှစ်လုံးရှိသော။

Bilk, *v. t.* လှည့်စားသည်။

Bill, 1, *n.* a fowl's beak, (ငှက်) နှုတ်သီး။ —1, *v. i.* (as doves,) အနှံထိုးသည်။ —2, *n.* a kind of ax, ပုဆိန်တမျိုး။ —3, a plaintiff's statement, တရားလိုသည် မင်းရှေ့၌အပြစ်ဖော်ပြသောလျှောက်စာ။ —a draft of law submitted, but not yet enacted, တိုင်ပင်မှူးမတ်အရာရှိတို့ညှိနှိုင်းတိုင်ပင်ရန်ရေးသွင်းသောအလွှာ။ an obligatory writing, စာချုပ်။ a register of charges, list of goods or other articles, စာရင်း။ an advertisement, သိတင်းလွှင့်စာ။ —of exchange, ငွေလွှဲလက်မှတ်။ —of divorce, လင်မယား ရှင်းကွာရသောဖြတ်စာ။ *see* Bank bill.

Billet, 1, *n.* a stick of wood, ထင်းတချောင်း။ —2, a note, မှာစာကလေး။ —doux, ရည်းစားဓါစာ။ *v. t.* လက်နက်ကိုင် တည်းနေရာကိုချသည်။

Billiards, *n. plur.* ဗလီကစားခြင်းတမျိုး။

Billion, *n.* ရာကုဋေ။

Billow, *n.* လှိုင်း။ တံပိုး။

Bimanous, *n.* လက်နှစ်ဖက်ရှိသော။

Bin, *n.* ဆန်စပါးစသည်တို့ကိုထားသောသစ်တာအိမ်။

Binacle, *n.* သင်္ဘောအိမ်မြှောင်နှင့်မီးခွက်ထားသောသစ်တာအိမ်။

Binary, *n.* နှစ်ခု။ အစုံ။

Bind, *v. t.* to fasten with a band, စည်းနှောင်သည်။ to restrain by tying, ချည်နှောင်သည်။ to tie hand and foot, ထုပ်သည်။ to put on a border, ကွပ်သည်။ to make firm by tying, ကြေသည်။ to restrain, restrict, confine, ချုပ်သည်။ ချုပ်ထားသည်။ to confirm, ratify, တည်စေသည်။ မြဲစေသည်။ —a book, စာအုပ်ချုပ်သည်။ *v. i.* to contract by becoming dry, ခြောက်၍ကျုပ်သည်။ —up, *v. t.* စည်းသည်။ ချုပ်သည်။

Binder, *see* Book-binder.

Bindery, *n.* စာအုပ်ချုပ်လုပ်သောအခန်း။

Binocular, *a.* မျက်စိနှစ်ဖက်ရှိသော။

Binominous, *a.* နာမနှစ်ခုရှိသော။

Biographer, *n.* လူ၏အကြောင်းအရာ၊ အထုပ္ပတ္တိကိုစီရင်ရေးထားသောသူ။

Biographic, *a.* ထိုသို့သောစာနှင့်ဆိုင်သော။

Biography, *n.* လူ၏အကြောင်းအရာ၊ အထုပ္ပတ္တိကိုစီရင်ရေးထားသောစာ။

Biparous, *a.* အမွှာမွေးသော။

Bipartite, *a.* ထက်ခြမ်းခွဲ၍တဖက်တချက်ရှိသော။

Biped, *n.* ခြေနှစ်ချောင်းရှိသောသတ္တဝါ။

Bipennate, *a.* အတောင်နှစ်ဖက်ရှိသော။

Bipetalous, *a.* ပွင့်ချပ်နှစ်ချပ်ရှိသော။

Birch, *n.* သစ်ပင်တမျိုး။

Bird, *n.* ငှက်။ —bolt, ငှက်ပြစ်စရာမြှားကလေး။ —cage, ငှက်အိမ်။ —lime, ညှောင်စေး။ —birdling, ငှက်ကလေး။ —bird's eye, *a.* ငှက်ငုံ၍ကြည့်မြင်သကဲ့သို့ဖြစ်သော။ —nest, *n.* ငှက်သိုက်။

Birth, *n.* a bringing forth, မွေးခြင်း။ (*trans.*) ဖွားခြင်း။ a being born, မွေးခြင်း။ (*intrans.*) that which is born, မွေးသောအရာ။ condition of birth, ယုတ်မြတ်သောဇာတိ။ lineage, အမျိုးအနွယ်။

—day ပွဲသားနေ့။ —place, မွေးဖွားရာအရပ်။ ချက်မြှုပ်။ ချက်မြှုပ်ဌာန။ —right, အရိပ်အရာ။

Biscuit, *n.* ဂျုံမုန့်ပြား။

Bisect, *v. t.* ထက်ခြမ်းခွဲသည်။ ထက်ခြမ်းဖြတ်သည်။

Bishop, *n.* ဂိုဏ်းအုပ်။

Bishopric, *n.* the office of a bishop, ဂိုဏ်းအုပ်အရာ။ a diocese, ဂိုဏ်းအုပ်စီရင်ပိုင်သောနယ်။

Bismuth, *n.* ကြွပ်။

Bison, *n.* ပြောင်။

Bissextile, *n.* လေးနှစ်တွင်တရက်ပိုသောနှစ်။

Bistoury, *n.* ဆေးသမားသုံးသောထားတမျိုး။

Bit, 1, *n.* a small piece, အစအန။ —2, the point of a borer, စူး။ —3, the iron part of a bridle, ဇက်။ —*v. t.* ဇက်ခွံသည်။

Bitch, *n.* ခွေးမ။

Bite, *v. t.* to pierce or crush with the teeth, ကိုက်သည်။ to be harsh, violent (as cold,) ပြင်းသည်။ to cause to smart, ပူစပ်စေသည်။ to cheat, လိမ်လည်သည်။ —*n.* seizure by the teeth, ကိုက်ခြင်း။ a wound made by the teeth, ကိုက်ရာ။ as much as is taken at once by biting, အကိုက်။တခါတည်းကိုက်သောအရာ။

Bitter, *a.* —to the taste, ခါးသော။ strong, violent, ပြင်းသော။

Bitterish, *a.* ခါ။ ခပ်ခါးခါး။

Bitterness, *n.* from Bitter.

Bitters, *n. plur.* ခါးသောဆေးစိမ်သောအရည်။

Bitumen, *n.* ကျောက်ပွဲလျှက်။

Bituminous, *a.* ကျောက်ပွဲလျှက်ပါသော။

Bivalve, Bivalvular, *a.* ယောက်သွားကဲ့သို့အခွံနှစ်ခုရှိသော။

Biventral, *a.* ဝမ်းနှစ်ခုရှိသော။

Bivious, *a.* လမ်းနှစ်လမ်းရှိသော။

Bivouac, *v. i.* တတပ်လုံးမအိပ်ဘဲစောင့်နေသည်။

Blab, *v. t.* ဝှက်အပ်သောအရာကိုသတိမရှိဘဲပြောသည်။ —*n.* agent from above.

Black, *a.* —in color, နက်သော။ atrocious, အလွန်ဆိုးသော။ —ball, *n.* ခြေနင်းသုတ်ရန်မှင်တောင့်။ —cattle, *n.* နွားနက်များ။ —eyed, *a.* မျက်လုံးနက်သော။ —lead, *n.* ခဲနက်။ —moor, *see* Blackamoor. —smith, *n.* ပန်းပဲ။ *v. t.* နက်အောင်ပြုသည်။ နက်စေသည်။ —*n.* black color, နက်သောအဆင်း။ a black person, အဆင်းမည်းသောသူ။ black clothes, နက်သောအဝတ်။

Blackamoor, *n.* ကပ္ပလီ။

Blacken, *v. t.* to make black, နက်စေသည်။ to destroy character, အသရေကိုဖျက်သည်။

Blackguard, *n.* ဆဲရေးတတ်သောသူ။
Blacking, *n.* သုတ်ရန်ဆေးနက်။
Blackish, *a.* ညိုသော။ ခပ်နက်နက်။
Blackleg, *n.* လိမ်လည်၍လောင်းတမ်းကစားခြင်းအမှုနှင့်အသက်မွေးသောသူ။
Blackness, *n.* နက်သောအရောင်။
Bladder, *n.* the urinary receptacle, ကျင်ငယ်အိမ်။ —of a fish, ငပြည့်ဖောင်း။
Blade, *n.* —of grass, မြက်ရွက်။ —of a sharp instrument, ထားရွက်။ ဓားရွက်။ a spruce young man, ပြောင်တတ်သောလူပျို။ —bone, *n.* လက်ပြင်ရိုး။
Blain, *n.* အဖုး။
Blamable, *a.* အပြစ်တင်ဖွယ်ရှိသော။
Blame, *v. t.* အပြစ်တင်သည်။ —*n.* censure, အပြစ်တင်ခြင်း။ fault, အပြစ်။
Blameless, *a.* အပြစ်မဲ့သော။ အပြစ်မရှိသော။
Blameworthy, *a.* အပြစ်တင်ခြင်းကိုခံထိုက်သော။
Blanch, *v. t.* to whiten, ဖြူစေသည်။ to peel, အခွံသင်သည်။
Blanche mange, *n.* မုန့်ဖြူ။
Bland, *a.* ဖြည်းညှင်းသော။ ပြေပြစ်သော။
Blandish, *v. t.* ပြေပြစ်သောစကားနှင့်ချော့မော့သည်။
Blandness, *n.* from Bland, *a.*
Blandishment, *n.* from above.
Blank, *a.* white, ဖြူသော။ empty, unwritten, (as paper or space on paper,) ထပ်သော။ လွတ်လပ်သော။ astounded, မှိုင်တွေသော။ —*v. t.* to annul, ချေသည်။ to deprive of color, မျက်နှာဖြူစေသည်။ to astound, မှိုင်တွေသည်။ —*n.* blank paper, ထပ်သောစက္ကူ။ void space, ဟင်းလင်းသောအရာ။ a ticket which draws no prize, မဲချရာတွင်အာမျှမပါ၊ လွတ်လပ်သောမဲ။ —cartridge, *n.* ကျည်ဆန်မပါသောယမ်းတောင့်။ —verse, *n.* နောက်ဆုံးအက္ခရာချင်းညီအောင်မစပ်သောလင်္ကာ။
Blanket, *n.* သက္ကလတ်စောင်။
Blaspheme, *v. t.* to speak irreverently of God, ဘုရားကိုပြစ်မှားသောစကားနှင့်ပြောသည်။ to revile, ကဲ့ရဲ့သည်။
Blasphemy, *n.* ဘုရားကိုပြစ်မှားသောစကားနှင့်ပြောခြင်း။
Blast, *n.* a sudden gust, လေပုန်း။ a sound made by a wind instrument, မှုတ်သောအသံ။ pernicious influence, ဖျက်တတ်သောအရှိန်။ —*v. t.* to destroy, by some sudden violence, ထိခိုက်၍ရုတ်ခနဲဖျက်သည်။ —by gunpowder, ယမ်းထည့်၍ဖောက်ခွဲသည်။

Blatant, *a.* နွားကလေးကဲ့သို့အော်သော။

Blaze, *v. i.* to flame, မီးတောက်သည်။ —*v. t.* to make public far and wide, အရပ်ရပ်ကျော်ညာစေသည်။ —*n.* a flame, မီးတောက်။ မီးလျှံ။ notoriety, အရပ်ရပ်ကျော်ညာခြင်း။

Blazon, *v. t.* to explain the figures on armorial ensigns, ဘွဲ့တံဆိပ်ပုံ၌ပါသောရုပ်ပုံသင်္ကေတာန်တို့၏အထုပ္ပတ္တိကိုပြသည်။ to embellish, လှပအောင်တန်ဆာဆင်သည်။ to proclaim abroad, ကျော်ညာစေသည်။

Blazonry, *n.* from above.

Bleach, *v. t.* to whiten, ဖြူစေသည်။ —*v. i.* to become white, ဖြူလာသည်။

Bleak, *a.* လေတာကျ၍ချမ်းသော။

Bleakness, *n.* from above.

Blear, Blear-eyed, *a.* မျက်ရည်ပူကျ၍မျက်စိမြေးသော။

Bleat, *v. t.* သိုးကဲ့သို့မြည်သည်။

Bleating, *n.* သိုးမြည်သံ။

Bleed, *v. i.* to lose blood, သွေးယိုသည်။ to die a violent death, အသေသတ်ခြင်းကိုခံသည်။ to lose sap or juice by exudation, အစေးထိုသည်။ —*v. t.* to let blood, သွေးဖောက်သည်။

Blemish, *v. t.* to mar the appearance, ကောင်းသောအဆင်းကိုဖျက်သည်။ to injure reputation, အသရေယုတ်လျော့အောင်ပြုသည်။ —*n.* a mark of deformity, ကောင်းသောအဆင်း ဖျက်သောအရာ။ that which impairs reputation, အသရေဖျက်သောအရာ။

Blench, 1, *v. i.* to shrink back, တွန့်တိုသည်။ —2, *v. t.* to damp, check, အရှိန်ကိုသတ်သည်။

Blend, *v. t.* ရောနှောသည်။

Bless, *v. t.* to express a wish of happiness for another, မေတ္တာပို့သည်။ to pronounce a benediction on another, ကောင်းကြီးပေးသည်။ to make happy, မင်္ဂလာရှိအောင်ပြုသည်။ ချမ်းသာစေသည်။ to consecrate, သန့်ရှင်းစေသည်။ to invoke a blessing on, ကောင်းကြီးမင်္ဂလာကိုဆုတောင်းသည်။ to praise with thanksgiving, ကျေးဇူးကိုသိ၍ချီးမွမ်းသည်။ to praise, magnify, ဂုဏ်တော်ကိုချီးမွမ်းသည်။

Blessedness, *n.* felicity, ချမ်းသာ။ holy felicity, သန့်ရှင်းသောချမ်းသာ။

Blessing, *n.* from Bless, 1st and 2d def.; means of happiness, မင်္ဂလာ။ ချမ်းသာပေးသောအရာ။

Blight, *v. t.* to blast, လေဆိုး၊ မိုဃ်းဆိုးထိ၍ဖျက်သည်။ to frustrate, (အကြံကို) ဖျက်သည်။ —*n.* from above.

Blind, *a.* without sight, မျက်စိကန်းသော။ dark in intellect, မိုက်သော။ obscure, မထင်ရှားသော။ —fold, *v. t.* မျက်စိကိုဖုံးသည်။ —man's buff, *n.* ပုန်းတလုပ်ကစားခြင်း။ —*v. t.* to deprive of sight, မျက်စိကန်းစေသည်။ မျက်စိကိုဖောက်သည်။ to obscure to the eye, ကွယ်စေသည်။ to darken the understanding, မိုက်စေသည်။ —*n.* what conceals, or intercepts vision, အကွယ်အကာ။ a false pretence, အလွဲယူစေသောအရာ။ *a.* မျက်ကန်း။

Blindly, *adv.* without seeing, မမြင်ဘဲ။ implicitly, without discerning reasons, အကျိုးအကြောင်းကိုမသိဘဲ။ without discretion, ပညာမရှိဘဲ။ confusedly, ယောင်ကန်းကန်း။

Blindness, *n.* from Blind, *a.*

Blink, *v. i.* to wink, မှိတ်တုတ်မှိတ်တုတ်ကြည့်သည်။ —*v. t.* not to notice, မမှတ်လိုဘဲရှောင်သည်။

Bliss, *n.* ချမ်းသာ။

Blissful, *a.* ချမ်းသာနှင့်ပြည့်စုံသော။

Blister, *n.* a watery vesicle raised by an external application, အဖောင်း။ a blistering plaster, အရေဖောင်းစေတတ်သောဖယောင်းချက်။ လောင်မီး။ —*v. i.* to rise in a blister, အရေဖောင်းသည်။ —*v. t.* to raise a blister, အရေကိုဖောင်းစေသည်။

Blithe, Blithesome, *a.* မြူးထူးသော။

Bloat, *v. i.* to swell, puff up, ဖော်သည်။ သွတ်သည်။ to be inflated, turgid, ဖောင်းသည်။ —*v. t.* to inflate, make turgid, ဖောင်းစေသည်။ ဖောင်းကြွအောင်လုပ်သည်။ to elate, make vain, စိတ်ကြွအောင်မြှောက်သည်။

Block, *n.* a short thick piece of wood, အတုံး။ any mass of matter, အစိုင်ကြီး။ the case of a pulley, နားသီး။ နားသီးစက်။ လက်ခုပ်သီး။ an obstacle, အဆီးအတား။ —head, *n.* လူမိုက်။ —house, *n.* ခံတပ်။ —tin, *n.* ခဲမဖြူတုံး။ —*v. t.* ကာဆီးသည်။ —up, *v. t.* ကာဆီးပိတ်ထားသည်။

Blockade, *v. t.* (မြို့ကို) ဝန်းရံသည်။ ဝိုင်းရံသည်။ —*n.* from above.

Blood, *n.* the fluid that circulates through the arteries and veins, သွေး။ kindred, ပေါက်ဖော်တော်ခြင်း။ lineage, အမျိုးအနွယ်။ the act of taking life, အသေသတ်ခြင်း။ a fiery young man, စိတ်ပြင်းသောလူပျို။ —guiltiness, *n.* လူအသက်ကိုသတ်သောအပြစ်။ —heat, သွေးပူသကဲ့သို့ပူခြင်း။ —hound, အနံ့ခံ၍လိုက်တတ်သောခွေး။ —letting, သွေးဖောက်ခြင်း။ —pudding, သွေးရော၍လုပ်သောမုန့်တမျိုး။ —red, *a.* (Eng.) သွေးကဲ့သို့၊ (Bur.) ဟင်သပတားကဲ့သို့နီသော။ —relation, *n.* ပေါက်ဖော်။ —shed, —shedding, *n.* အသေသတ်ခြင်း။ —shot, *a.* မျက်ကြောသွေးထ၍မျက်စိနီသော။ —stone, *n.* မဟူရာကျောက်တမျိုး။ —sucker, မျှော့။ —thirsty, *a.* အသေသတ်ချင်သောသဘောရှိသော။ —vessel, *n.* သွေးကြော။ —warm, *a.* သွေးနွေးကဲ့သို့နွေးသော။ —*v. t.* to let blood, သွေးဖောက်သည်။ to stain with blood, သွေးနှင့်စွန်းသည်။

Bloodless, *a.* without blood, သွေးမရှိသော။ without bloodshed အသေမသတ်ဘဲရှိသော။

Bloody, *a.* stained with blood, သွေးနှင့်စွန်းသော။ with much bloodshed, အသေသတ်ခြင်းများသော။ cruel, murderous, အလွန်ရက်စက်သော။ —flux, *n.* ဝမ်းကိုက်။

Bloom, *v. i.* to blossom, အပွင့်ပွင့်သည်။ to be in the freshness of youth, ပျိုသောအသက်အရွယ်နှင့်ပြည့်စုံသည်။ —*n.* a blossom, အပွင့်။ the state of blossoming, အပွင့်ပွင့်လျက်ရှိသောအဖြစ်။ the freshness of youth, ပျိုသောအသက်အရွယ်နှင့်ပြည့်စုံခြင်း။

Bloomy, *a.* from Bloom, *v. i.*

Blossom, *v. i.* အပွင့်ပွင့်သည်။ —*n.* အပွင့်။

Blot, *v. t.* to spot with ink, မှင်နှင့်စွန်းသည်။ to obliterate with ink, မှင်နှင့်ဖျက်သည်။ to stain with infamy, အသရေကိုဖျက်သည်။ —out, *v. t.* to erase, ချေသည်။ ဖျက်သည်။ —*n.* an ink-spot, မှင်စွန်း။ မှင်ကွက်။ an obliteration by ink, မှင်နှင့်ဖျက်ရာ။ a stain on character, အသရေပျက်ရန်အကြောင်း။

Blotch, *n.* အဖိမ့်ကြီး။

Blotting-paper, *n.* မှင်စာလုံးခြောက်အောင်အုပ်ရန်စက္ကူ။

Blow, 1, *n.* a stroke, ရိုက်ပုတ်သည်အချက်။ a single act, တချက်တည်း။ a sudden calamity, ဘေးသင့်ချက်။ —2, *n.* a blossom, အပွင့်။ —*v. i.* အပွင့်ပွင့်သည်။ —3, *v. i.* to move as air, လေလာသည်။ to pant, ဟိုက်သည်။ to breathe, အသက်ရှုသည်။ to sound, on being blown, မှုတ်၍မြည်သည်။ —*v. t.* to drive a current of air upon, or sound (a wind instrument,) မှုတ်သည်။ to drive by a current of air, လေတိုက်သည်။ to spread by report, ကျော်ညာစေသည်။ —as a fly, (ယင်) ချေးဥသည်။ —the nose, ညှစ်သည်။ နှပ်ညှစ်သည်။ —away, *v. t.* လွင့်သည်။ —down, (လေ) တိုက်၍လှည်းသည်။ —off, —(from land,) လွင့်သည်။ —(from a tree,) (လေ) တိုက်၍ကြွေသည်။ —out, (မီးကို) မှုတ်၍သတ်လိုက်သည်။ —over, *v. i.* မထိမခိုက်ဘဲ လွန်သွားသည်။ —pipe, *n.* လေမှုတ်ပြွန်တံ။ —up, *v. t.* to inflate, လေသွင်း၍ဖောင်းစေသည်။ to kindle, (မီးကို) မှုတ်၍တောက်စေသည်။ to scatter by the explosion of gunpowder, ယမ်းထည့်၍ခွဲဖျက်သည်။ —*n.* a gale, လေပြင်း။

Blowzy, *a.* မျက်နှာနီမြန်း၊ ကြမ်းတမ်းသော။

Blubber, 1, *n.* ငါးကြီးဆီ။ —2, *v. i.* ငို၍မျက်ခုံးမိုသည်။

Bludgeon, *n.* အဖျားဘွဲ့ခဲပါသောဒုတ်။ ထက်စွဲဒုတ်။

Blue, *a.* ပြာသော။ —bottle, *n.* ယင်မမဲရိုင်း။ —clay, *n.* ကြွတ်မြေ။ —eyed, *a.* မျက်လုံး။ *v. t.* အပြာဆိုးသည်။ —*n.* ပြာသောအဆင်း။

Blueness, *n.* from Blue, *a.*

Bluff, *n.* ကမ်းစောက်။ —*a.* အပြောအဆို၊ အနေအထိုင်ရုန့်ကြမ်းသော။
Bluffy, *a.* ကမ်းစောက်များသော။
Bluish, *a.* ပြာပြာ။
Blunder, *v. i.* to make a mistake, အယောင်ယောင်အမှားမှားပြုသည်။ to act at random, ယမ်း၍ပြုသည်။ ယောင်ယမ်းသည်။ —*n.* from above.
Blunderingly, ယောင်တားတား။ ယောင်တောင်တောင်။ ယောင်တီးယောင်တောင်။ ယောင်ဝေဝေ။
Blunderbuss, *n.* ခရာဝသေနတ်။
Blunt, *a.* not pointed, မချွန်၊ တုံးသော။ not sharp, dull, မထက်၊ တုံးသော။ တုံးတိတိ။ dull of intellect, ဉာဏ်ထိုင်းသော။ abrupt in address, တိုက်ရိုက်။ —*v. t.* to make dull, တုံးစေသည်။ to impair, weaken, (စိတ်) အားကိုလျော့စေသည်။
Bluntness, *n.* from Blunt, *a.*
Blur, *v. t.* မှုန်စေသည်။ —*n.* မှုန်သောအကွက်။
Blurt, *v. t.* သတိမရှိဘဲရုတ်ခနဲပြောဆိုသည်။
Blush, *v. i.* မျက်နှာပျက်သည်။ —*n.* from above; first appearance, ရိပ်မိခြ။
Bluster, *v. i.* to be noisy, အသံများသည်။ to swagger, ဝါကြွားသောစကားကိုပြောသည်။ —*n.* from *do.*

Boa, *n.* စပါးကြီး။
Boar, *n.* ဝက်ထီး။
Board, *n.* a thin plank, ပျဉ်ပြား။ a table, စားပွဲ။ a table at which a council or court is held, တိုင်ပင်၍စီရင်သောသူတို့ဝိုင်းထိုင်ရာစားပွဲတင်ခုံ။ the council or court itself, တိုင်ပင်၍စီရင်သောလူစု။ —[on,] *adv.* သင်္ဘောပေါ်။ လှေပေါ်။ —*v. t.* to lay with boards, ပျဉ်ခင်းသည်။ to cover the side of a house or room with boards, ပျဉ်ထောင်သည်။ to furnish with food for a compensation, အသိုးအခယူ၍ကျွေးသည်။ to enter (a ship) by force in combat, (သင်္ဘောကို) ခုန်တက်၍တိုက်သည်။ *v. i.* to receive food for a compensation, အသိုးအခပေး၍စားရသည်။
Boarder, *n.* one who enters (a ship) by force in combat (သင်္ဘောပေါ်သို့) ခုန်တက်၍တိုက်သောသူ။ one who receives food for a compensation, အသိုးအခပေး၍စားရသောသူ။
Boarding house, *n.* အသိုးအခယူ၍ကျွေးသောအိမ်။ —school, ဆရာကျွေးသောတပည့်စုစာသင်ရာအရပ်။
Boast, *v. i.* ဝါကြွားသည်။ —*n.* from above; an occasion of boasting, ဝါကြွားရန်အကြောင်း။
Boastful, *a.* ဝါကြွားတတ်သော။

Boat, *n.* လှေ။ သံဘန်။ —man, *n.* လှေသား။ —swain, သင်္ဘောတန်ဆာများကိုထိန်းသောသူ။ —*v. t.* လှေနှင့်ပို့သည်။

Boatable, *a.* လှေနှင့်သွားနိုင်သော (မြစ်။)

Bob, *n.* တွဲလွဲနေသောအလုံးကလေး။ —tail, အမြီးတို။ —wig, ဆံတိုဦးထုပ်။ —*v. i.* တိုးလျှက်ဆုတ်လျှက်နေသည်။

Bobbin, *n.* a kind of spool, တညင်းလုံးတမျိုး။ a kind of cord, ကျပ်ကြိုးလုံး။ ထိုးကြိုးလုံး။

Bode, *v. t.* တိတ်နိမိတ်ကိုပြသည်။

Bodice, *n.* ထောက်ခံသောကိုယ်ကျပ်အင်္ကျီ။

Bodiless, *a.* ကိုယ်မပါသော။

Bodily, *a.* with a body, ကိုယ်ပါသော။ relating to the body, ကိုယ်နှင့်ဆိုင်သော။ —*adv.* ကိုယ်ခန္ဓာနှင့်တကွ။

Bodkin, *n.* an instrument for making holes, in cloth, စူးတမျိုး။ a blunt instrument with an eye, သီအပ်။

Body, *n.* the material substance of an animal, ကိုယ်အကောင်အထည်။ ကိုယ်ကာယ။ ကိုယ်ခန္ဓာ။ matter, ရုပ်။ a person, သူ။ reality, ဇာတိ။ a collection of persons, အပေါင်းအစု။ a pandect, ပေါင်းချုပ်။ strength (of liquor,) ထေးသောအရသာ။ —guard, ကိုယ်ရံ။ *v. t.* ရုပ်ပေါ်အောင်ပြုသည်။

Bog, *n.* ဗိမ့်မြေကွက်။

Boggle, *v. i.* ယိုးတိုးယားတားပြု၍နေသည်။

Boggy, *a.* ဗိမ့်မြေများသော။

Bohea, *n.* လက်ဖက်ခြောက်တမျိုး။

Boil 1, *n.* အနာစိမ်း။ —2, *v. i.* —as water, ဆူသည်။ to be under the operation of boiling water, အပြုတ်ခံသည်။ *v. t.* to seethe ပြုတ်သည်။

Boiler, *n.* ပြုတ်အိုး။

Boisterous, *a.* loud anu stormy, မိုးသက်မုံတိုင်းကဲ့သို့အသံကျယ်သော။ rough and violent, ပြင်းထန်သော။

Bold, *a.* courageous, ရဲသော။ ရဲရင့်သော။ daring (to do,) ဝံ့သော။ impudent, အရှက်အကြောက်မရှိသော။ standing out to view, ပေါ်ထင်လျှက်နေသော။ steep, စောက်သော။ —[make,] *v. i.* အခွင့်မရှိဘဲပြုဝံ့သည်။ အရောတဝင်ပြုသည်။ —faced, *a.* အရှက်အကြောက်မရှိသော။ —spirited, *see* Bold, *a.* 2d def.

Boldness, *n.* from *do.*

Bolis, *n.* ဥက္ကာ။ ဥဘာ။

Bolster, *n.* ခေါင်းအုံးရှည်။ —*v. t.* ခေါင်းအုံးနှင့်ထောက်ပင့်သည်။

Bolt, 1, *n.* an arrow, မြှား။ a thunder bolt, မိုးကြိုးသွား။ —of a lock, သော့ကျင်။ —of a door, တံခါးကျင်။ မင်းထုပ်။ ပရစ်။ an iron pin used in fastening timbers, ဖျည်းသီသော ကဗ္ဗီလသံ

ချောင်း။ —upright, *adv.* မတ်တတ်။ 1, *v. i.* to start out, ရုတ်ခနဲထွက်သည်။ *v. t.* to fasten with a bolt, တံခါးကျင်လျှိုသည်။ 2, *v. t.* to sift, ဆန်ခါနှင့်ချသည်။
Bolus, *n.* ဆေးလုံးကြီး။
Bomb, *n.* ဗုံးဆန်။ —shell, same. —vessel, ဗုံးသင်္ဘော။
Bombard, *v. t.* ဗုံးပြစ်၍တိုက်သည်။
Bombardier, *n.* ဗုံးသား။
Bombardment, *n.* from Bombard.
Bombast, *n.* အနှစ်မရှိ၊ ကြီးကျယ်သောစကား။
Bombastic, *a.* အနှစ်မရှိ၊ ကြီးကျယ်သော။
Bombaret, သံသော့။
Bona fide, *adv.* သစ္စာနှင့်ဟုတ်မှန်စွာ။
Bond, *n.* that which binds together, စည်းနှောင်သောကြိုး။ that which restrains by tying, နှောင်သောကြိုး။ that which connects, ရှုံ့ညိတွဲသောကြိုး။ a state of confinement, အချုပ်ခံခြင်း။ a cause or means of union, ပေါင်းခြင်းအကြောင်း။ an obligation, မပြုဘဲမနေရမည်အကြောင်း။ a written obligation, စာချုပ်။ —maid, *n.* ကျွန်မ။ —man, —servant, *n.* ကျွန်။ —service, *n.* ကျွန်ဖြစ်၍လုပ်ရခြင်း။ —slave, *see* Slave.
Bondage, *n.* confinement, အချုပ်ခံခြင်း။ slavery, ကျွန်ခံခြင်း။
Bonded, *a.* စာချုပ်၌ပါသော။
Bondsman, *n.* အာမခံ။
Bone, *n.* လူရိုး။ အစရှိသောအရိုး။ —setter, *n.* ကျိုးသောအရိုးကိုဆက်တတ်သောသူ။ —*v. t.* အရိုးထွင်သည်။
Boneless, *a.* အရိုးမပါသော။
Bonfire, *n.* ဝမ်းမြောက်စွာမီးရှို့ခြင်း။
Bonmot, *n.* ပျက်ပြယ်သောစကား။
Bonnet, *n.* a covering for the head, ဦးထုပ်။ one worn by females, မိန်းမဆောင်းသောဦးထုပ်။
Bonny, *a.* handsome, လှသော။ gay, merry, ရွှင်မြူးသော။
Bonus, *n.* ဆု။
Bony, *a.* အရိုးများသော။
Booby, *n.* လူမိုက်။ လူပျင်း။
Boodh, *n.* ဗုဒ္ဓ။
Boodhism, *n.* ဗုဒ္ဓကိုကိုးကွယ်ခြင်းတရားသာ။
Boodhist, *n.* ဗုဒ္ဓကိုကိုးကွယ်သောသူ။
Boodhistic, *a.* ဗုဒ္ဓဘာသာနှင့်ဆိုင်သော။
Book, *n.* a volume of writing, စာအုပ်။ a division of a subject, အခဏ်း။ a volume of blank paper, စာမရေးသေးသောစာအုပ်။ —account, *n.* စာအုပ်၌မှတ်ထားသောစာရင်း။ —binder, စာအုပ်

ကိုချုပ်တတ်သောသူ။ —binding, စာအုပ်ကိုချုပ်ခြင်း။ —case, စာအုပ်ထားသောမတ်တတ်သစ်တာ။ စာတိုက်။ —keeper, ကုန်စာရင်း ငွေစာရင်းကိုရေးမှတ်သောသူ။ —keeping, ကုန်စာရင်း၊ ငွေစာရင်းများကိုရေးမှတ်ခြင်း။ —learning, စာကြည့်၍ရသောအတတ်။ —making, စာ စာရင်းရေးထားခြင်း။ —seller, စာအုပ်ရောင်းသောသူ။ —shelf, စာအုပ်တင်ထားရာစင်။ —store, (Amer.) စာအုပ်ရောင်းသောဆိုင်။ —worm, a worm that eats books, စာအုပ်ကိုကိုက်စားတတ်သောပိုး။ a person addicted to reading, စာကြည့်ခြင်းအမှုကိုသာဝါသနာရှိသောသူ။ —*v. t.* စာ၌မှတ်၍ထားသည်။

Boom 1, *n.* a standing boom, ကြက်လျှာတိုင်။ a studding sail boom, ဆက်၍ထိုးသောရွက်လက်။ a chain or bar to check a ship's progress, ရေကတုတ်။ —2, *v. i.* to roar as the wind, ဟုန်းသည်။

Boon, *n.* သဒ္ဓါ၍ပေးသောလက်ဆောင်။ —*a.* ရွှင်လန်းတတ်သော။

Boor, *n.* ကျေးတောသား။

Boorish, *a.* ကျေးတောသားကဲ့သို့ဖြစ်သော။

Boot 1, *n.* profit, အကျိုးစီးပွား။ what is paid over and above, တန်ဘိုးထက်ပိုမို၍ပေးသောအရာ။ —1, *v. t.* အကျိုးကိုဖြစ်စေသည်။ —2, *n.* the leather covering for the foot and leg, သားရေခြေစွပ်။ —of a coach, ရထားထိန်းထိုင်ရန်သားရေသစ်တာခုံ။ —jack, *n.* ခြေစွပ်ချွတ်သောခွ။ —tree, သားရေခြေစွပ်ပုံ။

Booted, *a.* သားရေခြေစွပ်ဝတ်သော။

Bootee, *n.* သားရေခြေစွပ်တို။

Booth, *n.* တဲ။ ရုံ။

Bootless, *a.* အကျိုးမရှိသော။

Booty, *n.* လက်ရဥစ္စာ။ —[play,] *v.* မျှား၍အရှုံးခံသည်။

Bo-peep, *n.* တူတူပုန်းကစားခြင်း။

Borax, *n.* လက်ခြား။

Border, *n.* an outer part or edge, အစွန်းအနား။ —of a garment, vessel, &c. အနားပတ်။ အနားကွပ်။ a border woven in cloth, အနားရစ်။ confines, နယ်စပ်။ —*v. i.* နီးစပ်သည်။ —*v. t.* အစွန်းအနားဖြစ်အောင်ပြုသည်။

Borderer, *n.* နယ်စပ်မှာနေသောသူ။

Bore 1, *v. t.* လိမ်၍ဖောက်သည်။ လွန်သည်။ s. —1, *n.* a hole made by boring, လိမ်၍ဖောက်သောအပေါက်။ caliber, ပြောင်းပေါက်။ a cause of annoyance, နှောင့်ယှက်သောအရာ။ —2, a sudden influx of the tide, ဒီလှိုင်း။

Boreal, *a.* မြောက်မျက်နှာနှင့်ဆိုင်သော။

Boreas, *n.* မြောက်လေ။

Borer, *n.* လက်ပွတ်ရူး။

Born [be,] *v. i.* မွေးဖွားလျက်ရှိသည်။ မွေးဖွားခြင်းကိုခံသည်။

Borough, *n.* မြို့။

Borrow, *v. t.* (something to be returned in kind,) ချေးသည်။ (something to be returned itself,) ငှါးသည်။ to take for use what belongs to another, သူဥစ္စာကိုယူ၍သုံးသည်။

Bosom, *n.* the breast, ရင်ခွင်။ heart, mind, စိတ်နှလုံး။

Boss, *n.* အဖု။

Botanic, *v.* ဗောတနိအတတ်နှင့်ဆိုင်သော။

Botanist, *n.* ဗောတနိအတတ်ပညာကိုပြုစုသောအရာ။

Botanize, *v. i.* အပင်အမျိုးမျိုးကိုသိကျွမ်းအောင်စစ်ဆေးရှာဖွေသည်။

Botany, *n.* ဗောတနိအတတ်တည်းဟူသော၊ အပင်အမျိုးမျိုးကိုပိုင်းခြား၍သိကျွမ်းနားလည်သောအတတ်ပညာ။

Botch, *n.* an ulcerous swelling, ရောင်သောအနာကြီး။ a clumsily mended spot, ကြမ်းတမ်းစွာဖာသောအဖာ။ —*v. t.* ကြမ်းကမ်းစွာဖာသည်။

Both, *a.* (persons) နှစ်ယောက်စလုံး။ (things,) နှစ်ခုစလုံး။

Bother, *see* Pother.

Bots, *n. plur.* တုတ်။

Bottle, *n.* (large,) ပုလင်း။ (small,) ဘူး။ —*v. t.* ပုလင်း၌သွတ်ထားသည်။

Bottom, *n.* the lowest part, အခြေ။အမြစ်။အောက်ခံ။ the foundation, origin, မူလ။ အရင်း။ —(of a vessel,) စအို။ a dale, valley, ချိုင့်။ a ship, သင်္ဘောလှေ။ —upwards, *adv.* ပြောင်းပြန်။ —*v. t.* အမြစ်ချသည်။

Bottomless, *a.* အောက်ခံမရှိသော။ အောက်မြေခံမရှိသော။ အနက်အောက်နက်သော။

Bottomry, *n.* သင်္ဘောကိုပေါင်၍ငွေချေးခြင်း။

Boudoir, *n.* ဆိတ်ကွယ်ရာအခန်း။

Bough, *n.* သစ်ကိုင်း။

Bougie, *n.* ဥါရထဲသို့သွင်းရန်တန်ဆာ။

Bounce, *v. i.* ရုတ်ခနဲခုန်သွားသည်။

Bouncer, *n.* ပလွှားသောစကား။

Bouncing, *a.* stout, strong, ကြီးမားသော။ သန်မာသော၊

Bound 1, *pret.* of Bend, —to, *a.* (တစုံတခုသောအရပ်) သို့သွားဆဲရှိသော။ —2, *v. t.* to fix the boundaries of, ပိုင်းခြားကန့်သတ်သည်။ သတ်မှတ်သည်။ to limit, set bounds to, စည်းကမ်းထားသည်။ —2, *n.* a boundary, အပိုင်းအခြား။ a limit, mark not to be passed, စည်းကမ်း။ —3, *v. i.* to leap, spring, ခုန်သွားသည်။ to rebound, အကန်ခံ၍ခုန်သည်။ —3, *n.* a leap, spring, အခုန်အလွှား။

Boundary, *n.* a bound, အပိုင်းအခြား။ —between two territories, နယ်စပ်။

Boundless, *a.* အဆုံးအဆမရှိသော။

Bounteous, Bountiful, *a.* စွန့်ကြဲပေးကမ်းတတ်သော။

Bounty, *n.* liberality, စွန့်ကြဲပေးကမ်းခြင်း။ a liberal disposition, ပေးကမ်းချင်သောသဘော။ a premium, ဆု။

Bouquet, *n.* ပန်းခိုင်။

Bourn, *n.* အပိုင်းအခြား။

Bout, *n.* တလှည့်။

Bovine, *a.* နွားနှင့်ဆိုင်သော။

Bow, *v. i.* to bend (intrans.) at the top, ကိုင်းညွတ်သည်။ ဦးညွတ်သည်။ to bend (trans.) at the top, ညွတ်သည်။ to depress, နှိပ်စက်သည်။ —*n.* an inclination of the head, ဦးညွတ်ခြင်း။ —of a ship, သင်္ဘောဦးခွင်။ —(*pron.* bo,) *n.* an instrument to shoot arrows, လေး။ any thing curved, အကွေး။ အခွေး။ the double of a string forming a loop, ခေါက်တုံ့။ a rainbow, သက်တံ့။ —of a stringed instrument, အငြိမ့်တန်ဆာထိုးတံ။ —of a yoke, ထမ်းတိုးကျည်းမှာပါသောသစ်သားလည်ပတ်။ —knot, *n.* ခေါက်တုံ့ကွင်း။ —string, *n.* လေးညှို့။

Bowels, *n. plur.* the intestines, အူ။ compassion, ကရုဏာ။

Bower, *n.* ပန်းနွယ်၊ သစ်ပင်နှင့်ဖွဲ့သောတဲအုံ။

Bowl 1, *n.* a large cup, ပုကန်လုံး။ ဇလုံ။ —2, *n.* a playing ball, ဗ။ ဗလုံး။ —wooden, ဗျပ်ခွက်။s. —*v. i.* ဗလုံးကိုလှိမ့်သည်။

Bowlder, *n.* ကျောက်လုံးကြီး။

Bowline, *n.* နားကန်ကြိုး။

Bowling-green, *n.* ဗလှိမ့်သောတလင်းပြင်။

Bowsprit, *n.* ဦးကြက်လျှာ ရွက်လက်။

Box 1, *n.* a coffer, chest, သစ်တာ။ a round one, အစ်။ one with a conical cover, အုပ်။ a small one with an oval cover, ကြုတ်။ —of a wheel, ပုံတောင်း။ certain seats in a play-house, ဇာတ်ရုံတွင်ပွဲကြည့်ရန်အနားတဖက်တချက်၌ဆောက်သောစင်။ —up, *v. t.* သစ်တာ၌ထည့်၍အဖုံးကိုရိုက်သည်။ —2, *n.* a blow on the temples with the hand, ပါးပုတ်တချက်။ —2, *v. t.* to strike the temples with the hand, ပါးပုတ်သည်။ —*v. i.* to fight with the fists, လက်ဝှေ့သတ်သည်။

Boxer, *n.* လက်ဝှေ့သတ်တတ်သောသူ။

Boy, *n.* လူကလေး။

Boyhood, *n.* လူကလေး၏အဖြစ်။

Boyish, *a.* လူကလေးကဲ့သို့ဖြစ်သော။

Brace, *v. t.* to prop by a transverse stay, ဒိုင်းကြားနှင့်ထောက်သည်။

to bind tight, ကြပ်စည်းသည်၊ to make taut, တင်းဆောင်ချည်သည်။ —the nerves, သန်မာစေသည်၊ —*n.* a transverse stay, ဒိုင်းကြား။ a tight cincture, ကြပ်စည်းသောကြိုး။ straps supporting the body of a carriage, ရထားဆိုင်းကြိုး။ suspenders, ပေါင်းဘီဆိုင်းကြိုး။ —of a drum, စည်ကြက်ကြိုး။ —in writing, စာ၌သုံးသောဝက်ခေါင်း။ a pair, couple, တစုံ။ a wimble, ရူးရိုးကောက်။

Bracelet, *n.* လက်ကောက်။

Brack, *n.* အစုတ်ကလေး။

Bracket, *n.* နွား။ ကုလားနှို။

Brackish, *a.* ငန်ငန်။

Brad, *n.* ခေါင်းမပါသောသံချွန်ကလေး။

Brag, *v. i.* ဝါကြွားသည်။ —*n.* from *do.*

Braggadocio, *n.* ဝါကြွားတတ်သောသူ။ လူဝါ။

Braggart, *n.* same.

Brahmin, *n.* ပုဏ္ဏား။

Brahminess, *n.* ပုဏ္ဏေးမ။

Brahminical, *a.* ပုဏ္ဏားဘာသာနှင့်ဆိုင်သော။

Brahminism, *n.* ပုဏ္ဏားဘာသာ။

Braid, *v. t.* to weave, ရက်သည်။ to intertwist three strands into one, ဝက်အူကျစ်သည်။ —*n.* ရက်သောအရာ။ ဝက်အူကျစ်သောအရာ။

Brails, *n. plur.* ရွက်ရှုပ်ကြိုး။

Brain, *n.* the contents of the skull, ဦးနှောက်။ understanding, ဉာဏ်။ —pan, *n.* ဥကွောင်းခွံ။ —sick, *a.* နှုန်းသော။ —*v. t.* ဥကွောင်းကိုခွဲ၍သတ်သည်။

Brainless, *a.* ဉာဏ်မရှိသော။ မိုက်သော။

Brake 1, *n.* a thicket, ခြုံစေးပျစ်။ ခြုံပိတ်ပေါင်း။ —2, *n.* an instrument for breaking flax or hemp, ပိုက်ဆံသင်သောတန်ဆာ။ the handle of a pump, ဗုံပိုင်မောင်းလက်။

Bramble, *n.* ဆူးပင်တမျိုး။

Bran, *n.* ဖွဲနု။

Bran-new, *a.* အသစ်စက်စက်။ ကြပ်ချွတ်။

Branch, *n.* the limb of a tree, အကိုင်း။ အခက်။ —of the fan palm, ထန်းလက်။ a part that shoots out from the main body, ဖြာသောအရာ။ —of a river, မြစ်မကခွဲတက်သောမြစ်ငယ်။ descendant from a common stock, အမျိုးအနွယ်အဝင်။ a section, division, အခန်း။ an antler, သမင်ဦးချိုအတက်။ —*v. i.* ဖြာသည်၊

Branchy, *a.* အခက်အလက်များသော။

Brand, *n.* a stick partly burnt. မီးစ။ a mark made by a hot iron, သံပူနှင့်ခတ်သောတံဆိပ်။ —*v. t.* to impress a mark with a hot iron, သံပူနှင့်တံဆိပ်ခတ်သည်။ to make infamous, အသရေကို ဖျက်သည်။

Brandish, *v. t.* သိုင်းကသည်။

Brandy, *n.* ဖြန့်အရက်။

Brasier, *n.* one who works in brass, ပန်းတည်း။ a pan for holding coals, မီးမယ်ဖြူ။

Brass, *n.* the metal, ကြေးဝါ။ impudence, မရှက်တတ်သောသဘော။

Brassy, *a.* partaking of brass, ကြေးဝါပါသော။ like brass, ကြေးဝါကဲ့သို့ဖြစ်သော။

Brat, *n.* ယုတ်မာသောအကလေး။

Bravado, *n.* a boast, brag, ဝါကြွားသောစကား။ an arrogant speech, ကြီးပသောစကား။

Brave, *a.* intrepid, ရဲရင့်သော။ excellent, မြင့်မြတ်သော။ —*v. t.* to defy, ကြိမ်းပသည်။ to resist without yielding, ရန်ခံသည်။

Bravery, *n.* from above.

Bravo, *n.* ရဲသောထားမြ။ —*int.* ကောင်းပေ။

Brawl, *v. i.* ပြင်းထန်စွာသောအသံနှင့်ရန်တွေ့သည်။ —*n.* from *do.*

Brawn, *n.* the flesh of a boar, ဝက်သား။ a muscular part, ကိုယ်၌ခိုင်မာသောအသား။ muscular strength, ခွန်အား။

Brawny, *a.* ကြီးမားသော။ သန်မာသော။

Bray 1, *v. t.* to pound, ထောင်းသည်။ —2, *v. i.* to make the noise of an ass, မြည်းကဲ့သို့မြည်သည်။ —2, *n.* မြည်းမြည်သံ။

Braze, *v. t.* ကြေးဝါဂဟေနှင့်ဆော်သည်။

Brazen, *a.* made of brass, ကြေးဝါကိုလုပ်သော။ pertaining to brass, ကြေးဝါနှင့်ဆိုင်သော။ impudent, အရှက်မရှိသော။ —faced, *a.* ရဲသောမျက်နှာရှိသော။ —*v. i.* အရှက်မရှိအောင်ရဲသည်။

Brazil wood, *n.* ဗိတောက်သားမျိုး။

Breach, *n.* a rent, အကွဲအပျက်။ —(in a wall,) မြို့ဖျက်ရာ —of friendship, မိတ်ဆွေပျက်ခြင်း။ —of law, တရားကိုလွန်ကျူးခြင်း။ —of promise, သစ္စာပျက်ခြင်း။

Bread, *n.* food made of flour, မုန့်။ any food, အစာ။ (baked) ပေါင်မုန့်။

Breadth, *n.* အနံ။ ဖြက်။

Break, *v. t.* —crosswise, ချိုးသည်။ —lengthwise, to split, ခွဲသည်။ —(a string or rope,) ဖြတ်သည်။ to make bankrupt, ကြွေးမဆပ်နိုင်အောင်ပြုသည်။ to degrade from office, အရာကိုနုတ်၍ရှိမ့်ချသည်။ to make a first disclosure, ရှေးဦးစွာဖော်ပြသည်။ —(an animal,) ကျင့်သည်။ —bulk, သင်္ဘောဝန်ကိုချစပြုသည်။ ground, to plow, လယ်ထွန်သည်။ to open trenches, မြေကတုတ်မြောင်းတူးသည်။ —(one's) heart, စိတ္တဇနာခွဲ၍အတွင်းဆွေးဆွေးအောင်ပြုသည်။ —friendship, မိတ်ဆွေဖျက်သည်။ —law,

တရားကိုလွန်ကျူးသည်။ —promise, ဂတိပျက်သည်။ ဂတိချွတ်ယွင်းသည်။ —wind, လေလည်သည်။ *v. i.* —crosswise, ကျိုးသည်။ —lengthwise, ကွဲသည်။ —as a rope, ပြတ်သည်။ to become bankrupt, ကြွေးမဆပ်နိုင်အောင်ရှိသည်။ to decline in health, and strength from old age, အိုၡ၍ ခွန်အားယုတ်လျော့သည်။ to burst, ဟုန်းခနဲပြုသည်။ —as the morning, မိုဃ်းလင်းသည်။ အာရုဏ်တက်သည်။ —away, *v. i.* to disengage one's self and go, ကွာသွားသည်။ —(as clouds,) လွင့်သွားသည်။ —down, *v. i.* ပြိုသည်။ *v. t.* ဖြိုသည်။ —forth, *v. i.* to issue, ပေါ်ထွက်သည်။ —in a speech, ရုတ်ခနဲဖြတ်ဆိုသည်။ —from, ကွာသွားသည်။ —in, to enter forcibly, အနိုင်အထက်ဝင်သည်။ to enter suddenly, ရုတ်ခနဲဝင်သည်။ —into, *v. t.* ဖောက်ဖျက်၍ဝင်သည်။ —loose, *v. i.* ချုပ်ရာမှအတင်းလွတ်သွားသည်။ off, to be parted, as a fragment, ပဲ့သည်။ to desist, ပြတ်သည်။ *v. t.* ဖဲ့သည်။ ဖြတ်သည်။ —out, *v. i.* to appear, issue forth, ပေါ်ထွက်သည်။ to appear in eruptions, ပေါက်သည်။ to throw off restraint, ပေါက်လွတ်သွားသည်။ —up, အစည်းအဝေးပျက်သည်။ *v. t.* to put an end to, ဖျက်သည်။ to lay open, ဖောက်ထွင်းသည်။ —water, *n.* လှိုင်းတံပိုးအရှိန်ကိုသတ်အောင်ချထားသောရေကတုတ်။ —with, *v. i.* မိတ်ဆွေပျက်သည်။ —*n.* an opening, ကွဲရာ။ a pause, interruption, ပြတ်ခြင်း။ a line noting a stop in the sentence, စာဆက်ပြတ်သည်ကိုပြထားသောအမှတ်။ —of day, မိုဃ်းလင်းခြင်း။ အာရုဏ်တက်ခြင်း။

Breakage, *n.* ကျိုးပဲ့သည်အတွက်။

Breaker, *n.* ကျောက်ကိုခတ်သောလှိုင်းချုပ်

Breakfast, *n.* နံနက်စာ။ —*v. i.* နံနက်စာစားသည်။

Bream, *n.* ငါးဖန်မ။M.

Breast, *n.* —of a woman, နို့။ နို့အုံ။ the forepart of the thorax, ရင်။ ရင်ပတ်။ the mind, စိတ်နှလုံး။ —bone, *n.* ရင်ရိုး။ —high, *a.* ရင်လောက်မြင့်သော။ —pin, *n.* ရင်ဖုံးတွယ်အပ်။ —plate, ရင်အုပ်တန်ဆာ။ —work, မြေကတုတ်။ —*v. t.* ရင်ဆိုင်တွေ့သည်။

Breath, *n.* air respired, အသက်။ ထွက်သက်ဝင်သက်။ the time of a single respiration, အသက်တရှူခန့်မျှ။ —expired, အဿာသ။ —inspired, ပဿာသ။ .

Breathe, *v. i.* to respire, အသက်ရှူသည်။ to live, အသက်ရှင်သည်။ to rest, နားနေသည်။ to pass as air, လေကဲ့သို့သွားလာနိုင်ပြားသည်။ *v. t.* to inspire or expire, ရှူသည်။ to exercise in order to keep in breath, အသက်ရှူမမှားအောင် ရုတ်ခနဲမနားစေ၊ တဖြေးဖြေးသွားလာစေသေးသည်။ to utter softly, တိုးတိုးပြောသည်။

—a vein, သွေးဖောက်သည်။ —into, မှုတ်သွင်းသည်။ —upon, (တစုံတခု) အပေါ်သို့အငွေ့လွှတ်သည်။

Breathing, *n.* respiration, အသက်ရှူခြင်း။ taking breath, ရပ်ဆိုင်း၍ အမောဖြေခြင်း။ aspiration, စိတ်နှစ်လုံးထဲမှာ ဆုတောင်းခြင်း။

Breathless, *a.* having ceased to breathe, အသက်ကုန်သော။ spent with labor, မောပန်းသော။

Breech, *n.* the posteriors, တင်သား။ a but-end ဒင်။ —of a gun, အမြောက်ရင်း။

Breeches, *n. plur.* ပေါင်းဘီတို။

Breed, *v. i.* to be pregnant, ပဋိသန္ဓေစွဲသည်။ ကိုယ်ဝန်ဆောင်သည်။ to grow in embryo, ပဋိသန္ဓေနေသည်။ to be brought forth, မွေးသည်။ (intrans.); to be increased by a new growth, ပွားသည်။ to raise a breed, မွေးပွားခြင်းကိုပြုစုသည်။ *v. t.* to bring forth, မွေးသည်။ (trans.); ပွားသည်။ to produce, ဖြစ်စေသည်။ to produce by contriving, စိတ်ကူး၍ဖြစ်စေသည်။ to educate, အတတ်တတ်အောင်သွန်သင်သည်။ to bring up, ကျွေးမွေး ပြုစုဆုံးမသွန်သင်သည်။ *n.* အမျိုး။ အမျိုးအနွယ်။

Breeding, *n.* from above.

—[good,] *n.* ခြင်လျောက်ပတ်ယဉ်ကျေးဖွယ်ရာသောလက္ခဏာနှင့် ပြည့်စုံခြင်း။

Breeze, *n.* လေပြေ။

Brevet, *n.* အခမတိုးဘဲလျက်အရာတိုးခြင်းအခွင့်။

Breviary, *n.* a compend, အကျဉ်းချုပ်သောစာ။ a book of prayers, ဝတ်ပြုပဌနာပေါင်း ပါသောလက်စွဲစာ။

Brevity, *n.* shortness, တိုခြင်း။ conciseness, အကျဉ်းအားဖြင့်စီရင်သော။

Brew, *v. t.* to make beer, ဂျုံရည်လုပ်သည်။ to plot, မထင်မရှားကြံစည်သည်။

Brewer, *n.* ဂျုံရည်လုပ်သောသူ။

Brewery, *n.* ဂျုံရည်လုပ်သောတိုက်။

Bribe, *n.* တံစိုး။ —*v. i.* တံစိုးထိုးသည်။ လက်ဆောင်ထိုးသည်။

Bribery, *n.* the act of giving a bribe, တံစိုးထိုးခြင်း။ the act of receiving a bribe, တံစိုးခံခြင်း။ တံစိုးစားခြင်း။ ငွေစားခြင်း။s.

Brick, *n.* အုတ်။ —bat, အုတ်ခဲ။ —dust, အုတ်မှုန့်။ —kiln, အုတ်ဖို။ —layer, ပန်းရန်သမား။ —maker, အုတ်လုပ်သမား။ —*v. t.* အုတ်ခင်းသည်။

Bridal, *a.* မင်္ဂလာဆောင်ခြင်းနှင့်ဆိုင်သော။

Bride, *n.* မင်္ဂလာဆောင်သောသတို့သမီး။ —cake, မင်္ဂလာဆောင်ပွဲမုန့်။ —groom, မင်္ဂလာဆောင်သောသတို့သား။ —maid, မင်္ဂလာဆောင် သောသတို့သမီး၏အဖော်။ —man, မင်္ဂလာဆောင်သောသတို့သား၏ အဖော်။

Bridewell, *n.* ဆုမ္ဆ၍အလုပ်လုပ်စေသောတန်းဇာမ်။

Bridge, *n.* —over water, တန်တား။ —of the nose, နှာရောင်း။ —of a stringed instrument, မြင်းမိုရ်။ —*v. t.* တန်တားထိုးသည်။

Bridle, *n.* reins, ဇက်ကြိုး။ a check, restraint, အဆီးအတား။ —*v. t.* to put on a bridle, ဇက်ခွံသည်။ to discipline, control, ဆုမ္ဆသည်။ —*v. i.* to hold up the head and draw in the chin, မျက်နှာထား၍မော့နေသည်။

Brief, *a.* short, တိုသော။ concise, အကျဉ်းအားဖြင့်စီရင်သော။ —*n.* an order, မှာစာ။ a memorandum of a client's case, ရှေ့နေသုံးရန်မှတ်စာ။

Briefly, *adv.* နည်းသောစကားနှင့်။ အကျဉ်းအားဖြင့်။

Brier, *n.* ဆူးပင်။

Briery, *a.* ဆူးပင်များသော။

Brig, *n.* နှစ်ပင်တိုင်သင်္ဘော။

Brigade, *n.* ရဲမက်မိုလ်ခြေတစု။ —major, ရဲမက်မိုလ်ခြေတစုကိုအုပ်သောလက်ထောက်မိုလ်။

Brigadier, *n.* ရဲမက်မိုလ်ခြေတစုကိုအုပ်သောမိုလ်။

Brigand, *n.* ထားပြ။

Brigantine, *n.* လျင်မြန်သောနှစ်ပင်တိုင်သင်္ဘော။

Bright, *a.* shining as metal, ပြောင်သော။ luminous, ထွန်းလင်းသော။ clear, ကြည်လင်သော။ evident, ထင်ရှားသော။ resplendent, အရောင်ထွန်းတောက်သော။ illustrious, အသရေတင့်တယ်သော။ ingenious, ဉာဏ်ထက်သော။ —eyed, မျက်စိအရောင်ကောင်းသော။ haired, ဆံပင်ပြောင်လက်သော။

Brighten, *v. i.* to grow bright, လင်းလာသည်။ to become clear, as a prospect, ရှင်းလင်းလာသည်။ —*v. i.* to make bright, ပြောင်စေသည်။ &c. from Bright.

Brightness, *n.* from Bright; lustre, အရောင်အဝါ။ ရောင်ခြည်။

Brilliancy, *n.* from next.

Brilliant, *a.* shining, resplendent, ထိန်သော။ တောက်သော။ အရောင်ထွန်းတောက်သော။ sparkling with lustre, အရောင်ဖိတ်ဖိတ်တောက်သော။ splendid, illustrious, ဂုဏ်အသရေထင်ပေါ်သော။ —*n.* အကွက်စုံသောစိန်။

Brim, *n.* အနား။ နှုတ်ခမ်း။ —*v. t.* တင်းကျမ်းပြည့်လောင်းသည်။

Brimful, *a.* လျှံမတတ်ပြည့်သော။

Brimmer, *n.* လျှံမတတ်ပြည့်သောဖလား။

Brimstone, *n.* ကန့်။

Brinded, Brindled, *a.* ကြောင်ကျားသော။

Brine, *n.* ဆားရည်။

Bring, *v. t.* to convey hither, ယူခဲ့သည်။ ဆောင်ခဲ့သည်။ to cause to come, ရောက်စေသည်။ —about, ဖြစ်စေသည်။ —back, to convey back, ပြန်၍ယူခဲ့သည်။ to recall, ပြန်လာစေသည်။ —down, to humble, နှိမ့်ချသည်။ —forth, young, ဖွားသည်။ —fruit, သီးသည်။ —to light, ဖော်သည်။ to produce, ထုတ်သည်။ ထုတ်ဖော်သည်။ —forward to cause to advance, တိုးတက်စေသည်။ to produce to view, ဖော်သည်။ —in, to introduce, သွင်းခဲ့သည်။ to yield, စီးပွားဖြစ်စေသည်။ —low, နှိမ့်ချသည်။ —off, to cause to escape, လွတ်အောင်ဆောင်ခဲ့သည်။ to procure the acquittal of, အပြစ်လွတ်အောင်ပြုသည်။ —on, ဖြစ်စေသည်။ —out, to bring forth, produce, ထုတ်သည်။ to disclose, ဖော်သည်။ —over, တဖက်သို့ပြောင်းအောင်သွေးဆောင်၍ရသည်။ —to, (သင်္ဘောကို) ရပ်စေသည်။ —to light, ဖော်သည်။ —under, to subdue, နိုင်သည်။ —up, to feed, clothe, educate, &c. ကျွေးမွေးပြုစုဆုံးမသွန်သင်သည်။ —(a business,) စ၍ကြားပြောသည်။ —(a ship,) ကျောက်ဆူးချသည်။

Brink, *n.* an edge, border, အစွန်း။ အနား။ —of a river, ကမ်း။

Briny, *a.* ဆားရည်နှင့်ပြည့်စုံသော။

Brisk, *a.* ပေါ့ပါးလျင်မြန်သော။ မြန်ဆန်သော။ —up, *v. i.* ပေါ့ပါးလျင်မြန်စွာလာသည်။

Brisket, *n.* အမဲနံ။

Briskness, *n.* from Brisk.

Bristle, *n.* အမှင်။ ဝက်မှင်။ —*v. i.* ဖောင်းမွေးထသည်။

British, *a.* အင်္ဂလိတ်ပြည်နှင့်ဆိုင်သော။

Brittle, *a.* ဆတ်သော။

Broach, *v. t.* to pierce as a cask of liquor, (အရည်ထွက်အောင်) ဖောက်သည်။ to publish first, ဖော်၍ပြောသည်။ —to, *v. i.* လေညာသို့ရုတ်ခနဲလှည့်သည်။

Broad, *a.* wide, ကျယ်သော။ open, clear, ဟင်းလင်းဖြစ်သော။ coarse, gross, ရုန့်ကြမ်းသော။ —ax, *n.* အပြားကြီးသောပေါက်ဆိန်။ —cast, *a.* or *adv.* (မျိုးစေ့ကို) ကြဲလျက်။ —cloth, *n.* သက္ကလတ်။ —side, the side of a ship, သင်္ဘောနံဘေး။ a discharge of all the guns on one side of a ship at once, သင်္ဘောနံတောင်တဖက်၌ရှိသောအမြောက်များကိုတပြိုင်နက်ပစ်ခြင်း။ —sword, ဓားရွက်ကြီးသောဓား။ —wise, *adv.* အနံအလိုက်။

Brocade, *n.* ပန်းပြောက်ထိုးဖဲ။

Brocage, *see* Brokerage.

Brochure, *n.* စာအုပ်ကလေး။

Brogue, *n.* a shoe, ဘိနပ်တမျိုး။ a peculiarity of pronunciation, ဝဲသောစကားသံ။

Broider, *see* Embroider.

Broil, *v. t.* ကင်သည်။ *v. i.* အကင်ခံသည်။ —*n.* a noisy quarrel, ခိုက်ရန်ဖြစ်၍ရုန်းရင်းခတ်မှုပြုခြင်း။

Broken-hearted, *a.* —through grief, စိတ္တဇနာစွဲ၍အတွင်းဆွေးဆွေးသော။ contrite, ကိုယ်အပြစ်ကိုမြင်၍စိတ်ကျိုးပဲ့ကြေမွသော။

Brokenness, *n.* the state of being broken, ကျိုးခြင်း။ ကျိုးပဲ့ခြင်း။ contrition, ကိုယ်အပြစ်ကိုမြင်၍စိတ်ကျိုးပဲ့ကြေမွခြင်း။

Broken-winded, *a.* သက်လိုကျွဲသော။

Broker, *n.* ပွဲစား။

Brokerage, *n.* ပွဲခ။

Bronchial, *a.* လည်ချောင်းနှင့်ဆိုင်သော။

Bronchitis, *n.* လည်ချောင်း၌စွဲသောအနာတမျိုး။

Bronchocele, *n.* လည်ပင်းကြီးသောအနာ။

Bronze, *n.* ကြေးနီ၊ ခဲမဖြူ၊ သွပ် ရောနှောသောလောဟာ။ the color of bronze, ဗရိုဇအရောင်။ —*v. t.* ဗရိုဇအရောင်ထွက်စေသည်။

Brooch, *n.* ကျောက်မျက်စီသောတန်ဆာ။

Brood, *v.* to incubate, ဝပ်သည်။ to cover with the wings, အတောင်နှင့်အုပ်သည်။ to meditate on, အောင်းမေ့လျှက်နေသည်။ —*n.* a hatch of chickens, တခါတည်းပေါက်သောကြက်ငှက်သငယ်စု။ progeny, အမျိုးအနွယ်။

Brook 1, *n.* ချောင်းငယ်။ —2, *v. t.* သည်းခံသည်။

Broom, *n.* တန်မြက်စည်း။ —corn, ပြောင်းလည်ကောက်။ —stick, တန်မြက်စည်းရိုး။

Broth, *n.* အမဲသား၊ ကြက်သားပြုတ်ရည်။ ဟင်းရည်။

Brothel, *n.* ပြည်တန်ဆာများနေသောအိမ်။

Brother, *n.* (elder,) အစ်ကို။ (younger,) ညီ။ —of a woman, မောင်။ —in law, (of different kinds,) ခဲအို။ မတ်။ ယောက်ဖ။

Brotherhood, *n.* the relation of brother, ညီအစ်ကို၏အဖြစ်။ a society, အပေါင်း။ အသင်း။

Brotherly, *a.* like brothers, ညီအစ်ကိုကဲ့သို့ဖြစ်သော။ affectionate, ချစ်ခင်စုံမက်သောသဘောရှိသော။

Brought, *pret.* of Bring. —to bed, *pas. part.* သားကိုဖွားသော။ မျက်နှာမြင်သော။

Brow, *n.* the bony arch over the eye, မျက်ခုံး။ —of a hill, တောင်စောင်း။ —beat, *v. i.* ငေါက်သည်။

Brown, *a.* ညိုသော။ —*v. t.* ညိုစေသည်။

Brownish, *a.* ခပ်ညိုညို။

Brownness, *n.* ညိုသောအရောင်။

Brownstudy, *n.* မှိုင်ခြင်း။

Browse, *v. t.* အညွန့်စားသည်။

Bruise, *v. t.* အသားကိုကြေစေသည်။ —*n.* အသားကြေသောအနာ။

Bruised [bc,] *v. i.* အသားကြေသည်။ အတွင်းကြေ ကြေသည်။
Bruit, *v. t.* ကျော်ညာစေသည်။ —*n.* ကျော်ညာခြင်း။
Brunette, *n.* အင်္ဂလိပ်မျိုးတွင်အဆင်းညိုသောမိန်း။
Brunt, *n.* တိုက်ခြင်းအရှိန်။
Brush, *n.* one made of bristles, ဝက်မှင်ဘီး။ a straight one as a large painting brush, တံပွတ်။ hair pencil, or small painting brush, စုတ်။ a thicket, ခြုံစေးပျစ်။ a skirmish, တိုက်ခိုက်ခြင်း။ —wood, a thicket, ခြုံစေးပျစ်။ small branches cut off, ခုတ်လှဲသောအခက်အလက်။ —*v. t.* to rub with a brush, ဝက်မှင်ဘီးနှင့်ဖီးသည်။ to graze, ပေါ့ပေါ့တိုက်သည်။ to wipe lightly, ပေါ့ပေါ့ပွတ်သည်။ to paint, စုတ်နှင့်ရေးသည်။ *v. i.* to pass by lightly, သီသွားသည်။ —off, *v. t.* ဝက်မှင်ဘီးနှင့်လှည်းသည်။
Brushy, *a.* အမွေးစုတ်ဖွားထသော။
Brutal, *a.* like a brute, တိရိစ္ဆာန်ကဲ့သို့ဖြစ်သော။ without natural affection, မိမ်းခါးသော။ savage, cruel, ရက်စက်သော။
Brutality, *n.* မိမ်းခါးခြင်း။ ရက်စက်ခြင်း။
Brutalize, *v. t.* from Brutal.
Brute, *a. see* Brutal.
Brute, *n.* တိရိစ္ဆာန်။ မိမ်းခါးသောသူ။ ရက်စက်သောသူ။
Brutify, *see* Brutalize.
Brutish, *a.* like a brute, တိရိစ္ဆာန်ကဲ့သို့ဖြစ်သော။ stupid and ignorant, ဉာဏ်မရှိ၊မိုက်မဲသော။ wild, uncivilized, ရိုင်းစိုင်းသော။
Brutishness, *n.* ဉာဏ်မရှိ။ မိုက်မဲခြင်း။ ရိုင်းစိုင်းခြင်း။
Bubble, *n.* a small bladder of water, ဗလို။ one blown into the air, ရေပူပေါင်း။ a cheat, လိမ်လည်သောအမှု။ *v. i.* to rise a bubble, ဗလိုထသည်။ to make a gurgling noise, သွင်သွင်မြည်သည်။ *v. t.* to cheat, လိမ်လည်သည်။
Bubo, *n.* ဗင်နာ။
Bucaneer, *n.* ပင်လယ်ထားပြ။
Buck, *n.* the male of a deer, သမင်၊ဒရယ်အဖို။ the male of the hare or rabbit, ယုန်ဖို။ a dashing fellow, ပသွားသောလူပျို။
Bucket, *n.* ရေပုံး။
Buckle, *n.* ထိကပေါက်။ —*v. t.* ထိကပေါက်ပေါက်သည်။ ထိကပေါက်တတ်သည်။ —to, ကြိုးစားအားထုတ်သည်။ —with, ပြိုင်၍တိုက်သည်။
Buckler, *n.* ဒိုင်း။ လွှား။ ကာ။
Buckram, *n.* ကော်တင်သောဖျင်ကြမ်း။
Buckwheat, *n.* ဂျုံတမျိုး။
Bucolic, *a.* သိုးထိန်းခြင်းအမှုနှင့်ဆိုင်သော။
Bud, *v. i.* to protuberate before putting forth a leaf or flower, ဖူး

သည်။ အဖူးထွက်သည်။ to protuberate for a flower, အငုံထွက်သည်။ *v. t.* to inoculate a plant, တပင်ကအညွန့်ဖူးကိုတပင်၌ထိုး၍စိုက်သည်။ *n.* —of a leaf or flower, အဖူး။ —of a flower, အငုံ။

Budge, *v. i.* နေရာမှရွေ့သည်။

Budget, *n.* a bag, အိတ်။ a bundle, pack, အထုပ်။

Buff, *n.* buffaloe leather, ကျွဲသားရေနယ်။ viscid substance on the surface of blood, သွေးမျှော။

Buffaloe, *n.* ကျွဲ။

Buffet 1, *n.* a cup-board, ပုကန်များထားသောမတ်တတ်သစ်တာ။ —2, a blow with the fist, လက်သီးထိုးခြင်း။ —2, *v. t.* to strike with the fist, လက်သီးနှင့်ထိုးသည်။ *v. i.* to box, လက်ဝှေ့သတ်သည်။

Buffoon, *n.* လူပျက်။

Buffoonery, *n.* လူပျက်ပြောဆိုပြသသောအခမ်းအနား။

Bug, *n.* ကြမ်းပိုး။

Bug-bear, *n.* သရုပ်ပြ၍အခြောက်အလှန့်ထားသောအရာ။

Buggy 1, *a.* ကြမ်းပိုးများသော။ —2, *n.* *see* Chaise.

Bugle, *n.* ခရာ။

Bugler, *n.* ခရာသမား။

Build, *v. t.* (as a wooden house,) ဆောက်သည်။ (as a brick-house or a ship,) တည်သည်။ —up, တည်ဆောက်သည်။ —upon, to rest on, depend on, အမှီပြုသည်။ to use as a foundation in raising a superstructure, အခြေအမြစ်ပြု၍တည်ဆောက်သည်။ —*n.* တည်ဆောက်ခြင်းအခြေအနေ။

Building, *n.* အဆောင်။ တိုက်ဆောင်။ အိမ်ဆောင်။ အဆောက်အအုံ။

Bulb, *n.* ဥ။ မြစ်ဖု။

Bulbous, *a.* ဥကျတတ်သော (အပင်။)

Bulbul, *n.* ဗွတ်။

Bulge, *n.* အုံ။ အိုင့်။ —*v. i.* အုံရှိသည်။ အုံထွက်သည်။ —in the middle, ပူသည်။ upwards, ကုန်းသည်။ .

Bulk, *n.* size, magnitude, အလုံးအရပ်။ အကြီးအငယ်ပမာဏ။ the gross, main part, အများ။ a ship's hold, သင်္ဘောဝမ်း။ —head, သင်္ဘောတွင်း၌ခန်းဆီးတည့်သောင်။

Bulky, *a.* လုံးပတ်ကြီးသော။

Bull 1, *n.* the male of the cow, နွားထီး။ Taurus, the 2d sign of the zodiac, ပြိဿရာသီ။ —baiting, နွားကိုခွေးနှင့်ဖူးတိုက်ခြင်း။ —dog, ခေါင်းကြီးသောခွေးမျိုး။ —frog, တွန်တတ်သောဖားမျိုး။ —3, an order of the pope, ရဟန်းမင်းအမိန့်တော်စာ။ —2, a blunder in speaking, နေရာမကျ၊ အလွဲပြောသော စကား။

Bullet, *n.* ကျည်ဝှေ။
Bulletin, *n.* မင်းအခွင့်နှင့်လွှင့်သောသိတင်းစာ။
Bullion, *n.* ရွှေမိမ်း။ ငွေမိမ်း။
Bullock, *n.* နွားဗိုက်။ နွားပေါက်။
Bull's eye, *n.* a convex glass window, ဖန်နို့။ Aldebaran, ရောဟနီ။
Bully, *v. t.* ကြိုးဝါးသည်။ —*n.* agent, from *do.*
Bulrush, *n.* ဂမောကိုင်းပင်။
Bulwark, *n.* a bastion, ဝက်ခေါင်း။ an advanced post, ခံတပ်။ a defence against an enemy, ရန်သူတို့ကိုဆီးတားသောအရံအကာ။
Bum, *n.* တင်သီး။
Bumbailiff, *n.* ရုံးလုလင်။
Bumblebee, *see* Humble bee.
Bumboat, *n.* သင်္ဘောစားနပ်ရိက္ခာကိုဒွိသောလှေ။
Bump, *v. t.* ဆောင့်သည်။ —*n.* any protuberance, အဖု။
Bumper, *n.* လျှံမတတ်၊ ပြည့်သောဖလား။
Bumpkin, *n.* ရိုင်းသောကျေးတောသား။
Bunch, *n.* a rising, protuberance, အဖု။ a protuberance, as the bunch on a camel's back, ဘို့။ a collection, အစု။ —(of fruit,) အခြွတ်။ —(of flowers,) အဆုပ်။ —*v. i.* ဖုသည်။
Bunchy, *a.* having many bunches, အဖုများသော။ growing in bunches, ခြွတ်တတ်သော။
Bund (East Indian,) *n.* မြေကတုတ်။
Bundle, *v. t.* ထုပ်သည်။ —*n.* အထုပ်။
Bung, *n.* စည်နံ့ဘေးပေါက်ဆို့။ —hole, စည်နံ့ဘေးပေါက်၊ —*v. t.* စည်နံ့ဘေးပေါက်ကိုပိတ်ဆို့သည်။
Bungalow (East Indian,) *n.* ဒနိ၊ သက်ငယ်မိုးသောအိမ်။
Bungle, *v.* အပိုးမသေလုပ်သည်။ —*n.* အပိုးမသေလုပ်ချက်။
Bunn, *n.* ချိုသောကျုံမုန့်တမျိုး။
Bunnian, *n.* ခြေဖျားဒွိဖြစ်သောကျွပခုံးတမျိုး။
Buoy, *n.* ဖော်ရာ။ ဖော့။ —*v. t.* ဖော်ရာကိုချထားသည်။ —up, *v. t.* မမြုပ်အောင်မ၍ထားသည်။
Buoyancy, *n.* from next.
Buoyant, *a.* ပေါလောနေသော။
Bur, *n.* ဆူးများပါသောအသီးငယ်။
Burden, *n.* a load, ဝန်။ a subject on which one dwells, ပြောဆိုရာတွင်သာ၍သတိထားသောအကြောင်းအရာ။ —of a vessel, လှေ၊ သင်္ဘောခွဲပါဝင်သောချိန်ဝန်အရေအတွက်။ —of a song, သံကောက်ချက်။ —*v. t.* လေးသောဝန်ကိုတင်သည်။
Burdensome, *a.* ပင်ပန်းစေတတ်သော။

Bureau, *n.* a chest of drawers, အံဆွဲပါသစ်တာ။ a secretary's office, မင်းစာရေး အမှုနှင့်ဆိုင်သောအခန်း။

Burgess, *n.* a citizen, မြို့သား။ a representative of a city, မြို့မှုဆောင်။

Burgh, *see* Borough.

Burgher, *n.* မြို့သား။

Burglary, *n.* ညည့်အခါအိမ်ကိုဖောက်ထွင်း၍အတင်းလုယူခြင်းအမှု။

Burial, *n.* from Bury. —place, *n.* သင်းချိုင်း။ —service, *n.* သင်းဂြိုဟ်ရာတွင်စာဖတ်၊ ဆုတောင်း၍ဝတ်ပြုခြင်း။

Burin, *n.* ငွေတတ်သောသူသုံးသောကညစ်။

Burke, *v. t.* (လူကို) ဖမ်း၍သတ်သည်။

Burlesque, *n.* စကားဖျက်။ —*v. t.* ရယ်ဖွယ်ဖြစ်အောင်ပျက်ချော်သောစကားအားဖြင့်လိမ်၍ပြောဆိုသည်။

Burly, *a.* ကြီးမားသော။

Burman, Burmese, *n.* a native of Burmah, မြန်မာ။ မြန်မာလူ။ the Burmese language, မြန်မာစကား။ —*a.* မြန်မာပြည်နှင့်ဆိုင်သော။

Burn, *v. t.* — as fire, လောင်သည်။ to set fire to, မီးရှို့သည်။ to consume by fire, ကျွမ်းစေသည်။ to bake in fire, ဖုတ်သည်။ to perform cremation, ဖုတ်ကြည်းသင်းဂြိုဟ်သည်။ to scorch in cooking, ချစ်စေသည်။ to dry excessively, သွေ့ခြောက်စေသည်။ *v. i.* to be on fire, လောင်လျှက်ရှိသည်။ to flame, တောက်သည်။ to feel excess of heat, ပူလောင်သည်။ —up, *v. t.* ကျွမ်းစေသည်။ ကျွမ်းလောင်စေသည်။ —*n.* မီးလောင်သောအနာ။

Burning glass, *n.* မီးမှန်။ သူရိယာကန်။

Burnish, *v. t.* မှတ်တင်သည်။ အရောင်တင်သည်။

Burnt [be,] *v. i.* လောင်ခြင်းကိုခံသည်။ to be consumed with fire, ကျွမ်းသည်။ to be scorched in cooking, ချစ်သည်။ တူးသည်။ to be excessively dried, သွေ့ခြောက်သည်။ —offering, —sacrifice, *n.* မီးရှို့သောယဇ်။

Burrow, *v. i.* မြေစာကိုကျစ်ထုတ်၍မြေတွင်း၌နေသည်။ —*n.* ကျစ်စာတွင်း။

Bursar, *n.* ငွေထိန်း။

Burst, *v. i.* to suffer disruption, ပေါက်ကွဲသည်။ to do suddenly or with violence, ဟုန်းသည်။ ဟုန်းခနဲပြုသည်။ *v. t.* to break or rend by force, ဖောက်ခွဲသည်။ —away, —from, *v. i.* ဟုန်းခနဲလွတ်သွားသည်။ —in, ဟုန်းခနဲဖောက်ဝင်သည်။ —open, *v. t.* ဟုန်းခနဲဖွင့်သည်။ —out, *v. i.* ဟုန်းခနဲထွက်သည်။ —*n.* ဖောက်ခွဲခြင်း။ ဟုန်းခနဲထွက်ခြင်း။ hernia, မုဠာ။

Burthen, *see* Burden.

Bury, *v. t.* to inter, မြေ၌မြှုပ်၍သင်းဂြိုဟ်သည်။ to put under ground, မြှုပ်ထားသည်။ to cover up in any way, ဖုံးအုပ်သည်။

Burying place, *n.* သင်းချိုင်း။

Bush, *n.* a tuft of plants whose roots are connected, ရုံ၍ပေါက်သောအပင်ကလေး။ a cluster of shrubs, ချုံ။ ချုံဖုတ်။

Bushel, *n.* ၁ တင်းခန့်ဆံ့သောက်ရှိသောခြင်တွယ်ခြင်း၏ပမာဏ။

Bushy, *a.* full of branches, အခက်အလက်များသော။ full of bushes, အပင်ကလေးများသော။

Business, *n.* employment, အလုပ်အကိုင်။ a particular affair, concern, အခင်း၊ အမှု၊ အရေး။

Buskin, *n.* ခြေစွပ်တိုတမျိုး။

Buss, *v. t.* စုတ်သည်။ —*n.* from *do.*

Bust, *n.* ခေါင်းကရင်တိုင်အောင်ရေးသောအရုပ်။

Bustle, *v. i.* ရုတ်ရက်ခတ်ဖြစ်သည်။ —*n.* from *do.*

Busy, *a.* employed so as not to be at leisure, အလုပ်ရှိ၍မအားသော။ employed constantly, မပြတ်မစဲ၊ လုပ်ကိုင်လျက်ရှိသော။ meddlesome, စွက်ဖက်သော။ —body, *n.* စွက်ဖက်သောသူ။ —*v. t.* မပြတ်မစဲ၊လုပ်ကိုင်စေသည်။ —one's self, *v.* လုပ်ဆောင်၍နေသည်။

But, *prep.* or *conj.* besides, ပြင်၊ မှတပါး။ only, သာ။ in contradistinction, မူကား။ yet, nevertheless, သော်လည်း၊ သို့ရာတွင်။

Butcher, *v. t.* သားထိုးသည်။ —*n.* သားထိုး။ သားထိုးသမား။

Butchery, *n.* slaughtering cattle, သားထိုးခြင်းအမှု။ extreme and savage bloodshed, ရက်စက်စွာသတ်ဖြတ်ခြင်းအမှု။

But-end, *n.* ဒင်။

Butler, *n.* စားပွဲထိန်း။

Butment, *n.* ပေါင်းကူးခံ။

Butt 1, *n.* a target, ပြစ်ရန်စက်။ the place where a target is set, စက်စိုက်ရာမြေကတုတ်။ the end of a purpose, ကြံရွယ်သောအချက်အရာ။ a person who is the object of ridicule, ပိုင်း၍ပျက်ပြယ်ပြုရာဖြစ်သောသူ။ —2, a pipe, စည်ကြီးတမျိုး။ —3, *v. i.* to thrust with the head, ခေါင်းနှင့်ဆောင့်သည်။

Butter, *n.* ထောပတ်မိမ်း။ —fresh, မသကာ။ —milk, နို့ကြက်တက်ရည်။ —*v. t.* ထောပတ်နှင့်လူးသည်။

Butterfly, *n.* လိပ်ပြာ။

Buttery, *n.* အစားအသောက်ထားသောအခန်း။

Buttock, *n.* တင်သား၊ တင်ပါး၊ ဖင်ဆုံ၊ ဖရုံဆွဲ။

Button, *n.* a knob, ဂျင်ဖု။ —of a garment, အင်္ကျီသီး။ —of a door, ဖားဝပ်လည်။ —hole, *n.* အင်္ကျီသီးကွင်း။ —mold, *n.* အင်္ကျီသီးပုံ။ —*v. t.* အင်္ကျီသီးတပ်သည်။

Buttress, *n.* အုတ်၊ကျောက်ဖြင့်ပြီးသောဒိုင်း။

Buxom, *a.* gay, ရွှင်လန်းသော။ wanton, လော်လည်သော။

Buy, *v. t.* ဝယ်သည်။

Buzz, *v. i.* to make the sound of bees, ပျားကဲ့သို့မြည်သည်။ to whisper buzzingly, တိုးတိုးပြောသည်။

By, *prep.* near, အနားမှာ။ by means of, ဖြင့်၊ အားဖြင့်။ at (such) a time, အချိန်တွင်။ according to, အတိုင်း။ (in swearing,) တိုင်တည်လျှက်။ —and by, *adv.* မကြာမမြင့်။ မျှားမကြာ။ —end, *n.* မထင်မရှားကြီးရွယ်သောအကျိုး။ —gone, *a.* လွန်ပြီးသော။ —law, *n.* စီရင်သောသူတို့သာဆိုင်သောဥပဒေ။ —one's self, *a.* တယောက်တည်း။ —path, road, *n.* မထင်ရှားသောလမ်းကလေး။ —stander, *n.* အမှုသည်မဟုတ်ဘဲနှင့်ကြည့်၍နေသောသူ။ —the bye, *adv.* စကားမစပ်ဘဲ၊အခြားသောစကားအားဖြင့်။ —word, *n.* a common saying, ဆိုရိုးစကား။ a word of reproach, ပုံနှိုင်းကဲ့ရဲ့၍သမုတ်သောစကား။

C

Cab, *n.* ရထားတမျိုး။

Cabal, *v. i.* မကောင်းသောအကြံနှင့်သင်းဖွဲ့သည်။ —*n.* မကောင်းသောအကြံနှင့်သင်းဖွဲ့သောလူစု။

Cabbage 1, *n.* သင်္ဘောမုံလာ။ —2, *v. t.* ဒေါဝတ်ချုပ်စည်တွင်အတိုအစကိုခိုးသည်။

Cabin, *n.* သင်္ဘောထဲ၌ကာသောအခန်း။ —boy, သင်္ဘောခန်းတို့၌အစေခံသောလူကလေး။

Cabinet, *n.* a set of drawers in a case, အံထိုးမတ်တတ်သစ်တာ။ a private room for consultation, တိုင်ပင်ရန်အခန်းကလေး။ a select council of government, မင်းတိုင်ပင်မှူးမတ်စု။ —council, a consultation held by the councillors of government, မင်းတိုင်ပင်မှူးမတ်တို့စည်းဝေး၍တိုင်ပင်ခြင်း။ members of council, တိုင်ပင်မှူးမတ်စု။ —maker, စပ်သမား။

Cable, *n.* ကျောက်ဆူးကြိုး။ —tier, ကျောက်ဆူးကြိုးကိုခွေ၍ထားသောအခန်း။

Caboose, *n.* ကုန်းတင်သင်္ဘော၌ရှိသောမီးဖို။

Cabriolet, *n.* ရထားတမျိုး။

Cachinnation, *n.* ကျယ်ကျယ်ရယ်ခြင်း။

Cackle, *v. i.* ငန်း၊ ကြက်ကဲ့သို့မြည်သည်။ as a hen, ကတော်သည်။

Cacophony, *n.* မသာယာသောစကားသံ။

Cactus, *n.* ရှားစောင်း။ M.

Cadaverous, *a.* အသေကောင်လက္ခဏာရှိသော။

Caddy, *n.* လက်ဖက်ခြောက်ထည့်သောသစ်တာကလေး။

Cadence, *n.* a state of sinking, လျော့ကျခြင်း။ a falling of the voice, စကားသံနိမ့်သွားခြင်း။

Cadet, *n.* a younger brother, ညီ။ a volunteer on pay, in expecta-

tion of a commission, အရာကိုရမည်မျှော်လင့်၍အမှုထမ်းသော လုလင်။
Cadi, *n.* ပသိပြည်၌တရားမသူကြီး။
Caffre, *n.* ကပ္ပလီ။
Cage, *n.* —for birds, ငှက်လှောင်အိမ်။ —for wild beasts, ခြံ။ a petty prison, တန်း။
Caiman, *n.* မိကျောင်း။
Caisson, *n.* ခဲ၊ ယမ်းထားသောသစ်တာကြီး။
Caitiff, *n.* လူဆိုး။
Cajole, *v. t.* ချော့မော့သည်။
Cajolery, *n.* from above.
Cake, *n.* sweet bread, မုန့်ချို။ a flat loaf, မုန့်ပြား။ any thing flat and round like a cake, မုန့်ပြားကဲ့သို့ဝိုင်းဝိုင်းပြားပြားဖြစ်သောအရာ။ —*v. i.* to concrete, ခဲသည်။
Calabash, *n.* ဘူး။ ဘူးတင်းရောင်း။ ရေဘူး။
Calamine, *n.* သွပ်ကျောက်။
Calamitous, *a.* producing misery, အမင်္ဂလာဖြစ်သော၊ ဘေးကိုဖြစ်စေသော။ very miserable, အလွန်ဆင်းရဲငြိုငြင်သော။
Calamity, *n.* a cause of misery, အမင်္ဂလာ။ great misfortune, disaster, ဘေးဥပါတ်။
Calamus, *n.* ကြံတမျိုး။
Calash, *n.* a kind of carriage, ရထားတမျိုး။ a kind of cap worn by ladies, မိမ္မဆောင်းသောဦးထုပ်တမျိုး။
Calcarious, *a.* ထုံးနှင့်ရောသော။
Calcination, *n.* from next.
Calcine, *v. t.* ကြိတ်ပြာကျအောင်ချသည်။
Calculate, *v.* to compute, reckon, တွက်သည်။ to estimate in the mind, ခြင့်တွက်သည်။ to adapt, adjust, တော်လျော်အောင်စီရင်သည်။ to intend, purpose, ကြံစည်သည်။
Calculation, *n.* from above.
Calculous, *a.* ကျောက်စရစ်ပါသော။
Calculus, *n.* ကျင်ငယ်အိမ်ကျောက်။
Caldron, *n.* အိုးကင်း။
Calendar, *n.* နှစ်၊ လ၊ နေ့ရက် မှတ်စာရင်း။
Calender, *v. t.* (အဝတ်ကို)ကြွေတိုက်သည်။
Calenture, *n.* ဖျားနာတမျိုး။
Calf, *n.* the young of a cow, နွားကလေး။ —of the leg, သလုံးသား။
Caliber, *n.* the bore of a gun, ပြောင်းပေါက်။ the diameter of the bore, ပြောင်းပေါက်ဝအချင့်။ capacity of intellect, ဉာဏ်အစွမ်းသတ္တိ။

Calico, *n.* ဖိတ်။ (Amer.) သရက်ထည်။
Calid, *a.* ပူသော။
Calify, *v. t.* ပူစေသည်။
Caliph, *n.* ပသိဘာသာ၌ မဟာမတ်ဆွေစဉ်မျိုးဆက်ဖြစ်သောမင်း။
Caliginous, *a.* dim, မှုန်သော။ dark, မှောင်သော။
Caligraphy, *n.* လှသောလက်ရေး။
Caliver, *n.* သေနတ်အမျိုး။
Calix, *n.* ခွက်။
Calk, *v. t.* —with pitch, &c. ထေးသည်။ ကျပ်သည်။ —with oakum, &c. အုန်းဆံအစရှိသည်တို့ကိုမြိုက်သည်။ (Amer.) မြင်းခွာမှာမြိုက်သောသံကွေး၌သံချွန်တပ်သည်။
Calkin, *n.* မြင်းခွာသံကွေး၌တပ်သောသံချွန်။
Call, *v. t.* to summon, ခေါ်သည်။ to invite, ဖိတ်သည်။ to name, မှည့်သည်။ သမုတ်သည်။ —*v. i.* to make a short visit, နှုတ်ဆက်အောင်သူတပါးအိမ်ကိုခဏဝင်သည်။ —back, *v. t.* to summon back, ပြန်လာအောင်ခေါ်ပြန်သည်။ to revoke, ပြန်၍နှုတ်သိမ်းသည်။ —for, တောင်းသည်။ —forth, နှိုးဆော်သည်။ —in, to collect, စုသိမ်းသည်။ to withdraw from circulation, ပြန်၍နှုတ်သိမ်းသည်။ —off, ပြန်လာအောင်ခေါ်သည်။ —on, to make a short visit, နှုတ်ဆက်အောင်ဝင်သည်။ to pray, ပဌနာပြုသည်။ —out, to summon to fight, စစ်ချင်းတိုက်ရအောင်ခေါ်သည်။ to summon into service, အမှုထမ်းစေခြင်းငှါခေါ်သည်။ *v. i.* to utter a loud noise, အော်ဟစ်သည်။ —over, *v. t.* to read aloud a list of names, ဦးရေစာရင်းကိုဖတ်သည်။ —to, လှမ်း၍ခေါ်သည်။ အသံလွှင့်၍ပြောသည်။ —to mind, သတိရသည်။ —up, သူတပါးအမှုထားစေခြင်းငှါပြုသည်။ —*n.* ခေါ်ခြင်း။ ဖိတ်ခြင်း။ နှုတ်ဆက်အောင်ခဏဝင်ခြင်း။ a demand, တောင်းခြင်း။
Calling, *n.* from Call; stated employment, စွဲမြဲ၍လုပ်ကိုင်ဆောင်ရွက်သောအမှု။ အသက်မွေးမှု။
Callipers, *n.* ကွန်ပါကောက်။
Callosity, *n.* ကျွဲပခုံး။
Callous, *a.* hardened, တင်းမာသော။ unfeeling, ကြင်နာခြင်းမရှိသော။
Callousness, *n.* from above.
Callow, *a.* အမွေးအတောင်မစုံသေးသော။
Calm, [be,] *v. i.* ငြိမ်သည်။ ငြိမ်ဝပ်သည်။ *v. t.* ငြိမ်စေသည်။ ငြိမ်ဝပ်စေသည်။ *n.* from *do. v. i.*
Calmness, *n.* same.
Calomel, *n.* ပြဒါးဆားချို။
Calophyllum, *n.* သရဖီ။ M.
Caloric, *n.* အပူ။

Calorific, *a.* ပူစေတတ်သော။
Calumet, *n.* ဆေးတံ။
Calumniate, *v. t.* သူ့အသရေဖျက်အောင်မဟုတ်မမှန်ပြောသည်။
Calumnious, *a.* from above.
Calumny, *n.* သူ့အသရေကိုဖျက်သောစကား။
Calve, *v. i.* နွားကလေးကိုမွေးသည်။
Calvinist, *n.* ဆရာကာလဗိန်အယူဝါဒကိုယူသောသူ။
Calx, *n.* ကြိတ်ပြာ။
Calyx, *n.* ပွင့်ပယ်။
Cambric, *n.* ကင်ဗဆစ်ဖိတ်။
Camel, *n.* ကုလားအုတ်။
Cameo, *n.* အရုပ်သဏ္ဍာန်ပါသောကျောက်။
Camera-obscura, *n.* အရိပ်ပြသောရုပ်ပုံတန်ဆာ။
Camlet, *n.* သိုးမွေးနှင့်ပိုးရောချ၍ရက်သောအဆည်အလိပ်။
Camp, *n.* troops in temporary quarters, တပ်။ တပ်ဝိုင်း။ a place of encampment, တပ်ချရာအရပ်။ တပ်စားခန်းချရာအရပ်။ —*v. i.* to encamp, တပ်ချသည်။ to encamp on a march, တပ်စားခန်းချသည်။
Campaign, *n.* a large open plain, လွင်ပြင်။ the time that an army keeps the field, တပ်ဖွဲ့ခြင်းမပျက်။ အမှုထမ်းရာကာလ။
Camphene, *n.* ထင်းရှူးဆီပြန်။
Camphor, *n.* (common,) ပရုပ်။ (purified,) ဖုဝ္ဂသိမ်။
Can 1, *n.* a metal cup, သံဖြူခွက်။ ကြေးခွက်။ —2, *v. i.* to be able to, နိုင်။ (qual. affix,) to know how to, တတ်။ (qual. affix)
Canaille, *n.* bran, ဖွဲနု။ the lowest class of people, ဆင်းရဲသောလူနှပ်စု။
Canal, *n.* တူးမြောင်း။
Cancel, *v. t.* to erase, ချေသည်။ to annul, ပပျောက်စေသည်။ ပလပ်စေသည်။
Cancer, *n.* a crab, ဂနန်း။ the 12th sign of the zodiac, ကရကဋ်ရာသီ။ a scirrhous ulcer, ထည်ကြော၊ ရင်ကြော၌ အကျိတ်အခဲဖြစ်၍စားတတ်သောအနာဆိုး။
Cancerous, *a.* အနာဆိုးနှင့်သဘောတူသော။
Candid, *a.* ငဲ့ကွက်ခြင်းမရှိသော။
Candidate, *n.* one who applies for office, အရာကိုခံသောသူ။ one who is subject to an examination for some situation, အရာကိုအလိုရှိ၍စုံစမ်းမေးမြန်းခြင်းကိုခံသောသူ။ one who will probably obtain a situation, အရာကိုရကောင်းမည်သူ။
Candle, *n.* ဖိုးတိုင်။ —made of wax, ဖယောင်းတိုင်။ —made of tallow, အဆီတိုင်။ —light, မီးရောင်။ —mas, ဗရင်ဂျီဘာသာ၌ပွဲတမျိုး။ —stick, ဖယောင်းတိုင်ခုံ။

Candor, *n.* from Candid.

Candy, *n. see* Sugar-candy. —*v. t.* to conserve with sugar, သကြား နှင့်ကြိုသည်။ to incrust with congelation of sugar, သကြားရည် ကြို၍သွန်းသည်။

Cane, *n.* sugar cane, ကြံ။ a walking stick, တောင်ဝေး။ —brake, ကြံ ခြံ။ —*v. t.* တောင်ဝေးနှင့်ရိုက်သည်။

Canescent, *a.* ဆံပင်ဖြူစရှိသော။

Canine, *a.* pertaining to dogs, ခွေးနှင့်ဆိုင်သော။ like a dog, ခွေးကဲ့ သို့ဖြစ်သော။

Canister, *n.* သံဖြူပုံး။

Canker, *n.* a disease incident to trees, သစ်ပင်၌စွဲသောအနာတမျိုး။ a kind of eroding ulcer in the mouth, ပစပ်၌စွဲ၍စားတတ်သော အနာတမျိုး။ —worm, သစ်သီး၊သစ်ရွက်ကိုစားတတ်သောပိုးတမျိုး။ —*v. t.* အနာကဲ့သို့စားသည်။

Cankerous, *a.* အနာကဲ့သို့စားတတ်သော။

Cannibal, *n.* လူသားကိုစားတတ်သောသူ။

Cannon, *n.* အမြောက်။ —ball, အမြောက်ဆန်။

Cannonade, *v. t.* အမြောက်များနှင့်ပြစ်သည်။

Cannonier, *n.* အမြောက်သား။

Cannot, *v. see* Can and not.

Canoe, *n.* လှေလောင်း။

Canon, *n.* a rule, နည်းဥပဒေ။ an ecclesiastical rule, သာသနာမှုနှင့် ဆိုင်သောနည်းဥပဒေ။ genuine scripture, ကျမ်းရင်း။ a kind of ecclesiastical dignity, ဗရင်ဂျီဘာသာ၌ရဟန်းတမျိုး။

Canoness, *n.* ရဟန်းမတမျိုး။

Canonical, *a.* pertaining to a canon, နည်းဥပဒေနှင့်ဆိုင်သော။ according to a canon, နည်းဥပဒေအတိုင်းဖြစ်သော။ belonging to genuine scripture, ကျမ်းရင်းအဝင်ဖြစ်သော။

Canonicals, *n. plur.* ဓမ္မဆရာအမှုကိုဆောင်ရွက်စဉ်ဝတ်ဆင်သောအဝတ် တန်ဆာ။

Canonist, *n.* သာသနာမှုနှင့်ဆိုင်သောနည်းဥပဒေများကိုနားလည်လေ့ကျက် သောဆရာ။

Canonize, *v. t.* ဗရင်ဂျီဘာသာ၌လူသေကိုချီးမြှောက်၍သံတုအရာ၌ခန့်ထား သည်။

Canopy, *n.* မျက်နှာကြက်။ ဒိတာန်။

Cant, *v. t.* to pitch, လှန်ပြစ်သည်။ *v. i.* to speak with a whining voice, ဖွဲ့နွဲ့ညည်းညူ၍ပြောသည်။ —*n.* a pitch, အလှန်အပြစ်။ whining speech, ဖွဲ့နွဲ့ညည်းညူ၍ပြောခြင်း။ peculiar words and phrases, of professional men, သူတပါးတို့စကားကိုမလိုက် လျောဘဲကိုယ်တျွမ်းကျင်သောအမှုနှင့်ဆိုးသောစကားကိုသာပြောခြင်း။

Canter, *v. i.* ခါးဆုံစီးသွားသည်။ —*n.* from above.
Cantharides, *n. plur.* အရေပေါင်းစေတတ်သောယင်တမျိုး။
Canticle, *n.* သီခြင်း။
Canto, *n.* သီခြင်းခဏ်း။
Canton, *n.* တိုင်းပြည်အတွင်းပိုင်းခြားသောနယ်ပယ်ခရိုင်။ —*v. t.* to divide into districts, နယ်ပယ်ကိုပိုင်းခြားသည်။ —to locate troops, (စစ်သူရဲတို့ကို) နေရာချထားသည်။
Cantonment, *n.* စစ်သူရဲတို့ကိုသီးသန့်၍ထားသောနေရာအရပ်။ တပ်စွဲနေရာအရပ်။
Canvas, *n.* သင်္ဘောရွက်ထည်။
Canvass, *v. t.* to discuss, စစ်ဆေးသည်။ ဆွေးနွေးသည်။ *v. i.* to make interest, တောင်းပန်သည်။ —*n.* from above.
Caoutchouc, *n.* ကော်ဖျည်း။ အပင်စေးကော်ဖျည်း။ ဖျည်းတွဲအောင်ချက်သောသစ်စေးတမျိုး။
Cap, *n.* a cover for the head, ဦးထုပ်။ the top, highest part, အထွဋ်။ the cover of an end, ထိပ်၏အဖုံး။ (percussion,) ကြေပွင့်။s. —a pie, *adv.* ခေါင်းကခြေထိ။ —*v. t.* ထိပ်ကိုဖုံးအုပ်သည်။
Capability, *n.* from next.
Capable, *a.* able to contain, ဆံ့သော။ ဆံ့နိုင်သော။ competent to, တတ်နိုင်သော။ အစွမ်းအစရှိသော။ qualified for, ပြုပိုင်သောအခွင့်ရှိသော။
Capacious, *a.* capable of holding much, များစွာဝင်နိုင်သော။ wide, extensive, ကျယ်ဝန်းသော။
Capacitate, *v. t.* to enable, တတ်နိုင်စေသည်။ to qualify for, ပြုပိုင်သောအခွင့်ရှိအောင်ပြုသည်။
Capacity, *n.* ability to contain, ဆံ့ခြင်း။ ဆံ့နိုင်ခြင်း။ ability to perform, တတ်နိုင်ခြင်း။ အစွမ်းအစ။ extent of mind, ဉာဏ်ရှိခြင်း။ qualification, ပြုနိုင်သောအခွင့်။ state, condition, အဖြစ်၊ နေရာအဖြစ်။
Caparison, *n.* တန်ဆာ။ —*v. t.* တင့်တယ်အောင်ပျင်ဆင်သည်။
Cape, *n.* a headland, အငူ။ —of a cloke, ဝတ်လုံလည်ပင်းအဆက်အပေါ်ဖုံးညောင်ရွက်။ —jesamine, ဇီဇဝါ။ Gardenia florida.
Caper 1, the bud of the caper bush, အငုံတမျိုး။ —2, *v. i.* to leap ခုန်သည်။ —3, *n.* from *do.*
Capias, *n.* ဥစ္စာကိုသိမ်းရုံးသောမှတ်ချက်။
Capillary, *a.* ဆံခြည်ကဲ့သို့သေးသော။
Capital, *a.* pertaining to the head, ခေါင်းနှင့်ဆိုင်သော။ chief, principal, အကြီးဆုံးသော၊ အမြတ်ဆုံးသော။ great, important, အကြီးအမားဖြစ်သော။ large (letters,) အလုံးကြီးသော (စာလုံး။) pertaining to the punishment of death, အသေသတ်ခြင်းနှင့်ဆိုင်

သော။ —*n.* the top of a pillar, တိုင်ထိပ်။ a chief city, မြို့မ၊ မြို့တော်။ a large letter, အလုံးကြီးသောစာလုံး။ stock, အရင်းအနှီး။

Capitalist, *n.* အရင်းအနှီးရှိသောသူ။

Capitation, *n.* လူကောင်ဦးရေစာရင်းယူခြင်း။

Capitol, *n.* (of ancient Rome,) ရောမရဲ့တိုက်ကြီး။ Congress house, အမေရိကံလွှတ်တော်။

Capitulate, *v. i.* စစ်ပြိုင်ရာတွင်ရှုံးသော့ကြောင့်စာချုပ်ကိုခံ၍လက်နက်ကိုချသည်။

Capitulation, *n.* from above; a treaty containing the conditions of surrender, ရှုံးသောသူခံသောစာချုပ်။

Capon, *n.* သင်းပြီးသောကြက်၊ ကြက်သင်း။

Caprice, *n.* from next.

Capricious, *a.* စိတ်မတည်ကြည်သော။

Capriciousness, *n.* မတည်ကြည်သောသဘော။

Capricorn, *n.* မကာရရာသီ။

Capsize, *v. t.* မှောက်လှန်သည်၊ မှောက်လှန်သည်။

Capstan, *n.* ကျောက်ဆူးနှုတ်သောမတ်တတ်စက်။

Capsular, *a.* ခေါင်းပွ။

Capsule, *n.* a pericarp, အစေ့အိမ်။ a crucible, မိုက်။

Captain, *n.* the chief of a company of soldiers, တပ်မှူး။ the commander, of a vessel, သင်္ဘောပေါ်တွင်စီရင်သောသူ၊ ကပ္ပိတန်။ captain general, ဗိုလ်ချုပ်။

Captation, *n.* ပရိယာယ်ပြုသောအားဖြင့်သူတပါးချီးမွမ်းခြင်းကိုခံရခြင်း။

Caption, *n.* ခေါင်းစည်အလိုက်ထိုးသောလိပ်စာ။

Captious, *a.* အပြစ်ရှာတတ်သော၊ အပြစ်တင်တတ်သော။

Captiousness, *n.* from above.

Captivate, *v. t.* to take prisoner, သုံ့ဖမ်း။ ဖမ်းသည်။ ဖမ်းသွားသည်။ to charm, ချစ်ဖွယ်သောလက္ခဏာနှင့် ချစ်ခင်မြတ်နိုးစေသည်။

Captive, *n.* သုံ့ဖမ်းလူ၊ သုံ့ဖမ်း၊ ဖမ်းခြင်းကိုခံသောသူ၊ ဖမ်းသွားခြင်းကိုခံရသောသူ။ လက်ရလူ။

Captivity, *n.* သုံ့ဖမ်းကျွန်ခံရာအဖြစ်၊ ဖမ်းသွားခြင်းကိုခံရာအဖြစ်။

Captor, *n.* သုံ့ဖမ်း၊ ဖမ်းသောသူ။

Capture, *v. t.* သုံ့ဖမ်း၊ ဖမ်းသည်။ —*n.* from *do.* the person or thing captured, လက်ရလူ၊ လက်ရဥစ္စာ။

Car, *n.* a kind of cart, လှည်းတမျိုး။ a kind of carriage, ရထားတမျိုး။ a chariot of war, စစ်ရထား။

Carbine, *n.* သေနတ်တမျိုး။

Carat, *n.* a weight of four grains, ဂျုံစပါး ၄ စေ့ချိန်သောအလေး။ the 24th part of any given quantity of gold, ရွှေ ၂၄ စုတွင်တစု။

Caravan, *n.* ခရီးသွားရာစုရုံးစည်းကြပ်၍သွားသောလူစု။

Caravansary, *n.* ဇရပ်ကြီး။
Caraway, *n.* စမွတ်။
Carbon, *n.* မီးသွေးစင်စစ်။
Carbuncle, *n.* a kind of precious stone, မှည့်သောကျောက်နီ။ a kind of boil, အနာစိမ်းတမျိုး။
Carcanet, *n.* ကျောက်စီလည်ကပ်။
Carcass, *n.* အသေကောင်။
Card 1, *n.* a written message of civility, နှုတ်ဆက်သောလက်မှတ်တမျိုး။ painted paper used in play, ကစားသောဖဲ။ card of a compass, အိမ်မျှောင်၌ တောင်မြောက်အမှတ်ထားသော စက်ဝိုင်း။ —2, an instrument for combing wool, သိုးမွေးဖန်သောဘီး။ —3, *v. t.* to comb (wool,) ဖီးသည်။
Cardamom, *n.* (plant,) ဖာလာပင်။ (seed,) ဖာလာစေ့။
Cardiac, *a.* နှစ်လုံးနှင့်ဆိုင်သော။
Cardinal, *a.* အကြီးအမားဖြစ်သော။ cardinal number, *n.* တစ်၊ နှစ်၊ သုံး၊ မှစ၍။ *n.* ရဟန်းမင်းအမတ်ကြီး၊ မဟာသာဝက။
Care, *n.* anxiety, သောက၊ စိုးရိမ်ခြင်း။ caution, သတိ၊ သတိပြုခြင်း။ charge, စောင့်မခြင်း။ —*v. i.* to be anxious, စိုးရိမ်သည်။ to regard, အမှုထားသည်။
Careen, *v. t.* စောင်းထားသည်။
Career, *n.* a race, ပြေးခြင်း။ general course, ပြုမိပြုခြင်း။
Careful, *a.* anxious, စိုးရိမ်တတ်သော။ cautious, သတိပြုတတ်သော။ provident, ကြည့်ရှုပြုစုတတ်သော။
Carefulness, *n.* from above.
Careless, *a.* heedless, သတိလစ်သော။ free from anxiety, စိုးရိမ်ခြင်းမရှိသော။ regardless, သတိမထားသော။
Carelessness, *n.* from Careless.
Carelessly, *adv.* neglectfully, ကပက်ကစက်။ without regard, ပြစ်စလက်ခတ်။ wastefully, ကပက်ကရက်။
Caress, *v. t.* to fondle, ပါးလူးနားလူးပြုသည်။ to treat with affection and kindness, ချစ်သော လက္ခဏာနှင့် နှုတ်ဆက်၍ လောကဝတ်ပြုသည်။ —*n.* from *do.*
Caret, *n.* စာကျ၍မှတ်သောကြက်ခြေ။
Cargo, *n.* လှေ၊ သင်္ဘော၌တင်သောဝန်။
Caricature, *v. t.* စကားဖြစ်စေ၊ ရုပ်ပုံဖြစ်စေ၊ သရုပ်ပေါ်အောင်ကဲ့ရဲ့ပြစ်တင်သောအခြင်းအရာကိုပြသည်။ —*n.* from *do.*
Caries, *n.* အရိုးဆွေးပုပ်သောအနာ။
Carious, *a.* ဆွေးပုပ်သောအနာနှင့်ဆိုင်သော။
Carking, *a.* စိုးရိမ်သော။
Carline, *n.* သင်္ဘောကုန်းပတ်ခံသောဆင့်။

Carman, *n.* လှည်းသမား။
Carminative, *a.* လေကိုနှိုင်တတ်သော။
Carmine, *n.* ခြပ်ပန်းရောင်ရှိသောဆေး။
Carnage, *n.* များစွာခုတ်သတ်ခြင်း။
Carnal, *a.* pertaining to the flesh or fleshly gratifications, ကိုယ်ကာယနှင့်ဆိုင်သော၊ ကာမဂုဏ်နှင့်ဆိုင်သော။ natural, unregenerate, လူဇာတိပကတိအတိုင်းဖြစ်သော။ lustful, ကိလေသာတဏှာရှိသော။ pertaining to sexual intercourse, မေထုန်သံဝါသနှင့်ဆိုင်သော၊ ယှဉ်ပါးခြင်းနှင့်ဆိုင်သော။
Carnality, *n.* sensual desire, ကာမဂုဏ်၌စွဲထမ်းသောစိတ်။ တတ်မက်တတ်သောသဘော။ lustfulness, ကိလေသာတဏှာအားကြီးခြင်း။
Carnelian, *n.* မဟူရာ။
Carnival, *n.* ဖရင်ဂျီဘာသာ၌တနှစ်တခါခံသောပွဲတမျိုး။
Carnivorous, *a.* အသားကိုစားတတ်သော။
Carol, *v. i.* ကျူးသည်။ —*n.* ကျူးသောသီခြင်း။
Carotid artery, *n.* လည်ကြောမ။
Carousal, သေသောက်ပွဲ။
Carouse, *v. i.* သေသောက်ပွဲခံသည်။ —*n. see* Carousal.
Carp, *v. i.* အကြောင်းမရှိဘဲရှာကြံ၍အပြစ်တင်သည်။ *n.* ငါးဇိုတို။ M.
Carpenter, *n.* လက်သမား။
Carpentry, *n.* လက်သမားအလုပ်။
Carpet, *n.* ကော်ဇော။ —*v. i.* ကော်ဇောခင်းသည်။
Carpus, *n.* လက်ကောက်ဝတ်အရိုးများ။
Carriage, *n.* a vehicle on wheels, လှည်းဖြစ်စေ၊ ရထားဖြစ်စေ၊ ဘီးပါသောယဉ်အမျိုးမျိုး။ conveyance, ပို့ဆောင်ခြင်း။ demeanor, အနေအထိုင်၊ အပြုအမူ။
Carrion, *n.* ပုပ်သောအသေကောင်။
Carronade, *n.* အမြောက်တမျိုး။
Carrot, *n.* မုံလာဥဝါ။
Carroty, *a.* (ဆံပင်) နီဝါသော။
Carry, *v. t.* —on the shoulder, ထမ်းသည်။ —on the head, ရွက်သည်။ to bear, convey (thither,) ဆောင်သည်၊ ကြည်းဆောင်သည်။ သယ်ပိုးသည်။ to bear about one's person, to wear, ကိုယ်၌ဆောင်သည်။ —meaning, ဆိုလိုသည်။ —a point, အောင်သည်။ —one's self, ပြုကျင့်သည်။ —away, to take to another place, ယူသွားသည်။ to break, ချိုးဖဲ့သည်။ —back, ပြန်၍ဆောင်သွားသည်။ —off, to remove to a distance, ယူသွားသည်။ to kill, သေစေသည်။ —on (business,) ဆောင်ရွက်သည်။ —out (execute,) ပြီးစီးစေသည်။ —through, to sustain to the end, အဆုံးတိုင်အောင်မစသည်။ to accomplish, ပြီးစီးစေသည်။

Cart, *n.* လှည်း။ —horse, လှည်းတိုက်မြင်း။ —load, လှည်းတစီးတိုက်ဝန်။ —rope, လှည်းဝန်ကိုစည်းသောကြိုး။ rut, လှည်းဘီးကြောင်း။ —way, လှည်းသွားရာလမ်း။ —wheel, လှည်းဘီးနှ်၊ လှည်းဘီး။ —wright, လှည်းလုပ်သမား။ —*v. t.* လှည်းတိုက်သည်။

Cartage, *n.* လှည်းခ။

Carte blanche, *n.* အခွင့်ပိုင်သူ ဝန်ခံတံဆိပ်ပါလျှက် လက်ခံသူ အလိုရှိရာ ရေးမှတ်သောစက္ကူချုပ်။

Cartel, *n.* စစ်တိုက်ရာနှစ်ဖက် စစ်သူကြီးတို့ ဂတိထား၍ အခွင့်ပေးသောစာချုပ်လက်မှတ်။

Carter, *n.* လှည်းသမား။

Cartilage, *n.* အရိုးနု။

Cartilaginous, *a.* အရိုးနုနှင့်ဆိုင်သော။

Cartouch, *n.* သစ်သားဖုံးဆန်။ *see* Cartridge box.

Cartridge, *n.* ယမ်းတောင့်။ —box, ယမ်းတောင့်ထည့်သောပစ္စာ။ one used by Burmese soldiers, လက်ခုတ်သီး။

Carve, *v. t.* —in wood or metal, ထုသည်။ —in stone, ဆစ်သည်။ —as meat at table, လှီးဖြတ်သည်။ to apportion at pleasure, ကိုယ်အလိုအလျောက်ဝေသည်။

Carver, *n.* in wood, ပန်းပုသမား။ —in stone, ကျောက်စစ်သမား။ a carving knife, သားလှီးဓား။

Cascade, *n.* ငယ်သောရေတံခွန်။

Case 1, *n.* state, condition, circumstances, အဖြစ်အဟန်။ အကြောင်းအရာ။ state of the body, မကြောင်း၊ နာကြောင်း။ a subject for discussion, စစ်ဆေးဆွေးနွေးရန်အမှု။ a cause in court, တရားမှု၊ တရားတွေ့မှု။ the inflection of a noun, ဝိဘတ်။ —[in,] *conj.* ဖြစ်လျှင်။ —2, a covering, box, sheath, အိမ်၊ အအိမ်၊ တန်ဆာအိမ်။ —harden, *v. t.* အပေါ်၌မာအောင်ဆေးသည်။ knife, *n.* စားပွဲ၌သုံးသောဓားကြီး။ —*v. t.* တန်ဆာအိမ်၌ထည့်၍ဖုံးထားသည်။

Casement, *n.* ပတ္တာပါသောမှန်ပြတင်း။

Cash, *n.* ကြေးငွေ။ —account, ငွေစာရင်း။ —book, ငွေစာရင်းပါသောစာအုပ်။ —keeper, ငွေထိန်း။ *v. t.* —as a bill, (လက်မှတ်အတွက်) ငွေပေးသည်။

Cashew, *n.* သီဟိုဠ်သရက်။

Cashier 1, *n.* ငွေထိန်း။ —2, *v. t.* အရာကနုတ်သည်။

Casing, *n.* ဖုံးသောအပေါ်ထပ်။

Cask, *n.* စည်။

Casket, *n.* ရတနာမွန်ထည့်သောသစ်တာငယ်။

Casque, *n.* သံခမောက်လုံး။

Cassia, *a.* ရှမ်းသစ်ကြံပိုး။

Cassimere, *n.* ချောသောသက္ကလတ်တမျိုး။ သက္ကလတ်ကြက်နား။

Cassock, *n.* ဗရင်ဂျီဆရာဝတ်သောအင်္ကျီတမျိုး။

Cast, *v. t.* to throw, ပြစ်သည်။ to throw down, ချသည်။ cast seed, မျိုးစေ့ကိုကြဲသည်။ cast a fœtus, ကိုယ်ဝန်ပျက်သည်။ cast skin, အရေလဲသည်။ cast dice, အန်ထိုးသည်။ cast lots, မဲချသည်၊ စာရေးတံချသည်။ to cause to lose, ရှုံးစေသည်။ to make to preponderate, နိုင်စေသည်။ to compute, ရေတွက်သည်။ cast in the mind, လီစယ်သည်။ cast to eye, မိုပ်ကာကြည့်သည်။ cast the parts in a play, ဇာတ်ပွဲ၌ အသီးသီးပြောဆိုဆောင်ရွက်ရသောအမှုတို့ကိုတာဝေ၍ပေးသည်။ cast as in a mold, (ပုံ၌) သွန်းသည်။ cast a shade, အရိပ်ကိုချသည်။ cast aside, ပြစ်ထားသည်။ cast away, စွန့်ပြစ်သည်။ cast away [be,] *v. i.* (as a ship,) ပျက်သည်။ cast down, *v. t.* ချသည်။ cast down [be,] *v. i.* cast in mind, ညှိုးငယ်သည်။ cast forth, *v. t.* to drive away, နှင်ထုတ်သည်။ to emit, လွှတ်သည်။ cast off, to discard, ပယ်ထားသည်။ to let loose, လွှတ်သည်။ cast on [one's self,] အပ်သည်။ cast out, နှင်ထုတ်သည်။ cast up, to compute, ရေတွက်သည်။ to vomit, အန်သည်။ *v. i.* to re-appear, ပေါ်ပြန်သည်။ *n.* a throw, ပြစ်ခြင်း။ cast of dice, အန်ထိုးခြင်း။ cast of the eye, မိုပ်ကာကြည့်ခြင်း။ a form, mold, ပုံ။ a tinge, slight color, ညှိသောအဆင်းအရောင်။ cast of the countenance, မျက်နှာရိပ်။

Castanet, *n.* တီးသောတန်ဆာတမျိုး။

Caste, *n.* ဇာတ်၊ အမျိုး။

Caster, *n.* စားပွဲပေါ်မှာတင်၍သုံးသောဖန်ဘူး။

Castigate, *v. t.* ရိုက်၍ဒါဏ်ပေးသည်။

Castigation, *n.* from above.

Casting net, *n.* ကွန်။

Castle, *n.* ခဲတိုက်။

Castor, *n.* the animal, ဖျံကတိုး။ the medicine, ဖျံကတိုးပေါင်းချိထဲကထုတ်သောဆေး။

Castor oil, *n.* ကြက်ဆူဆီ။

Castramentation, *n.* တပ်စွဲ၊ တပ်ရပ်ကိုစီရင်တတ်သောအတတ်။

Castrate, *v. t.* အသိုးထုတ်သည်၊ ဝှေးစေ့လှီးသည်၊ သင်းသည်၊ သင်းကွပ်သည်။ (polite) ခြေသိမ်းသည်။ Castration, *n.* from Castrate.

Casual, *a.* happening undesignedly, မကြံစည်ဘဲနှင့်အမှတ်တမဲ့ဖြစ်သော။ happening without cause, အကြောင်းမရှိဘဲဖြစ်သော။ occasional, တခါတလေဖြစ်သော။

Casualty, *n.* an undesigned event, မကြံစည်ဘဲနှင့်အမှတ်တမဲ့ဖြစ်သောအမှု။ death without sickness, မနာမဖျားဘဲသေခြင်းအကြောင်း။

Casuist, *n.* ဩတ္တပ္ပနှင့်ဆိုင်သောအမှုတို့ကိုစစ်ဆေးစီရင်တတ်သောသူ။

Casuistry, *n.* ထိုသို့သောအမှုတို့ကိုစစ်ဆေးစီရင်တတ်သောအတတ်။

Cat, *n.* ကြောင်။ catgut, တယောကြိုး၊ တတ်ရန်သိုးဆိတ်အူ။ cat-head, သင်္ဘောဦး၌ ကျောက်ဆူးကိုကြွယူသောတိုင်။ cat-o'-nine-tails, ကြိုးသေး ၉ မြွာတပ်သောတံပျာ။

Catacomb, *n.* သင်းချိုင်းဥမင်။

Catalepsy, *n.* လေသင်ထုန်းတိုက်သောအနာ။

Catalogue, *n.* အစဉ်အတိုင်းမှတ်သောစာရင်း။

Catamenia, *n.* Menses.

Catamite, *n.* ပကတိနှင့်ဆန့်ကျင်ဘက်ပြု၍သုံးသောလူကလေး။

Catamount, *n.* တောကြောင်တမျိုး။

Cataplasm, *n.* အနာကိုပျည့်အောင်အုံသောဆေး။

Catapult, *n.* ကျောက်ကြီးကိုပြစ်ရန်တန်ဆာ။

Cataract, *n.* a large water-fall, ရေတံခွန်ကြီး။ cataract in the eye, အတွင်းတိမ်စွဲသောအနာ။ ကြောင်တောင်ကန်းခြင်းအနာ။

Catarrh, *n.* နှာစေးနာ။

Catastrophe, *n.* နောက်ဆုံးသောအဖြစ်အပျက်။

Catch, *v. t.* to arrest, ဖမ်းဆီးသည်။ to seize hold of, ဖမ်းမိသည်။ to entrap, ထောင်မိသည်။ to overtake, မှီသည်။ catch as with a hook, ချိတ်သည်။ catch (a passing or falling object,) ခံယူသည်။ catch disease, အနာကူး၍ခံရသည်။ *v. i.* catch, as disease, ကူးသည်။ catch, as fire, ညှိသည်။ catch at, *v. t.* မမှီတမှီဖမ်းသည်၊ ဖမ်းဆွဲသည်။ catchpenny, *n.* အသုံးမတည့်၊ အတိုးရရုံလုပ်သောအရာ။ catchpoll, ရုံးလုလင်။ catch up, *v. t.* ရုပ်ခနဲကောက်ယူသည်။ *n.* seizure, ဖမ်းမိခြင်း။ hook, or any thing that catches as a hook, ချိတ်၊ ချိတ်တတ်သောအရာ။ state of readiness to seize, ဖမ်းမိအောင်နေသောအနေ။ a sudden advantage, ရုတ်ခနဲရသောအကျိုး။

Catechetical, *a.* အမေးအဖြေအားဖြင့်သွန်သင်ခြင်းနှင့်ဆိုင်သော။

Catechise, *v. t.* to teach by questions and answers, အမေးအဖြေအားဖြင့်သွန်သင်သည်။ to examine by questions, စစ်ဆေးမေးမြန်းသည်။

Catechism, *n.* အမေးအဖြေစာ။

Catechist, *n.* အမေးအဖြေအားဖြင့်သွန်သင်သောသူ။

Catechu, *n.* ရှားစေး။

Catechumen, *n.* ခရစ်ယာန်ဘာသာကို မဝင်သေး၊ သင်လျက် ရှိသောသူ၊ တပည့်တော်လောင်း။

Categorical, *a.* ကေန်အမှန်ဖြစ်သော၊ မုချဖြစ်သော။

Category, *n.* အစီအစဉ်။

Cater, *v. i.* သူ့အဖို့စားရန်သောက်ရန်ဝယ်ပေးသည်။

Caterpillar, *n.* (one kind,) ခူ။ (another,) ပိုးတောင့်တဲ။

Caterwaul, *v. i.* ကြောင်အထီးအမတွေ့၍မြည်သည်။

Cates, *n. plur.* မြိန်သောခဲဘွယ်စားဘွယ်။

Cat-fish, *n.* the adipose finned, ငါးတန်။ the short headed variety, ငါးမြင်း။ M.

Cathartic, *a.* ဝမ်းနှုတ်တတ်သော (ဆေး။)

Cathedral, *n.* ဂိုဏ်းအုပ်ဆိုင်သောသုခမ္မာဇရပ်ကြီး။

Catheter, *n.* ဆီးချူသောပြွန်တန်ဆာ။

Catholic, *a.* pertaining to the whole church, အသင်းတော်လုံးနှင့်ဆိုင်သော။ liberal, candid, ငွဲကွက်ခြင်းမရှိဘဲကြည်ဖြူသော။ *see* Roman Catholic. Catholicism, *n.* from Catholic.

Catholicon, *n.* ခပ်သိမ်းသောအနာရောဂါကိုပျောက်စေတတ်သောဆေး။

Catoptrics, *n.* ပြန်၍ရိုက်သောအရောင်နှင့်ဆိုင်သောအတတ်။

Cat's eye, *n.* ကြောင်၊ ကျောက်မျက်မွန်တမျိုး။

Cattle, *n. plur.* နွားတို့။

Caucus, *n.* တိုင်ပင်ရန်စုဝေးခြင်း။

Caudle, *n.* စပျစ်ရည်အစရှိသည်တို့နှင့်ရောနှော၍ချက်သောဆေးရည်။

Caul, *n.* the omentum, အူကိုဖုံးလွှမ်းသောအမြှေး။ a kind of female head-dress, မိမ္မဆံထုံးကိုဖုံးသော ချာဦးထုပ်။

Cauliflower, *n.* သဘော်မုံလာတမျိုး။

Caulker, *n.* ပရပတ်သမား။

Causal, *a.* အကျိုးကိုဖြစ်စေနိုင်သောအကြောင်းနှင့်ဆိုင်သော။

Causation, *n.* from Cause, *v. t.*

Cause, *n.* that which produces an effect, အကျိုးကိုဖြစ်စေသောအကြောင်း။ a motive, reason; စိတ်ကိုနှိုးဆော်သောအကြောင်း။ sake, အတွက်။ အဖို့။ what concerns a certain interest, တစုံတယောက်သောသူ၏အကျိုးအကြောင်းနှင့်ဆိုင်သောအမှုအရာ။ a suit or action in court, တရားတွေ့မှု။ *v. t.* to produce, ဖြစ်စေသည်။ to make (be or do,) စေသည်။ (qual. affix.)

Causeless, *a.* အကြောင်းမရှိဘဲဖြစ်သော။

Causeway, Causey, *n.* မြေတန်တား။

Caustic, *a.* အသားကိုစားတတ်သော။

Cauter, *n.* သံပူ။

Cauterize, *v. t.* သံပူအပ်သည်။

Cautery, *n.* (actual,) သံပူအပ်ခြင်း။ (potential,) အသားကိုစားခြင်း။

Caution, *n.* provident care, သတိ။ သတိပြုခြင်း။ a warning, သတိပေးခြင်း။ *v. t.* to give notice, warning, သတိပေးသည်။

Cautionary, *a.* providing against, သတိပြုသော။ giving warning, သတိပေးသော။ given as a pledge, အာမခံဖြစ်သော။

Cautious, *a.* သတိရှိသော။ သတိရှိတတ်သော။

Cautiousness, *n.* from above; a cautious disposition, သတိရှိတတ်သောသဘော။

Cavalcade, *n.* မြင်းစီး၍အခမ်းအနားနှင့်သွားသောလူစု။
Cavalier, *a.* gay, sprightly, စိတ်မြန်ထက်သော။ disdainful, ထောင်လွှားသော။ —*n.* စိတ်မြန်ထက်သောမြင်းစီးသူရဲ။
Cavalry, *n.* မြင်းတပ်။
Cave, *n.* ဥမှင်။
Cave in, *v. i.* လှိုက်၍ပြိုကျသည်။
Caveat, *n.* a stop, အဆီးအတား။ a warning, သတိပေးခြင်း။
Cavern, *n.* ထူးခေါင်း။
Cavil, *v. i.* အကြောင်းမရှိဘဲရန်ရှာခြင်းအားဖြင့်ငြင်းခုံ၍ပြောသည်။ —*n.* from *do.*
Cavity, *n.* a hollow place, အခေါင်း။ —in the earth, လှူးခေါင်း။
Caw, *v. i.* (ကျီး) အာသည်။
Cease, *v. i.* စဲသည်။ ရပ်သည်။ ပြတ်သည်။
Ceaseless, *a.* မစဲသော။ မပြတ်သော။ ဒရစပ်ဖြစ်သော။
Cedar, *n.* သစ်ပင်တမျိုး။
Cede, *v. t.* လက်လွှတ်၍အပ်ပေးသည်။
Ceil, *v. t.* အမိုးအောက်ကပျဉ်မျက်နှာကြက်ရိုက်သည်။
Ceiling, *n.* ပျဉ်မျက်နှာကြက်။
Celebrate, *v. t.* to praise, ချီးမွမ်းသည်။ to distinguish by festival ceremonies, အထိမ်းအမှတ်၊ အခမ်းအနားနှင့်ပွဲခံသည်။
Celebration, *n.* from above.
Celebrity, *n.* ကျော်စောသောဂုဏ်အသရေ။
Celerity, *n.* လျင်မြန်ခြင်း။
Celestial, *a.* pertaining to the sky, အာကာသကောင်းကင်နှင့်ဆိုင်သော။ pertaining to the heavenly world, ကောင်းကင်ဘုံနှင့်ဆိုင်သော။
Celibacy, *n.* အိမ်ထောင်ဖက်မရှိဘဲနေသည့်အဖြစ်။
Cell, *n.* a small close room, တိုက်ခန်းကလေး။ a small cavity, အခေါင်းကလေး။
Cellar, *n.* အိမ်အောက်မြေတိုက်။
Cellular, *a.* တွင်းကလေးများနှင့်ပြည့်စုံသော။
Ce′ment, *n.* စေးစပ်ရန်စေးကပ်သောအရာ။ (metallic,) ဂဟေ။
Cement′, *v. t.* to make adhere closely, စေးစပ်သည်။ to solder, စေးဆော်သည်။
Cemetery, *n.* သင်းချိုင်း။ သုသာန်။
Cenotaph, *n.* သေ၍အလောင်းမရသောသူကိုရည်မှတ်၍လုပ်ထားသောသင်းချိုင်းအထိမ်းအမှတ်။
Cense, *v. t.* နံ့သာပေါင်းကိုရှို့သောအနံ့ဖြင့်မွှေးစေသည်။
Censer, *n.* နံ့သာပေါင်းကိုထည့်၍ရှို့သောလင်ပန်း။
Censor, *n.* a guardian of the press, စာကိုပုံမနှိပ်မှီစစ်ဆေးသောအရာရှိ။ one given to censure, အပြစ်တင်တတ်သောသူ။

Censorious, *n.* အပြစ်တင်တတ်သော။
Censoriousness, *n.* အပြစ်တင်တတ်သောသဘော။
Censurable, *a.* အပြစ်တင်ဖွယ်ဖြစ်သော။
Censure, *v. t.* အပြစ်တင်သည်။ —*n.* from above; a sentence of censure, အပြစ်တင်သောစကားချက်။
Census, *n.* ကျားကြီး၊ ကျားငယ်၊ မကြီး၊ မငယ်၊ ဦးရေစာရင်း။ လူကောင်ရေ။
Cent, *n.* a hundred, ၁၀၀။ a copper coin, စင်တဟုခေါ်ဝေါ်သောအမေရိကာကြေးနီဒင်္ဂါး။
Centaur, *n.* လူဥကွောင်း၊ လူမျက်နှာပါသောမြင်း။
Centenarian, *n.* အသက်တရာမှီသောသူ။
Centenary, *n.* တရာ။ ၁၀၀။
Centennial, *a.* အနှစ်တရာနှင့်ဆိုင်သော။
Centipede, *n.* ကင်းခြေများ။
Central, *a.* placed in the centre, အလယ်ချက်၌ရှိသော။ pertaining to the centre, အလယ်ချက်နှင့်ဆိုင်သော။
Centre, *n.* အလယ်ချက်။ ဗဟိုရ်။ —table, အခန်းလယ်မှာထားသောစားပွဲလွတ်။ —*v. t.* to place on a centre, အလယ်ချက်၌နေရာချသည်။ to collect to a point, တစုံတခုသောအရပ်၌စုဝေးစေသည်။ *v. i.* to be collected to a point, တစုံတခုသောအရပ်၌စုဝေးသည်။ to rest on, မှီခိုသည်။
Centrifugal, *a.* လှည့်ပတ်၍အလယ်ချက်သို့ချည်းနှင့်ကွာသွားတတ်သော။ —force, *n.* အလယ်ချက်ကလွှင့်တတ်သောအရှိန်။
Centripetal, *a.* လှည့်ပတ်၍အလယ်ချက်သို့ချည်းသွားတတ်သော။ —force, *n.* အလယ်ချက်သို့ဆွဲတတ်သောအရှိန်။
Centuple, *n.* အဆတရာ။
Centuriate, *v. t.* တရာစီခွဲ၍ပုံထားသည်။
Centurion, *n.* လူတရာကိုအုပ်သောတပ်မှူး။
Century, *n.* အနှစ်တရာ။ —plant, သဘော်နာနုတ်။s.
Cephalic, *a.* ခေါင်းကိုက်နာကိုနိုင်သော။
Cerate, *n.* ဖယောင်းချက်။
Cere, *v. t.* ဖယောင်းချက်နှင့်သုတ်သည်။ —cloth, *n.* ဖယောင်းပုဆိုး။
Cerebellum, *n.* ဦးနှောက်ကြီးနှင့်ဆက်သောနောက်ဖယ်ဦးနှောက်။
Cerebral, *a.* pertaining to the brain, ဦးနှောက်နှင့်ဆိုင်သော။ pronounced from the head, မုဒ္ဓဇာ။
Cerebrum, *n.* ဦးနှောက်အထက်ပိုင်း။ ဦးနှောက်ကြီး။
Cerement, *n.* အလောင်းကိုထုပ်သောဖယောင်းပုဆိုး။
Ceremonial, *n.* ထုံးဥပဒေအတိုင်းအခမ်းအနားနှင့်ခင်းကျင်းစီမံသောအရာစု။
Ceremonious, *a.* full of ceremony, ထုံးဥပဒေအတိုင်းခင်းကျင်းစီမံခြင်းများသော။ formal, precise, ထိုသို့သောခင်းကျင်းစီမံခြင်းကိုသတိနှင့်ပြုတတ်သော။

Ceremony, *n.* ထုံးဥပဒေအတိုင်းအခမ်းအနားနှင့်ခင်းကျင်းစီမံခြင်း။
Certain, *a.* true, ဟုတ်သော။ မှန်သော။ sure, ကေမုက္ခ။ ဖြစ်သော။ မချွတ်မလွဲသော။ assured in mind, ယုံမှားခြင်းမရှိ၊ အမှန်သိသော။ particular, some, တစုံတယောက်။ တစုံတခု။
Certainty, *n.* from above, 1st and 2d def.
Certificate, *n.* သက်သေခံလက်မှတ်။
Certify, *v. t.* to testify in writing, စာအားဖြင့်သက်သေခံသည်။ to give certain information, အမှန်သိစေခြင်းငှါကြားပြောသည်။ to establish by some mark or signature, မှန်ကြောင်းကိုပြသောတံဆိပ်လက်မှတ်ထိုးခတ်သည်။
Cerulean, *a.* မိုဃ်းကောင်းကင်ကဲ့သို့အရောင်ပြာသော။
Cerumen, *n.* နားဖာချေး။
Cess, *n.* ငွေခွဲခြင်း။
Cessation, *n.* from Cease.
Cession, *n.* from Cede.
Chafe, *v. i.* to be worn by rubbing, ပွန်းသည်။ to be angry, စိတ်ဆိုးသည်။ *v. t.* to wear by rubbing, ပွန်းအောင်ပွတ်သည်။ to irritate, စိတ်ဆိုးအောင်ပြုသည်။ —*n.* from *do.*
Chaff, *n.* ဖွဲ။
Chaffer, *v. i.* ဆစ်ဆွက်သည်။
Chaffing dish, *n.* ကင်ပြစ်ဖုံးသောသံမီးဖို။
Chagrin, *n.* စိတ်ညစ်ခြင်း။ စိတ်နောက်ခြင်း။ —*v. t.* စိတ်ညစ်စေသည်။ စိတ်နောက်စေသည်။
Chain, *n.* ရွှေ၊ငွေ၊ကြေး၊သံအစရှိသည်တို့ကိုကွင်းချင်းဆက်၍လုပ်သောကြိုး။ —pump, သံကြိုးပါသောဖုံပိုင်။ —shot, သံကြိုးနှင့်တွဲသောအမြောက်ဆန်။ —*v. t.* သံကြိုးအစရှိသည်တို့နှင့်ချည်နှောင်သည်။
Chair, *n.* a moveable seat, ကုလားထိုင်။ a sedan, ထမ်းစင်တမျိုး။ —man, စည်းဝေးအုပ်။ —*v. t.* ကုလားထိုင်နှင့်ထမ်းသည်။
Chaise, *n.* ဘီးတစုံတပ်၍ မြင်းတစီးကသောရထားပေါင်းချုပ်။
Chalcedony, *n.* မဟူရာ။
Chaldron, *n.* ကြောက်မီးသွေး ၃၆ တင်းခန့်လောက်ဝင်ခံသောခြင့်တောင်း။
Chalice, *n.* ဖလား။
Chalk, *n.* မြေဖြူ။ —*v. t.* မြေဖြူနှင့်မှတ်သားသည်။
Chalky, *a.* မြေဖြူကဲ့သို့ဖြစ်သော။
Challenge, *v. t.* to call to single combat, စီးချင်းတိုက်ရအောင်ခေါ်သည်။ to call to a contest, ပြိုင်ရအောင်ခေါ်သည်။ to claim as due, တောင်းပိုင်သော့ကြောင့်တောင်းသည်။ to accuse, အပြစ်တင်သည်။ to reject (a juror,) ပယ်သည်။ —*n.* from *do.*
Chalybeate, *a.* သံပါသော။
Chamber, *n.* an upper room, အထက်ခန်း။ a sleeping room, အိပ်

ခန်း။ a room for meeting, စည်းဝေးရာအခန်း။ —of a gun, အမြောက်၌ယမ်းထည့်ရာ။ —of a mine, ယမ်းထည့်၍ရှိသောတွင်း။ —maid, အိပ်ခန်းမှုကိုဆောင်ရွက်သောမိန်းမ။ —pot, ကျင်ငယ်စွန့်အိုး။ ကျင်အိုး။

Chamberlain, *n.* a certain officer of the palace, အင်္ဂလိတ်ပြည်၌နန်းတော်အရာရှိတမျိုး။ a chamber servant, အိပ်ခန်းမှုကိုဆောင်ရွက်သောသူ။

Chameleon, *n.* ပုတ်သင်။

Champer, *v. t.* to channel, မြောင်းကြောင်းထိုးသည်။ to cut slopingly, ချွေဖြတ်သည်။

Chamois, *n.* ဆိတ်တမျိုး။

Champ, *v. t.* ကြွပ်ကြွပ်ဝါးသည်။

Champack, စံကား။ *pron.* စဂါ။ bearing a yellow flower, စံကားမိမ်း။

Champagne, *n.* စပျစ်ရည်တမျိုး။

Champaign, *n.* လွင်ပြင်။

Champion, *n.* သူအမှုကိုကိုယ်အမှုကဲ့သို့ဆောင်ရွက်၍ တိုက်သောသူရဲ။

Chance, *v. i.* အကြောင်းမရှိဘဲအမှတ်တမဲ့ဖြစ်သည်။ —*n.* from *do;* opportunity, ဖြစ်လွယ်သောအခွင့်။ —medley, အမှတ်တမဲ့သတ်ခြင်း။

Chancel, *n.* ဇရင်ကျိသုဓမ္မာဇရပ်၌ စားပွဲတော်ထားသောအရပ်။

Chancellor, *n.* (Eng.) a certain high officer, အင်္ဂလိတ်ပြည်၌ ကြီးသောအရာရှိတမျိုး။ a judge in certain courts, တရားသူကြီး။

Chancery, *n.* ရုံးတော်တမျိုး။

Chancre, *n.* လူဟိုနာထွက်သောအဖု။

Chandelier, *n.* မီးပဒေသာ။

Chandler, *n.* ဖယောင်းတိုင်သည်။ အဆီတိုင်သည်။

Change, *v. i.* to be altered, ပြောင်းသည်။ (intrans.;) ပြောင်းလဲသည်။ (intrans.) *v. t.* to alter, ပြောင်းသည်။ (trans.;) ပြောင်းစေသည်။ ပြောင်းလဲသည်။ (trans.;) ပြောင်းလဲစေသည်။ to take one thing for another, လဲသည်။ လဲလှယ်သည်။ to give or take reciprocally, အချင်းချင်းလဲသည်။ to barter, ထပ်သည်။ ဖလှယ်သည်။ to quit one place for another, နေရာပြောင်းသည်။ —into, to transmute, ဓာတ်ကိုပြောင်းစေသည်။ ဤမည်သောအရာကို ဤမည်သောအရာဖြစ်စေသည်။ —*n.* from *do.* small money used in the market, ဈေးနှုပ်စု။ balance of money paid beyond the price, အအန်းငွေ။

Changeable, *a.* mutable, ပြောင်းလဲတတ်သော။ variable, တသမတ်တည်းမဟုတ်၊ ထွေတတ်သော။ (applied to fashion,) တလိုက်တလိုက်ယဉ်သော။

Changed [be,] *v. i.* (as milk,) လဲသည်။

Changeling, *n.* one apt to change, မတည်ကြည်သောသူ။ a child left in place of another, လဲ၍ထားသောအကလေး။
Channel, *n.* a water course, ရေမြောင်း။ ရေကြောင်း။ the bed of a river, မြစ်မြောင်း။ မြစ်ကြောင်း။ a water communication subtending the bed of a river, ရေကျော်။ a strait, ကျွန်းလက်ကြား။ a furrow in a column, ပျော့ကြောင်း။ means of passing or conveying, လမ်း။ —*v. t.* ပျော့ကြောင်းထိုးသည်။
Chant, *v. t.* သီခြင်းဆိုသည်။
Chanticleer, *n.* ကြက်ဖ။
Chaos, *n.* the confused mass of matter before arranged by the Creator, ဘုရားသခင်ပြုပြင်တော်မမူမှီရောနှော ရှုပ်ထွေးသောခေတ်လေးပါး။ any confused mass, ရောနှောရှုပ်ထွေးသောအရာ။
Chaotic, *a.* ရောနှောရှုပ်ထွေးသော။
Chap 1, *v. i.* to crack, ပတ်သည်။ ကွဲသည်။ —1, *n.* from *do.* —2, a youth, လုလင်။
Chapel, *n.* a room in a house appropriated to worship, အိမ်၌စည်းဝေး၍ဝတ်ပြုကိုးကွယ်ရာအခန်း။ a house for public worship, သုစမ္မာဇရပ်။
Chap-fallen, *a.* စိတ်ပျက်သော။
Chapiter, *n.* တိုင်ထိပ်။
Chaplain, *n.* အိမ်၌ဖြစ်စေ၊ သင်္ဘောပေါ်မှာဖြစ်စေ၊ တပ်သားတို့တွင်ဖြစ်စေ၊ တရားဟောဆရာအရာရှိသောသူ။
Chaplaincy, Chaplainship, *n.* ထိုသို့သောဆရာ၏အရာ။
Chaplet, *n.* ဦးရစ်။ —of flowers, ပန်းဦးရစ်။
Chapman, *n.* ဝယ်သူ။
Chaps, *n. plur.* (တိရိစ္ဆာန်၏) ပစပ်။
Chapter, *n.* a division of a book, အခဏ်း။ a meeting of clergymen, အင်္ဂလိတ်ပြည်၌ဓမ္မဆရာတို့အစည်းအဝေး။
Chaptrel, *n.* ပေါင်းကူးတိုင်ထိပ်။
Char 1, *n.* နေ့စားလုပ်သောအလုပ်။ —2, *v. t.* မီးဖုတ်သည်။
Character, *n.* a mark, အမှတ်။ a letter, အက္ခရာ။ a stamp, တံဆိပ်။ hand writing, လက်ရေး။ a quality, leading trait, လက္ခဏာသဘောအခြေအနေ။ an account of qualities reported, သိတင်း။ a written account, လက္ခဏာကိုဖော်ပြသောစာ။ a person of a certain description, (ဤမည်သော) လက္ခဏာရှိသောသူ။ a good quality, ဂုဏ်။ reputation, ဂုဏ်အသရေ။ ကျက်သရေ။ —*v. t.* to inscribe, အက္ခရာထိုးသည်။ to describe, လက္ခဏာကိုဖော်ပြသည်။
Characteristic, *n.* a distinguishing quality, ခြားနားစေသောလက္ခဏာ။ —*a.* ခြားနားစေသောလက္ခဏာနှင့်ဆိုင်သော။
Characterize, *v. t.* to give a distinguishing character to, လက္ခဏာ

အသားဖြင့်ခြားနားစေသည်။ to describe the distinguishing qualities of, ခြားနားစေသောလက္ခဏာကိုဖော်ပြသည်။

Charade, *n.* စကားဝှက်တမျိုး။

Charcoal, *n.* မီးသွေး။

Charge, *v. t.* to make an onset, တိုက်သည်။ to load (a gun,) ခဲယမ်းထိုးသည်။ to lay on, တင်သည်။ to lay on a load, ဝန်တင်သည်။ to accuse, အပြစ်တင်သည်။ to place on the debit side of an account, (ပေးရန်အတိုးကို) စာရင်း၌မှတ်သည်။ to direct, instruct, မှာထားသည်။ to enjoin solemnly, သစ္စာပေးသည်။ to commission, intrust with business, အခွင့်ပေးသည်။ အမှုကိုအပ်သည်။ —*n.* an onset, တိုက်ခြင်း။ —of a gun, (သေနတ်၌တချက်တည်း) ထိုးသောခဲယမ်း။ that which is laid on, တင်သောအရာ။ accusation, အပြစ်တင်ခြင်း။ entry on the debit side, ပေး ရန် အတိုး ကို စာရင်း ၌ မှတ် သော အချက်။ expense, စရိတ်။ direction, order, မှာထားချက်။ ပညတ်။ that which is committed, intrusted to the care of, ထိန်းသိမ်းကြည့်ရှုစေခြင်းငှါအပ်နှံသောအရာ။ commission, trust, ထိန်းသိမ်းကြည့်ရှုရသောအခွင့်။ —d'affaires, သံတမန်ကိုယ်စား။

Charger 1, *n.* a large dish, ရွှေ၊ ငွေ၊ ကျောက်၊ သံကိုလုပ်သောအင်တုံ။ —2, *n.* a war-horse, စစ်မြင်း။

Chariot, *n.* ရထား။

Charioteer, *n.* ရထားထိန်း။

Charitable, *a.* liberal to the poor, စွန့်ကြဲပေးကမ်းတတ်သော။ pertaining to liberality to the poor, စွန့်ကြဲပေးကမ်းခြင်းနှင့်ဆိုင်သော။ pertaining to thinking favorably of others, မေတ္တာစိတ်ရှိ၍သူတပါးအမှု၌ကောင်းသောလက္ခဏာကိုရှုမှတ်တတ်သော။

Charity, *n.* love, ချစ်ခြင်း။ မေတ္တာ။ tenderness, ကြင်နာခြင်း။ giving to the poor, စွန့်ကြဲပေးကမ်းခြင်း။ what is given to the poor, စွန့်ကြဲပေးကမ်းသောအရာ။ liberality to the poor, စွန့်ကြဲပေးကမ်းတတ်သောသဘော။ disposition to think favorably of others, မေတ္တာစိတ်ရှိ၍ သူတပါးအမှု၌ ကောင်းသောလက္ခဏာ ကို ရှုမှတ်တတ်သောသဘော။

Charlatan, *n.* ကိုယ်အတတ်ကိုကိုယ်ချီးမွမ်းလွန်းသောသူ။

Charm, *v. t.* to control by incantation, မန္တန် အား ဖြင့် နှုးညွတ် စေသည်။ to gain and secure the affection, ချစ်ဖွယ်သောလက္ခဏာနှင့်မြှူ၍နှုးညွတ်စေသည်။ to delight, ရွှင်လန်းမြူးထူးစေသည်။ to fortify by incantation, မန္တန်အားဖြင့်ကွယ်ကာသည်။ to make powerful by incantation, မန်းသည်။ စုပ်သည်။ to summon by incantation, မှော်အတတ်အားဖြင့်ခေါ်သည်။ as a snake, ညှို့သည်။ —*n.* a formula of incantation, မန္တန်။ a quality which gains

and secures, the affections, မြဲ၍နူးညွတ်စေတတ်သော ဂုဏ်အင်္ဂါ
သက္ကဏာ။

Charming, *a.* very lovely, အလွန်ချစ်ဖွယ်သော။

Charnel house, *n.* လူသေတို့၏အရိုးများကိုထားသောမြေတိုက်။

Chart, *n.* ပင်လယ်ပုံ။

Charter, *n.* အခွင့်ကိုပေးသောတံဆိပ်သက်မှတ်စာ။ —*v. t.* to establish by charter, ထိုသို့သောစာအားဖြင့်အခွင့်ကိုပေးသည်။ —a vessel, သင်္ဘောကိုစာချုပ်၍ငှါးသည်။ —party, *n.* (သင်္ဘောကို) ငှါး၍ လုပ်သောစာချုပ်။

Chary, *a.* careful, သတိပြုတတ်သော။ frugal, ခြွေတာတတ်သော။

Chase, *v. t.* to pursue to catch, ဖမ်း၍လိုက်သည်။ to pursue to drive away, နှင်လျှက်လိုက်သည်။ to pursue to obtain, ရအောင်လိုက်သည်။ —*n.* from *do.* that which flees because pursued, နောက်ကလိုက်သောကြောင့်ပြေးသောအရာ။ —of a gun, အမြောက်ပြောင်းပေါက်အသျှား။ —gun, သင်္ဘောဦး၌တင်သောအမြောက်။

Chasm, *n.* ချောက်။

Chaste, *a.* pure from illicit gratification of lust, မတရားသောကိလေသာကာမနှင့်ကင်းစင်သော။ free from obscenity, စိတ်အားဖြင့်ဖြစ်စေ၊ စကားအားဖြင့်ဖြစ်စေ၊ ကိလေသာညစ်ညူးခြင်းနှင့် ကင်းစင်သော။ —as pure language, ဒေါသနှင့်လွတ်၍ ပြေပြစ်သော (စကား။)

Chaste-tree, *n.* ထောက်ရှာပင်။ M.

Chasten, **Chastize**, *v. t.* ဆုမ္မသည်။ ဒါဏ်ပေးသည်။

Chastisement, *n.* ဒါဏ်။

Chastity, *n.* from Chaste.

Chat, *n.* စကားစမည်။ —*v. i.* စကားစမည်ပြောသည်။

Chattel, *n.* ပစ္စည်း။ ဥစ္စာ။

Chatter, *v. i.*—as a talking bird, တီတီတွတ်တွတ်ပြောသည်။ to prate, ပြိန်းဖျင်းသောစကားများသည်။ —as the teeth, မေး ခိုက်ခိုက် တုန်သည်။

Chatty, *a.* စကားစမည်များတတ်သော။

Cheap, *a.* of moderate price, အတိုးရှိသော။ အဘိုးနည်းသော။ mean, မမြတ်၊ ယုတ်သော။

Cheapen, *v. t.* to chaffer, ဆစ်သည်။ ဆစ်ဆွက်သည်။ to lessen value, အဘိုးနည်းစေသည်။ အဘိုးလျှော့စေသည်။

Cheat, *v. t.* လိမ်လည်သည်။ စဉ်းလဲသည်။ —*n.* from *do.* one who cheats, စဉ်းလဲသောသူ။

Check, *v. t.* to moderate, အားလျှော့အောင်ပြုသည်။ to restrain motion, အရှိန်ကိုသတ်သည်။ ရပ်စေသည်။ —a boat, တက်သတ်သည်။ —a horse, ဇက်ကြိုးသတ်သည်။ to hinder, ဆီးတားသည်။ to rebuke, ဆုမ္မသည်။ to control by a counter [illegible]

အရေအတွက်ကို နောက်အရေအတွက်နှင့် စစ်ဆေး၍တိုက်သည်။ (in chess,) ခွေသည်။ —*n.* from *de.*

Checker, *v. t.* to divide into compartments, ကျားကွက်လုပ်သည်။ to diversify, ခြားနားစေသည်။

Checkers, *n.* ကျားထိုးခြင်း။

Checkmate, *n.* စစ်ဘုရင်ခွံမင်းကျခြင်း။

Cheek, *n.* ပါး။ —bone, *n.* ပါးရိုး။ —tooth, *n.* အံသွား။

Cheer, *v. t.* to salute with a shout of approbation, ကြိုးကြွမ်း၍ညာသံပေးသည်။ to make cheerful, စိတ်သာအောင်ပြုသည်။ to animate, excite, အားပေးသည်။ နှိုးဆော်သည်။ *v. i.* to become cheerful, စိတ်သာလာသည်။ —up, *v. t.* စိတ်သက်သာစေသည်။ —*n.* ကြိုးကြွမ်း၍ညာသံပေးခြင်း။ pleasant feeling, စိတ်သာခြင်း။ ရွှင်ပျူးခြင်း။ provision, စားဘွယ်သောက်ဘွယ်။

Cheerful, *a.* စိတ်သာသော။ ရွှင်လန်းသော။

Cheerfulness, *n.* from above.

Cheerless, *a.* sad, စိတ်မသာသော။ destitute of any thing to enliven, ရွှင်လန်းစရာမရှိသော။

Cheerly, *a. see* Cheerful.

Cheese, *n.* ဒိန်ခဲ။ —monger, ဒိန်ခဲသည်။ —press, ဒိန်ခဲနှိပ်သောတန်ဆာ။

Chef-d'œuvre, *n.* သုလက်ရာတို့တွင်အကောင်းဆုံးသောလက်ရာ။

Chelonian, *a.* လိပ်နှင့်ဆိုင်သော။

Chemical, *a.* ခေမိတ္တရီအတတ်နှင့်ဆိုင်သော။

Chemise, *n.* မိန္မဝတ်သောခြွေးခံ။

Chemist, *n.* ခေမိတ္တရီအတတ်ပညာကိုပြုစုသောဆရာ။

Chemistry, *n.* ခေမိတ္တရီအတတ်တည်းဟူသော မူလဓာတ်ရင်း အမျိုးမျိုးကို စစ်ဆေးလေ့ကျက်သောအတတ်ပညာ။

Cherish, *v. t.* to take care of, တွေ့ဖွေးမွေးပြုစုသည်။ to treat with tenderness and affection, ချစ်ကြင်နာခြင်း အခြင်းအရာနှင့် ပြုစုသည်။ to encourage, အားပေးသည်။

Cheroot, *n.* ဆေးလိပ်။

Cherry, *n.* သစ်သီးတမျိုး။

Cherub, *n.* ကောင်းကင်တမန်တမျိုး။

Cherubim, *n. plur.* of above, ခေရုဗိမ်။

Cherup, *v. i.* စုတ်ထိုးသည်။ စုတ်ထိုး၍ခေါ်သည်။

Chess, *n.* စစ်တုရင်။ —board, စစ်တုရင်ခုံ။

Chest, *n.* a box, သစ်တာ။ the cavity of the breast, ရင်ခေါင်း။ —of drawers, အံဆွဲသစ်တာ။

Chestnut, *n.* သစ်အယ်သီး။

Chevaux-de-frise, *n.* သမင်ရိုး။

Chevalier, *n.* ရှင်လန်းသောမြင်းစီးသူရဲ။

Chew, *v. i.* —with the teeth, ဝါးသည်။ —in the mind, ဆင်ခြင်သည်။ —the cud, စားမြုံ့ပြန်သည်။

Chicanery, *n.* အမှုရှုပ်အောင်ပြုတတ်သောပရိယာယ်။

Chicken, *n.* ကြက်ငှက်ကလေး။ —hearted, *a.* ကြောက်တတ်သော။ —pox, *n.* ကျောက်ဖြူနာ။

Chide, *v. t.* to blame, အပြစ်တင်သည်။ to reprove, ဆုံးမသည်။

Chief, *a.* principal in rank or standing, အရာကြီးသော။ greatest (in various respects,) အကြီးဆုံးသော။ —*n.* head-person, အကြီးအကဲ။ ခေါင်း။ main part, အများ။

Chiefly, *adv.* principally, အထူးသဖြင့်။ for the most part, အများအားဖြင့်။

Chieftain, *n.* အမှူး။ မိုလ်မှူး။

Childblain, *n.* ချမ်းသောကြောင့်ပေါက်သောအနာ။

Child, *n.* a son or daughter, သား။ သမီး။ a very young person, သူငယ်။ အကလေး။ —[be with,] *v. i.* ကိုယ်ဝန်ဆောင်သည်။ —bearing, *n.* သားဖွားမြင်ခြင်း။ မျက်နှာမြင်ခြင်း။ —bed, မီးနေခြင်း။ မီးဖွားခြင်း။ —birth, သားမွေးဖွားခြင်း။

Childe, *n.* သတို့သား။

Childhood, *n.* the state of a child, သူငယ်အဖြစ်။ young age, ငယ်သောအရွယ်။

Childish, *a.* like a child, သူငယ်ကဲ့သို့ဖြစ်သော။ pertaining to childhood, သူငယ်အဖြစ်နှင့်ဆိုင်သော။ suitable to a child, သူငယ်နှင့်ထိုက်တန်သော။

Childishness, *n.* from above, 1st def.

Childless, *a.* သားသမီးမရှိသော။

Childlike, *a.* resembling a child, သူငယ်ကဲ့သို့ဖြစ်သော။ docile, ဆုံးမလွယ်သော။ humble, စိတ်နှိမ့်ချသော။

Chiliad, *n.* a thousand, အထောင်။ ၁၀၀၀။ a period of 1000 years, အနှစ်တထောင်။

Chiliarch, *n.* လူ ၁၀၀၀ ကိုအုပ်သောမိုလ်။

Chill, *a.* cool အေးသော။ ချမ်းသော။ shivering, တုန်သော။ —*v. t.* from *do.* —*n.* from Chill, *a.*

Chilli, *n.* ငရုတ်။

Chilly, *see* Chill, *a.*

Chilliness, Chillness, *n.* from Chill, *a.*

Chime, *v. i.* to sound in consonance, အသံညီသည်။ to suit, agree with, ညီလျော်သည်။ —*n.* အသံညီခြင်း။

Chimera, *n.* ဓာတိမဟုတ်၊ အချည်းနှီးကြံစည်သောအကြံ။

Chimerical, *a.* ထိုသို့သောအကြံနှင့်ဆိုင်သော။

Chimney, *n.* မီးခိုးထုတ်သောအုတ်ပြွန်။ —corner, မီးဖိုအနား။ —piece,

မိးမိုထုပ်မျက်နှာ။ —sweeper, မိးခိုးထုတ်သော အုတ်ခြွန်ကိုသုတ်သင်သောသူ။

Chin, *n.* မေးစေ့။

China, *n.* the country, တရုပ်ပြည်။ china ware, တရုပ်ပြည်၌လုပ်သော ကြွေပုကန်။

Chincough, *n.* အိမ်ဖွဲ၍ ချွဲသောချောင်းဆိုးနာတမျိုး။

Chine, *n.* ကျောရိုး၌ကပ်သောအသား။

Chinese, *n.* a native of China, တရုပ်။ တရုပ်လူ။ the Chinese language, တရုပ်စကား။ —*a.* တရုပ်ပြည်နှင့်ဆိုင်သော။

Chink 1, *n.* အအက်။ —2, *v. i.* ချင်ချင်မြည်သည်။ *v. t.* ချင်ချင်မြည်အောင်လှုပ်သည်။

Chinse, *v. t.* ထေးဖာသည်။

Chintz, *n.* သရက်ထည်။

Chip, *v. t.* ပွဲအောင်ခုတ်သည်။ —*n.* ထားစာ။ ပုဆိန်စာ။ ထင်းပေါက်။

Chiretta, *n.* ဆေးခါးကြီး။

Chirography, *n.* လက်ရေးရေးသည်အတတ်။

Chirology, *n.* လက်ရိပ်ပြသည်အတတ်။

Chiromancy, *n.* လက်ဝါးကိုကြည့်၍ဟောသောဗေဒအတတ်။

Chirp, *v. i.* ငှက်ကလေးကဲ့သို့မြည်သည်။

Chirping, *n.* from above.

Chirurgeon, *see* Surgeon.

Chisel, *n.* carpenter's, ဆောက်။ —for cutting money, ရွှီ၊ —*v. t.* ဆောက်နှင့်လုပ်သည်။

Chit-chat, *n.* စကား စမည်။

Chitterlings, *n.* စားကောင်းသောအူ။

Chivalrous, *a.* မာန်မာနကြီး၍ရဲရင့်သော။

Chivalry, *n.* မာန်မာနကြီး၍ရဲရင့်သောသူတို့၏ထုံးစံဓလေ့။

Chlorite, *n.* ကျောက်ပုလဲ။ M.

Chlorosis, *n.* လင်တရူး။

Chock-full, *see* Choke-full.

Chocolate, *n.* သဘော်ကုက္ကို သီးကိုကာဖီကဲ့သို့သောက်ရန်ပြုပြင်၍ထားသော အပြား။

Choice, *n.* a selection, ရွေးကောက်ခြင်း။ option, ရွေးကောက်ရသော အခွင့်။ the thing chosen, ရွေးကောက်သောအရာ။ —of [make,] *v. t.* ရွေးကောက်သည်။ —*a.* worthy of being selected, ရွေးကောက်စရာကောင်းသော။ valuable, အဘိုးထိုက်သော။ excellent, ထူးမြတ်သော။ regarding as dear, နှစ်မြော်စုံမက်သော။

Choir, *n.* သီခြင်းဆိုသောလူစု။

Choke, *v. t.* to stop in the throat, နင်သည်။ —by compressing the neck, လည်ကိုညှစ်သည်။ —by stopping up the windpipe,

လည်ချောင်းဆို့အောင်သိပ်သည်။ —by, obstructing, (လမ်းကို) ဆို့ပိတ်သည်။ *v. i.* လည်ချောင်းနင်သည်။ to be irritated in the throat, partially choked by something at the entrance of the wind pipe, သီးသည်။ —damp, *n.* နက်သောတွင်း၌ဖြစ်တတ်သောအခိုးအငွေ့။ —full, *a.* လျှံမတတ်ပြည့်သော။

Chokey, *n.* ကင်း။

Choler, *n.* the bile, သည်းခြေ။ wrath, အမျက်။ ဒေါသ။

Cholera, *n.* အော့နှာဝမ်းကျ။

Choleric, *a.* စိတ်တိုသော။

Choose, *v. t.* ရွေးသည်။ ရွေးကောက်သည်။

Chop 1, *v. t.* to cut off short, ခုတ်သည်။ to cut into pieces, တစ်သည်။ to mince, စဉ်းသည်။ —1, *n.* အမဲသားတစ်။ —house, ထမင်းဆိုင်။ —2, *v. t.* to barter, exchange, လဲသည်။ထပ်သည်။ —3, *v. i.* to shift suddenly (as the wind,) ရုတ်ခနဲလဲသည်။

Chopping, *a.* stout, lusty, ထွားထွားကျိုင်းကျိုင်းရှိသော (အကလေး။)

Chopping-knife, *n.* စဉ်းရန်ထား။

Chops, *n. plur. see* Chaps; —of a river, မြစ်ဝကမ်းခြေ။

Choral, *a.* အသံပြိုင်၍သီချင်းဆိုခြင်းနှင့်ဆိုင်သော။

Chord, *n.* the string of a musical instrument, စောင်း၊တယော၊အစရှိသည်တို့၌တီးသောတူရိယာကြိုး။ the harmony of sounds, အသံညီညာခြင်း။ —of an arch, အကွေးစွန်းကိုတန်းသောကြိုး။

Chordee, *n.* ဗင်ကြော်တင်းသောအနာ။

Chore (Amer.) *n.* အလုပ်ကလေး။

Chorister, *n.* a singer in concert, အသံပြိုင်၍ သီချင်းဆိုသောသူ။ (Amer.) one who leads a choir, သီချင်းသံပေးသောသူ။

Chorography, *n.* ပြည်ပုံကိုရေးသည်အတတ်။

Chorus, *n.* a company singing in concert, အသံပြိုင်၍သီချင်းဆိုသောလူစု။ those that occasionally join with the principal singers လိုက်၍သီချင်းဆိုသောလူစု။ the verse in which the latter join, လိုက်၍သီချင်းဆိုသောအချက်။

Choultry, (East Indian,) *n.* ဇရပ်။

Chouree, *see* Fly-flap.

Chouse, *v. t.* လိမ်လည်သည်။

Chowder, *n.* မုန့်နှင့်ငါးကိုရော၍ပြုတ်သောငါးပြုတ်ဟင်း။

Chowry, *n.* ယင်ခြောက်။ ယင်ယပ်။

Chrism, *n.* ဆီနှင့်လူးခြင်း။

Christ, *n.* the Messiah, ခရစ်တော်။ ဆီသွန်းခြင်းဘိသိတ်ခံတော်မူသောသူ။ the proper name of the Messiah, ယေရှုခရစ်။

Christen, *v. t.* to initiate into the christian religion, ခရစ်ယာန်ဘာ

သာသွင်းခြင်းမင်္ဂလာကိုပေးသည်။ to give a name, မှည့်သည်။ သမုတ်သည်။

Christendom, *n.* ခရစ်ယာန်ဘာသာတည်သောတိုင်းပြည်စု။

Christian, *n.* ခရစ်ယာန်။ ခရစ်ယာန်ဘာသာကိုယူသောသူ။ —*a.* သခင်ယေရှုခရစ်ဘာသာနှင့်ဆိုင်သော။ —name, *n.* ခရစ်ဘာသာသို့သွင်းသောအခါမှည့်သောနာမ။

Christianity, *n.* ခရစ်ဘာသာ။ သခင်ယေရှုခရစ်၏ဘာသာ။

Christianize, *v. t.* —(a person,) ခရစ်ဘာသာသို့သွင်းသည်။ —(a country,) ခရစ်ယာန်ဘာသာကိုတည်စေသည်။

Christmas, *n.* သခင်ယေရှုခရစ်ဖွားမြင်တော်မူသည်နေ့ရက်ကိုအစွဲပြု၍လုပ်သောနှစ်စဉ်ပွဲ။ —day, ထိုပွဲကိုခံသောနေ့။

Chronic, *a.* တာရှည်စွဲသောအနာ။

Chronicle, *n.* မှတ်စာ။ —*v. t.* မှတ်စာသို့သွင်းသည်။

Chronicler, *n.* မှတ်စာရေးသောသူ။

Chronological, *a.* ခရောနောလဇီအတတ်နှင့်ဆိုင်သော။ ကပ်ကာလ၊ ကောဇာ၊ နှစ်သက္ကရာဇ်ကိုလိုက်သော။

Chronologist, *n.* ခရောနောလဇီအတတ်ပညာကိုပြုစုသောဆရာ။

Chronology, *n.* ခရောနောလဇီအတတ်တည်းဟူသော၊ကပ်ကာလ၊ကောဇာ၊ နှစ်သက္ကရာဇ်ကိုစီရင်ခြင်း။ ဖြစ်လေပြီးသောအမှုအရာအထူးထူးတို့များကို နှစ်သက္ကရာဇ်အလိုက်မှတ်သားခြင်းအတတ်ပညာ။

Chronometer, *n.* အချိန်မှန်သောနာရီခွက်။

Chrysalis, *n.* ပိုးတုံးလုံး။

Chrysolite, *n.* ကျောက်မြတ်တမျိုး။

Chrysophrase, *n.* ကျောက်မြတ်တမျိုး။

Chubbed, Chubby, *a.* တုတ်သော။ တုတ်ဝသော။

Chuck 1, *see* Cluck. —2, to give a gentle blow, ပေါ့ပေါ့ပုတ်သည်။ to throw with a jerk, ဆတ်ခနဲပြစ်သည်။

Chuckle, *v. i.* ရယ်မောသည်။

Chuffy, *a.* စိတ်ဆိုးသောအခြင်းအရာရှိသော။ မျက်နှာပုပ်သော။

Chum, *n.* သိပ္ပံကျောင်းမှာတခန်းတည်းနေသောသူ။

Chump, *n.* သစ်တုံးတို။

Chunam, *n.* အင်္ဂတေ။

Chunk, (Amer.) *n.* အတုံးအတစ်။

Church, *n.* a house for public worship, သုဓမ္မာဇရပ်။ a society of christians, အသင်းတော်။ —man, အင်္ဂလိပ်အသင်းတော်ဝင်သူ။ —member, အသင်းတော်ဝင်သူ။ —warden, သုဓမ္မာဇရပ်မှူးဆောင်။ —yard, သုဓမ္မာဇရပ်နားသင်းချိုင်း။ —*v. t.* သားဖွားသောမိန်းမကို သုဓမ္မာဇရပ်သို့သွင်း၍ကျေးဇူးတော်ကိုချီးမွမ်းသည်။

Churl, *n.* agent from next.

Churlish, *a.* cross, disobliging, ခက်ထန်သော။ hard to deal with,

ခဲယဉ်းသော။ niggard, စေးနှဲသော။

Churlishness, *n.* from above.

Churn, *v. t.* —with a churning stick, (ထောပတ်ဖြစ်အောင်နို့ကို) ချဉ်ဘီးပါသောထိုးတံနှင့် ထိုးသည်။ ဒလက်ပါသောပွတ်တံနှင့် ပွတ်သည်။ —by shaking a bottle, ဘူးအစရှိသည်တို့နှင့်ဆောင့်သည်။ —*n.* ထောပတ်ထိုးသောစည်။

Chyle, *n.* ဝိလရည်တည်းဟူသောအစာကြေပြီးမှအရည်ဖြူဖြစ်သောအရာ။

Chyme, *n.* အစာအိမ်၌ကြေသောအစာ။ ချေးခါး။ ချေးနူ။

Cicatrice, *n.* အမာရွတ်။

Cicatrize, *v. t.* အနာပျောက်၍အမာရွတ်ဖြစ်အောင်ပြုသည်။

Cider, *n.* သစ်သေ့ရည်။

Ci-devant, *a.* or *adv.* အရင်။

Cigar, *n.* ဆေးလိပ်။

Cimeter, *n.* ထားလွယ်တမျိုး။

Cincture, *n.* a girdle, ခါးစည်းကြိုး။ any thing that binds round, ပတ်စည်းသောကြိုး။

Cinder, *n.* ပြာမဖြစ်သေးသောမီးသွေးနု။

Cingalese, *a.* သီဟိုဠ်ကျွန်းနှင့်ဆိုင်သော။

Cinnabar, *n.* ဟင်းသပတာ်ရှင်း။

Cinnamon, *n.* သစ်ကြံပိုး။

Cinque, *n.* ငါးခု။ ၅။

Cion, *n.* the shoot of a plant, အညွန့်။ a shoot engrafted on another tree, တပင်ကယူပြီးလျှင်တပင်၌ဆက်၍စိုက်သောအညွန့်။

Cipher, *n.* the figure ၀, သုည။ ၀။ an intertexture of letters, စာမ။ a concealed manner, of writing, သူတပါးမသိရအောင်ရေးသောနည်း။ —*v. i.* တွက်သည်။ ဂဏန်းနှင့်တွက်သည်။ စတိတ်တွက်သည်။

Circle, *n.* the outline of a round superficies, အဝိုင်း စက်ဝိုင်း။ a company assembled round (some person or object,) ဝန်းရံလျက်ရှိသောလူစု။ persons who are occasionally connected, ပေါင်းဖော်တတ်သောလူစု။ —*v. i.* to move circularly, လှည့်ပတ်သည်။ *v. t.* to go round, လှည့်ပတ်သည်။ (trans.;) to surround, ရံသည်။ ဝန်းသည်။ ဝိုင်းသည်။

Circuit, *n.* a moving round, လှည့်ပတ်ခြင်း။ the path passed in moving round, လှည့်ပတ်ရာလမ်း။ the space inclosed in said path, လှည့်ပတ်ရာလမ်းအတွင်းအရပ်။ places visited in going round, လှည့်ပတ်ရာအရပ်ရပ်။ —လှည့်ပတ်သည်။

Circuitous, *a.* going round in a circuit, ကွင်းသော။ ဝိုက်သော။ serpentine, ကွေ့ကောက်သော။ —in speech, သွယ်ဝိုက်သော။

Circular, *a.* round, in the form of a circle, ဝန်းသော။ ဝိုင်းသော။

(letter,) အရပ်ရပ်သို့ပေးလိုက်သော (စာ။) —*n.* အရပ်ရပ်သို့ပေး လိုက်သောစာ။

Circulate, *v. i.* to move round, လှည့်ပတ်သည်။ to pass from place to place, အရပ်ရပ်သို့လှည့်သွားသည်။ *v. t.* လှည့်ပတ်စေသည်။ အရပ်ရပ်သို့ရောက်စေသည်။

Circulation, *n.* from above, *v. i.*

Circum, *pref. in composition*, ပတ်လည်။

Circumambient, *a.* ပတ်လည်ဝန်းကျင်၌ဖုံးလွှမ်းသော။

Circumcise, *v. t.* အရေဖျားကိုလှီးသည်။ လျှည်သည်။ ထားဖြင့်ရစ်သည်။

Circumcision, *n.* from above.

Circumference, *n.* အဝန်း။

Circumfluent, *n.* ပတ်လည်စီးသော။

Circumfuse, *v. t.* ပတ်လည်သောင်းသည်။

Circumgyration, *n.* လှိမ့်ခြင်း။

Circumjacent, *a.* ပတ်လည်ဝန်းကျင်၌အနီးအနားရှိသော။

Circumlocution, *n.* စကားသွယ်ဝိုက်ခြင်း။

Circumnavigate, *v. t.* သင်္ဘောနှင့်လှည့်ပတ်သည်။

Circumscribe, *v. t.* to inclose within a limit, ပတ်လည်၌သတ်မှတ်သည်။ to make narrow, confined, နေရာကျဉ်းအောင်ပြုသည်။

Circumspect, *a.* သတိနှင့်ကြည့်ရှုဆင်ခြင်တတ်သော။

Circumspection, *n.* သတိနှင့်ကြည့်ရှုဆင်ခြင်ခြင်း။

Circumstance, *n.* အကြောင်းအရာ။ အခြင်းအရာ။ စပ်ဆိုင်သောအရာ။

Circumstanced, *a.* (ဤမည်သော) အကြောင်းအရာနှင့်စပ်ဆိုင်သော။

Circumstances, *n.* (as of one's life) အဖြစ်အပျက်။ ကြောင်းချား။

Circumstantial, *a.* consisting in circumstances, အကြောင်းအရာဖြစ်သော။ pertaining to circumstances, အကြောင်းအရာနှင့်စပ်ဆိုင်သော။ detailing circumstances, အကြောင်းအရာသေချာစွာပါသော။

Circumvallation, *n.* မြို့ပြကျုံးမြောင်းအစရှိသည်တို့နှင့်တပ်လုပ်၍ထားခြင်း။

Circumvent, *v. t.* သွယ်ဝိုက်၍လိမ်လည်သည်။

Circumvention, *n.* from above.

Circumvolution, *n.* from next.

Circumvolve, *v. i.* လိမ့်၍လှည့်ပတ်သည်။ (intrans.) *v. t.* to roll round, လိမ့်၍လှည့်ပတ်သည်။ (trans.,) to cause to revolve, လိမ့်၍လှည့်ပတ်စေသည်။

Circus, *n.* ပွဲခံစရာဝိုင်း၍ကာသောဝင်း။

Cis, *pref. in composition*, သည်ဖက်။

Cistern, *n.* သစ်သားရေကန်။

Citadel, *n.* ရဲတိုက်။

Citation, *n.* from next; a passage quoted, နုတ်ထုတ်သောစာချက်။

Cite, *v. t.* to summon, မင်းအခွင့်နှင့်ခေါ်သည်။ to quote, စာကစကားကို နှုတ်ထုတ်၍သက်သေပြသည်။
Citizen, *n.* an inhabitant of a city, မြို့သား။ an undistinguished inhabitant, မင်းအရာမှိမယုတ်သောမြို့သား။ an inhabitant of any country, နိုင်ငံသူနိုင်ငံသား။
Citizenship, *n.* မြို့သားအဖြစ်။ နိုင်ငံသားအဖြစ်။
Citron, *n.* ရှောက်ချိုသီး။
City, *n.* မြို့။
Civet, *n.* ကြောင်ကတိုးကထုတ်သောဆီမွှေး။ —cat, ကြောင်ကတိုး။
Civic, *a.* မြို့အမှုအရာနှင့်စပ်ဆိုင်သော။
Civil, *a.* pertaining to the community, ပြည်သူပြည်သားနှင့်ဆိုင်သော။ pertaining to the administration of government, မင်းစီရင်ခြင်းနှင့်ဆိုင်သော။ complaisant, ယဉ်ကျေးသော။
Civility, *n.* complaisance, ယဉ်ကျေးခြင်း။ kind attention, ထောက ဝတ်ပြုတတ်ခြင်း။
Civilization, *n.* the act of civilizing, ယဉ်စေခြင်း။ the state of being civilized, ယဉ်ခြင်း။
Civilize, *v. t.* ယဉ်စေသည်။
Civilized [be,] *v. t.* ယဉ်သည်။ မရိုင်း။
Clack, *v. i.* to make a short, sharp sound, တောက်တောက်မြည်သည်။ to let the tongue run, စကားများသည်။ --*n.* from *do.*
Claim, *v. t.* ဆိုင်ပိုင်သည်ဟူ၍တောင်းသည်။ —*n.* from *do.* a right to claim, တောင်းပိုင်သောအခွင့်။
Claimant, *n.* agent from Claim, *v. t.*
Clairvoyance, *n.* အထူးသဖြင့်မြင်တတ်သောအတတ်။
Clam, *n.* ယောက်သွားတမျိုး။
Clamant, *a.* အသံကိုလွှင့်၍တောင်းပန်သော။
Clamber, *v. i.* ကုတ်ကုတ်ကတ်ကတ်တက်သည်။
Clamminess, *n.* from next.
Clammy, *a.* စေးသော။
Clamor, *v. i.* အုတ်အုတ်သဲသဲဟစ်ကြော်သည်။ —*n.* from next.
Clamorous, *a.* from Clamor, *v. i.*
Clamerously, *adv.* noisily, အုန်းအုန်းအင်အင်။
Clamp, *n.* မျောက်သက်။ —*v. t.* မျောက်သက်ရိုက်သည်။
Clan, *n.* ခြားနားသောအမျိုးအနွယ်။
Clandestine, *a.* လျှို့ဝှက်သော။
Clang, *v. i.* ကြေးစည်သံကဲ့သို့မြည်သည်။ —*n.* from *do.*
Clangor, *n.* ပြင်းစွာသောကြေးစည်သံ။
Clank, *v. i.* သံခြေချင်းသံကဲ့သို့မြည်သည်။ —*n.* from *do.*
Clansman, *n.* ခြားနားသောအမျိုးအနွယ်နှင့်ဆိုင်သောသူ။

Clap 1, *v. t.* to slap with the hand, လက်ဝါးနှင့်ပုတ်သည်။ to strike with something flat, ပြားသောအရာနှင့်ရိုက်သည်။ to apply hastily, ရုတ်ခနဲကပ်သည်။ to place hastily, အလျင်အမြန်ထားသည်။ to do hastily, အလျင်အမြန်ပြုသည်။ —the hands, လက်ခုပ်တီးသည်။ —board, ဖျဉ်ထောင်ပြီးမှ ထပ်၍ နံ့ဘေးထပ်ကာသည်။ —board, *n.* ဖျဉ်ထောင်ပြီးမှ ထပ် ၍ နံ့ဘေးထပ်ကာရန် ဖျဉ်ပါး။ —up, *v. t.* အလျင်အမြန်လုပ်သည်။ —*n.* a slap, လက်ဝါးနှင့်ပုတ်ခြင်း။ the sound of striking flat things together, အပြားချင်းရိုက်သောအသံ။ —of thunder, မိုဃ်းခြိမ်းသံတချက်။ —2, venereal infection, လူဂို့နာ။

Clapper, *n.* ခေါင်းလောင်းဆန့်။

Clap-trap, *n.* သူတပါးချီးမွမ်းစေခြင်းငှါပြုသောပရိယာယ်။

Clare-obscure, *n.* ပန်းချီးရေးသောရုပ်ပုံအရာ၌အလင်းနှင့်အရိပ်။

Claret, *n.* စပျစ်ရည်တမျိုး။

Clarify, *v. t.* ကြည်လင်စေသည်။

Clarion, တံပိုးတမျိုး။

Clash, *v. i.* to strike together with noise, ထိခိုက်၍မြည်သည်။ to meet in opposition, ဆန့်ကျင်သည်။ —*n.* from *do.*

Clasp, *n.* ချိတ်။ —*v. t.* to fasten with a clasp, ချိတ်သည်။ to twine around and cling to, ရစ်ပတ်၍တွယ်သည်။ to inclose and hold in the hand, လက်နှင့်ဆုပ်သည်။ to embrace, ဖက်သည်။ —knife, *n.* မောင်းချထား။

Clasper, *n.* အညွန့်နွယ်မောင်း။

Class, *n.* persons of the same order, ဂုဏ်ရည်တူသောလူစု။ students pursuing the same studies, အတတ်ရည်တူသောတပည့်စု။ things of the same denomination, လက္ခဏာတူသောအရာစု။ ဝဂ္ဂ။ ဝဏ်။ —*v. t.* လက္ခဏာတူရာသီးခြား၍ထားသည်။

Classic, *n.* စကားပြေပြစ်၍ပုံသက်သေမှတ်စရာကောင်းသောစာ။ —Classical, *a.* ထိုသို့သောစာနှင့်ဆိုင်သော။

Classify, *v. t. see* Class, *v. t.*

Clatter, *v. i.* to make rattling sounds, အချင်းချင်းထိခိုက်၍အုတ်အုတ်ကျက်ကျက်သောအသံဖြစ်သည်။ to rattle with the tongue, စကားများသောအသံဖြစ်သည်။ —*n.* from *do.*

Clause, *n.* a member of a sentence, အပုဒ်၏အပိုင်း။ a distinct article in a contract, စာချုပ်၏အချက်။

Clavicle, *n.* ညှပ်ရိုး။

Claw, *n.* the nail of a beast or bird's foot, (သားငှက်၏)လက်သည်း၊ ခြေသည်း။ a foot furnished with nails, လက်သည်း၊ ခြေသည်းပါသောသား၊ ငှက်၏လက်၊ ခြေ။ —*v. t.* လက်သည်း၊ ခြေသည်းနှင့်ကုပ်သည်။

Clay, *n.* မြေစေး —cold, *a.* (Eng.) မြေကဲ့သို့အေးသော။ (Burmese,) ငှက်ပြောတုံးကဲ့သို့အေးသော။

Clayey, *a.* မြေစေးပါသော။

Clean, *a.* စင်သော။ စင်ကြယ်သော။ သန့်စင်သော။ သန့်ရှင်းသော။ သန့်ပြန့်သော။ ရှင်းလင်းသော။ —*v. t.* from *do.* —up, သုတ်သင်သည်။ ရှင်းလင်းစေသည်။ —*adv.* အကုန်အစင်။ တက်တက်။ ပြွတ်ပြွတ်။

Cleanliness, *n.* from next.

Cleanly, *a.* စင်ကြယ်တတ်သော။ သန့်ရှင်းတတ်သော။

Cleanness, *n.* from Clean, *a.*

Cleanse, *v. t. see* Clean, *v. t.*

Clear, *a.* pure (as water,) ကြည်သော။ serene, ကြည်လင်သော။ pleasant, သာသော။ unmixed, စစ်။ အစစ်။ သက်သက်။ open, plain, conspicuous, ပွင့်လင်းသော။ တည့်လင်းသော။ distinct, ပြတ်သားသော။ free, unincumbered, ရှင်းလင်းသော။ perspicuous, အနက်ရှင်းလင်းသော။ open, unobstructed, အဆီးအတားမရှိ၊ ပွင့်လင်းလျက်ရှိသော။ innocent, အပြစ်နှင့်ကင်းစင်သော။ out of difficulty, အမှုနှင့်လွတ်သော၊ —as sound, လိုသော။ —headed, ဉာဏ်ကောင်းသော။ —sighted, ကောင်းကောင်းမြင်တတ်သော။ —starch, *v. t.* ကစီတင်ပြီးမှလက်နှင့်ပုတ်သည်။ —*adv.* အကုန်အစင်။ —*v. i.* to become fair, သာလာသည်။ to become unincumbered, ရှင်းလင်းလာသည်။ *v. t.* to make serene, ကြည်လင်စေသည်။ to make pleasant, သာစေသည်။ to free from obstruction, incumbrance, &c. ရှင်းလင်းစေသည်။ သုတ်သင်ရှင်းလင်းသည်။ to disentangle, အရှုပ်အထွေးကိုဖြှင်သည်။ to acquit, မှုပြစ်နှင့်ကင်းလွတ်စေသည်။ to make gain, အမြတ်ရသည်။ —a ship, သင်္ဘောထွက်ရသောအခွင့်ကိုပေးသည်။ to procure clearance, ထိုသို့သောအခွင့်ကိုရအောင်ပြုသည်။ —away, သင်သည်။ ပယ်ရှင်းသည်။ ဖြေဖျောက်သည်။ —up, *v. i.* as the sky, မိုဃ်းကြည်လင်သည်၊ as an affair, အမှုရှင်းလင်းသည်။ *v. t.* ရှင်းလင်းစေသည်။ သုတ်သင်ရှင်းလင်းသည်။

Clearance, *n.* သင်္ဘောထွက်ရသောအခွင့်စာ။

Clearly, *adv.* serenely, ကြည်လင်စွာ။ evidently, ထင်ထင်ရှားရှား။ ထင်ထင်။ ထင်ထင်လင်းလင်း။ plainly, honestly, အတည့်အလင်း။ distinctly, ပြတ်သားစွာ။ without intanglement or confusion ရှင်းလင်းစွာ။

Clearness, *n.* sereneness, ကြည်လင်ခြင်း။ plainness, openness, ပွင့်လင်းခြင်း။ perspicuity, ထင်ရှားခြင်း။ distinctness, ပြတ်သားခြင်း။ freedom from obstruction, &c. ရှင်းလင်းခြင်း။

Cleat, *n.* ဇားဝပ်။ —*v. t.* ဇားဝပ်ရိုက်သည်။

Cleave 1, *v. i.* to stick, စေးကပ်သည်။ to adhere, ကပ်သည်။ ခွဲကပ်သည်။ —2, to crack open, အက်ကွဲသည်။ *v. t.* to split, ခွဲသည်။

Cleaver, *n.* အမဲရိုးဖြတ်သောထား။

Cleft, *n.* အအက်။ အကွဲ။

Clemency, *n.* from next.

Clement, *a.* mild, gentle, နူးညံ့သိမ်မွေ့သော။ tender, compassionate, ကြင်နာတတ်သော။ kind, ကျေးဇူးပြုချင်သောသဘောရှိသော။

Clergy, *n.* ဓမ္မဆရာစု။ —man, ဓမ္မဆရာ။

Clerical, *a.* ဓမ္မဆရာနှင့်ဆိုင်သော။

Clerk, *n.* a clergyman, ဓမ္မဆရာ။ one that can read, စာတတ်သောသူ။ a writer, စာရေး။ a reader of responses, တရားထောက်။

Clerkship, *n.* စာရေးအရာ။

Clever, *a.* ချက်ချာသော။ ရေးရာသော။ လိမ္မာသော။ (Amer.) စိတ်ကောင်းသော။

Cleverness, *n.* from above.

Clew 1, *n.* a ball of thread, ခြည်လုံး။ thread, ခြည်ပင်။ any thing placed for a guide, လမ်းပြ၊လမ်းညွှန်ထားသောအရာ။ —2, *v. t.* to gather up (a sail,) ရုပ်သည်။

Click, *v. i.* တျောင်တျောင်မြည်သည်။

Client, *n.* ရှေ့နေရှိသောအမှုသည်။

Cliff, *n.* ကမ်းစောက်။ တောင်စောက်။

Climacteric, *n.* လူ့အသက်အရွယ်၏အပိုင်းအခြား။

Climate, *n.* ပူတတ်၊အေးတတ်သောဥတု။ ဒေသ၏အခြင်းအရာ။

Climax, *n.* စကားအဆင့်ဆင့်တက်ခြင်း။

Climb, *v.* ဆွဲငင်၍တက်သည်။

Clime, *see* Climate.

Clinch, *v. t.* —the hand, လက်ဆုပ်သည်။ —with the hand, လက်နှင့်ကြပ်ကြပ်ဆုပ်၍ကိုင်သည်။ —an iron, ခေါက်၍ရိုက်ထားသည်။ to fasten, မြဲစေသည်။

Clincher, *n.* သံမျှော့။

Cling, *v. i.* to stick, စေးကပ်သည်။ to hang (on,) hang (to,) တွယ်သည်။ to adhere closely, စွဲကပ်သည်။

Clingy, *a.* စေးကပ်တတ်သော။

Clinic, Clinical, *a.* အိပ်ရာနှင့်ဆိုင်သော။

Clink, *v. i.* ချင်ချင်မြည်သည်။ *v. t.* ချင်ချင်မြည်စေသည်။ —*n.* ချင်ချင်မြည်သံ။

Clip, *v. t.* ကတ်ကြေးနှင့်အစထွက်အောင်ညှပ်သည်။ —(coin,) တိုက်ယူသည်။

Clipping, *n.* ကပ်ကြေးစာ။

Clique, *n.* သူတပါးတို့နှင့်မရောနှောဘဲအခြားစီသင်းဖွဲ့၍နေသောလူစု။

Cloak, *n.* an outer garment, ဝတ်လုံ။ a disguise, လျှို့ဝှက်တတ်သော

အရာ။ —*v. t.* to cover with a cloak, ဝတ်လုံနှင့်ချုံသည်။ to conceal, လျှို့ဝှက်သည်။

Clock, *n.* မတ်တတ်နာရီ။

Clod, *n.* မြေစိုင်။ —pate, —poll, ဉာဏ်ထိုင်းမှိုင်းသောသူ။

Clog, *v. t.* to stick to and impede, စေးကပ်၍နှေးစေသည်။ to lay on a load that impedes, ဝန်တင်၍နှေးစေသည်။ to put on something that restrains motion, ခေါက်ဆွဲသည်။ တုံးအစရှိသည်တို့ကိုဆွဲထားသည်။ —to obstruct, impede, ဆီးတားနှောင့်ယှက်သည်။ *v. i.* to form an accretion, အစိုင်အခဲကပ်သည်။ —*n.* something put on to restrain motion, ခေါက်၊ တုံးအစရှိသည်တို့ကိုဆွဲထားသောအရာ။ an impediment, အဆီးအတား။ a wooden shoe, ခုံဘိနပ်တမျိုး။

Cloister, *n.* a monastery, ကျောင်း။ a piazza, အမိုးရှိသောစင်္ကြံ။

Cloistered, *a.* လူဘောင်မှထွက်၍ကျောင်း၌နေရသော။

Close, (*pron.* cloze,) *v. t.* to stop up, ပိတ်သည်။ ဆို့သည်။ to shut, ပိတ်သည်။ ပိတ်ကာသည်။ စေ့ထားသည်။ to unite, စေ့စပ်သည်။ (trans.;) to conclude, finish, အစသတ်သည်။ ပြီးစေသည်။ *v. i.* to come together, စေ့စပ်သည်။ (intrans.;) to contract (intrans.;) ကျုံ့သည်။ to come to a conclusion, ပြီးသည်။ —in, *v. t.* မိုးသည်။ —in with, သဘောတူ၍ဝန်ခံသည်။ —up (as scattered bodies,) *v. i.* ချုံ့သည်။ —with, *v. t.* to accede to, သဘောတူ၍ဝန်ခံသည်။ to grapple in wrestling, ရင်ဆိုင်ပူးရှက်သည်။ —*n.* an inclosure, ခြံကာသောနေရာ။ completion, finish, အပြီး။ ပြီးခြင်း။ ပြီးစေခြင်း။ အစသတ်ခြင်း။ a termination, ကုန်ခြင်း။ ဆုံးခြင်း။ a grapple in wrestling, ရင်ဆိုင်ပူးရှက်ခြင်း။ —*a.* stopped up, ဆို့သော။ ပိတ်သော။ အပေါက်မရှိသော။ well joined, စေ့စပ်သော။ viscous, စေးကပ်တတ်သော။ tight, ကျပ်သော။ narrow, ကျဉ်းသော။ confined within narrow limits, ချုပ်လျက်ရှိသော။ hid, ပုန်းကွယ်သော။ compressed in style, အကျဉ်းချုပ်၍ပြောသော (စကား။) confined, as air, လေမလာသော။ not apt to divulge, မဖော်မပြတတ်လိုတတ်သော။ near, နီးသော။ နီးစပ်သော။ near together, စိပ်သော။ ထူသော။ near, together, with, as in accompanying or following, ထက်ကြပ်ပါသော။ ထက်ကြပ်လိုက်သော။ earnest, intent, တန်းမှန်းလျက်ရှိသော။ pressing in pursuit, ကြပ်ကြပ်လိုက်သော။ full to the point, တိုက်ရိုက်ပြောသော။ adhering to the original, မူအတိုင်းလိုက်သော။ —fisted, —handed, ခဲယဉ်းသော။ —stool, *n.* လုံသောကျင်ကြီးစွန့်အိုး။

Closeness, *n.* from above.

Closet, *n.* a small private room, ဆိတ်ကွယ်သောအခန်း။ a small store

room, ငံခသုံးအဆောင်များကိုထားသောအခန်းကလေး။ —*v. t.* ဆိတ်ကွယ်သောအခန်းခွဲခေါ်သွင်းသည်။
Closing, *n.* အပြီး။ ပြီးခြင်း။ ဆုံးခြင်း။
Closure, *n.* the act of shutting, ပိတ်ခြင်း။ ပိတ်ကာခြင်း။ that which closes, အပိတ်အကာ။
Clot, *v. i.* ခဲသည်။ —*n.* အရည်ကခြစ်သောအခဲ။
Cloth, *n.* အတည်း အထည်အလိပ်။ *see* Clothes; *see* Table-cloth.
Clothe, *v. t.* to put on garments, ဝတ်သည်။ အဝတ်နှင့်ချုံသည်။ to furnish with garments, အဝတ်ပေးသည်။ to invest, commission, အခွင့်ပေး၍ခန့်ထားသည်။
Clothes, *n. plur.* အဝတ်။ *see* Bed-clothes. —man, အဝတ်ကိုရောင်းသောသူ။ —press, အဝတ်တန်ဆာထည့်သောမတ်တတ်သစ်တာ။
Clothier, *n.* အထည်အလိပ်ကိုရက်သောသူ။
Clothing, *n.* အဝတ်။
Cloud, *n.* —in the sky, တိမ်။ မိုဃ်းတိမ်။ —in the eye, တိမ်။ တိမ်သလာ။ —in a painting, ကြိုးလှိုင်း။ —in a stone, ဂေါ်။ a large collection, ကြီးသောအစုအရုံး။ a state of obscurity, မှုင်းထင်းသောအဖြစ်။ —capt, *a.* မိုဃ်းတိမ်ဖုံးအုပ် (သောတောင်ထိပ်။) —wrapt, same. as dark, and indicating rain, မိုဃ်းသား။ s. —*v. t.* to over spread with clouds, မိုဃ်းအုံ့စေသည်။ to make dark, obscure, မှုင်းထင်းအောင်ပြုသည်။ to make of a gloomy aspect, မှုန်စေသည်။ to variegate in painting, ကြိုးလှိုင်းပေါ်အောင်ဆေးချယ်လှယ်သည်။
Cloudiness, *n.* from next.
Cloudy, *a.* overcast with clouds, မိုဃ်းအုံ့သော။ consisting of a cloud, ငါမ်ဖြစ်သော။ of gloomy, sullen appearance, မှုန်သော။ marked with veins, ဂေါ်ပါသော။ obscure, မှုင်းထင်းသော။
Clout, *n.* a patch, အဖာ။ a cloth for any mean use, အညစ်အကြေးသုတ်ရန်ပဝါ။
Clove, *n.* လေးညှင်းပွင့်။
Cloven, *pas. part.* of Cleave, —footed, —hoofed, *a.* ခွာကွဲပြားသော။
Clover, *n.* မြက်ပင်တမျိုး။
Clown, *n.* ကျေးတောသား။
Clownish, *a.* ကျေးတောသားကဲ့သို့ဖြစ်သော။ မယဉ်ကျေးသော။ ရိုင်းသော။
Clownishness, *n.* from above.
Cloy, *v. t.* from next.
Cloyed [be,] *v. i.* အီသည်။
Club, *n.* a cudgel, လက်စွဲဒုတ်ကြီး။ a social party, အပေါင်းအသင်း။ the expenses of such a party, အပေါင်းအသင်းကုန်သောစရိတ်။ —law, *n.* မင်းအခွင့်မရှိဘဲအနိုင်အထက်စီရင်ခြင်း။ —*v. i.* to asso-

ciate, အပေါင်းအသင်းဖွဲ့သည်။ *v. t.* to contribute to common expense, စရိတ်ငွေကိုဆုံ၍စုပေါင်းသည်။

Cluck, *v. i.* (ကြက်မသည်ကြက်ကလေးကို) ခေါ်သံနှင့်မြည်သည်။

Clue, *see* Clew.

Clump, *n.* a block of wood, သစ်တုံး။ a cluster or tuft (of trees,) အရုံ။ သစ်ရုံ။ a thicket, ချုံဖုတ်။

Clumsiness, *n.* from next.

Clumsy, *a.* moving heavily and awkwardly, ဆေးဆေးလေးလေးတအိမ့်အိမ့်သွားတတ်သော။ awkward, unhandy, ထိုင်းထိုင်းမှိုင်းမှိုင်း။ ဆေးဆေးလေးလေးလုပ်ကိုင်တတ်သော။ badly constructed, ill made, ပုံပန်းမရ၊ မသေချာသော။

Cluster, *n.* a bunch (of fruit,) အပြွတ်။ a clump (of trees,) အမှု။ a collection, (of things,) အစုအရုံး။ —*v. i.* ပြွတ်၍နေသည်။ စုရုံးသည်။

Clutch, *v. t.* —in the hand, လက်ဆုပ်သည်။ —with the hand, လက်နှင့်ဆုပ်၍ကိုင်သည်။ —*n.* from *do.*

Clutches, *n. plur.* တိရိစ္ဆာန်၏လက်။

Clutter, *n.* things lying in confusion, ရှုပ်ထွေးသောအရာစု။ noise, bustle, အုတ်အုတ်ကျက်ကျက်သောအသံ။ —*v. t.* ရှုပ်ထွေးစေသည်။

Clyster, *n.* ဝမ်းချူဆေး။ —pipe, ဝမ်းချူသောပြွန်တန်ဆာ။ ဝမ်းချူတန်ဆာ။

Coach, *n.* ဘီးနှစ်စုံတပ်သောရထား။ —box, ရထားထိန်းထိုင်ရာခုံ။ —hire, ရထားငှါးသောအခ။ —man, ရထားထိန်း။

Coadjutant, *a.* ကူညီလျှက်ရှိသော။

Coadjutor, *n.* လုပ်ဖော်ဆောင်ဖက်။

Coagulate, *v. i.* ခဲ၍သွားသည်။ *v. t.* ခဲစေသည်။

Coagulation, *n.* from above.

Coagulum, *n.* အရည်ကဖြစ်သောအခဲ။

Coal, *n.* —of fire, မီးခဲ။ charcoal, မီးသွေး။ fossil coal, ကျောက်မီးသွေး။ —black, *a.* (Eng.) မီးသွေးကဲ့သို့။ (Burm.) မှင်ကဲ့သို့ကျုတ်ကျုတ်နက်သော။ —mine, —pit, *n.* ကျောက်မီးသွေးတွင်း။

Coalery, *n.* ကျောက်မီးသွေးတွင်းရှိသောအရပ်။

Coalesce, *v. i.* to grow into one mass, သမသည်။ တသားတည်းပေါင်းသည်။

Coalescence, *n.* from above.

Coalition, *n.* do; union of persons or parties, အပေါင်းအသင်းဖွဲ့ခြင်း။

Coarse, *a.* —as thread, ရုန့်သော။ —in texture or grain, ကြမ်းသော။ ရုန့်ကြမ်းသော။ —in language or manners, မယဉ်ကျေး၊ ရိုင်းသော။

Coarseness, *n.* from above.

Coast, *n.* —of the sea, ပင်လယ်ကမ်းနား။ —of a country, ပြည်စွန်း။ ပြည်နား။ —*v. i.* ပင်လယ်ကမ်းနားမှာရှောက်သွားသည်။

Coastwise, *adv.* ပင်လယ်ကမ်းနားအလိုက်။

Coat, *n.* an upper garment, အင်္ကျီ။ the hair of a beast, တိရစ္ဆာန်၏အမွေး။ a cover, layer, အထပ်အလွှာ။ —of arms, ဘွဲ့တံဆိပ်ပုံကိုရေး၍ထားသောကား။ —*v. t.* to cover, as with an amalgam, ပွတ်သည်။ to overlay with plate, မိန်းကွပ်သည်။

Coatee, *n.* ထိုင်မသိမ်းအင်္ကျီ။

Coating, *n.* သုတ်သောဆေး၊ ပွတ်သောဆေး အစရှိသောအရာ။

Coax, *v. t.* ချော့မော့သည်။

Cob, (Amer.) *n.* *ပြောင်းဖူးအူတိုင်။

Cobble, *v. t.* မသေမချာလုပ်သည်။

Cobler, *n.* ခြေနင်းဟောင်းကိုဖာသောသူ။

Cobweb, *n.* ပင့်ကူအိမ်။ ပင့်ကူမျှေး။

Cochineal, *n.* the insect, ပျ။ lac, ချိပ်။

Cock, *n.* the male of the hen, ကြက်ဖ။ the male of any bird, ငှက်ထီး။ a spout to let out liquor, သော့ပါသောပြွန်။ —of a gun, ခိုင်ပေါင်။ ခိုင်ပေါင်မီးမောင်း။ of a hat, သိုးမြှောင့်။ —of hay, မြက်ခြောက်ပုံ။ —crowing, ကြက်တွန်ချိန်။ —fight, ကြက်တိုက်ခြင်း။ —horse, *adv.* on horseback, မြင်းစီးလျက်။ exultingly, ကြွားဝါလျက်။ —loft, *see* Loft. —pit *n.* the place where cocks fight, ကြက်ဝိုင်း။ the room in the lowest part of a ship of war, တိုက်သင်္ဘော၌အောက်ဆုံးအဆင့်မှာရှိသောအခန်း။ —*v. t.* to set erect, ငေါက်ထောက်ထားသည်။ —a gun, သေနတ်မောင်းတင်သည်။ —a hat, သိုးကိုအမြှောင့်ပေါ်အောင်လုပ်သည်။ —hay, မြက်ခြောက်ပုံ၊ ပုံသည်။

Cockade, *n.* သိုး၌အမှတ်အသားထားသောအပွင့်။

Cockatrice, *n.* မြွေတမျိုး။

Cock-boat, *n.* သံဘန်ကလေး။

Cockerel, *n.* ကြက်ဖြီးခေါင်ပေါက်။

Cocket, *n.* a custom house seal, အကောက်တံဆိပ်။ a custom house pass, အကောက်စာချွန်။

Cockle, *n.* ယောက်သွားခိုးတမျိုး။

Cockney, *n.* (a cant word,) လန်ဒန်မြို့သား။

Cockroach, *n.* ပိုးဟပ်။

Cock's comb, *n.* the comb of a cock, အမောက်။ ကြက်မောက်။ the plant, ကြက်မောက်(ပင်။); *see* Coxcomb.

Cockswain, *n.* သံဘန်တက်မကိုင်။

Cocoa, *n.* သင်္ဘောကုက္ကို။

Cocoa nut, *n.* အုန်းသီး။

Cocoon, *n.* ပိုးအိမ်။
Coction, *n.* ပြုတ်ခြင်း။
Cod 1, *n.* a pod, ပဲတောင့်။ —2, a species of fish ငါးတမျိုး။
Code, *n.* —of laws, ဓမ္မသတ်။
Codger, *n.* ပိုးကြီး။
Codicil, *n.* သေတန်းစာ၌ထပ်မံ၍သွင်းသောအချက်။
Codle, *v. t.* ဖြေသည်။
Coefficacy, *n.* အကျိုးဖြစ်စေခြင်းငှါဖက်စပ်၍လုပ်သောအခွင့်။
Coefficient, *a.* အကျိုးဖြစ်စေခြင်းငှါဖက်စပ်၍လုပ်သော။
Coefficiency, *n.* from above.
Cœliac, *a.* အူနှင့်စပ်ဆိုင်သော။
Coequal, *see* Equal.
Coerce, *v. t.* အနိုင်အထက်ဆီးတားသည်။
Coercion, *n.* from above.
Coercive, *a.* အနိုင်အထက်ဆီးတားနိုင်သော။
Coessential, *a.* ဇာတိအဖြစ်တူသော။
Coeternal, *a.* ထာဝရတည်ခြင်းအားဖြင့်တူသော။
Coeval, *a.* အသက်အရွယ်တူသော။
Coexist, *v. i.* တချိန်တကာလတည်းတွင်ဖြစ်သည်။
Coexistence, *n.* from above.
Coextend, *v. i.* ကျယ်ဝန်းခြင်းအားဖြင့်ဖြစ်စေ၊ ရှည်လျားခြင်းအားဖြင့်ဖြစ်စေ၊ တာရှည်ခြင်းအားဖြင့်ဖြစ်စေညီမျှသည်။
Coextension, *n.* from above.
Coffee, *n.* the berry, ကာဖီစေ့။ the liquor, ကာဖီရည်။ —house, ကာဖီရည်အစရှိသောသောက်ရန်စားရန်ကိုရောင်းသောဆိုင်။ —pot, ကာဖီရည်ထည့်သောကရား။
Coffer, *n.* ကြေးငွေထည့်သောသစ်တာ။
Coffin, *n.* တလား။
Cog 1, *v. t.* to wheedle in order to deceive, ချော့မော့၍လိမ်လည်သည်။ —a die, အန်စာ၌လိုသောမျက်နှာကိုရအောင်ခဲထည့်၍ထားသည်။ —2, *n.* စက်သွား။
Cogency, *n.* တိုက်တွန်းခြင်းအရှိန်။
Cogent, *a.* တိုက်တွန်းခြင်းအရှိန်ရှိသော။
Cogitate, *v. i.* to think, စိတ်ထင်သည်။ to meditate, ဆင်ခြင်သည်။
Cogitation, *n.* from above.
Cogitative, *a.* ထင်မှတ်တတ်သော။
Cognate, *a.* kindred by birth, ပေါက်ဖော်တော်သော။ of the same family or class, အမျိုးတူသော။
Cognition, *n.* သိခြင်း။

Cognizable, *a.* that may be apprehended, သိအပ်သော။ that may be tried before a court, စစ်ကြောအပ်သော။

Cognizant, *a.* သိမှတ်လျှက်ရှိသော။

Cognizance, *n.* a taking notice, သိမှတ်ခြင်း။ recollection, သတိရခြင်း။ judicial trial, စစ်ကြောခြင်း။ right to try judicially, စစ်ကြောရသောအခွင့်။ *in law*, an acknowledgment, ဝန်ခံခြင်း။

Cognomen, *n.* ထပ်ဆင့်၍မှည့်သောအမည်နာမ။

Cohabit, *v. i.* to dwell together, အတူနေသည်။ —as husband and wife, အိမ်ထောင်သင့်သည်။

Cohabitant, *n.* အတူနေသောသူ။

Cohabitation *n.* from Cohabit.

Coheir, *n.* အမွေခံဖက်။

Cohere, *v. i.* to stick or cling together, *n.* အင်္ဂါချင်းစွဲကပ်သည်။ to be well connected, suited in connection of parts, စပ်စပ်ဟပ်ဟပ်ရှိသည်။

Coherence, *n.* from above.

Coherent, *a.* from Cohere.

Cohesion, *n.* အစေးချင်းကပ်ခြင်း။

Cohesive, *a.* အစေးချင်းကပ်တတ်သော။

Cohort, *n.* လူ ၅၀၀ ခန့်ပါသောတပ်။

Coif, *n.* ဦးထုပ်တမျိုး။

Coil, *v. t.* ခွေသည်။ ခွေ၍ထားသည်။ —*n.* အခွေ။

Coin, *n.* ဒင်္ဂါး။ —*v. t.* —money, ဒင်္ဂါးခတ်သည်။ —words, စကားသစ်ကိုလုပ်သည်။ to fabricate, forge, ဇာတ်ဖြစ်သော အရောင်ဆောင်အောင်လုပ်သည်။

Coinage, *n.* making coin, ဒင်္ဂါးခတ်ခြင်း။ coined money collectively, လူများသုံးသောဒင်္ဂါးပေါင်း။ expense of coining money, ဒင်္ဂါးခတ်ခြင်းစရိတ်။ fabrication, forgery, ဇာတ်ဖြစ်သော အရောင်ဆောင်အောင်လုပ်ခြင်း။

Coincide, *v. i.* to fall or meet in the same point, တချက်တည်းထပ်မိ၍နေရာကျသည်။ to agree, concur, တညီတညာတည်းဖြစ်သည်။

Coincidence, *n.* from above; meeting of events in time, ဆုံမိခြင်း။

Coir, *n.* အုန်းဆံ။

Coition, *n.* ဘံဝါသ။ မေတုန်။

Coke, *n.* ကျောက်မီးသွေးကိုမီးရှို့၍ရသောမီးသွေး။

Colander, *n.* အရည်အဖတ်ကိုစစ်သောဆန်ခါ။

Cold, *a.* frigid, more than cool, အေးသော။ ချမ်းသော။ wanting affection, ချစ်ခြင်းမေတ္တာနည်းသော။ indifferent, စိတ်အားနည်းသော။ free from lust, ကာမလေသာစိတ်မရှိသော။ unaffecting, သူတပါးစိတ်ကိုမနိုးဆော်တတ်သော။ —blooded, having cold blood,

သွေးအေးသော။ without sensibility or feeling, စိတ်အားနည်းသော။ —hearted, မေတ္တာစိတ်အားနည်းသော။ —*n.* ချောင်း။ ချမ်းခြင်း။ catarrh, နှာစေးနာ။ —[have a,] *a.* နှာစေးသည်။

Coldness, *n.* from cold, *a.*

Colic, *n.* ဝမ်းကိုက်နာ။

Collapse, *v. i.* ပိန်သွားသည်။ —*n.* from *do.*

Collar, *n.* a ring for the neck, လည်ကွင်း။ any thing tied round the neck, လည်ပတ်။ the part of a garment that surrounds the neck, အင်္ကျီလည်ခွံ။ —bone, ညှပ်ရိုး။ —*v. t.* to put a ring on the neck, လည်ကွင်းကိုစွပ်သည်။ လည်ကွင်းကိုတပ်သည်။ to put on any collar, လည်ပတ်ကိုထည့်သည်။ to seize by the collar, အင်္ကျီလည်ခွံကိုကိုင်၍ဖမ်းသည်။

Collate, *v. t.* to lay together and compare, (စာ) တိုက်သည်။ (စာ) တည်းသည်။ to confer a benefice, သာသနာ့အမှုနှင့်ဆိုင်သောအရာ၌ခန့်ထားသည်။

Collateral, *a.* being side by side, နံဘေးချင်းရှိ၍နေသော။ running parallel, အချည်းအကွာတညီတည်းပြိုင်၍သွားသော။ indirectly related by birth, တော်စပ်သော။ not direct or immediate, တိုက်ရိုက်မဟုတ်သော။ concurrent, ညီညွတ်သော။

Collation, *n.* from collate; luncheon, သားရေစာ။

Colleague, *n.* အမှုဆောင်ဖော်ဆောင်ဖက်။

Collect, *v. t.* together, စုသည်။ စုရုံးသည်။ (trans.) စုဝေးစေသည်။ စုသိမ်းသည်။ စုထားသည်။ to demand and receive (debts, taxes, &c.) တောင်းခံသည်။ to gain from observation, &c. မှတ်၍သိရသည်။ *v. i.* to come together, စုရုံးသည်။ (intrans.) စုဝေးသည်။ —one's self, *v. t.* ကိုယ်စိတ်ကိုသိမ်းဆည်းသည်။ —*n.* ပဌနာတို။

Collected, *a.* not disconcerted, cool, steady, စိတ်ကိုသိမ်းဆည်း၍တည်တံ့သော။

Collection, *n.* the act of gathering, စုခြင်း။ စုရုံးခြင်း။ စုဝေးစေခြင်း။ an assemblage (of persons or things,) အစုအရုံး။ အစုအဝေး။ —of money, စုထားသောငွေ။ things collected and arranged, စုပေါင်း၍ပြင်ဆင်သောအရာ။

Collective, *a.* အရာရာစု၍ဖြစ်သော။

Collector, *n.* စုသောသူ၊ &c. *see under* Collect; —of revenue, အခွန်ခံ။ အခွန်ခေါင်း။ အခွန်ဝန်။ —of a port, အကောက်ဝန်။

College, *n.* an association of learned men, ပညာရှိတို့အပေါင်းအသင်း။ an edifice occupied by the students of the arts and sciences, သိပ္ပံအတတ်သင်ရာကျောင်း။ the teachers and students collectively, သိပ္ပံကျောင်း၌သင်ပေးသောဆရာ။ သင်ကြားသောတပည့်စု။

Collegian, *n.* သိပ္ပံကျောင်း၌နေသောသူ။
Collegiate, *a.* သိပ္ပံကျောင်းနှင့်စပ်ဆိုင်သော။
Collet, *n.* ကျောက်မျက်အိုးအောက်ဆုံး။
Collide, *v. i.* ထိခိုက်သည်။
Collier, *n.* a digger of coal, ကျောက်မီးသွေးကိုတူးယူသောသူ။ a dealer in coal, ကျောက်မီးသွေးကိုရောင်းသောသူ။ a coal ship, ကျောက်မီးသွေးတင်သောသင်္ဘော။
Colliery, *n. see* Coalery; the coal trade, ကျောက်မီးသွေးကိုရောင်းခြင်းအမှု။
Colliquate, *v. t.* အရည်ကြိုသည်။
Collision, *n.* from Collide.
Collocate, *v. t.* နေရာချထားသည်။
Collocation, *n.* from above; the state of being placed, ချထားသောနေရာ။
Collocution, *see* Colloquy.
Collop, *n.* စားရန်အသားတတစ်။
Colloquial, *a.* အချင်းချင်းစကားပြောခြင်းနှင့်စပ်ဆိုင်သော။
Colloquy, *n.* တယောက်နှင့်တယောက်စကားပြောခြင်း။
Collude, *v. i.* (သူတပါးကို) လိမ်လည်ခြင်းငှါ တိုင်ပင်၍ သဘောတူ၊ ပရိယာယ်ပြုသည်။
Collusion, *n.* from above.
Collyrium, *n.* မျက်စဉ်း။
Collocynth, *n.* ဝမ်းနှုတ်ဆေးတမျိုး။
Colombo, *n.* ကောလုမ္ဗိုမြို့ကထွက်သောဆေးမြစ်။
Colon 1, *n.* the largest division of the intestines, အူမအပိုင်း။ —2, one mark of punctuation, အင်္ဂလိတ်စာ၌အပိုက်တမျိုး။ (:)
Colonel, *n.* ၁၀၀၀ တပ်ကိုအုပ်သောဗိုလ်။
Colonial, *a.* ကောလနီအရပ်နှင့်စပ်ဆိုင်သော။
Colonist, *n.* ကောလနီအရပ်၌နေရာကျသောသူ။
Colonize, *v. t.* နေရင်းပြည်ကထွက်၍ လွတ်လပ်သော အခြားအရပ်ကို ပြုစုသည်။
Colonnade, *n.* a circular range of columns, ဝိုင်းစိုက်သောတိုင်တန်း။ any range, စီစိုက်သောတိုင်တန်း။
Colony, *n.* people emigrating, &c. နေရင်းပြည်ရှင်မင်း၏အုပ်စိုးခြင်းကိုဝန်ခံလျက်နေရင်းပြည်ကထွက်၍ လွတ်လပ်သောအခြားအရပ်၌ မြို့ရွာတည်၍နေသောလူစု။ the place colonized, ထိုလူစုနေရာအရပ်။ ကောလနီအရပ်။
Color, *n.* hue, dye, အရောင်။ အဆင်း။ freshness of face, မျက်နှာလန်းခြင်း။ appearance to the mind, စိတ်ထင်။ assumed appearance, အရောင်။ အဟန်။ အကြွန်။ species, kind, အမျိုး။ အတည်။ အဝ။

coloring stuff, အရောင်တင်ဆေး။ —*v. t.* to put on a color, အရောင်တင်သည်။ ဆေးသုတ်သည်။ to dye, ဆေးဆိုးသည်။ to assume an appearance, အရောင်ဆောင်သည်။ အဟန်ဆောင်သည်၊ အကြွန်ပြုသည်။ as, နာကြွန်ပြုသည်။

Colored, *a.* having black skin, အဆင်းမည်းသော (သူ။)

Coloring, *n.* from Color, *v. t.*

Colors, *n. plur.* အလံ။

Colossal, *a.* အလွန်ကြီးမားသော။

Colossus, *n.* အလွန်ကြီးမားသောရုပ်တု။

Colporteur, *n.* စာအုပ်ကိုလည်၍ရောင်းသောသူ။

Colt, *n.* မြင်းကလေး။

Colter, *n.* ထယ်ဦး၌ထပ်သောသံသွား။ ထယ်သွားအညှောက်။

Columbian, *a.* pertaining to Columbia, ကောလုံဗျပြည်နှင့်ဆိုင်သော။ pertaining to America, အမေရိကပြည်နှင့်ဆိုင်သော။

Column, *n.* a round pillar, တိုင်။ part of a page divided lengthwise, စာမျက်နှာ၌ကန့်ထားသောအကန့်။ a row of troops, လက်နက်ကိုင်တန်း၍နေသောအတန်း။

Comatose, *a.* သွေးထိုင်း၍အိပ်ချင်သော။

Comb, *n.* ဘီး။ *see also* Cock's comb and Honeycomb. —brush, ဘီးတိုက်တံပွတ်။ —case, ဘီးအိမ်။ —*v. t.* ဘီးနှင့်ဖီးသည်။

Combat, *v. t.* to fight against, တိုက်သည်။ စစ်ပြိုင်သည်။ to oppose, ဆီးတားသည်။ —*n.* from *do.*

Combatant, *n.* တိုက်သောသူ။ စစ်ပြိုင်သောသူ။

Combination, *n.* a union of particulars, စုပေါင်းခြင်း။ a collection, assemblage, အစုအပေါင်း။ commixture, ဆက်ဆံ၍ရောနှောခြင်း။ association, သင်းဖွဲ့ခြင်း။

Combine, *v. i.* to unite, ပေါင်းသည်။ to commix, ဆက်ဆံ၍ရောနှောသည်။ to unite in friendship, သင်းဖွဲ့သည်။ *v. t.* ပေါင်းစေသည်။ သင်းဖွဲ့စေသည်။

Combustible, *a.* မီးလောင်တတ်သော။

Combustion, *n.* မီးလောင်ခြင်း။

Come, *v. i.* to move towards, လာသည်။ (respectful,) ကြွလာသည်။ to arrive, ရောက်သည်။ to happen, ဖြစ်လျှာသည်။ —about to happen, ဖြစ်လျှာသည်။ to change, ပြောင်းလဲသည်။ (intrans.) —after, *v. t.* to follow, လိုက်သည်။ to come to get, ရအောင်လာသည်။ —again, (return hither,) *v. i.* ပြန်လာသည်။ —at, *v. t.* to reach, မှီသည်။ to obtain, မိသည်။ ရသည်။ —away, ထွက်လာသည်။ —back, ပြန်လာသည်။ —by, (obtain,) *v. t.* ရသည်။ —down, *v. i.* to descend, ဆင်းလာသည်။ to be humbled, နှိမ့်ချခြင်းသို့ရောက်သည်။ —for, *v. t.* ရအောင်လာ

သည်။ —forth, *v. i.* ထွက်သည်။ —from, *v. t.* ထွက်လာသည်။ —in, *v. i.* to enter, ဝင်သည်။ to comply, ဝန်ခံသည်။ to be brought into use, အသုံးဝင်လာသည်။ to bear young, သားဖွားသည်။ to bear fruit, အသီးသီးသည်။ —into, *v. t.* to comply with, ဝန်ခံသည်။ to join with, အပေါင်းဝင်သည်။ —near, —nigh, ချဉ်းသည်။ —of, *v. i.* to proceed from, as a descendant, ဆင်းသက်သည်။ to proceed from, as an effect, (တစုံတခု) ကြောင့်ဖြစ်သည်။ —off, to depart from, ကွာလာသည်။ to get free, လွတ်သည်။ —on, to advance, တိုးတက်၍လာသည်။ to increase (intrans.,) တိုးပွားသည်။ to happen to, သင့်ရောက်သည်။ —out, to proceed from, ထွက်လာသည်။ to appear, come to light, ပေါ်လာသည်။ —out with, *v. t.* ဖော်ပြသည်။ —over, ကူလာသည်။ —short, *v. i.* to fail of reaching, မမှီဘဲနေသည်။ to fail of performing duty, ပြုရသောဝတ်ကို မပြုဘဲနေသည်။ —to, *v. t.* to consent or yield, ဝန်ခံရသည်။ to amount to, စုပေါင်း၍ဤမျှလောက်ဖြစ်လာသည်။ *v. i.* (as from a swoon,) ပြန်သည်။ —to pass, ဖြစ်လာသည်။ —up, to ascend, တက်လာသည်။ (as a tree,) ပေါက်သည်။ —(as a fashion,) အသုံးဝင်လာသည်။ —up to, *v. t.* မှီသည်။ —up with, လိုက်၍မှီသည်။ —upon, တိုက်သည်။

Comedian, *n.* စိတ်ကိုပျော်ရွှင်စေတတ်သောဇာတ်သမား။

Comedy, *n.* စိတ်ကိုပျော်ရွှင်စေတတ်သောဇာတ်။

Comeliness, *n.* from next.

Comely, *a.* goodly, appearing well, လှသော။ တင့်တယ်သော။ proper, becoming, ဖွယ်ရာသော။ လျှောက်ပတ်သော။

Comet, *n.* ကြယ်တံခွန်။

Comfit, *n.* ခြောက်သောယို။

Comfort, *v. t.* to console, သက်သာစေသည်။ နှစ်သိမ့်စေသည်။ to animate, အားပေးသည်။ —*n.* relief from pain, သက်သာခြင်း။ နှစ်သိမ့်ခြင်း။ the act of animating, အားပေးခြင်း။ that which comforts, သက်သာစေသော အရာ။ နှစ်သိမ့်စေသော အရာ။ that which animates, အားပေးသောအရာ။

Comfortable, *a.* in a state of comfort, သက်သာသော။ affording comfort, သက်သာစေတတ်သော။

Comic, Comical, *a.* pertaining to comedy, စိတ်ကို ပျော်ရွှင်စေတတ်သောဇာတ်နှင့်ဆိုင်သော။ laughable, ရယ်စရာရှိသော။

Coming, *n.* လာခြင်း။ ရောက်ခြင်း။

Comma, *n.* အင်္ဂလိပ်စာ၌အပိုက်တမျိုး။ (,)

Command, *v. t.* to speak with authority, မိန့်သည်။ မိန့်တော်မူသည်။ to give direction, to order, ပညတ်သည်။ ဥပဒေထားသည်။ to control, have power over, အစိုးရသည်။ အုပ်စိုးသည်။ to over-look, မြင့်သောအရပ်ကကြည့်၍မြင်နိုင်သည်။ —*n.* a direction, order, mandate, အမိန့်။ အမိန့်တော်။ ပညတ်။ ဥပဒေ။ control, အစိုးရခြင်း။ power of overlooking, မြင့်သောအရပ်ကကြည့်၍မြင်နိုင်ခြင်း။

Commandant, *see* next.

Commander, *n.* အုပ်စိုးသောသူ။

Commandment, *n.* အမိန့်။ အမိန့်တော်။ ပညတ်။ ဥပဒေ။

Commaterial, *a.* ဓာတ်ချင်းတူသော။

Commemorate, *v. t.* (ဖြစ်ပြီးသောအမှုကို) အမှတ်ရစေခြင်းငှါအခမ်းအနားပျှင်ဆင်၍ပွဲလုပ်သည်။

Commemoration, *n.* from above.

Commence, *v. i.* to begin, (intrans.) စသည်။ ဦးသည်။ to take the first degree in a college, သိပ္ပံကျောင်းမှာအရာကိုခံသည်။ *v. t.* to begin, (trans.) အစပြုသည်။ လုပ်စပြုသည်။

Commencement, *n.* from above.

Commend, *v. t.* to bring to favorable notice, အောင်းမေ့စေခြင်းငှါပြောသည်။ to commit with confidence, ယုံကြည်၍အပ်နှံသည်။ to praise, ချီးမွမ်းသည်။ to render acceptable, နှစ်သက်ဖွယ်ဖြစ်စေသည်။

Commendable, *a.* ချီးမွမ်းဖွယ်ဖြစ်သော။

Commendation, *n.* ချီးမွမ်းခြင်း။

Commendatory, *a.* ချီးမွမ်းသော။

Commensurable, *a.* တိုင်းရခြင်းအားဖြင့်တူသော။

Commensurate, *a.* အညီအမျှဖြစ်သော။

Comment, *v. t.* အနက်အဓိပ္ပာယ်ကိုဖွင့်ပြသည်။ —*n.* အနက်အဓိပ္ပာယ်ကိုဖွင့်ပြသောအချက်။

Commentary, *n.* အနက်အဓိပ္ပာယ်ကိုဖွင့်ပြသောစာ။

Commentator, *n.* အနက် အဓိပ္ပာယ် ကို ဖွင့်ပြသောစာ ကို စီရင် ရေးထားသောသူ။

Commerce, *n.* traffic, ကုန်သွယ်ခြင်း၊ ဖောက်ကားရောင်းဝယ်ခြင်းအမှု။ mutual intercourse, သိကျွမ်း၍ဆက်ဆံခြင်း။ sexual connection, သံဝါသပြုခြင်း။

Commercial, *a.* ဖောက်ကားရောင်းဝယ်ခြင်း...နှင့်ဆိုင်သော။

Commingle, *v. i.* ပြွမ်းနှောသည်။ *v. t.* ပြွမ်းနှောစေသည်။

Comminute, *v. t.* ကြေအောင်ကြိတ်သည်။

Commiserate, *v. t.* သနားသည်။ ကြင်နာသည်။

Commiseration, *n.* from above.

Commissary, *n.* a commissioner, အရေးပိုင်။ the officer who has

charge of furnishing provisions, &c. for an army, တပ်၌ရိက္ခာထောက်ကျိုစိုး။
Commissariat, *n.* တပ်၌ရိက္ခာထောက်ကျိုစိုးနှင့်ဆိုင်သောအမှုများ။
Commission, *n.* the act of committing, လွှဲအပ်ခြင်း။ the act of appointing, ခန့်ထားခြင်း။ letters patent, လွှဲအပ်သောစာ။ ခန့်ထားသောစာ။ charge, authority given, ခန့်ထားသောအရာ။ persons joined in an office or trust, အမှုရှင်လွှဲအပ်၍ခန့်ထားသဖြင့်အမှုကိုဆောင်ပိုင်သောလူစု။ authority to act as an agent in trade, ဥစ္စာရှင်လွှဲအပ်၍ကိုယ်စားလှယ်ပြုရသောအခွင့်။ factorage, ကိုယ်စားလှယ်ခ။ ပွဲခ။ —of a fault, အပြစ်ပြုမိခြင်း။ —merchant, *n.* ကုန်သည် ကိုယ်စားလှယ်။ —*v. t.* အခွင့်ပေး၍ ခန့်ထားသည်။
Commissioner, *n.* အရှင်လွှဲအပ်၍ခန့်ထားသဖြင့်စီရင်ပိုင်သောအရေးပိုင်။
Commissure, *n.* အစပ်၊ စပ်ကြောင်း။
Commit, *v. t.* to give in trust, အပ်သည်။ အပ်နှံသည်။ to transfer to (another,) လွှဲအပ်သည်။ to put, deposit, ထည့်သည်။ထားသည်။ to deliver over to confinement, ချုပ်ထားစေခြင်းငှါအပ်သည်။ to do what cannot be recalled, ပြန်၍မယူနိုင်အောင်ပြုမိသည်။ —a fault, အပြစ်ပြုသည်။ ပြုမိသည်။ —one's self by word, စကားကျွံသည်။
Commitment, *n.* from above.
Committal, *n.* လှောင်ထားစေခြင်းငှါအပ်ခြင်း။
Committee, *n.* သူတပါးလွှဲအပ်၍အမှုကိုဆောင်ရသောသူ။
Commix, *see* Commingle.
Commixture, *see* Mixture.
Commode, *n.* ကျင်ကြီးစွန့်အိုးပါသောကုလားထိုင်။
Commodious, *a.* အသုံးတည့်သော။
Commodiousness, *n.* from above.
Commodity, *n.* ကုန်။
Commodore, *n.* တိုက်သင်္ဘောစုကိုအုပ်သောဗိုလ်။
Common, *a.* belonging to a people generally, လူများဆိုင်သော။ လူများဆက်ဆံသော၊ပုံပါသကဆိုင်သောသင်္ဃိကဖြစ်သော။ belonging to the public, အရှင်မရှိ၊ အလိုရှိသောသူယူသုံးရသော။အသာမိကာဖြစ်သော။ ordinary, usual, လူများပြုတတ်သော။ လူများ၌ဖြစ်တတ်သော။ မပြတ်မပြတ်ဖြစ်တတ်သော။ ordinary, undistinguished, သာမည။ နှင်နှင်။ —[in,] *adv.* ဆက်ဆံသည်နှင့်။ —council, *n.* မြို့ဝန်၏တိုင်ပင်အရာရှိစု။ —law, ထုံးဟောင်း။ —place, စာ၌မှတ်သောအချက်။ *a.* ထိုးထွင်းသောညာဏ်မရှိဘဲလူများသိတတ်၊ပြောတတ်သော (အရာ။) —pleas, [court of,] *n.* ရုံး အရာရှိ မင်း တမျိုး။

—sense, လောကီအကျိုးအကြောင်း၊ အမှုအရာများကိုပိုင်းခြား၍နား လည်တတ်သောဉာဏ်။ —ပိုပါသကဆိုင်သောမြေကွက်။

Commonalty, *n.* မှူးမတ်မဟုတ်သောလူစု။ ဆင်းရဲသားစု၊

Commoner, *n.* one of the common people, မှူးမတ်မဟုတ်သောသူ။ ဆင်းရဲသား။ a representative of the common people, အင်္ဂလိတ် ပြည်မှာ ဆင်းရဲသားပိုင်းက ရွေးကောက်၍ လွှတ်တော်၌ စီရင်ရသော အခွင့်နှင့်ခန့်ထားသောအရာရှိ။

Commonly, *adv.* usually, ဖြစ်တတ်သည်နှင့်။ for the most part, အစည်းမပြတ်လှိုင်။

Commonness, *n.* မပြတ်မပြတ်ဖြစ်တတ်ခြင်း။

Commons, *n.* the common people, ဆင်းရဲသားများ။ House of Commons, အင်္ဂလိတ်ပြည်မှာအောက်လွှတ်တည်းဟူသော၊ဆင်းရဲသားပိုင်း ကရွေးကောက်၍လွှတ်တော်၌စီရင်ရသောအရာရှိစု။ food provided at a common table, အတူစားသောက်သောသူတို့အဖို့ ပွင်ဆင်သော စားဘွယ်သောက်ဘွယ်။

Commonwealth, *n.* civil polity, ပြည်နိုင်ငံတည်ခြင်းအရာ။ the public, ပြည်သူပြည်သားစု။ a republic, ပြည်သူပြည်သားသမတမြှောက်ထား သောမင်းအုပ်စိုးသောပြည်။

Commotion, *n.* agitation, လှုပ်ရှားခြင်း။ tumult, disturbance, ရုန်း ရင်းခတ်မှုပြုခြင်း။

Commune, *v. i.* to converse familiarly, ဆက်ဆံ၍စကားပြောသည်။ (Amer.) to partake of the Lord's supper, သခင်ဘုရားပွဲတော် ကိုဝင်၍စားသောက်သည်။

Communicant, *n.* သခင်ဘုရားပွဲတော်ကိုဝင်၍စားသောက်သောသူ။

Communicate, *v. t.* to share with another, ဝေမျှပေးကမ်းသည်။ to give information, သိတင်းပြောသည်။ ကြားပြောသည်။ *v. i.* to have a communication, လမ်းဖွင့်လျှက်ရှိသည်။ to have intercourse, စာအားဖြင့် ဖြစ်စေ၊ စကားအားဖြင့် ဖြစ်စေ၊ တယောက်နှင့် တယောက်ကြားပြောလျှက်ရှိသည်။ to have in common, ဆက်ဆံ သည်။ to partake of the Lord's supper, သခင်ဘုရားပွဲတော်ကို ဝင်၍စားသောက်သည်။

Communication, *n.* a passage, တဘက်မှတဘက်သို့ ကူးသွားရာလမ်း။ the act of imparting, ဝေမျှပေးကမ်းခြင်း။ intercourse, တယောက်နှင့်တယောက်ကြားပြောခြင်း။ that which is communicated, ကြားပြောသောအရာ။

Communicative, *a.* disposed to impart, ဝေမျှပေးကမ်းတတ်သော။ disposed to give information, ကြားပြောတတ်သော။

Communion, *n.* fellowship, ပေါင်းဖော်ဆက်ဆံခြင်း။ friendly union, မိဿဟာယဖွဲ့ခြင်း။ a partaking of the Lord's supper, သခင်

ဘုရားပွဲတော်ဝင်ခြင်း။ christians united in faith and worship, ကိုးကွယ်ခြင်းနည်းတူသောတပည့်တော်စု။

Community, *n.* common possession, ဆက်ဆံခြင်း။ the public, ပြည်သူပြည်သားများ။

Commutable, *a.* ထပ်လဲနိုင်သော။

Commutation, *n.* exchange, ထပ်လဲခြင်း။ change, ပြောင်းလဲခြင်း။

Commute, *v. t.* to exchange, ထပ်သည်။ လဲသည်။ to exchange one punishment for another of less severity, ကြီးသောဒါဏ်အစား၊ ငယ်သောဒါဏ်ကိုပေးသည်။

Compact′, *a.* closely united in one mass, တပိန်းတည်းဖြစ်သော။ well arranged in close compass, ကျစ်လစ်သော။ သိပ်သည်းသော။ (style,) အကျည်းချုပ်၍ပြောသော (စကား။) —*v. t.* တပေါင်းတည်းဖြစ်အောင်ပြုသည်။ တပိန်းတည်းဖြစ်အောင်ပြုသည်။

Com′pact, *n.* သဘောတူဝန်ခံချက်။

Compactness, *n.* from Compact, *a.*

Companion, *n.* အပေါင်းအဖော်။ အပေါင်းအဖက်။

Companionable, *a.* ပေါင်းဖော်စရာကောင်းသော။

Companionship, *n.* ပေါင်းဖော်ခြင်းအရာ။

Company, *n.* a collection, အစု။ အစုအပေါင်း။ an assembly, စုဝေးသောလူစု။ guests, ဧည့်သည်များ။ society, ပေါင်းဖော်သောလူစု။ keeping company, ပေါင်းဖော်ခြင်း။ a society, အပေါင်းအသင်း။ —of merchants, ကုန်ဖက်စု။ —of soldiers, လူ ၁၀၀ ရှိသောတပ်။ the crew of a ship, သင်္ဘောတစင်းတွင်ပါသောသင်္ဘောသားစု။ the East India Company, အိန္ဒိယတိုင်းကို စိရင်အုပ်စိုးသော မင်းစု။ အိန္ဒိယကုမ္ပဏီ။ —[bear,] *v. t.* (သူ) နှင့် အတူ လိုက် သည်။ —[keep,] *v. i.* ပေါင်းဖော်သည်။ —[receive,] *v. t.* ဧည့်ခံသည်။ —*v. i.* ပေါင်းဖော်သည်။

Comparable, *a.* ပြိုင်နိုင်းစရာကောင်းသော။

Comparative, *a.* ပြိုင်နိုင်း၍သိမှတ်နိုင်ဖွယ်ဖြစ်သော။

Compare, *v. t.* —the likeness or unlikeness, ပြိုင်နိုင်းသည်။ နိုင်းရှည့်သည်။ နိုင်းနှုန်းသည်။ to liken, ပုံခိုင်းသည်။ ပုံပြသည်။ *v. i.* to be like or equal, တူသည်။ မျှသည်။ —*n.* *see* next.

Comparison, *n.* from Compare, *v. t.*; the state of being compared, ပြိုင်နိုင်း၍ထားသောအနေ။

Compart, *v. t.* အကန့်အကွက်လုပ်သည်။

Compartment, *n.* အကန့်အကွက်။

Compass, *v. t.* to encircle with the arms, ပတ်သည်။ to surround, environ, ရံသည်။ ဝန်းသည်။ ဝိုင်းသည်။ to go round, လှည့်ပတ်သည်။ to obtain, မိသည်။ ရသည်။ to purpose, ကြံရွယ်သည်။ —*n.* a circle, round, အဝန်း။ အဝိုင်း။ the girth of a cylindrical body, လုံးပတ်။ a going round, လှည့်ပတ်ခြင်း။ a curving round, ဝိုက်သွားခြင်း။ the path passed in going round, လှည့်ပတ်ရာလမ်း။ the space enclosed in said path, လှည့်ပတ်ရာလမ်းအတွင်းအရပ်။ a limited space, ကန့်ကွက်သောအရပ်။ extent of reach, မှီနိုင်ရာအရပ်။ —of voice, သိခြင်းဆိုရာ၌လိုက်၍မှီနိုင်ရာ။ the mariner's compass, အိမ်မြှောင်အိမ်။ a pair of compasses, ကွန်ပါ။

Compasses, *n. plur. see* last def.

Compassion, *n.* ကရုဏာ။ သနားခြင်း။

Compassionate, *a.* ကရုဏာသက်တတ်သော။ သနားတတ်သော။ —*v. i.* သနားသည်။

Compatible, *a.* ညီလျော်သော။

Compatibility, *n.* from above.

Compatriot, *n.* ပြည်သားချင်း။

Compeer, *n.* an equal in rank, အရာချင်းတူသောလူ။ a companion, အဖက်။

Compel, *v. t.* အနိုင်အထက်ပြုသည်။

Compellation, *n.* style of address, နှုတ်ဆက်ခြင်း၏နည်း။ a substitute for the name of a person, in addressing him, နှုတ်ဆက်ရာတွင်သူနာမကိုမထုတ်ဘဲနာမအစားသုံးသောစကား။

Compend, *n.* အကျဉ်းချုပ်သောစာ။

Compendious, *a.* အကျဉ်းချုပ်သော။

Compendium, *see* Compend.

Compensate, *v. t.* to reward for service, ဆုချသည်။ to make amends for, အစားပေးသည်။ to give in consideration of losses incurred, ဘဏ္ဍာစားပေးသည်။ to give in consideration of suffering incurred, ဆင်းရဲခံသည်အတွက်အကျိုးကိုပေးသည်။

Compensation, *n.* from above; that which is given, ပေးသောအရာ။ ဘဏ္ဍာစား။ *see* Damages.

Compensative, *a.* အစားပေးသော။

Compete, *v. i.* ပြိုင်သည်။

Competence, Competency, *n.* sufficiency, သုံးလောက်သောဥစ္စာ။ adequacy, capacity, နိုင်ခြင်း။ တတ်နိုင်ခြင်း။ qualification, right, (ပြု)ပိုင်သောအခွင့်။ —[have a] *v. i.* ကိုတန်သည်။

Competent, *a.* sufficient, လောက်သော။ သုံးလောက်သော။ capable, နိုင်သော။ တတ်နိုင်သော။ qualified, (ပြု) ပိုင်သောအခွင့်ရှိသော။ belonging to, စပ်ဆိုင်သော။

Competition, *n.* ပြိုင်ခြင်း။

Competitor, *n.* ပြိုင်သောသူ။

Compilation, *n.* စာအစောင်စောင်တို့ကနှုတ်ထုတ်၍စီရင်ရေးထားသောစာ။

Compile, *v. t.* to collect and arrange in a book, စာအစောင်စောင်တို့ကန္တတ်ထုတ်၍စီရင်ရေးထားသည်။ to compose, စာစီသည်။

Complacence, Complacency, *n.* a being pleased with, နှစ်သက်ခြင်း။ a being gratified with, အားရခြင်း။

Complacent, *a.* နှစ်သက်ခြင်းရှိသော။ *see also* Complaisant.

Complain, *v. i.* to lament, မြည်တမ်းသည်။ to find fault, မြည်တွန်သည်။ to inform against, တိုင်တန်းသည်။ to present an accusation, တရားစွဲဆိုသည်။ တရားစစ်အပ်သည်။

Complainant, *n.* တရားလို။

Complaint, *n.* from Complain; disease, အနာရောဂါ။

Complaisance, *n.* from next.

Complaisant, *a.* ယဉ်ကျေးသော။ လောကဝတ်ပြုတတ်သော။ သူအလိုသို့လိုက်ချင်သော။

Complement, *n.* ပြည့်စုံရာ။

Complementary, *a.* ပြည့်စုံစေသော။

Complete, *a.* full, perfect, ပြည့်စုံသော။ စုံလင်သော။ finished, ပြီးစီးသော။ fulfilled in time, စေ့သော။ စေ့စုံသော။ —*v. t.* to make full, perfect, ပြည့်စုံစေသည်။ စုံလင်စေသည်။ to finish, ပြီးစီးစေသည်။ လက်စသတ်သည်။

Completely, *adv.* အကုန်။ အကုန်အစင်။

Completeness, *n.* from Complete, *a.*

Completion, *n.* from Complete, *v. t.* သမ္မတ္တိ။

Complex, *a.* composed of two or more parts, not simple, မူလမစစ်သော။ နှစ်ခု၊ သုံးခု ပေါင်းလျက်ရှိသော။ involved, difficult, ရှုပ်ထွေးသော။

Complexion, *n.* color, အရောင်အဆင်း။ the color of the face, မျက်နှာ၏အရောင်အဆင်း။ temperament of body, ကိုယ်ကာယ၏သဘော။

Complexity, Complexness, *n.* from Complex.

Compliance, *n.* from Comply.

Compliant, *a.* (သူအလို) သို့လိုက်တတ်သော။

Complicate, *a.* အင်္ဂါရှက်တင်များပြားသော။ —*v. t.* from next.

Complicated [be,] *v. i.* ကရိယာတန်ဆာကျယ်၍ရှုပ်ထွေးသည်။

Complication, *n.* from Complicate, *a.* and *v. t.*

Compliment, *v. t.* praise, လောကဝတ်စကားအားဖြင့်ချီးမွမ်းသည်။ to congratulate, သူအကျိုးကိုမြင်၍ အားရဝမ်းမြောက်သော စကားနှင့်သူကိုနှုတ်ဆက်သည်။ —*n.* from *do.*

Complimentary, *a.* from Compliment, *v. t.*

Complot, *v. i.* မကောင်းသော အကြံနှင့် တိုင်ပင်၍ သင်းဖွဲ့သည်။ —*n.* from *do.*

Comply, *v. i.* to consent, ဝန်ခံသည်။ to follow the wishes of another, သူအလိုသို့လိုက်သည်။ လိုက်စားသည်။

Component, *a.* တလုံးတခုတည်း စုပေါင်းသော အရာနှင့် စပ်ဆိုင်သော။ —part, *n.* အင်္ဂါ။

Comport, *v. i.* တော်သည်။ လျော်သည်။ သင့်သည်။ —one's self, *v. t.* ကျင့်ဆောင်ပြုမူသည်။

Compos mentis, *a.* စိတ်မပေါ့သွတ်၊ အကောင်းသာရှိသော။

Compose, *v. t.* to unite several things in one, များသောအရာတို့ကိုစုပေါင်း၍ တလုံးတခုတည်းဖြစ်အောင် စီရင်သည်။ to constitute or form as parts of a whole, တလုံးတခုတည်းစုပေါင်းသောအရာစုတွင်ဝင်သည်။ to dispose, arrange, စီစည်သည်။ ပျင်ဆင်သည်။ to quiet, ငြိမ်းစေသည်။ to settle (a difficulty,) နှစ်ဖက်သဘောတူ၍လျှော့သဖြင့်။ (အမှုကို) ဖြေသည်။ —the mind, နှစ်သိမ့်စေသည်။ —music, သီခြင်းသံကိုအစည်သင့်ထားသည်။ —types, ပုံစီသည်။ —writing, စာစီသည်။ စီကုံးသည်။

Composed, *a.* —in spirit, ငြိမ်သက်သော။ —in manner, ဏ္ဍနြွေ ဆောင်သော။

Composition, *n.* the uniting of several things in one, များသောအရာတို့ကိုစုပေါင်း၍တလုံးတခုတည်းဖြစ်အောင်စီရင်ခြင်း။ a disposing in order, စီစည်ခြင်း။ order, အစီအစည်။ the act of forming tunes, သီခြင်းသံကိုအစည်သင့်ထားခြင်း။ a musical piece, အစည်သင့်ထားသောသီခြင်းသံ။ the act of setting types, ပုံစီခြင်း။ the act of writing as an author, စာစီခြင်း။ a writing, စီသောစာ။ a combination, ဆက်ဆံ၍ရောနှောသောအရာ။ mutual concession, အချင်းချင်းဝန်ခံခြင်း။ the act of discharging a debt, by paying part, ကြွေးရှင်လျှော့၍ ခံသော့ကြောင့် ကြွေးအချို့ကိုသာ ပေးခြင်း။

Compositor, *n.* စာပုံစီသောသူ။

Compost, *n.* မြေမွအောင်နောက်ချေးအစရှိသည်တို့ကိုရောနှောသောအရာ။

Composure, *n.* a settled state of mind, ငြိမ်သက်ခြင်း။ the act of composing writing, စာစီခြင်း။ a piece of writing, စီသောစာ။

Compotation, *n.* ပွဲ့ဖွဲ၍သောက်ခြင်း။

Compound, *v. i.* to compose of several ingredients, ရောနှောစုပေါင်းသည်။ *v. t.* and *v. i.* to settle (a difficulty,) by compromise, နှစ်ဖက်သဘောတူ၍လျှော့သဖြင့် (အမှုကို) ဖြေသည်။ to discharge a debt by paying part, ကြွေးရှင်လျှော့၍ခံသော့ကြောင့်ကြွေးစားလျှော့၍ပေးသည်။ to bargain in the lump, ပုတ်ပြတ်အမှု၌ ဝန်ခံသည်။ —*a.* composed of two or more ingredients, not simple, မူလမစစ်သော။ အများစုပေါင်း၍ဖြစ်သော။ —*n.* something formed by the mixture of several ingredients, ရောနှောသော အရာ။ (East Indian,) an inclosure, ဝင်း။

Comprehend, *v. t.* to comprise, contain, ငုံသည်။ ပါဝင်သောအရာကို ခံသည်။ to understand, နားလည်သည်။ စိတ်ငုံမိသည်။

Comprehensible, *a.* that may be comprised, ပါဝင်နိုင်သော။ intelligible, နားလည်လွယ်သော။

Comprehension, *n.* the act of comprising, ပါဝင်သောအရာကိုခံခြင်း။ power of understanding, ဉာဏ်။ နားလည်နိုင်သောအစွမ်း။

Comprehensive, *a.* capable of containing much, များစွာဆံ့သော။ of extensive understanding, ဉာဏ်ကျယ်သော။

Compress′, *v. t.* to squeeze, ညှစ်သည်။ to force into a narrower compass, သိပ်သည်။ to press down, ဖိသည်။ နှိပ်သည်။

Com′press, *n.* အနာစည်းသောအုံး။

Compression, *n.* from Compress, *v. t.*

Compressure, *see* Pressure.

Comprise, *v. t.* ငုံသည်။ ပါဝင်သောအရာကိုခံသည်။

Compromise, *v. t.* to settle (a difficulty,) by mutual concession, နှစ်ဖက်သဘောတူ၍လျှော့သဖြင့်(အမှုကို)ဖြေသည်။ to commit by some improper concession, မလျှော့သင့်ဘဲလျှော့၍ ပြုမိသည်။ —*n.* from *do.*

Compulsion, *n.* အနိုင်အထက်ပြုခြင်း။

Compulsive, Compulsory, *a.* အနိုင်အထက်ပြုတတ်သော။

Compunction, *n.* နောင်တရခြင်း။

Compunctious, *a.* နောင်တရခြင်းနှင့်စပ်ဆိုင်သော။

Computable, *a.* capable of being counted, ရေတွက်နိုင်ဖွယ်။ capable of being computed, တွက်နိုင်ဖွယ်။

Computation, *n.* from next; a counted number, အရေအတွက်။

Compute, *v. t.* to count, ရေတွက်သည်။ to calculate, တွက်သည်။ ခြင့်ချိန်သည်။ to estimate in the mind, ခြင့်တွက်သည်။

Comrade, *n.* အပေါင်းအဖော်။ အပေါင်းအဖက်။

Con 1, *adv.* on the opposite side, တဖက်မှာ။ —1, *n.* one who is on the opposite side, တဖက်မှာနေသောသူ။ —2, *v. t.* to fix in the mind, နှစ်လုံးမိုက်မိအောင်သင်သည်။

Concatenate, *v. t.* ကွင်းချင်းဆက်သကဲ့သို့စည်၍ဆက်သည်။

Concatenation, *n.* from above.

Concave, *a.* ခွက်သော။ —*n.* ခွက်ရာ။ —*v. t.* ခွက်စေသည်။

Concavity, *n.* a being concave, ခွက်ခြင်း။ that which is concave, ခွက်ရာ။ အခွက်။ a hollow place, အခေါင်း။

Concavo-concave, နှစ်ဖက်ခွက်သော။

Concavo-convex, *a.* တဖက်ခွက်၍တဖက်ခုံးသော။

Conceal, *v. t.* to keep from being known, ထိမ်သည်။ ထိမ်ချန်သည်။ ထိမ်ဝှက်သည်။ to screen from view, ကွယ်သည်။ (trans.;) to hide, secrete, ဝှက်သည်။ ဝှက်ထားသည်။ —one's self, ပုန်းသည်။ ပုန်းရှောင်သည်။

Concealment, *n.* from above; a place of concealment, ပုန်းရှောင်ရာအရပ်။

Concede, *v. t.* to admit to be true, မငြင်းဘဲနေသည်။ to yield a point, လျှော့၍နေရာပေးသည်။ လျှော့၍ဝန်ခံသည်။

Conceit, *v. t.* စိတ်ထင်သည်။ —*n.* a thought, စိတ်ထင်။ a groundless imagination, ထင်စရာအကြောင်းမရှိဘဲထင်သောအထင်။ a vain fancy, အချည်းနှီးသောအထင်။ an odd eccentric thought, သူတပါးမထင်။ ထူးခြားသောအထင်။ a laughable idea, ရယ်ဖွယ်သောအထင်။ self-conceit, ကိုယ်မြတ်သည်ဟုအလွဲထင်သောအထင်။ —with [be out of,] *v. t.* စိတ်ကုန်သည်။

Conceited, *a.* entertaining a flattering opinion of one's self, ကိုယ်မြတ်သည်ဟုအလွဲထင်တတ်သော။ ထောင်လွှားသော။

Conceivable, *a.* that may be imagined, အာရုံထင်ဖွယ်သော။ that may be understood, နားလည်နိုင်ဖွယ်သော။

Conceive, *v.* to receive in the womb, ပဋိသန္ဓေစွဲသည်။ to form an idea, အာရုံထင်သည်။ to get an idea of, အကြံရသည်။ to think, စိတ်ထင်သည်။

Concentrate, *v. t.* ချုံ၍စုထားသည်။

Concentration, *n.* from above.

Concentre, *v. i.* အလယ်ချက်မှာချည်း၍ စုဝေးသည်။ *v. t.* အလယ်ချက်မှာချည်း၍စုထားသည်။

Concentric, *a.* အလယ်ချက်တချက်တည်းဖြစ်သော (စက်ဝိုင်း။)

Conception, *n.* the act of conceiving, ပဋိသန္ဓေစွဲခြင်း။ the state of being conceived, ပဋိသန္ဓေနေခြင်း။ the act of forming an idea, အာရုံထင်ခြင်း။ the act of getting an idea, အကြံရခြင်း။ the act of understanding, နားလည်ခြင်း။ သိခြင်း။ an odd thought, ထူးခြားသောစိတ်ထင်။

Concern, *v. t.* to relate to, စပ်ဆိုင်သည်။ to interest the feelings, စိတ်ကိုနှိုးဆော်သည်။ *n.* that which relates to, ဆိုင်သောအမှု။ that which (one) must attend to, ကြည့်ဆောင်ရန်အမှု။ business, အမှု။ အခင်း။ အခွင့်။ အရေး။ importance, အမှုအားကြီးခြင်း။ solicitude, စိုးရိမ်ခြင်း။

Concerned [be,] *v. i.* စိုးရိမ်သည်။ ကြောင့်ကြသည်။ in *or* with [be,] *v. t.* ဆိုင်သည်။

Concerning, *prep.* ဆိုင်လျက်။ စပ်ဆိုင်လျက်။ အကြောင်းအရာနှင့်ဆိုင်လျက်။

Concernment, *see* Concern, *n.*

Concert′, *v. t.* တိုင်ပင်၍စီရင်သည်။ ညီညာ၍ပြုသည်။

Con′cert, *n.* from above; several performers singing or playing in harmony, တီးမှုတ်သံ။ သီခြင်းသံပြိုင်ဆိုခြင်း။

Concession, *n.* from Concede; the point yielded, လျှော့၍ပေးသောနေရာ။ acknowledgement, confession, ဝန်ချခြင်း။

Conch, *n.* ခရုခွံ။ ယောက်သွားခွံအစရှိသောရေတိရိစ္ဆာန်တို့၏အခွံ။

Conchologist, *n.* ကုံခေါလဇီအတတ်ပညာကိုပြုစုသောဆရာ။

Conchology, *n.* ကုံခေါလဇီအတတ်ပညာ။ ခရု၊ ယောက်သွားမှစ၍အခွံပါသော တိရိစ္ဆာန် အမျိုးမျိုးကို သိအပ်သောဌါ သင်ကြား လေ့ကျက် သော အတတ်ပညာ။

Conciliate, *v. t.* ကြေချမ်းအောင်ပြုသည်။

Conciliation, *n.* Conciliatory, *a.* from above.

Concise, *a.* ကျယ်သောအနက်ကို အကျဉ်း အား ဖြင့် ချုပ် သော (စကား။) အကျဉ်းအားဖြင့်စီရင်သော။

Conciseness, *n.* from above.

Concision, *n.* ဖြတ်ပြစ်ခြင်း။

Conclave, *n.* a private apartment, ဆိတ်ကွယ်ရာအခန်း။ a close meeting, ဆိတ်ကွယ်ရာအခန်း၌စည်းဝေးသောလူစု။

Conclude, *v. t.* to shut up, ပိတ်သည်။ to decide, ဆုံးဖြတ်သည်။ to finish, ပြီးစီးစေသည်။ လက်စသတ်သည်။ to infer, အရာတခုကိုထောက်ရှု၍တခုကိုသိရသည်။ —*v. i.* to come to an end, ကုန်သည်။ to settle opinion, သဘောချသည်။

Conclusion, *n.* an end, အဆုံး။ a decision, ဆုံးဖြတ်ခြင်း။ an inference, အရာတခုကိုထောက်ရှု၍တခုကိုသိရသောအချက်။ the act of settling (one's) opinion, သဘောချခြင်း။

Conclusive, *a.* ဆုံးဖြတ်သော။

Concoct, *v. t.* to digest, (အစာကို) ချေသည်။ to ripen, မှည့်စေသည်။

Concoction, *n.* from above.

Concomitant, *n.* အတူပါသော။

Concord, *n.* agreement, (of things,) ညီညာခြင်း။ ညီညွတ်ခြင်း။ friendly agreement, သင့်တင့်ခြင်း။ a compact, သဘောတူဝန်ခံချက်။ harmony of sounds, အသံညီခြင်း။

Concordance, *n.* စာစောင်၌ပါသော စကားတို့ကို တွေ့လွယ် အောင် အသီးအသီးနေရာနှင့်တကွ သရဖျည်းအစည်အတိုင်းစီရင်ရေးထားသောစာ။

Concordant, *a.* ညီညာသော။ သင့်တင့်သော။

Concordat, *n.* သဘောတူဝန်ခံချက်။

Concourse, *n.* a coming together, စုပေါင်းခြင်း။ a collection, assembly, အစုအပေါင်း။ အစုအဝေး။ a place of meeting, စုပေါင်းရာ။

Concrescence, *n.* from next.

Concrete, *v. i.* ဓေးကပ်၍တစိုင်တခဲတည်းဖြစ်သည်။ *n.* ဓေးကပ်၍တစိုင်တခဲတည်းဖြစ်သောအရာ။

Concretion, *n.* from Concrete, *v. i.*; the mass concreted, ဓေးကပ်၍ဖြစ်သောအစိုင်အခဲ။

Concubinage, *n.* လက်မထပ်ဘဲစုံဖက်ခြင်း။

Concubine, *n.* အသိမ်း။ လက်မထပ်ဘဲနေသောမိန္မ။ ကိုယ်လုပ်။ of a king, မောင်းမ။ မောင်းမမိသံ။

Concupiscence, *n.* ကာမရာဂစိတ်စွဲခြင်း။ မတရားသောကိလေသာ။

Concur, *v. i.* to meet in one point, တချက်တည်းစုလာ၍ပေါင်းသည်။ to harmonize in any measure, သဘောညီညွတ်၍စုပေါင်းသည်။ to be united in action, တညီတညွတ်တည်းကြံညီးဆောင်သည်။ —in opinion, သဘောတူသည်။

Concurrence, *n.* from above.

Concurrent, *a.* from Concur.

Concussion, *n.* တိုက်၍လှုပ်ခြင်း။

Concussive, *a.* တိုက်၍လှုပ်တတ်သော။

Condemn, *v. t.* to censure, အပြစ်တင်သည်။ to pronounce guilty, အပြစ်အလျှောက်စီရင်သည်။ အပြစ်ခံစေဟုစီရင်သည်။ —as unfit for use, အသုံးမဝင်ဟုပယ်သည်။

Condemnation, *n.* အပြစ်အလျှောက်စီရင်ခြင်း။

Condemnatory, *a.* အပြစ်အလျှောက်စီရင်ခြင်းနှင့်ဆိုင်သော။

Condensable, *a.* သိပ်သည်းစေနိုင်ဖွယ်။

Condensate, *see* Condense.

Condensation, *n.* from above.

Condensative, *a.* သိပ်သည်းစေတတ်သော။

Condense, *v. t.* to compress into a smaller substance, or make more compact, သိပ်သည်။ သိပ်သည်းသည်။ to inspissate, ပျစ်စေသည်။

Condenser, *n.* လေကိုသိပ်သောတန်ဆာ။

Condescend, *v. i.* to dispense with the privileges of superiority, ကိုယ်ဂုဏ်အသရေကိုအမှုမပြုဘဲကိုယ်ထက်ငယ်သောသူနှင့်လိုက်လိုက်လျောလျောပြုသည်။ to recede from one's right, ကိုယ်ပိုင်ထိုက်သောအရာကိုလျှော့၍ဝန်ခံသည်။ to stoop, ကိုယ်ကိုနှိမ့်သည်။

Condescension, *n.* from above.

Condign, *a.* ခံထိုက်သော (ဒါဏ်။).

Condiment, *n.* စဲ။

Condition, *n.* a state of being, အဖြစ်။ ဖြစ်ခြင်း၏အကြောင်းအရာ အခြေအနေ။ အနေအစား။ rank, အမြင့်အနိမ့်အစရှိသောအရာ။ property, attribute, ဂုဏ်အင်္ဂါလက္ခဏာ။ a circumstance, appendage, စပ်ဆိုင်သောအကြောင်းအရာ။ a term of contract or engagement, ဝန်ခံရန်တင်၍ထားသောဥပဒေချက်။

Conditional, *a.* တစုံတခုသောအကြောင်းအရာအားဖြင့်ဖြစ်သော။

Condole, *v. i.* to be grieved at the distress of another, သူတပါးဆင်းရဲခြင်းကိုမြင်၍ စိတ်ကြင်နာသည်။ to communicate such feeling to the distressed person, ထိုဆင်းရဲခြင်းကြောင့်ကြင်နာသောစကားနှင့်နှုတ်ဆက်သည်။

Condolence, *n.* from above.

Conduce to, *v. t.* မစတတ်သည်။ (အကျိုးကို) ပြုစုတတ်သည်။

Conducive, *a.* from above.

Conduct', *v. t.* to lead, ပို့သည်။ ပို့ဆောင်သည်။ ကြပ်မ၍ပို့သည်။ to direct, စီရင်သည်။ to manage, carry on (business,) ဆောင်ရွက်သည်။ ကြည့်ရှုဆောင်သည်။ သယ်ပိုးသည်။ to behave, ကျင့်ဆောင်ပြုမူသည်။ —one's self, same.

Con'duct, *n.* from above.

Conductor, *n.* —of the electric fluid, လျှပ်စစ်ဓါးရှောက်နိုင်သောအရာ။ —of lightning, မိုဃ်းကြိုးလျှပ်စစ်ကိုဆွဲစေခြင်းငှါစိုက်ထားသောသံချောင်း။ —of water, ရေမြွှန်။

Conduit, *n.* a pipe, ရေမြွှန်။ a cock, သော့ပါသောမြွှန်။

Cone, *n.* အုပ်ဆောင်းပုံ။

Confabulation, *n.* စကားစမည်ပြောခြင်း။

Confection, *n.* ယို။

Confectioner, *n.* ယိုသည်။

Confederacy, Confederation, *n.* alliance, ပဋိညာဉ်ပြု၍မိတ်ဖွဲ့ခြင်း။ the persons allied, ပဋိညာဉ်ပြု၍မိတ်ဖွဲ့ရာဝင်သောလူစု။

Confederate, *v. i.* ပဋိညာဉ်ပြု၍မိတ်ဖွဲ့သည်။ —*a.* from *do.* *n.* ပဋိညာဉ်ပြု၍မိတ်ဖွဲ့သောသူ။ မိဿဟာရဖွဲ့ဖက်။

Confer, *v. i.* to consult together, ဆွေးနွေးတိုင်ပင်သည်။ —*v. t.* to bestow, grant, ပေးကမ်းသည်။ သဒ္ဒါသည်။

Conference, *n.* ဆွေးနွေးတိုင်ပင်ခြင်း။ a meeting for conference, ဆွေးနွေးတိုင်ပင်ခြင်းငှါစည်းဝေးခြင်း။

Confess, *v. t.* to acknowledge a fault, ဝန်ချသည်။ (အပြစ်) ကိုဖော်ပြ၍တောင်းပန်သည်။ to admit as true, မငြင်း၊ ဝန်ခံသည်။ to publicly own, acknowledge, ထင်ရှားစွာဝန်ခံသည်။ to receive confession, ဖရင်ကျီကာသာ ၌ သူတပါးဖော်ပြတောင်းပန်ခြင်းကို နားခံသည်။

Confession, *n.* from above; a written creed, ယုံကြည်ချက်များကိုဖော်ပြသောစာ။

Confessional, *n.* သူတပါးဖော်ပြတောင်းပန်ခြင်း ကို နားခံသော ဆရာထိုင်ရန်အရပ်။

Confessor, *n.* one who confesses his sins, အပြစ်ကိုဖော်ပြတောင်းပန်သောသူ။ one who publicly owns or acknowledges, ထင်ရှားစွာဝန်ခံသောသူ။ one who receives confession, သူတပါးဖော်ပြတောင်းပန်ခြင်းကိုနားခံသောဆရာ။

Confidant, *n.* လျှို့ဝှက်သောအရာတို့ကိုဖော်ပြ၍သိသောသူ။

Confide, *v. t.* ယုံ၍အပ်နှံသည်။ —in, to believe in, ယုံကြည်သည်။ to trust in, ကိုးစားသည်။

Confidence, *n.* ယုံကြည်အားကြီးခြင်း။ trust in another, (သူကို) ကိုးစားခြင်း။ trust in one's self, ကိုယ်ကိုကိုးစားခြင်း။ boldness, ရဲရင့်ခြင်း။ excessive boldness, proceeding from self conceit, ကိုယ်ကိုကိုးစားလွန်း၍အရှက်အကြောက်မရှိခြင်း။

Confident, *a.* fully assured, တွေးတောခြင်းမရှိဘဲယုံကြည်သော။ over bold from self conceit, ကိုယ်ကိုကိုးစားလွန်း၍ အရှက်အကြောက်မရှိသော။ positive, dogmatic. ခိုင်ခံ့စွာပြောထားသော။

Confidential, *a.* trusty, ယုံလောက်သော (သူ။) not to be divulged, လျှို့ဝှက်အပ်သော (အရာ။)

Configuration, *n.* external figure, ပုံသဏ္ဍာန်။ the face of a horoscope, ဇာတာပုံ။

Con′fine, *n.* a border, edge, အစွန်းအနား။ *plur.* —of a country, နယ်စပ်။ —*a.* နီးစပ်သော။

Confine′, *v. t.* to shut up, ချုပ်သည်။ ချုပ်ထားသည်။ to restrain, ချုပ်တည်းသည်။ —one's self, *v.* အပိုင်းအခြားကိုမလွန်ဘဲအတွင်း၌နေသည်။

Confined [be,] *v. i.* from above; to be brought to bed, မီးနေသည်။ မျက်နှာမြင်သည်။

Confinement, *n.* from Confine and Confined.

Confirm, *v. t.* တည်စေသည်။ ခိုင်ခံ့စေသည်။ မြဲမြံစေသည်။

Confirmation, *n.* from above.

Confirmative, Confirmatory, *a.* from same.

Confiscate, *v. t.* သိမ်းယူသည်။

Confiscation, *n.* from above.

Conflagration, *n.* ကြီးစွာသောမီးလောင်ခြင်း။

Conflict, *v. i.* to hit against, ထိခိုက်သည်။ to strike or drive against, တိုက်ခိုက်သည်။ to strive against, တိုက်လှန်သည်။ to be in opposition, ဆန့်ကျင်ဘက်ဖြစ်သည်။ —*n.* from *do.*

Confluence, *n.* a meeting of streams, မြစ်ဆုံ။ a running together of people, စုဝေးခြင်း။ an assemblage, အစုအဝေး။

Confluent, *a.* တချက်တည်းစုဝေးသော။

Conflux, *see* Confluence,

Conform, *v. t.* to make like in external form, တပုံတသဏ္ဍာန်တည်း

ဖြစ်အောင်လုပ်သည်။ to make like in mind or manners, စိတ်သဘောအားဖြင့် ဖြစ်စေ၊ အပြုအကျင့်အားဖြင့် ဖြစ်စေ၊ တူအောင်စီရင်သည်။ တညီတညွတ်တည်းဖြစ်စေသည်။ —to, *v.* တညီတညွတ်တည်းလိုက်လျှောသည်။

Conformable, *a.* having the same shape, တပုံတသဏ္ဍာန်တည်းဖြစ်သော။ alike in mind or manners, စိတ်သဘောတူသော။ အပြုအကျင့်တူသော။ suitable, consistent, ညီလျော်သော။ compliant, (သူ့အလို) သို့လိုက်လွယ်သော။

Conformation, *n.* the act of conforming, တညီတညွတ်တည်းဖြစ်စေခြင်း။ structure or texture, တည်ဆောက်ခြင်း၏ပြင်ပုံ၊ အတွင်းပုံ၊ တည်ဆောက်ခြင်းအခြေအနေ။

Conformist, *n.* အင်္ဂလိတ်ပြည်၌မင်းစီရင်သည့်အတိုင်းကိုးကွယ်သောသူ။

Conformity, *n.* from Conformable, 1st, 2d and 3d def.

Confound, *v. t.* to confuse, ရောနှောရှုပ်ထွေးစေသည်။ to confuse the mind, စိတ်တွေဝေစေသည်။ to occasion a mistake, အလွဲယူစေသည်။ to astound, မိန်းမောစေသည်။ to terrify, ကြောက်လန့်စေသည်။ to destroy, ဖျက်ဆီးသည်။

Confraternity, *n.* ညီအစ်ကိုချင်းကဲ့သို့သင်းဖွဲ့သောလူစု။

Confront, *v. t.* to face, မျက်နှာချင်းဆိုင်၍နေသည်။ —witnesses, သက်သေချင်းတိုက်သည်။ to compare, ပြိုင်နှိုင်းသည်။

Confuse, *v. t.* from next.

Confused, *a.* confounded, ရောနှောရှုပ်ထွေးသော။ confounded in mind, စိတ်ပွေသော။ မကြံစည်နိုင်အောင်စိတ်တွေဝေသော။ ashamed, ရှက်ကြောက်သော။

Confusion, *n.* from above; tumult, ရုန်းရင်းခတ်မှုပြုခြင်း။ utter ruin, ပျက်စီးဆုံးရှုံးခြင်း။

Confutation, *n.* from next.

Confute, *v. t.* to refute, ချေပသည်။ to show to be wrong, မှားကြောင်းကိုပြသည်။

Congé, *n.* သွားမည်ပြုသည်ကာလ၊ ဓမ္မိဘာသာအတိုင်းနှုတ်ဆက်ခြင်း။

Congeal, *v. i.* အေး၍ခဲသည်။ *v. t.* အေး၍ခဲစေသည်။

Congealment, *n.* အေး၍ခဲသောအစိုင်အခဲ။

Congee, *n.* ထမင်းရည်။

Congelation, *n.* from Congeal.

Congenial, *a.* of the same nature, အမျိုးချင်းတူသော။ of the same temper, သဘောချင်းတူသော။ suitable, adapted, သင့်သော။

Congeniality, *n.* from above.

Congenital, *a.* born at the same time, ဖွားဖက်ဖြစ်သော။ innate, ဝမ်းတွင်းကပါသော။

Congeries, *n.* ငယ်သောအရာများစုရုံး၍ဖြစ်သောအစုအပုံ။

Congest, *v. t.* စုစေသည်။ စုပုံသည်။
Congestion, *n.* သွေးစုခြင်း။ သွေးပုတ်စုခြင်း။
Conglaciate, *see* Glaciate.
Conglobate, *v. t.* စု၍လုံးစေသည်။
Conglobe, *v. i.* စု၍လုံးသည်။
Conglomerate, *a.* စု၍လုံးသော။ —*v. t.* စု၍လုံးစေသည်။
Conglomeration, from above.
Conglutinate, *see* Glutinate.
Congratulate, *v. t.* သူအကျိုးကိုမြင်၍အားရဝမ်းမြောက်သောစကားနှင့်သူကိုနှုတ်ဆက်သည်။
Congratulation, *n.* from above.
Congratulatory, *a.* from same.
Congregate, *v. i.* စုရုံးသည်။ စုဝေးသည်။ *v. t.* စုရုံးစေသည်။ စုဝေးစေသည်။
Congregation, *n.* the act of collecting, စုရုံးစေခြင်း။ စုဝေးစေခြင်း။ a collection, assemblage, အစုအရုံး။ အစုအဝေး။ an assembly, အစည်းအဝေး။ a worshiping assembly, စည်းဝေးသောပရိသတ်။
Congregational, *a.* စည်းဝေးသောပရိသတ်နှင့်ဆိုင်သော။
Congregationalism, *n.* သာသနာတော်အတွင်း၌ သင်းဖွဲ့သောပရိသတ်အသီးအသီး တို့သည် ကိုယ်အသင်းမှုကို စီရင်ခြင်းတည်းဟူ သော ဣန္ဒိပဒိင်ဘာသာ။
Congregationalist, *n.* ဣန္ဒိပဒိင်ဘာသာကိုယူသောသူ။ *see* Independent.
Congress, *n.* —of nations, သံတမန်၊ အရေးပိုင်အစရှိသော၊ မင်းခန့်ထားသောအရာရှိတို့၏အစည်းအဝေး။ —of the United States, အမေရိကပြည်၌ခရိုင်အသီးအသီးတို့ကစေလွှတ်ခန့်ထား၍လွှတ်တော်ပေါ်မှာနိုင်ငံမှုရေးကိုစီရင်ထုံးဖွဲ့သော လွှတ်အရာရှိတို့၏ အစည်းအဝေး။ အမေရိကလွှတ်တော်။
Congressional, *a.* မင်းအရာရှိတို့၏အစည်းအဝေးနှင့်ဆိုင်သော။
Congruity, *n.* from next.
Congruous, *a.* ညီညာသော။ တော်လျော်သော။ သင့်သော။
Conic, *a.* having the form of a cone, အုပ်ဆောင်းပုံသဏ္ဌာန်ရှိသော။ pertaining to a cone, အုပ်ဆောင်းပုံနှင့်ဆိုင်သော။ —sections, Conic, *n.* အုပ်ဆောင်းပုံကိုလွှနှင့်အနည်းနည်းဖြတ်၍ရသောပုံ၊ ငါးပုံတို့နှင့်ဆိုင်သောတွက်နည်းအတတ်။
Conjectural, *a.* ယမ်းဆခြင်းနှင့်ဆိုင်သော။
Conjecture, *v. t.* ယမ်းဆသည်။ —*n.* from *do.*
Conjoin *see* join.
Conjoint, *see* Joint, *v. t.*
Conjugal, *a.* လက်ထပ်ခြင်းနှင့်ဆိုင်သော။
Conjugate, *v. t.* ဝိဘတ်။ ပစ္စည်းသက်၍ကရိယာပြုသည်။

Conjugation, *n.* from above; the act of uniting, ပေါင်းထားခြင်း။

Conjunct, *a.* met together, ဆုံမိသော။ united, ပေါင်းဖက်သော။

Conjunction, *n.* from above; *and*, *but*, ကဲ့သို့နာမကရိယာတို့ကိုတွဲသောစကား။

Conjunctive, *a.* united, ပေါင်းလျှက်ရှိသော။ serving to unite, ပေါင်းစေတတ်သော။

Conjuncture, *n.* a combination of events, အကြောင်းအရာများဆုံမိခြင်း။ a critical time, အမှုအခါးကြီးသောအချိန်ကာလ။ union, ပေါင်းခြင်း။ mode of union, ပေါင်းသောနည်း။

Conjuration, *n.* from Conjure′ and Con′jure.

Conjure′, *v. t.* to summon in a sacred name, ဘုရားကိုတိုင်တည်၍ (တစုံတယောက်ကို) ခေါ်သည်။ to implore with solemnity, ဘုရားကိုတိုင်တည်၍ (တစုံတယောက်ကို) တောင်းပန်သည်။

Con′jure, *v. t.* မှော်အတတ်။ နတ်ဝိဇ္ဇာအတတ်အားဖြင့်ပြုသည်။

Conjurer, *n.* agent from above, မှော်ဆရာ။ နတ်ဝိဇ္ဇာအတတ်သမား။

Connate, *a.* born at the same time, ဖွားဖက်ဖြစ်သော။ innate, implanted by nature, ဝမ်းတွင်းကပါသော။ ဖွားကတည်းကပါသော။

Connatural, *a.* implanted by nature, *see* above; partaking of the nature, ဇာတိချင်းတူသော။

Connect, *v. t.* —(in various ways,) ဆက်သည်။ စပ်သည်။ ပူးကပ်သည်။ ပေါင်းသည်။ (trans.,) ဖက်သည်။ ရှည်သည်။ တွဲသည်။

Connected, *a.* collaterally related, ဟော်သော။ တော်စပ်သော။

Connection, *n.* from Connect and Connected.

Connective, *a.* from Connect.

Connivance, *n.* from next.

Connive, *v. i.* အပြစ်မတင်၊ တိတ်ဆိတ်စွာအခွင့်ပေးသည်။

Connoisseur, *n.* ကျွမ်းကျင်လေ့ကျက်သဖြင့်ဒေါသအပြစ်ရှိသည်မရှိသည်ကိုသိမြင်၍ပြတတ်သောသူ။

Connubial, *a.* လက်ထပ်ခြင်းနှင့်ဆိုင်သော။

Conquer, *v. t.* to overcome, နိုင်သည်။ အောင်သည်။ အောင်မြင်သည်။ to gain one's end, အကြံထမြောက်သည်။

Conqueror, *n.* အောင်သူ။ အောင်မြင်သောသူ။

Conquest, *n.* နိုင်ခြင်း။ အောင်ခြင်း။ that which is conquered, အောင်၍ရသောအရာ။

Consanguineous, *a.* ပေါက်ဖော်တော်သော။

Consanguinity, *n.* from above.

Conscience, *n.* consciousness of the moral character of one's own actions, ကိုယ်ပြုသောအမှုကောင်းသည်မကောင်းသည်၊ အပြစ်ရှိသည်မရှိသည်ကို သိသောစိတ်။ conscientious scruple, သြတ္တပ္ပစိတ်။ real sentiment, အတွင်းစိတ်။

Conscientious, *a.* သြတ္တပ္ပစိတ်ရှိ၍ဖြောင့်မတ်သော။
Conscientiousness, *n.* from above.
Conscionable, *a.* အကြောင်းနှင့်ညီလျော်သော။ တော်လျော်သော။
Conscious, *a.* knowing one's own mind, ကိုယ်စိတ်ကိုသိတတ်သော။ inwardly persuaded, စိတ်အတွင်း၌အမှန်သိသော။
Consciousness, *n.* from above.
Conscript, *a.* စာရင်း၌ဝင်သော (သူ။)
Conscription, *n.* (လူကို) စာရင်းမှတ်သားခြင်း။
Consecrate, *v. t.* ဘုရားဝတ်နှင့်ဆိုင်သောအမှု၌သုံးဆောင်ရန်သီးသန့်၍ ခွဲထားသည်။
Consecration, *n.* from above.
Consecutive, *a.* အစဉ်အတိုင်းလိုက်သော။ တခုနှင့်တခုဆက်၍လိုက်သော။
Consecution, *n.* from above.
Consent′, *v. i.* to be of the same mind, သဘောတူသည်။ to agree to, ဝန်ခံသည်။
Con′sent, *n.* from above; harmony of parts, ညီညွတ်ခြင်း။ sympathetic correspondence, ဆက်ဆံခြင်း။
Consentaneous, *a.* ညီလျော်သော။ တော်လျော်သော။
Consequence, *n.* that which naturally follows, အစဉ်သင့်လိုက်သော အရာ။ an effect, အကြောင်းအားဖြင့်ဖြစ်သောအကျိုး။ a deduction, တခုနှင့်တခုကိုနှိုင်းရှည်၍သဘောချသောအရာ။ importance, အမှု ကြီးခြင်း။ အားကြီးခြင်း။ account, အတွက်။ as, အတွက်ရှိသည့်။ အတွက်မရှိ။ —[in,] အကြောင်းကြောင့်။ အားဖြင့်။
Consequent, *a.* following as an effect, အကျိုးဖြစ်သော။ တစုံတခုသော အကြောင်းကြောင့်ဖြစ်သော။ following as a deduction, တခုနှင့် တခုကိုနှိုင်းရှည်၍ထင်ရှားသော။
Consequential, *a. see* Consequent; important, အမှုကြီးသော။ proud pompous, ထောင်လွှားသော။
Conservation, *n.* from Conserve.
Conservative, *a.* from Conserve.
Conservatory, *n.* လုံချုံစွာထားရာအရပ်။
Conserve′, *v. t.* လုံချုံအောင်ထားသည်။ မရွေ့လျော့မပျက်စီးအောင်ပြု စုသည်။
Con′serve, *n.* ယို။
Consider, *v. t.* to think on with care, စဉ်းစားသည်။ ဆင်ခြင်သည်။ to view attentively, စေ့စေ့ကြည့်ရှုသည်။ to have regard to, ထောက်ရှုသည်။ to deliberate, တွေးတောသည်။ to requite, ဆု ချသည်။ to weigh, estimate in the mind, ထောက်ခြင့်သည်။
Considerable, *a.* worthy of consideration, ထောက်ရှုဖွယ်ကောင်းသော။

of some distinction, အသရေအတန်အရာရှိသော။ moderately large, အတန်အရာကြီးသော။

Considerate, *a.* thoughtful, ဆင်ခြင်တတ်သော။ careful, သတိပြုတတ်သော။ not vigorous, မကြွပ်တည်းသော။

Consideration, *n.* ဆင်ခြင်ခြင်း။ စေ့စေ့ကြည့်ရှုခြင်း။ ထောက်ရှုခြင်း။ motive, reason, object in view, ထောက်စရာအကြောင်း။ ပြုခြင်း၏အကြောင်း။ မျှော်လင့်ရာအကျိုး။ the having some claim to notice or regard, ထောက်ရှုဖွယ်ဖြစ်ခြင်း။

Consign, *v. t.* to commit, အပ်နှံသည်။ to transfer (to another,) လွှဲအပ်သည်။

Consignee, *n.* သူတပါးအပ်နှံသောပစ္စည်းဥစ္စာကိုခံသောသူ။

Consigner, *n.* အပ်နှံသောသူ။

Consignment, *n.* the act of consigning, အပ်နှံခြင်း။ goods consigned, အပ်နှံသောပစ္စည်းဥစ္စာ။ the writing of consignment, အပ်နှံသောလက်မှတ်စာ။

Consist, *v. i.* ဖြစ်သည်။ တည်သည်။ — of, *v. i.* ရောနှော၍ဖြစ်သည်။ —with, *v. i.* သင့်သည်။

Consistence, Consistency, *n.* the state of being, တည်ခြင်း။ firmness, ခိုင်ခံ့သော အဖြစ်။ a degree of density, ပျစ်ခြင်း။ a harmony of parts, အစမှအဆုံးတိုင်အောင်ညီညာခြင်း။

Consistent, *a.* firm, not fluid, အရည်မပုတ်၊ အခဲဖြစ်သော။ accordant, congruous, ညီညာသော။ ညီလျော်သော။

Consistory, *n.* အသင်းတော်အမှုကိုစစ်ကြောရန်စည်းဝေးသောဓမ္မဆရာစု။

Consociate, *see* Associate, *v.*

Consociation, *see* Association.

Consolable, *a.* နှစ်သိမ့်စေနိုင်ဖွယ်ဖြစ်သော။

Consolation, *n.* comfort, နှစ်သိမ့်ခြင်း။ cause of comfort, နှစ်သိမ့်စေသောအကြောင်း။

Consolatory, *a.* နှစ်သိမ့်စေတတ်သော။

Console, *v. t.* နှစ်သိမ့်စေသည်။

Consolidate, *v. i.* to become firm, hard, solid, တလုံးတခဲတည်းဖြစ်သည်။ —*v. t.* to make firm, hard, solid, တွေအောင်ပြုသည်။ တလုံးတခဲတည်းဖြစ်အောင်ပြုသည်။ to unite two or more things in one, တလုံးတခုတည်းဖြစ်အောင်ပေါင်းထားသည်။

Consolidation, *n.* from above.

Consonance, *n.* from next.

Consonant 1, *a.* agreeing in sound, အသံညီသော။ accordant, consistent, agreeable to, ညီညာသော။ လျော်သော။ သင့်သော။

Consonant 2, *n.* an articulation, ဗျည်း။

Consort, *v. i.* to associate (intrans.), ပေါင်းဖော်သည်။ ပေါင်းဖက်သည်။

—*v. t.* to unite in marriage, စုံဖက်စေသည်။ —*n.* a companion, အပေါင်းအဖော်။ အပေါင်းအဖက်။ a partner, in marriage, ခင်ပွန်း။ စုံဖက်။ union, concurrence, စုဍ်ပေါင်းခြင်း။ an assembly convened for consultation, တိုင်ပင်ရန်စုဝေးသောလူစု။

Conspicuous, *a.* ထင်ရှားသော။

Conspicuousness, *n.* from above.

Conspiracy, *n.* from Conspire.

Conspirator, *n.* ပုန်ကန်မည်အကြံအစရှိသောမကောင်းသောအကြံနှင့်သင်းဖွဲ့သည်။

Conspire, *v. i.* to concert a crime, မကောင်းသောအကြံနှင့်သင်းဖွဲ့သည်။ to concert treason, ပုန်ကန်ခြင်းငှါသင်းဖွဲ့သည်။ to concur to one end, တညီတညွတ်တည်းညီညာ၍ပြုသည်။

Constable, *n.* an officer of the peace, ရုံးလုလင်အုပ်။ the Lord High Constable, အင်္ဂလိတ်ပြည်၌မင်းအရာရှိတမျိုး။

Constabulary, *a.* ရုံးလုလင်အုပ်။ ရုံးလုလင်စုနှင့်ဆိုင်သော။

Constancy, *n.* from next.

Constant, *a.* permanent, မြဲသော။ steady, persevering, တည်တံ့သော။

Constellation, *n.* a cluster of stars, ကြယ်စု။ တာရာ။ နက္ခတ်။ an assemblage of excellencies, မျိုးမွန်းဖွယ်သောဂုဏ်စု။

Consternation, *n.* ထိတ်လန့်၍တွေဝေခြင်း။

Constipate, *v. t.* to condense, သိပ်သည်။ to obstruct and stop, လမ်းကိုဆို့ပိတ်၍ဆီးတားသည်။ to make costive, ဝမ်းချုပ်စေသည်။

Constipation, *n.* from above.

Constituency, *n.* ခန့်ထားပိုင်သောလူစု။

Constituent, *a.* elemental, ဓာတ်၌ပါသော။ being a part of, အင်္ဂါဖြစ်သော။

Constituent, *n.* an essential part, ဓာတ်၌ပါသောအရာ။ any composing part, အင်္ဂါဖြစ်သောအရာ။ one that constitutes or appoints, ခန့်ထားပိုင်သောသူ။

Constitute, *v. t.* to set, establish, တည်သည်။ (trans.) to form, compose, ဓာတ်၌ပါ၍ဖြစ်စေသည်။ to appoint, ခန့်ထားသည်။

Constitution, *n.* the act of constituting, တည်ခြင်း။ original make, တည်ဆောက်ခြင်းအခြေအနေ။ နဂိုရ်။ frame or temper of mind, ဓာတ်။ သဘော။ an established form of government, တိုင်းနိုင်ငံတည်စကပင် မင်းအဆက်ဆက်တို့ ဝန်ခံရန် ဥပဒေထားသော နိုင်ငံပဋိညာဉ်။

Constitutional, *a.* bred or inherent in the constitution, အဓိဝမ်းတွင်းပါသော။ နဂိုရ်၌ပါသော။ consistent with the constitution of government, နိုင်ငံပဋိညာဉ်အတိုင်းဖြစ်သော။

Constitutionality, *n.* from above, 2d def.

Constrain, *v. t.* to compel, အနိုင်အထက်ပြုသည်။ to confine, ချုပ်ထားသည်။

Constrained, (in speech and manners,) *a.* ကြောက်ရွံ့၍အပြောအဆိုအနေအထိုင်ကျုံ့သော။

Constraint, *n.* from Constrain.

Constrict' *v. t.* to bind, ကြပ်စည်းသည်။ to contract, make narrow, ချည်းသည်။ ချုံ့သည်။

Constricted, *a.*—as the bowels, ကြင့်တင့်တင့်ရှိသော။ subject to a stricture, အောင့်သော။

Constriction, *n.* from Constrict and Constricted.

Constringe, *see* Constrict.

Constringent, *a.* from above.

Construct, *v. t.* ဆောက်သည်။ တည်ဆောက်သည်။ လုပ်သည်။ ပြုလုပ်သည်။

Construction, *n.* the act of building, တည်ဆောက်ခြင်း။ the form of building, conformation, တည်ဆောက်ခြင်းအခြေအနေ။ grammatical arrangement of words, သဒ္ဒါအစီစဉ်။ explanation of meaning, အနက်အဓိပ္ပာယ်ကိုဖော်ပြခြင်း။

Constructive, *a.* အနက်အဓိပ္ပာယ်ကိုဖော်ပြသောအားဖြင့်ထင်ရှားသော။

Construe, *v. t.* to translate, အနက်ပြန်သည်။ to explain the meaning, အဓိပ္ပာယ်ကိုပြသည်။

Constuprate, *v. t.* (မိန္မကို) အဓမ္မပြုသည်။

Constupration, *n.* from above.

Consubstantial, *a.* ဓာတ်တိချင်းတူသော။

Consubstantiation, *n.* သခင်ဘုရားပွဲတော်၌ အသားတော် အသွေးတော်သည်မုန့်စပျစ်ရည်နှင့်ပေါင်းဖက်ခြင်း။

Consul, *n.* the chief magistrate of the ancient Roman republic, ရောမနိုင်ငံတောင်း၌မင်းပြုသောအမတ်ကြီး။ an officer commissioned in foreign countries to protect the affairs of his own, တတိုင်းတပြည် ၌ ရပ်တန့်၍ ကိုယ်အမျိုးသားချင်းတို့ ကို စောင့်မရသော အရာရှိ၊ (English,) အင်္ဂလိတ်အမှုဆောင်။

Consular, *a.* ထိုသို့သောအမတ်ကြီး၊ အရာရှိနှင့်ဆိုင်သော။

Consulship, *n.* ထိုသို့သောအမတ်ကြီး၊ အရာရှိအရာ။

Consult, *v.* to take counsel together, တိုင်ပင်သည်။ to ask advice, အကြံပေးပါဟုပြောဆိုသည်။ to have regard to, ထောက်ထားသည်။

Consultation, *n.* a taking counsel together, တိုင်ပင်ခြင်း။ the persons who consult together, တိုင်ပင်သောလူစု။

Consume, *v. t.* —by corroding or wearing away, စားသည်။ —by fire, ကျွမ်းစေသည်။ to cause to decay and disappear, ပြယ်စေသည်။ ကုန်စေသည်။ ပျောက်စေသည်။ to destroy, ဖျက်ဆီးသည်။

—(property,) ဖြုန်းတီးသည်။ကုန်အောင်သုံးသည်။ —time, လွန်စေသည်။ —*v. i.* to waste away (intrans.), ပြယ်သည်။ ပြုန်းတီးသည်။

Consummate, *v. t.* ပြီးစေသည်။ ပြီးစီးစေသည်။ ပြည့်စုံစေသည်။

Consummate, *a.* စေ့စုံသော။ စုံလင်သော။

Consummation, *n.* အပြီး။ ပြည့်စုံခြင်း။

Consumption, *n.* from Consume; the disease, အဆုတ်၌စွဲ၍ဖြစ်သောခြောင်းဆိုးနာ။

Consumptive, *a.* affected with a pulmonary disease, ခြောင်းဆိုးနာစွဲတတ်သော။

Contact, *n.* ထိခြင်း။

Contagion, *n.* the communication of disease, အနာကူးခြင်း။ contagious virus, အနာကူးစေတတ်သောအဆိပ်။ a contagious disease, ကူးတတ်သောအနာ။ contagious moral evil, ကူးတတ်သောဒုစရိုက်သဘော။

Contagious, *a.* catching, (အနာကဲ့သို့)ကူးတတ်သော။ possessing, contagious virus, ကူးစေတတ်သော။ အဆိပ်ပါသော။

Contain, *v. t.* to comprise, ငုံသည်။ ပါဝင်သောအရာကိုခံသည်။ to be able to hold, ဆံ့သည်။ —*v. i.* to restrain, one's self, ကိုယ်စိတ်ကိုချုပ်တည်းသည်။

Contained [be,] *v. i.* ပါသည်။ လာသည်။

Contaminate, *v. t.* ညစ်ညူးစေသည်။

Contamination, *n.* from above; pollution, ညစ်ညူးခြင်း။

Contemn, *v. t.* မခန့်ညားသောစိတ်ရှိသည်။

Contemplate, *v. t.* to consider attentively, ကြည့်ရှုဆင်ခြင်သည်။ to have in view, မျှော်ခေါ်သည်။ to intend, အကြံရှိသည်။

Contemplation, *n.* from above.

Contemplative, *a.* ကြည့်ရှုဆင်ခြင်တတ်သော။

Contemporary, *see* Cotemporary.

Contempt, *n.* from Contemn; *in law,* disobedience of the orders of a court, အာဏာကိုလွန်ခြင်း။

Contemptible, *a.* မခန့်ညားစရာကောင်းသော။

Contemptuous, *a.* မခန့်ညားတတ်သော။ မထီမဲ့မြင်ပြုတတ်သော။

Contend, *v. i.* to strive in opposition, ပြိုင်၍နိုင်အောင်အားထုတ်သည်။ to quarrel, ပဋိပက္ခဖြစ်သည်။ —for, *v. t.* ရအောင်ကြိုးစားအားထုတ်သည်။

Content′, *a.* ရောင့်ရဲသော။

Content′, *v. t.* to satisfy, the mind, ရောင့်ရဲစေသည်။ to please, အားရစေသည်။

Content′, *n.* contentment, ရောင့်ရဲခြင်း။ acquiescence, ဝန်ခံခြင်း။

Con′tent, Con tents, *n.* that which is contained, ပါဝင်သောအရာ။ —of a book, စာဥ်ပါသောအကြောင်းအရာ။
Contented, *a.* ရောင့်ရဲသော။
Contention, *n.* from Contend.
Contentious, *a.* ဆန့်ကျင်ဘက်ပြုတတ်သော။ ရန်တွေ့တတ်သော။
Contentment, *n.* content, ရောင့်ရဲခြင်း။ gratification, အားရခြင်း။
Contest, *v.* to strive in opposition, ပြိုင်၍နိုင်အောင်အားထုတ်သည်။ to dispute contradict, ငြင်းခုံသည်။ —*n.* from *do.*
Context, *n.* စာအစီအစဉ်။ ရှေ့နောက်စကား။
Contexture, *see* Texture.
Contiguity, *n.* from next.
Contiguous, *a.* နီးစပ်သော။ ထိအောင်နီးစပ်သော။
Continence, Continency, *n.* from next.
Continent 1, *a.* temperate, ကာမဂုဏ်ချုပ်တည်းသော။ chaste, ကာမရာဂချုပ်တည်းသော။ —2, *n.* ကျွန်းကြီး။ မဟာကျွန်း။
Continental, *a.* မဟာကျွန်းနှင့်ဆိုင်သော။
Continence, Contingency *see* Contingent *n.* 1st def.
Contingent, *a.* ကောန်အမှန်မဟုတ်ဘဲအနေကန်ဖြစ်တတ်သော။ပုံမသေသော။
Contingent, *n.* a contingent event, ထိုသို့ဖြစ်သောအမှု။ a quota, အငန်းအတာ။
Continual, *a.* အစဉ်မပြတ်သော။
Continuance, *n.* from Continue.
Continuation, *n.* continuous operations, တဆက်တည်းလုပ်ခြင်း။ that which is continued, တဆက်တည်းလုပ်သောအရာ။
Continuator, *n.* တဆက်တည်းလုပ်သောသူ။
Continue, *v. i.* to remain, နေသည်။ to be permanent, တည်သည်။ to persevere, တည်ကြည်သည်။ —*v. t* to do without ceasing, မပြတ်ပြုသည်။ to prolong, ရှည်အောင်ဆက်၍လုပ်သည်။
Continuity, *n.* from next.
Continuous, *a.* အဆက်မပြတ်သော။
Contort, *v. t.* လိမ်သည်။ ယိမ်ယစ်သည်။
Contortion, from above.
Contour, *n.* ရုပ်ပုံပေါ်အောင်ရေးသောအကြောင်း။
Contra, *adv.* တဘက်မှာ။
Contraband, *a.*—(practice,) မင်းဗိတ်ပင်မြစ်တားသော်လည်းငှက်ကဲ့၍ပြုသော(အမှု။) —(goods), ဒုက်ကဲ့၍ရောင်းဝယ်သော (ဥစ္စာ။)
Contract, *v. i.* to grow narrow, ကျဉ်းသွားသည်။ to shrink (intrans.), ကျုံ့သည်။ to bargain, ရောင်းဝယ်မှုမှာသဘောတူဝန်ခံသည်။ *v. t.* to draw into a less compass, ချုံးသည်။ ချုံ့သည်။ to wrinkle, တွန့်စေသည်။ ယှုံ့စေသည်။ ရှုံ့စေသည်။ to abridge, အကျဉ်းချုပ်

သည်။ to affiance, ထိမ်းမြားမည်ဂတိထားသည်။—a debt, ကြွေး တင်သည်။ —a disease, အနာစွဲသည်။ —a habit, အကျင့်ပါသည်။ —*n.* a compact, သဘောတူဝန်ခံချက်။ a writing containing a contract, သဘောတူဝန်ခံချက်စာချုပ်။ —of marriage, ထိမ်းမြား မည်ဂတိထားခြင်း။

Contracted, *a.* of limited views, အမျှော်အမြင်နည်းသော။ mean, selfish, ကိုယ်အကျိုးကိုသာငဲ့ကွက်တတ်သော။

Contraction, *n.* ကျုံ့သွားခြင်း။ ချုံ့ခြင်း။ ချုံ့ခြင်း။ တွန့်ခြင်း။ တွန့်စေခြင်း။ အကျဉ်းချုပ်ခြင်း။ (for the sub-def. *see under* Contract, *v.*)

Contractor, *n.* ရောင်းဝယ်မှုမှာသဘောတူဝန်ခံသောသူ။

Contradict, *v. t.* to oppose by words, ငြင်းခုံသည်။ to be contrary to, ဆန့်ကျင်ဘက်ပြုသည်။

Contradiction, *n.* from above.

Contradictory, *a.* ditto.

Contradistinction, *n.* from next.

Contradistinguish, *v. t.* ဆန့်ကျင်ဘက်ဖြစ်သောလက္ခဏာတို့ကို ပြိုင်ထား၍ခြားနားကြောင်းကိုထင်ရှားစေသည်။

Contraposition, *n.* a placing over against, တဘက်တချက်၌ထားခြင်း။ an opposite position, တဘက်၌ရှိသောနေရာ။

Contrariety, *n.* from next.

Contrary, *a.* ဆန့်သော။ ဆန့်ကျင်သော။ ဆန့်ကျင်ဘက်ဖြစ်သော။ *n.* ဆန့်ကျင်ဘက်။

Contrast, *v. t.* လက္ခဏာမတူ၊ ခြားနားကြောင်းကို ထင်ရှားစေခြင်းငှါ ပြိုင်ထားသည်။ —*n.* from *do.*

Contravallation. *n.* ရန်သူခိုရန်မြေကတုတ်။

Contravene, *v. t.* ဆီးတားသည်။

Contravention, *n.* from above.

Contribute, *v. t.* to pay a share with others, အသီးသီး ထည့်ကြရာ ဝင်၍ထည့်သည်။ to tend towards, help on, promote, ဝိုင်း၍ပြုသည်။ ညီညွတ်သည်။

Contribution, *n.* from above; that which is contributed, ဝိုင်း၍ထည့်သောဥစ္စာ။

Contributive, Contributory, *a.* from Contribute.

Contrite, *a.* ကိုယ်အပြစ်ကိုမြင်၍စိတ်ကျိုးပဲ့ကြေမွသော။

Contrition, *n.* from above; the act of grinding to powder, မှုန့်အောင်ပွတ်ကြိတ်ခြင်း။

Contrivance, *n.* the act of devising, စိတ်ကူးခြင်း။ the thing devised, စိတ်ကူး၍လုပ်သောအရာ။ artifice, plot, ပရိယာယ်။ မာယာ။ ဝေဖုက်။

Contrive, *v. t.* စိတ်ကူးသည်။

Control, *v. t.* to subject to authority, နိုင်၍အုပ်ချုပ်သည်။ to rule,

အုပ်ချုပ်မိရင်သည်။ to restrain, keep within bounds, ဖွေ့နိုက်ချုံး ခေခြင်း၌ ချုပ်တည်းသည်။ —*n.* from *do.*

Controversial, *a.* Controversy, *n.* from next.

Controvert, *v. t.* အယူကွဲ၍ငြင်းခုံသည်။

Contumacious, *a.* အာဏာကိုဆန့်၍တင်းမာသော။

Contumacy, *n.* from above.

Contumelious, *a.* စော်ကားသော။ ရမ်းကားသော။

Contumely, *n.* from above.

Contusion, *n.* the act of bruising အသားကြေစေခြင်း။ a bruise, အသားကြေသောအနာ။

Convalescence, *n.* from next.

Convalescent, *a.* အနာပျောက်၍တဖြေးဖြေးအားတိုးပွားလျက်ရှိသော။

Convene, *v. i.* စည်းဝေးသည်။ —*v. t.* စည်းဝေးစေသည်။

Convenience, *n.* from next; ease, ချမ်းသာ။ that which contributes to ease, ချမ်းသာစေသောအရာ။

Convenient, *a.* တော်လျော်သော။ အဆင်သင့်သော။ အခန့်သင့်သော။

Convent, *n.* ကျောင်း။

Conventicle, *n.* small assembly, ငယ်သောအစည်းအဝေး။ an assembly, of dissenters, မင်းမိရင်ခြင်းသို့မလိုက်ဘဲကိုးကွယ်သောအစည်းအဝေး။ a dissenting meeting house, ထိုသို့ကိုးကွယ်သောသူစည်းဝေးရာသုဓမ္မာဇရပ်။

Convention, *n.* the act of assembling, စည်းဝေးခြင်း။ union, ပေါင်းဖော်ခြင်း။ a formal meeting, အစည်းအဝေး။ a temporary contract, ရက်သတ်၍သဘောတူဝန်ခံဂတိထားခြင်း။

Converge, *v. i.* သွယ်စည်တွင်တခုနှင့်တခုနီးသွားသည်။

Convergent, *a.* from above.

Conversable, *a.* စကားစမည်ပြောလွယ်သော။

Conversant, *a.* having familiar intercourse, ပေါင်းဖော်၍ သိကျွမ်းသော။ versed in, ကျင်လည်လေ့ကျက်သော။ having relation to, စပ်ဆိုင်သော။

Conversation, *n.* familiar discourse, စကားစမည်ပြောခြင်း။ familiar intercourse, ပေါင်းဖော်၍သိကျွမ်းခြင်း။ behaviour, ကျင့်ဆောင်ပြုမူခြင်း။

Conversational, *a.* စကားစမည်ပြောခြင်းနှင့်ဆိုင်သော။

Converse', *v. i.* to discourse familiarly, တယောက်နှင့်တယောက်စကားပြောသည်၊ to have familiar intercourse, ပေါင်းဖော်၍သိကျွမ်းသည်။ to have sexual intercourse, သံဝါသပြုသည်။

Con'verse, *n.* from above; an inverse proposition, အပြန်အလှန်။ အလိုက်သင့်သောစကားချက်။

Conversion, *n.* from next.

Convert′, *v. t.* to change (trans.), ပြောင်းသည်။ (trans.); ပြောင်းလဲသည်။ (trans.); to appropriate, အသုံးတစုံတခုသို့ ခွဲ၍ထားသည်။

Con′vert, *n.* အယူဝါဒပြောင်းလဲသောသူ။

Convertible, *a.* that may be changed, ပြောင်းလဲနိုင်ဖွယ်ဖြစ်သော။ that may be used one for the other, လဲနိုင်ဖွယ်ဖြစ်သော။

Convex, *a.* ခုံးသော။

Convexity, *n.* a being convex, ခုံးခြင်း။ that which is convex, ခုံးရာ။ အခုံး။

Convexo Concave, *a.* တဖက်ခုံး၍တဖက်ခွက်သော။

Convexo convex, *a.* နှစ်ဖက်ခုံးသော။

Convey, *v. t.* to carry, ပို့ဆောင်သည်။ သယ်ပိုးသည်။ to hand from one to another, လက်ဆင့်ကမ်းသည်။ to transfer, (ပိုင်သောပစ္စည်းဥစ္စာကို) လွှဲအပ်သည်။ —intelligence, ကြားလိုက်သည်။

Conveyance, *n.* from above; a vehicle, လှည်း၊ ရထားအစရှိသော၊ နေရာပြောင်း၍ စီးရန်ယဉ်။ a deed, (ပိုင်သောပစ္စည်းဥစ္စာကို) လွှဲအပ်သောစာချုပ်။

Convict, *v. t.* အပြစ်ရှိကြောင်းကို ထင်ရှားပြသည်။ —*n.* ရာဇဝတ်သင့်သောလူ။

Conviction, *n.* from Convict; a convincing of error, မှားကြောင်းကိုပြခြင်း။

Convince, *v. t.* to satisfy the mind by evidence, သဘောကျစေသည်။ to constrain one to plead guilty, ဝန်ချစေသည်။

Convivial, *a.* စားသောက်၍ ပျော်ရွှင်သော။

Conviviality, *n.* from above.

Convocate, *v. t.* စည်းဝေးစေခြင်းငှါခေါ်သည်။

Convocation, *n.* from above; an assembly of clergymen, ဓမ္မဆရာတို့အစည်းအဝေး။

Convoke, *see* Convocate.

Convolute, *a.* လိပ်လျက်ရှိသော။

Convolution, *n.* from next.

Convolve, *v. t.* လိပ်သည်။

Convoy′, *v. t.* စောင့်ကြပ်၍ပို့သည်။

Con′voy, *n.* a convoying force, စောင့်ကြပ်၍ပို့သောကပ်၊ တိုက်သင်္ဘော။ that which is convoyed, အပို့ခံရသောအရာ။

Convulse *v. t.* to contract by spasms, တက်စေသည်။ to shake violently, တုန်လှုပ်စေသည်။

Convulsion, *n.* from above; a fit, တက်နာ။

Cony, *n.* ယုန်တမျိုး။

Coo, *v. i.* ခိုကဲ့သို့ကူသည်။

Cook, *v. t.* ချက်ပြုတ်သည်။ —house. စားဖိုအိမ်။ —room, *n.* စားဖိုခန်း။ —*n.* စားဖိုသည်။ အိုးသူကြီး။

Cookery, *n.* ချက်ပြုတ်သောအတတ်။

Cool, *a.* less than cold, ခပ်အေးအေး။ not zealous, not ardent, စိတ်အားနည်းသော။ —*v. i.* to become less hot, အပူလျော့သည်။ to become less ardent, စိတ်အားလျော့သည်။ —*v. t.* to make cool, အေးစေသည်။ to moderate excitement, စိတ်အားလျော့စေသည်။ —*n.* ချမ်းအေးသောနံနက်ခင်း၊ ညခင်း။

Cooler, *n.* that which cools, အေးစေတတ်သောအရာ။ a vessel for cooling, အေးစေသောအိုး။

Coolness, *n.* from Cool, *a.*

Cooly, (East Indian,) *n.* အလုပ်သမား။

Coop, *n.* ကြက်လှောင်အိမ်။ —to confine in a coop, လှောင်အိမ်၌လှောင်ထားသည်။ to confine in narrow limits, ကျဉ်းသောနေရာ၌ချုပ်ထားသည်။

Cooper, *n.* ထည့်ရန်စည်ကိုလုပ်သောသူ။

Cooperage, *n.* စည်လုပ်ခ။

Co-operate, *v. i.* ဆုံ၍ပြုလုပ်သည်။

Co-operation, *n.* from above.

Co-ordinate, *a.* အရာတူသော။

Coot, *n.* ငှက်တမျိုး။

Co-partner, *n.* ဖွဲ့ဖက်ကျသောသူ။ —in trade, ကုန်ဖက်။

Co-partnership, *n.* အမြတ်အညီစား။ ဆုံ၍ဖောက်ကားရောင်းဝယ်ခြင်းအဖြစ်။

Cope 1, *n.* a kind of hood, ခေါင်းချုံသောအရာ။ any thing spread overhead, အမိုး။ 2, *v. i.* ဆိုင်ပြိုင်သည်။

Copier, *see* Copyer.

Coping, *n.* အုတ်ရိုးတန်တိုင်းပေါ်မှာခေါင်ကြောင်း ပေါ်အောင်အုပ်သောအုတ်လွှာ။

Copious, *a.* abundant, ပေါများသော၊ များပြားသော။ diffuse in style, စကားများသော။

Copiousness, *n.* from above.

Copper, *n.* the metal, ကြေးနီ။ a copper boiler, ချက်ပြုတ်ရန်ပုံသေထားသောအိုးကြီး။ a small copper coin, ကြေးနီဒင်္ဂါး။ —plate, *n.* ရုပ်ပုံထုသောကြေးနီပြား။ —smith, *n.* ပန်းတည်း။ —works, *n.* ကြေးနီထိုးသောအရပ်။ —worm, *n.* ဒိုး။ —*v. t.* ကြေးနီပြားကွပ်၍ထားသည်။

Copperas, *n.* ဒုတ္တာစိမ်း။ ပါလဒုတ္တာ။

Coppice, Copse, *n.* ချုံ။ ချုံဖုတ်။

Copulate, *v. i.* သံဝါသပြုသည်။ မေထုန်ပြုသည်။

Copulation, *n.* from above.

Copulative, *a.* ပေါင်းတတ်သော။

Copy, *n.* a manuscript, ရေးသောစာ။ a transcript, လက်ခွဲ။ the likeness of any object, ပုံတူအောင်ရေးသောအရုပ်။ a writing copy, လက်ထပ်လိုက်၍ရေးရသောပုံ။ a pattern, example, လိုက်ရသောပုံသက်သေ။ —book, *n.* အတုလိုက်၍ ရေးရသော လက်ရေးပုံ။ —hold, *n.* အင်္ဂလိတ်ပြည်မှာမြေကိုပိုင်သောအခွင့်တမျိုး။ —right, *n.* ကိုယ်စီရင်ရေးထားသောစာကိုပုံနှိပ်၍သူတထူးမရောင်းရဘဲကိုယ်သာရောင်းရသောအခွင့်။ —*v. t.* to transcribe, စာကူးသည်။ to make the likeness of an object, ပုံတူအောင်ရေးသည်။ to form after a model, ပုံတူအောင်လုပ်သည်။ to imitate, တုသည်။

Copyer, Copyist, *n.* စာကူးသောသူ။

Coquet′, *v.* မျက်နှာမျှားအောင်ပရိယာယ်ပြု၍ချစ်ကြိုက်ရောင်ဆောင်သည်။

Coquette, *n.* agent from above.

Coquetry, *n.* from Coquet, *v.*

Coral, *n.* သန္တာ။

Corban, *n.* အလှူဒါန။

Corbeil, *n.* မြေကတုတ်လုပ်ရန်မြေထည့်သောတောင်း။

Cord, *n.* a small rope, ကြိုး။ —of wood, အလျား ၈ ပေ၊ အနံ ၄ ပေ၊ စောက် ၄ ပေရှိသောထင်းပုံ။ —*v. t.* ကြိုးနှင့်ချည်သည်။

Cordage, *n.* ကြိုးကြိုးငယ်စု။

Cordial, *a.* invigorating, အားတက်စေတတ်သော။ sincere, သဘောဖြောင့်သော။ hearty, affectionate, စေတနာရှိသော။ —*n.* invigorating medicine, အားတက်စေတတ်သောဆေး။ any thing which comforts, နှစ်သိမ့်စေတတ်သောအရာ။

Cordiality, *n.* sincerity, သဘောဖြောင့်ခြင်း။ affectionate feeling, စေတနာရှိခြင်း။

Cordon, *n.* စီလျှက်ချသောခံတပ်။

Core, *n.* —of fruit, အူတိုင်။ —of a boil, အနာစိမ်း၏အမြစ်။

Coriander, *n.* နံနံစေ့။

Cork, *n.* the cork tree, ဖေ့ာပင်။ the bark of said tree, ဖေ့ာသား။ a cork stopple, ဖေ့ာဆို့။ —screw, *n.* ဖေ့ာဆို့ကိုဆွဲထုတ်သောဝက်အူ။ —*v. t.* ဖေ့ာနှင့်ပိတ်ဆို့သည်။

Cormorant, *n.* တင်ကျီးငှက်။

Corn, *n.* grain, စပါး။ (Amer.) maize, ပြောင်းဖူး။ excrescence on the foot, ခြေဖျားၙဖြစ်သောကျွဲပခိုး။ —*v. t.* (အမဲသားကို) ဆားနယ်သည်။

Cornea, *n.* မျက်စိၙကြည်လင်သောမျက်လွှာ။

Corneous, *a.* ဦးချိုကဲ့သို့ဖြစ်သော။

Corner, *n.* an angle, အထောင့်။ a secret place, ဆိတ်ကွယ်သောအရပ်။

an edge, border, အစွန်းအနား။ —stone, *n.* တိုက်ထောင့်အမြစ်ကျောက်။ —wise, *adv.* ထောင့်ဖြတ်။ —*v. t.* မလွှပ်နိုင်အောင်ကျဉ်းကျပ်ရာသို့သွင်းသည်။

Cornet, *n.* a certain wind instrument, မှုတ်သောတန်ဆာတမျိုး။ a subordinate cavalry officer, မြင်းတပ်ထိကိုဆောင်သောဗိုလ်ကလေး။

Cornice, *n.* ဖောင်း။

Corollary, *n.* ရှေ့စကားကိုထောက်၍နောက်သိရသောစကားချက်။

Coronal, *n.* ဦးရစ်ပန်းကုံး။

Coronation, *n.* မကိုဋ်တင်၍ရာဇာဘိသိက်သွန်းခြင်း။

Coroner, *n.* အမှတ်မဲ့သေသည်ကိုမေးမြန်းစစ်ကြောရသောအရာရှိ။

Coronet, *n.* မှူးမတ်ဆောင်းသောပေါင်း။

Corporal 1, *n.* a subordinate infantry officer, အကြပ်ကလေး။ —2, *see* Corporeal.

Corporate, *a.* တလုံးတကိုယ်တည်းစုပေါင်းသော။

Corporation, *n.* မင်းအခွင့်နှင့်စုပေါင်း၍တယောက်တည်းသောသူကဲ့သို့စီရင်ရသောလူစု။

Corporeal, *a.* consisting of a body, ကိုယ်ဖြစ်သော။ pertaining to a body, ကိုယ်နှင့်ဆိုင်သော။

Corps, *n.* စစ်သူရဲအစု။ စစ်သည်တပ်။

Corpse, *n.* အလောင်းကောင်။

Corpulence, *n.* from next.

Corpulent, *n.* ဝသော။ ဝဖြိုးသော။

Corpuscle, *n.* အထူမြူ။

Corpuscular, *a.* အထူမြူနှင့်ဆိုင်သော။

Correct, *a.* ဖြောင့်သော။ အပြစ်တင်ခွင့်မရှိ၊ မှန်သော။ *v. t.* to rectify ဖြောင့်စေသည်။ to amend, ပြုပြင်သည်။ to chastise, ဆုံးမသည်၊ to obviate by mixture, ရောနှော၍ပြုပြင်သည်။

Correction, *n.* from Correct, *v. t.*: an amendment, ပြုပြင်သောအရာ။ ပြုပြင်သောအချက်။

Corrective, *a.* from Correct, *v. t.*

Correctness, from Correct, *a.*

Correlate, Correlative, *a.* တဖက်တချက်၌နေ၍ရှည်ပြိုင်တွဲသော၊ —*n.* တဖက်တချက်၌နေ၍ ရှည်ပြိုင်တွဲသောလူ၊ —in marriage, စုံဖက်။ ခင်ပွန်း။ မယောက်သား။ အိမ်ထောင်ဖက်။

Correspond, *v. i.* to be a match, ဖက်သည်၊ အဖက်ဖြစ်သည်။ to accord, ညီညွတ်သည်။ to suit, တော်လျော်သည်။ to communicate by letter, အချင်းချင်းမေတ္တာစာပေးလိုက်သည်။

Correspondence, *n.* from above; letters which pass between correspondents, အချင်းချင်းပေးလိုက်သောမေတ္တာစာ။

Correspondent, *a.* from Correspond, *v. i.* —*n.* မဂ္ဂဇင်းစာရေး၍ ပေးလိုက်သောသူချင်း။

Corridor, *n.* အလျားရှည်၍တံခါးပေါက်များသောလက်ခံခန်း။

Corrigenda, *n. plur.* စာသွပ်ပြင်စရာအချက်။

Corrigible, *a.* that may be amended, ပြင်နိုင်ဖွယ်ဖြစ်သော။ that may be chastised, ဆုံးမနိုင်ဖွယ်ဖြစ်သော။

Corroborate, *v. t.* to strengthen, ခိုင်ခံ့စေသည်။ to confirm, တည်စေသည်။ to make more certain, ထိုထောက်တန်အောင်ပြုသည်။

Corroboration, *n.* from above.

Corroborative, *a.* from ditto.

Corrode, *v. t.* (သံချေးကဲ့သို့)တဖြေးဖြေးစားသည်။

Corrosion, *n.* from above.

Corrosive, *a.* from Corrode, *v. t.*

Corrugate, *v. t.* တွန့်စေသည်။

Corrugation, *n.* from above.

Corrupt, *a.* putrid, ပုပ်သော။ spoiled, vitiated, ယိုယွင်းသော။ depraved, ယုတ်မာသော။ destitute of integrity, သစ္စာပျက်သော။ infected with errors, အမှားများပါသော။ —*v. i.* ပုပ်သည်။ ယိုယွင်းသည်။ *v. t.* ပုပ်စေသည်။ ယိုယွင်းစေသည်။ ယုတ်မာစေသည်။ သစ္စာပျက်စေသည်။ အမှားများကိုသွင်းသည်။ (for sub-def. *see* above.)

Corruptible, *a.* ပုပ်တတ်သော။ယိုယွင်းတတ်သော။သစ္စာပျက်တတ်သော။ (for sub-def. *see* Corrupt, *a.*)

Corruption, *n.* from Corrupt, *a.*; pus, (အနာ၌ဖြစ်သော)ပြည်။

Corsair, *n.* ပင်လယ်ထားပြ။

Corse, *see* Corpse.

Corselet, *n.* သံချပ်ရင်ဖုံး။

Corset, *n.* ထောက်ခံကိုယ်ကျပ်အင်္ကျီ။

Cortege, *n.* အခြွေအရံ။

Coruscant, *a.* from next.

Coruscate, *v. i.* အရောင်လျှပ်သည်။

Coruscation, *n.* from above.

Cosey, *a.* ကျစ်ကျစ်လစ်လစ်မွေ့လျော်ဖွယ်ဖြစ်သော။

Cosmetic, *n.* နံ့သာရည်၊ မျက်နှာချေအစရှိသော၊ မျက်နှာလှအောင်လိမ်းကျံသောဆေး။

Cosmogony, *n.* စကြဝဠာတည်ကြောင်းကိုပြသသောအတတ်ပညာ။

Cosmography, Cosmology, *n.* စကြဝဠာ တန်ဆာများကိုပြသသော အတတ်ပညာ။

Cosmopolite, *n.* နေလေရာအရပ်ရပ်တို့ကိုနေရင်းဌာနကဲ့သို့မှတ်သောသူ။

Cosset, *n.* လူချေးမွေးသောသိုးသငယ်။

Cost, *n.* price, အဘိုး။ expense, စရိတ်။ charges of a suit in law, တရားစရိတ်။ forfeiture, loss, အလျော်။ နာခြင်း။ ရှုံးခြင်း။ —*v. t.* to be of (such) a price, ထိုက်သည်။ အဘိုးထိုက်သည်။ to be of (such) expense, (ဤမည်သော) စရိတ်ရှိသည်။ to occasion (such) a loss, အလျော်၊ အနာ၊ အရှုံးခံစေသည်။

Costive, *a.* ဝမ်းခိုင်သော။ ဝမ်းချုပ်သော။

Costiveness, *n.* from above.

Costliness, *n.* from next.

Costly, *a.* of high price, အဘိုးများစွာထိုက်သော။ expensive, စရိတ်များသော။

Costume, *n.* အဝတ်ဝတ်နည်း။

Cot, *n.* a small house, အိမ်ကလေး။ တဲ။ a bedstead, ခုတင်၊

Cotemporary, *a.* တကာလတည်း၌ဖြစ်သော။ *n.* တကာလတည်း၌ဖြစ်သောသူ။

Coterie, *n.* အဆွေခင်ပွန်းအစည်းအဝေး။

Cotillion, *n.* ကခြင်းတမျိုး။

Cottage, *n.* အိမ်ကလေး။

Cotter, Cottager, *n.* အိမ်ကလေး၌နေသောသူ။

Cotton, *n.* (undressed,) ဝါ။ (dressed,) ဋမ်း။ (woven,) ဖျင်။ ခိတ်။

Couch, *v. i.* to lie down, အိပ်သည်။ to recline on the knees, ဝပ်သည်။ to lie in ambush, ချောင်း၍နေသည်။ to stoop, ကျုံ့သည်။ —*v. t.* to lay down to rest, သိပ်ထားသည်။ to conceal, hide, ဝှက်ထားသည်။ to imply, ဆိုလိုသည်။ —a spear, လှံရိုးဖျားကိုယောက်ရာ၌စိုက်ထားသည်။ —a cataract, မျက်စိ၌အတွင်းတိမ်ကိုနှိပ်၍ချသည်။ —*n.* a bed, အိပ်ရာ။ a seat of repose, လျောင်းရာခုတင်။

Couchant, *a.* ဝပ်လျက်နေသော။

Cough, *v. i.* ချောင်းဆိုးသည်။ —*n.* ချောင်းဆိုးနာ။

Council, *n.* an assembly convened for consultation, တိုင်ပင်သောလူစု။ counsellors of government, တိုင်ပင်မှူးမတ်စု။ an assembly of clergy men convened on ecclesiastical business, တိုင်ပင်ရန်စည်းဝေးသောဓမ္မဆရာစု။ —board, —table, *n.* တိုင်ပင်သောသူတို့စည်းဝေး၍ထိုင်သောစားပွဲ။

Councillor, *see* Counsellor.

Counsel, *v. t.* to advise, အကြံပေးသည်။ to warn, သတိပေးသည်။ —*n.* advice, အကြံပေးခြင်း။ consultation, တိုင်ပင်ခြင်း။ prudence, ပညာသတိ။ design, အကြံအစည်။ a lawyer, ရှေ့နေ။

Counsellor, *n.* one who gives advice, အကြံပေးသောသူ။ —of government, တိုင်ပင်မှူးမတ်။ a lawyer, ရှေ့နေ။

Count 1, *n.* an earl, ကောင့်။ မှူးမတ်တမျိုး။ —2, *v. t.* to number,

ရေတွက်သည်။ to compute, တွက်သည်။ to place to one's credit, (သူအဖို့)မှတ်၍ထားသည်။ to regard, ထင်မှတ်သည်။ —3, *n.* numbering, ရေတွက်ခြင်း။ number, အရေအတွက်။

Countenance, *n.* the face, မျက်နှာ။ appearance of the face, aspect, မျက်နှာရည်။ favorable regard, အလိုရှိသောလက္ခဏာကိုပြခြင်း။ steady, composed look, မပျက်သောမျက်နှာ။ —*v. t.* to regard favorably, အလိုရှိသောလက္ခဏာကိုပြသည်။ —(wrong,) မျက်နှာသာပေးသည်။ to encourage, aid, အားပေးသည်။

Counter 1, *n.* a counterfeit coin used for counting, လိုရာသုံးဘို့ခတ်သောဒင်္ဂါး။ a shop-table, ဆိုင်ခုံ။ —2, *adv.* in opposition, in an opposite direction, တဖက်၌နေလျှက်။ ဆန့်လျှက်၊ ဆန့်ကျင်ဘက်ပြုလျှက်။

Counteract, *v. t.* ဆန့်ကျင်ဘက်ပြု၍ဆီးတားသည်။

Counterbalance, *v. t.* to make one weight equal to another, ချိန်စက်သည်။ to countervail, တဖက်၌နေ၍အရှိန်ကိုသတ်သည်။

Counter-evidence, *n.* အရင်သက်သေခံချက်ကို ဖျက်သောနောက်သက်သေခံချက်။

Counterfeit, *a.* forged, သူတပါး၏တံဆိပ်လက်မှတ်နှင့်တူအောင်လုပ်သော(အရာ။) assuming a false appearance, အရောင်ဆောင်လျှက်ရှိသော။ not genuine, ပဝတ္တိဖြစ်သော။ —*v. i.* to feign, အရောင်ဆောင်သည်။ (ဖြစ်)ကြွန်ပြုသည်။ – *v. t.* to forge, သူတပါး၏တံဆိပ်လက်မှတ်နှင့်တူအောင်လုပ်သည်။ to imitate, assume a resemblance, အသွင်တူအောင်အရောင်ဆောင်သည်။ —*n.* an impostor, မကောင်းသောအကြံနှင့်အရောင်ဆောင်သောသူ။ the thing forged, ပုံတူအောင်အရောင်ဆောင်၍လုပ်သောအရာ။

Counterfeiter, *n.* စံရွှင်သမား။

Countermand, *v. t.* to revoke a former command, အရင်ပေးသောအမိန့်အမှာကိုနှုတ်၍အမိန့်အမှာသစ်ကိုပေးသည်။ to contradict the orders of another, သူတပါးအာဏာကိုဆန်သည်။

Countermarch, *v. i.* စစ်ချီရာလမ်းကိုဆုတ်ပြန်၍ ချီသွားသည်။ —*n.* from above.

Countermark, *n.* ထပ်မံ၍ခတ်သောတံဆိပ်။

Countermine, *n.* ယမ်းကိုမြှုပ်၍ ရှို့ရန်ခလိုင်၍ တူးသော တွင်းကိုဖျက်အောင်ဖောက်၍တူးသောတွင်း။ —*v. t.* ရန်သူ၏အကြံကိုပရိယာယ်အားဖြင့်ဖျက်သည်။

Countermotion, Countermovement, *n.* ဆီးတားအောင်ပြုခြင်း။

Counterpane, *n.* အကန့်ဖော်၍ချုပ်သောအိပ်ရာခင်း။

Counterpart, *n.* အဖက်။

Counterplot, *v. i.* သူတပါးပြုသောပရိယာယ်ကိုဖျက်ရအောင်အခြားသောပရိယာယ်ကိုပြုသည်။ —*n.* from above.

Counterpoise, *v. t.* to counterbalance, ချိန်စက်သည်။ to countervail, တဖက်၌နေ၍အရှိန်ကိုသတ်သည်။ —*n.* a weight sufficient to balance another, ချိန်စက်၍ညီမျှသောအရာ။ a force sufficient to counteract another, တဖက်၌နေ၍အရှိန်ကိုသတ်သောအရာ။
Counter-poison, *n.* အဆိပ်ကိုနိုင်သောဆေး။
Counter-pressure, *n.* တဖက်ဖိခြင်း။
Counter-project, *n.* အကြံအစည်တပါးကိုဆန့်ကျင်ဘက်ပြုသောအကြံအစည်တပါး။
Counterscarp, *n.* ပြင်ကျုံးထိပ်။
Countersign, *v. t.* ထပ်မံ၍လက်မှတ်ထိုးသည်။
Countervail, *v. t.* နိုင်လောက်သောအစွမ်းနှင့်ဆီးတားသည်။
Counterwork, *see* Counteract.
Counting-house, **Counting-room**, *n.* ကုန်စာရင်း၊ ငွေစာရင်းတွက်ချက်ရှင်းလင်းသောအခန်း။
Countless, *a.* မရေးတွက်နိုင်အောင်များပြားသော။
Country, *n.* a region, ပြည်။ rural parts, ကျေးတော။ —born *a.* ကပြား။ —man, *n.* a native of any country, ပြည်သား။ one of the same country, ပြည်သားချင်း။ a rustic, ကျေးတောသား။ — seat, *n.* တော၌ဆောက်သောသူဌေးအိမ်။
County, *n.* မြို့နယ်။
Coup-de-grace, *n.* ညှည်းဆဲသည်အဆုံး၌ချက်ချင်းသေအောင်သတ်သောအချက်။
Coup-de-main, *n.* ရုပ်ရုပ်ချွံချွံဝင်တိုက်ခြင်း။
Couple, *n.* two, နှစ်ခု။ a pair, တစုံ။ တရံ။ man and wife, လင်မယား။ a tie connectting two things, တွဲသောကြိုး။ —*v. t.* to connect, တွဲထားသည်။ to unite in marriage, စုံဖက်စေသည်။
Couplet, *n.* လင်္ကာ၌ပုဒ်စုံ။
Courage, *n.* ရဲရင့်ခြင်း။ သူရဲဘော။
Courageous, *a.* ရဲရင့်သော။ သူရဲဘောရှိသော။
Courier, *n.* အလျင်အမြန်လွှတ်သောတမန်။
Course, *n.* a going, သွားခြင်း။ a passing on, proceeding, အစဉ်အတိုင်းလိုက်ခြင်း။ a running, မြင်း၍ပြေးခြင်း။ the line of motion, သွားရာလမ်း။ race-ground, မြင်း၍ပြေးရာလမ်း။ orderly proceeding, စီစည်ခြင်း။ a series, order, အစီအစဉ်။ an arranged system, စီစဉ်သောအရာ။ conduct, ပြုမူခြင်း။ number of dishes set on table at once, တခါတည်းခင်းကျင်းသောစားဘွယ်သောက်ရန်။ —[of,] အစဉ်အတိုင်း။ —*v.* to run after, လိုက်ပြေးသည်။ —(as the blood,) စီးသည်။
Courser, *n.* ပြေးတတ်သောမြင်း။

Courses, *n. plur.* the lower sails of a ship, အောက်ဆုံးသောသင်္ဘောရွက်။ the menstrual discharge, ဥတု။ မိန်းရုပ်။ ရာသီပန်း။

Court, *n.* an inclosure before or around a house, made by a fence or wall, ဝင်း၊ တန်တိုင်းလုပ်၍ထားသောအိမ်၏ဥပစာ။ a palace, နန်းတော်။ the occupants of a palace, နန်းတော်သားစု။ the supreme council hall, လွှတ်ငတော်။ any hall of justice, ရုံးတော်။ a civil court, တရားရုံး။ a criminal court, ရာဇဝတ်ရုံး။ persons assembled for the administration of justice or government, လွှတ်၊ ရုံးပေါ်မှာထိုင်၍စီရင်သောမင်း။ flattering attentions, *n.* from Court, *v. t.* —day, *n.* တရားစီရင်သောနေ့။—house, *n.* လွှတ်တော်။ ရုံးတော်။ —martial, *n.* စစ်ကြောစီရင်သောမိုလ်စု။ —plaster, *n.* အနာအုပ်ရန်ဆေးသုတ်လူးသောပိုးထည်အချပ်အပြား။ —yard, *see* Court, *n.* 1st def. —*v. t.* to attempt to persuade by flattering attentions, ချော့မေ့၍ဖြားယောင်းသည်။ to woo, (မိန္မကို)လှည့်သည်။

Courteous, *a.* polite, ယဉ်ကျေးသော။ complaisant, kind, လောကဝတ်ပြုတတ်သော။

Courtesan, *n.* ပြည်တန်ဆာမိန္မ။

Courtesy, *n.* politeness, ယဉ်ကျေးခြင်း။ polite attentions, လောကဝတ်ပြုခြင်း။ a favor, ကျေးဇူးပြုခြင်း။ salutation by a slight genuflection, နှုတ်ဆက်ခြင်းနှင့်ဆိုင်သောဒူးညွှတ်ခြင်းကိုပြုသည်။ —*v. i.* နှုတ်ဆက်ခြင်းနှင့်ဆိုင်သောဒူးညွှတ်ခြင်းကိုပြုသည်။

Courtier, *n.* one who frequents a royal court, မင်းထံခစားသောသူ။ one who courts favor, ဖြားယောင်းသောသူ။

Courtliness, *n.* from next.

Courtly *a.* relating to a royal court, နန်းတော်နှင့်ဆိုင်သော။ polite, ယဉ်ကျေးသော။

Courtship, *n.* (မိန္မကို)လှည့်ခြင်း။

Cousin, *n.* the son or daughter of an uncle or aunt, ဘကြီး၊ ဘထွေး၊ မိကြီး၊ မိထွေး၊ ဦးရီး၊ အရီး၏သားသမီး။ ညီအစ်ကိုတော်။ နှမတော်။ ညီအစ်မတော်။ မောင်တော်။ a cousin of a different sex, and having a parent of a different sex from the parent of the other, သမီးမြောက်သား။ a collateral relative, ဘော်စပ်သောသူ။ —german, *n.* same, 1st def.

Cove, *n.* လေပုန်းရာထောင့်ကွေ့။

Covenant, *v. i.* ဝန်ခံ၍ဂတိထားသည်။ —*n.* a mutual agreement, သဘောတူဖွဲ့သောပဋိညာဉ်။ a writing containing such an agreement, ပဋိညာဉ်ဖွဲ့သောစာချုပ်။

Cover, *v. t.* to lay, place, or spread over, ဖုံးသည်။ အုပ်သည်။ to plaster, အုံသည်။ မံသည်။ to clothe, ချုံသည်။ to hide, conceal,

လျှိုသည်။ ဖုက်သည်။ to overspread, လွှမ်းသည်။ to screen, shelter, ကွယ်ကာသည်။ to brood over, ဝပ်သည်။ to copulate, as a male beast, တက်သည်။ to be equivalent to, ညီမျှသည်။ to comprise, ပါဝင်သောအရာကိုခံသည်။—with a roof, မိုးသည်။ —, *n.* that which is laid, placed or spread over, အဖုံး။ that which screens, shelters, အကွယ်အကာ။ a pot-lid, စလောင်း။

Covering, *n.* that which overspreads, ဖုံးလွှမ်းတတ်သောအရာ။ clothes, ချုံသောအဝတ်။ a roof, အမိုး။

Coverlet, *n.* အိပ်ရာခင်းလွှမ်း။

Covert, *a.* covered, ဖုံးလွှမ်းသော။ disguised, လျှိုဖုက်သော။

Covert, *n.* a covered place, ဖုံးလွှမ်းသောအရပ်။ a hiding place, ကွယ်ကာပုန်းရှောင်ရာအရပ်။

Coverture, *n.* ကွယ်ကာရာ။

Covert-way, *n.* မြင်ကျုံးထိပ်ဥပစာ။

Covet, *v. t.* to desire eagerly, လိုချင်အားကြီးသည်။ to desire inordinately, တပ်မက်မောသည်။

Covetous, *a.* very desirous, အလွန်လိုချင်သော။ inordinately desirous, လောဘကြီးသော။

Covetousness, *n.* လောဘကြီးခြင်း။

Covey, *n.* a hatch of young birds with the mother, ငှက်မကြီးနှင့် ငှက်သငယ်စု။ a flock of birds, ငှက်စု။

Cow 1, *n.* နွားမ။ —herd, *n.* နွားကျောင်း။ —house, *n.* နွားတင်းကုပ်။ —leech, *n.* နွားကိုကုသောဆေးသမား။ —lick, *n.* နောက်သို့လန်၍နေသောရှေ့ဆံစပ်။ —pox, *n.* နွားကျောက်။ —2, *v. t.* ခြောက်သည်။

Coward, *n.* သူရဲဘောနည်းသောသူ။ ကြောက်တတ်သောသူ။

Cowardice, *n.* from next, 1st def.

Cowardly, *n.* wanting courage, သူရဲဘောနည်းသော။ ကြောက်တတ်သော။ mean, base, ယုတ်မာသော။ ညစ်ညမ်းသော။

Cower, *v. i.* ကုပ်ကုပ်နေသည်။

Cowl, *n.* ဗရင်ဂျီတာသာဘွဲ့ရဟန်းခေါင်းမြီးချုံရသောဝတ်လုံလည်ခွံ။

Co-worker, *n.* ဆုံ၍ပြုလုပ်သောသူ။

Cowry, *n.* ကြေး။

Coxcomb, *n.* လူပေါက်ပန်း။

Coy, *a.* ရှက်၍ရှောင်တတ်သော။

Coyness, *n.* modest reserve, ရှက်၍ရှောင်ခြင်း။ the disposition to be shy and reserved, ရှက်၍ရှောင်တတ်သောသဘော။

Cozen, *v. t.* လိမ်လည်သည်။

Crab, *n.* the fish, ဂဏန်း။ Cancer, the fourth sign of the Zodiac, ကရကဋ်ရာသီ။

Crabbed, *a.* hard to deal with, ကတ်သတ်သော၊ ဝန်တိုသော၊ rough, harsh, (applied to things,) ကြမ်းသော။

Crabbedness, *n.* from above.

Crack, *v. i.* to open in chinks, ပဲသည်။ အက်သည်။ ကွဲသည်။ to utter a sharp sound, ဖျောက်ခနဲမြည်သည်။ —, *v. t.* to break slightly, ခွဲသည်။ —(a whip,) ဖျောက်ခနဲမြည်အောင်သွဲတုပ်လိုက်သည်။ —a joke, ဟက်ရယ်ပြုသည်။ —brained, *a.* စိတ်ပေါ့သော။

Crack, *n.* a chink, fissure, ပဲကြား။ အအက်။ a flaw, အနာအဆာ။ a quick sharp sound, ဖျောက်ခနဲမြည်သံ။

Cracked, *a.* —in intellect, စိတ်ပေါ့သော။

Cracker, *n.* a small rocket, ဖျောက်အိုး။ (Amer.) a hard biscuit, မာအောင်လုပ်သောကျုံစုန်ပြားတမျိုး။

Crackle, *v. i.* မြစ်မြစ်မြည်သည်။

Cradle, *n.* a small rocking cot, လှုပ်ပုခက်။ —of a ship, သင်္ဘောကိုရေထဲသို့လျှောချရန်တန်ဆာ။ —for reaping grain, စပါးကိုအစီလိုက်ပုံ၍ကျအောင်ခုတ်ရိတ်သောထားတံစည်း။ —, *v. t.* (a child,) ပုခက်၌သိပ်သည်။—(grain,)အစီလိုက်ပုံ၍ကျအောင်ခုတ်ရိတ်သည်။

Craft, *n.* cleverness, လိမ္မာခြင်း။ the using of artifice, ဆန်းပြားတတ်ခြင်း။ manual art, လက်မှုပညာ၊ small vessels of different kinds, လှေ၊ သံဗန်အစရှိသောသင်္ဘောကလေးအမျိုးမျိုး။

Craftiness, *n.* from Crafty.

Craftsman, *n.* လက်မှုပညာသည်၊ လက်မှုပညာနှင့်လုပ်သောသူ။

Crafty, *a.* cunning, skilled in artifice, ပရိယာယ်နှင့်လိမ္မာသော။ ဆန်းပြားတတ်သော။

Crag, *n.* အစွန်းထွက်သောကျောက်။

Cragged, **craggy**, *a.* မညီမညွတ်၊ ကျောက်စွန်းများသော။

Cram, *v. i.* to eat to satiety, စားပိုနင့်အောင်စားသည်။ —, *v. t.* to stuff, crowd, ထိပ်သွင်းသည်။ to force down food, အနိုင်ခွံ့သည်။ မရှိမဆုံစားစေသည်။

Cramp, *v. t.* to occasion cramp, ကြွက်တက်စေသည်။ to restrain, ချုပ်တည်းသည်။ to fasten with a cramp, မျှော့ကုတ်၍စပ်သည်။

Cramp, *n.* a species of convulsion, ကြွက်တက်ခြင်း။ restraint, ချုပ်တည်းခြင်း။ —of iron, မျှော့။ —iron, *n.* မျှော့။

Cranberry, *n.* အသီးတမျိုး။

Crane, *n.* the bird, ကြိုးကြာ၊ the machine, လေးသောဝတ္ထုကိုမြှောက်တင်ရန်စက်တန်ဆာ။

Craniology, *n.* ဘာရာနယောလဖိအတတ်တည်းဟူသောဦးကျွောင်းကိုစစ်ဆေးလေ့ကျက်သောအတတ်ပညာ။

Cranium, *n.* ဦးကျွောင်းခွံ။

Cranny, *n.* a chink, crevice, ပ်ကြား။ a corner, hole, ထောင့်ကြား။

Crape, *n.* ဆတ်သွားဖူးချော။

Crash, *v. i.* ထဲပြို၍အသံထွက်သည်။ —*n.* ထဲပြို၍ထွက်သောအသံ။

Crate, *n.* ခြင်းတောင်းတမျိုး။

Crater, *n.* မီးတောင်ကမီးထွက်သော့အပေါက်။

Craunch, *v. t.* ကြွပ်ကြွပ်ဝါးသည်။

Cravat, *n.* လည်စည်း။

Crave, *v. t.* to beg for, တောင်းပန်သည်။ to long for, တောင့်တသည်။

Craven, *n.* a cock conquered and dispirited, ထိုက်ကြရာတွင်ကြောက်၍ပြေးသောကြက်။ a coward, recreant, သူရဲဘောမရှိ၊ အရှုံးခံသောသူ။

Craw, *n.* စာလုပ်။

Crawl, *v. i.* —as a worm, လိမ်လူ့နို၍သွားသည်။ —on all fours, တွား၍သွားသည်။ to move slowly, တလုတ်လုတ်သွားသည်။

Crayon, *n.* ရေးသားရန်လုပ်သောခဲတောင့်တမျိုး။

Craze, *v. t.* from next.

Crazy, *a.* impaired and weakened, ယိုယွင်း၍မခိုင်ခံ့ဖြစ်သော။ insane, ရူးသော။

Creak, *v. i.* ကြိတ်ကြိတ်မြည်သည်။

Cream, *n.* —of milk, နို့ဆီ။ မလိုင်။ —of tartar, ပြုပြင်သောစပျစ်ဆား။ —colored, *a.* (Eng.) နို့ဆီကဲ့သို့အဆင်းရှိသော။ (Burm.)ဆိုးသစ်ကဲ့သို့အဆင်းရှိသော။

Creamy, *a.* နို့ဆီကဲ့သို့ဖြစ်သော။

Crease, *v. t.* အရိုးအကြောင်းထင်အောင်ခေါက်သည်။

Crease, *n.* ခေါက်၍အရာထင်သောအရိုးအကြောင်း။

Create, *v. t.* to cause to exist, ဖြစ်စေသည်။ ဖန်ဆင်းသည်။ to put in order, ပြုပြင်သည်။ to invest with a new character, အရာ၌ခန့်ထားသည်။

Creation, *n.* from above; a created thing, ဖန်ဆင်းသောအရာ။ all created things collectively, ဖန် ဆင်း သော အ ရာ အ ပေါင်း။ စကြဝဠာတန်ဆာအပေါင်း။

Creative, *a.* ဖန်ဆင်းနိုင်သော။

Creator, *n.* ဖန်ဆင်းတော်မူသောဘုရားသခင်။

Creature, *n.* a created being, rational or irrational, နိမိတ္တသတ္တဝါ၊ တိရိစ္ဆာန်။ a beast, တိရိစ္ဆာန်။ one who is entirely dependent on another, ကျေးဇူးရှင်အလိုသို့သာလိုက်ရသောသူ။

Credence, *n.* ယုံခြင်း။ ယုံကြည်ခြင်း။

Credentials, *n. plur.* ကိုယ်အကြောင်းကိုသူတပါးယုံစေခြင်းငှါကိုယ်၌ဆောင်သောလက်စွဲစာ။

Credit *v. t.* to believe, ယုံသည်။ ယုံကြည်သည်။ to enter on the credit side of an account, သူတပါးပေးရန်ရှိ၍ဆပ်ပေးရာရာကိုစာရင်း၌မှတ်သည်။—, *n.* belief, ယုံခြင်း။ ယုံကြည်ခြင်း။ reputation derived from proofs of credibility, ယုံလောက်သောလက္ခဏာနှင့်ရှည်သောဂုဏ်အသရေ။ the reverse of debit in book keeping, သူတပါးပေးရန်ရှိ၍ဆပ်ပေးရာရာကိုစာရင်း၌မှတ်သောအချက်။ the time allowed for payment, ငွေ၊လင့်နှင့်ရောင်းဝယ်ရသောကာလ။ —[on,] *adv.* အကြွေး။ အကြွေးအငမ်း။

Creditable, *a.* အသရေရှိသော။ ချီးမွမ်းဖွယ်ရှိသော။

Creditor, *n.* ကြွေးရှင်။ မြီရှင်။

Credulity, *n.* from next.

Credulous, *a.* ယုံလောက်သောသက်သေမရှိဘဲယုံလွယ်တတ်သော။

Creed, *n.* that which is believed, ယုံချက်။ a summary of faith, အချုပ်အချာဖြစ်သောယုံချက်။

Creek 1, *v. i.* ခရည်ခရည်မြည်သည်။ —2, *n.* ချောင်းဦးတို့။

Creep, *v. i.* —as a worm, လိမ်လွန့်၍သွားသည်။ —on all fours, တွားး၍သွားသည်။ —as a vine, နွယ်၍သွားသည်။ to move slowly, တလုတ်လုတ်သွားသည်။ to steal in, အမှတ်တမဲ့ဝင်သည်။

Creeper, *n.* အနွယ်။ နွယ်ပင်။

Crease, *n.* ကြိတ်။ ကြိတ်ထား။

Cremation, *n.* ဖုတ်ကြည်းသင်းဂြိုဟ်ခြင်း။

Creole, *n.* အဖကုလားဖြူ၊ အမိကပ္ပလိမွေးဖွားသောသားကပြား။

Crepitate, *v. i.* ဖြစ်ဖြစ်မြည်သည်။

Crepitation, *n.* from above.

Crescent, *a.* ကြီးပွားသော။ —, *n.* the waxing moon, လဆန်း။ the figure of the waxing moon, လဆန်းပုံ။

Cress, *n.* စမုန်နီ။

Crest, *n.* a cock's comb, အမောက်။ a tuft of hair or feathers on the head, ဦးစွန်း။ ခေါင်းမွေး။ —fallen, *a.* စိတ်ပျက်သော။

Crested, *a.* နဂါးမောက်ရှိသော။

Cretaceous, *a.* မြေဖြူပါသော။

Crevice, *n.* အပေါ်။ အအက်။

Crew, *n.* a company of people, လူအစုအပေါင်း။ a ship's company, သင်္ဘောတစင်းတွင်ပါသောသင်္ဘောသားစု။

Crib, *n.* a manger, မြင်းစားကျင်း။နွားစားခွက်။ a stall, မြင်း၊ နွားထားသောအကန့်။ a cottage, အိမ်ကလေး။ a child's cot, သူငယ်အိပ်ရာခုတင်။

Crib, *v. t.* ကျည်းမြောင်းရာ၌ချုပ်ထားသည်။

Crick, *n.* အုံးလွဲ။

Cricket 1, *n.* the insect, ပရစ်။ —2, *n.* the play, ဗလီကစားခြင်း။ —3, *n.* a low stool, ခုံကလေး။

Crier, *n*. လည့်၍ကြော်ညာစေသောသူ။ သိတင်းကိုလွှင့်သောသူ။

Crime, *n*. transgression, ပြစ်မှားခြင်း။ ပြစ်မှားသောအပြစ်။ an atrocious violation of law, ရာဇဝတ်သင့်ထိုက်သောအပြစ်။

Criminal, *a*. guilty, အပြစ်ရှိသော။ relating to crimes, အပြစ်နှင့်ဆိုင်သော။ violating public law, ရာဇဝတ်သင့်ထိုက်သော။

Criminal, *n*. a guilty person, အပြစ်ရှိသောသူ။ a convict, ရာဇဝတ်သင့်သောသူ။ —conversation (by contraction, Crim. con.) *n*. သူမယားကိုပြစ်မှားခြင်း။

Criminality, *n*. from Criminal, *a*.

Criminate, *v. t*. အပြစ်တင်သည်။

Crimination, *n*. from above.

Crimp, *n*. တစုံတခုသောအမှုကိုဆောင်ရွက်စေခြင်းငှါသွေးဆောင်သောလုလင်။

Crimple, *v. t*. to corrugate, တွန့်စေသည်။ to curl, လိပ်သည်။

Crimson, *a*. ရွှေးတွေးနီသော။ ရဲရဲနီသော။

Cringe 1, *n*. ခေါင်းလျှားပင်။ —2, *v. i*. ကုပ်ကုပ်နေ၍ချော့မော့သည်။

Crinkle, *v. i*. ကျုံ့တွန့်တက်သည်။

Cripple, *v. t*. ခြေမစွမ်းအောင်ပြုသည်။ —, *n*. ခြေမစွမ်းသောသူ။

Crisis, *n*. အစွမ်းကုန်တက်၍ပြောင်းလဲရသောအချက်။ —of a disease, အနာ၏ရက်ဆိုးကျ၍ပြောင်းလဲရသောအချက်။

Crisp, *a*. curled, လိပ်သော။ brittle, ကြွပ်သော။ ဆတ်သော။

Crisp, *v. t*. လိပ်သည်။

Crispy, *see* Crisp, *a*.

Criterion, *n*. a test, စံ။ a standard of judging, စုံစမ်းရန်ထားသောအရာ။

Critic, *n*. one skilled in discriminating between beauties and faults, ကောင်းသောလက္ခဏာ၊ မကောင်းသောလက္ခဏာတို့ကိုပိုင်းခြား၍ပြတတ်သောသူ။ one skilled in scrutinizing written works, စာကိုဆန်းစစ်တတ်သောသူ။ one apt to find fault, အပြစ်တင်တတ်သောသူ။

Critical, *a*. skilful in discriminating, &c. ကောင်းမကောင်းတို့ကိုပိုင်းခြားသိတတ်သော။ skilful in scrutinizing written works, စာကိုဆန်းစစ်တတ်သော။ accurate, စေ့စပ်သော။ သေချာသော။ apt to find fault, အပြစ်တင်တတ်သော။ ကတ်သတ်သော။ pertaining to a crisis, အစွမ်းကုန်တက်၍ ပြောင်းလဲရသော အချက်နှင့်ဆိုင်သော။ အကျိုးအပြစ်နှစ်ပါးအကြားဦနေသော။

Criticise, *v. t*. to examine and show the beauties and faults of (a performer,) ကောင်းသောလက္ခဏာ။မကောင်းသောလက္ခဏာတို့ကိုပိုင်းခြား၍ပြသည်။ to censure, အပြစ်တင်သည်။

Croak, *v. i.* —as a frog, (ဖားၤ)မြည်သည်။ —as a raven, (ကျီးၤ)အော သည်။ to grumble, မြည်တွန်သည်။ *n.* ဖားမြည်သံ။ ကျီးအောသံ။

Crock, *n.* ကြပ်ခိုး။

Crock, *v. t.* (Amer.) ကြပ်ခိုးနှင့်လူးသည်။

Crockery, *n.* မြေခွက်။ ပုကန်အမျိုးမျိုး။

Crocodile, *n.* မိကျောင်း။

Crone, *n.* မိန္မအို။

Crony, *n.* ဆွေရင်းမျိုးချာကဲ့သို့သောအသိအကျွမ်း။

Crook, *v. t.* to make crooked, ကောက်စေသည်။ —*v. i.* to curve (intrans.,) ကွေသည်။ —backed, *a.* ကုန်းသော။

Crook, *n.* a curve, bend, အကောက်။ အကွေ။ a crooked stick of တံကူ။ timber, a shepherd's staff, ချိတ်ပါသောသိုးထိန်းတန်ဆာ။

Crooked, *a.* not straight, bent, ကောက်သော။ curving, ကွေသော။

Crookedness, *n.* from above.

Crop, *v. t.* to reap, ရိတ်သည်။ to cut off the end, အဖျားကိုဖြတ်သည်။

Crop, *n.* that which is reaped or gathered at one harvest time, တကြိမ်တခါတည်းရိတ်၍ရသောအသီးအနှံ။ a fowl'scraw, ငှက်၏ စာလုပ်။

Crosier, *n.* ဂိုဏ်းအုပ်လက်စွဲလှံတံ။

Croslet, *n.* လက်ဝါးကပ်တိုင်ကလေး။

Cross, *a.* lying across, ကန့်လန့်နေသော။ adverse, ဆန့်ကျင်ဘက်ဖြစ်သော။ perverse, ကတ်သတ်သော။ peevish, fretful, စိတ်တိုသော။ ဝန်တိုသော။ sullen, စိတ်မြို့သော။ —bow, *n.* တူးလေး။ —eyed, *a.* မျက်စိစောင်းသော။ —grained, *a.* as wood, အသားရှုပ်သော။ hard to deal with, ကတ်သတ်သော။ —legged, *a.* တင်ကလင်ချိတ်၍ (ထိုင်သော။) တင်ပျဉ်ခွေသော။ —purposes [at,] *adv.* ကလွဲစောင်းပင်း။—staff, *n.* နေ၊လ၊ကြယ်နက္ခတ်အမြင့်ကိုတိုင်းသော တန်ဆာတမျိုး။—way, *n.* ပြလမ်း။ —, *v. i.* to lie across, ကန့်လန့်နေသည်။—, *v. t.* to mark across, ကန့်သည်။ to lay across, ကန့်လန့်ထားသည်။ to erase, ချေသည်။ to make the sign of the cross on, လက်ဝါးကပ်တိုင်ပုံကိုရေးသားသည်။ to go over, ကျော်၍သွားသည်။ to pass from side to side, ကူးသည်။ သန်းသည်။ to thwart, obstruct, ဆန့်ကျင်ဘက်ပြုသည်။ ဆီးတားသည်။ —the breed, အမျိုးတာဝချင်းစပ်ရက်ရောနှောသည်။ —examination, *n.* from next. —examine, *v. t.* (သက်သေကို)လှန်ပြန်ဖုဆစ်၍မေးသည်။ —question, *v.* same —, *n.* the mark ×, ကြက်ခြေ။ a kind of gibbet, လက်ဝါးကပ်တိုင်။ a line drawn through another, ကန့်လန့်သားသောအကြောင်း။ that which thwarts obstructs, ကန့်လန့်နေသောအရာ။ ဆီးတားသောအရာ။ —, *p.* *see* Across.

Crossness, *n.* perverseness, ကတ်သတ်ခြင်း။ peevishness, စိတ်တိုခြင်း။

Crosswise, *adv.* ကန့်လန့်။ ဖီလာ။

Crotch, *n.* အခွ။

Crotched, *a.* ခွသော။

Crotchet, *n.* a wooden prop, ထောက်ခွ။ one of the notes in music, သီခြင်းသံပုံတမျိုး။ one mark in English writing, အင်္ဂလိပ်စာ၌ စကားချုပ်ကိုမှတ်သားသောအပိုက်တမျိုး။ [ ]; an odd conceit, ထင်မှတ်စရာအကြောင်းမရှိဘဲလျှက်းထူးခြားစွာထင်မှတ်ချက်။

Crouch, *v. i.* to lie close to the ground, ဝပ်သည်။ ပြပ်ဝပ်သည်။ to cringe, ကုပ်ကုပ်နေ၍ချော့မော့သည်။

Croup 1, *n.* the rump of a fowl, ကြက်ဆီဘူးအုံ။ the buttocks of a horse, မြင်းတင်ပါး။

Croup 2, *n.* the disease, ကြက်ညှာနာ။

Crow 1, *v. i.* —as a cock, တွန်သည်။ to vaunt, vapor, ဝါကြွားသည်။

Crow 2, *n.* ကြက်တွန်သံ။

Crow 3, *n.* the bird, ကျီးကန်း။ —of iron, ကုလားအော်။ —bar, သံတူးရွင်း။ သံကုတ်။

Crowd, *v. t.* to compress, သိပ်သည်။ to stuff, သိပ်သွင်းသည်။ to squeeze in a press of people, ညပ်အောင်လူချင်းကျပ်၍နေကြသည်။ to press by solicitation, အပူအပြင်းတောင်းသည်။ —sail, ရွက်ကုန်တင်၍ဖြန့်သည်။ —around, *v. t.* ဝိုင်း၍ကျပ်လျှက်နေကြသည်။ —forward, through, into, &c. *v. i.* စုဝေး၍ကျပ်ရာမှာ ထိုးသွားသည်။

Crowd, *n.* things closely pressed together, ဖိသိပ်၍ထားသောအရာစု။ a throng of people, ထူထပ်သောလူထု။ လူချင်းကျပ်၍နေသောအစုအဝေး။ a large multitude, များစွာသောလူအစုအဝေး။ the populace, ဆင်းရဲသားစု။

Crown, *n.* a diadem, မကိုဋ်။ သရဖူ။ royalty, ရှင်ဘုရင်၏ဘုန်းအာနုဘော်။ a chaplet, ဦးရစ်။ a reward bestowed on a victor, အောင်ဆု။ the top, summit, ထိပ်။ အထွဋ်။ a coin stamped with a crown, မကိုဋ်ပုံခတ်သောဒင်္ဂါး။ —post, *n.* ခေါင်တိုင်။ *v. t.* to invest with royalty, (Eng.) မကိုဋ်တင်သည်။ (Burm.) နန်းတင်သည်။ ရာဇဘိသိတ်ပေးသည်။ to cover the top, ထိပ်အုပ်တင်သည်။ to exalt, ချီးမြှောက်သည်။ to complete, စုံလင်စေသည်။

Crucible, *n.* မိုက်။ မိုက်လုံး။

Crucifix, *n.* လက်ဝါးကပ်တိုင်ပုံ။

Crucifixion, *n.* from Crucify.

Cruciform, *a.* လက်ဝါးကပ်တိုင်ပုံတူသော။

Crucify, *v. t.* လက်ဝါးကပ်တိုင်၌ရိုက်ထားသည်။

Crude, *a.* raw, not cooked, မကျက်၊ စိမ်းသော။ in a natual state, မပြုမပျင်သော၊ ရိုင်းသော။ indigested (as food,) မကြေသော။ not matured in the mind, ကောင်းစွာမရင့်စမ်း၊ မဆင်ခြင်သော

သော (အရာ။)

Crudeness, Crudity, *n.* from above.

Cruel, *a.* ရက်စက်သော။

Cruelty, *n.* from above.

Cruet, *n.* ပုံးရည်၊ ဆီအစရှိသည်တို့ကိုထည့်သောဖန်ဘူးကလေး။

Cruise, *v. i.* သင်္ဘောစီး၍ပင်လယ်၌လှည့်လည်သည်။—*n.* from above.

Cruiser, *n.* ပင်လယ်၌အရပ်ရပ်လှည့်လည်သောသင်္ဘော။

Crumb, *n.* မုန့်အစအန။

Crumble, *v. i.* ပွဲ့ယွဲ့သည်။ *v. t.* ဖွဲ့ယွဲ့သည်။

Crumple, *v. i.* တွန့်အောင်ဆုပ်သည်။

Crunch, *v. t.* ဂြွပ်ဂြွပ်ကိုက်၍ဝါးသည်။

Crupper, *n.* မြီးသိုင်းကြိုး။

Crusade, *n.* သာသနာပလူတို့ကိုသွား၍တိုက်ခြင်း။

Cruse, *see* Cruet.

Cruset, *n.* ပန်းတိမ်သုံးသောမိုက်။

Crush, *v. t.* to press so as to break, ကျိုးပွဲ့အောင်ဖိနှိပ်သည်။ to comminute, ကြိတ်သည်။ to subdue, နှိပ်နင်းသည်။ to oppress, နှိပ်စက်သည်။

Crush *n.* from above.

Crust, *n.* an external coat, အခွံ။ —of bread, ပေါင်မုန့်အကာ။ a small bit of bread, မုန့်ဖွဲ့။ a scab, အနာ၏အဖေး။ —of a pie, ဌာပနာသွင်းမုန့်အပေါ်သား၊ အောက်သား။

Crust, *v. t.* မာသောအရာနှင့်လွှမ်းအုပ်သည်။

Crustaceous, *a.* အဆစ်ဆစ်အခွံပတ်လျက်ရှိသော(ရေတိရိစ္ဆာန်။)

Crusty, *a.* friable as crust, ရွသော။ snappish, စိတ်တိုသော။ စိတ်ဆတ်သော။

Crutch, *n.* တောင်ဝေးထောက်ခွ။

Cry, *v. i.* to exclaim, ကျွေးကြော်သည်။ to scream, အော်ဟစ်သည်။ to utter a loud voice in weeping, ငိုကြွေးသည်။ to make a noise, as some animals, မြည်သည်။—*v. t.* to proclaim, ကျော်ညာစေသည်။ —against, *v. t.* အပြစ်တင်၍ကြွေးကြော်သည်။ —down, *v. t.* to decry, ကဲ့ရဲ့သည်။ to overbear, ဗိုင်း၍နှိပ်နင်းသည်။ —out, *v. i.* to scream, အော်သည်။ to complain loudly, မြည်တွန်သည်။ —up, *v. t.* ချီးမွမ်းသည်။

Cry, *n.* from Cry, *v. i.*

Cryptic, *a.* လျှို့ဝှက်သော။

Cryptography, *n.* လျှို့ဝှက်သောလက်ရေး။

Crystal, *n.* quartz, ကျောက်သလင်း။ the glass of a watch case, နာရီအိမ်မှာဖုံးသောမှန်ခုံး။

Crystal, Crystalline, *a.* ကြည်လင်သော။

Crystallize, *v. t.* ကျောက်သလင်းဖြစ်စေသည်။

Crystalization, *n.* from above.

Cub, *n.* the young of a bear, ဝက်ဝံသငယ်။ the young of a fox, မြေခွေးသငယ်။

Cube, *n.* အလျား၊ အနံ၊ စောက်ညီမျှသောပုံ။

Cubeb, *n.* ဗိတ်ချင်း။

Cubic, *a.* အလျား။ အနံ၊ စောက်ညီမျှသော။

Cubit, *n.* တတောင်။ ဒ်။

Cuckold, လင်စောင်ထားသောမိမ္မ၏လင်။ —*v. t.* ထိုသို့သောလင်ဖြစ်စေသည်။

Cuckoo, *n.* (black species,) ဥဩ။ the large bottle green species with a long tail, ဝါဖလေး။

Cucumber, *n.* သခွားသီး။

Cud, *n.* the food chewed by a ruminating animal, စားမြိုပြန်သောအရာ။ —of betel, အယား။ ကွမ်းရာ။ —of tobacco, ဆေးငုံ။

Cuddle, *v. i.* တိုးကပ်၍နေသည်။

Cuddy, *n.* သင်္ဘော၌စားစရာပြင်သောအခန်း။

Cudgel, *n.* လက်စွဲဒုတ်ကြီး။ —*v. t.* ဒုတ်နှင့်ရိုက်သည်။

Cue, *n.* the tail or end of a thing, အမြီး။ အဖျား။ မြီးဖျား။ a hint, အရိပ်အမြွက်။ humor, စိတ်သဘော။

Cuff 1, *v. t.* to strike with the fist, လက်ဆုပ်နှင့်ထုသည်။ —Cuff 1, *n.* a blow with the fist, လက်ဆုပ်နှင့်ထုခြင်းအချက်။ —2, *n.* the fold at the end of a sleeve, အင်္ကျီလက်ဖျားလှန်အနားပတ်။

Cuirass, *n.* ရင်အုပ်တန်ဆာ။

Cuirassier, *n.* ရင်ကြပ်ဝတ်သောစစ်သည်။

Culinary, *a.* စားဖိုနှင့်ဆိုင်သော။

Cull, *v. t.* ရွေးကောက်သည်။

Cully, *n.* အလိမ်ကိုအလွယ်ခံသောသူ။

Culminate, *v. i.* မွန်းတည့်သည်။

Culmination, *n.* from above.

Culpable, *a.* အပြစ်တင်ခွင့်ရှိသော။

Culprit, *n.* အပြစ်ဒါဏ်ခံထိုက်သောသူ။

Cultivate, *v. t.* to till the ground, လယ်၊ ယာ၊ ဥယျာဉ်လုပ်သည်။ to produce by tillage, လယ်၊ ယာ၊ ဥယျာဉ်လုပ်၍ဖြစ်စေသည်။ to improve by effort, တိုးပွားစေခြင်းငှါကြံစည်လုပ်ဆောင်သည်။

Cultivation, Culture, *n.* from above.

Cultivator, *n.* လယ်ယာလုပ်သောသူ။

Culverin, *n.* လုံးပတ်သေး၍အလျားရှည်သောအမြောက်၊

Culvert, *n.* ပေါင်းကူး။

Cumber, *v. t.* to overload, ဝန်ပိုသည်။ to retard, နှေးစေသည်။ to embarrass, နှောင့်ယှက်သည်။

Cumbersome, Cumbrous, *a.* not easily borne, လေး၍ဆောင်ခဲသော။ troublesome, နှောင့်ရှက်တတ်သော။
Cumbrance, *see* Encumbrance.
Cumin, *n.* ဇီယာ။
Cumulate, *v. t.* ပုံထားသည်။
Cuneated, Cuneiform, Cuniform, *a.* သပ်၏ပုံသဏ္ဍာန်ရှိသော။
Cunning, *a.* skilful, လိမ္မာသော။ crafty, ပရိယာယ်ပြုတတ်သော။ deceitful, လိမ်လည်တတ်သော။ —*n.* from *do.*
Cup, *n.* a small bowl, ခွက်။ ပုကန်လုံးကလေး။ ဖလား။ the liquor contained in a cup, ခွက်၌ပါသောသောက်ရေ။ —bearer, *n.* မင်းကိုစပျစ်ရည်ဆက်သောအရာရှိ။ —board, *n.* ပုကန်ထားသောမတ်တတ်သစ်တာ။ —*v. t.* to draw blood with a cupping glass, တွင်းစုတ်သည်။
Cupel, *n.* မိုက်။ မိုက်လုံး။
Cupidity, *n.* လောဘ။
Cupola, *n.* တိုက်မိုးပေါ်၌ဆင့်၍တည်ဆောက်သော ခေါင်းလောင်းပုံအမိုး။
Cupping glass, *n.* တွင်း။
Cur, *n.* ခွေးညံ့။
Curable, *a.* ဆေးကု၍ပျောက်နိုင်သော (အနာ။)
Curacy, *n.* သင်းအုပ်ဆရာ၏ကိုယ်စားလှယ်အရာ။
Curate, *n.* သင်းအုပ်ဆရာ၏ကိုယ်စားလှယ်။
Curative, *a.* ဆေးကုခြင်းနှင့်ဆိုင်သော။
Curator, *n.* ကြည့်ရှုပြုစုသောသူ။ အုပ်ထိန်းသောသူ။
Curb, *n.* —of a bridle, မေးသိုင်းကြိုး။ a restraint, အဆီးအတား။ a frame round a well, ရေတွင်းပေါင်။ ရေတွင်းမီးရပ်ပေါင်။ —*v. t.* —a horse, ဇက်ချုပ်၍စီးသည်။ to restrain, ဆီးတားသည်။ ချုပ်တည်းသည်။ to furnish with a well-curb, (ရေတွင်း၌) မီးရပ်ပေါင်ခတ်သည်။
Curd, *n.* နို့ခဲ။ နို့စိုင်။ နို့တမ်း။
Curdle, *v. i.* to coagulate as milk, နို့ခဲသည်။ to congeal, as curdled milk, နို့ခဲသကဲ့သို့ခဲသည်။ —*v. i.* to change into curd, နို့ခဲရအောင်ပြုသည်။
Cure, *v. t.* to heal, ဆေးကု၍အနာကိုပျောက်စေသည်။ to remove (an evil,) ရှင်းလင်းစေသည်။ to prepare for preservation, မပုပ်မသိုးရအောင်ဖွင်ဆင်သည်။ *n.* the act of healing, အနာကိုပျောက်စေခြင်း။ a remedy for disease, အနာကိုပျောက်စေသောဆေး။ the employment of a curate, သင်းအုပ်ဆရာ၏ကိုယ်စားလှယ်အရာ။
Curfew, *n.* ညရှစ်နာရီအချိန်၌ခေါင်းလောင်းထိုးခြင်း။
Curiosity, *n.* a desire to know something new or unknown, မတွေ့

မမြင်သေးသောအရာကိုအလွန်တွေ့မြင်ချင်သောစိတ်သဘော။ an object of curiosity, မတွေ့မမြင်သေးသောသူအလွန်တွေ့မြင်ချင်ဖွယ်သောအရာ။ ထူးဆန်းသောအရာ။

Curious, *a.* desirous to know what is new or unknown, မတွေ့မမြင်သေးသောအရာကိုအလွန်တွေ့မြင်ချင်သောစိတ်သဘောရှိသော။ nicely and carefully inquisitive, ခေ့ခေ့မြွေ့မြွေ့မေးမြန်းတတ်သော။ nicely done, နူနယ်သော။ rare, singular, ထူးဆန်းသော။

Curiousness, *n.* from above.

Curl, *v.* to form into ringlets, လိပ်သည်။ to curve, ခွေသည်။ to twist လိမ်သည်။ to undulate, roll over and over, (လှိုင်းကဲ့သို့) လိမ့်သည်။ —*n.* အလိပ်၊အခွေ၊အလိမ်။ (လှိုင်း၏) အလိမ့်။ (for sub-def. *see* above.)

Curlew, *n.* ကုလားကပ်ငှက်။

Curling tongs, *n.* ဆံပင်ကိုခွေလိပ်သောညှပ်။

Curly, *a.* လိပ်သော (ဆံပင်။) —headed, *a.* ဆံပင်လိပ်သော။

Curmudgeon, *n.* စေးနှဲ၍အလွန်ခက်ထန်သောသူ။

Currant, *n.* ငယ်သောသစ်သီးတမျိုး။

Currency, *n.* general circulation, အနှံ့အပြားလှည့်လည်ခြင်း။ general reception, တဦးမှတဦးသို့လှည့်လည်၍နေရာရခြင်း။ that which is current, as a medium of trade, ရောင်းဝယ်မှုတွင်အဘိုးချေရန်လူများသုံးစွဲ၍တဦးမှတဦးသို့လှည့်လည်သောအရာ။

Current, *a.* in general circulation and use, အနှံ့အပြားသုံးစွဲ၍တဦးမှတဦးသို့လှည့်လည်သော။ generally admitted, လူများလက်ခံသော။ now passing, ယခုဖြစ်သော။ —*n.* a running stream, ရေစီး။ စီးသောရေ။ successive course, သွားမြဲသွားခြင်း။

Curricle, *n.* ရထားတမျိုး။

Currier, *n.* သားရေလုပ်သမား။ သားရေနယ်ကိုပြုပြင်သောသူ။

Curry 1, *v. t.* to dress leather, သားရေနယ်ကိုပြုပြင်သည်။ to clean with a curry-comb, သံဘီးနှင့်ဖီးသည်။ —favour, မျက်နှာရအောင်ချော့မော့သည်။ —comb, *n.* သံဘီး။ —2, *n.* ဟင်းတမျိုး။

Curse, *v. t.* to imprecate evil, ကျိန်သည်။ကျိန်ဆဲသည်။ to inflict evil, ဘေးဒါဏ်ရောက်စေသည်။ —*n.* from *do.*

Cursed, *a.* execrable, ကျိန်ဆဲစရာကောင်းသော။ most abominable, အလွန်ဆိုး၍ရွံရှာစရာကောင်းသော။

Cursory, *a.* ရှပ်ကာပြုသော။ cursorily, *adv.* ရှပ်ရှပ်။

Curt, *a.* တိုသော။

Curtail, *v. t.* to make shorter, တိုအောင်ဖြတ်သည်။ to lessen, နည်းစေသည်။ လျော့စေသည်။

Curtain, *n.* a cloth suspended for a screen, ကုလားကာ။ —of a bed,

မြင်ထောင်။ (in fortification,) ဝက်ခေါင်းနှစ်ခုကြားမှာ တည်သော မြို့ရိုး။ —*v. t.* ကုလားကာနှင့်ကာသည်။

Curvature, *n.* a bending, ကွေးခြင်း။ a bend, အကွေး။

Curve, *v.* to decline from a right line, ကိုင်းသည်။ to bend, draw together at the ends, ကွေးသည်။ to be serpentine, ကွေ့သည်။ —*a.* from above, 2d and 3d def. —*n.* အကွေး။ အကွေ့။ (for sub-def.) *see* Curve, *v.*

Curvet, *v. i.* မြင်းကဲ့သို့ခုန်သည်။ —*n.* from *do.*

Curvilinear, ကွေးသောပုံရှိသော။

Cushat, *n.* ခိုတမျိုး။

Cushion, *n.* —to sit on, ဖုံ။ နေရာထိုင်။ နေရာဖုံ။ —to lean on, မှီအုံး။

Cusp, *n.* ဆန်းသောလ၏အကွေးစွန်း။

Cusped, *a.* အကွေးစွန်းရှိသော။

Custard, *n.* ကြက်ဥ။ သကြား။ နို့ရော၍လုပ်သောမုန့်။ ကြက်ဥမုန့်။ —apple, *n.* ဩဇာ။

Custodial, *a.* စောင့်ရှောက်ခြင်းနှင့်ဆိုင်သော။

Custody, *n.* watch-care, စောင့်ရှောက်ခြင်း။ confinement, ချုပ်ထားခြင်း။

Custom 1, *n.* common practice, ထုံးစံ။ ဓလေ့။ habit, way, စာရိတ်။ (Pali, စာရိတ္တ။) habitual buying at the same place, ဖောက်သည်။ ဝယ်မြဲဝယ်ခြင်း။ —2, *n.* duty on imports and exports, အကောက်။ —house, *n.* အကောက်တိုက်။

Customary, *a.* according to custom, ထုံးစံအတိုင်းဖြစ်သော။ habitual, ဖြစ်လေ့ရှိသော။

Customer, *n.* ဖောက်သည်။

Cut, *v. t.* —(by different processes,) ဖြတ်သည်။ လှီးသည်။ ခုတ်သည်။ ညှပ်သည်။ ရှသည်။ to carve, ထုသည်။ ဆစ်သည်။ to intersect, ကန့်သည်။ to wound the feelings, စိတ်နာစေသည်။ —a pack of cards, ဖဲချီးသည်။ —across, *v. t.* ဖြတ်လမ်းကို လိုက်သည်။ —asunder, *v. t.* ဖြတ်သည်။ —down, *v. t.* to fell, ခုတ်လှဲသည်။ to dispirit, စိတ်ပျက်အောင်ပြုသည်။ —off, *v. t.* separate by cutting, ဖြတ်သည်။ ဖြတ်၍ကွဲကွာစေသည်။ to kill, သတ်သည်။ to put away, ဖယ်ရှားသည်။ to prevent, ဆီးတားသည်။ —out, *v. t.* to take out by cutting, ထားနှင့်ကော်ယူသည်။ —a garment, အဝတ်ကိုညှပ်သည်။ —work, လုပ်ရန်ကြံစည်သည်။ to adapt, တော်လျော်အောင်လုပ်သည်။ to take the place of, သူ့အရာကိုလု၍ရသည်။ —purse, *n.* ကတ်ကြေးကိုက်သူခိုး။ —short, *v. t.* to make to stop suddenly, ရုတ်ခနဲရပ်စေသည်။ to shorten, တိုအောင်ဖြတ်သည်။ throat, *n.* လူသတ်။ —up, *v. t.* to divide into parts by cutting, အပိုင်းပိုင်းဖြတ်သည်။ to clear away, ပယ်ရှင်းသည်။ —*n.* from Cut, *v. t.*; the gap or opening made by cutting, ဖြတ်ရာ၊ လှီးရာ၊ ခုတ်ရာ၊ ညှပ်ရာ၊ ရှရာ၊ a stroke or blow, ရိုက်ခြင်းတချက်၊ a channel, တူးကြောင်း၊ a slice, လှီးသောအလွှာ၊ a shorter path, ဖြတ်လမ်း၊ the stamp on which a picture is carved, ပုံရိုက်ရန်ထုသောရုပ်ပုံ၊ a picture stamped, ပုံရိုက်သောရုပ်ပုံ၊ the fashion in which a thing is cut, ညှပ်သောပုံ၊

Cutaneous, *a.* သားရေနှင့်ဆိုင်သော(အနာ၊)

Cutch, *n.* ရှားစေး၊

Cuticle, *n.* the scarf skin, အပေါ်သားရေ၊ the thin external covering of bark, အပေါ်ခွံ၊ a thin skin formed on the surface of liquor, အရည်ပေါ်မှာတက်သောအမြှေး၊

Cutlass, *n.* ထားလွှယ်တမျိုး၊

Cutler, *n.* ထား၊ ကတ်ကြေးအစရှိသည်တို့ကိုလုပ်သောပန်းပဲ၊

Cutlery, *n.* ထားအစရှိသော ဖြတ်တတ်လှီးတတ် ညှပ်တတ်သောတန်ဆာမျိုး၊

Cutlet, *n.* ကြော်သောအမဲသား၊ ကြက်သား၊ ငါးသား၊

Cutter, *n.* a cutting instrument, ဖြတ်လှီးသောတန်ဆာ၊ a quick boat, မြန်သောသင်္ဘော၊

Cutting, *n.* a piece cut off, ဖြတ်စ၊ ဖြတ်နု၊ a slip, စိုက်ရန်ဖြတ်ယူသောအခက်အထက်၊

Cutwal (East Indian,) *n.* ရာဇဝတ်ထိန်း၊

Cutwater, *n.* သင်္ဘောဦးချွန်း၊

Cycle, *n.* a circle, စက်ဝိုင်း၊ a period of time in which the same revolution of the heavenly bodies begins again, နေ၊လ၊ကြယ်နက္ခတ်လှည့်ပတ်ရာ စက်ဝိုင်းရွေ့လျှက်ရွေ့လျှက်နေရာဟောင်းသို့ရောက်အောင် လှည့်ပတ်သောကပ်ကာလ၊

Cygnet, *n.* ဟင်္သာငယ်၊

Cyclopœdia, *see* Encyclopœdia.

Cylinder, *n.* စည်ပုံ၊

Cylindrical, *a.* စည်ပုံကဲ့သို့ဖြစ်သော၊ လုံးသော၊

Cymbal, *n.* လင်းကွင်း၊

Cynic, *n.* မိတ်တို၍အပြစ်တင်တတ်သောပညာရှိ၊

Cynical, *n.* မိတ်တို၍အပြစ်တင်တတ်သော၊

Cynosure, *n.* the pole star, ဓူဝံ၊ an object that commands attention and exerts influence, လူများကြည့်ရှု၍ နည်းခံထောက်သောအရာ၊

Cypher, *see* Cipher.

Cypress, *n.* သစ်ပင်တမျိုး၊

Czar, *n.* ရုရှ ရှင်ဘုရင်၊

Czarina, *n.* ရုရှ မိဖုရား၊

D

Dab, *v. t.* to strike gently, သာသာပုတ်သည်။ to strike gently with a soft substance, ပျော့သောအရာနှင့်ပုတ်သည်။ —*n.* a gentle blow, သာသာပုတ်ခြင်းအချက်။ a small soft lump, ပျော့သောအစိုင်ငယ်။

Dabble, *v. i.* to play or dash about in water, ရေ၌ဖောက်ဖက်ခတ်၍ကစားသည်။ to do slightly, or superficially, ပေါ့လျော့စွာပြုလုပ်သည်။ to meddle, စွက်ဖက်၍ပြုသည်။

Dacoit, *n.* ထားပြ။

Dad, Daddy, *n.* အဘ (သူငယ်ပြောသောစကား။)

Daft, *a.* စိတ်ပေါ့သော။s.

Dagger, *n.* တိုသောသန်လျက်။

Daggle, *see* Draggle.

Daguerreotype, *n.* ကြေးပြားပေါ်မှာ နေရောင်ခြည်ထိုး၍ရုပ်ပုံထင်ရသောအတတ်။

Daily, *a.* နေ့တိုင်းဖြစ်သော။ —*adv.* နေ့တိုင်း။ နေ့ရက်အစဉ်အတိုင်း။

Daintiness, *v. i.* from next.

Dainty, *a.* savory, ဆိမ့်သော။ အရသာရှိသော။ nice in selecting food, အစားရွေး၍နည်းနည်းစားတတ်သော။ delicate in form or appearance, လှပနူးနယ်ယဉ်ကျေးသော။ —*n.* ဆိမ့်သောအစာ။

Dairy, *n.* the management of milk and the making of butter and cheese, နို့အလုပ်နှင့်ဆိုင်သောအမှုအရာ။ the room where the business is conducted, နို့အမှုနှင့် ဆိုင်သမျှကို ပြုပြင်သောအခန်း။ —maid, နို့အမှုနှင့်ဆိုင်သမျှလုပ်ဆောင်သောမိန်း။

Daisy, *n.* ပန်းပွင့်တမျိုး။

Dale, *n.* တောင်ကြား။ ချိုင့်။

Dalliance, *n.* from next.

Dally, *v. i.* to play, ကစားသည်။ to toy, wanton, ကာမရာဂနှင့်ရှည်၍ကစားသည်။ to while away time idly, အချည်းနှီးကစားသဖြင့်ကာလကိုလွန်စေသည်။

Dam 1, *n.* a female parent (among quadrupeds,) တိရိစ္ဆာန်တို့တွင်အမိ။ —2, a bank or fence to obstruct or confine water, ဆည်။ တမံ။ —2, *v. t.* ဆည်သည်။ တမံခတ်သည်။ တမံဆည်သည်။

Damage, *n.* from Damaged [be;] *plur.* damages, လျော်ပြစ်။ လျော်ငွေ။ —for trespass on property, ဘဏ္ဍာစားလျော်ငွေ။ —for trespass on person, နှုတ်လွန်။ လက်ရောက်လျော်ငွေ။ —for trespass in case of crim. con. ကာမပြစ်လျော်ငွေ။ —*v. t.* from next.

Damaged [be,] *v. i.* (in various ways,) အကျိုးနည်းသည်။ အကျိုးပျက်သည်။ ယိုယွင်းသည်။ ယုတ်ညံ့သည်။

Damask, *n.* ရုပ်ပုံပေါ်ထအောင်ရက်သောအထည်။

Dame, *n.* မမ၊ မယ်ရှင်။

Damn, *v. t.* to condemn, အပြစ်နှင့်အလျောက်စီရင်သည်။ to sentence to hell, ငရဲကိုခံစေခြင်းငှါစီရင်သည်။ to disapprove, ကဲ့ရဲ့ပြစ်တင်သည်။

Damagable, *a.* အပြစ်နှင့်အလျောက်စီရင်စရာကောင်းသော။

Damnation, *n.* from Damn, 2d def.

Damp, *a.* ထိုင်းသော။ ထိုင်းထိုင်းဖြစ်သော။ slightly damp, ထပ်ထပ်ဖြစ်သော။ —*v. t.* to make humid, ထိုင်းထိုင်းဖြစ်အောင်ပြုသည်။ to check, အရှိန်ကိုသတ်သည်။ to dispirit, စိတ်အားကိုလျော့စေသည်။ —*n.* humid air, နှင်းငွေ့။ မိုဃ်းငွေ့။ humidity, ထိုင်းထိုင်းဖြစ်ခြင်း။ depression of spirits, စိတ်အားလျော့ခြင်း။

Dampen, *see* Damp, *v. t.*

Dampness, from Damp, *a.*

Damps, *n. plur.* နဂါးငွေ့။

Damsel, *n.* အပျို။

Dance, *v. i.* (Burm.) ကသည်။ (Eng.) သိုင်းကွက်ကျအောင်နင်း၍ကသည်၊ ခြေထိုး၍ကသည်။ ကခုန်သည်။ —attendance, တိုးလျှိုး၍ခစားသည်။ —*n.* the act of dancing, ကခြင်း။ the form or kind of dancing, ကနည်း။

Dancer, *n.* ကခြေသည်၊ အကသမား။

Dancing-master, *n.* အကသင်သောဆရာ။

Dancing-school, *n.* အကသင်သောနေရာအရပ်။

Dandle, *v. t.* လှုပ်၍ချော့သည်။

Dandruff, *n.* ဗောက်။

Dandy, *n.* လှလှဝတ်တတ်သောလူပျို။

Danger, *n.* ဘေးရောက်စရာအကြောင်း။

Dangerous, *a.* ဘေးရောက်စရာအကြောင်းရှိသော။

Dangle, *v. i.* တွဲလွဲနေသည်။

Dank, *a.* စိုစွတ်သော။

Dapper, *a.* ပု၍ပေါ့ပါးသော။

Dapple, *a.* ကွက်ကျားသော။

Dare, *v. i.* to venture, (ပြု)ဝံ့သည်။ —*v. t.* defy, ကြိမ်းပသည်။ ကြိမ်းဝါးသည်။

Dark, *a.* without light, အလင်းမရှိ၊ မိုက်သော၊ မှောင်သော။ gloomy, မှိုင်းသော။ of a dark color, ညိုသော။ without prospect, မျှော်လင့်စရာမရှိသော။ obscure, not perspicuous, နက်နဲခက်ခဲသော။ unenlightened, ignorant, အသင်အကြားမရှိသောကြောင့်မတတ်မလိမ္မာသော။ downcast, ညှိုးငယ်သော။ covert, လျှို့ဝှက်သော။ —[be,] *v. i.* as evening, မိုဃ်းချုပ်သည်။ —*n.* darkness.

မှောင်မိုက်။ obscurity, မထင်မရှားနေခြင်း။ ignorance, မတတ်မလိမ္မာ၊ မိုက်ခြင်း။

Darken, *v. t.* မိုက်စေသည်။ မှိုင်းစေသည်။ ညိုစေသည်။ မျှော်လင့်စရာမရှိအောင်ပြုသည်။ (for sub-def. *see* Dark, *a.*;) to obscure, perplex, ရှုပ်ထွေးစေသည်။

Darkness, *n.* from Dark, *a.*

Darksome, *a.* without light, အလင်းမရှိ။ မိုက်သော။ မှောင်သော၊ မှိုင်းသော။

Darling, *a.* အလွန်ချစ်ဖွယ်ဖြစ်သော။ —*n.* အလွန်ချစ်ဖွယ်သောသူ။

Darn, *v. t.* ဖိတ်သားထိုးသည်။ —*n.* ဖိတ်သားထိုးချက်။

Dart, *n.* လှံယည်။ —*v. t.* to throw (as a dart,) ထိုးပြစ်သည်။ —*v. i.* to fly (like a dart,) ဖြတ်ခနဲပြေးသည်။

Dash, *v. t.* to strike or throw with a jerk, ဆောင့်၍ပြစ်သည်။ ဖြန်းခနဲပြစ်သည်။ to throw (water,) ပက်သည်။ to throw in a little, စွက်သည်။ to break, destroy, ဖျိုးဖျက်သည်။ to abash, မျက်နှာပျက်စေသည်။ *v. i.* to rush, တဟုန်တည်းပြေးသည်။ —against *v. t.* ထိုးမိုက်သည်။ တိုက်မိသည်။ —as waves, (လှိုင်း) ရိုက်သည် —out, *v. t.* ချေသည်။ —*n.* from same; a mark denoting a break or stop in writing, အပိုက်မျဉ်း။ (—)

Dashing, *a.* ပလွှားတတ်သော။

Dastard, *a.* သူရဲဘောနည်းသော။ —*n.* သူရဲဘောနည်းသောသူ၊ ကြောက်တတ်သောသူ။

Data, *n. plur.* things admitted, သူတပါးမငြင်း။ သဘောကျသောအကြောင်းအရာ။ things known, from which to deduce things unknown, မသိသေးသောအကြောင်းအရာကို သိအံ့သောငှါ နှိုင်းချိန်ရန်ဖြစ်သော။ သဘောကျနှင့်သောအကြောင်းအရာ။

Date 1, *n.* the fruit, စွန်ပလွံသီး။ —2, time stated, သက္ကရာဇ်။ ရက်စွဲ၊ နေ့စွဲ။ —2, နှစ်၊ လ၊ နေ့၊ ရက်ကိုမှတ်သားသည်။

Dative, သမ္ပဒါန။

Daub, *v. t.* လူးသည်။ ကျံသည်။ —*n.* လူးသောအကွက်။

Daughter, *n.* သမီး။ —in-law, *n.* ချွေးမ။

Daunt, *v. t.* ကြောက်စေသည်။

Dauntless, *a.* မကြောက်၊ ရဲသော။

Dauphin, *n.* ပြင်သစ်ပြည်မှာအိမ်ရှေ့မင်း။

Dawn, *v. i.* အာရုဏ်တက်သည်။ မိုဃ်းထင်းစရှိသည်။ —*n.* the break of day, အာရုဏ်။ ဝေလီဝေလင်း။ မိုဃ်းထင်းစ။ beginning, first appearance, ဖွင့်စ။ ဖြစ်စ။

Day, *n.* (artificial,) နေ့။ (natural,) ရက်။ day-light, နေ၏အလင်း။ time during, ထက်ထက်။ ကာလ။ an appointed time, ချိန်းချက်သောအချိန်။ time of contest, ပြိုင်ရာကာလ။ —[day by,] *adv.*

နေ့ရက်အစဉ်အတိုင်း။ —[from day to,] တနေ့ထက်တနေ့။ —[to,] ယနေ့။ —[win the,] *n.* အောင်သည်။ —book, နေ့စွဲ။ ရက်စွဲမှတ်သောငွေစာရင်း။ —break, မိုးလင်းစ။ —labor, နေ့စားလုပ်ခြင်း။ —light, နေ၏အလင်း။ —spring, အာရုဏ်တက်ခြင်း။ —star, *see* —Morning star. —time, *n.* နေ့အချိန်။

Day's man, *n.* စပ်ကြားမှာစီရင်သောသူ။ —work, တနေ့လုပ်ရသောအလုပ်။

Dazzle, *v. t.* from next.

Dazzled [be,] *v. i.* မျက်စိဖန်သည်။

Deacon, *n.* an assistant officer in a church, သင်းထောက်။ a clergyman of the lowest order, အင်္ဂလိတ်ပြည်မှာဓမ္မဆရာတမျိုး။

Deaconess, *n.* သင်းထောက်မိန္မ။

Deaconship, *n.* သင်းထောက်အရာ။

Dead, *a.* deprived of life, သေသော။ without life, အသက်မရှိသော။ having the appearance of being dead or without life, အသက်မရှိသကဲ့သို့ဖြစ်သော။ သေသောသဏ္ဍာန်ရှိသော။ perfectly still, မလှုပ်မရှားသော။ without energy, အရှိန်တန်ခိုးမရှိသော။ listless, အရသာမရှိသော။ —language, ရှေးကာလပြောဆို၍ယခုကာလမပြောမဆို။ ကွယ်ပျောက်သော (ဘာသာစကား။) —drunk, မလှုပ်ရှားနိုင်အောင်ယစ်မူးသော။ —light, *n.* သင်္ဘောပြတင်းရွက်။ —reckoning, အိမ်မျှော်နှင့်ရေတိုင်းကိုအမှီပြု၍သင်္ဘောသွားသောခရီးကိုတွက်ခြင်း။ —dead people, သေသောလူတို့။ —of night, ညဉ့်နက်သောအချိန်။ —of winter, ဆောင်းထယ်။

Deaden, *v. t.* to abate vigor or action, အရှိန်ကိုသတ်သည်။ to make torpid, ထုံစေသည်။ —(liquor,) ပေါ့စေသည်။

Deadly, *a.* သေစေတတ်သော။

Deadness, *n.* from dead, *a.*

Deaf, *a.* နားပင်းသော။

Deafen, *v. t.* from *do.*

Deafness, *n.* from same.

Deal 1, *v. t.* to distribute, ဝေငှသည်။ to scatter, ကြဲသည်။ —*v. i.* to act, behave, ပြုကျင့်သည်။ to traffic, ဖောက်ကားရောင်းဝယ်သည်။ —by, *v. t.* (တစုံတပါး)၌ပြုသည်။ —in, to trade in, (ဤမည်သောဥစ္စာကို) ရောင်းဝယ်၍နေသည်။ to have to do with habitually, သုံးစွဲသည်။ —with, to treat, (သူတပါး)၌ပြုသည်။ to contend with, ပြိုင်၍ပြုသည်။ to discipline, ဆုံးမသည်။ —1, *n.* much, အများ။ —[great,] အပုံ။ distribution of cards, ဖဲဝေခြင်း။ —2, fir-wood, ထင်းရှူးသား။

Dealer, *n.* ဝေသည်။ ကုန်သည်။

Dealing, *n.* from Deal, *v. i.*

Dean, *n.* ဂိုဏ်းထောက်။

Dear, *a.* of high price, အဘိုးကြီးသော၊ တောင်းတင်းတိုသော။ beloved, ချစ်ခြင်းကိုခံရသော။ —bought, ကြီးသောအဘိုးနှင့်ဝယ်သော(ဥစ္စာ)
—*n.* ချစ်ခြင်းကိုခံရသောသူ။

Dearly, *adv.* at a high price, အဘိုးကြီးစွာ။ with much fondness, ချစ်ကြင်နာစွာ။

Dearness, *n.* high price, အဘိုးကြီးခြင်း။ tender love, ချစ်ကြင်နာခြင်း။

Dearth, *n.* scarcity, ရှားပါးခြင်း။ famine, အစာခေါင်းပါးခြင်း။

Death, *n.* cessation of life, သေခြင်း။ the state of the dead, သေသည်အဖြစ်။ the cause, or law of death, သေခြင်းတရား။ a personification of death, သေမင်း။ —bed, *n.* သေရာခုတင်။ —watch, ပိုးကောင်တမျိုး။

Deathless, *a.* သေခြင်းသဘောမရှိသော။

Deathlike, *a.* resembling death, သေသောလက္ခဏာရှိသော။ cadaverous, အသေကောင်လက္ခဏာရှိသော။ လူသေကဲ့သို့ဖြစ်သော။

Death's door, *n.* သေဝ။

Debar, *v. t.* မဝင်ရအောင်ဆီးတားသည်။ ကန့်ကွက်သည်။

Debark, *see* Disembark.

Debase, *v. t.* ယုတ်ညံ့စေသည်။

Debasement, *n.* ယုတ်ညံ့ခြင်း။ ယုတ်ညံ့စေခြင်း။

Debatable, *a.* ဆွေးနွေးငြင်းခုံစရာအကြောင်းရှိသော။

Debate, *v.* ဆွေးနွေးငြင်းခုံသည်။ —*n.* from *do.*

Debauch, *v. t.* to corrupt by sensual indulgence, ကာမဂုဏ်အားဖြင့်ယုတ်မာစေသည်။ to seduce from allegiance, သစ္စာဖျက်စေသည်။ —*n.* an excess of sensual indulgence, ကာမဂုဏ်အားဖြင့်လွန်ကျူးခြင်း။

Debauchee, *n.* ကာမဂုဏ်အားဖြင့်လွန်ကျူးတတ်သောသူ။

Debauchery, *n.* an excess of sensual indulgence, ကာမဂုဏ်အားဖြင့်လွန်ကျူးခြင်း။ corruption of fidelity, သစ္စာဖျက်စေခြင်း။

Debauchment, *n.* from Debauch, *v. t.*

Debenture, *n.* ကြွေးမြီဆပ်ရန်ရှိသည်ယုဝန်ခံသောစာချုပ်။

Debilitate, *v. t.* ရှုံနွဲ့စေသည်။

Debility, *n.* ရှုံနွဲ့ခြင်း။

Debit, *v. t.* သူတပါးပေးရန်ရှိသည်ကိုစာရင်း၌မှတ်သည်။ —*n.* သူတပါးပေးရန်ရှိသည်ကိုစာရင်း၌မှတ်ချက်။

Debonnair, *a.* ယဉ်ကျေးသော။

Debouch, *v. i.* ကျဉ်းမြောင်းရာထဲကထွက်သည်။

Debris, *n.* ကျောက်အကျိုးအပဲ့။

Debt, *n.* ကြွေး၊ မြီ။

Debtor, *n.* ကြွေးတင်သောသူ။ ကြွေးစား။ မြီစား။

Debut, *n.* အစအဦးပွဲခြင်း။ ပွဲစ။
Decade, *n.* တဆယ်။ ၁၀။
Decagon, *n.* ဆယ်ထောင့်ပုံ။ ဒသဂံ။ a regular decagon, ဒသရန်း။
Decalogue, *n.* ပညတ်တော်ဆယ်ပါး။
Decamp, *v. i.* to march from an encampment, တပ်ချရာမှထွားသွားသည်။ to go off, ထွက်သွားသည်။
Decant, *v. t.* အနှစ်ကျန်ရစ်စေခြင်ငှဲယူသည်။
Decanter, *n.* ကြည်လင်သောအရည်ကိုထည့်သောပုလင်း။
Decapitate, *v. t.* လည်ပင်းကိုဖြတ်သည်။
Decay, *v. i.* တဖြေးဖြေးယိုယွင်းသည်။ —*n.* from *do.*
Decayed [be,] *v. i.* ဆွေးမြေ့သည်။
Decease, *v. i.* သေသည်။ စုတေသည်။ —*n.* from *do.*
Deceit, *n.* a misleading of the mind, လှည့်စားခြင်း။ a deluding, လိမ်လည်ခြင်း။ deceitfulness, လှည့်စားတတ်သောသဘော။
Deceitful, *a.* tending to mislead the mind, လှည့်စားတတ်သော။ fraudulent, လိမ်လည်တတ်သော။
Deceitfulness, *n.* from above.
Deceivable, *a.* လှည့်စားအပ်သော။ လှည့်စားနိုင်ဖွယ်။
Deceive, *v. t.* to mislead the mind, လှည့်စားသည်။ လှည့်ဖြားသည်။ to delude, လိမ်လည်သည်။ to disappoint, စိတ်ပျက်စေသည်။
December, *n.* အင်္ဂလိပ်နှစ်တွင်ဆွဲသဒဿမလတည်းဟူသောဒေစင်ဘာလ။
Decency, *n.* becomingness, လျောက်ပတ်ခြင်း။ propriety of conduct, ဣန္ဒြေရှိခြင်း။
Decennary, *n.* ဆယ်နှစ်။
Decennial, *n.* ဆယ်နှစ်နှင့်ဆိုင်သော။
Decent, *n.* becoming, လျောက်ပတ်သော။ behaving with modesty and propriety, သိုက်မြိုက်သော။ moderate, တော်ရုံရှိသော။
Deception, *n.* a misleading, လှည့်စားခြင်း။ a cheating, လိမ်လည်ခြင်း။ the state of being misled, လှည့်စားခြင်းကိုခံရသည့်အဖြစ်။
Deceptive, *see* Deceitful.
Decide, *v. t.* to settle, determine, ဆုံးဖြတ်သည်။ —on summing up evidence, ကောက်ယူစီရင်သည်။ —*v. i.* to settle in the mind, စိတ်သဘောကျသည်။
Decided, *a.* free from hesitation, နှောင့်နှေးခြင်းမရှိသော။
Deciduous, *a.* ကြွေတတ်သော။
Decillion, *n.* သိန်းနယုတ။
Decimal, *a.* numbered by ten, တဆယ်စီစီရေတွက်သော။ increasing or diminishing by tens, တဆယ်တဆယ်တက်သော။ တဆယ်တဆယ်ဆုတ်သော။ —fraction, *n.* ဒသမတ်။ ဒသမတ်ကိန်း။
Decimate, *v. t.* to take a tenth part, ဆယ်ပိုတွင်တပိုကိုယူသည်။ to

execute every tenth man, ဆယ်ယောက်တွင်တယောက်ကိုနှုတ်၍သတ်သည်။

Decimation, *n.* from above.

Decipher, *v. t.* နက်နဲသောအနက်ကိုဖော်ပြသည်။

Decision, *n.* from Decide, *v. t.* and *v. i.*; freedom from doubt and hesitation, နှောင့်နှေးခြင်းမရှိ၊အလျှင်အမြန်စိတ်ပြဌာန်းခြင်း။

Decisive, *a.* ဆုံးဖြတ်တတ်သော။

Decisiveness, *n.* from above.

Deck, *n.* ကုန်းပတ်။ —*v. t.* to furnish with a deck, ကုန်းပတ်ထိုးသည်။ to adorn, array, ဆင်သည်။ တန်ဆာဆင်သည်။

Decker [two,] *n.* ကုန်းပတ်နှစ်ဆင့်ရှိသောသင်္ဘော။ —[three,] ကုန်းပတ်သုံးဆင့်ရှိသောသင်္ဘော။

Declaim, *v. i.* ပရိသတ်ရှေ့မှာကျယ်ကျယ်ပြောဆိုသည်။

Declamation, *n.* from above; a speech delivered in public, ပရိသတ်ရှေ့မှာကျယ်ကျယ်ပြောဆိုသောအချက်။

Declamatory, *a.* relating to the practice of declaiming, ပရိသတ်ရှေ့မှာ ကျယ်ကျယ်ပြောဆိုခြင်းနှင့် ဆိုင်သော၊ appealing to the passions, ယုံထောက်သောသက်သေမရှိဘဲ သူတပါးတို့စိတ်ကိုနှိုးဆော်တတ်သော၊

Declaration, *n.* the act of telling openly, အတည့်အလင်းပြောဆိုခြင်း။ a plain statement of report, အတည့်အလင်းပြန်ပြောသောအချက်။ a proclamation, ကျော်ညာစေခြင်း။ the act of making any statement, ပြောထားခြင်း။

Declarative, Declaratory, *a.* making declaration, အတည့်အလင်းပြောဆိုသော။ exhibiting, ဖော်ပြသော။ proclaiming, ကျော်ညာစေသော။

Declare, *v. t.* to tell openly, အတည့်အလင်းပြောဆိုသည်၊ to exhibit, ဖော်ပြသည်။ to proclaim, ကျော်ညာစေသည်။ to affirm, ယုတ်ကဲ့ယုပြောထားသည်။

Declension, *n.* ရွေ့လျော့ခြင်း။

Declination, *n.* a leaning down, ညွတ်ခြင်း။ a deflection, deviation, ရွခြင်း။ ထမ်းမှတ္တဲခြင်း။ deterioration, ရွေ့လျော့ခြင်း။ variation from a point, အချက်မှတ္တဲခြင်း။

Declinature, (သူတပါးပေးသောအရာကို) မခံမယူဘဲပြင်းပယ်ခြင်း။

Decline, *v. i.* to lean downward, ညွတ်သည်။ to deflect (intrans.,) deviate, တိမ်းသည်။ ယိမ်းသည်။ ထမ်းမှတ္တဲသည်။ to bend downward, အောက်သို့ရွေ့သွားသည်။ to fail, be impaired, ရွေ့လျော့သည်။ to fall in value, (အထိုး) ယုတ်လျော့သည်။ —*v. t.* to bend downward, ညွတ်သည်။ to deflect (trans.,) make deviate. ရွစေသည်။ ထမ်းမှတ္တဲစေသည်။ to avoid, shun, ရှောင်

သည်။ to refuse, reject, ငြင်းပယ်သည်။ —a noun, နာမ်ဦစိတ်တတ် သက်၍ပေါင်းသည်။ —*n.* ငွေလျှော့ခြင်း။

Declivity, *n.* ဆင်ခြေလျှော။

Declivous, *a.* ဆင်ခြေလျှောဖြစ်သော။

Decoct, *v. t.* to boil, ပြုတ်သည်။ to digest, (အစာကို) ခြေသည်။

Decoction, *n.* a boiling, ပြုတ်ခြင်း။ the liquor in which a substance has been boiled, ပြုတ်ဆေး။

Decollate, *v. t.* လည်ပင်းကိုဖြတ်သည်။

Decollation, *n.* from above.

Decompose, *v. t.* တလုံးတဝတည်း စုပေါင်းသော အရာတို့ကို တခြားစီခွဲထားသည်။

Decomposition, *n.* from above.

Decompound, *v. t.* ရောနှောလော့အရာတို့ကိုထပ်မံ၍ရောနှောစေသည်။

Decorate, *v. t.* တန်ဆာဆင်သည်။

Decoration, *n.* the act of adorning, တန်ဆာဆင်ခြင်း။ an ornament, ဆင်သောတန်ဆာ။

Decorous, *a.* လျောက်ပတ်သော။

Decorum, *n.* တင့်တယ်လျောက်ပတ်ခြင်း။

Decoy, *v. t.* ဖမ်းအောင်မြူသည်။ —*n.* ဖမ်းအောင်မြူသောအရာ။ —animal, တိန်ညင်။ —duck, ဝမ်းဘဲတိန်ညင်။

Decrease, *v. i.* to become less, ဆုတ်ယုတ်သည်။လျော့ပါးသည်။ —*v. t.* from *do.* —*n.* from *do.* —*v. i.* —of the moon, လဆုတ်။

Decree, *v. t.* to decide, determine judicially, စီရင်ဆုံးဖြတ်သည်။ to decide concerning a future event, (ဖြစ်စေခြင်းငှါ) စီရင်သည်။ to decree, ပညတ်သည်။ ဥပဒေထားသည်။ to issue an edict, အမိန့်တော်ထုတ်သည်။ —*n.* from *do.* 1st and 2d def.; an order, edict, ပညတ်။ ဥပဒေ။ အမိန့်တော်။ စီရင်ချက်။

Decrepit, *a.* အိုမင်း၍ချွန်နွဲ့သော။

Decrepitate, *see* Crepitate.

Decrepitude, *n.* from Decrepit.

Decretal, *n.* အမိန့်တော်လက်ခွဲစု။

Decrial, *n.* from next.

Decry, *v. t.* ရှုတ်ချ၍ပြောသည်။

Decumbent, *see* Recumbent.

Decuple, *a.* ဆယ်ဆရှိသော။

Decurion, *n.* လူတဆယ်ကိုအုပ်သောအကြပ်။

Decursion, *n.* အောက်သို့စီးခြင်း။

Decurtation, *n.* တိုအောင်ဖြတ်ခြင်း။

Decussate, *v. t.* ကျ၍ကန့်ခြင်း။

Decussation, *n.* from above.

Dedecorous, *a.* ကဲ့ရဲ့စရာကောင်းသော။

Dedentition, *n.* the shedding of teeth in children, ငယ်သွားလဲခြင်း။ the loss of teeth, သွားကျွတ်ခြင်း။

Dedicate, *v. t.* to consecrate by a religious ceremony, အနုမောဒနာပြုသည်။ to offer in worship, လှူတန်းပူဇော်သည်။ to inscribe an address to a patron, ကိုယ်စီရင်ရေးထားသောစာကိုဂုဏ်အသရေရှိသောသူထံ၊ ပဏ္ဏာစာအားဖြင့်ဆက်သွင်းသည်။

Dedication, *n.* from above; an address to a patron, prefixed to a book, ကိုယ်စီရင်ရေးထားသောစာကိုဂုဏ်အသရေရှိသောသူထံဆက်သွင်းသောပဏ္ဏာမစာ။

Deduce, *v. t.* to draw from, နုတ်ထုတ်သည်။ to infer, သိသောအကြောင်းအရာကိုထောက်၍မသိသောအကြောင်းအရာကိုသိသည်။

Deducible, *a.* ထိုသို့သိနိုင်ဖွယ်ဖြစ်သော။

Deduct, *v. t.* to take from, နုတ်ယူသည်။ to remit, လျှော့သည်။

Deduction, *n.* the act of deducting, နုတ်ယူခြင်း။ လျှော့ခြင်း။ that which is deducted, နုတ်ယူသောအရာ။ လျှော့သောအရာ။ an inference, အရင်သိသော အကြောင်းအရာကို ထောက်၍ နောက်သိရသောအကြောင်းအရာ။

Deed, *n.* an act, performance, အပြု။ အမူ။ အကျင့်။ an exploit, ထူးဆန်းသောအပြုအမူ။ a contract transferring property, ဖွဲ့အပ်သောစာချုပ်။ a deed of mortgage, ပေါင်နှံသောစာချုပ်။ အပေါင်စာချုပ်။ *see also* Quit-claim. —[in-] *adv.* အကယ်။ အမှန်။ ဧကန်။ —*v. t.* (Amer.) စာချုပ်နှင့်ဖွဲ့အပ်သည်။

Deem, *v.* ထင်မှတ်သည်။

Deep, *a.* far below the surface, နက်သော။ low in situation, နိမ့်သော။ difficult of investigation, နက်နဲသော။ sagacious, မျှော်မြင်ကြံစည်တတ်သော။ grave in sound, လေးသော (အသံ။) exceeding, of great degree, အလွန်ဖြစ်သော အထူးသဖြင့်ဖြစ်သော။ များစွာဖြစ်သော။ —mouthed, *a.* အသံပတိန်းသော။ —*adv.* အလွန်။ အထူးသဖြင့် —*n.* the sea, ပင်လယ်။ a deep place, နက်သောအရပ်။

Deepen, *v. i.* to become deeper, တဖြေးဖြေးနက်သည်။ —*v. t.* to make deep, နက်အောင်ပြုသည်။ နက်စေသည်။ to make dark, မည်းစေသည်။ to augment, increase the strength of, အရှိန်ကြီးစေသည်။

Deepness, *n.* from Deep, *a.*

Deer, *n.* (of different kinds,) သမင်။ ဒရယ်။ ဆတ်။ ဂျီ။

Deface, *v. t.* to mar the face or surface, အဆင်းသဏ္ဍာန်ကိုဖျက်သည်။ to obliterate, erase, ချေဖျက်သည်။

Defacement, *n.* from above.

Defalcate, *v. t.* ပယ်ဖြတ်သည်။
Defalcation, *n.* from above.
Defamation, from Defame, *v. t.*
Defamatory, *a.* from next.
Defame, *v. t.* သူ့အသရေပျက်အောင်မဟုတ်မမှန်ပြောသည်။ အတင်းပြောသည်။
Default, *v. i.* (ပြုသင့်သောဝတ်ကို) လွှဲ၍နေသည်။ —*n.* from *do.* defect, want, မစုံမလင်ခြင်း။
Defaulter, *a.* agent, from Default, *v. i.* one who refuses to appear in court when summoned, ရုံးမင်းထံချိန်းချက်သောနေ့မလာမရောက်ဘဲနေသောသူ။ one who fails in the discharge of dues to government, ငွေဆက်သွင်းချိန်ရောက်၍မဆက်မသွင်းဘဲနေသောသူ။
Defeasance, *n.* from next, 3d def.
Defeat, *v. t.* to overthrow in battle, ရှုံးအောင်ထိုက်သည်။ to frustrate, အကြံကိုဖျက်သည်။ to make null, အချည်းနှီးဖြစ်စေသည်။ ပလပ်စေသည်။ —*n.* from *do.*
Defecate, *v. t.* ကြည်လင်စေသည်။ ရှင်းလင်းစေသည်။
Defect, *n.* a want, imperfection, မစုံမလင်။ ချို့တဲ့ခြင်း။ a failing, fault, ချွတ်ယွင်းသောအချက်။ a blemish, အနာအဆာ။
Defection, *n.* ဖောက်ပြန်ခြင်း။
Defective, *a.* wanting, imperfect, မစုံမလင်၊ ချို့တဲ့သော။ faulty, ချွတ်ယွင်းသော။
Defectiveness, *n.* from above.
Defence, *n.* from Defend; any thing that defends, ရန်သူဘေးမှလွတ်အောင်ဆီးကားကွယ်ကာစောင့်မတတ်သောအရာ။ vindication, အပြစ်ဖြေရာစကားကိုပြောခြင်း။ a defendant's reply, တရားခံဖြေသောဆင်မခြေ။ ချေပချက်။ ထုခြေချက်။
Defenced, *a.* ခိုင်ခံ့သော (မြို့။)
Defenceless, *a.* အကွယ်အကာမရှိသော။
Defend, *v. t.* to protect by warding off some evil, ရန်သူဘေးမှလွတ်အောင်ဆီးတားကွယ်ကာစောင့်မသည်။ to vindicate, အပြစ်တင်ခြင်းကိုလှန်၍ဖြေသည်။
Defendant, *n.* ရန်သူကိုလှန်၍စောင့်မသောသူ။ one accused in law. တရားခံ။
Defensible, *a.* that may be defended, ရန်သူဆေမှလွတ်အောင်စောင့်နိုင်ဖွယ်ဖြစ်သော။ that may be vindicated, အပြစ်တင်ခြင်းကိုလှန်၍ဖြေနိုင်ဖွယ်ဖြစ်သော။
Defensive, *a.* suitable for defence, ရန်သူဘေးမှလွတ်အောင်ဆီးတား

ကွယ်ကာရန်ကောင်းသော။ being in a state of defence, ရန်သူကိုရပ်ခံဆီးတားၡ်နေသော။

Defer, *v. t.* အချိန်ကာလကိုရွှေ့၍ပြုသည်။ —to, *v.* (သူ)အယူခံသည်။

Deference, *n.* ရိုသေ၍နားထောင်ခြင်း။

Deferential. *a.* ရိုသေ၍နားထောင်တတ်သော။

Defiance, *n.* from Defy.

Deficiency, *n.* from next.

Deficient, *a.* incomplete, မစုံလင်သော။ wanting, လိုသော။

Deficit, *n.* မမှီမြင်း။ ခမ္ဘိ၊ လိုသောအရာ။

Defile 1, *v. t.* to make unclean, ညစ်စေသည်။ ညစ်ညူးစေသည်။ to make turbid, နောက်စေသည်။ —(a woman,) ဖျက်ဆီးသည်။ ရှုတ်ချသည်။ Defile 2, *v. i.* to march in a line, စီစဉ်၍သွားသည်။ —2, *n.* လမ်းမြောင်း။

Defilement, *n.* from Defile, *v. t.* uncleanness, ညစ်ခြင်း။ ညစ်ညူးခြင်း။ turbidness, နောက်ခြင်း။

Definable, *a.* from next, (substituting နိုင်ဖွယ်ဖြစ်သော for သည်။)

Define, *v. t.* to fix the limits of, ပိုင်းခြားသည်။ သတ်မှတ်သည်။ to circumscribe, နေရာကျဉ်းအောင်ပြုသည်။ to explain the meaning of, စကား၏အနက်ကိုဖော်ပြသည်။ to describe the properties of, သရုပ်သကန်ကိုဖော်ပြသည်။

Definite, *a.* having certain limits, အမှန်အကန်သတ်မှတ်ပြုက်ရှိသော။ exact, precise, သေချာသော။ of determinate meaning, အနက်သေချာသော။

Definiteness, *n.* from above.

Definition, *n.*—of meaning, စကား၏အနက်ကိုဖော်ပြခြင်း —of properties, သရုပ်သကန်ကိုဖော်ပြခြင်း။

Definitive, *a.* သတ်မှတ်စေသော။ သေဝပ်စေသော။ ဆုံးဖြတ်စေသော။

Deflagration, *n.* မီးရှို့ခြင်း။

Deflect, *v. i.* လွှဲသည်။ တိမ်းသည်။

Deflection, *n.* from Deflect, *v. i.*

Deflexure, *n.* same; a leaning downward, ညွတ်ခြင်း။

Defloration, *n.* from next.

Deflour, *v. t.* to deface, အရုပ်အဆင်းကိုဖျက်သည်။ to deprive of virginity, ပန်းကောင်းကိုအညှန့်ချိုးသည်။

Defluxion, *n.* အနာကအပူရည်ယိုခြင်း။

Defoliation, *n.* the shedding of leaves, သစ်ရွက်ကြွေခြင်း၊ the season of shedding leaves, သစ်ရွက်ကြွေသောအချိန်။

Deforce, *v. t.* သူ့အိမ်၊ မြေ၊ လယ်ယာကိုအနိုင်သိမ်းယူ၍နေသည်။

Deforcement, *n.* from above.

Deform, *a.* disfigured, ရုပ်ပုံသဏ္ဍာန်ဖျက်သော။ ugly, အရုပ်ဆိုး

သော။ —*v. t.* to disfigure, ရုပ်ပုံသဏ္ဌာန်ကိုဖျက်သည်။ to make ugly, အရုပ်ဆိုးစေသည်။

Deformed, *a.* ugly, အရုပ်ဆိုးသော။ of unnatural form, ပကတိအတိုင်းမဟုတ်၊ အရုပ်ဖျက်သော။

Deformity, *n.* ugliness, အရုပ်ဆိုးခြင်း။ an unnatural state of shape or form, ပကတိအတိုင်းမဟုတ်၊ အရုပ်ဖျက်ခြင်း။

Defraud, *v. t.* to deprive another by artifice, သူ့ဥစ္စာကိုလိမ်လည်၍ယူသည်။ to withhold what is due, သူ့ဥစ္စာကိုမပေး။ အနိုင်ယူထားသည်။

Defraudment, *n.* from above.

Defray, *v. t.* စရိတ်ခံသည်။

Defrayment, *n.* from above.

Defunct, *a.* သေသော။

Defy, *v. t.* to challenge to combat, စီးချင်းထိုက်ရအောင်ခေါ်သည်။ to dare, ကြိမ်းပသည်။ ကြိမ်းမောင်းသည်။ ကြိမ်းဝါးသည်။

Degeneracy, Degeneration, *n.* from next; the state of being degenerated, ရွေလျော့ယိုယွင်းသောအဖြစ်။

Degenerate, *a.* ရွေလျော့သော။ ယုတ်လျော့သော။ ယုတ်ညံ့သော။ *n.* from above.

Deglutinate, *v. t.* ကော်နှင့်ကပ်ငြိသောအရာကိုခွာသည်။

Deglutition, *n.* မျိုခြင်း။

Degradation, *n.* from next.

Degrade, *v. t.* to deprive of rank or office, အရာကချသည်။ to abase, ရှုတ်ချသည်။

Degree, *n.* a step, အထစ်။ အဆင့်။ အတန်း။ a step in lineage, အဆက်။ measure, extent, အတိုင်းအတွာ။ rank, အခြင့်၊ အနိမ့်အမြင့်ရှိသောအရာ။ နေရာ။ the 360th part of a circle, အသီ။

Degrees, [by,] *adv.* step by step, အဆင့်ဆင့်။ gradually, တရွေ့တရွေ့။ တဖြေးဖြေး။

Dehort, *v. t.* မပြုရအောင်သတိပေးသည်။

Dehortation, *n.* from above.

Deicide, *n.* ဘုရားဖြစ်သောသူ၏အသက်ကိုသတ်ခြင်း။

Deification, *n.* from next.

Deify, *v. t.* to make a god of, ဘုရားအဖြစ်သို့ချီးမြှောက်သည်။ to regard as a god, ဘုရားကဲ့သို့မှတ်သည်။

Deign, *v. i.* ကိုယ်ကိုနှိမ့်လျှက်ကျေးဇူးပြု၍လုပ်သည်။

Deism, *n.* ဘုရားသခင်ရှိသော်လည်းဗျာဒိတ်တော်မရှိဟုယူသောအယူဝါဒ။

Deist, *n.* ထိုသို့အယူဝါဒရှိသောသူ။

Deity, *n.* God, ဘုရားသခင်။ the Godhead, ဘုရားသခင်၏ဇာတိအဖြစ်တော်။ a god, နတ်ဘုရား။

Deject, *v. t.* ညှိုးငယ်စေသည်။
Dejection, *n.* ညှိုးငယ်ခြင်း။
Delay, *v. i.* to remain without (doing,) ဆိုင်းသည်။ to be dilatory, ဖင့်နွှဲသည်။ ဖင့်စားသည်။ —*v. t.* to make wait, ဆိုင်းထားသည်။ ကြန့်ကြာအောင်ပြုသည်။ —*n.* from above.
Delectable, *a.* ရွှင်မြူးစေတတ်သော။
Delectation, *n.* ရွှင်မြူးခြင်း။
Delegate, *v. t.* to send with authority to transact business, အခွင့်အရေးကိုအပ်၍စေလွှတ်သည်။ to send as one's representative, ကိုယ်စားခန့်ထားသည်။ to deliver over, intrust (အခွင့်အရေးကို) လွှဲအပ်သည်။ —*n.* အခွင့်အရေးကိုရ၍အမှုကိုဆောင်ရသောသူ။
Deleterious, *a.* ဖျက်ဆီးတတ်သော (အဆိပ်)
Delf, *n.* ကြွေပုကန်နှင့်တူအောင်လုပ်သောပုကန်တမျိုး။
Deliberate, *v. i.* စဉ်းစားသည်။ ဆင်ခြင်သည်။ consult, နိုင်းပြင်းသည်။ *a.* from above; formed with deliberation, သတိနှင့်စဉ်းစားဆင်ခြင်ပြီးမှသဘောကျသော။ slow, နှေးသော။
Deliberateness, *n.* သတိနှင့်စဉ်းစားဆင်ခြင်တတ်ခြင်း။
Deliberation, *n.* from Deliberate, *v. t.*
Deliberative, *a.* pertaining to deliberation, စဉ်းစားဆင်ခြင်ခြင်းနှင့်ဆိုင်သော။ apt or disposed to deliberate, စဉ်းစားဆင်ခြင်တတ်သော။
Delicacy, *n.* from next; a dainty, ဆိမ့်သောအစာ။
Delicate, *a.* smooth, ချောသော။ မွတ်သော။ tender, နူနယ်သော။ fine, nice, နူးညံ့သိမ်မွေ့သော။ nice to the taste, အရသာကောင်းသော။ polite, ယဉ်ကျေးသော။ dainty, nice in selecting, ရွေးချယ်ဇီဇာတတ်သော။ careful to avoid whatever excites shame, ရှက်ဖွယ်သောအမှုကိုသတိနှင့်ရှောင်တတ်သော။ not robust, မခိုင်ခံ့၊ နူနယ်သော။
Delicateness, *n.* from above.
Delicious, *a.* highly pleasing to the taste, ဆိမ့်သော။ yielding great delight, အလွန်ရွှင်မြူးစေတတ်သော။
Deliciousness, *n.* from above; great delight, အလွန်ရွှင်မြူးခြင်း။
Delight, *v. i.* to be much pleased, အားရနှစ်သက်သည်။ —*v. t.* to affect with great pleasure, ပျော်မွေ့စေသည်။ ရွှင်မြူးစေသည်။ *n.* a high degree of pleasure, ပျော်မွေ့ရွှင်လန်းခြင်း။ the cause of delight, ပျော်မွေ့ရွှင်လန်းခြင်းအကြောင်း။
Delightful, Delightsome, *a.* ပျော်မွေ့ရွှင်လန်းစေသော။
Delightfulness, Delightsomeness, *n.* from above.
Delineate, *v. t.* to draw the form of, ရုပ်ပုံပေါ်အောင်ရေးသည်။ to

portray, ပန်းချီရေးသည်။ to describe, သရုပ်သကန်ပေါ်အောင် ပြောသည်။
Delineation, *n.* from above; form drawn, ရေးသောရုပ်ပုံ။
Delinquency, *n.* ပြုရသောဝတ်ကိုမပြုဘဲနေသောအပြစ်။
Delinquent, *a.* ပြုရသောဝတ်ကိုမပြုဘဲနေသော။ *n.* agent from *do.*
Deliquate, **Deliquiate**, *v. i.* လေနှင့်ပေါင်း၍အရည်ဖြစ်သည်။
Deliquation, **Deliquiation**, *n.* from above.
Delirious, —*a.* from any cause, စိတ်ကတောင်ကရင်ဖြစ်သော။ —from the effects of illness, သွေးရူးသွေးတန်းဖြစ်သော။ နန်းရူးဖမ်းသော။
Delirium, *n.* from above.
Deliver, *v. t.* to free, လွှတ်သည်။ to save, ကယ်လွှတ်သည်။ ကယ်တင်သည်။ ကယ်မသည်။ to commit, အပ်သည်။ အပ်ပေးသည်။ to utter, မြွက်ဆိုသည်။ —in accouchment, ဝမ်းဆွဲလုပ်သည်။ —over, *v. t.* လွှဲအပ်သည်။ —up, အပ်သည်။
Deliverance, *n.* လွှတ်ခြင်း။ ကယ်တင်ခြင်း။ အပ်ခြင်း။ လွှဲအပ်ခြင်း။ မြွက်ဆိုခြင်း။ သားမွေးဖွားခြင်း။ —(for sub def. see above.)
Delivery, *a.* same; mode of speaking, မြွက်ဆိုသောနည်း။
Dell, *n.* နက်သောချိုင့်။
Delta, *n.* ပင်ထယ်သို့ဆင်းသောမြစ်နှစ်ခြားကွဲ၍အကြားခ္ခကျန်သောတွန်းမြေ။
Delude, *v. t.* လိမ်လည်သည်။
Deluge, *v. t.* ရေလွှမ်းမိုးသည်။ —*n.* from *do.*
Delusion, *n.* လိမ်လည်ခြင်း။
Delusive, **Delusory**, *a.* လိမ်လည်တတ်သော။ လှည့်စားတတ်သော။
Delusiveness, *n.* from above.
Delve, *v. t.* တူးသည်။
Demagogue, *n.* ဆင်းရဲသားတို့ကိုနှိုးဆော်၍သွေးဆောင်သောသူ။
Demand, *v. t.* to claim with authority, အစိုးပိုင်သကဲ့သို့တောင်းသည်။ to inquire authoritatively, အစိုးပိုင်သကဲ့သို့မေးသည်။ to require (a price) in selling, ရောင်းသောသူကဲ့သို့(အဘိုးကို)တောင်းသည်။ —*n.* from above; a calling for in order to obtain, လိုချင်၍ရှာခြင်း
Demarkation, *n.* ပိုင်းခြားသတ်မှတ်ခြင်း။
Demean, one's self, *v. t.* to behave, ကျင့်ဆောင်ပြုမူသည်။ to degrade one's self, ကိုယ်ကိုရှုပ်ချသည်။
Demeanour, *n.* အနေအထိုင်အပြုအမူ။
Demerit, *n.* အကုသိုလ်။ အပြစ်။
Demesne, မူးမတ်မိုးရာဘိုးဘေးတို့မှဆင်းသက်၍ပိုင်သောမြေ။
Demi, *pref. in composition*, တဝက်။
Demigod, *n.* လောကဘုရား။
Demirep, *n.* အသရေပျက်သောမိန်းမ။

Demise, *v. t.* သေတမ်းစာအားဖြင့်(ဥစ္စာကို)ထွဲအပ်သည်။ —*n.* from *do;* death (of a king,) အနိစ္စရောက်ခြင်း။

Democracy, *n.* တိုင်းပြည်အရေးကို ပြည်သူပြည်သားများ တိုင်ပင်၍စီရင်အုပ်စိုးခြင်း။

Democrat, *n.* ထိုသို့အုပ်စိုးခြင်းကိုကြိုက်နှစ်သက်တတ်သောသူ။

Demolish, *v. t.* ဖြိုဖျက်သည်။

Demolition, *n.* from above.

Demon, *n.* နတ်ဆိုး။

Demoniac, *n.* နတ်ဆိုးစွဲသောသူ။

Demoniacal, *a.* နတ်ဆိုးနှင့်ဆိုင်သော။

Demonology, *n.* နတ်ဆိုးတို့အကြောင်းအရာများကိုပြသောစာ။

Demonstrable, *a.* ယုံမှားရန်မရှိအောင်အတပ်အမှန်ပြနိုင်ဖွယ်ဖြစ်သော။

Demonstrate, *v. t.* ယုံမှားရန်မရှိအောင်အတပ်အမှန်ပြသည်။

Demonstration, *n.* from above; incontrovertible proof, မငြင်းခုံနိုင်သောသက်သေ။ exhibition, ထုတ်ပြခြင်း။

Demonstrative, *a.* from same.

Demoralization, *n.* from next.

Demoralize, *v. t.* ကောင်းသောသဘောပျက်၍ယုတ်မာစေသည်။

Demulcent, *a.* ပျော့စေ၊ လျော့စေတတ်သော (ဆေး။)

Demur, *v. i.* စိတ်ဇဝေဇဝက်ရှိ၍ရပ်တန့်လျက်နေသည်။ —*n.* from *do.*

Demure, *a.* မျက်နှာပိုးသေသော။ —Demureness, *n.* from *do.*

Demurrage, *n.* သင်္ဘောကို ကြန့်ကြာအောင် ပြုသော့ကြောင့် ခံရသောစရိတ်ငွေ။

Demy, *n.* စက္ကူတမျိုး။

Den, *n.* —for wild beasts, သားရဲတွင်း။ —for concealment, ပုန်းကွယ်ရာထူးခေါင်း။

Denary, *n.* တဆယ်။ ၁၀။

Denationalize, *v. t.* နေရင်းပြည်သူပြည်သားအရိပ်အရာပျောက်အောင်ပြုသည်။

Deniable, *a.* ငြင်းခုံနိုင်ဖွယ်ဖြစ်သော။

Denial, *n.* from Deny, *v. i.*

Denizen, *n.* တိုင်းပြည်၌အခွင့်ရသောတတိုင်းတပြည်သား။

Denominate, *v. t.* မှည့်သည်။ အမည်မှည့်သည်။ ခေါ်ဝေါ်သည်။ သမုတ်သည်။

Denomination, *n.* a name, အမည်။ နာမ။ ပညတ်။ အခေါ်အဝေါ်။ a class of persons or things under the same name, နာမပညတ်တခုတည်း၌ပါဝင်သောအရာစု။ a body of people believing and worshipping alike, ကိုးကွယ်ခြင်းအားဖြင့် ထက္ခဏာတူသောအပေါင်းအသင်း။

Denominator, *n.* ပိုင်းခြေ။

Denotation, *n.* from next.

Denote, *v. t.* to mark, မှတ်သည်။ to indicate, ပြညွှန်သည်။ to signify, ဆိုလိုသည်။

Denouement, *n.* ဖော်ပြ၍ရှင်းလင်းစေခြင်း။

Denounce, *v. t.* to announce in a threatening manner, ထင်ရှားစွာ အပြစ်တင်၍ခြိမ်းခြောက်သည်။ to inform against, တိုင်တန်းသည်။

Denouncement, *n.* from above.

Denovo, *adv.* အသစ်တဖန်။

Dense, *a.* thick, မကြည်း၊ ပျစ်သော။ close, compact in substance, သိပ်သော။

Denseness, Density, *n.* from above.

Dent, *v. t.* ဖိမ့်အောင်နှိပ်သည်။ —*n.* အဖိမ့်။

Dental, *a.* pertaining to the teeth, သွားနှင့်ဆိုင်သော။ pronounced from the teeth, ဒန္တဇာ။

Denticulated, *a.* သွားစိသော။

Dentifrice, *n.* သွားပွတ်ဆေး။

Dentist, *n.* သွားပြုပြင်တတ်သောဆေးသမား။

Dentition, *n.* the cutting of teeth, သွားပေါက်ခြင်း။ the time of cutting teeth, သွားပေါက်သောအချိန်အရွယ်။

Denude, Denudate, *v. t.* to strip, အဝတ်ချွတ်သည်။ to uncover, အဖုံးကိုဖွင့်သည်။ to make bare, exposed, ပလာထားသည်။ ဟင်းလင်းထားသည်။

Denudation, *n.* from above.

Denunciation, *n.* from Denounce, *v. t.*

Deny, *v. t.* to contradict, ငြင်းသည်။ ငြင်းခုံသည်။ to refuse to grant, မပေးဘဲငြင်းသည်။ to disown, reject, ငြင်းပယ်သည်။

Deobstruct, *v. t.* အဆီးအတားကိုပယ်သည်။

Deobstruent, *a.* အဆီးအတားကိုပယ်တတ်သော (ဆေး။)

Deodand, *n.* အမှတ်တမဲ့ထိခိုက်၍လူသေလျှင်လျော်ရသောဒါဏ်ငွေ။

Deovolente, (by contraction, D. V.,) *adv.* ဘုရားသခင်အလိုရှိတော်မူသည်နှင့်။

Depart, *v. i.* to go from, ထွက်သွားသည်။ to deviate, လွဲသည်။ to cease, be no more, ကွယ်သည်။ ပျောက်သည်။ to die, သေသည်။ —from, *v. t.* to leave, ကွာသွားသည်။ စွန့်သွားသည်။

Department, *n.* compartment, အကန့်အကွက်။ a separate allotment of business, အငန်းအတာ။

Departure, *n.* from Depart.

Depend, *v. i.* to be suspended, တွဲ၍နေသည်။ to derive support, မှီ၍နေသည်။ to derive existence, အမှီပြု၍ဖြစ်သည်။ to confide, ယုံကြည်သည်။ to rely, trust, ကိုးစားသည်။

Dependence, Dependency, *n.* from above; that which is dependent, (on something else,) မှီသောအရာ။

Dependent, *a.* တွဲ၍နေသော။ မှီ၍နေသော။ အမှီပြု၍ဖြစ်သော။ —(for sub def. *see* above.) —*n.* အမှီပြုသောသူ။ မှီခိုသောသူ။

Depending, *a.* pending, not yet decided, မစီရင်၊မဆုံးဖြတ်သေးသော။

Depict, *v. t.* to portray, ပန်းချီရေးသည်။ to describe, ပြော၍ပြသည်။

Depletion, *n.* လပ်စေခြင်း။

Deplorable, *a.* lamentable, ငြည်းတမ်းစရာကောင်းသော။ occasioning sorrow, ဝမ်းနည်းစရာကောင်းသော။ wretched, အလွန်ဆင်းရဲသော။

Deplore, *v. t.* ငြည်းတမ်းသည်။

Deploy, *v. t.* စစ်မျက်နှာကိုဖြန့်သည်။

Deplume, *v. t.* အတောင်ကိုနှုတ်သည်။

Deponent, *n.* မင်းရှေ့မှာသက်သေခံသောသူ။

Depopulate, *v. t.* ပြည်သူပြည်သားတို့ကိုသုတ်သင်ပယ်ရှင်းသည်။

Depopulation, *n.* from above.

Deport, *v. t.* to carry away, သယ်ပိုးသည်။ to transport, တပြည်မှတပြည်သို့ပို့ဆောင်သည်။ —one's self, *v. t.* ကျင့်ဆောင်ပြုမူသည်။

Deportation, *n.* from Deport, *v. t.*

Deportment, *n.* from Deport one's self, *v. t.*

Depose, *v. t.* to lay down, ချထားသည်။ to divest of office, အရာကချသည်။ to bear testimony before a magistrate, မင်း ရှေ့မှာသက်သေခံသည်။

Deposit, *v. t.* to lay down, ချထားသည်။ to lay up, သိုထားသည်။ to commit, အပ်ထားသည်။ အပ်နှံသည်။ to give in pledge, ပေါင်နှံသည်။ —*n.* ချထားသောအရာ။ သိုထားသောအရာ။ အပ်နှံသောအရာ။ ပေါင်နှံသောအရာ။ အပေါင်။ အပေါင်အနှံ။ သိုထားရာအရပ်။ (for sub-def. *see* above.)

Depositary, *n.* အပ်နှံခြင်းကိုခံ၍စောင့်ထိန်းရသောသူ။

Deposition, *n.* a laying down, ချထားခြင်း။ that which is deposited, ချထားသောအရာ။ a giving testimony on oath, ကျိန်ဆို၍သက်သေခံခြင်း။ testimony given on oath, ကျိန်ဆို၍သက်သေခံချက်။ a deposing from office, အရာကချခြင်း။

Depository, *n.* သိုထားရာအရပ်။ ဘဏ္ဍာတိုက်။

Depot, *n.* သိုထားရာအရပ်။

Depravation, *n.* ယုတ်မာခြင်း။ ယုတ်မာစေခြင်း။

Deprave, *v. t.* ယုတ်မာစေသည်။

Depravity, *n.* ယုတ်မာခြင်း။

Deprecate, *v. t.* to pray against, ဘေးလွတ်အောင်တောင်းပန်သည်။ to feel strong desire that (it) may not be, မဖြစ်ပါစေနှင့်ဟုအောင်းမေ့သည်။

Deprecation, *n.* from above.

Deprecative, *a.* တောင်းပန်၍ဘေးနှင့်လွတ်စေတတ်သော။

Depreciate, *v. i.* အဘိုးလျော့သည်။ —*v. t.* to lower the value of, အဘိုးကိုလျော့စေသည်။ to speak disparagingly of, အဘိုးကိုလျော့အောင်ပြောသည်။

Depreciation, *n.* from above.

Depredate, *v. t.* to plunder, လုရက်သည်။ to destroy, ဖျက်ဆီးသည်။

Depredation, *n.* from above.

Depredatory, *a.* လုရက်တတ်သော။

Depress, *v. t.* to press down, နှိပ်သည်။ to repress, keep down, နှိမ့်သည်။ to lower, put down, နှိမ့်သည်။ ချသည်။ to impair, weaken, အရှိန်ကိုလျော့စေသည်။ to humble, နှိမ့်ချသည်။ to deject, ညှိုးငယ်စေသည်။

Depression, *n.* a pressing down, နှိပ်ခြင်း။ a depressed spot, နှိပ်ရာ။ a hollow, ချိုင့်ရာ။ a putting down, နှိမ့်ခြင်း။ an humbling, နှိမ့်ချခြင်း။ dejection, ညှိုးငယ်ခြင်း။ a weak, low state, အားလျော့၍နည်းခြင်း။

Deprivation, *n.* from next.

Deprive, *v. t.* to bereave, (တစုံတခု) မဲ့ဖြစ်အောင်ပြုသည်။ to hinder, debar, ဆီးတားသည်။ —of office, အရာကချသည်။

Depth, *n.* deepness, အနက်။ အောက်။ a deep place, နက်သောအရပ်။ the middle part, အထဲ။ အတွင်း။ abstruseness, နက်နဲခက်ခဲခြင်း။ reach of mind, ဉာဏ်ကျယ်ခြင်း။

Depthless, *a.* အဆုံးအဆမရှိ၊ အလွန်နက်သော။

Depulsory, *a.* ပယ်ရှင်းတတ်သော။

Depurate, *v. t.* မစင်ကြယ်သောအရာနှင့်ကင်းစင်စေသည်။

Depuration, from above.

Deputation, *n.* from next; the person or persons deputed, အခွင့်အရေးကိုရ၍အမှုကိုဆောင်ရသောသူ။

Depute, *v. t.* to appoint as a substitute, ကိုယ်စားခန့်ထားသည်။ to send with authority to transact business, အခွင့်အရေးအပ်၍စေလွှတ်သည်။

Deputy, *n.* သူ့ကိုယ်စားအမှုကိုဆောင်ရသောသူ။ ကိုယ်စား။ ကိုယ်စားလှယ်။

Derange, *v. t.* from next.

Deranged [be,] *v. i.* to be put out of order, အစီအစဉ်ပျက်သည်။ to be thrown into confusion, ရှုပ်ထွေးသည်။ to be disordered in intellect, စိတ်ပေါ့သည်။

Derangement, *n.* from above.

Dereliction, *n.* abandonment, စွန့်ပြစ်ခြင်း။ a turning aside, လွှဲသွားခြင်း။

Deride, *v. t.* —by actions or words, ကရဲ်ကမည်ပြုသည်။ ဖွက်ရယ်ဖွက်ပြယ်ပြောသည်။

Derision, *n.* from above.

Derisive, *a.* from same.

Derivable, *a.* (တစုံတခု) ကခံ၍ရနိုင်ဖွယ်ဖြစ်သော။

Derivation, *n.* from Derive.

Derivative, *a.* derived, (တစုံတခု)ကထွက်သော။ dependent, (တစုံတခု) ကိုမှီ၍ဖြစ်သော။

Derive, *v. t.* to receive from, (တစုံတခု)ကခံ၍ရသည်။ to deduce, draw from, (မူလအမြစ်)ကနုတ်ထုတ်သည်။

Dernier, *a.* နောက်ဆုံးသော။

Derogate, *v. t.* (ဂုဏ်အသရေကိုသော်၎င်း၊ ဥစ္စာတန်ဘိုးကိုသော်၎င်း၊)ယုတ်လျော့အောင်ပြုသည်။

Derogation, *n.* from above.

Derogative, Derogatory, *a.* ယုတ်လျော့စေသော။

Dervise, *n.* ပသိဘာသာ၌ရသေ့လုပ်သောသူ။

Descant', *v. t.* to sing, သီခြင်းဆိုသည်။ to discuss at large, အကျယ်အားဖြင့်ပြောဆိုသည်။

Des'cant, *n.* a song, သီခြင်း။ a free discourse, အကျယ်အားဖြင့်ပြောဆိုသောစကား။

Descend, *v. i.* to come down, ဆင်းသည်။ ဆင်းသက်သည်။ to proceed from an ancester, ဆင်းသက်သည်။ —as property, from father to son, ဘိုးဘေးမှဆင်းသက်၍ကိုယ်လက်သို့ရောက်သည်။ —(a river,) စုန်သည်။ to invade, (တတ္ထုန်းတနိုင်ငံကိုသဘော်မှ) ဆင်း၍တိုက်သည်။

Descendant, *n.* အောက်ဆွေစည်မျိုးဆက်အဝင်ဖြစ်သောသူ။

Descendent, *a.* ဆင်းသော။ ဆင်းသက်သော။

Descension, *n.* from Descend.

Descent, *n.* from Descend; a declivity, ဆင်ခြေလျှော။ lineage, ဆွေစည်မျိုးဆက်။

Describable, *a.* သရုပ်သကန်ပေါ်အောင်ပြောနိုင်ဖွယ်ဖြစ်သော။

Describe, *v. t.* to mark out, ရေးသားသည်။ to give an account of, သရုပ်သကန်ပေါ်အောင်ပြောသည်။

Description, *n.* from above; the words by which a thing is described, သရုပ်သကန်ပေါ်အောင်ပြောသောစကား။ a class of persons or things, လက္ခဏာတူသောလူစုဖြစ်စေ၊ အရာစုဖြစ်စေ။

Descriptive, *a.* from Describe.

Descry, *v. t.* (မထင်ရှားသောအရာကိုသော်၎င်း၊ဝေးသောအရာကိုသော်၎င်း၊) ကြည့်၍မြင်သည်။

Desecrate, *v. t.* (ဘုရား၊တရားနှင့်ဆိုင်သောအရာကို) လောကီအရာပြု၍သုံး စွဲသည်။ (မြိုးမြောက်သင့်သောအရာကို) ရှုတ်ချ၍သုံးဆောင်သည်။

Desecration, *n.* from above.

Desert, *a.* လူမရှိ၊မနေ၊မပြုပြင်၊ဆိတ်ညံသော။ —*n.* လူမရှိ၊မနေ၊မပြုပြင်၊ ဆိတ်ညံသောအရပ်။ တောအရပ်။ တောကန္တာရ။ a sandy region, သဲကန္တာရ။ —1, *v. t.* to forsake, စွန့်ပြစ်သည်။ or *v. i.* to quit contrary to engagement, သစ္စာဖျက်၍ထွက်ပြေးသည်။ —2, *n.* from Deserve, *v. t.*; that which is deserved, ခံထိုက်သောအကျိုး။

Deserter, *n.* သစ္စာဖျက်၍ထွက်ပြေးသောသူ။

Desertion, *n.* from Desert, *n.*; the state of being deserted, စွန့်ပြစ် ခြင်းကိုခံရခြင်း။

Deserve, *v. t.* ခံထိုက်သည်။ —*v. i.* ကောင်းသောအကျိုးကိုခံထိုက်သည်။

Dessicate, *v. t.* သွေ့ခြောက်စေသည်။

Desideratum, *n.* လိုသောအရာ။ လိုချင်ဖွယ်သောအရာ။

Design, *v. t.* to draw the form of, ရုပ်ပုံပေါ်အောင်ရေးသည်။ to mark out, မှတ်သားသည်။ to purpose, intend, ကြံစည်သည်။ ကြံရွယ် သည်။ ကြံဖန်သည်။ —for, ရန်ထားသည်။ —*n.* a sketch, ပေါ် အောင်ရေးသောရုပ်ပုံ။ something marked out, မှတ်သားသော အရာ။ a purpose, intention, အကြံအစည်။ အကြံအရွယ်။

Designable, *a.* ပိုင်းခြား၍သိနိုင်ဖွယ်ဖြစ်သော။

Designate, *v. t.* to mark out, မှတ်သားသည်။ to point out, ပြညွှန်သည်။ to select for some appointment, ခန့်ထားရန်ရွေး၍မှတ်သားသည်။

Designation, *n.* from above; a mark, name, mode of address by which one is designated, အမှတ်အသား။ ပညတ်။ အခေါ်အဝေါ်။ ခေါ်ဝေါ်နည်း။ အမည်အရည်။

Designedly, *adv.* အကြံအစည်နှင့်။

Designing, *a.* crafty, ပရိယာယ်ပြုတတ်သော။ deceitful, လိမ်လည် တတ်သော။

Desirable, *a.* worthy of desire, လိုချင်ဖွယ်ရှိသော။ pleasing, agreeable, နှစ်သက်ဖွယ်ဖြစ်သော။

Desirableness, *n.* from above.

Desire, *v. t.* to wish for, လိုသည်။ အလိုရှိသည်။ လိုချင်သည်။ to feel an appetite for, တပ်မက်သည်။ to express a wish for, အလိုရှိ ကြောင်းကိုပြောသည်။ တောင်းသည်။ —*n.* from above; a wish (to obtain,) အလို။ ဆန္ဒ။ ချင်ခြင်း။ that which is desired, လိုချင်သောအရာ။

Desirous, *a.* having a desire for, အလိုရှိသော။ having an appetite for, တပ်မက်သော။

Desist, *v. i.* တန့်သည်။ ရပ်ဆိုင်းသည်။

Desistance, *n.* from above.

Desk, *n.* —for writing, စာရေးစားပွဲခေါင်း။ for preaching, တရားဟောပလ္လင်။

Desolate, *a.* desert, လူမရှိ၊ ဆိတ်ညံသော။ laid waste, ဖျက်ဆီးပယ်ရှင်းလျက်ရှိသော။ solitary and wretched, ဆင်းရဲ၍တယောက်တည်းနေရသော။ —*v. t.* ဖျက်ဆီးပယ်ရှင်းသည်။

Desolation, *n.* from above; a place laid waste, ဖျက်စီးသောအရပ်။

Despair, *v. i.* မျှော်လင့်ခြင်းမရှိ၊ စိတ်ပျက်သည်။ —*n.* from above.

Despatch, *see* Dispatch.

Desperado, *n.* ကြောက်ရွံ့ခြင်းမရှိ၊ ကိုယ်အသက်ကိုမမှတ်ဘဲရက်စက်ကြမ်းကြုတ်စွာပြုတတ်သောသူ။

Desperate, *a.* withont hope, မျှော်လင့်စရာမရှိသော။ reckless of danger, မျှော်လင့်ခြင်းမရှိရဲရင့်သော။ ferocious, as a madman, အရူးကဲ့သို့ပြင်းထန်စွာပြုသော။

Desperation, *n.* from above.

Despicable, *a.* မခန့်ညားစရာကောင်းသော။

Despicableness, *n.* from above.

Despisable, *see* Despicable.

Despise, *v. t.* မခန့်ညား။ အမှုမထား။ ပမာဏမပြု။

Despite, *n.* from Despiteful. —*prep.* ဆီးတားသော်လည်း။

Despiteful, *a.* အငြိုးထားသော။ ရန်ငြိုးဖွဲ့သော။

Despoil, *v. t.* လုယူသည်။ လုရက်သည်။

Despoliation, *n.* from above.

Despond, *v. i.* to doubt of success, fail in spirits, မျှော်လင့်ခြင်းအားနည်းသည်။ to lose all spirit, စိတ်ပျက်သည်။

Despondency, *n.* from above.

Despondent, *a.* from Despond.

Despot, *n.* ကိုယ်အလိုအလျောက်စီရင်ပိုင်သောရှင်ဘုရင်။

Despotic, *a.* ကိုယ်အလိုအလျောက် စီ ရင် ပိုင်သော မင်း အုပ် စိုး ခြင်း နှင့် ဆိုင်သော။

Despotism, *n.* ကိုယ်အလိုအလျောက်စီရင်ပိုင်သောမင်းအုပ်စိုးခြင်း။

Despumation, *n.* အမြှုပ်ထခြင်း။

Dessert, *n.* စားပွဲ၌နောက်ဆုံးမှထည့်သောစားဘွယ်သောက်ဘွယ်။

Destination, *n.* appointment, ခန့်ထားခြင်း။ the end of an appointment, ခန့်ထားစရာအကြောင်း။ the place of destination, ခန့်ထားရာအရပ်။

Destine, *v. t.* to appoint, ခန့်ထားသည်။ to fix definitely, အသေအချာစီရင်ဆုံးဖြတ်၍ထားသည်။

Destiny, *n.* a cause or power that fixes definitely, အသေအချာစီရင်ဆုံးဖြတ်၍ထားခြင်းအကြောင်း။ the state of being definitely fixed by some superior power, အသေအချာစီရင်ဆုံးဖြတ်၍ ထားသောနေရာ။

Destitute, *a.* being without (something,) not having, (—)မဲ့သော။ (—) မရှိသော။ needy, ဆင်းရဲသော။

Destitution, *n.* from above.

Destroy, *v. t.* ဖျက်သည်။ ဖျက်ဆီးသည်။

Destructibility, *n.* *see* next.

Destructible, *a.* ဖျက်စီးခြင်းသို့ရောက်နိုင်ဖွယ်ဖြစ်သော။

Destruction, *n.* from Destroy; a cause of destruction, ဖျက်ဆီးခြင်းအကြောင်း။

Destructive, *a.* ဖျက်ဆီးတတ်သော။

Destructiveness, *n.* from above.

Desuetude, *n.* အလေ့အကျင့်ပျက်ခြင်း။

Desultory, *a.* အစီအစဉ်မသင့်သော။

Detach, *v. t.* to separate, ခွာသည်။ to select and send away, ရွေး၍စေလွှတ်သည်။

Detached, *a.* separate, distinct, ခြားနားသော။

Detachment, *n.* ရွေး၍စေလွှတ်သောစစ်သည်ဖြစ်စေ၊တိုက်သင်္ဘောဖြစ်စေ။

Detail, *v. t.* to state particulars, ဖြစ်သမျှသောအကြောင်းအရာတို့ကိုအစဉ်အတိုင်းကြားပြောသည်။ to make a selection from troops, စစ်သူရဲစုထဲကရွေးကောက်သည်။ —*n.* from *do.*

Detain, *v. t.* to withhold, မပေးဘဲနေသည်။ to restrain from proceeding, ဆီးတားသည်။ to hold in custody, ချုပ်ထားသည်။

Detainder, *n.* ချုပ်ထားစေခြင်းငှါပေးသောအမိန့်စာ။

Detect, *v. t.* to find out what is hidden, (ပုန်းကွယ်သောအရာကို) တွေ့မြင်သည်။ to bring to light, ဖော်ပြသည်။

Detection, *n.* from above.

Detention, *n.* from Detain.

Deter, *v. t.* ပြုလိုသောစိတ်ပျက်အောင်တားဆီးသည်။

Deterge, *v. t.* ဆေးကြောသည်။

Detergent, *a.* ဆေးကြောတတ်သော။

Deteriorate, *v. i.* ရွေလျော့သည်။ယုတ်လျော့သည်။ယုတ်ညံ့သည်။ —*v. t.* from *do.*

Deterioration, *n.* from same.

Determent, *n.* ပြုလိုသောစိတ်ပျက်အောင်တားဆီးကြောင်း။

Determinate, *a.* definitely marked out, ထင်မှတ်လျက်ရှိသော။ fixed, established, ပြဋ္ဌာန်းလျက်ရှိသော။ decisive, ဆုံးဖြတ်လျက်ရှိသော။ resolved on, စိတ်ချလျက်ရှိသော။

Determination, *n.* ပြဋ္ဌာန်းခြင်း။ဆုံးဖြတ်ခြင်း။(ဤမည်သော)ထမ်းသို့လိုက်

အောင်ပြု၍ လိုက်စေခြင်း။ စိတ်ချခြင်း။ ဆုံးခြင်း။ (for sub-def *see* next.)

Determine, *v. t.* to limit, bound, သတ်မှတ်သည်။ to fix, establish, ပြဋ္ဌာန်းသည်။ to decide, ဆုံးဖြတ်သည်။ to give a direction to, (ဤမည်သော)လမ်းသို့လိုက်အောင်ပြု၍လိုက်စေခြင်း။ —*v. i.* to resolve, စိတ်ချသည်။ to come to an end, ဆုံးသည်။

Determined, *a.* firm in purpose, စိတ်ခိုင်ခံ့မြဲမြံသော။

Detersive, *see* Detergent.

Detest, *v. t.* to abhor, ရွံရှာသည်။ to hate, မုန်းထားသည်။

Detestable, *a.* ရွံရှာစရာကောင်းသော။ မုန်းစရာကောင်းသော။

Detestation, *n.* from Detest.

Dethrone, *v. t.* နန်းကချသည်။

Dethronement, *n.* from above.

Detonate, *v. i.* (ယမ်းကဲ့သို့)မှုတ်သည်။

Detonation, *n.* from above.

Detour, *n.* ကွင်းသွားခြင်း။ ပိုက်သွားခြင်း။

Detract, *v. t.* သူအသရေယုတ်လျော့အောင်ပြောသည်။

Detraction, *n.* from above.

Detractive, *a.* သူအသရေကိုယုတ်လျော့စေတတ်သော။

Detriment, *n.* အကျိုးပျက်ခြင်း။ ဆုံးပါးခြင်း။

Detrimental, *a.* အကျိုးကိုပျက်စေတတ်သော။

Detrition, *n.* ပွန်းတီးခြင်း။

Detrude, *v. t.* အောက်သို့တွန်းထိုးသည်။

Deuce 1, *n.* a demon, နတ်ဆိုး။ —2, *n.* two, နှစ်ခု။

Deuterogamy, *n.* လင်မယားသေပြီးမှတဖန်လက်ထပ်ခြင်း။

Deuteronomy, *n.* ထပ်၍ဟောသောတရား။ ဓမ္မဟောင်းကျမ်းတို့တွင်ပဉ္စမကျမ်းတည်းဟူသောတရားဟောရာကျမ်း။

Devastate, *v. t.* ဖျက်ဆီးပယ်ရှင်းသည်။

Devastation, *n.* from above.

Develop, *v. t.* ဖော်ပြသည်။

Development, *n.* from above.

Devest, *see* Divest.

Devexity, *n.* နိမ့်ခြင်း။ ညွတ်ခြင်း။

Deviate, *v. i.* to vary (from a certain course,) လွဲသည်။ turn aside from the proper way, လွဲသွားသည်။ သွေဖယ်သည်။ to err, sin, မှားယွင်းသည်။

Deviation, *n.* from above.

Device, *n.* contrivance, စိတ်ကူးခြင်း။ something contrived, စိတ်ကူးသောအရာ။ an expedient, ဥပါယ်။ stratagem, ပရိယာယ်။ an heraldric emblem, တံဆိပ်။

Devil, *n.* Satan, မာရ်နတ်။ a demon, နတ်ဆိုး။ an inhabitant of hell, ငရဲသား။

Devilish, *see* Diabolic.

Devious, *a.* out of the common way, လမ်းလွဲသော။ wandering. လှည့်လည်သော။ erring, မှားယွင်းလျက်ရှိသော။

Devise, *v. t.* to contrive, စိတ်ကူးသည်။ စိတ်ကူးသန်းသည်။ ညာဏ်ရှာသည်။ to bequeathe by will, သေတန်းစာအားဖြင့်ပေးသည်။ —*n.* from *do.* 2d def.; a will, သေတန်းစာ။

Devoid, *a.* လပ်သော။ ကင်းစင်သော။

Devoir, *n.* duty, ဝတ်။ an act of civility or respect, ရိုသေစွာပြုသောလောကဝတ်။

Devolve, *v. t.* to roll down, အောက်သို့လှိမ့်သည်။ to transfer from one to another, တဦးမှတဦးသို့လွှဲအပ်သည်။ —*v. i.* to pass from one to another, တဦးမှတဦးသို့ရောက်သည်။

Devote, *v. t.* to appropriate by vow, သစ္စာပြု၍ဆက်ကပ်သည်။ to give up wholly, လုံးလုံးပေးအပ်သည်။ to consign over, စွန့်ပြစ်သည်။

Devoted, *a.* entirely attentive to, စိတ်စွဲလမ်းသော။

Devotedness, *n.* from above.

Devotee, *n.* one wholly devoted to religion, ဘုရားမှု၊ တရားမှုကိုသာဆောင်သောသူ။ one unreasonably devoted, ထိုအမှုကိုဆောင်လွန်းသောသူ။

Devotion, *n.* the state of being devoted to God, ဘုရားအားဆက်ကပ်ခြင်းကိုခံရသောအဖြစ်။ sincere engagedness in religious duties, ဘုရားဝတ်၌မွေ့လျော်ခြင်း။ divine worship, ဘုရားသခင်ကိုကိုးကွယ်ခြင်း။ prayer, ဆုတောင်းပဌနာပြုခြင်း။ reverence, ရိုသေစွာပြုခြင်း။ ardent attachment, အလွန်နှစ်သက်စုံမက်ခြင်း။

Devotional, *a.* ဘုရားသခင်ကိုဝတ်ပြုကိုးကွယ်ခြင်းနှင့်ဆိုင်သော။

Devour, *v. t.* to eat ravenously, ဖွံ့ဝါးသည်လိုစားသည်။ ကြွပ်ကြွပ်ရွပ်ရွပ်စားသည်။ ဟပ်၍စားသည်။ကိုက်စားသည်။ to destroy, ဖျက်ဆီးသည်။ to enjoy with avidity, ဝမ်းမြောက်စွာခံယူသည်။

Devout, *a.* sincerely engaged in the performance of worship and other religious duties, ဘုရားဝတ်၌မွေ့လျော်တတ်သော။ ဘုရားသခင်ကိုကိုးကွယ်ခြင်းအမှု၌စိတ်စွဲလမ်းသော။ earnest, စိတ်အားကြီးသော။

Devoutness, *n.* from above, 1st def.

Dew, *n.* နှင်း။ ဆီးနှင်း။ —drop, နှင်းပေါက်။ နှင်းသီး။ —lap, နွားပါးဗျည်း။

Dewy, *a.* like dew, ဆီးနှင်းနှင့်တူသော။ wet with dew, ဆီးနှင်းစွတ်စိုသော။

Dexter, Dextral, *a.* လက်ျာ။
Dexterity, Dextrousness, *n.* from next.
Dextrous, *a.* expert in performing, အလျှင်အမြန်ပြီးစီးစေတတ်သော။ expert in contriving, မိတ်ကူးလျှင်သော။
Dhail, *n.* ဝဲစည်းကို။
Diabetes, *n.* ကျင်ပြေသောရောဂါ။
Diabolic, Diabolical, *a.* pertaining to the devil, မာရ်နတ်နှင့်ဆိုင်သော။ like the devil, မာရ်နတ်နှင့်သဘောတူသော။ hellish, ငရဲသားကဲ့သို့ဖြစ်သော။
Diachylon, *n.* ဖယောင်းချက်တမျိုး။
Diaconal, *a.* သင်းထောက်ဆရာနှင့်ဆိုင်သော။
Diacoustics, *n.* ဖြောင့်သောလမ်းမှလွဲသောသဒ္ဒါရုံနှင့်ဆိုင်သောအတတ်။
Diacritic, Diacritical, *a.* making distinctions, ခြားနားစေသော။ distinctive, showing distinction, ပိုင်းခြား၍ပြတတ်သော။
Diadem, *n.* မကိုဋ်။ သရဖူ။
Diaresis, *n.* အင်္ဂလိပ်စာ၌စပ်လျက်ရှိသောသရနှစ်လုံးကိုမပေါင်းရဘဲတခြားစီဖတ်ရမည်ဟုပြသောအမှတ်။ (..)
Diagnostic, *n.* အနာရောဂါ၏လက္ခဏာကိုသိရသောအချက်။
Diagonal, *n.* ထောင့်တန်း။ —*a.* ထောင့်တန်းဖြစ်သော။
Diagonally, *adv.* ထားလွှယ်ချတ်။
Diagram, *n.* ဂဲပြမင္ဂရိအတတ်၌အတိုင်းအထွာကိုမှတ်သားသောပုံ။ တိုင်းထွာပုံ။
Dial, *n.* နေတိုင်းနာရီ။ —plate, နေတိုင်းနာရီစက်ဝန်း။
Dialect, *n.* ဝဲသောစကား။
Dialectic, Dialectical, *a.* pertaining to a dialect, ဝဲသောစကားနှင့်ဆိုင်သော။ inferential, သိပြီးသောအရာနှင့်နှိုင်းရှည်၍မသိသေးသောအရာကိုသိနိုင်ခြင်းနှင့်ဆိုင်သော။
Dialling, *n.* နေတိုင်းနာရီကိုလုပ်တတ်သောအတတ်။
Dialogist, *n.* သူတပါးနှင့်အလှည့်အလည်ဆွေးနွေးပြောဆိုသောသူ။
Dialogue, *n.* အလှည့်အလှည့်ဆွေးနွေးပြောဆိုခြင်း။
Diameter, *n.* အချင်း။
Diametrical, *a.* အချင်းနှင့်ဆိုင်သော။
Diametrically, *adv.* တဖက်တချက်၌နေလျှက်။
Diamond, *n.* စိန်ကျောက်။
Diaper, *n.* ပိုက်ဆံခြည်ကိုပုံနှင့်ရက်သောအထည်။
Diaphanous, *a.* ဖန်မှန်ကဲ့သို့ကြည်လင်၍တဖက်မှတဖက်သို့အလင်းထိုးဖောက်ထင်ရှားနိုင်သော။
Diaphoretic, *a.* ချွေးထွက်စေတတ်သော။
Diaphragm, *n.* ရင်နှင့်ဝမ်းကိုပိုင်းခြားသောအမြှေး။
Diarrhœa, *n.* ဝမ်းကျနာ။

Diary, *n.* နေ့စဉ်အတိုင်းဖြစ်သောအမှုအရာတို့ကိုမှတ်သောစာ။ နေ့စဉ်မှတ်စု။
Diastole, *n.* သွေးဝင်အောင်နှလုံးပွင့်ခြင်း။
Dibble, *n.* တူးရွင်းကလေး။
Dice, *plur.* of Die. —box, *n.* အန်စာကြွက်။
Dictate, *v. t.* to tell with authority, အာဏာနှင့်ပြောသည်။ to communicate to an amanuensis, စာရေးရေးရန်စာစီ၍ပြောသည်။ နှုတ်တိုက်ပြောသည်။ —*n.* an order, command, အမိန့်။ အမှာ။ ပညတ်။ a precept, rule, နည်းဥပဒေ။
Dictation, *n.* from Dictate, *v. t.*
Dictator, *n.* စီရင်ပိုင်သောသူ။
Dictatorial, *a.* အစိုးတရပြောသော။
Diction, *n.* စကား၏အနေအခြေ။
Dictionary, *n.* အဘိဓာန်။
Dictum, *n.* ပြောဆိုချက်။
Didactic, *a.* နည်းဥပဒေသပေးခြင်းနှင့်ဆိုင်သော။
Diddle, *v. t.* လိမ်လည်သည်။
Die 1, *n.* a cube to play with, အန်စာ။ a stamp used in coining, ဒင်္ဂါးခတ်သောတံဆိပ်။ —2, *v. i.* to lose life, သေသည်။ in Boodhist usage, ကံဖြစ်သည်။ ကံကုန်သည်။s. —(as sound,) တဖြေးဖြေးလျော့၍ပျောက်သည်။ —(as liquor,) ပေါ့၍သွားသည်။ —away, လျော့သွားသည်။
Diet 1, *n.* ဇာမနီပြည်၌ပြည်မှုပြည်ရေးကိုစီရင်သောမင်းအစုအဝေး။ —2, food, အစားအသောက်။ စားဘွယ်သောက်ဘွယ်။ food regulated by medical rules, ဓာတ်ကြိုက်ရာသို့ လိုက် ၍ စား သော အစာ။ —drink, ဓာတ်စာကိုဖျော်၍သောက်ရသောအရည်။ —2, *v. t.* to feed, အစာကျွေးသည်။ —*v. i.* to eat according to medical rules, ဓာတ်စားသည်။
Dietary, Dietetic, *a.* ဓာတ်စားခြင်းနှင့်ဆိုင်သော။
Differ, *v. i.* to be unlike, ခြားနားသည်။ to be of a different opinion, သဘောမတူ။ to be at variance, မသင့်မတင့်။ ဆန့်ကျင်ဘက်ဖြစ်သည်။
Difference, *n.* from above; the ground of difference, ခြားနားသည်အကြောင်း။ an occasion of being on bad terms, မသင့်မတင့်နေသည်အကြောင်း။
Different, *a.* another, not the same, အခြား။ တခြား။ တပါး။ unlike, dissimilar, diverse, ခြားနားသော။ ကွဲပြားသော။
Difficult, *a.* not easy, မလွယ်၊ခက်သော။ခဲသော။ (verbal aux.;) hard to deal with, ကတ်သတ်သော။
Difficulty, *n.* a being hard, not easy, ခက်ခြင်း။ ခဲခြင်း။ (aux.;) that which is hard to be accomplished, ခက်သောအမှု။ an obstacle,

embarrassment, အဆီးအတားအနှောင့်အရှက်။ that which is hard to be understood or believed, သဘောမကျ၊ မယုံနိုင်သော အကြောင်း။

Diffidence, *n.* distrust of one's self, ကိုယ်ညာဏ်၊ ကိုယ်အစွမ်းသတ္တိကို မယုံ၍မကိုးစားခြင်း။ bashfulness, မျက်နှာမရဲ၊ ရှက်ကြောက်ခြင်း။

Diffident, *a.* distrustful, whether of one's self or of another, (သူတပါးကိုသော်၎င်း၊ ကိုယ်ကိုသော်၎င်း) မယုံ၍ မကိုးစားသော။ bashful, မျက်နှာမရဲ၊ ရှက်ကြောက်သော။

Diffluent, *a.* အရပ်လေးမျက်နှာသို့ပျံ့စီးသွားသော။

Diffuse, *a.* widely spread, အနှံ့အပြားပျံ့သွားသော။ copious (in style,) စကားများပြားသော။ —*pron.* Diffuze, *v. t.* to spread, as a fluid, ဖြန့်သည်။ to spread abroad, အနှံ့အပြားဖြန့်သည်။

Diffusion, *n.* from above.

Diffusive, *a.* အနှံ့အပြားပျံ့တတ်သော။

Diffusiveness, *n.* from above.

Dig, *v.* —in excavating, တူးသည်။ —in cultivating the ground, တူးဆွသည်။ to pierce with something sharp, ချွန်သောအရာနှင့် ထိုးသည်။ —down, *v. t.* တူး၍ဖြိုသည်။ —in, —into, ထိုးသည်။ —out, တူးယူသည်။ တူး၍ဖော်သည်။ —through, တူး၍ဖောက် သည်။ —up, —*see* —out; —as with a snout, တူးကော်သည်။

Digest′, *v. t.* to arrange in order, classify, ဆိုင်ရာဆိုင်ရာသီးသန့်၍ ထားသည်။ to concoct, (အစာကို) ချေသည်။ to consider thoroughly, တိုင်းထွာဆင်ခြင်မိသည်။ to soften by boiling, ပြုတ်၍ပျော့စေသည်။ to bear with patience, သည်းခံသည်။ *v. i.* to suppurate, ပြည်မည့်သည်။ to dissolve in the stomach, ကြေသည်။

Di′gest, *n.* ဆိုင်ရာဆိုင်ရာသီးသန့်၍ထားသောစာ။

Digestion, *n.* from Digest, *v. t.* and *v. i.*

Digestive, *a.* from same.

Digit, *n.* a finger's breadth, လက်သစ်။ the 12th part of the diameter (of the sun or moon,) အချင်း ၁၂ စိတ်တွင် တစိတ်။ a figure in arithmetic, ဂဏန်း။ စတိတ်။

Digital, *a.* လက်ချောင်းနှင့်ဆိုင်သော။

Dignify, *v. t.* to promote, ချီးမြှောက်သည်။ to honor, အသရေပေးသည်။

Dignitary, *n.* အဂ်လိတ်ဘာသာ၌အရာကြီးသောဓမ္မဆရာ။

Dignity, *v.* high excellence, မြင့်မြတ်ခြင်း။ —of rank, အရာကြီးခြင်း။ —of appearance and deportment, ဂုဏ်အဂ္ဂ။

Dignified, *a.* highly excellent, exalted, မြင့်မြတ်သော။ ဂုဏ်အသရေ ရှိသော။

Digress, v. i. အစဉ်လိုက်ပြောသည်အတွင်း၊ အခြားသောစကားကိုသွင်း၍ပြောသည်။

Digression, n. from above.

Digressive, a. from Digress, v. i.

Dike, n. a ditch, မြောင်း။ a mound of earth to check the influx of water, ကန်ပေါင်ရိုး။ ကန်ဆည်ရိုး။

Dike, v. t. ဆည်ထားသည်။

Dilapidate, v. i. ဟောင်းနွမ်း၍ပြိုပျက်သည်။

Dilapidation, n. from above.

Dilate, v. i. to widen, (intrans.) ကြီးကျယ်သည်။ to speak copiously, ကျယ်ကျယ်ပြောဆိုသည်။

Dilate, v. t. to enlarge, expand, ကြီးကျယ်အောင်ပြုသည်။ ချဲ့သည်။

Dilatory, a. slow, tardy, နှေးသော။ ဆေးဆေးနှေးနှေးဖြစ်သော။ delaying, procrastinating, (intrans.,) ဖင့်နွဲ့သော။

Dilatoriness, n. from above.

Dilemma, n. အမှုနှစ်ပါးကြားမှာတွေးဆ၍နေရသောအကြောင်း။

Diligence, n. လုံ့လ၊ လုံ့လပြုခြင်း။ ဝီရိယ။ ဝီရိယထုတ်ခြင်း။

Diligent, a. လုံ့လပြုတတ်သော။ ဝီရိယထုတ်တတ်သော။

Dill, n. စမွှတ်။

Dilucidate, *see* Elucidate.

Diluent, a. from next.—n. from next.

Dilute, v. t. to make thin, rare, ကြည်းအောင်၊ သွက်အောင်ပြုသည်၊ to weaken (as liquor,) ပေါ့စေသည်။

Dilution, n. from above.

Diluvial, Diluvian, a. ဒိုဃီးရေကြီးစွာသွန်းမိုးခြင်းနှင့်ဆိုင်သော။

Diluvium, n. နုံး။ ညွန်။

Dim, a. not seeing clearly, မှုန်သော။ ပြာသော။ မွဲသော။ not clearly seen, obscure, မှုန်သော။ ရီသော။ ဝေသော။ faded, dull, မှိန်သော။ မှေးသော။ dull of apprehension, ညာဏ်တုံးသော။ -sighted, မျက်စိမှုန်သော။

Dim, v. t. from above.

Dime, n. အမေရိကပြည်မှာဒေါလဒင်္ဂါးဆယ်စုတွင်တစုဖြစ်၍ ဒိမ်ဟုခေါ်ဝေါ်သောငွေဒင်္ဂါးတမျိုး။

Dimension, n. အတိုင်းအထွာ။

Diminish, v. i. to grow less, ငယ်သွားသည်။ နည်းသွားသည်။

Diminish, v. t. to make less (in various ways,) ငယ်စေသည်။ နည်းစေသည်။ ဆုတ်ယုတ်စေသည်။ လျော့စေသည်။ ညှိုးစေသည်။

Diminution, n. from above.

Diminutive, n. ကျဉ်းသောအရေအတွက်ကိုပြသောစကား။

Diminutive, a. ကျဉ်းသော။ ငယ်သော။

Diminutiveness, n. from above.

Dimissory, *n.* လွှဲအပ်ခြင်းနှင့်ဆိုင်သော။
Dimity, *n.* ဓိတ်တမျိုး။
Dimness, *n.* from Dim, *a.*
Dimple, *n.* ပါးပေါက်အစရှိသောအသားခွံချိုင့်ရာ။
Dimple, *v. i.* အသားချိုင့်သည်။
Din, *v. i.* ကျည်ကျည်လောင်လောင်မြည်သည်။
Din, *n.* ကျည်ကျည်လောင်လောင်မြည်သောအသံ။
Dine, *v. i.* to eat dinner, နေ့လယ်စာစားသည်။
Dine, *v. t.* to give a dinner to, နေ့လယ်စာကျွေးသည်။
Ding dong, *n.* ခေါင်းလောင်းထိုးသံ။
Ding, *v. t.* ပြုန်းခနဲပြစ်သည်။
Dinginess, *n.* from Dingy.
Dingle, *n.* ကျဉ်းမြောင်းသောချိုင့်။
Dingy, *a.* မွဲသော။
Dining-room, *n.* ထမင်းစားခန်း။
Dinner, *n.* နေ့လယ်စာ။ —time, *n.* နေ့လယ်စာစားချိန်။
Dint, *n.* a blow, stroke, အရိုက်တချက်။ အပုတ်တချက်။ force, အရှိန်။
Diocesan, *n.* ဂိုဏ်းအုပ်။
Diocese, *n.* ဂိုဏ်းအုပ်စီရင်ပိုင်သောနယ်။
Dioptrics, *n.* လေ၊ ရေအစရှိသည်တို့ကိုဖောက်၍ ဖြောင့်သောလမ်းမှလွှဲသောအလင်းရောင်ခြည်နှင့်ဆိုင်သောအတတ်။
Dip, *v. i.* to sink in a liquid, နစ်သည်။ to incline downward, ဦးစောက်နေသည်။
Dip, *v. t.* to immerse, နှစ်သည်။ to take out (some of a liquid) with a ladle or other instrument, ခပ်သည်။ —into, (a business,) အမှု၌ဝင်သည်။ (a book,) စာကိုပေါ့ပေါ့ကြည့်သည်။
Dip, *n.* ဦးစောက်နေခြင်း။
Diphthong, *n.* အသံတခုတည်းဖြစ်အောင်ပေါင်းသောသရနှစ်ခု။
Diploma, *n.* ခွင့်အခွင့်ကိုသော်၎င်း၊ ဘွဲ့ကိုသော်၎င်း၊ တံဆိပ်ခတ်၍ပေးသောစာ။
Diplomacy, *n.* သံတမန်နှင့်ဆိုင်သောအမှုအရေး။
Diplomatic, *a.* furnished with a diploma, တံဆိပ်ခတ်သောစာကိုရသော။ pertaining to diplomacy, သံတမန်အမှုအရေးနှင့်ဆိုင်သော။
Diplomatist, သံတမန်အမှုအရေးကိုလေ့ကျက်သောသူ။
Dipper, *n.* one that dips, နှစ်ပေးသောသူ။ a water-dipper, ရေမှုတ်။
Dipping-needle, *n.* ဦးစောက်နေတတ်သောအိမ်မြှောင်။
Dire, *a.* အလွန်ကြီးစွာသောဘေးဥပါတ်ပါသော။
Direct, *a.* straight, ဖြောင့်သော။ straight forward, တည့်သော။ plain, open, တည့်လင်းသော။
Direct, *v. t.* to point, aim, ချိန်သည်။ ချိန်သည်။ to point out, ပြညွှန်သည်။ to show the way, လမ်းပြသည်။ to lead, manage, စီရင်ပွဲဖျင်သည်။ prescribe, order, မှာထားသည်။

Direction, *n.* a pointing, aiming, ရွယ်ခြင်း၊ ချိန်ခြင်း၊ course, လိုက်သောထမ်း၊ the act of leading, managing, စီရင်ခဲ့ပြင်ခြင်း၊ a prescription, order, မှာထားချက်၊ a precept, rule, နည်း၊ ဥပဒေ၊ စီရင်ချက်၊ ဥပဒေထားချက်၊ a superscription, မှာစာလိပ်၊ a body of directors, စီရင်သောလူစု၊

Directly, *adv.* in a straight line, တည့်တည့်၊ without intervention, စည့်တိုက်၊ expressly, အတည့်အလင်း၊ တိုက်ရိုက်၊ instantly, ချက်ချင်း၊

Director, *n.* စီရင်ခဲ့ပြင်သောသူ၊

Directory, *n.* a rule to direct, နည်းဥပဒေသ၊ a book of directions, နည်းဥပဒေသများပါသောစာ၊ a book containing a list of inhabitants and their places of abode, မြို့သူမြို့သားများနေရာကိုပြသောစာ၊

Direful, *see* Dire.

Dirge, *n.* သင်းဂြိုဟ်သီခြင်း၊

Dirk, *n.* တိုသောသန်လျက်တမျိုး၊

Dirt, *n.* အညစ်အကြေး၊

Dirt, *v. t.* ညစ်စေသည်၊

Dirtiness, *n.* from next.

Dirty, *a.* not clean, ညစ်သော၊ ညစ်ညူးသော၊ turbid, နောက်သော၊ cloudy, မိုဃ်းအုံ့သော၊ base, mean, ယုတ်ညံ့သော၊

Dirty, *v. t.* ညစ်စေစေသည်၊

Dis, *pref. in composition,* အ (negative.)

Disability, *n.* မတတ်နိုင်ခြင်း၊

Disable, *v. t.* မတတ်နိုင်အောင်ပြုသည်၊

Disabuse, *v. t.* အလွဲယူခြင်းနှင့်ကင်းလွတ်စေသည်၊

Disaccustom, *v. t.* အလေ့အကျင့်ကိုဖျက်သည်၊

Disadvantage, *n.* that which tends to prevent success, အကြံအထမမြောက်စေခြင်းငှါဖြစ်သည့်အကြောင်း၊ loss, injury, အကျိုးပျက်ခြင်း၊

Disadvantage, *v. t.* အကျိုးပျက်အောင်ပြုသည်၊

Disadvantageous, *a.* အကြံအထမမြောက်စေခြင်းငှါဖြစ်စေတတ်သော၊ အကျိုးပျက်စေတတ်သော၊ (for sub-def. *see* above.)

Disaffect, *v. t.* to alienate affection, နှစ်သက်သောစိတ်ပျက်အောင်ပြုသည်၊ to dislike, မချစ်မကြိုက်၊

Disaffected, *a.* ill disposed towards, မနာလိုသော၊

Disaffection, *n.* from above.

Disagree, *v. i.* to differ, ခြားနားသည်၊ မတူ၊ to differ in opinion, သဘောမတူ၊ မညီမညွတ်၊ to not suit, မသင့်၊ to be at variance, မသင့်မတင့်၊

Disagreeable, *a.* နှစ်သက်နှစ်လိုဖွယ်မရှိသော

Disagreement, *n.* from Disagree.

Disallow, *v. t.* to refuse permission, အခွင့်မပေး၊ ငြင်းသည်။ to refuse assent, to reject, ဝန်မခံ၊ ငြင်းပယ်သည်။

Disallowable, *a.* အခွင့်မပေး၊ ငြင်းစရာကောင်းသော။

Disannul, *v. t.* ဖြေဖျက်သည်။

Disappear, *v. i.* to cease to appear, ကွယ်သည်။ to cease to be, တိမ်မြုပ်သည်။ ပျောက်သည်။

Disappearance, *n.* from above.

Disappoint, *v. t.* to defeat expectation, မျှော်လင့်ခြင်းကိုဖျက်သည်။ to frustrate a purpose, အကြံအစည်ကိုဖျက်သည်။

Disappointment, *n.* defeat of expectation, မျှော်လင့်စရာအကြောင်းပျက်ခြင်း။ failure of purpose, အကြံအစည်ပျက်ခြင်း။

Disapprobation, *n.* from next.

Disapprove, *v. t.* to dislike, မကြိုက်၊ မနှစ်သက်။ to manifest dislike, မျက်နှာသာမပေး၊ အပြစ်တင်သည်။ to reject as disliked, ဝန်မခံ၊ ငြင်းပယ်သည်။

Disarm, *v. t.* to deprive of arms, လက်နက်ကိုသိမ်းရုံးသည်။ to deprive of force, စွမ်းအားကိုဖျက်သည်။

Disarrange, *v. t.* to disorder, အစီအစဉ်ကိုဖျက်သည်။ to confuse, ရှုပ်ထွေးစေသည်။

Disarrangement, *n.* from above.

Disarray, *v. t.* to throw into disorder, ခင်းကျင်းခြင်းကိုဖျက်သည်။ to divest of dress or ornament, အဝတ်တန်ဆာကိုချွတ်သည်။

Disarray, *n.* disorder, အခင်းအကျင်းပျက်ခြင်း။ undress, အဝတ်တန်ဆာကျွတ်ခြင်း။

Disaster, *n.* အမင်္ဂလာ။ ဘေးဥပါတ်။

Disastrous, *a.* အမင်္ဂလာရှိသော။ ဘေးဥပါတ်ဖြစ်စေတတ်သော။

Disavow, *v. t.* ငြင်းပယ်သည်။

Disavowal, *n.* from above.

Disband, *v. t.* တပ်ဖွဲ့ခြင်းကိုဖျက်သည်။

Disbelief, *n.* from next.

Disbelieve, *v. t.* မယုံ။

Disburden, *v. t.* ဝန်ချ၍ချမ်းသာပေးသည်။

Disburse, *v. t.* ထုတ်၍ပေးသည်။

Disbursement, *n.* from above; the money paid out, ထုတ်၍ပေးသောငွေ။

Disc, *n.* *see* Disk.

Discard, *v. t.* to reject, cast off, ပယ်ထားသည်။ to dismiss from service, လွှတ်လိုက်သည်။

Discern, *v. t.* to see, on looking, ကြည့်၍မြင်သည်။ to distinguish, discriminate, ပိုင်ခြား၍သိမှတ်နိုင်သည်။

Discernible, *a.* ကြည့်၍မြင်နိုင်ဖွယ်ဖြစ်သော။

Discerning, *a.* discriminating, ပိုင်းခြား၍သိမှတ်တတ်သော။ ညာဏ်ကောင်းသော။

Discernment, *n.* ပိုင်းခြား၍သိမှတ်တတ်သောညာဏ်။

Discharge, *v. t.* to take out a load, ဝန်ချသည်။ to disburden, ဝန်ချ၍လွှတ်သည်။ —a gun, သေနတ်ပြစ်သည်။ —a debt, ကြွေးကိုဆပ်သည်။ —a debtor, ကြွေးစားကိုလွှတ်သည်။ —from an obligation, ပြုရသောဝတ်မှလွှတ်သည်။ —from an accusation, အပြစ်တင်ခြင်းမှလွှတ်သည်။ —from confinement, ချုပ်ထားရာမှလွှတ်သည်။ —from office, အရာမှချသည်။ —from service, လွှတ်လိုက်သည်။ —a duty, ပြုရသောဝတ်ကိုပြုသည်။ —as matter, ပြည်ထွက်သည်။

Discharge, *n.* from above; a certificate of discharge, ဖြေစာ။ လွှတ်စာ။ purulent matter discharged, ထွက်သောပြည်။သားနံ့ရည်။

Discinct, *a.* ခါးစည်းကိုမစည်းသော။

Disciple, *n.* တပည့်။

Disciple, *v. t.* to teach, ဆုံးမသွန်သင်သည်။ to make a disciple of, တပည့်အဖြစ်၌တည်စေသည်။

Discipleship, *n.* တပည့်၏အဖြစ်။

Disciplinable, *a.* capable of instruction and improvement, ဆုံးမသွန်သင်၍ရနိုင်ဖွယ်ဖြစ်သော။ suitable to be disciplined, ဆုံးမစရာကောင်းသော။

Disciplinarian, *a.* ဆုံးမသွန်သင်ခြင်းနှင့်ဆိုင်သော။

Disciplinarian, *n.* ဆုံးမသွန်သင်တတ်သောသူ။

Disciplinary, *a.* ဆုံးမသွန်သင်ခြင်းနှင့်ဆိုင်သော။

Discipline, *v. t.* to instruct or educate, ဆုံးမသွန်သင်သည်။ to punish, ဆုံးမ၍အပြစ်ပေးသည်။ to punish severely, နှိပ်ကွပ်သည်။ to subject to church censure, ခရစ်ယာန်အသင်းတော်၌ဆုံးမသည်။

Discipline, *n.* from above; rules of discipline, ဆုံးမသွန်သင်ခြင်းနည်း။ ဥပဒေသ။ subjection to discipline, ဆုံးမသွန်သင်ခြင်းကိုခံခြင်း။

Disclaim, *v. t.* ငြင်းပယ်သည်။

Disclose, *v. t.* to uncover and show, ဖွင့်ပြသည်။ to reveal, ဖော်ပြသည်။

Disclosure, *n.* from above.

Discolor, *v. t.* from next.

Discolored [be,] *v. i.* အရောင်ပျက်သည်။

Discomfit, *v. t.* တိုက်လှန်၍ပြစ်သည်။

Discomfiture, *n.* တိုက်လှန်၍ပြစ်ခြင်းကိုခံရခြင်း။

Discomfort, *n.* ပူပန်ခြင်း။

Discommode, *v. t.* နှောင့်ရှက်သည်။

Discompose, *v. t.* to derange, အစီအစဉ်ကိုဖျက်သည်။ to confuse,

ရှုပ်ထွေးစေသည်။ to disturb peace of mind, စိတ်မငြိမ်မဝပ်အောင်ပြုသည်။

Discomposure, *n.* မငြိမ်မဝပ်ရှိခြင်း။

Disconcert, *v. t.* —a plan, အကြံကိုဖျက်သည်။ —the mind, မကြံစည်နိုင်အောင်စိတ်နေရာမကျဖြစ်စေခြင်းငှါပြုသည်။

Discongruity, *see* Incongruity.

Disconnect, *v. t.* (in various ways,) အဆက်အတွဲကိုဖြတ်သည်၊ အစပ်အပူးကိုခွာသည်။ အပေါင်းအစည်းကိုဖျက်သည်။

Disconnected, *a.* not arranged in an orderly manner, အစီအစဉ်မသင့်သော။

Disconsolate, *a.* နှစ်သိမ့်သာယာခြင်းမရှိသော။

Discontent, Discontentment, *n.* from next.

Discontented, *a.* uneasy, ညှိုးငွေ့သော။ dissatisfied, အလိုမပြည့်စုံ၍စိတ်မသာသော။

Discontentedly, *adv.* တောက်တီးတောက်တက်။

Discontinuance, *n.* from Discontinue, *v.* and Discontinuous, *a.*

Discontinue, *v. i.* to cease, စဲသည်။ ရပ်သည်။ ပြတ်သည်။

Discontinue, *v. t.* to leave off, ဖြတ်သည်။ ပြုမြဲမပြုဘဲနေသည်။

Discontinuous, *a.* အစီအစဉ်ပြတ်သော။

Discord, Discordance, *n.* from next.

Discordant, *a.* not concordant, မညီမညာသော။ not on friendly terms, မသင့်မတင့်သော။ dissonant, အသံမညီညာသော။

Discount, *v. t.* လျှော့၍ပေးသည်။ လျှော့၍ခံသည်။

Discount, *n.* from above; the sum discounted, လျှော့ရသောငွေ။

Discountenance, *v. t.* to look on with disapprobation, မျက်နှာသာမပေး။ လွှဲသည်။ to disapprove, အခွင့်မပေး။ အပြစ်တင်သည်။

Discountenace, *n.* from above.

Discourage, *v. t.* ပြုမည့်စိတ်ကိုပျက်အောင်ပြုသည်။

Discouragement, *n.* from above ; that which discourages, ပြုမည့်စိတ်ပျက်ရန်အကြောင်း။

Discourse, *v. i.* to converse, အချင်းချင်းပြောဆိုသည်။ to make a speech, အကျိုးအကြောင်းကိုထုတ်ဖော်၍အစဉ်အတိုင်းပြောဆိုသည်။

Discourse, *n.* from above ; a sermon, တရားဟောစာ။

Discourteous, *a.* လောကဝတ်မပြုသော။

Discourtesy, *n.* from above.

Discover, *v. t.* to bring to light, ဖော်ပြသည်။ to find out what is unknown, (မထင်ရှား၊မသိသေးသောအရာကို)တွေ့သည်၊တွေ့မြင်သည်။

Discoverable, *a.* that may be brought to light, ဖော်ပြနိုင်ဖွယ်ဖြစ်သော။ that may be found out, တွေ့မြင်နိုင်ဖွယ်ဖြစ်သော။

Discovery, *n.* from Discover.

Discredit, *v. t.* to disbelieve, မယုံဘဲနေသည်။ to deprive of credit, အသရေ လျော့အောင်ပြုသည်။
Discredit, *n.* disbelief, မယုံဘဲနေခြင်း။ want of credit, အသရေနည်းခြင်း။
Discreditable, *a.* အသရေလျော့စေတတ်သော။
Discreet, *a.* ပညာသတိရှိသော။
Discreetness, *n.* from above.
Discrepance, Discrepancy, *n.* from next.
Discrepant, *a.* မညီမညွတ်သော။ မညီမညာသော။
Discrete, *a.* ခြားနားသော။
Discretion, *n.* knowledge and prudence, ပညာသတိ။ liberty of acting according to one's own judgment, ကိုယ်ပညာသတိရှိသည်အတိုင်းပြုရသောအခွင့်။
Discretional, Discretionary, *a.* ကိုယ်ပညာသတိရှိသည် အတိုင်းပြုရသော (အမှု။)
Discriminate, *v. t.* to observe the difference between, ပိုင်းခြား၍သိမှတ်သည်။ to mark with notes of difference, ပိုင်းခြား၍မှတ်သားသည်။ to make a distinction between, တခြားစီခွဲထားသည်။
Discriminating, *a.* capable of making distinction, ပိုင်းခြား၍သိမှတ်တတ်သော။
Discrimination, *n.* from Discriminate, *v. t.*
Discriminative, *a.* manifestly marking a distinction, ထင်ရှားစွာခြားနားစေသော (လက္ခဏာ။) observing distinction, ပိုင်းခြားသိမှတ်တတ်သော။
Discrown, *v. t.* (Eng.) မကိုဋ်ကိုချသည်။ (Burm.) နန်းကချသည်။
Discumbency, *see* Recumbency.
Discumber, *see* Disencumber.
Discursion, *n.* လှည့်လည်ခြင်း။
Discursive, *a.* roving about, လှည့်လည်တတ်သော။ inferential, အကျိုးအကြောင်းကိုအစဉ်အတိုင်းလိုက်စစ်ခြင်းနှင့်ဆိုင်သော။
Discus, *n.* ထွေပြား။
Discuss, *v. t.* —(a subject,) နှိုးနှော်သည်။ —(a swelling,) ကြေစေသည်။
Discussion, *n.* from above.
Discussive, Discutient, *a.* ကြေစေတတ်သော(ဆေး။)
Disdain, *v. t.* မိမိနှင့်မတန်မရာထင်သောကြောင့်မာနစိတ်နှင့်ရွံရှာသည်။
Disdain, *n.* from above.
Disdainful, *a.* from Disdain, *v. t.*
Disease, *n.* အနာရောဂါ။
Diseased, *a.* အနာစွဲသော။
Disembark, *v. i.* သင်္ဘောပေါ်ကကုန်းသို့တက်သည်။
Disembark, *v. t.* သင်္ဘောပေါ်ကကုန်းသို့တင်သည်။
Disembarkment, *n.* from above.

Disembody, *v. t.* to divest of body, ကိုယ်ကာယနှင့်ကင်းလွတ်စေသည်။ to discharge from military array, တပ်ဖွဲ့ခြင်းကိုဖျက်သည်။
Disembogue, *v. i.* မြစ်ကြီးသို့ဝင်၊ ပင်လယ်သို့ဝင် စီးဝင်သည်။
Disembroil, *v. t.* ရှုပ်ထွေးသောအမှုကိုရှင်းလင်းစေသည်။
Disenable, *see* Disable.
Disenchant, *v. t.* ဆေးဝါးပရောဂအားဖြင့်သော်၎င်း၊ မန္တန်အားဖြင့်သော်၎င်း၊ ပြုသောအမှုကိုပြေအောင်ဖြေသည်။
Disencumber, *v. t.* to free from encumbrance, နှောင့်စေသောအမှုနှင့်ကင်းလွတ်စေသည်။ to free from any obstruction, အဆီးအတားအနှောင့်အယှက်ကိုပယ်ရှားသည်။
Disengage, *v. t.* from Disengaged [be,] *a.* vacant, being at leisure, အားသော။ လပ်သော။ —[be,] *v. i.* to be detached from, ကွာရှင်းသည်။ to be free from, လွတ်သည်။ to be cleared, disentangled, ရှုပ်ထွေးခြင်းနှင့်ကင်းလွတ်သည်။ to be free from attachments, အငြိအတွယ်အစွဲအလမ်းနှင့်ကင်းလွတ်သည်။
Disengagement, *n.* from above.
Disentangle, *v. t.* အရှုပ်အထွေးကိုဖြေသည်။ ရှင်းလင်းစေသည်။
Disenthrall, *see* Disinthrall.
Disenthrone, *v. t.* နန်းကချသည်။
Disentrance, *v. t.* တဝင်ဖြစ်ခြင်းကိုဖြေဖျောက်သည်။
Disespouse, *v. t.* လင်မယားကွာစေသည်။
Disesteem, *v. t.* မလေးမြတ်။ ပမာဏမပြု။
Disesteem, *n.* from above.
Disfavor, *v. t.* to regard unfavorably, မျက်နှာသာမပေး၊ ဖွဲ့သည်။ to withhold favor, ကျေးဇူးမပြုဘဲနေသည်။ —*n.* from above.
Disfigure, *v. t.* အဆင်းသဏ္ဌာန်ကိုဖျက်သည်။
Disfigurement, *n.* from above.
Disfranchise, *v. t.* ပိုင်သောအခွင့်ကိုသိမ်းရုံးသည်။
Disfranchisement, *n.* from above.
Disfurnish, *v. t.* အသုံးအဆောင်အခမ်းအနားတို့ကိုသိမ်းရုံးသည်။
Disgarnish, *v. t.* ဝတ်စားတန်ဆာတို့ကိုချွတ်သည်။
Disgorge, *v. t.* to vomit, အန်သည်။ အော့သည်။ to throw out with violence, အဟုန်ပြင်းစွာမှုတ်၍ထုတ်ပြစ်သည်။
Disgrace, *v. t.* to put out of favor, သဒ္ဓါသောစိတ်ပျက်၍အခွင့်မပေးဘဲနှိမ့်ချသည်။ to bring to shame, အသရေကိုဖျက်သည်။
Disgrace, *n.* the state of being out of favor, အထက်ရသောမျက်နှာပျက်ခြင်း။ dishonor, အသရေပျက်ခြင်း။ a cause of disgrace, အသရေပျက်သည့်အကြောင်း။
Disgraceful, *a.* အသရေပျက်ခြင်းနှင့်ဆိုင်သော(အမှု)
Disguise, *v. t.* to conceal by an unusual habit or mark, သူတပါးမသိစေခြင်းငှါအရုပ်ကိုဖျက်သည်။ to hide by a counterfeit

appearance, အရောင်ဆောင်သည်။ to intoxicate, ယစ်မူးအောင်သောက်သည်။ —one's speech, အသံလွှဲ၍ပြောသည်။ —*n.* any dress or habit that disguises the appearance, သူတပါးမသိစေခြင်းငှါအရုပ်ကိုဖျက်ခြင်း၏အကြောင်းအရာ။ an assumed form, အရောင်။ အဟန်။ intoxication, သေသောက်၍ယစ်မူးခြင်း။

Disgust, *v. i.* from Disgusted [be.] —*n.* from next.

Disgusted [be,] *v. i.* ရွံသည်။ ရွံရှာသည်။ စက်ဆုပ်သည်။

Disgustful, *a.* ရွံစရာ။ ရွံရှာဖွယ်ဖြစ်သော။

Disgustingly, *adv.* မသိုးမသန့်။

Dish, *n.* a broad open vessel, ပုကန်ပြားကြီး။ the food served in a dish, စားပွဲခင်းရာတွင် ပုကန်ပြားကြီး၌ ထည့်သော စားရန်အစာ။ —cloth, ပုကန်သုတ်ပုဝါ။ —water, ပုကန်ဆေးရေ။ —*v. t.* စားပွဲခင်းရာတွင်ပုကန်ပြားကြီး၌ထည့်သည်။

Dishabille, *n.* သတိမပြုဘဲဝတ်သောအဝတ်။

Dishearten, *v. t.* စိတ်ပျက်အောင်ပြုသည်။

Dishevel, *v. t.* (ဆံပင်ကို) ဖားရားချသည်။

Dishonest, *a.* devoid of honesty, မရိုးမဖြောင့်သော။ သစ္စာမရှိသော။ fraudulent, လိမ်လည်တတ်သော။

Dishonesty, *n.* from above.

Dishonor, *v. t.* to disgrace, အသရေကိုဖျက်သည်။ to violate the chastity of, ပန်းကောင်းကိုအညှန့်ချိုးသည်။ to treat with indignity, မလေးမစားပြုသည်။ —a bill, ငွေလက်မှတ်ကိုငြင်းပယ်သည်။ —*n.* အသရေဖျက်ခြင်း။

Dishonorable, *a.* disgraceful, အသရေကိုဖျက်ခြင်းနှင့်ဆိုင်သော။ destitute of honor, အသရေမရှိသော။ reproachful, ကဲ့ရဲ့စရာကောင်းသော။

Disinclination, *n.* from Disinclined [be.]

Disincline, *v. t.* from next.

Disinclined [be,] *v. i.* အလိုမရှိ။ မနှစ်သက်။

Disingenuous, *a.* not frank, လျှို့ဝှက်သော။ unfair, meanly artful, စဉ်းလဲသော။

Disingenuousness, *n.* from above.

Disinherit, *v. t.* အမွေခမ်းကိုဖြတ်သည်။

Disinter, *v. t.* သင်းချိုင်းတွင်းမှထုတ်ဖော်ပြန်သည်။

Disinterested, *a.* having no personal interest, ကိုယ်တိုင်မဆိုင်သော။ having no regard to private interest, ကိုယ်အကျိုးကိုမငဲ့ကွက်သော။

Disinterestedness, *n.* from above.

Disinterment, *n.* from Disinter.

Disinthral, *v. t.* ကျွန်ခံရာမှလွှတ်သည်။

Disjoin, *v. t.* ခွဲခွာသည်။

Disjoint, *v. t.* to dislocate, အဆစ်ကိုဖြုတ်သည်။ to separate at the joints, အဆစ်ကိုလှီး၍ဖြုတ်သည်။ to break the natural order, ချွတ်ယွင်းစေသည်။

Disjunct, *a.* ကွဲကွာသော။

Disjunction, *n.* from next.

Disjunctive, *a.* ခွဲခွာသော။

Disk, *n.* နေ၊ လ၊ ဂြိုဟ်၊ နက္ခတ်၏မျက်နှာ။

Dislike, *v. t.* မကြိုက်၊ မနှစ်သက်၊ ငြင်ပျင်းသည်။ —*n.* from *do.*

Dislocate, *v. t.* to displace, အလွဲထားသည်။ to put out of joint, (အဆစ်ကို) ဖြုတ်သည်။

Dislocated, *p.p.p.* အဆစ်လွှဲသော။

Dislocation, *n.* from above.

Dislodge, *v. t.* နေရာမှနှင်ထုတ်သည်။

Disloyal [be,] *v. i.* အရှင်၏သစ္စာကိုသော်၎င်း၊ သွီးခင်ဥန်း၏သစ္စာကိုသော်၎င်း ဖျက်သည်။

Disloyalty, *n.* from above. ရာဇဂိုဏ်း။

Dismal, *a.* most gloomy, အလွန်မှိုင်းဝေသော။ calamitous, အမင်္ဂလာဖြစ်သော။ ဘေးကြီးသော။ frightful, ကြောက်မက်ဖွယ်ဖြစ်သော။

Dismantle, *v. t.* ချွတ်ပယ်သည်။

Dismask, *v. t.* မျက်နှာဖုံးကိုချွတ်သည်။

Dismast, *v. t.* ရွက်တိုင်ကိုချိုးဖဲ့သည်။

Dismay, *v. t.* ခြောက်လှန့်သည်။ *n.* from next.

Dismayed [be,] *v. i.* ကြောက်ထိန့်သည်။

Dismember, *v. t.* to cut off the limbs, ခြေလက်အင်္ဂါတို့ကိုဖြတ်သည်။ to cut in pieces, အပိုင်းပိုင်းဖြတ်သည်။

Dismemberment, *n.* from above.

Dismiss, *v. t.* to let go, လွှတ်သည်။ to send, စေလွှတ်သည်။ to put out of a situation, ထုပ်ဆောင်သောအခွင့်ကိုနုတ်၍လွှတ်လိုက်သည်။ to remove from office, အရာကချသည်။ —a suit, ထက်မခံ၊ ပယ်သည်။

Dismissal, Dismission, *n.* from above.

Dismount, *v. i.* to alight from a horse or other beast, မြင်းပေါ်ကဆင်းသည်။ စီးသည်အရာကဆင်းသည်။ —*v. t.* to throw from a horse, &c. မြင်းပေါ်ကချသည်။ စီးသည်အရာကချသည်။ to remove (a gun) from its carriage, (အမြောက်ကို) လှည်းပေါ်ကချသည်။

Disobedience, *n.* from Disobey.

Disobedient, *a.* နားမထောင်တတ်သော။ အာဏာကိုဆန်တတ်သော။

Disobey, *v. t.* နားမထောင်။ အာဏာကိုဆန်သည်။

Disoblige, *v. t.* သူတပါးအလိုကိုဆန့်ကျင်ဘက်ပြုသည်။

Disobliging, *a.* not disposed to please, unaccommodating, သူတပါးအလိုကိုမလိုက်တတ်သော။ ကတ်သတ်သော။

Disorder, *v. t.* to derange, အစီအစဉ်ကိုဖျက်သည်။ to confuse, ရှုပ်ထွေးစေသည်။ to produce indisposition, အနာရောဂါကိုဖြစ်စေသည်။ to discompose the mind, (စိတ်) မငြိမ်မဝပ်ဖြစ်အောင်ပြုသည်။ —the intellect, (စိတ်ကို) ပေါ့စေသည်။ —*n.* want of order, အစီအစဉ်ပျက်ခြင်း။ confusion, ရှုပ်ထွေးခြင်း။ irregularity of conduct, နည်းသို့မလိုက်။ သွန်ကျူးခြင်း။ tumult, ရုန်းရင်းခတ်မှုပြုခြင်း။ disease, အနာရောဂါ။ discomposure of mind, စိတ်မငြိမ်မဝပ်ခြင်း။ derangement of intellect, စိတ်ပေါ့ခြင်း။

Disorderly, *a.* out of proper order, အစီအစဉ်မသင့်သော။ behaving contrary to good order, နည်းသို့မလိုက်၊ သွန်ကျူးတတ်သော။

Disorganization, *n.* from next.

Disorganize, *v. t.* စီစဉ်ပြင်ဆင်ခြင်းကိုဖျက်သည်။

Disown, *v. t.* ငြင်းပယ်သည်။

Disparage, *v. t.* to degrade by an unworthy union, ယုတ်ညံ့သောအရာနှင့်ပေါင်းစေ၍ရှုပ်ချသည်။ to dishonor, debase, အသရေကိုရှုပ်ချသည်။

Disparagement, *n.* from above.

Disparity, *n.* မတူမညီခြင်း။

Dispart, *v. t.* ခွဲခွာသည်။

Dispassionate, *a.* cool, free from passion, လျှစ်လျူသော။ impartial, လျှစ်လျူသောစိတ်နှင့်စီရင်သော။

Dispatch, *v. t.* to send (a person,) စေသည်။ စေလိုက်သည်။ စေလွှတ်သည်။ to send (a letter,) ပေးလိုက်သည်။ to kill, သတ်သည်။ to perform expeditiously, အလျှင်အမြန်ပြီးစေသည်။ တွင်ကျယ်သည်။ —*n.* speed, လျှင်မြန်ခြင်း။ expeditous performance, အလျှင် အမြန် ပြီးစေခြင်း။ တွင်ကျယ်ခြင်း။ a letter sent with expedition, အလျှင်အမြန်ပေးလိုက်သောစာ။ a letter on business of government, မင်းအခွင့်နှင့်ပေးလိုက်သောစာ။

Dispel, *v. t.* to scatter by force, အနိုင်အထက်ဖြန့်ကြဲသည်။ to dissipate, လွင့်သည်။

Dispensable, *a.* အသုံးရှိသော်လည်းမသုံးဘဲနေနိုင်ဖွယ်ဖြစ်သော။

Dispensary, *n.* ဆေးဝါးကိုဝေငှသောအရပ်။

Dispensation, *n.* distribution, ဝေငှခြင်း။ the dealing of God with his creatures, ဘုရားသခင်သည်သတ္တဝါတို့အားစီရင်ပြုပြင်တော်မူခြင်း။ granting an exemption from the obligation of law, ပညတ်ဥပဒေအတိုင်းမပြု၊မကျင့်၊နေရသောအခွင့်ကိုပေးသည်။

Dispensative, *a.* လွှတ်ရသောအခွင့်ကိုပေးသော။

Dispensatory, *a.* လွှတ်ရသောအခွင့်ကိုပေးနိုင်သော။ —*n.* ဆေးဖော်နည်းစာ။

Dispense, *v. t.* ဝေငှသည်။ —with, *v. t.* to set aside, pass by, ထွဲပယ်သည်။ to suspend the operation of, ဂှမ်ထားသည်။ to excuse from, မပြုဘဲနေရသောအခွင့်ကိုပေးသည်။ to do without, အသုံးရှိသော်လည်းမသုံးဘဲနေသည်။

Dispeople, *v. t.* ပြည်သူပြည်သားတို့ကိုသုတ်သင်ပယ်ရှင်းသည်။

Disperse, *v. i.* to be scattered, ကွဲပြားသည်။ to be dissipated, လွှင့်သည်။ —*v. t.* to scatter, ကွဲပြားစေသည်။ to spread abroad, ဖြန့်ကြဲသည်။ to dissipate, လွှင့်သည်။ to distribute, ဝေငှသည်။

Dispersion, *n.* from above.

Dispersive, *a.* tending to scatter, ဖြန့်ကြဲတတ်သော။ tending to dissipate, လွှင့်တတ်သော။

Dispirit, *v. t.* စိတ်ပျက်အောင်ပြုသည်။ စိတ်ငယ်စေသည်။

Displace, *v. t.* to remove from its usual or proper place, နေရာမှရွှေ့၍အလွဲထားသည်။ to remove from office, နေရာ(?)ချသည်။

Displacement, *n.* from above.

Displacency, *n.* အားမရ၍မနှစ်သက်ခြင်း။

Display, *v. t.* to expand, ဖြန့်သည်။ to exhibit, ဖွင့်ပြသည်။ to set out to view, ကျင်းပသည်။ —*n.* from *do.*

Displease, *v. t.* to offend, စိတ်ဆိုးစေသည်။ to disgust, ရွံရှာစေသည်။ to be disagreeable to, မကြိုက်မနှစ်သက်ဖွယ်ဖြစ်သည်။

Displeasure, *n.* anger, စိတ်ဆိုးခြင်း။ dislike, မကြိုက်မနှစ်သက်ခြင်း။

Displode, *see* Explode.

Disport, *see* Sport.

Disposable, *a.* (ဤမည်သောအသုံးတို့)ခွဲ၍ထားနိုင်ဖွယ်ဖြစ်သော။

Disposal, *n.* from next; the power of disposing, regulating, &c. စီရင်ပြုပြင်နိုင်သောအခွင့်။ the power of giving away, ထွဲအပ်နိုင်သောအခွင့်။

Dispose, *v. t.* to put in order, စီစဉ်သည်။ to place, ထားသည်။ နေရာချသည်။ to adapt, regulate properly, တော်လျော်အောင်စီရင်သည်။ စီရင်ပြုပြင်သည်။ —the mind, စိတ်ကိုပြုပြင်သည်။ —of, to sell, ရောင်းသည်။ to part with, give away, ထွဲအပ်သည်။ to apply to a particular purpose, (ဤမည်သောအသုံးတို့)ခွဲ၍ထားသည်။ to use, employ, သုံးဆောင်သည်။ to place, နေရာချထားသည်။

Disposed, *a.* inclined, သဘောရောက်သော။

Disposition, *n.* the act of disposing, စီစဉ်ခြင်း။ the manner of disposing, စီစဉ်သောနည်း။ transfer of property, ထွဲအပ်ခြင်း။ tendency, ဖြစ်တတ်သောသဘော။ temper of mind, စိတ်သဘော။ propensity, ဝါသနာ။

Dispossess, *v. t.* ဥစ္စာကိုနှုတ်၍ထက်ကချည်းသက်သက်နေစေသည်။
Dispossession, *n.* from above.
Dispraise, *v. t.* ကဲ့ရဲ့ပြစ်တင်သည်။ —*n.* from above.
Disprofit, *n.* အကျိုးပျက်ခြင်း။
Disproof, *n.* from Disprove.
Disproportion, *n.* from next.
Disproportional, Disproportionate, *a.* အချိုးအစားမရသော။
Disprove, *v. t.* (စကားကို)ချေသည်။ ချေပသည်။ မဟုတ်ကြောင်းကိုပြသည်။
Disproval, *n.* from above.
Disputable, *a.* ငြင်းခုံနိုင်ဖွယ်ဖြစ်သော။
Disputant, *n.* အပြန်အလှန်နှီးနှောပြောဆိုသောသူ။
Disputation, *n.* အပြန်အလှန်နှီးနှောပြောဆိုခြင်း။
Disputatious, Disputative, *a.* ငြင်းခုံတတ်သော။
Dispute, *v.* to contend, ပြိုင်၍နိုင်အောင်အားထုတ်သည်။ to deny the truth or propriety of, ဟုတ်သည်ဟုဝန်မခံငြင်းခုံသည်။ to contend in argument, အပြန်အလှန်နှီးနှောပြောဆိုသည်။ to strive to maintain, ထက်မလွှတ်၊ ဆီးတားသည်။ —*n.* from above; altercation, အချင်းချင်းငြင်းခုံခြင်း။
Disqualification, *n.* from next; that which deprives of legal power or right, ပိုင်သောအခွင့်မရှိအောင်ပြုသည်အကြောင်း။ that which disables, မတတ်နိုင်စေသည်အကြောင်း။ that which renders it unsuitable to obtain (a situation,) မခံမရသင့်သောအကြောင်း။
Disqualify, *v. t.* to deprive of legal power or right, ပိုင်သောအခွင့်မရှိအောင်ပြုသည်။ to disable, မတတ်နိုင်အောင်ပြုသည်။
Disquiet, *v. t.* disturb, မငြိမ်မဝပ်အောင်ပြုသည်။ to harass, နှောင့်ရှက်သည်။ to make uneasy, ပင်ပန်းစေသည်။ —*n.* a being disturbed, မငြိမ်မဝပ်ခြင်း။ a being harassed, အနှောင့်အရှက်ခံရခြင်း။ uneasiness, ပင်ပန်းခြင်း။
Disquisition, *n.* (အကျိုးအကြောင်းကို) စစ်ဆေးမေးမြန်းခြင်း။ —in writing, စစ်ဆေးမေးမြန်းသောစာ။
Disregard, *v. t.* အမှုမထား။ ပမာဏမပြု။ —*n.* from *do.*
Disrelish, *v. t.* to dislike the taste of, (အရသာကို) မကြိုက်။ to dislike (in general,) မကြိုက်မနှစ်သက်။ —*n.* from *do.*
Disreputable, *a.* not reputable, အသရေမရှိသော။ injurious to reputation, အသရေကိုဖျက်တတ်သော (အမှု။)
Disrepute, *n.* want of reputation, အသရေမရှိခြင်း။ loss of reputation, အသရေပျက်ခြင်း။
Disrespect, *n.* အနာဒရ။
Disrespectfully, *adv.* မထီလေးစား။ မထီမဲ့စား။ မထီတရို။
Disrespectful, *n.* မထီမဲ့ခြင်ပြုသော။ မရိုမသေပြုသော။

Disrobe, *v. t.* အဝတ်တန်ဆာကိုချွတ်သည်။
Disruption, *v.* ခွဲဖြတ်ခြင်း။
Dissatisfaction, *n.* from Dissatisfied.
Dissatisfy, *v. t.* သူအလိုသို့မလိုက်၊ စိတ်မသာအောင်ပြုသည်။
Dissatisfied, *a.* discontented, အလိုမပြည့်စုံ၍စိတ်မသာသော။ not gratified, အားမရသော။ not satisfied in mind (after receiving an injury,) မကြေမနပ်သော။ displeased, စိတ်ဆိုးသော။
Dissect, *v. t.* ပိုင်းဖြတ်သည်။
Dissection, *n.* from above.
Disseize, *v. t.* ဥစ္စာကိုမတရားသဖြင့်နှုတ်၍လက်ကချည်းနေစေသည်။
Dissemble, *v. t.* လျှို့ဝှက်သည်။
Disseminate, *v. t.* မျိုးစေ့ကြဲသည်လို (အယူဝါဒကို) နှံ့ပြားစေသည်။
Dissemination, *n.* from above.
Dissension, *n.* အချင်းချင်းမသင့်မတင့်ငြင်းခုံခြင်း။
Dissent, *v. t.* to differ in opinion, သဘောမတူ။ to refuse assent, ဝန်မခံ။ leave an established church, မင်းစီရင်သောတာသာကို ဝန်မခံဘဲနေသည်။
Dissenter, *n.* agent, from above.
Dissentient, *a.* သဘောမတူ၊ ဝန်မခံကြောင်းကိုပြောထားသော။
Dissertation, *n.* (အကျိုးအကြောင်းကို)ထုတ်ဖော်၍ပြသခြင်း။ —in writing, ထုတ်ဖော်၍ပြသသောစာ။
Disservice, *v. t.* အကျိုးကိုဖျက်သည်။ —*n.* from *do.*
Disserviceable, *a.* အကျိုးကိုဖျက်တတ်သော။
Dissever, *v. t.* ခွဲဖြတ်သည်။
Dissimilar, *a.* မတူသော။ ခြားနားသော။
Dissimilarity, *n.* from above.
Dissimilitude, *n.* same; want of resemblance, ပုံမတူခြင်း။
Dissimulation, *n.* လျှို့ဝှက်ခြင်း။
Dissipate, *v. t.* to scatter so as to be lost, ပျံ့လွင့်အောင်ပြုသည်။ to squander, waste, ပြုန်းတီးအောင်ပြုသည်။ —the mind, စိတ်ကို ပျံ့လွင့်အောင်ပြုသည်။
Dissipated, *a.* devoted to vicious pleasures, ကာမဂုဏ်အားဖြင့် လွန်ကျူးလျက်နေသော။
Dissipation, *n.* from Dissipate and Dissipated.
Dissociate, *v. t.* ခွဲခွာသည်။
Dissoluble, *a.* that may be turned to liquid, အရည်ဖြစ်နိုင်သော။ that may be disorganized, broken to pieces, ပြတ်ဖျက်နိုင်သော။ that may be loosed, ဖြည်နိုင်ဖွယ်ဖြစ်သော။
Dissolute, *a.* ကာမဂုဏ်လွန်ကျူး၍သွမ်းသော့သော။
Dissoluteness, *n.* from above.

Dissolution, *n.* အရည်ဖြစ်ခြင်း။ အရည်ဖြစ်စေခြင်း။ အရည်ကြိုခြင်း။ ကျိုးပဲ့ကြေမွစေခြင်း။ ပြုတ်ဖျက်ခြင်း။ death, သေခြင်း။ (for other sub-def. *see* Dissolve.)

Dissolvable, *see* Dissoluble.

Dissolve, *v. i.* to be melted, အရည်ဖြစ်လာသည်။ to lose strength, အားလျော့သည်။ to be broken to pieces; or come to an end by a dissolution of parts, ကျိုးပဲ့ကြေမွသည်။ ပြုတ်ပျက်သည်။ —*v. t.* to melt, make liquid, အရည်ဖြစ်စေသည်။ to melt, fuse, အရည်ကြိုသည်။ to break to pieces, or destroy by a separation of parts, ကျိုးပဲ့ကြေမွစေသည်။ ဖြုတ်ဖျက်သည်။ to loose, disunite, ဖြည်သည်။ to clear, solve, ရှင်းလင်းစေသည်။ —(a charm,) ဖျက်သည်။ —an assembly, အစည်းအဝေးကိုဖျက်သည်။

Dissolvent, *see* Solvent.

Dissonance, *n.* from next.

Dissonant, *a.* အသံမညီမညာသော။

Dissuade, *v. t.* မပြုစေခြင်းငှါပြသပြောဆိုသည်။

Dissuasion, *n.* from above.

Dissuasive, *a.* မပြုစေခြင်းငှါပြသပြောဆိုတတ်သော။

Dissyllable, *n.* နှစ်လုံးသံရှိသောသဒ္ဒါ။

Distaff, *n.* ပိုက်ဆံဝင့်ရာတွင်ပိုက်ဆံထွေးချည်ထားသောတိုင်။

Distain, *see* Stain, *v. t.*

Distance, *n.* space between, အကွာ။ အကွာအဝေး။ အတိုင်းအရှည်။ space of time, အကြာအမြင့်။ the remoteness which respect requires, အပါးသို့မချဉ်းဘဲရိုသေစွာပြု၍နေခြင်း။ reserve, လိုက်လျော၍မပြုဘဲမျက်နှာပိုးကိုသတ်၍နေခြင်း။ —*v. t.* ရှေ့သို့လွန်၍နောက်၌ကျန်ရစ်စေသည်။

Distant, *a.* separate, ကွာလျက်ရှိသော။ remote in place, ကွာဝေးသော။ ဝေးသော။ remote in time, ကြာမြင့်သော။ reserved in manners, လိုက်လျော၍မပြုဘဲမျက်နှာပိုးကိုသတ်၍နေသော။

Distaste, *n.* aversion of the palate, အရသာကိုမကြိုက်ခြင်း။ dislike, မကြိုက်မနှစ်သက်ခြင်း။ disgust, ရွံခြင်း။

Distasteful, *a.* ရွံဖွယ်ဖြစ်သော။

Distemper, *n.* disease, အနာရောဂါ။ had propensity, ယိုယွင်းသောစိတ်သဘော။

Distemperature, *n.* derangement of temperature, အပူအအေးမမျှခြင်း။ perturbation of mind, စိတ်မတည်ကြည်၍မငြိမ်မဝပ်ဖြစ်ခြင်း။ confusion, ရှုပ်ထွေးခြင်း။

Distempered [be,] *v. i.* to be diseased, အနာရောဂါစွဲသည်။ to be disordered in intellect, စိတ်မကောင်း၊ ပေါ့သည်။ to be perturbed in mind, စိတ်မတည်ကြည်၍မငြိမ်မဝပ်ဖြစ်သည်။ to be disaffected, မနာလိုသောစိတ်ရှိသည်။

Distend, *v. t.* to stretch apart, ကားအောင်ဖြဲသည်။ to stretch in all directions, တခုလုံးဖောင်းကြွအောင်ပြုသည်။

Distention, *n.* from above.

Distich, *n.* လင်္ကာ၂ပုဒ်စုံ။

Distill, *v. i.* to fall in drops, စက်စက်ကျသည်။ to flow gently, တထွေထွေစီးသည်။ —*v. t.* to let fall in drops, စက်စက်ချသည်။ —(liquor,) ပေါင်းခံ၍ချက်သည်။

Distillation, *n.* from above.

Distiller, *n.* အရက်ကိုချက်သောသူ။

Distillery, *n.* အရက်ဖို။

Distinct, *a.* different, ခြားနားသော။ distinguished, ခြားနားသီးသန့်သော။ so separated as not to be confounded, ပြတ်သားသော။ not confused, clear, ရှင်းလင်းသော။

Distinctly, *adv.* applied to words of hearing, ဆက်ဆက်။

Distinction, *n.* the act of making a difference or of distinguishing, ဗိုင်းခြားခြင်း။ ဗိုင်းခြား၍သိမှတ်ခြင်း။ a note or mark of difference, ခြားနားသောလက္ခဏာ။ ခြားနားသောအကြောင်း။ the act of noting or marking difference, ခြားနားသောအကြောင်းကိုမှတ်သားခြင်း။ eminence, လွန်ကဲခြင်း။ that which confers eminence, လွန်ကဲခြင်းအကြောင်း။

Distinctive, *a.* ခြားနားသောအကြောင်းကိုမှတ်သားတတ်သော။

Distinctness, *n.* from Distinct.

Distinguish, *v. t.* to know or ascertain difference, ဗိုင်းခြား၍သိမှတ်သည်။ to mark difference, ခြားနားသောအကြောင်းကိုမှတ်သားသည်။ သဲခွဲ။s. to separate by some mark of honor or preference, ခြားနားထင်ရှားစေသည်။

Distinguished, *a.* remarkable, famous, အထင်ကရဖြစ်သော။ ကျော်စောသော။ ထင်ပေါ်သော။

Distort, *v. t.* to twist out of shape, လိမ်ဖယ်သည်။ —(features,) ယွဲ့အောင်ပြုသည်။ —(meaning,) လွဲဖယ်၍ပြောသည်။

Distortion, *n.* from above; a being twisted out of shape, လိမ်လျှက်နေခြင်း။ a being distorted (in face,) ယွဲ့ခြင်း။

Distract, *v. t.* to draw toward various points, အရပ်ရပ်သို့ကွဲပြားအောင်ပြုသည်။ to throw into confusion by a multiplicity of objects, အမှုများ၍ကသီကရိဖြစ်စေသည်။ to disorder the intellect, နှစ်လုံးသွေးကိုပျက်အောင်ပြုသည်။ ရူးစေသည်။

Distraction, *n.* a drawing in different directions, အရပ်ရပ်သို့ကွဲပြား

ဘောင်ပြုသည်။ confusion from multiplicity of objects, အမှုများ၍ကသိကရိုဖြစ်ခြင်း။ madness, နှစ်လုံးသွေးပျက်ခြင်း။ ရူးခြင်း။

Distrain, *v. t.* တောင်းထုတ်သည်။

Distraint, *n.* from above.

Distress, *v. t.* to affect with pain, နာစေသည်။ to make unhappy, ဆင်းရဲစေသည်။ ပင်ပန်းစေသည်။ ပူဆွေးအောင်ပြုသည်။

Distress, *n.* pain, နာခြင်းဝေဒနာ။ trouble, ဆင်းရဲငြိုငြင်ခြင်း။ စိတ်ပူပန်ခြင်း။ distraint, *which see.*

Distribute, *v. t.* to deal, ဝေငှသည်။ to divide, ခွဲခန့်သည်။ to divide into shares, ခွဲဝေသည်။

Distribution, *n.* from above.

Distributive, *a.* ဝေငှတတ်သော။ ခွဲခန့်တတ်သော။ (for sub-def. *see* above.)

District, *n.* နယ်။

Distrust, *v. t.* မယုံ။

Distrust, *n.* from above.

Distrustful, *a.* မယုံတတ်သော။

Disturb, *v. t.* to stir up, agitate, မွှေသည်။ မွှေနှောက်သည်။ to disquiet, မငြိမ်မဝပ်အောင်ပြုသည်။ to annoy, နှောင့်ရှက်သည်။ to interrupt regular order, အသွားအလာ၊ အပြုအမူကိုချွတ်ယွင်းအောင်ပြုသည်။

Disturbance, *n.* from above, ရုန်းရင်းခတ်ပြုခြင်း။

Disunion, *n.* a separation, ကွာခြင်း။ the act of disjoining, ခွဲခွာခြင်း။ a breach of concord, မိတ်ဆွေဖျက်ခြင်း။

Disunite, *v. t.* ခွဲခွာသည်။ ကွဲပြားစေသည်။

Disuse, *v. t.* to cease to use, မသုံးဘဲနေသည်။ to disaccustom, အလေ့ကျင့်ကိုဖျက်သည်။

Disuse, *n.* from above.

Ditch, *n.* —for water, မြောင်း။ —for defence, ကျုံး။

Ditto, *n.* ၎င်း။ ၎င်းနည်း။

Ditty, *n.* သီခြင်းတိုတမျိုး။

Diuretic, *a.* ဆီးကိုရှင်စေသော။

Diurnal, *a.* relating to a day, နေ့နှင့်ဆိုင်သော။ daily, နေ့တိုင်းဖြစ်တတ်သော။

Divaricate, *v. i.* ကားသည်။

Divarication, *n.* from above.

Dive, *v. i.* ငုတ်သည်။ —into, (a thing,) *v. t.* လုံးလုံးဝင်သည်။

Diverge, *v. i.* သွယ်စည်းတွင်တခုနှင့်တခုကွာသွားသည်။

Divergent, *a.* from above.

Divers, *a.* မနည်းမများသော။ *see* next.

Diverse, *a.* different, dissimilar, ကွဲပြားသော၊ ခြားနားသော၊ အထူးထူးအပြားပြား။ singularly different, ထူးခြားသော။ different from itself, various, multifarious, ထွေသော၊ ထူးထွေသော၊

Diversify, *v. t.* ထူးထွေစေသည်၊ အထူးထူးအထွေထွေဖြစ်စေသည်။

Diversion, *n.* from Divert.

Diversity, *n.* from Diverse.

Divert, *v. t.* to turn aside, လွှဲသည်၊ လွဲအောင်ပြုသည်၊ to please, amuse, ဖျော်သည်။ စိတ်သာယာရွှင်လန်းအောင်ပြုသည်၊

Divest, *v. t.* to strip, အဝတ်တန်ဆာကိုချွတ်သည်၊ to take away from, သိမ်းယူသည်၊

Divide, *v. i.* to part, (intrans.) ကွဲသည်၊

Divide, *v. t.* to part, (trans.) ခွဲသည်။ ခွဲထားသည်၊ ပိုင်းသည်။ to separate into parts, ခွဲစိတ်သည်။ to make a division between, ပိုင်းခြားသည်။ to disunite, ကွဲပြားစေသည်။ to part into shares, ခွဲဝေသည်။ to distribute, ဝေငှသည်။ (in arithmetic,) စားသည်၊

Dividend, *n.* a share, အစုသင့်။ a number to be divided, စားရန်တည်ကိန်း။

Dividers, *n.* ကွန်ပါ။

Divination, *n.* from next.

Divine, *a.* pertaining to deity, ဘုရားနှင့်ဆိုင်သော။ partaking of the nature of God, ဘုရားဇာတိပကတိရှိသော၊ like God, ဘုရားနှင့်တူသော။ excellent in the highest degree, အလွန်ထူးဆန်းသော။

Divine, *v.* နတ်ဗိဇ္ဇာအတတ်အားဖြင့်သိ၍ဟောသည်၊

Divine, *n.* ဓမ္မဆရာ။

Divinity, *n.* the being or nature of God, ဘုရားသခင်၏ဇာတိအဖြစ်။ God, ဘုရားသခင်။ a god, ဘုရား။ a celestial being, နတ်ပုဂ္ဂိုလ်၊ မြတ်သောပုဂ္ဂိုလ်။ theology, တရားတော်။

Divisibility, *n.* from next.

Divisible, *a.* ခွဲနိုင်ဖွယ်ဖြစ်သော။

Division, *n.* a being divided, ကွဲခြင်း။ the act of dividing, ခွဲခြင်း။ that which divides, အပိုင်းအခြား။ the part separated, ပိုင်းခြားသောအရာ။ a separate body of men, ခွဲထားသောလူစု။ a part or portion, ခွဲထားသောအရာ။ disunion, မသင့်မတင့်ကွဲပြားခြင်း။ (in arithmetic,) စားခြင်း။

Divisor, *n.* စားခြေ၊

Divorce, *v. t.* to part husband and wife, လင်မယားကိုကွာစေသည်၊ to put away (a wife or husband.) ကွာသည်၊ ကွာရှင်းသည်၊ to disunite, ခွဲခွာသည်၊

Divorce, *n.* from above.

Divulge, *v. t.* to reveal, ဖော်ပြသည်၊ to publish, ကျော်ညာစေသည်၊

Dizen, *v.* Bedizen.

Dizzy, *a.* giddy, မူးဝေသော၊ heedless, သတိလစ်လပ်သော၊

Dizziness, *n.* from above.

Do, *v. i.* to act or behave, ပြုသည်၊ မူသည်၊ ပြုကျင့်သည်၊ to fare, (မာလျှက်သော်၎င်း၊နာလျှက်သော်၎င်း)ရှိသည်၊ to be adapted to, တော်သင့်သည်၊ (aux.) (—)လျှက်ရှိသည်။(—)တုန်းရှိသည်၊

Do, *v. t.* to perform (in various ways,) ပြုသည်၊ မူသည်၊ ကျင့်ဆောင်သည်၊ ဆောင်ရွက်သည်၊ to finish, ပြီးစီးစေသည်၊ လက်စသတ်သည်၊ —away, *v. t.* ပယ်ရှားသည်၊ ပပျောက်စေသည်၊ —away with, *v. t.* same, —with, to use, employ, သုံးဆောင်သည်။ to dispose of, place, နေရာချထားသည်။—with [have to,] ဆိုင်သည်။ —without, အသုံးရှိသော်လည်းမသုံးဘဲနေသည်။

Docile, *a.* easily taught. သင်လွယ်သော။ easily disciplined, ဆုံးမလွယ်သော၊

Docility, *n.* from above.

Dock 1, *v. t.* to cut short, တိုအောင်ဖြတ်သည်၊

Dock 2, *n.* the tail of a beast cut short, မြီးငုတ်တို။

Dock 3, *n.* a deep trench for shipping, သင်္ဘောသွင်းထားရန်ကျင်း။ —yard, သင်္ဘောတန်ဆာများကိုထားသောဝင်း။

Dock 4, *v. t.* to place in dock, (သင်္ဘောကို)ကျင်းသို့သွင်းထားသည်။

Docket, *n.* a bill tied to goods, လိပ်စာ၊ a note of the heads of a writing, လက်မှတ်တမျိုး။

Doctor, *n.* a teacher of any art or science, သိပ္ပံအတတ်ကိုသင်ပေးသောဆရာ။ one who has recieved the highest degree in a faculty, ဘွဲ့ကြီးကိုခံသောလူတတ်၊ a physician, ဆေးသမား။

Doctor, *v. t.* ဆေးကုသည်၊

Doctorate, *n.* လူတတ်ခံသောဘွဲ့ကြီး။ —, *v. t.* ထိုဘွဲ့ကြီးကိုပေးသည်၊

Doctorship, *n.* ဘွဲ့ကြီးကိုခံသောလူတတ်၏အဖြစ်။

Doctress, *n.* ဆေးကုတတ်သောမိန်း။

Doctrinal, *a.* ပြသသောတရားနှင့်ဆိုင်သော။

Doctrine, *n.* the act of teaching, ပြသခြင်း။ a principle taught, ပြသသောတရားဒေသနာ။

Document, *n.* a precept, နည်းဥပဒေသ၊ a writing containing evidence or proof, စာရင်း။ လက်မှတ်။

Dodecagon, *n.* ဆယ့်နှစ်ထောင့်ပုံ။ ဥါဒသာဂံ၊ a regular dodecagon, ဥါဒသရန်း။

Dodge, *v.* ထိမ်းသည်၊ တိမ်းရှောင်သည်၊

Doe, *n.* ဒရယ်မ၊

Doff, *v. t.* (အဝတ်ကို)ချွတ်သည်။

Dog, *n.* the animal, ခွေး။ a kind of andiron, ခွေးရုပ်ပါသောထင်းနိုင်သောက်၊ —days, အခရနက္ခတ်သည်နေနှင့်ရှည်၍ထွက်ဝင်သောဥ

တုကာသ။ —fish, ငါးမန်းဟိုင်းတမျိုး။ —star, အဒရ။ —tooth, အစွယ်။ —trot, ခွေးပြေး။ —vane, လေတိုင်း။

Dog, *v. t.* နှောင့်ရှက်၍လိုက်သည်။

Doge, *n.* ဝေနိတ်နိုင်ငံအုပ်။

Dogged, *a.* သုန်မှုန်၍နေသော။

Doggedness, *n.* from above.

Doggerel, *n.* ညံ့သောသီခြင်း။

Doggish, *a.* ခွေးသဘောရှိသော။ စိတ်တိုသော။

Dogma, *n.* အယူဝါဒ။

Dogmatic, *a.* pertaining to a dogma, အယူဝါဒနှင့်ဆိုင်သော။ positive, dictatorial, ခိုင်ခံ့စွာပြောထားသော။

Dogmatism, *n.* from next.

Dogmatize, *v. i.* ခိုင်ခံ့စွာပြောသည်။

Doings, *n. plur.* အပြုအမူ။

Dole, *v. t.* ခွဲဝေသည်။

Dole, *n.* ခွဲဝေသောအရာ။

Doleful, *a.* နှစ်လုံးကြေကွဲစရာအကြောင်းရှိသော။

Doll, *n.* ယည်မင်း။

Dollar, *n.* ဒီ ၃ိ ဒင်္ဂါး။ ဒေါလာဒင်္ဂါး။

Dolorous, *see* Doleful.

Dolt, *n.* လူမိုက်၊ ညာဏ်မဲ့သောသူ။

Doltish, *a.* ညာဏ်ထိုင်းသော။

Doltishness, *n.* from above.

Domain, *n.* kingdom, နိုင်ငံ။ territory, ပိုင်ထိုက်သောနယ်။

Dome, *n.* a grand building, ဘုံဗိတ်မှန်။ a cupola, တိုက်မိုးပေါ်၌ဆင့်၍တည်ဆောက်သောခေါင်းလောင်းပုံအမိုး။

Domestic, *a.* pertaining to the internal affairs of one's house, အိမ်တွင်းအမှုနှင့်ဆိုင်သော။ remaining at home, ပြင်ပသို့မလည်၊ ကိုယ်အိမ်တွင်နေတတ်သော။ tame, not wild, မရိုင်း၊ ယဉ်ပါးသော။ not foreign, အခြားပြည်နှင့်မဆိုင်၊ ကိုယ်ပြည်နှင့်ဆိုင်သော။

Domestic, *n.* ငယ်သား။

Domesticate, *v. t.* to accustom to remaining at home, ပြင်ပသို့မလည်၊ အိမ်တွင်နေရာချစေသည်။ to tame, ယဉ်ပါးစေသည်။

Domestication, *n.* from above.

Domicil, *n.* နေရာအိမ်။

Dominant, *a.* ကြီးကဲသော။ အစိုးရသော။

Domination, *n.* အုပ်စိုးခြင်း။

Domineer, *v. i.* to rule arbitrarily, အစိုးတရပြုသည်။ to be rude, haughty, စော်ကားသည်။

Dominical, *a.* သခင်ဘုရားနေ့နှင့်ဆိုင်သော။

Dominion, *n.* sovereign authority, အာဏာ။ အစိုးရခြင်း။ power to direct, စီရင်ပိုင်သောအခွင့်။ predominance, ကဲလွန်ခြင်း။ territory under a government, နိုင်ငံ။

Domino, *n.* ဝတ်လုံတမျိုး။

Donation, *n.* a giving, ဒါန။ a gift, ဒါနဝတ္ထု။

Donative, *n.* ဒါနဝတ္ထု။

Donkéy, *n.* စီးရန်မြ။

Donor, *n.* ပေးကမ်းသောသူ။

Doodle, *n.* လူအဖျင်း။

Doom, *v. t.* အပြစ်ခံစေဟုစီရင်သည်။

Doom, *n.* condemnation, အပြစ်ခံစေဟုစီရင်ခြင်း။ a judicial sentence, စီရင်ဆုံးဖြတ်ခြင်း။ the state to which one is doomed, စီရင်သောအပြစ်ဒါဏ်ကိုခံရခြင်း။ ruin, ပျက်စီးဆုံးရှုံးခြင်း။

Doomsday, *n.* စီရင်ဆုံးဖြတ်တော်မူသောနေ့။

Door, *n.* the gate of a house, တံခါး။ တံခါးရွက်။ a door-way, တံခါးဝ။ တံခါးပေါက်။ —case, တံခါးတိုင်၊ တံခါးထုပ်၊ တံခါးခုံ တည်းဟူသောတံခါးပုံ။ (not in use.) —keeper, တံခါးစောင့်။ —post, တံခါးတိုင်။ —sill, တံခါးခုံ။ —way, တံခါးဝ။

Dormant, *a.* sleeping, အိပ်လျက်ရှိသော။ being at rest, ငြိမ်လျက်နေသော။

Dormitory, *n.* a bed-room, အိပ်ခန်း။ a burial-place, သင်းချိုင်း။

Dormouse, *n.* ကြွက်တမျိုး။

Dorsal, *a.* ကြောကုန်းနှင့်ဆိုင်သော။

Dose, *n.* တခါတည်းသောက်ရသောဆေး။ —, *v. t.* ဆေးကိုတိုက်သည်။

Dot, *n.* ဗိန္ဒု။

Dot, *v. t.* အပြောက်အပြောက်ဖြစ်အောင်ပြုသည်။

Dotage, *n.* the childishness of old age, သူငယ်ပြန်ခြင်းအဖြစ်။ excessive fondness, အချစ်လွန်ခြင်း။

Dotal, *a.* လက်ဖွဲ့ဥစ္စာနှင့်ဆိုင်သော။

Dotard, *n.* one in his second childhood, သူငယ်ပြန်ခြင်းအဖြစ်သို့ရောက်သောသူ။ one excessively fond, အချစ်လွန်သောသူ။

Dote, *v. i.* to have the intellect impaired by age, သူငယ်ပြန်သည်။ to be excessively fond, အချစ်လွန်သည်။

Double, *a.* two of a sort, နှစ်ဇက်ရှိသော။ composed of two thin substances placed together by their surfaces, နှစ်လွှာထပ်သော။ twice as much, နှစ်ဆဖြစ်သော။ of two kinds, နှစ်မျိုးဖြစ်သော။ two in number, နှစ်ခုပါသော၊ acting a double part, လှို့ဝှက်သော။ အရောင်ဆောင်သော။ —barrelled (gun,) နှစ်လုံးပြူး(သေနတ်။) —dealer, *n.* လိမ်လည်သောသူ။ —dealing, လိမ်လည်ခြင်း။ —*entendre*, အနက်နှစ်ချက်ထွက်သောစကား။ —minded, *a.* စိတ်နှစ်ခွရှိသော။ —tongued, လျှာနှစ်ခွပြောတတ်သော။ —*v. i.* to become as much again, နှစ်ဆတိုးပွားသည်။

to turn back in running, တို့ပြန်၍ပြေးသည်။ to be deceitful, လိမ်လည်သည်။

Double, *v. t.* to fold, ခေါက်သည်၊ to contain twice as much, နှစ်ဆဖြစ်သည်။ to augment by adding as much again, နှစ်ဆဖြစ်အောင်ပြုသည်။ to repeat, ထပ်၍ပြုသည်။ to add one to another in the same order, တဆတဆတက်သည်၊ to sail round a point, (အငူစွန်းကို) လှည့်ပတ်မိသည်။

Double, *n.* twice as much, နှစ်ဆ။ a turn in running, တို့ပြန်၍ပြေးသောအချက်။ a trick, လိမ်လည်သောအချက်။

Doublet, *n.* a vest, အင်္ကျီခါးတိုတမျိုး။ two, a pair, တစုံ။ တရံ။

Doubloon, *n.* ရွှေဒင်္ဂါးတမျိုး။

Doubt, *v.* to be in uncertainty, ယုံမှားသည်။ ဇဝေဇဝက်ရှိသည်။ to distrust, မယုံ။

Doubt, *n.* from above; uncertainty of condition, ပုံမသေဖြစ်ခြင်း။ difficulty objected, သဘောမကျသောအချက်။ (Pali) ဝိစိကိစ္ဆာ။

Doubtful, *a.* uncertain in mind, ယုံမှားသော။ not clear in meaning, အနက်မရှင်းလင်းသော။ admitting of doubt, ယုံမှားဖွယ်ဖြစ်သော။ not certain or defined, ပုံမသေသော။ မသေချာသော။

Doubtfulness, *n.* from above.

Doubtless, *adv.* ပုံသေ။ ယုံမှားဖွယ်မရှိသည်နှင့်။

Douceur, *n.* a present, လက်ဆောင်။ a bribe, တံစိုး။

Dough, *n.* မုန့်မိမ်း။ — nut, မုန့်တမျိုး။

Doughtiness, *n.* from next.

Doughty, *a.* brave, ရဲရင့်သော။ illustrious, ဂုဏ်အသရေရှိသော၊

Douse, *v. i.* ရုတ်ခနဲရေထဲသို့ကျသည်။ —, *v. t.* ရုတ်ခနဲရေထဲသို့ချသည်။

Dove, *n.* ခို။ ဥခို။ —tail, *v. t.* လက်ရှက်စပ်သည်၊ —, *n.* from same.

Dowager, *n.* ဒါမ်၊ လယ်ယာ၊ မိုဃ်း၊ မြေအစရှိသည်တို့ကိုတသက်မှိုတွင်ပိုင်ထိုက်သောမုတ်ဆိုးမ။

Dowdy, *n.* ဖွယ်ရာလျောက်ပတ်စွာမဝတ်တတ်၊ မယဉ်ကျေးသောမိန်း။

Dower, *n.* the property which a bride brings to her husband, လက်ထပ်ရာတွင်မိန်းမိဘပေးသောလက်ဖွဲ့ဥစ္စာ။ the property which a widow enjoy's during life, မုတ်ဆိုးမဖြစ်၍တသက်မှိုတွင်ပိုင်ထိုက်သောဝတ္ထု၊ the gift of a bridegroom to the bride's parents, လက်ထပ်ရာတွင် မိန်းမိဘကိုကန်တော့ရသော ပဏ္ဏာကြေးငွေ။ something obtained by gift, ပေးကမ်း၍ရသောဝတ္ထု။

Dowered, *a.* လက်ဖွဲ့ဥစ္စာပါသော(မိန်း။)

Dowerless, *a.* လက်ဖွဲ့ဥစ္စာမပါသော(မိန်း။)

Down 1, *n.* the fine soft feathers of fowls, မွေးနု။ မွေးညှင်း။ —2, a large open plain, လွင်ပြင်၊ —3, *prep.* အောက်သို့။ မြင့်သောအရပ်မှနိမ့်သောအရပ်သို့။ —4, *adv.* in a descending direction, အောက်သိဆင်းသည်နှင့်။ on the ground, or in a low place,

အောက်၌။ below the horizon, ဝင်လျှက်ရှိသော၊ at length, လည်းသည်နှင့်။ to a suitable degree, အတော်အတန်။—cast, *a.* မျက်နှာညှိုးငယ်သော။ —fall, *n.* a falling, ပြိုပျက်ခြင်း။ ruin, ပျက်စီးခြင်း။ —hill, *n.* a declivity, ဆင်ခြေလျှော။ —hill, *a.* declivous, ဆင်ခြေလျှောဖြစ်သော။ sloping, အောက်သို့လျှောလျှက်ရှိသော၊ —looked, *a.* မျက်နှာကျလျှက်နေသော။ —5, *int.* ဆင်းတော့။ —with, ချတော့။

Downright, *a.* direct to the point, တိုက်ရိုက်ဖြစ်သော။ open, plain, အတည့်အလင်းဖြစ်သော။ undisguised, အရောင်မဆောင်သော။

Downright, *adv.* rightdown, အောက်သို့တည့်တည့်။ in direct terms, တိုက်ရိုက်။ completely, အကုန်အစင်။

Downward, *a.* အောက်သို့ဆင်းသော။ အောက်သို့မျက်နှာပြုလျှက်ရှိသော။

Downward, Downwards, *adv.* အောက်သို့။

Downy, *a.* covered with down, မွေးနုပါသော။ soothing, ငြိမ်းစေသော။

Dowry, *n. see* Dower, *n.* 1st, 3d and 4th def.

Doxology, *n.* ဘုရားသခင်ဂုဏ်တော်ကိုချီးမွမ်းသောသီခြင်းတမျိုး။

Doxy, *n.* မိန္မရှုင်။

Doze, *v. i.* မှေးခနဲ့ပျော်သည်။ used with reference to royalty, မှေးစက်။ or မျှေးစက်သည်။

Dozen, *n.* ဆယ့်နှစ်ခု။ ၁၂။

Dozy, *a.* အိပ်ချင်သော။

Drab 1, *n.* a dirty, abandoned woman, ဆိုးယုတ်သောမိန္မ။ —2, a kind of dark woollen cloth, သက္ကလတ်တမျိုး။

Drab, 3, *a.* of a dark color, ညှိုသော။

Drachm, *n.* the weight, *see* Dram; a certain Roman coin, ရောမငွေဒင်္ဂါးတမျိုး။

Draff, *n.* အသုံးမရှိ၍စွန့်ပြစ်သောအရာ။

Draft, *v. t.* to select and detach some from a company, လူစုထဲကရွေး၍ခွဲထားသည်။ to compose and write, စာစီကုံးသည်။ to delineate, ရုပ်ပုံပေါ်အောင်ရေးသည်။

Draft, *n.* a selecting and detaching some from a company, လူစုထဲကရွေး၍ခွဲထားခြင်း။ a writing composed, စီကုံးသောစာ။ a written order for money, ငွေလွှဲထက်မှတ်။ a delineation, ရေးသောရုပ်ပုံ။

Drafts, *n.* ကျားထိုးခြင်းတမျိုး။

Drag, *v. i.* to trail, (intrans.) ရှေင့်သီလိုက်သည်။ to proceed heavily, နှေးနှေးသွားသည်။ to fish with a drag, ပိုက်ချ၍တိုက်ဆွဲသည်။—(as an anchor,) ထွန်သွားသည်။—(as a door,) ထိခိုက်၍နေသည်။ *v. t.* —to haul along (the ground,) ခရွတ်ဆွဲငင်သည်။ to trail, (trans.) ခရွတ်သီထိုးဆွဲငင်သည်။ (—the bottom of a river, pond, &c.) ပိုက်တိုက်သည်။ ပိုက်စိပ်တိုက်သည်။

Drag, *n.* a kind of cart, လက်ဆွဲသောလှည်းတမျိုး။ a kind of harrow, ထွန်တမျိုး။ a drag-net, ပိုက်တမျိုး။ a rake to be used under water, ရေထဲ၌ဖြုတ်ဆွဲရန်သံဖြုတ်အမျှားပါသောတန်ဆာ။ any thing dragged along, ဒရွတ်ဆွဲရသောအရာ။ —net, ပိုက်တမျိုး။

Draggle, *v. t.* ဒရင့်သီတိုက်၍ညစ်စေသည်။

Dragon, *n.* ပျံတတ်သောနဂါး။

Dragon-fly, *n.* ပုစဉ်း။M.

Dragoon, *n.* သေနတ်ပါသောမြင်းစီးသူရဲ။

Dragoon, *v. t.* to deliver up to the soldiery, စစ်သူရဲတို့အားခွင့်လွှတ်၍လုယူစေသည်။ to compel by violence, အနိုင်အထက်ပြု၍ညှဉ်းဆဲသည်။

Drain, *v. t.* to draw off water (from land,) မြောင်းသွယ်၍ရေကိုထွက်ဆင်းစေသည်။ to exhaust gradually, ဘာမျှမကျန်မကြွင်းအောင်တဖြေးဖြေးကုန်စေသည်။ —off, တဖြေးဖြေးထွက်စီးစေသည်။ —*n.* a ditch, မြောင်း။ a covered ditch, sewer, ပေါင်းကူးမြောင်း။

Drake, *n.* ဝမ်းဘဲဖို။

Dram, *n.* the weight, ဒြမ်းတည်းဟူသောအချိန်။ one draught of rum, တခါတည်းသောက်သောအရက်။

Drama, *n.* ဇာတ်။ ဇာတ်ပွဲ။

Dramatic, *a.* ဇာတ်နှင့်ဆိုင်သော။

Dramatist, *n.* ဇာတ်လုပ်သောသူ။

Draper, *n.* အထည်သည်။

Drapery, *n.* cloth, အထည်။ အထည်အလိပ်။ the making of cloth, အထည်အလိပ်လုပ်ခြင်း။ the dress of a picture or statue, ရုပ်ပုံ၌ပါသောအဝတ်တန်ဆာ။ hangings, ပန်းတောင်းထည်။

Drastic, *a.* အားကြီးသော(ဆေး။)

Draught, *n.* the act of drawing, as by a beast of burden, ရုန်းငင်ခြင်း။ a sweeping for fish, ပိုက်ဆွဲငင်ခြင်း။ the fishes taken in a sweep-net, ပိုက်တိုက်ရပါသောငါးစု။ the drawing of a bow, (လေးကို)တင်ခြင်း။ the act of drinking, သောက်ခြင်း။ the quantity drank at once, တခါသောက်။ the depth a ship sinks in water, သင်္ဘောနစ်သောအတိုင်းအထွာ။ *see* Draft, *n.*
——horse, လှည်း၊ ရထားကသောမြင်း။

Draw, *v. t.* to pull, ဆွဲသည်။ ငင်သည်။ to pull, as a beast of burden, ရုန်းသည်။ to drag, ဒရွတ်ဆွဲသည်။ to attract, persuade, သွေးဆောင်သည်။ to pull out, ဆွဲထုတ်သည်။ to take out, ထုတ်ယူသည်။ —(water,) ခပ်သည်။ to suck, စုတ်သည်။ to sip, sup, ရှုတ်သည်။ to inhale, ရှူသည်။ to extend in length, ငင်သည်။ သွယ်သည်။ —words, လေးလေးပြောသည်။ to delineate, form an image of, ပုံရေးသည်။ ရုပ်ပုံပေါ်အောင်ရေးသည်။ to derive, receive from, (တစုံတခုထံက)ခံယူသည်။ to compose and write,

စာဓိကိုးသည်၊ to write an order for money, (ငွေလွှဲလက်မှတ်စာကို) ရေးသည်၊ —as a ship, (ရေကို) စူးသည်။ —(a bow,) တင်သည်။ to eviscerate, ဝမ်းခွဲ၍ အူကိုထုတ်သည်။ —back, *v. i.* ဆုတ်သည်။ —in, *v. i.* to shrink, တွန့်သည်။ to retreat within, အတွင်းသို့ဆုတ်သည်၊ —*v. t.* to allure, ဖြားယောင်းသွေးဆောင်သည်။ —near, —nigh, *v. t.* ချည်းသည်။ ချည်းကပ်သည်။ —off, *v. i.* to retire, ဆုတ်သည်၊ —*v. t.* to withdraw, နှုတ်သွားသည်၊ to make to flow out of a vessel, (အရည်ကို)ထွက်ဆင်းစေသည်။ to extract by distillation, ပေါင်းခံသည်။ —on, *v. i.* to advance, တိုးတက်သည်။ *v. t.* to allure, ဖြားယောင်းသွေးဆောင်သည်။ to occasion, ဖြစ်စေသည်။ to demand payment by a written order, ငွေလွှဲလက်မှတ်ကိုရေး၍ ငွေကိုတောင်းသည်။ ——out, *v. t.* to extend in length, ငင်သည်။ to pull out, ဆွဲထုတ်သည်။ to take out, ထုတ်ယူသည်။ to extract, နှုတ်သည်။ to prolong, သွယ်ဝိုက်သည်။ to spread by beating, အပြားခတ်သည်။ to induce by motive, သွေးဆောင်သည်။ to bring forth by alluring address, မြှူ၍ထုတ်ဖော်သည်။ to detach, နှုတ်၍ခွဲထားသည်။ to range (in battle,) ခင်းကျင်းသည်။ —over, *v. t.* to cause to come over, အပေါ်သို့ကျော်လာအောင်ဆွဲသည်။ to persuade to leave one party for another, ကူးပြောင်းအောင်သွေးဆောင်သည်။ —together, စုဝေးစေသည်။ —up, *v. t.* to put in array, ခင်းကျင်းသည်။ to compose and write, စာဓိကိုးသည်။

Drawback, *n.* money paid back, ပြန်ပေးရသောငွေ။ a loss of advantage, အကျိုးယုတ်လျော့ခြင်း။

Drawbridge, *n.* တန်တားရှင်။

Drawee, *n.* ငွေလွှဲလက်မှတ်ကိုခံ၍ပေးရသောသူ။ ငွေလွှဲလက်မှတ်ခံ။

Drawer, *n.* —of liquor, စည်ထဲကအရည်ကိုထုတ်ယူသောသူ။ —of water, ရေခပ်သောသူ။ —of a bill ငွေလွှဲလက်မှတ်ကိုရေးသောသူ။ ငွေလွှဲလက်မှတ်ရှင်။ a sliding box, အံ။ ဆွဲအံ။

Drawers, *n. plur.* ခြေးခံပေါင်းဘီ။

Drawing, *n.* from Draw; a delineation, sketch, ရေးသောရုပ်ပုံ၊ ——master, *n.* ပန်းချီဆရာ။ —room, ဧည့်ခံရာအခန်း။

Drawl, *v.* လေးလေးပြောသည်။

Drawn, *a.* neither conquering nor defeated, မရှုံးမနိုင်ရှိသော။

Dray, *n.* လှည်းခင်တိတ်။

Dread, *v. t.* အလွန်ကြောက်သည်။ *n.* great fear, အလွန်ကြောက်ခြင်း၊ deep reverence, အလွန်ရိုသေကြောက်ရွံ့ခြင်း။ an object of fear, ကြောက်ရွံ့စရာအရာ။

Dread, *a.* exciting great fear, အလွန်ကြောက်စေသော။ frightful, terrible, ကြောက်မက်ဘွယ်ဖြစ်သော၊ most venerable, awful, အလွန်ရှိသေကြောက်ရွံ့ဘွယ်ဖြစ်သော၊

Dreadful, *a.* frightful, terrible, ကြောက်မက်ဘွယ်ဖြစ်သော၊ fraught with danger, ဘေးဥပါဒ်နှင့်ပြည့်စုံသော၊

Dreadfulness, *n.* from above.

Dreadless, *a.* ကြောက်ခြင်းမရှိ၊ ရဲရင့်သော၊

Dream, *n.* thought during sleep, အိပ်မက်၊ an idle fancy, အချည်းနှီးအာရုံပြုခြင်း၊

Dream, *v.* to think while asleep, အိပ်မက်သည်၊ အိပ်မက်မြင်သည်၊ to think idly, အချည်းနှီးအာရုံပြုသည်၊ to imagine, expect, မျှော်ခေါ်သည်၊

Dreamless, *a.* အိပ်မက်မမြင်သော၊

Dreamy, *a.* အိပ်မက်များတတ်သော၊

Drear, Dreary, *a.* ဆိတ်ညံ၍ညှိုးငယ်ဘွယ်သော၊

Dreariness, *n.* from above.

Dredge 1, *n.* ရေထဲ၌ရှိသောအရာတို့ကိုဆွဲငင်တိုက်ယူသောထွန်ခြစ်၊

Dredge 2, *v. t.* to take with a dredge, ရေထွန်ခြစ်နှင့်တိုက်ယူသည်၊

Dredge 3, *v. t.* to sprinkle flour (on roasting meat,) မုန့်ညက်ကိုဖျူးသည်၊

Dreggy, *a.* အနစ်ပါသော၊

Dregs, *n. plur.* အနစ်၊ အနည်အဖတ်၊

Drench, *v. t.* to soak, ရွဲရွဲစိုစွတ်စေသည်၊ to saturate with drink, ဝမ်းပြည့်အောင်တိုက်သည်၊ —*n.* မြင်းကိုတိုက်သောဝမ်းနုတ်ဆေး၊

Dress, *v. t.* to straighten, ဖြောင့်စေသည်၊ to put in order, ပြင်ဆင်သည်၊ —a wound, (အနာကို)ဆေးတင်သည်၊ to put on clothes, အဝတ်ဝတ်သည်၊ to decorate, adorn, တန်ဆာဆင်သည်၊ ဆင်ပြင်သည်၊ —up, *v. t.* အဝတ်တန်ဆာဆင်သည်၊ —cotton with a bow-string, ဖတ်၊ ခွမ်းဖတ်၊ [ဝါဖတ်s.]

Dress, *n.* clothes, အဝတ်၊ ornamental apparel, အဝတ်တန်ဆာ၊

Dresser, *n.* an assistant to a surgeon, အနာကိုဆေးကုသပြုပြင်သောလက်ထောက်ဆေးသမား၊ a side-table on which food is prepared, ချက်ပြုတ်ရန်ပြင်ရာခုံ၊

Dressing, *n.* clothes, အဝတ်၊ medicaments, bandages, &c. အနာ၌ဆေးတင်၍ ပတ်ရစ်သောအရာ၊ manure spread over the ground, မြေကောင်းအောင်ပြုပြင်ထည့်လောင်းသောအရာ၊ correction, ဆုံးမခြင်း၊ —room, အဝတ်ဝတ်[illegible]သောအခန်း၊

Dressy, *a.* လှလှဝတ်တတ်သော၊

Dreul, *v. i.* သွားရည်ယိုသည်၊

Dribble, *v. i.* to fall in drops, တစက်စက်ကျသည်၊ to slaver, သွားရည်ယိုသည်၊

Driblet, *n.* a small bit, အစအန၊ a small sum of money, ငွေ၊

Drift, *v. i.* to be driven into heaps by the wind, လေတိုက်၍အစုစု အပုံပုံနေသည်။ to float with a current, ရေနှင့်မျောသည်။

Drift, *v. t.* to drive into heaps, လေတိုက်၍အစုစုအပုံပုံနေစေသည်။

Drift, *n.* a heap of matter driven together by the wind, လေတိုက် ၍စုပုံလျှက်နေသောအပုံ။ any thing floating on the water, ရေ နှင့်မျောသောအရာ။ impulse, တိုက်တွန်းခြင်း။ course of an impulse, တိုက်တွန်း၍လိုက်ရာ။ aim, အကြံအစွယ်။

——wood, *n.* ရေနှင့်မျောသောသစ်သား။ [ရေမျောထင်း.]

Drill, *v. t.* to pierce with a borer, လက်ပွတ်စူးနှင့်ဖောက်သည်။ to persuade, သွေးဆောင်သည်။ to train (soldiers,) စစ်ရေးသင် သည်။

Drill, *n.* a borer, လက်ပွတ်စူး။ the act of training (soldiers,) စစ် ရေးသင်ခြင်း။

Drink, *v.* to swallow liquor, သောက်သည်။ to take spirituous liquor to excess, သေသောက်ကြူးသည်။ —in, *v. t.* to absorb, စုတ်သည်။ to take in, ခံယူသည်။—off, *v. t.* အကုန်သောက်သည်။

——offering, *n.* သွန်းလောင်းရာပူဇော်သကာ။ —one's health, *v. t.* နှုတ်ဆက်၍သောက်သည်။ —to, same. —up, *see* —off.

Drink, *n.* သောက်ရည်။

Drip, *v. i.* တစက်တစက်ကျသည်။

Drip, *n.* from above. —stone, ကျောက်ရေစစ်။

Dripping, *n.* အသားကင်ရာနှင့်ကျသောအဆီ။

——pan, *n.* အသားကင်ရာနှင့်အဆီခံသောလင်ပန်း။

Drive, *v. i.* to be forced along by wind or water, လေ၊ ရေတိုက် ၍ပါသွားသည်။ to rush, ပြင်းထန်စွာပြေးသည်။ to take a ride in a carriage, ရထားစီး၍လည်သည်။ *v. t.* to hammer in, ရိုက် သည်။ နှက်သည်။ to force along, အနိုင်သွားစေသည်။ နှင်သည်။ to impel, တိုက်တွန်းသည်။ —a team or carriage, စီး၍နှင် သည်။ စီး၍မောင်းသည်။ to chase, hunt, ဖမ်း၍လိုက်သည်။ to compel, အနိုင်အထက်ပြုသည်။ to hurry on, မရပ်မဆိုင်းလျှင်မြန် စေသည်။ to straiten, distress, ကျည်းကြပ်စေသည်။ to carry on (business,) ဆောင်ရွက်သည်။ —at, *v. t.* ရွယ်သည်။ —away,

——off, *v. t.* to force to go away, မောင်းသည်။ to expel, နှင် ထုတ်သည်။ to scatter, လွှင့်သည်။ —down, in, *v. t.* နှက်သည်။

——out, *v. t.* နှင်ထုတ်သည်။

Drive, *n.* ရထားစီး၍လည်ခြင်း။

Drivel, *n.* သွားရည်။ —*v. i.* to slaver, သွားရည်ယိုသည်။ to be silly, အရူးကဲ့သို့ဖြစ်သည်။

Driveller, *n.* agent from above.

Drizzle, *v. i.* မိုးဖွဲဖွဲကျသည်။

Droll, *a.* [illegible]

Droll, *n.* ပျက်ရယ်ပြုသောသူ။ လူပျက်။
Drollery, *n.* ပျက်ပြယ်သောအမှုအရာ။
Dromedary, *n.* ကုလားအုတ်တမျိုး။
Drone, *n.* a male bee, ပျားထီး။ an idler, လူပျင်း။
Drone, *v. i.* ပျင်းရိလျက်နေသည်။
Dronish, *a.* ပျင်းရိသော။
Drool, *see* Drivel, *v. i.*
Droop, *v. i.* to be weak and faint, ညှိုးနွမ်းသည်။ to languish from sorrow, ညှိုးငယ်သည်။
Drop, *v. i.* to fall in drops, တစက်တစက်ကျသည်။ to fall suddenly, ရုတ်ခနဲကျသည်။ ရုတ်ခနဲလဲသည်။ to come to an end, ကွယ်ပျောက်သည်။ —*v. t.* to make fall in drops, တစက်တစက်ချသည်။ to let fall from the hand, ကျအောင်လက်လွှတ်သည်။ to cease prosecuting (a business,) တိုး၍မပြုဘဲနေသည်။ လွှဲဖယ်သည်။ to utter slightly, ပေါ့ပေါ့ပြောသည်။ to leave, ထားသည်။ to forsake, ပြစ်ထားသည်။ to let come to an end, ကွယ်ပျောက်စေသည်။ to lower, နှိမ့်ချသည်။ to variegate, as if by dropping, အစက်အစက်ချ၍ချယ်လှယ်သည်။ —astern, *v. i.* to recede behind a vessel, သင်္ဘောနောက်မှာဆုတ်သည်။ to be left by a vessel in advance, သင်္ဘောတစင်းကိုတစင်းမမှီ၊ ဝေးကွာလျက်ကျန်ရစ်သည်။ —down, *v. i.* တဖြေးဖြေးစုန်သည်။ —in, *v. i.* အမှတ်တမဲ့ရောက်လာသည်။
Drop, *n.* a small globule, အစက်။ အပေါက်။ an eardrop, နားဆွဲသီး။ —of a gallows, လည်ဆွဲတိုင်၌လူနင်းရန်ပတ္တာနှင့်အရှင်ထားသောပျဉ်ပြား။
Drops, *n. plur.* အစက်ချ၍တိုက်သောဆေးရည်။
Dropsical, *a.* ရေဖျဉ်းနာစွဲသော။
Dropsy, *n.* ရေဖျဉ်းနာ။
Dross, *n. scoria,* ချေး။ refuse, အချေး။
Drossy, *a.* ချေးပါသော။ အချေးပါသော။ (for sub-def. *see* above.)
Drought, Drouth, *n.* from next.
Droughty, *a.* dry from want of rain, မိုးခေါင်၍သွေ့ခြောက်သော။ thirsty, ရေငတ်သည်။
Droughtiness, *n.* from above.
Drove, *n.* လမ်းသို့လိုက်သွားလျက်ရှိသော ကျွဲ၊ နွား၊ သိုးစု။
Drover, *n.* သိုးနွားများကိုသယ်ပိုး၍ရောင်းဝယ်သောသူ။
Drown, *v. i.* to perish in water, ရေ၌မြုပ်၍သေသည်။
Drown, *v. t.* to overwhelm in water, ရေ၌မြုပ်သည်။ to kill by overwhelming in water, ရေ၌မြုပ်၍သတ်သည်။
Drowse, *v. i.* မျှေးရှက်သည်။
Drowsiness, *n.* from next.

Drowsy, *a.* sleepy, အိပ်ချင်သော။ dozing, မှေးရှက်သော။
Drub, *v. t.* ဒုတ်နှင့်ရိုက်သည်။
Drudge, *v. i.* အငြိမ်မနေ၊တကုပ်ကုပ်လုပ်ရသည်။—*n.* ထိုသို့လုပ်ရသောသူ။
Drudgery, *n.* from above.
Drug, *n.* an ingredient used in compounding medicines, တယဆေး။ an unsalable article, ရောင်း၍မစွံနိုင်သောဥစ္စာ။
Drug, *v. i.* ဆေးဖျော်နှောသည်။
Druggist, *n.* တယဆေးရောင်းသောသူ။
Druid, *n.* ရှေးကာလ၌အင်္ဂလိတ်ပြည်မှာဝမ္ဗဆရာ။
Drum, *n.* စည်။ ဗျော။ ဘုံ။ —head, *n.* စည်မျက်နှာ။ —major, *n.* တပ်၌စည်ဆရာကြီး။ —stick, *n.* လက်ခတ်။ ·
Drum, *v.* တီးသည်။
Drummer, *n.* စည်တီးသမား။ ဗျောတီးသမား။
Drunk, Drunken, *a.* intoxicated, ယစ်မူးသော။ soaked ရွဲရွဲစိုသော။
Drunkard, *n.* သေသောက်ကျူး။ ယစ်ထုပ်။
Drunkenness, *n.* from Drunk.
Drupe, *n.* အစေ့တလုံးပါသောသစ်သီးအမျိုးမျိုး။
Dry, *a.* destitute of moisture, သွေ့ခြောက်သော။ —as paint, အိပ်သော။ not rainy, မိုဃ်းမရွာသော။ not juicy, အရည်မရွမ်းသော။ ဖတ်သလတ်လတ်ရှိသော။ without tears, မျက်ရည်မကျသော။ not giving milk, နို့ပြတ်သော။ thirsty; ရေငတ်သော။ jejune, စိတ်ကိုနိုးဆော်ရန်အကြောင်းမရှိသော။ not ornate (as style,) မရွမ်းသော (စကား။) sarcastic, ရိုးဟန်ဆောင်၍ကရော်ကမည်ပြောသော(စကား။)—goods, *n.* အထည်အလိပ်။ —nurse, *n.* အထိန်း။
———rot, *n.* (in timber, ရေမထိဘဲဆွေးမြေ့ခြင်း။—shod, *a.* ခြေမစွတ်မစိုသော။ when spoken of the weather, မိုဃ်းခေါင်သော။
Dry, *v. i.* to become free from moisture, သွေ့လာသည်။ to evaporate wholly, ခန်းခြောက်သည်။ as a swelling or sore, or as milk in the breast, ချုပ်သည်။
Dry, *v. t.* to make free from moisture, သွေ့ခြောက်စေသည်။
Dryad, *n.* ရုက္ခစိုးနတ်သမီး။
Dryness, *n.* from Dry, *a.*
Duad, *n.* နှစ်ခုပေါင်း၍တခုတည်းဖြစ်သောအရာ။
Dual, *a.* နှစ်ခုဆိုလိုသော။
Dub, *v. t.* ဘွဲ့ပေးသည်။
Dubber, (East Indian,) *n.* သားရေဘူးကြီး။
Dubious, *a.* uncertain in mind, ယုံမှားသော။ not clear in meaning အနက်မရှင်းလင်းသော။ admitting of doubt, ယုံမှားဖွယ်ဖြစ်သော။ not certain or defined, ပုံမသေသော။ မသေချာသော။
Dubiousness, *n.* from above.
Ducal, *a.* ဒုကာမတ်ကြီးနှင့်ဆိုင်သော။

Ducat, *n.* ရွှေငွေဒင်္ဂါးတမျိုး။

Duck, 1, *v. i.* to drop the head, ငုံ့သည်။ to plunge under water for a moment, (intrans.) ရေငုပ်သည်။ —*v. t.* to plunge, &c. (trans.) ရေငုပ်စေသည်။ —2, *n.* a sudden inclination of the head, ငုံ့ခြင်း။ the water fowl, ဝမ်းဘဲ။—legged, *a.* ခြေတိုသော။

Duck 3, *n.* a kind of sail-cloth, ရွက်ထည်တမျိုး။ —weed, ရေမှော်။M.

Ducking-stool, *n.* ရေငုပ်ရန်ခုံ။

Duckling, *n.* ဝမ်းဘဲကလေး။

Duct, *n.* မြွန်။

Ductile, *a.* flexible, ပျော့သော။ ပျောင်းသော။ that may be drawn into wire, နန်းဆွဲနိုင်ဖွယ်ဖြစ်သော။ that may be extended by beating, ခတ်၍ဆန့်နိုင်ဖွယ်ဖြစ်သော။ tractable, docile, သွေးဆောင်လွယ်သော။

Ductileness, **Ductility**, *n.* from above,

Dudgeon, *n.* အငြိုးဖွဲ့ခြင်း။

Duds, *n. plur.* ထီတမာ။

Due, *a.* owed, that ought to be paid, ကြွေးတင်၍ဆပ်ရသော(ငွေ။) that ought to be done, (ပြုရသောဝတ်။) that ought to arrive (at a certain time,) ရောက်ရသောအချိန်စေ့သော။

Due, *n.* a debt, ကြွေးတင်၍ဆပ်ရသောငွေ။ a duty, ပြုရသောဝတ်။ that which is requisite, တောင်းပိုင်သောအရာ။

Due, *adv.* တည့်တည့်။

Duel, *n.* အချင်းချင်းသဘောတူစီးချင်းထိုးခြင်း။ **Duelling**, *n.* same.

Duellist, *n.* ထိုသို့စီးချင်းထိုးသောသူ။

Duenna, *n.* မိန်းမငယ်ကိုစောင့်ထိန်းသောမိန်းမအို။

Dug, *n.* the teat (of a beast,) နို့တိုင်။

Duke, *n.* ဒူကာ။ မှူးမတ်တမျိုး။

Dulcet, *a.* sweet to the taste, ချိုသောအရသာရှိသော။ sweet to the ear, အသံသာယာသော။

Dulcify, *v. t.* ချိုစေသည်။

Dulcimer, *n.* တီးရသောတူရိယာတမျိုး။

Dull, *a.* blunt, not sharp, မထက်။ တုံးသော။ stupid, ဉာဏ်တုံးသော။ spiritless, စိတ်အားနည်းသော။ sluggish, လေးလံသော။ ဆေးဆေးလေးလေးဖြစ်သော။ sleepy, အိပ်ချင်သော။ obscure, not clear, မကြည်လင်သော။ မှုန်သော။ dim, not bright, မှဲ့သော။ မှိန်သော။ မှေးသော။ faded, နွမ်းသော။ sad, စိတ်မသာသော။ cheerless, ရွှင်လန်းစရာမရှိသော။ not animating, စိတ်ကိုမနိုးဆော်တတ်သော။ —of hearing, နားထူသော။ နားထိုင်းသော။ ——head, *n.* ဉာဏ်တုံးသောသူ။

Dull, *v. i.* to become blunt, တုံးလာသည်။ —*v. t.* from Dull, *a.*

Dulness, *n.* from Dull, *a.*

Duly, *adv.* in a suitable manner, ပြုသင့်သည်အတိုင်း။ at the proper time, အချိန်စေ့မှ။
Dumb, *a.* incapable of speech, အသော။ silent, စကားမပြောဘဲနေသော။
Dumbness, *n.* from above.
Dumfound, *v. t.* ပြန်မပြောနိုင်အောင်ပြုသည်။
Dumpish, *a.* စိတ်မသာသော။
Dumpling, *n.* ပြုတ်သောမုန့်တမျိုး။
Dumps, *n. plur.* from Dumpish.
Dumpy, *a.* ပုပုတုပ်တုပ်ရှိသော။
Dun 1, *a.* ခြပ်ရောင်ရှိသော။
Dun 2, *v. t.* အပူအပြင်းတောင်းသည်။
Dun 3, *n.* အပူအပြင်းတောင်းသောကြွေးရှင်။
Dunce, *n.* လူမိုက်။ ညာဏ်ထိုင်းသောသူ။
Dung, *n.* ချေး။ ကျင်ကြီး။ —fork, *n.* မြင်းချေး၊ နွားချေးကိုကော်ရန်သုံးသောခက်ရင်း။ —hill, *n.* မြင်းချေး၊ နွားချေးပုံ။
Dung, *v. t.* မြင်းချေး၊ နွားချေးကိုဖို့သည်။
Dungeon, *n.* မြေခွံတူး၍လုပ်သောထောင်။
Duodenum, *n.* အစာအိမ်နှင့်ဆက်သောအူတပိုင်း။
Duodecimo, *n.* or *a.* ၆ ခေါက်ချိုး။
Dupe, *v. t.* လိမ်လည်သည်။—*n.* လိမ်လည်ခြင်းစကားကိုယုံလွယ်သောသူ၊
Duplicate, *n.* a thing which corresponds to another, အဖက်။ a transcript, လက်ခံ။
Duplicate, *v. t.* ခေါက်ချိုးချိုးသည်။
Duplication, *n.* from above; a fold, အခေါက်။
Duplicity, *n.* အရောင်ဆောင်ခြင်း။ လှို့ဝှက်ခြင်း။
Durability, Durableness, *n.* from next.
Durable, *a.* ခိုင်ခံ့မြဲမြံတတ်သော။
Durance, *n.* အချုပ်ခံခြင်း။
Duration, *n.* continuance in time, ဖြစ်စဉ်ကာလအတန်း။ power of continuance, ခိုင်ခံ့မြဲမြံတတ်ခြင်း။
Duress, *n.* အချုပ်ခံခြင်း။
During, *prep.* while, ဖြစ်စဉ်(တွင်။) throughout (in time,) ပတ်လုံး။
Dusk, *a.* မှုန်သော။ မိုသော။ ဝေသော။
Dusk, *n.* from above; twilight, ဆည်းဆာ။
Duskiness, *n.* from Dusk, *a.*
Dusky, *see* Dusk, *a.* tending to blackness, ခပ်ညိုညို။
Dust, *n.* (of different kinds,) အမှုန့်။ မြူ။ဖုတ်။ဖုံ။မြေမှုန့်။ a low condition, နှိမ့်ချသောနေရာ။—brush, *n.* ဖုံကိုလှည်းသောဘီး။ —man, *n.* ဖုတ်ကိုသယ်ယူသောသူ။—*v. t.* to sprinkle with dust, ဖုံကိုဖျန်း၍ထားသည်။ to wipe dust from, ဖုံကိုသုတ်သည်။
Duster, *n.* ဖုံကိုသုတ်သောဘီး။

Dustiness, *n.* from next.

Dusty [be,] *v. i.* to be clouded with dust, ဖုံအထမျှားသည်။ to be covered with dust, ဖုံတင်သည်။

Dutch, *a.* ဟောလံပြည်နှင့်ဆိုင်သော။ —man, *n.* ဟောလံ။ ဟောလံလူ။

Duteous, Dutiful, *a.* performing what is duty, ဝတ်ပြုတတ်သော။ respectful, ရိုသေတတ်သော။

Dutifulness, *n.* from above.

Duty, *n.* that which ought to be done, ဝတ်။ ပြုရသောဝတ်။ ကျင့်ဝတ်။ ဝတ်တရား။ a religious duty, ဓမ္မဝတ်။ သိတင်း။ သီလ။ an act of reverence, ရိုသေစွာလုပ်ဆက်ခြင်း။ the business of a soldier, စစ်သည်စောင့်ရသောအမှု။ custom, အကောက်။

Dwarf, *n.* လူပု။

Dwarf, *v. t.* from next.

Dwarfish, *a.* stunted, ပုသော။ သောင်သော။ diminutive, လှိုသော။ ညှက်သော။

Dwell, *v. i.* to abide, နေသည်။ နေရာကျသည်။ to be fixed in attention, အာရုံစွဲကပ်သည်။ to continue long on a subject, ကြာသည်။

Dwelling, *n.* နေရာ။ — house, *n.* နေရာအိမ်။ —place, *n.* နေရာအရပ်။

Dwindle, *v. i.* လျော့သွားသည်။

Dye, *v. t.* ဆိုးသည်။ ဆေးဆိုးသည်။ *n.* a color obtained by dyeing, ဆေးဆိုး၍စွဲသောအရောင်။ a coloring liquor, ဆိုးသောဆေးရည်။

Dyer, *n.* အထည်ဆိုးသမား။ ပန်းဆိုးသမား။

Dying, *a.* mortal, သေတတ်သော။

Dynasty, *n.* နန်းရိုးနန်းဆက်။

Dysentery, *n.* သွေးပါဝမ်းကျနာ။ [ဝိတ်ကိုက်နာ။S.]

Dyspepsy, *n.* အစာမကြေသောအနာ။

Dyspeptic, *a.* အစာမကြေသောအနာစွဲသော။

Dysury, *n.* ဆီးအောင့်နာ။

E

Each, *a*, every one, တိုင်း။ apiece, စီ။

Eager, *a.* စိတ်အားကြီးသော။

Eagerness, *n.* from above.

Eargerly, *adv.* ကြိုးကြိုးကြွကြွ။

Eagle, *n.* the bird, ဝံလို။ an American gold coin, အိဂလဟုခေါ်ဝေါ်သောအမေရိကရွှေဒင်္ဂါးတမျိုး။—eyed, *a.* ဝံလိုကဲ့သို့မျက်စိရှင်သော။

Ear, *n.* the organ of hearing, နား။ the external part of that organ, နားရွက်။ a spike of corn, အနှံ။ —[give,] *v. i.* နားထောင်သည်။ —drop, *n.* နားသန်သီး။ —hole, *n.* နားပေါက်။ —lap, *n.* နားပျဉ်း။ —lock, *n.* နားပန်းဆံ။ —pick, *n.* နားဖာကော်။ —ring, *n.* နားသန်ကွင်း။—shot, *n.* ခေါ်သံကြားလောက်သောအရပ်။—wax, *n.*

နားဖာချေး။ —wig, ကင်းစိုး။ —witness, ကိုယ်တိုင်ကြားသောသူ။
—*v. i.* အနှံ့ထွက်သည်။

Earl, *n.* ရေလ။ အင်္ဂလိပ်မှူးမတ်တမျိုး။ —marshall, *n.* အင်္ဂလိပ်အရာရှိတမျိုး။

Earless, *a.* နားမရှိသော။

Earliness, *n.* from next.

Early, *a.* not late, စောသော။ prior, အရင်ဖြစ်သော။ premature, အချိန်မရောက်မှီဖြစ်သော။ —*adv.* betimes in the morning, စောစော။ စောစောစီးစီး။

Earn, *v. t.* to deserve by labor, လုပ်၍ခံထိုက်သည်။ to gain by labor, လုပ်၍ရသည်။

Earnest, *a.* ardent, eager, စိတ်အားကြီးသော။ intent, စိတ်စွဲလမ်းလျှက်ရှိသော။ —*n.* reality, ကေန်အမှန်ဖြစ်ခြင်း။ something given in advance, စားရန်။

Earnestly, *adv.* ရှပ်ပူတိုက်။ ရှပ်ပူစီးတိုက်။

Earnestness, *n.* from Earnest, *a.*

Earning, *n.* that which is deserved by labor, လုပ်၍ခံထိုက်သောအရာ။ that which is gained by labor, လုပ်၍ရသောအရာ။ လုပ်ဆောင်စီးပွား။

Ears [by the] *adv.* ပဋိကတ်ဖြစ်သည်နှင့်။

Earth, *n.* the element, မြေ။ the terraqueous globe, မြေကြီး။ the ground, မြေမျက်နှာပြင်။ the world, လောက။ —board, ထယ်တုံးနှင့်ကပ်သောမြေလှန်ဗျည်း။ —born, *a.* မြေသားဖြစ်သော။ —bound, မြေနှင့်စွဲကပ်သော။ —quake, *n.* မြေကြီးလှုပ်ခြင်း။ —worm, တီ။
—*v. t.* မြေနှင့်မြှုပ်သည်။

Earthen, *a.* မြေကိုလုပ်သော။

Earthliness, *n.* from next.

Earthly, *a.* pertaining to the earth, မြေကြီးနှင့်ဆိုင်သော။ pertaining to the world, ဤလောကနှင့်ဆိုင်သော။ mean, vile, ယုတ်ညံ့သော။ —minded, ဤလောကနှင့်စိတ်စွဲလမ်းသော။ —mindedness, *n.* from *do.*

Earthy, *a.* consisting of earth, မြေဖြစ်သော။ partaking of earth, မြေပါသော။ relating to earth, မြေနှင့်ဆိုင်သော။ resembling earth, မြေနှင့်တူသော။

Ease, *n.* rest, quiet, ငြိမ်ခြင်း။ ငြိမ်သက်ခြင်း။ ငြိမ်းချမ်းခြင်း။ relief, comfort, သက်သာခြင်း။ facility, လွယ်ခြင်း။ freedom of manners, ကျင့်လည်ကျွမ်းကျင်သည်ဖြစ်၍ နေရာကျအောင် ပြုမူပြောဆိုတတ်ခြင်း။ —*v. t.* to relieve, သက်သာစေသည်။ ချမ်းသာစေသည်။ to slacken, လျှော့သည်။

Easel, *n.* ပန်းချီရေးသောခုံ။

Easement, *n.* သက်သာခြင်း။

Easiness, *n.* facility, လွယ်ခြင်း။ readiness to comply, (သူအလို) သို့လိုက်လွယ်ခြင်း။ smoothness of motion, မလှုပ်မရှား၊ ညက်ညောခြင်း။

East, *n.* the eastern quarter of the heavens, အရှေ့။ အရှေ့မျက်နှာ။ the eastern parts of the earth, အရှေ့အရပ်။ —*a.* အရှေ့မှာရှိသော။

Easter, *n.* သခင်ယေရှုခရစ်သေခြင်းမှ ထမြောက်တော်မူသည်ကို ထောက်၍ ခံသောပွဲ။

Easterly, Eastern, *a.* situated in the east, အရှေ့မျက်နှာ၊ အရှေ့အရပ်၌ရှိသော။ pertaining to the east, အရှေ့မျက်နှာ။ အရှေ့အရပ်နှင့်ဆိုင်သော။

Eastward, *adv.* အရှေ့မျက်နှာသို့။

Easy, *a.* quiet, free from pain or uneasiness, ငြိမ်သော။ ငြိမ်သက်သော။ ငြိမ်းချမ်းသော။ giving no uneasiness, မနှောင့်ရှက်သော။ not difficult, လွယ်သော။ gentle, ဖြည်းညှင်းသော။ compliant, (သူအလို)သို့လိုက်လွယ်သော။ easily satisfied, ရောင့်ရဲလွယ်သော။ sufficient, ကုံတန်သော။ free, unconstrained, ကျင်လည် ကျွမ်းကျင်သည်ဖြစ်၍နေရာကျအောင်ပြောဆိုပြုမူလွယ်သော။ smooth, ချောသော(စကား။)smooth in motion, မလှုပ်မရှားညက်ညောသော။ not burdensome, မလေးလံသော။

Eat, *v.* စားသည်။ —one's words, ကိုယ်စကားကိုနှုတ်ပြန်သည်။

Eatable, *n.* or *a.* စားဖွယ်။

Eating-house, *n.* ထမင်းဆိုင်။

Eaves, *n. plur.* အမိုးစွန်း။ တံစက်။ —dropper, *n.* အိမ်နားမှာချောင်း၍ နားထောင်သောသူ။ —trough, ရေတရောက်။

Ebb, *v. i.* ဒီရေကျသည်။ —*n.* ရေကျ။ ဒီရေကျ။ —tide, same.

Ebony, *n.* သစ်သားတမျိုး။

Ebriety, *n.* ယစ်မူးခြင်း။

Ebullition, *n.* the operation of boiling, ဆူခြင်း။ —of passion, အမျက်ထွက်ခြင်း။

Eccentric, Eccentrical, *a.* deviating from the centre, အလယ်ချက်တချက်တည်းမဖြစ်သော (စက်ဝိုင်း။) not following the same course, အစည်အတိုင်းမလိုက်သော။ departing from the usual course, ထုံးစံဓလေ့သို့မလိုက်သော။

Eccentricity, *n.* from above.

Ecclesiastes, *n.* ဓမ္မဟောင်းကျမ်းတို့တွင်ဒေသနာကျမ်း။

Ecclesiastic, Ecclesiastical, *a.* အသင်းတော်နှင့်ဆိုင်သော။

Ecclesiastic, *n.* ဓမ္မဆရာအရာရှိသောသူ။

Echo, *n.* ပဲ့တင်၊ ပဲ့တင်သံ။ —*v.* ပဲ့တင်ခတ်သည်။ ပဲ့တင်ထပ်သည်။ from overhanging trees, မြိုင်သံ။ from an arched roof, လှိုင်သံ။
Eclaircise, *v. t.* ရှင်းလင်းစေသည်။
Eclaircissement, *n.* from above.
Eclat, *n.* ဂုဏ်အသရေထွန်းပခြင်း။
Eclectic, *a.* ရွေးကောက်တတ်သော။
Eclipse, *v. t.* from Eclipsed [be,] —*n.* from next.
Eclipsed [be,] *v. i.* —as a heavenly luminary, ကြတ်သည်။ to be obscured, darkened, ကွယ်သည်။
Ecliptic, *n.* ၁၂ ရာသီကိုဖွဲ့၍နေသွားရာလမ်းတည်းဟူသောကေလိတ္တိတ်စက်ဝိုင်း။
Eclogue, *n.* သိုးထိန်းတို့အပြောအတင်ဆိုကြသောသီခြင်း။
Economic, *a.* အိမ်တွင်းအမှုအရေးနှင့်ဆိုင်သော။
Economical, *a.* ခြွေတာသော။ စရိတ်ကုန်နည်းအောင်ပြုတတ်သော။
Economist, *n.* ခြွေတာသောသူ။
Economize, *v.* စရိတ်ကုန်နည်းအောင်ပြုသည်။
Economy, *n.* regulation, disposition, စီရင်ပြုပြင်ခြင်း။ the regulation of the concerns of a household, အိမ်တွင်းအမှုအရေးကိုစီရင်ခြင်း။ a frugal and discreet use of money, စရိတ်ကုန်နည်းအောင်စီရင်ခြင်း။
Ecstasy, *n.* trance, ဘဝင်ဖြစ်ခြင်း။ uncontrollable joy, စိတ်မချုပ်တည်းနိုင်အောင်အလွန်ဝမ်းမြောက်ခြင်း။
Ecstatic, *a.* entrancing, ဘဝင်ဖြစ်စေတတ်သော။ rapturous, transporting, စိတ်မချုပ်တည်းနိုင်အောင်အလွန်ဝမ်းမြောက်စေတတ်သော။
Ecumenical, *a.* ခပ်သိမ်းသောလူမျိုးနှင့်ဆိုင်သော။
Eddy, *n.* a whirlpool, ဝဲ။ a current running opposite to the main stream, ဝဲဆန်။ —*v. i.* ဝဲလည်သည်။
Edge, *n.* the cutting part of a blade, အသွား။ a sharp side, အစောင်း။ a border, အစွန်းအနား။ sharpness, ထက်မြက်ခြင်း။ —[be set on,] *v. i.* —as the teeth, သွားကြိမ်းသည်။ —tool, *n.* အသွားပါသောတန်ဆာ။ —*v. t.* to furnish with an edge, အသွားဖော်သည်။ to sharpen, ထက်အောင်သွေးသည်။ to put on a border, အနားပတ်တင်သည်။ to incite, တိုက်တွန်းသည်။ to move sideways, (trans.) ရွှေ့ရွှေ့သည်။ —*v. i.* to advance gradually, တဖြေးဖြေးရွှေ့လာသည်။ —away, တစောင်းထိုး၍ထွက်သည်။
Edgewise, *adv.* with the edge turned forward, အသွားကိုရှေ့သို့လှည့်၍ကိုင်သည်နှင့်။ with the side foremost, တစောင်းထိုးသည်နှင့်။
Edging, *n.* အဝတ်အနား၌လှအောင်ဆက်သောအနားပတ်ဆက်။
Edible, *a.* စားဖွယ်ဖြစ်သော။
Edict, *n.* အမိန့်တော်။ မင်းစီရင်ချက်။

Edification, *n.* from Edify, *v. t.*

Edifice, *n.* တည်ဆောက်သောအရာ။

Edify, *v. t.* to build up, တည်ဆောက်သည်။ တည်ထောင်သည်။ to instruct and improve, ဆုံးမသွန်သင်ခြင်းအားဖြင့် ညာဏ်ပညာပါရမီတိုးပွားစေသည်။

Edit, *v. t.* စာကိုပြုပြင်၍ပုံနှိပ်စေသည်။

Edition, *n.* from above; one impression, တခါတည်းပုံနှိပ်သောစာပေါင်း။

Editor, *n.* စာကိုပြုပြင်၍ပုံနှိပ်စေသောသူ။

Editorial, *a.* ထိုသူနှင့်ဆိုင်သော။

Editorship, *n.* ထိုသူ၏အမှုအရာ။

Educate, *v. t.* တတ်အောင်ဆုံးမသွန်သင်သည်။

Education, *n.* from above.

Educational, *a.* ဆုံးမသွန်သင်ခြင်းနှင့်ဆိုင်သော။

Educe, *v. t.* ထုတ်သည်။

Edulcorate, *v. t.* ချိုစေသည်။

Eel, *n.* ငါးရှည့်။

Efface, *v. t.* to destroy a form painted or carved, အရုပ်အဆင်းကိုချေဖျက်သည်။ to erase, မထင်ရှားအောင်ချေဖျက်သည်။ to remove an impression from the mind, စိတ်မမှတ်မိအောင် မေ့လျော့စေသည်။

Effect, *n.* result, အကျိုး။ အကြောင်း၏အကျိုး။ ဖြစ်စေသောအကျိုး။ force, အစွမ်းသတ္တိ။ —*v. t.* to cause to be, ဖြစ်စေသည်။ to accomplish (an object,) ပြီးစီးစေသည်။

Effective, *a.* efficacious, (ဤမည်သော အကျိုးကို) ဖြစ်စေနိုင်သော။ efficient, ဖြစ်စေတတ်သော။ able, အမှုကိုတတ်နိုင်သော။

Effects, *n. plur.* ဥစ္စာပစ္စည်း။

Effectual, *a.* (ဤမည်သောအကျိုးကို) ဖြစ်စေတတ်သော။

Effectuate, *see* Effect. *v. t.*

Effeminacy, *n.* from next.

Effeminate, *a.* မိန်းမကဲ့သို့နူးညံ့သော။

Effervesce, *v. i.* ဆူသည်။ ဆူပွက်သည်။

Effervescence, *n.* from above.

Effervescent, *a.* ဆူပွက်လျက်ရှိသော။

Efficacious, *a.* (အကျိုးကို) ဖြစ်စေနိုင်သော။

Efficacy, *n.* from above, အစွမ်းသတ္တိ။

Efficient, *a.* producing an effect, (အကျိုးကို) ဖြစ်စေသော။ tending to produce, ဖြစ်စေတတ်သော။

Effigy, *n.* ရုပ်ပုံ။

Efflate, *see* Inflate.

Efflorescence, *n.* from next.
Efflorescent, *a.* အပွင့်ပွင့်သော။
Effluvium, *n.* an exhalation, အခိုး။ အငွေ့။ a noxious exhalation, အကင်း။
Efflux, *n.* စီးထွက်ခြင်း။
Effort, *n.* ကြိုးစားခြင်း။ အားထုတ်ခြင်း။
Effrontery, *n.* မရှက်မကြောက်။ မထိမ့်မြင်ပြုခြင်း။
Effulgence, *n.* from next.
Effulgent, *a.* အရှိန်အဝါနှင့်တောက်ပထွန်းလင်းသော။
Effuse, *v. t.* သွန်သည်။
Effusion, *n.* the act of pouring out, သွန်ခြင်း။ သွန်းလောင်းခြင်း။ the pouring out of words, သွက်သွက်ပြောဆိုခြင်း။
Effusive, *a.* သွန်းလောင်းတတ်သော။
Egg, *n.* ဥ။ —plant, ခရမ်းပင်။ a large variety, ဆင်ခရမ်း။ s.
Egotism, *n.* from Egotize.
Egotist, *n.* ကိုယ်အကြောင်းကိုပြောလွန်းသောသူ။
Egotize, *v. i.* ကိုယ်အကြောင်းကိုပြောလွန်းသည်။
Egregious, *a.* အထူးသဖြင့်ဖြစ်သော။
Egress, *n.* ထွက်ခြင်း။
Egyptian, *a.* အဲဂုတ္တုပြည်နှင့်ဆိုင်သော။
Eh, *int.* အော်။
Eight, *a.* ရှစ်။ ၈။ —fold, ရှစ်ဆဖြစ်သော။ —score, တရာခြောက်ဆယ်. ၁၆၀။
Eighteen, *a.* ဆယ့်ရှစ်။ ၁၈။
Eighteenth, *a.* ဆယ့်ရှစ်ခုမြောက်သော။ အဠရသမ။
Eighth, *a.* ရှစ်ခုမြောက်သော။ အဋ္ဌမ။
Eightieth, *a.* ရှစ်ဆယ်ပြည့်သော။
Eighty, *a.* ရှစ်ဆယ်။ ၈၀။
Either, *a.* some one (thing,) တခုခု။ (person,) တယောက်ယောက်။ one of two (things,) နှစ်ခုတွင်တခုခု။ (persons,) နှစ်ယောက်တွင်တယောက်ယောက်။ —*conj.* သို့မဟုတ်။
Ejaculation, *n.* တခွန်းတလေတိုးတိုးဆုတောင်းခြင်း။
Ejaculatory, *a.* ထိုသို့ဆုတောင်းခြင်းနှင့်ဆိုင်သော။
Eject, *v. t.* to throw out, ထုတ်ပြစ်သည်။ to expel, နှင်ထုတ်သည်။ to dismiss from office, အရာကချသည်။
Ejection, Ejectment, *n.* from above.
Eke, *v.* လောက်အောင်ထပ်၍ထည့်သည်။
Elaborate, *v. t.* to produce with labor, လုပ်၍ဖြစ်စေသည်။ to improve and perfect by diligent operation, လုလ္လထုတ်၍

ခွဲစပ်သောချာစွာပြီးစီးစေသည်။ —*a.* လုပ္ပထုတ်၍ခွဲစပ်သောချာစွာပြီးစီးသော။
Elapse, *v. i.* လွန်သည်။
Elastic, *a.* ပြုပျင်တိုင်းမနေ၊ နေမြဲနေရာသို့ရုန်းကန်၍ပြန်တတ်သော။
Elasticity, *n.* ထိုသို့ပြန်တတ်သောသဘော။
Elate, *a.* and *v. t.* from next.
Elated [be,] *v. i.* စိတ်မြင့်သည်။
Elation, *n.* from above.
Elbow, *n.* the joint of the arm, တံတောင်။ တံတောင်ဆစ်။ a corner, bend, အထောင့်။ —chair, လက်တင်ပါသောကုလားထိုင်။ —*v. t.* တံတောင်နှင့်တွက်သည်။
Elder 1, *a.* သာ၍အသက်ကြီးသော။ —1, *n.* a senior in age or rank, အသက်ကြီးသောသူ။ အသက်ကြီး။ —2, a kind of tree, သစ်ပင်တမျိုး။
Elderly, *a.* အသက်ခပ်ကြီးကြီး။
Eldership, *n.* seniority, အသက်ကြီးခြင်း။ the office of an elder, အသက်ကြီးအရာ။
Eldest, *a.* အသက်အကြီးဆုံးသော။
Elect, *a.* ရွေးကောက်သော။ ရွေးချယ်သော။ —*v. t.* ရွေးကောက်သည်။ ရွေးချယ်သည်။ —*n.* ရွေးကောက်သောသူ။ ရွေးချယ်သောသူ။
Election, *n.* the act of choosing, ရွေးကောက်ခြင်း။ the power of choosing, ရွေးကောက်ရသောအခွင့်။
Elective, *a.* exerting the power of choice, ရွေးကောက်ရသောအခွင့်ရှိသော။ pertaining to choice, ရွေးကောက်ခြင်းနှင့်ဆိုင်သော။
Electric, Electrical, *a.* လျှပ်စစ်မီးနှင့်ဆိုင်သော။ —fluid, *n.* လျှပ်စစ်မီး။
Electricity, *n.* လျှပ်စစ်မီးနှင့်ဆိုင်သောအတတ်ပညာ။
Electrify, Electrize, *v. t.* လျှပ်စစ်မီးကိုသွင်းသည်။
Electuary, *n.* စရနယ်၍မျိုရသောဆေး။
Eleemosynary, *a.* စွန့်ကြဲခြင်းနှင့်ဆိုင်သော။
Elegance, *n.* from next.
Elegant, *a.* ခွန်ရည်သော။ ခွန်ခွန်ရည်ရည်ရှိသော။ လှပယဉ်ကျေးသော။
Elegiac, *a.* သင်းဂြိုဟ်သီခြင်းနှင့်ဆိုင်သော။
Elegy, *n.* သင်းဂြိုဟ်သီခြင်း။
Element, *n.* the first or constituent principle of any thing, ဓာတ်။ an ingredient or constituent part, အင်္ဂါ။ a rudiment of an art or science, သိပ္ပံအတတ်တွင်ရှေးဦးစွာသင်ရသောအရာ။ natural state or sphere, ဇာတိအားဖြင့်အလိုက်ဖက်သင့်သောနေရာ။
Elemental, *a.* ဓာတ်နှင့်ဆိုင်သော။
Elementary, *a.* simple, uncompounded, ဓာတ်စင်သော။ initial rudimental, သိပ္ပံအတတ်တွင်ရှေးဦးစွာသင်ရသောအရာဖြစ်သော။

Elephant, *n.* ဆင်။
Elephantiasis, *n.* လူ၌ဖြစ်သောခြေသားလုံးကြီးနာ။
Elevate, *v. t.* to raise, ချီပင့်သည်။ to exalt, ချီးမြှောက်သည်။ to elate with pride, ချီးပင့်သည်။ စိတ်ကြွအောင်မြှောက်၍ပြောသည်။ to improve, make excellent, မြင့်မြတ်အောင်ပြုစုသည်။ —the voice, (အသံကို)မြှင့်သည်။ to make louder, (အသံကို) ကျယ်စေသည်။
Elevation, *n.* the act of raising, ချီပင့်ခြင်း။ the act of exalting, ချီးမြှောက်ခြင်း။ an elevated state, exaltation, ချီးမြှောက်ရာ။ ကြီးသောအရာ။ excellence, မြင့်မြတ်ခြင်း။ a high place, မြင့်သောအရပ်။ a hill, ကုန်း။ a rising of the voice, အသံတက်ခြင်း။ an augmentation of voice, အသံသာ၍ကျယ်ခြင်း။
Eleve, *n.* ကျွေးမွေးပြုစုခြင်းကိုခံသောသူ။
Eleven, *a.* ဆယ်တစ်။ ၁၁။
Eleventh, *a.* ဆယ်တခုမြောက်။ ဧကာဒသမ။
Elf, Elfin, *n.* ကြွပ်။
Elicit, *v. t.* ထင်ပေါ်စေသည်။
Eligibility, Eligibleness, *n.* from Eligible.
Eligible, *a.* fit to be chosen, ရွေးကောက်စရာကောင်းသော။ suitable, desirable, လိုချင်စရာကောင်းသော။ that can be elected (to an office,) ရွေးကောက်နိုင်ဖွယ်ဖြစ်သော။
Elision, *n.* အင်္ဂလိပ်စာ၌သရကိုဖြတ်ခြင်း။
Elite, *n.* a select body of soldiers, လက်ရွေးရဲမက်။ the best part of persons or things, အကောင်းဆုံး။ အမြတ်ဆုံးသောလူစု။ အရာစု။
Elixir, *n.* အပြန်ပြန်ကြို၍ယူသောဆေးရည်။ ပေါင်းခံ၍ယူသောဆေးရည်။
Ell, *n.* နှစ်ထွာခန့်ရှိသောအတိုင်းအထွာ။
Ellipsis, *n.* (in geometry,) ဝမ်းဘဲဥပုံ။ ဝန်းလျား။ ဝိုင်းလျား။ (in grammar,) စကားမြှုပ်ခြင်း။
Elliptical, *a.* pertaining to an ellipsis, ဝမ်းဘဲဥပုံနှင့်ဆိုင်သော။ having the form of an ellipsis, ဝမ်းဘဲဥပုံရှိသော။ having one or more words unexpressed, မြှုပ်သောစကားပါသော။
Elm, *n.* သစ်ပင်တမျိုး။
Elocution, *n.* manner of delivery, မြွက်ဆိုသောနည်း။ —elegant delivery, လျောက်ပတ်ဖွယ်ရာယဉ်ကျေးသောစကားနှင့်မြွက်ဆိုခြင်း။
Elongate, *v. t.* to lengthen, extend, ရှည်အောင်ဆွဲသည်။ *v. i.* to remove farther off, ခွာသွားသည်။
Elongation, *n.* the act of extending, ရှည်အောင်ဆွဲခြင်း။ the state of being extended, ဆွဲ၍ရှည်ခြင်း။ recession, ခွာသွားခြင်း။ distance, အကွာအဝေး။
Elope, *v. i.* ထွက်ပြေးသည်။
Elopement, *n.* from above.

Eloquence, *n.* from next.

Eloquent, *a.* မိတ်ပါစေခြင်းငှါ လျှောက်ပတ်ဖွယ်ရာယည်ကျေးသော စကားနှင့်ပြောဆိုတတ်သော။

Else, *a.* အခြားတပါး။ —*adv.* beside, ထိုမှတပါး။ otherwise, သို့မဟုတ်။ —where, *adv.* အခြားတပါးမှာ။

Elucidate, *v. t.* ရှင်းလင်းစေသည်။

Elucidation, *n.* from above.

Elude, *v. t.* ပရိယာယ်အားဖြင့်လွတ်အောင်ပြုသည်။

Elysian, *a.* နတ်ပြည်နှင့်ဆိုင်သော။

Elysium, နည်ပြည်။

Emaciate, *v. i.* ပိန်သည်။ —*v. t.* from same.

Emaciation, *n.* from above.

Emanate, *v. i.* ထွက်သည်။

Emanation, *n.* the act of issuing, ထွက်ခြင်း။ that which issues, ထွက်သောအရာ။

Emancipate, *v. t.* ကျွန်အဖြစ်မှလွတ်သည်။

Emancipation, from above.

Emasculate, *v. t.* သင်းကွပ်သည်။

Emasculation, *n.* from above.

Embalm, *v. t.* —a dead body, အလောင်းကောင်ကိုမပုပ်အောင်ဘယဆေးသွင်းသည်။ to preserve from decay, မယိုယွင်းအောင်ပြုစုသည်။

Embankment, *see* Imbankment.

Embargo, *n.* သင်္ဘောမထွက်ရအောင်မင်းအခွင့်နှင့်ဆီးတားခြင်း။

Embark, *v. i.* to go on board ship, ကုန်းကသင်္ဘောပေါ်သို့တက်သည်။ to engage in, (အမှု၌) ဝင်သည်။ —*v. t.* to put on board ship, ကုန်းကသင်္ဘောပေါ်သို့တင်သည်။ to cause to engage in, (အမှု၌) ဝင်စေသည်။

Embarkation, *n.* from above.

Embarrass, *v. t.* to perplex, ရှုပ်ထွေးစေသည်။ to hinder and annoy, အဆီးအတားအနှောင့်အရှက်ပြုသည်။ to confound, မှိုင်တွေစေသည်။

Embarrassment, *n.* from above.

Embassador, *n.* သံတမန်။

Embassy, *n.* သံတမန်ကိုစေလွှတ်ခြင်းအမှုအရေး။

Embattle, *v. t.* စစ်ခင်းကျင်းသည်။

Embay, *v. t.* (အထွက်ခက်အောင်)ပင်လယ်ထောင့်ကွေ့အတွင်းသို့သွင်းသည်။

Embed, *v. t.* အမြစ်ချသည်။

Embellish, *v. t.* လှပအောင်တန်ဆာဆင်သည်။

Embellishment, *n.* from above.

Ember, *a.* အင်္ဂလိတ်ဘာသာ၌ဝါနှင့်ဆိုင်သော (နေ့ရက်။)

Embers, *n. plur.* မီးမှုန်။

Embezzle, *v. t.* သူတပါးအပ်သောဥစ္စာကိုမတရားသဖြင့်သိမ်းယူသည်။
Embezzlement, *n.* from above.
Emblaze, Emblazon, *v. t.* to paint with ensigns armorial, ဘွဲ့တံဆိပ်ပုံတို့ကိုရေးထားသည်။ to adorn with embellishment, ချိုးမြှောက်သောတန်ဆာတို့ကိုဆင်သည်။
Emblem, *n.* အနက်အဓိပ္ပာယ်ပါသောပုံ။
Emblematic, Emblematical, *a.* ထိုသို့သောပုံပမာအားဖြင့်အနက်အဓိပ္ပာယ်ကို့ပြသော။
Embodiment, *n.* from next.
Embody, *v. t.* တလုံးဘဝတည်းစုပေါင်း၍ထားသည်။
Embolden, *v. t.* ရဲရင့်စေသည်။
Emboss, *v. t.* to form with bosses, အဖုဖော်၍လုပ်သည်။ to engrave *in relievo*, ရုပ်ပုံမောက်၍ထင်ပေါ်အောင်ထုသည်။
Embouchure, n. မြစ်ဝ။
Embowel, *v. t.* to eviscerate, အူကိုထုတ်သည်။ to swallow up, မြိုသည်။
Embrace, *v. t.* to clasp in the arms, ဖိုက်သည်။ ဖက်သည်။ ဖက်ယမ်းသည်။ to receive, ခံယူသည်။ to comprise, ပါဝင်သောအရာကိုခံသည်။ [to accept cordially, သဘောဖိုက်သည်။ဒ.]
Embracement, *n.* from above.
Embrasure, *n.* မြောင်းပေါက်။
Embrocate, *v. t.* (အနာကို)ဆေးရည်နှင့်သုတ်လူးသည်။
Embrocation, *n.* from above; a medicinal lotion, အနာကိုသုတ်လူးရန်ဆေးရည်။
Embroider, *v. t.* ပန်းပြောက်ထိုးသည်။
Embroidery, *n.* အထည်၌ထိုးသောပန်းပြောက်။
Embroil, *v. t.* အမှုရှုပ်ထွေးအောင်ပြုသည်။
Embryo, *n.* the first rudiments of an animal in the womb, ကလလရေကြည်။ အမြွှာ။ သားတင်။ the rudiments of any thing yet imperfectly formed, အလောင်း။
Emendation, *n.* the act of correcting, ပြုပြင်ခြင်း။ a correction, ပြင်သောအချက်။
Emerald, *n.* မြ။
Emerge, *v. i.* ဖုံးလွှမ်းသောအထဲကထွက်လာသည်။
Emergence, Emergency, *n.* from above; a sudden event, ရုတ်တရက်ဖြစ်သောအမှု။ an exigence, ရုတ်တရက်ဖြစ်၍ကြိုးစားအားထုတ်ရသောအမှု။
Emergent, *a.* from Emerge; urgent, pressing, ရုတ်တရက်ဖြစ်၍ကြိုးစားအားထုတ်ရမည်အကြောင်းရှိသော။
Emerods, *see* Hemorrhoids.

Emersion, *n.* from Emerge.
Emery, *n.* သံကျောက်တမျိုး။
Emetic, *n.* အန်ဆေး။
Emigrant, *a.* တပြည်မှတပြည်သို့နေရာပြောင်းသော။
Emigrant, *n.* from above.
Emigrate, *v. i.* တပြည်မှတပြည်သို့နေရာပြောင်းသည်။
Emigration, *n.* from above.
Eminence, Eminency, *n.* height, မြင့်ခြင်း။ a high place, မြင့်သောအရပ်။ a hill, ကုန်း။ a summit, highest point, အထွဋ်။ ထိပ်။ excellence, မြင့်မြတ်ခြင်း။ an exalted state, မြင့်မြတ်သောနေရာ။ distinction, celebrity, အဓိကရဖြစ်ခြင်း။ ကျော်စောခြင်း။
Eminent, *a.* high, မြင့်သော။ exalted, မြင့်မြတ်သော။ distinguished, celebrated, အဓိကရဖြစ်သော။
Emissary, *n.* လျှို့ဝှက်၍စေလွှတ်သောသူ။
Emission, *n.* from next.
Emit, *v. t.* to send forth, throw or give out, လွှတ်သည်။ ထွက်စေသည်။ to let fly, discharge, ပြစ်သည်။ ထိုးပြစ်သည်။ to issue a decree, (အမိန့်အမှာတော်ကို)ထုတ်သည်။ to issue a bank note, (ငွေသက်မှတ်ကို)အနှံ့အပြားထုတ်သည်။
Emmet, *n.* ပရွက်ဆိတ်။
Emollient, *a.* ပျော့စေတတ်သော။
Emolument, *n.* အမှုကိုဆောင်ရွက်သောအားဖြင့်ခံရသောအကျိုး။
Emotion, *n.* စိတ်။ စိတ်ရှိခြင်း။
Empale, *v. t.* ကြိတိုင်စိုက်၍ကာသည်။ *see* Impale.
Empannel, *see* Impannel.
Emperor, *n.* ရှင်ဘုရင်။ —of China, ဦးတည်ဘွား။
Emphasis, *n.* ဂရုသံ။
Emphasize, *v. t.* ဂရုသံနှင့်မြွက်ဆိုသည်။
Emphatic, Emphatical, *a.* strong, အားကြီးသော (အသံ။) uttered with emphasis, ဂရုသံနှင့်မြွက်ဆိုသော။ reqhiring emphasis, ဂရုသံနှင့်မြွက်ဆိုသင့်သော။
Empire, *n.* imperial dignity, ရှင်ဘုရင်စိုးစံခြင်း။ supreme control, အုပ်စိုးခြင်း။ a kingdom, နိုင်ငံ။
Em'piric, *n.* ဆေးကျမ်းကိုမတတ်ဘဲယမ်း၍ကုသောသူ။
Empir'ic, Empirical, *a.* အမှန်မသိဘဲယမ်း၍ပြုခြင်းနှင့်ဆိုင်သော။
Employ, *v. t.* to use, သုံးသည်။ သုံးဆောင်သည်။ to have in one's service, စေခိုင်းသည်။ —time, တစုံတခုကိုလုပ်၍ ကာလကိုလွန်စေသည်။ —one's self, လုပ်ဆောင်၍နေသည်။
Employ, *n.* occupation, business, အလုပ်အကိုင်။ ဆောင်ရွက်သောအမှု။ agency, service for another, စေခိုင်းသောအရာ။
Employee, *n.* စေခိုင်းခြင်း။

Employment, *n.* from Employ, *v. t.* and same as Employ, *n.*
Empoison, *see* Poison, *v. t.*
Emporium, *n.* ရောင်းဝယ်ဖောက်ကားခြင်းများပြားသောအရပ်။
Empoverish, *see* Impoverish.
Empower, *v. t.* ပြုပိုင်သောအခွင့်ကိုပေးသည်။
Empress, *n.* မိဖုရား။
Emprise, *see* Enterprise.
Emptiness, *n.* from next.
Empty, *a.* containing nothing, void, လပ်သော။ လွတ်လပ်သော။ ဘာမျှမပါ၊ပလာဖြစ်သော။ free from, ကင်းစင်သော။ unsubstantial, wanting substance, အချည်းနှီးသက်သက်ဖြစ်သော။ အနတ္တဖြစ်သော။ —handed, *a.* လက်ချည်းဖြစ်သော။
Empty, *v. t.* from Empty, *a.* 1st def.; to pour out, သွန်သည်။
Empty, *v. i.* to disembogue, မြစ်ကြီးသို့ရင်၊ ပင်လယ်သို့ရင်စီးဝင်သည်။
Empyreal, *a.* ကောင်းကင်ဘဝက်နှင့်ဆိုင်သော။
Empyrean, *n.* ကောင်းကင်ဘဝက်။
Emulate, *v. t.* အားကျသည်။
Emulation, *n.* from above; a desire to emulate, အားကျသောစိတ်ရှိခြင်း။
Emulous, *a.* အားကျသောစိတ်ရှိသော။
Emulsion, *n.* ဆီပါသောဆေးတမျိုး။
Enable, *v. t.* တတ်နိုင်အောင်ပြုသည်။
Enact, *v. t.* ဥပဒေထားသည်။ ပညတ်ထားသည်။ စီရင်ထုံးဖွဲ့သည်။
Enactment, *n.* from above.
Enamel, *n.* the composition, မိလ္လာ။ —of a tooth, သွား၏အပေါ်ထပ်။
Enamel, *v. t.* မိလ္လာနှင့်သုတ်သည်။
Enamour, *v. t.* ချစ်ကြိုက်အားကြီးစေသည်။
Encage, *v. t.* ငှက်အိမ်၌သော်၎င်း၊ ရှိုင့်၌သော်၎င်း၊ လှောင်ထားသည်။
Encamp, *v.* တပ်ချသည်။ တပ်စခန်းချသည်။
Encampment, *n.* တပ်ဝိုင်း။
Encase, *see* Incase.
Enceinte, *a.* နတ်ပိုက်ရှိသော။
Enchain, *see* Chain, *v. t.*
Enchant, *v. t.* to bewitch, ပြုစားသည်။ to subdue by charms or spell, မန္တန်အားဖြင့်နိုင်သည်။ to operate on by magical or supernatural skill, ဝိဇ္ဇာမရ အတတ်အားဖြင့် ပြုလုပ်သည်။ to ravish with delight, ယစ်မူးအောင်ချစ်ကြိုက်စေသည်။
Enchanting, *a.* ယစ်မူးအောင်ချစ်ကြိုက်ဖွယ်ဖြစ်သော။
Enchantment, *n.* from Enchant.
Enchase, *v. t.* စီခြယ်သည်။
Encircle, *v. t.* ပတ်သည်။ ရံသည်။ ဝန်းသည်။ ဝိုင်းသည်။

Enclose, *see* Inclose.
Encomiast, *n.* ချီးမွမ်းသောသူ။
Encomiastic, *a.* ချီးမွမ်းခြင်းနှင့်ဆိုင်သော။
Encomium, *n.* ချီးမွမ်းခြင်း။
Encompass, *v. t.* ပတ်သည်။ ရစ်သည်။ ရံသည်။ လှည့်ပတ်သည်။ ဝန်းသည်။ ဝိုင်းသည်။
Encore, *adv.* တဖန်။
Encounter, *v. t.* to meet face to face, ဆိုင်တွေ့သည်။ to meet in rivalry or contest, ဆိုင်ပြိုင်သည်။ to meet and resist, ခံ၍တိုက်သည်။
Encounter, *n.* from above.
Encourage, *v. t.* to animate, အားပေးသည်။ to excite, နှိုးဆော်သည်။ to make bold, ရဲရင့်စေသည်။
Encouragement, *n.* from above; that which animates, အားပေးခြင်းအကြောင်း။ that which excites, နှိုးဆော်ခြင်းအကြောင်း။
Encroach on, *v. t.* သူတပါးပိုင်သောအရာကိုတဖြေးဖြေးဝင်၍သိမ်းသည်။
Encroachment, *n.* from above.
Encrust, *see* Incrust.
Encumber, *v. t.* to impede motion with a load, လေးသောဝန်ကိုတင်၍နှေးစေသည်။ to embarrass, obstruct, အဆီးအတားအနှောင့်အရှက်ပြုသည်။
Encumbrance, *n.* any heavy thing that impedes motion, လေး၍နှေးစေသောအရာ။ any impediment, ဆီးတားနှောင့်ယှက်သောအရာ။
Encyclopædia, *n.* သိပ္ပံအတတ်ပညာအမျိုးမျိုးစုံလင်သောစာ။
End, *n.* extremity, အစွန်း။ အဖျား။ termination, အဆုံး။ ဆုံးခြင်း။ ultimate state, နောက်ဆုံးသောနေရာ။ result, အကြောင်း၏အကျိုး။ object aimed at, ကြံရွယ်သောအကျိုး။ —[an *or* on.] *adv.* ထောင်လျက်ရှိသည်နှင့်။
End, *v. i.* to come to an end, ကုန်သည်။ to be terminated, ဆုံးသည်။ အဆုံးသို့ရောက်သည်။
End, *v. t.* from End, *v. i.*
Endamage, *see* Damage, *v.*
Endanger, *v. t.* ဘေးရောက်စရာအကြောင်းကိုပြုသည်။
Endear, *v. t.* ချစ်ဖွယ်ဖြစ်စေသည်။ ချစ်ခြင်းကိုခံစေသည်။
Endearment, *n.* ချစ်စေခြင်းအကြောင်း။
Endeavor, *v. i.* ကြိုးစားသည်။
Endeavor, *n.* from above.
Endemic, *a.* ဒေသအရပ်အလိုက်စွဲတတ်သော(အနာ။)
Endite, *see* Indite.
Endless, *a.* without end, အနန္တ၊ အဆုံးမရှိသော။ continual, အစဉ်မပြတ်သော။

Endorse, *see* Indorse.

Endow, *v. t.* to furnish with a dower, လက်ဖွဲ့သည်။ to furnish with permanent provision, အသက်မွေးလောက်အောင်ဥစ္စာပစ္စည်းကိုပေးကမ်း၍ထားသည်။ to indue, ပြည့်စုံစေသည်။

Endowment, *n.* from above; property permanently appropriated to any object, စရိတ်စကလုံလောက်အောင်ပေးကမ်း၍ထားသောဥစ္စာပစ္စည်း။ a natural gift, ဖွားရင်းမှလာကပါသောအစွမ်းသတ္တိ။

Endue, *see* Indue.

Endurable, *a.* ခံနိုင်ဖွယ်ဖြစ်သော။

Endurance, *n.* from next.

Endure, *v. i.* to last, တည်သည်။

Endure, *v. t.* to bear, sustain, ခံသည်။ to bear with patience, သည်းခံသည်။

Endwise, *adv.* on the end, ထောင်လျက်ရှိသည်နှင့်။ with the end forward, အလျားအလိုက်။

Enema, *n.* ဝမ်းချူဆေး။

Enemy, *n.* ရန်သူ။

Energetic, *a.* strong, ခွန်အားရှိသော။ operative, အားထုတ်သော၊

Energy, *n.* strength, ခွန်အား။ strength exerted, အားထုတ်ခြင်း။ efficacy, အစွမ်းသတ္တိ။

Enervate, *v. t.* အားလျော့စေသည်။

Enfeeble, *v. t.* အားလျော့စေသည်။

Enfeoff, *v. t.* ပိုင်ရသောအခွင့်ကိုပေးသည်။

Enfilade, *n.* မီးပေါက်လက်နက်နှင့်ပြစ်ခတ်ရန်ဖြောင့်သောလမ်း။

Enfilade, *v. t.* မီးပေါက်လက်နက်နှင့်လမ်းတလျှောက်လုံးပြစ်ခတ်သည်။

Enforce, *v. t.* to strengthen, ခွန်အားနှင့်ပြည့်စုံစေသည်။ to force, အနိုင်အထက်ပြုသည်။ to urge with energy, ကြပ်ကြပ်နှိုးဆော်သည်။ —the laws, ဓမ္မသတ်၊ ရာဇသတ်အရနှင့်စီရင်သည်။ —an order, စီရင်ချက်အတိုင်းတည်စေသည်။

Enforcement, *n.* from above.

Enfranchise, *v. t.* to liberate, ကျွန်အဖြစ်မှသော်၎င်း၊ အချုပ်ခံရာအဖြစ်မှသော်၎င်း၊ လွှတ်သည်။ to admit to a certain privilege, ပြည်သူပြည်သားအဖြစ်သို့ရောက်ရသော အခွင့်အစရှိသောအခွင့်တစုံတခုကိုပေးသည်။

Enfranchisement, *n.* from above.

Engage, *v.* to become surety, အာမခံသည်။ ခံဝန်သည်။ to pawn, ပေါင်နှံသည်။ to promise, ဂတိထားသည်။ to enlist, (တစုံတခုသောအမှု၌)ဝင်မည်ဟုဝန်ခံစေသည်။ to draw and attach to, ဖြားယောင်းသွေးဆောင်သည်။ to attract and fix, စွဲလမ်းစေသည်။ to fight, တိုက်သည်။ တိုက်ခိုက်သည်။

——in, *v. t.* to undertake, (အမှု)၌ဝင်စပြုသည်။

Engaged, *a.* zealous, စိတ်အားကြီးသော။
——in [be] *v. i.* to be occupied in, လုပ်ဆောင်၍မအားး။
Engagedness, *n.* from Engaged, *a.*
Engagement, *n.* the act of becoming surety, အာမခံခြင်း။ the act of making a promise, ဂတိထားခြင်း။ adherence to a party, တဖက်၌စွဲလမ်းခြင်း။ occupation, လုပ်ဆောင်ခြင်း။ a battle, စစ်ပြိုင်ခြင်း။
Engaging, *a.* attractive, winning, ဖြားယောင်းသွေးဆောင်တတ်သော။ စိတ်နူးညွတ်စေတတ်သော။ မြူတတ်သော။
Engender, *v. t.* to beget, သားရအောင်သန္ဓေပေးသည်။ to produce, ဖြစ်စေသည်။
Engine, *n.* a machine, စက်။ ယန္တရားစက်။ a military machine, စစ်တိုက်ရန်စက်တန်ဆာ။ —for extinguishing fire, မီးသတ်ရန်ဗုံပိုင်။
Engineer, *n.* one who understands the management of engines, ယန္တရားစက်တို့ကိုစီရင်တတ်သောသူ။ one who directs the artillery, စစ်တိုက်ရန်စက်တန်ဆာတို့ကိုစီရင်သောသူ။
English, *a.* အင်္ဂလိတ်။ အင်္ဂလိတ်ပြည်၊ အင်္ဂလိတ်အမျိုးနှင့်ဆိုင်သော။
——man, *n.* အင်္ဂလိတ်။ အင်္ဂလိတ်လူ။
Engorge, *see* Gorge.
Engrain, *see* Ingrain.
Engrave, *v. t.* to carve, ထုသည်။ to impress on the mind, နှစ်လုံး၌စွဲကပ်စေသည်။
Engraver, *n.* ထုတတ်သောသူ။
Engraving, *n.* the act of carving, ထုတတ်သောအတတ်။ a picture engraved, ထုသောရုပ်ပုံ။
Engross, *v. t.* to monopolize, ကိုယ်သုံးဘို့သော်၎င်း၊ လုပ်၍ရောင်းဘို့သော်၎င်း၊ အကုန်သိမ်းရုံးသည်။ to copy in a fair hand, သေချာရှင်းလင်းစွာရေးကူးသည်။
Engulf, *v. t.* ဝဲကတော့မှစ၍နက်သောအရာ၌မြုပ်သည်။
Enhance, *v. t.* to enlarge, သာ၍ကြီးစေသည်။ to advance, တိုးစေသည်။ တိုးပွားစေသည်။
Enhancement, *n.* from above.
Enigma, *n.* a dark saying, နက်နဲခက်ခဲသောစကား။ a riddle, စကားထာ။
Enigmatic, Enigmatical, *a.* အနက်မထင်ပေါ်မြုပ်လျှက်ရှိသော။
Enjoin, *v. t.* မှာထားသည်။
Enjoy, *v. t.* to take pleasure in, ခံစားသည်။ စံစားသည်။ —one's self, ပျော်မွေ့သည်။ မွေ့လျော်သည်။
Enjoyment, *n.* from above.
Enkindle, *see* Kindle.

Enlarge, v. i. to become larger, ကြီးပွားသည်။ —v. t. to make larger, သာ၍ကြီးစေသည်။ to expand, သာ၍ကျယ်စေသည်။ to advance, တိုးပွားစေသည်။ to release, အချုပ်ခံရာမှလွှတ်သည်။ to speak largely, or copiously, ကျယ်ကျယ်ပြောဆိုသည်။

Enlargement, n. from above.

Enlighten, v. t. to make light, လင်းစေသည်။ to impart mental light, လင်းချင်းအောင်ပြုသည်။

Enlist, v. i. အမှုထမ်းစာရင်း၌ပါဝင်သည်။

Enlist, v. t. အမှုထမ်းစာရင်း၌သွင်းသည်။

Enliven, v. t. to heighten powers, အားတိုးတက်စေသည်။ to excite the mind, စိတ်ကြွအောင်ပြုသည်။ to make cheerful ရွှင်ရွှင်စေသည်။

En masse, adv. တစုတလုံးတည်း။

Enmity, n. ရန်။

Ennoble, v. t. to make noble, မှူးတော်မတ်တော်အရာကိုပေးသည်။ to exalt, မြင့်မြတ်စေသည်။

Ennui, n. ညီးငွေ့ခြင်း။

Enormity, n. a transgression, မတရားသောအမှု။ an atrocious crime, အလွန်ခိုးသွမ်းသောအမှု။

Enormous, a. excessive, ကြီးလွန်းသော။ exceedingly large, အလွန်ကြီးမားသော။

Enough, a. လောက်သော။

Enough, n. အလောက်။ (infrequent,) အလုံအလောက်။

Enquire, *see* Inquire.

Enrage, v. t. from next.

Enraged [be,] v. i. ပြင်းထန်စွာအမျက်ထွက်သည်။

Enrapture, v. t. အလွန်ရွှင်ပျော်မြူးထူးစေသည်။

Enrich, v. t. to make rich, ကြွယ်ဝစေသည်။ ငွေရအောင်ပြုသည်။ to fertilize, မြေသြဇာဖြစ်စေခြင်းငှါဖို့၍ပြုပြင်သည်။ to furnish richly, ကြွယ်ဝပြည့်စုံစေသည်။

Enrobe, v. t. ဝတ်ဆင်သည်။

Enroll, v. t. နာမည်ကိုစာရင်း၌သွင်းသည်။

Enrolment, n. from above.

Ensample, *see* Example.

Ensanguine, v. t. သွေးနှင့်လူးသည်။

Ensconce, v. t. ကွယ်ကာ၍နေရာချသည်။

Enshrine, v. t. ဌာပနာသည်။

Ensign, n. a flag, အလံ။ an officer who carries a flag, အလံဆောင်ဗိုလ်။

Enslave, v. t. ကျွန်ခံစေသည်။

Enstamp, v. t. to impress with some mark or figure, တံဆိပ်ခတ်

သည်။ to impress the mind, စိတ်စွဲလမ်းအောင်ပြုသည်၊ စိတ်နှလုံး၌စူးရှူးလျှက်နေအောင်ပြုသည်။

Ensue, *v. i.* အကြောင်းအားဖြင့်အကျိုးဖြစ်သကဲ့သို့ဖြစ်လာသည်။

Ensuing, *a.* next following, ဆက်လျှက်ဖြစ်ဆဲရှိသော။

Entail, *v. t.* အမွေဥစ္စာကိုဆက်ကာဆက်ကာခံစေခြင်းငှါသေတန်းစာအားဖြင့်စီရင်၍ထားသည်။

Entailment, *n.* from above.

Entangle, *v. t.* to tangle, ရှုပ်ထွေးစေသည်။ to catch, ငြိတွယ်စေသည်။ to insnare, ကျော့မိသည်၊ ဝင်သည်။

Entanglement, *n.* from above.

Enter, *v.* to go in, ဝင်သည်။ to put in, ဝင်စေသည်။ သွင်းသည်။ to set down in writing, စာရင်း၌မှတ်သားသည်။

——on, *v. t.* (အမှု)၌ဝင်စပြုသည်။

Enterprise, *n.* ညာဏ်အားဖြင့်ထိုးထွင်း၍ခက်ခဲစွာဆောင်ရွက်ရသောအမှု။

Enterprising, *a.* ထိုသို့သောအမှုကိုဆောင်ရွက်တတ်သော။

Entertain, *v. t.* to receive and treat hospitably, ဧည့်သည်ဝတ်ကိုပြုသည်။ to treat with conversation, လောကဝတ်စကားကိုပြောသည်။ to amuse, please, ဖျော်သည်။ စိတ်သာယာရွှင်လန်းစေသည်။ to keep in one's service, maintain, စေခိုင်းရန်လုလင်ခမဲကိုမွေးထားသည်။ to harbor, cherish in the mind, စိတ်ထဲ၌လက်ခံသည်။ to take cognizance of, (စစ်ကြောရန်အမှုကို)လက်ခံသည်။

Entertaining, *a.* amusing, pleasing, ဖျော်တတ်သော။ စိတ်သာယာရွှင်လန်းစေတတ်သော။

Entertainment, *n.* the reception and accommodation of guests, ဧည့်သည်ဝတ်ကိုပြုခြင်း။ a feast, စားပွဲသောက်ပွဲ။ the pleasure derived from seeing and hearing that which is interesting, ကြည့်ရှုနားထောင်သောအားဖြင့်စိတ်ပျော်မွေ့ရွှင်လန်းခြင်း။ the act of harboring in the mind, စိတ်ထဲ၌လက်ခံခြင်း။

Enthrall, *see* Inthrall.

Enthrone, *v. t.* (Eng.) ရာဇပလ္လင်ပေါ်မှာတင်သည်။ (Burm.) နန်းတင်သည်။

Enthusiasm, *n.* from Enthusiastic.

Enthusiast, *n.* agent from next.

Enthusiastic, *a.* စိတ်အားသန်လွန်းသော။

Entice, *v. t.* ဖြားယောင်းသွေးဆောင်သည်။

Enticement, *n.* from above.

Entire, *a.* မချို့တဲ့၊ စုံလင်သော၊ အကြွင်းမဲ့ဖြစ်သော။

Entirely, *adv.* အကုန်အစင်၊ အကြွင်းမဲ့။ ဖြစ်င်။

Entireness, *n.* from Entire.

Entitle, *v. t.* to give a name, သမုတ်သည်။ to confer a title, ဘွဲ့ပေး

သည်။ to furnish with a claim to, မိုင်ထိုက်သောအခွင့်ကို ပေးသည်။

Entity, *n.* existence, ဖြစ်ခြင်း။ အဖြစ်။ a thing which exists, ဖြစ်သောအရာ။

Entomb, *v. t.* သင်းချိုင်းတွင်းနှဲ့ထားသည်။

Entrails, *n. plur.* ဝမ်းတွင်းသား။

En'trance, *n.* the act of entering, ဝင်ခြင်း။ အဝင်။ the liberty of entering, ဝင်ရသောအခွင့်။ the passage by which a place is entered, ဝင်ဝ။ commencement, အစအဦးပြုခြင်း။ the act of entering into possession, ဝင်စားခြင်း။

Entrance', *v. t.* ဘဝင်ဖြစ်စေသည်။

Entrap, *v. t.* ထောင်၍ဖမ်းသည်။ ထောင်မိသည်။ ကျော့မိသည်။ ဖမ်းမိသည်။

Entreat, *v. t.* to beseech, တောင်းသည်။ တောင်းပန်သည်။ to pray, ဆုတောင်းသည်။

Entreaty, *n.* from above.

Entry, *n.* the act of entering, ဝင်ခြင်း။ the passage by which a place is entered, ဝင်ဝ။ the act of entering into possession, ဝင်စားခြင်း။ the act of registering, စာရင်းနှဲ့မှတ်သားခြင်း။

Entwine, *see* Intwine.

Entwist, *see* Twist, *v.*

Enumerate, *v. t.* ရေသည်။

Enumeration, *n.* from above.

Enunciate, *v. t.* to utter, မြွက်ဆိုသည်။ to relate, ကြားပြောသည်။ to proclaim, ကျော်ညာစေသည်။

Enunciation, *n.* from above.

Envelop, *v. t.* to wrap up, ထုပ်သည်။ to cover up, ဖုံးအုပ်သည်။ —*n.* အဖုံး။ အဖုံးအအုပ်။

Envenom, *v. t.* to impregnate with venom, အဆိပ်ကိုသွင်းသည်။ to exasperate, မုန်းထားစေသည်။

Enviable, *a.* calculated to excite envy, ငြူစူဖွယ်ဖြစ်သော။ exceedingly desirable, အလွန်လိုချင်ဖွယ်ဖြစ်သော။

Envious, *a.* feeling envy, ငြူစူသော။ pertaining to envy, ငြူစူခြင်းနှင့်ဆိုင်သော။

Environ, *v. t.* ဝန်းရံသည်။ ပတ်ဝိုင်းသည်။

Environs, *n. plur.* ဆင်ခြေဖုံး။

Envoy, *n.* သံတမန်။ မင်းသံ။

Envy, *v. t.* ငြူစူသည်။ —*n.* from *do.*

Epact, *n.* ပိုလွန်သောနေ့ရက်။

Epaulet, *n.* ပခုံးစွန်းပန်းပွား။

Ephemeral, *a.* တရက်မျှသာတည်တတ်သော။

Ephemeris, *n.* a diary, နေ့စဉ်မှတ်စာ။ an astronomical register of the daily state and position of the heavenly bodies, နေ၊ လ၊ ကြယ်နက္ခတ်အလှည့်အပတ် အသွားအလာတို့ကို နေ့စဉ်မှတ်သားသော စာရင်း။

Ephemeron, *n.* တရက်မျှသာအသက်ရှင်တတ်သောပိုးမျိုး။

Epic, *n.* ရကန်။ —*a.* ရကန်နှင့်ဆိုင်သော။

Epicine, *a.* ပုလ္လိင်၊ ဣတ္ထိလိင်နှစ်ပါးဝင်သော (စကား။)

Epicure, *n.* အစားအသောက်၌မွေ့လျော်တတ်သောသူ။

Epicurean, *a.* ထိုသို့သောမွေ့လျော်ခြင်းနှင့်ဆိုင်သော။

Epicycle, *n.* စက်ဝိုင်းကြီးအတွင်း၌ပါသောစက်ဝိုင်း။

Epidemic, *n.* ကာလနာ။ —*a.* ကာလနာနှင့်ဆိုင်သော။

Epidermis, *n.* အပေါ်သားရေ။

Epiglottis, *n.* အသက်ယောထွက်ဝင်ရာအဝကိုပိတ်သောအခင်။

Epigram, *n.* အနက်အဓိပ္ပာယ်ထက်မြက်သောလင်္ကာစကားတို။

Epigrammatic, *a.* ထိုသို့သောသဘောရှိသော (စကား။)

Epilepsy, *n.* ဝက်ရူးနာတမျိုး။

Epileptic, *a.* ထိုအနာစွဲသော။

Epilogue, *n.* ဇာတ်အဆုံး၌ဖွဲ့နွဲ့သောစကား။

Epiphany, *n.* သခင်ယေရှုခရစ်ဖွားမြင်တော်မူသောအခါ၌ပေါ်ထွန်းသောကြယ်ကိုအကြောင်းပြု၍အင်္ဂလိတ်ဘာသာ၌နှစ်စဉ်ခံသောပွဲ။

Episcopacy, *n.* ဂိုဏ်းအုပ်အုပ်စိုးရာဘာသာ။

Episcopal, *a.* ဂိုဏ်းအုပ်နှင့်ဆိုင်သော။

Episcopalian, *n.* ဂိုဏ်းအုပ်အုပ်စိုးသောအသင်းတော်ဝင်သူ။

Episcopate, *n.* ဂိုဏ်းအုပ်အရာ။

Episode, *n.* လင်္ကာ၌စကားချပ်။

Epistle, *n.* သူတပါးသို့ရေး၍ပေးလိုက်သောစာ။ မေတ္တာစာ။

Epistolary, *a.* မေတ္တာစာနှင့်ဆိုင်သော။

Epitaph, *n.* သင်းချိုင်းအပေါ်မှာထိုး၍ထားသောကမ္ပည်းစာ။

Epathalamium, *n.* မင်္ဂလာဆောင်ပွဲနှင့်ဆိုင်သောသီခြင်း။

Epithet, *n.* ကောင်းသောဂုဏ်။ မကောင်းသောဂုဏ်ကိုဖော်ပြသောစကား။

Epitome, *n.* အကျဉ်းချုပ်သောစာ။

Epitomize, *v. t.* ကျယ်သောစာကိုအကျဉ်းချုပ်သည်။

Epoch, *n.* သက္ကရာဇ်။ ကောဇာ။

Equability, *n.* from next.

Equable, *a.* ညီညွတ်သော။

Equal, *a.* of the same bulk or extent, ညီမျှသော။ even, uniform, ညီညွတ်သော။ of the same qualities, တန်းတူသော။ ရည်တူသော။ အလားတူသော။ suitable, adequate, တန်သော။ လောက်သော။ —*n.* တန်းတူသောသူ။ ရည်တူသောသူ။ အလားတူသောသူ။ —*v. t.* from Equal, *a.*; to come up to, မှီသည်။

Equality, *n.* the state of being the same, in regard to bulk, extent, &c. ညီမျှခြင်း။ evenness, uniformity, ညီညွတ်ခြင်း။

Equalize, *v. t.* ညီမျှစေသည်။

Equanimity, *n.* စိတ်တသမတ်တည်းရှိခြင်း။

Equation, *n.* ညီမျှစေခြင်း။

Equator, *n.* အရှေ့အနောက်သို့လိုက်၍မြေကြီးလုံးထက်ဝန်းကျင်ကိုပတ်ရစ်သောဗဟိုရိစက်ပိုင်း။

Equerry, *n.* မြင်းတော်ထိန်း။

Equestrian, *a.* မြင်းစီးခြင်းနှင့်ဆိုင်သော။

Equiangular, *a.* ထောင့်ချင်းညီသော။

Equidistant, *a.* အကွာအဝေးချင်းတူသော။

Equilateral, *n.* အချိုးအစားညီမျှသော။

Equilibrium, *n.* ချိန်စက်၌ညီမျှခြင်း။

Equinoctial, *a.* နေ့နာရီနှင့်ညနာရီညီမျှခြင်းနှင့်ဆိုင်သော။ —line, *see* Equator.

Equinox, *n.* the vernal, ပဌမဥတု၌နေ့နာရီနှင့်ညနာရီညီမျှသောအချိန်ကာလ။ the autumnal, တတိယဥတု၌နေ့နာရီနှင့်ညနာရီညီမျှသောအချိန်ကာလ။

Equip, *v. t.* to furnish with arms and military accoutrements, လက်နက်တန်ဆာစုံကိုဖျင်ဆင်၍ပေးသည်။ to furnish with requisites for any undertaking, အသုံးအဆောင်အခမ်းအနားကိုဖျင်ဆင်၍ပေးသည်။

Equipage, *n.* military arms and accoutrements, လက်နက်တန်ဆာစုံ။ suitable accompaniments, အခံဆောင်အရောင်အခမ်းအနား။

Equipment, *n.* from Equip; articles furnished in equiping, ဖျင်ဆင်၍ထားသောအသုံးအဆောင်အခမ်းအနား။

Equipoise, *see* Equilibrium.

Equitable, *a.* တရားသော။ ဖြောင့်မတ်သော။ တရားနှင့်ညီလျော်သော။

Equity, *n.* တရား။ ဖြောင့်မတ်ခြင်းတရား။

Equivalence, *n.* from next.

Equivalent, *a.* equal in value, အဘိုးသားနားတူသော။ equal in force, အစွမ်းသတ္တိချင်းတူသော။ of the same import, အနက်အဓိပ္ပာယ်ချင်းသဘောတူသော။ —*n.* ညီမျှသောအရာ။

Equivocal, *a.* of doubtful meaning, အနက်အဓိပ္ပာယ်မမှန်သော။ obscure, အနက်မရှင်းသော။ occasioning uncertainty, စိတ်ဇဝေဇဝါဖြစ်ရသောအကြောင်းရှိသော။

Equivocate, *v. i.* လိမ်လည်အံ့သောငှါအနက်မမှန်၊ မရှင်းလင်းသောစကားကိုသုံးဆောင်သည်။

Equivocation, *n.* from above.

Era, *n.* epoch, သက္ကရာဇ်။ ကောဇာ။ a division of time, ကပ်။ ကာလ အပိုင်းအခြား။

Eradiate, *v. i.* ရောင်ခြည်ထွက်သည်။

Eradiation, *n.* from above.

Eradicate, *v. t.* to extirpate, အမြစ်ပါနှုတ်သည်။ to destroy thoroughly, သုတ်သင်ပယ်ရှင်းသည်။ ရှင်းရှင်းဖျက်ဆီးသည်။

Eradication, *n.* from above.

Erase, *v. t.* ချေသည်။ ချေဖျက်သည်။

Erasure, *n.* from above; the spot where something has been erased, ချေရာ။

Ere, *adv.* မ —မှီ။ မ —ခင်။ —long, မကြာမမြင့်မှီ။ —now, ယခုအချိန် မရောက်မှီ။ —while, အရင်။ အထက်။

Erebus, *n.* မရဏာနိုင်ငံ။

Erect, *a.* upright, မတ်သော။ directed upward, ထောင်လျက်ရှိသော။ firm, unshaken, ရဲရင့်တည်ကြည်သော။ —*v. t.* to make upright, မတ်သည်။ (trans.;) to raise and set upright, ထူသည်။ ထောင်သည်။ ထူထောင်သည်။ to set up, build, establish, တည်သည်။ တည်ဆောက်သည်။ တည်ထောင်သည်။ to elevate, exalt, ချီးမြှောက်သည်။ to animate, အားပေးသည်။

Erection, *n.* from Erect, *v. t.*

Erectness, *n.* မတ်ခြင်း။

Ergo, *adv.* ထိုကြောင့်။

Ermine, *n.* the animal, သားတမျိုး။ the fur of the ermine, ထိုသား၏အရေ။

Erode, *see* Corrode.

Erosion, *n.* from above.

Err, *v. i.* to mistake, လွဲသည်။ မှားသည်။ to sin, မှားယွင်းသည်။

Errand, *n.* a verbal message, မှာလိုက်သောအချက်။ business on which one is sent, သူတပါးစေခိုင်း၍ဆောင်ရွက်ရသောအမှု။

Errant, *a.* deviating, လမ်းလွဲသော။ rambling about, အရပ်ရပ်လှည့်လည်သော။

Errantry, *n.* from above, 2d def.

Erratic, *a.* အတည်မကျ၊ အရပ်ရပ်လှည့်လည်တတ်သော။

Erratum, *n.* လက်ရေးစာ၊ ပုံနှိပ်စာ၌စာလုံးမှားသောအချက်။

Erroneous, *a.* လွဲသော။ မှားသော။

Error, *n.* from Err, အမှား။ false opinion, မိစ္ဆာဒိဋ္ဌိ။

Errorist, *n.* မိစ္ဆာဒိဋ္ဌိအယူကိုစွဲလမ်းသောသူ။

Erst, *adv.* ရှေးက။

Eructate, *v. i.* ထေတက်သည်။

Eructation, *n.* from above.

Erudite, *a.* စာပေ၌ကြေပြန့်သော။
Erudition, *n.* from above.
Eruption, *n.* a bursting forth, ပေါက်ကွဲ၍ဟုန်းခနဲထွက်ခြင်း။ a sudden, hostile excursion, ရုတ်ခနဲထွက်၍တိုက်ခြင်း။ a breaking out of humors, အဖူးအဖိမ့်ပေါက်ခြင်း။
Erysipelas, *n.* အနာမီး၊ အနာလျှံတမျိုး။
Escalade, *n.* စစ်တိုက်ရာတွင်မြို့ရိုး၊ သစ်တပ်ကို လှေကားဖြင့်တက်၍ ကျော်ဝင်ခြင်း။
Escape, *v.* လွတ်အောင်ပြေးသည်။ လွတ်အောင်ရှောင်သည်။ —*n.* from same; a slight mistake, အမှတ်တမဲ့ပြုမိခြင်း။
Escheat, *v. i.* အမွေခံမရှိသော်ငှင်၊ ရာဇဝတ်သင့်သော်ငှင်၊ မင်းဘဏ္ဍာဖြစ်သည်။ —*n.* from *do.*
Eschew, *v. t.* ရှောင်သည်။
Escort, *v. t.* ကြပ်မ၍ပို့သည်။ —*n.* ကြပ်မ၍ပို့သောလူစု။
Escritor, *n.* စာရေးသစ်တာ။
Esculent, *a.* စားဖွယ်ဖြစ်သော။
Escutcheon, *n.* ဘွဲ့တံဆိပ်ပုံကိုရေး၍ထားသောကား။
Esophagus, *n.* အစာရေစာဝင်ရာလည်ချောင်း။
Esoteric, *a.* မထင်ရှား။ လျှို့ဝှက်သော။
Espalier, *n.* စည်း၊ စောင်ရန်းဖြစ်အောင်စိုက်သောအပင်။
Especial, *a.* အထူးသဖြင့်အမှုထားစရာရှိသော။
Especially, *adv.* အထူးသဖြင့်။
Espial, *n.* from Espy, သူလျှို။
Espionage, *n.* သူလျှိုလုပ်ခြင်း။
Esplanade, *n.* မြို့ကျုံး၏ဥပစာ။ စစ်တာလင်း။
Espousal, *n.* from next.
Espouse, *v. t.* to give in marriage, ပေးစားသည်။ ထိမ်းမြားသည်။ to marry, လက်ထပ်သည်။ to take part with, လက်ခံသည်။
Espy, *v. t.* (မထင်ရှားသောအရာကို သော်ငှင်၊ ဝေးသောအရာကိုသော်ငှင်) ကြည့်၍မြင်သည်။
Esquire, *n.* an attendant or knight, မှူးရံမတ်ရံ။ a justice or justice of peace, တရားသူကြီး။ ခုံ။
Essay, *v. t.* to endeavor, အားထုတ်သည်။ to atempt, try, စမ်းသည်။ ပြုစမ်းသည်။ —*n.* from above; a kind of dissertation, ဆွေးနွေးသောစာ။
Essayist, *n.* ဆွေးနွေးသောစာကိုရေးတတ်သောသူ။
Essence, *n.* existence, ဇာတိ။ အဖြစ်။ fundamental nature, ဇာတိ။ ဖြစ်ရင်းပကတိ။ နဂိုရ်။ a being, ဖြစ်သောသူ။ the predominant qualities of a substance extracted and concentrated, ပြန့်၍ချက်သောအရည်။ ထုတ်သောသြဇာ။ perfume, အမွှေး။

Essential, *a.* pertaining to the constitution or existence of a thing, ဖြစ်ရင်းပကတိ၌ပါသော။ နဂိုရှိနှင့်ဆိုင်သော။ highly important, အဓိကဖြစ်သော။ rectified, ပြန်၍ချက်သော။ —*n.* အဓိက။

Establish, *v. t.* to settle, တည်သည်။ တည်ထားသည်။ တည်ထောင်သည်။ to make firm, fix firmly, ခိုင်ခံ့မြဲမြံစေသည်။ to enact, ဥပဒေထားသည်။

Establishment, *n.* from above; a settled station or state, အတည်ကျသောနေရာ။ a stated regulation, system of law, စီရင်၍ထားသောနည်းဥပဒေသ၊ ပညတ်တရား။ a stated allowance for subsistence, စရိတ်စကလုံလောက်အောင်စီရင်၍ထားသောအရာ။ the employees of an office collectively, အရာရှိအောက်ခံ။ စာရေး။ လုလင်။ အမှုထမ်းစု။ a system of worship established by law, ဘုရားသခင်အား ဝတ်ပြုကိုးကွယ်ခြင်းအမှုကို မင်းအာဏာနှင့် စီရင်ချထားသောအရာ။

Estate, *n.* condition, အမြင့်၊ အနိမ့်အစရှိသောနေရာ။ property, ပိုင်နက်။ the general interest or business of a government, ပြည်သူပြည်သားများနှင့်ဆိုင်သောအမှုအရေး။ တိုင်းရေးပြည်ရေး။

Esteem, *v. t.* to think, ထင်မှတ်သည်။ to regard highly, ကောင်းမြတ်သည်ဟုထင်၍နှစ်သက်သောစိတ်ရှိသည်။ —*n.* from *do.*

Estimable, *a.* that may be estimated, ခြင့်တွက်နိုင်ဖွယ်ဖြစ်သော။ worthy of esteem, နှစ်သက်ဖွယ်ဖြစ်သော။

Estimate, *v. t.* to calculate in the mind, ခြင့်တွက်သည်။ to compute, reckon, တွက်သည်။ —*n.* from above; estimated value, ခြင့်တွက်၍ထားသောတန်ဘိုး။

Estimation, *n.* same; esteem, affectionate regard, နှစ်သက်ခြင်း။

Estrange, *v. t.* to withdraw from acquaintance, အကျွမ်းဝင်သောအမှုကိုဖျက်သည်။ to alienate affection, မေတ္တာကိုဖျက်သည်။

Estrangement, *n.* from above.

Estuary, *n.* ပင်လယ်ဝ။

Et cetera, &c. အစရှိသည်တို့။ မှစ၍။

Etch, *v. t.* ကြေးနီပြားပေါ်၌ရုပ်ပုံပေါ်အောင်ထုလုပ်ရေးသားသည်။

Etching, *n.* ကြေးနီပြားရုပ်ပုံပေါ်မှာနှိပ်၍ယူသောရုပ်ပုံ။

Eternal, *a.* without beginning, အစမရှိသော။ without end, အဆုံးမရှိသော။ without beginning or end, အစအဆုံးမရှိသော။ perpetual, အစဉ်အမြဲတည်သော။ နိစ္စထာဝရ။ —*n.* ထာဝရဘုရား။

Eternity, *n.* အနန္တကာလ။

Eternize, *v. t.* to make endless, အစဉ်အမြဲတည်စေသည်။ to make forever famous, အစဉ်အမြဲကျော်စောစေသည်။

Ether, *n.* an element purer than air, (ရှေးပညာရှိတို့အထင်အတိုင်း)

ထေထက်သန့်ရှင်းသော ခေတ်။ (*in chemistry,*) ပြန့်၍ချက်သော ဆေးတမျိုး။

Ethereal, *a.* pertaining to ether, ထေထက်သန့်ရှင်းသောခေတ်နှင့်ဆိုင်သော။ like ether, ထေထက်သန့်ရှင်းသော ခေတ်သဘောရှိသော။ heavenly, ကောင်းကင်နှင့်ဆိုင်သော။

Ethical, *a.* ဒေသိကတရားနှင့်ဆိုင်သော။

Ethics, *n. plur.* ကျင့်ဝတ်တရားကိုပိုင်းခြား၍ပြသောနည်းဥပဒေသများ။ ဒေသိကတရား။

Etiquette, *n.* လူအကြီးအငယ်၊အယုတ်အမြတ်အချင်းချင်းပြုရသောလောကဝတ် ထုံးစံဓလေ့။

Etymological, *a.* တေ့မောသဗ္ဗိအတတ်နှင့်ဆိုင်သော။

Etymologist, *n.* ထိုအတတ်၌ကျင်လည်သောသူ။

Etymology, *n.* စကား၏ အမြစ်အခြေ ကို ပြသောအတတ်။ တေ့မောသဗ္ဗိအတတ်။

Etymon, *n.* စကား၏အမြစ်အခြေဖြစ်သောစကားရင်း။

Eucharist, *n.* သခင်ယေရှုခရစ်၏ကျေးဇူးတော်ကိုအောင်းမေ့ခြင်း မင်္ဂလာပွဲတော်။

Eucharistic, *a.* pertaining to the Lord's supper, ထိုပွဲတော်နှင့်ဆိုင်သော။ expressive of thankfulness, ကျေးဇူးကိုချီးမွမ်းခြင်းနှင့်ဆိုင်သော။

Eugenia, *n.* သပြေ။

Eulogist, *n.* agent from next.

Eulogize, *v. t.* ချီးမွမ်းသောစကားကိုစီကုံးသည်။

Eulogy, *n.* ချီးမွမ်းသောစကား။

Eunuch, *n.* a castrated person, သင်းကွပ်ပြီးသောသူ။ the keeper of a harem, မိန္မစိုး။

Euphonic, Euphonious, *a.* သာယာသောစကားသံရှိသော။

Euphony, *n.* သာယာသောစကားသံ။

Euphorbium, *n.* ရှားစောင်းခေါ။

European, *a.* ဥရောပတိုက်နှင့်ဆိုင်သော။ —*n.* ဥရောပတိုက်သား။

Evacuate, *v. t.* to make empty, ထပ်စေသည်။ လွတ်ထပ်စေသည်။ —the bowels, (ကျင်ကြီး၊ ကျင်ငယ်ကို) စွန့်သည်။ —a place, (နေရာမှ) ထွက်သွားသည်။

Evacuation, *n.* from above.

Evade, *v. t.* to avoid, escape, လွတ်အောင်ရှောင်သည်။ထိမ်းရှောင်သည်။ to elude, ပရိယာယ်အားဖြင့်လွတ်အောင်ပြုသည်။

Evanescence, *n.* from next.

Evanescent, *a.* ကွယ်ပျောက်တတ်သော။

Evangelical, *a.* pertaining to the gospel, ဧဝံဂေလိတရားနှင့်ဆိုင်သော။ according to the gospel, ဧဝံဂေလိတရားနှင့်ညီသော။

Evangelist, *n.* a preacher of the gospel, ဧဝံဂေလိတရားကိုဟောသော ဆရာ၊ သာသနာပြုဆရာ။ the composer of one of the four Gospels, ခရစ်ဝင်ကျမ်းစာကိုစီရင်ရေးထားသောသူ။
Evangelize, *v.* ဧဝံဂေလိတရားကိုဟောပြောပြသသွန်သင်သည်။
Evaporate, *v. i.* အခိုးအငွေ့ဖြစ်၍ပျောက်လွင့်သည်။ —*v. t.* from same.
Evaporation, *n.* from above.
Evasion, *n.* from Evade.
Evasive, *a.* လွတ်အောင်ပရိယာယ်ပြုတတ်သော။
Evasively, *adv.* ကေကေ ကာကာ။
Eve, *n.* ညဦး။ မိုဃ်းချုပ်သောအချိန်။
Even, *a.* alike, equal, level, ညီညာသော။ not leaning, တည့်သော။ of uniform temper, (စိတ်) တသမတ်တည်းရှိသော။ not odd, စုံသော။ အစုံ။ —handed, တက်သွိမငဲ့၊ ဖြောင့်မတ်စွာစီရင်သော။ —*v. t.* ညီညာစေသည်။ —*adv.* မျှ။ ပင်။ —tempered, *a.* စိတ်တသမတ်တည်းဖြစ်သော။
Evening, *n.* ညဦး၊ ညဦးယံ။ မိုဃ်းချုပ်သောအချိန်။
Evenness, *n.* from Even, *a.*
Event, *n.* that which takes place, အဖြစ်အပျက်။ အကြောင်းအရာ။ a consequence, အကြောင်း၏အကျိုး။
Eventful, *a.* အဖြစ်အပျက်များသော။
Eventual, *a.* consequential, တစုံတခုသောအကြောင်းကြောင့်ဖြစ်သော။ ultimate, နောက်ဆုံး၌ဖြစ်သော။
Eventually, *adv.* နောက်ဆုံး၌။
Eventuate, (Amer.) *v. i.* တစုံတခုသောအမှုပြီးသည်အဆုံး၌ဖြစ်လာသည်။
Ever, *adv.* at any time, တရံသောအခါ။ at all times, အခါခပ်သိမ်း။ perpetually, forever, အစဉ်။ အစဉ်အမြဲ။ အစဉ်မပြတ်။ in any way, တစုံတခုသောအားဖြင့်။ —[as soon as,] *adv.* (ပြုပြု) ချင်း။ —and anon, ခဏခဏ။ —green, *a.* ၁၂ ရာသီအရွက်စိမ်းသော။ —lasting, အစဉ်အမြဲတည်သော။ ထာဝရဖြစ်သော။ —more. *adv.* အစဉ်အမြဲ။
Every, *a.* တိုင်း။ —body, *n.* လူတိုင်း။ —day, *adv.* နေ့တိုင်း။ —where, အရပ်တိုင်း။ ခပ်သိမ်းသောအရပ်တို့၌။
Evict, *v. t.* မှုပြစ်အလျောက်စီရင်၍သိမ်းယူသည်။
Evidence, *n.* that which elucidates and makes credible, ယုံလောက်အောင်သက်သေထင်ရှားသောအရာ။ testimony, သက်သေခံချက်။ a witness, သက်သေခံသောသူ။ —*v. t.* ယုံလောက်အောင်ဖော်ပြသည်။
Evident, *a.* ထင်ရှားသော။
Evidential, *a.* ယုံလောက်အောင်ထင်ရှားစေတတ်သော။
Evil, *a.* မကောင်း၊ ဆိုးသော။ ဆိုးယုတ်သော။ —affected, မနာလိုသော။

—doer, *n.* ဒုစရိုက်ကိုပြုသောသူ။ —entreat, *v. t.* ညှဉ်းဆဲသည်။ —minded, *a.* မနာလိုသော။ —speaking, *n.* သူအသရေဖျက်အောင်ပြောဆိုခြင်း။ —worker, *see* —doer, —*n.* (natural,) အမင်္ဂလာ။ ဘေး။ ဥပါတ်။ အန္တရာယ်။ (moral,) မကောင်းသောအမှု။ ဒုစရိုက်။

Evince, *v. t.* ယုံလောက်အောင်ဖော်ပြသည်။

Evincible, *a.* ယုံလောက်အောင်ဖော်ပြနိုင်ဖွယ်ဖြစ်သော။

Eviscerate, *v. t.* အူကိုထုတ်သည်။

Evocation, *n.* from next.

Evoke, *v. t.* ပေါ်လာအောင်အာဏာနှင့်ခေါ်သည်။

Evolution, *n.* the act of unrolling and unfolding, အခွေကိုဖြည်ခြင်း။ ဖြည်ဖွင့်ခြင်း။ that which is unrolled and unfolded, ဖြည်ဖွင့်သောအရာ။ (*in algebra,*) နုတ်ခြင်း။ (*in tactics,*) လှည့်လည်၍တပ်ရေးပြခြင်း။

Evolve, *v. i.* အခွေပြည်သည်။ ဖြည်ဖွင့်သည်။ —*v. t.* from *do.*

Evulsion, *n.* နုတ်ခြင်း။

Ewe, *n.* သိုးမ။

Ewer, *n.* လက်ဆေးရေကရား။

Exacerbate, *v. t.* to exasperate, ဒေါသစိတ်ပြင်းထန်စေသည်။ to augment, heighten, (အနာကို) တိုးစေသည်။

Exacerbation, *n.* from above.

Exact 1, *a.* precise, သေချာသော။ စေ့စပ်သော။ perfectly conformable, တညီတညွတ်တည်းဖြစ်သော။ အချက်တည်းနေရာကျသော။ —2, *v. t.* အနိုင်အထက်ပေးစေသည်။ ငွေညှစ်သည်။

Exaction, *n.* from Exact, *v. t.*; that which is exacted, အနိုင်အထက်တောင်း၍ပေးရသောအရာ။

Exactness, *n.* from Exact, *a.*

Exactor, *n.* အနိုင်အထက်တောင်းသောသူ။

Exaggerate, *v. t.* ပိုလျှံ၍ပြောဆိုသည်။ စကားကားသည်။ စကားလျှံသည်။

Exaggeration, *n.* from above.

Exalt, *v. t.* to lift up, မြှောက်သည်။ to promote, ချီးမြှောက်သည်။ ချီးမြှင့်သည်။ to make excellent, မြင့်မြတ်အောင်ပြုသည်။

Exaltation, *n.* from above.

Examination, *n.* from next.

Examine, *v. t.* to search into, investigate, စစ်သည်။ စစ်ဆေးသည်။ to interrogate judicially, စစ်မေးသည်။ စစ်ကြောသည်။

Example, *n.* a pattern, model, illustration, ပုံ။ သက်သေ။ a warning to others, အများကြောက်ရွံ့စေခြင်းငှါဆုံးမခံရသောသူ။

Exanimate, *a.* lifeless, အသက်မရှိသော။ disheartened, စိတ်ညှိုးနွမ်းသော။

Exasperate, *v. t.* to provoke to rage, ဒေါသစိတ်ပြင်းထန်စေသည်။ to augment violence, အရှိန်ကြီးစေသည်။

Exasperation, *n.* from above; violent anger, ဒေါသစိတ်ပြင်းထန်ခြင်း။

Excavate, *v. t.* ခလိုင်သည်။ ခေါင်၍တူးသည်။

Excavation, *n.* ခလိုင်။

Exceed, *v.* to be more, သာသည်။ လွန်သည်။ to be more excellent, လွန်ကဲသည်။ to go too far, လွန်သည်။ ကျူးသည်။ လွန်ကျူးသည်။ —to be superabundant, ပိုသည်။ ပိုမိုသည်။ ပိုမောက်သည်။

Exceedingly, *a.* or *adv.* extraordinary, ဇိသော။

Excel, *v.* သာသည်။ လွန်သည်။ လွန်ကဲသည်။ မြတ်သည်။ —in skill or execution, ထူးချွန်သည်။

Excellence, *n.* from Excellent.

Excellency, *n.* same; (a title,) မြင့်မြတ်သောသခင်။

Excellent, *a.* မြတ်သော။ မြင့်မြတ်သော။ ထူးမြတ်သော။

Except, *v. t.* to leave out, omit, (မပါစေဘဲ) ထားသည်။ —*v. i.* to object, သဘောမတူ၊ ငြင်းသည်။ —*conj.* or *prep.* unless, မ —လျှင်။ but, beside, ငြင်း။ မှတပါး။ exclusive of, နှုတ်။

Exception, *n.* from Except, *v.*; that which is excepted, မပါစေဘဲ ထားသောအရာ။ an objection presented, သဘောမတူ၊ ငြင်းသော အချက်။ offence taken, အားမရ၊ မနှစ်သက်ခြင်း။

Exceptionable, *a.* သဘောမတူ၊ ငြင်းနိုင်ဖွယ်ဖြစ်သော။

Excess, *n.* that which exceeds, သာသောအရာ။ that which is beyond the common or due proportion, ပိုမိုသောအရာ။ the act of going too far, လွန်ကျူးခြင်း။ —in the natural appetites, ကြူးသည်။

Excessive, *a.* being beyond the common or due proportion, ပိုမို သော။ too much, လွန်သော။ (verbal affix;) vehement, violent, ပြင်းထန်သော။ သည်းထန်သော။

Exchange, *v. t.* to give one thing for another, ထပ်သည်။ လဲသည်။ လဲလှယ်သည်။ ဖလှယ်သည်။ လဲဖလှယ်သည်။ to change one thing for another, ပြောင်းလဲသည်။ —*n.* from above; the thing given or received, လဲသောအရာ။ the transferring of money by a bill of exchange, ငွေလွှဲထက်မှတ်အားဖြင့်တပြည်မှတပြည်သို့ ငွေကိုလွှဲအပ်၍ခံရခြင်း။ the place where merchants meet for business, ကုန်သည်စုဝေးရာအရပ်။

Exchequer, *n.* ငွေတော်ကိုပေးရာခံရာရုံး။

Excise, *n.* အစားအသောက် အသုံးအဆောင် အတွက် ပေးရသောအခွန်။ —man, ထိုအခွန်ကိုခံသောသူ။

Excision, *n.* a cutting off, ဖြတ်ခြင်း။ extirpation, ပယ်ရှင်းခြင်း။

Excitable, *a.* နိုးဆော်နိုင်ဖွယ်ဖြစ်သော။

Excite, *v. t.* နှိုးဆော်သည်။ ထိုက်တွန်းသည်။

Excitement, *n.* from above; that which excites, နှိုးဆော်ခြင်း အကြောင်း။

Exclaim, *v. i.* ကျွေးကြော်သည်။

Exclamation, *n.* from above; a mark of emphasis or surprise, အင်္ဂလိပ်စာ၌အမှတ်တမျိုး။ (!)

Exclamatory, *a.* ကြွေးကြော်ခြင်းနှင့်ဆိုင်သော။

Exclude, *v. t.* to thrust out, နှင်ထုတ်သည်။ to hinder from entering, မဝင်ရအောင်ဆီးတားသည်။ to except, မပါစေဘဲထားသည်။

Exclusion, *n.* from above.

Exclusive, *a.* hindering, debarring, မဝင်ရအောင်ဆီးတားသော။ not including, မပါစေဘဲထားသော။

Excogitate, *v. t.* ထိုးထွင်းသည်။

Excogitation, *n.* from above.

Excommunicate, *v. t.* ပွဲတော်သို့မဝင်ရအောင်အသင်းတော်မှနှင်ထုတ်သည်။

Excommunication, *n.* from above.

Excoriate, *v. t.* to flay, အရေကိုခွာသည်။ to abrade, အရေကိုပွန်းသည်။

Excoriation, *n.* from above.

Excrement, *n.* matter excreted and ejected, အချေး။ dung, ချေး။ ကျင်ကြီး။ မစင်။

Excrescence, *n.* အဖု။ အသားတိုး။

Excrete, *v. t.* ခွဲခွာ၍စွန့်သည်။

Excretion, *n.* from above; that which is excreted, ခွဲခွာ၍စွန့်သော အရာ။

Excretive, Excretory, *a.* ခွဲခွာ၍စွန့်တတ်သော။

Excruciate, *v. t.* ပြင်းထန်စွာသောဝေဒနာကိုဖြစ်စေသည်။

Exculpate, *v. t.* အပြစ်တင်ခွင့်နှင့်လွတ်အောင်ပြောသည်။

Exculpation, *n.* from above.

Excursion, *n.* a wandering from a stated path, သွားမြဲလမ်းမှလွဲ၍ လည်သွားခြင်း။ a ramble for pleasure, ပျော်ရွှင်ရအောင်အခြားတပါးသို့လှည့်လည်ခြင်း။

Excursive, *a.* လမ်းမှလွဲ၍လှည့်လည်တတ်သော။

Excursus, *n.* အလျှည်သင့်၍သွင်းသောစကားချပ်။

Excusable, *a.* that may be excused, အပြစ်လွှတ်နိုင်သော(အမှု။) admitting of excuse or justification, အပြစ်လွတ်အောင်ပြောနိုင်သော(အမှု။)

Excuse, *v. t.* to pardon, အပြစ်မှလွှတ်သည်။ to free from obligation, ပြုရသောဝတ်မှအခွင့်ပေး၍လွှတ်သည်။ to vindicate, အပြစ်လွတ်

အောင်ပြောသည်။ —one's self from duty, ယိုးမယ်ဖွဲ့သည်။ —*n.* အပြစ်လွတ်အောင်ပြောခြင်း။

Execrable, *a.* deserving to be cursed, ကျိန်ဆဲဖွယ်ဖြစ်သော။ abominable, စက်ဆုပ်ရွံရှာဖွယ်ဖြစ်သော။

Execrate, *v. t.* to curse, ကျိန်ဆဲသည်။ to abominate, စက်ဆုပ်ရွံရှာသည်။

Execration, *n.* from above.

Execute, *v. t.* to perform, လုပ်ဆောင်သည်။ to complete, ပြီးစီးစေသည်။ ထက်စသတ်သည်။ —the laws, ဓမ္မသတ်၊ ရာဇသတ်အရနှင့်စီရင်သည်။ —an order, စီရင်ချက်အတိုင်းတည်စေသည်။ —punishment, အပြစ်ဒဏ်ပေးသည်။ ကွပ်မျက်သည်။

Execution, *n.* from above; slaughter, သတ်ဖြတ်ဖျက်ဆီးခြင်း။ a warrant authorizing the seizure of goods, သိမ်းပိုင်သောမှတ်ချက်။

Executioner, *n.* အပြီးစီရင်သောသူ။ အာဏာသား။

Executive, *a.* having to perform, လုပ်ဆောင်ရသော။ having to carry the laws into effect, ဓမ္မသတ်၊ ရာဇသတ်အရနှင့်စီရင်ပိုင်သော။

Executor, *n.* သေတန်းစာထားသည်အတိုင်းစီရင်သောသူ။

Exegesis, *n.* အနက်အဓိပ္ပာယ်ကိုဖော်ပြခြင်း။

Exegetical, *a.* အနက်အဓိပ္ပာယ်ကိုဖော်ပြခြင်းနှင့်ဆိုင်သော။

Exemplar, *n.* လိုက်ရသောပုံ။

Exemplary, *a.* worthy of imitation, ကြည့်၍အပုလုပ်ရန်ကောင်းသော good to give warning, သတိပေးရန်ကောင်းသော။

Exemplification, *n.* from next.

Exemplify, *v. t.* to show by example, ပုံပြသည်။ to transcribe, စာကူးသည်။

Exempt, *a.* လွတ်သော။ ကင်းလွတ်သော။ —*v. t.* လွှတ်သည်။

Exemption, *n.* freedom, လွတ်ခြင်း။ the act of freeing, လွှတ်ခြင်း။

Exercise, *v.* to move (as the limbs,) လှုပ်ရှားသည်။ to exert, အားထုတ်သည်။ to practice for improvement in skill, အလေ့အကျက်ဖြစ်အောင်ပြုလုပ်သည်။ to practice, perform, လုပ်ဆောင်၍နေသည်။ to use, employ, သုံးဆောင်သည်။ to discipline, ဆုံးမသည်။ to put forth exertion for health, ကျန်းမာအောင်မောပန်းစွာလုပ်သည်။ —*n.* from above; a task, တာဝန်။ an act of worship, ဘုရားဝတ်ပြုခြင်း။

Exert, *v. t.* ကြိုးစားသည်။ အားထုတ်သည်။

Exertion, *n.* from above.

Exfoliate, *v. i.* အလွှာပ်ကွာသည်။

Exhalation, *n.* from next; that which is exhaled, အငွေ့။အခိုးအငွေ့။

Exhale, *v. t.* emit a vapor, အငွေ့ကိုထွက်သည်။ to evaporate, (trans.) အငွေ့ကိုလွင့်တက်စေသည်။

Exhaust, *v. t.* to draw or drain off, (အရည်ကို) ထွက်ဆင်းစေသည်။ to make quite empty of contents, အကုန်ထုတ်သည်။ to expend the whole, အကြွင်းမဲ့ကုန်စေသည်။ to make quite weary, အားကုန်စေသည်။

Exhaustion, *n.* from above; the state of being quite wearied, အားကုန်ခြင်း။

Exhibit, *v. t.* ထင်ရှားအောင်ပြသည်။ ဖွင့်ပြသည်။ ဖော်ပြသည်။

Exhibition, *n.* from above.

Exhilarate, *v. t.* ရွှင်လန်းစေသည်။

Exhilaration, *n.* from above.

Exhort, *v. t.* ကောင်းအောင်နှိုးဆော်တိုက်တွန်း၍ပြောသည်။

Exhortation, *n.* from above; the form of words used in exhorting, နှိုးဆော်တိုက်တွန်းသောစကား။

Exhortative, *a.* ကောင်းအောင်နှိုးဆော်သွေးဆောင်တတ်သော။

Exhumation, *n.* from next.

Exhume, *v. t.* သင်းချိုင်းတွင်းမှ ထုတ်ဖော်သည်။

Exigence, Exigency, *n.* ကျည်းမြောင်းရာသို့ရောက်၍ချက်ချင်းကြံစည်ဆောင်ရွက်ရသောအမှု။

Exile, *v. t.* ပြည်မှနှင်ထုတ်သည်။ —*n.* the state of being exiled, ပြည်မှနှင်ထုတ်ခြင်းကိုခံ၍နေရခြင်း။ one suffering banishment, ပြည်မှနှင်ထုတ်ခြင်းကိုခံ၍နေရသောသူ။

Exist, *v. i.* to be, ဖြစ်သည်။ to live, အသက်ရှင်သည်။ to continue in being, တည်သည်။ နေသည်။

Existence, *n.* from above.

Existent, *a.* ဖြစ်သော။

Exodus, *n.* departure, ထွက်ခြင်း။ the second book of the Old Testament, မွေဟောင်းကျမ်းတို့တွင်ဒုတိယကျမ်းတည်းဟူသောထွက်မြောက်ရာကျမ်း။

Ex officio, *adv.* တစုံတခုသောအရာရှိသော့ကြောင့်ပြုရသောအခွင့်တစုံတခုရှိသည်နှင့်။

Exonerate, *v. t.* to disburden, ဝန်ချသည်။ to free from blame, အပြစ်တင်ခြင်းနှင့်ကင်းလွတ်စေသည်။ to discharge from obligation, ပြုရသောဝတ်မှ လွတ်သည်။

Exorbitance, *n.* from next.

Exorbitant, *a.* exceeding due bounds, လွန်ကျူးသော။ too large, ကြီးလွန်းသော။

Exorcise, *v. t.* ဘုရားကိုတိုင်တည်၍သစ္စာပြုစေသောအားဖြင့်နတ်ဆိုးတို့ကိုနှင်ထုတ်သည်။

Exorcism, *n.* from above.
Exordium, *n.* အဖွိုး၊ စကားဖွိုး။
Exoteric, *a.* မလျှို့ဝှက်၊ ထင်ရှားသော။
Exotic, *a.* တတိုင်းတပြည်မှဆောင်ခဲ့၍ပြုစုသော (အရာ။)
Expand, *v. i.* to open (as a flower,) ပွင့်သည်။ to be enlarged, ကြီးပွားသည်။ —*v. t.* to open, ဖွင့်သည်။ to spread, ဖြန့်သည်။ to stretch apart, ကားစေအောင်ပြုသည်။ to enlarge, ကြီးပွားစေအောင်ပြုသည်။ diffuse, spread abroad, ပျံ့ပွားစေအောင်ပြုသည်။
Expanse, *n.* ဖြန့်ပျူးသောအရာ။
Expansion, *n.* from Expand.
Expansive, *a.* ပျံ့ပွားတတ်သော။
Ex parte, *a.* တပက်နှင့်သာဆိုင်သော။
Expatiate, *v. i.* to rove at large, ပေါက်လွှတ်ဖွာည့်ထည်သည်။ to enlarge in discourse, ကျယ်ကျယ်ပြောဆိုသည်။
Expatriate (one's self,) *v.* ကိုယ်နေရင်းပြည်ကိုစွန့်သည်။
Expect, *v. t.* to look for, ဖြစ်မည်ထင်သည်။ မျှော်သည်။ to wait for (a desirable event) with expectance, စောင့်စားသည်။ to regard (a desirable event) as probable, ထင်စားသည်။
Expectance, Expectancy, Expectation, *n.* from above.
Expectorate, *v. t.* သလိပ်ကိုဟက်၍ထွေးသည်။
Expectoration, *n.* from above.
Expedience, Expediency, *n.* from next.
Expedient, *a.* tending to promote an object, (တစုံတခုသောအကျိုးကို) ပြုစုတတ်သော။ advantageous, အကျိုးရှိသော၊ ကျေးဇူးရှိသော။ —*n.* that which serves to promote a [illegible] ထိုသို့ပြုစုတတ်သောအမှု။ a means to an end, ဥပါယ်တမျဉ်း
Expedite, *v. t.* အဆီးအတားကိုပယ်ရှင်း၍အလျှင်အမြန်ပြီးစီးအောင်ပြုစုသည်။
Expedition, *n.* တွင်ခြင်း။ တွင်တွင်ပြုလုပ်ခြင်း။
Expeditious, *a.* တွင်တွင်ပြုလုပ်တတ်သော။
Expel, *v. t.* to force to leave, နှင်ထုတ်သည်။ to eject, throw out, ထုတ်ပြစ်သည်။
Expend, *v. t.* သုံး၍ကုန်သည်။
Expenditure, *n.* from above; money expended, ကုန်သောငွေ၊စရိတ်။ အသုံးစရိတ်။
Expense, *n.* same.
Expensive, *a.* attended with much expense, စရိတ်များသော။ costly, အဘိုးကြီးသော။
Experience, *v. t.* to know by trial, စုံစမ်း၍သိသည်။ to know by

actual feeling, ကိုယ်တိုင်ခံ၍သိရသည်။ to enjoy or suffer, ခံသည်။ ခံစားသည်။ —*n.* from *do.*

Experiment, *n.* စုံစမ်းခြင်း။

Experimental, *a.* pertaining to experiment, စုံစမ်းခြင်းနှင့်ဆိုင်သော။ attained by experience, ကိုယ်တိုင်ခံ၍သိရခြင်းနှင့်ဆိုင်သော။

Expert, *a.* လေ့ကျက်ကျွမ်းကျင်၍အလျှင်အမြန်ပြီးစေတတ်သော။

Expertness, *n.* from above.

Expiate, *v. t.* အပြစ်ကိုဖြေသည်။

Expiation, *n.* from above.

Expiatory, *a.* အပြစ်ကိုဖြေတတ်သော။

Expiration, *n.* from next.

Expire, *v.* to breathe out, ထွက်သက်ကိုထုတ်သည်။ to die, သေသည်။ to come to an end, အဆုံးသို့ရောက်သည်။ ကုန်သည်။

Explain, *v. t.* to make plain, ရှင်းလင်းစေသည်။ to illustrate meaning, အနက်အဓိပ္ပာယ်ကိုဖော်ပြသည်။ ဖွင့်ပြသည်။

Explanation, *n.* from above; meaning presented in words, ဖော်ပြသောအနက်အဓိပ္ပာယ်။ a conciliatory conversation, ကြေချမ်းအောင်စကားပြေပြောခြင်း။

Explanatory, *a.* from Explain.

Expletive, *a.* ပိုမိုသော။ —*n.* စကားပို။ စကားမ။

Explicable, *a.* ရှင်းလင်းနိုင်သော။

Explicate, *v. t.* to unfold, ဖြန့်သည်။ to explain, ဖွင့်ပြသည်။

Explication, *n.* from above; meaning explained, ဖွင့်ပြသောအချက်။

Explicit, *a.* တည့်လင်းသော။ ရှင်းလင်းသော။

Explicitness, *n.* from above.

Explode, *v. i.* to burst with a loud sound, ကျယ်သောအသံနှင့်ပေါက်ကွဲသည်။ —as gunpowder, (ယမ်း)ထသည်။ —*v. t.* from same; to force into disrepute and disuse, မှားရွှာအပြစ်တင်၍ပယ်ရှားသည်။

Exploit, *n.* ထူးဆန်းသောအပြုအမူ။

Exploration, *n.* from next.

Explore, *v. t.* (တစုံတခုကိုတွေ့အံ့သောငှါ) အရပ်ရပ်သို့လိုက်၍ကြည့်ရှုသည်။

Explosion, from Explode, *v. i.*

Export, *v. t.* တပြည်မှတပြည်သို့တင်ဆောင်ယူသွားသည်။ —*n.* တင်ကုန်။ ထုတ်ကုန်။

Exportation, *n.* from above.

Expose, *v. t.* to lay open to view, လှန်၍ပြသည်။ to leave bare, unguarded, အကွယ်အကာမရှိ၊ ထားသည်။ to set out for sale, ရောင်းဘို့ထုတ်ပြသည်။ —(*pron.* expoza.) *n.* ဖော်ပြခြင်း။

Exposedness, *n.* အကွယ်အကာမရှိ၊ ဟင်းလင်းနေသောအဖြစ်။

Exposition, *n.* explanation, အနက်အဓိပ္ပာယ်ကိုဖော်ပြခြင်း။ meaning explained, အနက်အဓိပ္ပာယ်ကိုဖော်ပြချက်။ အဖွင့်။ ဖွင့်ချက်။s.

Expositor, *n.* အနက်အဓိပ္ပာယ်ကိုဖော်ပြသောဆရာ။

Expostulate, *v. i.* သာယာစွာအပြစ်တင်၍သတိပေးသည်။

Expostulation, *n.* from above.

Exposure, *n.* from Expose, *v. t.*

Expound, *v. t.* အနက်အဓိပ္ပာယ်ကိုဖော်ပြသည်။

Express, *v. t.* to press out, ညှစ်၍ယူသည်။ to communicate, whether by word, figure or sign, စကားဖြင့်သော်၎င်း၊ ရုပ်ပုံဖြင့်သော်၎င်း၊ အမှတ်လက္ခဏာဖြင့်သော်၎င်းဖော်ပြသည်။ to tell, declare in words, ပြောသည်။ —*a.* plain, clear, တည့်လင်းသော။ ရှင်းလင်းသော။ resembling, ပုံတူသော။ intended, ကြံရွယ်၍ပြုသော။ —*n.* a messenger sent on special business, မှာထားရန်အကြောင်းရှိ၍စေလွှတ်ရာသို့သွားရသောသူ။ a message sent, စေလွှတ်၍မှာလိုက်သောစကား။

Expression, *n.* from above; a mode of speech, ပြောဆိုသောနည်း။

Expressive, *a.* ရှင်းလင်းစွာဖော်ပြတတ်သော။

Expulsion, *n.* နှင်ထုတ်ခြင်း။

Expunge, *v. t.* ချေသည်။

Expurgation, *n.* စင်ကြယ်စေသည်။

Expurgatory, *a.* စင်ကြယ်စေတတ်သော။

Exquisite, *a.* exceedingly nice, အလွန်ချော့စပ်ကောင်းမွန်သော။ most intense, အပြင်းဆုံးသော။ most penetrating, ရှူးတွင်းခြင်းဆိစိမ့်အောင်ပြုတတ်သော။

Extant, *a.* ယခုရှိသော။ ဖြစ်လျက်ရှိသော။ တည်သေးသော။

Extemporaneous, Extemporary, *a.* အဘယ်သို့ပြောရမည်ကိုရှေးဦးစွာကြံစည်၍မထားဘဲပြောဟောသော (စကား။)

Extempore, *adv.* ရှေးဦးစွာကြံစည်၍မထားဘဲပြောသည်နှင့်။

Extemporize, *v. i.* အဘယ်သို့ပြောရမည်ကိုရှေးဦးစွာကြံစည်၍ မထားဘဲပြောဟောသည်။

Extend, *v. t.* to stretch, တန်းသည်။ to spread, ဖြန့်သည်။ to stretch out (the arm,) ဆန့်သည်။ to enlarge, ကြီးကျယ်စေသည်။ —time, နေ့ရက်အချိန်ကာလကိုရွှေ့သည်။ to impart to, မှီစေသည်။ ပေးသည်။ —*v. i.* to reach, မှီသည်။ ရောက်သည်။

Extension, *n.* တန်းခြင်း။ ဖြန့်ခြင်း။ ဆန့်ခြင်း။ ကြီးကျယ်ခြင်း။ ကြီးကျယ်စေခြင်း။ မှီစေခြင်း။ ပေးခြင်း။ (for sub-def. *see* above.)

Extensive, *a.* ကျယ်သော။ ပြန့်ကျယ်သော။

Extensiveness, *n.* from above.

Extensor, *n.* ဆန့်တတ်သောအကြော။

Extent, *n.* size, dimension, အကြီးအကျယ်။ အတိုင်းအထွာ။ —of superficies, အကျယ်အဝန်း။ —of a line, အရှည်အလျား။ —of reach, မှီနိုင်ရာအရပ်။ impartation, communication, မှီခြင်း။ သက်ရောက်ခြင်း။

Extenuate, *v. t.* to make slender, သေးစေသည်။ to diminish, လျော့စေသည်။ —(a fault,) နည်းစေသည်။ ပေါ့စေသည်။

Extenuation, *n.* from above.

Exterior, *n.* the outer part, အပြင်။ အပ။ the outside, အပေါ်ယံ။ the visible deportment, ထင်ရှားသောအဆင်းအရည်။ —*a.* pertaining to the outside, အပြင်နှင့်ဆိုင်သော။ external, အပြင်၌ရှိသော။

Exterminate, *v. t.* အကုန်အစင်ဖျက်ဆီးသည်။

Extermination, *n.* from above.

External, *a.* outward, အပြင်၌ရှိသော။ visible, apparent, အပေါ်ယံက ဖြစ်သော။

Externals, *n. plur.* the outer parts, အပြင်အပ။ —of religion, ကာယ။ ဝစီနှစ်ပါးနှင့်ဆိုင်သောဝတ်ပြုကိုးကွယ်ခြင်း။

Extinct, *a.* extinguished, ငြိမ်းပြီးသော။ သေသော။ being at an end, ဆုံးသော။

Extinction, *n. see* Extinguishment; the state of being extinct, ပြတ်ခြင်း။ ဆုံးခြင်း။

Extinguish, *v. t.* to quench, (မီးကို) သတ်သည်။ သေသည်။ ငြိမ်းသည်။ —(desire, &c.) ငြိမ်းအောင်ပြုသည်။ to destroy, ဖျက်ဆီးသည်။

Extinguisher, *n.* ဆီမီးတိုင်သတ်သောကထော့။

Extinguishment, *n.* from Extinguish.

Extirpate, *v. t.* to eradicate, အမြစ်ပါနှုတ်သည်။ to destroy thoroughly, သုတ်သင်ပယ်ရှင်းသည်။ ရှင်းရှင်းဖျက်ဆီးသည်။

Extirpation, *n.* from above.

Extol, *v. t.* ချီးမွမ်းသည်။

Extort, *v. t.* အနိုင်အထက်ညှစ်၍ယူသည်။

Extortion, *n.* from above; the practice of usury, မြီချေး၍အလွန် အကျူးအတိုးစားခြင်း။

Extortioner, *n.* ထိုသို့ပြု၍အသက်မွေးသောသူ။

Extra, *a.* အပိုအမိုဖြစ်သော။

Extract, *v. t.* to draw out, နှုတ်သည်။ —(from a writing,) နှုတ်ထုတ်သည်။ —the predominant qualities (of a plant or drug,) ဩဇာကိုထုတ်ယူသည်။ —*n.* that which is extracted, နှုတ်သောအရာ။ a passage taken from a writing, နှုတ်ထုတ်သောအချက်။ စကားနှုတ်။ a tincture extracted from plants, drugs, &c. ရသဩဇာကိုနှုတ်၍ရသောအရည်။

Extraction, *n.* နှုတ်ခြင်း။ (သြဇာကို) ထုတ်ယူခြင်း။ (for sub-def. *see* above;) descent, lineage, အမျိုးအနွယ်ဆင်းသက်ခြင်း။

Extraneous, *a.* ကိုယ်၌ပါရင်းမဟုတ်။ အခြားတပါးကဖြစ်သော။

Extraordinary, *a.* not ordinary, uncommon, singular, သာမည မဟုတ်သော။ထူးသော။ထူးခြားသော။ very superior, uncommonly excellent, ထူးဆန်းသော။ wonderful, အံ့သြဖွယ်ဖြစ်သော။ အာကာ။ ဒိုဘွဲ့။

Extravagance, *n.* from next.

Extravagant, *a.* —in language, စကားကားသော။ —in feelings, စိတ်အားသန်လွန်းသော။ in expense, အသုံးအစွဲပွားသော။ unreasonable, အကြောင်းမတန်သော။

Extravasated, *a.* သွေးကြည်ဥသော။

Extreme, *a.* outermost, အစွန်းဆုံးသော။ last, နောက်ဆုံးသော။ utmost in degree, အပြင်းဆုံးသော။ —*n.* အစွန်း။ အဆုံး။

Extremity, *n.* end, အစွန်း။ အဆုံး။ highest degree, အပြင်းဆုံးသော ဝေဒနာ။ utmost difficulty, အခက်ဆုံးသောအမှု။

Extricate, *v. t.* to free from difficulty, အမှုမှကယ်နှုတ်သည်။ to cause to be emitted, (အငွေ့ကို) လွှတ်သည်။

Extrication, *n.* from above.

Extrinsic, *a.* ကိုယ်၌မပါ၊အခြားတပါးနှင့်ဆိုင်သော။

Extrude, *v. t.* ထုတ်ပြစ်သည်။

Extrusion, *n.* from above.

Extuberance, *see* Protuberance.

Exuberance, *n.* from next.

Exuberant, *a.* abundant, အလွန်ပေါများသော။ producing in abundance, အလွန်များစွာထွက်တတ်သော။

Exude, *v. i.* ပြင်သို့စိမ့်၍ထွက်သည်။

Exudation, *n.* from above.

Exult, *v. i.* ရွှင်မြူးသည်။

Exultant, *a.* Exultation, *n.* from above.

Exuviæ, *n. plur.* လဲ၍ပြစ်သောခွံ၊အရေ။

Eye, *n.* the organ of seeing, မျက်စိ။ —of a needle, အပ်နဖား။ for a hook, ချိတ်ချိတ်သောကွင်း။ —ball, မျက်လုံး။ —brow, မျက်ခုံးမွေး။ —glance, ရိပ်ကာကြည့်ခြင်း။ —glass, မျက်မှန်။ —lash, မျက်တောင်။ —let, အပေါက်ကလေး။ —lid, မျက်ခွံ။ မျက်လွှာ။ the edge of an eyelid, မျက်ခမ်း။ —salve, မျက်စည်းဖယောင်းချက်။ —servant, ရှေ့တွင်တသွယ်၊ ကွယ်ရာတခြားလုပ်တတ်သောသူ။ —service, ထိုသို့လုပ်ကိုင်ခြင်း။ —sight, the sense of seeing, စက္ခာယတန။ the sight of the eye, မြင်ခြင်း။ —sore, မြင်ပျင်းသော

အရာ။ —tooth, အစွယ်။ —witness, ကိုယ်တိုင်သိမြင်သောသူ။ —*v. t.* စေ့စေ့ကြည့်ရှုသည်။

Eyry, *n.* ငှက်ရဲတို့အသိုက်ဖွဲ့၍နေရာအရပ်။

F

Fable, *n.* ဒဏ္ဍာရီ။

Fabled, *a.* ဒဏ္ဍာရီအားဖြင့်ပြောဆိုသော။

Fabric, *n.* a structure, ဆောက်လုပ်သောအရာ။ cloth manufactured, ရက်သောအထည်အလိပ်။ လက်လုပ်အထည်။

Fabricate, *v. t.* to construct, ဆောက်လုပ်သည်။ to manufacture, လက်မှုပညာနှင့်လုပ်သည်။ to devise falsely, မဟုတ်မမှန်ဘဲလုပ်ကြံသည်။

Fabrication, *n.* from above.

Fabulist, *n.* ဒဏ္ဍာရီစာကိုစီကုံးတတ်သောသူ။

Fabulous, *a.* ဒဏ္ဍာရီဖြစ်သော။

Façade, *n.* the outside of a fortification, မြို့ရိုးပြင်ဘက်နံရံ။ the front of an edifice, တိုက်မျက်နှာပြုသောဘက်။

Face, *n.* the visage, မျက်နှာ။ a bold visage, ရဲရင့်သောမျက်နှာ။ —to face, *adv.* မျက်နှာချင်းဆိုင်။ —*v.* to have the face toward, မျက်နှာပြုသည်။ to oppose face to face, မျက်နှာချင်းဆိုင်၍ဆီးတားသည်။ to cover in front, ရှေ့မျက်နှာဘက်ကိုလှအောင်ကွပ်သည်။

Faces [make,] *v.* မျက်နှာကိုအရုပ်ဆိုးအောင်လုပ်၍ပြသည်။

Facet, *n.* တွပ်ကွက်။

Facetious, *a.* စိတ်ရွှင်လန်း၍ပြုံးရယ်အောင်ပြောတတ်သော။

Facial, *a.* မျက်နှာနှင့်ဆိုင်သော။

Facile, *a.* လွယ်သော။

Facilitate, *v. t.* လွယ်အောင်ပြုသည်။

Facility, *n.* ease, လွယ်ခြင်း။ dexterity, လေ့ကျက်သော့ကြောင့်အလွယ်တကူပြုတတ်ခြင်း။

Facing, *n.* ရှေ့မျက်နှာဘက်ကိုလှအောင်ကွပ်သောအရာ။

Fac simile, *n.* တူအောင်ရေးသောလက်ရေးစာ။

Fact, *n.* a deed, အပြုအမူ။ a circumstance, event, အဖြစ်အပျက်။ အကြောင်းအရာ။ reality, အကယ်စင်စစ်ဖြစ်ခြင်း။ ဟုတ်မှန်ခြင်း။

Faction, *n.* a party in society opposed to government, မင်း၏တဖက်၌နေ၍ဆန့်ကျင်ဘက်ပြုသောလူစု။ tumult, ရုန်းရင်းခတ်မှုပြုခြင်း။

Factious, *a.* ဆန့်ကျင်ဘက်နေ၍ရုန်းရင်းခတ်မှုပြုတတ်သော။

Factitious, *a.* made by art, လက်လုပ်သော(အရာ။) fictitious, ပဝတ္တိဖြစ်သော။

Factor, *n.* an agent, ကိုယ်စားလှယ်။ a multiplicand, မြှောက်ရန်တည်ကိန်း။ a multiplier, မြှောက်ခြေ။ မြှောက်ကိန်း။

Factorage, *v.* ကိုယ်စားလှယ်ခ။ ပွဲခ။

Factory, *n.* the house where factors reside, ကိုယ်စားလှယ်တို့နေရာတိုက်၊ အိမ်။ a number of factors, ကိုယ်စားလှယ်တို့အစု။ *see* Manufactory.

Factotum, *n.* ခပ်သိမ်းသောအမှုကိုလုပ်ကိုင်ရသောသူ။

Faculty, *n.* a power of the mind, အတွင်းအာယတန။ ability, အစွမ်းသတ္တိ။ facility of performance, တွင်းတတ်သောသတ္တိ။ privilege, ပြုပိုင်သောအခွင့်။ the instructors in a college collectively, သိပ္ပံကျောင်း၊ မြွေကျောင်း၌သင်ပေးသောဆရာစု။

Facundity, *n.* နှုတ်သတ္တိ။

Fade, *v. i.* —(as color,) မှိန်သည်။ ပြယ်သည်။ —(as a flower,) ညှိုးနွမ်းသည်။ to decline, အားလျော့သည်။ to pass away, perish, မတည်မမြဲ။ ဖောက်ပြန်တတ်သည်။

Fæces, *n. plur.* sediment, အနှစ်အနယ်။ excrement, ကျင်ကြီး။

Fag, *v. i.* လုပ်ဆောင်၍ပင်ပန်းသည်။

Fag-end, *n.* အမြိတ်စ။

Fagot, *n.* ထင်းစည်း။

Fail, *v. i.* to become deficient, မပြည့်၊လျော့သည်။ to become extinct, ပြတ်သည်။ ပျက်သည်။ to become weaker, to decline, မသန်မစွမ်း။ ခွန်အားယုတ်လျော့သည်။ not to attain, မမှီဘဲနေသည်။ to come short of duty, ပြုရသောဝတ်ကိုမပြုဘဲနေသည်။ not to accomplish one's purpose, အကြံပျက်သည်။ အကြံမမြောက်နေရသည်။ to become insolvent, ကြွေးမဆပ်နိုင်အောင်ရှိသည်။ —*v. t.* to disappoint, သူတပါးမျှော်လင့်ရန်အကြောင်းရှိသည်အတိုင်းမပြုဘဲနေသည်။ to neglect to aid, မမစဘဲစွန့်ပြစ်သည်။

Failing, *n.* from above; a fault, အပြစ်။ an infirmity, ပေါ့လျော့သောအပြစ်။

Failure, *n.* from Fail.

Fain, *adv.* ဝမ်းမြောက်စွာ။

Faint, *a.* weak, exhausted, worn out (in different ways,) နွမ်းနယ်သော။ နုန်းနွေ့သော။ အားနည်းသော။ —as color, အရောင်မထွက်။ မှိန်သော။ —as sound, အသံသေးသော။ dejected in mind, စိတ်ညှိုးငယ်သော။ —hearted, သူရဲဘောနည်းသော။ကြောက်တတ်သော။ —*v. i.* to become weak, အားယုတ်လျော့သည်။ to lose the animal functions, သေငယ်သေသည်။ မှောသည်။ နစ်သည်။ to be dispirited, စိတ်ညှိုးငယ်သည်။ စိတ်ပျက်သည်။

Faintness, *n.* from Faint, *a.*

Fair 1, *a.* white (in complexion,) မျက်နှာဖြူသော။ handsome, လှသော။ clear, ကြည်လင်သော။ —(as wind,) သင့်သော။ open, အဆီးအတားမရှိ၊ရှင်းလင်းသော။ frank, လျှို့ဝှက်ခြင်းမရှိ၊တည့်လင်းသော။ impartially upright, တဖက်သို့မလိုက်စားဘဲမှုတသော။ —(as hand writing,) ရှင်းလင်းသော။ unspotted, အစွန်းအကွက်မရှိသော။ —1, *n.* the female sex, မိန္မများ။ —2, a stated, great market, ဝိုင်း။

Fairness, *n.* from Fair, *a.*

Fairy, *n.* ရုက္ခစိုးနတ်တမျိုး။

Faith, *n.* belief, ယုံခြင်း။ trust, ယုံကြည်ခြင်း။ faithfulness, သစ္စာ။

Faithful, *a.* adhering to truth and duty, သစ္စာစောင့်သော။ steady, constant, မတိမ်းမယိမ်းတည်ကြည်သော။ တည်တံ့သော။

Faithfulness, *n.* from above.

Faithless, *a.* သစ္စာမရှိသော။ သစ္စာဖျက်သော။

Faithlessness, *n.* from above.

Fakir, *n.* ဇောင်ဂျီ၊ ဟိန္ဒူရသေ့တမျိုး။

Falchion, *n.* ထားလွယ်ကောက်တမျိုး။

Falcon, *n.* the bird, သိမ်းငှက်။ a sort of gun, အမြောက်ကလေး။

Falconer, *n.* သိမ်းတိုက်သမား။

Falconry, *n.* သိမ်းတိုက်သမားအတတ်။

Fall, *v. t.* —from a higher to a lower place, ကျသည်။ —from an erect posture, လည်းသည်။ —as the countenance, (မျက်နှာ) ကျသည်။ —from a situation, အရာမှကျသည်။ —from a stem, ကြွေသည်။ —from a good estate, ဖောက်ပြန်သည်။ to disembogue, မြစ်မသို့သော်၎င်း၊ပင်လယ်သို့သော်၎င်းစီးဝင်သည်။ to die by violence, အသေသတ်ခြင်းကိုခံသည်။ to come to an end, ဆုံးသည်။ to decrease, ယုတ်လျော့သည်။ to grow weak, အားလျော့သည်။ to become low, နိမ့်သွားသည်။ to become, pass into some state, (တစုံတခုသော)အဖြစ်သို့ရောက်သည်။ to come to pass, ဖြစ်လာသည်။ ရောက်သည်။ to come into the hands, or become the property of, (တစုံတယောက်သောသူ၏) လက်သို့ရောက်သည်။ to be uttered carelessly, (ပြော၍)အမှတ်တမဲ့စကားဖြစ်သည်။ to languish, နွမ်းနယ်ခြင်းသို့ရောက်သည်။ —astern, *v. i.* သင်္ဘောတစင်းကို တစင်းမမှီ။ ဝေးကွာ လျက် ကျန် ရစ်သည်။ —away, to become lean, ပိန်ကြုံသည်။ to decline, ရွေလျော့သည်။ to break faith, သစ္စာဖျက်သည်။ to fall from a good estate, ဖောက်ပြန်သည်။ —back, to retreat, ဆုတ်သည်။ to fail of performing a purpose, ပြုရသောအမှုကိုမပြုဘဲနေသည်။ down, to sink down, အောက်သို့ကျသည်။ to become prostrate, ပြပ်ဝပ်သည်။ to drop down a river, တမြေးမြေးစုန်သည်။ —foul of, *v. t.* ထိခိုက်သည်။ —from, *v. i.* to recede from, ခွာသွားသည်။ to apostatize, ဖောက်ပြန်သည်။ —in, အစည်အလိုက်ဝင်၍နေသည်။ —in with, *v. t.* to agree with, သဘောတူသည်။ to comply with, သဘောတူ၍ဝန်ခံသည်။ to meet with, တွေ့ကြုံ

သည်။ —off, *v. i.* to drop from a tree, ကြွေသည်။ to withdraw, ခွာသွားသည်။ to deteriorate, ယုတ်လျော့သည်။ to apostatize, ဖောက်ပြန်သည်။ to perish, ပျက်စီးသည်။ —(as a ship,) ပါးသည်။ —on, *v. t.* စတင်၍တိုက်သည်။ —out, *v. i.* to happen, ဖြစ်လာသည်။ to quarrel, ရန်တွေ့သည်။ —short, to fail of reaching, မမှီဘဲနေသည်။ to become insufficient, မလောက်အောင်ဖြစ်သည်။ —to begin hastily, eagerly, အလျင်အမြန်စ၍ပြုသည်။ to apply one's self, အားထုတ်သည်။ —under, to be ranged and classed with, တစုံတခုသောအပိုင်းအခြားသို့ဝင်သည်။ to come within the cognizance of, စီရင်စုဋ္ဌပါသည်။ —upon, *v. t.* စတင်၍တိုက်သည်။ —*n.* ကျခြင်း။ လည်းခြင်း။ အသေခံခြင်း။ ဆုံးခြင်း။ ယုတ်လျော့ခြင်း။ (for sub-def. *see* Fall, *v. i.*;) a sinking of tone, အသံနိမ့်ခြင်း။ a declivity, ဆင်ခြေလျှော။ a cascade, cataract, ရေမော်။ ရေတံခွန်။ autumn, အင်္ဂလိတ်ပြည်မှာ တတိယဉတု။ သစ်ရွက်ကြွေသောဉတု။

Fallacious, *a.* misleading, လှဲစေတတ်သော။ deceitful, လှည့်စားတတ်သော။

Fallacy, *n.* လိမ်လည်သောစကား။

Fallibility, *n.* from next.

Fallible, မှားတတ်သော။

Falling-sickness, *n.* ဝက်ရူးနာတမျိုး။

Falling-star, *n.* ကြယ်ပျံ။

Fallow, *a.* —in color, as deer, နီဝါဝါ။ —2, never cultivated, မလုပ်ဘူးသေးသော (မြေ။) left for a time, after having been cultivated, မလုပ်ဘဲအလွတ်အလပ်ထားသော (လယ်။) left unsowed after plowing, ထွန်ပြီးမှမစိုက်မကြဲ အလွတ်အလပ်ထားသော (လယ်။)

False, *a.* not true, not right, မဟုတ်သော။ မမှန်သော။ perfidious, သစ္စာဖျက်သော။ deceitful, လှည့်စားတတ်သော။ counterfeit, ပဝတ္တိဖြစ်သော။ feigned, အရောင်ဆောင်သော။ —hearted, သစ္စာဖျက်တတ်သော။

Falsehood, *n.* from False; lying words, မဟုတ်မမှန်သောစကား။မုသာ။

Falsify, *v. t.* to counterfeit, forge, မမှန်ဘဲလျှက်အသွင်တူအောင်လုပ်သည်။ to break faith, ဂတိကိုဖျက်သည်။ to disprove, မဟုတ်မမှန်ကြောင်းကိုပြသည်။

Falsity, *see* Falsehood.

Falter, *v. i.* to hesitate, in speech, ဆုတ်ဆုတ်ဆိုင်းဆိုင်းပြောသည်။ to hesitate in action, ဆုတ်ဆုတ်ဆိုင်းဆိုင်းပြုသည်။ to be impaired in intellect, စိတ်ချွတ်ယွင်းသည်။

Fame, *n.* notoriety, ကျော်စော။ ကိတ္တိ။ celebrity, ဂုဏ်အသရေ။

Famed, *see* Famous.

Familiar, *a.* well acquainted, မိတ်ကျွမ်းဝင်သော။ intimately acquainted, ခြေကျွမ်းဝင်၊ လက်ကျွမ်းဝင်ဖြစ်သော။ courteous and affable, ပဿွားခြင်းမရှိဘဲ လောကဝတ်နှင့် လိုက်လိုက်လျောလျောပြုတတ်သော။ well versed in, လေ့ကျက်ကျွမ်းကျင်သော။ —*n.* intimate, မိတ်ကျွမ်းဝင်သောသူ။ a demon in league with a man, လူနှင့်အပေါင်းအသင်းဖွဲ့သောနတ်ဆိုး။

Familiarity, *n.* from Familiar, *a.*

Familiarize, *v. t.* from same.

Family, *n.* a household, အိမ်သူအိမ်သားအစု။ တအိမ်ထောင်။ a race, kindred, အမျိုးအနွယ်။ honorable descent, ဂုဏ်အသရေရှိသောအမျိုးအနွယ်။ a class, order, လက္ခဏာတူသောအရာစု။

Famine, *n.* အစာအာဟာရခေါင်းပါးခြင်း။ သရေခိုင်းခြင်း။ ဒုဗ္ဘိက္ခံတရကပ်။

Famish, *v. i.* to be hungry, ငတ်မွတ်သည်။ to die of hunger, ငတ်မွတ်၍သေသည်။ —*v. t.* to starve, အစာသတ်၍ထားသည်။ to starve to death, အစာသတ်ထား၍သတ်သည်။

Famous, *a.* possessed of notoriety, ကျော်စောသော။ celebrated, ဂုဏ်အသရေထင်ရှားသော။ ဒြပ်ထွက်သော။

Fan, *n.* —for cooling the face, ယပ်တောင်။ —for winnowing grain, စံကော။ —*v. t.* to cool with a fan, ယပ်သည်။ ယပ်ခတ်သည်။ to winnow, လှေ့သည်။

Fanatic, *n.* ဘုရား၊ တရား အမှု၌ အလွန်စိတ်အားသန်၍ သူရူးကဲ့သို့ဖြစ်သောသူ။

Fanatical, *a.* ထိုသို့သောဖြစ်ခြင်းနှင့်ဆိုင်သော။

Fanaticism, *n.* ထိုသို့ဖြစ်ခြင်း။

Fanciful, *a.* အာရုံထင်၍ဉာဏ်ကွန့်မြူးခြင်းနှင့်ဆိုင်သော။

Fancy, *n.* a modification of the imagination, အာရုံထင်၍ကွန့်မြူးတတ်သောဉာဏ်။ a thought, opinion, စိတ်အထင်။ liking, ကြိုက်သောစိတ်သဘော။ —*v.* to imagine, အာရုံပြု၍ဉာဏ်ကွန့်မြူးသည်။ to think, စိတ်ထင်သည်။ to like, ကြိုက်သည်။

Fane, *n.* ကိုးကွယ်ရာအရပ်။

Fang, *n.* a tusk, အစွယ်။ a claw or talon, အစွယ်နှင့်တူသောလက်သည်း။ ခြေသည်း။ the root of a tooth, သွား၏အမြစ်။

Fanged, *a.* အစွယ်ရှိသော။

Fantastic, Fantastical, *a.* အမှန်မတည်။ ဉာဏ်ကွန့်မြူး၍ အာရုံထင်လျှက်သာရှိသော။

Far, *a.* ဝေးသော။ —*adv.* distantly, ဝေးစွာ။ exceedingly, အလွန်။ —famed, *a.* အနီးအဝေးအရပ်ရပ်တို့၌ကျော်စောသော။ —fetched, brought from a distance, အဝေးကဆောင်ခဲ့သော။ obtruded unnaturally, မနီးစပ်ဘဲသယ်ပိုး၍သွင်းသော။ —off, *adv.* at a distance, အဝေးမှာ။ to a distance, အဝေးသို့။ —sighted, *a.* အဝေးသို့မျှော်မြင်တတ်သော။

Farce, *n.* ဒဏ္ဍာရီဇာတ်ကလေး။

Farcy, *n.* မြင်း၌စွဲသောနူနာ။

Fardel, *n.* အထုပ်ကလေး။

Fare, *v. i.* to travel, ခရီးသွားသည်။ to be in some state, good or ill, ချမ်းသာလျက်သော်၎င်းဆင်းရဲလျက်သော်၎င်းရှိ၍နေသည်။ to feed, (*intrans.*) စားသောက်သည်။ —*n.* the price of passage, ကူတို့ခ။ provisions, စားဘွယ်သောက်ဘွယ်။

Farewell, *int.* ကောင်းကောင်းသွားတော့။ ကောင်းကောင်းနေတော့။ —*n.* သွားသောအခါနှုတ်ဆက်သောစကား။

Farina, *n.* ဝတ်မှုန်။

Farinaceous, *a.* မုန့်ညက်နှင့်ဆိုင်သော။

Farm, *n.* land rented, ငှါး၍ထားသောမြေ။ the privilege of using or selling, (အယ်ဥစ္စာမဆို) သုံးပိုင်၊ရောင်းပိုင်သောအခွင့်။ (Amer.,) cultivated ground, လယ်တော။ ယာတော။ —house, လယ်၊ ယာလုပ်သောသူနေရာအိမ်။ —*v. t.* to lease or take on lease, (လယ်တော၊ယာတောကိုသော်၎င်း၊သုံးပိုင်သောအခွင့်ကိုသော်၎င်း) ငှါးသည်။ to take the revenue for a certain consideration, အခွန်သေနှင့်ဝယ်သည်။ to hold the monopoly of the sale of certain articles, ဒိုင်ခံသည်။ to cultivate land, လယ်ယာလုပ်ခြင်းအမှုကိုဆောင်ရွက်သည်။

Farmer, *n.* one who takes ground, &c. on lease, လယ်တော၊ ယာတောအစရှိသည်တို့ကိုငှါးသောသူ။ one who takes the revenue for a certain consideration, အခွန်သေနှင့်ဝယ်သောသူ။ one who holds the monopoly of the sale of certain articles, ဒိုင်။ ဒိုင်ခံသောသူ။ a cultivator of land, လယ်ယာလုပ်သောသူ။

Farming, *n.* လယ်ယာလုပ်ခြင်းအမှု။

Farmost, *a.* အဝေးဆုံး။

Farrago, *n.* ရောနှောရှုပ်ထွေးသောအရာစု။

Farrier, *n.* a shoer of horses, မြင်းခွာ၌သံကွင်းကိုရိုက်သောသူ။ a horse doctor, မြင်းနာကိုကုသောဆေးသမား။

Farrow 1, *v.* ဝက်မွေးသည်။ —1, *n.* တခါတည်းမွေးသောဝက်ကလေးစု။ —2, *a.* သားကျသင့်သောနှစ်၌မကျဘဲနေသော (နွားမ။)

Farther, သာ၍ဝေးသော။

Farthest, *adv.* သာ၍ဝေးသောအရပ်၌—သို့။ —*a.* အဝေးဆုံး။ —*adv.* အဝေးဆုံးသောအရပ်၌—သို့။

Farthing, *n.* ဖာသိန်ဟုခေါ်ဝေါ်သောအင်္ဂလိတ်ကြေးနီဒင်္ဂါးအငယ်ဆုံး။

Fasces, *n. plur.* ရောမမင်း၌ရှေ့မှာဆောင်သောကြိမ်စည်း။

Fascinate, *v. t.* မြွေသို့သကဲ့သို့လူတယောက်ကိုတယောက်ပြုစားသည်။

Fascination, *n.* from above.

Fascine, *n.* ထင်းစည်း။

Fashion, *v. t.* to form, ပုံလုပ်သည်။ to fit, တော်လျော်အောင်ပြုလုပ်သည်။ to make according to prevailing usage, ထုံးစံအတိုင်းပျှင်ဆင်သည်။ —*n.* form, shape, ပုံသဏ္ဍာန်။ the prevailing mode of dress, လူများဝတ်ဆင်ကြသောအဝတ်ပုံ။ manner, sort, အမျိုး။ အတည်။ အဝ။ custom, ထုံးစံ။ gentility, ချေလည်လျောက်ပတ်ယဉ်ကျေးဖွယ်ရာခြင်းလက္ခဏာ။

Fashionable, *a.* in accordance with the prevailing mode, ထုံးစံအတိုင်းဖြစ်သော။ behaving according to the prevailing fashion, ကာလသို့လိုက်၍နေထိုင်ပြုမူသော။ dressing well according to the newest modes, ကာလအလိုက်လှလှဝတ်ဆင်တတ်သော။ genteel, well bred, ခြေလည်လျောက်ပတ်ယဉ်ကျေးဖွယ်ရာသော။

Fast 1, *a.* swift, လျင်သော။ မြန်သော။ —1, *adv.* လျင်မြန်စွာ။ —2, firmly fixed, အမြဲစွဲသော။ strong, ခိုင်ခံ့သော။ —2, *adv.* မြဲမြံစွာ။ ခိုင်ခံ့စွာ။ ကြပ်ကြပ်။ —by, အနားမှာ။ —3, *v. i.* အစာရှောင်သည်။ —3, *n.* abstinence from food, အစာရှောင်ခြင်းအကျင့်။ the time of fasting, အစာရှောင်သောနေ့ရက်ကာလ။ —day, အစာရှောင်သောနေ့။

Fasten, *v. t.* to fix firmly, အမြဲစွဲစေသည်။ to make adhere to, အမြဲကပ်စေသည်။ to make secure, လုံချုံစေသည်။ —a rope, ကြိုးစကိုသတ်သည်။ —on, စွဲကပ်သည်။

Fastening, *n.* လုံချုံအောင်ကန့်လန့်ကျင်မှစ၍ကန့်သောအရာ။

Fastidious, *a.* difficult to please, စိတ်နှင့်တွေ့ခဲသော။ squeamish, နှစ်လုံးမသန့်၊ ရွံတတ်သော။

Fastidiousness, *n.* from above.

Fastness, *n.* from Fast 2; a strong hold, ခိုင်ခံ့လုံချုံသောနေရာ။

Fat, *a.* having much fat, ဆူသော။ ဆူဖြိုးသော။ corpulent, ဝသော။ ဝဖြိုးသော။ affluent, ကြွယ်ဝသော။ fertile, (မြေ)ဩဇာရှိသော။ producing abundantly, ပွားများစေတတ်သော။ —*n.* the unctuous part of flesh, အဆီ။ the rich part of a thing, အဆီအပြား။ —*v. t.* ဆူအောင်ပြုသည်။

Fatal, *a.* necessary, inevitable, မဖြစ်ဘဲမနေရသော။ destructive, deadly, ပျက်စီးဆုံးရှုံးစေတတ်သော။

Fatalism, *n.* ခပ်သိမ်းသောအမှုအရာတို့သည်မဖြစ်ဘဲမနေရအောင်ဖြစ်သည်ဟုယူသောအယူဝါဒ။

Fatalist, *n.* ထိုသို့အယူဝါဒရှိသောသူ။

Fatality, *n.* from Fatal; frequency of death, များစွာသေကြေပျက်စီးခြင်း။

Fate, *n.* incontrollable causation, မဖြစ်ဘဲမနေရအောင်ပြုဖွင်တတ်သောအကြောင်း။ that which must inevitably take place, မဖြစ်ဘဲမနေရအောင်ပြုဖွင်သောအမှုအရာ။ destruction, ပျက်စီးဆုံးရှုံးခြင်း။ —marks on the forehead indicative of one's destiny, fortune, နဖူးစာ။ ကံ။

Fated, *a.* မဖြစ်ဘဲမနေရအောင်ပြုဖွင်သော (အမှုအရာ။)

Father, *n.* အဘ။ ခမည်း။ —*v. t.* to adopt and treat as one's own child, သားအရာ၌ထား၍မွေးစားသည်။ to profess to be the father or author, အဘဟုတ်သည်ကိုသော်၎င်း၊ ကိုယ်ပြုလုပ်သည်ကိုသော်၎င်ဝန်ခံသည်။ —in-law, *n.* ယောက္ခမယောက်ျားသူ။

Fatherless, *a.* အဘမရှိသော။

Fatherly, *a.* အဘကဲ့သို့ချစ်ခင်ပြုစုတတ်သော။ —*adv.* အဘကဲ့သို့။

Fathom, *n.* အလံ။ —*v. t.* to encompass with the arms, လံသည်။ to reach, မှီသည်။ to sound, (ရေ) စမ်းချသည်။ to understand thoroughly, နက်နက်နဲနဲနားလည်သည်။

Fathomless, *a.* too deep to be measured, မတိုင်းထွာနိုင်အောင်နက်သော။ incomprehensible, နက်နက်နဲနဲနားမလည်နိုင်သော(အရာ။)

Fatigue, *v. t.* from Fatigued [be.] —*n.* from next; military duty beside the use of arms, စစ်တိုက်လက်နက်မပါဘဲလက်နက်ကိုင်ဆောင်ရသောအမှု။

Fatigued [be,] *v. i.* မောသည်။ ပင်ပန်းသည်။

Fatling, *n.* ဆူအောင်ကျွေးသောအကောင်။

Fatness, *n.* from Fat, *a.*; unctuous matter, အဆီ။

Fatten, *v. i.* to grow fat, ဆူဖြိုး၍လာသည်။ —*v. t.* to make fat by feeding, ဆူဖြိုးအောင်ကျွေးသည်။

Fatty, *a.* အဆီပါသော။

Fatuity, *n.* မိုက်ရူးရူးဖြစ်ခြင်း။

Faucet, *n.* စည်၌တပ်သောပြွန်။

Fault, *n.* a blemish or defect, မကောင်းသောလက္ခဏာ။ a sin, အပြစ်။ the state of being at a loss, တွေးတောခြင်း။ —[find,] *v. see* next. —*v. t.* အပြစ်တင်သည်။

Faultiness, *n.* from Faulty.

Faultless, *a.* အပြစ်မရှိသော။ အပြစ်တင်ခွင့်နှင့်ကင်းလွတ်သော။

Faulty, *a.* having blemishes or defects, မကောင်းသောလက္ခဏာရှိသော။ guilty, အပြစ်ရှိသော။ erroneous, မှားသော။

Faux pas, *n.* မှားယွင်းခြင်း။

Favor, *v. t.* to regard with kindness, ကြည်ညိုသည်။ to encourage, အားပေးသည်။ to do an act of kindness to, ကျေးဇူးပြုသည်။ to resemble in features, မျက်နှာချင်းအသွင်တူသည်။ —*n.* ကြည်ညိုခြင်း။ အားပေးခြင်း။ ကျေးဇူးပြုခြင်း။ (for sub-def. *see* above;)

lenity, သနားခြင်းကြွယ်ဝသည်းခံမစီရင်ဘဲနေခြင်း။ a token of remembrance, အောင်းမေ့ဖို့ရာပေးသောအရာ။

Favorable, *a.* conferring favor, ကျေးဇူးပြုလျက်ရှိသော။ conducive to, မစပြုစုလျက်ရှိသော။

Favorite, *a.* regarded with special affection, အထူးသဖြင့်ချစ်ခင်စုံမက်ခြင်းကိုခံရသော။ particularly liked, အထူးသဖြင့် ကြိုက် သော (အရာ။) —*n.* one who is regarded with special affection, အထူးသဖြင့်ချစ်ခင်စုံမက်ခြင်းကိုခံရသောသူ။ a thing which is particularly liked, အထူးသဖြင့်ကြိုက်သောအရာ။

Favoritism, တဖက်သို့ငဲ့ကွက်ခြင်း။

Fawn 1, *n.* a young deer, ဒရယ်သငယ်။ —2, *v. i.* to court favor servilely, ပါးလျှနားလျှပြု၍ချော့မော့သည်။

Fay 1, *see* Fairy. —2, *v. i.* to fit exactly, တော်၍စေ့စပ်သည်။

Fealty, *n.* အရှင်၏သစ္စာကိုစောင့်ခြင်း။

Fear, *v.* to be afraid, ကြောက်သည်။ ကြောက်ရွံ့သည်။ to be anxious, စိုးရိမ်သည်။ *v. t.* to respect, reverence, ခန့်ညားသည်။ —*n.* from *do.*

Fearful, *a.* afraid, ကြောက်သော။ timid, ကြောက်တတ်သော။ frightful, ကြောက်မက်ဖွယ်ဖြစ်သော။

Fearfulness, *n.* from above.

Fearless, *a.* မကြောက်၊ ရဲရင့်သော။

Fearlessness, *n.* from above.

Feasibility, *n.* from next.

Feasible, *a.* ပြုနိုင်ဖွယ်ဖြစ်သော။

Feast, *n.* an entertainment, စားပွဲသောက်ပွဲ။ a festival, သဘင်ပွဲ။ ပွဲလမ်းသဘင်။ something delicious, မြိန်ရှက်ဖွယ်သောအရာ။ —day, ပွဲနေ့။ —*v. i.* to eat sumptuously, မြိန်ရှက်စွာစားသောက်သည်။ —*v. t.* to entertain with sumptuous provisions, မြိန်ရှက်ဖွယ်သောအရာနှင့်ကျွေးသည်။

Feat, *n.* ထူးဆန်းသောအပြုအမူ။

Feather, *n.* ငှက်မွေး။ အမွေးအတောင်။ —bed, ငှက်မွေးသွတ်သောမွေ့ရာ။ *v. t.* အမွေးအတောင်နှင့်ပြည့်စုံစေသည်။

Featly, *adv.* လျင်မြန်သေချာစွာပြုသည်နှင့်။

Feature, *n.* မျက်နှာ၏ပုံပန်းသဏ္ဌာန်။

Febrifuge, *a.* ဖျားနာကိုပျောက်စေတတ်သော(ဆေး။)—*n.* ထိုသို့သောဆေး။

Febrile, *a.* ဖျားနာနှင့်ဆိုင်သော။

February, *n.* အင်္ဂလိပ်နှစ်တွင်ဒုတိယလတည်းဟူသောဖေဖြွာရီလ။

Feculent, *n.* foul with sediment, အနှစ်အနယ်ပါသော။ containing excrement, ကျင်ကြီးပါသော။

Fecundity, *n.* ဖွားစွာမွေးဖွားတတ်ခြင်း။

Federal, *a.* ဂတိသစ္စာပြု၍အပေါင်းအသင်းဖွဲ့ခြင်းနှင့်ဆိုင်သော

Federalist, *n.* အမေရိကပြည်မှာခရိုင်ချင်းအပေါင်းအသင်းဖွဲ့ခြင်းတက်၌နေသောသူ။

Fee 1, *n.* a recompence for services, ဆု။ —on gaining a case, အောင်။ အအောင်။ —on losing a case, ကျွမ်းတိုး၊ —1, *v. t.* to pay a fee to, ဆုချသည်။ to engage the service of another by advancing a fee, အခအရင်ပေး၍ငှါးထားသည်။ —2, *n.* a perpetual right, အမြဲပိုင်သောအခွင့်။

Feeble, *a.* weak, အားနည်းသော။ debilitated, ချွဲနွဲ့သော။ —minded, အကြံနုန့်နဲ့သော။

Feebleness, *n.* from Feeble.

Feed, *v. i.* to eat (*intrans.*) စားသည်။ to eat in a wonted place, စားကျက်၌စားသည်။ *v. t.* to give food to, ကျွေးသည်။ to supply with provisions, ကျွေးမွေးသည်။ to supply fuel, (မီး)မွေးသည်။ —*n.* အစာ။

Feel, *v.* to perceive by the touch, တွေ့သည်။ to examine by touch, စမ်းသည်။ to have the sense of, ခံသည်။ ခံစားသည်။ to sympathize with, ကြင်နာသည်။ to excite a particular sensation, ၍ (မည်သော) အတွေ့ရှိသည်။ —for, *v. t.* ကြင်နာသည်။ —of, စမ်းသပ်သည်။ —*n.* the sense of feeling, ကာယာယတန။ တွေ့တတ်သောသတ္တိ။ the act of perceiving by the touch, တွေ့ခြင်း။

Feeler, *see* Antennæ.

Feeling, *n. see* Feel, *n.*; sensation, ခံစားခြင်း။ sensibility, ခံစားတတ်ခြင်း။ sympathy, ကြင်နာခြင်း။ —*a.* possessing great sensibility, ခံစားလွယ်သော။ easily excited to pity, ကြင်နာလွယ်သော။

Feign, *v. t.* to invent or imagine, အလိုလိုစိတ်ကူး၍လုပ်သည်။ to pretend make a show of, (ဖြစ်) ကြွန်ပြုသည်။ အရောင်ဆောင်သည်။ အဟန်ပြုသည်။

Feigning, *n.* (ဖြစ်) ကြွန်ပြုခြင်း။

Feint, *n.* a pretence, အကြွန်။ ဟန်ပြုခြင်း။ a mock attack, တိုက်ကြွန်ပြုခြင်း။ တိုက်ရောင်ဆောင်ခြင်း။

Felicitous, *v. t.* သူအကျိုးကိုမြင်၍အားရဝမ်းမြောက်သောစကားနှင့်သူကိုနှုတ်ဆက်သည်။ *a.* ချမ်းသာနှင့်ဆိုင်သော။

Felicity, *n.* ချမ်းသာ။

Feline, *a.* ကြောင်နှင့်ဆိုင်သော။

Fell 1, *a.* ရက်စက်သော။ —2, *n.* သားရေ။ —3, *v. t.* to cut down, ခုတ်လှဲသည်။ to knock down, ရိုက်လှဲသည်။

Felloe, *n.* ဘီးဖနောင့်။

Fellow, *n.* a companion, အပေါင်းအဖော်။ အပေါင်းအဖက်။ one of

a pair, ၼ့ဖက်။ an equal, အလားတူသောသူ။ an ordinary or contemptible person, သာမညသူ။ —of a college, သိပ္ပံကျောင်းအသင်းဂင်သူ။ —citizen, အမျိုးသားချင်း။ —commoner, ဆက်ဆံဖိုင်သောသူ။ —counsellor, တိုင်ပင်ဖက်။ —creature, သတ္တဝါချင်း။ —feeling, ကြင်နာခြင်း။ —heir, အမွေခံဖက်။ —helper, laborer, လုပ်ဖော်ဆောင်ဖက်။ —mortal, လူသတ္တဝါချင်း။ —prisoner, အချုပ်ခံသောသူချင်း။ —servant, အစေခံကျွန်ချင်း။ —soldier, ရဲမက်ချင်း။ —student, စာသင်ဖော်၊စာသင်ဖက်။ —subject, အရှင်တပါး၏ကျေးကျွန်ချင်း။ —sufferer, ဆင်းရဲဖော်၊ ဆင်းရဲဖက်။ —traveller, ခရီးသွားဖော်၊ သွားဖက်။

Fellowship, *n.* companionship, ပေါင်းဖော်ခြင်း။ ပေါင်းဖက်ခြင်း။ association, သင်းဖွဲ့ခြင်း။ အပေါင်းအသင်းဖွဲ့ခြင်း။ —in a college, သိပ္ပံကျောင်းအသင်းဝင်ခြင်းအရာ။ —*v. t.* လက်ခံ၍အပေါင်းအသင်းဖွဲ့သည်။

Felo-de-se, *n.* ကိုယ်အသက်ကိုသတ်သောသူ။

Felon 1, *n.* one who has committed a capital crime, ရာဇဝတ်သင့်သောသူ။ —1, *a.* ရက်စက်သော။ —2, *n.* whitlow, ရူနာ။

Felonious, *a.* အလွန်ဆိုးသွမ်းသော။

Felony, *n.* ရာဇဝတ်သင့်ထိုက်သောအမှု။

Felt, *n.* the skin of beasts, သားရေ။ a cloth or stuff made of hair without weaving, သားမွေးဖြင့်မရက်ဘဲသိပ်သည်း၍ လုပ်သောအထည်။

Felucca, *n.* လှေတမျိုး။

Female, *n.* အမ။ —*a.* being of the sex that bears young, အမဖြစ်သော။ pertaining to females, အမနှင့်ဆိုင်သော။

Feminine, *a.* female, အမဖြစ်သော။ pertaining to females, အမနှင့်ဆိုင်သော။ soft, tender, နူးညံ့သိမ်မွေ့သော။ effeminate, မိန်းမကဲ့သို့နူးညံ့သော။ —gender, *n.* ဣတ္ထိလိင်။

Femoral, *a.* ပေါင်နှင့်ဆိုင်သော။

Femur, *n.* ပေါင်ရိုး။

Fen, Fenland, *n.* ရေလွှမ်းရာအရပ်။ ရေလွှမ်းတတ်သောကွင်း။

Fence, *n.* အဆီးအကာ။ —*v. t.* to inclose with a fence, ခြံကာသည်။ —*v. i.* to practice in order to become skillful in the use of the sword, ထားရေးပြသည်။ သိုင်းကစားသည်။

Fencer, *n.* ထားရေးပြသောသူ။ သိုင်းကစားသောသူ။

Fencing, *n.* from Fence, *v. i.*

Fend off, *v. t.* ကာဆီးသည်။

Fender, *n.* မီးကာ။

Fenny, *a.* boggy, စိမ့်မြေများသော။ pertaining to fens, စိမ့်မြေနှင့်ဆိုင်သော။

Feoff, *see* Enfeoff.

Ferment′, *v. i.* ပေါက်သည်။ —*v. t.* ဖောက်သည်။

Fer′ment, Fermentation, *n.* from above; mental commotion, စိတ်ထဲ၌လှုပ်ရှားနေသည်။

Ferocious, *a.* အလွန်ရက်စက်သော။

Ferocity, *n.* from above.

Ferreous, *a.* partaking of iron, သံပါသော။ pertaining to iron, သံနှင့်ဆိုင်သော။

Ferret 1, *n.* the animal, သားတမျိုး။ —1, *v. t.* to drive out of a lurking place, ပုန်းကွယ်ရာထဲကနှင်ထုတ်သည်။ —2, *n.* a kind of tape, ကျုပ်ပြားကြိုးတမျိုး။

Ferriage, *n.* ကူတို့ခ။

Ferruginous, *a.* သံပါသော။

Ferrule, *n.* အခွေး။

Ferry, *n.* the place of crossing a river, ကူတို့။ a ferryboat, *see* next. —boat, *n.* ကူတို့လှေ။ —man, ကူတို့သမား။ —*v. t.* ကူတို့ပို့သည်။

Fertile, *a.* of a productive soil, မြေကောင်း၍အသီးအနှံများစွာဖြစ်စေတတ်သော။ productive in any way, များစွာတိုးပွားစေတတ်သော။

Fertility, *n.* from above.

Fertilize, *v. t.* အသီးအနှံများစွာဖြစ်စေအောင်မြေကိုပြုပြင်သည်။

Ferule, *n.* လက်ဝါးကိုရိုက်၍ဆုံးမရန်သစ်သားလက်ဝါး။ —*v. t.* ထိုသို့သောလက်ဝါးနှင့်ရိုက်သည်။

Fervency, Fervor, *n.* from next.

Fervent, Fervid, *a.* hot, ပူသော။ earnest, excited, စိတ်အားကြီးသော။

Festal, Festive, *a.* pertaining to a festival, ပွဲနှင့်ဆိုင်သော။ mirthful, joyous, ရွှင်လန်းစရာအကြောင်းရှိသော။

Fester, *v. i.* ပြည်ဖြစ်သည်။

Festival, *n.* ပွဲလမ်းသဘင်။

Festivity, *n.* ပွဲလုပ်၍ပျော်မွေ့ခြင်း။

Festoon, *n.* artificial flowers, ပန်းဆွဲ။ ornamental hangings, ပန်းတောင်းသည်။

Fetch, *v. t.* to go and bring, သွား၍ယူခဲ့သည်။ to bring, ဆောင်ခဲ့သည်။ to derive, (တစုံတခု)ကခံ၍ရသည်။ to reach, မှီသည်။ —a price, အဘိုးကိုရသည်။ —*n.* ပရိယာယ်။

Fete, *n.* ပွဲခံသောနေ့။

Fetid, *a.* နံစော်သော။

Fetlock, *n.* ခွာဆစ်မွေး။

Fetor, *n.* အနံ့အစော်။

Fetter, *n.* a chain for the feet, သံခြေချင်း။ a hopple, ထူး။ —*v. t.* to put on fetters, ခြေချင်းခတ်သည်။ to confine, ချုပ်ထားသည်။
Fetus, *n.* (human,) ကိုယ်ဝန်။ (brute,) ဖီး။ ဝမ်းပိုး။
Feud, *n.* ခိုက်ရန်။
Feudal, *a.* အမြဲမပိုင်၊အရှင်၏အမှုကိုဆောင်စည်အခါပိုင်ရခြင်းနှင့်ဆိုင်သော။
Fever, *n.* ဖျားနာ။ the spotted, ငန်းကွက်။ the yellow, ငန်းဝါ။
Feverish, *a.* ဖျားချင်သော။
Few, *a.* မများ၊ နည်းသော။
Fewness, *n.* from above.
Fiat, *n.* ရှိစေဟုမိန့်ခြင်း။
Fib, *n.* ကလိကမာ။ —*v. i.* ကလိကမာပြောသည်။
Fibre, *n.* အမျှင်။
Fibrous, *a.* အမျှင်ပါသော။
Fibula, *n.* ခြေသလုံး၏အရိုးငယ်။
Fickle, *n.* စိတ်မတည်ကြည်သော။
Fickleness, *n.* from above.
Fiction, *n.* the act of inventing or imagining, အမှန်မရှိဘဲအလိုလို စိတ်ကူး၍လုပ်ခြင်း။ that which is invented or imagined, ထိုသို့ လုပ်သောအရာ။ ဒဏ္ဍာရီ။
Fictitious, *a.* ပဝဏ္ဏိဖြစ်သော။
Fiddle, *n.* တယော။ —stick, တယောထိုးတံ။ —string, တယောကြိုး။ —*v.* တယောထိုးသည်။
Fidelity, *n.* သစ္စာစောင့်ခြင်း။
Fidget, *v. i.* နေမတည်၊ ထိုင်မကျဖြစ်သည်။ —*n.* from *do.*
Fidgety, *a.* from Fidget, *v. i.*
Fiducial, *a.* ယုံကြည်သော။
Fiduciary, *n.* ယုံကြည်၍အပ်နှံခြင်းကိုခံသောသူ။
Fie, *int.* အစာ။ အစာစာ။
Fief, *n.* အမြဲမပိုင်၊ အရှင်၏အမှုကိုဆောင်စည်အခါ ပိုင်ရသောမြေ။
Field, *n.* cultivated ground, ယာ။ လယ်ယာ။ ယာခင်း။ တောင်ယာ။ an open, vacant spot, လွင်ပြင်။ an extensive plain, လဟာပြင်။ room for action or operation, ဆောင်ရွက်ရာအရပ်။ the ground where a battle is fought, စစ်တိုက်ကြသောနေရာ။ a battle, စစ် တိုက်ပွဲ။ the ground of a picture, ကားမျက်နှာ။ —marshal, ဗိုလ်ချုပ်ကြီး။ —officer, အရာကြီးသောဗိုလ်။ —piece, စစ်ဆောင် အမြောက်။ —preacher, လွင်ပြင်၌တရားဟောသောသူ။ —sport, တောကစားခြင်း။
Fiend, *n.* ငရဲသား၊ နတ်ဆိုး။
Fiendish, *a.* ငရဲသား၊ နတ်ဆိုးကဲ့သို့ဖြစ်သော။

Fierce, *a.* vehement, အမျှိန်ကြီးသော။ violent, ပြင်းထန်သော။ savage, ကြမ်းကြုပ်သော။

Fierceness, *n.* from above.

Fiery, *a.* consisting of fire, မီးဖြစ်သော။ hot like fire, မီးကဲ့သို့ပူသော။ impetuous, ပြင်းထန်သော။ passionate, စိတ်ဆိုးတတ်သော။

Fife, *n.* ခြွေ။

Fifteen, *a.* ဆယ်ငါး။ ၁၅။

Fifteenth, *a.* ဆယ်ငါးခုမြောက်။ ပန္နရသမ။

Fifth, *a.* ငါးခုမြောက်။ ပဉ္စမ။

Fiftieth, *a.* ငါးဆယ်ပြည့်သော။

Fifty, *a.* ငါးဆယ်။ ၅၀။

Fig, *n.* တည်သီး။ သင်္ဘောသဖန်း။s.

Fight, *v.* to strive with, တိုက်သည်။ to contend in battle, စစ်တိုက်သည်။ as fowls, and some animals, ခွပ်။ —*n.* from *do.*

Fighting, *n.* from Fight, *v.*

Figment, *n.* အမှန်မဟုတ်ဘဲအလိုလိုစိတ်ကူး၍လုပ်သောအရာ။

Figurative, *a.* representing by resemblance, ပုံဆောင်သော။ abounding with figures of speech, ဥပမာစကားများသော။

Figure, *n.* shape, form, ပုံ။ သဏ္ဍာန်။ appearance, ပုံပြင်။ အသွင်အပြင်။ distinguished character, ဂုဏ်အသရေ။ an image, တူအောင်လုပ်သောပုံ။ ရုပ်ပုံ။ order (in logic,) အစီအစဉ်။ a character denoting a number, ဂဏန်း။ a horoscope, ဇာတာပုံ။ a similitude, comparison, ပုံဥပမာ။ a trope or figure of speech, ဥပမာ။ တင်စားသောစကား။ ပုံစကား။ —head, ချွန်းရုပ်။ —*v. t.* to give shape to, ပုံထုတ်သည်။ to show by a visible resemblance, ပုံပြသည်။ to adorn with figures, ပုံဖြင့်ချယ်လှယ်သည်။ to represent by a figurative resemblance, ပုံဆောင်သည်။ to image in the mind, စိတ်ထဲ၌အာရုံပြုသည်။ —*v. i.* to make a distinguished appearance, ဂုဏ်ပြသည်။

Filament, *n.* အမျှင်။

Filch, *v. t.* ခိုးယူသည်။

File 1, *n.* a string or stick on which things are strung, သီတံ။ သီကြိုး။ papers, strung on a line, or wire, သီ၍ထားသောလက်မှတ်စာ။ a bundle of papers, စုပေါင်း၍ထားသောစာ။ a list or roll, စာရင်း။ a row of men, သဃ်ာစဉ်နေသောလူစု။ —1, *v. t.* to string on a line or wire, (လက်မှတ်စာများကို) သီထားသည်။ to arrange in a bundle, စုပေါင်း၍ထားသည်။ to present in order, အစဉ်အတိုင်းထုတ်ပြသည်။ —*v. i.* to march one after another, တယောက်နောက်တယောက်ချီသွားသည်။ —2, *n.* the

ဆိုင်းထုတ်ပြသည်။—*v. i.* to march one after another တယောက်နောက်တယောက်ချီသွားသည်။—2, *n.* the tool, တံစဉ်း။—2, *v. t.* to cut or rub with a file, တံစဉ်တိုက်သည်။

Filial, *a.* သားသမီးနှင့်ဆိုင်သော။

Filiation, *n.* အဘနှင့်သားတော်ခြင်း။

Filigree, *n.* ရွှေငွေအပြောက်။

Filings, *n. plur.* တံစဉ်းစာ။

Fill, *v. t.* to make full, ပြည့်အောင်ထည့်သည်။ ပြည့်စေသည်။ to store abundantly, ကြွယ်ဝစေသည်။ to make complete, စုံလင်စေသည်။ to satisfy with food, ဝအောင်ကျွေးသည်။ to perform the duties of an office, (အရာရှိဖြစ်၍အရာနှင့်ဆိုင်သောအမှုကို) ဆောင်သည်။—*v. i.* to become full, ပြည့်၍လာသည်။—out, *v. t.* အစုံအလင်ထည့်သည်။—up, to make full, ပြည့်အောင်ထည့်သည်။ to occupy the whole extent of, ပြည့်အောင်နေသည်။ to complete, စုံလင်စေသည်။—time, (တစုံတခုကို)အစည်းလုပ်၍ကာလကိုလွန်စေသည်။—*v. i.* to become full, ပြည့်၍လာသည်။—*n.* လိုသမျှ။ *see also* Thill.

Fillet, *n.*—for the hair, ဆံသိမ်းကြိုးပြား။ any ring, ကွင်း။—of veal, နွားကလေး၏ပေါင်သား။

Fillip, *v. t.* လက်နှင့်တောက်သည်။—*n.* from *do.*

Filly, *n.* မြင်းမကလေး။

Film, *n.* a thin skin, အမြှေး။ a cloud on the eye, တိမ်သလာ။

Filmy. *a.* အမြှေးပါသော။

Filter, *v. t.* to strain, စစ်သည်။—*v. i.* to pass through a filter, ရေစစ်ရန်တန်ဆာမှ ထွက်၍ယိုကျသည်။—*n.* ရေစစ်ရန်တန်ဆာ။

Filth, *n.* အညစ်အကြေး။

Filthiness, *n.* from next.

Filthy, *a.* ညစ်သည်။ ညစ်ညမ်းသော။

Filtrate, *v. t.* စစ်သည်။

Filtration, *n.* from above.

Fin, *n.* ငါးဆူး။ the back fin, ငါးဆူးထောင်။—footed,—toed, *a.* ဝမ်းဘဲခြေကဲ့သို့တပြားတည်းနေသော။

Final, *a.* ultimate, အဆုံးဖြစ်သော။ decisive, ဆုံးဖြတ်သော။ respecting the ultimate end in view, မိတ်ကိုမျှော်ဆောင်သောအကြောင်းနှင့်ဆိုင်သော။

Finality, *n.* အဆုံးဖြစ်ခြင်း။

Finance, *n.* revenue, ကောက်ခံ၍ရသောငွေတော်။ income, profit, အတိုးအပွား။ စီးပွား။

supply, အသုံးခံသည်။ —a verdict, ဆုံးဖြတ်သည်။ —one's self, မာလျှက်သော် ၎င်၊ နာလျှက်သော် ၎င်၊ ရှိ၍နေသည်။ —fault with, အပြစ်တင်သည်။ —in, အသုံးခံသည်။ —in the heart, *v.* အလို ရှိသည်။ —out, *v. t.* to discover, (မထင်ရှားးမသိသေးသောအရာ ကို) တွေ့သည်။ to invent, ထိုးထွင်း၍သိသည်။

Fine 1, *a.* not coarse, ချောသော။ of minute particles, ညက်သော။ nice, delicate, နူးသော။ clear, ကြည်လင်သော။ pure, စင်ကြယ် သော။ သန့်ရှင်းသော။ keen, ထက်မြက်သော။ of discerning intellect, ဉာဏ်ကောင်းသော။ excellent, ကောင်းမြတ်သော။ elegant, လှပယဉ်ကျေးသော။ showy in dress, သစ်သစ်လွင်လွင် ဝတ်ဆင်လျှက်ရှိသော။ splendid, ဂုဏ် အသရေ တင့်တယ်သော။ —draw, *v. t.* အရာမထင်အောင်အစုတ်ကိုချုပ်သည်။ spoken, *a.* စကားလှလှပြောတတ်သော။ —1, *v. t.* to clarify, ကြည်လင်စေ သည်။ ရှင်းလင်းစေသည်။ —2, *n.* အလျော်။ လျော်ငွေ။ လျော်ပြစ်။ လျော်ဒဏ်။ —2, *v. t.* to impose a fine, အလျော်စီရင်သည်။ —3, [in,] *adv.* အဆုံး၌။ အချုပ်အချာကား။

Fineness, *n.* from Fine, *a.*

Finery, *n.* လှပသောအဝတ်တန်ဆာ။

Finesse, *n.* ပရိယာယ်။

Finger, *n.* လက်ချောင်း။ —board, တယော၌တပ်သောခလုပ်။ —*v. t.* to touch lightly, လက်နှင့်တို့သည်။ to play on (an instrument,) လက်နှင့်တီးသည်။ to pilfer, ခိုးယူသည်။

Finical, *a.* အယဉ်ဖမ်းတတ်သော။

Finis, *n.* အဆုံး။

Finish, *v. t.* to complete, ပြီးစေသည်။အစသတ်သည်။လက်စသတ်သည်။ *v. i.* အဆုံးသတ်သည်။ လက်စသိမ်းသည်။ to make perfect, စုံလင် စေသည်။ to put an end to, ဆုံးစေသည်။ —*n.* from *do.*

Finishing, *n.* same.

Finite, *a.* having limit, အပိုင်းအခြားရှိသော။ having an end, အဆုံး ရှိသော။

Finiteness, *n.* from above.

Finny, *a.* ငါးဆူးရှိသော။

Fir, *n.* ထင်းရှူးပင်။ ထင်းရှူးသား။

Fire, *n.* the element, မီး။ a burning, မီးလောင်ခြင်း။ sharpness of intellect, ဉာဏ်ထက်မြက်ခြင်း။ ardor of temper, စိတ်အားသန် ခြင်း။ —[on,] *adv.* မီးလောင်လျှက်။ —arms, *n. plur.* မီးပေါက် လက်နက်။ —ball, *n.* a grenade, လက်ဖြစ်ဗုံးဆန်။ a bolis, ဥက္ကာ။ ဥဘာ။ —brand, a stick kindled at one end, မီးစ။ an incendiary, ရန်ပွားစေသောသူ။ —brush, မီးငြိမ်းရန်မှာလှဲရန် တန် မြက်စည်း။ engine, မီးသတ်ဗုံပိုင်။ —fly, ပိုးစုန်းကြူး။ ပိုးစုန်းကြူး။

—hook, မီးချိတ်။ မီးလောင်ရာ၌ချိတ်ဆွဲရန်သံချိတ်။ —lock, သေနတ်။ မီးပါသေနတ်။ —man, မီးလောင်ရာ၌မီးကိုသတ်သောသူ။ —new, *a.* ကြပ်ချွတ်။ —office, *n.* မီးမှုကိုဝန်ခံ၍ဆောင်ရွက်သောသူ၏နေရာ။ —ordeal, မီးနှင့်အစစ်ဆေးခြင်း။ —pan, a pan for holding fire, မီးမယ်ဖြူ။ the pan of a firelock, နားခွက်။ —place, မီးဖိုထားသောနေရာ။ —proof, *a.* မီးမလောင်နိုင်သော(တိုက်၊အိမ်။) —ship, မီးဖောင်။ —side, မီးဖိုနား။ —wood, ထင်း။ —work, မီးပန်းလွှက်အောင်ပြုပြင်သောတန်ဆာ။ —*v. t.* to set on fire, မီးရှို့သည်။ to incite, နှိုးဆော်တိုက်တွန်းသည်။ —a gun, သေနတ်ပြစ်သည်။ —*v. i.* to take fire, မီးညှိသည်။ to be suddenly angry, ရုတ်ခနဲအမျက်ထွက်သည်။

Firing, *n.* the act of discharging fire arms. သေနတ်ပြစ်ခြင်း။ fire wood, ထင်း။

Firkin, *n.* စည်းငယ်တမျိုး။

Firm 1, *a.* compact, သိပ်သည်းလျက်ရှိသော။ fixed, steady, ခိုင်ခံ့မြဲမြံသော။ unyielding, စိတ်တင်းမာသော။ —2, *n.* ကုန်ဖက်စု။

Firmament, *n.* မိုဃ်းမျက်နှာကြက်။

Firman, *n.* ပသီမင်းပေးသောစာချွန်။

Firmness, *n.* from Firm, *a.*

First, *a.* —in time, ပဌမ၊ အဦးဆုံးသော။ —in place, foremost, ရှေ့ဆုံးသော။ most excellent, အမြတ်ဆုံးသော။ —fruit, *n.* အဦးသီးသောအသီး။ —rate, *a.* most excellent, အမြတ်ဆုံးသော။ largest, အကြီးဆုံးသော။ —*adv.* အစအဦး၌၊ရှေ့ဦးစွာ။ —begotten, —born, *a.*, သားဦးဖြစ်သော။ —created, *a.* အဦးဆုံးဖန်ဆင်းသော။

Firstling, *n.* အဦးဖွားသောသား။

Fiscal, *a.* ငွေတော်နှင့်ဆိုင်သော။

Fish, *n.* ငါး။ the flesh of fish, ငါးသား။ —hook, ငါးမျှား။ —market, ငါးဈေး။ —monger, ငါးသည်။ —pond, ငါးကိုမွေးသောရေကန်။ —*v. t.* to catch fish, ငါးဖမ်းသည်။ to take fish with a hook, ငါးမျှားသည်။ to try to obtain by artifice, ရအောင်ပရိယာယ်ပြုသည်။ —up, *v. t.* (ရေထဲက)ဖော်ယူသည်။

Fisher, Fisherman, *n.* တံငါ။

Fishery, *n.* the business of catching fish, ငါးဖမ်းခြင်းအမှု။ a place for catching fish, ငါးဖမ်းရာအရပ်။

Fishing-line, *n.* ငါးမျှားကြိုး။

Fishing-rod, *n.* သုတ်တံ။

Fishy, *a.* consisting of fish, ငါးပါသော။ like fish, ငါးကဲ့သို့ဖြစ်သော။

Fissure, *n.* အအက်။

Fist, လက်သီး။ —*v. t.* လက်သီးနှင့်ထိုးသည်။

Fisticuffs, *n.* လက်ပွေ့သတ်ခြင်း။

Fistula, *n.* နက်သောအနာဆိုး။

Fistular, Fistulous, *a.* ဟောင်းလောင်းဖြစ်သော။

Fit 1, *n.* a paroxysm, အနာတက်ခြင်း။ a convulsion, တက်နာ။ a turn, အပြန်အလှည့်။ —2, *a.* from next. —2, *v. i.* တော်သည်။ လျော်သည်။ သင့်သည်။ လျောက်ပတ်သည်။ ဖွယ်ရာသည်။ —*v. t.* from *do.* —out, အသုံးခံ၍ပြင်ဆင်သည်။ —up, အသင့်ရှိအောင်ပြင်ဆင်သည်။

Fitful, *a.* တက်လျှက်ဆုတ်လျှက်ရှိသော။

Fitness, *n.* from Fit, *v. i.*

Five, *a.* ငါး။ ၅။ —fold, ငါးဆဖြစ်သော။

Fix, *v. i.* to settle, (intrans.,) နေရာကျသည်။ to cease to be fluid (အရည်)ခဲသည်။ to cease to be volatizable, အငွေ့မဖြစ်အောင်ချုပ်ထားလျှက်ရှိသည်။ —*v. t.* to settle, (trans.) နေရာချသည်။ —a time, ချိန်းချက်သည်။ to fasten, စွဲစေသည်။ to make stable, တည်စေသည်။ to make firm, durable, ခိုင်ခံ့မြဲမြံစေသည်။ to harden, (အရည်ကို)ခဲစေသည်။ to set, deprive of volatility, (အငွေ့မဖြစ်နိုင်အောင်)ချုပ်ထားသည်။ —the eye, စေ့စေ့ကြည့်သည်။ (Amer.) to put in order, ပြင်ဆင်သည်။ —in, *v. t.* စိတ်ချသည်။ —up, (Amer.,) ပြင်ဆင်သည်။

Fixation, *n.* from above.

Fixedness, *n.* stability, တည်ခြင်း။ the state of being set or settled, သေဝပ်ခြင်း။

Fixidity, Fixity, *n.* သေဝပ်ခြင်း။

Fixture, *n.* settled position, တည်သောနေရာ။ any thing fixed in a building, အိမ်၌အမြဲတွဲကပ်၍ထားသောအရာ။

Flabbiness, *n.* from next.

Flabby, *n.* အိအိအှဲ့အှဲ့ဖြစ်သော။

Flaccid, *n.* ပျော့သော။ အိသော။

Flaccidity, Flaccidness, *n.* from above.

Flag 1, *n.* the water plant, ပန်းဖျား။ —2, an ensign or colors, အလံ။ —offiers, တိုက်သင်္ဘောဗိုလ်ချုပ်။ —ship, တိုက်သင်္ဘောဗိုလ်ချုပ်စီးသောသင်္ဘော။ —staff, အလံတိုင်။ မာလိန်တိုင်။ —3, a flat stone for paving, ခင်းရန်ကျောက်ပြား။ —stone, same. —3, *v. t.* to pave with flat stones, ကျောက်ပြားခင်းသည်။ —4, *v. i.* to hang loose, လျော့၍ကျသည်။ to lose vigor, အားလျော့သည်။

Flageolet, *n.* ပြွေငယ်။

Flagellate, *v. t.* ရိုက်သည်။

Flagellation, *n.* from above.

Flaggy, *a.* from Flag, *v. i.*

Flagitous, *a.* အလွန်ဆိုးသော။
Flagitiousness, *n.* from above.
Flagon, *n.* လက်ကိုင်ကွင်းပါသောတကောင်း။
Flagrancy, from next.
Flagrant, *a.* မကောင်းသောအားဖြင့်ကျော်စောသော။
Flail, *n.* စပါးပုတ်သောဒုတ်တန်ဆာ။
Flake, *n.* any thin matter cleaving off in scales, အလွှာ။ အလွှာ။ a layer or stratum, အထပ်။
Flam, *n.* လိမ်လည်သောစကား။
Flambeau, *n.* မီးစည်း။
Flame, *v. i.* တောက်သည်။ မီးတောက်သည်။ —*n.* a blaze, မီးတောက်။ extreme ardor, အလွန်စိတ်အားကြီးခြင်း။ —colored, *a.* ရဲရဲနီသော။
Flammable, *a.* မီးရှို့နိုင်ဖွယ်ဖြစ်သော။
Flanch, Flange, *n.* နားရွက်။
Flank, *n.* the side of an animal, တိရိစ္ဆာန်နံဘေး။ the side of an army, တပ်လက်ျာခေါင်း။ လက်ဝဲခေါင်း။ the side of a bastion, မြို့ရိုး၌ဝက်ခေါင်းနံဘေး။ —*v. t.* to attack the side, နံဘေးကိုတိုက်သည်။ to take a station on the side, နံဘေး၌နေရာကျသည်။
Flannel, *n.* သက္ကလတ်တမျိုး။
Flap, *v. i.* to move as something broad and loose, ဖတ်လတ်နေသည်။ —*v. t.* to beat with something broad and loose, အပြားနှင့်ပုတ်သည်။ —*n.* ဖတ်လတ်နေသောအရာ။
Flare, *v. i.* to burn with an unsteady flame, မီးတောက်မငြိမ်။ to glitter unpleasantly, (မျက်စိစူးအောင်)မီးရောင်ထိုးသည်။ to open or spread outward, အဝပြသည်။
Flash, *v. i.* to corruscate, အရောင်လျှပ်သည်။ အလျှပ်ထွက်သည်။ —*v. t.* from same; to dash, (ရေကို)ကော်၍ပက်သည်။ —*n.* the corruscation of flame, မီးလျှံ။ —of lightning, လျှပ်ပြက်သောအလျှံ။
Flashy, *a.* လျှပ်ပေါ်သော။
Flask, *n.* a kind of bottle, ပုလင်းတမျိုး။ a powder case, ယမ်းဘူး။
Flasket, *n.* ခံတောင်း။
Flat, *a.* level, not spherical, ပြားသော။ level, not uneven, ပြန့်သော။ ပြန့်ပျူးသော။ ညီညာသော။ low and level, pressed down, ဖိသော။ low, even with the ground, ပြပ်သော။ ပြပ်စပ်နေသော။ insipid, tasteless, ပေါ့သော။ အရသာမရှိသော။ not affording pleasure, ရွှင်လန်းစရာမရှိသော။ dull, unanimated, စိတ်ကိုမနိုးဆော်တတ်သော။ —(as sound,) မထက်သော။ peremptory, downright, တိုက်ရိုက်ဖြစ်သော။ —bottomed, ဝမ်းပြားသော (လှေ။) —iron, *n.* မီးပူ။ —nosed, *a.* နှာခေါင်းဖိမ့်သော။ —*n.*

level spot of ground, a plain, ညီညာသောမြေကွက်။ ကွင်းပြင်။ လွင်ပြင်။ a shoal, သောင်ပြင်။ —of a knife, ထားပြား။ a flat-bottomed boat, ဝမ်းပြားသော (လှေ။) —*v. t.* to make low and level, ဖိဖိနေအောင်ပြုသည်။ to make insipid, ပေါ့စေသည်။ —*v. i.* to grow flat, ညီညာသွားသည်။ to become insipid, ပေါ့သွားသည်။

Flatness, *n.* from Flat, *a.* —*v. i. see* Flat, *v. i.*

Flatter, *v. t.* to soothe by praise, စိတ်ကိုကြွအောင်မြှောက်သည်။ မြှောက်ပင့်သည်။ to coax by praise, ချီးမွမ်း၍ချော့မော့သည်။

Flattery, *n.* from above.

Flatulence, *n.* from next.

Flatulent, *a.* ဝမ်းခွဲလေပါသော။

Flatwise, *adv.* ပြားအတိုင်း။

Flaunt, *v. i.* ပလွှားသည်။

Flavor, *n.* odor, အနံ့။ taste, အရသာ။

Flavored, *a.* having odor, အနံ့ရှိသော။ having a quality that affects the taste, အရသာရှိသော။

Flaw, *n.* an injury, defect, အနာ။ အနာအဆာ။ a gust of wind, လေပုန်း။

Flax, *n.* ပိုက်ဆံ။

Flaxen, *a.* made of flax, ပိုက်ဆံခြည်ကိုရက်သော။ resembling flax, ပိုက်ဆံခြည်ကဲ့သို့ဖြစ်သော။

Flay, *v. t.* သားရေကိုဆုတ်ခွာသည်။

Flea, *n.* ခွေးလှေး။ —bite, ခွေးလှေးကိုက်ရာ။

Fleam, *n.* မြင်း၊ နွားကိုသွေးဖောက်သောထား။

Fledge, *v. t.* from next.

Fledged [be,] *v. i.* အမွေးအတောင်စုံသည်။

Flee, *v. i.* to run, ပြေးသည်။ —*v. t.* to avoid, ရှောင်သည်။

Fleece, *n.* သိုးတကောင်ကိုညှပ်၍ရသောအမွေးစု။ —*v. t.* to shear off wool, သိုးမွေးကိုညှပ်သည်။ to strip of property, အကုန်အစင်သိမ်းယူသည်။

Fleecy, *a.* covered with wool, သိုးမွေးပါသော။ resembling wool, သိုးမွေးကဲ့သို့ဖြစ်သော။

Fleer, *v. i.* ကရော်ကမည်ပြုသည်။

Fleet 1, *n.* သင်္ဘောအစု။ —2, *a.* အပြေးမြန်ဆန်သော။ —2, *v. i.* to pass swiftly, အလျင်အမြန် ပြေးသည်။ to be in a transient state, လွန်သွားတတ်သည်။

Fleetness, *n.* from Fleet, *a.*

Flesh, *n.* the covering of the bones beneath the skin, အသား။ meat, အမဲသားနှင့်ကြက်သား။ the body, ကိုယ်ကာယ။ carnality,

ကာမ။ human nature, လူဇာတိပကတိ။ kindred, အမျိုးအနွယ်။ —color, လူအသွေးအမွေးနှင့်တူသောအဆင်း။ —colored, လူအသွေးအမွေးနှင့်တူသော။ —*v. t.* to initiate, ထက်ဦးသွင်းသည်။ to accustom to, အကျင့်ပါအောင်ပြုသည်။ to glut, စားမို့နှင့်အောင်ပြုသည်။

Fleshly, *a.* pertaining to the flesh, အသားနှင့်ဆိုင်သော။ pertaining to the body, ကိုယ်ကာယနှင့်ဆိုင်သော။ carnal, ကာမဂုဏ်နှင့်ဆိုင်သော။ —corpulent, ဆူဖြိုးသော။ plump, ထွားသော။

Flexibility, *n.* ပျော့သောသဘော။ ပျောင်းသောသဘော။ သွေးဆောင်လွယ်သောသဘော။ (for sub-def. *see* next.)

Flexible, *a.* pliant, ပျော့သော။ ပျောင်းသော။ easily persuaded, သွေးဆောင်လွယ်သော။

Flexibleness, *n.* from above.

Flexile, *see* Flexible.

Flexion, Flexure, *n.* the act of bending, ကွေးခြင်း။ a bend, အကွေး။

Flexuous, *a.* ကွေးလျက်ရှိသော။ ကွေးကောက်လျက်ရှိသော။

Flicker, *v. t.* သွက်သွက်လှုပ်သည်။

Flight, *n.* the act of fleeing, ပြေးခြင်း။ the act of flying, ပျံခြင်း။ a number of birds flying, ပျံသောငှက်စု။ —of fancy, ဉာဏ်ကွန့်မြူးခြင်း။ —of stairs, လှေကား။

Flightiness, *n.* from next.

Flighty, *a.* fleeting, အလျင်အမြန်ပြေးတတ်သော။ unsteady in mind, စိတ်နှစ်လုံးအတည်မကျသော။ slightly deranged in mind, စိတ်ပေါ့သော။

Flimsiness, *n.* from next.

Flimsy, *a.* ပါးပါးလျှလျှဖြစ်သော။

Flinch, *v. i.* တွန့်သည်။ —from fear, တွန့်ရှုံ့သည်။ —from unwillingness to give, တွန့်တိုသည်။

Fling, *v. t.* to throw, ပြစ်သည်။ ပြစ်လိုက်သည်။ to throw to the ground, လှည်းချသည်။ —*v. i.* to fly into violent gestures, ခုန်ဗိုခုန်ပေါက်ပြုသည်။ to make cutting remarks, နာရာကိုရှာ၍ကဲ့ရဲ့သည်။ —*v. t.* open, ရုတ်ခနဲဖွင့်သည်။ —up, (အရာကို) စွန့်ပြစ်သည်။ —*n.* from above.

Flint, *n.* လိပ်သည်းကျောက်။ —to strike fire with, မီးခတ်ကျောက်။ —of a musket, မီးကျောက်။ မီးပါကျောက်။

Flinty, *a.* consisting of flint, လိပ်သည်းကျောက်ပါသော။ resembling flint, လိပ်သည်းကျောက်ကဲ့သို့မာသော။ unfeeling, မသနားတတ်သော။

Flippancy, *n.* from next.

Flippant, *a.* fluent, သွက်လွက်သော။ light and garrulous, ပေါ့လျော့သော၊ စကားများသော။

Flirt, *v. t.* to throw with a jerk, ခါ၍ပြစ်သည်။ —*v. i.* to be light, unsteady, လော်လည်သည်။ —*n.* from above, *v. t.*; a flighty girl, လော်လည်သောမိန္မကလေး။

Flirtation, *n.* from Flirt, *v. i.*

Flit, *v. i.* အလျှင်အမြန်ပျံသွားသည်။

Flitch, *n.* ဝက်တခြမ်းသား။

Float, *v. i.* to remain without sinking, ပေါလောနေသည်။ to move with the tide or current, ပေါလောမျောသည်။ *v. t.* from Float, *v. i.* —*n.* any thing that floats, ပေါလောမျောသောအရာ။ a raft, ဖောင်။ the cork attached to a fish-hook, ငါးမျှားဖော့။

Flock, *n.* —of sheep, &c. သိုး၊ဆိတ်အစု။ —of birds, ငှက်အစု။ a lock of wool, သိုးမွေးတခက်။ —bed, သိုးမွေးသွတ်သောမွေ့ရာ။ —*v. i.* စုဝေးသည်။

Flog, *v. t.* တံပျာနှင့်ရိုက်သည်။

Flood, *n.* inundation, လွှမ်းမိုးသောရေ။ the flowing of the tide, တက်သောဒီရေ။ —gate, မြွန်ပိတ်တံခါး။ —mark, ရေတက်သောရေရာ။ —*v. t.* ရေလွှမ်းမိုးသည်။

Flooding, *n.* သွေးသွန်နာ။

Floor, *n.* the bottom of a room, ကြမ်း။ a story, တိုက်ဆင့်။ အိမ်ဆင့်။ —*v. t.* ကြမ်းခင်းသည်။

Floral, *a.* ပန်းပွင့်နှင့်ဆိုင်သော။

Florescence, *n.* အပွင့်ပွင့်ခြင်း။

Florid, *a.* red, နီသော။ embellished, နားတန်ဆာဖြစ်အောင်စီကုံးသော (စကား။)

Floridness, *n.* from above.

Florist, *n.* ပန်းအမျိုးမျိုးတို့ကိုအလေ့အကျက်ပြု၍ရှာဖွေမှတ်သားသောသူ။

Flota, Flotilla, *n.* သင်္ဘောအစု။

Flotson, *n.* အရှင်မရှိ၊ ပေါလောမျောသောဥစ္စာ။

Flounce, *v. i.* to throw the limbs about irregularly, ပြောင်းဆန်၍နေသည်။ ပြောင်းဆန်အောင်လှုပ်သည်။ *v. t.* to deck with a flounce, ကြာယပ်ထည့်သည်။ ကြာယပ်ဆွဲသည်။ —*n.* loose, puckered trimming, ကြာယပ်ကြာချပ်။

Flounder, *see* Flounce, *v.*

Flour, *n.* မုန့်ညက်။ —*v. t.* မုန့်ညက်နှင့်ဖျူးသည်။

Flourish, *v. i.* to thrive luxuriantly, စည်ကားဝေဆာသည်။ to be prosperous, စီးပွားတိုးတက်သည်။ to use copious and florid language, သယ်သယ်ပိုးပိုးယည်ကျေးစွာပြောသည်။ to use bold, sweeping strokes in writing, လှပဆန်းပြားစွာရေးသည်။

—a sword, ထားကိုဝင့်သည်။ —*n.* from above, in the three last senses.

Flout, *v.* ကရော်ကမည်ပြုသည်။

Flow, *v. i.* to run, as water, စီးသည်။ to rise, as the tide, (ဒီရေ) တက်သည်။ to proceed, issue, ထွက်သည်။ to abound, စည်ပင်သည်။ to be smooth, gliding, ချောမွေ့သည်။ to be rich, luxuriant, ဝေဆာသည်။ to hang loose and waving, ဖားရားနေသည်။ —out, ထွက်စီးသည်။ —*n.* from above.

Flower, *n.* ပန်း။ အပွင့်။ ပန်းပွင့်။ —bud, အငုံ။ —*v. i.* အပွင့်ပွင့်သည်။

Flower-fence, ဒေါင်းစုတ်။ ဓါးဝယ်သီလ။M. မိန်ပန်း။S.

Flowered, *a.* embellished with figures of flowers, ပန်းပြောက်ပါသော။

Floweret, *n.* ငယ်သောပန်းပွင့်။

Flowery, *a.* full of flowers, ပန်းပွင့်များသော။ embellished, ပမာပမည်းဆောင်၍လှပယဉ်ကျေးအောင်ပြောသော (စကား။)

Fluctuate, *v. i.* to move as a wave, လှိုင်းအိထသည်။ to move hither and thither, ရထားလုဖြစ်သည်။ to waver, be in doubt, စိတ်ဝေသည်။ ဇဝေဇဝတ်ရှိသည်။

Fluctuation, *n.* from above.

Flue, *n.* မီးခိုးထွက်ရန်ပြွန်။

Fluency, *n.* from next, 2d. def.

Fluent, *a.* flowing, စီးတတ်သော။ ready in the use of words, သွက်သွက်လွှက်လွှက်ပြောတတ်သော။ smooth, ချောမွေ့သော။

Fluently, *adv.* သွက်သွက်။S.

Fluid, *n.* အရည်။ —*a.* အရည်ဖြစ်သော။

Fluidity, Fluidness, *n.* the quality of being capable of flowing, အရည်ဖြစ်သောသဘော။ the state of being fluid, အရည်ဖြစ်ခြင်း။

Fluke, *n.* ကျောက်ဆူးသွား။

Flume, *n.* ရေစက်ဆင်ရန်လုပ်သောပြွန်။

Flummery, *n.* a sort of jelly, မုန့်ဦးနှောက်ကဲ့သို့လုပ်သောမုန့်တမျိုး။ empty words, အနှစ်သာရမရှိသောစကား။

Flurry, *n.* ရုတ်ရက်ခတ်ဖြစ်ခြင်း။

Flush 1, *v. i.* to come suddenly, ရုတ်ခနဲရောက်လာသည်။ to spread suddenly as blood, (သွေးကဲ့သို့) ဖြန့်သည်။ to become red, နီလာသည်။ —*v. t.* from Flushed [be,] —1, *n.* from above. —2, *a.* vigorous, သန်မြန်သော။ abounding in, ကြွယ်ဝသော။

Flushed [be,] *v. i.* to be red in the face, (မျက်နှာ) နီသည်။ to be elated, စိတ်မြင့်သည်။

Fluster, *v. t.* ရှုပ်ထွေးအောင်ပြုသည်။

Flute, *n.* a kind of wind instrument, ပြွေ။ a channel in a pillar, ပျော့ကြောင်း။ —*v. t.* ပျော့ကြောင်းထိုးသည်။

Flutter, *v. i.* to flap the wings, အတောင်တဖျတ်ဖျတ်ခတ်သည်။ to vibrate, wave, တလစ်လစ်နေသည်။ to be agitated, စိတ်လှုပ်ရှားသည်။ —*v. t.* လှုပ်ရှားအောင်ပြုသည်။ —*n.* လှုပ်ရှားခြင်း။

Flux, *n.* a flow, စီးခြင်း။ a passing, လွန်သွားခြင်း။ an issue, ယိုထွက်ခြင်း။ that which issues, ယိုထွက်သောအရာ။ diarrhæa, ဝမ်းကျနာ။

Fluxion, *n.* စီးခြင်း။ စီးသွားခြင်း။

Fly 1, *v. i.* as a bird, ပျံသည်။ to pass swiftly, အလျင်အမြန်ပြေးသည်။ to flee, run away, ထွက်ပြေးသည်။ —as a spring, (မောင်း) ကျသည်။ to part asunder, ကွဲဖျက်သည်။ —*v. t.* to shun, ရှောင်သည်။ —a kite, စွန်လွှတ်သည်။ —[let,] to shoot, ပြစ်သည်။ to let go suddenly, ရုတ်ခနဲလွှတ်သည်။ —at, ရုတ်ခနဲတက်၍တိုက်သည်။ —back, *v. i.* ကန်၍ပြန်သည်။ အကန်ခံ၍ပြန်သည်။ —into, (a passion,) ရုတ်ခနဲအမျက်ထွက်သည်။ —leaf, *n.* စာအုပ်မျက်နှာဖုံး။ —off, *v. i.* စည်သည်။ —open, ရုတ်ခနဲပွင့်သည်။ —out, to rush out, ရုတ်ခနဲထွက်သည်။ to break out into licence, ပေါက်လွှတ်သွားသည်။ —2, *n.* ယင်။ —blow, *v. t.* ယင်ချေးဥသည်။ —blow, *n.* ယင်ချေးဥ။ —flap, *n.* ယင်ခြောက်။ ယင်ယပ်။ ခြင်ခြောက်။ one used by the king, သားမြီးယပ်။

Flying, *a.* waving, as colors, တလစ်လစ်နေသည်။

Foal, *n.* မြင်းကလေး။ —*v. t.* (မြင်းမ) မွေးသည်။

Foam, *n.* အမြှုပ်။ —*v. i.* to gather foam, အမြှုပ်ထသည်။ to throw out foam, အမြှုပ်ထွက်သည်။ to be in a rage, အမျက်ဟုန်းဟုန်းထွက်သည်။

Foamy, *a.* အမြှုပ်ထသော။

Fob, *n.* နာရီအိတ်။

Focal, *a.* ရောင်ခြည်စုသောအချက်နှင့်ဆိုင်သော။

Focus, *n.* ရောင်ခြည်စုသောအချက်။

Fodder, *n.* မြင်း၊ နွားကိုကျွေးသောအစာ။ —*v. t.* (မြင်း၊ နွား) ကိုအစာကျွေးသည်။

Foe, *n.* ရန်သူ။ —man, same.

Fog, *n.* နှင်း။

Fogginess, *n.* from next.

Foggy, *a.* နှင်းကျလျက်ရှိသော။

Foible, *n.* ဝါသနာကြောင့်လွဲတတ်သောအချက်။

Foil 1, *v. t.* to defeat, နိုင်သည်။ to frustrate, အကြံကိုဖျက်သည်။ —1, *n.* a defeat, ရှုံးခြင်း။ a failure of attempt, အကြံပျက်ခြင်း။ —2, a blunt sword used in fencing, သိုင်းကစားရာ၌ကိုင်သောဓုတ်။ —3, *n.* a thin leaf of metal placed in an ouch, ရောင်ပြား။ a leaf of metal used in gilding, ရွှေမျက်ပါး၊ ငွေမျက်ပါး၊ အစရှိ

သော၊ အပြားခတ်သောသတ္တုပြား။ a coating of quicksilver, မှန်ထိန်းပြတား။

Foin, *v.* သိုင်းကစားရာ၌ထိုးသည်။

Foist, *v.* မဟုတ်မမှန်ဘဲစာလုပ်၍သွင်းသည်။

Fold 1, *n.* a pen for sheep, သိုးခြံ။ a flock of sheep, သိုးစု။ —1, *v. t.* သိုးခြံထဲသို့သွင်းသည်။ —2, to double, ခေါက်သည်။ —the hands, လက်ရှက်သည်။ —the arms, လက်ပိုက်သည်။ —up, ရုပ်၍ထားသည်။ —2, *n.* a double, အခေါက်။ (in composition,) as much again, အဆ။

Folder, *n.* စက္ကူခေါက်သောထား။

Folding, (as doors,) *adv.* နံတေးထပ်။

Foliage, *n.* သစ်ရွက်စု။

Foliate, *v. t.* အပြားဖြစ်အောင်ခတ်သည်။

Folio, *n.* or *a.* ၁ခေါက်ချိုး။

Folk, Folks, *n.* လူစု။ လူများ။

Follicle, *n.* ကြောထွေးငယ်တမျိုး။

Follow, *v.* to go after, လိုက်သည်။ နောက်ကလိုက်သည်။ နောက်သို့လိုက်သည်။ to succeed in course, အစဉ်အတိုင်းလိုက်သည်။ to pursue, မှီအောင်လိုက်သည်။ to obey, နားထောင်သည်။ to endeavour to be or do like, (သူ)နည်းတူကျင့်သည်။ to adhere to, မှီခိုသည်။ to practice (as stated business,) လုပ်ဆောင်၍နေသည်။

Follower, *n.* agent from above; a retainer, နောက်ပါလူငယ်။

Folly, *n.* မိုက်ခြင်း။ မိုက်မဲခြင်း။

Foment, *v. t.* to apply a warm medicament, ကြပ်ထုပ်ထိုးသည်။ to bathe with a cloth dipped in warm water, ရေနွေးဆွတ်သော အဝတ်နှင့် (အနာပေါ်မှာ) အုပ်သည်။ to excite, နှိုးဆော်တိုက်တွန်းသည်။

Fomentation, *n.* from above, in the two first senses; the lotion applied to a diseased part, အဝတ်ကိုဆွတ်၍အနာပေါ်မှာအုပ်ရန်လုပ်သောဆေးရည်။

Fond, *a.* အလွန်ချစ်ကြိုက်သော။

Fondle, *v. t.* ပါးလူးနားလူးပြုသည်။ ပါးလူးပါးလဲပြုသည်။

Fondness, *n.* from Fond.

Font 1, *n.* a large basin for baptizing children, သူငယ်တို့ကိုနှစ်ခြင်းမင်္ဂလာပေးရာကျောက်အင်တုံ။ —2, a complete assortment of printing types, စာပုံနှိပ်သောပုံစီ။

Fontanel, *n.* သွေးပုပ်၊ သွေးဆိုးတစိုစိုထွက်ယိုအောင်လုပ်သောအနာ။

Food, *n.* အစာ။

Fool, *n.* an idiot, လူရူး။ an unwise person, လူမိုက်။ a buffoon, လူပြက်။ —of [make a,] *v. t.* ကျီစားသည်။ —with [play the,]

ဖျက်ရယ်ပြုသည်။ —*v. i.* to trifle, ဖျင်းရိ၍ကစားသည်။ —*v. t.* to cheat, လိမ်လည်သည်။ —away, အချည်းနှီးသုံး၍ကုန်စေသည်။

Foolery, *n.* foolish conduct, မိုက်မိုက်ပြုခြင်း။ useless, silly conduct, အကျိုးမရှိ၊ အချည်းနှီးပြုခြင်း။

Foolhardiness, *n.* from next.

Foolhardy, *a.* အဆင်အခြင်မရှိ၊ရဲသော။ အရဲကိုးသော။s.

Foolish, *a.* wanting in common intellect, နှမ်းသော။ unwise, မိုက်သော။ vain, unsteady, လျှပ်ပေါ်သော။ useless, profitless, အကျိုးမရှိ၊ ချီးမွမ်းဖွယ်မဟုတ်သော။

Foolishness, *n.* from above.

Foolscap, *n.* စက္ကူတမျိုး။

Foot, *n.* the end of the leg, ခြေ။ a base, bottom, foundation, အခြေ။ အမြစ်။ (*in poetry,*) ပဒ။ အပုဒ်။ a measure of 12 inches, ၁၂ လက်မ။ ၂မိုက်။ ၁ပေ။ ၁ဖဝါး။ infantry, ခြေသည်သူရဲတပ်။ —of a bed, ခြေရင်း။ —[on,] *adv.* ခြေကျင်။ —[set on,] *v. t.* (အမှုကို)အဦးပြုသည်။ —ball, *n.* ခြေလုံး။ made of ratan, ခြင်းလုံး။s. —boy, နောက်လိုက်၊အစေအပါလူကလေး။ —company, ခြေသည်တတပ်။ —hold, ခြေနင်းရန်အကွက်အထစ်။ —man, နောက်လိုက်၊ အစေအပါငယ်သား။ —pad, လမ်းခရီး၌တိုက်သောထားမြ။ —path, လမ်းကြောင်းကလေး။ —print, *see* —step. —stalk, အရွက်တံ။ —step, ခြေရာ။ ခြေနင်းရာ။ --stool, ခြေတင်ခုံ။ —stove, ခြေတင်ရန်မီးသစ်တာ။ —warmer, ခြေတင်ရန်ရေပူသစ်တာ။ —*v. i.* to dance, ခြေထိုး၍ကသည်။ —*v. t.* to ascertain, and set down the sum total, အစုစုပေါင်းချုပ်ကိုမှတ်သားသည်။

Footing, *n.* ground for the foot, ခြေနင်းရာ။ foundation, အခြေ။ အမြစ်။ အောက်ခံ။ permanent position, တည်ရာ။ နေရာကျရာ။

Fop, *n.* လှလှဝတ်ဆင်၍ပလွှားသောသူ။

Foppery, *n.* from next.

Foppish, *a.* လှလှဝတ်ဆင်၍ပလွှားသော။

For, *prep.* for the sake of, အဖို့။ အဖို့အလို့ငှါ။ on account of, အတွက်။ အတွက်ကြောင့်။ because of, ကြောင့်။ အကြောင်းကြောင့်။ instead of, အစား။ ကိုယ်စား။ in order to, ငှါ။ အလို့ငှါ။ to-ward, သို့။ throughout, ပတ်လုံး။ notwithstanding, (သို့) သော်လည်း။ —*conj.* အဘယ်ကြောင့်နည်းဟူမူကား။ —as much as, *conj.* (ထိုသို့ရှိသည်)ဖြစ်၍။

Forage, *n.* food for horses and cattle, မြင်း၊ နွားကိုကျွေးသောအစာ။ search for such food, မြင်း၊ နွားကိုကျွေးရန်အစာကိုလှည့်လည်၍ရှာခြင်း။ —*v.* to collect forage, မြင်း၊ နွားအစာကိုလှည့်လည်၍ရှာသည်။ to plunder at large, လှည့်လည်လုယူသည်။

Foray, *n.* နယ်ခြား၊ ပယ်ခြားသို့ဝင်တိုက်၍လုယူဖျက်ဆီးခြင်း။

Forbear, *v.* to cease, stop, စဲသည်။ ရပ်သည်။ ပြတ်သည်။ to refrain, မပြုဘဲနေသည်။ to be patient, သည်းခံသည်။

Forbearance, *n.* from above; a patient disposition, သည်းခံတတ်သောသဘော။

Forbid, *v.* to prohibit, မြစ်တားသည်။ to hinder, ဆီးတားသည်။

Forbidding, *a.* မျက်နှာထားနှင့်နေသော။

Force, *n.* strength, power, အား။ ခွန်အား။ အစွမ်းသတ္တိ။ တန်ခိုး။ exertion, အားထုတ်ခြင်း။ compulsion, အနိုင်အထက်ပြုခြင်း။ troops, ဗိုလ်ခြေ။ ဗိုလ်ပါ။ —[be in,] *v. i.* as law or command, တည်သည်။ —*v. t.* to make effort, အားထုတ်၍ပြုသည်။ to compel, အနိုင်အထက်ပြုသည်။ —(plants,) အနိုင်အထက်ကြီးပွားစေသည်။ —(meat,) သိပ်၍သွတ်သွင်းသည်။ —along, အားထုတ်၍သွားစေသည်။ —from, အနိုင်အထက်ယူသည်။ —in, အနိုင်အထက်သွင်းသည်။ —out, အနိုင်အထက်ထုတ်သည်။

Forceps, *n.* ဆေးသမားသုံးသောညှပ်။

Forcible, *a.* strong, အားကြီးသော။ efficacious, တတ်စွမ်းနိုင်သော။ violent, ပြင်းထန်သော။ done by force, အနိုင်အထက်ပြု၍ပြီးသော။

Ford, *n.* ကော၍ဆင်းကူးနိုင်အောင်ရေတိမ်သောအရပ်။ *v. t.* ထောက်မိ(၍မြစ်ကို)ကူးသည်။

Fordable, *a.* ထောက်မိ၍ကူးနိုင်ဖွယ်ဖြစ်သော။

Fore, *a.* ရှေ့သော။ ရှေ့၌ရှိသော။ —*adv.* ရှေ့၌။

Forearm, *v. t.* အရေးမရောက်မှီလက်နက်ကိုဟျင်ဆင်သည်။

Forebode, *v.* to foreshow, (အမှု)မဖြစ်မှီဖော်ပြသည်။ to have some presage of the future, ဖြစ်လတံ့သောအမှုအရာ၏အရိပ်အမြွက်ကိုပြသည်။

Forecast, *v. t.* တင်၍စိတ်ကူးသည်။ —*n.* from *do.*

Forecastle, *n.* သင်္ဘောဦးကုန်းပတ်ပေါ်မှာတည်သောသံဘန်ပေါင်း။

Forecited, *a.* အထက်ဆိုခဲ့ပြီးသော။

Foreclose, *v. t.* to prevent, ဆီးတားသည်။ ဓိတ်ပင်သည်။ —a mortgage, ပေါင်နှံသောစာချုပ်အရအတိုင်း ရွေးတ်ခွင့်မရအောင်ပြုသည်။

Foreclosure, *n.* from above.

Foredoom, *v. t.* အပြစ်ခံစေဟုတင်ကူး၍စီရင်သည်။

Fore-end, *n.* ဦး။

Forefather, *n.* အထက်ဆွေစဉ်မျိုးဆက်အဝင်ဖြစ်သောသူ။

Forefend, *v. t.* ကာဆီးသည်။

Forefinger, *n.* လက်ညှိုး။

Forefoot, *n.* တိရိစ္ဆာန်၏ရှေ့လက်။

Forego, *v. t.* မခံစားဘဲပြင်းပယ်သည်။

Forefront, *n.* ဦး။

Foregoing, *a.* အရင်ဖြစ်သော။

Foreground, *n.* ကားပုံ၏ရှေ့မျက်နှာစာ။
Forehanded, *a.* provident, မျှော်ခေါ်၍ကြံထားသော။ having property in store, ဆည်းဖူးတတ်၍ကုံတန်သော။
Forehead, *n.* နဖူး။
Foreign, *a.* belonging to another country, တတိုင်းတပြည်နှင့်ဆိုင်သော။ not pertaining to, (အမှုအရေးနှင့်) မဆိုင်သော။
Foreigner, *n.* တတိုင်းတပြည်သား။
Forejudge, *v. t.* အမှုကိုမစစ်မှီစီရင်ဆုံးဖြတ်သည်။
Foreknow, *v. t.* (အမှု) မဖြစ်မှီသိနှင့်သည်။
Foreknowledge, *n.* from above.
Foreland, *n.* အငူ။
Foreleg, *n.* တိရိစ္ဆာန်၏ရှေ့လက်။
Forelock, *n.* နဖူးဆံ။
Foreman, *n.* လုပ်ဆောင်သောသူတို့တွင်ခေါင်းအကြီးဖြစ်သောသူ။
Foremast, *n.* သင်္ဘောဦးရွက်တိုင်။
Forementioned, *a.* အထက်ဆိုခဲ့ပြီးသော။
Foremost, *a.* first in place, ရှေ့ဆုံးသော။ ရှေ့ဖျားကျသော။ first in dignity, အမြတ်ဆုံးသော။
Forenamed, *a.* အထက်ကအမည်နာမကိုထုတ်၍ဆိုခဲ့ပြီးသော။
Forenoon, *n.* မွန်းမတည့်မှီအချိန်။ မွန်းလွဲ။ နံနက်ခင်း။
Forensic, *a.* တရားမှုနှင့်ဆိုင်သော။
Foreordain, *v. t.* အရင်တင်၍စီရင်ခန့်ထားသည်။
Foreordination, *n.* from above.
Forepart, *n.* ဦး။ အဦး။ ရှေ့ပိုင်း။
Forerank, *n.* ရှေ့ဆုံးသောနေရာ။
Forerun, *v. t.* ရှေ့ကသွားသည်။
Forerunner, *n.* a harbinger, ရှေ့ပြေး။ a prognostic, ဖြစ်လတံ့သောအမှုအရာကိုပြသောလက္ခဏာ။
Foresail, *n.* သင်္ဘောဦးရွက်။ ဦးအောက်ဖုံး။
Foresee, *v. t.* (အမှု) မဖြစ်မှီမြင်သည်။) အရင်တင်၍မြင်သည်။
Foreshow, *v. t.* (အမှု) မဖြစ်မှီဖော်ပြသည်။
Foreside, *n.* ဦး။
Foresight, *n.* the act of foreseeing, (အမှု) မဖြစ်မှီမြင်ခြင်း။ provident care of futurity, မျှော်ခေါ်ခြင်း။
Foresighted, *a.* မျှော်ခေါ်တတ်သော။
Foreskin, *n.* ပုလ္လိန်အရေဖျား။
Forest, *n.* တောကြီး။
Forestall, *v. t.* to anticipate, သူမပြုမှီပြုနှင့်သည်။ တင်ကူးသည်။ —the market, အမြတ်အစွန်းရအောင်ဆီးကြို၍ဝယ်သည်။
Forestay, *n.* ဦးဆိုင်းကြိုး။

Forester, *n.* an inhabitant of a forest, ကျေးတောသား။ the keeper of a forest, တောစောင့်အရာရှိ။
Foretaste, *n.* စားချိန်မရောက်မှီမြည်းစမ်းခြင်း။
Foretell, *v. t.* ဖြစ်လတ္တံ့သောအမှုအရာကိုဟောပြောနိုင်သည်။
Forethought, *n.* မျှော်ခေါ်ခြင်း။
Foretooth, *n.* ရှေ့သွား။
Foretop, *n.* the hair on the forepart of the head, ရှေ့ဆံ။ the top of the foremast, ဦးရွက်တိုင်မာလိန်စင်။
Forever, *adv.* အစဉ်အမြဲ။ အစဉ်မပြတ်။
Forewarn, *v. t.* (အမှု)မရောက်မှီသတိပေးသည်။
Forfeit, *v. t.* —(money,) လျှော်သည်။ —(estate,) အသိမ်းခံရသည်။ —character, အသရေပျက်သည်။ —*n.* အလျှော်။ ငွေလျှော်။ လျှော်ပြစ်။ လျှော်ဒါဏ်။
Forfeiture, *n.* from Forfeit, *v.*
Forge, *v. t.* to work iron on a large scale, သံတန်ဆာအကြီးအကျယ်တို့ကိုထုရိုက်၍လုပ်သည်။ to counterfeit, မမှန်ဘဲလျက်အသွင်တူအောင်လုပ်သည်။ —*n.* a furnace in which iron is heated and hammered, သံတန်ဆာအကြီးအကျယ်တို့ကိုထုရိုက်၍လုပ်သောပန်းပဲဖိုကြီး။
Forgery, *n.* the act of counterfeiting, သူတပါး၏တံဆိပ်လက်မှတ်နှင့်တူအောင်လုပ်ခြင်း။ that which is counterfeited, ထိုသို့တူအောင်လုပ်သောအရာ။
Forget, *v. t.* မေ့လျော့သည်။
Forgetful, *a.* apt to forget, မေ့လျော့တတ်သော။ heedless, သတိလစ်တတ်သော။
Forgetfulness, *n.* from above.
Forgive, *v. t.* အပြစ်လွှတ်သည်။ ချမ်းသာပေးသည်။
Forgiveness, *n.* from above.
Forgiving, *a.* disposed to forgive, အပြစ်လွှတ်ချင်သောသဘောရှိသော။
Fork, *n.* ခက်ရင်း။
Forked, *a.* ခွသော။
Forlorn, *a.* deserted, စွန့်ပြစ်ခြင်းကိုခံရသော။ wretched, ဆင်းရဲငြိုငြင်သော။
Form, *n.* shape, ပုံ။ ပုံသဏ္ဌာန်။ pattern, ပုံ။ ပုံသက်သေ။ appearance, ပုံပြင်။ disposition, order, အစီအစဉ်။ stated method, ပြုမြဲထုံးစံ။ stated method in writing, ပြုမြဲထုံးစံကိုပြသောစာ။ ceremony, ထုံးစံအတိုင်းစီမံသောအခမ်းအနား။ a long seat or bench, ခုံရှည်။ a class of scholars, အတတ်ရည်တူသောတပည့်စု။ types composed and arranged for one impression, စာပုံနှိပ်ရန်စီမံသော

အကွက်အကန့်။ —*v. t.* to make, လုပ်သည်။ to shape, ပုံလုပ်သည်။ to arrange, put in order, စီစည်းသည်။ စီရင်သည်။ ပြင်ဆင်သည်။

Formal, *a.* according to established method, ပြုမြဲထုံးစံရှိသည်အတိုင်း ဖြစ်သော။ ceremonious, ခမ်းခမ်းနားနားမိမ်သော။ regular and precise in manners, ဣန္ဒြေစောင့်၍သေသေချာချာနေထိုင်ပြုမူသော။ placed in order, စီစည်းသော။ external, superficial, အတွင်း မဟုတ်၊ အပေါ်ယံသာဖြစ်သော။

Formalist, *n.* one who observes forms and ceremonies, ပြုမြဲထုံးစံ အတိုင်းပြုတတ်သောသူ။ an insincere worshipper, စိတ်မပါဘဲ ကိုးကွယ်သောသူ။

Formality, *n.* from Formal.

Formation, *n.* from Form, *v.*

Former, *a.* prior, အထက်ဖြစ်သော။ အရင်ဖြစ်သော။ past, လွန်ပြီးသော။ long past, ရှေးကာလ၌ဖြစ်သော။ mentioned before, အထက် ဆိုခဲ့ပြီးသော။

Formerly, *adv.* in time past, အထက်က။ အရင်က။ ယခင်က။ of old, ရှေးက။

Formidable, *a.* ကြောက်ရွံ့ဖွယ်ဖြစ်သော။

Formula, *n.* အကျွရာသေ၀ပ်၍အမြဲသုံးစွဲသောစကား။

Formulary, *n.* ထိုသို့သောစကားပုံ။

Fornicate, *v. i.* to have sexual intercourse without marriage, လက်မထပ်ဘဲနှင့်ပြားသည်။ or as a married man with an unmarried woman, မယားရှိသောသူသည်မိန္မလွတ်နှင့်မှားယွင်းသည်။

Fornication, *n.* from above.

Forsake, *v. t.* စွန့်သည်။ စွန့်ပြစ်သည်။ စွန့်သွားသည်။

Forsooth, *adv.* ကေန်။ အမှန်။

Forswear, *v.* to renounce upon oath, သစ္စာပြု၍စွန့်သည်။ to swear falsely, မဟုတ်မမှန်ဘဲကျိန်ဆိုသည်။

Fort, *n.* a walled place, မြို့ရိုး။ a stockade, သစ်တပ်။ a castle, ရဲတိုက်။

Forte, *n.* လွန်၍တတ်သောအမှု။

Forth, *adv.* forward, ရှေ့သို့။ out, ပြင်သို့။ —coming, *a.* ပေါ်မည် ဆဲဆဲရှိသော။

Forthwith, *adv.* ချက်ချင်း။

Fortieth, *a.* လေးဆယ်ပြည့်သော။

Fortification, *n.* from next; the science of fortifying a place, ထို သို့တည်လုပ်တတ်သောအတတ်။ a fort, သစ်တပ်။ မြို့ရိုး။ ရဲတိုက်။ မြို့ပြ။ *plur.* တန်ဆောင်း၊ ပြအိုး၊ မြို့ရိုး၊ မြို့တာ။

Fortify, *v. t.* surround with a wall, palisade, &c. သစ်တပ်၊ မြို့ရိုး၊ အစရှိသည်တို့ကိုတည်လုပ်သည်။ to strengthen, confirm, ခိုင်ခံ့ မြဲမြံစေသည်။

Fortitude, *n.* အသည်းကြီးခြင်း။ ညှိုးငယ်ခြင်းမရှိ၊ ခံနိုင်ခြင်း။
Fortnight, *n.* ၁၄ ရက်။
Fortress, *see* Fort.
Fortuitous, *a.* happening undesignedly, အကြံမရှိဘဲအမှတ်တမဲ့ဖြစ်တတ်သော။ happening without cause, အကြောင်းမရှိဘဲအလိုလိုဖြစ်တတ်သော။
Fortunate, *a.* propitious, မင်္ဂလာရှိသော။ successful, အကြံထမြောက်သော။ lucky, အခန့်သင့်၍ရသော။
Fortune, *n.* the good or ill that befalls man, လောကဓံတရား။မင်္ဂလာဖြစ်စေ၊ အမင်္ဂလာဖြစ်စေ၊ လူတို့၌ သက်ရောက်တတ်သော အမှုအရာ။ property, ရတတ်သောပစ္စည်းဥစ္စာ။ —hunter, ငွေရတတ်သောမယားကိုရှာသောသူ။ —teller, လူတို့၌ဖြစ်လတ့်သောအမှုအရာတို့ကိုဟောပြောဖော်ပြသောသူ။
Forty, *a.* လေးဆယ်။ ၄၀။
Forum, *n.* တရားရုံး။
Forward, *adv.* toward the place, before, ရှေ့သို့။ toward the head of a vessel, (သင်္ဘော)ဦးဆီသို့။ —*a.* being at the fore part, ရှေ့၌ရှိသော။ ready, prompt, အရင်ပြုချင်သော။ eager, earnest, စိတ်အားကြီးသော။ bold, confident, အရှက်မရှိသော။ being in advance of the time or season, အချိန်ကာလသော်၎င်အချိန်အရွယ်သော်၎င်မရောက်မှီဖြစ်သော။ —*v. t.* to promote, တိုးတက်အောင်ပြုသည်။ to quicken, မြန်စေသည်။ to transmit, ပေးလိုက်သည်။
Forwardness, *n.* from Forward, *a.*
Fosse, *n.* ကျုံး။
Fossil, *n.* ကျောက်။ ကျောက်ရိုင်း။ သတ္တုရိုင်း။
Foster, *v. t.* to nourish, မွေးသည်။ ကျွေးမွေးသည်။ မွေးစားသည်။ to sustain and promote, ပြုစုသည်။ —brother, *n.* အမိမွေးစားသောအားဖြင့် ညီအစ်ကို ဖြစ်သောသူ။ —child, မွေး စား သော သား။ —father, မွေးစားသောအဘ။ —mother, *n.* မွေးစားသောအမိ။
Foul, *a.* dirty, not clean, ညစ်သော။ ညစ်ပတ်သော။ အညစ်အကြေးကပ်သော။ turbid, နောက်သော။ cloudy, မိုဃ်းအုံ့သော။ vile, ဆိုးယုတ်သော။ abominable, ရွံရှာဖွယ်ဖြစ်သော။ shameful, ရှက်ဖွယ်သော။ iniquitous, အဓမ္မဖြစ်သော။ —(as wind,) မသင့်သော။ —(as a rope,) ငြိတွယ်သော။ —mouthed, နှုတ်ထွက်ကြမ်းသော။ —of [fall,] *v. t.* to assail, တိုက်သည်။ to run against, တိုက်မိသည်။ —to make filthy, ညစ်ထပ်အောင်ပြုသည်။
Foulness, *n.* from Foul, *a.*
Found 1, *v. t.* place a foundation, တည်စပြုသည်။ တည်ထောင်သည်။ —2, *v. t.* to cast in a mold, (ပုံ၌)သွန်းသည်။
Foundation, *n.* basis, ground-work, အခြေ။ အမြစ်။ rise, origin,

မူလ။ အရင်း။ bottom, အောက်ခံ။ —of a brick or stone building, တိုက်မြစ်။ —(of a pagoda,) ဘိနပ်။ the act of founding, တည်ထောင်စပြုခြင်း။ an establishment affording permanent support, စရိတ်စကလိုလောက်အောင်စီရင်၍ထားသော အမှီတကဲ။

Founder, *v. i.* to sink, as a ship, (သင်္ဘော) နစ်မြုပ်သည်။ to fail of accomplishing one's purpose, အကြံပျက်သည်။ —*v. t.* to make (a horse) lame, (မြင်းကို) ခြေနာအောင်ပြုသည်။

Foundery, *n.* ကြေး၊ သံအစရှိသည်တို့ကိုသွန်းလုပ်သောတိုက်။

Foundling, *n.* ကောက်၍မွေးသောသား။

Fount, Fountain, *n.* a spring, စမ်းရေပေါက်။ a jet, ရေပန်း။ origin, source, မူလ။ အမြစ်။ အရင်း။

Fountain-head, *n.* မူလအမြစ်။

Four, *a.* လေး။ ၄။ —fold, four times as much, လေးဆဖြစ်သော။ four times repeated, လေးထပ်ဖြစ်သော။ —footed, အခြေလေးချောင်းရှိသော။ —score, ရှစ်ဆယ်။ ၈၀။ —square, စတုရန်းဖြစ်သော။ —wheeled, ဘီးလေးဘီးတပ်သော။

Fourteen, *a.* ဆယ်လေး။ ၁၄။

Fourteenth, *a.* ဆယ်လေးခုမြောက်။ စတုဒသမ။ စုဒ္ဒသမ။

Fourth, *a.* လေးခုမြောက်။ စတုတ္ထ။

Fowl, *n.* ငှက်။ —*v.* ငှက်ကိုဖမ်းသည်။

Fowler, *n* ငှက်ကိုဖမ်းသောမုဆိုး။

Fowling-piece, *n.* ငှက်ပြစ်သေနတ်။

Fox, *n.* မြေခွေး။ —hunter, မြေခွေးတို့ကိုလိုက်ဖမ်းသောမုဆိုး။

Fracas, *n.* ခိုက်ရန်ဖြစ်၍ရုန်းရင်းခတ်မှုပြုခြင်း။

Fraction, *n.* the act of breaking, ခွဲခြင်း။ a part broken off, a bit, အစအန။ *in arithmetic,* အပိုင်းဂဏန်း။

Fractional, *a.* being a fraction, အစအနဖြစ်သော။ pertaining to a fraction, အစအနနှင့်ဆိုင်သော။

Fractious, *a.* စိတ်ဆတ်သော။

Fractiousness, *n.* from above.

Fracture, *v. t.* ချိုးသည်။ ခွဲသည်။ —*n.* ကျိုးရာ။ ကွဲရာ။

Fragile, *a.* easily broken, ကျိုးလွယ်သော။ ဆတ်သော။ weak and easily destroyed, မခိုင်ခံ့၊ ပျက်လွယ်သော။

Fragility, *n.* from above.

Fragment, *n.* a part broken off, အကျိုးအပဲ့။ ကျိုးပဲ့သောအစအန။ a small remnant of a book, စာစောင်ထဲကကျရစ်၍အနည်းငယ်မျှရသောစာ။

Fragmentary, *a.* အစအနများဖြစ်သော။

Fragrance, Fragrancy, *n.* from next; pleasing scent, မွှေးသောအနံ့။

Fragrant, *a.* မွှေးသော။

Frail, *a.* weak, infirm, အားနည်းသော။ မခိုင်ခံ့သော။ weak and easily destroyed, မခိုင်ခံ့ပျက်လွယ်သော။ liable to err, ချွတ်ယွင်းတတ်သော။

Frailness, *n.* from above.

Frailty, *n.* weakness, infirmity, အားနည်းသောအဖြစ်။ မခိုင်ခံ့သောအဖြစ်။ weakness of moral principle, ချွတ်ယွင်းတတ်သောသဘော။ fault proceeding from moral infirmity, အားနည်းသောအားဖြင့်ရောက်သောအပြစ်။

Frame, *v. t.* to fabricate, construct, ဆောက်သည်။ ဆောက်လုပ်သည်။ to prepare and adjust the main parts of a building, အမြွထည်ဆောက်သည်။ to construct in an orderly series, စီစဉ်၍လုပ်သည်။ to contrive, devise, စိတ်ကူး၍လုပ်သည်။ —*n.* a fabric, structure, ဆောက်လုပ်သောအရာ။ the main parts of a structure fitted to each other, အမြွထည်ဆောက်သောအရာ။ an adjusted series or composition of parts, စီစဉ်၍လုပ်သောအရာ။ a case, အိမ်။ တန်ဆာအိမ်။ a structure for supporting things, ခုံ။ စင်။ order, အစီအစဉ်။ temper of mind, စိတ်သဘော။

Franchise, *n.* an exemption, လွတ်ရသောအခွင့်။ a privilege or right in affairs of government, မင်းမှုမင်းရေးနှင့်ဆိုင်သောအခွင့်။

Frangible, *a.* ကျိုးလွယ်သော။

Frank 1, *a.* လျှို့ဝှက်ခြင်းမရှိ။ တည့်လင်းသော။ ဟောဟောတိုင်းတိုင်းဖြစ်သော။ —2, *v. t.* to exempt a letter from postage, စာပို့ခမရှိရအောင်လိပ်စာထိုးသည်။ —2, *n.* a letter exempted from postage, စာပို့ခလွတ်သောစာ။ the writing exempting a letter from postage, စာပို့ခလွတ်သောလိပ်စာ။

Frankincense, *n.* လော်ဗန်။

Frankness, from Frank, *a.*

Frantic, *a.* သွက်ချာတောလိုက်အောင်ရူးသော။

Fraternal, *a.* ညီအစ်ကိုနှင့်ဆိုင်သော။

Fraternity, *n.* the relation of a brother, ညီအစ်ကို၏အဖြစ်။ a society, အပေါင်းအသင်း။

Fratricide, *n.* ညီအစ်ကိုကိုသတ်သောသူ။

Fraud, *n.* လိမ်လည်ခြင်း။

Fraudful, Fraudulent, *a.* containing fraud, လိမ်လည်သော။ deceitful, trickish, လိမ်လည်တတ်သောသူ။

Fraudulence, *n.* လိမ်လည်တတ်ခြင်း။

Fraught, *a.* loaded, ဝန်တင်သော။ replete, ပြည့်စုံသော။

Fray 1, *n.* ပဋိပက္ခဖြစ်၍တိုက်ခိုက်ခြင်း။ ပရုန်းပရင်းတိုက်ခိုက်ခြင်း။ —2, *v. t.* ပွတ်၍ပွန်းသည်။

Freak, *n.* ဖွံလွင့်သောစိတ်ပေါက်၍ရုတ်တရက်ပြုသောအမှု။

Freakish, *a.* ထိုသို့ပြုတတ်သော။

Freckle, *n.* ယင်ချေး။

Freckled, *a.* ယင်ချေးရှိသော။

Free, *a.* at liberty, unrestrained, လွတ်သော။ အဆီးအတားမရှိသော။ exempt, လွတ်သော။ ကင်းလွတ်သော။ frank, unreserved, ဟောဟောတိုင်းတိုင်းဖြစ်သော။ liberal, လက်ကြီးသော။ without expenses, စရိတ်မရှိသော။ unconstrained, အလိုလိုဖြစ်သော။ gratuitous, not done from importunity, မနိုးဆော်ဘဲပြုတတ်သော။ —of, အခွင့်ရှိသော။ —agent, *n.* ကိုယ်အလိုအလျောက်ပြုရသောအခွင့်ရှိသောသူ။ —booter, ထားမြ။ —born, *a.* ကျွန်၏သားမဟုတ်သော။ —cost, *n.* စရိတ်လွတ်ခြင်း။ —hearted, *a.* စေတနာစိတ်နှင့်လက်ကြီးသော။ —man, *n.* one who enjoys liberty, ကျွန်မဟုတ်၊ လူလွတ်။ one entitled to some franchise, အခွင့်ရသောသူ။ —mason, *see* Mason. 2. —school, *n.* စာသင်ခကိုမပေးရဘဲစာသင်သောနေရာအရပ်။ —spoken, *a.* အတည့်အလင်းပြောတတ်သော။ —stone, *n.* တိုက်တည်ရန်ဆစ်ဖို့ကောင်းသောကျောက်။ —thinker, ဘုရား၊ တရားကိုမရိုသေသောသူ။ —will, the power of acting as one will, အဆီးအတားမရှိဘဲကိုယ်အလိုအတိုင်းစီရင်နိုင်သောအခွင့်။ voluntariness, ကိုယ်အလိုအလျောက်စိတ်ရှိခြင်း။ —woman, ကျွန်မဟုတ်သောမိန်း။ —*v. t.* to release, set at liberty, လွှတ်သည်။ to disengage, exempt, လွတ်စေသည်။ ကင်းလွတ်စေသည်။ to clear, disentangle, ရှင်းလင်းစေသည်။

Freedman, *n.* ကျွန်အဖြစ်မှလွှတ်ခြင်းကိုခံရသောသူ။

Freedom, *n.* liberty, the state of being without restraint, လွတ်ခြင်း။ အဆီးအတားမရှိ၊ ကိုယ်အလိုအလျောက်ပြုနိုင်ခြင်း။ the state of being frank, unreserved, ဟောဟောတိုင်းတိုင်းဖြစ်ခြင်း။ ease or facility of speaking and behaving, ကျင်လည်ကျွမ်းကျင်သည်ဖြစ်၍နေရာကျအောင်ပြုမူပြောဆိုဝံ့ခြင်း။ improper familiarity, မရှက်မကြောက်၊ အရောတဝင်ပြုခြင်း။ —of, အခွင့်ရှိခြင်း။

Freehold, *n.* လုံးလုံးပိုင်သောအိမ်၊ လယ်ယာမြေ။

Freeholder, *n.* အိမ်၊ လယ်ယာမြေကိုပိုင်သောသူ။

Freely, *adv.* plentifully, ဖြောဖြော။

Freeze, *v. i.* (ရေ) အေး၍ခဲသည်။ —*v. t.* from Freeze, *v. i.*

Freight, *v. t.* သင်္ဘောကိုဝန်တင်သည်။ —*n.* the cargo of a ship, သင်္ဘောပေါ်မှာတင်သောဝန်။ သင်္ဘောဝန်စည်။ the transportation of goods by ship, ဝန်စည်ကိုသင်္ဘောပေါ်မှာတင်၍ပို့ခြင်း။ money due for such transportation, ဝန်စည်ကိုတင်၍ပို့သောသင်္ဘောခ။

French, *a.* ဖြင်သစ်ပြည်၊ ဖြင်သစ်အမျိုးနှင့်ဆိုင်သော။ —horn, *n.* ခရာ။ —man, ဖြင်သစ်။ ဖြင်သစ်လူ။ ဖြင်သစ်အမျိုးသား။

Frenchified, *a.* ဖြင်သစ်သူ့နှင့်တူသော။
Frenzy, *n.* ရူးခြင်း။
Frequency, *n.* from next.
Fre′quent, *a.* ခဏခဏဖြစ်လှာသော။
Frequent′, *v. t.* ခဏခဏသွား၍နေသည်။
Frequently, *adv.* ခဏခဏ။
Fresco, *n.* shady coolness, အရိပ်ရှိ၍ချမ်းအေးခြင်း။ a picture drawn in dusk, မှောင်ရိပ်၌နေဟန်ရေးသောကားချပ်ပုံ။
Fresh, *a.* not faded or impaired, မနွမ်း၊ လန်းသော။ of a healthy appearance, မျက်နှာမဖျော့တော့ ကျန်းမာခြင်း လက္ခဏာရှိသော။ new, မဟောင်း၊ အသစ်ဖြစ်သော။ just arrived, အသစ်ရောက်လှာသော။ —(as the wind,) ဆတ်ဆတ်လာသော။ —(as cool water,) အေးမြသော။ not salt, မငန်၊ ချိုသော။ not stale, လတ်သော။ unfatigued, မမောမပန်းသော။
Freshen, *v. i.* to lose saltness, အငန်ပြယ်ပျောက်၍တဖြေးဖြေးချိုလာသည်။ to grow brisk, (လေ) ဆတ်ဆတ်လာသည်။ —*v. t.* to make fresh, free from saltness, အငန်ပျောက်၍ချိုစေသည်။
Freshet, (Amer.) *n.* မြစ်ရေလျှမ်းမိုးခြင်း။
Freshman, *n.* သိပ္ပံကျောင်းမှာပဌမနှစ်တွင်သင်သောတပည့်။
Freshness, *n.* from Fresh, *a.*
Fret, *v. i.* to be worn away, ပွန်းသည်။ to be vexed, စိတ်ညစ်သည်၊ to utter peevish expressions, တောက်တီးမြည်တွန်သည်။ —*v. t.* to wear away by friction, ပွန်းအောင်ပွတ်သည်။ to vex, စိတ်ညစ်အောင်ပြုသည်။ to irritate, စိတ်ဆိုးအောင်ပြုသည်။ to form into raised work, ဩဇာဆုပ်အပြောက်ထုသည်။ —work, *n.* ဩဇာဆုပ်အပြောက်။ —*n.* vexation, စိတ်ညစ်ခြင်း။ irritation, စိတ်ဆိုးခြင်း။
Fretful, *a.* disposed to fret, စိတ်ညစ်တတ်သော။ irritable, စိတ်ဆိုးတတ်သော။
Fretfulness, *n.* from above.
Friability, *n.* from next.
Friable, *a.* easily crumbled or pulverized, ကြေလွယ်သော။ မွသော။ short, crusty (as bread,) ရွသော။
Friar, *n.* ဖရင်ကိုရဟန်း။
Fricassee, *n.* အမဲသား၊ ကြက်သား ကို ခုတ်စဉ်းရောနှော ၍ ကျော် သော အကျော်တမျိုး။
Friction, *n.* ပွတ်ခြင်း။
Friday, *n.* ဖရိဒေ။ သောက်ကြာနေ့။
Friend, *n.* အဆွေခင်ပွန်း။ မိတ်ဆွေ။
Friendless, *a.* အဆွေခင်ပွန်းမရှိသော။

Friendliness, *n.* from next.

Friendly, *a.* having the feelings of a friend, မိတ်ဆွေဖြစ်သော၊ မိတ်ဆွေဖွဲ့ချင်သောသဘောရှိသော။ disposed to do favors, ကျေးဇူးပြုချင်သောသဘောရှိသော။ favorable, propitious, ကျေးဇူးပြုခြင်းနှင့်ဆိုင်သော။

Friendship, *n.* personal attachment, မိတ်ဆွေဖွဲ့ခြင်း။ personal kindness, မေတ္တာစိတ်ရှိ၍ကျေးဇူးပြုခြင်း။

Frieze, *n.* သက္ကလတ်ကြမ်းတမျိုး။

Frigate, *n.* တိုက်သင်္ဘောလတ်။

Fright, *n.* ကြောက်လန့်ခြင်း။

Frighten, *v. t.* ခြောက်လှန့်သည်။

Frightful, *a.* ကြောက်မက်ဖွယ်ဖြစ်သော။ Frightfully, *adv.* as from wounds, or the near approach of death, မလှတမ။

Frightfulness, *n.* from above.

Frigid, *a.* cold, အေးသော။ ချမ်းသော။ without warmth of affection, ချစ်ခြင်းမေတ္တာနည်းသော။ wanting zeal, စိတ်အားနည်းသော။ destitute of generative warmth, ကိလေသာစိတ်မရှိသော။ unanimated, dull, သူတပါးစိတ်ကိုမနိူးဆော်တတ်သော။

Frigidity, Frigidness, *n.* from above.

Frill, *n.* အဝတ်နားခွံတွန့်၍ထည့်သောအနားဆက်။

Fringe, *n.* —of cloth, အမြိတ်။ ornamental hangings, ပန်းတောင်းလည်း။ —*v. t.* အမြိတ်ဖြစ်စေ၊ ပန်းတောင်းလည်ဖြစ်စေ၊ ဆွဲချသည်။

Frippery, *n.* အသုံးမရသောအဝတ်တန်ဆာ။

Frisk, *v. i.* မြူးထူးခုန်လွှားသည်။

Frisky, *a.* မြူးထူးခုန်လွှားတတ်သော။

Frith, *n.* ပင်လယ်ထောင့်ကျွန်းကိုဝင်သောအဝပေါက်။

Fritter, *v. t.* သေးသေးနုပ်နုပ်ဖြစ်အောင်ပြုသည်။ —away, လျော့အောင်ပြုသည်။ —*n.* a shred, သေးသေးနုပ်နုပ်ဖြစ်အောင်လုပ်ထားသောအရာ။ a fried cake, မုန့်ဆီကြော်။ a fried bit of meat, အမဲသားကြော်ကလေး။

Frivolous, *a.* not worth notice, အတွက်မရှိသော၊ အမှုမထားလောက်သော။ slight, trivial, ပေါ့လျော့သော။

Frivolity, Frivolousness, *n.* from above.

Friz, Frizzle, *v. t.* တွန့်ခွေ၍ထားသည်။

Fro, *adv.* နောက်သို့။

Frock, *n.* a sort of gown close on all sides, သင်တိုင်း။ a girl's dress, မိန်းမကလေးဝတ်သောဂါဝန်။ —coat, အင်္ကျီရှည်တမျိုး။ shirt, အင်္ကျီလည်စွတ်။

Frog, *n.* ဖား။

Frolic, *v. i.* to play joyfully, ရွှင်လန်းမြူးထူးစွာကစားသည်။ to play tricks of levity, ဖျက်ရယ်ပြု၍ကစားသည်။ —*a.* from same. —*n.* from Frolic, *v. i.*

Frolicksome, *a.* ရွှင်လန်းမြူးထူးစွာကစားတတ်သော။ ဖျက်ရယ်ပြု၍ကစားတတ်သော။ (for sub-def. *see* above.)

From, *prep.* apart, away, မှ။ က။ because of, ကြောင့်။

Front, *n.* the fore part, ဦး။ the space before, မျက်နှာစာ။ ရှေ့ဥပစာ။ —room, အိမ်ဦးခန်း။ —*v.* to face, မျက်နှာပြုသည်၊ to stand face to face, မျက်နှာချင်းဆိုင်၍နေသည်။

Frontal, *a.* မျက်နှာစာနှင့်ဆိုင်သော။

Frontier, *n.* နယ်စပ်။ ပြည်စွန်ပြည်နား။

Frontispiece, *n.* စာစောင်၊ စာအုပ်မျက်နှာဖုံး၌ပါသောရုပ်ပုံ။

Frontlet, *n.* နဖူး၌ဆောင်သောလက်ဖွဲ့။

Frost, *n.* freezing coldness, ရေခဲအောင်အေးမြသောအချမ်းအအေး။ thin particles of ice, ဆီးခဲ။ နှင်းခဲ။ —bitten, *a.* dead (as plants) from the effect of frost, အအေးမိ၍သေသော။ frozen, as the limb of an animal, သွေးခဲ၍တောင့်မာလျက်နေသော။ —work, *n.* ဆီးခဲသဏ္ဌာန်နှင့်တူအောင်လုပ်သောအပြောက်။ —*v. t.* ဆီးခဲသဏ္ဌာန်နှင့်တူအောင်သကြားရည်သွန်းသည်။

Frosty, *a.* freezing cold, ဆီးခဲဖြစ်အောင်ချမ်းသော။ containing frost, ဆီးခဲပါသော။ white, like frost, ဆီးခဲကဲ့သို့ဖြူသော။ chill in affection, ချစ်ခြင်းမရှိသော။

Froth, *n.* spume, foam, အမြှုပ်။ empty words, အနှစ်သာရမရှိသောစကား။ —*v. i.* to gather froth, အမြှုပ်ထသည်။ to throw out froth, အမြှုပ်ထွက်သည်။

Frothy, *a.* containing froth, အမြှုပ်ပါသော။ empty, vain, အနှစ်သာရမရှိသော။

Frouzy, *a.* နံစော်သော။

Froward, *a.* စိတ်ခိုင်မာ၍ဆုံးမခဲသော။

Frowardness, *n.* from above.

Frown, *v. i.* မျက်မှောင်ကုပ်၍ကြည့်သည်။ မျက်မှောင်ကျုတ်၍ကြည့်သည်။ —*n.* from *do.*

Fructify, *v. t.* အသီးကိုသီးစေသည်။

Frugal, *a.* ခြွေတာသော။

Frugality *n.* from above.

Fruit, *n.* the produce of a plant or tree, အသီး။ result, profit, အကျိုး။ —bearing, *a.* အသီးကိုသီးတတ်သော။ —bud, *n.* အသီးထွက်ရာအဖူး။ —tree, အသီးကိုသီးသောအပင်။

Fruiterer, *n.* သစ်သီးသည်။

Fruitery, *n.* သစ်သီးဝလံကိုသိုထားသောအခန်း။

Fruitful, *a.* bearing much fruit, များစွာအသီးကိုသီးသော။ bearing many children, သားသွီးများသော(မိန္မ။) very productive, များ စွာဖြစ်စေတတ်သော။ abounding in, ဝပြောသော။

Fruitfulness, *n.* from above.

Fruition, *n.* ခံစံစားခြင်း။

Fruitless, *a.* without fruit, အသီးမဲ့။ profitless, အကျိုးမရှိသော။

Fruitlessness, *n.* from above.

Frumentaceous, *a.* စပါးမျိုးက ဖြစ်သော။

Frumentarious, *a.* စပါးနှင့်ဆိုင်သော။

Frustrate, *a.* unsuccessful, အကျိုးဖျက်လျက်ရှိသော။ useless, unprofitable, အကျိုးမရှိသော။ အချည်းနှီးသက်သက်ဖြစ်သော။ —*v. t.* to render null, အကျိုးကိုဖျက်သည်။ to balk, အကြံအစည်ကို ဖျက်သည်။

Frustration, *n.* from above.

Frustum, *n.* ဖြတ်စဖြတ်ပိုင်း။

Fry, *v. t.* ကျော်သည်။ —*v. i.* အကျော်ခံသည်။ —*n.* a dish of something fried, ကျော်သောအရာ။ a swarm of small fish, ငါးကလေးအစု။

Frying pan, *n.* လက်တံပါသောဒိုးကင်းပြား။

Fuddle, *v. t.* ယစ်မူးအောင်သေရည်သေရက်ကိုတိုက်သည်။

Fudge, *int.* အလကား။

Fuel, *n.* ထင်း။

Fugacious, *a.* လွင့်တတ်သော။

Fugaciousness, Fugacity, *n.* from above.

Fugitive, *a.* readily wafted away, လွင့်တတ်သော။ readily escaping, ပျောက်လွင့်တတ်သော။ fleeing, ထွက်ပြေးသော။ unsettled, wandering, အတည်မကျ၊ လှည့်လည်တတ်သော။ written for temporary perusal, ခေတ္တကြည့်ရန်ရေးသော(စာ။) —*n.* ထွက်ပြေး သောသူ။

Fulcrum, *n.* အခု။ ကုတ်ခုတုံး။ မောင်းခုတုံး။

Fulfil, *v. t.* to accomplish, ပြည့်စုံစေသည်။ to finish, ပြီးစီးစေသည်။ to complete in time, ငွေအောင်ပြုသည်။

Fulfilment, *n.* from above.

Fulgent, *n.* တောက်ထွန်းသော။ ထွန်းပသော။

Full 1, *a.* replete, ပြည့်သော။ ပြည့်ဝသော။ ပြည့်စုံသော။ satisfied with food, (စား၍)ဝသော။ plump, fat, (မဒိန်)ဝသော။ complete, စုံလင်သော။ clear, strong, (အသံ)လုံသော။ abounding in, ကုံတန်သော။ ကြွယ်ဝသော။ —moon, *n.* လပြည့်။ —1, ပြည့်ခြင်း။ စုံလင်ခြင်း။ ဝခြင်း။ (for sub-def. *see* above;) the whole, အကုန်။ —1, *adv.* quite, without abatement, အလျှင်းမလျော့ဘဲ။ directly, တည့်တည့်။ တိုက်ရိုက်။ exactly, စေ့စပ်စွာ။ သေချာစွာ။

—bloom, *a.* ကားအောင်ပွင့်သော (ပန်း။) —laden, *a.* တင်းကျမ်း ပြည့်တင်ထားသော။ —2, *v. t.* (သက္ကလတ်ကိုရက်ပြီးလျှင်) ချေး ညှော်စင်၍ထူထဲညီညာစေခြင်းငှါဖွပ်လျှော်သည်။

Fuller, *n.* သက္ကလတ်ကိုဖွပ်လျှော်သောသူ။

Fuller's earth, *n.* သက္ကလတ်ကိုဖွပ်လျှော်ရန်သုံးသောမြေစေးတမျိုး။

Fullness, *n.* from Full, *a.*

Fully, *adv.* အကုန်အစင်။

Fulminate, *v.* to thunder, မိုဃ်းခြိမ်းသည်။ to make a thundering noise, မိုဃ်းခြိမ်းသကဲ့သို့ပြင်းထန်စွာမြည်သည်။ to menace by ecclesiastical authority, ဂိုဏ်းဘုပ်။ ရဟန်းမင်းအာဏာနှင့်ခြိမ်း ခြောက်၍အပြစ်ပေးသည်။

Fulmination, *n.* from above.

Fulsome, *a.* စက်ဆုပ်ရွံရှာဖွယ်ဖြစ်သော။

Fumble, *v. i.* to do clumsily, awkwardly, နေရာမကျ၊ ပြုလုပ်သည်။ —*v. t.* to tumble together, ရောနှော၍ရှုပ်ထွေးအောင်ပြုလုပ်သည်။

Fume, *n.* vapor, အခိုးအငွေ့။ anger, အမျက်။ ဒေါသ။ —*v. i.* to throw off vapor, အခိုးအငွေ့ထွက်သည်။ to be angry, အမျက်ထွက်သည်။

Fumigate, *v. t.* အခိုးအငွေ့နှင့်ထုံသည်။

Fun, *n.* ရွှင်လန်းကစားခြင်း။

Function, *n.* performance, အမှုကိုဆောင်ခြင်း။ ဆောင်ရွက်ခြင်း။ office or employment, အမှုကိစ္စကိုဆောင်ရွက်ခြင်း၏အရာ။ power, faculty, အစွမ်းသတ္တိ။

Functionary, *n.* အရာရှိသောသူ။

Fund, *n.* stock or capital, အရင်းအနှီး။ ငွေရင်း။ money deposited to be lent on interest, အတိုးရအောင်သွင်းထားသောငွေ။ —*v. t.* အတိုးရအောင်ငွေကိုသွင်းထားသည်။

Fundament, *n.* ဖင်။ ဖင်ဝ။

Fundamental, *a.* pertaining to the foundation, အခြေအမြစ်နှင့်ဆိုင် သော။ essential, of the utmost importance, အကြောင်းကြီး ဖြစ်သော။

Funeral, *n.* မသာ။ မသာချခြင်း။ —*a.* မသာနှင့်ဆိုင်သော

Funereal, *a.* sad, dismal, မသာကဲ့သို့ဖြစ်သော။ suited to a funeral, မသာနှင့်သင့်သော။

Fungous, *a.* မှိုကဲ့သို့ဖြစ်သော။ —*n.* a mushroom, မှို။ any morbid excrescence, အသားထွတ်။

Funnel, *n.* a cone shaped tube, ကတော့။ a pipe for the passage of smoke, မီးခိုးပြွန်။ ခေါင်တိုင်။s.

Funny, *a.* ဟျက်ရယ်ပြုခြင်းနှင့်ဆိုင်သော။

Fur, *n.* fine, short hair, မွေးညှင်း။ a skin covered with such hair,

မွေးညှင်းပါသောသားရေ။ a coat of morbid matter on the tongue, ဖျားနာသောအခါလျှာ၌စွဲကပ်သောအချေး။

Furbelow, *n.* ဂါဂရာအောက်အနားကွပ်။

Furbish, *v. t.* to burnish, မှတ်တင်သည်။ အရောင်ဝင်သည်။ to rub in order to brighten, အရောင်ထွက်အောင်ပွတ်သည်။

Furious, *a.* most violent, အလွန်ပြင်းထန်သော။ transported with anger, အလွန်ပြင်းထန်စွာအမျက်ထွက်သော။

Furl, *v. t.* ရှုပ်၍ချည်းထားသည်။

Furlong, *n.* အတောင် ၄၄၀ ရှိသောအတိုင်းအထွာ။

Furlough, *n.* စစ်မှုကိုထမ်းရာကကိုယ်ရေးကြံ၍သွားရသောအခွင့်။

Furnace, *n.* သံအစရှိသည်တို့ကိုကြို၍ချက်သောဖို။

Furnish, *v. t.* to supply, အသုံးလိုသမျှကိုပေးသည် to fit up with suitable utensils, appendages, &c. အသုံးခံသည်။ အသုံးအဆောင်အခမ်းအနားကိုပျှင်ဆင်၍ပေးသည်။

Furniture, *n.* household utensils, အိမ်ထောင်ပရိက္ခရာ။ any utensils, သုံးဆောင်သောတန်ဆာ။ ornaments, ဆင်သောတန်ဆာ။ အဆောက်အဦး။s.

Furred, *a.* ဖျားနာသောအခါအချေးစွဲကပ်သော (လျှာ။)

Furrier, *n.* မွေးနှ၊မွေးညှင်းရှိသောသားရေကိုရောင်းသောသူ။

Furrow, *n.* the mark made by a plow, ထွန်ကြောင်း။ a fluted channel, မြှောင့်ကြောင်း။ a wrinkle, အတွန့်။ —*v. t.* အကြောင်းလုပ်သည်။

Further, *a.* more distant, သာ၍ဝေးသော။ additional, ၎င်ပြင်ရှိသော။ —*adv.* *see* Farther, *adv.*; besides, moreover, ထိုမှတပါး။ တနည်းကား။ ၎င်ပြင်။ —*v. t.* to advance, (trans.) တိုးတက်စေသည်။ ကူညီသည်။ မစသည်။ to help, assist, ကူညီသည်။ မစသည်။

Furtherance, *n.* from above.

Furthermore, *adv.* ထိုမှတပါး။ တနည်းကား။ ၎င်နည်း။

Furthest, *see* Farthest.

Furtive, *a.* obtained by theft, ခိုး၍ရသော (အရာ။) concealed, လျှို့ဝှက်သော။

Fury, *n.* from Furious; a violent woman, အလွန်ကြမ်းတမ်းသောမိန္မ။

Fuse, *v. t.* to melt, အရည်ကြိုသည်။ —*v. i.* to be melted, ကြို၍အရည်ဖြစ်သည်။

Fusee, *n.* the cone of a watch, နာရီ၌ကြိုးပတ်ရစ်သောစက်။ —of a bomb or grenade, စနက်။

Fusible, *a.* အရည်ကြိုနိုင်ဖွယ်ဖြစ်သော။

Fusil, *n.* လက်စွဲသေနတ်။

Fusion, *n.* from Fuse.

Fuss, *n.* မဖြစ်လောက်သောအမှုနှင့်ပွေ၍ နေအောင်ပြုလုပ်ခြင်း။ အပန်းတကြီးလုပ်ခြင်း။

Fustian, *n.* a kind of cloth, ဝွမ်းနှင့်ပိုက်ဆံခြည်ကိုရော၍ရက်သောအထည်။ bombast, ကြီးကျယ်၊ ဝါကြွားသောစကား။

Fustic, *n.* သစ်သားတမျိုး။

Fusty, *a.* မှိုတက်သော။ အောက်သော။

Futile, *a.* of no effect, အကျိုးမဲ့သော။ empty, vain, အချည်းနှီးသက်သက်ဖြစ်သော။

Futility, *n.* from above.

Future, *a.* ဖြစ်လတ့ံသော။ —*n.* နောင်ကာလ။ အနာဂတ်။

Futurity, *n.* same; a future event, ဖြစ်လတ့ံသောအမှုအရာ။ the state of being future, ဖြစ်လတ့ံရှိခြင်း။ ရှေးစွန်။

Fuzz, *v. i.* အမှုန့်လွင့်သည်။ —ball, *n.* မှိုဥတမျိုး။

G

Gab, *n.* စကားများခြင်း။

Gabardine, *n.* သင်တိုင်းတမျိုး။

Gabble, *v. i.* မြန်းဖျင်းသောစကားများသည်။ —*n.* from *do.*

Gabion, *n.* မြို့ရိုးပေါ်၌ကွယ်ကာရန်ဆင့်သောမြေကတုတ်တောင်း။

Gable, *n.* မြင်းမှို့ရိုဒိတ်။

Gaby, *n.* လူအဖျင်း။

Gad, *v. i.* အကြောင်းမရှိ၊ အမှတ်တမဲ့လှည့်လည်သည်။

Gadfly, *n.* မှက်။

Gaffer, *n.* မိုးကြီး။

Gaffle, *n.* ကြက်တိုက်ရာဆက်သောအကက်။

Gag, *v. t.* to stop the mouth by thrusting in something, ပစပ်ကိုဆို့ဒိတ်သည်။ —to heave with nausea, ပျို့သည်။ —*n.* ပစပ်ကိုဆို့ဒိတ်သောတန်ဆာ။

Gage, *v. t.* လောင်းသည်။ *see also* Gauge, *v.* —*n.* အပေါင်အနှံ။ *see also* Gauge, *n.*

Gaggle, *v. i.* ငန်းကဲ့သို့မြည်သည်။

Gaily, *adv.* from Gay.

Gain, *n.* to make profit, အမြတ်ရသည်။ to win, နိုင်၍ရသည်။ to acquire, လုပ်၍ရသည်။ to bring over by persuading, သွေးဆောင်၍ရသည်။ to advance, (intrans.) တိုးတက်သည်။ to reach, attain, မှီသည်။ ရောက်သည်။ —over, *v. t.* သွေးဆောင်၍ရသည်။ —time, *v.* to do beforehand, (ပြု)ရမည်အချိန်မစေ့မှီ(ပြု)နှင့်သည်။ to move too fast (as a timepiece,) မြန်သည်။ —*n.* pecuniary profit, အမြတ်၊ အမြတ်အစွန်း။ any profit, advantage, စီးပွား။ အကျိုး။

Gainful, *a.* အကျိုးစီးပွားကိုဖြစ်စေတတ်သော။

Gainléss, *a.* အကျိုးမရှိသော။
Gainsay, *v. t.* ငြင်းခုံသည်။
Gairish, *a.* လှင်သောအဝတ်ကိုဝတ်၍ပလွှားသော။
Gait, *n.* a going, walking, သွားခြင်း။ လှမ်း၍သွားခြင်း။ manner of walking, လှမ်းသွားခြင်း၏အခြေအနေ။
Gaiter, *n.* ခြေသားလုံး၊ ခြေဖမိုးကိုဖုံးအုပ်သောခြေစွပ်ရောင်တမျိုး။
Gala-day, *n.* ပွဲနေ့။
Galaxy, *n.* နဂါးငွေ့။
Gale, *n.* လေပြင်း။
Galiot, *n.* နှစ်ပင်တိုင်သင်္ဘောတမျိုး။
Gall 1, *n.* the bile, သည်းခြေ။ ဗဒ္ဓသည်းခြေ။ any thing very bitter, အလွန်ခါးသောအရာ။ rancor, ရန်ငြိုးဖွဲ့ခြင်း။ —bladder, သည်းခြေအိမ်။ —2, *n. see* Nut-gall. —3, *v. t.* to fret, wear away, ပွန်းပွတ်သည်။ to vex, စိတ်နာအောင်ပြုသည်။ to irritate, စိတ်ဆိုးအောင်ပြုသည်။ to harass, ပင်ပန်းအောင်ပြုသည်။
Gal'lant, *a.* ရဲရင့်သော။
Gallant', *a.* မိန္မတို့ကိုမျက်ချေသွေး၍လောကဝတ်ပျူငှါပြုတတ်သော။ —*n.* agent, from next; a wooer, မိန္မကိုလှည့်တတ်သောသူ။ —*v. t.* (မိန္မတို့ကို) မျက်ချေသွေး၍လောကဝတ်ပျူငှါပြုသည်။
Gal'lantry, *n.* from Gal'lant, *a.* and Gallant', *v. t.*; seductive practices, မိန္မတို့ကိုလှည့်၍မှားယွင်းခြင်း။
Galleon, ဘဏ္ဍာပါသောစပါနီသင်္ဘောကြီး။
Gallery, *n.* a portico or open walk, ပြင်မှာ ထုတ် သော ကြမ်းပြင်။ a raised platform in a building, သင်္ဘောစည်ထိုင်ရန်စင်။
Galley, *n.* a large decked boat, သံဗန်ကြီးတမျိုး။ the cook-room in an armed ship, တိုက်သင်္ဘော၌ရှိသောမီးဖို။ —slave, *n.* ရာဇဝတ်သင့်၍သံကြိုးနှင့်ချည်နှောင်လျက်သံဗန်ခတ်ရသောသူ။
Gallic, *a.* ဖြင်သစ်ပြည်နှင့်ဆိုင်သော။
Gallicism, *n.* ဖြင်သစ်တို့သာပြောတတ်သောစကား၏အခြေအနေ။
Gallinaceous, *a.* ကြက်မျိုးနှင့်ဆိုင်သော။
Gallipot, *n.* ဆေးထည့်ရန်စဉ့်အိုးကလေး။
Gallon, *n.* ဂါလံတည်းဟူသော ၄ ကွတ်နှင့်မျှသောအခြင်အတွယ်။
Gallop, *v.* ခါးဆုံချပြေးသည်။ —*n.* from same.
Gallows, *n.* လည်ဆွဲတိုင်။
Gallowses, *n. see* Suspenders.
Galoche, *n.* ခြေနင်းအပေါ်မှာထပ်၍ စွပ်သောခြေနင်း။
Galvanic, *a.* ဂါလဝနီအတတ်နှင့်ဆိုင်သော။
Galvanism, *n.* ဂါလဝနီအတတ်။လျှပ်စစ်မီးနှင့်ဆိုင်သောပညာအတတ်တမျိုး။
Galvanize, *v. t.* ဂါလဝနီအတတ်အားဖြင့်လျှပ်စစ်မီးကိုသွင်းသည်။
Gamble, *v. i.* လောင်းတမ်းကစားသည်။

Gambler, *n.* လောင်းတမ်းကစားသောသူ။
Gamboge, *n.* သစ်စေးတမျိုး။ သနပ်ထော်စေး။s.
Gambol, *v. i.* မြူးထူးကခုန်၍ကစားသည်။ —*n.* from *do.*
Game, *v. i.* to play, ကစားသည်။ to gamble, လောင်းတမ်းကစားသည်။ —*n.* from above; a single match at play, ကစားရာ၌တပွဲ။ a making sport of, ပျက်ရယ်ပြုခြင်း။ animals taken in the chase, တော၌မုဆိုးလိုက်၍ဖမ်းသောသားငှက်။ —cock, တိုက်သောကြက်။ —keeper, မင်းပိုင်သောတော၌အလွတ်နေသောတိရိစ္ဆာန်တို့ကိုကြည့်ရှုရသောအရာရှိ။
Gamesome, *a.* ရွှင်လန်းမြူးထူးစွာကစားတတ်သော။
Gamester, *n.* လောင်းတမ်းကစားသောသူ။
Gaming, *n.* လောင်းတမ်းကစားခြင်း။ —house, လောင်းတမ်းကစားသောအိမ်။ ဗိုင်အိမ်။ —table, လောင်းတမ်းကစားသောခုံ။
Gammer, *n.* အမေကြီး။
Gammon, *n.* ဝက်ပေါင်ခြောက်။
Gamut, *n.* သီခြင်းဆိုရာ၌အထက်သံ၊အောက်သံကိုပြသောပုံ။
Gander, *n.* ငန်းဖို။
Gang, *n.* အစည်းအကြပ်ဖွဲ့သောလူစု။
Gangrene, *v. i.* ကိုယ်အင်္ဂါတစိုတခုသေ၍ပုပ်သည်။ —*n.* from *do.*
Gangway, *n.* သင်္ဘောပေါ်တွင်တခန်းမှတခန်းသို့ကူးသန်းသောလမ်းပေါက်။
Gantlet, *n.* ရာဇဝတ်သင့်၍စစ်သည်အများတချက်စီရိုက်ရသောရာဇဒဏ်တမျိုး။
Gaol, *n.* *see* Jail.
Gap, *n.* a fissure, အအက်။ အအက်အကွဲ။ an opening made by a breach, ပြိုကျ၍ဖြစ်သောအပေါက်အဝ။
Gape, *v. i.* to yawn, သမ်းသည်။ to open the mouth, ဟသည်။ to open in a fissure, အက်ကွဲသည်။ —after, —for, *v. t.* အလွန်တောင့်တသည်။
Garb, *n.* dress, အဝတ်။ mode of dress, အဝတ်ဝတ်ခြင်း၏အခြေအနေ။ exterior appearance, အသွင်အပြင်။
Garbage, *n.* သားငှက်တို့၏ဝမ်းတွင်းသားတွင်စားဖွယ်မကောင်းသောအရာ။
Garble, *v. t.* to sift, ဆန်ချချွင့်ချသည်။ to separate the good from the bad, ကောင်းသောအရာ၊မကောင်းသောအရာတို့ကိုခွဲခွာ၍ထားသည်။
Garden, *n.* ဥယျာဉ်။ —*v. i.* ဥယျာဉ်ကိုစိုက်ပျိုးပြုစုသည်။
Gardener, *n.* ဥယျာဉ်ကိုစိုက်ပျိုးပြုစုသောလူ။
Gargle, *v. t.* လုပ်ကျင်းသည်။ —*n.* လုပ်ရေ။ ပါးလုပ်ရေ။
Garland, *n.* ပန်းကုန်း။
Garlic, *n.* ကြက်သွန်ဖြူ။
Garment, *n.* အဝတ်။
Garner, *n.* စပါးကျီ။ —*v. t.* သိုထားသည်။

Garnet, *n.* မျိုးဖြူကုန်း။

Garnish, *v. t.* to adorn, တန်ဆာဆင်သည်။ to furnish with suitable appendages, ဆိုင်သောတန်ဆာတို့ကိုစုံထင်အောင်ပြုပြင်၍ထားသည်။ —*n.* ဆင်သောတန်ဆာ။

Garniture, *n.* same.

Garret, *n.* သဘော်ကြမ်း။

Garrison, *n.* မြို့စောင့်ထားသောစစ်သည်တပ်သား။ —*v. t.* မြို့စောင့်စေခြင်းငှါစစ်သည်များကိုထားသည်။

Garrulity, *n.* from next.

Garrulous, *a.* စကားများသော။

Garter, *n.* ခြေစွပ်စည်းကြိုး။

Gas, *n.* ဓာတ်ငွေ့။

Gasconade, *v. i.* ဝါကြွားသည်။ —*n.* from above.

Gaseous, *a.* ဓာတ်ငွေ့ကဲ့သို့ဖြစ်သော။

Gash, *v. t.* to cut, ခုတ်သည်။ —(fish or flesh,) မွှင်းသည်။ —*n.* ခုတ်ရာ။ မွှင်းရာ။

Gasify, *v. t.* ဓာတ်ငွေ့ဖြစ်စေသည်။

Gas-light, *n.* ဓာတ်ငွေ့အလင်း။

Gasp, *v. i.* အသက်ငင်သည်။ —*n.* from Gasp, *v. i.*

Gastric, *a.* အစာအိမ်နှင့်ဆိုင်သော။ —juice, *n.* အစာအိမ်၌အစာကိုကြေစေတတ်သောအရည်။

Gate, *n.* the door of an outside inclosure, အိမ်ပြင်တံခါး။ any large door, ကြီးသောတံခါး။ an avenue, passage way, ထမ်းပေါက်လမ်းဝ။ *see also* Flood-gate. —way, အိမ်ပြင်တံခါးပေါက်။

Gather, *v.* to collect, စုသည်။စုရုံးသည်။ to collect in heaps, စုပုံသည်။ to collect and deposit, စုထားသည်။စုသိမ်းသည်။ to accumulate, ဆည်းဖူးသည်။ to bring into union, စုပေါင်းသည်။ to assemble (intrans.,) စုဝေးသည်။ to assemble (trans.,) စုဝေးစေသည်။ to pluck, ဆွတ်သည်။ to plait or pucker, တွန့်၍ချုပ်သည်။ to learn from observation, မှတ်၍သိရသည်။ as fuel, ခွေတင်ခွေ။ —*n.* အတွန့်။ တွန့်၍ချုပ်သောအရာ။

Gathering, *n.* the act of assembling, စုဝေးခြင်း။ an assembly, အစုအဝေး။ the act of collecting and depositing, စုထားခြင်း။ စုသိမ်းခြင်း။ a collection of pus, ပြည်စုဝေးသောအနာ။

Gaudiness, *n.* from next.

Gaudy, *a.* ဝင့်ဝင့်ဝါဝါဝတ်ဆင်လျက်ရှိသော။

Gauge, *v. t.* အရည်ထည့်ရန်အိုး၊စည်တို့ကိုတိုင်းထွာသည်။ —*n.* an instrument for guaging, တိုင်းထွာရန်တန်ဆာ။ any measure, အတိုင်းအထွာ။

Gauger, *n.* တိုင်းထွာသောအရာရှိ။

Gaunt, *a.* ဝိန်ကြုံသော။
Gauntlet, *n.* သံချပ်လက်စွပ်။
Gauze, *n.* ကြာခြည်အထည်။
Gawk, *n.* လူရိုင်း။
Gawky, *a.* ရိုင်းသော။
Gay, *a.* fine, showy, သစ်သစ်လွင်လွင်ဝတ်စားတန်ဆာတို့ကို ဝတ်ဆင်လျက်ရှိသော။ merry, joyful, ရွှင်လန်းမြူးထူးစွာကစားချင်သောသဘောရှိသော။
Gayety, *n.* ရွှင်လန်းမြူးထူးစွာကစားခြင်း။
Gaze, *v. i.* စိုက်စိုက်ကြည့်သည်။ —*n.* from *do.*
Gazelle, *n.* ဒရယ်ဆိတ်။
Gazette, *v. t.* သိတင်းစာ။ —သိတင်းစာ၌သွင်းသည်။
Gazeteer, *n.* a writer of news, သိတင်းစာကိုစီရင်ရေးထားသောသူ။ an alphabetic geography, ဗျည်း၊ သရ အစဉ်အတိုင်းလိုက်၍တိုင်းပြည်မြို့ရွာတို့၏အကြောင်းကိုရေးထားသောစာစောင်။
Gazing stock, *n.* လူအများဝိုင်း၍ကြည့်သောသူ။
Gear, *n.* တန်ဆာဗလာ။ —*v. t.* တန်ဆာဗလာကိုဆင်ဗျင်၍ထားသည်။
Gelatine, *n.* အမဲသားကိုပြုတ်၍ပျစ်ပျစ်ချွဲချွဲအစေးထွက်သောအရာ။
Gelatinous, *a.* ထိုသို့သောအရာကဲ့သို့ဖြစ်သော။
Geld, *v. t.* အသိုးထုတ်သည်။ သင်းကွပ်သည်။
Gelding, *n.* မြင်းပြီး။ မြင်းစင်။
Gelid, *a.* အလွန်ချမ်းသော။
Gem, *n.* ကျောက်မျက်။ မျက်မွန်။ —*v. t.* ကျောက်မျက်ကိုစီချယ်သည်။
Gemini, *n.* မေထုန်ရာသီ။
Gender, *n.* (masculine,) ပုလ္လိင်။ (feminine,) ဣတ္ထိလိင်။ (neuter,) နပုလ္လိင်။ —*v. t. see* Engender.
Genealogical, *n.* ဆွေစဉ်မျိုးဆက်စာရင်းနှင့်ဆိုင်သော။
Genealogist, *n.* ဆွေစဉ်မျိုးဆက်စာရင်းကိုတတ်သောသူ။
Genealogy, *n.* ဆွေစဉ်မျိုးဆက်စာရင်း။
General, pertaining to the many, အများနှင့်ဆိုင်သော။ comprehending the many, အများကိုချုပ်ချာသော။ having reference to the many, အများကိုရည်စောင်သော။ —*n.* the whole, အပေါင်း။ a chief commander, ဗိုလ်ချုပ်ကြီး။ သေနာပတိ။ စစ်ဘုရင်။
Generalissimo, *n.* ဗိုလ်ချုပ်ကြီး။ သေနာဓိပတိ။ စစ်ဘုရင်။
Generality, *n.* အများ။
Generalize, *v. t.* အလားတူသောအရာအသီးအသီးတို့ကိုအချုပ်အချာပြု၍တခန်းစီထားသည်။
Generally, *adv.* အများအားဖြင့်။
Generalship, *n.* စစ်မှုကိုစီရင်တတ်သောအတတ်။

Generate, *v. t.* to beget, သားရအောင်သန္ဓေပေးသည်။ to cause to be, ဖြစ်စေသည်။

Generation, *n.* from above; a race, lineage, အမျိုးအနွယ်။ a single succession in natural descent, ဆွေစဉ်မျိုးဆက်တဆက်။ the people of the same period, တကပ်တကာလအတွင်းတွင်ဖြစ်သောလူစု။

Generative, *a.* capable of begetting, သန္ဓေပေးနိုင်သော။ capable of producing, ဖြစ်စေနိုင်သော။

Generic, Generical, *a.* ချုပ်ချာသောအမျိုးနှင့်ဆိုင်သော။

Generosity, *n.* the quality of being generous, ကောင်းသောစေတနာစိတ်သန်ခြင်း။ liberality in act, လက်ကြီးခြင်း။

Generous, *a.* of honorable birth, အမျိုးမြတ်သော။ magnanimous, ကောင်းသောစေတနာစိတ်သန်သော။ disinterested, ကိုယ်အကျိုးကိုမငဲ့ကွက်သော။ liberal, ရက်ရောစွာပေးကမ်းတတ်သော။ strong, သန်မြန်သော။

Generousness, *n.* from above.

Genesis, *n.* ဓမ္မဟောင်းကျမ်းတို့တွင်ပဌမကျမ်းတည်းဟူသောကမ္ဘာဦးကျမ်း။

Geneva, *see* Gin.

Genial, *a.* favorable to propagation, ပွားမြင်စေခြင်းနှင့်သင့်သော။ favorable to cheerfulness, စိတ်သာယာစေတတ်သော။

Genii, *plur.* of Genius, 1st def.

Genio, *n.* ဝါသနာထူးခြားသောသူ။

Genital, *a.* သံဝါသပြုခြင်းနှင့်ဆိုင်သော။

Genitals, *n. plur.* အင်္ဂါဇာတ်။

Genitive, *n.* သမ္ဗန္ဓ။

Genitor, *n.* သန္ဓေပေးသောသူ။ အဘ။

Genius, *n.* a guardian spirit, လူစောင့်နတ်။ natural talent, ပကတိဉာဏ်။ superior natural talents, ထူးဆန်းသောဉာဏ်။ one possessed of such talents, ထူးဆန်းသောဉာဏ်ရှိသောသူ။

Genteel, *a.* ယဉ်ကျေးသော။

Genteelness, *n.* from above.

Gentian, *n.* ဆေးပုလဲ။

Gentile, *n.* an alien, တပါးအမျိုးသား။ a heathen, သာသနာပလူ။

Gentility, *n.* politeness, ယဉ်ကျေးခြင်း။ good extraction, အမျိုးမြတ်ခြင်း။

Gentle, *a.* of good extraction, အမျိုးမြတ်သော။ meek, mild, နူးညံ့သိမ်မွေ့သော။ moderate, not violent, ဖြည်းညှင်းသော။

Gentleman, *n.* သူကောင်း။

Gentlemanly, *a.* သူကောင်းကဲ့သို့ဖြစ်သော။

Gentleness, *n.* meekness, mildness, နူးညံ့သိမ်မွေ့ခြင်း။ moderation, tender treatment, ဖြည်းညှင်းခြင်း။
Gentlewoman, *n.* သူကောင်းမ။
Gently, *adv.* ဖြည်းဖြည်းနှေးနှေး။
Gentoo, *see* Hindoo.
Gentry, *n.* သူကောင်းမျိုး။
Genuflection, *n.* ဒူးထောက်ခြင်း။
Genuine, *a.* ဇာတိဖြစ်သော။ စစ်သော။ စင်စစ်ဖြစ်သော။
Genuineness, *n.* from above.
Genus, *n.* ချုပ်ချာသောအမျိုး။
Geocentric, *a.* မြေကြီးနှင့်အတူဗဟိုလ်ချက်မကိုလျှည့်ပတ်တတ်သော။
Geographer, *n.* ဂဲသြဂရဖိအတတ်ပညာကိုတတ်သောသူ။
Geographic, Geographical, *a.* ဂဲသြဂရဖိအတတ်ပညာနှင့်ဆိုင်သော။
Geography, *n.* ဂဲသြဂရဖိအတတ်တည်းဟူသောမြေကြီးပေါ်မှာကျွန်းကြီး၊ ကျွန်းငယ်၊ အိုင်၊ ပင်လယ်အစရှိသော တိုင်းပြည်မြို့ရွာတို့၏အကြောင်းကိုပြသောအတတ်ပညာ။
Geological, *a.* ဂဲသြလဇိအတတ်ပညာနှင့်ဆိုင်သော။
Geologist, *n.* ဂဲသြလဇိအတတ်ပညာကိုတတ်သောသူ။
Geology, *n.* ဂဲသြလဇိအတတ်တည်းဟူသောမြေကြီးအတွင်းခေတ်၏အဖြစ်အပျက်အထုပ္ပတ္တိတို့ကိုပြသောအတတ်ပညာ။
Geometric, Geometrical, *a.* ဂဲသြမဋ္ဌရိအတတ်ပညာနှင့်ဆိုင်သော။
Geometrician, *n.* ဂဲသြမဋ္ဌရိအတတ်ပညာကိုတတ်သောသူ။
Geometry, *n.* ဂဲသြမဋ္ဌရိအတတ်တည်းဟူသော အလျား၊ အနံ၊ အထု တို့ကို တိုင်းထွာသောအတတ်ပညာ။
Georgic, *n.* လယ်လုပ်ခြင်းအမှုကိုဖော်ပြသောလင်္ကာစာ။
Germ, *n.* a sprout, အညွှောက်။ origin, first principle, မူလ၊ အမြစ်။
German 1, *n.* ဇာမနီပြည်၊ ဇာမနီ အမျိုး နှင့် ဆိုင် သော။ —2, see Cousin-german.
Germinate, *v. i.* to sprout from a seed, အညွှောက်ထိုးသည်။ to bud, as a leaf or flower, အဖူးထွက်သည်။
Germination, *n.* from above.
Gestation, *n.* ကိုယ်ဝန်ဆောင်ခြင်း။
Gesticulate, *v. i.* လက်ရိပ်၊ ခြေရိပ်ကိုပြသည်။
Gesticulation, *n.* from above.
Gesture, *n.* a motion of the body or limbs, ကိုယ်အင်္ဂါလှုပ်ရှားခြင်း။ a motion of the body or limbs expressive of sentiment or passion, စိတ်နှစ်လိုးတညီတည်းကိုယ်အင်္ဂါလှုပ်ရှားခြင်း။
Get, *v. t.* to obtain, ရသည်။ to beget, သန္ဓေပေးသည်။ to procure to be, (ဖြစ်အောင်)ပြုသည်။ —*v. i.* to become, ဖြစ်လာသည်။ to above, *v. t.* to arrive above, အပေါ်သို့ရောက်သည်။ to

surmount, conquer, နိုင်သည်။ —ahead, *v.* တိုးတက်သည်။ —along, *v. i.* to fare, ဖြစ်သည်။ to proceed, advance, တိုးတက်၍သွားသည်။ —among, *v. t.* အထဲသို့ဝင်သည်။ —asleep, *v. i.* အိပ်ပျော်သွားသည်။ —at, *v. t.* မှီသည်။ —away, *v. i.* to depart, ထွက်သွားသည်။ to escape, လွတ်သွားသည်။ —back, ပြန်ရောက်သည်။ —before, *v.* to arrive before, ရှေ့သို့ရောက်သည်။ to go beyond, လွန်သည်။ —behind, *v.* to arrive behind, နောက်သို့ရောက်သည်။ to fall in the rear, နောက်ကျသည်။ နောက်ကျသည်။ —between, *v. t.* စပ်ကြားသို့ဝင်သည်။ —by heart, *v. t.* နှုတ်ကျက်ရသည်။ အာဂုံဆောင်သည်။ —clear, *v. i.* လွတ်သည်။လွတ်ခြင်းသို့ရောက်သည်။ —down, ဆင်းသည်။ —drunk, ယစ်မူးသည်။ —forward, *v.* to proceed, advance, တိုးတက်၍သွားသည်။ to prosper, စီးပွားရသည်။ —free, *v. i.* လွတ်သွားသည်။ —home, ကိုယ်နေရာသို့ရောက်သည်။ —in, *v. t.* အထဲသို့သွင်းသည်။ —into, ဝင်သည်။ —loose, *v. i.* လွတ်သွားသည်။ —near, *v. t.* အနီးသို့ရောက်သည်။ —off, *v. i.* to alight, ဆင်းသည်။ to escape, လွတ်သွားသည်။ —*v. t.* to take off, ချွတ်သည်။ to dispose of, in sale, ရောင်း၍စွံသည်။ —on, to put on, ဝတ်သည်။ စွပ်သည်။ to arrive on, အပေါ်သို့တက်သည်။ —*v. i.* to proceed, advance, တိုးတက်၍သွားသည်။ —out, to depart from, ထွက်သည်။ ထွက်သွားသည်။ —*v. t.* to draw out, ထုတ်သည်။ —over, to pass over, လွန်သွားသည်။ to surmount, အထမြောက်သည်။ —the day, *v.* နိုင်သည်။ —through, *v.* to pass through, ပေါက်သွားသည်။ to accomplish, ပြီးစီးစေသည်။ —to, *v. t.* မှီသည်။ together, *v. i.* to assemple, (intrans.) စုဝေးသည်။ —*v. t.* to collect, စုပုံသည်။ to amass, ဆည်းဖူးသည်။ —up, *v. i.* to rise, ထသည်။ to ascend, တက်သည်။ *v. t.* to prepare, ပြင်ဆင်သည်။ —with child, သန္ဓေပေးသည်။

Gewgaw, *n.* လှ၍အသုံးမရှိသောတန်ဆာ။

Ghastliness, *n.* from next.

Ghastly, *a.* deathlike, လူသေကဲ့သို့ဖြစ်သော။ shocking, ကြောက်လန့်စရာရှိသော။

Ghee, (East Indian,) *n.* ထောပတ်ကြမ်း။

Gherkin, *n.* သခွားသနပ်။

Ghost, *n.* spirit, နံ။ ဝိညာဉ်။ an apparition, တစ္ဆေ။

Ghostlike, *a.* တစ္ဆေကဲ့သို့ဖြစ်သော။

Ghostly, *a.* spiritual, ဝိညာဉ်နှင့်ဆိုင်သော။ religious, ဘုရား၊တရားနှင့်ဆိုင်သော။ pertaining to apparitions, တစ္ဆေနှင့်ဆိုင်သော။

Giant, *n.* one of uncommon size, လွန်ကဲ၍အလုံးအရပ်ကြီးမြင့်သောသူ။ a person of uncommon strength, အစွမ်းသတ္တိထူးဆန်းသောသူ။

Giantess, *n.* ကိုယ်ကြီးမားသောမိမ္မ။
Gibberish, *n.* မပြီမသ၊ ထွေးလုံးရစ်ပတ်ပြောသောစကား။
Gibbet, *n.* ကွပ်မျက်သောသူအသေကောင်ကိုထင်ရှားအောင်မြှောက်တင်၍ထားသောစင်။ —*v. t.* ထိုသို့မြှောက်တင်၍ထားသည်။
Gibbous, *a.* ကုန်းသော။
Gibe, *v. i.* ကရော်ကမည်ပြုသည်။ —*n.* from *do.*
Giblets, *n. plur.* ငှက်ကောင်ကိုမကင်မှီဝမ်းတွင်းသားနှင့်အဖျားအနားကိုလှီးဖြတ်၍ကျော်သောအရာ။
Giddiness, *n.* from next.
Giddy, *a.* affected with vertigo, ခေါင်းမူးသော။ အမူးနာစွဲသော။ inducing giddiness, မူးစေတတ်သော။ unsteady, စိတ်မတည်ကြည်သော။ heedless, သတိမရှိတတ်သော။ —brained, —headed, *a.* same, last def.
Gift, *n.* a present, လက်ဆောင်။ a reward, ဆု။ ဆုလပ်။ an offering, အလှူ။ the act of giving, ပေးကမ်းခြင်း။ the power or right of giving, ပေးကမ်းနိုင်သောအခွင့်။ a mental endowment, ပကတိညာဏ်။
Gifted, *a.* (တစုံတခုသော) အစွမ်းသတ္တိနှင့်ပြည့်စုံသော။
Gig, *n.* a play top, ဂျင်။ a kind of chaise, မြင်းရထားတမျိုး။ a kind of boat, သံဘန်တမျိုး။
Gigantic, *a.* အလွန်ကြီးမားသော။
Giggle, *v. i.* တကျိကျိရယ်သည်။ —*n.* from *do.*
Gild, *v. t.* —(in various ways,) ရွှေချသည်။ ရွှေရည်ပွတ်သည်။ ရွှေမွမ်းမံသည်။ to brighten, ပြောင်လက်အောင်ပြုသည်။
Gill, *n.* —of a fish, ပါးဟက်။ —of a fowl, ကြက်ပါးဖျဉ်း။ —(*pron.* Jill,) *n.* ဂါလတည်းဟူသောဗိဒုံအချိန်ဝင်သောအခြင်အတွယ်။
Gimlet, *n.* လွန်ပူ။
Gimcrack, *n.* ကစားရန်စက်ငယ်။
Gin 1, *n.* a kind of ardent spirit, ဇည်ပြီအရက်။ —2, a kind of machine, ယန္တရားစက်တမျိုး။ a kind of trap, ထောင်ရန်တန်ဆာတမျိုး။
Ginger, *n.* ချင်းစိမ်း။ —bread, ချင်းစိမ်းမုန့်။
Gingle, *see* Jingle.
Gipsy, *n.* ဂျိပစီလူတမျိုး။
Giraffe, *n.* သားတမျိုး။
Girandole, *n.* မီးပဒေသာ။
Gird, *v. t.* to bind round, စည်းသည်။ to clothe, ဝတ်ဆင်သည်။ —the loins, ခါးထောင်းကျိုက်သည်။
Girder, *n.* ရက်မ။

Girdle, *n.* ခါးစည်း။ ခါးပန်း။ —*v. t.* to bind round the waist, ခါးစည်းသည်။ to environ, ပတ်ဝိုင်းသည်။

Girl, *n.* မိန္မကလေး။

Girlhood, *n.* မိန္မကလေး၏အဖြစ်။

Girlish, *a.* မိန္မကလေးကဲ့သို့ဖြစ်သော။

Girth, *n.* —of a saddle, ထိကပေါက်ကြိုး။ a circular bandage, ပတ်စည်းသောကြိုး။ compass round, လုံးပတ်။

Gist, *n.* နှိုင်းချိန်ဆွေးနွေးခြင်း၏အချုပ်အချာဖြစ်သောမူလအကြောင်း။

Give, *v. t.* to bestow, ပေးသည်။ to deliver, အပ်သည်။ —*v. i.* to yield to pressure, လျော့သည်။ —away, *v. t.* လွှဲအပ်သည်။ —back, ပြန်ပေးသည်။ —forth, ကျော်ညာစေသည်။ —in, *v. i.* အရှုံးခံသည်။ —in to, သဘောကျ၍ဝန်ခံသည်။ —out, *v. t.* to publish, ကျော်စေသည်။ to issue, send forth, ထုတ်သည်။ လွှတ်သည်။ —*v. i.* to cease from exertion, အားလျော့သည်။ —over, *v.* to relinquish to (another,) စွန့်၍အပ်သည်။ to abandon (a practice,) ဖြတ်သည်။ to relinquish in despair, မျှော်လင့်သောစိတ်ပျက်၍စွန့်သည်။ to cease to act, မပြုဘဲနေသည်။ —place, *v. i.* ဆုတ်၍နေရာပေးသည်။ —thanks, *a.* ကျေးဇူးရှိသည်ဟု ဝန်ခံသည်။ —up, *v. t.* to abandon, စွန့်သည်။ to deliver, အပ်သည်။ to resign to (another,) စွန့်၍အပ်သည်။ to relinquish in despair, စိတ်ပျက်၍စွန့်သည်။ to yield (in contest,) လျော့ပေးသည်။ —further effort, ထက်ခူသည်။ —way, *v. i.* to retreat, ဆုတ်သည်။ to make room for, နေရာပေးသည်။ to cease opposing, အားလျော့၍နေရာပေးသည်။ to break (in various ways,) ပြတ်သွားသည်။ ကျိုးသွားသည်။ ပြိုသွားသည်။

Gizzard, ***n.*** ငှက်အမြစ်။

Glacial, ***a.*** ရေခဲဖြစ်သော။

Glacier, ***n.*** ဆီးနှင်းမိုးသီးရေခဲသောလွင်ပြင်။

Glacis, ***n.*** ကျုံးထိပ်ဆင်ခြေလျှော။

Glad, ***a.*** pleased, cheerful, စိတ်သာသော။ ဝမ်းသာသော။ making glad, or expressing gladness, ဝမ်းသာခြင်းနှင့်ဆိုင်သော။

Glad, Gladden, ***v. t.*** စိတ်သာအောင်ပြုသည်။ ဝမ်းသာအောင်ပြုသည်။

Glade, ***n.*** တောတွင်လွင်ကွက်။

Gladiator, ***n.*** ပွဲလုပ်၍တယောက်ကိုတယောက်ထိုးခုတ်သောသူ။

Gladness, ***n.*** from Glad, ***a.***

Gladsome, *see* Glad, ***a.***

Glair, ***n.*** ငှက်ဥအကာ။

ကြည့်သည်။ to hint, အရိပ်အမြွက်ပေးသည်။ —*n.* from above, 1st and 3d def.

Gland, *n.* သွေးကြော၊ လေကြောလုံးထွေးဖွဲ့စည်းသောကြောထွေး။

Glander, *n.* ဇောင်းဂေါနာ။

Glandulous, *a.* containing glands, ကြောထွေးပါသော။ pertaining to glands, ကြောထွေးနှင့်ဆိုင်သော။

Glare, *v. i.* to shine with a bright, dazzling light, ပြိုးပြိုးပြောင်ပြောင်အရောင်ထွက်သည်။ to look with large, fierce eyes, မျက်လုံးကျယ်နှင့်ပြိုးပြိုးပြောင်ပြောင်ကြည့်သည်။ —*n.* from *do.*

Glaring, *a.* conspicuous, ထင်ရှားသော(အပြစ်။)

Glass, *n.* the substance, ဖန်။ a mirror or a pane, မှန်။ a vessel of glass, ဖန်ခွက်။ an hour-glass, သဲနာရီ။ *plur.* spectacles, မျက်မှန်။ —furnace, ဖန်ချက်မီးဖို။ —making, ဖန်ချက်ခြင်းအလုပ်။s.

Glassy, *a.* made of glass, ဖန်ဖြစ်သော။ like glass, ဖန်ကဲ့သို့ဖြစ်သော။

Glave, *n.* ထားလွယ်တမျိုး။

Glaze, *v. t.* to furnish with glass windows, မှန်ပြတင်းလုပ်သည်။ —(ware,) စည်သုတ်သည်။ ကြွေသုတ်သည်။

Glazier, *n.* မှန်ပြတင်းကိုလုပ်သောသူ။

Gleam, *v. i.* မှောင်မိုက်၌အရောင်ထွက်သည်။ —*n.* from *do.*

Glean, *v. t.* ကောက်သင်းကောက်သည်။

Glebe, *n.* ground, မြေ။ ground appropriated to religious purposes, ဝတ်မြေ။

Glee, *n.* merriment, ရွှင်လန်းမြူးထူးခြင်း။ a merry song, သီချင်းတမျိုး။

Gleet, *v. i.* ယိုသည်။ သားနံ့ရည်ထွက်သည်။ —*n* ကျင်ငယ်ချောင်းကယိုသောအယိုအရည်။

Glen, *n.* ချိုင့်။

Glib, *a.* smooth, ညက်ညောသော။ voluble in speech, ညက်ညက်ညောညောပြောတတ်သော။

Glide, *v. i.* to flow gently, သာယာစွာစီးသွားသည်။ to pass smoothly and still, ငြိမ်သက်စွာရွေ့ကာသွားသည်။

Glimmer, *v. i.* မှိန်မှိန်တောက်သည်။ —*n.* from *do.*

Glimpse, *n.* a momentary view, ရိပ်ကာမြင်ခြင်း။ a momentary enjoyment, ရိပ်ကာခံစားခြင်း။

Glisten, Glister, *v. i.* အရောင်တောက်သည်။

Glitter, *v. i.* အရောင်လျှပ်သည်။ —*n.* from *do.*

Gloat, *v. i.* တပ်မက်သောစိတ်နှင့်ကြည့်သည်။

Globe, *n.* a round body, အလုံး။ the terraqueous ball, ပထဝီမြေကြီးလုံး။ —[terrestrial,] ပထဝီမြေကြီးလုံး၏ပုံ။ —[celestial,] ကြယ်နက္ခတ်တို့၏အခြင်းအရာကိုပြသောပုံလုံး။ —fish, ငါးပူတင်း။s.

Globular, Globulous, *a.* လုံးသော။

Globule, *n.* a small globe, အလုံးငယ်။ a drop, အစက်။ အပေါက်။

Glomerate, *see* Conglomerate.

Gloom, Gloominess, *n.* from next.

Gloomy, *a.* dark, မှိုင်းဝေသော။ —in countenance, မျက်နှာပုပ်သော။ —in mind, ညှိုးငယ်သော။

Glorification, *n.* from next.

Glorify, *v. t.* to praise, ချီးမွမ်းသည်။ to exalt, ချီးမြှောက်သည်။

Gloriosa, *n.* ဆီမီးတောက်။M.

Glorious, *a.* excellent, honorable, မြင့်မြတ်သော။ ဂုဏ်အသရေထင်ရှားသော။ magnificent, ဘုန်းကြီးသော။

Glory, *n.* splendor, အရောင်အဝါ။ honor, ဂုဏ်အသရေ။ magnificence, ဘုန်း။ adoring praise, ကိုးကွယ်ရာ၌ချီးမွမ်းခြင်း။ boasting, ဝါကြွားခြင်း။ —*v. i.* to boast, ဝါကြွားသည်။ to exult proudly, ဝါကြွားဝမ်းမြောက်သည်။

Gloss, *v. t.* to make glossy, လွှင်အောင်ပြုသည်။ to render specious, အရည်အသွေးလှအောင်ပြုပြင်သည်။ to explain the meaning of, အနက်အဓိပ္ပာယ်ကိုရှင်းလင်းအောင်ပြသည်။ —*n.* the brightness of a smooth surface, ပြောင်သောအရောင်။ a specious representation, ပြုပြင်၍လှသောအရည်အသွေး။ interpretation, အနက်အဓိပ္ပာယ်ကိုပြသောစကား။

Glossary, *n.* နက်နဲသောစကားတို့ကိုအနက်ပြသောအဘိဓါန်။

Glossiness, *n.* from next.

Glossy, *a.* လွှင်သော။

Glottis, *n.* ထွက်သက်၊ဝင်သက်လမ်းဖြစ်သောလည်ချောင်းဝ။

Glove, *n.* လက်ဖုံးဖြစ်သောလက်စွပ်။

Glow, *v. i.* to shine with intense heat, မီးအရှိန်ပူ၍ရဲရဲနီသည်။ to feel ardently, စိတ်အားသန်သည်။

Glowworm, *n.* ပိုးစုန်းကြူး။

Gloze, *v. i.* ချော့မော့သည်။ —over, *v. t.* အရေးလှအောင်ပြုပြင်သည်။

Glue, *n.* ကျွဲကော်။ —*v. t.* ကျွဲကော်နှင့်ကပ်သည်။

Glut, *v. t.* to swallow greedily, ရမက်ကြီးစွာမျိုချသည်။ to surfeit, စားပိုနင့်သည်တိုင်အောင်စားသည်။ —*n.* အပြည့်အနှက်။

Gluten, *n.* စပါးမျိုး၌ရှိသောအစေး။

Glutinous, *a.* စေးသော။ စေးကပ်တတ်သော။

Glutton, *n.* အစားကြူးသောသူ။

Gluttonous, *a.* အကြူးအလွန်စားတတ်သော။

Gluttony, *n.* အစားကြူးခြင်း။

Gnarl, *v. i.* ဟိန်းသည်။

Gnarled, *a.* knotty, အမျက်ဆိုပါသော။

Gnash, *v. i.* အံသွားခဲကြိတ်သည်။

Gnat, *n.* ခြင်။

Gnaw, *v. t.* ကိုက်သည်။ ခြစ်၍ကိုက်သည်။

Gnomon, *n.* နေတိုင်းနာရီရှိန်တိုင်။

Go, *v. i.* to move from, သွားသည်။ (respectful,) ကြွသွားသည်။ to proceed from, လာသည်။ to be pregnant, ကိုယ်ဝန်ဆောင်သည်။ —about, to go from place to place, လှည့်လည်သည်။ —*v. t.* to attempt, လုပ်မည်ပြုသည်။ —against, to march to attack, တိုက်အောင်သွားသည်။ to be contrary to, ဆန့်ကျင်ဘက်ပြုသည်။ —aside, *v. i.* to deviate, လွှဲသည်။ —astray, လမ်းလွဲသည်။ —before, *v. t.* ရှေ့ကသွားသည်။ —between, *v. t.* to mediate, စပ်ကြားပြုသည်။ *n.* စပ်ကြားသူ။ —beyond, *v. t.* လွန်သွားသည်။ လွှန်သည်။ လွှန်ကဲသည်။ —by, *v. t.* to pass by, သီသည်။ ရှောက်သွားသည်။ to pass away unnoticed, အမှတ်တမဲ့လွန်သွားသည်။ to follow a rule, (နည်းဥပဒေသ) အတိုင်းလိုက်သည်။ —*n.* ပရိယာယ်အားဖြင့် လွန်သွားခြင်း။ —cart, လူကလေး သွား တတ်အောင်တွန်းသောလှည်းကလေး။ —down, *v. i.* to descend, ဆင်းသွားသည်။ to be swallowed, မျို၍ဝင်သည်။ to set, as a celestial luminary, ဝင်သည်။ —down, (a river,) *v.* စုန်သည်။ —forth, *v. i.* ထွက်သွားသည်။ —near, ချဉ်းသွားသည်။s. —hard with, *v. t.* လွတ်မည်၊မလွတ်မည်ကိုမထင်နိုင်အောင်ခက်သည်။ —in, *v.* ဝင်သည်။ —off, *v. i.* to depart to a distance, အဝေးသို့သွားသည်။ —(as fire-arms,) ပေါက်သည်။ —on, တိုးတက်သည်။ —out, to depart from, ထွက်သွားသည်။ to march on an expedition, ချီသွားသည်။ to become extinct, ငြိမ်းသည်။ ပျောက်သည်။ —over, *v. t.* to peruse, (စာကို) ကြည့်သည်။ to examine in course, အစဉ်အတိုင်းကြည့်ရှုဆင်ခြင်သည်။ —*v. i.* to pass from one side to the other, တဘက်မှတဘက်သို့ပြောင်းသည်။ —round, *v. t.* လှည့်သည်။ လှည့်လည်သည်။ —(a corner,) ကွင်းသည်။ —through, to pass througl အလယ်သို့ရှောက်သွားသည်။ to penetrate through, ပေါက်သွားသည်။ ထုတ်ချင်းခပ်သွားသည်။ to accomplish, ပြီးစီးစေသည်။ to bear to the end, အဆုံးတိုင်အောင်ခံသည်။ —through with, to execute effectually, အထမြောက်အောင်ပြီးစီးစေသည်။ —under (such a name,) *v.* (ဤမည်သောနာမ) စွဲကပ်သည်။ —upon, (a river,) ဆန်သည်။ —upon, *v. t.* အကြောင်းကိုပြုသည်။ —without, to be destitute of, မရှိမပါဘဲနေသည်။

Goad, *n.* ဒုတ်ချွန်း။ —*v. t.* to prick with a goad, ဒုတ်ချွန်နှင့်ထိုးသည်။ to stimulate, နိူးဆော်တိုက်တွန်းသည်။

Goal, *n.* the mark aimed at in racing, ပန်းတိုးမှတ်တိုင်တမျိုး။ လက်

ဖျားမှတ်တိုင်။ the starting post, လက်ရင်းမှတ်တိုင်။ an object aimed at, ရှာသောအကျိုး။

Goat, *n.* ဆိတ်။ —herd, ဆိတ်ထိန်း။ —sucker, *see* night jar.

Goatish, *a.* ကာမရာဂသို့လိုက်တတ်သော။

Gobble, *v. t.* ကြွက်ဆင်ကဲ့သို့အာပေါင်သံနှင့်စားသည်။

Goblet, *n.* ဖလားကြီး။

Goblin, *n.* စုန်းတမျိုး။

God, *n.* an object of worship, ဘုရား။ the supreme object of worship, ဘုရားသခင်။ a deified being, superior to man, နတ်။ နတ်ဘုရား။ —child, ခေါင်းကိုင်သူငယ်။ —daughter, ခေါင်းကိုင်သမီး။ —father, ခေါင်းကိုင်အဘ။ —mother, ခေါင်းကိုင်အမိ။ —send, ကိုယ် အကြံအစည်မရှိဘဲ ကိုယ်ထက် သို့ ရောက်သောအရာ။ —son, ခေါင်းကိုင်သား။ —speed, မင်္ဂလာ။

Goddess, *n.* နတ်သမီး။

Godhead, *n.* ဘုရားသခင်၏ဇာတိအဖြစ်တော်။

Godless, *a.* ဘုရားမဲ့။ ဘုရားကိုမယုံကြည်၊ မကိုးကွယ်သော။

Godlike, *a.* ဘုရားကဲ့သို့ဖြစ်သော။

Godliness, *n.* from next.

Godly, *a.* ဘုရားဝတ်၌မွေ့လျော်သော။

Godown, (East Indian,) *n.* ပစ္စည်းဥစ္စာများကိုသိုထားသောတိုက်။

Goggle, *v. i.* မျက်စိစောင်းသည်။ —eyed, *a.* မျက်လုံးကျယ်နှင့်ကြီးတိုး ကြောင်တောင်ကြည့်တတ်သော။

Goggles, *n. plur.* မျက်လုံးအိမ်ပါဖုံးမိသောမျက်မှန်။

Going, *n.* from Go; conduct, ကျင့်ကြံပြုမူခြင်း။

Goitre, *n.* လည်ပင်းကြီးသောအနာ။

Gold, *n.* ရွှေ။ —beater, ရွှေခတ်သောသူ။ —fish, ရွှေငါး။ —lace, ရွှေချာ။ —leaf, ရွှေမျက်ပါး။ ရွှေချပ။ —smith, ပန်းတိမ်သမား။ —thread, ရွှေချည်။ —wire, ရွှေနန်းကြိုး။

Golden, *a.* made of gold, ရွှေ။ ရွှေကိုလုပ်သော။ partaking of gold, ရွှေပါသော။ of the color of gold, ရွှေရောင်ရှိသော။ pre-eminently excellent, အထွဋ်အမြတ်ဖြစ်သော။

Gondola, *n.* ဝေနိတ်မြို့မှာသုံးသောလှေ။

Gondolier, *n.* ထိုလှေကိုခတ်သောသူ။

Gone, *a.* past, လွန်ပြီးသော။ ruined, ပျက်ပြီးသော။

Gong, *n.* (protuberant,) မောင်း။ (flat,) ကြေးစည်။ ကြေးနင်း။

Gonorrhea, *n.* ယိနာ၊ လူပျိုနာ။

Good, *a.* having desirable qualities, ကောင်းသော။ valid, ခိုင်ခံ့သော။ —bye, *int.* ကောင်းကောင်းသွားတော့။ ကောင်းကောင်းနေတော့။ —conditioned, *a.* ကောင်းသောလက္ခဏာရှိသော။ —humored, မိတ်သာတတ်သော။ —looking, အဆင်းအရည်ကောင်းသော။ လှပ

သော။ —man, *n.* အိမ်ရှင်။ —natured, *a.* စိတ်ကောင်းသော။ —tempered, same. —will, *n.* ကြည်ညိုသောစေတနာ။ —whatever is commendable or desirable, ကောင်းသောအရာ။ whatever is conducive to happiness, မင်္ဂလာ။ advantage, welfare, ကောင်းကျိုး။ a virtuous deed, ကောင်းသောအမှု။ သုစရိုက်။

Goodliness, *n.* from next.

Goodly, *a.* လှသော။ တင့်တယ်သော။

Goodness, *n.* the state of being good, ကောင်းခြင်း။ a good disposition, ကောင်းသောသဘော။ a benevolent disposition, ချမ်းသာစေချင်သောသဘော။ moral virtue, ပါရမီ။ kindness, ကျေးဇူးပြုခြင်း။ ကလျာဏ။

Goods, *n. plur.* personal estate, ဥစ္စာပစ္စည်း။ merchandize, ကုန်စည်။

Goody, *n.* အမေကြီး။

Goose, *n.* the animal, ငန်း။ a tailor's smoothing iron, ချုပ်သမားသုံးသောသံပူ။

Gooseberry, *n.* ငယ်သောသစ်သီးတမျိုး။

Gordian-knot, *n.* မဖြေနိုင်သောပြဿနာ။

Gore 1, *n.* blood, သွေး။ clotted blood, သွေးခဲ။ —2, a wedge-shaped piece of cloth, sewed into a garment, အဝတ်၌သွင်း၍ချုပ်သောကြက်လျှာ။ —3, *v. t.* to pierce with a horn, ဦးချိုနှင့်ခွေ၍ရှုးသည်။ to stab with any pointed instrument, လှံအစရှိသည်တို့နှင့်ထိုးသည်။

Gorge, *n.* the gullet, ရေမျို။ လည်မျို။ the opening into a gulf, ချောက်ထဲသို့ဆင်းရာလမ်းဝ။ —*v. t.* ရမက်ကြီးစွာမျိုချသည်။

Gorgeous, *a.* ညီးညီးတောက်အောင်ဝတ်ဆင်သော။

Gorgeousness, *n.* from above.

Gorget, *n.* လည်ပတ်တမျိုး။

Gorgon, *n.* အလွန်ကြောက်မက်ဖွယ်သောအရာ။

Gormand, *n.* အစားကြူးသောသူ။

Gormandize, *v. i.* ရမက်ကြီးစွာအကြူးအလွန်စားသည်။

Gory, *a.* covered with blood, သွေးလူးသော။ murderous, လူအသက်ကိုသတ်တတ်သော။

Gosling, *n.* ငန်းကလေး။

Gospel, *n.* the glad news of salvation by Christ, ဝမ်းမြောက်စရာသိတင်းစကားတည်းဟူသောဧဝံဂေလိတရား။ one of the four histories of Jesus Christ, ခရစ်ဝင်ကျမ်း။

Gossamer, *n.* ထွေ၌လွင့်ပါလျက်နေသောအမျှင်။

Gossip, *n.* idle talk, ပထေပလွှင့်စကား။ one who indulges in idle talk, ပထေပလွှင့်ပြောတတ်သောသူ။ —*v. i.* ပထေပလွှင့်စကားကိုပြောသည်။

Goth, *n.* ဂေါသ။ ဂေါသလူ။

Gothic, *a.* ဂေါသအမျိုးနှင့်ဆိုင်သော။

Gouge, *n.* ဆောက်ခုံး။ —*v. t.* ဆောက်ခုံးနှင့်ထွင်းသည်။

Gourd, *n.* the plant, ဘူးပင်။ the fruit, ဘူးသီး။ a calabash, ရေဘူး။

Gout, *n.* အရိုးဆစ်ကိုက်သောအနာ။ —2, *pron.* Goo, *n.* အဲရသော။

Gouty, *a.* အရိုးဆစ်ကိုက်နာစွဲသော။

Govern, *v.* to direct, စီရင်သည်။ to control, အုပ်ချုပ်သည်။ to rule, အစိုးရသည်။ အုပ်စိုးသည်။

Governance, *n.* from above.

Governess, *n.* a female invested with authority, အုပ်စိုးသောမိမ္ပ။ မင်းကတော်။ an instructress, tutoress, သိပ္ပံအတတ်ကိုသင်ချသောမိမ္ပ။

Government, *n.* direction, စီရင်ခြင်း။ control, အုပ်ချုပ်ခြင်း။ the exercise of authority, အစိုးရခြင်း။ the authoritative administration of public affairs, ပြည်မှုပြည်ရေးကိုစီရင်ခြင်း။ the persons who govern, စီရင်အုပ်စိုးသောအရာရှိစု။ a country subject to a ruling power, အုပ်စိုးသောတိုင်းနိုင်ငံ။

Governmental, *a.* အုပ်စိုးခြင်းနှင့်ဆိုင်သော။

Governor, *n.* a ruler, ဝန်မင်း။ အုပ်စိုးသောမင်း။ an instructor, tutor, သိပ္ပံအတတ်ကိုသင်ချသောဆရာ။ —general, ဘုရင်။ —of India, အိန္ဒိယဘုရင်။

Gown, *n.* a woman's outside garment, ဂါဝန်။ မိမ္ပဝတ်သောအင်္ကျီ။ a long loose outside garment or robe, သိုယင်းအင်္ကျီ။

Gowned, *a.* သိုယင်းအင်္ကျီဝတ်သော။

Grab, *v. t.* ဆုတ်ယူသည်။

Grabble, *v. i.* (ဆုံ၍) စမ်း၍ရှာသည်။

Grace, *n.* favor, ကျေးဇူး။ divine favor, ဘုရားသခင်၏ကျေးဇူးတော်။ virtue obtained through divine favor, ဘုရားသခင်၏ကျေးဇူးတော်ကြောင့်ရသောပါရမီ။ gracefulness, တင့်တယ်ခြင်း။ a short prayer before or after meals, မစားမှီသော်၎င်း၊ စားပြီးမှသော်၎င်း၊ ပြုသောပဌနာ။ (the title of a duke,) ကျေးဇူးရှင်။ —*v. t.* တန်ဆာဆင်သည်။

Graceful, *a.* လှပယဉ်ကျေးသော။

Gracefulness, *n.* from above.

Graceless, *a.* သီလမဲ့။

Graces, *n. plur.* မိတ်ထွေခြင်း။

Gracious, *a.* kindly disposed, ကျေးဇူးပြုချင်သောသဘောရှိသော။ granting favors, ကျေးဇူးပြုတတ်သော။ possessed of virtue through the grace of God, ဘုရားသခင်၏ကျေးဇူးတော်ကြောင့်ပါရမီရှိသော။

Graciousness, *n.* from above.

Gradation, *n.* a regular series or process, marked by degrees or steps, အဆင့်ဆင့်စီစဉ်ခြင်း။ a regular advance from step to step, ဆင့်ကဲဆင့်ကဲတိုးတက်ခြင်း။

Grade, *n.* a step, အထစ်။ rank, အမြင့်၊ အနိမ့်အစရှိသောအရာ။

Gradual, *a.* တရွေ့တရွေ့ဖြစ်သော။ Gradually, *a.* တကဲ့တကဲ့။

Graduate, *v. t.* to divide and mark by degrees, မှတ်သည်။ —*v. i.* to receive a degree from a college, သိပ္ပံကျောင်းမှာအရာကိုခံသည်။ —*n.* သိပ္ပံကျောင်းမှာအရာကိုခံသောသူ။

Graduation, *n.* regular progression by degrees, ဆင့်ကဲဆင့်ကဲတိုးတက်ခြင်း။ the act of marking with degrees, မှတ်ခြင်း။

Graft, *v. t.* အညွန့်တပင်မှယူပြီးလျှင်တပင်၌ဆက်၍စိုက်သည်။ —*n.* ထိုသို့ဆက်၍စိုက်သောအညွန့်။

Grain, *n.* corn, စပါး။ a single corn, စပါးစေ့။ the weight, ဂရင်တည်းဟူသောရွေးစပါးစေ့တလုံးနှင့်အမျှဖြစ်သောအချိန်။ any small particle, အလုံးကလေး။ a very small portion, အနည်းငယ်မျှ။ the substance of wood, as modified by the fibres, သစ်သား၌ချောမွတ်၊ရုန်းရင်းသောခတ်။ the position of the fibres of wood, သစ်သား၌အသားအကြောအမျှင်အနေ။ dyed or stained substance, ဆေးဆိုးသောအရာ။ temperament, စိတ်နှစ်လုံးဇါသဘော။ —[dye in,] *v. t.* ခြည်ကိုဆိုးသည်။

Grained, *a.* ပြွတ်ရှပ်ထသော။

Grains 1, *n. plur.* what remains after brewing, ဈို့ရည်ချက်၍ကျန်သောအဖတ်။ —2, *n. plur.* a kind of harpoon, ငါးထိုးသောနှစ်ခွသုံးခွရှူး။

Gram, *n.* ကုလားပဲ။

Gramineous, *a.* မြက်ပင်ပါသော။

Graminivorous, *a.* မြက်ကိုစားတတ်သော။

Grammar, *n.* the science of words, သဒ္ဒါရေး။ a book that treats of the science, သဒ္ဒါရေးကိုနားလည်စေခြင်းငှါပြသသောကျမ်း။ သဒ္ဒါကျမ်း။

Grammarian, *n.* သဒ္ဒါရေးကိုနားလည်သောသူ။

Grammatic, Grammatical, *a.* pertaining to grammar, သဒ္ဒါရေးနှင့်ဆိုင်သော။ according to the rules of grammar, သဒ္ဒါရေးနှင့်ညီသော။

Granary, *a.* စပါးကျီ။

Grand, *a.* large and spacious, ကြီးကျယ်သော။ high and excellent, ကြီးမြတ်သော။ မြင့်မြတ်သော။ illustrious, ဘုန်းအသရေကြီးသော။

Grandam, *n.* ဖွားအေ။

Grandchild, *n.* မြေး။

Grand-daughter, *n.* မြေးမိန္မ။
Grandee, *n.* အရာကြီးမြင့်သောသူ။
Grandeur, *n.* from Grand.
Grandfather, *n.* အဘိုး။
Grandiloquence, *n.* ကြီးမြင့်သောစကားပြောခြင်း။
Grandmother, *n.* အဘွား။
Grandseignior, *n.* တုရုကရှင်ဘုရင်။
Grandsire, *n.* အဘိုး။
Grandson, *n.* မြေးယောက်ျား။
Grange, *n.* လယ်လုပ်သူနှင့်ဆိုင်သောကျီကျု။ တိုက်အိမ်၊ဇောင်း၊တင်းကုပ်စု။
Granite, *n.* ရင့်မာသောပကတိကျောက်မြစ်။ ကျောက်နှမ်းဖတ်။M.
Granivorous, *a.* အစေ့ကိုစားတတ်သော။
Grant, *v. t.* to bestow, ပေးကမ်းသည်။ to transfer the owning of, အပိုင်ပေးအပ်သည်။ to admit as true what is not proved, ဟုတ်ကြောင်းကို သူတပါးမပြသော်လည်း ဝန်ခံသည်။ —*n.* from above; the thing granted, ပေးကမ်းသောအရာ။ a conveyance in writing, အပိုင်ပေးသောစာချုပ်။
Grantee, *n.* အပိုင်ပေး၍ခံရသောသူ။
Grantor, *n.* အပိုင်ပေးသောသူ။
Granular, *a.* consisting of grains, အစေ့ဖြစ်သော။ resembling grains, အစေ့ကဲ့သို့ဖြစ်သော။
Granulate, *v. i.* to be formed into grains, အလုံးကလေးများဖြစ်သည်။ —*v. t.* to form into grains, အလုံးကလေးများဖြစ်အောင်ပြုသည်။ to make rough on the surface, ပြွတ်ရှပ်ထအောင်ပြုသည်။
Granulation, *n.* from above.
Granulous, *a.* အစေ့များသော။
Grape, *n.* စပျစ်သီး။ —shot, အမြောက်စမိုတ်။
Graphic, Graphical, *a.* pertaining to the art of writing, စာရေးခြင်းနှင့်ဆိုင်သော။ describing with accuracy, ပုံကျအောင်ကောင်းမွန်စွာရေး၍ပြသော။
Grapnel, *n.* an anchor with several flukes, အစွယ်များသောကျောက်ဆူး။ a grappling iron, သံမျှိတ်ကြီး။
Grapple, *v. t.* to lay fast hold on, ဆုပ်ကိုင်၍ဆွဲထားသည်။ to seize with a grappling iron, သံမျှိတ်နှင့်မျှိတ်၍ထားသည်။ —*v. i.* to grasp in wrestling, နပန်းလုံးချသည်။ —with, *v. t.* ပြိုင်နှိုင်းသည်။ —*n.* from *do.*
Grasp, *v. t.* to clutch, လက်နှင့်ဆုပ်ကိုင်သည်။ to hug, ကြပ်ကြပ်မိုက်ဖက်သည်။ to seize and appropriate with undue eagerness, မရရအောင်မတော်လောဘပြု၍ယူငင်သည်။ —at, *v. t.* ဖမ်းဆွဲသည်။ —*n.* a clutching with the hand, လက်နှင့်ဆုပ်ကိုင်ခြင်း။

a seizing and appropriating, မရရအောင်သိမ်းယူခြင်း။ the power of seizing, သိမ်းယူနိုင်သောအစွမ်းသတ္တိ။

Grass, *n.* မြက်။ မြက်ပင်။ —hopper, နှံကောင်။ —plot, မြက်ပင်ကိုပြုစုစိုက်ထားသောမြေကွက်။

Grassy, *a.* မြက်ပေါသော။

Grate 1, *n.* iron lattice work, သံကွန်ရက်။ သံကွန်ခြာ။ a fire-place made of iron bars, သံချောင်းစီသောမီးဖို။ —1, *v. t.* to close a passage way with iron bars, (အပေါက်ဝ၌) သံချောင်းရိုက်ပိတ်သည်။ —2, *v.* to rub one rough thing against another, ကြမ်းတမ်းသောအရာချင်းပွတ်တိုက်သည်။ to wear away by rubbing, ပွန်းအောင်ပွတ်သည်။ to irritate, စိတ်ဆိုးစေသည်။ to make a harsh sound by the friction of rough bodies, ပွတ်ရှပ်ထသောအသံထွက်သည်။

Grateful, *a.* having a due sense of benefits, ကျေးဇူးတင်သော။ ကျေးဇူးကိုသိသော။ agreeable, pleasing, ကြိုက်ဖွယ်၊ နှစ်သက်ဖွယ်ဖြစ်သော။

Gratefulness, *n.* from above.

Grater, *n.* အမှုန့်ရအောင်ပွတ်တိုက်ရန်တန်ဆာ။

Gratification, *n.* the act of pleasing, အားရစေခြင်း။ the state of being pleased, အားရခြင်း။ that which affords pleasure, အားရစေသောအရာ။ a recompence, ဆု။

Gratify, *v. t.* to please, အားရစေသည်။ to recompence, ဆုချသည်။

Gratis, *adv.* အဘိုးမပေးရဘဲ။

Gratitude, *n.* ကျေးဇူးတင်ခြင်း။ ကျေးဇူးကိုသိခြင်း။ ကျေးဇူးကိုသိသောစိတ်။

Gratuitous, *a.* done voluntarily, not of necessity, ပြုရမည်အကြောင်းမရှိဘဲ ကိုယ်အလိုအလျောက်ပြုသော။ asserted without proof, သက်သေမရှိဘဲ ပြောထားသော။

Gratuitously, *adv.* from above; gratis, အဘိုးမပေးရဘဲ။

Gratuity, *n.* a present, လက်ဆောင်။ something given in return for a favor, ဆုလပ်။

Gratulate, *see* Congratulate.

Grave 1, *a.* of composed demeanor, ဣန္ဒြေဆောင်သော။ —(as business,) လေးသော။ —(as sound,) နိမ့်သော။ —2, *v. see* Engrave. —3, *n.* သင်းချိုင်းတွင်း။ —clothes, *plur.* အလောင်းကောင်ကိုဝတ်သောအဝတ်။ —digger, သင်းချိုင်းတွင်းကိုတူးသောသူ။ သုဘရာဇာ။ —stone, ကဗ္ဗည်းထိုး၍သင်းချိုင်းမှာအမှတ်အသားထားသောကျောက်ပြား။ —yard, သင်းချိုင်း။

Gravel, *n.* fine particles of stone, သေးနုပ်သော ကျောက်စရစ်။ a calculous concretion in the kidneys or bladder, ကျင်ငယ်အိမ်မှာတည်သောကျောက်။ ယိနာစွဲ၍ ဖြစ်သောကျောက်။ —walk,

ကျောက်စရစ်ခင်းသောလမ်းကြောင်း။ —*v. t.* to spread with gravel, ကျောက်စရစ်ခင်းသည်။ to embarrass in debate, တဖက်သားထွက်ပေါက်မရအောင်ပိတ်၍ပြောသည်။

Gravelly, *a.* ကျောက်စရစ်များသော။

Graver, *n. see* Engraver; an engraving tool, ရုပ်ပုံထုသောဆောက်။

Gravitate, *v. i.* လေးသောသတ္တဝါ ရှိ၍ ကိုယ်ထက်လေးသောဓာတ်ရှိရာသို့ ရောက်လိုသည်။

Gravitation, *n.* from above; the tendency of bodies to one another, ရုပ်ချင်းဆွဲငင်ခြင်း။

Gravity, *n.* weight, heaviness, လေးခြင်း။လေးသောသတ္တဝါ။ tendency towards a centre, ကိုယ်ထက်လေးသော ဓာတ်ရှိရာသို့ ရောက်လိုသောသတ္တဝါ။ —composed demeanor, ဣန္ဒြေဆောင်ခြင်း။

Gravy, *n.* အသားကိုကင်၍ထွက်သောဆီရည်။

Gray, *a.* white with a mixture of black, အဖြူအမည်းရော၍ ဖွဲသောအဆင်းရှိသော။ —(applied to horses,) မောင်းဝတ်။ —(applied to cloth,) တွင်းချင်းသေး။ —[turn,] *v. i.* တွင်းချင်းသေးလိုက်သည်။ —beard, *n.* အသိုးကြီး။ —eyed, *a.* မျက်လုံးမွဲသော။ —haired, —headed, ဆံပင်ဖြူသော။

Grayness, *n.* from Gray.

Graze, *v.* to feed on growing grass, အလိုအလျောက်မြက်ကိုစားသည်။ to furnish with grass, မြက်ကိုကျွေးသည်။ to touch lightly in passing, ရှပ်သည်။

Grazier, *n.* နွားကိုမွေးသောသူ။

Grazing, *a.* ကျက်စားရာစားကျက်ပေါများသော။

Grease 1, *n.* animal fat, ဆီဥ။ —1, *v. t.* to smear with grease, ဆီဥနှင့်လူးသည်။ to bribe, တံစိုးထိုးသည်။ —2, *n.* a disease in the feet of horses, မြင်းခြေ၌ဖြစ်သောအနာတမျိုး။

Greasiness, *n.* from next.

Greasy, *a.* unctuous, ဆီဥပါသော။ smeared with grease, ဆီဥနှင့်လူးသော။ smooth, slippery, ဆီဥကဲ့သို့ချောသော။ fat of body, ဆူဖြိုးသော။

Great, *a.* —(in various ways,) ကြီးသော။ကြီးကျယ်သော။ကြီးမြင့်သော။ ကြီးမြတ်သော။ ကြီးကဲသော။ familiar, မိတ်ဃွှမ်းဝင်သော။ —bellied, ဝမ်းပိုက်ကြီးသော။ —grandchild, *n.* မြစ်။ —grandfather, အဘေး။ —grandmother, အဘေးမ။ —great grandchild, တီ။ —great grandfather, အဘိ။ —great grandmother, အဘိမ။ —hearted, *a.* courageous, ရဲရင့်သော။ having fortitude, အသည်းကြီးသော။

Greatness, *n.* from Great, *a.*

Greaves, *n. plur.* သံချပ်ခြေစွပ်။

Grecian, *n.* ဂရိတ်။ ဟေလသ။ ဂရိတ်လူ။ ဟေလသလူ။ —*a.* ဂရိတ်ပြည်နှင့်ဆိုင်သော။ ဟေလသပြည်နှင့်ဆိုင်သော။

Greediness, *n.* from Greedy.

Greedy, *a.* having a keen appetite, စားချင်အားကြီးသော။ eager to obtain, ရမက်ကြီးသော။

Greek, *see* Grecian; *n.* the language of Greece, ဂရိတ်စကား။ ဟေလသစကား။

Green, *a.* —in color, စိမ်းသော။ fresh, လန်းသော။ new, သစ်သော။ —eyed, မျက်စိစိမ်းသော။ —house, *n.* အအေးမခံနိုင်သောအပင်များကိုကာသောမှန်အိမ်။ —sickness, လင်တရူး။ —sward, မြက်ခင်း။ —wood, စိမ်းလန်းသောတော။ —green color, စိမ်းသောအဆင်း။ a grassy plat, မြက်ပေါမှားသောမြေကွက်။

Greenish, *a.* ခပ်စိမ်းစိမ်း။

Greenness, *n.* from—Green, *a.*

Greens, *n. plur.* ဟင်းရွက်။

Greet, *v. t.* နှုတ်ဆက်သည်။

Gregarious, *a.* စုပေါင်း၍နေတတ်သော။

Grenade, *n.* လက်ပြစ်ဗုံးဆန်။

Grenadier, *n.* အရပ်မြင့်သောခြေသည်သူရဲ။

Grey, *see* Gray.

Grey-hound, *n.* အပြေးကောင်းသောခွေးတမျိုး။

Griddle, *n.* မုန့်ကိုအပူတိုက်ရန်အိုးကင်းပြား။

Gride, *v. t.* ကြိတ်၍ဖြစ်သည်။

Gridiron, *n.* သံကင်ပြစ်။

Grief, *n.* ဝမ်းနည်းခြင်း။

Grievance, *n.* ဝမ်းနည်းစေသောအရာ။ နှောင့်ရှက်သောအရာ။

Grieve, *v. i.* to sorrow, ဝမ်းနည်းသည်။ —*v. t.* to make sorry, ဝမ်းနည်းစေသည်။ to hurt the feelings, စိတ်နာစေသည်။

Grievous, *a.* causing grief, ဝမ်းနည်းစေတတ်သော။ distressing, ဆင်းရဲစေတတ်သော။ hard to be borne, ခက်ခဲသော။

Grievousness, *n.* from above.

Griffin, *n.* ချင်သေ့တဝက်၊ ဝံလိုတဝက်ဖြစ်သောအကောင်။

Grig, *n.* ရွှင်လန်းစွာကစားတတ်သောသူ။

Grill, *v. t.* ကင်သည်။

Grim, *a.* frightful, ကြောက်မက်ဖွယ်သောမျက်နှာရှိသော။ ugly, ill favored, မျက်နှာပုံအကျည်းတန်သော။

Grimace, *n.* မျက်နှာကိုယွန့်ယွဲ့ခြင်း။

Grimalkin, *n.* ကြောင်အို။

Grime, *n.* စွဲကပ်သောအညစ်အကြေး။ —*v. t. see* Begrime.

Grimness, *n.* from Grim.

Grin, *v. i.* နှုတ်ခမ်းဖြဲသည်။ —*n.* from *do.*

Grind, *v. t.* to pulverize by friction, ကြိတ်သည်။ to rub in order to sharpen, polish, &c. သွေးသည်။ to rub one against another, ပွတ်တိုက်လျက်နေသည်။ oppress, ညှဉ်းဆဲသည်။ —stone, *n.* ထားသွေးကျောက်စက်။

Grinder, *n.* a double tooth, အံသွား။

Gripe, *v. i.* to feel the colic, ဝမ်းကိုက်သည်။ *v. t.* to produce pain in the bowels, ဝမ်းကိုက်စေသည်။ to grasp with the hand, လက်နှင့်ဆုပ်ကိုင်သည်။ to oppress, နှိပ်စက်ကလူပြုသည်။ —*n.* လက်နှင့်ဆုပ်ကိုင်ခြင်း။ နှိပ်စက်ကလူပြုခြင်း။ (for sub-def. *see do.*)

Gripes, *n. plur.* ဝမ်းကိုက်နာ။

Grisken, *n.* ကြောရိုးပါသောဝက်သား။

Grisly, *a.* အလွန်ထိတ်လန့်ဖွယ်သော။

Grist, *n.* တခါကြိတ်ရန်အပ်ထားသောဆန်။ —mill, မုန့်ညက်ကြိတ်ရန်ယန္တရားစက်။

Gristle, *n.* အရိုးနု။

Gristly, *a.* အရိုးနုပါသော။

Grit, *n.* အဖြုန်း။

Grittiness, *n.* from next.

Gritty, *a.* ကျောက်ဖြုန်းပါသော။

Grizzle, Grizzled, *a. see* Gray.

Groan, *v. i.* ညည်းတွားသည်။ —*n.* ညည်းတွားခြင်းအသံ။

Groaning, *n.* from Groan.

Groat, *n.* အင်္ဂလိပ်ငွေဒင်္ဂါးမှုလိန်သုံးစုတစုဖြစ်သောငွေဒင်္ဂါးတမျိုး။

Grocer, *n.* လက်ဖက်ခြောက်၊ သကြားအစရှိသောအမျိုးအချည်တို့ကိုရောင်းသောသူ။

Grocery, *n.* လက်ဖက်ခြောက်၊ သကြားအစရှိသောအမျိုးအချည်တို့ကိုရောင်းသောဆိုင်။

Grog, *n.* ရေရောသောအရက်။ —shop, အရက်ရောင်းသောဆိုင်။

Groggy, *a.* အရက်သောက်၍ယစ်မူးသော။

Groin, *n.* ပေါင်ခြံ။

Groom, *n.* မြင်းထိန်း။

Groove, *n.* လျှောထိုးရန်အကြောင်း။ —*v. t.* လျှောထိုးရန်အကြောင်းကိုထိုးသည်။

Grope, *v.* to search by feeling, စမ်း၍ရှာသည်။ to feel for the way, စမ်းတဝါးစမ်းတဝါးပြုသည်။

Gross, *a.* thick, bulky, တုပ်တုပ်ဝဝရှိသော။ coarse, ရုန့်ကြမ်းသော။ dense, မကြည်မလင်သော။ unrefined, vulgar, မယဉ်ကျေးမျိုင်းပြသော။ glaring, အပြစ်ထင်ရှားသော။ —*n.* the main part, အများ။ twelve dozen, ၁၄၄။

Grossness, *n.* from Gross, *a.*

Grot, Grotto, *n.* ဥမင်။

Grotesque, *a.* ပကတိအတိုင်းမဟုတ်၊ ညာဏ်ကွန့်မြူး၍လုပ်သော(အရာ။)

Ground, *n.* the surface of the earth, မြေ။ မြေမျက်နှာပြင်။ region, ဒေသအရပ်။ landed property, ပိုင်သောမြေ။ foundation, အခြေ။ အမြစ်။ origin, မူလအရင်း။ a cause, reason, အကြောင်း။ —of a picture, ကားမျက်နှာ။ *plur.* lees, settlings, အနစ်အနည်။ —[gain,] *v. i.* နိုင်၍တိုးတက်သည်။ —[give,] ဆုတ်၍နေရာပေးသည်။ —[lose,] ရှုံး၍ဆုတ်သည်။ —floor, *n.* အောက်ဆင့်။ —plot, the ground on which a building is placed, အိမ်ရာမြေ။ the ichnography of a building, တိုက်အိမ်အခြေအမြစ်အကျယ်အကျဉ်းကိုပြသောပုံ။ —work, အခြေအမြစ်။ —*v. i.* to run a-ground, တင်သည်။ *v. t.* to lay on the ground, မြေပေါ်မှာချထားသည်။ to place, settle, တည်ထားသည်။ to settle in knowledge, သိပ္ပံအတတ်၌စိတ်စွဲလမ်းသည်တိုင်အောင်သင်ချသည်။ —nut, *n.* မြေပဲ။

Groundless, *a.* without ground or foundation, အခြေအမြစ်မရှိသော။ without cause or reason, အကြောင်းမဲ့သော။

Groundsel, *n.* အိမ်တိုင်အမြစ်စိုက်သောမိကျောင်းတုံး။

Group, *v. t.* စုရုံးသည်။ —*n.* အစုအရုံး။

Grouse, *n.* တောကြက်။

Grout, *n.* ကြမ်းသောမုန့်ညက်။

Grove, *n.* မြိုင်။ ရဂုံ။ စို။ ရက်ကိုင်။ ဂန္ဓိုင်။

Grovel, *v. i.* to be prostrate on the face, ဝပ်တွားသည်။ to act a fawning, servile part, ကိုယ်အသရေကိုမမှတ်၊ယုတ်ညံ့သောအမှုကိုမရှောင်ဘဲခယဝယပါးလူးပါးလဲပြုတတ်သည်။

Grow, *v. i.* to spring from the ground, (အပင်) ပေါက်သည်။ to increase in bulk or stature, ကြီးပွားသည်။ to increase, advance, တိုးပွားသည်။ to become, ဖြစ်လာသည်။ to proceed as from a cause, (တစုံတခုသောအကြောင်းကြောင့်) ဖြစ်သည်။ *v. t.* to raise by cultivation, ထယ်၊ ယာ၊ ဥယည်လုပ်၍ ဖြစ်စေသည်။ —together, *v. i.* to close and adhere, ကြီးပွားရာတွင်တလုံးတဝတည်းဖြစ်လာသည်။ —up, to advance to maturity, ကြီးပွားသည်။ to close up, (intrans.) စေ့စပ်လာသည်။

Growl, *v. i.* ဟိန်းသည်။

Grown-over, *a.* ခြုံပိတ်ပေါင်းရစ်ပတ်ဖုံးအုပ်လျက်ရှိသော။

Growth, *n.* gradual enlargement in bulk or stature, ကြီးပွားခြင်း။ increase, advancement, တိုးပွားခြင်း။ produce, ကြီးပွား၍ဖြစ်သောအရာ။

Grub, *n.* ပိုးတုံးလုံး။

Grub-up, *v. t.* တူးဆွ၍နှုတ်ပြစ်သည်။

Grudge, *v.* to be envious, ငြူစူသည်။ to be unwilling to part with, နှမြောသည်။ တွန့်တိုသည်။ —*n.* ill will, မနာလိုခြင်း။ an old quarrel, ရန်ငြိုးဖွဲ့ခြင်း။

Grudgingly, *adv.* ဝိတ်သည်း။ ဝိတ်နည်း။

Gruel, *n.* မုန့်ညက်ကြိုသောကစိရည်။

Gruff, *a.* မျက်နှာအောက်သိုးသိုးဖြစ်သည်။

Gruffness, *n.* from above.

Grum, *a.* —in countenance, မျက်မှောင်ကျုတ်သော။ —in sound, အသံမောင်းသော။

Grumble, *v. i.* to murmur, မြည်တွန်သည်။ to roar as the elements, ဟည်းသည်။

Grumous, *a.* ပျစ်သော။

Grunt, *v. i.* ဝုတ်ဝုတ်မြည်သည်။ —*n.* from *do.*

Guana, *n.* ဖွတ်။

Guano, *n.* ဥါနော့တည်းဟူသော၊ ပင်လယ်ကမ်းနားမှာထူထပ်၍ရှိသော ငှက်ချေး။

Guarantee, Guarantor, *n.* agent from next.

Guaranty, *v.* လုံချုံအောင်ဝန်ခံသည်။ —*n.* from *do.*

Guard, *v. i.* စောင့်နေသည်။ —*v. t.* to keep in safety, လုံချုံအောင်စောင့်သည်။ to conduct safely, လုံချုံအောင်ပို့ဆောင်သည်။ —*n.* a state of vigilance, စောင့်နေခြင်း။ safe keeping, လုံချုံအောင်စောင့်ခြင်း။ that which protects, preserves, &c. လုံချုံအောင်စောင့်သောအရာ။ a man or body of men keeping guard, အစောင့်။ လူစောင့်။ —[advanced,] ရှေ့ကင်းတပ်။ —[body,] ကိုယ်ရံ။ —[life,] same. —[rear,] နောက်ကင်းတပ်။

Guarded, *a.* cautious, circumspect, သတိနှင့်ပြုသော။

Guardian, *n.* မိဘအပ်၍အကလေးကိုစောင့်မအုပ်ထိန်းသောသူ။ ထိန်းသိမ်းသောသူ။ စောင့်လျှက်ရှိသော။

Guardianship, *n.* စောင့်မအုပ်ထိန်းခြင်း။

Guava, *n.* မာလကာသီး။

Gubernatorial, *a.* မင်းအာဏာနှင့်ဆိုင်သော။

Gudgeon, *n.* a species of fish, ငါးချင်း။ M. a credulous person, ယုံလွယ်သောသူ။ an axle, ဝင်ရိုး။

Guerdon, *n.* ဆု။

Guess, *v.* တော်ဆသည်။ ယမ်းဆသည်။ ယမ်းယော်သည်။ —*n.* from *do.*

Guest, *n.* ဧည့်သည်။ —chamber, ဧည့်ခံရာအခန်း။

Guidance, *n.* from next.

Guide, *v. t.* to show the way, လမ်းပြသည်။ to direct in the way, ပဲ့ပျင်သည်။ to conduct, ကြပ်မ၍ပို့သည်။ to give rules of conduct, နည်းပေးသည်။ —post, *n.* လမ်းပြမှတ်တိုင်။ လမ်းပြသောသူ။ ပွဲဖျှင်သောသူ။ ကြပ်မသောသူ။ နည်းပေးသောသူ။ (for sub-def. *see do.*)

Guild, *n.* ကုန်သွယ်ခြင်းအမှုနှင့်ဆိုင်သောအပေါင်းအသင်း။

Guile, *n.* ပလီခြင်း။ လိမ်လည်ခြင်း။

Guileful, *a.* ပလီတတ်သော။ လိမ်လည်တတ်သော။

Guileless, *a.* ရိုးသားသော။

Guillotine, *n.* ဂိလတိန်တည်းဟူသောလူလည်ပင်းကိုဖြတ်သောစက်တန်ဆာ။ —*v. t.* ဂိလတိန်စက်တန်ဆာနှင့်လူလည်ပင်းကိုဖြတ်သည်။

Guilt, *n.* အပြစ်။

Guiltiness, *n.* from Guilty.

Guiltless, *a.* အပြစ်နှင့်ကင်းစင်သော။

Guilty, *a.* အပြစ်ရှိသော။

Guinea, *n.* the country, ဂိနေပြည်။ the coin, အင်္ဂလိပ်ရွှေဒင်္ဂါးတမျိုး။ —hen, ကြက်တမျိုး။ —pig, ပူးကောင်။

Guise, *n.* mode of behavior, ကျင့်ကြံပြုမူဟန်။ mode of dress, ဝတ်ဆင်သည်နည်း။

Guitar, *n.* စောင်းတမျိုး။

Gulf, *n.* a large bay, ပင်လယ်ထောင့်ကွေး။ an abyss, နက်သောချောက်။ a whirlpool, ဝဲသြဃာ။

Gull, *n.* a species of bird, ငှက်တမျိုး။ one easily cheated, လိမ်လည်ခြင်းကိုခံလွယ်သောသူ။ —*v. t.* လိမ်လည်သည်။

Gullet, *n.* အစာရေစာဝင်ရာလည်ချောင်း။

Gully, *n.* မြောင်းရိုး။

Gulp, *v.* ကျိုက်သည်။ ကျိုက်၍မျိုသည်။ —*n.* အကျိုက်။

Gum 1, *n.* the juice that exudes from trees, သစ်စေး။ lac, ခြိပ်။ —2, the flesh that covers the teeth, သွားဖုံး။ —boil, သွားဖုံးရောင်၍ပြည်ဖြစ်သောအနာ။

Gumminess, *n.* from next.

Gummy, *a.* သစ်စေးပါသော။

Gump, *n.* လူမိုက်။

Gun, *n.* a cannon, အမြောက်။ a musket, သေနတ်။ —barrel, သေနတ်ပြောင်း။ —boat, မိန်ပြောင်းပါသောရဲသိဘန်။ —carriage, အမြောက်တင်သောလှည်းခင်တိတ်။ —lock, သေနတ်မီး။ —powder, ယမ်း။ —shot, —of a cannon, အမြောက်တကမ်း။ တလှမ်း။ —of a musket, သေနတ်တကမ်း။ တလှမ်း။ —shot, *a.* ကျည်စေ့မှန်၍ဖြစ်သော (အနာ။) —smith, *n.* သေနတ်လုပ်သောသူ။ —stock, သေနတ်အိမ်။

Gunner, *n.* အမြောက်သား။

Gunnery, *n.* အမြောက်ပြစ်တတ်သောအတတ်။

Gunning, *n.* လည်၍သေနတ်ပြစ်သည်။
Gunny-bag, *n.* (East Indian,) ဂုနီအိတ်။
Gunwale, *n.* သင်္ဘောနံဘေးအထက်နား။
Gurgle, *v. i.* သွင်သွင်မြည်သည်။
Gurjun, *n.* Oil of the Dipteracarpus, see Wood-oil.
Gush, *v. i.* ပန်း၍ထွက်သည်။ —*n.* from *do.*
Gusset, *n.* အသားသွင်းသောအထည်စ။
Gust 1, *n.* a blast of wind, လေပုန်း။ —2, relish, မြိန်ရှက်သောအရသာ။
Gusto, *n.* same.
Gusty, *a.* လေပုန်းထန်သော။
Gut, *n.* အူ။ —*v. t.* to eviscerate, အူကိုထုတ်သည်။ to strip off the contents, ပါသမျှကိုနှိုက်ယူသည်။
Gutta-serena, *see* Amaurosis.
Gutter, *n.* ရေသွန်သောမြောင်း။
Guttle, *v.* ဖှံဝါးသလိုစားသည်။
Guttural, *a.* pertaining to the throat, လည်ချောင်းနှင့်ဆိုင်သော။ pronounced from the throat, ကဏ္ဌဇာ။
Guy, *n.* မုဆိတ်ကြီး။
Guzzle, *v.* စွတ်စိုသောက်သည်
Gymnasium, *n.* လက်ဝှေ့၊ လက်ပန်းစသော၊ အလွှားအခုန်တို့ကိုလေ့ကျက်အောင်သင်သောနေရာအရပ်။
Gymnastic, *a.* လက်ဝှေ့၊ လက်ပန်းစသော၊ အလွှားအခုန်အမျိုးမျိုးနှင့်ဆိုင်သော။
Gypsum, *n.* မြေဖြူတမျိုး။
Gyration, *n.* လည်ခြင်း။
Gyve, *n.* ခြေချင်း။

H

Ha, *int.* ဟား။
Habeas-corpus, *n.* ချုပ်ထားသောသူကိုတမင်းမှတမင်းသို့လွှဲအပ်သောစာ။
Haberdasher, *n.* ကုန်တို၊ စည်စကိုရောင်းသောသူ။
Habergeon, *n.* စစ်တိုက်ရာရင်နှင့်လည်ပင်းကိုဖုံးအုပ်သောတန်ဆာ။
Habiliment, *n.* အဝတ်။
Habit, *n.* garb, အဝတ်။ common practice, အကျင့်အလေ့။ a disposition or state acquired by constant practice, အကျင့်ပါခြင်း။ —*v. t.* ဝတ်ဆင်သည်။
Habitable, *a.* နေနိုင်ဖွယ်ဖြစ်သော။
Habitant, *see* Inhabitant.
Habitat, *n.* ပကတိဖြစ်ပွားရင်းအရပ်ဌာန။
Habitation, *n.* နေရာ။

Habitual, *a.* acquired by practice, အကျင့်အလေ့ဖြစ်သော။ customary, ဖြစ်လေ့ရှိသော။ ထုံးစံဖြစ်သော။

Habituate, *v. t.* အကျင့်အလေ့ပါအောင်ပြုသည်။

Habituated, *a.* အကျင့်အလေ့ပါသော။

Habitude, *n.* common practice, အကျင့်အလေ့။ custom, ထုံးစံ။

Hack 1, *n.* a horse kept for hire, ငှါးသောမြင်း။ a carriage kept for hire, ငှါးသောရထား။ a common prostitute, ကြေးစား။ —2, *v. t.* ခုတ်သည်။ —*v. i. see* Hawk, *v.*

Hackery, (East Indian,) *n.* ဘင်္ဂါလီလှည်းယဉ်။

Hackle, (as flax,) *v. t.* ဖန်သည်။ ဖီးသည်။

Hackney, *a.* အများတကာငှါးရန်ဖြစ်သော။ —coach, *n.* အများတကာငှါးရန်ရထား။ ဈေးရထား။

Hackneyed, *a.* used much and in common, လူတိုင်းအစွဲပြု၍အထပ်ထပ်သုံးသော (အရာ။) thoroughly acquainted with, အနှံ့အစပ်သိကျွမ်းသော။

Had, *pret.* of Have; —rather, သာ၍အလိုရှိသည်။

Haddock, *n.* ငါးတမျိုး။

Hades, *n.* မရဏာနိုင်ငံ။

Haft, *n.* လက်နက်ရိုး။ လက်ကိုင်တန်ဆာရိုး။ —*v. t.* အရိုးတပ်သည်။

Hag, *n.* စက်ဆုပ်ဖွယ်သောအမေကြီး။

Haggard, *a.* ကပြစ်ကညစ်နေသဖြင့်ကြုံ၍အရုပ်ဆိုးသော။

Haggess, *n.* ခုတ်စဉ်း၍အူအမြှေးအိတ်ထဲသို့သွင်း၍ပြုတ်သောဝက်သား။

Haggle, *v. t.* to mangle by hacking, မညီမညာခုတ်ထစ်သည်။ to be difficult in bargaining, ကတ်ကတ်သတ်သတ်ဆစ်ဆွက်သည်။

Hagiographer, *n.* ဓမ္မကျမ်းစာကိုစီရင်ရေးထားသောသူ။

Hail 1, *n.* မိုးသီး။ —stone, same. —1, *v. i.* မိုးသီးကျသည်။ —2, *v. t.* to call at some distance, လှမ်း၍ခေါ်သည်။ —2, *int.* ချမ်းသာပါစေ။

Hair, *n.* —of the body, အမွေး။ —of the head, ဆံ။ ဆံခြည်။ ဆံပင်။ —brained, *see* Hare-brained. —breadth. *n.* ဆံခြည်တပင်မျှ။ cloth, အမွေးအမှင်နှင့်ရက်သောအထည်ကြမ်း။ —comb, ဆံချပ်ဘီး။ —powder, ဆံပင်၌ဖြူးရန်နံ့သာမှုန့်။ —pin, ဆံထိုး။ ornamental one to keep the hair in order, ဆံကျင်။

Hairiness, *n.* from next.

Hairy, *a.* consisting of hair, အမွေးဖြစ်သော။ abounding with hair, အမွေးထူသော။

Halberd, *n.* ရဲတင်းပုဆိန်ပါသောလှံ။

Halberdier, *n.* ထိုလက်နက်ကိုဆောင်သောစစ်သူရဲ။

Halcyon, *n.* ဆင်ဗိန်ညင်။ —*a.* ငြိမ်သက်သော။

Hale, *a.* သန်မာသော။

Half, *n.* ထက်ဝက်။ တဝက်။ —*adv.* တဝက်အားဖြင့်။ —blood, *n.* အဘသော်၎င်၊ အမိသော်၎င်၊ ကွဲပြားသောသူ။ —cast, *a.* ကပြား။ (reproachful,) အမျိုးမစစ်။ —moon, *n.* လထက်ဝက်။ —penny, အင်္ဂလိတ်ကြေးနီဒင်္ဂါးတမျိုး။ —pike, လက်စွဲလှံတို။ —way, *a.* ခရီးတဝက်၌ရှိသော။ —witted, စိတ်ပေါ့သော။

Hall, *n.* a large room, ခန်းမ။ a court-house, တရားရုံး။

Hallelujah, *int.* ထာဝရဘုရားကိုချီးမွမ်းကြလော့။ ဟာလေလုယာ။

Halliard, *n.* ရွက်တင်ကြိုး။

Halloo, *v.* ဟစ်ခေါ်သည်။ —*int.* ဟေး။ ဟလူ။

Hallow, *v. t.* to consecrate, set apart for a sacred purpose, သန့်ရှင်းစေသည်။ ဘုရား၊ တရားအမှု၌သုံးဆောင်ရန်သီးသန့်၍ထားသည်။ to reverence, ရိုသေလေးမြတ်သည်။

Hallucination, *n.* a mistake, မှားယွင်းခြင်း။ an illusion of sense, ထင်မိထင်ရာထင်ခြင်း။

Halo, *n.* (နေ)အိမ်ဖွဲ့။ (လ)အိမ်ဖွဲ့။

Halt, *v. i.* to stop (intrans.,) တန့်သည်။ ရပ်သည်။ to limp, ထော့နဲ့သွားသည်။ to hesitate, ဆုတ်ဆိုင်းဆိုင်းဖြစ်၍နေသည်။ *v. t.* to cause to stop, တန့်စေသည်။ ရပ်စေသည်။ —*n.* from *do.*

Halter, *n.* a rope attached to a horse's head, မြင်းချည်ကြိုး။ a rope for hanging a man, လည်ဆွဲချသောကြိုး။ လည်ဆွဲကြိုး။

Halve, *v. t.* ထက်ဝက်ခွဲသည်။

Halves, *n. plur.* of Half, *n.*

Ham, *n.* the bend under the knee, တံကောက်ကွေး။ the thigh of a hog salted and smoked, ဆားမိမ်ပြီးမှမီးခိုးတိုက်၍ထားသောဝက်ပေါင်။ —string, တံကောက်ကွေးကြော။ —string, *v. t.* တံကောက်ကွေးကြောကိုဖြတ်သည်။

Hamlet, *n.* ရွာကလေး။ ဇနပုဒ်။

Hammer, *n.* သံတူ။ —of a gunlock, ခိုင်ပေါင်။ ခိုင်ပေါင်မီးမောင်း။ —*v. t.* to beat with a hammer, သံတူနှင့်ရိုက်သည်။ to contrive, စိတ်ကူးသည်။

Hammock, *n.* သင်္ဘောပေါ်မှာသုံးသောပုခက်။

Hamper 1, *n.* တင်ခြင်း။ —2, *v. t.* to entangle, ရှုပ်ထွေးစေသည်။ to shackle, in various ways, မပြေးနိုင်အောင်ထူးခတ်ခြင်း၊ ဒေါက်ဆွဲခြင်းအစရှိသည်တို့ဖြင့်ပြုလုပ်၍ထားသည်။

Hand, *n.* the palm with the fingers, လက်။ a measure of 4 inches, လက် ၄ သစ်အတိုင်းအထွာ။ the right or left side, လက်ျာဘက်။ လက်ဝဲဘက်။ an employee, စေခိုင်းခြင်းကိုခံသောသူ။ form of hand-writing, လက်ရေးပုံ။ —[at,] *adv.* near in place, အနီးမှာ။ အနားမှာ။ near in time, (ဖြစ်)ခါနီးတွင်။ —(in,) *adv.* in present payment, လက်ငင်း။ in a state of execution,

ပြုလုပ်တုန်း။ —[off,] တွင်တွင်။ —[on,] လက်ထဲမှာ။ —[under,] ကိုယ်တိုင်လက်ထိုးသည်နှင့်။ —barrow, *n.* သယ်ပိုးရာသုံးသော ထမ်းစင်။ —basket, လက်ကိုင်ပါသောတောင်း။ —bell, ဆွဲလွဲ။ —bill, သိတင်းစာလွှာ။ —breadth, လက် ၄ သစ်အတိုင်းအတွာ။ —cuff, လက်ထိတ်သံကွင်း။ —cuff, *v. t.* လက်ထိတ်ခတ်သည်။ —gallop, *n.* ဖြေးဖြေးခါးဆုံချသွားခြင်း။ —kerchief, လက်ကိုင်ပဝါ။ —maid, —maiden, လက်ပါးစေမိန္မ။ —mill, လက်လှည့်ကြိတ်ဆုံ။ —saw, ထိုးလွှ။ —spike, သင်္ဘောသားစွဲဆောင်သောရှူး။ —writing, လက်ရေး။ —*v. t.* to give with the hand, ကမ်းသည်။ to lead by the hand to some place, လက် ကို ကိုင်တွယ်မစ၍ နေရာချသည်။ —a sail, ရွက်ကိုရှုပ်သည်။ —down, အဆင့်ဆင့်လွှဲအပ်သည်။ —over, အပ်သည်။

Handful, *n.* as much as the hand will contain, တလက်ဖက်။ as much as the hand will grasp, လက်တဆုပ်။

Handicraft, *n.* လက်မှုပညာ။

Handiwork, *n.* လက်ဖြင့်လုပ်သောအရာ။ လက်ရာ။

Handle, *v. t.* to feel with the hand, လက်နှင့်စမ်းသည်။ to use with the hand, လက်နှင့်ကိုင်သုံးသည်။ to familiarize, အလေ့အကျက်ပြုသည်။ to treat in discourse, အကျိုးအကြောင်းကို ထုတ်ဖော်ဟောပြောသည်။ to treat in management, ပြုလုပ်သည်။ —*n.* —of a tool, အရိုး။ —of a utensil, လက်ကိုင်။

Handsome, *a.* လှသော။ လှပသော။

Handy, *a.* ready, dextrous, ပြုလုပ်ဖို့ရာအသင့်ရှိသော။ convenient for use, သုံးဆောင်ဖို့ရာအသင့်ရှိသော။

Hang, *v. i.* to be suspended, တွဲလွဲနေသည်။ to bend over or downward, ကိုင်းသည်။ ညွတ်သည်။ to depend, မှီ၍နေသည်။ to linger, ဖင့်နွဲ့သည်။ to be steep, စောက်သည်။ to be suspended by the neck, လည်ဆွဲချခြင်းကိုခံရသည်။ —*v. t.* to suspend, ဆွဲထားသည်။ to put to death by suspending by the neck, လည်ဆွဲချ၍ သတ်သည်။ —about, အနီးအပါး၌ တဝဲ့ လည် လည် နေ သည်။ —down, တွဲလွဲချသည်။ —man, *n.* လက်မရွံ့။ nail, လက်သည်းစွယ်။ —on, *v. t.* တွယ်ကပ်သည်။ —out, ပြင်မှာဆွဲထားသည်။ —over, *v. i.* to project above, အမြင့်ကအငူစွန်းထွက်၍မိုးနေသည်။ to impend, မိုး၍နေသည်။ —together, တွယ်ကပ်လျက်နေသည်။ —up, *v. t.* ဆွဲထားသည်။

Hanger, *n.* ထားလွယ်ကောက်။

Hanging, *a.* pertaining to putting to death by suspending by the neck, လည်ဆွဲချ၍သတ်ခြင်းနှင့်ဆိုင်သော။ —*n.* ထရံတွင်းက လှပစွာချယ်လှယ်၍ဆွဲကပ်သောအထည်အလိပ်။

Hank, *n.* ခြည်ခင်။

Hanker, *v. i.* တောင့်တသည်။

Hap, *n.* chance, အကြောင်းမရှိဘဲ၊ အမှတ်တမဲ့ဖြစ်ခြင်း။ that which takes place by chance, ထိုသို့ဖြစ်သောအရာ။ —hazard, same.

Hapless, *a.* အမင်္ဂလာရှိသော။

Haply, *adv.* by chance, အကြောင်းမရှိဘဲ။ အမှတ်တမဲ့။ perhaps, ဖြစ်မည်။ မဖြစ်မည်ဟုမသိသည်နှင့်။

Happen, *v. i.* to come by chance, အမှတ်တမဲ့ဖြစ်သည်။ to take place, ဖြစ်လာသည်။

Happiness, *n.* သုခ။ ချမ်းသာ။

Happy, *a.* enjoying felicity, ချမ်းသာသော။ producing felicity, ချမ်းသာစေသော။ most apt, suitable, conducive to, အလွှန်အဆင်သင့်သော။

Harangue, *v.* ပရိသတ်ရှေ့မှာအကျိုးအကြောင်းကိုကြီးကျယ်သောအသံနှင့်ထုတ်ဖော်၍မြွက်ဆိုသည်။ —*n.* from *do.*

Harass, *v. t.* ပင်ပန်းအောင်နှောင့်ရှက်သည်။

Harbinger, *n.* a forerunner, ရှေ့ပြေး။ one who gives notice of another's arrival, ရောက်လာမည်ဟုကြားပြောသောသူ။

Harbor, *n.* a place of refuge, ခိုလှုံသောအရပ်။လုံချုံသောနေရာ။ a port for ships, သင်္ဘောခိုလှုံရာကောင်းသောဆိပ်။ သင်္ဘောဆိပ်။ လှေဆိပ်။ —master, သင်္ဘောဆိပ်အုပ်။ —Harbor, *v. i.* to take refuge, တည်းခိုသည်။ ခိုလှုံသည်။ —*v. t.* to receive and entertain, လက်ခံ၍နေရာပေးသည်။ to protect, keep safe, လုံချုံအောင်ထားသည်။

Hard, *a.* not soft, မာသော။ difficult, not easy, ခက်ခဲသော။ rough, harsh, ခက်ထန်သော။ ကြမ်းတမ်းသော။ tight as a knot, ကျပ်သော။ stringent, strict, ကြပ်တည်းသော။ violent, ပြင်းသော။ ထန်သော။ —(as liquors,) ဖန်ဖန်ဖြစ်သော။ hard to deal with, ခဲယဉ်းသော။ ကတ်သတ်သော။ —favored, —featured, *a.* မျက်နှာကြမ်းသော။ —hearted, *a.* မကြင်နာတတ်သော။ ရက်စက်သော။ —knot, *n.* နှစ်ကျိတ်ကျိတ်၍ချည်သောအထုံး။ —mouthed, *a.* အာသော။ အာမာသော။ —ware, *n.* သံတန်ဆာအထည်။ —*adv.* from same; laboriously, ကြိုးစားအားထုတ်သည်နှင့်။ —by, အနီးမှာ။ အနားမှာ။ —up, *a.* မလျှပ်နိုင်အောင်ကျဉ်းကျပ်ခြင်းသို့ရောက်သော။

Harden, *v. i.* to become hard, ခဲဆဲဖြစ်သည်။ to become unfeeling, စိတ်ခိုင်မာ၍လာသည်။ to become inured, able to bear, ခံနိုင်အောင်ဖြစ်လာသည်။ —*v. t.* to make hard, ခဲစေသည်။ မာစေသည်။ to make unfeeling, စိတ်ခိုင်မာစေသည်။ to inure, ခံနိုင်အောင်ပြုသည်။

Hardened, *a.* inveterately vicious, ဆိုးသွမ်းမြဲဆိုးသွမ်းသော။

Hardihood, *n.* ရဲရင့်ခိုင်ကြံ့ခြင်းသတ္တိ။

Hardiness, *n.* from Hardy.

Hardly, *adv.* with difficulty, ခက်ခဲစွာ။ ဖြစ်ခဲသည်နှင့်။ scarcely, မရှိတရှိ။ severely, ကြပ်တည်းစွာ။ ကြမ်းတမ်းစွာ။

Hardness, *n.* from Hard, *a.*

Hardship, *n.* hard toil or suffering, ပင်ပန်းစွာခံရခြင်း။ oppression, ညှဉ်းဆဲနှိပ်စက်ခြင်း။

Hardy, *a.* bold, ရဲရင့်သော။ strong to endure, ခိုင်ခံ့သော။ တောင့်မာသော။

Hare, *n.* ယုန်။ —brained, *a.* သတိမရှိတတ်သော။ —lip, *n.* နှုတ်ခမ်းပြတ်။ —lipped, *a.* နှုတ်ခမ်းပြတ်ပါသော။

Harem, *n.* မောင်းမမိဿံတို့နေရာ။ တန်းလျားဆောင်။

Harier, *n.* ယုန်လိုက်ခွေး။

Hark, *int.* နားထောင်။

Harlequin, *n.* လူဖျက်။

Harlot, *n.* မိန္မရွှင်။ ပြည်တန်ဆာ။ ကြေးစား။

Harm, *v. t.* အပြစ်ပြုသည်။ အကျိုးဖျက်အောင်ပြုသည်။ —*n.* အကျိုးဖျက်ခြင်း။

Harmful, *a.* အပြစ်ပြုတတ်သော။ အကျိုးကိုဖျက်တတ်သော။

Harmless, *a.* အပြစ်မပြုတတ်သော။ အကျိုးကိုမဖျက်တတ်သော။

Harmonic, *a.* အသံညီညာခြင်းနှင့်ဆိုင်သော။

Harmonics, *n.* သီခြင်းသံအစရှိသော၊ အသံညီညာခြင်းနှင့်ဆိုင်သောသ်ပွဲအတတ်။

Harmonious, *a.* adapted to each other, အချင်းချင်းတော်သင့်သော။ consonant, အသံညီညာသော။ friendly, သင့်တင့်သော။

Harmonist, *n.* a musician, သီခြင်းသံကိုစီရင်တတ်သောသူ။ one who harmonizes corresponding passages, အညီအညာစီစည်တတ်သောသူ။

Harmonize, *v. i.* to accord, ညီညာသည်။ to be friendly, သင့်တင့်သည်။ to agree in sounds, အသံညီညာသည်။ —*v. t.* from same, အသံပျိုးသည်။

Harmony, *n.* from above; a writing in which corresponding events are harmonized, ခြားနားသောအကြောင်းအရာတို့ကိုအညီအညာစီစည်၍ရေးထားသောစာ။

Harness, *n.* military accoutrements, စစ်သူရဲဝတ်ဆင်သောအဝတ်တန်ဆာ။ the furniture of a draught animal, ဖွဲ့ကြိုးတန်ဆာစုံ။ the heddles of a loom, နှပ်။ —*v. t.* to equip with military accoutrements, စစ်ဝတ်တန်ဆာကိုဝတ်ဆင်သည်။ to put on the furniture of a draught animal, ဖွဲ့ကြိုးတန်ဆာကိုဖုင်ဆင်သည်။ to attach to a vehicle, ကသည်။

Harp, *n.* စောင်း။ စောင်းကောက်။ —*v.* စောင်းတီးသည်။ —upon, *v. t.* စိတ်စွဲလမ်းသောအရာကိုအထပ်ထပ်ပြောဆိုတတ်သည်။

Harper, *n.* စောင်းတီးသမား။

Harpoon, *n.* မှိန်း။ *v. t.* မှိန်းနှင့်ထိုးသည်။

Harpsichord, *n.* မြေစိုက်တမျိုး။ သံစုံသစ်တာတမျိုး။

Harpy, *n.* a certain fabulous animal, လင်တကိုယ်နှင့်လူ့ဖျက်နှာရှိသောအကောင်။ a ravenous plunderer, လောဘကြီး၍လုယူတတ်သောသူ။

Harquebuss, *n.* ရှေးကာလ၌သုံးသောသေနတ်တမျိုး။

Harridan, *n.* အို၍ဖျက်သောမိမ္ဗရှင်။

Harrow, *n.* ထွန်။ —*v. t.* to break the ground with a harrow, ထွန်သည်။ to fill with anguish, (စိတ်ကို) ထိုးဆွသည်။

Harry, *v. t.* လုယူဖျက်ဆီးသည်။

Harsh, *a.* rough to the touch, ကြမ်းသော။ rough to the taste, ဖန်ဖန်ဖြစ်သော။ rough to the ear, နားမခံသာသော။ rough in speech or manners, ကြမ်းတမ်းသော။ austere, severe, ကြပ်တည်းသော။

Harshness, *n.* from above.

Harslet, *n.* ဝက်ဝမ်းတွင်းသား။

Hart, *n.* သမင်ဒရယ်အဖို။

Hartshorn, *n.* ဒရယ်ဦးချိုရေပြန်။

Harvest, *n.* the season of reaping, စပါးရိတ်၍သိမ်းယူသည်ကာလ။ grain gathered in, ရိတ်၍သိမ်းယူသောစပါး။ the product of labor, လုပ်ဆောင်ခြင်း၏အကျိုး။ —home, တလင်းတက်ပွဲ။

Hash, *v. t.* စဉ်းကောသည်။ —*n.* စဉ်းကောသောအစာ။

Haslet, *see* Harslet.

Hasp, *n.* သော့ခလောက်ခတ်ရန်မျှောက်လက်။ —*v. t.* မျှောက်လက်နှင့်ခတ်သည်။

Hassock, *n.* ဝတ်ပြုရာကာလဒူးထောက်သောဖုံ။

Haste, Hasten, *v. i.* to endeavor to be speedy, လျင်မြန်အောင်ကြိုးစားသည်။ —*v. t.* to accelerate movement, လျင်မြန်အောင်နှိုးဆော်သည်။ —*n.* quickness of action, အလျင်အမြန်ပြုခြင်း။ sudden passion, စိတ်ထခြင်း။ —[make,] *v. i.* လျင်မြန်အောင်ကြိုးစားသည်။

Hastiness, *n.* from next.

Hasty, *a.* quick, speedy, ကြိုးကြိုးကြွကြွဖြစ်သော။ eager, စိတ်အားကြီးသော။ irritable, စိတ်ထတတ်သော။ စိတ်တိုသော။ —pudding, *n.* ပြုတ်သောမုန့်တမျိုး။

Hat, *n.* covering for the head (of different kinds,) သိုး။ ခမောက်။ —band, သိုးပတ်သောကြိုးပြား။ —box, —case, သိုးအစ်။

Hatch 1, *v. t.* to produce young from eggs, ဥကပေါက်စေသည်။ to contrive, စိတ်ကူးသည်။ —1, *n.* a brood of chickens, တခါတည်းပေါက်သောကြက်ငှက်သငယ်စု။ —2, the cover of an opening in a ship's deck, ကုန်းပတ်အဖုံး။ —way, ကုန်းပတ်ပေါက်။

Hatchel, *n.* ပိုက်ဆံခြည်ကိုရအောင်သင်ထွင်သောတန်ဆာ။ —*v. t.* ထိုတန်ဆာနှင့်သင်ထွင်သည်။

Hatchet, *n.* ပုဆိန်ကလေး။ —face, မျက်နှာချွန်း။

Hatchment, *n.* သေသောသူ၏ဘွဲ့တံဆိပ်ပုံကိုရေး၍ထားသောကား။

Hate, *v. t.* မုန်းသည်။ —*n.* from *do.*

Hateful, *a.* မုန်းစရာရှိသော။ မုန်းစချင်ဖွယ်ဖြစ်သော။

Hatefulness, *n.* from above.

Hatred, *n.* မုန်းခြင်း။

Hatter, *n.* သိုးလုပ်သောသူ။

Haughtiness, *n.* from next.

Haughty, *a.* proud and disdainful, မာနထောင်လွှားသော။ imperious, အစိုးတရပြုတတ်သော။

Haul, *v. t.* ဆွဲငင်သည်။ —*n.* from *do.*

Haum, *n.* ဝဲမှော်။

Haunch, *n.* တင်ပါးဆုံသား။

Haunt, *v. t.* to frequent, မပြတ်မပြတ်သွားလာလျက်နေသည်။ to trouble with frequent visits, ခဏခဏ လာ၍နှောင့်ရှက်သည်။ —as a ghost, စုန်းစွဲနေသည်။ —*n.* မပြတ်မပြတ်သွားလာလျက်နေသောအရပ်။

Hautboy, *n.* ခြွေတမျိုး။

Hauteur, *n.* ထောင်လွှားစော်ကားခြင်း။

Have, *v. t.* to be possessed of, (တစုံတဦးသောသူ)၌ရှိသည်။ to own, ပိုင်သည်။ to take in marriage, စုံဖက်မှီယူသည်။ to regard, ထင်မှတ်သည်။ to be obliged to, (ပြု)ရမည်။ —a care, သတိပြုသည်။ —a hand in, ဝင်၍ပြုသည်။ —joy, ဝမ်းမြောက်သည်။ —pleasure, ခံစားသည်။ —pain, နာသည်။ —sorrow, ဝမ်းနည်းသည်။ *verbal aux.* ပြီ၊ ခဲ့ပြီ။ —at, တိုက်သည်။ —away, ယူသွားသည်။ —by heart, နှုတ်ကျက်ရသည်။ အာဂုံဆောင်သည်။ —in the heart, *v.* အကြံရှိသည်။ —on, *v. t.* —the head, ဆောင်းသည်။ to wear, ဝတ်သည်။ —out, ပြင်သို့ထုတ်သည်။

Haven, *n.* a port for ships, သင်္ဘောခိုလှုံရာကောင်းသောဆိပ်။ သင်္ဘောဆိပ်။ လှေဆိပ်။ a place of safety, လုံခြုံသောနေရာ။

Havoc, *n.* များစွာဖျက်ဆီးခြင်း။

Hawk 1, *v.* to rake the throat, ဟက်သည်။ ချောင်းဟက်သည်။ —2, *v. i.* to peddle (goods,) ကုန်တို၊ကုန်စကိုလည်၍ရောင်းသည်။ —3,

n. the bird, သိမ်းငှက်။ —eyed, *a.* အလွန်သဖြင့်မျက်စိကောင်းသော။ —3, *v. i.* to practice falconry, သိမ်းတိုက်သည်။

Hawker, *n.* ကုန်တို၊ကုန်စကိုလည်၍ရောင်းသောသူ။

Hawser, *n.* ကျောက်ဆူးကြိုးတမျိုး။

Hay, *n.* မြက်ခြောက်။ —cock, မြက်ခြောက်လုပ်ရာအရပ်၌အစုစုပုံထားသောမြက်ခြောက်ပုံ။ —loft, နွားတင်းကုပ်၌မြက်ခြောက်တင်ထားသောစင်။ —maker, မြက်ခြောက်လုပ်သောသူ။ —mow, သို့ထားသောမြက်ခြောက်။ —rick, —stack, ကောင်းမွန်စွာမိုးကာ၍ထားသောမြက်ခြောက်ပုံ။

Hazard, *n.* uncertainty, ဖြစ်မည်၊ မဖြစ်မည်ကိုမသိနိုင်အောင်ရှိသည့်အဖြစ်။ peril, risk, jeopardy, ဘေးဖြစ်မည်ကိုစိုးရိမ်စရာအကြောင်း။ —*v. t.* to risk, jeopard, စိုးရိမ်စရာရှိလျက်နှင့်စမ်း၍ပြုသည်။ အဘယ်သို့ဖြစ်မည်ကိုမသိဘဲလျက်စွန့်၍ပြုသည်။ စွန့်စားသည်။

Hazardous, *a.* perilous, ဘေးဖြစ်မည်ကိုစိုးရိမ်စရာအကြောင်းရှိသော။

Haze, *n.* fog, နှင်း။ dry vapor, မြူ။

Hazel, *a.* နီကြန်ကြန်ဖြစ်သော။ သပြေရောင်ဘွက်သော။

Hazy, *a.* foggy, နှင်းဝေသော။ thick with vapor, မြူဆိုင်းသော။

He, *pron.* သူ။ (mas.) —*a.* အထီး။ အဖို။

Head, *n.* the top of the body, ဦးခေါင်း။ ခေါင်း။ a chief, အကြီးအကဲ။ အအုပ်အချုပ်။ the front part, မျက်နှာစာ။ the place of honor, အမြတ်ဆုံးသောနေရာ။ the place of command, အုပ်ချုပ်သောနေရာ။ opposition, ဆီးတားခြင်း။ a division (of a book,) အခဏ်း။ understanding, ဉာဏ်။ own will, ကိုယ်အလို။ crisis, height, တိုး၍ကြီးသောနေရာ။ —(of a bed,) ခေါင်းရင်း။ —of a sore, အနာထိပ်ဝ။ —of a cask, စည်မျက်နှာဝပိတ်။ —(of corn,) အနှံ။ အဖူး။ —of hair, ဆံပင်ဦးလုံး။ —(of an instrument,) အနှောင့်။ —of a river, မြစ်ဖျား။ —of a table, စားပွဲအရင်း။ —(of a vessel,) ဦး။ —ache, ခေါင်းကိုက်နာ။ —band, ဆံပင်သိမ်းသောကြိုးပြား။ —board, ခုတင်အုံးထား။ —dress, မိန္မဆောင်းသောခေါင်းအုပ်တန်ဆာ။ —land, အငူ။ —man, ခေါင်း။ အကြီးအကဲ။ —piece, armor for the head, စစ်တိုက်ရာခေါင်းကိုဖုံးအုပ်သောတန်ဆာ။ understanding, ဉာဏ်။ —quarters, ဗိုလ်ချုပ်တည်းနေရာ။ —sea, သင်္ဘောရှေ့ကလာသောလှိုင်းအိ။ —spring, မြစ်ဖျားစမ်းရေပေါက်။ —stall, ဦးခက်။ —stone, the chief or corner stone, တိုက်ထောင့်အထွဋ်ကျောက်။ the stone at the head of a grave, သင်းချိုင်းတွင်းခေါင်းရင်းမှာစိုက်သောကျောက်တိုင်။ —way, သင်္ဘောတက်သွားခြင်း။ —wind, လေဆန်။ —*a.* ကြီးကဲသော။ အုပ်ချုပ်သော။ —*v. t.* to lead, ဦးတည်၍ပြုသော။ to direct, အုပ်ချုပ်စီရင်သည်။ to go to the front of, နောက်ကလှည့်တက်၍ရှေ့ကဆီးသည်။ to furnish with a head, ခေါင်းတပ်သည်။

to lop, cut off the top, အဖျားကိုခုတ်ဖြတ်သည်။ —*v. i.* as a river, မြစ်ဖျားစမ်းရေထွက်သည်။ —as a plant, အရွက်စု၍ အဖူးဖြစ်သည်။

Headfirst, *adv.* ခေါက်ထိုး။

Headless, *a.* having no head, ဦးခေါင်းမရှိသော။ having no leader, အကြီးအကဲမရှိသော။ being without understanding, prudence, ပညာသတိမရှိသော။

Headlong, *a.* သတိမရှိဘဲလျှင်မြန်သော။ —*adv.* with head foremost, ခေါက်ထိုး။ precipitately, သတိမရှိ၊ လျှင်မြန်သည်နှင့်။ ဒရတ္တနိုး။

Headmost, *a.* ရှေ့ဖျားကျသော။

Headstrong, *a.* သူတပါးစကားကိုနားမထောင်၊ကိုယ်အလိုဒ္ဓိတယုန်တည်း လိုက်တတ်သော။ ခေါင်းမာသော။

Heady, *a.* same; intoxicating, ယစ်မူးစေတတ်သော။

Heal, *v. i.* to grow sound, အနာပျောက်ဆဲရှိသည်။ —*v. t.* to cure, အနာကိုပျောက်စေသည်။ to reconcile, ရန်ကိုငြိမ်းစေသည်။

Health, *n.* ကျန်းမာခြင်း။ ကျန်းမာပကတိဖြစ်ခြင်း။ ဤသာခြင်း။

Healthful, Healthy, *a.* free from disease, အနာမရှိ၊ ကျန်းမာသော။ ဤသာသော။ conducive to health, ကျန်းမာစေတတ်သော။ pertaining to a healthy state, ကျန်းမာခြင်းနှင့်ဆိုင်သော။

Healthfulness, Healthiness, *n.* from above.

Heap, *v. t.* to pile, ပုံသည်။ to accumulate, ဆည်းဖူးသည်။ to make convex, elevated in the centre, ပိုမိုသည်။ဖောင်းလန်၍နေအောင် ပြုသည်။ —*n.* အပုံ။

Hear, *v.* to perceive by the ear, ကြားသည်။ နားကြားသည်။ to obey, နားထောင်သည်။ —preaching, တရားနာသည်။

Hearing, *n.* the sense of hearing, သောတာယတန။ the act of perceiving by the ear, နားကြားခြင်း။ the act of obeying, နားထောင်ခြင်း။ an opportunity of addressing (a superior,) လျှောက်ရသောအခွင့်။ the reach of the ear, အသံကြားနိုင်သော အဝေးအကွာ။

Hearken, *v. i.* to listen, attend to, နားထောင်သည်။ နားခံသည်။ to obey, (စကားကို) နားထောင်သည်။

Hearsay, *n.* တယောက်ကိုတယောက်ကြားပြောသောစကား။

Hearse, *n.* တလားတင်ခင်တိတ်။

Heart, *n.* ဟတရ။ Pali, the fountain of blood, နှစ်လုံး။ the inner part, အနှစ်။ the mind, စိတ်နှလုံး။ courage, သူရဲဘော။ ရဲရင့်သောသဘော။ —[by,] *adv.* နှုတ်ကျက်။ အာဂုံဆောင်သည်နှင့်။ —ache, *n.* စိတ်ပူပန်ခြင်း။ —breaking, *a.* စိတ္တဇနာစွဲ၍အတွင်းဆွေးဆွေးစေသော။ —broken, *a.* စိတ္တဇနာစွဲ၍အတွင်းဆွေးဆွေး သော။ —burn, *n.* ထေပူတက်နာ။ —burning, *n.* စိတ္တဇစွဲ၍

ဖြဲ့ရှုမနာလိုခြင်း။ —ease, စိတ်ငြိမ်သက်ခြင်း။ —felt, *a.* နှစ်လုံးစွဲသော။ —rending, အလွန်ညှိုးငယ်စေသော။ —sick, အလွန်ညှိုးငယ်သော။ —string, *n.* နှစ်လုံးကိုဆွဲသောအကြော။ —whole, *a.* စိတ်စွဲလမ်းခြင်းနှင့်လွတ်သော။

Hearten, *v. t.* အားပေးသည်။

Hearth, *n.* မီးဖိုရှေ့မှာခင်းစီသောကျောက်ပြား၊ အုတ်ပြား။

Heartiness, *n.* from Hearty.

Heartless, *a.* without affection, ချစ်ခြင်းသဘောမရှိသော။ without courage, သူရဲသဘောမရှိသော။

Heartlessness, *n.* from above.

Hearty, *a.* စေတနာနှင့်တကွစိတ်ပါကိုယ်ရောက်ရှိသော။

Heat, *n.* caloric, အပူ။ the state of being hot, ပူခြင်း။ the state of feeling warm, အိုက်ခြင်း။ a single effort, အားထုတ်ခြင်းတချက်။ ardor, fervency, စိတ်အားကြီးခြင်း။ rage, ပြင်းစွာစိတ်ဆိုးခြင်း။ —*v. i.* to grow hot, ပူလာသည်။ to become ardent, စိတ်အားတိုးပွားသည်။ —*v. t.* to make hot, ပူစေသည်။ to make ardent, စိတ်အားကြီးစေသည်။

Heath, *n.* the plant, အပင်တမျိုး။ a plain, covered with heath, ကွင်းပြင်။

Heathen, *a.* သာသနာပလူ။ ဘုရား၊ တရားကိုမသိသောသူ။ —*a.* သာသနာပလူတို့နှင့်ဆိုင်သော။

Heathendom, *n.* ဘုရား၊ တရားကိုမသိ၊ မိုက်မဲသောတိုင်းပြည်စု။

Heathenish, *n.* pertaining to the heathen, သာသနာပလူတို့နှင့်ဆိုင်သော။ pertaining to heathenism, ဘုရား၊ တရားကိုမသိ၊ မိုက်မဲခြင်းနှင့်ဆိုင်သော။

Heathenism, *n.* ဘုရား၊ တရားကိုမသိ၊ မိုက်မဲသောအဖြစ်။

Heather, *see* Heath.

Heave, *v. i.* to rise, swell, ပွံ့ပွံ့ကြွသည်။ to pant, ဟိုက်သည်။ to retch, ပျို့သည်။ —*v. t.* to lift, raise, ချီသည်။ ကြွသည်။ မြှောက်သည်။ to cause to swell, ပွံ့ပွံ့ကြွစေသည်။ to lift and throw, ချီ၍ပြစ်သည်။ —high, *v. t.* မြှောက်သည်။ —in sight, *v. i.* ပေါ်လာသည်။ —offering, *n.* ချီမြှောက်ရာပူဇော်သကာ။ —to, *v. t.* (သင်္ဘောကို) ရပ်စေသည်။ —up, to raise, ချီကြွသည်။ to vomit, အန်သည်။ —*n.* an effort upwards, ချီကြွအောင်အားထုတ်ခြင်း။ an effort to vomit, ပျို့ခြင်း။

Heaven, *n.* the sky, မိုဃ်းကောင်းကင်။ the heavenly expanse, အာကာသကောင်းကင်။ the heavenly world, ကောင်းကင်ဘုံ။ ဘုရားသခင်နေတော်မူရာကောင်းကင်။ the Sovereign of heaven, ကောင်းကင်ဘုံ၏အရှင်ဘုရားသခင်။ —born, *a.* ကောင်းကင်သားဖြစ်သော။ —ward, *adv.* ကောင်းကင်သို့။

Heavenliness, *n.* အလွန်ကောင်းမြတ်ခြင်း။

Heavenly, *a.* pertaining to heaven, ကောင်းကင်နှင့်ဆိုင်သော။ resembling heaven, ကောင်းကင်လက္ခဏာရှိသော။ exceedingly excellent, အလွန်ကောင်းမြတ်သော။ —*adv.* ကောင်းကင်ဘုံ၌ဖြစ်သကဲ့သို့။ —minded, *a.* ရကောင်းကင်စိတ်သဘောရှိသော။ ကောင်းကင်အရာတို့၌စိတ်စွဲလမ်းသော။

Heaviness, *n.* from next.

Heavy, *a.* weighty, လေးသော။ လေးလံသော။ dejected, ညှိုးငယ်သော။ depressing to the spirits, ညှိုးငယ်စေသော။ burdensome, ပင်ပန်းစေတတ်သော။ dull, စိတ်အားနည်းသော။ wanting animation, စိတ်ကိုမနှိုးဆော်တတ်သော။ drowsy, မျက်စိလေးလံသော။ wanting activity, ဆေးနွေးသော။ ဆေးဆေးလေးလေးဖြစ်သော။ difficult, ခက်ခဲသော။ arduous, အမှုကြီးသော။ stupid, ညာဏ်တုံးသော။ large, ကြီးမားသော။ thick, dense, ထူထပ်သော။ abundant, သည်းထန်သော။ loud, (အသံ) ကျယ်သော။ —handed, လက်လေးသော။ —hearted, စိတ်ညှိုးငယ်သော။ —laden, ဝန်လေးသော။

Hebdomadal, *a.* consisting of seven days, ၇ ရက်နှင့်ဆိုင်သော။ occuring every seven days, ၇ ရက် ၇ ရက်လည်တိုင်းဖြစ်တတ်သော။

Hebraic, *a.* ဟေဗြဲဘာသာစကားနှင့်ဆိုင်သော။

Hebraism, *n.* ဟေဗြဲဘာသာ၌သာပြောတတ်သောစကား၏အနေ။

Hebraist, *n.* ဟေဗြဲဘာသာစကားကိုနားလည်သောသူ။

Hebrew, *n.* an Israelite or Jew, ဟေဗြဲလူ။ the Hebrew language, ဟေဗြဲဘာသာစကား။ —*a.* ဟေဗြဲအမျိုးနှင့်ဆိုင်သော။

Hecatomb, *n.* တိရိစ္ဆာန်ကောင်ရေ ၁၀၀ ကိုယဇ်ပူဇော်ခြင်း။

Hectic, *a.* ခြောင်းဆိုးနာစွဲသော့ကြောင့်တက်တတ်သော (ဖျားနာ။)

Hector, *n.* လူကျယ်။ —*v. t.* လူကျယ်လုပ်၍နှောင့်ရှက်သည်။

Heddles, *n. plur.* နှဲ။

Hedge, *n.* စည်းရိုး။ စည်းတန်း။ အပင်စိုက်၍လုပ်သောစည်းစောင်ရန်း။ —*v. t.* to inclose with a hedge, စည်းစောင်ရန်းဖြစ်အောင်အပင်ကိုစိုက်၍ကာရံသည်။ to obstruct, ဆီးကာသည်။

Hedge-hog, *n.* ဖြူပုမျိုး။

Heed, *v. t.* to take care, သတိပြုသည်။ သတိထားသည်။ to take notice of, မှတ်သည်။ အမှုထားသည်။ to mind, နားထောင်သည်။ —*n.* care, သတိ။ သတိပြုခြင်း။ the act of paying attention to, နားထောင်ခြင်း။

Heedful, *a.* from Heed, *v. t.*

Heedless, *a.* သတိမရှိသော။

Heedlessly, *adv.* in the manner of one staring about forgetful of his own situation, နမက်နမော်။ နမော်နမဲ့။

Heedlessness, *n.* from above.

Heel 1. *n.* ဖနောင့်။ —piece, ဖနောင့်ခံ။ —tap, ဖနောင့်ခံတပ်။ —2, *v. i.* စောင်းသည်။

Heft, *n.* အချိန်။ —*v. t.* အလေးအပေါ့ကိုသိအောင်ပင့်၍စမ်းသည်။

Hegira, *n.* ပသိပရောဖက်မဟာမတ်ပြေးသောသက္ကရာဇ်။

Heifer, *n.* နွားမတန်း။

Heigh-ho, *int.* တညီ။

Height, *n.* altitude, အမြင့်။ stature, ကိုယ်အရပ်။ an eminence, မြင့်သောအရပ်။ the utmost state, or degree, အမြင့်ဆုံးသောနေရာ။ exaltation, မြင့်မြတ်ခြင်း။

Heighten, *v. t.* တိုးစေသည်။ တိုးပွားစေသည်။

Heinous, *a.* အလွန်အပြစ်ကြီးသော။

Heinousness, *n.* from above.

Heir, *n.* အမွေခံ။ အမွေစား။ —apparent, *n.* မချွတ်မလွဲအဘအမွေကိုခံထိုက်သောသူ။ —loom, သူတပါးလက်သို့မလွှဲရဘဲအမွေခံသောသူသာပိုင်သောပရိဘောဂ။ —presumptive, သာ၍ခံထိုက်သောသူမပေါ်လျှင်အဘအမွေကိုခံထိုက်သောသူ။

Heiress, *n.* အမွေခံမိန္မ။

Heirship, *n.* အမွေခံ၏အဖြစ်။

Heliacal, *a.* emerging from the light of the sun, နေရောင်ထဲကထွက်သော။ passing into the light of the sun, နေရောင်ထဲသို့ဝင်သော။

Helical, *a.* လိမ်ရစ်သော။

Hell, *n.* ငရဲ။

Hellenic, *a.* ဟေလသအမျိုးနှင့်ဆိုင်သော။

Hellenism, *n.* ဟေလသဘာသာဒ္ဓသာပြောတတ်သောစကား၏အနေ။

Hellenist, *n.* ဟေလနိတ်လူတည်းဟူသောဟေလသဘာသာစကားကိုပြောတတ်သောယုဒအမျိုးသား။

Hellenistic, *a.* ဟေလနိတ်လူတို့နှင့်ဆိုင်သော။

Hellish, *a.* pertaining to hell, ငရဲနှင့်ဆိုင်သော။ like the inhabitants of hell, ငရဲသားကဲ့သို့ဖြစ်သော။

Helm, *n.* တက်မ။

Helmet, *n.* သံခမောက်လုံး။

Helmeted, *a.* သံခမောက်လုံးကိုဆောင်းသော။

Helmsman, *n.* တက်မကိုင်။

Help, *v. t.* to aid, assist, မိုင်းမသည်။ ရိုင်းပင်းသည်။ ကူသည်။ ညီသည်။ ထောက်သည်။ မသည်။ to relieve, remedy, အနာပျောက်အောင်ကုသည်။ to forbear, မပြုဘဲနေသည်။ —forward, တိုးတက်အောင်မစသည်။ —mate, —meet, *n.* လုပ်ဖော်ဆောင်ဖက်။ —on, *v. t.* တိုးတက်အောင်မစသည်။ —out, ကယ်နှုတ်သည်။ —over, အကြ

အမြောက်အောင်ကူညီသည်။ —to, သူ့အပါးလိုချင်လောအရာရှိရှာ၍ ပေးသည်။ —*n.* from Help, *v. t.*

Helpful, *a.* ကူညီမစတတ်သော။

Helpless, *a.* without power in one's self, ကိုယ်ကိုကိုယ်မတတ်နိုင်သော။ destitute of support or assistance, ကိုးကွယ်ရာမဲ့ဖြစ်သော။

Helplessness, *n.* from above.

Helter-skelter, *adv.* ကစဉ့်ကလျား။

Helve, *n.* ပုဆိန်ရိုး။

Hem 1, *v. i.* to make a certain sound from the throat, ချောင်းဟန့်သည်။ —*n.* the said sound made from the throat, ချောင်းဟန့်သောအသံ။ —1, *int.* အဟန်း။ —2, *v. t.* to fold and sew down the edge, အနားလုံးသည်။ —in, ဝိုင်းရံ၍ဆီးကာသည်။ —*n.* the edge of a garment folded and sewed down, အနားလုံး။

Hemisphere, *n.* အလုံး၏ထက်ခြမ်း။ လုံးခြမ်း။

Hemistich, *n.* လင်္ကာစာကြောင်းတဝက်။

Hemorrhage, *n.* သွေးပြိုခြင်း။

Hemorrhoids, *n.* မြင်းသရိုက်။

Hemp, *n.* ဘင်း။

Hempen, *a.* ဘင်းလျှော်ကိုလုပ်သော။

Hen, *n.* ကြက်မ။ —coop, ကြက်လှောင်အိမ်၊ —hearted, *a.* သူရဲဘောနည်းသော။ —pecked, မယားကိုကြောက်တတ်သော။ —roost, *n.* ကြက်အိပ်တန်း။

Hence, *adv.* from this place, သည်အရပ်မှ။ from this time, ယခုအခါမှ။ for this cause, သည်အကြောင်းကြောင့်။ —forth, —forward, *adv.* ယခုမှစ၍။

Henna, *n.* ဒန်း။ ဒန်းကြီး။ ဒန်းကျား။

Hepatic, *a.* အသည်းနှင့်ဆိုင်သော။

Heptagon, *n.* ခုနှစ်ထောင့်ပုံ။

Heptangular, *a.* ခုနှစ်ထောင့်ရှိသော(ပုံ။)

Heptarchy, *n.* မင်းခုနှစ်ပါးစီရင်အုပ်စိုးခြင်း။

Her, *poss.* and *obj. of* She, *which see* —self, *pron.* သူကိုယ်။ သူကိုယ်တိုင်။ သူကိုယ်တိုင်ပင်။

Herald, *n.* သိတင်းကိုကျော်ညာစေသောသူ။

Heraldry, *n.* the blazoning of arms or ensigns armorial, တံဆိပ်ပုံ၌ပါသောရုပ်ပုံသင်္ကေတနှင့်တို့၏အထူးပွတ္တိကိုပြခြင်း။ the science of blazoning, ထိုအထူးပွတ္တိကိုပြတတ်သောအတတ်။

Herb, *n.* အခါလည်ရှိသာရှင်တတ်သောအပင်။

Herbaceous, *a.* ထိုသို့သောအပင်နှင့်ဆိုင်သော။

Herbage, *n.* မြက်ပင်အစရှိသော၊ အခါလည်ရုံ သာ ရှင် တတ် သော အပင်အမျိုးမျိုး။
Herbal, *n.* ထိုအပင်မျိုးတို့အကြောင်းအရာကိုပြသောကျမ်း။
Herbalist, *n.* ထိုအပင်အမျိုးမျိုးကိုသိကျွမ်းအောင်စစ်ဆေးတတ်သောသူ။
Herculean, *a.* of great strength, ခွန်အားကြီးသော။ requiring great strength, ဆောင်ရွက်အံ့သောငှါ အလွန် ကြိုးစား အား ထုတ် ရ သော (အမှု။)
Herd, *n.* ကျွဲ၊နွားတို့အစု။ —*v. i.* တိရိစ္ဆာန်ကဲ့သို့ပေါင်းသင်းသည်။နွားအုပ်။s.
Herdsman, *n.* နွားကျောင်း။
Here, *adv.* in this place, သည်မှာ။ သည်အရပ်မှာ။ hither, သည်ကို။ သည်အရပ်သို့။ in the present state of existence, ယခုဘဝမှာ။ —about, —abouts, *adv.* သည်အရပ်အနီးအပါးတွင်။ —after, at some future time, နောက်တခါ။ in a future state, နောင်တဝမှာ။ —*n.* နောင်ဘဝ။ —and there, အရပ်ရပ်။ —at, သည်ဟာမှာ။ —by, ဤအကြောင်းအားဖြင့်။ —in, in this, သည်တွင်။ in this cause, ဤအကြောင်းမှာ။ —of, some of this, ဤအရာအချို့ကို။ by means of this, ဤအကြောင်းအားဖြင့်။ —on, —upon, ဤအကြောင်းတွင်။ —to, —unto, သည်အရပ်သို့။ —tofore, in times before the present, ယခုတိုင်အောင်။ formerly, ရှေးကာလ၌။ —with, together with this, သည်ဟာနှင့်တကွ။ by means of this, သည်အရာအားဖြင့်။
Hereditament, *n.* အမွေခံနိုင်သောဥစ္စာ။
Hereditary, *a.* ဆက်ကာဆက်ကာအမွေခံရသော (ဥစ္စာ။)
Heresiarch, *n.* မိစ္ဆာဒိဋ္ဌိဆရာကြီး။
Heresy, *n.* မိစ္ဆာဒိဋ္ဌိ။
Heretic, *n.* မိစ္ဆာဒိဋ္ဌိအယူကိုယူသောသူ။
Heretical, *a.* မိစ္ဆာဒိဋ္ဌိနှင့်ဆိုင်သော။
Heritage, *n.* အမွေဥစ္စာ။
Hermaphrodite, *n.* မိမ္မလျှာ။
Hermeneutic, *a.* အနက် အဓိပ္ပါယ် ကို ပြသော။ *n.* အနက်အဓိပ္ပါယ်ကိုပြတတ်သောအတတ်ပညာ။
Hermetic, Hermetical, *a.* pertaining to chemistry, ဓေမိတ္တရိအတတ်ပညာနှင့်ဆိုင်သော။ closed so as to be air-tight, လေလုံအောင်ဆို့ပိတ်သော။
Hermit, *n.* တောသို့တယောက်တည်းနေသောသူ။
Hermitage, *n.* ထိုသူ၏နေရာ။ သင်္ခမ်း။
Hernia, *n.* မုဋ္ဌ။
Hero, *n.* a man of extraordinary courage and strength, ရဲရင့်ခြင်းနှင့်တကွအစွမ်းသတ္တိထူးဆန်းသောသူ။ a very illustrious personage, အထူးသဖြင့်ထင်ပေါ်ကျော်စောသောသူ။

Heroic, *a.* pertaining to a hero, ထိုသို့သောသူနှင့်ဆိုင်သော။ possessed of the qualities of a hero, ရဲရင့်ခြင်းနှင့်တကွအစွမ်းသတ္တိရှိသော။
Heroine, *n.* ရဲရင့်၍ထင်ပေါ်ကျော်စောသောမိန်းမ။
Heroism, *n.* from Heroic, 2d def.
Heron, *n.* ဗျိုင်း။ the common English heron, ငှက်ကြီးဝံ။
Herpes, *n.* အဖုအပိမ့်ပေါက်သောအနာအမျိုးမျိုး။
Herring, *n.* ငါးတမျိုး။
Hers, *poss. of* She, *which see.*
Hesitancy, *n.* တွေးတော၍နေခြင်း။
Hesitate, *v. i.* to pause in uncertainty in regard to action, နှောင့်နှေးသည်။ to falter in speech, ရုတ်ခနဲမပြောတည့်နိုင်ဖြစ်သည်။
Hesitation, *n.* from above.
Hesperian, *a.* အနောက်မျက်နှာနှင့်ဆိုင်သော။
Heterodox, *a.* မိစ္ဆာဒိဋ္ဌိနှင့်ဆိုင်သော။ —as a person, အယူပြန်သော။ အယူသန်သော၊ အယူသီးသော။
Heterodoxy, *n.* မိစ္ဆာဒိဋ္ဌိ။
Heterogeneous, *a.* ဓာတ်ချင်းခြားနားသော။
Hew, *v. t.* to slice off from the side (of timber,) ရွေသည်။ to chop, ခုတ်သည်။ to shape by cutting, ခုတ်၍လောင်းသည်။
Hexagon, *n.* ခြောက်ထောင့်ပုံ။ ဆဋ္ဌံ။ a regular hexagon, ဆဋ္ဌရန်း။
Hexameter, *n.* စာတကြောင်း၌ခြောက်ပါဒပါသောလင်္ကာမျိုး။
Hexangular, *a.* ခြောက်ထောင့်ရှိသော (ပုံ။)
Hey, —day, *int.* ဟေ။
Hiatus, *n.* an opening of the mouth, အဟ။ a gap, အအက်အကွဲ။
Hibernal, *a.* ဆောင်းကာလနှင့်ဆိုင်သော။
Hiccough, *n.* ကြို့။ —*v. i.* ကြို့ထိုးသည်။
Hickory, *n.* သစ်ပင်တမျိုး။
Hide 1, *n.* သားရေ။ —2, *v. i.* to conceal one's self, ပုန်း၍နေသည်။ —*v. t.* to screen from view, ကွယ်သည်။ (trans.;) to conceal, secrete, ဝှက်သည်။ ဝှက်ထားသည်။ —and seek, *n.* ပုန်းတမ်းကစားခြင်း။
Hideous, *a.* အလွန်အရုပ်ဆိုး၍ကြောက်မက်ဖွယ်ဖြစ်သော။
Hideousness, *n.* from above.
Hiding-place, *n.* ပုန်းရှောင်၍နေရာ။
Hie, *v. i.* အလျင်အမြန်သွားသည်။
Hierarch, *n.* the chief of an order of angels, ကောင်းကင်တမန်မှူး။ an archbishop, ဂိုဏ်းအုပ်ချုပ်။
Hierarchy, *n.* an order of angels with their chief, ကောင်းကင်တမန်မှူးနှင့်တကွကောင်းကင်တမန်အပေါင်းအသင်း။ an established church with its different orders of clergy, ဂိုဏ်းအုပ်။

သင်းအုပ်။ သင်းထောက်နှင့်တကွ မင်းပြု စု သော ခရစ်ယာန် အပေါင်း အသင်း။

Hieroglyphic, *a.* pertaining to hieroglyphics, အနက်အဓိပ္ပာယ်ရှိသောပုံနှင့်ဆိုင်သော။ emblematic, ပုံအားဖြင့်အနက်အဓိပ္ပာယ်ကိုပြသော။

Hieromancy, *n.* ယဇ်ပူဇော်သောအားဖြင့်သိ၍ဟောတတ်ခြင်း။

Hierophant, *n.* ဘုရား၊ တရားနှင့်ဆိုင်သောအကြောင်းအရာတို့ကို ဖော်ပြသောသူ။

Higgle, *v. i.* ကတ်ကတ်သတ်သတ်ဆစ်ဆွက်သည်။

High, *a.* distant upwards, မြင့်သော။ exalted, excellent, မြင့်မြတ်သော။ proud, ostentatious, ထောင်လွှားသော။ violent, ပြင်းထန်သော။ strong, အားကြီးသော။ of great price, အဘိုးကြီးသော။ —church, *n.* ဂိုဏ်းအုပ်ချုပ်၍အာဏာတည်စေခြင်းငှါအလိုရှိသောသင်းဝင်စု။ —land, မြစ်ညာ၊ မြစ်ဖျား၌ကျသော အထက်အရပ်။ —lander, မြစ်ညာ၊ မြစ်ဖျား၌နေသောအထက်သား။ —priced, *a.* အဘိုးကြီးသော။ —priest, *n.* ယဇ်ပုရောဟိတ်မင်း။ —road, လမ်းမ။ —water, ရေပြည့်။ —way, လမ်းမ။ —wayman, လမ်းခရီး၌တိုက်သောထားမြ။ —*adv.* at a great, height, အမြင့်။ eminently, အထူးသဖြင့်။ strongly, အားကြီးစွာ။ —born, *a.* အမျိုးမြတ်သော။ —bred, အမျိုးမြတ်၍ယဉ်ကျေးသော။ —colored, အရောင်မဲ့သော။ —flavored, ဩဇာလေးနက်သော။ —flown, ဝါကြွားသော (စကား။) —handed, အစိုးတရပြုသော။ —mettled, စိတ်ထက်မြက်သော။ —minded, စိတ်မြင့်သော။ —seasoned, ပူစပ်သောအရသာရှိအောင်ချက်သော။ —sounding, ဝါကြွားသော (စကား။) —spirited, စိတ်ထက်မြက်သော။ —wrought, ငွေစပ်သေချာစွာပြီးသော။ —*n.* မြင့်ရာအရပ်။ —[on,] *adv.* အမြင့်မြင့်သောအရပ်မှာ။

Highness, *n.* from High, *a.*; (a title,) ဘုန်းကြီးသောသခင်။

Hilarious, *a.* ရွှင်မြူးသော။

Hilarity, *n.* from above.

Hill, *n.* a small mountain, တောင်ပူဆာ။ an elevated spot of land, ကုန်း။ (Amer.) a cluster of plants, and the earth raised about them, ပင်မြစ်ခြေရင်း၌ဖို့သောမြေတောင်။ —side, တောင်ပူဆာခါးပန်း။ —top, တောင်ပူဆာထိပ်။ —*v. t.* (Amer.) ပင်မြစ်ခြေရင်း၌မြေတောင်ဖို့သည်။

Hillock, *n.* a small hill, တောင်ပူဆာကလေး။ —raised by white ants, တောင်ပို့။

Hilly, *a.* တောင်များသော။

Hilt, *n.* ထားလွယ်ရိုး။

Hilted, *a.* အရိုးပါသော (ထားလွယ်။)

Him, *obj. of* He, *which see.* —self, *pron.* သူကိုယ်။ သူကိုယ်တိုင်။ သူကိုယ်တိုင်ပင်။ —self [by,] *adv.* သူကိုယ်တယောက်တည်း။

Hind 1, *n.* a female deer, သတ်မ။ —2, a rustic, ကျေးတောသား။ —3, *a.* နောက်သော။ နောက်၌ရှိသော။ —foot, *n.* တိရိစ္ဆာန်၏ခြေ။ —leg, တိရိစ္ဆာန်၏ခြေထောက်။ —most, နောက်ဆုံးသော။ —part, နောက်ဖေး။ နောက်ပိုင်း။

Hinder, *a.* နောက်၌ရှိသော။ နောက်ဖေး၌ရှိသော။ —*v. t.* to prevent, ဆီးတားသည်။ to retard, နှေးစေခြင်းငှါနှောင့်ရှက်သည်။

Hinderance, *n.* an impediment, အဆီးအတား။ ဆီးတားသောအရာ။ that which retards, နှေးစေခြင်းငှါနှောင့်ရှက်သောအရာ။

Hindermost, *see* Hindmost.

Hindoo, *n.* ဟိန္ဒူ။ ဟိန္ဒူလူ။ —*a.* ဟိန္ဒူအမျိုးနှင့်ဆိုင်သော။

Hindooism, *n.* ဟိန္ဒူဘာသာ။

Hinge, *n.* ပတ္တာ။ —*v. i.* မှီ၍လိုက်သည်။

Hint, *n.* အရိပ်။ အရိပ်အမြွက်။ —*v.* အရိပ်အမြွက်ပေးသည်။

Hip, *n.* တင်ပါးရိုး။

Hippogriff, *n.* မြင်းပျံ။

Hippopotamus, *n.* ရေမြင်း။

Hire, *v. t.* ငှါးသည်။ —*n.* အခ။

Hireling, *a.* အခစားသော။ —*n.* အခစား။ သူရင်းငှါး။

His, *poss. of* He, *which see.*

Hiss, *v.* —as a man, ရှူထိုးသည်။ ရှူးထိုးသည်။ —as a snake, မှုတ်သည်။ ရှူးရှူးမြည်သည်။ —as an arrow, ရွှီခနဲမြည်သည်။ —*n.* from *do.*

Hist, *int.* တိတ်တိတ်နေ။

Historian, *n.* ရာဇဝင်ကျမ်းကိုစီရင်ရေးထားသောဆရာ။

Historic, Historical, *a.* အကြောင်းအရာအထုပ္ပတ္တိကိုဖော်ပြသောစာနှင့်ဆိုင်သော။

History, *n.* အကြောင်းအရာအထုပ္ပတ္တိကိုဖော်ပြသောစာ။ —[civil,] ရာဇဝင်ကျမ်း။

Histrionic, *a.* ဇာတ်ပွဲနှင့်ဆိုင်သော။

Hit, *v.* to strike against, ထိသည်။ ထိခိုက်သည်။ to touch a mark aimed at, မှန်သည်။ to come to the point, နေရာကျသည်။ to be to the point, as a remark, ထိသည်။ တိုက်ဆိုက်သည်။ to reach, မှီသည်။ —off, *v. t.* ကြံစည်ခြင်းမရှိဘဲတူအောင်လုပ်သည်။ —on, —upon, အမှတ်တမဲ့တွေ့သည်။ ကြုံမိသည်။ —out, နေရာကျအောင်အမှတ်တမဲ့ပြုလုပ်သည်။ —*n.* a striking against, အထိ။ အထိအခိုက်။ a casual coincidence, အမှတ်တမဲ့နေရာကျခြင်း။

Hitch, *v. i.* to go by jerks, ပွတ်ကာရွေ့ကာထိုး၍သွားသည်။ to become entangled, ငြိသည်။ ငြိတွယ်သည်။ —*v. t.* to catch by a hook,

မြင်းကောင်ချိတ်သည်။ (Amer.) to secure (a horse) by the bridle, ဇက်ကြိုးကိုချိတ်၍ထားသည်။ —*n.* အငြိအတွယ်။

Hither, *adv.* သည်ကို။ ဤအရပ်သို့။ —to, to this time, ယခုတိုင်အောင်။ to this place, ဤအရပ်တိုင်အောင်။ —ward, —wards, ဤအရပ်သို့။ —*a.* သည်ဘက်၌ရှိသော။ —most, သည်ဘက်၌အနီးဆုံးသော။

Hive, *n.* a receptacle for bees, ပျားမွေးသောအိမ်။ a company, အစုအပေါင်း။ —*v. t.* ပျားအိမ်ထဲသို့ပျားကိုသွင်းသည်။

Ho, *int.* အို။

Hoar, *a.* ဖြူသော။ —frost, *n.* နှင်းခဲ။

Hoard, *v. t.* မထင်မရှားသိုထားသည်။ —*n.* မထင်မရှားသိုထားသောဥစ္စာ။

Hoariness, *n.* ဖြူသောအဖြစ်။

Hoarse, *a.* အသံပြာသော။

Hoarseness, *n.* from above.

Hoary, *see* Hoar. —headed, *a.* ဆံပင်ဖြူသော။

Hoax, *v. t.* ပျက်ချော်သည်။ —*n.* from *do.*

Hobble, *v. i.* ကျိုးနင်းကျိုးနင်းသွားသည်။ —*n.* from *do.*

Hobby, *n.* a kind of horse, အားကြီးသောမြင်းကလေး။ a wooden horse for children, လူကလေးစီးရန်မြင်းရုပ်။ a favorite object of pursuit, စိတ်စွဲလမ်းသောအမှု။ —horse, same, 2d and 3d def.

Hobgoblin, *n.* ကြောက်မက်ဖွယ်သောစုန်း။

Hobnail, *n.* သံမှိုတမျိုး။

Hock, *n.* တိရိစ္ဆာန်၏ခြေထောက်။ —*v. t.* ခြေကြောကိုဖြတ်သည်။

Hockle, *v. t.* same.

Hocus-pocus, *n.* မျက်လှည့်သမားလိမ်လည်ခြင်း။

Hod, *n.* ပေါက်ကရို။

Hodge-podge, *see* Hotch-potch.

Hodiernal, *a.* ယခုနေ့နှင့်ဆိုင်သော။

Hoe, *n.* ပေါက်တူး။ —*v. t.* ပေါက်တူးနှင့်ပေါက်ဆွသည်။

Hog, *n.* ဝက်။ —herd, ဝက်ထိန်း။ —pen, —sty, ဝက်ခြံ။ —wash, ဝက်ကိုကျွေးရန်အစစရောနှော၍ထားသောအရာ။

Hoggish, *a.* greedy, gluttonous, ဝက်သဘောကဲ့သို့ကိုယ်ဝမ်းဝအောင်သာစားတတ်သော။ eager to obtain, ရမက်ကြီးသော။

Hoggishness, *n.* from above.

Hogshead, *n.* ဟောဂဇက်တည်းဟူသောဂါလံ ၆၁ ခုဝင်သောစည်ကြီး။

Hoiden, *n.* အရှက်မရှိ၊ ဣန္ဒြေမဆောင်၊ ရိုင်းပြသောမိန်းကလေး။

Hoist, *v. t.* to raise with an effort, အားထုတ်၍ချီကြွသည်။ to draw upwards, အထက်သို့ဆွဲယူသည်။

Hold, *v. t.* to retain in the hand, ကိုင်သည်။ to make fast, အမြဲစွဲစေသည်။ to maintain, as an opinion, အယူရှိသည်။ to regard ထင်မှတ်သည်။ to comprise, ပါဝင်သောအရာကိုခံသည်။ to be able to contain, ဆံ့သည်။ to be water-tight, မယိုအောင်လုံသည်။ to retain possession of, လက်နှင့်မလွှတ်၊ စွဲကိုင်သည်။ to have possession of, ပိုင်သည်။ to compel (one) to observe or fulfil, မပြုဘဲနေသောအခွင့်ကိုမပေး၊ ပြုစေသည်။ to confine, ချုပ်သည်။ ချုပ်တည်းသည်။ to continue doing, ပြုမြဲပြုသည်။ to observe, keep, ခံသည်။ ဆောင်သည်။ —the breath, အသက်အောင့်လျက်နေသည်။ —a conversation, အချင်းချင်းစကားပြော၍နေသည်။ —the tongue, တိတ်တိတ်နေသည်။ —*v. i.* to remain true, တည်သည်။ to endure, ခံသည်။ not to give way, ခိုင်သည်။ to adhere firmly, မကွာ၊ စွဲကပ်သည်။ —back, *v. t.* to keep from action, မပြုရအောင်တားသည်။ —forth, to present to view, လှမ်း၍ပြသည်။ —*v. i.* to harangue, ပရိသတ်၌မှားကျယ်ကျယ်ပြောဆိုသည်။ —in, *v. t.* to restrain, ချုပ်တည်းသည်။ to draw in the reins, ဇက်ကြိုးသတ်သည်။ —*v. i.* to restrain one's self, အောင့်သည်။ —off, *v. t.* to keep at a distance, ချည်းကပ်ရသောအခွင့်ကိုမပေးဘဲနေသည်။ —*v. i.* to refuse assent, ဝန်မခံဘဲနေသည်။ —on, *v. t.* to keep hold of, စွဲကိုင်သည်။ —*v. i.* to continue, တည်ကြည်သည်။ —out, *v. t.* to present to view, လှမ်း၍ပြသည်။ —*v. i.* to endure without failing, အားမလျော့ဘဲခိုင်ခံ့သည်။ not to yield, လျှော့မပေးဘဲနေသည်။ —still, to remain without moving, မလှုပ်ဘဲနေသည်။ —to, *v. t.* to cling to, စွဲကပ်သည်။ —together, *v. i.* to remain in union, အချင်းချင်းမကွာဘဲ၊ ပေါင်း၍နေသည်။ —up, *v. t.* to raise, ချီကြွသည်။ to sustain, support, မသည်။ ထောက်မသည်။ အောက်ကခံသည်။ to retain, (ကျင်ငယ်) အောင့်သည်။ to exhibit, ထင်ရှားစွာပြသည်။ —*v. t.* to support one's spirits, စိတ်မပျက်။ခံနေသည်။ to cease raining, မိုးစဲသည်။ —with, *v. t.* သူတပါးဘက်၌နေသည်။ —*n.* a grasp with the hand, ကိုင်ခြင်း။ something to hold by, ဆွဲကိုင်ရန်။ power over, စီရင်နိုင်သောအခွင့်။ influence over, သွေးဆောင်နိုင်သောအခွင့်။ custody, ချုပ်ထားခြင်း။ a place of confinement, ချုပ်ထားရာအရပ်။ a place of security, လုံခြုံသောအရပ်။ a fortress, ရဲတိုက်။ the interior cavity of a ship, သင်္ဘောဝမ်း။ —*int.* မပြုနှင့်။

Hole, *n.* an aperture, အပေါက်။ a cavity, အခေါင်း။

Holiday, *n.* ပွဲနေ့။

Holiness, *n.* from Holy.

Hol'lo, *v. i.* ဟစ်သည်။

Hollo', *int.* ဟေး။

Holland, *a.* ဟောလံပြည်နှင့်ဆိုင်သော။

Hollander, *n.* ဟောလံ။ ဟောလံလူ။

Hollow, *a.* having a cavity, အခေါင်းရှိသော။ not solid, ခေါင်းပွငှဖြစ်သော။ with a hole through lengthwise, ဟောင်းလောင်းဖြစ်သော။ of deep sound, ဟိန်းသော (အသံ။) false, insincere, သစ္စာမရှိသော။ သဘောမဖြောင့်သော။ —eyed, မျက်တွင်းဟောက်သော။ မျက်တွင်းချောင်သော။ —hearted, သစ္စာမရှိသော။ —*n.* a cavity, အခေါင်း။ a low spot, ချိုင့်။ a place scooped out, ခလိုင်။ —*v. t.* ခလိုင်သည်။ ခေါင်း၍တူးသည်။

Hollowness, *n.* from Hollow, *a.*

Holocaust, *n.* မီးရှို့ရာယဇ်။

Holster, *n.* မြင်းသေနတ်စွပ်သောသားရေအိတ်။

Holy, *a.* set apart for a sacred purpose, ဘုရား၊ တရားအဖို့ခြားနား၍ထားလျက်ရှိသော။ pertaining to religion, ဘုရား၊ တရားနှင့်ဆိုင်သော။ morally pure, သန့်ရှင်းစင်ကြယ်သော။ replete with virtue, ပါရမီရင့်သော။ —writ, *n.* ဘုရားထားသောကျမ်း။

Homage, *n.* an act of obeisance, ဦးသွတ်ခြင်း။ ရှိခိုးခြင်း။ reverential worship, ဝတ်ပြု၊ ကိုးကွယ်ခြင်း။

Home, *n.* ကိုယ်နေရာအိမ်။ —born, *a.* ကိုယ်ပြည်ကဖြစ်သော။ —bred, same; uncultivated, မယဉ်ကျေးသော။ —less, ကိုယ်နေရာမရှိသော။ —made, ကိုယ်ပြည်၊ ကိုယ်အိမ်၌လုပ်သော (အရာ။) —sick, ကိုယ်နေရာအိမ်ကိုအောင်းမေ့၍စိတ်ညှိုးငယ်သော။ —spun, ကိုယ်ပြည်၊ ကိုယ်အိမ်၌ရက်သော (အထည်။) —stead, *n.* ကိုယ်နေမြဲအိမ်တည်ရာအရပ်။ —ward, —wards, *adv.* ကိုယ်နေရာသို့။ —ward-bound, *a.* ကိုယ်နေရာသို့ပြန်လျက်ရှိသော။ —*adv.* စိတ်တိုက်မိသည်နှင့်။

Homeliness, *n.* from next.

Homely, *a.* မချောမယဉ်၊ ရိုးသော။

Homeopathy, *n.* အနာသဘောကိုလိုက်လျော၍ဆေးကုခြင်းနည်း။

Homicide, *n.* ရန်သူစိတ်မရှိဘဲလူအသက်ကိုသတ်သောသူ။

Homily, *n.* တရားဟောစာ။

Hommoc, *see* Hummoc.

Homogeneous, *a.* ဓာတ်ချင်းတူသော။

Hone, *n.* သင်တုန်းသွေးသောကျောက်။ —*v. t.* ထိုကျောက်နှင့်သွေးသည်။

Honest, *a.* guileless, straight forward, သဘောဖြောင့်သော။ ရိုးသားသော။ ရိုးမတ်သော။ upright, ဖြောင့်မတ်သော။ open, frank, လျှို့ဝှက်ခြင်းမရှိ၊ တည့်လင်းသော။ chaste, ကိလေသာလွန်ကျူးခြင်းနှင့်ကင်းစင်သော။

Honesty, *n.* from above.

Honey, *n.* ပျားရည်။ —bee, ပျားကောင်။ —comb, ပျားလပို့။ —dew, ချိုသောနှင်းရည်။ —moon, မင်္ဂလာဆောင်သည်နေ့မှာလဆုံးအောင်ဖြစ်သောလ။ —suckle, မြက်တမျိုး။

Honied, *a.* smeared with honey, ပျားရည်နှင့်လူးသော။ sweet as honey, ပျားရည်ကဲ့သို့ချိုသော။

Honor, *n.* reputation, ဂုဏ်အသရေ။ dignity, ဘုန်း။ reverence, ရိုသေခြင်း။ civilities paid, လောကဝတ်ပြုခြင်း။ *a title of respect,* မင်းဘုရား။ —*v. t.* to respect, reverence, ရိုသေသည်။ to make honorable, အသရေကိုပေးသည်။ to exalt, ချီးမြှောက်သည်။ to treat with due civility and respect, ပြုရသောဝတ်ကိုပြုသည်။ —a bill, ငွေလက်မှတ်ကိုဝန်ခံ၍ငွေကိုပေးသည်။

Honorable, *a.* enjoying good reputation, ဂုဏ်အသရေရှိသော။ of high birth, အမျိုးမြတ်သော။ consistent with honor and reputation, ဂုဏ်အသရေရှိသောသူနှင့်ထိုက်တန်သော။ worthy of esteem and praise, ချီးမွမ်းဖွယ်ဖြစ်သော။ frank, honest, လျှို့ဝှက်ခြင်းမရှိ၊ ရိုးဖြောင့်သော။

Honorary, *a.* conferring honor, ဂုဏ်အသရေကိုပေးတတ်သော။ possessing a place without service or reward, အမှုကိုမထမ်း၊ အကျိုးစီးပွားကိုမရဘဲအရာသက်သက်ရှိသော။

Honorific, *a.* same, 1st def.

Hood, *n.* ဝတ်လုံလည်ခွံနှင့်ဆက်သောခေါင်းအုပ်။ —wink, *v. t.* to blind by covering the eyes, မျက်စိကိုဖုံးအုပ်သည်။ to impose on, လိမ်လည်သည်။ လှည့်စားသည်။

Hoof, *n.* ခွာ။

Hook, *n.* ချိတ်။ —for fishing, ငါးမျှား။ —*v. t.* to fasten with a hook, ချိတ်သည်။ to catch with a hook, မျှားသည်။ to insnare, ကျော့မိသည်။

Hookah, *n.* ဆေးဘူး။

Hooked, *a.* ကောက်သော။ ကွေးသော။ —nosed, နှာသီးဖျားကောက်သော။

Hoop 1, *n.* ခွေပတ်။ စည်ပတ်။ —*v. t.* to bind with hoops, ခွေပတ်ထိုးသည်။ စည်ပတ်ထိုးသည်။ —2, *v. i.* to halloo, shout, အော်ဟစ်သည်။ ညာသံပေးသည်။

Hoopoe, *n.* တောင်ဗီစူးငှက်။ ဘီးတောင်ချုပ်။ ဘီးတောင်ပို။

Hooping-cough, *n.* ကြက်ညှာနာ။

Hoot, *v. i.* to cry, as an owl, (ငှက်ဆိုး)မြည်သည်။ to shout in derision, အရှက်ခွဲသံနှင့်ဟစ်သည်။ —*n.* from above.

Hop, *v. i.* to leap, ခုန်သည်။ to spring forward on one leg, ခြေတဖက်နှင့်ခုန်သည်။ —*n.* from *do.*

Hope, *v.* မျှော်လင့်သည်။ —*n.* from *do.*

Hopeful, *a.* full of hope, မျှော်လင့်တတ်သော။ promising, မျှော်လင့်စရာအကြောင်းရှိသော။

Hopefulness, *n.* from above.

Hopeless, *a.* မျှော်လင့်စရာမရှိ၊ စိတ်ပျက်သော။

Hopelessness, *n.* from above.

Hopper, *n.* ကြိတ်ဆုံ၌ပါသောပြည်။

Hopple, *n.* ခတ်ထူး။ သိုင်းထူး။ —*v. t.* ထူးခတ်သည်

Horal, Horary, *a.* တနာရီနှင့်ဆိုင်သော။

Horde, *n.* အတည်မကျ၊လှည့်လည်တတ်သောလူစု။

Horizon, *n.* မိုဃ်းကုပ်စက်ဝိုင်း။

Horizontal, *a.* တုံးလုံးဖြစ်သော။

Horn, *n.* —on a creature's head, ဦးချို။ a kind of wind instrument, မှုတ်သောခရာ။ a drinking cup made of horn, ချိုကိုလုပ်သောသောက်ခွက်။ antennæ, ပိုးကောင်၏ခေါင်း၌ပေါက်သောအမွှေး။ —of the moon, လ၏တခြမ်းစွန်း။ —bill, the large species, ယောင်ယင်ငှက်။ the small species, အောက်ချင်းငှက်။ —book, ရှေးကာလသုံးသောသင်ပုံး။ —mad, *a.* အလွန်ပြင်းထန်စွာအမျက်ထွက်သော။ —owl, *n.* တီးတုတ်။ —pipe, ကခြင်းတမျိုး။ —work, ဝက်ခေါင်းတမျိုး။

Horned, *a.* ဦးချိုရှိသော။

Hornet, *n.* ပျားတူ။

Horny, *a.* ချိုနှင့်တူသော။

Horologe, *n.* နာရီ။

Horoscope, *n.* ဇာတာခွင်။ ဇာတာပုံ။

Horrent, *a.* ဆောင်းမွေးထသကဲ့သို့ဖြစ်သော။

Horrible, *a.* အလွန်ကြောက်မက်ဖွယ်ဖြစ်သော။

Horrid, *a.* same; disgusting, ရွံရှာစရာရှိသော။ rough, ကြမ်းသော။

Horrific, *a.* အလွန်ကြောက်လန့်စေတတ်သော။

Horrify, *v. t.* အလွန်ကြောက်လန့်စေသည်။

Horripilation, *n.* ကြက်သီးထခြင်း။ ကြက်သီးမွေးညှင်းထခြင်း။

Horror, *n.* အလွန်ကြောက်လန့်ရွံရှာခြင်း။

Horse, *n.* the animal, မြင်း။ cavalry, မြင်းတပ်။ a wooden frame on legs, ခွေးခြေ။ —back, *adv.* မြင်းစီးလျက်။ —block, *n.* မြင်းကိုတက်ရန်ခုံ။ boy, မြင်းထိန်းသောလူကလေး။ —breaker, မြင်းကိုသင်သောသူ။ မြင်းခံ။ —fly, မှက်။ —guards, ကိုယ်ရံမြင်းတပ်။ —hair, မြင်းမွေး။ —keeper, မြင်းထိန်း။ —laugh, ပြင်းစွာရယ်ခြင်း။ —leech, a large kind of leech, မျှော့ကြီး။ a farrier, မြင်းဆေးသမား။ —man, a rider on horseback, မြင်းစီးသောသူ။ a soldier who serves on horseback, မြင်းစီးသူရဲ။ —manship, မြင်းစီးသောအတတ်။ —play, ကြမ်းတမ်းစွာကစားခြင်း။ —pond, မြင်းကိုရေချသောကန်။ —race, မြင်းပြိုင်ပြေးခြင်း။ —radish, သင်္ဘောဒန့်သလွန်ပင်။ —shoe, မြင်းခွာ၌ရိုက်သောသံကွင်း။ —stealer, မြင်းခိုး။ —whip, ကြိုးသေပါသောနှင်တံ။ မြင်းနှင်တံ။s. —whip, *v. t.* ထိုနှင်တံနှင့်ရိုက်သည်။

Hortation, *see* Exhortation.
Hortative, *see* Exhortative.
Horticulture, *n.* ဥယည်ာဉ်စိုက်ပျိုးသောအတတ်။
Hosannah, *int.* ဟောရှန္နာ။ ကယ်တင်တော်မူပါ။
Hose, *n.* ခြေစွပ်။
Hosier, *n.* ခြေစွပ်ရောင်းသောသူ။
Hosiery, *n.* ခြေစွပ်စု။
Hospitable, *a.* disposed to entertain guests, ဧည့်သည်ဝတ်ကိုပြုတတ်သော။ pertaining to hospitality, ဧည့်သည်ဝတ်ကိုပြုခြင်းနှင့်ဆိုင်သော။
Hospital, *n.* လူနာအိမ်။
Hospitality, *n.* ဧည့်သည်ဝတ်ပြုခြင်း။
Host 1, *n.* one who entertains a guest, ဧည့်ခံသောသူ။ an innkeeper, ထမင်းဆိုင်ရှင်။ —2, an army, စိုလ်ခြေ။ —3, deified bread, ဖရင်ဂျီဘာသာ၌ဘုရားဟူ၍ကိုးကွယ်သောမုန့်။
Hostage, *n.* အာမခံအဖြစ်နှင့်ထားစာခံနေရသောသူ။
Hostess, *n.* a female host, ဧည့်ခံသောမိန်းမ။ a female innkeeper, ထမင်းဆိုင်သည်မ။
Hostile, *a.* pertaining to war, စစ်တိုက်ခြင်းနှင့်ဆိုင်သော။ adverse, ဆန့်ကျင်ဘက်ဖြစ်သော။
Hostility, *n.* from above.
Hostler, *n.* ထမင်းဆိုင်၌ရှိသောမြင်းထိန်း။
Hot, *a.* having sensible heat, ပူသော။ passionate, စိတ်ဆတ်သော။ eager, စိတ်အားကြီးသော။ violent, ပြင်းထန်သော။ lustful, တဏှာအားကြီးသော။ pungent to the taste, စပ်သော။ —bed, *n.* မြင်းချေး၊ နွားချေးကိုလည်း၍နွေးစေခြင်းငှါပြုပြင်သောမြေ။ —headed, *a.* စိတ်ပြင်းသော။ —house, *n.* ဆောင်းကာလ၌ပန်းပင်၊ ဟင်းစိမ်းပင်တို့ကိုပူနွေးစေခြင်းငှါဖိုးကာရန်လုပ်သောဖန်အိမ်။
Hotch-potch, *n.* ရောမိရောရာရောနှော၍ချက်လုပ်သောအစာ။
Hotel, *n.* ထမင်းဆိုင်ကြီး။
Hough, *n.* တိရိစ္ဆာန်၏ပေါင်ဖျားပိုင်း။ —*v. t.* ပေါင်ကြောကိုဖြတ်သည်။
Hound, *n.* အမဲကိုလိုက်သောခွေး။
Hour, *n.* နာရီ။ —glass, သဲနာရီ။ —hand, နာရီလက်။
Hourly, *a.* နာရီတိုင်းဖြစ်သော။
House, *n.* a place of abode, အိမ်။ manner of living, the table, စားပွဲ။ family, race, အမျိုးအနွယ်။ an assembly of legislators, မင်းအစည်းအဝေး။ —breaker, အိမ်ကိုဖောက်ဖျက်သောသူခိုး။ —dog, အိမ်စောင့်ခွေး။ —hold, a family, အိမ်သူအိမ်သားအစု။ တအိမ်ထောင်။ domestic affairs, အိမ်ထောင်မှုရေး။ —hold, *a.* အိမ်သူအိမ်သားစုနှင့်ဆိုင်သော။ —holder, *n.* အိမ်ရှင်။ —hold

stuff, အိမ်ထောင်ပရိက္ခရာ။ —keeper, one who keeps his own house and table, ကိုယ်အိမ်၊ကိုယ်စားပွဲရှိသောသူ။ a female in charge of family affairs, သူတပါးအိမ်မှု၊ စားပွဲမှုကိုကြည့်ရှုပြုစုသောမိန္မ။ —keeping, အိမ်မှု၊ စားပွဲမှုကိုပြုစုခြင်း။ —less, *a.* နေရာအိမ်မရှိသော။ —maid, *n.* အိမ်၌ရှိသောအရာတို့ကိုသုတ်သင်ပျှင်ဆင်သောမိန္မကလေး။ —room, အိမ်၌နေရာ။ —top, တိုက်ထိပ်။ အိမ်ခေါင်ထိပ်။ —warming, အိမ်သိမ်းပွဲ။ —wife, the mistress of a family, အိမ်ရှင်မ။ a female, who is a good manager of a family, အိမ်မှုအိမ်ရေးကိုကောင်းစွာကြည့်ရှုပြုစုတတ်သောအိမ်ရှင်မ။ —wifery, အိမ်မှုအိမ်ရေးကိုအိမ်ရှင်မိန္မကြည့်ရှုပြုစုခြင်း။ —wright, အိမ်ဆောက်လက်သမား။ —*v. t.* to admit to residence, အိမ်၌နေရာပေးသည်။ to put under shelter, အမိုးအောက်၌သွင်းထားသည်။

Housing, *n.* စီးနှီး။

Hovel, *n.* အိမ်ကုပ်ကလေး။

Hover, *v. i.* to hang over or about, fluttering or flapping the wings, ကောင်းကင်၌အတောင်ခတ်ပျောက်ရပ်တန့်၍နေသည်။ to move about near (a place,) အနီးအပါး၌တဝဲလည်လည်နေသည်။ to be in suspense, တွေးတောလျက်နေသည်။

How, *adv.* in what manner, အဘယ်သို့။ ဘဲ့နှယ်။ to what degree, အဘယ်မျှလောက်။ for what reason, အဘယ်ကြောင့်။ by what means, အဘယ်သို့သောအားဖြင့်။ —beit, သို့သော်လည်း။ —ever, —soever, although, သို့သော်လည်း။ in whatever manner, မည်သို့မဆို။

Howdah, *n.* ခြင်းပေါင်းကား။

Howitzer, *n.* ဗုံးတမျိုး။

Howl, *v. i.* to cry as a dog, အူသည်။ to growl, ဟိန်းသည်။

Hoy, *n.* တပင်တိုင်သင်္ဘောကလေး။

Hub, *n.* ပုံတောင်းအိမ်။

Hubbub, *n.* အုတ်အုတ်ကျက်ကျက်သောအသံ။

Hucklebone, *n.* တင်ပါးရိုး။

Huckster, *n.* ကုန်သေးသည်။

Huddle, *v. t.* to perform in haste and disorder, ကပျာကယာပြုသည်။ to collect in a hurry, ကပျာကယာစုရုံးသည်။ (trans.) —*v. i.* to come together in hurried disorder, ကပျာကယာစုဝေးသည်။ (intrans.) —*n.* from *do.*

Hue 1, *n.* color, အရောင်။ —2, a rousing cry, နှိုးခေါ်သံ။

Huff, *v.* စိတ်ဆိုး၍ထောင်လွှားစော်ကားသည်။ —*n.* from *do.*

Huffish, Huffy, *a.* from Huff, *a.*

Hug, *v. t.* to grasp in the arms, ပိုက်ဖက်၍ညှစ်သည်။ —the shore, ကမ်းနားမှာရှောက်သွားသည်။ —*n.* from *do.*

Huge, *a.* အလွန်ကြီးမားသော။

Hugeness, *n.* from above.

Hulk, *n.* ရွက်တိုင်တန်ဆာကိုနုတ်ပယ်၍ထားသောသင်္ဘောကိုယ်သက်သက်။

Hull 1, *n.* the frame or body of a ship, ရွက်တိုင်တန်ဆာမပါသောသင်္ဘောကိုယ်သက်သက်။ —2, the outer covering of a nut or grain, အခွံ။ —2, *v. t.* အခွံကိုခွာသည်။

Hum, *v. i.* to make the sound of bees, (ပျား)မြည်သည်။ to make a noise like the humming of bees, ပျားမြည်သံကဲ့သို့အသံလုပ်သည်။ —*v. t.* to sing in a low voice, သီချင်းတိုးတိုးဆိုသည်။ to impose on, လိမ်လည်သည်။ —*n.* the noise of bees, ပျားမြည်သံ။ a noise like that of bees, ပျားမြည်သံနှင့်တူသောအသံ။ —*int.* အင့်။

Human, *a.* having the qualities of man, လူ၏ဂုဏ်အင်္ဂါလက္ခဏာနှင့်ပြည့်စုံသော။ pertaining to man, လူမျိုးနှင့်ဆိုင်သော။ —kind, *n.* လူမျိုး။

Humane, *a.* ကြင်နာတတ်သော။

Humanity, *n.* the nature of man, လူဇာတိ။ mankind, လူမျိုး။ tender feelings, ကြင်နာတတ်သောသဘော။ philology, သဒ္ဒါရေး။

Humanize, *v. t.* နူးညံ့စေသည်။ ကြင်နာတတ်သော သဘော နှင့် ပြည့် စုံစေသည်။

Humanly, *adv.* လူသဘောရှိသည်အတိုင်း။

Humbird, Humming bird, *n.* ပန်းရည်စုတ်ငှက်။

Humble, *a.* low, နိမ့်သော။ mean, ယုတ်သော။ lowly, not proud, စိတ်နှိမ့်ချသော။ —*v. t.* to abase, degrade, နှိမ့်ချသည်။ ရှုတ်ချသည်။ to make lowly in mind, စိတ်နှိမ့်ချစေသည်။ မာနကိုနှိမ့်ချသည်။

Humble bee, *n.* ပိတုန်း။

Humbleness, *n.* from Humble, *a.*

Humbles, *n.* သမင်ဒရယ်အူ။

Humbug, *v. t.* လိမ်လည်သည်။ —*n.* from *do.*

Humdrum, *n.* ငြီးငွေ့ဖွယ်ဖြစ်သောအရာ။

Humerus, *n.* လက်မောင်းရိုး။

Humeral, *a.* လက်မောင်းရိုးနှင့်ဆိုင်သော။

Humid, *a.* damp, ထိုင်းထိုင်းဖြစ်သော။ wet, စိုစွတ်သော။

Humidity, *n.* from above.

Humiliate, *v. t.* နှိမ့်ချသည်။ ရှုတ်ချသည်။

Humiliating, *a.* မာနနှိမ့်ချတတ်သော။ ရှက်ကြောက်စေတတ်သော။

Humiliation, *n.* the act of humbling, နှိမ့်ချခြင်း။ ရှုတ်ချခြင်း။ the state of being humbled, နှိမ့်ချခြင်း။ ရှုတ်ချခြင်းကိုခံရသောအဖြစ်။ the act of abasing pride or putting to shame, မာနနှိမ့်ချခြင်း။ ရှက်ကြောက်စေခြင်း။

Humility, *n.* စိတ်နှိမ့်ချခြင်း။

Hummoc, *n.* တောင်ပူဆာ။

Humor, *n.* a fluid of the body, ကိုယ်၌ရှိသောအရည်။ a cutaneous eruption, အဖူးအပိမ့်။ a peculiar temperament, အတည်မကျ၊ ပြောင်းလဲတတ်သောစိတ်သဘော။ a turn for the ludicrous, ရယ်ရွှင်ဖွယ်သောစကားကိုပြောတတ်သောသဘော။ a mode of speaking that excites mirth, ရယ်ရွှင်ဖွယ်သောစကားကိုပြောခြင်း။ petulance, စိတ်တိုခြင်းသဘော။ —*v. t.* to comply with the changing temper of another, သူစိတ်အတည်မကျ၊ ပြောင်းလဲရာသို့လိုက်လျှောသည်။ to accommodate, တော်လျော်အောင်ပြုစုသည်။

Humorist, *n.* one who follows his own changing temper, ကိုယ်စိတ်အတည်မကျ၊ ပြောင်းလဲသည်အတိုင်းပြုတတ်သောသူ။ one who indulges humor in his speech, ရယ်ရွှင်ဖွယ်သောစကားကိုပြောတတ်သောသူ။

Humorous, *a.* following one's own humor, ကိုယ်စိတ်ရှိတိုင်းပြုတတ်သော။ capable of speaking so as to excite mirth, ရယ်ရွှင်ဖွယ်သောစကားကိုပြောတတ်သော။ jocular, ရယ်ရွှင်ဖွယ်ဖြစ်သော။

Humorousness, *n.* from above.

Humorsome, *a.* influenced by the present humor, ကိုယ်စိတ်ရှိတိုင်းပြုလိုသော။ petulant, စိတ်တိုသော။

Hump, *n.* the protuberance of a crooked back, ကြောမှို၏အခုံး။ the protuberance on the neck of cattle, လပို့။

Humpback, *n.* ကြောကုန်းသောသူ။

Humpbacked, *a.* ကြောကုန်းသော။

Hunch, *v. t.* to thrust with the fist, လက်သီးနှင့်ထိုးသည်။ to push with the elbow, တံတောင်နှင့်တွက်သည်။ to crook the back, ကြောကုန်း၍ထသည်။ —*n.* a thrust with the fist, လက်သီးနှင့်ထိုးချက်။ —with the elbow, တံတောင်နှင့်တွက်ချက်။

Hunchback, *see* Humpback.

Hunchbacked, *see* Humpbacked.

Hundred, *n.* ten times ten, အရာ။ တရာ။ ၁၀၀။ a division of a territory (in England,) မြို့နယ်၏အပိုင်းအခြား။

Hundredth, *a.* သတသ။ တရာ့မြောက်သော။

Hunger, *v. i.* to feel the want of food, မွတ်သိပ်သည်။ ဆာမွတ်သည်။ ဆာလောင်သည်။ to long for, ဆာငတ်ခင်မွတ်သည်။ တောင့်တသည်။ —*n.* from *do.*

Hungry, *a.* from same; barren (soil,) မကောင်းသော (မြေ။)
Hunks, *n.* စေးနှဲစစ်စည်သောသူ။
Hunt, *v.* to chase or search for wild animals, မုဆိုးလုပ်သည်။ အမဲကိုလိုက်သည်။ to pursue in order to catch, လိုက်၍ဖမ်းသည်။ to search in order to find, တွေ့အောင်ရှာသည်။ —after, —for, *v. t.* ရှာဖွေသည်။ —down, ဆိုးရွားစေခြင်းငှါလိုက်၍ညှဉ်းဆဲသည်။ —from, ထွက်သွားစေအောင်လိုက်သည်။ —*n.* from Hunt, *v.*
Hunter, *n.* မုဆိုး။
Hunting, *n.* အမဲကိုလိုက်ခြင်း။ —horn, မုဆိုးသုံးသောခရာ။
Huntress, *n.* မုဆိုးမိန္မ။
Huntsman, *n.* မုဆိုး။
Hurdle, *n.* a texture of twigs, သစ်ခက်ကိုရက်သောကပ်။ a kind of sled, ကပ်ခင်းသောစွပ်ဖား။
Hurkaru, *n.* အရပ်ရပ်သို့စေခိုင်းသောဆက်ပါးစေလူငယ်။
Hurl, *v. t.* ပြင်းစွာပြစ်သည်။
Hurly-burly, *n.* ရုန်းရင်းခတ်ခြင်း။
Hurrah, Hurraw, *int.* ညာသံပေး၍ကြွေးကြော်ခြင်း။
Hurricane, *n.* မုန်တိုင်း။
Hurry, *v. i.* to do hastily, အလျင်အမြန်ပြုသည်။ —*v. t.* to accelerate movement, လျင်မြန်အောင်နှိုးဆော်သည်။ to urge with precipitation, ကပျာကယာနှိုးဆော်သည်။ —away, *v. i.* to leave hastily, အလျင်အမြန်ထွက်သွားသည်။ —*v. t.* to carry off hastily, အလျင်အမြန်ဆောင်သွားသည်။ —*n.* from above.
Hurt, *v. t.* to give pain, နာစေသည်။ to impair, ညှိုးစေသည်။ to injure, damage, ယိုယွင်းစေသည်။ —*n.* a wound, အနာ။ that which gives pain, နာခြင်းအကြောင်း။ harm, injury, အကျိုးပျက်ခြင်း။
Hurtful, *a.* အကျိုးကိုဖျက်တတ်သော။
Hurtle, *v. i.* ရင်အပ်တိုက်သည်။
Husband, *n.* လင်။ (in law style,) ကာမပိုင်။ —*v. t.* အချည်းနှီးမကုန်အောင်ကောင်းမွန်စွာသုံးစွဲသည်။
Husbandman, *n.* တောင်ယာလုပ်သောသူ။ လယ်ယာလုပ်သောသူ။
Husbandry, *n.* the cultivation of the ground, လယ်ယာလုပ်ခြင်းအမှု။ thrifty management, အချည်းနှီးမကုန်အောင်ကောင်းမွန်စွာသုံးစွဲခြင်း။
Hush, *a.* တိတ်သော။ တိတ်ဆိတ်သော။ —*v. t.* to still noise, တိတ်စေသည်။ to make calm, quiet, ငြိမ်စေသည်။ —money, *n.* နှုတ်ပိတ်တံမိုး။ —up, *v. t.* (အမှုကို)ပပျောက်အောင်ပြုသည်။ —*int.* တိတ်။
Husk, *n.* အခွံ။ —*v. t.* အခွံခွာသည်။
Huskiness, *n.* from Husky.

Husking, (Amer.) *n.* ပြောင်းဖူးခွံခွာပွဲ။
Husky, *a.* abounding in husks, အခွံများသော။ dry as husks, အခွံကဲ့သို့သွေ့ခြောက်သော။ —(as the voice,) ပြာသော။
Hussar, *n.* မြင်းစီးသူရဲတမျိုး။
Hussy, *n.* ယုတ်ညံ့သောမိန်း။
Hustings, *n.* ပြည်မှုပြည်ရေးကို ဆောင်ရွက်ရမည် သူတို့သည်တက်၍ မြီးမြှောက်ခြင်းကိုခံရသောနေရာ။
Hustle, *v. t.* to shake together, အချင်းချင်းတိုက်အောင်လှုပ်သည်။ to push in a crowd, ဝိုင်းရံ၍တွန်းထိုးသည်။
Huswife, *see* Housewife.
Hut, *n.* အိမ်ကုပ်ကလေး။ အိမ်ပိစပ်။ အိမ်ဖုတ်။
Hutch, *n.* စပါးထည့်ရန်သစ်တာ။
Huzza, *see* Hurrah.
Hyacinth, *n.* the plant, ပန်းပင်တမျိုး။ the mineral, ဇာကွဲညတည်းဟူသောကျောက်မြတ်။
Hyades, *n.* ရေနက္ခတ်။
Hybrid, *n.* အမျိုးကွဲသောတိရိစ္ဆာန်ချင်းစပ်ရှက်၍ရသောသား။
Hydra, *n.* ခေါင်းများသောနဂါး။
Hydragogue, *n.* အရည်ထွက်စေသောဆေး။
Hydraulics, *n.* ရေကိုပြန်နှင့်ဆောင်ခြင်းအတတ်။
Hydrocele, *n.* ဒူကိုရေဝင်သောအနာ။
Hydrocephalus, *n.* ခေါင်း၌စွဲသောရေဖျဉ်းနာ။
Hydrogen, *n.* ဟုဒရောဇင်တည်းဟူသောအုပ်ဇာဇင်နှင့်ရောနှော၍ရေကိုဖြစ်စေတတ်သောဓာတ်ငွေ့။
Hydrographer, *n.* ပင်လယ်ပုံကိုရေးတတ်သောသူ။
Hydrography, *n.* ပင်လယ်ပုံကိုရေးတတ်သောအတတ်။
Hydrology, *n.* အာပေါဓာတ်နှင့်ဆိုင်သောအတတ်ပညာ။
Hydromel, *n.* ရေနှင့်ရောသောပျားရည်။
Hydrometer, *n.* ရေကိုတိုင်းထွာသောတန်ဆာ။
Hydrometry, *n.* ရေကိုတိုင်းထွာတတ်သောအတတ်ပညာ။
Hydropathy, *n.* အနာအမျိုးမျိုးကိုရေဓာတ်ဖြင့်ကုသသောအတတ်ပညာ။
Hydrophobia, *n.* ခွေးရူးပြန်။
Hydrostatics, *n.* ရေကိုချိန်တတ်သောအတတ်ပညာ။
Hyena, *n.* သားရဲတမျိုး။
Hygeian, *a.* ကျန်းမာပကတိနှင့်ဆိုင်သော။
Hygrometer, *n.* လေအစိုအခြောက်ကိုတိုင်းထွာသောတန်ဆာ။
Hymen, *n.* the god of marriages, ရှေးဘာသာ၌မင်္ဂလာဆောင်နတ်သား။ the virginal membrane, ကညာ၏အင်္ဂါဇာတ်အမြှေး။
Hymeneal, Hymenean, *a.* မင်္ဂလာဆောင်ခြင်းနှင့်ဆိုင်သော။
Hymn, *n.* ချီးမွမ်းသောသီချင်း။ —*v. t.* ချီးမွမ်း၍သီချင်းဆိုသည်။

Hyp, *n.* စိတ္တဇနာစွဲ၍မသက်မသာ၊ ညှိုးငယ်ခြင်း။ —*v. t.* ထိုသို့သော အနာစွဲစေသည်။

Hyperbola, *n.* ဟုပါဗလတည်းဟူသော၊ အုပ်ဆောင်းပုံကို ညွှန့်နှင့် ဖြတ်၍ ရသောပုံတမျိုး။

Hyperbole, *n.* ပုံပမာအားဖြင့်ပိုလျှံ၍ပြောသောစကား။

Hyperbolic, Hyperbolical, *a.* pertaining to the hyperbola, ဟုပါဗလပုံနှင့်ဆိုင်သော။ exaggerative, ပုံပမာအားဖြင့်ပိုလျှံသော (စကား။)

Hyperborean, *a.* မြောက်မျက်နှာနှင့်ဆိုင်သော။

Hypercritic, *a.* စာစောင်၌အပြစ်တင်ဖွယ်ကိုတွေ့အံ့သောငှါအထူးသဖြင့်စစ်ဆေးရှာဖွေ၍ဖော်ပြခြင်းနှင့်ဆိုင်သော။ —*n.* ထိုသို့ဖော်ပြတတ်သောသူ။

Hypercritical, *see* Hypercritic, *a.*

Hyphen, *n.* စကားအဆက်ကိုပြသောအမှတ်။ (-)

Hypochondria, *n.* ဥပါဒါန်ကြောင့်ဖြစ်သောစိတ္တဇနာ။

Hypochondriac, *a.* ထိုသို့သောအနာစွဲသော။

Hypocrisy, *n.* လျှို့ဝှက်ခြင်း။ သီလရှိရောင်ဆောင်ခြင်း။

Hypocrite, *n.* လျှို့ဝှက်သောသူ။ သီလရှိရောင်ဆောင်သောသူ။

Hypocritical, *a.* လျှို့ဝှက်တတ်သော။ သီလရှိရောင်ဆောင်တတ်သော။

Hypogastric, *a.* ဝမ်းတွင်းအောက်ပိုင်းနှင့်ဆိုင်သော။

Hypotenuse, *n.* အနားစောင်း။

Hypothesis, *n.* တွေ့မြင်သောအရာကိုထောက်၍ထင်မှတ်သောအထင်အမှတ်။

Hypothetic, *a.* ထင်မှတ်ခြင်းနှင့်ဆိုင်သော။

Hypped, *see* Hypochondriac.

Hyson, *n.* လက်ဖက်ခြောက်တမျိုး။

Hysterics, *n.* မိမ္မတို့၌စွဲတတ်သောတက်နာတမျိုး။

Hysteric, Hysterical, *a.* subject to hysterics, ထိုအနာစွဲတတ်သော။ pertaining to hysterics, ထိုအနာနှင့်ဆိုင်သော။

I

I, *pron.* ငါ။ ကျွန်ုပ်။ အကျွန်ုပ်။ (mas.,) ကျွန်တော်။ (fem.) ကျွန်မ။

Ibex, *n.* တောဆိတ်တမျိုး။

Ibidem, *adv.* ၎င်း၌။

Ibis, *n.* ရှေးကာလ၌အဲဂုတ္တုပြည်သားကိုးကွယ်သောဣဗိတ်ငှက်။ the ibis of Bengal, ခရုစုတ်အဖြူ။

Ice, *n.* congealed water, ရေခဲ။ concreted sugar, သကြားခဲ။ —berg, ကျွန်း၊ တောင်ကဲ့သို့ဖြစ်၍နေသောရေခဲ။ —house, ရေခဲထားသောတိုက်။ —*v. t.* (မုန့်အပေါ်တွင်) သကြားရည်သွန်းသည်။

Ichnography, *n.* တိုက်၊ အိမ်၏အခြေအမြစ်၊အကျယ်အကျဉ်းကိုပြသောပုံ။

Ichneumon, *n.* မိကျောင်းဥကိုဖောက်စားတတ်သောမြွေပါမျိုး။

Ichor, *n.* သားနံ့ရည်။

Ichorous, *a.* သားနံ့ရည်ကဲ့သို့ဖြစ်သော။

Ichthyology, *n.* ငါးအစရှိသော ရေတိရိစ္ဆာန်အမျိုးမျိုးကို မှတ်သား လေ့ကျက်သောအတတ်ပညာ။

Icicle, *n.* တွဲလွဲနေသောရေခဲ။

Iciness, *n.* from next.

Icy, *a.* abounding in ice, ရေခဲများသော။ consisting of ice, ရေခဲဖြစ်သော။ freezing, ရေခဲကဲ့ သို့ ဖြစ် စေ တတ် သော။ destitute of affection, ချစ်ခြင်းမေတ္တာမရှိသော။

Idea, *n.* object of perception recollected, စိတ်ထဲမှာအာရုံကပ်သောအရာ။ thought, စိတ်အထင်အမှတ်။

Ideal, *a.* စိတ်ထဲမှာအာရုံထင်လျက်ဖြစ်သော။

Idem, *a.* ၎င်း။

Identical, *a.* တူသော။ အတူတူဖြစ်သော။

Identify, *v. t.* to prove the same, အတူတူဖြစ်ကြောင်းကိုပြသည်၊ to make the same, အတူတူဖြစ်စေသည်။

Identity, *n.* အတူတူဖြစ်ခြင်း။

Id est, (by contraction, i. e.,) *conj.* ဟူ၍။ တည်းဟူသော။

Idiocy, *n.* ငယ်ရူးဖြစ်ခြင်း။

Idiom, *n.* အခြားလူမျိုးတို့ပြောဆိုသောနည်းနှင့်မတူ၊ ကိုယ်ဘာသာစကားကိုသာလိုက်၍ပြောဆိုနည်း။

Idiomatic, *a.* ထိုသို့ပြောဆိုနည်းနှင့်ညီသော။

Idiopathic, *a.* အနာရင်းနှင့်ဆိုင်သော။

Idiopathy, *n.* အခြားသောအနာကြောင့်မဖြစ်သောအနာရင်း။

Idiot, *n.* ငယ်ရူး။ ဝမ်းတွင်းရူး။

Idiotic, *a.* အရူးကဲ့သို့ဖြစ်သော။

Idiotism 1, *see* Idiom. —2, *see* Idiocy.

Idle, *a.* not working, အလုပ်မလုပ်ဘဲနေသော။ lazy, ပျင်းရိသော။ unoccupied, အားလပ်သော။ useless, vain, အလကားဖြစ်သော။ အချည်းနှီးဖြစ်သော။ အကျိုးမရှိသော။ —*v. i.* ဘယ်အလုပ်မျှမလုပ်ဘဲနေသော။ —away, *v. t.* —time, ဘယ်အလုပ်မျှ မလုပ်ဘဲ (ကာလကို) လွန်စေသည်။

Idleness, *n.* from Idle, *a.*

Idler, *n.* one who does nothing, ဘယ်အလုပ်မျှမလုပ်ဘဲနေသောသူ။ a lazy person, ပျင်းရိသောသူ။

Idly, *adv.* implying disregard of authority, ငုံ့စိုဖြစ်။

Idol, *n.* an image as an object of worship, ဘုရားရုပ်တု။ ဆင်းတု။ an object of excessive attachment, ကသိုဏ်းပြု၍ ရှုသောအရာ။

Idolater, *n.* ရုပ်တုကိုကိုးကွယ်သောသူ။

Idolatress, *n.* ရုပ်တုကိုကိုးကွယ်သောမိန်း။

Idolatrous, *n.* pertaining to idolatry, ရုပ်တုကိုကိုးကွယ်ခြင်းနှင့်ဆိုင်

သော။ pertaining to excessive attachment, ကသိုဏ်းပြု၍ရှုခြင်းနှင့်ဆိုင်သော။

Idolatry, *n.* the worship of idols, ရုပ်တုကိုကိုးကွယ်ခြင်း။ excessive attachment, ကသိုဏ်းပြု၍ရှုခြင်း။

Idolize, *v. t.* ကသိုဏ်းပြု၍ရှုသည်။

Idyl, *n.* လင်္ကာတမျိုး။

If, *conj.* suppose that, လျှင်။ whether or not, ဖြစ်သည်မဖြစ်သည်ကိုမသိသည်နှင့်။

Igneous, *a.* မီးပါသော။

Ignescent, *a.* မီးထွက်တတ်သော။

Ignis fatuus, *n.* မြေစုန်း။

Ignite, *v. i.* ညှိသည်။ *v. t.* ညှိသည်။

Ignition, *n.* from above.

Ignoble, *a.* of low birth, အမျိုးယုတ်သော။ mean, ယုတ်မာသော။

Ignominious, *a.* အသရေပျက်သော။ ကဲ့ရဲ့ဖွယ်ဖြစ်သော။

Ignominy, *n.* အသရေပျက်ခြင်း။

Ignoramus, *n.* ဝါဝင့်သောလူမိုက်။

Ignorance, *n.* want of knowledge, မသိခြင်း။ moral darkness, မောဟ။ မိုက်မဲခြင်း။

Ignorant, *a.* မသိသော။ မတတ်သော။ မိုက်မဲသော။

Iliac, *a.* အောက်အူနှင့်ဆိုင်သော။

Ill, *a.* နာကျည်းသော။ evil, မကောင်းသော။ ဆိုးသော။ diseased, နာသော။ —blood, *n.* ဒေါသ။ —nature, စိတ်မကောင်းခြင်း။ —will, မနာလိုသောစိတ်။ —[natural,] အမင်္ဂလာ။ ဘေး။ ဥပါဒ်။ [moral,] မကောင်းသောအမှု။ ဒုစရိုက်။ —*adv.* not properly, မတော်သည်နှင့်။ not easily, မလွယ်၊ ခက်သည်နှင့်။ —bred, *a.* မယဉ်ကျေး၊ရိုင်းသော။ —breeding, *n.* from *do.* —conditioned, *a.* ဝိနိကြီး၍ရှုံ့တွဲ့သော။ —disposed, မနာလိုသော။ —faced, မျက်နှာပိုးမလှသော။ —favored, မျက်နှာပုံအကျည်းတန်သော။ —intentioned, မကောင်းသောအကြံကိုကြံသော။ —looking, *see* —favored, —natured, စိတ်မကောင်းသော။ —omined, နိမိတ်လက္ခဏာမကောင်းသော။ —starred, အမင်္ဂလာရှိသော။

Illapse, *n.* တဖြေးဖြေးဝင်ခြင်း။

Illative, *a.* သိသောအကြောင်းအရာကိုထောက်၍မသိသောအကြောင်းအရာကိုသိခြင်းနှင့်ဆိုင်သော။

Illaudable, *a.* ချီးမွမ်းဖွယ်မယုတ်သော။

Illegal, *a.* ဓမ္မသတ်၊ရာဇသတ်၊မင်းအာဏာကိုလွန်ကျူးသော။မတရားသော။

Illegality, *n.* ထိုသို့လွန်ကျူးခြင်းအဖြစ်။

Illegible, *a.* မထင်ရှား၊ မသိသာသော့ကြောင့်မဖတ်နိုင်သော(စာ။)

Illegitimacy, *n.* မင်းဒြီးမင်းလွှင်အဖြစ်ဦတည်ခြင်း။

Illegitimate, *a.* out of lawful wedlock, မင်းဦးမင်းလွှင်ရသော။ illegal, unauthorized, မဟုတ်မမှန်ဘဲဖြစ်သော။

Illiberal, *a.* not free or generous, လက်မကြီးသော။စေးနှဲသော။ not candid, not catholic, သူတပါးကိုမကြည်ဖြူ၊ ကိုယ်ဂိုဏ်းကွက်တတ်သော။ not becoming a well bred man, ယဉ်ကျေးသောသူနှင့်မတော်မတန်သော။

Illiberality, *n.* from above.

Illicit, *a.* unlawful, မတရားသော။ contraband, မင်းပိတ်ပင်မြစ်တားသော်လည်းခိုက်ကဲ့၍ပြုသော(အမှု။)

Illimitable, *a.* အပိုင်းအခြားမရှိသော။

Illiterate, *a.* စာမတတ်သော။

Illness, *n.* အနာရောဂါ။

Illogical, *a.* အကျိုးအကြောင်းကိုဆင်ခြင်၍ ဟုတ်မှန်စွာသဘောကျခြင်းနှင့်မညီမညာသော။

Illude, *v. t.* အရောင်ဆောင်၍လိမ်လည်သည်။

Illume, Illumine, *v. t.* လင်းစေသည်။

Illuminate, *v. t.* လင်းစေသည်။ —*v. t.* to enlighten, လင်းစေသည်။ to adorn with lights, မီးထွန်း၍မီးအရောင်ဖြင့်လင်းစေသည်။ to adorn (a book) with pictures, ရုပ်ပုံသဏ္ဌာန်နှင့်ချယ်လှယ်သည်။ to elucidate the meaning, အနက်အဓိပ္ပာယ်ကိုရှင်းလင်းစေသည်။

Illumination *n.* from above; that which gives light, လင်းစေသောအရာ။ brightness, lustre, အရောင်အဝါ။ the impartation of divine light, အတွင်းအလင်းကိုပေးတော်မူခြင်း။

Illusion, *n.* from Illude.

Illusive, Illusory, *a.* အရောင်ဆောင်၍လိမ်လည်တတ်သော။

Illustrate, *v. t.* to brighten with light, ထွန်းလင်းစေသည်။ to brighten with honor, ဂုဏ်အသရေထင်ပေါ်စေသည်။ to elucidate the meaning, အနက်အဓိပ္ပာယ်ရှင်းလင်းစေသည်။

Illustration, *n.* from above.

Illustrative, *a.* from same.

Illustrious, *a.* ဂုဏ်အသရေထင်ရှားကျော်စောသော။

Image, *n.* a representation, likeness, ရုပ်ပုံ။ a statue or idol, ရုပ်တု။ an object conceived in the mind, အာရုံထင်သောအရာ။ —worship, ရုပ်တုဆင်းတုကိုကိုးကွယ်ခြင်း။ —*v. t.* အာရုံထင်သည်။

Imagery, *n.* sensible representations, ရုပ်ပုံများ။ representations in writing or speech, ပုံစကားများ။

Imaginable, *a.* စိတ်ကွန့်မြူး၍ပြုပြင်နိုင်ဖွယ်ဖြစ်သော။

Imaginary, *a.* အမှန်မဟုတ်၊ စိတ်ထင်ရုံသာရှိသော။

Imagination, *n.* the faculty of the mind by which it forms ideas from previous conceptions, စိတ်ကွန့်မြူး၍ပြုပြင်နိုင်သောဉာဏ်။

conception in the mind, အာရုံထင်ခြင်း။ contrivance, မိတ်ကူးခြင်း။

Imaginative, *a.* မိတ်ကွန့်မြူး၍ပြုပြင်တတ်သော။

Imagine, *v. t.* to form ideas in the mind from previous conceptions, မိတ်ကွန့်မြူး၍ပြုပြင်သည်။ to devise, မိတ်ကူးသည်။ to think, suppose, ထင်မှတ်သည်။

Imbank, *v. t.* မြေရိုးဖို့သည်။ တမံခတ်သည်။

Imbankment, *n.* a bank of earth, ဖို့သောမြေရိုး။ a dam, ဆည်။ တမံ။

Imbecile, *a.* အစွမ်းသတ္တိမရှိသော။

Imbecility *n.* from above.

Imbed, *v. t.* (မြေ၌)တပိုင်းကိုမြှုပ်၍ထားသည်။

Imbibe, *v. t.* absorb, drink in, စုတ်သည်။ to receive (in the mind,) ခံယူသည်။

Imbitter, *v. t.* to make bitter, ခါးစေသည်။ to make unhappy, ဆင်းရဲစေသည်။ to make more violent, ပြင်းထန်စေသည်။

Imbosom, *v. t.* to hold in the bosom, ရင်ခွင်၌ပိုက်သည်။ to inclose, cover up, ဖုံးအုပ်သည်။

Imbrown, *v. t.* ပြိုစေသည်။

Imbrue, *v. t.* စိုရွှဲစေသည်။

Imbrute, *v. t.* တိရိစ္ဆာန်ကဲ့သို့ဖြစ်စေသည်။

Imbue, *v. t.* to steep in some coloring matter, ဆေးဆိုးရအောင်စိမ်ထားသည်။ to fix in the mind, မိတ်စွဲလမ်းစေသည်။ နှစ်လုံးသွင်း၍စွဲလမ်းစေသည်။

Imitable, *a.* နည်းကိုယူ၍လိုက်နိုင်ဖွယ်ဖြစ်သော။

Imitate, *v. t.* နည်းကိုလိုက်သည်။ နည်းကိုယူ၍လိုက်သည်။ တူအောင်လုပ်သည်။ အတုလုပ်သည်။

Imitation, *n.* from above; that which is made like, တူအောင်လုပ်သောအရာ။

Imitative, *a.* နည်းကိုယူ၍လိုက်တတ်သော။ တူအောင်လုပ်တတ်သော။ အတုလုပ်တတ်သော။

Immaculate, *a.* spotless, အစွန်းအကွက်မရှိသော။ pure, စင်ကြယ်သော။

Immaterial, *a.* incorporeal, အရူပဖြစ်သော။ ရုပ်မပါ၊ နံသက်သက်ဖြစ်သော။ unimportant, အတွက်မရှိသော။

Immature, *a.* not ripe, မမှည့်သေးသော။ imperfect, မပြည့်စုံသေးသော။

Immaturity, *n.* from above.

Immeasurable, *a.* မတိုင်းထွာနိုင်အောင်ကြီးကျယ်သော။

Immediate, *a.* acting without a medium, မသွယ်ဝိုက်ဘဲစည်တိုက်ပြုသော။ produced by direct agency, ဖြစ်စေသောအကြောင်းကြောင့်စည်တိုက်ဖြစ်သော။ instant, အခြားမဲ့ဖြစ်သော၊ ဆက်တိုက်ဖြစ်သော။

Immedicable, *a.* ဆေးကု၍မပျောက်နိုင်သော(အနာ။)

Immemorial, *a.* ကာလရှည်ကြာ၍မမှတ်နိုင်ဖွယ်ဖြစ်သော။

Immense, *a.* immeasurable, မတိုင်းထွာနိုင်အောင်ကြီးကျယ်သော။ very large, အလွန်ကြီးကျယ်သော။

Immensity, *n.* from above.

Immensurable, *see* Immeasurable.

Immerge, *v. t.* to immerse, နှစ်သည်။ —*v. i.* to sink into, ဖုံးလွှမ်းသောအထဲသို့ဝင်သော။

Immerse, *v. t.* to dip, နှစ်သည်။ to plunge deeply, နှစ်မြှုပ်သည်။

Immersion, *n.* from Immerge and Immerse.

Immethodical, *a.* အစီအစဉ်အတိုင်းမဟုတ်သော။

Immigrate, *v. i.* (တပြည်မှထွက်၍)တပြည်သို့ဝင်၍နေရာချသည်။

Immigration, *n.* from above.

Imminent, *a.* သက်ရောက်မည်လက္ခဏာနှင့်ရှိနေသည်။

Immiscible, *a.* မရောနှောနိုင်သော(အရာ။)

Immission, *n.* from next.

Immit, *v. t.* သွင်းသည်။

Immobility, *n.* from Immoveable.

Immoderate, *a.* ကျူးလွန်သော။

Immodest, *a.* အရှက်မရှိ၊ ကမြင်းသော။ ကလက်သော။ နန့်သော။

Immodesty, *n.* from above.

Immolate, *v. t.* ယဇ်ပူဇော်ရန်သတ်သည်။

Immolation, *n.* from above.

Immoral, *a.* မတရားသော။ ဆိုးယုတ်သော။

Immorality, *n.* မတရားသောအမှု။ ဆိုးယုတ်သောအမှု။

Immortal, *a.* exempt from death, သေတတ်သောသဘောမရှိသော။ ထာဝရအသက်နှင့်ပြည့်စုံသော။ imperishable, မပျောက်ပျက်နိုင်သော။

Immortality, *n.* မသေမပျောက်၊ နိစ္စအမြဲတည်နိုင်သောအခွင့်။

Immortalize, *v. t.* မသေမပျောက်၊ နိစ္စအမြဲတည်စေသော။

Immovable, *a.* not to be moved from its place, နေရာမှမရွှေ့နိုင်သော။ not to be altered or shaken in purpose, မလှုပ်နိုင်အောင်စိတ်ခိုင်ခံ့သော။ not susceptible of tender feelings, မကြင်နာတတ်သော။

Immovableness, *n.* from above.

Immunity, *n.* လွတ်ရသောအခွင့်။

Immure, *v. t.* တိုက်၌လှောင်ထားသည်။

Immutability, Immutableness, *n.* from next.

Immutable, *a.* မပြောင်းလဲနိုင်သော။

Imp 1. *n.* offspring. သားသွီး။ a puny devil, နတ်ဆိုးငယ်။ —2. *v. t.* ထပ်၍ကြီးစေသည်။

Impact, *v. t.* သိပ်သည်းအောင်နှက်သည်။

Impair, *v. t.* from next.

Impaired [be,] *v. i.* to deteriorate, ယုတ်ညံ့သည်၊ ယုတ်လျော့သည်။ to be damaged, ယိုယွင်းသည်။ to be weakened, အားလျော့ပါးသည်။

Impale, *v. t.* တံစို့ထိုး၍ထားသည်။

Impalpable, *a.* စမ်းသပ်၍မတွေ့အောင်နူးညံ့သော။

Impannel, *v. t.* တရားမှုကိုစီရင်ရသောသူတို့ကိုရွေးချယ်၍စာရင်း၌သွင်းသည်။

Imparadise, *v. t.* အလွန်ချမ်းသာသောနေရာ၌နေရာချသည်။

Imparity, *n.* မညီမျှခြင်း။

Impart, *v. t.* to give a part or portion, ဝေ၍ပေးကမ်းသည်။ to make known, ကြားပြောသည်။

Impartation, *n.* from above.

Impartial, *a.* ငဲ့ကွက်ခြင်းမရှိသော။ မျက်နှာကြီးငယ်မရွေးဘဲရှိသော။ သာနာညီမျှဖြစ်သော၊ လျှစ်လျူသော။

Impartiality, *n.* from above.

Impassable, *a.* မကူး၊ မကျော်၊ မရှောက်၊ မသွားနိုင်သော (လမ်း။)

Impassible, *a.* နာကြင်တတ်သောသဘောနှင့်ကင်းလွတ်သော။

Impassioned, *a.* စိတ်အားကြီးသော။

Impassive, *a. see* Impassible.

Impatience, *n.* from next.

Impatient, *a.* uneasy under endurance, သည်းမခံတတ်သော။ eager to obtain, အလျှင်လိုသော။

Impawn, *v. t.* ပေါင်ထားသည်။

Impeach, *v. t.* to charge (a public officer) with a crime, အရာရှိပြုသောအမှုကိုမင်းကြီးထံလျှောက်ထားအစီရင်ခံသည်။ to censure, အပြစ်တင်သည်။

Impeachable, *a.* အပြစ်တင်ရန်ရှိသော။

Impeachment, *n.* လျှောက်ထားအစီရင်ခံချက်။ အပြစ်တင်ချက်။

Impeccability, *n.* from next.

Impeccable, *a.* ဒုစရိုက်အပြစ်မရောက်နိုင်သော။

Impede, *v. t.* ဆီးတားသည်။

Impediment, *n.* အဆီးအတား။

Impel, *v. t.* to push forward, ရှေ့သို့တွန်းသည်။ to instigate, တိုက်တွန်းသည်။

Impen, *v. t.* ခြံ၌လှောင်ထားသည်။

Impend, *v. i.* to hang over, မိုး၍နေသည်။ to be ready to fall on, သက်ရောက်မည်လကျော်ာနှင့်ရှိနေသည်။
Impendent, *a.* from above.
Impenetrability, Impenetrableness, *n.* from next.
Impenetrable, *a.* that cannot be penetrated, ထိုး၍ဖောက်နိုင်ဖွယ်မဖြစ်သော။ that cannot be affected, သွေးဆောင်၍မရနိုင်အောင်စိတ်ခိုင်ခံ့သော။
Impenitence, Impenitency, *n.* from next.
Impenitent, *a.* နောင်တမရသော။
Imperative, *a.* အာဏာထားသော။ အာဏာထားခြင်းနှင့်ဆိုင်သော။
Imperceptible, *a.* မသိမမှတ်နိုင်ဖွယ်ဖြစ်သော။
Imperfect, *a.* defective, မစုံလင်သော။ ချို့တဲ့သော။ liable to err, မှားယွင်းတတ်သော။
Imperfection, *n.* from above.
Imperforate, *a.* အပေါက်မရှိသော။
Imperial, *n.* စားတော်ခံမွေး။ —*a.* အစိုးရခြင်းနှင့်ဆိုင်သော။
Imperious, *a.* arrogant and domineering, မာနထောင်လွှား၍အစိုးတရပြုတတ်သော။ urgent, pressing, ကြပ်တည်းစွာတိုက်တွန်းသော။
Imperiousness, *n.* from above.
Imperishable, *a.* မပျက်စီးနိုင်သော။
Impermanence, *n.* အနိစ္စ။
Impermanent, *a.* မမြဲသော။
Impersonal, *a.* ကတ္တားမရှိသော (ကရိယာ။)
Impersuasible, *a.* သွေးဆောင်၍မရနိုင်ဖွယ်ဖြစ်သော။
Impertinence, *n.* from next.
Impertinent, *a.* not pertinent, မဆိုင်သော။ meddling, intrusive, စွက်ဖက်သော။
Imperturable, *a.* မလှုပ်ရှားနိုင်ဖွယ်ဖြစ်သော။
Impervious, *a.* impenetrable, ထိုးဖောက်နိုင်ဖွယ်မဖြစ်သော။ that cannot be passed through, လျှို၍ဝင်နိုင်ဖွယ်မဖြစ်သော။
Impetuosity, Impetuousness, *n.* from next.
Impetuous, *a.* violent, အဟုန်ပြင်းသော။ vehement of mind, စိတ်ပြင်းထန်သော။
Impetus, *n.* နှင်သောအား။ တွန်းသောအား။
Impiety, *n.* from Impious.
Impinge, *v. i.* ထိခိုက်သည်။ တိုက်မိသည်။
Impingement, *n.* from above.
Impious, *a.* ဘုရားသခင်ကိုမရိုမသေ၊ပြစ်မှားသော။
Implacability, Implacableness, *n.* from next.
Implacable, *a.* ငြိုး၍မပြေနိုင်သော။

Implant, *v. t.* အစအဦးသွန်သင်သည်။

Implead, *v. t.* တရားစွဲဆိုသည်။

Implement, *n.* လုပ်ကိုင်ရန်တန်ဆာ။

Impletion, *n.* ပြည့်ဝခြင်း။

Implicate, *v. t.* to bring into connection with, ပါဝင်စေသည်။ to prove to be connected with, ပါဝင်သည်ကိုပြသည်။

Implication, *n.* from Imply.

Implicit, *a.* implied, from Imply; entire, အကြွင်းမဲ့ဖြစ်သော (ယုံကြည်ခြင်း။)

Implicitness, *n.* from above, 2d def.

Implore, *v. t.* တောင်းပန်သည်။

Imply, *v. t.* တည့်တည့်မပြောဘဲ၊ပြောရာရောက်အောင်ပြုသည်။

Impoison, *see* Poison, *v. t.*

Impolicy, *n.* လိုသောအကျိုးကိုမပြုတတ်သောအမှု။

Impolitic, *a.* လိုသောအကျိုးကိုမပြုတတ်သော။

Imponderous, *a.* ချိန်သားမရသော။

Imporosity, *n.* from next.

Imporous, *a.* အသားသိပ်သည်း၍စိမ့်ယိုခြင်းမရှိအောင်လုံချုံသော။

Import, *v. t.* 1, to bring into one country from another, တပြည်မှထုတ်ယူဆောင်ကြဉ်းသောဝတ္ထုကို တပြည်သို့သွင်းသည်။ 2, to mean, ဆိုလိုသည်။ 3, to bear on the interest of, အကျိုးနှင့်ဆိုင်သည်။ —*n.* goods imported, သွင်းကုန်။ တပြည်မှထုတ်ယူဆောင်ကြဉ်း၍တပြည်သို့သွင်းသောဝတ္ထု။ meaning, စကား၏အနက်။ ဆိုလိုသောအနက်။ a bearing on some interest, အကျိုးနှင့်ဆိုင်ခြင်း။

Importance, *n.* from next.

Important, *a.* having a bearing on some interest, လိုသောအကျိုးနှင့်ဆိုင်သော။ of great consequence, ကြီးသော(အမှု။) အမှုကြီးသော။ ဂရုပြုဖွယ်ဖြစ်သော။

Importation, *n.* from Import, *v. t.* 1st def.

Importune, *v. t.* ကြပ်ကြပ်တောင်းပန်သည်။ ပူဆာသည်။

Importunity, *n.* from above.

Impose, *v. t.* to lay on, တင်ထားသည်။ to place, အာဏာနှင့်ခန့်ထားသည်။ to enjoin, မှာထားသည်။ ဥပဒေထားသည်။ —a tax, ငွေခွဲသည်။ —on, လိမ်လည်သည်။ လှည့်စားသည်။

Imposing, *a.* ဟန်ကောင်း၍သူတပါးစိတ်ကိုနှိမ့်နင်းတတ်သော။ အရှိန်ကြီးသော။

Imposition, *n.* the act of laying on, တင်ထားခြင်း။ the act of enjoining, မှာထားခြင်း။ the imposing of a tax, ငွေခွဲခြင်း။ constraint, အနိုင်အထက်ပြုခြင်း။ imposture, လိမ်လည်ခြင်း။

Impossibility, *n.* that which cannot be, မဖြစ်နိုင်သောအမှု။ that which cannot be done. မပြုနိုင်သောအမှု။

Impossible, *a.* မဖြစ်နိုင်၊ မပြုနိုင်သော (အမှု။)

Impost, *n.* အကောက်တော်။

Imposthume, *n.* ဗိုင်းနာ။

Impostor, *n.* အယောင်ဆောင်၍သူတပါးများကိုလိမ်လည်သောသူ။

Imposture, *n.* အယောင်ဆောင်၍လိမ်လည်ခြင်း။

Impotence, Impotency, *n.* from next.

Impotent, *a.* weak, အားနည်းသော။ unable, မတတ်စွမ်းနိုင်သော။ wanting the power of propagation, မြုံသော။

Impound, *v. t.* အလွတ်လှည့်လည်သောမြင်း၊ နွားအစရှိသည်တို့ကိုဖမ်း၍ လှောင်ထားရာခြံ၌လှောင်ထားသည်။

Impoverish, *v. t.* to reduce to poverty, ဥစ္စာပြုန်းတီး၍ဆင်းရဲအောင်ပြုသည်။ to exhaust fertility, မြေကိုကြုပ်အောင်ပြုသည်။

Impoverishment, *n.* from above.

Impracticability, Impracticableness, *n.* from next.

Impracticable, *a.* that cannot be done, မပြုနိုင်သော (အမှု။) untractable, ဆုံးမ၍မရနိုင်သော (သူ။)

Imprecate, *v. t.* ကျိန်သည်။

Imprecation, *n.* from above.

Impregnable, *a.* that cannot be taken by assault, တိုက်၍မရနိုင်သော (မြို့။) not to be shaken (in purpose,) မလှုပ်နိုင်အောင်ခိုင်မာသော (စိတ်။)

Impregnate, *v. t.* to make pregnant, သန္ဓေပေးသည်။ to communicate the quality of one thing to another, ဓာတ်ကူးအောင်ရောနှောသည်။

Impregnation, *n.* from above.

Imprescriptible, *a.* သုံးသည်ဖြစ်စေ၊ မသုံးသည်ဖြစ်စေ၊ မတိမ်မပျောက်နိုင်သော (အခွင့်။)

Impress', *v. t.* to imprint, stamp, ပုံနှိပ်သည်။ တံဆိပ်ခတ်သည်။ to print, စာပုံနှိပ်သည်။ to indent, အရာထင်အောင်နှိပ်သည်။ to fix in the mind, စိတ်စွဲလမ်းအောင်ပြုသည်။ စိတ်နှလုံး၌ရှူးလျက်နေအောင်ပြုသည်။ to affect (the mind,) စိတ်ကိုနှိုးဆော်သည်။ to press into service, အမှုထမ်းစေခြင်းငှါအနိုင်အထက်ပြု၍သွင်းသည်။

Im'press, *n.* a figure made by pressure, နှိပ်သောပုံ။ mark of, distinction, ခြားနားသောလက္ခဏာ။

Impressible, *a.* ပုံနှိပ်သော (အရာ။)

Impression, *n.* the act of impressing, ပုံနှိပ်ခြင်း။ a figure made by pressure, နှိပ်သောပုံ။ effect produced on the mind, တစုံတခု

သောစိတ်။ image retained in the mind, အာရုံကပ်သောအရာ။ an edition, တခါတည်းပုံနှိပ်သောစာပေါင်း။

Impressive, *a.* တစုံတခုသောစိတ်ရှိအောင်ပြုတတ်သော။ စိတ်နှလုံးကိုနှိုးဆော်တတ်သော။

Impressiveness, *n.* from above; weight, ပြဲဇာ။

Impressment, *n.* အမှုထမ်းစေခြင်းငှါအနိုင်အထက်သွင်းခြင်း။

Imprimatur, *n.* စာပုံနှိပ်ရသောအခွင့်။

Imprimis, *adv.* ပဌမအချက်၌။ ရှေးဦးစွာ၌။

Imprint′, *v. t.* to impress, ပုံနှိပ်သည်။ to print, စာပုံနှိပ်သည်။ to fix in the mind, စိတ်နှလုံး၌စွဲလျက်နေအောင်ပြုသည်။

Im′print, *n.* စာအုပ်ပဌမမျက်နှာကပ်ထားသောကမ္ပည်းလိပ်စာ။

Imprison, *v. t.* to put in prison, ထောင်ထဲမှာလှောင်ထားသည်။ to confine, ချုပ်ထားသည်။

Imprisonment, *n.* from above; the state of being in prison, ထောင်ထဲမှာအလှောင်အထားကိုခံရခြင်း။ the state of being confined, အချုပ်ကိုခံရခြင်း။

Improbability, *n.* from next.

Improbable, *a.* ဖြစ်မည်ယုတ္တိကာမရှိသော။ ဖြစ်မည်ဟုထင်စရာမရှိသော။

Improbity, *n.* မရိုးသားမဖြောင့်မတ်ခြင်း။

Impromptu, *adv.* ကြံစည်၍မထားဘဲချက်ချင်းပြောသည်နှင့်။ —*n.* ထိုသို့ပြောသောအချက်။

Improper, *a.* not proper, မတော်မသင့်သော။ not becoming, မလျောက်ပတ်သော။ not according to the settled usage of speech, ပြောရိုးထုံးစံအတိုင်းမဟုတ်သော။ not qualified for, မသင့်သော။

Impropriety, *n.* from above; 1st, 2d and 3d def.

Improvable, *a.* တိုး၍ကောင်းဖွယ်ရာသောအကြောင်းရှိသော။

Improvableness, *n.* from above.

Improve, *v. i.* to advance, တိုးပွားသည်။ to grow better, တိုး၍ကောင်းသည်။ ကောင်း၍ကောင်း၍လာသည်။ —*v. t.* to make better, တိုး၍ကောင်းစေသည်။ ကောင်းသောအရာ၌တိုးပွားစေသည်။ to use to advantage, make productive, အကျိုးရှိအောင်သုံးဆောင်သည်။

Improvement, *n.* from above; a valuable addition, သာ၍ကောင်းအောင်ထပ်သောအရာ။

Improvidence, *n.* from next.

Improvident, *a.* တင်ကူး၍ မကြံစည်တတ်သော။ နောင် အဖို့ မကြံစည်တတ်သော။

Imprudence, *n.* from next.

Imprudent, *a.* အကျိုးအကြောင်းကိုသတိနှင့်မဆင်ခြင်သော။

Impudence, *a.* from next.

Impudent, *a.* အရှက်မရှိ၊ ရဲရင့်သော။

Impugn, *v. t.* ငြင်းခုံသည်။

Impulse, *n.* impelling force, ရှေ့သို့တွန်းသောအားဖြင့်။ instigating cause, တိုက်တွန်းခြင်းအကြောင်း။

Impulsion, *n.* from next.

Impulsive, *a.* impelling, ရှေ့သို့တွန်းသော။ instigating, တိုက်တွန်းသော။

Impunity, *n.* exemption from punishment, ဒါဏ်နှင့်လွတ်ခြင်း။ freedom from injury, ဘေးနှင့်လွတ်ခြင်း။

Impure, *a.* unclean, မစင်ကြယ်သော။ မသန့်ရှင်းသော။ ညစ်သော။ ညစ်ညမ်းသော။ turbid, နောက်သော။

Impureness, Impurity, *n.* from above.

Impurple, *v. t.* နီမောင်းအောင်ပြုသည်။

Imputable, *a.* ဆိုင်သည်ကိုပြောထားဖွယ်ဖြစ်သော။

Imputation, *n.* from next.

Impute, *v. t.* to attribute, ဆိုင်သည်ကိုပြောထားသည်။ to reckon as if belonging, ဆိုင်သကဲ့သို့မှတ်ထားသည်။

In, *pref.* *in composition,* (*privative or negative,*) not, အ။ မ။ within, အတွင်း။ (*intensive,*) more, သာ၍။ —*prep.* တွင်။၌။မှာ။ ဝယ်။ —as much as, *conj.* (ရှိသည်)ဖြစ်၍။ —that, သော့ကြောင့်။

Inability, *n.* မတတ်နိုင်ခြင်း။

Inaccessible, *a.* မရောက်နိုင်အောင်အဆီးအတားရှိသော။

Inaccuracy, *n.* from next.

Inaccurate, *a.* (တစုံတခုနှင့်ပြိုင်လျှင်)မညီမညွတ်သော။မဖြောင့်မမှန်သော။ ချွတ်ယွင်းသော။

Inaction, *n.* want of action, မလှုပ်ဘဲနေခြင်း။ forbearance of operation, မပြုမလုပ်ဘဲနေခြင်း။ idleness, ပျင်းရိခြင်း။

Inactive, *a.* destitute of the quality of acting, မလှုပ်တတ်သော။ not diligent or industrious, မကြိုးစား၊ အားမထုတ်တတ်သော။ ပျင်းရိသော။

Inactivity, *n.* from above.

Inadequacy, Inadequateness, *n.* from next.

Inadequate, *a.* မတန်မလောက်သော။

Inadmissible, *a.* ဝန်ခံစရာမကောင်းသော။

Inadvertence, Inadvertency, *n.* from next.

Inadvertent, *a.* regardless, အမှတ်တမဲ့နေသော။ careless, သတိလစ်သော။

Inalienable, *see* Unalienable.

Inane, *a.* ဘာမျှမပါ၊ ပလာဖြစ်သော။

Inanimate, *a.* lifeless, အသက်မရှိသော။ အဝိညာဏကဖြစ်သော။ destitute of animation, စိတ်ကြွ၍အားကြီးခြင်းမရှိသော။
Inanition, *n.* from Inane; exhaustion, အားကုန်ခြင်း။
Inanity, *n.* from Inane.
Inappetence, *n.* ပကတိအလိုမရှိခြင်း။
Inapplicable, *n.* that may not be applied, ကပ်ထားဖွယ်မကောင်းသော။ that cannot be fitly applied, စပ်ဆိုင်အောင်ပြုဖွယ်မကောင်းသော။
Inapplication, *n.* မကြိုးစား၊ အားမထုတ်ဘဲနေခြင်း။
Inapposite, *a.* မတော်မလျော်သော။
Inapproachable, *see* Unapproachable.
Inappropriate, *a.* မတော်မလျော်သော။
Inaptitude, *n.* မတော်မသင့်ခြင်း။
Inarable, *a.* လယ်လုပ်ရန်မကောင်းသော။
Inarticulate, *a.* not articulate, အဆွန်ဆက်ခြင်းမရှိဘဲမြည်သော(အသံ။) indistinct of utterance, အပြောမပြတ်သားသော။
Inarticulation, *n.* from above.
Inartificial, *a.* not done by art, လက်ဖြစ်အတတ်ဖြင့်မလုပ်သော (အရာ။) artless, ပရိယာယ်မပြု၊ ရိုးသားသော။
Inattention, *n.* from next.
Inattentive, *a.* regardless, မမှတ်ဘဲနေသော။ careless, သတိလစ်သော။
Inaudible, *a.* နားမကြားနိုင်သော (အသံ။)
Inaugural, *a.* အခမ်းအနားပြု၍ချီးမြှောက်ခန့်ထားခြင်းနှင့်ဆိုင်သော။
Inaugurate, *v. t.* အခမ်းအနားပြု၍ချီးမြှောက်ခန့်ထားသည်။
Inauguration, *n.* from above.
Inauspicious, *a.* ill omened, နိမိတ်လက္ခဏာမကောင်းသော။ unfortunate, အမင်္ဂလာနှင့်ဆိုင်သော။
Inborn, *a.* ဝမ်းတွင်းကပါသော။ မွေးကတည်းကပါသော။
Inbred, *a.* အတွင်းသန္ဓေကပါသော။
Incage, *v. t.* ငှက်လှောင်အိမ်၌ဖြစ်စေ၊ ခြံ၌ဖြစ်စေ၊ လှောင်ထားသည်။
Incalculable, *a.* အဆုံးအဆမရှိသော။
Incalesence, *n.* from next.
Incalescent, *a.* တရွေရွေပူသော။
Incantation, *n.* မန္တန်အားဖြင့်ဖြစ်စေ၊ဝိဇ္ဇာမရအားဖြင့်ဖြစ်စေ၊ပြုလုပ်ခြင်း။
Incapability, *n.* from next.
Incapable, *a.* not capable, မတတ်နိုင်သော။ မတတ်စွမ်းနိုင်သော။ not qualified, ပြုပိုင်သောအခွင့်မရှိသော။
Incapacitate, *v. t.* to make incapable, မတတ်နိုင်အောင်ပြုသည်။ to disqualify, ပြုပိုင်သောအခွင့်ကိုဖျက်သည်။

Incapacity, *n.* want of capacity, မတတ်နိုင်ခြင်း။ want of qualification, ပြုပိုင်သောအခွင့်မရှိခြင်း။

Incarcerate, *v. t.* ထောင်ထဲမှာလှောင်ထားသည်။

Incarceration, *n.* from above; the state of being incarcerated, ထောင်ထဲမှာအလှောင်အထားကိုခံရခြင်း။

Incarnate, *a.* ကိုယ်ခန္ဓာနှင့်တည်နေသော။

Incarnation, ကိုယ်ခန္ဓာကိုခံယူခြင်း။

Incase, *v. t.* တန်ဆာအိမ်၌ထည့်၍ဖုံးထားသည်။

Incautious, *a.* သတိမရှိသော။

Incautiousness, *n.* from above.

Incendiary, *n.* one who sets fire to a building, အိမ်ကိုမီးရှို့သောသူ။ a fomenter of discord, ဂုံးတိုက်သောသူ။

In'cense, *n.* မီးရှို့ရာနံ့သာပေါင်း။

Incense', *v. t.* စိတ်ဆိုးအောင်ပြုသည်။ အမျက်ထွက်အောင်ပြုသည်။

Incentive, *a.* နှိုးဆော်တိုက်တွန်းသော။ —*n.* နှိုးဆော်တိုက်တွန်းသောအရာ။

Inception, *n.* အစအဦး။

Incertitude, *n.* ယုံမှားခြင်း။

Incessant, *a.* အစဉ်မပြတ်သော။

Incest, *n.* ပေါက်ဖော်ဖြစ်၍လက်မထပ်သင့်သောသူတို့စုံဖက်ခြင်း။

Incestuous, *a.* ထိုသို့သောအပြစ်ရှိသော။

Inch, *n.* ၁ ပေဆယ်နှစ်ပိုင်းတွင်တပိုင်းတည်းဟူသောတလက်မ။

Inchoate, *a.* စသော။

Incidence, *n.* from next.

Incident, *a.* accidental, အကြံမရှိဘဲအမှတ်တမဲ့ဖြစ်လာသော။ apt to happen, ဖြစ်တတ်သော။ —*n.* an incidental event, အကြံမရှိဘဲအမှတ်တမဲ့ဖြစ်သောအကြောင်းအရာ။ any event, အကြောင်းအရာ။

Incidental, *see* Incident, *a.*; occasional, အစဉ်အမြဲမဟုတ်၊ တခါတလေဖြစ်တတ်သော။

Incipient, *a.* စသော။

Incision, *n.* ထားနှင့်လှီးရာ။

Incisor, *n.* ရှေ့သွား။

Incite, *see* Excite.

Incivility, *n.* from Uncivil.

Inclemency, *n.* from next.

Inclement, *a.* not mild, not gentle, မနူးညံ့မသိမ်မွေ့သော။ ကြမ်းတမ်းသော။ stormy, boisterous, မိုးသည်းလေပြင်းသော။

Inclinable, *a.* လိုက်ချင်သည်လိုလိုရှိသော။

Inclination, *n.* from Incline, *v. i.*; natural bent, ဝါသနာ။ affection, regard, နှစ်သက်ခြင်း။

Incline, *v. i.* to lean, တိမ်းသည်။ ယိမ်းသည်။ စောင်းသည်။ to be disposed, သဘောရောက်သည်။ to desire, အလိုရှိသည်။ —to cause to lean, ကိမ်းအောင်ပြုသည်။ စောင်းအောင်ပြုသည်။ to dispose the mind, သဘောရောက်အောင်ပြုသည်။ to bow (the head,) ညွတ်သည်။

Inclose, *v. t.* to confine on all sides, ကာရံ၍ထားသည်။ ဝန်းရံ၍ပိတ်ထားသည်။ to surround with a fence, ခြံကာသည်။ to shut up (as in a box,) သွင်း၍ဖုံးထားသည်။ to envelop, cover with a wrapper, စက္ကူနှင့်ထုပ်ထားသည်။ —in the mouth, ငုံသည်။

Inclosure, *n.* from above; space inclosed, ခြံကာလျက်ရှိသောမြေ။ the contents of an envelop, စက္ကူနှင့်ထုပ်ထားသောစာ။

Include, *see* Inclose, 1st def.; to comprise, ငုံသည်။ ပါဝင်သောအရာကိုခံသည်။

Inclusive, *a.* ပါဝင်လျက်ရှိသော။

Incog, *see* Incognito.

Incogitancy, *n.* စိတ်မထင်မှတ်၊မကြံစည်၊မအောင်းမေ့ဘဲနေခြင်း။

Incognito, *adv.* ရုပ်ဖျောက်ပြုသည်နှင့်။

Incognizable, *a.* မှတ်သား၍သိနိုင်ဖွယ်မဟုတ်သော။

Incoherence, Incoherency, *n.* from next.

Incoherent, *a.* not cohesive, မစေးမကပ်သော။ not well connected, မစပ်မဟပ်သော။ not consistent with itself, တသမတ်တည်းမဖြစ်သော။

Incombustible, *a.* မလောင်နိုင်သော။

Income, *n.* ဝင်ငွေ။

Incommensurable, *a.* တခုနှင့်တခုတိုင်းထွာ၍မရနိုင်အောင်ဖြစ်သော။

Incommensurate, *a.* same; not adequate, မတန်မလောက်သော။

Incommode, *v. t.* အနေခက်အောင်ပြုသည်။

Incommodious, *a.* အသုံးမတည့်သော။

Incommodiousness, *n.* from above.

Incommunicable, *a.* that cannot be given, သူတပါးတို့အားမပေးနိုင်အောင်ဖြစ်သော။ that cannot be told, မကြားမပြောနိုင်အောင်ဖြစ်သော။

Incommunicative, *a.* မကြားမပြော၊ အပေါင်းအဖော်မလုပ်တတ်သော။

Incommutable, *a.* ထပ်၍မလဲနိုင်အောင်ဖြစ်သော။

Incompact, Incompacted, *a.* မကျစ်လစ်သော။

Incomparable, *a.* အတုမရှိသော။

Incompatibility, *n.* from next.

Incompatible, *a.* ဆန့်ကျင်သော။ မညီလျော်နိုင်အောင်ဖြစ်သော။

Incompetence, Incompetency, *n.* from next.

Incompetent, *a.* inadequate, မတန်မလောက်သော။ incapable,

မတတ်နိုင်သော။ not qualified, (ပြု)ပိုင်သောအခွင့်မရှိသော။ not belonging to, မစပ်ဆိုင်သော။

Incomplete, *a.* imperfect, မစုံလင်သော။ unfinished, မပြီးစီးသော။ လက်စမသတ်သော။

Incompleteness, *n.* from above.

Incomprehensibility, Incomprehensibleness, *n.* from next.

Incomprehensible, *a.* အစိန္တေယျဖြစ်သော။ နားလည်အောင်မကြံစည်နိုင်ဖွယ်ဖြစ်သော။

Incomprehension, *n.* နားလည်အောင်မကြံစည်နိုင်ခြင်း။

Incomprehensive, *a.* များစွာမဆံ့သော။

Incompressible, *a.* မသိပ်နိုင်ဖွယ်ဖြစ်သော။

Inconceivable, *a.* not conceivable, အာရုံမထင်နိုင်ဖွယ်ဖြစ်သော။ not intelligible, နားမလည်နိုင်ဖွယ်ဖြစ်သော။

Inconclusive, *a.* သဘောကျရန်အကြောင်းမရှိသော။

Incongenial, *see* Uncongenial.

Incongruity, *n.* from next.

Incongruous, *a.* မတော်မသင့်သော။

Inconsequent, *a.* ကာရန်မသင့်သော။

Inconsiderable, *a.* not worthy of notice, အတွက်မရှိသော။ small, အနည်းငယ်ဖြစ်သော။

Inconsiderate, *a.* မဆင်ခြင်တတ်သော။ သတိမပြုတတ်သော။

Inconsideration, *n.* from above.

Inconsistence, Inconsistency *n.* from next.

Inconsistent, *a.* not consistent, မညီမလျော်သော။ not uniform, အစအဆုံးမညီသော။ တသမတ်တည်းမဖြစ်သော။

Inconsolable, *a.* မနှစ်သိမ့်နိုင်သော။

Inconstancy, *n.* from next.

Inconstant, *a.* မတည်တံ့သော။

Inconsumable, *n.* that cannot be burnt up, မကျွမ်းလောင်နိုင်သော။ that cannot perish, မပျောက်ပျက်နိုင်သော။

Incontestable, *a.* မငြင်းခုံနိုင်ဖွယ်ဖြစ်သော။

Incontiguous, *a.* မထိသော။

Incontinence, Incontinency *n.* from next.

Incontinent, *a.* not restraining the sensual appetites, ကာမရာဂကို မချုပ်တည်းတတ်သော။ unable to restrain discharges, ကျင်ကြီးကျင်ငယ်ရှင်၍မချုပ်တည်းနိုင်သော။

Incontrovertible, *a.* ငြင်းခုံစရာအကြောင်းမရှိသော။

Inconvenience *n.* from next.

Inconvenient, *a.* not convenient, မတော်မလျော်သော။ အဆင်မသင့်သော။ incommodious, အသုံးမတည့်သော။

Inconvertible, *a.* မပြောင်းမလဲနိုင်သော။

Incorporate, *v. t.* to mix, ရောနှောသည်။ to unite in one body, တလုံးတကိုယ်တည်းဖြစ်အောင်ပေါင်းထားသည်။

Incorporation, *n.* from above.

Incorporeal, *a.* ရုပ်မပါ၊ နံသက်သက်ဖြစ်သော။

Incorrect, *a.* not correct, မမှန်သော။ containing mistakes, အမှားပါသော။

Incorrectness, *n.* from above.

Incorrigible, *a.* that cannot be amended, မပျင်နိုင်အောင်ဖြစ်သော။ that cannot be reformed by correction, ဆုံးမ၍မရနိုင်အောင်ဖြစ်သော။

Incorrigibleness, *n.* from above.

Incorrupt, *a.* not putrid, မပုပ်သော။ not spoiled, vitiated, မယိုယွင်းသော။ not depraved, မယုတ်မာသော။ possessed of integrity, သစ္စာရှိသော။ free from error, အမှားနှင့်ကင်းသော။

Incorruptness, *n.* from above.

Incorruptible, *a.* that cannot decay or become vitiated, မယိုယွင်း၊ မပျက်စီးနိုင်သော။ of inflexible integrity, သစ္စာမပျက်နိုင်သော။

Incrassate, *v. t.* ပျစ်အောင်ပြုသည်။

Increase, *v. i.* တိုးပွားသည်။ ပွားများသည်။ —*v.* from *do.* —*n.* from above, *v. i.*; increment, matter added, အတိုးအပွား။ အစီးအပွား။

Incredibility, *n.* from next.

Incredible, *a.* မယုံနိုင်ဖွယ်ဖြစ်သော။

Incredulity, *n.* from next.

Incredulous, *a.* မယုံတတ်သော။ ယုံခဲသော။

Increment, *n.* the act of increasing (intrans.,) တိုးပွားခြင်း။ matter added, အတိုးအပွား။ အစီးအပွား။

Increscent, *a.* တိုးပွားလျက်ရှိသော။

Incrust *v. t.* မာသောအရာနှင့်လွှမ်းအုပ်သည်။

Incrustation, *n.* လွှမ်းအုပ်သောအခွံ။

Incubate, *v. t.* ဝပ်သည်။

Incubus, *n.* ဘီလူးစီးခြင်း။

Inculcate, *v. t.* နှစ်လုံး၌မှတ်မိအောင်အထပ်ထပ်ဆုံးမပေးသည်။

Inculcation, *n.* from above.

Inculpate, *v. t.* အပြစ်တင်သည်။

Incumbency, *n.* the act of lying on, အပေါ်မှာအိပ်နေခြင်း။ the state of holding an office, အရာရှိခြင်း။

Incumbent, *a.* lying on, မှီ၍နေသော။ requisite to be performed, မပြုဘဲမနေရသော (ဝတ်။) —*n.* အရာရှိသောသူ။

Incumber, *see* Encumber.

Incur, *v. t.* to bring on one's self, ကိုယ်ပေါ်သို့ရောက်အောင်ပြုသည်၊ to become liable to, ခံထိုက်သောအဖြစ်သို့ရောက်သည်။

Incurable, *a.* ဆေးကု၍မပျောက်နိုင်သော (အနာ။)

Incurious, *a.* သိချင်သောစိတ်မရှိသော။

Incursion, *n.* ပြည်နယ်သို့ဝင်တိုက်၍လုယူဖျက်ဆီးခြင်း။

Incurvate, *v. t.* ကွေးသည်၊ ညွတ်သည်။

Incurvation, *n.* from above.

Incus, *n.* နားအတွင်းရိုးလေးခုတွင်ဒုတိယအမျိုးတည်းဟူသောအိန်ကု။

Indebted, *a.* ကြွေးတင်လျှက်ရှိသော။

Indebtedness, *n.* ကြွေးတင်လျှက်ရှိသောအဖြစ်။

Indecency, *n.* from next.

Indecent, *a.* not becoming, မလျောက်ပတ်သော၊ immodest (in language or manners,) ရှက်ဖွယ်သော။

Indecision, *n.* from next, 2d def.

Indecisive, *a.* not settling or determining, မဆုံးဖြတ်သော၊ wavering, နှောင့်နှေးသော။

Indecorous, *a.* မလျောက်ပတ်သော။

Indecorum, *n.* from above.

Indeed, *adv.* အကယ်စင်စစ်။ အမှန်။ ကေန်။ —*int.* ဟုတ်ပါသည်တကား။

Indefatigable, *a.* ဆောင်ရွက်၍မပင်ပန်းနိုင်သော။

Indefeasible, *a.* မကျေမပျက်နိုင်သော။

Indefectible, *a.* မချွတ်ယွင်းနိုင်သော။

Indefensible, *a.* that cannot be defended, ရန်သူဘေးမှလွတ်အောင် စောင့်နိုင်ဖွယ်မဖြစ်သော။ that cannot be vindicated, အပြစ်တင်ခြင်းကိုလွှန်၍ဖြေနိုင်ဖွယ်မဖြစ်သော။

Indefinable, *a.* မသေချာနိုင်သော။

Indefinite, *a.* not limited or defined, အပိုင်းအခြားမရှိသော၊ incalculable, အဆုံးအဆမရှိသော၊ not precise, မသေချာသော။

Indelible, *a.* မကျေမပျက်နိုင်သော။

Indelicacy, *n.* from next.

Indelicate, *a.* impolite, မယဉ်ကျေးသော။ approaching to indecency, ရှက်ဖွယ်သောအမှုကိုသတိနှင့်မရှောင်တက်သော။

Indemnification, *n.* from next.

Indemnify, *v. t.* ရှုံးပါးသည်အတွက်ပြန်ပေးသည်။

Indemnity, *n.* that which is given to make good a loss, ရှုံးပါးသည်အတွက်ပြန်ပေးသောဥစ္စာ။ security against a loss, ရှုံးပါးသည်အတွက်ပြန်ပေးမည်ဝန်ခံချက်။

Indent, *v. t.* to notch the margin, as a row of teeth, ခွေးသွားမိတ်မိတ်သည်၊ to secure by a written engagement, စာချုပ်၍ထား

သည်။ *see* Dent, *v. t.* —for *v. t.* ဝန်ခံသောလက်မှတ်နှင့်
တောင်း၍ယူသည်။ —*n.* ခွေးသွားစိတ်ကြား။ *see* Dent, *n.*

Indentation, *see* Indent, *n.*

Indenture, *n.* စာချုပ်။ —*v. t.* စာချုပ်နှင့်ထားသည်။

Independence, *n.* from next.

Independent, *a.* အခြားတပါးကိုမမှီဘဲအလိုလိုနေသော။ —*n.* ဣန္ဒီပဲန်ဒင် ဘာသာကိုယူသောသူ။ *see under* Congregationalism.

Indescribable, *a.* စကားအားဖြင့်မဖော်မပြနိုင်ဖွယ်ဖြစ်သော။

Indestructable, *a.* မပျက်စီးနိုင်သော။

Indeterminate, *a.* indefinite, အပိုင်းအခြားမရှိသော၊ not precise, မသေချာသော။

Indevotion, *n.* ဘုရားဝတ်၌မမွေ့လျော်ခြင်း။

Index, *n.* that which points out, ပြညွှန်သောအရာ။ a table of references to the contents of a book, စာအုပ်၊ စာစောင်၌ပါသောအက်အထက်၊ အခါတ်းနေရာကိုသိသာအောင်ပြညွှန်သောစာရင်း။ ဂဏန်းချက်စာရင်း။ —of a watch, နာရီလက်။

Indexterity, *n.* အလျှင်အမြန်မပြီးစီးစေတတ်ခြင်း။

India-rubber, *see* Caoutchouc.

Indian, *n.* a native of India, ဣန္ဒတိုင်းသား။ an original native of the continent of America, အမေရိကတိုင်းပြည်၌ရှိနှင့်ရင်းလူ။ —*a.* pertaining to India, ဣန္ဒတိုင်းနှင့်ဆိုင်သော။ pertaining to the aborigines of America, အမေရိကတိုင်းပြည်၌ရှိနှင့်ရင်းအမျိုးနှင့်ဆိုင်သော။ —corn *n.* ပြောင်းဖူး။

Indicant, *a.* from next.

Indicate, *v. t.* ပြညွှန်သည်။

Indication, *n.* from above; that which points out, ပြညွှန်သောအရာ။

Indicative, *a.* အရိပ်ကိုပြသော။

Indict, *v. t.* အပြစ်တင်၍မေးမြန်းစစ်ကြောရန်အကြောင်းကိုဖော်ပြလျှောက်ထားသည်။

Indicable, *a.* ထိုသို့လျှောက်ထားဖွယ်ဖြစ်သော။

Indiction, *n.* ကောဇာတမျိုး။

Indictment, *n.* အပြစ်တင် ၍ မေး မြန်း စစ် ကြောရန် အကြောင်းကိုဖော်ပြလျှောက်ထားချက်။

Indifference, *n.* from next.

Indifferent, *a.* neutral in feeling, without choice, လျစ်လျူသော။ impartial, without bias, ငဲ့ကွက်ခြင်းမရှိသော။ of no consequence, အတွက်မရှိသော။ ordinary, not excellent, သာမညသာဖြစ်သော။

Indigence, *n.* from Indigent.

Indigenous, *a.* ဖြစ်ရင်းဒေသအရပ်၌ဖြစ်ပွားသော။

Indigent, *a.* သုံးဆောင်ရန်မရှိ၊ ဆင်းရဲသော။
Indigested, *a.* not distributed into classes, ဆိုင်ရာဆိုင်ရာသီးသန့်၍ မထား၊ ရောနှောလျက်ရှိသော။ not concocted in the stomach, မကြေသော။ not well considered, မစည်းစား၊ မဆင်ခြင်မိသော (အရာ။)
Indigestible, *a.* not digestible, မကြေနိုင်သော။ not to be borne, သည်းမခံနိုင်အောင်ဖြစ်သော။
Indigestion, *n.* အစာမကြေနိုင်ခြင်း။
Indignant, *a.* angry, အမျက်ထွက်သော။ affected with anger and disdain, မခန့်ညားသောစိတ်နှင့်အမျက်ထွက်သော။
Indignation, *n.* from above.
Indignity, *n.* မပြုသင့်ဘဲနှင့်မရိုမသေပြုသော (အမှု။)
Indigo, *n.* မဲ။ မဲနယ်။
Indirect, *a.* not straight, မဖြောင့်သော။ not direct to the point, မတည့်သော။ တိုက်ရိုက်မထုတ်သော။ circuitous in management, သွယ်ဝိုက်သော။ not honest, မဖြောင့်မတ်သော။
Indiscernible, *a.* ကြည့်၍မမြင်နိုင်ဖွယ်ဖြစ်သော။
Indiscreet, *a.* ပညာသတိမရှိသော။
Indiscretion, *n.* from above.
Indiscriminate, *a.* ပိုင်းခြား၍မသိမမှတ်တတ်သော။
Indispensable, *a.* မသုံးမဆောင်ဘဲမနေနိုင်သော (အရာ။)
Indispose, *v. t.* to make unfit, မတော်အောင်ပြုသည်။ to disincline, မနှစ်သက်အောင်ပြုသည်။ disorder slightly, မအီမသာဖြစ်အောင်ပြုသည်။
Indisposition, *n.* from above.
Indisputable, *a.* မငြင်းခုံနိုင်ဖွယ်ဖြစ်သော။ ငြင်းခုံဖွယ်မရှိဖြစ်သော။
Indissoluble, Indissolvable, *a.* that cannot be liquified, အရည်မဖြစ်နိုင်သော။ not separable in its parts, မကြေနိုင်သော။ that cannot be loosed or broken, မပြေမလွတ်နိုင်သော။
Indistinct, *a.* not plainly distinguished, မခြားနား၊ မသီးသန့်သော။ **not** clear, မပြတ်သားသော။ မရှင်းလင်းသော။
Indistinctness, *n.* from above.
Indistinguishable, *a.* ပိုင်းခြား၍သိမှတ်နိုင်ဖွယ်မဖြစ်သော။
Indite, *v. t.* to compose writing, စာစီသည်။ to dictate to an amanuensis, စာရေးရေးရန်စာစီ၍ပြောသည်။
Individual, *a.* တဦးတည်း။ တခုတည်း။ —*n.* တဦးသောသူ။
Individuality, *n.* ကိုယ်တယောက်တည်းဖြစ်ခြင်းအဖြစ်။
Indivisibility, *n.* from next.
Indivisible, *a.* မခွဲနိုင်ဖွယ်ဖြစ်သော။

Indocile, *a.* not easily taught, သင်ခဲသော။ not easily disciplined, ဆုမ္မခဲသော။
Indocility, *n.* from above.
Indoctrinate, *v. t.* သွန်သင်သည်။
Indolence, *n.* from next. —*a.* ပျင်းရိသော။
Indomitable, *a.* ဆုမ္မ၍မရနိုင်အောင်ဖြစ်သော။
Indorse, *v. t.* လက်မှတ်စာတဖက်၌ထပ်၍လက်မှတ်ထိုးသည်။
Indorsement, *n.* from above; that which is indorsed, လက်မှတ်စာတဖက်၌ရေးထားသောစာ။
Indraught, *n.* ရေဝင်ပေါက်။
Indubitable, *a.* ယုံမှားရန်မရှိသော။
Induce, *v. t.* to prevail on, သွေးဆောင်၍ရသည်။ to produce, ဖြစ်စေသည်။
Inducement, *n.* သွေးဆောင်သောအရာ။
Induct, *v. t.* အခမ်းအနားနှင့်တကွအရာ၌ခန့်ထားသည်။
Induction, *n.* from above; from Deduce, 2d def. *see* Deduction, 3d def.
Inductive, *a.* သိသောအကြောင်းအရာကိုထောက်၍မသိသောအကြောင်းအရာကိုသိတတ်သော။
Indue, *v. t.* ပြည့်စုံစေသည်။
Indulge, *v. t.* မဆီးတား၊အခွင့်ပေးသည်။ (သူ) အလိုသို့လိုက်သည်။ —in, ပျော်မွေ့သည်။ မွေ့လျော်သည်။
Indulgence, *n.* from above.
Indulgent, *a.* မဆီးတား၊အခွင့်ပေးတတ်သော။(သူ)အလိုသို့လိုက်တတ်သော။
Indurate, *v. i.* ခဲဆဲဖြစ်သည်။ —*v. t.* ခဲအောင်ပြုသည်။မာအောင်ပြုသည်။
Induration, *n.* from above; an indurated spot in the flesh, အကျိတ်အခဲ။
Industrial, *a.* လုလ္လပြု၍အလုပ်လုပ်ဆောင်ခြင်းနှင့်ဆိုင်သော။
Industrious, *a.* လုလ္လပြုသော။ ဝီရိယထုတ်သော။
Industry, *n.* လုလ္လ။ လုလ္လပြုခြင်း။ ဝီရိယ။ ဝီရိယထုတ်ခြင်း။
Indwelling, *a.* အထဲမှာနေတတ်သော။
Inebriate, *v. t.* ယစ်မူးစေသည်။ —*n.* သေသောက်ကြူး။
Inebriation, **Inebriety**, *n.* from above.
Ineffable, *a.* သရုပ်သကန်ပေါ်အောင်မပြောနိုင်သော (အရာ။)
Ineffaceable, *a.* မကျေနိုင်သော။
Ineffective, **Ineffectual**, **Inefficacious**, **Inefficient**, မဖြစ်စေနိုင်သော။ မတတ်နိုင်သော။ ခေမာသော။ နုန့်နဲ့သော။
Inefficacy, **Inefficiency**, *n.* from above.
Inelegance, *n.* from next.

Inelegant, *a.* လှပသောအဆင်းမရှိ၊ ကောင်းစွန်စွာတန်ဆာကိုလည်းမဆင်သော။
Ineligible, *a.* not fit to be chosen, ရွေးကောက်စရာမကောင်းသော။ not suitable or desirable, လိုချင်စရာမကောင်းသော။ not eligible (to an office,) ရွေးကောက်နိုင်ဖွယ်မဟုတ်သော။
Ineloquent, *a.* စိတ်ပါစေခြင်းငှါလျှောက်ပတ်ဖွယ်ရာယဉ်ကျေးသောစကားနှင့်မပြောမဆိုတတ်သော။
Inept, *a.* unsuitable, မတော်မလျော်သော။ impertinent, မဆိုင်သော။ နေရာမကျအောင်ပြောမိသော။
Ineptness, *n.* from above.
Inequality, *n.* want of equality in regard to bulk, extent, &c. မညီမမျှခြင်း။ want of evenness or uniformity, မညီမညွတ်ခြင်း။
Inequitable, *a.* မကရားသော။ မဖြောင့်မတ်သော။
Inert, *a.* not moving itself, မလှုပ်ရှားတတ်သော။ dull, heavy, လေးလံသော။
Inertia, *n.* မလှုပ်ရှားဘဲနေတတ်သောသဘော။
Inertness, *n.* from Inert, *a.*
Inestimable, *a.* that cannot be computed, မရေတွက်နိုင်သော။ that cannot be sufficiently esteemed, နှစ်သက်၍မဆုံနိုင်သော။
Inevitable, *a.* မသွဲမရှောင်နိုင်အောင်ဖြစ်သော။
Inexcusable, *a.* အပြစ်မလွတ်နိုင်သော (အမှု။)
Inexhaustible, *a.* မကုန်နိုင်အောင်များသော။
Inexorable, *a.* တောင်းပန်၍မရနိုင်အောင်ခိုင်မာသော။
Inexpedience, *n.* from next.
Inexpedient, *a.* not tending to an end, အကျိုးကိုမပြုစုတတ်သော။ inconvenient, အဆင်မသင့်သော။
Inexpensive, *a.* စရိတ်မများသော။
Inexperience, *n.* from next.
Inexperienced, *a.* မလေ့ကျက်။ မကျွမ်းကျင်သော။
Inexpert, *a.* မလေ့ကျက်၊မကျွမ်းကျင်၍အလျှင်အမြန်မပြီးစီးစေတတ်သော။
Inexpertness, *n.* from above.
Inexpiable, *a.* မပြေနိုင်သော (အပြစ်။)
Inexplicable, *a.* မရှင်းထင်းနိုင်သော။
Inexplicit, *a.* မတည့်သင်းသော။ မရှင်းထင်းသော။
Inexpressible, *a.* စကားအားဖြင့်ဖော်၍မပြောနိုင်ဖွယ်ဖြစ်သော။
Inextinguishable, *a.* မငြိမ်းနိုင်သော။
Inextricable, *a.* မရှင်းထင်းနိုင်အောင်ရှုပ်ထွေးသော။
Infallibility, *n.* from next.
Infallible, *a.* မမှားနိုင်သော။ မချွတ်မယွင်းနိုင်သော။
Infamous, *a.* ဆိုးသွမ်းသောအိတင်းကျော်စောသော။

Infamy, *n.* from above.
Infancy, *n.* ငယ်ရွယ်သောအဖြစ်။
Infant, *a.* နုငယ်သော။ —*n.* a new-born child, နို့စို့သူငယ်။ any child, သူငယ်။ ငယ်ရွယ်သောသူ။
Infanticide, *n.* သူငယ်အသက်ကိုသတ်ခြင်း။
Infantile, *a.* နို့စို့သူငယ်နှင့်ဆိုင်သော။
Infantry, *n.* ခြေသည်တပ်။
Infatuation, *n.* from above; the state of being like a fool, အရူးကဲ့သို့ဖြစ်ခြင်း။
Infect, *v. t.* (အနာ) ကူးစေသည်။
Infection, *n.* from above; infectious matter, အနာကူးစေတတ်သောအဆိပ်။ contagious moral evil, ကူးတတ်သောဒုစရိုက်သဘော။
Infectious, *a.* catching, အနာကဲ့သို့ကူးတတ်သော။ possessing contagious virus, ကူးစေတတ်သောအဆိပ်ပါသော။
Infelicitous, *a.* unhappy, ဆင်းရဲသော။ unpropitious, အမင်္ဂလာရှိသော။
Infelicity, *n.* from above.
Infer, *v. t.* သိသောအကြောင်းအရာကိုထောက်၍မသိသောအကြောင်းအရာကိုသိသည်။ ခြင့်ချိန်၍သိသည်။
Inference, *n.* အရင်သိသောအကြောင်းအရာကိုထောက်၍နောက်သိသောအကြောင်းအရာ။
Inferential, *a.* pertaining to inference, ခြင့်ချိန်၍သိခြင်းနှင့်ဆိုင်သော။ deduced or deducible by inference, ခြင့်ချိန်၍သိဖွယ်ဖြစ်သော။
Inferior, *a.* ယုတ်သော။ —*n.* ယုတ်သောသူ။
Inferiority, *n.* ယုတ်ခြင်း။ ယုတ်သောအဖြစ်။
Infernal, *a.* ငရဲနှင့်ဆိုင်သော။
Infertile, *a.* မြေမကောင်း၍အသီးအနှံမထွက်သော။
Infertility *n.* from above.
Infest, *v. t.* နှောင့်ရှက်သည်။
Infidel, *a.* ဘုရား၊ တရားကိုမယုံကြည်သော။ —*n.* ဘုရား၊ တရားကိုမယုံကြည်သောသူ။
Infidelity, *n.* from Infidel *a.*; unfaithfulness, သစ္စာပျက်ခြင်း။
Infinite, *a.* အနန္တ။ အဆုံးမရှိသော။
Infinitude, Infinity, *n.* အနန္တဖြစ်ခြင်း။
Infirm, *a.* not firm, မခိုင်သော။ feeble in body, ချုံ့နွဲ့သော။ weak, inefficient, ခွန်နွဲ့သော။
Infirmary, *n.* လူနာအိမ်။
Infirmity, *n.* feebleness of body, ချုံ့နွဲ့ခြင်း။ weakness of purpose, ခွန်နွဲ့ခြင်း။ disease, အနာရောဂါ။ a failing, ပေါ့လျော့သောအဖြစ်။
Infix, *v. t.* စွဲသည်။ စွဲကပ်သည်။

Inflame, *v. t.* to kindle, ညှိသည်။ to set on fire, မီးရှို့သည်။ to heat (the body,) ပူစေသည်။ to increase passion, စိတ်အားကြီးစေသည်။ to irritate, စိတ်ဆိုးစေသည်။

Inflammable, *a.* ညှိလွယ်သော။

Inflammation, *n.* the act of setting on fire, မီးရှို့ခြင်း။ the state of being on fire, မီးလောင်ခြင်း။ the heat of the body produced by disease, အနာရောဂါအရှိန်ကြောင့်ကိုယ်ပူခြင်း။ violence of passion, စိတ်ပြင်းထန်ခြင်း။

Inflammatory, *a.* tending to heat the body, ကိုယ်ကိုပူစေတတ်သော။ tending to excite tumult, မငြိမ်မသက်ဖြစ်အောင်နှိုးဆော်တတ်သော။

Inflate, *v. t.* to puff up with air, လေသွင်း၍ဖောင်းစေသည်။ to elate, စိတ်မြင့်အောင်ပြုသည်။

Inflation, *n.* the state of being distended with air, လေနှင့်ပြည့်၍ဖောင်းခြင်း။ elation, စိတ်မြင့်ခြင်း။

Inflect, *v. t.* ရှုဖယ်သည်။

Inflection, *n.* from above; —of the voice, အသံထား၊ အသံယူ။

Inflective, *a.* ရှုဖယ်တတ်သော။

Inflexibility, *n.* from next.

Inflexible, *a.* that cannot be bent, မကွေးမကောက်၊ မကိုင်းမညွတ်နိုင်အောင်မာသော။ that cannot be persuaded, သွေးဆောင်၍မရနိုင်အောင်ခိုင်မာသော။ unchangeable, မပြောင်းလဲနိုင်သော။ —in purpose, သဘောမပြောင်းလဲနိုင်အောင်စိတ်ခိုင်မာသော။

Inflict, *v. t.* (ဒါဏ်) ပေးသည်။

Infliction, *n.* from above.

Influence, *v. t.* to affect, တစုံတခုသောအရာ၌တစုံတခုသောအကျိုးကိုဖြစ်စေသည်။ to induce, သွေးဆောင်၍ရသည်။ —*n.* အကျိုးကိုဖြစ်စေနိုင်သောအား၊ သွေးဆောင်နိုင်သောအစွမ်းသတ္တိ။

Influential, *a.* အကျိုးကိုဖြစ်စေနိုင်သောအားရှိသော၊ သွေးဆောင်နိုင်သောအစွမ်းသတ္တိရှိသော။ ဩဇာရှိသော။

Influenza, *n.* ကာလလိုက်သောချောင်းဆိုးနာ။

Influx, *n.* the act of flowing in, စီး၍ဝင်ခြင်း။ an abundant coming in, များစွာဝင်ခြင်း။

Infold, *v. t.* to involve, လိမ်ပတ်သည်။ to inwrap, ထုပ်သည်။ to embrace, ပိုက်သည်။ ဖက်သည်။

Inform, *v. t.* to give life to, အသက်ရှင်စေသည်။ to give information, ကြားပြောသည်။ —from a distance, ကြားမှာသည်။

Informal, *a.* ထုံးဥပဒေအတိုင်းမထုတ်သော။

Informality, *n.* from above.

Informant, *n.* ကြားပြောသောသူ။

Information, *n.* intelligence given, ကြားပြောခြင်း။ ကြားပြောချက်။ knowledge obtained, ကြားသိခြင်း။

Infraction, *n.* သစ္စာကိုဖျက်ခြင်း။

Infrangible, *a.* မကျိုးမပျက်နိုင်သော။

Infrequency, *n.* from next.

Infrequent, *a.* တခါတလေသာဖြစ်သော။

Infringe, *v. t.* to violate (a contract,) သစ္စာကိုဖျက်သည်။ —a right, ပိုင်ထိုက်သောအရာကိုဖျက်သည်။ to transgress, လွန်ကျူးသည်။

Infringement, *n.* from above.

Infuriate, *a.* အလွန်ကြမ်းတမ်းစွာအမျက်ထွက်သော။ —*v. t.* from same.

Infuscate, *v. t.* မည်းစေသည်။

Infuse, *v. t.* to pour in, လောင်းသည်။ to put into the mind, နှစ်လိုး သွင်းသည်။ to steep in water, ရေ၌စိမ်ထားသည်။

Infusion, *n.* from above; the liquor in which something is steeped, စိမ်ဆေး။

Ingathering, *n.* အသီးအနှံကိုသိမ်းယူခြင်း။

Ingenious, *a.* စိတ်အကူးအသန်းလိမ္မာသော။ ညာဏ်ထက်မြက်သော။

Ingenuity, *n.* from above.

Ingenuous, *a.* frank, လျှို့ဝှက်ခြင်းမရှိ၊တည့်လင်းသော။ ဟောဟောတိုင်း တိုင်းဖြစ်သော။ disinterested, ကိုယ်အကျိုးကိုမငဲ့ကွက်သော။

Ingenuousness, *n.* from above.

Inglorious, *a.* ဂုဏ်အသရေမရှိသော။

Ingot, *n.* ရွှေတုံး။ ငွေတုံး။

Ingraft, *see* Graft, *v. t.*

Ingrain, *v. t.* မရက်မှီခြည်ကိုဆိုးသည်။

Ingrate, *n.* ကျေးဇူးမဲ့သောသူ။

Ingratiate, *v. t.* စိတ်နှင့်တွေ့အောင်ပြုသည်။

Ingratitude, *n.* ကျေးဇူးမသိခြင်း။ ကျေးဇူးမဲ့ခြင်း။

Ingredient, *n.* ရောနှော၍ပေါင်း၍ပါသောအရာ။

Ingress, *n.* ဝင်ခြင်း။

Inguinal, *a.* ပေါင်ချုန်နှင့်ဆိုင်သော။

Ingulf, *v. t.* ဝဲဩဃ၌မြုပ်သည်။

Inhabit, *v. t.* နေမြဲနေသည်။

Inhabitable, *a.* နေမြဲနေနိုင်ဖွယ်ဖြစ်သော။

Inhale, *v. t.* ဝင်သက်ကိုရှူသည်။

Inhabitant, *n.* နေမြဲနေသောသူ။

Inharmonious, *a.* အသံမညီမညာသော။

Inhere, *v. i.* စွဲလျက်ရှိသည်။

Inherent, *a.* from above; innate, ပကတိပါရင်းဖြစ်သော။

Inherit, *v. t.* အမွေခံသည်။

Inheritable, *a.* အမွေခံဖွယ်ဖြစ်သော။
Inheritance, *n.* အမွေဥစ္စာ။
Inhesion, *n.* စွဲလျက်ရှိခြင်း။
Inhibit, *v. t.* မြစ်တားသည်။
Inhibition, *n.* from above.
Inhospitable, *a.* ဧည့်သည်ဝတ်ကိုမပြုတတ်သော။
Inhuman, *a.* ရက်စက်သော။
Inhumanity, *n.* from above.
Inhume, *v. t.* သင်းချိုင်းတွင်း၌မြှုပ်ထားသည်။
Inhumation, *n.* from above.
Inimical, *a.* unfriendly, ရန်တက်ဖြစ်သော။ adverse, ဆန့်ကျင်ဘက်ဖြစ်သော။
Inimitable, *a.* တုအောင်မလုပ်နိုင်ဖွယ်ဖြစ်သော။
Iniquitous, *a.* မတရားသော။
Iniquity, *n.* မတရားခြင်း။ အဓမ္မအမှု။
Initial, *a.* အဦးဖြစ်သော။ —letter, *n.* ရှေ့ဆောင်သောအက္ခရာ။
Initiate, *v. t.* to instruct in rudiments, (ပညာအတတ်)အစတွင်သင်သည်။ to introduce into a new situation, သွင်း၍နေရာပေးသည်။
Initiation, *n.* from above.
Initiatory, *a.* အစတွင်သင်ခြင်းနှင့်ဆိုင်သော။ သွင်း၍နေရာပေးခြင်းနှင့်ဆိုင်သော။
Inject, *v. t.* ပြွန်နှင့်ထိုး၍သွင်းသည်။
Injection, *n.* from above; a clyster, ဝမ်းချုဆေး။
Injudicious, *a.* သတိပညာနှင့်မလိုက်လျော်သော။
Injunction, *n.* ပညတ်။
Injure, *v. t.* to hurt, နာစေသည်။ to impair, ညှိုးစေသည်။ to damage, ယိုယွင်းစေသည်။ to destroy the welfare of, အကျိုးပျက်အောင်ပြုသည်။ ညှဉ်းဆဲသည်။
Injurious, *a.* hurtful, အကျိုးကိုဖျက်တတ်သော။ wrongful, တရားကိုလွန်ကျူး၍ညှဉ်းဆဲတတ်သော။
Injury, *n.* from Injure, *v. t.*
Injustice, *n.* မတရားသောအမှု။
Ink, *n.* မှင်။ —stand, မှင်အိုး။ —*v. t.* မှင်နှင့်လူးသည်။
Inkling, *n.* a hint, အရိပ်။ an inclination, သဘောရောက်ခြင်း။
Inky, *a.* မှင်ကဲ့သို့ဖြစ်သော။
Inland, *a.* ပင်လယ်နှင့်မနီးစပ်၊ ကွာဝေးသော။
Inlay, *v. t.* ထွင်း၍အသားသွင်းသည်။
Inlet, *n.* ဝင်ဝ။
Inly, *adv.* အထဲမှာ။ အတွင်းမှာ။
Inmate, *n.* တအိမ်ထဲ၌တည်းနေသောသူချင်း။

Inmost, *a.* အတွင်းဆုံးသော။

Inn, *n.* a tavern, ထမင်းဆိုင်။ a house for students of law, ရှေ့နေ အတတ်သင်သောသူတို့နေရာအိမ်။ —holder, —keeper, ထမင်းဆိုင်ရှင်။

Innate, *a.* ပကတိပါရင်းဖြစ်သော။ ဝမ်းတွင်းကပါသော။

Innavigable, *a.* သင်္ဘောသွားရာလမ်းမရှိသော။

Inner, *a.* အတွင်းဖြစ်သော။

Innermost, *see* Inmost.

Innocence, *n.* from next.

Innocent, *a.* harmless, အပြစ်မပြုတတ်သော။ free from guilt, အပြစ်မရှိသော။ free from guile, စိတ်ရိုးသားသော။

Innocuous, *a.* အပြစ်မပြုတတ်သော။

Innovate, *v. i.* ပြောင်းလဲ၍အသစ်ပြုဖုန်သည်။

Innovation, *n.* from above.

Innoxious, *see* Innocuous.

Innuendo, *n.* အရိပ်အမြွက်။

Innumerable, *a.* မရေတွက်နိုင်အောင်များသော။

Inoculate, *v. t.* to bud, တပင်ကအညွန့်ဖူးကိုတပင်၌ထိုး၍စိုက်သည်။ to insert the small pox virus, ကျောက်ထိုးသည်။

Inoculation, *n.* from above.

Inodorous, *a.* အနံ့မရှိသော။

Inoffensive, *a.* giving no provocation, စိတ်ဆိုးစရာအကြောင်းမရှိသော။ giving no annoyance, မနှောင့်ရှက်တတ်သော။ harmless, အပြစ်မပြုတတ်သော။

Inofficial, *see* Unofficial.

Inofficious, *a.* မေတ္တာတရားနှင့်မညီသော။

Inoperative, *a.* အကျိုးကိုမဖြစ်စေတတ်သော။

Inopportune, *a.* unseasonable, အချိန်မဲ့သော။ inconvenient, အဆင်မသင့်သော။

Inordinate, *a.* ကျူးလွန်သော။

Inorganic, *a.* ထိုးပွားတတ်သောအင်္ဂါမရှိသော။

Inosculate, *v. t.* ပူးကပ်ရောနှောသည်။

Inquest, *n.* စစ်ဆေးခြင်း။

Inquietude, *n.* မငြိမ်သက်ခြင်း။

Inquire, *v. t.* မေးမြန်းသည်။ —after, ရှာဖွေသည်။ —into, စစ်ဆေးသည်။ on subjects connected with science and religion, ဓေဒနာတင်။

Inquiry, *n.* from above.

Inquisition, *n.* examination, စစ်ဆေးခြင်း။ judicial investigation,

စစ်ကြောခြင်း။ the inquisitorial court of the papacy, ဗရင်ဂျီဘာသာ၌မိစ္ဆာဒိဋ္ဌိကိုစစ်ကြော၍ဒါဏ်စီရင်သောမင်းစု။

Inquisitive, *a.* စစ်ဆေးမေးမြန်းတတ်သော။

Inquisitiveness, *n.* ထိုသို့သောသဘော။

Inquisitor, *n.* one who examines officially, စစ်ကြောသောသူ။ a member of the court of Inquisition, ဗရင်ဂျီဘာသာ၌မိစ္ဆာဒိဋ္ဌိကိုစစ်ကြော၍ဒါဏ်စီရင်သောမင်း။

Inquisitorial, *a.* စစ်ကြောခြင်းနှင့်ဆိုင်သော။

Inroad, *n.* ပြည်နယ်သို့ဝင်တိုက်၍လုယူဖျက်ဆီးခြင်း။

Insalubrious, *a.* ဥတု၊ ဒေသအလိုက်၊ ရောဂါဖြစ်စေတတ်သော။

Insalubrity, *n.* from above.

Insane, *a.* ရူးသော။

Insanity, *n.* from above.

Insatiable, Insatiate, *a.* မရောင့်ရဲနိုင်သော။ တင်းမတိမ်နိုင်သော။

Insatiableness, Insatiety, *n.* from above.

Inscribe, *v. t.* to write on, အက္ခရာတင်သည်။ လိပ်စာထိုးသည်။ to dedicate a writing or book, *see* under Dedicate; to draw a figure within another, ပုံတခုအတွင်း၌ပုံတခုကိုရေးသားသည်။

Inscription, *n.* အက္ခရာတင်သောစာ။ လိပ်စာ။ *see* under Dedication.

Inscrutable, *a.* စစ်ဆေး၍နားမလည်နိုင်အောင်ဖြစ်သော။

Insect, *n.* ပိုးကောင်။

Insecure, *a.* မလုံချုံသော။

Insecurity, *n.* from above.

Insensate, *a.* ထိုင်းမှိုင်းသော။

Insensibility, *n.* from next.

Insensible, *a.* imperceptible, မသိမမှတ်နိုင်ဖွယ်ဖြစ်သော။ unimpressible, ထုံကိုင်သော။ destitute of the power of feeling or perceiving, ဝေဒနာကိုမခံစားတတ်သော။ အမှတ်သညာမရှိသော။ not susceptible of emotion or passion, လျစ်လျူသောစိတ်ရှိသော။

Insensibly, *adv.* from above; by degrees, တဖြည်းဖြည်း။

Inseparable, *a.* မကွာနိုင်သော။

Insert, *v. t.* သွင်းသည်။

Insertion, *n.* from above.

Inshore, *adv.* ကမ်းနားမှာ။

Inside, *n.* အထဲ။ အတွင်း။

Insidious, *a.* ပရိယာယ်နှင့်တဖြည်းဖြည်းဝင်၍နိုင်အောင်ပြုတတ်သော။

Insidiousness, *n.* from above.

Insight, *n.* အတွင်းကိုသိမြင်ခြင်း။

Insignia, *n.* အသီးအသီးရာထူးအလိုက်၊ သီးခြား၍မှတ်သားဆောင်ရွက်သောတန်ဆာ။

Insignificance, *n.* from next.

Insignificant, *a.* without meaning, အနက်အဓိပ္ပာယ်မရှိသော။ unimportant, အတွက်မရှိသော။

Insincere, *a.* အတွင်းအပမညီ၊ အရောင်ဆောင်သော။

Insincerity, *n.* from above.

Insinuate, *v. i.* to enter gently, အသာအယာဝင်သည်။ —*v. t.* to introduce gently, အသာအယာသွင်းသည်။ to hint, အမိပ်အမြွက်ပေးသည်။

Insinuating, *a.* apt to gain on the affections, စိတ်နှင့်တွေ့အောင်ဖြားယောင်းတတ်သော။

Insinuation, *n.* from Insinuate and Insinuating.

Insipid, *a.* အရသာမရှိသော။

Insipidity, *n.* from above.

Insist on, *v. t.* to dwell on in discourse, အစွဲပြု၍ပြောဆိုသည်။ to ask perseveringly, စိတ်မလျှော့ဘဲတောင်းသည်။

Insnare, *v. t.* ကျော့မိသည်။

Insobriety, *n.* ယစ်မူးတတ်ခြင်း။

Insociable, *see* Unsociable.

Insolate, *v. t.* နေပူမှာလှန်းထားသည်။

Insolence, *n.* from next.

Insolent, *a.* စော်ကားသော။

Insoluble, *a.* အရည်မဖြစ်နိုင်ဖွယ်ရှိသော။

Insolvable, *a.* အဓိပ္ပာယ်မရှင်းလင်းနိုင်ဖွယ်ဖြစ်သော။

Insolvency, *n.* from next.

Insolvent, *a.* ကြွေးကိုမဆပ်နိုင်သော။

Insomuch, *adv.* တိုင်အောင်။

Inspect, *v. t.* ကြည့်ရှုသည်။

Inspection, *n.* from above.

Inspector, *n.* agent from Inspect.

Inspiration, *n.* from next.

Inspire, *v. t.* to draw into the lungs, ဝင်သက်ရှူသည်။ ပင့်သက်ရှူသည်။ to breathe into, မှုတ်သွင်းသည်။ to impart supernatural wisdom, ထူးဆန်းသောဉာဏ်ကိုမှုတ်သွင်းသည်။

Inspiring, *a.* animating, စိတ်ကြွ၍အားကြီးစေတတ်သော။

Inspirit, *v. t.* အားပေးသည်။

Inspissate, *v. t.* ပျစ်စေသည်။

Instability, *n.* want of permanency, အမြဲမရှိခြင်း။ unsteadiness of purpose, စိတ်သဘောမတည်ကြည်ခြင်း။

Instable, *see* Unstable.

Install, *v. t.* အခမ်းအနားနှင့်တကွအရာ၌ခန့်ထားသည်။

Installation, *n.* from above.

Installment, *n.* ပေးသွင်းရန်ငွေအနက်တွင် ချိန်းချက်သောအချိန်ရောက်မှ ပေးသွင်းရသောငွေတစု။

Instance, *n.* solicitation, တောင်းပန်ခြင်း။ example, ပုံသက်သေ။ time, turn, အကြိမ်။ —*v. t.* ပုံသက်သေပြသည်။

Instant, *n.* ခေတ္တ။ (Pali.) *a.* earnestly endeavouring, မရ၊ရအောင် တန်းမှန်း၍အားထုတ်သော။ immediate, အခြားမဲ့ဖြစ်သော။ ဆက်တိုက်ဖြစ်သော။ current, ယခုဖြစ်သော။ —*n.* ခဏ။ တမဟုတ်။ တအောင့်။

Instantaneous, *a.* ချက်ချင်းဖြစ်သော။

Instanter, Instantly, *adv.* အခြားမဲ့။ ချက်ချင်း။ လောချင်း။ လောဆဲ။ လောလော။ ရက်တရော။ ရုတ်တရက်။ ရုတ်ချင်း။ ရုတ်ခနဲ့။ ရှောင်တခင်။

Instate, *v. t.* နေရာပေးသည်။

Instead, *adv.* အစား။ ကိုယ်စား။

Instep, *n.* ခြေဖမိုးအဆက်။

Instigate, *v. t.* နှိုးဆော်တိုက်တွန်းသည်။

Instigation *n.* from above.

Instill, *v. t.* to infuse by drops, အစက်စက်ချ၍သွင်းသည်။ to communicate slowly, တဖြည်းဖြည်းနှစ်လုံးသွင်းသည်။

Instinct, *n.* ပကတိအားဖြင့်စရိုက်ဘာသာသိတတ်သောညာဏ်။

Instinctive, *a.* ထိုညာဏ်နှင့်ဆိုင်သော။

Institute, *v. t.* to establish, တည်သည်။ to initiate, (ပညာအတတ်) အစတွင်သင်သည်။ to commence, အစပြုသည်။ —a suit, တရားစွဲဆိုသည်။ တရားပြုလုပ်သည်။ —*n.* တရားဥပဒေ။

Institution, *n.* the act of establishing, တည်ခြင်း။ an enactment, တရားဥပဒေ။ စီရင်ထုံးဖွဲ့ချက်။ an established system, စီရင်၍ထားသောအရာ။

Instruct, *v. t.* to teach, သင်ချသည်။ သင်ပေးသည်။ သွန်သင်သည်။ to put up to, အကြံပေးသည်။ to direct, order, မှာထားသည်။ to inform, ကြားပြောသည်။

Instruction, *n.* the act of teaching, သွန်သင်ခြင်း။ a direction, မှာထားခြင်း။ နည်းဥပဒေ။ အဆုံးအမ။

Instructive, *a.* ပညာတိုးပွားစေတတ်သော။

Instructor, *n.* သင်ပေးသောဆရာ။

Instructress, *n.* သင်ပေးသောမိန္မ။

Instrument, *n.* an implement, လုပ်ကိုင်ရန်တန်ဆာ။ means used to accomplish a purpose, တစုံတခုသောအကျိုးကိုဖြစ်စေခြင်းငှါသုံးဆောင်သောအရာ။ a musical machine, တူရိယာ။ a deed or contract, စာချုပ်။

Instrumental, *a.* conducive to, အကျိုးကိုပြုစုတတ်သော၊ pertaining to musical instruments, တူရိယာနှင့်ဆိုင်သော။

Instrumentality, *n.* from above, 1st def.

Insubordination, *n.* အုပ်စိုးခြင်းကိုဝန်မခံခြင်း။

Insufferable, *a.* မခံနိုင်ဖွယ်ဖြစ်သော။ သည်းမခံနိုင်ဖွယ်ဖြစ်သော၊

Insufficiency, *n.* from next.

Insufficient, *a.* not enough, မလောက်သော။ incompetent to, မတတ်နိုင်သော၊

Insular, *a.* ကျွန်းနှင့်ဆိုင်သော၊

Insulate, *v. t.* အခြားတပါးသောအရာတို့နှင့်ကွင်း၍အခြားစီနေအောင်ထားသည်၊

Insulation, *n.* ထိုသို့နေခြင်း။

Insult′, *v. t.* ရှိသေသင့်သည်အတိုင်းမပြု၊ မရှိမသေပြုသည်၊

In′sult, *n.* from above.

Insuperable, *n.* that cannot be passed, မကျော်နိုင်သော(အရာ။) that cannot be surmounted, အကြံမထမြောက်နိုင်သော (အမှု။).

Insupportable, *see* Insufferable

Insurance, *n.* from next; the premium paid for insuring, လုံချုံအောင်ခံဝန်သည်အတွက်ပေးရသောငွေ၊

Insure, *v. t.* လုံချုံအောင်ခံဝန်သည်၊

Insurgent, *a.* အာဏာကိုဆန်လျက်ရှိသော။ —*n.* အာဏာကိုဆန်သောသူ။ ပုန်ကန်သောသူ။

Insurmountable, *see* Insuperable.

Insurrection, *n.* ပုန်ကန်ခြင်း။

Insusceptible, *a.* မနာတတ်သော၊ မကြင်နာတတ်သော၊

Intaglio, *n.* တခြမ်းပေါ်အောင်လုပ်သောရုပ်ပုံ။

Intangible, *a.* စမ်းသတ်၍မတွေ့မရှိသော။

Intact, *a.* မထိမပျက်သေးသော၊

Integer, *n.* မချို့တဲ့၊ စုံလင်သောအရာ။

Integral, *a.* whole, entire, စုံလင်သော။ making part of a whole, အင်္ဂါစုအဝင်ဖြစ်သော၊

Integrity, *n.* entireness. မချို့တဲ့။ စုံလင်ခြင်း။ uprightness, ဖြောင့်မတ်ခြင်း။

Integument, *n.* ဖုံးအုပ်သောအရာ။ ဖုံးလွှမ်းသောအရာ။

Intellect, *n.* ဉာဏ်၊

Intellective, *a.* နားလည်တတ်သော၊

Intellectual, *a.* having intellect, ဉာဏ်ရှိသော။ relating to the intellect, ဉာဏ်နှင့်ဆိုင်သော၊

Intelligence, *n.* intellect, ဉာဏ်၊ information communicated,

ကြားမှာသောသိတင်းစကား။ friendly intercourse, မိဿဟာရဖွဲ့ခြင်း။ ~ intelligent being, ဝေနေယျသတ္တဝါ။

Intelligencer, *n.* သိတင်းကြားမှာသောသူ။

Intelligent, *a.* endowed with intellect, ဉာဏ်ရှိသော။ knowing, ဉာဏ်ကောင်းသော။ သိနားလည်တတ်သော။

Intelligible, *a.* နားလည်နိုင်ဖွယ်ဖြစ်သော။

Intemperance, *n.* from next.

Intemperate, *a.* immoderate in the indulgence of the appetites, ကာမဂုဏ်ကိုမချုပ်တည်းသော။ addicted to the use of intoxicating liquor, သေရည်သေရက်ကိုသောက်တတ်သော။ excessive, ကျူးလွန်သော။

Intend, *v.* အကြံရှိသည်။ ကြံရွယ်သည်။

Intendant, *see* Superintendent.

Intense, *a.* အလွန်အားကြီးသော။

Intenseness, Intensity, *n.* from above.

Intension, *n.* တင်းခြင်း။

Intensive, *a.* အားကြီးစေသော။

Intent, *a.* စိတ်သဘောစိုက်လျက်ရှိသော။ စိတ်တန်းမှန်းလျက်ရှိသော။ —*n.* အကြံအစည်။ အကြံအရွယ်။

Intention, *n.* close attention, စိတ်သဘောစိုက်လျက်နေခြင်း။ design, အကြံအစည်။ အကြံအရွယ်။

Intentional, *a.* ကြံစည်၍ပြုသော (အမှု။)

Intentness, *n.* from Intent, *a.*

Inter, *v. t.* မြေ၌မြှုပ်၍သင်းပြုဟ်သည်။

Intercalar, Intercalary, *a.* ဝင်သော (ရက်။) ထပ်သော (လ။)

Intercalate, *v. t.* —a day, ရက်ဝင်သည်။ —a month, လထပ်သည်။

Intercalation, *n.* from above.

Intercede, *v. i.* to mediate, စပ်ကြားပြုသည်။ to plead for, သူအဖို့တောင်းပန်သည်။

Intercept, *v. t.* to stop and seize on the way, ကြိုဆို၍ဖမ်းဆီးသည်။ to obstruct, မြစ်တားသည်။

Interception, *n.* from above.

Intercession, *n.* from Intercede.

Intercessor, *n.* စပ်ကြားပြုသောသူ။ သူအဖို့တောင်းပန်သောသူ။

Interchange, *v. t.* to give and take mutually, အချင်းချင်းလဲဖယ်သည်။ to succeed alternately, အပြန်အလှန်လဲပြောင်းသည်။ —*n.* from same.

Intercommunication, *see* Intercourse.

Intercostal, *a.* နံရိုးစပ်ကြားမှာရှိသော။

Intercourse, *n.* တဦးနှင့်တဦးအပေါင်းအဖက်ပြု၍ဆက်ဆံခြင်း။

Interdict, *v. t.* မြစ်တားသည်။ —Interdiction, *n.* from *do.*

Interdictory, *a.* မြစ်တားသော။

Interest, *v. t.* to cause to be concerned in, ဆိုင်စေသည်။ to affect the feelings, စိတ်ပါဝင်စေခြင်းငှါပြုသည်။ —*n.* concern in, ဆိုင်ခြင်း။ ပါဝင်ခြင်း။ advantage, benefit, welfare, ကျေးဇူး။ အကျိုး။ favor with others, မျက်နှာရခြင်း။ regard to private profit, ကိုယ်အကျိုးကိုငဲ့ကွက်ခြင်း။ premium paid for money, အတိုး။ compound interest, စာရင်းလွန်တိုးသောအတိုး။

Interfere, *v. i.* to intermeddle, သူအမှုကိုဝင်၍ပြုသည်။ to come in collision, ထိခိုက်သည်။

Interference, *n.* from above.

Interfused, *a.* စပ်ကြားမှာသွန်းလောင်းလျက်ရှိသော။

Interim, *n.* ခြားသောကာလ။

Interior, *n.* အတွင်း။ —*v.* အတွင်း၌ရှိသော။

Interjacent, *a.* စပ်ကြားမှာရှိသော။

Interject, *v. t.* စပ်ကြားမှာသွင်းသည်။

Interjection, *n.* from above; an exclamation, ကျွေးကြော်သောစကား။

Interlace, *v. t.* ရောနှောသည်။

Interlapse, *n.* ခြားသောကာလ။

Interlard, *v. t.* တသမတ်တည်းမပြော၊ စကားချပ်နှင့်ပြောသည်။

Interleave, *v. t.* စာအုပ်၌အလွတ်ချပ်၍ထည့်သည်။

Interline, *v. t.* စာနှစ်ကြောင်းအကြား၌ချပ်၍ရေးသည်။

Interlineation, *n.* from above; the matter inserted, စာနှစ်ကြောင်းအကြား၌ချပ်၍ရေးသောစကား။

Interlocution, *n.* အလှည့်အလှည့်ဆွေးနွေးပြောဆိုခြင်း။

Interlocutory, *a.* ထိုသို့သောပြောဆိုခြင်းနှင့်ဆိုင်သော။

Interlope, *v. i.* မဆိုင်ဘဲနှင့်ဆိုင်ရောင်ဆောင်၍ပြုသည်။

Interlude, *n.* ဇာတ်မပြတ်အောင်ချပ်၍ပြုသောအရာ။

Intermarriage, *n.* from next.

Intermarry, *v. i.* တမျိုးနှင့်တမျိုးဆက်ထက်၍အပြန်အလှန်လက်ထပ်သည်။

Intermeddle, *v. i.* ဝင်၍စွက်ဖက်သည်။

Intermedial, Intermediate, *a.* စပ်ကြားမှာနေသော။

Interment, *n.* from Inter, *v. t.*

Interminable, *a.* အဆုံးမရှိနိုင်သော။

Intermingle, *v. t.* ရောရှက်သည်။

Intermission, *n.* from next; intervenient time, ခြားသောကာလ။

Intermit, *v. i.* to cease for a time, စဲသည်။ ခဏပြတ်သည်။ ရပ်တန့်သည်။ —as a fever, ကျသည်။ —*v. t.* စဲစေသည်။ ခဏဖြတ်သည်။ ရပ်တန့်စေသည်။

Intermittent (fever,) *a.* ကျတတ်သော (အဖျား။)

Intermix, *v. t.* ရောနှောသည်။

Intermixture, *n.* a mass formed by mixture, ရောနှောသောအရော။ admixture, စွက်ပက်၍ရောနှောသောအရော။

Intermundane, *a.* စကြဝဠာကြားမှာဖြစ်သော။

Internal, *a.* interior, အတွင်း၌ရှိသော။ pertaining to the heart, စိတ်သဘောနှင့်ဆိုင်သော။ intrinsic, ဇာတိအတိုင်းဖြစ်သော။

Internuncio, *n.* တဦးမှတဦးသို့စေလွှတ်သောတမန်။

Interpolate, *v. t.* မဟုတ်မမှန်ဘဲစာလုပ်၍သွင်းသည်။

Interpolation, *n.* from above; the passage interpolated, ထိုသို့သွင်းသောစကားချက်။

Interpose, *v. i.* to mediate, စပ်ကြားငှာပြုသည်။ —*v. t.* to place between, စပ်ကြားတွင်ထားသည်။ to obstruct, ဆီးတားသည်။

Interposition, *n.* from above, 1st and 2d def.

Interpret, *v. t.* to translate, အနက်ပြန်သည်။ to explain the meaning, အနက်အဓိပ္ပာယ်ကိုဖော်ပြသည်။

Interpretation, *n.* from above; meaning explained, အနက်အဓိပ္ပာယ်ကိုဖော်ပြသောစကား။

Interpreter, *n.* စကားပြန်။

Interregnum, *n.* ရှင်ဘုရင်တဦး နန်းသက်ကုန်၍ တဦး နန်းမထိုင်မှီသော ကာလ။

Interrogate, *v. t.* မေးစစ်သည်။

Interrogation, *a.* from above; a question, အမေး။ a note that marks a question, အင်္ဂလိတ်စာ၌အပိုက်တမျိုး။ (?)

Interrogative, *a.* မေးမြန်းသော (စကား။)

Interrogatory, *n.* အမေး။ —*a. see* Interrogative.

Interrupt, *v. t.* to break continuity, ဖြတ်သည်။ to obstruct, hinder, ဆီးတားသည်။

Interruption, *n.* from above; a hindrance, အဆီးအတား။

Intersect, *v. t.* ကန့်လန့်ဖြတ်သည်။

Intersection, *n.* from above; the point of crossing, ကန့်လန့်ဖြတ်ချက်။

Intersperse, *v. t.* အများ ထဲတွင်ခြား နားသော အရာတို့ကို ကွက်ကွက်ကျား ကျားထားသည်။

Interspersion, *n.* from above.

Interstice, *n.* ကျဉ်းမြောင်းသောအကြား။

Intertexture, *n.* အချင်းချင်းရောနှော၍ရက်သောအဖြစ်။

Intertwine, Intertwist, *v. t.* ပူးလိမ်သည်။

Interval, *n.* —of space, အကြား။စပ်ကြား။ —of time, ခြားသောကာလ။ low, level ground, ချိုင့်ဝှမ်းသောအရပ်။

Intervene, *v. i.* စပ်ကြားသို့ဝင်သည်။

Intervention, *n.* from above.

Interview, *n.* မျက်နှာချင်းဆိုင်တွေ့၍စကားပြောဆိုခြင်း။
Interweave, *v. t.* အချင်းချင်းရောနှော၍ရက်သည်။
Intestate, *a.* dying without making a will, သေတန်းစာမရှိဘဲသေသော။ not devised, သေတန်းစာမထားသော (ဥစ္စာ။)
Intestinal, *a.* အူနှင့်ဆိုင်သော။
Intestine, *a.* အတွင်း၌ဖြစ်သော။ အတွင်းနှင့်ဆိုင်သော။
Intestines, *n. plur.* အူ။
Inthrall, *v. t.* ကျွန်ခံစေသည်။
Inthrallment, *n.* from above; bondage, ကျွန်ခံခြင်း။
Inthrone, *see* Enthrone.
Intimacy, *n.* မိတ်ကျွမ်းဝင်ခြင်း။
Intimate, *a.* internal, အတွင်း၌ဖြစ်သော။ close in friendship and acquaintance, မိတ်ကျွမ်းဝင်သော။ —*n.* မိတ်ကျွမ်းဝင်သောသူ။ —*v. t.* အရိပ်ပေးသည်။
Intimately, *adv.* familiarly, မိတ်ကျွမ်းဝင်သည်နှင့်။ closely, accurately, စေ့စေ့စပ်စပ်။ သေသေချာချာ။
Intimation, *n.* အရိပ်အမြွက်။
Intimidate, *v. t.* ကြောက်အောင်ပြုသည်။
Intimidation, *n.* from above.
Into, *prep.* အတွင်းသို့။ အထဲသို့။
Intolerable, *a.* မခံနိုင်ဖွယ်ဖြစ်သော။ သည်းမခံနိုင်ဖွယ်ဖြစ်သော။
Intolerance, *n.* from next.
Intolerant, *a.* not enduring, မခံတတ်သော။ not tolerating difference of opinion or worship, အယူဝါဒအမှု၊ ကိုးကွယ်ခြင်းအမှု၌ကွဲပြားရအောင်အခွင့်မပေးတတ်သော။
Intomb, *v. t.* သင်းချိုင်းတွင်း၌ချထားသည်။
Intonation, *n.* မိုယ်းချုန်းခြင်း။
Intoxicate, *v. t.* from next.
Intoxicated (be,) *v. i.* ယစ်မူးသည်။
Intoxication, *n.* from above.
Intractable, *a.* ဆုံးမ၍မရနိုင်ဖွယ်ဖြစ်သော။
Intractableness, *n.* from above.
Intransitive, *a.* မကူးမပြောင်းတတ်သော။
Intransmutable, *a.* ဓာတ်မပြောင်းလဲတတ်သော။
Intrench, *v. t.* to surround with a trench, (မြို့) ပတ်လည်၌ကျုံးတူးသည်။ to furrow, အကြောင်းလုပ်သည်။ —on, *v. t.* သူတပါးပိုင်သောအရာကိုဝင်၍သိမ်းယူသည်။
Intrenchment, *n.* မြို့ဆင်ခြေဖုံးနှင့်ကျုံးအစရှိသောမြို့ကရိယာ။
Intrepid, *a.* မကြောက်၊ ရင့်သော။ သူရဲတောရှိသော။
Intrepidity, *n.* from above.

Intricacy, *n.* from next.

Intricate, *a.* ရှုပ်ထွေးသော။

Intrigue, *v. i.* လျှို့ဝှက်၍ပရိယာယ်နှင့်ကြံစည်သည်။ —*n.* from *do.*

Intrinsic, *a.* ဇာတိအတိုင်းဖြစ်သော။

Introduce, *v. t.* to bring in, သွင်းသည်။ to lead into (the presence of,) သွင်းပေးသည်။ to commence the use of, သုံးဆောင်းပြုသည်။ to produce, ဖြစ်အောင်ပြုသည်။ to make preliminary remarks, ချီး၍ညွှန်းပြသည်။

Introduction, *n.* from above; a preliminary remark, အချီး။ စကားချီး။

Introductory, *a.* သွင်းတတ်သော။ လမ်းပြတတ်သော။ preliminary, ချီး၍ညွှန်းပြသော။

Intromit, *v. t.* ပဆိုးတားဘဲဝင်စေသည်။

Introspect, *v. t.* အတွင်းသို့ကြည့်ရှုသည်။

Introvert, *v. t.* အတွင်းသို့လှည့်သည်။

Intrude, *v. i.* အခွင့်မရှိဘဲဝင်သည်။ —*v. t.* အခွင့်မရှိဘဲသွင်းသည်။ —*v. i.* လူရာဝင်သည်။ လူဖော်ဝင်သည်။

Intrusion *n.* from above.

Intrusive, *a.* အခွင့်မရှိဘဲဝင်တတ်သော။ —သွင်းတတ်သော။

Intrust, *v. t.* ယုံ၍အပ်နှံသည်။

Intuition, *n.* အလိုအလျောက်သိတတ်သောဉာဏ်။

Intuitive, *a.* အလိုအလျောက်သိတတ်သောဉာဏ်နှင့်ဆိုင်သော။

Intumescence, *n.* ဖောရောင်ခြင်း။

Inturgescence, *n.* same.

Intwine, *v. t.* ပူးလိမ်သည်။

Inundate, *v. t.* လွှမ်းမိုးသည်။

Inundation, *n.* from above.

Inure, *v. t.* ခံနိုင်အောင်တစတစများ၍ပြုသည်။

Inutility, *n.* အသုံးမရနိုင်အောင်ဖြစ်ခြင်း။ အကျိုးမဲ့ခြင်း။

Invade, *v. t.* to enter a country hostilely, ပြည်နယ်ကိုဝင်၍တိုက်သည်။ to encroach on, သူတပါးပိုင်သောအရာကိုဝင်၍သိမ်းယူသည်။

Inval'id, *a.* weak, အားမရှိသော။ of no force in law, ချုပ်တဲ့၍မတည်သော။

Invalid', *n.* မကျန်းမမာသောသူ။

Invalidate, *v. t.* from Inval'id, 2d def.

Invalidity, *n.* ချုပ်တဲ့နှုန်းနှံ့ခြင်း။

Invaluable, *a.* မပြတ်နိုင်အောင်အဘိုးထိုက်သည်။

Invariable, *a.* ပြောင်းလဲခြင်းမရှိသော။

Invariableness, *n.* from above.

Invasion, *n.* from Invade.

Invective, *n.* from next.

Inveigh, *v. i.* အပြစ်တင်၍ကဲ့ရဲ့သည်။

Inveigle, *v. t.* ပမိုသာသယ်နှင့်ဖြားယောင်းသည်။

Invent, *v. t.* to contrive and make something new, ထိုးထွင်း၍အစအဦးလုပ်သည်။ to devise falsely, မဟုတ်မမှန်ဘဲလုပ်ကြံသည်။

Invention, *n.* from above, 1st def; that which is invented, ထိုးထွင်း၍အစအဦးလုပ်သောအရာ။ fiction, အမှန်မဟုတ်ဘဲဇာတ်လမ်းရေးသားသောအရာ။

Inventive, *a.* ထိုးထွင်း၍ကြံစည်ဘတ်သော။

Inventory, *n.* ဥစ္စာပစ္စည်းစာရင်း။

Inverse, *a.* အပြန်အလှန်ဖြစ်သော။ပြောင်းပြန်ဖြစ်သော။ —*v. t. see* Invent.

Inversion, *v.* from next.

Invert, *v. t.* အပြန်အလှန်ထားသည်။ ပြောင်းပြန်ထားသည်။

Invest, *v. t.* to clothe, အဝတ်ဝတ်သည်။ to commission, အခွင့်ပေး၍ခန့်ထားသည်။ to confer office or honor, ချီးမြှောက်ခန့်ထားသည်။ to adorn, တန်ဆာဆင်သည်။ to besiege, ဝန်းရံ၍တပ်ချသည်။ to deposit (money) with a view of profit, ရင်းနှီးသည်။

Investigate, *v. t.* စစ်ဆေးမေးမြန်းသည်။ စစ်ကြောမေးမြန်းသည်။

Investigation, *n.* from above.

Investiture, *a.* အရာ၌ခန့်ထားခြင်း။

Investment, *n.* from Invest.

Inveteracy, *n.* from next.

Inveterate, *a.* စွဲကပ်၍ပျောက်ခဲသော။

Invidious, *a.* မနာလိုဖွယ်ဖြစ်သော။

Invigorate, *v. t.* သန်မာစေသည်။

Invigoration, *n.* from above.

Invincible, *a.* မအောင်နိုင်ဖွယ်ဖြစ်သော။

Invincibility, *n.* from above.

Inviolable, *a.* မပျက်ရသော။ မဖျက်သင့်ဖွယ်ဖြစ်သော။

Inviolate, *a.* မပျက်သော။

Invisibility, *n.* from next.

Invisible, *a.* မထင်ရှားသော။ အရူပဖြစ်သော။ ရူပါရုံမဟုတ်။ မြင်နိုင်ဖွယ်မဖြစ်သော။

Invitation, *n.* from next.

Invite, *v. t.* to ask to come, ဖိတ်သည်။ —respectfully, ပင့်သည်။ to allure, မြူသည်၊ သွေးဆောင်သည်။

Invocate, *v. t.* ဆုတောင်းသည်။

Invocation, *n.* from above.

Invoice, *v. t.* ဥစ္စာပစ္စည်းကိုအတိုးထား၍မှတ်သားသည်။ —*n.* ထိုသို့မှတ်သားသောစာရင်း။

Invoke, *v. t.* ဆုတောင်းသည်။
Involuntary, *a.* unwilling, အလိုမရှိသော။ independent of will or choice, အလိုမပါဘဲပကတိအတိုင်းဖြစ်သော။
Involution, *n.* from next.
Involve, *v. t.* to wind over and about, လိမ်ပတ်သည်။ to wrap over and over, ထုပ်ရစ်သည်။ to cover on all sides, လွှမ်းမိုးသည်။ to imply, ပြောရာရောက်သည်။ to take with, အတူပါစေခြင်းပြုသည်။ to entangle, plunge (in difficulty,) ထွေးလုံးရစ်ပတ်အောင်ပြုသည်။
Invulnerability, *n.* ကာယသိဒ္ဓိ။
Invulnerable, *a.* ထိုးခုတ်ပြစ်ခတ်၍မနာနိုင်သော။
Inward, *a.* interior, အတွင်း၌ရှိသော။ pertaining to the heart, စိတ်သဘောနှင့်ဆိုင်သော။ —*adv.* အထဲသို့။ အတွင်းသို့။
Inwards, *n. plur.* ဝမ်းတွင်းသား။ —*adv.* အတွင်းသို့။
Inweave, *v. t.* ရေးသားလျှက်ပါအောင်ရက်သည်။
Inwrap, *v. t.* to wrap up, ထုပ်သည်။ to cover up, ဖုံးအုပ်သည်။
Inwreath, *v. t.* ပန်းကုံးနှင့်ပတ်ရစ်သည်။
Inwrought, *a.* ပန်းပြောက်ထိုးသော။
Iodine, *n.* ပင်လယ်ကျောက်ညှိပြာကိုလုပ်သောဆေးတမျိုး။
Iota, *n.* ဆိတ်စိကလေး။
Ipecacuanha, *n.* အန်ဆေးတမျိုး။
Irascible, *a.* စိတ်ဆိုးတတ်သော။
Ire, *n.* အမျက်ထွက်ခြင်း။
Ireful, *a.* အမျက်ထွက်လျှက်ရှိသော။
Iris, *n.* the rainbow, သက်တံ့။ —of the eye, မျက်ရစ်။
Irish, *a.* ဣရိရှ။ ဣရလံပြည်။ ဣရလံအမျိုးနှင့်ဆိုင်သော။ —man, *n.* ဣရိရှအမျိုးသား။
Irksome, *a.* ပင်ပန်းစေတတ်သော။
Irksomeness, *n.* from above.
Iron, *n.* the metal, သံ။ a utensil made of iron, သံတန်ဆာ။ —wood, ပျင်းကတိုး။M. —bound, *a.* ကျောက်ထူထပ်သော(ကမ်း။) —mold, *n.* သံချေးစွန်းကွက်။ —monger, သံတန်ဆာကိုရောင်းသောသူ။ —works, *plur. see* Forge. —*a.* made of iron, သံ။ သံကိုလုပ်သော။ firm, unyielding, ခိုင်မာသော။ —hearted, မကြင်နာတတ်သော။ ရက်စက်သော။ —*v. t.* to smooth with a hot iron, သံပူတိုက်သည်။ to handcuff, လက်ထိတ်ခတ်သည်။ to put on fetters, ခြေချင်းခတ်သည်။
Ironical, *a.* သရော်ခြင်းနှင့်ဆိုင်သော။
Irons, *n. plur.* manacles, သံလက်ထိတ်။ fetters, သံခြေချင်း။
Irony, *n.* သရော်ခြင်း။

Irradiate, *v. t.* လင်းစေသည်။ ထွန်းလင်းစေသည်။

Irradiation, *n.* from above.

Irrational, *a.* destitute of reason, လူ့ညာဏ်မရှိသော။ unreasonable, ပညာနှင့်မညီလျော်သော။

Irreclaimable, *a.* ဆုံးမ၍မရနိုင်အောင်ဖြစ်သော။

Irreconcileable, *a.* that cannot be recalled to amity, ရန်ဖြေ၍ မသင့်နိုင်သော။ incompatible, မညီလျော်နိုင်အောင်ဖြစ်သော။

Irreconciled, *a.* ရန်မပြေ၊မသင့်မတင့်သော။

Irreconcilement, Irreconciliation, *n.* from above.

Irrecoverable, *a.* ပျောက်၍မရနိုင်အောင်ဖြစ်သော။

Irredeemable, *a.* မရွေးမနုတ်နိုင်အောင်ဖြစ်သော။

Irreducible, *a.* အရင်ကဲ့သို့ပြန်မဖြစ်စေနိုင်အောင်ရှိသော။

Irrefragable, *a.* မချေပနိုင်အောင်ဖြစ်သော။

Irrefutable, *a.* same.

Irregular, *a.* not according to rule, နည်းဥပဒေနှင့်မညီသော။ not according to custom, ထုံးစံအတိုင်းမဟုတ်သော။ not in the usual way, ဖြစ်မြဲမဖြစ်သော။ not in regular order, အစီအစဉ်အတိုင်းမဟုတ်သော။ not uniform, မညီမျှသော။ အစီအစဉ်မသင့်သော။ not straight, မဖြောင့်သော။ not morally right, မတရားသော။

Irregularity, *n.* from above.

Irregularly, *adv.* ကြောင်တီးကြောင်တောင်။

Irrelative, *a.* မစပ်မဆိုင်သော။

Irrelevancy, *n.* from next.

Irrelevant, *a.* not connected with, မဆိုင်သော။ not pertinent, မဆီမဆိုင်သော(စကား။)နေရာမကျ၊မထိမခိုက်သော(စကား။)

Irreligion, *n.* from next, 1st def.

Irreligious, *a.* destitute of religion, ဘုရားကိုမကိုးကွယ်၊တရားကိုမကျင့်စောင့်သော။ contrary to religion, ဘုရား၊တရားနှင့်ဆန့်ကျင်ဘက်ဖြစ်သော။

Irremeable, *a.* သွား၍မပြန်နိုင်သော(လမ်း။)

Irremediable, *a.* incurable, ဆေးကု၍မပျောက်နိုင်သော။ that cannot be amended, ပြုပြင်၍မရနိုင်အောင်ဖြစ်သော။

Irremissible, *a.* မလွှတ်နိုင်သော(အပြစ်။)

Irremovable, *a.* မပြောင်းလဲနိုင်သော။

Irreparable, *a.* ပြုပြင်နိုင်ဘွယ်မဟုတ်သော။

Irrepealable, *a.* မနုတ်သိမ်းနိုင်သော(အမိန့်တော်။)မပျက်နိုင်သော(ဥပဒေ။)

Irrepleviable, *a.* အာမခံပေး၍ဥစ္စာကိုနုတ်ယူနိုင်ဘွယ်မဟုတ်သော။

Irreprehensible, *a.* အပြစ်တင်ဘွယ်မဟုတ်သော။

Irrepressible, *a.* မချုပ်တည်းနိုင်ဘွယ်ဖြစ်သော။

Irreproachable, *a.* ကဲ့ရဲ့ဖွယ်မထုတ်သော။
Irreprovable, *a.* အပြစ်တင်ဖွယ်မထုတ်သော။
Irresistible, *a.* ရပ်ခံ၍မဆီးတားနိုင်အောင်ဖြစ်သော။
Irresolute, *a.* နုန့်နဲ့သော။
Irresolution, *n.* from above.
Irrespective, *a.* မထောက်မထားဘဲနေသော။
Irresponsible, *a.* not accountable, ဝန်ကင်းလွတ်သော။
Irretrievable, *a.* ပျောက်၍မရနိုင်အောင်ဖြစ်သော။
Irreverence, *n.* from next.
Irreverent, *a.* ဘုရားကိုမထိမ့်မြင်ပြုသော။ ဘုရား၊ တရားကိုမရိုသေသော။
Irreversible, *a.* မပြေမဖျက်နိုင်အောင်မြဲသော။
Irrevocable, *a.* မနုတ်နိုင်၊ မဖျက်နိုင်အောင်ဖြစ်သော။
Irrigate, *v. t.* ရေနှင့်စိုစွတ်အောင်ပြုသည်။
Irrigation, *n.* from above.
Irriguous, *a.* စိုစိုစိမ့်စိမ့်ရှိသော (မြေ။)
Irritability, *n.* from next.
Irritable, *a.* easily susceptible of heat from friction, အပွတ်ခံ၍ပူလွယ်သော။ easily provoked, စိတ်တိုသော။ စိတ်တိုတောင်းသော။ စိတ်တိုတွာသော။
Irritate, *v. t.* to excite heat by friction, တိုက်ပွတ်၍ပူစေသည်။ to excite anger, စိတ်ထွက်အောင်ပြုသည်။
Irritation, *n.* from above.
Irruption, *n.* a sudden bursting in, ဟုန်းခနဲဖောက်ဝင်ခြင်း။ a sudden inroad, ပြည်နယ်ကိုဟုန်းခနဲ ဝင်၍တိုက်ဖျက်ခြင်း။
Is, *v. i.* (သူ) ရှိသည်။ (သူ) ဖြစ်သည်။ *see* Be.
Ischury, *n.* ဆီးချုပ်သောအနာ။
Isinglass, *n.* ငါးကထွက်သောကော်။
Islamism, *n.* ပသီဘာသာ။
Island, Isle, ကျွန်း။
Islander, *n.* ကျွန်းသား။
Islet, *n.* ကျွန်းငယ်။
Israelite, *n.* ဣသရေလအမျိုးသား။
Issue, *v. i.* to go or come out, ထွက်သည်။ to flow out, ထွက်စီးသည်။ to proceed as a progeny, ဆင်းသက်သည်။ —*v. t.* to utter, emit, ထုတ်သည်။ ထုတ်ပေးသည်။ —*n.* a going out, ထွက်ခြင်း။ a flowing out, ထွက်စီးခြင်း။ an emission, ထုတ်ခြင်း။ ထုတ်ပေးခြင်း။ proceeds, တက်ငွေ။ ultimate result, အဆုံး။ progeny, သားသမီး။ a fontanel, သွေးပုပ်၊ သွေးဆိုးတစိုစိုထွက်ယိုအောင်လုပ်သောအနာ။ the point where parties at variance are diametrically opposed, အမှုသည်နှစ်ဦးသဘောမတူနိုင်သောအချက်။

Isthmus, *n.* ကျွန်းဆက်ကုန်းရိုး။
It, *pron.* ထိုဟာ။ ထိုအရာ။
Italian, *n.* ဣတလိလူ။ —*a.* ဣတလိပြည်နှင့်ဆိုင်သော။
Italic, *a.* ဖိန်ဖိန်စောင်းစောင်းရေးသောစာလုံးတမျိုး။
Itch, *v. i.* ယားသည်။ —*n.* the disease, ယားနာ။ a constant, teazing desire, စွဲလမ်းသောအလိုရမ္မက်။
Itchy, *a.* ယားနာစွဲသော။
Item, *n.* an article, separate particular, အချက်။ စာ၌ပါသောအချက်တချက်။ a hint, အရိပ်အမြွက်။ —*adv.* တနည်းကား။
Iterate, *v. t.* to do again, ထပ်၍ပြုသည်။ to utter again, ထပ်၍ပြောသည်။
Iteration, *n.* from above.
Itinerant, *a.* from Itinerate.
Itinerary, *n.* အပြည်ပြည်သို့လှည့်လည်ရာတွေ့မိသမျှတို့ကိုရေးသား၍ထားသောစာ။
Itinerate, *v. i.* ဒေသစာရီလှည့်လည်သည်။
Its, *poss.* of It, *which see.*
Itself, *pron.* ထိုအရာပင်။ *see* Himself.
Ivory, *n.* ဆင်စွယ်။ —black, ဆင်စွယ်ဖုတ်သောမီးသွေး။
Ivy, *n.* နွယ်ပင်တမျိုး။

J

Jabber, *v. i.* အလျှင်အမြန်ပြော၍စကားများသည်။
Jacinth, *see* Hyacinth.
Jack, *n.* an instrument to pull off boots, သားရေခြေစွပ်ကိုချွတ်သောတန်ဆာ။ an engine to turn a spit; သား၊ ငါးကင်သောတံစို့ကိုလည်စေတတ်သောချိန်ကြိုးတန်ဆာ။
Jackal, *n.* ခွေးအ။
Jackanapes, *n.* ပလွှားသောလူမိုက်ကလေး။
Jackass, *n.* မြထီး။
Jackboots, *n.* သံချပ်ခြေစွပ်။
Jacket, *n.* အင်္ကျီခါးတို။ ထိုင်မသိမ်းအင်္ကျီ။
Jackpudding, *n.* လူပျက်။
Jaculation, *n.* ပြစ်ခြင်း။
Jade, *v. i.* စိတ်ပျက်သည်။ —*v. t.* ပင်ပန်းစေသည်။ —*n.* ယုတ်မာသောမိမ္ဗ။
Jagg, *v. t.* ခွေးသွားစိတ်စိတ်သည်။ —*n.* ခွေးသွား။
Jagged, Jaggy, *a.* ခွေးသွားစိတ်စိတ်လျှက်ရှိသော။
Jaggedness, *n.* from above.
Jaggery, (East Indian,) *a.* ထန်းလျက်။
Jaghire, (East Indian,) *n.* မြို့စားပိုင်သောနယ်။

Jail, *n.* —for criminals, ထောင်။ —for debtors, တန်း။

Jailer, *n.* ထောင်မှူး။

Jakes, *n.* ရေသွန်။

Jalap, *n.* ဝမ်းနှုတ်ဆေးတမျိုး။

Jam 1, *n.* ယိုတမျိုး။ 2, —*v. t.* ဘိပ်သည်။

Jamb, *n.* အစောင်း။

Jangle, *v. i.* ပဋိပက္ခဖြစ်၍ဆန့်ကျင်ဘက်ပြောသည်။

Janitor, *n.* တံခါးစောင့်။

Janizary, *n.* တုရကပြည်မှာရှင်ဘုရင်ကိုယ်ရံ။

Jansenist, *n.* ဆရာယံစင်အယူဝါဒကိုယူသောသူ။

Janty, *a.* လှအောင်ဆင်ပျှင်လျှက်ရှိသော။

January, *n.* အင်္ဂလိပ်နှစ်တွင်ပဌမလတည်းဟူသောဇာနွာရီ။

Japan, *n.* the country, ဇပန်။ the varnish, ဇပန်ဆေး။ —earth, ရှားစေး။ —*v. t.* ဇပန်ဆေးနှင့်သုတ်သည်။

Japanese, *n.* ဇပန်လူ။ —*a.* ဇပန်ပြည်နှင့်ဆိုင်သော။

Jar 1, to emit a rattling, tremulous sound, တုန်ခါ၍မြည်သည်။ to clash, disagree, မသင့်မတင့်၊ဆန့်ကျင်သည်။ —*v. t.* တုန်ခါသောအသံမြည်အောင်ပြုသည်။ —*n.* a rattling, tremulous sound, တုန်ခါ၍မြည်သောအသံ။ the state of a door partly open, မပိတ်မပွင့်၊ အလွတ်နေခြင်း။ —2, a glazed pot, စဉ့်အိုး။

Jargon, *n.* မပြီမသ၊ ထွေးလုံးရစ်ပတ်သောစကား။

Jasmine, *n.* စမ္ပာယ်ပင်။ the Cape jasmine, ဇီဇဝါပင်။

Jasper, *n.* ကျောက်စိမ်း။

Jaundice, *n.* သည်းခြေနာ။

Jaundiced, *a.* affected with the jaundice, သည်းခြေနာစွဲသော။ prejudiced against, မနာလိုသောစိတ်ရှိသော။

Jaunt, *v. i.* ပျော်ရွှင်ရအောင်လှည့်လည်သည်။ —*n.* from *do.*

Javelin, *n.* လှံတမျိုး။

Jaw, *n.* [the upper,] ပါးရိုး။ [the lower,] ပါးချိတ်ရိုး။ မေးရိုး။ —bone, same. —tooth, အံသွား။

Jay, *n.* ငှက်ခါး။

Jealous, *a.* suspicious of conjugal fidelity, ကိုယ်ခင်ပွန်းကိုယုံမှားသော။ apprehensive of rivalry in love, ကိုယ်ချစ်သောသူသည်သူတပါးကိုသာ၍ချစ်သည်ဟူ၍ငင်ကိုယ်ချစ်သောသူကိုသူတပါးမတော်မတန်ချစ်သည်ဟူ၍ငင်ထင်၍စိတ်ပူပန်သော။ concerned for, သူမကောင်းမည်ကိုစိုးရိမ်၍စိတ်ပူပန်သော။ zealous for, သုအဖို့စိတ်အားကြီးသော။

Jealousy, *n.* from above.

Jean, *n.* ဝါဂွမ်းနှင့်သိုးမွေးရော၍ရက်သောအထည်တမျိုး။

Jeer, *v.* သရော်သည်။ —*n.* from *do.*

Jehovah, *n.* ယဟောဝါ။ ထာဝရဘုရား။
Jejune, *a.* အဆီအပြား၊ အနှစ်သာရမရှိသော(စာ။)
Jejuneness, *n.* from above.
Jelly, *n.* နွားနပ်ပျစ်နှစ်ကျိုချဲ့အောင်ကြိုချက်သောအစာ။
Jenny, *n.* ခြည်ငင်ရန်ယန္တရားစက်တမျိုး။
Jeopard, *v. t.* to hazard, စိုးရိမ်စရာမကောင်းသော်လည်းစမ်း၍ပြုသည်။ အဘယ်သို့ဖြစ်မည်ကိုမသိဘဲလျှောက်စွန့်၍ပြုသည်။ စွန့်စားသည်။
Jeopardy, *n.* ဘေးဖြစ်မည်ကိုစိုးရိမ်စရာအကြောင်း။
Jerk, *v. t.* to make a short, quick motion (in thrusting, twitching, &c.,) တုပ်သည်။ to throw with a short, quick motion, တုပ်၍ပြစ်သည်။
Jerkin, *see* Jacket.
Jessamine, *see* Jasmine.
Jest, *v. i.* ပျက်ရယ်ပြုသည်။ —*n.* from *do.*
Jester, *n.* လူပျက်။
Jesuit, *n.* ယေရှုအမည်ရှိသောဗရင်ဂျီဆရာတမျိုး။
Jesuitic, Jesuitical, *a.* pertaining to the Jesuits, ယေရှုအသင်းနှင့်ဆိုင်သော။ crafty, deceitful, ပရိယာယ်ပြု၍လိမ်လည်တတ်သော။
Jesuitism, *n.* the principles and practices of the Jesuits, ယေရှုအကျင့်တရား။ crafty, deceitful, ပရိယာယ်ပြု၍လိမ်လည်ခြင်း။
Jet 1, *n.* the fossil, ကျောက်နက်တမျိုး။ —2, an artificial spurt of water, ရေပန်း။ —d'eau, same. —3, *see* Jut.
Jetson, *n.* သင်္ဘောပေါ်ကပြစ်ချ၍ကုန်းသို့ရောက်သောဥစ္စာ။
Jetty, (East Indian,) *n.* တန်တားဦးတို။
Jew, *n.* ယုဒအမျိုးသား။ ယဟူဒိအမျိုးသား။
Jewel, *n.* a precious stone, ကျောက်မျက်။ ကျောက်မြတ်။ an ornament set with precious stones, ကျောက်မျက်စီသောတန်ဆာ။
Jeweler, *n.* ကျောက်သွေး၍ရောင်းသောသူ။
Jewelry, *n.* ကျောက်မြတ်စု။
Jewish, *a.* ယုဒအမျိုးသားနှင့်ဆိုင်သော။
Jews-harp, *n.* ခြေခြောင်း။
Jib, *n.* ဦးကြက်လှျာရွက်ထက်။ —boom, ဦးကြက်လှျာရွက်ထက်ဆက်။
Jig, *v. i.* ကခုန်သည်။ —*n.* from *do.*
Jilt, *v. t.* ယောက်ျားကိုချစ်ကြိုက်ဟန်ပြုပြီးမှပယ်သည်။ —*n.* ယောက်ျားကိုချစ်ကြိုက်ဟန်ပြုပြီးမှပယ်တတ်သောမိန္မ။
Jingle, *v. i.* ချွင်ချွင်မြည်သည်။ —*v. t.* from *do.* —*n.* ချွင်ချွင်မြည်တတ်သောအရာ။
Jinjal, (East Indian,) *n.* မိန်ပြောင်း။
Job, *n.* ပုတ်ပြတ်လုပ်ရသောအလုပ်။ —*v. i.* to work by the job,

ပုတ်ပြတ်လုပ်ရသည်။ to buy and sell as a broker, ပွဲစားလုပ်၍ရောင်းဝယ်သည်။ —*v. t.* to stab, ထိုးသည်။

Jockey, *n.* one that rides in a race, မြင်းပြိုင်ရာစီးသောသူ။ a dealer in horses, မြင်းကုန်သည်။ a cheat, လိမ်လည်သောသူ။ —*v. t.* လိမ်လည်သည်။

Jocose, Jocular, *a.* ပျက်ရယ်ပြုတတ်သော။

Jocularity, *n.* ပျက်ရယ်ပြုခြင်း။

Jocund, *a.* ပျော်ရွှင်မြူးတူးသော။

Jog, *v. i.* to trot slowly, ခွေးပြေးသုံးချောင်းထောက်သွားသလိုသွားသည်။ —*v. t.* to excite attention by a push, သတိပေး၍ထိုးလိုက်သည်။ —*n.* from *do.*

Joggle, *v. t.* လှုပ်သည်။

Join, *v. t.* to be united to, စေ့စပ်သည်။ to be contiguous, စပ်သည်။ to be associated, ပေါင်းသည်။ (intrans.) သင်းဖွဲ့သည်။ —*v. t.* to unite (in various ways,) ဆက်သည်။ စပ်သည်။ ပူးကပ်သည်။ ပေါင်းသည်။ (trans.,) ဖက်သည်။ ရှည်သည်။ တွဲသည်။ —battle, စစ်ပြိုင်သည်။

Joiner, *n.* a carpenter, လက်သမား။ a cabinet maker, စပ်သမား။

Joining-hand, *n.* ကူးရှက်၍ရေးသောလက်ရေး။

Joint, *n.* အဆစ်။ —[out of,] *a.* dislocated, အဆစ်ပြုတ်လျှက်ရှိသော။ disordered, ရှုပ်ထွေးသော။ —shared by more than one, နှစ်ယောက်သုံးယောက်ပိုင်သော (ဥစ္စာ။) unitedly possessing, အတူပိုင်သော။ acting in concert, ဆုံစည်း၍ပြုသည်။ —heir, *n.* အတူပိုင်သောအမွေခံ။ —stock, *n.* ဆုံစည်း၍ရင်းနှီးကြသောငွေ။ —*v. t.* အမျိုးဆက်တွင်အပိုင်းပိုင်းလှီးဖြတ်သည်။

Jointed, *a.* having joints, အဆစ်ပါသော။ divided at the joints, အမျိုးဆက်တွင်လှီး၍ပြတ်လျှက်ရှိသော။

Jointure, *n.* လက်ထပ်ရာခြားနားသီးသန့်၍ထင်မပိုင်ရ၊ သွီးကိုယက်ဖွဲ့သောဥစ္စာ။

Joist, *n.* ဆင့်။

Joke, *v.* ပျက်ရယ်ပြုသည်။ —*n.* from *do.*

Jole, *n.* ပါးစောင်။

Jollity, *n.* from next.

Jolly, *a.* jovial, ပျော်ရွှင်သော။ plump, ဝသော။

Jolly-boat, *n.* စတော်သိတန်။

Jolt, *v.* ဆောင့်၍လှုပ်သည်။

Jostle, *v. t.* တွန်းသည်။

Jot, *n.* ဆိတ်စီကလေး။ —*v. t.* ကုပ်သည်။ မှတ်သားသည်။

Journal, *n.* a diary, နေ့စဉ်အတိုင်းဖြစ်သောအမှုအရာတို့ကိုမှတ်သောစာ။ နေ့စဉ်မှတ်စုစာ။ မှတ်စုစာ။ a periodical publication, ချိန်းချက်

သောအချိန်တို့၌အစဉ်သင့်စီရင်သောစာ။ —of military occurrences, အရေးပုံစာ။
Journalist, *n.* ထိုသို့သောစာကိုစီရင်ရေးထားသောသူ။
Journalize, *v.* ထိုသို့သောစာကိုစီရင်ရေးထားသည်။
Journey, *v. i.* ခရီးသွားသည်။ —*n.* from *do.*
Journey-man, *n.* အခစားး၍သူရင်းငှါးလုပ်သောသူ။
Joust, *v. i.* ကစားး၍စစ်တိုက်သည်။ —*n.* from *do.*
Jovial, *a.* ပျော်ရွှင်သော။
Joy, *v. i.* ဝမ်းမြောက်သည်၊ ရွှင်ထန်းသည်။ —*n.* from *do.* ပီတိ။
Joyful, Joyous, *a.* ရွှင့်ဝမ်းသော။
Joyless, *a.* ဝမ်းမြောက်ခြင်းမရှိသော။
Jubilant, *a.* အောင်သံကျွေး၍ပြုသော။
Jubilee, *n.* ယုဘိလပွဲ။
Judaic, Judaical, *a.* ယုဒအမျိုးနှင့်ဆိုင်သော။
Judaism, *n.* ယုဒဘာသာ။
Judaize, *v. i.* ယုဒဘာသာလေ့ကျင့်သည်။
Judge, *v. i.* to form an opinion, သဘောကျသည်။ to decide, ဆုံးဖြတ်စီရင်သည်။ to examine judicially and pass sentence, စစ်ကြောစီရင်သည်။ to rule or govern, အုပ်စိုးသည်။ —*n.* one who can form a discriminating opinion, ပိုင်းခြား၍သိတတ်သောသူ။ one who has authority to examine and pass sentence, တရားသူကြီး။ တရားမသူကြီး။
Judgment, *n.* opinion, စိတ်အထင်။ the act of deciding, စီရင်ဆုံးဖြတ်ခြင်း။ mental power of comparing and deciding, ဆင်ခြင်၍သဘောကျတတ်သောဉာဏ်။ a judicial sentence, တရားစီရင်ဆုံးဖြတ်ချက်။ punishment, ဒဏ်။ —day, တရားစီရင်ဆုံးဖြတ်တော်မူသောနေ့။ —hall, တရားရုံး။ —seat, တရားပလ္လင်။
Judicatory, *n.* တရားမှုကိုစီရင်ပိုင်သောမင်းစု။
Judicature, *n.* တရားမှုကိုစီရင်ပိုင်သောအခွင့်။
Judicial, Judiciary, *a.* တရားမှုကိုစီရင်ခြင်းနှင့်ဆိုင်သော။
Judicious, *a.* သတိပညာရှိသော၊ သတိပညာနှင့်ညီသော။
Judiciousness, *n.* from above.
Jug, *n.* အိုးဝကျဉ်း။
Juggle, *v. i.* to practice legerdemain, မျက်လှည့်ပြသည်။ —*v. t.* to cheat, လိမ်လည်သည်။ —*n.* from *do.*
Juggler, *n.* မျက်လှည့်သမား။
Jugglery, *n.* မျက်လှည့်ပြခြင်းအတတ်။
Jugular, *a.* လည်ချောင်းနှင့်ဆိုင်သော။ —vein, *n.* လည်ချောင်းကြောမ။
Juice, *n.* [vegetable,] အစေးအရည်။ [animal,] အဆီ။
Juiciness, *n.* from next.

Juicy, *n.* အရည်ရွှမ်းသော။

Jujube, *n.* ဆီး။M.

Julep, *n.* ဆေးတိုက်ရန်ရောနှော၍လုပ်ထားသောအရည်။

Julian, *a.* ကဲသာဘုရင်ယုလိနှင့်ဆိုင်သော။

July, *n.* အင်္ဂလိတ်နှစ်တွင်သတ္တမလတည်းဟူသော ဇူလိုင် ခြောလျှော၍ခေါ်ဝေါ်သောယုလိယ။

Jumble, *v. t.* ရှုပ်ထွေးအောင်ရောနှောသည်။ —*n.* ရှုပ်ထွေးအောင်ရောနှောသောအရာ။

Jump, *v. i.* ခုန်သည်။ —*n.* from *do.*

Juncate, *n.* မြိန်သောခဲဘွယ်စားဘွယ်။

Junction, *n.* from Join; the point or place of joining, ဆက်ချက်။ စပ်ချက်။ &c.

Juncture, *n.* same; a critical time, ခိုးရိမ်စရာရှိ၍အပန်းတကြီးဆောင်ရွက်ရသောအချိန်။

June, *n.* အင်္ဂလိတ်နှစ်တွင်ဆဋ္ဌမလတည်းဟူသောဇွန်လ။

Jungle, *n.* ခြို၊ ခြိုစေးပျစ်။ ဖုန်းဆိုး။

Junior, *a.* အသက်သာ၍ငယ်သော။

Junk 1, *n.* bits of old rope, ကြိုးတိုကြိုးစ။ —2, a Chinese vessel, တရုပ်သင်္ဘော။

Junket, *v. i.* လျှို့ဝှက်၍အတူစားသောက်ကြသည်။ —*n.* from *do.*

Junto, *n.* လျှို့ဝှက်၍သင်းဖွဲ့သောလူစု။

Jupiter, *n.* the planet, ကြာသပတေးဂြိုဟ်။

Juridical, *n.* တရားမှုကိုစီရင်ခြင်းနှင့်ဆိုင်သော။

Jurisdiction, *n.* authority, အာဏာ။ power of deciding cases, တရားမှုကိုစစ်ကြော၍စီရင်ပိုင်သောအခွင့်။ the region over which authority extends, စီရင်စု။

Jurisprudence, *n.* ဓမ္မသတ်နှင့်ထုံးဟောင်းကိုလေ့ကျက်သောအတတ်ပညာ။

Jurist, *n.* ထိုအတတ်ပညာကိုလေ့ကျက်သောသူ။

Juror, *see* Juryman.

Jury, *n.* တရားသူကြီးနှင့်တိုင်ပင်၍တရားကိုစီရင်ရာတွင်အမှုသည်နှင့်ဂုဏ်ရည်တူလူတကျိတ်နှစ်ယောက်။ —man, ထိုတကျိတ်နှစ်ယောက်အဝင်ဖြစ်သော။

Jurymast, *n.* တိုင်ငှါး။

Just, *a.* right, according to rule, မှန်သော။ upright, ဖြောင့်မတ်သော။ —*adv.* exactly, သေသေချာချာ။ merely, ကာမျှ။ ရုံမျှ။ narrowly, ဆိတ်စီလိုသည်နှင့်။ —at, (တစုံတခုသောအရပ်၊ တစုံတခုသောအချိန်) တွင်ပင်။ —by, အနားခွင်ပင်။

Justice, *n.* equity, တရား။ a judge, တရားသူကြီး။ a petty judge, justice of peace, ခုံ။

Justiciary, *n.* တရားသူကြီး။ တရားမသူကြီး။

Justifiable, *a.* မှန်ကြောင်းကိုပြနိုင်ဖွယ်ဖြစ်သော။

Justifiableness, *n.* from above.

Justification, *n.* from next.

Justify, *v. t.* to prove to be just, မှန်ကြောင်းကိုပြသည်။ to clear from guilt, အပြစ်နှင့်ကင်းလွတ်စေသည်။ ဖြောင့်မတ်ရာ၌တည်စေသည်။

Justle, *see* Jostle.

Justness, *n.* မှန်ခြင်း။

Jut, *v. i.* ထွန်းထွက်သည်။

Juvenile, *a.* ငယ်ရွယ်သောသူနှင့်ဆိုင်သော။

Juxtaposition, *n.* အနားမှာထားခြင်း။

K

Kaleidescope, *n.* ပန်းစိုဘူး။

Karen, *n.* ကရင်။ ကရင်လူ။ ကရင်အမျိုးသား။ —*a.* ကရင်အမျိုးသားနှင့်ဆိုင်သော။

Keckle, *v. t.* ကျောက်ဆူးကြိုးကိုမပွန်းမပြတ်အောင်၊ ကြိုးငယ်နှင့်စည်းပတ်သည်။

Kedge, *n.* ကျောက်ဆူးငယ်။ —*v. t.* ကျောက်ဆူးချ၍လှူးတားဆွဲသည်။

Keel, *n.* ရော။ —*v. t.* (သင်္ဘောကို) မှောက်ထားသည်။ —haul, ဒါဏ်ပေး၍သင်္ဘောလုံးပတ်အောက်၊ တဖက်မှတဖက်သို့ဆွဲသည်။

Keelson, *n.* သင်္ဘောရောအလိုက်တံကူတို့ကိုညှပ်မိ၍ထားသောသစ်။

Keen, *a.* sharp, ထက်မြက်သော။ eager, စိတ်အားကြီးသော။ strong, violent, ပြင်းပြသော။

Keenness, *n.* from above.

Keep, *v. t.* to retain, သူတပါးလက်သို့မလွှဲမအပ်၊ ကိုယ်လက်၌ထားသည်။ to reserve, not communicate, ထိမ်ဝှက်သည်။ to have in custody, watch over, protect, စောင့်သည်။ စောင့်ထိန်းသည်။ စောင့်ရှောက်သည်။ to perform, practise, ကျင့်စောင့်သည်။ to practise, observe (as a rite or a holy day,) စောင့်ထိန်းသည်။ စောင့်ရှောက်သည်။ —one's words, သစ္စာစောင့်သည်။ —(a festival,) ခံသည်။ ဆောင်သည်။ to tend (creatures,) ထိန်းသည်။ ကျောင်းသည်။ to board, supply with food, ကျွေးသည်။ ကျွေးမွေးသည်။ to have in employ, သုံးဆောင်၍ထားသည်။ to continue doing, ပြုမြဲပြုသည်။ —company, အပေါင်းအဖော်လုပ်သည်။ —one's bed, နာ၍မထဘဲနေသည်။ —house, ကိုယ်အိမ်၊ကိုယ်စားပွဲနှင့်ပြည့်စုံသည်။ —school, တပည့်များကိုသင်သည်။ —*v. i.* to remain in the same state, နေသည်။ to endure, not perish, မပျက်ဘဲနေသည်။ to stay for a time, တည်းခို၍နေသည်။ —back, *v. t.* not to communicate, ထိမ်ဝှက်သည်။ not to deliver, မအပ်ဘဲနေသည်။ to prevent from advancing, မတိုးမတက်အောင်ဆီး

ထားသည်။ down, မထလှိုင်အောင်နှိမ့်ထားသည်။ —from, မချည်း အောင်ဆီးထားသည်။ —in, to confine, ချုပ်ထားသည်။ not to disclose, ထိမ်ဝှက်သည်။ to restrain (feeling,) အောင့်သည်။ off, မချည်းအောင်ဆီးတားသည်။ —*v. i.* မချည်းဘဲနေသည်။ —on, တိုးတက်၍သွားသည်။ —out, *v. t.* မဝင်အောင်ဆီးတားသည်။ —sake, *n.* အောင်းမေ့စရာတို့ပေးခဲ့သောလက်ဆောင်။ —to, *v. t.* အစည်အတိုင်းလိုက်သည်။ —under, to restrain, ချုပ်တည်းသည်။ —up, *v. i.* နာသောလည်းမအိပ်ဘဲနေသည်။ —*v. t.* to maintain without abatement, မနိမ့်မလျော့စေဘဲထားသည်။ to continue (trans.,) တည်စေသည်။ —*n.* ရဲတိုက်အတွင်း၌ခိုင်ခံ့သောတိုက်ခန်း။

Keeper, *n.* အစောင့်။ လူစောင့်။

Keeping, *n.* congruity, consistency, ညီလျော်ခြင်း။

Keg, *n.* စည်ငယ်။

Kelp, *n.* ပင်လယ်ကျောက်ညှိကိုဖုတ်၍ရသောပြာ။

Ken, *v. t.* အဝေးကကြည့်၍မြင်သည်။ —*n.* အဝေးကကြည့်၍မြင်နိုင်ရာ၊

Kennel 1, *n.* a dog house, ခွေးလှောင်အိမ်။ —2, a gutter, မြောင်းငယ်။

Kentle, *see* Quintal.

Kerchief, *see* Handkerchief and Neckkerchief.

Kern, *see* Quern.

Kernel, *n.* —of fruit, အဆန်။ a concretion in the flesh, အကျိတ်အခဲ။

Ketch, *n.* သင်္ဘောငယ်တမျိုး။

Ketchup, *n.* စမဲတမျိုး။

Kettle, *n.* ရေနွေးအိုး။ —drum, အိုးစည်။

Key 1, *n.* the instrument for opening a lock, သော့။ the leading tone in music, သီခြင်းတိုင်သူအမှီပြုသောအသံ။ —hole, သော့ပေါက်။ —stone, ပေါင်းကူးရာအလယ်ဗဟိုရှိ၌တည်သောဘီးသွားသပ်ကျောက်။ —2, *see* Quay.

Khan, *n.* ပသီပြည်မှာမင်း။

Kick, *v.* ကန်သည်။ —*n.* ကျောက်သည်။ အကန်တချက်။

Kickshaw, *n.* အချည်းနှီးဖြစ်သောအရာ။

Kid, *n.* ဆိတ်ကလေး။ —formal style, ဆိတ်သူငယ်။ *v. i.* ဆိတ်ကလေးကိုမွေးသည်။

Kidnap, *v. t.* (လူကို) ခိုးယူ၍သွားသည်။

Kidney, *n.* ကျောက်ကပ်။

Kill, *v. t.* သတ်သည်။

Kiln, *n.* an oven, မီးဖို။ a brick kiln, အုတ်ဖို။ —dry, *v. t.* မီးဖို၌သွေ့ခြောက်စေသည်။

Kilter, *n.* ဖြစ်ခြင်း၏အကြောင်းအရာ၊ အခြေအနေ။

Kimbo, *a.* ကွေးသော။

Kin, *n.* relationship, အဆွေအမျိုးဖြစ်ခြင်း။ relations, ဆွေမျိုးပေါက်ဖော်။

Kind 1, *n.* အမျိုး။ အတည်။ အဝ။ —2, *a.* ကျေးဇူးပြုချင်သော။ —hearted, ကျေးဇူးပြုချင်သောသဘောရှိသော။

Kindle, *v. i.* to take fire, တောက်သည်။ —*v. i.* to cause to take fire, မီးညှိသည်။ to arouse, နှိုးဆော်သည်။

Kindliness, *n.* ကျေးဇူးပြုချင်သောသဘော။

Kindly, *a.* ကျေးဇူးပြုတတ်သော။

Kindness, *n.* kind feeling, ကျေးဇူးပြုချင်သောသဘော။ an act of good will, ကျေးဇူး။

Kindred, *n.* relationship, အဆွေအမျိုးဖြစ်ခြင်း။ relatives, ဆွေမျိုးပေါက်ဖော်။ ဆွေညာတကာ။ —*a.* အမျိုးချင်းတူသော။

Kine, *n. plur.* of Cow.

King, *n.* ရှင်ဘုရင်။ —craft, မင်းမာယာ။

Kingfisher, *n.* ပိန်ညင်း။ (a small species,) ဗိန်ညင်း။

King's bench, *n.* တရားမရုံး။

King's evil, *n.* လည်ပင်း၌ပေါက်တတ်သောကျဖ်နာ။

Kingdom, *n.* နိုင်ငံ။ တိုင်းနိုင်ငံ။

Kingly, *a.* like a king, ရှင်ဘုရင်ကဲ့သို့ဖြစ်သော။ belonging to a king, ရှင်ဘုရင်နှင့်ဆိုင်သော။

Kingship, *n.* ရှင်ဘုရင်အရာ။ ရှင်ဘုရင်အရိပ်အရာ။ စည်းစိမ်။

Kink, *v. i.* ကျက်တွန့်တက်သည်။ —*n.* ကျက်တွန့်တက်အလိမ်။

Kinsfolk, *see* Kindred, *n.*

Kinsman, *n.* ယောကျ်ားဆွေမျိုး။

Kinswoman, *n.* မိန္မဆွေမျိုး။

Kirk, *n.* ဆကောတလံပြည်မှာတည်သောအသင်းတော်။

Kirtle, *n.* အင်္ကျီတမျိုး။

Kiss, *v. t.* (Eastern,) နမ်းသည်။ (Western,) (ပါးအစရှိသည်တို့ကို) စုတ်သည်။ —*n.* from above.

Kit, *n.* ကိုယ်၌ပါသောအဝတ်တန်ဆာ။

Kitchen, *n.* စားဖိုခန်း။ စားဖိုအိမ်။ —garden, *n.* ဟင်းသီးဟင်းရွက်စိုက်ပျိုးသောယာခင်း။ —maid, *n.* စားဖိုသည်မိန္မ။ —stuff, *n.* ချက်ပြုတ်ရာတွင်ရသောအဆီ။

Kite, *n.* the bird, စွန်။ the common kind, စွန်ပုပ်။ a paper kite, စွန်လေတံခွန်။

Kitten, *n.* ကြောင်ကလေး။ —*v. i.* ကြောင်ကလေးကိုမွေးသည်။

Klick, *see* Click.

Knack, *n.* အလွယ်တကူပြီးစီးစေတတ်သောညာဏ်။

Knapsack, *n.* စစ်သည်အဝတ်တန်ဆာထည့်သောအိတ်။

Knave, *n.* ဆိုးညစ်လိမ်လည်သောသူ။

Knavery, *n.* from next.
Knavish, *a.* ဆိုးညစ်လိမ်လည်သော။
Knead, *v. t.* နယ်သည်။
Kneading-trough, *n.* မုန့်နယ်သောခွက်။
Knee, *n.* the joint between the thigh and leg, ဒူး။ a crooked timber used in ship building, တံကူ။ —deep, *a.* ဒူးဆစ်ကျအောင်နက်သော။ —pan, *n.* ဒူးခေါင်း။
Kneel, *v. i.* ဒူးထောက်သည်။
Knell, *n.* မသာချရာအမှတ်ပေး၍ခေါင်းလောင်းထိုးခြင်း။
Knick-knack, *n.* ကစားစရာကလေး။
Knife, *n.* ဓား။
Knight, *n.* နိုတ်တည်းဟူသောအင်္ဂလိပ်မှူးငယ်မတ်ငယ်တမျိုး။ —errant, *n.* လှည့်လည်တတ်သောနိုတ်မှူးမတ်။ —*v. t.* နိုတ်အရာကိုပေးသည်။
Knighthood, *n.* နိုတ်မှူးမတ်အရာ။
Knightly, *a.* နိုတ်မှူးမတ်နှင့်တော်သင့်သော။
Knit, *v. i.* to be closely united, စေ့စပ်သည်။ —*v. t.* to interweave by needles, ထိုး၍ရက်သည်။ —to unite closely, စေ့စပ်အောင်ပြုသည်။
Knitting-needle, *n.* ထိုးအပ်။
Knob, *n.* အဖု။
Knobbed, Knobby, *a.* အဖုများသော။
Knock, *v. t.* to tap, ခေါက်သည်။ to strike against, ထိခိုက်သည်။ —down, ရိုက်လှဲသည်။ —off, *v. t.* ကွာအောင်ရိုက်သည်။ —out, ထွက်အောင်ရိုက်သည်။ —under, *v. i.* အရှုံးခံသည်။ —up, *v. t.* to arouse, နှိုး၍ထစေသည်။ to beat out, အားကုန်စေသည်။ —*n.* ခေါက်ချက်။ ထိခိုက်ချက်။
Knocker, *n.* တံခါးခေါက်ရန်တန်ဆာ။
Knoll, *n.* ကုန်း။
Knop, *see* Knob.
Knot, *v.* ထုံးသည်။ —*n.* a tie, အထုံး။ —in timber, အမျက်။ a bond of union, ဖွဲ့နှောင်ရန်အကြောင်း။ a cluster, collection, အစုအဝေး။ a thing hard to be solved, ပြေခဲသောအရာ။
Knotted, *a.* —(as a string,) အထုံးများသော။ —(as timber,) အမျက်များသော။
Knotty, *a.* same; difficult, hard of solution, ပြေခဲသော။
Know, *v.* to perceive with certainty, သိသည်။ to be acquainted with, သိကျွမ်းသည်။ to recognize, သတိရ၍မှတ်မိသည်။
Knowing, *a.* intelligent, သိနားလည်တတ်သော။
Knowledge, *n.* from know; learning, သိပွံ့အတတ်ကိုတတ်ခြင်း။

Knuckle 1, *n.* the protuberant joint of a finger, လက်ခေါက်။ the knee joint of a calf, နွားကလေးပေါင်။ —2, *v. i.* အရှုံးခံသည်။

Knurled, Knurly, *see* Gnarled.

Koran, *n.* ကောရန်အမည်ရှိသောပသိကျမ်း။

L

Label, *n.* လိပ်စာ။ —*v. t.* လိပ်စာထိုးသည်။

Labial, *a.* နှုတ်ခမ်းနှင့်ဆိုင်သော။ ဩဋ္ဌဇာ။

Labio-dental, *a.* နှုတ်ခမ်းနှင့်သွားထိ၍ပြောသော (ဗျည်း။)

Labor, *v.* to work, အလုပ်လုပ်သည်။ လုပ်ကိုင်သည်။ လုပ်ဆောင်သည်။ to make exertion, ကြိုးစားအားထုတ်သည်။ to toil, be fatigued, ပင်ပန်းခြင်းကိုခံရသည်။ to be in travail, သားဖွားခြင်းဝေဒနာကို ခံရသည်။ —*n.* from *do.*

Laboratory, *n.* ဆေးအမျိုးမျိုးကိုစစ်ဆေးစီရင်၍လုပ်ရာအခန်း။

Laborer, *n.* အလုပ်လုပ်သောသူ။

Laborious, *a.* using exertion, ကြိုးစားအားထုတ်တတ်သော။ requiring labor, toilsome, ပင်ပန်းစေတတ်သော။

Labyrinth, *n.* a place formed with intricate passages, ဝင်္ကပါ။ an inexplicable affair, ရှုပ်ထွေးသောအမှုအရာ။

Lac 1, *n.* the gum, ချိပ်။ —2, a hundred thousand, တသိန်း။ ၁၀၀၀၀၀။

Lace, *n.* a twisted cord, ပေါက်ကြိုး။ fine net work of thread, ဈာနူ။ —*v. t.* to fasten with a string through eyelet holes, ကြိုးနှင့် ခက်၍ချုည်သည်။ to adorn with lace, ဈာဖျင်နှင့်ကွပ်သည်။ to lash, ရိုက်သည်။

Lacerate, *v. t.* ဆုတ်ဖြတ်သည်။

Laceration, *n.* from above.

Lachrymal, *a.* မျက်ရည်နှင့်ဆိုင်သော။

Lachrymatory, *n.* မျက်ရည်ထည့်ထားသောဘူး။

Lachrymose, *a.* မျက်ရည်ကျတတ်သော။

Lack, *v.* လိုသည်။ —*n.* from *do.*

Lack-a-day, *int.* ဖြစ်ရလေခြင်း။

Lacquer, *n.* သစ်စေးနှင့်ရောသောသားရိုး။ —*v. t.* သားရိုးတင်သည်။

Lackey, *n.* အစေအပါလူကလေး။ —*v. i.* အစေအပါလုပ်သည်။

Laconic, Laconical, *a.* အကျဉ်းအားဖြင့်ပြောသော။

Lactation, *n.* နို့တိုက်ခြင်း။

Lacteal, Lacteous, *a.* pertaining to milk, နို့နှင့်ဆိုင်သော။ pertaining to chyle, ဓိလရည်နှင့်ဆိုင်သော။ —*n.* ဓိလရည်ကိုစုတ်ယူသော အကြော။

Lactescence, *n.* from next.

Lactescent, *a.* နို့ကိုဖြစ်စေတတ်သော။

Lad, *n.* လူကလေး။
Ladder, *n.* လှေကားရှင်။ a short one on the toddly-palm, ရင်းဆွဲ။ ရင်းဆွဲတောင်။
Lade, *v. t.* to load, ဝန်တင်သည်။ to dip and throw out, ပက်၍ပြစ်သည်။ to dip and throw in, ခပ်၍လောင်းသည်။
Lading, *n.* လှေ။ သင်္ဘော၌တင်သောဝန်။
Ladle, *n.* —for dipping up milk, soup, &c. ယောက်ချို။ ယင်းချို။ for bailing out water, ခါးခွဲ။
Lady, *n.* ကတော်။ သခင်မ။
Lady-like, *a.* ယည်ကျေးသောမိမ္မကဲ့သို့ဖြစ်သော။
Ladyship, *n.* ကတော်အရာ။
Lag, *v. i.* နွှေး၍နောက်ကျသည်။
Laic, Laical, *a.* ဓမ္မဆရာမဟုတ်သော။
Lair, *n.* တောသား၊ တောငါးအိပ်ရာ။
Laird, *n.* သခင်။
Laity, *n.* ဓမ္မဆရာမဟုတ်သောလူစု။
Lake 1, *n.* အင်း။ အိုင်။ —2, ပန်းရောင်။
Lama, *n.* လာမဘုရား။
Lamb, *n.* သိုးကလေး။ သိုးသူငယ်။
ါ်တွင်ရှပ်ကာနေသော။
Lambkin, *n.* ငယ်သောသိုးကလေး။
Lamb-like, *a.* သိုးကလေးကဲ့သို့ဖြစ်သော။ နူးညွှံသိမ်မွေ့သော။
Lame, *a.* injured or disabled in some part of the body, အနာဖြစ်၍မစွမ်းသော။ crippled in the foot or leg, ခြေမစွမ်းသော။ imperfect, မစုံလင်၊ ချို့တဲ့သော။ —*v. t.* from *do.*
Lamellated, *see* Laminated.
Lameness, *n.* from Lame, *a.*
Lament, *v.* မြည်တမ်းသည်။
Lamentable, *a.* မြည်တမ်းစရာအကြောင်းရှိသော။
Lamentation, *n.* from Lament.
Lamina, *n.* အထပ်။ အလွှာ။
Laminated, *a.* အထပ်ထပ်အလွှာလွှာနေသော။
Lamp, *n.* မီးခွက်။ ဆီမီးခုံ။ —black, ဆီမှင်။
Lampoon, *v. t.* ကရော်ကမည်ကဲ့ရဲ့သည်။ —*n.* from *do.*
Lamprey, *n.* ငါးရှည်တမျိုး။
Lance, *n.* လှံ။ —*v. t.* to pierce with a lance, လှံနှင့်ထိုးသည်။ to open (a vein) with a lancet, ထားနှင့်ဖောက်သည်။ —(a sore,) ဖောက်ခွဲသည်။
Lancet, *n.* သွေးဖောက်ထား။
Lanch, *v. t.* to throw (as a lance,) လက်လွှတ်ထိုးသည်။ —(a ship,)

ချသည်။ —*v. i.* to start off at large, ပေါက်လွှတ်သွားသည်။ —*n.* the lanching of a ship, သင်္ဘောချခြင်း။ kind of boat, သံဘန်တမျိုး။

Land, *v. i.* dry ground, ကုန်း။ earth, မြေ။ landed property, ပိုင်သောမြေ။ a region, ဒေသအရပ်။ ပြည်။ —flood, *n.* ရေလွှမ်းမိုးခြင်း။ —force, ကြည်းတပ်။ —holder, *see* Land-owner. —jobber, *n.* မြေရောင်းရောင်းစားလုပ်သောသူ။ —lady, ထမင်းဆိုင်တည်ရောင်းသောမိန်း။ —locked, *a.* မြေစွန်းမျှတ်ဝိုင်းလျက်ရှိသော။ —lord, *n.* a proprietor of land, မြေရှင်။ an inn-keeper, ထမင်းဆိုင်ရှင်။ —mark, a mark to designate the boundary of land, မြေမှတ်တိုင်။ an object on land that serves as a guide to seamen, ပင်လယ်အဝေးကကြည့်၍ကုန်းပေါ်မှာအထိမ်းအမှတ်ပြုရသောအရာ။ —owner, မြေရှင်။ —tax, မြေဆိုမြေခွန်။ —waiter, အကောက်တော်တိုက်စာရေး။ —ward, *adv.* ကုန်းသို့။ —wind, *n.* ကုန်းကလာသောလေ။ —*v. i.* to go on shore, ကုန်းသို့တက်သည်။ —*v. t.* to put on shore, ကုန်းပေါ်သို့တင်သည်။

Landau, *n.* ပေါင်းချုပ်ကိုအုပ်နိုင်၊ ရုပ်နိုင်သောရထားတမျိုး။

Landed, *a.* owning land, လယ်ယာမြေကိုပိုင်သော။လယ်မြေရှင်ဖြစ်သော။

Landgrave, *n.* ဇာမနီပြည်မှာမှူးမတ်တမျိုး။

Landing, Landing-place, *n.* ဆိပ်။ ဆိပ်ကမ်း။

Landscape, *n.* မျက်စိရှေ့တွင်တော၊တောင်၊သစ်ပင်မှစ၍မြင်သမျှသောအရာ။

Lane, *n.* လမ်းကြား။

Langrage, Langrel-shot, သံချောင်း၊ သံလုံးမှစ၍ရောနှောသောအမြောက်စရိတ်ဆန်။

Language, *n.* speech, စကားပြောခြင်း။ words, စကား။ mode of speaking peculiar to a people, ဘာသာစကား။ style of speaking, စကားပြောခြင်းအခြေအနေ။ —master, ဘာသာစကားကိုသင်ချသောဆရာ။

Languid, *a.* ညှိုးနွမ်းသော။

Languish, *v. i.* to become languid, အားယုတ်လျော့သည်။ to pine under sorrow, ညှိုးငယ်၍ဖိန့်သွားသည်။ to look with love, တပ်သောစိတ်နှင့်ကြည့်သည်။

Languishment, *n.* from above.

Languor, *n.* from Languid.

Laniard, *n.* သင်္ဘောပေါ်မှာချည်နှောင်ရန်ကြိုးတို။

Laniferous, Lanigerous, *a.* သိုးမွေးကိုဖြစ်စေတတ်သော။

Lank, *a.* not plump, not distended, မဖောင်း၊ ဖိန့်သော။ thin, lean, မဝ၊ ဖိန့်သော။

Lankness, *n.* from above.

Lantern, *n.* မီးအိမ်။

Languinous, *a.* အမွေးညှင်းပါသော။

Laodicean, *a.* လျှစ်လျူသောစိတ်ရှိသော။

Lap 1, *v. i.* to lie partly over, နားဝေထပ်၍နေသည်။ —*v. t.* to lay partly over, နားပေထပ်၍ထားသည်။ to infold, ခေါက်သွင်း၍ထားသည်။ —*n.* ပေါင်ခွင်။ —dog, ခါးပိုက်ပိုက်ခွေးကလေး။ —ful, ပေါင်ပေါ်မှာတင်ထားနိုင်သမျှ။ —stone, ဘိနပ်၊ ခြေနင်းထိုးရာပေါင်ပေါ်တွင်တင်၍လုပ်သောကျောက်။ —2, *v. t.* to take up (liquor) with the tongue, လျက်၍ (သောက်သည်။)

Lapel, *n.* အင်္ကျီနှိုတမျိုး။

Lapidary, *n.* ကျောက်သွေးသမား။

Lapidist, *n.* ကျောက်ကုန်သည်။

Lappet, *n.* မိန္မခေါင်းအုပ်ရာကကျလျက်ရှိသောအမြိတ်။

Lapse, *v. i.* to pass gradually, တရွေ့တရွေ့ရွေ့သွားသည်။ to fall into error or fault, ရွေ့လျော့သည်။ to pass from one's hand to another's, တဦးလက်မှ တဦးလက် သို့ ပြောင်းကူးသည်။ —*n.* from *do.*

Larboard, *n.* သင်္ဘောလက်ဝဲဘက်။

Larceny, *n.* ခိုးမှု။ ခိုးပြစ်။

Lard, *n.* ဝက်ဆီ။ —*v. t.* to stuff with pork, အမဲသား။ ကြက်သားထဲမှာဝက်သားကိုသွင်းသည်။ to enrich, ကြွယ်ဝပြည့်စုံစေသည်။

Larder, *n.* အမဲသား၊ ဝက်သားအစရှိသည်တို့ကိုထားသောအခန်း။

Large, *a.* being of great size, ကြီးသော။ ကြီးကျယ်သော။ much, abundant, များသော။ များပြားသော။ diffuse, copious, စကားများသော။ —[at,] *adv.* without restraint, အလွတ်။ diffusely, ကျယ်သောစကားနှင့်။

Largeness, *n.* from above.

Largess, *n.* ဆုလပ်။

Lark, *n.* ငှက်တမျိုး။

Larum, *n.* ဘေးရောက်မည်အကြောင်းကိုသတိပေးသောအသံ။

Larva, *n.* ပိုးတုံးလုံး။

Larynx, *n.* အသက်လေထွက်ဝင်ရာလည်ချောင်းအထက်ပိုင်း။

Lascar, *n.* ခလာသီ။

Lascivious, *a.* ကာမလေသာစိတ်နှင့်ညစ်ညမ်းသော။

Lasciviousness, *n.* from above.

Lasciviously, *adv.* ဝတ်လစ်စလစ်။

Lash, *n.* the thong or cord attached to a whip handle, နှင်တံအစည်ကြိုး။ တံပျာအစည်ကြိုး။ a stroke with a lash, အစည်ကြိုးနှင့်ရိုက်သည်အချက်။ —*v. t.* to strike with a lash or ratan, အစည်ကြိုးတပ်၍ရိုက်သည်။ ကြိမ်နှင့်ရိုက်သည်။ to secure or fasten by tying, ကြုပ်စည်းသည်။

Lass, *n.* အပျို။
Lassie, (Scotch,) *n.* same.
Lassitude, *n.* ပင်ပန်းသော့ကြောင့်ညှိုးနွမ်းခြင်း။
Last 1, *a.* နောက်ဆုံးသော။ နောက်ဆုံးဖြစ်သော။ —[at,] *adv.* နောက်ဆုံးသောကာလ၌။ —[to the,] အဆုံးတိုင်အောင်။ —year, *n.* မနှစ်။ —1, *adv.* နောက်ဆုံးမှာ။ —2, *v. i.* to endure, တည်သည်။ to remain without perishing, မပျက်ဘဲခံသည်။ to remain unconsumed, မကုန်ဘဲခံသည်။ —3, *n.* a mold, on which shoes are made, ခြေနင်းချုပ်ရာသစ်သားပုံ။ —4, a certain measure, ခြင်တွယ်ခြင်း၏ပမာဏတမျိုး။
Latch, *n.* မောင်းတံခါးကျင်။ —*v. t.* မောင်းတံခါးကျင်နှင့်ပိတ်သည်။
Latchet, *n.* ခြေနင်းကြိုး။
Late, *a.* coming after the usual time, အချိန်လွန်မှဖြစ်သော။ နောက်ကျသော။ not early, မစောသော။ recent, ဖြစ်၍မကြာသေးသော။ —*adv.* from *do.*
Latency, *n.* from Latent.
Lateness, *n.* from Late.
Latent, *a.* မထင်မရှားကွယ်လျှက်ရှိသော။
Later, *a.* နောက်ဖြစ်သော။
Lateral, *a.* growing out of the side, နံပါးကထွက်သော။ being in a line with the side, အလျှားလိုက်ဖြစ်သော။
Latest, *a.* နောက်ဆုံးဖြစ်သော။
Lath, *n.* အုတ်ကြွပ်တမ်း။
Lathe, *n.* —for turning, ပွတ်။ ပွတ်ခုံ။ —for boring, တွင်။ တွင်ခုံ။
Lather, *n.* ဆပ်ပြာမြှုတ်။ —*v. t.* ဆပ်ပြာမြှုတ်နှင့်လူးသည်။
Latin, *a.* လာတိန်အမျိုးနှင့်ဆိုင်သော။
Latitude, *n.* extent, အကျယ်အဝန်း။ distance from the equator, အရှေ့အနောက်သို့လိုက် ၍ မြေကြီးလုံးထက်ဝန်းကျင် ကို ပတ်ရစ်သော ဗဟိုရ်စက်ဝိုင်းနှင့်ခြားသောအဝေးအကွာ။ indefinite acceptation, မသေချာသောအနက်။ freedom from settled rules, နည်းဥပဒေသကိုမလိုက်၊ပေါက်လွှတ်ပြုခြင်း။
Latitudinarian, *a.* နည်းဥပဒေသကိုမလိုက်၊ပေါက်လွှတ်ပြုခြင်းနှင့်ဆိုင်သော။
Latter, *a.* subsequent, နောက်ဖြစ်သော။ mentioned afterwards, နောက်ဆိုသော။ being in time, not long past, နောက်ကျသောကာလ၌ဖြစ်သော။
Lattice, *n.* ကွန်ရက်ပြတင်းပေါက်။
Laud, *v. t.* ချီးမွမ်းထောမနာပြုသည်။
Laudable, *a.* ချီးမွမ်းဖွယ်ဖြစ်သော။
Laudableness, *n.* from above.
Laudanum, *n.* ဘိန်းရည်။

Laudation, *n.* from Laud, *v. t.*

Laudatory, *a.* ချီးမွမ်းခြင်းနှင့်ဆိုင်သော။

Laugh, *v. i.* ရယ်သည်။ —at, *v. t.* ပြက်ရယ်ပြုသည်။ —*n.* from Laugh, *v. i.*

Laughable, *a.* ရယ်ဖွယ်ဖြစ်သော။

Laughableness, *n.* from above.

Laughing-stock, *n.* ပြက်ရယ်ပြုရာ။

Laughter, *n.* ရယ်ခြင်း။

Launch, *see* Lanch.

Laundress, *n.* ခဝါသည်မ။

Laundry, *n.* ခဝါတဲ။ ခဝါရုံ။

Laureate, *a.* ကရဝေးရွက်နှင့်ပတ်ရစ်သော။

Laurel, *n.* ကရဝေးမျိုး။

Lava, *n.* မီးတောင်ထဲကထွက်သောချော်မြှုတ်။

Lave, *v.* ရေချိုးသည်။

Lavement, *n.* from above; *see* Clyster.

Laver, *n.* ရေချိုးရာအင်တုံကြီး။

Lavish, *a.* အသုံးဖွားသော။ လက်ကြီးသော။ —*v. t.* အသုံးဖွားသည်။

Lavishment, Lavishness, *n.* from above.

Law, *n.* an edict or ordinance, အမိန့်။ အမိန့်တော်။ ပညတ်။ ဥပဒေ။ judicial process, တရားတွေ့ခြင်း။ —of nature, ဓမ္မတာ။ common law, ထုံးဟောင်း။ moral law, တရား။ statute law, ဓမ္မသတ်။ —giver, —maker, နည်းဥပဒေကိုထားသောသူ။ ဓမ္မသတ်ကိုစီရင်ထုံးဖွဲ့သောသူ။ —suit, တရားမှု။ တရားတွေ့မှု။ တရားတဘောင်။

Lawful, *a.* တရားအတိုင်းဖြစ်သော။

Lawfulness, *n.* from above.

Lawless, *a.* not guided by law, တရားမဲ့ပြုကျင့်သော။ တရားကိုမမှတ်။ ပေါက်လွှတ်ပြုတတ်သော။ contrary to law, တရားနှင့်မညီ၊ဆန့်ကျင်ဘက်ဖြစ်သော။

Lawlessness, *n.* from above.

Lawlessly, *adv.* ဒရပေ။

Lawn 1, *n.* a smooth, grassy plain, ညီညာသောမြက်ခင်း။ —2, a sort of fine linen, ပိတ်ချောတမျိုး။

Lawyer, *n.* one versed in law, ဓမ္မသတ်တရားကိုကျွမ်းကျင်သောသူ။ one who conducts a suit for a client, ရှေ့နေ။

Lax, *a.* slack, not tense, မတင်း၊လျော့သော။ of loose texture, အသားမသိပ်သည်းသော။ vague, indefinite, မသေချာသော။ not strict, မကြပ်တည်းသော။ loose in the bowels, ဝမ်းပြေသော။

Laxation, *n.* လျော့ခြင်း။

Laxative, *a.* ဝမ်းပြေစေသောဆေး။

Laxity, Laxness, *n.* from above.

Lay 1, *n. see* Layer. —2, a song, သီခြင်း။ —3, *a.* not clerical, ဓမ္မဆရာမဟုတ်သော။ not pertaining to the clergy, ဓမ္မဆရာနှင့်မဆိုင်သော။ —man, *n.* ဓမ္မဆရာမဟုတ်သောသူ။ —4, *v. t.* to place, place along, ထားသည်။ တုံးလုံးထားသည်။ to arrange, place in order, ခင်းသည်။ စီစည်သည်။ to spread on a surface, သုတ်သည်။ to allay, quiet, still, ငြိမ်စေသည်။ to beat down, လဲအောင်ရိုက်သည်။ to charge, impute, တင်သည်။ —an ambush, တပ်မြုပ်၍ထားသည်။ —a course (as a ship,) သွားလိုရာအရပ်သို့တည့်တည့်သွားရသည်။ —an egg, ဥသည်။ —a plan, စိတ်ကူးသည်။ —siege, ဝိုင်းရံ၍ထားသည်။ —snares, ကျော့ကွင်းကိုထောင်ထားသည်။ —a wager, လောင်းစားသည်။ —wait, *see* Lay an ambush. —about, *v. i.* ယန်းသည်။ —aside, *v. t.* to put aside, ထားသည်။ to deposit, သိုထားသည်။ to put away, ပယ်ရှားသည်။ to discontinue, ဖြတ်သည်။ ပြုမြဲမပြုဘဲနေသည်။ —at, ရိုက်ရအောင်အားထုတ်သည်။ —away, သိုထားသည်။ —by, to set apart for some use, ရုံ၍ထားသည်။ to throw aside, ပြစ်ထားသည်။ to put off, ချွတ်၍ထားသည်။ —down, to place on the ground, ချထားသည်။ to give up, relinquish, စွန့်သည်။ to state, ပြောထားသည်။ —hold of, to take hold of, ကိုင်ယူသည်။ to seize hold of, ဖမ်းမိသည်။ —in, သိုထားသည်။ —on, to impose, တင်ထားသည်။ to inflict blows, တိုက်သည်။ ရိုက်သည်။ —open, to open, ဖွင့်သည်။ လှန်သည်။ to uncover and show, ဖွင့်ပြသည်။ to reveal, ဖော်ပြသည်။ —out, to expend, သုံး၍ကုန်သည်။ to expose to view, ခင်းကျင်း၍ပြသည်။ —(a garden,) စီစည်၍လုပ်ထားသည်။ —(a corpse,) ပျင်ဆင်သည်။ to exert, အားထုတ်သည်။ —over, ရွှမ်းမိသည်။ —to, to charge upon, အပြစ်တင်သည်။ to apply with vigor, အားထုတ်သည်။ —(a ship,) ရပ်စေသည်။ —together, စု၍ထားသည်။ —to heart, စိတ်မပြေအောင်အောင်းမေ့လျှက်နေသည်။ —under, —obligation, ကျေးဇူးတင်အောင်ပြုသည်။ —restraint, တား၍ထားသည်။ —up, to store, သိုထားသည်။ to confine with illness, နာ၍ပြင်ပသို့မထွက်နိုင်အောင်ပြုသည်။ —waste, သုတ်သင်ပယ်ရှင်းသည်။

Layer, *n.* အထပ်အလွှာ။

Lazar, *n.* အနာဆိုးစွဲသောသူ။ —house, Lazaretto, *n.* ထိုသို့သောသူတို့နေရာအိမ်။

Laziness, *n.* from next.

Lazy, *a.* indolent, ပျင်းရိသော။ slow, နှေးသော။

Lea, *n.* ကွင်းပြင်။

Leach, *v. t.* ပြာရေကိုစစ်၍ယူသည်။ —tub, *n.* ပြာရေကိုစစ်သောစည်ပိုင်း။

Lead, (*pron.* led,) *n.* ခဲပုပ်။ ခဲမပုပ်။ —(*pron.* led,) *v. t.* ခဲပြားနှင့်ကွပ်သည်။ —(*pron.* leed,) to take by the hand and help along, လက်ဆွဲ၍ဆောင်သွားသည်။ to conduct, ပို့သည်။ ကြပ်မ၍ပို့ဆောင်သည်။ to show the way, လမ်းပြသည်။ to go before, take the lead, ဦးတည်သည်။ ခေါင်းတည်သည်။ to draw, သွေးဆောင်သည်။ —a life, ကျင့်၍နေသည်။ —astray, လမ်းလွဲအောင်သွေးဆောင်သည်။ —captive, ဖမ်းသွားသည်။ —(*pron.* leed,) *n.* ခေါင်းတည်ခြင်း။

Leaded, *a.* သပ်မျဉ်းပေး၍ကြဲသော (စာကြောင်း။)

Leaden, *a.* ခဲကိုလုပ်သော။

Leader, *n.* one who leads, ခေါင်းတည်သောသူ။ a chief, အကြီးအကဲ။

Leading, *n.* ပို့ဆောင်ခြင်း။ —strings, သူငယ်မသွားတတ်မှီလှမ်းသွားရာဆွဲစေသောကြိုး။

Leaf, *n.* —of a plant, အရွက်။ —of a flower, အလှပ်။ —of a book, အချပ်။ —of a door, တံခါးရွက်။ —of gold, ရွှေမျက်ပါး။ ရွှေချပ်။ —stalk, သစ်ရွက်ရိုးတံအညှာ။

Leafless, *a.* အရွက်မရှိသော။

Leaflet, *n.* အရွက်ငယ်။

Leafy, *a.* သစ်ရွက်နှင့်ပြည့်စုံသော။

League 1, *n.* a measure of 3 miles, တတိုင်ခွဲ။ —2, *v. i.* ပဋိညဉ်ပြု၍မိတ်ဖွဲ့သည်။ —2, *n.* a confederacy, from *do.*

Leak, *v. i.* ယိုသည်။ —*n.* from above; a crack or aperture at which water is let in or out, ယိုပေါက်။

Leakage, *n.* ယိုသည်အတွက်။

Leaky, *a.* ယိုတတ်သော။

Lean 1, *v. i.* to incline, တိမ်းသည်။ ယိမ်းသည်။ စောင်းသည်။ —against or upon, *v. t.* မှီသည်။ —to, ငဲ့ကွက်သည်။ —2, *a.* not fat, ပိန်သော။ ပိန်ကြုံသော။ ကြုံတူးသော။ —as a purse, ပိန်ချောင်သော။ —as barren ground, မြေသြဇာမရှိသော။ jejune, အဆီအပြား၊ အနှစ်သာရမရှိသော။ —2, *n.* အသား။

Leanness, *n.* from Lean, *a.*

Leap, *v. i.* ခုန်သည်။ —*v. t.* to leap over, ခုန်ကျော်သည်။ —*n.* from *do.* —frog, ကြက်ဖခုန်ကစားခြင်း။ —year, ရက်ဝင်သောနှစ်။

Learn, *v.* to acquire knowledge and skill, သင်သည်။ to teach, သင်ချသည်။

Learned, *a.* versed in literature, စာတတ်သော။ —in science, သိပ္ပံအတတ်ကိုတတ်သော။ skilful, တတ်မြောက်လိမ္မာသော။ —man, *n.* လူတတ်။

Learner, *n.* agent from Learn, 1st def. တပည့်။

Learning, *n.* စာပေတတ်ခြင်း။ သိပ္ပံအတတ်ကိုတတ်ခြင်း။

Lease, *v. t.* (အိမ်၊ မြေ၊ လယ်ယာကို) အခန္ဓင့်ငှါးသည်။ —*n.* a contract for leasing, အငှါးစာချုပ်။

Leash, *n.* တိရိစ္ဆာန်ကိုချည်သောကြိုး။

Least, *a.* အငယ်ဆုံးသော။

Leather, *n.* သားရေနယ်။ ဖိုပိုင်သားရေ။

Leathern, *a.* သားရေနယ်ကိုလုပ်သော။

Leave 1, *n.* permission, အခွင့်။ ceremony of departure, သွားမည့်အကြောင်းကိုနှုတ်ဆက်ခြင်း။ —2, *v.* to quit, ထွက်သွားသည်။ to forsake, စွန့်သည်။ စွန့်သွားသည်။ to let remain, ထားသည်။ to cause to remain on going away, ထားခဲ့သည်။ နေရစ်စေသည်။ to deposit, အပ်ထားသည်။ to bequeath, သေတန်းစာနှင့်ပေးသည်။ to permit without interposition, တတ်တိုင်း ပြုရသောအခွင့်ကိုပေးသည်။ to desist from, ထပ်မံ၍မပြုဘဲနေသည်။ —off, *v. t.* to desist from, *see* last def.; to cease, စဲသည်။ to forsake, abandon, စွန့်ပြစ်သည်။ —out, to omit in writing, စာရေးကူးရာ၌ချခဲ့သည်။

Leaved, *a.* အရွက်နှင့်ပြည့်စုံသော။

Leaven, *n.* တဆေး။ —*v. t.* တဆေးခတ်၍ဖောင်းကြွစေသည်။

Leavings, *n. plur.* ကြွင်းချန်၍ပြစ်ထားသောအရာ။

Lecher, *n.* ကာမရာဂများသောသူ။

Lecherous, *a.* ကာမရာဂများသော။

Lechery, *n.* from above.

Lection, *n.* ပါဌ်။

Lecture, *v.* to deliver a formal discourse, ပရိသတ်ရှေ့မှာအကျိုးအကြောင်းကိုထုတ်ဖော်၍ပြသသည်။ to reprove, အပြစ်တင်၍ဆုံးမသည်။ —*n.* a formal discourse, ပရိသတ်ရှေ့မှာအကျိုးအကြောင်းကိုထုတ်ဖော်၍ပြသသောစကား။ a reproof, အပြစ်တင်၍ဆုံးမသောစကား။

Led, *pret.* of Lead. —horse, *n.* ဝန်တင်သောမြင်း။

Ledge, *n.* a layer, အထပ်အလွှာ။ a ridge of rock, ကျောက်ရိုး။ ကျောက်တန်း။ a projecting part, အငူ။ အစွန်း။

Ledger, *n.* ကုန်သည်စာရင်းချုပ်။

Lee, *n.* လေအောက်ဘက်။ —shore, လေအောက်သောင်ကမ်း။ —ward, *adv.* လေအောက်သို့။ —way, *n.* လေလိုက်မသွား၊ လေတင်သို့ကော်၍သွားရသောလမ်း။

Leech, *n.* မျှော့။

Leek, *n.* ကြက်သွန်တမျိုး။

Leer, *v. i.* ငဲ့၍ကြည့်သည်။ စောင်း၍ကြည့်သည်။

Lees, *n. plur.* အနှစ်အနည်။

Leet, *n.* ရုံးတော်တမျိုး။
Left 1, *a.* လက်ဝဲနှင့်ဆိုင်သော။ ဘယ်နှင့်ဆိုင်သော။ —hand, *n.* လက်ဝဲလက်။ —handed, *a.* လက်ဝဲလက်သန်သော။ —2, *pret.* of Leave. —[be,] *v. i.* နေရစ်သည်။ ကျန်ရစ်သည်။ ကျန်ကြွင်းသည်။
Leg, *n.* ခြေထောက်။ from the knee to the ancle, ခြေသလုံး။
Legacy, *n.* သေတန်းစာနှင့်ပေးသောအမွေဥစ္စာ။
Legal, *a.* ဓမ္မသတ်တရားအတိုင်းဖြစ်သော။ ဓမ္မသတ်တရားနှင့်ညီသော။
Legality, *n.* from above.
Legalize, *v. t.* from Legal, *a.*
Legate, *n.* ရဟန်းမင်းစေလွှတ်သောသံတမန်။
Legatee, *n.* သေတန်းစာအားဖြင့်အမွေဥစ္စာကိုရသောသူ။
Legatine, *a.* ရဟန်းမင်းသံတမန်နှင့်ဆိုင်သော။
Legation, *n.* သံတမန်ကိုစေလွှတ်ခြင်းအမှုအရေး။
Legend, *n.* a chronicle, မှတ်စာ။ an idle story, ဒဏ္ဍာရီစကား။ an inscription, ကမ္ပည်းလိပ်စာ။
Legendary, *a.* မှတ်စာနှင့်သော်၎င်း၊ဒဏ္ဍာရီစကားနှင့်သော်၎င်းဆိုင်သော။
Legerdemain, *n.* မျက်လှည့်ပြခြင်း။
Legged, *a.* ခြေထောက်ရှိသော။
Legging, *n.* ခြေစွပ်။
Legibility, Legibleness, *n.* from next.
Legible, *a.* ထင်ရှားသိသာသော့ကြောင့်ဖတ်နိုင်သော (စာ။)
Legion, *n.* a Roman brigade, လူ ၅၀၀၀ ခန့်ပါသောတပ်။ any military force, ရဲမက်ဗိုလ်ခြေ။ a great number, အပုံ။
Legislate, *v.* ဥပဒေထားသည်။ ပညတ်ထားသည်။ စီရင်ထုံးဖွဲ့သည်။
Legislation, *n.* from above.
Legislative, *a.* having the power of enacting laws. ဥပဒေထားနိုင်သော။ relating to enacting laws, ဥပဒေထားခြင်းနှင့်ဆိုင်သော။
Legislator, *n.* နည်းဥပဒေကိုထားသောသူ။ ဓမ္မသတ်ကိုစီရင်ထုံးဖွဲ့သောသူ။
Legislature, *n.* ဥပဒေထားနိုင်သောမင်းစု။
Legitimacy, *n.* from next.
Legitimate, *a.* born in lawful wedlock, လက်ထပ်၍ဖွားမြင်သော (သား။) correct, well-grounded, ဟုတ်မှန်သော။ *v. t.* လက်ထပ်၍ဖွားမြင်သောသားအရာကိုပေးသည်။
Legitimation, *n.* from above.
Legume, Legumen, *n.* ပဲတောင့်တမျိုး။
Leguminous, *a.* ပဲဖြစ်သော။ ပဲနှင့်ဆိုင်သော။
Leisure, *n.* အားလပ်ခြင်း။
Leisurely, *a.* တဖြည်းဖြည်းဖြစ်သော။ *adv.* တဖြည်းဖြည်း။
Lemma, *n.* လမ်တည်းဟူသောပြောထားသောအရာမှန်ကြောင်းကိုပြသောစကားချက်။

Lemon, *n.* ရှောက်ချဉ်သီး။ —grass, စပါးလင်။
Lemonade, *n.* ရှောက်ချဉ်ရည်ဖျော်။
Lend, *v. t.* (something to be returned in kind,) ချေးသည်။ (something to be returned itself,) ငှါးသည်။
Length, *n.* extend from end to end, အရှည်၊ အလျား။ extent of space, အကျယ်။ extent of time, အကြာ။ —[at] *adv.* at last, နောက်ဆုံးမှာ။
Lengthen, *v. i.* to grow longer, ရှည်လာသည်။ *v. t.* to make longer, သာ၍ရှည်အောင်ပြုသည်။ —time, တာရှည်စေသည်။ ကြာစေသည်။
Lengthwise, *adv.* အလျားအတိုင်း။ အလျားအလိုက်။
Lengthy, *a.* ရှည်သော။
Leniency, *n.* see next.
Lenient, Lenitive, *a.* ပျော့စေတတ်သော။ လျော့စေတတ်သော။
Lenity, *n.* ကြင်နာသောစိတ်နှင့်ဖြည်းညှင်းစွာပြုခြင်း။
Lens, *n.* မှန်ခိုး၊ မှန်ခွက်။
Lent, *n.* ဝါရှောင်ရသောရက်လေးဆယ်။
Lenticular, Lentiform, *a.* မှန်ခိုး၊ မှန်ခွက်သဏ္ဍာန်ရှိသော။
Leo, *n.* သိဟ်ရာသီ။
Leonine, *a.* belonging to a lion, ချင်သေ့နှင့်ဆိုင်သော။ like a lion, ချင်သေ့ကဲ့သို့ဖြစ်သော။
Leopard, *n.* ကျားသစ်။
Leper, *n.* လူနာ။ နူနာစွဲသောသူ။
Leprosy, *n.* နူနာ။
Leprous, *a.* နူနာစွဲသော။
Less, *a.* in size, သာ၍ငယ်သော။ —in quantity, သာ၍နည်းသော။ *adv.* from *do. n.* not so much, သာ၍နည်းသောအရာ။ an inferior, ယုတ်သောသူ။
Lessee, *n.* (အိမ်၊ မြေ၊ ထယ်ယာကို) ငှါး၍ယူသောသူ။
Lessen, *v. i.* to become less, ငယ်လာသည်။ နည်းလာသည်။ —*v. t.* to make less, ငယ်စေသည်။ နည်းစေသည်။ လျော့စေသည်။ ယုတ်စေသည်။
Lesser, see Less, *a.*
Lesson, *n.* a portion to be learnt and recited, သင်ရန်အခဏ်း။ precept inculcated, သွန်သင်သောဩဝါဒ။ reproof, ဆုံးမသောစကား။
Lessor, *n.* (အိမ်၊ မြေ၊ ထယ်ယာကို) ငှါးထားသောသူ။
Lest, *conj.* စိုး၍၊ စိုးသောကြောင့်။
Let, *v. t.* to permit, အခွင့်ပေးသည်။ to lease, (အိမ်၊မြေ၊ထယ်ယာကို) ငှါးထားသည်။ —money on interest, အတိုးချသည်။ to hinder,

ဆိုးတားသည်။ —blood, သွေးဖောက်သည်။ *verb, aux. precative.* ပါစေ။ *imp. 1st pers.* ရှိ။ *imp. 3d pers.* စေ။ လေစေ။ —alone, တတ်တိုင်းထားသည်။ လက်လွှတ်၍ထားသည်။ —down, လျှော့၍ချသည်။ —in or into, ဝင်ရသောအခွင့်ကိုပေးသည်။ —loose, လွှတ်သည်။ —off, to release, လွှတ်သည်။ —off (a gun,) ဖောက်သည်။ —out, ထွက်ရသောအခွင့်ကိုပေးသည်။ —*n.* အဆီးအတား။

Lethargic, *a.* အအိပ်ကြူးလွန်တတ်သော။

Lethargy, *n.* အအိပ်ကြူးလွန်သောရောဂါ။

Lethe, *n.* မေ့လျော့ခြင်း။

Lethean, *a.* မေ့လျော့စေတတ်သော။

Letter, *n.* character of the alphabet, အက္ခရာ၊ စာလုံး။ —*n.* a written communication, မှာစာ။ မေတ္တာစာ။ သဝန်။ သဝန်စာ။ the literal meaning, ပြင်အနက်။ a type used in printing, ပုံနှိပ်စာလုံး။ —press, ပုံနှိပ်သောစာ။ *v. t.* ကမ္ပည်းထိုးသည်။

Lettered, *a.* versed in literature, စာပေတတ်သော။

Letters, *n. plur.* စာပေတတ်ခြင်း။

Lettuce, *n.* ဟင်းရွက်တမျိုး။

Levant, *a.* အရှေ့မျက်နှာနှင့်ဆိုင်သော။

Levanter, *n.* ပြင်းထန်သောအရှေ့လေ။

Levee, *n.* a receiving company in the morning, နံနက်ယံဧည့်ခံခြင်း။ an assemblage of persons on a morning visit of ceremony or respect, နံနက်ယံနှုတ်ဆက်အောင်စုဝေး၍လာသောလူစု။ a royal or princely levee, ညီလာခံခြင်း။

Level, *a.* ညီညာသော။ တညီတည်းဖြစ်သော။ *v. t.* to make level, ညီညာစေသည်။ တညီတည်းဖြစ်အောင်လုပ်သည်။ to reduce to an even surface, ကျုမ်းသည်။ to aim, ချိန်သည်။ —at, *v.* to point at, ရွယ်သည်။ to aim in purpose, ကြံရွယ်သည်။ —*n.* an even surface, ညီညာသောမျက်နှာပြင်။ par, အညီအမျှ။ an instrument for leveling, ချိန်တန်ဆာ။

Lever, *n.* one used to prize with, ကုတ်။ one turning on a pivot, မောင်းတုံး။

Leveret, *n.* ယုန်ကလေး။

Leviathan, *n.* လဝိယာသန်ငါးကြီး။

Levigate, *v. t.* ညက်အောင်ကြိတ်သည်။

Levite, *n.* လေဝိအမျိုးသား။

Levitical, *a.* လေဝိအမျိုးသားနှင့်ဆိုင်သော။

Leviticus, *n.* ဓမ္မဟောင်းကျမ်းတို့တွင်တတိယကျမ်းတည်းဟူသောဝတ်ပြုရာကျမ်း။

Levity, *n.* lightness, ပေါ့ခြင်း။ unsteadiness of temper or conduct, လျှပ်ပေါ်ခြင်း။ သော့်လည်ခြင်း။

Levy, *v. t.* troops, လူခွဲသည်။ —money, ငွေခွဲသည်။ —war, စစ်တိုက်ရအောင်တပ်ကရိယာကိုဖျှင်ဆင်သည်။ —a fine, လျော်ဒါဏ်ထားသည်။ *n.* from *do.*

Lewd, *a.* ကာမရာဂအားဖြင့်ညစ်ညမ်းသော။

Lewdness, *n.* from above.

Lexicographer, *n.* အဘိဓာန်ကိုစီရင်ရေးထားသောဆရာ။

Lexicography, *n.* အဘိဓာန်ကိုစီရင်ရေးထားခြင်း။

Lexicon, *n.* အဘိဓာန်။

Liable, *a.* responsible, သူတပါးအတွက်ဝန်မကင်းဖြစ်သော။ exposed to, အကွယ်အကာမရှိဖြစ်သော။

Liableness, Liability, *n.* from above.

Liar, *n.* မုသာစကားကိုသုံးသောသူ။

Libation, *n.* the act of pouring, in worship, ပူဇော်ရာသို့သွန်းလောင်းခြင်း။ the liquor poured, ပူဇော်ရာသို့သွန်းလောင်းသောအရည်။

Libel, *v. t.* သူ့အသရေပျက်အောင်စာစီသည်။ *n.* သူ့အသရေပျက်အောင်စီသောစာ။

Libelous, *a.* သူ့အသရေပျက်အောင်စာစီခြင်းနှင့်ဆိုင်သော။

Liberal, *a.* giving freely, ရက်ရောစွာပေးကမ်းတတ်သော။ large, from free giving, ပေး၍များသော။ not selfish or contracted, ကိုယ်အကျိုးကိုသာမငဲ့ကွက်တတ်။ free, unrestrained, ဟောဟောတိုင်းတိုင်းဖြစ်သော။ large, profuse, များပြားသော။ general, extensive, ကျယ်ဝန်းသော။ of good birth, အမျိုးမြတ်သော။

Liberality, *n.* freeness in giving, လက်ကြီးခြင်း။ a donation, ဒါနဝတ္ထု။ general benevolence, ငဲ့ကွက်ခြင်းမရှိ၊ ကျယ်ဝန်းသောစေတနာ။

Liberate, *v. t.* လွှတ်သည်။

Liberation, *n.* from above.

Libertine, အမှုမထားဘဲကာမဂုဏ်အားဖြင့်လွန်ကျူးတတ်သောသူ။

Liberty, *n.* freedom, အဆီးအတားမရှိ၊ အလွတ်နေခြင်း။ privilege of following one's own will, အဆီးအတားမရှိ၊ကိုယ်အလိုသို့လိုက်ရသောအခွင့်။ leave, permission, အခွင့်။ improper familiarity, အရှက်အကြောက်မရှိ၊အရောတဝင်ပြုခြင်း။

Libidinous, *a.* တဏှာရာဂစိတ်အစွဲအလမ်းကြီးသော။

Libidinousness, *n.* from above.

Libra, *n.* တူရာသီ။

Librarian, *n.* စာတိုက်စိုး။

Library, *n.* စာအုပ်စု၊ စာထုပ်စု။

Librate, *v. i.* ချိန်စက်ရာအလျော့အသာမရှိ၊ လှုပ်ရှားလျက်နေသည်။

Libration, *n.* from above.

License, *v. t.* ပြုရသောအခွင့်ကိုပေးသည်။ *n.* authority to do, ပြုရသော အခွင့်။ unwarrantable liberty, အခွင့်မရှိဘဲပေါက်လွှတ်ပြုခြင်း။

Licensure, *n.* from above.

Licentiate, *n.* ပြုရသောအခွင့်ကိုရသောသူ။

Licentious, *a.* အလွန်အကျူးပြုတတ်သော။

Licentiousness, *n.* from above.

Lick 1, *v. t.* (with the tongue,) လျက်သည်။ —up, သုတ်သင်ပယ်ရှင်း သည်။ to beat, ရိုက်သည်။ 2, *n.* ရိုက်ချက်။

Lickerish, *a.* nice in the choice of food, အစာကိုရွေးတတ်သော။ savory, ဆိမ့်သော။

Licorice, *n.* ဆေးမြစ်တမျိုး။

Lictor, *n.* မင်းလုလင်ခေါင်း။ လက်ရာတောင်။ လက်ျာတောင်။

Lid, *n.* အဖုံး။ —of a pot, စလောင်း။

Lie 1, *v. i.* to utter falsehood, မုသာစကားကိုပြောသည်။ *n.* မုသာ စကား။ ကလိကမာ။ 2, *v. i.* to be in a horizontal posture, တုံး လုံးနေသည်။ to be recumbent, as an animal, အိပ်သည်။ to lean against, မှီ၍နေသည်။ to rest on, တင်၍နေသည်။ to be situated, နေရာရှိသည်။ to be (in some condition,) ဖြစ်သည်။ —as an action in law, စာထားရန်အကြောင်းရှိသည်။ —in ambush, or in wait, (တပ်သား)ပုန်းဝပ်၍နေသည်။ —by, to intermit doing, ရပ်နေသည်။ —down, to go to repose, အိပ် သည်။ —in (a person,) အခွင့်ရှိသည်။ to be in child-bed, မီးနေသည်။ —on, to rest, as an obligation, (ပြု)ရမည် အကြောင်းရှိသည်။ —over, to remain unsettled, မပြေဘဲနေသည်။ —to (as a ship,) ရပ်၍နေသည်။ လှေကျောက်ချ။s. —under, to be obliged to, တာဝန်ရှိသည်။ —with, *v. t.* to belong to, ဆိုင်သည်။ to have sexual intercourse with, သင့်နေသည်။

Lief, *adv.* သဘောတူသည်နှင့်။

Liege, *n.* 1, ကျွန်။ 2, သခင်။ *a.* 1, ကျွန်ဖြစ်သော။ ကျွန်နှင့်ဆိုင်သော။ 2, ပိုင်သော။ အစိုးရသော။

Lien, *n.* မြီကိုမဆပ်မှီ မြီရှင်လက်၌ရှိသော ပစ္စည်းဥစ္စာ ကို တောင်းပိုင်သော အခွင့်။

Lientery, *n.* အစာမကြေဘဲဝမ်းသွားသောအနာ။

Lieu, *n.* အစား။

Lieutenant, *n.* an officer acting in the place of another, မင်းကိုယ် စားလှယ်။ အကိုင်။ သွေးသောက်ကြီး။ the second officer in a military company, တပ်မှူးငယ်။

Life, *n.* vitality, အသက်။ ဇီဝ။ (Pali,) time of living, အသက်ရှင် ရာကာလ။ state of existence, ဘဝ။ manner of living, ကျင့် ဆောင်ပြုမူခြင်း။ —biography, လူ၏အကြောင်းအရာအထုပ္ပတ္တိကို

မိရင်ရေးထားသောစာ။ original, not copy, မူလ။ vivacity, spirit, စိတ်ကြွ၍အားကြီးခြင်း။ animate beings in general, အသက်ရှင်သောသတ္တဝါအစုအပေါင်း။ —boat, မမြုပ်နိုင်သောလှေ။ —guard, ကိုယ်ရံတော်သား။ —less, *a.* without life, အသက်မရှိသော။ spiritless, စိတ်အားနည်းသော။ —time, *n.* အသက်တည်ရာကာလ။ လက်ထက်။

Lift, *v. t.* ကြွသည်။ ချီသည်။ ပင့်သည်။ —up (the eyes,) မျှော်၍ကြည့်သည်။ —the voice, ကျယ်ကျယ်ပြောသည်။ အော်ဟစ်သည်။ *n.* from Lift, *v. t.*

Ligament, *n.* that which connects, ရှည်တွဲသောကြိုး။ the substance which connects the bones, ရှည်တွဲသောအကြော။

Ligature, *n.* that which binds together, a band, စည်းနှောင်သောကြိုး။ the act of binding, စည်းနှောင်ခြင်း။

Light 1, *n.* the element, အလင်း။ any thing that gives light, ထွန်းသောမီးခွက်။ မီးတိုင်အစရှိသောအရာ။ a window, ပြတင်းပေါက်။ *a.* not dark, လင်းသော။ white or whitish, ဖြူသော။ ခပ်ဖြူဖြူဖြစ်သော။ *v. t.* to kindle, ညှိသည်။ to make light, ထွန်းသည်။ လင်းစေသည်။ —house, *n.* မီးပြတိုက်။ 2, *a.* not heavy, ပေါ့သော။ when applied to accent, လဟု။ (Pali,) easy of performance, လွယ်သော။ easy of digestion, ကြေလွယ်သော။ weak, not strong, အားမရှိသော။ active, nimble, ပေါ့ပါးသော။ gay, airy, ပေါ့ပါးရွှင်လန်းသော။ unsteady, မတည်တံ့သော။ —fingered, လက်ဆော့သော။ —footed, ပေါ့ပါးလျင်မြန်သော။ —headed, heedless, သတိမရှိသော။ slightly delirious, စိတ်ကတောင်ကယင်ဖြစ်သော။ —horse, *n.* ပေါ့ပါးသောစစ်တန်ဆာကိုဝတ်ဆင်၍လျင်မြန်သောမြင်းစီးသူရဲတပ်။ —infantry, ပေါ့ပါးသောစစ်တန်ဆာကိုဝတ်ဆင်၍လျင်မြန်သောခြေသည်သူရဲတပ်။ —minded, *a.* မဆင်မြင်တတ်သော။ သတိမပြုတတ်သော။ 3, *v. i.* to fall and hit, ကျ၍ထိသည်။ to happen to find, အမှတ်တမဲ့တွေ့သည်။ to descend (from a horse or carriage,) ဆင်းသည်။ to descend and rest, နားသည်။

Lighten 1, *v. t.* to illuminate, လင်းစေသည်။ *v. i.* to flash, as the electric fluid, လျှပ်ပြက်သည်။ လျှပ်စစ်ပြက်သည်။ 2, *v. t.* to make lighter, less heavy, ပေါ့အောင်လုပ်သည်။

Lighter, *n.* သင်္ဘောဝန်ကိုတင်သောသံဗာန်ကြီး။

Lightness, *n.* from Light, 2.

Lightning, *n.* လျှပ်စစ်။ လျှပ်စစ်နွယ်။

Lights, *n. plur.* အဆုတ်။

Lightsome, *a.* luminous, လင်းသော။ gay, airy, ပေါ့ပါးရွှင်လန်းသော။

Ligneous, *a.* သစ်သားဖြစ်သော။

Lignum-vitæ, *n.* သစ်သားတမျိုး။

Like, *a.* similar, ကဲ့သို့ဖြစ်သော။ the same or similar, တူသော။ အတူတူဖြစ်သော။ probable, likely, ဖြစ်ကောင်းဖြစ်လတံ့သော။ ဖြစ်မည်လက္ခဏာရှိသော။ —minded, စိတ်သဘောတညီတညွတ်တည်းဖြစ်သော။ 1, *n.* တူသောအရာ။ *adv.* in the same manner, နည်းတူ။ probably, likely, ဖြစ်ကောင်းဖြစ်သည်နှင့်။ —2, to be pleased with, ကြိုက်သည်။ နှစ်သက်သည်။ to please to (do,) (ပြု) ချင်သဉ်။

Likelihood, *n.* from next.

Likely, *a.* probable, ဖြစ်ကောင်းဖြစ်လတံ့သော။ ဖြစ်မည်လက္ခဏာရှိသော။ of good qualities, ဂုဏ်အင်္ဂါလက္ခဏာရှိသော။ *adv.* probably, ဖြစ်ကောင်းဖြစ်သည်နှင့်။

Liken, *v. t.* ပုံနှိုင်းသည်။ ပုံနှိုင်းသည်။

Likeness, *n.* resemblance, တူခြင်း။ a picture or image resembling the original, ပုံ။

Likewise, *adv.* in like manner, ကဲ့သို့။ နည်းတူ။ also, လည်း။ moreover, ထိုမှတပါး။ ၎င်ပြင်။

Liking, *n.* from Like, 2.

Lilac, *n.* ပန်းပွင့်တမျိုး။

Lily, *n.* a land lily, နှင်းပွင့်။ a water-lily, ကြာ။

Limb, *n.* of the body, ကိုယ်အင်္ဂါ။ —of a tree, အကိုင်း၊ အခက်။ an end, extremity, အစွန်း။

Limber, *a.* ပျော့သော။ ပျောင်းသော။

Limberness, *n.* from above.

Limbo, Limbus, *n.* ငရဲငယ်။

Lime 1, *n.* a viscous matter used to catch birds, ငှက်စေး။ 2, the fruit, သံပုရာသီး။ 3, the mineral, ထုံး။ —kiln, ထုံးဖို။ —stone, ထုံးကျောက်။ —water, ထုံးရည်။

Limit, *v. t.* to fix the boundaries of, ပိုင်းခြားကန့်သတ်သည်။ သတ်မှတ်သည်။ to set bounds, စည်းကမ်းထားသည်။ to make narrow, confined, နေရာကျဉ်းအောင်ပြုသည်။ —*n.* a boundary, အပိုင်းအခြား။ a mark not to be passed, စည်းကြောင်း။ a border, အစွန်း။ အနား။

Limitation, *n.* the act of setting bounds to, စည်းကမ်းထားခြင်း။ the act of restricting the meaning of a word, စကား၏အနက်ကို မချဲ့။ ကျဉ်းစေခြင်း။

Limner, *n.* ပန်းချီ။

Limp, *v. i.* ထော့နဲ့သွားသည်။

Limpid, *a.* ကြည်သော။

Limy 1, *a.* glutinous, စေးသော။ 2, containing lime, ထုံးပါသော။

Linch-pin, *n.* နားစောင့်။

Line 1, *n.* longitudinal extension, အတန်း။ a string, ကြိုး။ an extended string, တန်းသောကြိုး။ any thing drawn longitudinally, အကြောင်း။ an extended mark, ရေးသားသောအကြောင်း။ a row of things set in order, အတန်း။ အစီအစည်လားသောအရာ။ —of writing, စာကြောင်း။ —of poetry, လင်္ကာစာကြောင်း။ အပုဒ်။ *In geometry*, လိနာ။ a straight line, လိနာဖြောင့်။ a curve line, လိနာကွေ့။ a perpendicular line, လိနာမတ်။ 2, *v. t.* —a garment, နှစ်ထပ်ချုပ်သည်။ —a vessel, လွှာသည်။ —with boards, ပျဉ်ပြားကပ်သည်။

Lineage, *n.* အမျိုးအနွယ်။

Lineal, *a.* composed of lines, ရေးသားသောအကြောင်းနှင့်ပြီးသော။ descended in a direct line, အမျိုးအနွယ်မပြတ်၊ဆင်းသက်သော။

Lineament, *n.* မျက်နှာ၏ပုံပန်းလက္ခဏာ။

Linear, *a.* *see* Lineal, 1st def.

Linen, *a.* ပိုက်ဆံခြည်ကိုလုပ်သော။ *n.* cloth made of flax, ပိုက်ဆံခြည်ကိုရက်သောအထည်။ an under garment, အတွင်းအင်္ကျီ။ —draper, ပိုက်ဆံခြည် အထည်အလိပ် ကို ရောင်းသောကုန်သည်။

Linger, *v. i.* ဖင့်နွှဲသည်။

Lingo, *n.* စကား။

Lingual, *a.* pertaining to the tongue, လျှာနှင့်ဆိုင်သော။ pronounced from the tongue, ဒန္တဇာ။

Linguist, *n.* ဘာသာစကားအမျိုးမျိုးကို တတ်သောဆရာ။

Liniment, *n.* လိမ်းသုတ်ရန်ဆေး။

Lining, *n.* အထဲခံ။ —of a petticoat, အတွင်းခံ။

Link 1, *n.* a ring of a chain, ကွင်းချင်းဆက်သောကြိုးတွင်တကွင်း။ *v. t.* to connect with a link, ကွင်းနှင့်ဆက်တွဲသည်။ to connect (figuratively,) ဖက်စပ်ရှည်တွဲသည်။ —2, *n.* a torch, မီးစည်း။ —boy, မီးစည်းကိုင်သောသူ။

Linnet, *n.* ငှက်တမျိုး။

Linseed, *n.* ပိုက်ဆံစေ့။

Linstock, *n.* အမြောက်ရှို့ရန်မီးစည်းညှပ်သောတန်ဆာ။

Lint, *n.* အဝတ်မှခြစ်၍ထွက်သောအမျှင်။

Lintel, *n.* တံခါးထုပ်။

Lion, *n.* ခြင်္သေ့။ *see* Leo. —hearted, *a.* ရဲရင့်သော။

Lioness, ခြင်္သေ့မ။

Lip, *n.* —of the mouth, နှုတ်ခမ်း။ —of a vessel, အစွန်းအနား။

Liquefaction, *n.* from next.

Liquefy, *v. t.* အရည်ကြိုသည်။

Liqueur, *n.* အရက်ချို။

Liquid, *n.* အရည်။ —*a.* အရည်ဖြစ်သော။

Liquidate, *v. t.* ကြွေးကိုပြေအောင်ဆပ်ပေးသည်။
Liquor, *n.* a liquid, အရည်။ rum, အရက်။
Lisp, *v.* s အက္ခရာကိုမပြီ။ th ခေါ်သည်။
List 1, *n.* a strip of cloth, forming a border, အထည်အလိပ်၌ပါသောအနားပတ်။ the line inclosing the ground for public games, ကစားပွဲပတ်လည်၌ဆီးတားသောအရာ။ a catalogue, အစဉ်အတိုင်းမှတ်သောစာရင်း။ —1, *v. t.* to cover with a list, အနားပတ်နှင့်ကွပ်သည်။ to inclose for a public game, ကစားပွဲပတ်လည်၌ဆီးတားသည်။ *see* Enlist, —2, *v. i.* to desire, အလိုရှိသည်။ —2, an inclination (of a ship) to one side, (သင်္ဘော) စောင်းခြင်း။ —3, *v. i. see* next.
Listen, *v. i.* to hearken in order to hear, (ကြားအောင်) နားထောင်သည်။ to obey, (စကားကို) နားထောင်သည်။
Listless, *a.* သတိမရှိ။ အမှုမထားဘဲနေသော။ စိတ်ပေါ့လျော့သော။
Listlessness, *n.* from above.
Litany, *n.* တောင်းပန်သောပဌနာ။
Literal, *a.* not figurative, ဥပစာမပါ၊ပဌမအနက်ဖြစ်သော။ following the exact words (in translating,) စကားကိုအစဉ်အတိုင်းလိုက်သော။ consisting of letters, အက္ခရာစာလုံးဖြစ်သော။
Literary, *a.* pertaining to literature, စာပေကျမ်းဂန်နှင့်ဆိုင်သော။ versed in literature, စာပေကျမ်းဂန်ကိုတတ်သော။
Literati, *n. plur.* လူတတ်တို့။
Literature, *n.* စာပေကျမ်းဂန်ကိုတတ်သောအတတ်ပညာ။
Lithe, *a.* ပျော့သော။ ပျောင်းသော။
Lithograph, *v. t.* ကျောက်ပြားပေါ်မှာပုံ၊အက္ခရာထိုး၍နှိပ်သည်။
Lithography, *n.* ထိုသို့ပုံနှိပ်သောအတတ်။
Lithology, *n.* လိသောလဇိအတတ်တည်းဟူသောကျောက်အမျိုးမျိုးကိုမှတ်သားသောအတတ်ပညာ။
Litigant, *n.* အမှုသည်။ တရားတွေ့သူ။
Litigate, *v.* တရားတွေ့သည်။
Litigation, *n.* from above.
Litigious, *a.* inclined to judicial contests, လိုလားသော။ တရားတွေ့တတ်သော။ အမှုရှာတတ်သော။ disputable, ငြင်းခုံနိုင်ဖွယ်ဖြစ်သော။
Litter 1, *n.* a bed for carriage, ထမ်းစင်။ straw, &c. spread for animals to sleep on, နွား၊ မြင်းစသည်တို့အိပ်ရာတို့ခင်းသော မြက်ခြောက်၊ကောက်ရိုးအစရှိသောအရာ။ —shreds and small matters scattered about, ဖရိုဖရဲရှိသောအတိုအစများ။ —1, *v. t.* to spread with straw, &c. မြက်ခြောက်၊ ကောက်ရိုးအစရှိသည်တို့ကိုခင်းသည်။ to scatter on with shreds, &c. အတိုအစတို့ကိုဖရိုဖရဲကြဲဖြစ်သည်။ —2, to bring forth, as certain animals,

(ခွေး၊ ဝက်၊ ကြောင်ကဲ့သို့) မွေးဖွားသည်။ —*n.* a brood of certain young animals, တခါတည်းပေါက်ဖွားသောသားငယ်စု။

Little, *a.* small in bulk, ငယ်သော။ small in quantity, နည်းသော။ small in size, as the young of animals, ကလေး။ —*n.* အနည်းငယ်။ တဆိတ်တပေါက်။ —*adv.* နည်းနည်း။ စိုးစဉ်း။

Littleness, *n.* from Little, *a.*

Liturgy, *n.* ကိုးကွယ်ခြင်းအရာ၌စကားသေဝပ်၍အမြဲသုံးစွဲသောစာ။

Live, (*pron. Liv,*) *v. i.* to be alive, အသက်ရှင်သည်။ to dwell, reside, နေသည်။ နေရာရှိသည်။ to continue, be permanent, တည်သည်။ to pass time, ကာလကိုလွန်စေသည်။ to subsist, support life, အသက်မွေးသည်။ to remain undestroyed, မပျက်ဘဲနေသည်။ —(*pron. Live,*) *a.* having life, အသက်ရှင်သော။ containing fire, (မီးရှိသော) မီးခဲ။ —stock, *n.* မွေးထားသောနွား၊ မြင်းအစရှိသောတိရိစ္ဆာန်စု။

Livelihood, *n.* အသက်မွေးရာအကြောင်း။

Liveliness, *n.* from Lively.

Livelong, *a.* နှေးနှေးလွန်သော။

Lively, *a.* ပေါ့ပါးလျင်မြန်သော။

Liver, *n.* အသည်း။

Livery, *n.* တဆင်တည်းဝတ်သောအဝတ်။ —stable, ငှါးရန်မြင်းထားသောရုံ။

Livid, *a.* ပြာသော။

Living, *n.* means of subsistence, property, အသက်မွေးရာဥစ္စာ။ livelihood, အသက်မွေးရာအကြောင်း။ —water, စမ်းရေ။

Lixivium, *n. see* Lye.

Lizard, *n.* the common house lizard, အိမ်မြှောင်။ the earth lizard, သင်းချော။ the large crowing lizard, of Burmah, တောက်တဲ့။

Lo, *int.* ကြည့်ပါ။

Loach, *n.* ငါးပစု။M.

Load, *n.* ဝန်။ —*v. t.* to lay on a load, ဝန်တင်သည်။ to make heavy, လေးအောင်ပြုသည်။ to charge a gun, သေနတ်ကိုဆေးထိုးသည်။

Loading, *n.* a load, ဝန်။ the charge of a musket, သေနတ်၌ထိုးသောခဲ၊ ယမ်း။

Loadstone, *n.* သံလိုက်ကျောက်။

Loaf, *n.* မုန့်လုံး။ —sugar, သကြားတိုင်ကဖြစ်သောသကြားခဲ။

Loafer, *n.* အရပ်ရပ်လည်တတ်သောလူပျင်း။

Loam, *n.* မွသောမြေတမျိုး။

Loan, *v. t. see* Lend. —*n.* ချေးသောအရာ။ ငှါးသောအရာ။

Loath, *see* Loth.

Loathe, *v. t.* စက်ဆုပ်သည်။ ရွံရှာသည်။

Loathsome, *n.* စက်ဆုပ်ရွံရှာဖွယ်ဖြစ်သော။

Loathsomeness, *n.* from above.

Lobby, *n.* အိမ်ဦးမှာအခန်းကလေး။

Lobe, *n.* —of the lungs, အဆုတ်တချပ်။ —of the liver, အသည်းတချပ်။ —of the ear, နားရွက်ဖျား။

Lobster, *n.* ပုစွန်ထုပ်ကြီးတမျိုး။

Local, *a.* တစုံတခုသောအရပ်နှင့်ဆိုင်သော။

Locality, *n.* from above; a place, အရပ်။

Locate, *v. t.* နေရာအရပ်ကိုရွေး၍ချထားသည်။

Location, *n.* ချထားသောနေရာအရပ်။

Loch, *see* Lake.

Lock, *n.* သော့အိမ်။ —of a gun, သေနတ်မီး။ —of a canal, တူးမြောင်း၌သတ်သောတမံရှင်။ —of hair, ဆံပင်တခက်။ —smith, သော့အိမ်လုပ်သောပန်းပဲ။ —*v. t.* to fasten with a lock, သော့ခတ်သည်။ to shut up closely, လုံချုံအောင်ပိတ်ထားသည်။ to clasp tight, ကြပ်ကြပ်ဖက်သည်။

Locker, *n.* သင်္ဘောပေါ်မှာသော့ခတ်ရသောအခန်းကလေး။

Locket, *n.* မောင်းနှင့်ပိတ်ရသောတန်ဆာကလေး။

Loco-motion, *n.* တရပ်မှတရပ်သို့ပြောင်းသွားခြင်း။

Loco-motive, *a.* တရပ်မှတရပ်သို့ပြောင်းသွားတတ်သော။

Locust 1, *n.* the insect, ကျိုင်း။ —2, the tree, သစ်ပင်တမျိုး။

Lodge, *v. i.* to reside, နေသည်။ to stay for a time, တည်းခိုသည်။ —*v. t.* to place, ထားသည်။ ချထားသည်။ to furnish with a temporary dwelling, တည်းခိုရန်နေရာပေးသည်။ —in the mind, နှစ်လုံးသွင်းသည်။ —a complaint, စာစွဲသည်။ စာထားသည်။ —*n.* တဲ။

Lodging, *n.* တည်းခိုသောနေရာ။

Lodgment, *n.* the act of getting a place to stay, နေရာရခြင်း။ an accumulation, collection, အစုအရုံး။

Loft, *n.* အပေါ်ဆင့်။

Loftiness, *n.* from next.

Lofty, *a.* high, မြင့်သော။ elevated in condition or character, မြင့်မြတ်သော။ sublime, ကြီးမြင့်သော။ haughty, မာနထောင်လွှားသော။

Log, *n.* a thick piece of wood, သစ်တုံး။ of a ship, ရေတိုင်းငါး။ the quadrantal board used to measure a ship's way, သင်္ဘောခရီးတိုင်းဗီလား။ —book, သင်္ဘောခရီးတိုင်းဗီလားစာရင်း။ —house, သစ်တုံးအိမ်။ —line, ဗီလားကြိုး။ ရေတိုင်းကြိုး။ —reel, ဗီလားကြိုးရစ်သောတည်းလုံး။

Logarithms, *n. plur.* ဂဏန်းသင်္ချာတွက်ရာတွင်အကျည်းအားဖြင့်မှတ်သားရေတွက်ခြင်းတနည်း။ လောဂရိသမ်းဂဏန်းတွက်နည်း။

Loggerhead, *n.* လူမိုက်။

Logic, *n.* လောဇိတ်အတတ်တည်းဟူသောထိုးတွင်း၍ဟုတ်မှန်ကြောင်းကို ဖော်ပြသောအတတ်ပညာ။

Logical, *a.* လောဇိတ်အတတ်ပညာနှင့်ဆိုင်သော။

Logician, *n.* လောဇိတ်အတတ်ပညာကိုလေ့ကျက်သောသူ။

Logwood, *n.* တိန်းညက်နှင့်တူသောသစ်သားတမျိုး။

Loins, *n. plur.* ခါး။

Loiter, *v. i.* ကျင်းရိ၍ဖင့်နွဲ့သည်။

Loll, *v. i.* to recline, လျောင်းသည်။ to hang out the tongue, (ဟိုက်၍) လျှာကိုထုတ်နေသည်။

Lone, Lonely, *a.* single, alone, အထီး။ ကိုယ်ထီး။ solitary, အဖော်မရှိ၊ဆိတ်ညံ့လျက်ရှိသော။

Loneliness, *n.* from above.

Lonesome, *a.* မပျော်နိုင်အောင်ဆိတ်ညံ့လျက်ရှိသော။

Long 1, *a.* —in dimension, ရှည်သော။ —in time, ကြာသော။ —boat, *n.* သင်္ဘော်၌ပါသောသိတန်ကြီး။ —1, *adv.* to a great length, ရှည်စွာ။ for a long time, သမတိ။ ရှည်ကြာစွာ။ ကြာမြင့်စွာ။ all along, throughout, တ—လုံး။ လုံးလုံး။ —armed, *a.* လက်ရှည်သော။ —headed, မျှော်ကြည့်တတ်သော။ —legged, ခြေထောက်ရှည်သော။ —lived, အသက်ရှည်သော။ —run, *n.* နောင်အဖို့။ နောင်ကာလ။ —sighted, *a.* အဝေးကိုမြင်နိုင်သော။ —suffering, သည်းခံတတ်သော။ —suffering, *n.* from *do.* —waisted, *a.* ခါးရှည်သော။ —winded, having strong lungs, သက်လုံကောင်းသော။ lengthy in speaking, ကြာရှည်စွာပြောတတ်သော။ —2, *v. i.* တောင့်တသည်။

Longevity, *n.* အသက်ရှည်ခြင်း။

Longitude, *n.* length, အရှည်အလျား။ distance from a meridian, တောင်မြောက်သို့လိုက် ၍ မြေကြီး လုံး ထက်ဝန်းကျင် ကို ပဝါရစ်သော မေရီဒျန်စက်ဝိုင်းတစုံတခုနှင့်ခြားသောအဝေးအကွာ။

Longitudinal, *a.* အလျားအတိုင်းဖြစ်သော။

Look, *v. i.* to direct the eye in order to see, ကြည့်သည်။ to seem, appear, ထင်သည်။ to face, front, မျက်နှာပြုသည်။ —after, *v. t.* to take care of, ကြည့်ရှုပြုစုသည်။ to expect, မျှော်သည်။ to seek, ရှာဖွေသည်။ —at, ကြည့်ရှုသည်။ —for, to expect, မျှော်နေသည်။ to seek, ရှာဖွေသည်။ —into, to examine, စစ်ဆေးသည်။ —on, *v.* to be a spectator, ကြည့်၍နေသည်။ to regard, esteem, ထင်မှတ်သည်။ —out, *v. t.* to search for, ရှာဖွေသည်။ to be on the watch, စောင့်၍နေသည်။ —out, *n.* မျှော်စင်။ —over, *v. t.* to view in course, အစဉ်အတိုင်းကြည့်ရှုသည်။ —to, to see to, ကြည့်ရှုသည်။ to take care of, ကြည့်ရှုပြုစုသည်။

—in expectation of something, ကျေးဇူးရှိမည်ဟုမျှော်၍နေသည်။ —up, to search for, ရှာဖွေသည်။ —*n.* the act of looking, ကြည့်ခြင်း။ the aspect, မျက်နှာအနေ။ မျက်နှာထား။

Looking-glass, *n.* မှန်။ ကြေးမုံ။

Loom 1, *n.* ရက်ကန်းစင်။ —2, *v. i.* ကြီးရောင်ထင်သည်။

Loop, *n.* ကုလားနှိုက်ကွင်း။ —hole, an aperture through which small arms may be fired, သေနတ်ပြစ်ရန်အပေါက်။ an aperture that gives a passage out, ထွက်ရန်အပေါက်။

Loose, *v. t.* to unbind, ဖြေသည်။ to loosen, လျော့သည်။ to free, လွှတ်သည်။ —*a.* not tied or secured with a string, ပြေလျက်ရှိသော။ not tight, close, မကျပ်၊ချောင်သော။ not tight, tense, မသိပ်သည်း၊ ဖွားသော။ not tight, tense, မတင်း၊ လျော့သော။ not firm, မခိုင်၊ နှဲ့သော။ free, unconfined, လွှတ်သော။ flimsy, ပါးပါးလျှလျှဖြစ်သော။ vague, not precise, မသေချာသော။ lax in the bowels, ဝမ်းပြေသော။ not orderly, နည်းသို့မလိုက်၊ လွန်ကျူးတတ်သော။ wanton, ယောင်မသော။ —*n.* ပေါက်လွှတ်ဖြစ်ခြင်း။

Loosen, *v. t.* to relax, free from tension, လျော့သည်။ to make less firm in position, နှဲ့အောင်ပြုသည်။ to make less dense or compact, ကြွအောင်၊ ပွအောင်လုပ်သည်။ to free from restraint, လွှတ်သည်။ to relax (the bowels,) ဝမ်းပျော့စေသည်။

Looseness, *n.* from Loose, *a.*

Lop, *v. t.* ချိုင်သည်။

Loquacious, *a.* စကားများသော။

Loquaciousness, Loquacity, *n.* from above.

Lord, *n.* a master, အရှင်။ သခင်။ a nobleman, မှူးမတ်။ Jehovah, ထာဝရဘုရား။ —*v. i.* အစိုးတရပြုသည်။

Lordliness, *n.* from next.

Lordlike, Lordly, *a.* pertaining to a lord, သခင်နှင့်ဆိုင်သော။ imperious, အစိုးတရပြုတတ်သော။

Lordship, *n.* the state or quality of being a lord, သခင်၏အရာ။ မှူးမတ်၏အရာ။ dominion, အစိုးရခြင်း။ a seigniory, မြို့စားပိုင်သောနယ်။ (*the title of a lord,*) ကိုယ်တော်အရှင်။

Lore, *n.* အတတ်ပညာ။

Loricate, *v. t.* လွှမ်းအုပ်သည်။

Lorn, *see* Forlorn.

Lose, *v. t.* to suffer the loss of, (တစုံတခု) ပျောက်ခြင်းကိုခံသည်။ (တစုံတခု) ဆုံးခြင်းကိုခံသည်။ to fail of gaining, ရှုံးသည်။ —time, *v.* to delay, for no purpose, ကာလကိုအလကားမဲ့လွန်စေသည်။ to move too slow (as a time-piece,) နှေးသည်။ —way, လျော၊ သင်္ဘောဆုတ်၍မျောသည်။ —the way, လမ်းလွဲ၍မတွေ့နိုင်။

Loss, *n.* the being possessed no longer, ပျောက်ခြင်း။ ဆုံးခြင်း။ the not gaining in contest, ရှုံးခြင်း။ destruction, ruin, ပျက်စီးခြင်း။ —[be at a,] *v. i.* တွေးတောသည်။

Lost [be,] *v. i.* to be in a place unknown, so as not to be found, ပျောက်သည်။ *pret.* and *pas. part.* of Lose, *which see.*

Lot, *n.* မဲ။ စာရေးတံ။ the part which falls to one by lot, မဲချ၍ရသောအရာ။ any portion or parcel, ဝေပုံ။ a piece, or division of land, (Amer.,) မှတ်သားသောမြေအကွက်။

Loth, *a.* (မြ)ပျင်သော။

Lotion, *n.* ဆွတ်လူးရန်ဆေးရည်။

Lottery, *n.* စာရေးတံချခြင်း။

Lotus, *n.* ကြာပွင့်။

Loud, *a.* အသံကျယ်သော။

Loudly, *adv.* thunderingly, ထိန်းထိန်း။ ကြီးကြီး။

Loudness, *n.* from above.

Lounge, *v. i.* ပျင်းရိ၍နေသည်။

Louse, *n.* သန်း။ —a body louse, သန်းချေး။ —(*pron.* Louz,) *v. t.* သန်းရှာသည်။

Lousiness, *n.* from next.

Lousy, *a.* သန်းများသော။ သန်းချေးများသော။

Lout, *n.* ယုတ်သောကျေးတောသား။

Lovable, *a.* ချစ်ဖွယ်ဖြစ်သော။

Love, *v. t.* to feel affection for, ချစ်သည်။ စုံမက်သည်။ နှစ်သက်သည်။ မြတ်နိုးသည်။ to like, ကြိုက်သည်။ —*n.* from *do.* မေတ္တာ။ —letter, ရည်းစားဖြစ်၍ပေးလိုက်သောစာ။ —lorn, *a.* ရည်းစားပျက်သော။ —sick, စုံမက်လိုသောသူကိုစိတ်တန်း၍ညှိုးငယ်လျက်နေသော။ —song, *n.* ရည်းစားဖွဲ့၍ဆိုသောတေးခြင်း။ —suit, *a.* မိမ္မကိုလှည့်ခြင်း။ —tale, *n.* ချစ်ကြည်ရည်ငံခြင်းအကြောင်းကိုပြသောဝတ္ထု။

Loveliness, *n.* from next.

Lovely, *a.* ချစ်ဖွယ်ဖြစ်သော။ ချစ်ဖွယ်သောဂုဏ်နှင့်ပြည့်စုံသော။

Lover, *n.* one who loves or likes, ချစ်သောသူ။ ကြိုက်သောသူ။ one who is in love (the love being reciprocated,) ရည်းစား။

Loving-kindness, *n.* မေတ္တာစိတ်နှင့်ကျေးဇူးပြုခြင်း။

Low 1, *a.* not high, နိမ့်သော။ below the usual price, အဘိုးနည်းသော။ not loud, အသံကျဉ်းသော။ —in spirits, ညှိုးငယ်သော။ weak, အားနည်းသော။ mean, ယုတ်ညံ့သော။ later in time, နောက်၌ဖြစ်သော။ —land, *n.* မြစ်ရင်း၊ မြစ်ခြေ၌ကျသောအောက်အရပ်။ —lander, မြစ်ရင်း၊မြစ်ခြေ၌နေသောအောက်သား။ —water, ရေစစ်။ —1, *adv.* from *do.* —born, *a.* အမျိုးယုတ်သော။

—bred, ယုတ်ညံ့သောလူစုတွင်ကျွေးမွေးပြုစုခြင်းကိုခံခဲ့ပြီးသော။ —minded, စိတ်သဘောနိမ့်သော။ —priced, အဘိုးနည်းသော။ —spirited, ညှိုးငယ်သော။ —thoughted, ယုတ်ညံ့သောစိတ်သဘောရှိသော။ —2, *v. i.* —as a cow, တွန်သည်။

Lower, (*pron.* Lo-er,) *v. i.* to go down, ဆင်းသည်။ to become less (in price,) လျော့သည်။ —*v. t.* to make low, နှိမ့်သည်။ နှိမ့်ချသည်။ to reduce (the price,) လျှော့သည်။ to impair in rank or excellence, ယုတ်စေသည်။ —(*pron.* Lou-er,) *v. i.* မိုးသည်းမှိုင်းသည်။

Lowery, *a.* from above.

Lowliness, *n.* from Lowly, *a.*

Lowly, *a.* mean, ယုတ်ညံ့သော။ humble, စိတ်နှိမ့်ချသော။

Lowness, *n.* from Low, *a.*

Loyal, *a.* faithful to a master, အရှင်၏သစ္စာစောင့်ထိန်းသော။ faithful in marriage, သို့မဟုတ်ခင်ပွန်း၏သစ္စာစောင့်ထိန်းသော။

Loyalist, *n.* အရှင်၏သစ္စာစောင့်ထိန်းသောသူ။

Loyalty, *n.* from Loyal.

Lozenge, *n.* a rhomb, မှန်ကူ။ a form of medicine, စုတ်၍စားသောဆေးပြားကလေး။ a small cake of sweet materials, သကြားမုန့်ပြားကလေး။

Lubber, *n.* ထိုင်းမှိုင်းသောလူမိုက်။

Lubberly, *a.* ထိုင်းထိုင်းမှိုင်းမှိုင်းဖြစ်သော။

Lubricate, *v. t.* ချောအောင်လူးသည်။

Lubricity, *n.* ချောခြင်း။

Lucent, *a.* ထွန်းပသော။

Lucid, *a.* shining, ထွန်းပသော။ clear, ကြည်လင်သော။ clear in intellect, ပကတိကစိတ်ကောင်းသော။ clear, distinct, ရှင်းလင်းသော။ ပြတ်သားသော။

Lucidness, *n.* from above.

Lucifer, *n.* 1, the planet Venus, သောက်ကြာကြယ်။ 2, Satan, မာရ်နတ်။

Luck, *n.* အကြံမရှိဘဲအမှတ်တမဲ့ဖြစ်သောအမှု။

Lucky, *a.* အခန့်သင့်၍ရသော။

Luckily, *adv.* ဗန္ဓတ်သလို။

Lucrative, *a.* အကျိုးဖွံ့ဖြိုးသော။

Lucre, *n.* gain, အမြတ်အစွန်း။ unworthy gain, မတရားသဖြင့်ရသောအမြတ်အစွန်း။

Lucubrate, *v. i.* ညအချိန်၊မီးခွက်နားမှာစာကြည့်သည်။

Lucubration, *n.* from above; that which is composed by night, ညအချိန်၊စီရင်ရေးထားသောစာ။

Ludicrous, *a.* ရယ်ဖွယ်ဖြစ်သော။
Luff, *v. i.* လေကိုကော်၍တိုက်သည်။
Lug, *v. t.* ဒရွတ်ဆွဲငင်သည်။
Luggage, *n.* ခရီးသွားရာပါသောဝန်စလယ်။
Lugger, *n.* သင်္ဘောတမျိုး။
Lugubrious, *a.* ဝမ်းနည်းခြင်းနှင့်ဆိုင်သော။
Lukewarm, *a.* ကြက်သီးနွေးနွေး။ moderately warm, မပူ။ မအေး။ ချုပ်ချုပ်နွေးသော။ indifferent in feeling, စိတ်အားနည်းသော။
Lukewarmness, *n.* from above.
Lull, *v. i.* to become quiet, ငြိမ်သွားသည်။ —*v. t.* to make quiet, ငြိမ်စေသည်။
Lullaby, *n.* လူးတားခြင်း။
Lumbago, *n.* ခါးကိုက်နာ။
Lumbar, *a.* ခါးနှင့်ဆိုင်သော။ —*n.* အသုံးမရ၊ပြစ်ထားသောဥစ္စာ။ (Amer,) သစ်သားမျိုး။ —*v. t.* ကစဲကရဲပြစ်ထားသည်။ —*v. i.* to move heavily, လေးလံစွာသွားသည်။
Luminary, *n.* အလင်းရောင်ကိုပေးသောအရာ။ အလင်းအိမ်။
Luminous, *a.* shining, emitting light, ထွန်းလင်းသော။ brilliant, ထွန်းသော။ တောက်သော။
Luminousness, *n.* from above.
Lump, *n.* အခဲ။ အတုံး။ အစိုင်အခဲ။ —[in the,] *adv.* သောင်းပြောင်း။ —*v. t.* မခြားနားဘဲရောနှော၍ထားသည်။
Lumpish, *a.* လေးလံသော။
Lumpy, *a.* အခဲများသော။
Luna, *n.* လ။
Lunacy, *n.* madness occasioned by the moon, ရေထရူးနာ။ any madness, ရူးခြင်း။
Lunar, *a.* လနှင့်ဆိုင်သော။
Lunatic, *n.* အရူး။ ရေထရူး။
Lunation, *n.* လတလှည့်တပတ်။
Lunch, Luncheon, *n.* သားရေစာ။ —*v. t.* သားရေစာစားသည်။
Lungs, *n. plur.* အဆုတ်။
Lunged, *a.* အဆုတ်ရှိသော။
Lurch, *v. i.* (သင်္ဘော)ရုတ်ခနဲစောင်းသည်။ —*n.* from *do.* —[in the,] *adv.* ကျညိုးကျုပ်သောနေရာ၌။
Lure, *v. t.* မြူသည်။ —*n.* မြူတတ်သောအရာ။
Lurid, *a.* မှိုင်းမဲသော။
Lurk, *v. i.* ပုန်းကွယ်လျှက်နေသည်။
Lurking-place, *n.* ပုန်းကွယ်၍နေရာ။
Luscious, *a.* ဆိမ့်အိနှံသော။

Lusciousness, *n.* from above.

Lust, *v. i.* to long for, တောင့်တသည်။ to have carnal desire, ကိလေသာ စိတ်ရှိသည်။ တဏှာ ရာဂ စိတ်ရှိသည်။ —*n.* from *do.* ကိလေသာ။ ကာမ။

Lustful, *a.* တဏှာရာဂအားကြီးသော။ ကိလေသာစိတ်ကြီးသော။

Lustiness, *n.* from Lusty, *a.*

Lustral, *a.* from next.

Lustrate, *v. t.* စင်ကြယ်စေသည်။

Lustration, *n.* from above.

Lustre, *n.* splendor, အရောင်အဝါ။ a sconce with lights, မီးပဒေသာ။

Lusty, *a.* သန်မာသော။

Lutanist, *n.* စောင်းတီးသမား။

Lute 1, *n.* a kind of harp, စောင်းတမျိုး။ —2, a kind of clay, မြေစေးတမျိုး။ —2, *v. t.* မြေစေးနှင့်ကျံသည်။

Lutestring, *n.* ပိုးထည်တမျိုး။

Lutheran, ဆရာလုသာအယူဝါဒကိုယူသောသူ။

Luxation, *n.* အဆစ်ပြုတ်ခြင်း။

Luxuriance, *n.* **Luxuriant**, *a.* ဝေဆာသော။ ဝေဖာသော။

Luxuriate, *v. i.* အလွန်များစွာထွက်တတ်သည်။

Luxurious, *a.* ကာမဂုဏ်၌ပျော်မွေ့ခြင်းနှင့်ဆိုင်သော။

Luxury, *n.* the enjoyment of sensual gratification, ကာမဂုဏ်မှုနှင့်ပျော်မွေ့ခြင်း။ a dainty, ဆိမ့်သောအစာ။ any thing delightful to the senses, ကာမဂုဏ်မှုနှင့်ပျော်မွေ့ရန်အရာ။

Lycanthropy, *n.* တိရိစ္ဆာန်နှင့်အလားတူသောရူးခြင်း။

Lyceum, *n.* အတတ်ပညာမျိုးကိုသွန်သင်ဖော်ပြသောအရပ်။

Lye, *n.* ပြာစစ်ရည်။

Lymph, *n.* မဟာဆီ။

Lymphatic, *a.* မဟာဆီနှင့်ဆိုင်သော။ —*n.* မဟာဆီအကြော။

Lynch, (Amer.) *v. t.* မင်းအာဏာနှင့်မဟုတ်ဘဲရာဇဝတ်မှုကိုသဘောတူ၍စီရင်သည်။

Lynx, *n.* ကြောင်စက်ခုန်။

Lyre, *n.* စောင်းတမျိုး။

Lyric, **Lyrical**, *a.* စောင်းတီး၍ဆိုရသော (သီခြင်း။)

Lyrist, *n.* စောင်းတီးသမား။

M

Macadamize, *v. t.* ကျောက်စရစ်နှင့်ဖို့သည်။

Macaroni, *n.* မုန့်ရှည်တမျိုး။

Macaw, *n.* ကျက်တူရွေးတမျိုး။

Mace 1, an ensign of authority, သိုင်းတမျိုး။ —bearer, *n.* သိုင်းဆောင်သောသူ။ —2, the spice, ဇာဒိပ္ပိုလ်ပွင့်။

Macerate, *v. t.* to make lean, cause to pine or waste away, ဝိန်ကြုံအောင်ညှဥ်းဆဲသည်။ to steep almost to a solution, ကြိုသည်။

Maceration, *n.* from above.

Machiavelian, *a.* မင်းမာယာ၌လိမ္မာသော။ ဆန်းပြားတတ်သော။

Machination, *n.* အကြံထမြောက်အောင်စိတ်ကူးခြင်း။

Machine, *n.* စက်တန်ဆာ။ ယန္တရားစက်။

Machinery, *n.* စက်တန်ဆာမျိုး။ superhuman agency in poetry, လင်္ကာစာ၌ပါ သော နတ်အစ ရှိ သော လူထက် တန်ခိုးကြီး သော သူတို့၏ အပြုအမူ။

Machinist, *n.* စက်တန်ဆာကိုလေ့ကျက်ကျွမ်းကျင်သောသူ။

Mackerel, *n.* ငါးတမျိုး။

Maculate, *v. t.* အစွန်းအကွက်ဖြစ်အောင်လုပ်သည်။

Maculation, *n.* from above.

Mad, *a.* insane, ရူးသော။ furious, အလွန်ပြင်းထန်သော။ (Amer.) inflamed with anger, အလွန် ပြင်းထန်စွာ အမျက် ထွက်သော။ —brained, စိတ်ပြင်းတန်သော။ —cap, *n.* သတိမရှိ၊ စိတ်ပြင်းထန်သောသူ။ —headed, *a.* *see* Mad-brained. —house, *n.* အရူးများကိုစုရုံး၍ထားသောအိမ်။ —man, အရူး။

Madam, *n.* မမ။ မယ်ရှင်။

Madden, *v. i.* to become mad, ရူးသွားသည်။ —*v. t.* to make mad, ရူးစေသည်။

Madder, *n.* နီပါးဆေး။

Madefaction, *n.* စိုစွတ်အောင်ပြုသည်။

Madness, *n.* from Mad, *a.*

Magazine, *n.* a store, or store-house, ဘဏ္ဍာတိုက်။ a periodical publication, အပတ်ဆိုက်သောကာလအချိန်တို့၌စီရင်၍ပုံနှိပ်သောစာ။

Maggot, *n.* the insect, လောက်။ an odd fancy, အလကားကြံစည်သောအကြံအစည်။

Maggoty, *a.* လောက်များသော။

Magi, Magian, *n.* မာဂုပညာရှိ။

Magic, *n.* မှော်။

Magical, *a.* မှော်နှင့်ဆိုင်သော။

Magician, *n.* မှော်ဝင်။

Magisterial, *a.* pertaining to a master, အရှင်နှင့်ဆိုင်သော။ imperious, အစိုးတရပြုသော။

Magisterialness, *n.* from above.

Magistracy, *n.* the office of a magistrate, ရာဇဝတ်ရေး၊တရားရေးကိုစီရင်ပိုင်သောမင်း၏အရာ။ the body of magistrates, ရာဇဝတ်ရေး၊တရားရေးကိုစီရင်ပိုင်သောအရာရှိစု။

Magistrate, *n.* ရာဇဝတ်ရေး၊ တရားကိုစီရင်ပိုင်သောမင်း။

Magnanimity, *n.* from next.

Magnanimous, *a.* ကိုယ်အကျိုးကိုငဲ့ကွက်ခြင်းမရှိ၊ကောင်းမြတ်သောစေတနာ စိတ်ရှိသော။ စိတ်သဘောမြင့်မြတ်သော။

Magnate, *n.* မှူးမတ်။

Magnesia, *n.* ဆေးတမျိုး။

Magnet, *n.* သံလိုက်ကျောက်။

Magnetic, *a.* pertaining to the magnet, သံလိုက်ကျောက်နှင့်ဆိုင်သော။ attractive, ကိုယ်ဆီသို့ဆွဲငင်တတ်သော။

Magnetism, *n.* the science of the magnet, သံလိုက်ကျောက်နှင့် ဆိုင်သောအတတ်ပညာ။ attractive power, ဆွဲငင်တတ်သောတန်ခိုး။

Magnetize, *v. t.* သံလိုက်ကျောက်၏ဓာတ်ကိုကူးစေသည်။

Magnific, *see* Magnificent.

Magnificence, *n.* from next.

Magnificent, *a.* အလွှန်ဆန်းကြယ်မြင့်မြတ်သော။

Magnifier, *n.* မှန်ဘီလူး။

Magnify, *v. t.* to make greater, သာ၍ကြီးအောင်ပြုသည်။ to represent as estimable, ဂုဏ်အသရေထင်ပေါ်အောင်ချီးမွမ်းသည်။ to promote, ချီးမြှောက်သည်။

Magniloquence, *n.* from next.

Magniloquent, *a.* ကြီးမြင့်သောစကားကိုပြောသော။

Magnitude, *n.* bigness, size, အကြီးအငယ်ပမာဏ။ greatness, ကြီးခြင်း။ ကြီးကျယ်ခြင်း။ ကြီးမြင့်ခြင်း။ ကြီးမြတ်ခြင်း။

Magpie, *n.* ငှက်တမျိုး။

Mahogany, *n.* ဒိတောက်တမျိုး။

Mahometan, *n.* ရှင်မဟာမတ်စီရင်သောဘာသာကိုယူ၍ကိုးကွယ်သောသူ။

Mahometanism, *n.* ရှင်မဟာမတ်ဘာသာ။ ပသီဘာသာ။

Maid, Maiden, *n.* a young unmarried woman, အပျို။ မိန်းမပျို။ a female servant, ကျွန်မ။ —[old,] အပျိုကြီး။ အပျိုဟိုင်း။

Maiden, *a.* pertaining to a maid, အပျိုနှင့်ဆိုင်သော။ unused, မသုံးသေးသော။

Maidenhood, *n.* အပျို၏အဖြစ်။

Maidenly, *a.* အပျိုကဲ့သို့တင့်တယ်လျောက်ပတ်သော။

Mail 1, *n.* defensive armor, whether chain or plate, သံချပ်။ —clad, *a.* သံချပ်အင်္ကျီကိုဝတ်သော။ —2, *n.* a letter bag, ချောပို့ရသောစာအိတ်။ —coach, စာချောပို့ရထား။ —2, *v. t.* ချောပို့ရသောစာအိတ်သို့သွင်းသည်။

Maim, *v. t.* လက်၊ခြေ၊အင်္ဂါတစုံတခုချို့တဲ့အောင်ပြုသည်။ —*n.* from *do.*

Main, *a.* principal, chief among others, အမ။ အများတို့တွင်အကြီးဖြစ်သော။ —land, *n.* ကြီးကျယ်သောကုန်း။ —mast, သင်္ဘောကန့်မရွက်တိုင်။ —sail, ရွက်မ။ ကန့်မအောက်ဖုံ။ —top. ကန့်မရွက်

တိုင်မာလိန်ျင်။ —yard, ကန့်မရွက်တိုင်အောက်ဖို့ရွက်လက်ကြီး။ —the chief part, bulk, အများ။ strength, ခွန်အား။ the ocean, ပင်လယ်။

Mainly, *adv.* အများအားဖြင့်။

Mainprize, *v. t.* ခံဝန်သူလက်သို့အပ်သည်။ —*n.* from *do.*

Maintain, *v. t.* to preserve unimpaired, မလျော့မပျက်၊တည်တံ့အောင်ပြုသည်။ —a position, မဆုတ်မရုပ်ဘဲဆီးတားခံရပ်၍နေသည်။ to supply with provision, ကျွေးမွေးသည်။ to support the expense of, စရိတ်ခံသည်။ to stand by, support the cause of, အမှုကိုသယ်ပိုးဆောင်ရွက်သည်။ ထောက်ပင့်သည်။ to assert and sustain by argument, ဟုတ်မှန်ကြောင်းထင်ရှားအောင်ပြုသည်။

Maintainable, *n.* from above.

Maintenance, *n.* from Maintain.

Maize, *n.* ပြောင်းဖူး။

Majestic, *a.* elevated, lofty, မြင့်မြတ်သော။ august, ဘုန်းကြီးသော။

Majesty, *n.* dignity, မြင့်မြတ်ခြင်း။ power and glory, ဘုန်းအာနုတော်။ *the title of a sovereign,* ဘုရား။

Major, *a.* greater, သာ၍ကြီးသော။ —domo, *n.* အိမ်အုပ်။ ဘဏ္ဍာစိုး။ —general, ဗိုလ်ချုပ်။ —၁၀၀၀ တပ်ကိုအုပ်သောဗိုလ်စစ်ကဲ။

Majority, *n.* the greater number, more than half, တစုကိုနှစ်စုခွဲရာတွင်များသောအစု။ full age, တရားဝင်သောအသက်အရွယ်။ the office of a major, ဗိုလ်စစ်ကဲအရာ။

Make, *v. t.* to create, ဖန်ဆင်းသည်။ to form of materials, လုပ်သည်။ to produce, cause to be, ဖြစ်စေသည်။ to cause to (do,) —စေသည်။ (qual. aff.;) to perform, ပြုလုပ်သည်။ လုပ်ဆောင်သည်။ to compose. constitute, ပါ၍ဖြစ်စေသည်။ to put in order, ပြင်ဆင်သည်။ —an abode, နေရာချသည်။ —a bed, အိပ်ရာကိုခင်းသည်။ —friendship, မိတ်ဆွေဖွဲ့သည်။ gain, အမြတ်ရသည်။ —(land,) ချည်း၍မြင်နိုင်သည်။ —love, လှည့်သည်။ —merry, ပျော်မွေ့ခြင်းကိုပြုသည်။ —a place, ရောက်သည်။ —sail, ရုပ်သောရွက်ကိုဖြန့်၍တိုက်သည်။ —water, to pass urine, ကျင်ငယ်စွန့်သည်။ —water, to leak, ယေယိုသည်။ —way, to advance, တိုး၍သွားသည်။ to give room for passing, ဖယ်၍ပေးသည်။ —*v. i.* to proceed, go, သွားသည်။ to tend to effect, ဖြစ်အောင်ပြုသည်။ to rise, as the tide, ဒီရေတက်သည်။ —account of, *v. t.* to esteem, နှစ်သက်သည်။ to have regard to, အမှုထားသည်။ ပမာဏပြုသည်။ —as if, *v. i.* အရောင်ဆောင်သည်။ —away with, *v. t.* ပယ်ရှင်းသည်။ —bate, *n.* ရန်တိုက်သောသူ။ —believe, *v.* အဟန်ပြု၍လှည့်စားသည်။ —free with, *v. t.* အရောတဝင်ပြုသည်။ —good, to maintain, မလျော့မပျက်အောင်

စောင့်မသည်။ to fulfil an engagement, ဂတိအတိုင်းပြုသည်။ to make amends, ပြစ်မှားသည်အတွက်ပေးရသည်။ အစားပေးရသည်။ —light of, အတွက်မရှိသကဲ့သို့မှတ်သည်။ မထိမဲ့မြင်ပြုသည်။ —much of, စုံမက်ဖွယ်မှတ်၍ပြုစုသည်။ —of, to make use of, သုံးသည်။ to regard, ထင်မှတ်သည်။ —of [what] what opinion to entertain of, အဘယ်သို့ယူရသည်။ —out, *v. i.* to succeed, အကြံထမြောက်သည်။ —*v. t.* to make plain to one's understanding, (နက်နဲသောအရာကို) နားလည်အောင်ရှင်းလင်းစေသည်။ to evince, ယုံလောက်အောင်ဖော်ပြသည်။ to write out, အပြီးရေးထားသည်။ —over, လွှဲအပ်သည်။ —peace, *n.* ဖျန်ဖြေသောသူ။ —sure of, *v. t.* to consider as certain, ကေန်အမှန် (ဖြစ်မည်) မိတ်သဘောကျသည်။ to secure to one's possession, ကိုယ်လက်သို့မရောက်ဘဲမနေနိုင်အောင်ပြုသည်။ —up, *v. i.* to approach, ချဉ်းကပ်သည်။ —*v. t.* to collect into a mass, စုထားသည်။ to reconcile, ဖျန်ဖြေသည်။ to repair, ပြုပြင်သည်။ to supply what is wanting, လိုသေးသည်အရာကိုဖြည့်စွက်သည်။ to compose, as parts, (တစုံတခုဖြစ်အောင်) စု၍ဝင်သည်။ to shape, ပုံထုတ်သည်။ to compensate, အစားပေးသည်။ to arrange (accounts,) ရှင်းလင်းအောင်ပျှင်သည်။ —one's mind, သဘောချသည်။ —up for, *v.* အစားပေးသည်။ —up with, ရန်ပြေ၍မိတ်ဆွေဖွဲ့သည်။ —use of, *v. t.* သုံးသည်။ —weight, *n.* ချိန်စက်ရာညီမျှအောင်ထည့်သောအရာ။ —frame, တည်ဆောက်သောပုံ။

Maker, *n.* the Creator, ဖန်ဆင်းတော်မူသောဘုရားသခင်။ a manufacturer, လက်မှုပညာနှင့်လုပ်သောသူ။

Maladministration, *n.* တိုင်းပြည်အရေးမကောင်းအောင်စီရင်ခြင်း။

Malady, *n.* အနာရောဂါ။

Malapert, *a.* စွက်ဖက်၍စော်ကားတတ်သော။

Malapropos, *adv.* မတော်မလျော်၊ အချိုးအစားမရသည်နှင့်။

Malaria, အနာရောဂါဖြစ်စေတတ်သောလေ။

Malay, *n.* ပသျှူး။

Malconformation, *see* Malformation.

Malcontent, *a.* မင်းစီရင်ခြင်းကိုအားမရ။ အပြစ်တင်သော။

Male, *n.* အထီး။ အဖို။ —*a.* being of the sex that procreates young, အထီးဖြစ်သော။ pertaining to males, အထီးနှင့်ဆိုင်သော။

Malediction, *n.* ကျိန်ဆဲခြင်း။

Malefactor, *n.* ရာဇဝတ်သင့်သောသူ။

Malevolence, *n.* from next.

Malevolent, *a.* ငြူစူသော။ မနာလိုသော။

Malformation, *n.* မတော်မတန်တည်ဆောက်ခြင်းဖြစ်ပုံ။

Malice, *n.* from next.

Malicious, *a.* ရန်ငြိုးဖွဲ့သော။

Maliciousness, *n.* from above.

Malign, *a.* malicious, ရန်ငြိုးဖွဲ့သော။ pernicious, tending to injure, အပြစ်ပြုတတ်သော။ —*v. t.* to injure maliciously, မနာလိုသောစိတ်နှင့်အပြစ်ပြုသည်။ to defame, သူ့အသရေဖျက်အောင်မဟုတ်မမှန်ပြောသည်။

Malignancy, *n.* from next.

Malignant, *a.* malicious, ရန်ငြိုးဖွဲ့သော။ pernicious, အပြစ်ပြုတတ်သော။ virulent, အပြစ်ဖြစ်စေတတ်သောအရှိန်ပြင်းထန်သော။

Malignity, *n.* from above.

Mall, (*pron.* Maul,) *n.* တင်းပုတ်။ —(*pron.* Maul,) *v. t.* တင်းပုတ်နှင့်ရိုက်သည်။ —(*pron.* Mal,) *n.* သစ်ရိပ်လွှမ်းမိုးလျက်မြို့သူမြို့သားများသွားလာနေထိုင်ရန်စင်္ကြံ။

Malleability, *n.* from next.

Malleable, *a.* ထုရိုက်၍စန့်ထွက်နိုင်သော။

Malleate, *v. t.* စန့်၍ထွက်အောင်ထုရိုက်သည်။

Mallet, *n.* ဆောက်ပုတ်။ လက်ရိုက်။

Malpractice, *n.* မတရားသောအမှု။

Malt, *n.* ဂျုံရည်လုပ်ရန်ရေ၌စိမ်ပြီးမှခြောက်အောင်ထားသောစပါး။

Maltreat, *v. t.* ညှဉ်းဆဲသည်။

Maltreatment, *n.* from above.

Malversation, *n.* မတရားသောအမှု။

Mamaluke, *n.* အဲဂုတ္တုပြည်မှာစစ်ပါရီ။

Mamma, *n.* အမိ။ မိခင်။

Mammillary, *a.* နို့သီးနှင့်ဆိုင်သော။

Mammon, *n.* လောကီစည်းစိမ်။

Mammoth, *n.* သားကြီးတမျိုး။

Man, *n.* a human being, လူ။ a male of the human race, လူယောက်ျား။ a male adult, not a boy, လူကြီး။ a male servant, ကျွန်ယောက်ျား။ —eater, လူသားကိုစားတတ်သောသူ။ —hater, လူမျိုးကိုမုန်းသောလူ။ —of letters, လူတတ်။ —of war, စစ်တိုက်သင်္ဘောကြီး။ —servant, ကျွန်ယောက်ျား။ —slaughter, killing men, လူအသက်ကိုသတ်ခြင်း။ killing without malice, ရန်သူစိတ်မရှိဘဲလူအသက်ကိုသတ်ခြင်း။ —slayer, လူအသက်ကိုသတ်သောသူ။ —stealer, လူကိုခိုးသောသူ။ —*v. t.* လူသွင်းသည်။

Manacle, *n.* လက်ထိတ်။ —*v. t.* လက်ထိတ်ခတ်သည်။

Manage, *v. t.* to direct, စီရင်သည်။ to conduct, ကြည့်ဆောင်သည်။ သယ်ပိုးသည်။ to train (as a horse,) ယဉ်အောင်ဆုံးမသည်။ to control, နိုင်၍အုပ်ချုပ်သည်။ to use in accordance with one's will, အလိုရှိသည်အတိုင်းသုံးဆောင်သည်။

Manageable, a. စီရင်လွယ်သော၊ ကြည်းဆောင်လွယ်သော၊ ဆုံးမလွယ်သော။
Management, *n.* from Manage.
Mandamus, *n.* မင်းမှတ်ချက်တမျိုး။
Mandarin, *a.* တရုပ်မှူးမတ်။
Mandate, *n.* အမိန့်တော်။
Mandatory, *a.* အမိန့်တော်ပါသော။
Mandible, *n.* (ငှက်) နှုတ်သီး။
Mandrake, *n.* အနူဆေးသီး။
Mandrel, *n.* ပွတ်တွင်းရိုး။
Manducate, *v. t.* ဝါးသည်။
Mane, *n.* လည်ဆံ။
Manes, *n. plur.* နတ်စဉ္စေ။
Maneuvre, *v.* to make a dextrous movement of troops, or ships, လိမ္မာစွာလှည့်လည်၍တပ်ရေးပြသည်။ to manage with address or art, ပရိယာယ်နှင့်စီရင်ဆောင်ရွက်သည်။ —*n.* from *do.*
Manful, *a.* having the spirit of a man, ယောက်ျားကဲ့သို့ရဲရင့်သော။ magnanimous, ကိုယ်ဘက်သို့ငဲ့ကွက်ခြင်းမရှိ၊ စိတ်မြင့်မြတ်သော။
Manfulness, *n.* from above.
Mange, *n.* ဝဲနာ။
Manger, *n.* စားကျင်း။ စားခွက်။
Manginess, *n.* from Mangy.
Mangle 1, *v. t.* to cut and rend in a bungling manner, နေရာမကျ၊ ခုတ်ဖြတ်ဆုတ်ဖွဲ့သည်။ —2, *v. t.* to calender, (အဝတ်ကို) ကြေ တိုက်သည်။
Mango, *n.* သရက်။ —bird, ငှက်ဝါ။ —fish, ငါးပုဏ္ဏား။ M.
Mangosteen, *n.* မင်းကွတ်။ the wild kind, သစ်တို။
Mangouse, *n.* မြွေပါမျိုး။
Mangrove, *n.* အပင်တမျိုး။
Mangy, *a.* ဝဲစွဲသော။
Manhood, *n.* human nature, လူအဖြစ်။ the state of a male of the human race, ယောက်ျားအဖြစ်။ the state of an adult male, အရွယ်ရောက်သောအဖြစ်။
Mania, *n.* ရူးခြင်း။
Maniac, *n.* အရူး။
Manichean, *n.* ဆရာမာနက်အယူကိုယူသောသူ၊
Manifest, *a.* ထင်ရှားသော။ —*v. t.* ထင်ရှားစေသည်။ —*n.* တင်ကုန်၊ ပါကုန်ကိုမှတ်သားသောစာရင်း။
Manifestation, *n.* from Manifest, *v. t.*
Manifesto, *n.* မင်းသည်မိမိအကြောင်းအရာကိုကျော်ညာစေသောစာ။
Manifold, *a.* များပြားသော။

Manikin, *n.* လူပုံ။
Maniple, *n.* လက်တဆုတ်။
Mankind, *n.* လူမျိုး။
Manliness, *n.* from next.
Manly, *a.* like a grown man, လူကြီးကဲ့သို့ဖြစ်သော။ having the firmness of a man, လူကြီးကဲ့သို့အသည်းကြီးသော။ နှစ်လုံးရည်ရှိသော။ dignified, stately, ဂုဏ်အသရေရှိသော။ —(as the voice,) အောင်မာသော။
Manna, *n.* the food of heaven, မန္နဆန်။ the drug, ဆေးတမျိုး။
Manner, *n.* way, custom, habitual practice, နည်း။ နယ်။ ထုံးတမ်း။ ဘာသာဓလေ့။ kind, sort, အမျိုး။ အတည်။ အဝ။ mien, external appearance, သွားလာနေထိုင်ပြုမူခြင်း၏လက္ခဏာသဘော။
Mannerism, *n.* ကိုယ်ကိုသိမ်းဆည်းချုပ်တည်း၍ တနည်းတည်းသွားလာနေထိုင်ပြုမူခြင်း။
Mannerist, *n.* ကိုယ်ကိုသိမ်းဆည်းချုပ်တည်း၍တနည်းတည်းသွားလာနေထိုင်ပြုမူတတ်သောသူ။
Mannerliness, *n.* from next.
Mannerly, *a.* ယဉ်ကျေးလျှောက်ပတ်သော။
Manners, *n. plur.* behaviour, ကျင့်ဆောင်ပြုမူခြင်း၏ အခြင်းအရာ။ polite deportment, ယဉ်ကျေးလျှောက်ပတ်သောအခြင်းအရာ။
Manor, *n.* မြို့စားပိုင်သောနယ်။
Manse, *n.* တရားနာသပရိသတ်အခွင့်ပေး၍ တရားဟောဆရာနေသောအိမ်။
Mansion, *n.* နေရာအိမ်။ (of an elevated character,) ဘုံ။ ဘုံဗိတ်မှန်။
Mantel, *n.* မီးဖိုပေါ်၌ထားသောထုပ်။ —piece, same.
Mantle, *n.* an outside covering of cloth, စောင်။ a garment worn by women over the shoulder, တပက်။ —*v. t.* to cover, ဖုံးလွှမ်းသည်။ —*v. i.* to spread, expand, (intrans.) ပြန့်ပြားသည်။ to gather and form on the surface, အုပ်ဖြန့်၍နေသည်။ တင်းနေသည်။
Mantua, *n.* ဂါဝန်။ —maker, ဂါဝန်မျိုးကိုချုပ်တတ်သောသူ။
Manual, *a.* performed by the hand, လက်လုပ်သော။ used by the hand, လက်စွဲသော။ —exercise, *n.* တပ်ရေးပြခြင်း။ —လက်စွဲစာ။
Manuduction, *n.* လက်ဆွဲ၍ကြည်းဆောင်ယူသွားခြင်း။
Manufactory, *n.* လက်မှုပညာသည်ရုံ။
Manufacture, *v. t.* လက်မှုပညာနှင့်လုပ်သည်။ —*n.* လက်မှုပညာနှင့်လုပ်သောအရာ။ (of cloth,) လက်လုပ်အထည်။
Manumission, *n.* from next.
Manumit, *v. t.* ကျွန်အဖြစ်မှလွှတ်သည်။
Manure, *v. t.* မြေကြွ၍အသီးအနှံများစွာဖြစ်စေခြင်းငှါနွားချေးအစရှိသည်တို့ကိုဖို့သည်။ —*n.* ထိုသို့ဖို့သောအရာ။

Manuscript, *n.* လက်နှင့်ရေးသောစာ။

Many, *a.* များသော။ များပြားသော။ —[how,] *pron. a.* ဘယ်နှစ်။ —colored, အဆင်းကွဲပြားသော။ —times, *adv.* ကြိမ်ဖန်များစွာ။ —*n.* အများ။

Map, *n.* —of the earth, မြေပုံ။ —of a country, တိုင်းပြည်ပုံ။ —*v. t.* မြေပုံ၊ တိုင်းပြည်ပုံကိုရေးသည်။

Maple, *n.* သစ်ပင်တမျိုး။

Mar, *v. t.* to make incomplete, မစုံမလင်ဖြစ်အောင်ပြုသည်။ to impair, damage, ယုတ်စေသည်။ ဖျက်သည်။ to deform, အဆင်းသဏ္ဍာန်ကိုဖျက်သည်။

Marasmus, *n.* ပိန်ကြုံသောအနာ။

Maraud, *v. i.* အရပ်ရပ်တွေ့သမျှကိုလုယူလျက်လှည့်လည်သည်။

Marauder, *n.* ထိုသို့လှည့်လည်သောသူ။

Marble, *n.* the stone, မာ၍အရောင်တင်တတ်သောကျောက်။ a playing ball of marble, ကျောက်ဗိုး။ —*v. t.* ကြီးလှိုင်းပေါ်အောင်ဆေးချယ်လှယ်သည်။

March 1, *n.* အင်္ဂလိတ်နှစ်တွင်တတိယလတည်းဟူသောမာရစလ။ —2, *v. i.* ချီးသွားသည်။ —*v. t.* ချီစေသည်။ —2, *n.* ချီသွားခြင်း။

Marches, *n. plur.* နယ်စပ်။

Mare, *n.* မြင်းမ။

Margin, *n.* border, edge, အစွန်း။ အနား။ the blank edge of a page, စာအရင်းအဖျားကိုလက်ကိုင်ရန်မှည်းကန့်၍လွှပ်ထားသောအရာ။

Marginal, *a.* ထိုသို့လွှပ်ထားသောအရာတွင်မှတ်သားသော (အချက်။)

Marigold, *n.* အထပ်တရာ။

Marine, *a.* ပင်လယ်နှင့်ဆိုင်သော။ —*n.* naval affairs, သင်္ဘောနှင့်ဆိုင်သောအမှုအရာ။ a soldier serving on board ship, တိုက်သင်္ဘောစီးသောစစ်သူရဲ။

Mariner, *n.* သင်္ဘောသား။

Maritime, *a.* relating to the sea, ပင်လယ်နှင့်ဆိုင်သော။ bordering on the sea, ပင်လယ်နှင့်နီးစပ်သော။

Mark, *n.* (of different kind,) အမှတ်။ အမှတ်အသား။ အထိမ်းအမှတ်။ an impression, ရိုက်ရာ၊ နှက်ရာ၊ ခတ်ရာ၊ ထိုးရာအစရှိသောအချက်အရာ။ a target, ပြစ်ရန်စက်။ a sign, token, indication, လက္ခဏာ။ a character made by one who cannot write his name, ကြက်ခြေခတ်သောလက်မှတ်။ —*v. t.* (in different ways,) မှတ်သည်။ မှတ်ထားသည်။ ရေးသည်။ ရေးသားသည်။ to impress, stamp, တံဆိပ်ခတ်သည်။

Markee, *n.* မိုလ်တဲ။

Market, *n.* ဈေး။ —man, ဈေးသည်။ —price, ဈေးပေါက်။ ဈေးနှုန်း။ —town, ဈေးရှိသောမြို့ရွာ။ နိဂုံး။ —*v. i.* ဈေးရောင်းဝယ်သည်။

Marketable, *a.* ဈေးနှင့်ရောင်းဖွယ်ရန်ဖြစ်သော။

Marksman, *n.* လက်ဖြောင့်သောသူ။

Marl, *n.* ထုံးပါသောမြေတမျိုး။

Marling, *n.* ဇန်ခြည်။

Marline-spike, *n.* သင်္ဘောသားသုံးသောသံစူးကြီး။

Marmalade, *n.* ယိုတမျိုး။

Marmorean, *a.* မာ၍အရောင်တင်တတ်သောကျောက်နှင့်ဆိုင်သော။

Maroon, *v. t.* လူမရှိသောကျွန်းပေါ်မှာ (လူကို) ချထားသည်။

Marque, *n.* တိုင်းတပါးကသင်္ဘောတို့ကိုတိုက်ယူရသောအခွင့်။

Marquetry, *n.* ထွင်း၍အသားသွင်းသောအပြောက်။

Marquis, *n.* မာကွိ။ အင်္ဂလိတ်မှူးမတ်တမျိုး။

Marriage, *n.* လက်ထပ်မင်္ဂလာဆောင်ခြင်း။

Marriageable, *a.* လက်ထပ်သင့်သော အချိန် အရွယ် ရှိသော။ လက်ထပ်သင့်သော။

Marrow, *n.* ခြင်ဆီ။ —bone, ခြင်ဆီပါသောအရိုး။

Marry, *n.* အိမ်ထောင်သည်။ လက်ထပ်၍စုံဖက်သည်။ —*v. t.* to join in marriage, လက်ထပ်ပေးသည်။ to dispose of in marriage, ထိမ်းမြားပေးစားသည်။ to take in marriage, လက်ထပ်၍ယူသည်။

Mars, *n.* the planet, အင်္ဂါဂြိုဟ်။

Marsh, *n.* ရေညွှန်းရာအရပ်။ ရေညွှန်းတတ်သောကွင်း။

Marshall, *n.* a regulator of ceremonies, ပွဲသဘင်၌စီရင်၍နေရာချသောသူ။ a military officer, ဗိုလ်မှူး။ —*v. t.* စီရင်ခင်းကျင်းသောသူ။

Marshy, *a.* ဗိမ့်မြေဖြစ်သော။

Mart, *n.* ရောင်းဝယ်ဖောက်ကားခြင်းနေရာအရပ်။

Martial, *a.* pertaining to war, စစ်မှုနှင့်ဆိုင်သော။ warlike, စစ်တိုက်တတ်သော။ စစ်တိုက်မှုကိုအလိုရှိသော။

Martinet, *n.* စစ်ရေးပြရာ၌လေ့ကျက်သောသူ။

Martingal, *n.* မေ့တွကြိုး။

Martyr, *n.* စွဲလမ်းသောအယူဝါဒကြောင့်အသေခံရသောသူ။မာတုရ။ —*v. t.* စွဲလမ်းသောအယူဝါဒကြောင့်သတ်သည်။

Martyrdom, *n.* စွဲလမ်းသောအယူဝါဒကြောင့်အသေခံရခြင်း။

Martyrology, *n.* မာတုရ တို့ အကြောင်းအရာ အထုပ္ပတ္တိများ ကို ဖော်ပြရေးထားသောစာ။

Marvel, *v. i.* အံ့ဩသည်။ —*n.* အံ့ဩဖွယ်သောအရာ။

Marvellous, *a.* wonderful, အံ့ဩဖွယ်ဖြစ်သော။ incredible, မယုံနိုင်ဖွယ်ဖြစ်သော။

Masculine, *a.* male, အထီး၊အဖိုဖြစ်သော။ ယောကျ်ားဖြစ်သော။ manly, resembling man, ယောကျ်ားကဲ့သို့ဖြစ်သော။ —gender, *n.* ပုလ္လိင်။

Mash, *v. t.* ကြိတ်နယ်သည်။ —*n.* ကြိတ်နယ်သောအရာ။

Mask, *n.* a visor, ဝဲလဝါ။ a disguise, တိမ်းရှောင်ခြင်းငှါပြုသော

ပရိယာယ်။ a masquerade, ဗဲလဝါဆောင်းကြသောပွဲ။ —*v. t.* to cover the face with a visor, ဗဲလဝါဆောင်းသည်။ to screen from view, ကွယ်ထားသည်။

Mason, *n.* a workman in brick and stone, ပန်းရန်သမား။ a free mason, မာစုန်အသင်းအပေါင်းဝင်သောသူ။

Masonic, *a.* မာစုန်အသင်းအပေါင်းနှင့်ဆိုင်သော။

Masonry, *n.* the art of a mason, ပန်းရန်အတတ်။ the craft of free masons, မာစုန်အသင်းအပေါင်းနှင့်ဆိုင်သောအမှုအရေး။

Masoretic, *a.* မာစောရိတ်ဆရာတို့စီရင်ခြင်းနှင့်ဆိုင်သော။

Masquerade, *n.* ဗဲလဝါဆောင်းကြသောပွဲ။ —*v. i.* ဗဲလဝါဆောင်းပွဲကိုဝင်သည်။

Mass 1, *n.* a lump, အခဲ။ အစိုင်အခဲ။ အတုံး။ a heap, great quantity, အပုံ။ the gross, main part, အများ။ —2, the service of the Roman catholic church, ဖရင်ဂျီတဘာသာ၌ဝတ်ပြုခြင်း။

Massacre, *v. t.* သစွာပျက်၍ရက်စက်စွာသတ်ဖြတ်သည်။ —*n.* from *do.*

Massive, Massy, *a.* အသားသိပ်၍လေးလံကြီးမားသော။

Massiness, Massiveness, *n.* from above.

Mast, *n.* ရွက်တိုင်။ လင်းယည်တိုင်။

Masted, *a.* ရွက်တိုင်နှင့်ပြည့်စုံသော။

Master, *n.* one who has power over, အစိုးရသောသူ။ အရှင်။ သခင်။ a school teacher, စာချဆရာ။ one eminently skilled, လေ့ကျက်သောသူ။ တတ်မြောက် သောသူ။ one who has taken the second collegiate degree, သိပ္ပံကျောင်းတွင်ဘွဲ့ထတ်ခံသောသူ။ a well mannered boy, ယည်ကျေးသောလူကလေး။ —*a.* chief among many, မ။ —builder, *n.* ဗိသုကာ။ —key, သော့အိမ်အမျိုးများကိုဖွင့်သောသော့။ —piece, ထူးဆန်းစွာလုပ်သောအရာ။ —stroke, ထူးဆန်းသောအပြုအမူ။ —*v. t.* နိုင်သည်။ အောင်သည်။

Masterly, *a.* အထူးသဖြင့်ပြီးစီးသော။

Mastership, Mastery, *n.* dominion, rule, အစိုးရခြင်း။ superiority, pre-eminence, သာ၍ကြီးမြတ်ခြင်း။ eminent skill, ထူးဆန်းသောအတတ်။

Mastic, *n.* မုဠကျိုစေး။

Masticate, *v. t.* အစာကိုဝါးသည်။

Mastication, *n.* from above.

Masticatory, *n.* မရိုဘဲဝါးရသောဆေး။ —*a.* အစာကိုဝါးခြင်းနှင့်ဆိုင်သော။

Mastiff, *n.* တိုက်တတ်သောခွေးတမျိုး။

Mastless, *a.* ရွက်တိုင်မရှိသော။

Mastodon, *n.* ရှေးကာလရှိ၍ယခုကွယ်ပျောက်သောသားကြီးတမျိုး။

Mastoid, *a.* နို့အိုးနှင့်ဆိုင်သော။

Mat, *n.* ဖျာ။ —*v. t.* to spread with mats, ဖျာခင်းသည်။ *see also* Matted.

Match 1, *n.* a combustible, substance used for catching fire, ထိကတောက်။ —lock, မီးပေါက်သေနတ်။ စာခွံ။ —maker, ဘောင်သည်။ ဘောင်သွယ်။ —2, *v. i.* to suit, correspond, tally, ဖက်သည်။ အဖက်ဖြစ်သည်။ to be united in marriage, လက်ထပ်၍စုံဖက်သည်။ —*v. t.* to suit, make proportionate, အဖက်ဖြစ်စေခြင်းပြုသည်။ to cope with, ပြိုင်နိုင်းသည်။ to be able to cope with, ပြိုင်ဖက်နိုင်သည်။ to marry, give in marriage, စုံဖက်စေသည်။ —boards in carpentry, လျှာထိုး၍စပ်သည်။ —*n.* that which suits or tallies, အဖက်ဖြစ်သောအရာ။ one able to cope with another, ပြိုင်ဖက်နိုင်သောသူ။ a competition for victory, ပြိုင်နိုင်းပွဲ။ union by marriage, လက်ထပ်၍စုံဖက်ခြင်း။ one to be married, လက်ထပ်ဖို့ရာဖြစ်သောသူ။

Matchless, *a.* အတုမရှိသော။ အဖက်မရှိသော။

Mate, *n.* a companion, အဖက်။ ပေါင်းဖက်သောသူ။ a correlate in marriage, ခင်ပွန်း။ the male or female of animals, အစုံအဖက်။ an assistant, second in subordination, လက်ထောက်။ a ship's officer, မာလိမ်။ —*v. t.* to maintain equality with, ပြိုင်နိုင်းသည်။ to marry, give in marriage, စုံဖက်စေသည်။

Mateless, *a.* အဖက်မရှိသော။

Materia medica, *n.* ဘယဆေးအမျိုးမျိုး။

Material, *a.* consisting of matter, ရုပ်ဖြစ်သော။ အထည်ကိုယ်ဖြစ်သော။ having a bearing on some interest, လိုသောအကျိုးနှင့်စပ်ဆိုင်သော။ momentous, အမှုကြီးသော။ —*n.* လုပ်ဆောင်ဘို့ဖြစ်သောအရာ။

Materialism, *n.* နံမရှိ၊ ရုပ်သာရှိသည်ဟူသောအယူဝါဒ။

Materialist, *n.* ထိုသို့ယူသောသူ။

Materiality, *n.* ရုပကၡန္ဓာ။

Materially, *adv.* in the state of matter, ရုပ်ဖြစ်သည်နှင့်။ in the main, အများအားဖြင့်။ essentially, အမှုကြီးဆိုင်သည်နှင့်။

Materiel, *n.* စစ်တန်ဆာလက်နက်ရိက္ခာအစုံ။

Maternal, *a.* အမိနှင့်ဆိုင်သော။

Maternity, *n.* အမိဖြစ်ခြင်းအဖြစ်။

Mathematic, Mathematical, *a.* မာသေမာတိတ်အတတ်ပညာနှင့်ဆိုင်သော။

Mathematician, *n.* မာသေမာတိတ်အတတ်ပညာကိုတတ်သောသူ။

Mathematics, *n.* မာသေမာတိတ်တည်းဟူသော၊ သချ်ာအတတ်အစရှိသောအရေအတွက်၊ အတိုင်းအထွာအမျိုးမျိုးနှင့်ဆိုင်သောအတတ်ပညာ။

Matin, *a.* နံနက်အချိန်နှင့်ဆိုင်သော။

Matins, *n. plur.* နံနက်ဝတ်။
Matress, *n.* မွေ့ရာ။
Matrice, Matrix, *n.* the womb, သူငယ်အိမ်။ a mold, သွန်းရန်ပုံ။
Matricide, *n.* the killing of one's own mother, ကိုယ်အမိကိုသတ်ခြင်း။ the killer of one's own mother, ကိုယ်အမိကိုသတ်သောသူ။
Matriculate, *v. t.* သိပ္ပံကျောင်းမှာတပည့်အရာ၌ခန့်ထားသည်။
Matriculation, *n.* from above.
Matrimonial, *a.* လက်ထပ်မင်္ဂလာဆောင်ခြင်းနှင့်ဆိုင်သော။
Matrimony, *n.* လက်ထပ်မင်္ဂလာဆောင်ခြင်း။
Matrix, *see* Matrice.
Matron, *n.* မိမွကြီး။
Matronal, Matronly, *a.* မိမွကြီးကဲ့သို့ဖြစ်သော။
Matross, *n.* အမြောက်သားလက်ထောက်။
Matted, *a.* entangled, ရှုပ်ထွေးသော (ဆံပင်။)
Matter, *n.* material substance, ရုပ်။ ဘုတ်။ (Pali,) အထည်ကိုယ်။ subject, thing treated, အကြောင်းအရာ။ affair, business, အမှု။ အခင်း။ အရေး။ consequence, account, အတွက်။ pus, ပြည်။ —*v. i.* အတွက်ရှိသည်။
Mattock, *n.* ပေါက်တူး။
Mattress, *see* Matress.
Maturate, *v. i.* ပြည်မှည့်သည်။ —*v. t.* ပြည်မှည့်စေသည်။
Maturation, *n.* from above; the process of ripening, မှည့်၍လာခြင်း။
Maturative, *a.* conducing to suppuration, ပြည်ဖြစ်စေတတ်သော။ conducing to ripen, မှည့်စေတတ်သော။
Mature, *a.* ripe, မှည့်သော။ brought to perfection, ရင့်သော။ prepared for action, ကြိုချက်၍ပြီးစီးသော။ —*v. i.* မှည့်၍လာသည်။ ရင့်၍လာသည်။ ကြိုချက်၍ပြီးစီးသည်။ —*v. t.* from above; (for sub-def. *see under* Mature, *a.*)
Maturely, *adv.* အကုန်အစင်ဆင်ခြင်သည်နှင့်။
Maturity, Matureness, *n.* from Mature, *a.*
Maudlin, *a.* ယစ်မူး၍ထိုင်းမှိုင်းသော။
Maugre, *adv.* ဆီးတားသော်လည်း။
Maul, *see* Mall.
Maund, *n.* အခွက်နှစ်ဆယ်ကျော်။
Mausoleum, *n.* ကောင်းမွန်စွာတန်ဆာဆင်သောသင်းချိုင်းကြီး။
Maw, *n.* the stomach of an animal, တိရိစ္ဆာန်အစာအိမ်။ the crop of a bird, ငှက်၏စလုပ်။
Mawkish, *a.* နှစ်လိုးဖွယ်ရှိစေတတ်သော။
Maxillary, *a.* ပါးရိုးနှင့်ဆိုင်သော။
Maxim, *n.* ကေဝုစ်စကား။ ပြင်းနိုစရာမရှိသောစကား။

May 1, *n.* အင်္ဂလိပ်နှစ်တွင်ပဉ္စမလတည်းဟူသောမေလ။ —pole, မေလ ရောက်သောအခါပွဲလုပ်၍ကကြသောပန်းတုံးတိုင်။ —2, *v. i.* to be possible, ဖြစ်နိုင်သည်။ to be able, (ပြု)နိုင်သည်။ to have liberty, permission (to do,) အခွင့်ရှိသည်။ *precative affix,* စေသော။ စေသတည်း။ —be, *v.* perhaps, ဖြစ်လျှင်ဖြစ်လိမ့်မည်။

Mayor, *n.* မြို့ဝန်။

Mayoress, *n.* မြို့ဝန်ကတော်။

Maze, *n.* ရှုပ်ထွေးသောအဖြစ်။ —*v. t.* စိတ်တွေဝေစေသည်။

Mazy, *a.* ရှုပ်ထွေးသော။

Me, *obj.* of I, *which see.*

Mead 1, *n.* honey and water, ပျားရည်နှင့် ရေရောသော သောက်ရည်။ —2, Meadow, မြက်ပင်ပေါက်ဘွိုထားသောမြေကွက်။ မြက်ခင်း။

Meager, *a.* lean, ပိန်သော။ destitute of richness, ဩဇာမရှိသော။

Meagerness, *n.* from above.

Meal 1, *n.* a portion of food taken at a stated time, အနပ် as, တနပ်။ one meal, နှစ်နပ်။ two meals. —time, စားချိန်။ —2, ပြောင်းဖူးမုန့်ညက်။

Mealy, *a.* like meal, မုန့်ညက်ကဲ့သို့ဖြစ်သော။ soft, smooth to the touch, ညက်ညောသော။ sprinkled with meal, မုန့်ညက်နှင့်ဖျူးသော။ —mouthed, တည့်တည့်တိုက်ရိုက်မပြော၊ သူတပါးအလိုသို့သာပြောတတ်သော။

Mean 1, *a.* low in rank or birth, အမျိုးမမြတ်၊ဆင်းရဲသားဖြစ်သော။ base, low minded, စိတ်သဘောနိမ့်သော။ not worthy of notice or regard, ပမာဏပြုစရာမကောင်းသော။ of little value, poor, အဘိုးမထိုက်၊ယုတ်ညံ့သော။ —spirited, သဘောနေ၊သဘောထား ယုတ်ညံ့သော။ —2, *v. t.* to intend, အကြံရှိသည်။ ကြံရွယ်သည်။ to signify, import, ဆိုလိုသည်။ —3, *a.* middle, removed from both extremes, အလတ်။ intervening, စပ်ကြားမှာနေသော။ —time, —while, *n.* စပ်ကြားအချိန်မှာ။ —3, the middle point or place between extremes, မမြတ်၊ မယုတ်၊ လတ်သောအရာ။ something subservient to an end, တစုံတခုသောအကျိုးကိုရခြင်း ငှါသုံးသောအရာ။ အား။ in, အားဖြင့်။ by means of; *see also* Means.

Meander, *v. i.* ကောက်ကောက်ကွေ့ကွေ့သွားသည်။ —*n.* from *do.*

Meaning, *n.* intention, အကြံအရွယ်။ signification, ဆိုလိုချက်။ အနက်အဓိပ္ပာယ်။

Meanness, *n.* from Mean 1.

Means, *n.* something subservient to an end, တစုံတခုသောအကျိုးကို ရခြင်းငှါသုံးသောအရာ။ အား။ in, အားဖြင့်။ by means of; resources, သုံးဆောင်ရန်ဘဏ္ဍာပစ္စည်း။ —(by all,) *adv.* without fail, စင်စစ်၊ မချွတ်။ —(by any,) *adv.* in some way, တစုံတခုသောအားဖြင့်။ —(by no,) *adv.* not at all, အလျှင်းမဟုတ်ဘဲ။

Measles, *n.* ဝက်သက်။

Measurable, *a.* that may be measured, တိုင်းထွာနိုင်ဖွယ်ဖြစ်သော။ moderate, အတော်အတန်ဖြစ်သော။

Measure, *v. i.* to be of a certain dimension, (ဤမည်သော)အတိုင်းအထွာရှိသည်။ —*v. t.* to compute the dimension of, တိုင်းထွာသည်။ to ascertain the quantity or degree of, ခြင်သည်။ ခြင်တွယ်သည်။ to estimate in the mind, ခြင့်တွက်သည်။ to make equal to, ညီမျှစေသည်။ to pass over, လွန်သွားသည်။ —*n.* that by which dimension is ascertained, အတာ။ တိုင်းထွာစရာ လက်သစ်၊ တောင်၊ တာ။ that by which quantity is ascertained, ခြင်တွယ်စရာ တောင်း၊တင်း၊ဇလား။ extent, dimension, ပမာဏ။ အတိုင်းအထွာ။ a limited or definite quantity, ဤမျှလောက်။ a portion, allotment, အငန်းအတာ။ *in music,* သီခြင်းသံအတိုင်းအထွာ။ *in poetry,* လင်္ကာအပိုက်၏အတိုင်းအထွာ။ an action adapted to some end, တစုံတခုသောအကျိုးကိုရခြင်းငှါပြုမူသောအပြုအမူ။ —of government, စီရင်ထုံးမြတ်ချက်။

Measured, equal, uniform, ညီညွတ်သော။

Measureless, *a.* အတိုင်းအရှည်မရှိသော။

Measurement, *n.* the act of measuring, တိုင်းထွာခြင်း။ ခြင်တွယ်ခြင်း။ dimension, အတိုင်းအထွာ။ quantity, အခြင်အတွယ်။

Meat, *n.* flesh for eating, စားရန်အသား။ food in general, အစာ။ —offering, ဘောဇဉ်ပူဇော်သကာ။

Mechanic, *a.* pertaining to machines, ယန္တရားစက်မျိုးနှင့်ဆိုင်သော။ pertaining to some handicraft, လက်မှုပညာနှင့်ဆိုင်သော။ constructed or performed by the rules of mechanics, လက်မှုပညာနှင့်လုပ်သော(အရာ။) skilled in mechanics, လက်မှုပညာတတ်သော။ —*n.* လက်မှုပညာတတ်သောသူ။

Mechanical, *a.* *see* Mechanic, *a.*

Mechanics, *n.* စက်တန်ဆာမျိုးနှင့်ဆိုင်သောအတတ်ပညာ။

Mechanism, *n.* the structure of a machine, ယန္တရားစက်၏အခြေအနေ။ the action of a machine, ယန္တရားစက်လှည့်ပတ်သွားလာလှုပ်ရှားခြင်း။

Mechanist, *n.* စက်တန်ဆာမျိုးကိုလုပ်တတ်သောသူ။

Meconium, *n.* မွေးစသူငယ်စွန့်သောကျင်ကြီး။

Medal, *n.* အထိမ်းအမှတ်ဖြစ်စေခြင်းငှါပုံတံဆိပ်ခတ်သောဒင်္ဂါး။

Medallion, *n.* ထိုသို့သောဒင်္ဂါးကြီး။

Meddle, *v. i.* to have to do, to take part, ဝင်၍ပြုသည်။ to intrude,

အခွင့်မရှိဘဲဝင်သည်၊ စွက်ဖက်သည်။ —with, *v. t.* to handle idly or officiously, ဆော့၍ကိုင်သည်။
Meddler, *n.* သူတပါးအမှုကိုဝင်၍စွက်ဖက်သောသူ။
Meddlesome, *a.* စွက်ဖက်တတ်သော၊ ဆော့တတ်သော။
Medial, *a.* ပျှမ်းမျှ၍အညီအမျှကျသော။
Median, *a.* မေဒျပြည်နှင့်ဆိုင်သော။
Mediate, *a.* lying between, စပ်ကြားမှာဖြစ်သော။ not immediate, စဉ့်တိုက်မဟုတ်ဘဲသွယ်ဝိုက်၍ဖြစ်သော။ —*v. i.* အမှုသည်နှစ်ဦးအကြားတွင်အမှုပြေအောင်ပြုသည်။ —*v. t.* ထိုသို့ပြု၍ပြီးစေသည်။
Mediation, *n.* from Mediate, *v. i.*
Mediator, *n.* အမှုသည်နှစ်ဦးအကြားတွင်အမှုပြေအောင်ပြုသောသူ။
Mediatorial, *a.* ထိုသို့ပြုသောသူနှင့်ဆိုင်သော။
Medicable, *a.* ဆေးကု၍ပြောက်နိုင်သော (အနာ။)
Medical, *a.* pertaining to the healing art, အနာပြောက်အောင်ဆေးကုခြင်းနှင့်ဆိုင်သော။ medicinal, အနာပြောက်စေသောသတ္တိရှိသော။
Medicament, *n.* ဆေး။
Medicate, *v. t.* to impregnate with something medicinal, ဆေး၏ဓာတ်ကူအောင်ရောနှောသည်။ to treat with medicine, ဆေးကုသည်။
Medication, *n.* from above.
Medicative, *a.* အနာပြောက်စေတတ်သော (ဆေး။)
Medicinal, *a.* အနာပြောက်စေသောသတ္တိရှိသော။
Medicine, *n.* a substance used in the healing of disease, ဆေး။ the science of healing, ဆေးကုခြင်းအတတ်။
Mediocre, *a.* မမြတ်၊ မယုတ်၊ အလတ်ဖြစ်သော။
Mediocrity, *n.* a middle state of degree, မမြတ်၊ မယုတ်၊ အလတ်ဖြစ်သောအဖြစ်။ moderation, temperance, ကာမဂုဏ်ချုပ်တည်းခြင်း။
Meditate, *v. i.* ဆင်ခြင်သည်။ —*v. t.* ကြံစည်သည်။
Meditation, *n.* ဆင်ခြင်ခြင်း။
Meditative, *a.* ဆင်ခြင်တတ်သော။
Mediterranean, *a.* ပတ်လည်၌ကုန်းရှိသော။
Medium, *n.* space or substance through which a body moves, တရပ်မှသည် တရပ်သို့ ထိုးဖောက် ရှောက် သွား ရန် ဖြစ် သော အရာ။ mean, that which lies between extremes, အလတ်။ လတ်သောနေရာ။ means to an end, အား။ *see* Means.
Medley, *n.* ရောနှောသောအရာ။
Medullar, Medullary, *a.* ခြင်ဆီနှင့်ဆိုင်သော။
Meed, *n.* ဆု။
Meek, *a.* စိတ်နူးညံ့သိမ်မွေ့သော။ —eyed, မျက်စိထောင်လွှားခြင်းသဘောမရှိ၊ နှိမ့်ချသောလက္ခဏာနှင့်ကြည့်ရှုတတ်သော။

Meeken, *v. t.* from Meek.

Meekness, *n.* from Meek.

Meet 1, *a.* တော်လျော်သော။ —2, *v.* to come together in company with, တွေ့သည်။ တွေ့ကြုံသည်။ တွေ့မြင်သည်။ to come in contact, to join, ဆုံသည်။ to come together face to face, ဆိုင်သည်။ to encounter, ဆိုင်တွေ့သည်။ to assemble, စုဝေးသည်။ စည်းဝေးသည်။ to get, receive, ရသည်။ ခံရသည်။ —with, of similar applications.

Meeten, *v. t.* တော်လျော်အောင်ပြုသည်။

Meeting, *n.* from Meet, *v.* an assembly, အစုအဝေး။ အစည်းအဝေး။ —house, *n.* သုဓမ္မာဇရပ်။

Meetness, *n.* from Meet, *a.*

Megrim, *n.* ပြင်းစွာသောခေါင်းကိုက်ခြင်း။

Melancholic, *see* Melancholy, *a.*

Melancholy, *n.* စိတ်ညှိုးငယ်ခြင်း။ —*a.* depressed in spirits, စိတ်ညှိုးငယ်သော။ calamitous, ဘေးနှင့်ဆိုင်သော။

Melee, *n.* ရှုပ်ရှက်ခတ်၍တိုက်ခိုက်ခြင်း။

Meliorate, *see* Ameliorate.

Melliferous, *a.* ပျားရည်ကိုဖြစ်စေတတ်သော။

Mellifluent, Mellifluous, *a.* ပျားရည်စီးယိုသကဲ့သို့ချိုသာသော (စကား။)

Mellow, *a.* soft with ripeness, မှည့်၍ပျော့သော။ soft to the ear, ပျော့ပျောင်းသော (စကားသံ။) soft and smooth to the taste, သိမ်မွေ့နူးညံ့သောအရသာရှိသော။ soft or easy to the eye, ကြည့်ခြင်းအားဖြင့်မျက်စိမြေသော (အရောင်။) soft as earth, not indurated or stiff, နူးပွသော။ —*v. i.* and *v. t.* from *do.*

Mellowness, *n.* from same.

Melodious, *a.* သီခြင်းဆိုသံ၊ တီးမှုတ်သံအချိုအချုဆီလျော်၍သာယာသော။

Melody, *n.* from above.

Melon, *see* Musk-melon and Water-melon.

Melt, *v. i.* to become liquid, အရည်ဖြစ်သွားသည်။ to be softened in feeling, နူးညွတ်ခြင်းသို့ရောက်သည်။ to be disheartened, စိတ်ပျက်သည်။ —*v. t.* to liquify, အရည်ကြိုသည်။ to soften the mind, နူးညွတ်စေသည်။ to dishearten, စိတ်ပျက်အောင်ပြုသည်။ to waste away, ပျောက်လွင့်စေသည်။

Member, *n.* a part of the body, or a component part of any integral, အင်္ဂါ။ one of a community or society, သင်းဝင်သူ။ a part of a sentence, အပုဒ်၏အပိုင်း။

Membership, *n.* သင်းဝင်သူဖြစ်ခြင်း။

Membrane, *n.* အမြှေး။

Membraneous, *a.* အမြှေးဖြစ်သော။

Memento, *n.* သတိပေးချက်။

Memoir, *n.* a biography, လူ၏အကြောင်းအရာအထုပ္ပတ္တိများကိုဖော်ပြရေးထားသောစာ။ a chronicle, မှတ်စာ။

Memorable, *a.* worthy of being remembered, မှတ်မိစရာကောင်းသော။ worthy of celebrity, ကျော်စောထိုက်သော။

Memorandum, *n.* မမေ့မလျော့သတိရစေခြင်းငှါမှတ်သောအချက်။

Memorial, *n.* something made or instituted to preserve the memory of, မှတ်မိစေခြင်းငှါစီရင်သောအရာ၊ အထိမ်းအမှတ်။ a memorandum, *which see*; a petition, အကျိုးအကြောင်းကိုဖော်ပြသောလျှောက်စာ။

Memorialist, *n.* ထိုသို့သောလျှောက်စာကိုဆက်သွင်းသောသူ။

Memorialize, *v. t.* ထိုသို့သောလျှောက်စာကိုဆက်သွင်းသည်။

Memoriter, *adv.* နှုတ်ကျက်။ အာဂုံဆောင်သည်နှင့်။

Memory, *n.* the faculty of remembering, မှတ်မိတတ်သောစိတ်။ မှတ်ဉာဏ်။ remembrance, မှတ်မိခြင်း။ the time within which past events can be remembered, မှတ်မိနိုင်သောကာလ။

Menace, *v. t.* ခြိမ်းခြောက်သည်။ —*n.* from *do.*

Menagery, *n.* သားရဲများလှောင်ခြံ။

Menagogue, *n.* မိးရပ်ခြောက်ပျောက်စေသောဆေး။

Mend, *v. t.* to repair, correct, ပြုပြင်သည်။ to make better, တိုး၍ကောင်းအောင်ပြုသည်။ —*v. i.* to grow better, တိုး၍ကောင်းသွားသည်။ to be convalescent, အနာပျောက်၍တဖြည်းဖြည်းအားတိုးပွားလျက်ရှိသော။

Mendacious, *a.* မုသာစကားကိုပြောတတ်သော။

Mendacity, *n.* from above.

Mendicant, *a.* တောင်းစားတတ်သော။ —*n.* သူတောင်းစား။ ယာစကာ။

Mendicity, *n.* တောင်းစား၍နေခြင်းအဖြစ်။

Menial, *a.* pertaining to servants, အစေအပါခံခြင်းနှင့်ဆိုင်သော။ low, mean, ယုတ်ညံ့သော။ —*n.* အစေအပါ။ ကျွန်။

Meninges, *n.* ဦးနှောက်ကိုဖုံးလွှမ်းသောအမြှေး။

Menology, *n.* လက်မှတ်စာရင်း။

Menses, *n.* မိးရပ်။ ဥတု။ ရာသီပန်း။

Menstrual, *a.* monthly, တလတခါဖြစ်တတ်သော။ pertaining to the menses, မိးရပ်နှင့်ဆိုင်သော။

Menstruous, *a.* မိးရပ်စွဲသော။ ကိုယ်မကောင်းသော။

Menstruum, *n.* အရည်ဖြစ်စေနိုင်သောဆေး။

Mensurable, *n.* တိုင်းထွာ၊ ခြင်တွယ်နိုင်ဖွယ်ဖြစ်သော။

Mensuration, *n.* တိုင်းထွာ၊ခြင်တွယ်ခြင်း။

Mental, *a.* စိတ်နှစ်လုံးနှင့်ဆိုင်သော။

Mentally, *adv.* စိတ်နှစ်လုံးအားဖြင့်။

Mention, *v. t.* သွင်း၍ပြောသည်။ —*n.* from *do.*

Mephitic, *a.* နံစော်သော။

Mercantile, *a.* ဖောက်ကားရောင်းဝယ်ခြင်းအမှုနှင့်ဆိုင်သော။

Mercenary, *a.* hireling, အခစားသော။ hired, as service, ငွေ၍ရသော (အရာ။) actuated by the hope of gain, လောဘအလိုသို့လိုက်တတ်သော။ —*n.* a hireling, အခစားသောသူ။ a soldier that serves for hire only, ငွေနှင့်အငှါးခံ၍အမှုထမ်းသောစစ်သူရဲ။

Mercer, *n.* ပိုးထည်မျိုးကိုရောင်းသောသူ။ ပိုးထည်သည်။

Merchandise, *n.* ကုန်စည်။ ကုန်စလယ်။

Merchant, *n.* ကုန်သည်။

Merchantable, *a.* ရောင်း၍ဖြစ်နိုင်သော။

Merchantman, *n.* ကုန်တင်သင်္ဘော။

Merciful, *a.* compassionate, သနားတတ်သော။ ကရုဏာသက်တတ်သော။ disposed to pity and forgive, သနား၍အပြစ်လွှတ်တတ်သော။

Merciless, *a.* မသနားတတ်သော။ ကရုဏာမရှိတတ်သော။

Mercurial, *a.* pertaining to quicksilver, ပြဒါးနှင့်ဆိုင်သော။ active, sprightly, မြန်ဆန်သော။

Mercury, *n.* the planet, ဗုဒ္ဓဟူးဂြိုဟ်။ quicksilver, ပြဒါး။ sprightly qualities, မြန်ဆန်သောသဘော။

Mercy, *n.* compassion, ကရုဏာ။ သနားခြင်း။ a disposition to pity and forgive, သနား၍အပြစ်လွှတ်တတ်သောသဘော။ the exercise of pity and forgiveness, သနား၍အပြစ်လွှတ်ခြင်း။ ချမ်းသာပေးခြင်း။ —seat, အပြစ်ဖြေရာပလ္လင်။

Mere, *a.* စစ်။ သက်သက်။

Merely, *adv.* ချည်း။ သာ။ ကာမျှ။

Meretricious, *a.* pertaining to a harlot, မိန်းမပျက်နှင့်ဆိုင်သော။ alluring by false show, ပဝဏ္ဏပြ၍လှည့်စားတတ်သော။

Merge, *v. i.* မြုပ်သည်။

Meridian *n.* *in astronomy,* တောင်မြောက်သို့လိုက်၍မြေကြီးလုံးထက်ဝန်းကျင်ကိုပတ်ရစ်သောမေရိဒျန်စက်ဝိုင်း။ noon, မွန်းတည့်အချိန်။ the highest point, အထွဋ်။

Merit, *v. t.* (ခံ) ထိုက်သည်။ —*n.* desert of good, ကောင်းသောအကျိုးကိုခံထိုက်ခြင်း။ ကုသိုလ်။ ကောင်းမှု။ value, excellence. ကောင်းမြတ်ခြင်း။ reward deserved, ခံထိုက်သောအကျိုး။

Meritorious, *a.* ကောင်းသောအကျိုးကိုခံထိုက်သော။

Meritoriousness, *n.* from above.

Mermaid, *n.* ရေသူ။

Merriment, *n.* from next.

Merry, *a.* ရယ်ရွှင်ပျော်မြူးသော။ —andrew, *n.* လူပျက်။ —make,

—making, ရယ်ရွှင်ပျော်မွေ့ရသောပွဲ။ —thought, ကြက်ရင်အုပ်ရိုး။
Mersion, *see* Immersion.
Mesentery, *n.* အဆီဖုညှိ။
Mesh, *n.* ကွန်ကွက်၊ ပိုက်ကွက်။
Meshy, *a.* ကွန်ကွက်၊ ပိုက်ကွက်နှင့်ပြီးသော။
Meslin, *n.* ရောနှောသောစပါးမျိုး။
Mesmerise, *v. t.* လက်နှင့်သုံးသပ်၊ ပြုပြင်သောအားဖြင့်အိပ်ပျော်စေသည်။
Mesmerism, *n.* လက်နှင့်သုံးသပ်၊ ပြုပြင်သောအားဖြင့်အိပ်ပျော်စေတတ်သောအတတ်။
Mess, *n.* a quantity of food prepared at once, တခါတည်းချက်၍တခါတည်းစားဖွဲပေါ်မှာတင်သောစားရန်။ a medley, ရောနှောသောအရာ။ the provender given to a beast at once, တိရိစ္ဆာန်ကိုတခါတည်းကျွေးသောအစာ။ a number of persons who eat together, ပေါင်းသင်းဆက်ဆံ၍စားသောက်သောလူစု။ —*v. i.* to take food, စားသောက်သည်။ to take food together, ပေါင်းသင်းဆက်ဆံ၍စားသောက်သည်။ —mate, *n.* စားပေါင်း၊ စားဖော်။
Message, *n.* စေလွှတ်၍ကြားမှာလိုက်သောအချက်။
Messenger, *n.* one who is sent, စေလွှတ်သူ။ စေလွှတ်ခြင်းကိုခံသောသူ။
Messiah, *n.* မေရှိယ။ ခရစ်တော်။ ဆီသွန်းခြင်းဘိသိတ်ခံတော်မူသောသူ။
Messianic, *a.* မေရှိယနှင့်ဆိုင်သော။
Messieurs, *plur.* of Mister.
Messuage, *n.* အိမ်ဥပစာပတ်လည်ရှိသောအရာ။
Metacarpus, *n.* လက်ဖမိုးအရိုးလေးခု။
Metal, *n.* သတ္တု။
Metallic, *a.* သတ္တုနှင့်ဆိုင်သော။
Metallurgy, *n.* သတ္တုချသောအတတ်။
Metamorphose, *v. t.* ရုပ်နှင့်တကွအဆင်းသဏ္ဌာန်ကိုပြောင်းလဲစေသည်။
Metamorphosis, *n.* from above.
Metaphor, *n.* ပုံစကား။ ဥပမာ။
Metaphoric, *a.* ပုံခိုင်းသော။
Metaphrase, *n.* မူအလိုက်အနက်ပြန်သောစာ။
Metaphrastic, *a.* မူအလိုက်အနက်ပြန်သော။
Metaphysic, Metaphysical, *a.* ပရမတ်သင်းပြိုဟ်နှင့်ဆိုင်သော။
Metaphysician, *n.* ပရမတ်သင်းပြိုဟ်ကိုတတ်သောသူ။
Metaphysics *n.* ပရမတ်သင်းပြိုဟ်။
Mete, *see* Measure.
Metempsychosis, *n.* သေ၍ကိုယ်ခန္ဓာပြောင်းခြင်း။
Meteor, *n.* a transitory body in the sky, မိုဃ်းကောင်းကင်နှင့်ဆိုင်သော

အရာ။ a bolis, ဥက္ကာ။ ဥဘာ။ an ignis fatuus, မြေစုန်း။ a falling star, ကြယ်ပျံ။

Meteoric, *a.* ဥက္ကာနှင့်ဆိုင်သော။

Meteorology, *n.* မိုဃ်းကောင်းကင် နှင့် ဆိုင်သော အရာတို့ကို ဖော်ပြသော . အတတ်ပညာ။

Metheglin, *n.* ပျားရည်နှင့်ရေကိုရော၍ချက်သောအရည်။

Methinks, *v.* ငါထင်သည်။

Method, *n.* an arrangement, အစီအစဉ်။ a way, manner, နည်း။

Methodical, *a.* စီစဉ်သော။

Methodism, *n.* မေသောဒိတ်အယူဝါဒ။

Methodist, *n.* မေသောဒိတ်တည်းဟူသော ဆရာဝေစလိ အယူဝါဒကို ယူသောသူ။

Methodistic, *a.* မေသောဒိတ်အယူဝါဒနှင့်ဆိုင်သော။

Methodize, *v. t.* စီစဉ်သည်။

Metre, *n.* လင်္ကာပိုက်ပါဒအတိုင်းအထွာ။

Metrical, *a.* လင်္ကာပိုက်ပါဒအတိုင်းအထွာနှင့်ဆိုင်သော။

Metropolis, *n.* မြို့မ။ မြို့တော်။

Metropolitan, *a.* မြို့မနှင့်ဆိုင်သော။ —*n.* ဂိုဏ်းအုပ်ချုပ်။

Mettle, *n.* ပြင်းထန်မြန်ဆန်သောစိတ်သဘော။

Mettlesome, *a.* ပြင်းထန်မြန်ဆန်သောစိတ်သဘောရှိသော။

Mew 1, *v. t.* လှောင်ထားသည်။ —1, *n.* လှောင်အိမ်။ —2, *v. i.* (ကြောင်)မြည်သည်။

Mewl, *v. i.* သူငယ်ကဲ့သို့ငိုသည်။

Miasm, Miasma, *n.* ဥပါတ်ဖြစ်စေတတ်သောမြေငွေ့။

Miasmatic, *a.* ထိုမြေငွေ့နှင့်ဆိုင်သော။

Microcosm, *n.* ငယ်သောစကြဝဠာတည်းဟူသောသူ။

Micrometer, *n.* အသေးအနုပ်ကိုတိုင်းထွာသောတန်ဆာ။

Microscope, *n.* သေးနုပ်သောအရာတို့ကိုကြည့်၍မြင်နိုင်သောမှန်ဘီလူး။ ကျောက်ကြည့်မှန်။

Microscopic, *a.* ထိုသို့သောမှန်နှင့်ဆိုင်သော။

Mid, *a.* အလယ်ဖြစ်သော။ —course, *n.* လမ်းအလယ်။ —day, မွန်းတည့်။ —heaven, မိုဃ်းကောင်းကင်အလယ်။ —land, *a.* ပြည်အလယ်၌ကျသော။ —night, *n.* သန်းခေါင်။ —ship, *a.* သင်္ဘောအလယ်၌ကျသော။ —shipman, *n.* တိုက်သင်္ဘောအရာရှိကလေး။ —stream, မြစ်လယ်။ —summer, အင်္ဂလိတ်နှစ်တွင် ဒုတိယဥတုအလယ်။ —way, လမ်းအလယ်။ —winter, အင်္ဂလိတ်နှစ်တွင်စတုတ္ထဥတုအလယ်။

Middle, *n.* အလယ်။ အလယ်ချက်။ —*a.* အလယ်ဖြစ်သော။ အလတ်။ —aged, မပျို၊မအို၊အလတ်ဖြစ်သော။ —most, အလယ်တည့်တည့်ဖြစ်သော။

Middling, *a.* neither very good nor very bad, မယုတ်၊မမြတ်၊အလတ်သာဖြစ်သော။ tolerable, တော်ရုံမျှရှိသော။
Midriff, *n.* ရင်နှင့်ဝမ်းကိုပိုင်းခြားသောအမြှေး။
Midst, *n.* အလယ်ခေါင်။
Midwife, *n.* ဝမ်းဆွဲမိန်းမ။
Mien, *n.* မျက်နှာထားနှင့်တကွအသွားအလာအနေအထိုင်၏လက္ခဏာ။
Miff, *n.* ခဏမိတ်ဆိုးခြင်း။
Might, *n.* ခွန်အား။ အစွမ်းသတ္တိ။
Mightiness, *n.* from next.
Mighty, *a.* ခွန်အားကြီးသော။ အစွမ်းသတ္တိနှင့်ပြည့်စုံသော။ တန်ခိုးရှိသော။
Migrate, *v. i.* တပြည်မှတပြည်သို့ပြောင်းသည်။
Migration, *n.* from above.
Migratory, *a.* အရပ်ရပ်တို့သို့နေရာပြောင်းတတ်သော။
Milch, *a.* နို့ထွက်သော။
Mild, *a.* soft, gently, နူးညံ့သော။ သိမ်မွေ့သော။ moderate, not violent, မပြင်းထန်၊ ဖြည်းညှင်းသော။ tender and gentle in temper, စိတ်ကောင်းသော။ pleasant to the taste, ချိုသော။ pleasant (as weather,) သာယာသော။ —spirited, —tempered, စိတ်ကောင်းသော။
Mildew, *n.* မှို။
Mildewed, *a.* မှိုတက်သော။ ဖားဥတက်သော။
Mildness, *n.* from Mild.
Mile, *n.* တာငါးရာခန့်ဖွဲ့သောတိုင်။ —stone, ငါးရာတွင်းတွင်စိုက်သောမှတ်တိုင်။
Miliary, *a.* အပူထွက်ခြင်းနှင့်ဆိုင်သော။ —fever, *n.* အပူထွက်သောအဖျား။
Militant, *a.* စစ်တိုက်လျက်ရှိသော။
Military, *a.* စစ်မှုနှင့်ဆိုင်သော။ —*n.* စစ်သူရဲများ။
Militate, with or against, *v. t.* ဆန့်ကျင်ဘက်ပြုသည်။
Militia, *n.* စစ်မှုပေါ်ရှိလျှင်ရလွယ်အောင်စည်းကြပ်၍စစ်ရေးပြသောပြည်သားများ။
Milk, *n.* နို့။ —fever, မီးနေသည်အတွင်းဖြစ်တတ်သောဖျားနာ။ —maid, နို့ညှစ်သောမိန်းမ။ —pail, နို့ထည့်သောစည်ပိုင်း။ —sop, ပျော့ပျောင်းသောသူ။ —white, *a.* နို့ကဲ့သို့ဖြူသော။ —woman, နို့သည်မိန်းမ။ —*v. t.* နို့ညှစ်သည်။
Milkiness, *n.* from next.
Milky, *a.* made of milk, နို့ကိုလုပ်သော။ like milk, နို့နှင့်တူသော။ yielding milk, နို့ထွက်သော။ soft, tender, နူးညံ့သော။ —way, *n.* နဂါးငွေ့။
Mill 1, *n.* a copper coin, မိလဟုခေါ်ဝေါ်သောအမေရိကကြေးနီဒင်္ဂါး။

—2, engine for grinding, &c. ပွတ်ကြိတ်ရန်ယန္တရားစက်။ a hand mill for husking grain or grinding into flour, ကြိတ်ဆုံ။ —cog, စက်ခွေးသွား။ —dam, ရေစက်လှည့်ဖို့ရာဆည်ရိုး။ —horse, စက်လှည့်သောမြင်း။ —pond, ရေစက်လှည့်ဖို့ရာဆည်သောရေကန်။ —race, ရေစက်လှည့်ဖို့ရာလုပ်သောမြောင်း။ —stone, ကျောက်ကြိတ်ဆုံ။ ကျောက်ဆုံ။ —wright, ယန္တရားစက်ကိုလုပ်သော လက်သမား။ —2, *v. t.* to grind, ကြိတ်သည်။ to stamp the edges of coin, ဒင်္ဂါးနားကိုခွေးသွားမိပ်စိတ်သည်။

Millenarian, *n.* သခင်ယေရှုခရစ်သည်ကောင်းကင်မှဆင်းသက်၍မြေကြီးပေါ်မှာအနှစ်တထောင်ပတ်လုံးစိုးစံတော်မူမည်ဟုအယူရှိသောသူ။

Millenary, *a.* အရေအတွက်အားဖြင့်တထောင်ရှိသော။

Millenial, *a.* မိလေနိကပ်ကာလနှင့်ဆိုင်သော။

Millenium, *n.* မိလေနိကပ်ကာလ တည်းဟူသော၊ သာသနာတော်တည်ထောင်ရသောအနှစ်တထောင်။

Milleped, *n.* ပိုးလုံးကောင်။

Miller, *n.* one who grinds corn, ဂျုံစပါးအစရှိသည်တို့ကိုကြိတ်၍မုန့်ညက်လုပ်သောလူ။ *see also* Moth.

Millet, *n.* (panicum,) ဆပ်။M. လူး။S.

Milliner, *n.* မိမ္မဦးထုပ်မျိုးကိုလုပ်၍ရောင်းသောသူ။

Millinery, *n.* မိမ္မဆင်သောဦးထုပ်တန်ဆာမျိုး။

Million, *n.* အသန်း။ တသန်း။ ၁၀၀၀၀၀၀။

Millionaire, *n.* တသန်းရတတ်သောလူ။

Millionth, *a.* တသန်းပြည့်သော။

Milt, *n.* the spleen, သရက်ရွက်။ the roe of fish, ငါးဥ။

Milter, *n.* ငါးထီး။

Mimic, *n.* အတုလုပ်တတ်သော။ —*v. t.* ပြက်ပြက်ချော်ချော်ပြု၍အတုလုပ်သည်။ —*n.* agent from *do.*

Mimicker, *n.* same.

Mimickry, *n.* from Mimic, *v. t.*

Mina, *n.* (large species,) သာလိကာ။ (small species,) ဇရက်။

Minaret, *n.* ဒုရင်။

Minatory, *a.* ခြိမ်းခြောက်သော။

Mince, *v. t.* to cut into small pieces, စဉ်းသည်။ to extenuate in speaking, အကြီးကိုအငယ်ဖြစ်အောင်လိမ်လည်၍ပြောဆိုသည်။ to speak softly and affectedly, မပြောချင်ချင်၊ ပြောချင်ချင်နှင့်ဟန်ယူ၍ပြောသည်။ to walk with short and affected steps, မလှမ်းချင်ချင်၊ လှမ်းချင်ချင်နှင့်ဟန်ယူ၍သွားသည်။ —pie, *n.* အမဲသားကိုဒွာပနာသွင်း၍လုပ်သောမုန့်။

Mind, *n.* စိတ်။ စိတ်နှလုံး။ —*v. t.* to observe, မှတ်သည်။ မှတ်ထား

သည်။ to regard, မှတ်သည်။ အမှုထားသည်။ to obey, နားထောင်သည်။ to recollect, (obsol.) သတိရသည်။

Minded, *a.* disposed, (ဤမည်သောစိတ်ရှိသော။)

Mindful, *a.* bearing in mind, အောင်းမေ့သော။ having regard to, ပမာဏပြုသော။ heedful, သတိပြုသော။

Mindfulness, *n.* from above.

Mindless, *a.* မမှတ်ဘဲနေသော။ သတိမထားဘဲနေသော။

Mine 1, *poss.* of I, *which see* —2, *n.* a pit yielding metals or minerals, ဓာတ်၊သတ္တုထွက်သောတွင်း။ *in fortification*, ယမ်းကိုမြှုပ်၍ရှို့ရန်ခလိုင်၍တူးသောတွင်း။ —*v. i.* to dig pits, တွင်းတူးသည်။ *v. t. see* Undermine.

Miner, *n.* တွင်းတူးသောသူ။

Mineral, *n.* ဓာတ်။ ဓာတ်ကျောက်။ —*a.* ဓာတ်ကျောက်နှင့်ဆိုင်သော။ —spring, *n.* ဆေးစမ်းကွင်း။

Mineralogist, *n.* မိနေရောလဇိအတတ်ပညာကိုပြုစုသောဆရာ။

Mineralogy, *n.* မိနေရောလဇိအတတ်တည်းဟူသောဓာတ်အမျိုးမျိုးကိုပိုင်းခြား၍သိကျွမ်းနားလည်တတ်သောအတတ်ပညာ။

Mingle, *v.* ရောနှောသည်။

Miniature, *n.* ပန်းချီရေးသောမျက်နှာရုပ်ပုံငယ်။

Minikin, *a.* ကျစ်သော။ လှိုသော။

Minim, *n.* a dwarf, လူပု။ one of the notes in music, သီခြင်းသံပိုတမျိုး။

Minimum, *n.* အငယ်ဆုံး။ အနည်းဆုံး။

Minion, *n.* ပါးလှူးပါးလဲပြုခြင်းအားဖြင့်မျက်နှာရသောသူ။

Minister, *v. i.* to serve, အစေခံသည်။ အမှုကိုဆောင်ရွက်သည်။ ဝတ်ပြုသည်။ to afford aid or supplies, ပြုစုသည်။ လုပ်ကျွေးသည်။ to give medicine, ဆေးကုသည်။ —*v. t.* to furnish, အသုံးခံသည်။ —*n.* an assistant, လက်ထောက်။ an agent, ကိုယ်စားလှယ်။ one in charge of some department of government, ဝန်။ the representative of a sovereign at a foreign court, သံတမန်။ a clergyman, ဓမ္မဆရာ။

Ministerial, *a.* attending for service, အစေခံလျက်ရှိသော။ having some official charge, ဝန်အရာရှိသော။ pertaining to ministers of state, လွှတ်တော်နှင့်ဆိုင်သော။ clerical, ဓမ္မဆရာအရာနှင့်ဆိုင်သော။

Ministrant, *a.* attendant on service, အခစားလျက်ရှိသော။ performing service, အမှုဆောင်လျက်ရှိသော။

Ministration, *n.* the act of performing service, အမှုကိုဆောင်ခြင်း။

Ministry, *n.* agency, the office of an agent, ကိုယ်စားလှယ်အရာ။

the clerical function, ဓမ္မဆရာအရာ။ the persons who compose the executive government, လွှတ်အရာရှိအစု။

Minium, *n.* ဆိုး။ ခဲမပုပ်ပြာနီ။

Minor, *a.* သာ၍ငယ်သော။ —*n.* တရားမဝင်သေးသောသူ။

Minority, *n.* the state of being under age, တရားမဝင်သေးသော အသက်အရွယ်။ the smaller number, တစုကိုနှစ်စုခွဲရာတွင်နည်းသောအစု။

Minotaur, *n.* လူမျက်နှာနှင့်ကိုယ်တပိုင်းပါသောနွားလား။

Minster, *n.* ကျောင်း။

Minstrel, *n.* အရပ်ရပ်လှည့်လည်လျက်သီခြင်းဆို၍တီးမှုတ်သောသူ။

Minstrelsy, *n.* ထိုသို့သီခြင်းဆို၍တီးမှုတ်ခြင်း။

Mint 1, *n.* the plant, ဦးညွှပင်။ ပင်စိမ်းပင်။ —2, the place where money is coined, ဒင်္ဂါးခတ်သည်တိုက်။ —master, ဒင်္ဂါးခတ်သည်တိုက်စိုး။ —*v. t.* to coin, ဒင်္ဂါးခတ်သည်။ to fabricate, မမှန်ဘဲလျက်လုပ်သည်။

Mintage, *n.* ဒင်္ဂါးခတ်သည်အတွက်အကောက်ယူသောငွေ။

Minuend, *n.* နှုတ်ရန်တည်ကိန်း။

Minuet, *n.* ကခြင်းတမျိုး။

Minus, *adv.* နှုတ်သည်နှင့်။

Minute,′ *a.* very small, သေးနုပ်သော။ exact, စေ့စပ်သော။

Min′ute, *n.* the 60th part of an hour, မိနစ်တည်းဟူသောစက္ကံ ၆၀ နှင့်မျှသောကာလအပိုင်းအခြား။ the 60th part of a degree, လိတ္တာ။ a memorandum, အကျဉ်းအားဖြင့်မှတ်သားသောအချက်။ —book, အကျဉ်းအားဖြင့်မှတ်သားသောအချက်များပါသောစာအုပ်။ —glass, မိနစ်သဲနာရီ။ —guns, *plur.* တမိနစ်ခြားစီပြစ်သော အမြောက်။ —hand, မိနစ်လက်။ —*v. t.* အကျဉ်းအားဖြင့်မှတ်သား၍ရေးထားသည်။

Minutely, *adv.* စဉ်စဉ်။

Minutiæ, *n. plur.* သေးငယ်သောအကြောင်းအရာ။

Minx, *n.* ကမြင်းမကလေး။

Miracle, *n.* ထူးဆန်းသောတန်ခိုးအားဖြင့်သာပြုနိုင်သောအမှု။

Miraculous, *a.* ထူးဆန်းသောတန်ခိုးအားဖြင့်သာပြုနိုင်သော။

Mirage, *n.* တံလျှပ်။

Mire, *n.* thin mud, ရွှံ့ရည်။ —on the bank of a river, နုန်း။ ညွန်ပျောင်း။

Mired [be,] *v. i.* ရွှံ့နွံမြုပ်သည်။

Mirror, *n.* မှန်။ ကြေးမုံ။

Mirth, *n.* from next.

Mirthful, *a.* ရွှင်လန်းမြူးထူးသော။

Mirthless, *a.* ရွှင်လန်းမြူးထူးခြင်းမရှိသော။

Miry, *n.* ရွှံ့များသော။
Mis, *pref. in composition*, အလွဲ။
Misacceptation, *n.* အလွဲယူခြင်း။
Misadventure, *n.* အကျိုးပျက်သောအမှု။
Misadvised, *a.* ကောင်းကောင်းမစီရင်သော (အမှု။)
Misaimed, *a.* အချက်ကျအောင်မရွယ်သော။
Misanthrope, Misanthropist, *n.* လူမျိုးကိုမုန်းသောသူ။
Misanthropic, Misanthropical, *a.* လူမျိုးကိုမုန်းသော။
Misanthropy, *n.* from above.
Misapplication, *n.* from next.
Misapply, *v. t.* အလွဲသုံးဆောင်သည်။
Misapprehend, *v. t.* အထင်လွဲသည်။
Misapprehension, *n.* from above.
Misarrange, *v. t.* နေရာမကျ၊ အလွဲထားသည်။
Misbecome, *v.* မတော်မသင့်ဖြစ်သည်။
Misbegotten, *a.* မင်းဦး၊ မင်းလွှင်ဖြစ်သော။
Misbehave, *v. i.* မတော်မသင့်ကျင့်ဆောင်ပြုမူသည်။
Misbehavior, *n.* from above.
Misbelief, *n.* အလွဲယုံခြင်း။
Misbestow, *v. t.* အလွဲပေးကမ်းသည်။
Miscalculate, *v.* အလွဲတွက်သည်။ အတွက်မှားသည်။
Miscalculation, *n.* from above.
Miscall, *v. t.* အခေါ်လွဲသည်။
Miscarriage, *n.* from next.
Miscarry, *v.* to fail of accomplishing a purpose, အကြံပျက်သည်။ အကြံမမြောက်နေသည်။ to bring forth prematurely, ကိုယ်ဝန်ပျက်သည်။
Miscellaneous, *a.* အထူးထူးအထွေထွေဖြစ်သော။
Miscellany, *n.* a mixture of various kinds, အထူးထူးအထွေထွေဖြစ်သောအရာစု။ a collection of various kinds of compositions, အထူးထူးအထွေထွေပါသောစာစု။
Mischance, *n.* အခွင့်မတော်၍အကျိုးပျက်ခြင်း။
Mischief, *n.* harm, damage, injury, အကျိုးကိုဖျက်ခြင်း။ intentional injury, မနာလိုသောစိတ်နှင့်အကျိုးကိုဖျက်ခြင်း။ ill consequence, မကောင်းသောအကျိုး။ —maker, ဂုံးတိုက်သောသူ။ ဂုံးသည်။ ဂုံးမ။
Mischievous, *a.* hurtful, injurious, အကျိုးကိုဖျက်တတ်သော။ inclined to do mischief, အကျိုးကိုဖျက်ချင်သောသဘောရှိသော။
Mischievousness, *n.* from above.
Mischoose, *v. t.* အလွဲရွေးကောက်သည်။
Miscible, *a.* ရောနှော၍သင့်သော။

Misconception, *n.* from next.
Misconceive, *v.* အထင်လွဲသည်။
Misconduct, *n.* မဟုတ်မမှန်ကျင့်ဆောင်ပြုမူခြင်း။
Misconstruction, *n.* from next.
Misconstruct, *v. t.* အနက်ကိုအလွဲကောက်ယူသည်။
Miscount, *v. t.* အလွဲရေတွက်သည်။ အရေအတွက်မှားသည်။
Miscreant, *n.* အလွန်ဆိုးယုတ်သောသူ။
Miscreated, *a.* ပကတိအတိုင်းမဟုတ်၊ အရုပ်ပျက်သော။
Misdated, *a.* နှစ်၊ လ၊ နေ့ရက်ကိုအလွဲမှတ်သားသော။
Misdeed, *n.* မကောင်းသောအမှု။
Misdeem, *v. t.* အလွဲထင်မှတ်သည်။
Misdemeanor, *n.* အပြစ်ရှိသောအမှု။
Misdirect, *v. t.* အလွဲလမ်းကိုပြညွှန်သည်။
Misdo, *v. t.* မှားယွင်းသည်။
Misdoer, *n.* မှားယွင်းသောသူ။
Misemploy, *v. t.* အကျိုးမဲ့သုံးဆောင်သည်။
Misemployment, *n.* from above.
Miser, *n.* အလွန်စေးနှဲသောသူ။ လူစေးနှဲ။
Miserable, *a.* wretched, အလွန်ဆင်းရဲသော။ very poor, mean, အလွန်ယုတ်ညံ့သော။ of no use, worthless, အချည်းနှီးဖြစ်သော။ ကျေးဇူးမရှိသော။
Miserly, *a.* အလွန်စေးနှဲသော။ —*n.* wretchedness, အလွန်ဆင်းရဲခြင်း။ calamity, အမင်္ဂလာ။ ဘေးဥပါဒ်။
Misfashion, Misform, *v. t.* ပုံမကျဘဲလုပ်သည်။
Misfortune, *n.* အမင်္ဂလာ။ အကျိုးပျက်ကြောင်း။
Misgive, *v.* စိတ်ပျက်အောင်ပြုသည်။
Misgotten, *a.* မတရားသဖြင့်ရသော (အရော။)
Misgovern, *v. t.* မဟုတ်မမှန်ဘဲအုပ်ချုပ်စီရင်သည်။
Misgovernment, *n.* from above.
Misguide, *v. t.* လမ်းလွဲအောင်ပြညွှန်သည်။
Mishap, *n.* အခွင့်မတော်၍အကျိုးပျက်ခြင်း။
Misimprove, *v.* မကောင်းအောင်သုံးဆောင်သည်။
Misimprovement, *n.* from above.
Misinform, *v. t.* မဟုတ်မမှန်ဘဲကြားပြောသည်။
Misinformation, *n.* မဟုတ်မမှန်ဘဲကြားပြောချက်။
Misinterpret, မဟုတ်မမှန်ဘဲအနက်ပြန်သည်။
Misinterpretation, *n.* from above.
Misjudge, *v. t.* အလွဲထင်မှတ်သည်။
Misjudgment, *n.* from above.
Mislay, *v. t.* နေရာကျအောင်မထား၊ အလွဲထားသည်။ အထားမှားသည်။

Mistle, *v. i.* မိုဃ်းဖွဲဖွဲရွာသည်။

Mislead, *v. t.* to lead astray, လမ်းလွဲစေသည်။ လမ်းကိုလွှဲ၍ပြသည်။ —the mind, to deceive, လှည့်စားသည်။ လှည့်ဖြားသည်။ to draw into error or sin, မှားယွင်းစေခြင်းငှါသွေးဆောင်သည်။

Misleader, *n.* a deceiver, လှည့်ဖြားသောသူ။ a false teacher, အယူပြန်သောဆရာ။

Mislike, *see* Dislike.

Mismanage, *v. t.* မကောင်းအောင်စီရင်သည်။

Mismanagement, *n.* from above.

Misname, *v. t.* အမည်နာမကိုအလွဲခေါ်သည်။

Misnomer, *n.* from above.

Misogamist, *n.* လက်ထပ်ခြင်းအမှုကိုမုန်းသောသူ။

Misogyny, *n.* မိမ္မကိုမုန်းခြင်း။

Misplace, *v. t.* to mislay, နေရာကျအောင်မထား၊အလွဲထားသည်။အထားမှားသည်။ —affection, မချစ်ထိုက်သောသူကိုချစ်သည်။ —confidence, မယုံထိုက်သောသူကိုယုံသည်။

Misprint, *v. t.* အလွဲပုံနှိပ်သည်။ —*n.* အလွဲပုံနှိပ်ချက်။

Misprision, *n.* ရာဇဝတ်သင့်ထိုက်သောအမှုကိုထိမ်ဝှက်သော်၎င်၊ အားပေးသော်၎င်ရောက်သောအပြစ်။

Mispronounce, *v. t.* ဌာန်ကရိုဏ်းမကျအောင်ပြောသည်။

Misproportion, *v. t.* အချိုးအစားမမျှလုပ်သည်။

Misquote, *v. t.* အခြားသောစာထဲကအလွဲကောက်နုတ်၍ကိုယ်ရေးသောစာ၌သွင်းသည်။

Misquotation, *n.* ထိုသို့ကောက်နုတ်၍သွင်းသောစာချက်။

Misrate, *v. t.* အလွဲခြင့်တွက်သည်။

Misreckon, *v. t.* အလွဲတွက်သည်။

Misrelate, *v. t.* အလွဲပြန်ပြောသည်။

Misremember, *v. t.* အလွဲမှတ်မိသည်။

Misreport, *v. t.* အလွဲပြောထားသည်။

Misrepresent, *v. t.* မဟုတ်မမှန်ဘဲဖော်ပြပြောထားသည်။

Misrepresentation, *n.* the act of misrepresenting, from above; an incorrect account, မဟုတ်မမှန်ဘဲဖော်ပြသောစကား။

Misrule, *n.* ရုန်းရင်းခတ်မှုပြုခြင်း။

Miss 1, *n.* a well mannered girl, ယည်ကျေးသောမိမ္မကလေး။ a kept mistress, အသိမ်း။ *prefixed to names of girls and young women*, မိ။ ရှင်။ မ။ —2, *v.* to fail in aim, not to hit, မမှန်၊ မှားသည်။ အချက်မှားသည်။ to fail of finding the way, လွဲသည်။ လမ်းလွဲသည်။ to fail of obtaining, မရဘဲနေသည်။ to discover (something) to be wanting, ထားသည်နေရာမှာမရှိသည်ကိုရိပ်မိသည်။ to feel the want of, မရှိကြောင်းကိုအောင်းမေ့သည်။ to let pass, to go without, မသုံးဘဲနေသည်။ to omit in reading, or writing, စာကိုချ၍ဖတ်သည်။ စာကိုချ၍ရေးသည်။ —2, *n.* မရှိကြောင်းကိုအောင်းမေ့ခြင်း။

Missal, *n.* ဗရင်ဂျီဘာသာ၌ဝတ်ပြု၍သုံးစွဲသောစာ။

Misshape, *v. t.* to misform, ပုံမကျဘဲလုပ်သည်။ to deform, အရုပ်ဆိုးအောင်လုပ်သည်။

Missile, *a.* ပြစ်စရာဘို့ဖြစ်သော။ —*n.* ပြစ်ရန်လက်နက်။

Missing, *a.* ရှိမြဲအရပ်၌မရှိသော။

Mission, *n.* a sending with some commission, အခွင့်နှင့်စေလွှတ်ခြင်း။ persons sent, အခွင့်နှင့်စေလွှတ်သောသူတို့။

Missionary, *n.* သာသနာပြုစေခြင်းငှါစေလွှတ်သောသူ။ သာသနာပြုဆရာ။ —*a.* သာသနာပြုခြင်းအမှုနှင့်ဆိုင်သော။

Missive, *a.* (as a letter,) ပေးလိုက်သော။ (as a weapon,) ပြစ်စရာဘို့ဖြစ်သော။

Misspell, *v. t.* စာလုံးပေါင်းခြင်းမှားသည်။

Misspend, *v. t.* အကျိုးမဲ့သုံးသည်။

Misspense, *n.* from above.

Misstate, *v. t.* မဟုတ်မမှန်ပြောထားသည်။

Misstatement, *n.* မဟုတ်မမှန်ပြောထားသောစကား။

Mist, *n.* နှင်း။ ဆီနှင်း။

Mistake, *v. i.* လွဲသည်။မှားသည်။အထင်မှားသည်။ —*v. t.* အလွဲယူသည်။ —*n.* from *do.*

Mister, (by contraction, Mr.) *n. a term of compellation,* မောင်။ ကို။ ဦး။

Mistime, *v. t.* အချိန်မတော်မသင့်အောင်စီရင်သည်။

Mistiness, *n.* from Misty.

Mistranslate, *v. t.* မမှန်မကန်စာကိုအနက်ပြန်သည်။

Mistranslation, *n.* မမှန်မကန်အနက်ပြန်သောစာ။

Mistreat, *v. t.* ညှဉ်းဆဲသည်။

Mistress, *n.* a female who has authority, အစိုးရသောမိမ္မ၊ အရှင်မ၊ သခင်မ။ a female teacher, တပည့်တို့သင်သောမိမ္မ။ a female well skilled (in any thing,) လေ့ကျက်သောမိမ္မ။ a female beloved and courted, ရည်းစားဖြစ်သောမိမ္မ။ a concubine, အသိမ်း။ (by contraction Mrs.) *prefixed to names of married women,* မ။ မယ်။

Mistrust, *v. t.* မယုံ၊သင်္ကာရှိသည်။ သင်္ကာမကင်းရှိသည်။ —*n.* from *do.*

Mistrustful, *a.* မယုံတတ်သော။

Misty, *a.* confused with mist, နှင်းဝေသော။ dim, obscure, dusky, မှုန်သော။ ရီသော။ ဝေသော။

Misunderstand, *v. t.* အလွဲယူသည်။

Misunderstanding, *n.* misconception, အလွဲယူခြင်း။ unfriendly feeling, မသင့်မတင့်နေခြင်း။
Misuse, *v. t.* to use to a bad purpose, မကောင်းအောင်သုံးဆောင်သည်။ to mistreat, ညှဉ်းဆဲသည်။ —*n.* from *do.*
Mite, *n.* the insect, ပိုးကောင်တမျိုး။ a small particle, အလွန်သေးနှုပ်သောအစအန။
Mitigate, *v. t.* ပေါ့စေသည်။ လျော့စေသည်။ ညှံ့စေသည်။
Mitigation, *n.* from above.
Mitre, *n.* ဂိုဏ်းအုပ်ဆောင်းသောပေါင်း။
Mitred, *a.* ဂိုဏ်းအုပ်ပေါင်းကိုဆောင်းရသော။
Mitten, *n.* လက်ချောင်းမပါ၊လက်ဖုံးဖြစ်သောလက်စွပ်။
Mittimus, *n.* ချုပ်ထားရန်ဆင့်ဆိုသောမှတ်ချက်။
Mix, *v. t.* to mingle, ရောနှောသည်။ to blend into one, စရနယ်သည်။
Mixture, *n.* the act of mixing, ရောနှောခြင်း။ စရနယ်ခြင်း။ the mass or compound made by blending different ingredients into one, အမျိုးမျိုးရောပေါင်းသောအရာ။
Mizzenmast, *n.* သင်္ဘောပဲ့ရွက်တိုင်။
Mnemonics, *n.* မှတ်မိသောညာဏ်နှင့်ဆိုင်သောအတတ်ပညာ။
Moan, *v.* ညည်းတွားသည်။ —*n.* from *do.*
Moanfully, *adv.* ညည်းညည်းတွားတွား။s.
Moat, *n.* ကျုံး။
Mob, *n.* ရှုန်းရင်းခတ်မျှပြုသောအစုအဝေး။ —*v. t.* လူအစုအဝေးတို့ဝိုင်း၍ညှဉ်းဆဲသည်။
Mobility, *n.* လှုပ်ရှားလွယ်သော။
Mock, *v. t.* to mimic in contempt or derision, ပြောင်တောင်တောင်ပြု၍အတုလုပ်သည်။ to deride, ကရော်ကမည်ပြုသည်။ သရော်သည်။ to illude, အရောင်ဆောင်၍လိမ်ထည်သည်။ —*n.* ကရော်ကမည်ပြုခြင်း။ —*a.* ဇာတိမဟုတ်၊အရောင်ဆောင်၍ပဝတ္တိဖြစ်သော။
Mockery, *n.* from Mock, *v.* and *a.*
Mocking-bird, *n.* ဇရက်ငှက်။
Modal, *a.* ဒြပ်နှင့်မဆိုင်၊ ဂုဏ်နှင့်သာဆိုင်သော။
Mode, *n.* an accident or non-essential attribute, ဒြပ်နှင့်ကွာနိုင်သောဂုဏ်။ manner, way, နည်း။ fashion of dress, ဝတ်ဆင်သောအဝတ်ပုံ။
Model, *n.* ပုံ။ ပုံပန်း။ —*v. t.* ပုံနှင့်ညီအောင်လုပ်သည်။
Moderate, *a.* not excessive, မလွန်ကျူးသော။ not violent, မပြင်းထန်သော။ ဖြည်းညှင်းသော။ not rapid, မမြန်သော။ ခပ်နှေးနှေးဖြစ်သော။ not extraordinary, သာမည်ဖြစ်သော။ —*v. t.* လျော့စေသည်။ ပေါ့စေသည်။ ညှံ့စေသည်။ —*v. i.* လျော့သွားသည်။ ညှံ့သွားသည်။

Moderately, *adv.* တအိန့်အိန့်။

Moderation, *n.* from Moderate, *a.*

Moderator, *n.* one that moderates, ပြေငြိမ်းစေသောသူ။ a chairman, စည်းဝေးအုပ်။

Modern, *a.* ရှေးကာလနှင့်မဆိုင်၊ ယခုကာလနှင့်သာဆိုင်သော။

Modernize, *v. t.* ယခုကာလနှင့်တော်လျော်အောင်လုပ်သည်။

Moderns, *n. plur.* ယခုကာလ၌ဖြစ်သောသူတို့။

Modest, *a.* restrained by a sense of propriety or feelings of publicity, ဣန္ဒြေစောင့်လျက် ရှိသော။ ဟိရိဩတ္တပ္ပ ရှိသော။ အရှက်အကြောက်ရှိတတ်သော။ influenced by a desire to avoid shame, အရှက်ငဲ့သော။ not excessive or extreme, အတော်အတန်ဖြစ်သော။

Modesty, *n.* from above.

Modicum, *n.* အနည်းငယ်။

Modification, *n.* the act of modifying, ပြုပြင်ခြင်း။ the change effected, ပြုပြင်ချက်။

Modify, *v. t.* ပြုပြင်သည်။ ဖြပ်ကိုမဖျက်ဘဲဂုဏ်ကိုသာပြုပြင်သည်။

Modish, *a.* ယည်ကျေးသောထုံးစံအတိုင်းဖြစ်သော။

Modulate, *v. t.* အသံညှိသည်။

Modulation, *n.* from above.

Mogul, *n.* မကိုလူမျိုး။

Mohair, *n.* ဆိတ်တမျိုး၏အမွေးကိုရက်သောအထည်။

Mohur, *n.* ရူပိ ၁၆ ပြားထိုက်သောရွှေဒင်္ဂါး။

Moiety, *n.* တဝက်။

Moil, *v. i.* ကြိုးကြိုးကုတ်ကုတ်လုပ်သည်။

Moist, *a.* ရေစွတ်သော။

Moisten, *v. t.* from above, ဆွတ်သည်။

Moisture, *n.* a small degree of wetness, ရေစွတ်ခြင်း။ a small quantity of liquid, အနည်းငယ်သောအရည်။

Molasses, *n.* တင်လဲ။

Mold, *n.* သွန်းရန်ပုံ။ —*v. t.* ပုံထုတ်သည်။

Molding, *n.* ဖောင်း။

Mole 1, *n.* a small dark spot on the skin, မှဲ့။ —2, a mound of stones running into the sea, ရေကတုပ်။ —3, the animal, ပွေးမျိုး။ —hill, ပွေးကျစ်စာပုံ။

Molest, *v. t.* နှောင့်ယှက်သည်။

Molestation, *n.* from above.

Mollification, *n.* from Mollify.

Mollify, *v. t.* to soften, ပြေငြိမ်းစေသောအရာ။ —*v. t.* to soften, ပျော့စေသည်။ to assuage, လျော့စေသည်။ to appease, ပြေငြိမ်းစေသည်။

Molten, *a.* အရည်ကြို၍သွန်းသော။

Moment, *n.* an instant, ခဏ။ တမဟုတ်။ တအောင့်။ importance, အမှုကြီးခြင်း။

Momentary, *a.* ခဏချင်းဖြစ်သော။

Momentous, *a.* အမှုကြီးသော။

Momentum, *n.* သွားစေခြင်းငှါထုတ်၍သွင်းသောအားအရှိန်။

Monachism, *n.* ရဟန်း၏အဖြစ်အနေ။

Monad, *n.* ပရမာဏုမြူ။

Monarch, *n.* ရှင်ဘုရင်။ မင်းကေရာဇ်။ မင်းတရား။

Monarchical, *a.* vested in a single ruler, ရှင်ဘုရင်အစိုးရသော။ pertaining to monarchy, ရှင်ဘုရင်အစိုးရခြင်းနှင့်ဆိုင်သော။

Monarchy, *n.* the rule of a monarch, ရှင်ဘုရင်အစိုးရခြင်း။ a kingdom, ရှင်ဘုရင်အစိုးရသောနိုင်ငံ။

Monastery, *n.* ရဟန်းနေရာကျောင်း။

Monastic, *a.* ရဟန်းနေရာကျောင်းနှင့်ဆိုင်သော။

Monday, *n.* မန္တေ။ တနလ်ာနေ့။

Monetary, *a.* ကြေးငွေနှင့်ဆိုင်သော။

Money, *n.* ကြေးငွေ။ ရွှေငွေ။

Moneyed, *a.* ကြေးငွေများသော။

Monger, *see* the compounds, Fishmonger, &c.

Mongrel, *a.* အမျိုးမစစ်သော။ အမျိုးရောရှက်သော။

Monition, *n.* သတိပေးခြင်း။

Monitor, *n.* one who cautions, သတိပေးသောသူ။ *in schools*, လက်ထောက်တပည့်ကြီး။

Monitorial, Monitory, *a.* သတိပေးသော။ သတိပေးခြင်းနှင့်ဆိုင်သော။

Monk, *n.* ရဟန်း။

Monkey, *n.* မျောက်။

Monkish, *a.* like a monk, ရဟန်းကဲ့သို့ဖြစ်သော။ pertaining to a monk, ရဟန်းနှင့်ဆိုင်သော။

Monochord, *n.* ကြိုးတပင်ရှိသောစောင်း။

Monocular, *a.* မျက်စိတဖက်သာရှိသော။

Monody, *n.* တယောက်တည်းဆိုသောသီခြင်း။

Monogamy, *n.* မယားတယောက်တည်းရှိရခြင်း။

Monogram, *n.* စာမ။

Monologue, *n.* တကိုယ်ထီးချင်းပြောဆိုသောစကား။

Monomania, *n.* တစုံတခုသောအရာ၌ စိတ်စွဲလမ်းအားကြီး၍အရူးကဲ့သို့ဖြစ်ခြင်း။

Monomaniac, *n.* ထိုသို့ဖြစ်သောသူ။

Monopolize, *v. t.* တဦးတည်းချုပ်၍ရောင်းဝယ်သည်။

Monopoly, *n.* တဦးတည်းချုပ်၍ရောင်းဝယ်ရသောအခွင့်။

Monosyllabic, *a.* တလုံးသံရှိသောသဒ္ဒါနှင့်ပြည့်စုံသော (ဘာသာစကား။)

Monosyllable, *n.* တလုံးသံရှိသောသဒ္ဒါ။

Monotonous, *a.* တသံတသမတ်တည်းထွက်သော။

Monotony, *a.* uniformity of sound, တသံတသမတ်တည်းထွက်သောအသံ။ want of variety, ခြားနားခြင်းမရှိ၊တခုတည်းသာဖြစ်ခြင်း။

Monsoon, *n.* ရာသီကိုလိုက်သောလေ။

Monster, *n.* an animal unnaturally formed, အမျိုးဇာတိအတိုင်းမဟုတ်၊ ဖွားမြင်ကတည်းက ရုပ်ပုံသဏ္ဍာန် ပျက်သော လူ၊ တိရိစ္ဆာန်။ a person horribly wicked, ကြောက်မက်ဖွယ်ဖြစ်အောင်အလွန်ဆိုးသွမ်းရက်စက်သောသူ။

Monstrosity, *n.* a monster, which *see*; the state of being out of the common order of nature, from next.

Monstrous, *a.* unnaturally formed, အမျိုးဇာတိအတိုင်းမဟုတ်၊ဖွားမြင်ကတည်းက ရုပ်ပုံသဏ္ဍာန် ပျက်သော။ enormous, အလွန် ကြီးမား သော။ shocking, ကြောက်ဖွယ်ဖြစ်သော။

Month, *n.* လ။

Monthly, *a.* လတိုင်းဖြစ်သော။ လစဉ်အတိုင်းဖြစ်သော။

Monument, *n.* a pillar erected for a memorial, ထင်ရှားစွာအထိမ်းအမှတ်ထားသောကျောက်တိုင်။ အုပ်တိုင်။ brick or stone work raised in memory of the dead, သင်းချိုင်းရာ၌ အမှတ်ထားသော ကျောက်ပုံ၊ အုပ်ပုံ။ —inclosing or surmounting an urn, အရိုးအိုး။ a pagoda in memory of a Boodh, စေတီ။

Monumental, *a.* being a memorial, အထိမ်းအမှတ်ဖြစ်သော။ pertaining to a monument, ကျောက်တိုင်၊ အုပ်တိုင်အစရှိသည်တို့နှင့်ဆိုင်သော။

Mood, *n.* temper of mind, စိတ်သဘော။

Moody, *a.* စိတ်မှုက်သော။

Moon, *a.* လ။ —beam, *n.* လရောင်ခြည်။ —calf, လူမိုက်။ —eyed, *a.* ကြက်မျက်သင့်သော။ —light, *n.* လရောင်။ —shine, လအရောင်အဝါ။ —struck *a.* လရောင်ထိ၍ရူးသော။

Moor 1, *n.* a heathy plain, ကွင်းပြင်။ လွင်ပြင်။ a marsh, fen, ရေလွှမ်းရာအရပ်။ —land, same. —2, *v. t.* ဦးထိပ်ဆံ၊ ပဲ့ထိပ်ဆံချ၍ချည်သည်။

Moorman, *see* Mussulman.

Moot, *v. t.* ပြဿနာပြု၍ဆွေးနွေးနှီးနှောသည်။

Mop, *n.* တံပွတ်။ —*v. t.* တံပွတ်နှင့်သုတ်သည်။

Mope, *v. i.* မှိုင်၍နေသည်။

Moral, *a.* relating to social duties, ကျင့်ဝတ်တရားနှင့်ဆိုင်သော။ conformed to rules of right, ကျင့်ဝတ်တရားနှင့်ညီသော။ inferable from the ordinary course of things, ဖြစ်မြဲဖြစ်

ကြောင်းကိုထောက်၍သိရသော။ —*n.* ပုံစကားကိုထောက်၍သိရသော အတွင်းအနက်။

Moralist, *n.* a teacher of morality, ကျင့်ဝတ်တရားကိုပြသသောဆရာ။ one who practices moral duties, ကျင့်ဝတ်တရားကိုကျင့်သောသူ။

Morality, *n.* moral duties, ကျင့်ဝတ်တရား။ conformity to right, တရားနှင့်ညီခြင်း။

Moralize, *v.* ကျင့်ဝတ်တရားကိုပြသသည်။

Morals, *n. plur.* ကျင့်ဝတ်တရား။

Morass, *n.* စိမ့်မြေ။

Moravian, *n.* မောရာဗိအယူဝါဒကိုယူသောသူ။

Morbid, *a.* အနာရောဂါနှင့်ရှည်သော။ အနာရောဂါကိုဖြစ်စေတတ်သော။

Morceau, *n.* အစအန။

More, *a.* သာ၍များသော။ —*adv.* to a greater degree, သာ၍။ သာသည်နှင့်။ again, တဖန်။ နောက်တဖန်။ —[be no,] *v. i.* သေခဲ့ပြီ။ ပျောက်ပျက်ခဲ့ပြီ။ —than, *adv.* မက။ —*n.* သာ၍များသောအရာ။

Moreover, *adv.* ၎င်းပြင်။ ၎င်းနည်း။ တနည်းကား။ ထိုမှတပါး။

Morion, *n.* သံခမောက်လုံးတမျိုး။

Morn, *see* next.

Morning, *n.* နံနက်။ (by corruption,) မနက်။ —star, ကြယ်နီ။

Morocco, *n.* သားရေနယ်ချော။

Morose, *a.* မျက်နှာထားနှင့်စကားတို့ကိုပြောတတ်သော။

Moroseness, *n.* from same.

Morrow, *n.* နက်ဖန်။ နက်ဖန်နေ့။ —[to,] *adv.* နက်ဖန်နေ့၌။

Morsel, *n.* စားစရာတဆိတ်ကလေး။

Mortal, *a.* subject to death, သေတတ်သောသဘောရှိသော။ causing death, သေစေတတ်သော။ human, လူမျိုးနှင့်ဆိုင်သော။ —*n.* လူသတ္တဝါ။

Mortality, *n.* the state of being subject to death, သေတတ်သောအဖြစ်။ death, သေခြင်း။ power of destroying, ဖျက်ဆီးနိုင်သောအခွင့်။

Mortar 1, *n.* a vessel to pound in, ဆုံ။ a military engine for throwing bombs, shells, &c. မုံး။ ခရာဝအမြောက်။ —2, cement used in masonry, သရွတ်။

Mortgage, *v. t.* ပေါင်သည်။ ပေါင်နှံသည်။ —*n.* the thing mortgaged, အပေါင်အနှံ။ the state of being mortgaged, ပေါင်နှံလျက်ရှိခြင်း။

Mortgagee, *n.* အပေါင်ခံသောသူ။

Mortgager, *n.* အပေါင်ထားသောသူ။

Mortification, *n.* from next.

Mortify, *v. i.* to gangrene, ကိုယ်အင်္ဂါတစုံတခုသေ၍ပုပ်သည်။ —*v. t.*

to cause to gangrene, from same; to subdue passion and appetite by self denial, ငြိုးခြိမ့်စွာကျင့်၍စိတ်ကိုချုပ်တည်းသည်။ to wound pride, မာနမာနကိုချိုးဖဲ့၍ရှက်ကြောက်အောင်ပြုသည်။
Mortise, *n.* စရွေးပေါက်။ —*v. t.* စရွေးပေါက်ထွင်းသည်။
Mortmain, *n.* လွှဲနိုင်သောအခွင့်မရှိသောပိုင်ခြင်း။
Mosaic, *a.* ပရောဖက်မောရှေနှင့်ဆိုင်သော။
Mosaic-work, *n.* ပန်းချီဆေးရေးသကဲ့သို့ဖန်မှန်၊ ကျောက်စီသောအရာ။
Moslem, *see* Mussulman.
Mosque, *n.* ဗလီ။
Moss, *n.* ရေညှိ။ ရေညှိပင်။
Mossy, *a.* ရေညှိစွဲသော။
Most, *a.* consisting of the greatest number, အများဆုံးသော။ nearly all, အားလုံးကုန်မတတ်။ —*adv. denoting the superlative degree,* ဆုံး။ to the greatest extent, သာ၍များသောအားဖြင့်။ —*n.* almost the whole, အားလုံးကုန်မတတ်။ the greatest amount, the utmost, အကြီးဆုံး။ အများဆုံး။
Mostly, *adv.* အများအားဖြင့်။
Mote, *n.* အလွန်သေးနုပ်သောအစအန။
Moth, *n.* ဗလံ။
Mother, *n.* a female parent, အမိ။ အမေ။ the thick substance formed in vinegar, ပအုန်းရည်ခေါင်း။ —in-law, ယောက္ခမမိန်းမ။ —land, မွေးဖွားရာဌာနတိုင်းပြည်။ —of pearl, ပုလဲရတတ်သောကနုကမာခွံ။ —tongue, မိတပြောတတ်သောဘာသာစကား။ —wit, ဝမ်းတွင်းကပါသောညာဏ်ပညာ။
Motherless, *a.* အမိမရှိသော။
Motherly, *a.* အမိကဲ့သို့ချစ်ခင်ပြုစုတတ်သော။ —*adv.* အမိကဲ့သို့။
Mothy, *a.* ပိုးကိုက်၍ဖျက်သော။
Motion, *n.* animal life and action, လှုပ်ခြင်း။ လှုပ်ရှားခြင်း။ change of place or position, ရွေ့ခြင်း။နေရာမှပြောင်းခြင်း။ a proposition in a deliberative assembly, ဦးတည်၍ပြောခြင်း။ ဦးတည်၍ပြောချက်။ an intestinal evacuation, ဝမ်းသွားခြင်း။
Motionless, *a.* မလှုပ်ရှားဘဲနေသော။
Motive, *a.* လှုပ်စေသော။ —*n.* ပြုစေခြင်းငှါ စိတ်ကိုနှိုးဆော်သောအကြောင်း။
Motley, *a.* ချယ်လှယ်သော။
Motto, *n.* ရွေးထားသောစကားရင်း။
Mould, *n.* fine, soft earth, မြေနု။ the substance produced on the surface by dampness, မှို။ —board, ထယ်သွားခွဲမြေစာကိုပယ်ချအောင်တပ်သောပျဉ်ပြား။ —*v. i.* မှိုတက်သည်။
Moulder, *v. i.* ဆွေးမြေ့သည်။

Mouldiness, *n.* from next.

Mouldy, *a.* မှိုတက်သော။

Moult, *v. i.* အမွေးအတောင်လဲသည်။

Mound, *n.* မြေကတုပ်။ မြေရိုး။ အုတ်ရိုး။ ကျောက်ရိုး။

Mount 1, *n.* တောင်။ —2, *v. i.* to ascend, တက်သည်။ —*v. t.* to cause to ascend, from same; to furnish with horses, မြင်းစီးစေသည်။ to embellish with ornaments, တင့်တယ်လှပအောင်ပျင်ဆင်သည်။ to place on a carriage, (အမြောက်ကို) လှည်းပေါ်မှာတင်ထားသည်။ —guard, *v.* ကင်းစောင့်နေသည်။

Mountain, *n.* တောင်။

Mountaineer, *n.* တောသူတောင်သား။

Mountainous, *a.* တောင်များသော။

Mountebank, *n.* a stage doctor, တတ်ရောင်ဆောင်၍ကျော်ညာသောဆေးသမား။ any boastful pretender, လူဝါ။

Mourn, *v.* to express grief, ညည်းတွားမြည်တမ်းသည်။ to wear the habit of sorrow, မသာအဝတ်ကိုဝတ်သည်။

Mournful, *a.* sorrowful, ဝမ်းနည်းသော။ စိတ်မသာရှိသော။ expressive of grief, ဝမ်းနည်းခြင်းလက္ခဏာရှိသော။ lamentable, ညည်းတွားမြည်တမ်းစရာအကြောင်းရှိသော။

Mournfulness, *n.* from above.

Mourning, *n.* the act of expressing grief, ညည်းတွားမြည်တမ်းခြင်း။ the dress worn by mourners, အထိမ်းအမှတ်ပြု၍ ဝတ်သောအဝတ်။

Mouse, *n.* (one kind,) ကြွက်ကယ်သောင်။ (another,) ကြွက်ဝမ်းဖြူ။ —hole, ကြွက်ဝင်ပေါက်။ —trap, ကြွက်ထောင်ချောက်။

Mouser, *n.* ကြွက်ကိုဖမ်းတတ်သောကြောင်၊ ခွေး။

Mouth, *n.* the aperture, in the head by which food is received, ခံတွင်း၊ ပစပ်။ the same aperture considered as the instrument of speech, နှုတ်။ the opening of a vessel, river, pit, &c. အဝ။ —[down in the,] *a.* ညှိုးငယ်သော။ —[make a] or make mouths, *v.* ပစပ်ကိုယွဲ့ယွဲ့၍ ပြသည်။ —အသံထား၍ပြောသည်။

Mouthed, *see* the compounds, Foul-mouthed, &c.

Mouthful, *n.* တလုပ်စာ။

Mouthpiece, *n.* အခင်။

Movable, *a.* အရှင်ဖြစ်သော။ ရွေ့နိုင်သော။

Movables, *n. plur.* ပရိဘောဂအသုံးအဆောင်စု။

Move, *v. i.* to have animal motion, လှုပ်သည်။ လှုပ်ရှားသည်။ to change place or position, ရွေ့သည်။ နေရာမှပြောင်းသည်။ သွားသည်။ to remove, change the place of residence, နေရာ

ပြောင်းသည်။ ပြောင်းလဲသည်။ to have an intestinal evacuation, ဝမ်းသွားသည်။ —*v. t.* to remove (a thing) from its place, ရွှေ့သည်။ ယူသွားသည်။ to prevail on (the mind,) နှိုးဆော် တိုက်တွန်း၍ရသည်။ သွေးဆောင်၍ရသည်။ to shake, လှုပ်သည်။ (trans.;) လှုပ်ရှားအောင်ပြုသည်။ to propose in a deliberative assembly, ဦးတည်၍ပြောသည်။ —*n.* ရွှေ့ခြင်း။

Moveless, *a.* ရွှေ့၍မရွှေ့နိုင်သော။

Movement, *n.* from Move, *v. i.* and *v. t.*

Moving, *a.* exciting, စိတ်နှစ်လုံးကိုနှိုးဆော်တတ်သော။

Mow, (*pron. mou,*) *n.* မြက်ခြောက်စင်။ —(*pron. mo,*) *v. t.* ရိတ်သည်။

Much, *a.* များသော။ —[as,] *n.* အမျှ။ —[how,] *pron. adj.* ဘယ်မျှ။ ဘယ်လောက်။ —[so,] *pron. adj.* ဤမျှ။ ဤမျှလောက်။ —*n.* အများ။ အပုံ။ —*adv.* to a great degree, များများ။ များစွာ။ nearly, လောက်။

Mucilage, *n.* အကျိ။ အချွဲ။

Mucilaginous, *a.* slimy, slightly viscid, ကျိချွဲသော။ pertaining to mucilage, အကျိအချွဲနှင့်ဆိုင်သော။

Muck, *n.* မြေကောင်းအောင်ပြုစုဖို့ရာစုထားသောနွားချေးအစရှိသောအရာ။ —worm, a worm that lives in muck, လောက်။ a stingy fellow, စစ်စည်သောသူ။ စေးနှဲသောသူ။

Mucous, *see* Mucilaginous.

Mucus, *n.* any mucilaginous substance, အကျိအချွဲ။ phlegm, သလိပ်။ saliva, တံတွေး။ snot, နှပ်။ —from the intestinal canal, ဒိတ်။

Mud, *n.* ရွှံ့။

Mudar, *n.* မရိုး၊ or, မုရိုး။ M.

Muddiness, *n.* from Muddy.

Muddle, *v. t.* to make muddy, as water, နှောက်သည်။ to intoxicate partially, မူးစေသည်။

Muddy, *a.* as water, နောက်သော။ containing mud, ရွှံ့ရှိသော။ besmeared with mud, ရွှံ့လူးသော။ of the color of mud, မွဲသော။ stupid, ဉာဏ်တုံးသော။ —headed, *n.* ဉာဏ်တုံးသော။ —*v. t.* ရွှံ့နှင့်လူးသည်။

Muff, *n.* လက်နှစ်ဖက်သွတ်ရန်ဗိုးမွှေးပေါက်ရှိသောသားမွေးအိပ်။

Muffin, *n.* မုန့်တမျိုး။

Muffle, *v. t.* to cover (the neck and face,) ချုံရုံသည်။ to blindfold, မျက်စိကိုဖုံးသည်။ to cover up, ဖုံးလွှမ်းသည်။ —an oar, တက်ကို အဝတ်စုတ်နှင့်ပတ်ရစ်သည်။ —a drum, စည်လုံးကိုအဝတ်နှင့်ပတ်ရစ်သည်။

Muffler, *n.* မျက်နှာဖုံး။

Mufti, *n.* ပသိတ်ဘာသာ၌ဂိုဏ်းအုပ်ချုပ်။
Mug, *n.* ခွက်။
Muggy, *a.* moist, စွတ်သော။ close, warm (Amer.) လေမလာ၊ အိုက်သော။
Mulatto, *n.* အသားလတ်။
Mulberry, *n.* ပိုးစာပင်။
Mulct, *n.* အလျော်။ လျော်ငွေ။ လျော်ပြစ်။ လျော်ဒဏ်။ —*v. t.* အလျော်စီရင်သည်။
Mule, *n.* လား။
Muleteer, *n.* လားစီးသောသူ။
Muliebrity, *n.* အရွယ်ရောက်သောမိန္မ၏အဖြစ်။
Mulish, *a.* လားကဲ့သို့ခွာတ်ဖွဲနေတတ်သော။
Mull, *v. t.* အရှိန်ညှိခြေခြင်းငှါ ရောနှော၍ချက်သည်။
Muller, *n.* ကျောက်လုံး။ ကျောက်သွား။
Mullet, *n.* ကဘီလူး။ the large eyed, ငါးစင်း။ a small species, ငါးလုံး။M.
Multangular, *n.* အထောင့်များသော။
Multifarious, *a.* အထူးထူးအပြားပြားဖြစ်သော။
Multiform, *a.* အဆင်းသဏ္ဍာန်များပြားသော။
Multiparous, *a.* သားကောင်များစွာဖွားတတ်သော။
Multiple, *n.* စား၍အကြွင်းမရှိသောဂဏန်း။
Multiplicand, *n.* မြှောက်ရန်တည်ကိန်း။
Multiplication, *n.* the act of increasing in number, တိုးပွားများပြားခြင်း။ *in arithmetic*, မြှောက်ခြင်း။
Multiplicity, *n.* များပြားခြင်း။
Multiplier, *n.* မြှောက်ခြေ။ မြှောက်ကိန်း။
Multiply, *v. i.* to increase in number, တိုးပွားများပြားသည်။ —*v. t.* from above; *in arithmetic*, မြှောက်သည်၊
Multitude, *n.* a great number, အများ။ an assemblage, အစုအရုံး။ a host of men, အလုံးအရင်း။
Multitudinous, *a.* manifold, များပြားသော။ having the appearance of a multitude, များပြားသကဲ့သို့ဖြစ်သော။
Multocular, *a.* မျက်စိများသော။
Multum in parvo, *adv.* နည်းသောစကား၌များသောအရာပါသည်နှင့်။
Mum, *a.* တိတ်ဆိတ်သော။
Mumble, *v.* to speak inwardly and indistinctly, မြုံ၍စွေစွေပြောသည်။ to chew as one with no teeth, မြုံ၍စားသည်။
Mummer, *n.* မျက်နှာဖုံးဆောင်းသောလူပျက်။
Mummery, *n.* မျက်နှာဖုံးဆောင်းသော လူပျက် ပြောဆိုပြသသော အခမ်းအနား။

Mummy, *n.* ဘယဆေးသွင်း၍တာရှည်အောင်ထားသောအလောင်းကောင်။
Mumps 1, *n.* the disease, ပါးချေ့ရောင်နာ။ —2, *n.* sullenness, မှုန်၍နေခြင်း။
Munch, *v. t.* ပါးလုပ်ပါးထောင်းစားသည်။
Mundane, *a.* လောကဓာတ်နှင့်ဆိုင်သော။
Municipal, *a.* မြို့သူမြို့သားတို့နှင့်ဆိုင်သော။
Munificent, *a.* များစွာသောဥစ္စာကိုရက်ရက်ရောရောပေးကမ်းသော။
Muniment, *n.* ရဲတိုက်။ မြို့ရိုး။
Munition, *n.* စစ်ကရိယာ။
Mural, *a.* တန်တိုင်း၊ မြို့ရိုးနှင့်ဆိုင်သော။
Murder, *v. t.* မနာလိုသောစိတ်နှင့်လူအသက်ကိုသတ်သည်။ —*n.* from *do.*
Murderer, *n.* မနာလိုသောစိတ်နှင့်လူအသက်ကိုသတ်သောသူ။
Murderous, *a.* guilty of murder, မနာလိုသောစိတ်နှင့်လူအသက်ကိုသတ်ခြင်းအပြစ်ရှိသော။ involving murder, လူအသက်ကိုသတ်ခြင်းနှင့်ဆိုင်သော။
Muriatic, *a.* ရေငန်နှင့်ဆိုင်သော။
Murky, *a.* မှိုင်းဝေသော။
Murmur, *v. i.* to make a low continuous noise, တအေးအေးမြည်သည်။ to grumble, မြည်တွန်သည်။
Murmurer, *n.* မြည်တွန်တတ်သောသူ။
Murrain, *n.* ကျွဲ၊ နွားကိုစွဲသောအနာတမျိုး။
Murrey, *a.* နီမောင်းသောအရောင်ရှိသော။
Muscle, *n.* a bundle of fibres, လကြော။ a kind of bivalvular shell fish, ယောက်သွားတမျိုး။
Muscovado, *n.* သကာ။
Muscular, *a.* pertaining to a muscle, လကြောနှင့်ဆိုင်သော။ strong, brawny, သန်မာသော။
Musculous, *a.* same; full of muscles, လကြောများသော။
Muse 1, *n.* a fabulous goddess of poetry, လင်္ကာသီခြင်းဖွဲ့ကုံးခြင်းအမှုကိုအစိုးရသောနတ်သမီး။ poetical genius, လင်္ကာသီခြင်းဖွဲ့ကုံးတတ်သောဉာဏ်။ —2, *v. i.* to ponder in silence, ဆင်ခြင်အောင်းမေ့သည်။ to be absent in mind, မှိုင်တွေသည်။
Museum, *n.* ထူးဆန်းသောအရာတို့ကိုထားရာတိုက်။
Mush, *n.* ချက်ပြုတ်သောပြောင်းဖူးမုန့်ညက်။
Mushroom, *n.* the plant, မှို။ an upstart, အမျိုးဇာတိမယုတ်ဘဲလျှက်လူကြီးလုပ်သောသူ။
Music, *n.* vocal, သီခြင်းဆိုခြင်း။ instrumental, တီးမှုတ်ခြင်း။
Musical, *a.* pertaining to music, သီခြင်းဆိုသံ၊တီးမှုတ်သံနှင့်ဆိုင်သော။ harmonious, melodious, သီခြင်းဆိုသံ၊တီးမှုတ်သံညီညာခြင်း၊အချိုအချဉ်ဆီလျော်ခြင်းသာယာသော။

Musician, သီခြင်းဆိုခြင်း၊တီးမှုတ်ခြင်းအမှုကိုတတ်ကျွမ်းသောသူ။

Musk, *n.* ကတိုး။ —cat, same. —melon, သခွားမေ။ သခွားမွှေး။ —rat, ကြွက်ကတိုး။ ကြွက်နံ့သာ။

Musket, *n.* သေနတ်။

Musketeer, *n.* သေနတ်ကိုင်။

Musketoon, *n.* ခိန်ပြောင်းတမျိုး။ .

Musketry, *n.* သေနတ်စု။

Musky, *a.* ကတိုးကဲ့သို့မွှေးသော။

Muslin, *n.* (of different kinds,) မာဒရတ်ဖက်။ ခါသာ။ လေလူချော။ မာဒရတ်ဖိတ်။

Musquito, *n.* ခြင်။

Mussulman, *n.* ပသီ။

Must 1, *qual. affix,* ရသည်။ ရမည်။ —2, *n.* မပေါက်သောစပျစ်ရည်။

Mustaches, *n. plur.* နှုတ်ခမ်းမွေး။

Mustard, *n.* မုံညင်း။

Muster 1, *v. i.* to meet in one place, စုရုံးသည်။ —*v. t.* to collect, assemble, စုရုံးစေသည်။ to collect (troops,) စုရုံးစည်းကြပ်စေသည်။ စစ်ခိစည်သည်။ —1, *n.* an assembling of troops for review, စုရုံးစည်းကြပ်၍စစ်ရေးပြသည်။ —book, တပ်စာရင်း။ —2, (East Indian,) a sample, ဘန်း။

Mustiness, *n.* from next.

Musty, *a.* ဘောက်သော။ —as wine, အနံ့ပျက်သော။

Mutability, *n.* ပြောင်းလဲတတ်သောသဘော။ အနိစ္စ။

Mutable, *a.* ပြောင်းလဲတတ်သော။ အနိစ္စဖြစ်သော။

Mutation, *v.* ပြောင်းလဲခြင်း။

Mute, *a.* dumb, အသော။ silent, တိတ်ဆိတ်သော။ —*n.* လူအ။

Mutilate, *v. t.* to cut off a member, အင်္ဂါကိုဖြတ်သည်။ to render imperfect, ချို့တဲ့စေသည်။

Mutilation, *n.* from above.

Mutineer, *n.* မင်းအာဏာကိုဆန့်၍ပုန်ကန်သောအမှုထမ်း။

Mutinous, *a.* မင်းအာဏာကိုဆန့်၍ပုန်ကန်ချင်သောသဘောရှိသော။

Mutiny, *v. i.* တပ်သားဖြစ်စေ၊ သင်္ဘောသားဖြစ်စေ၊ မင်းအာဏာကိုဆန့်၍ပုန်ကန်သည်။ —*n.* from *do.*

Mutter, *v. i.* တိုးတိုးမြည်တွန်သည်။

Mutton, *v. i.* သိုးသား။

Mutual, *a.* အချင်းချင်းဖြစ်သော။

Muzzle, *n.* the mouth, နှုတ်။ the orifice (of a tube,) အဝ။ a fastening for the mouth, နှုတ်စွပ်ကွင်း။ —*v. t.* (တိရိစ္ဆာန်၏) နှုတ်ကိုချုပ်တည်းသည်။

My, *poss. of* I, *which see.* —self, *pron.* ငါကိုယ်။ ငါကိုယ်တိုင်။ ငါကိုယ်တိုင်ပင်။

Myology, *n.* လေကြောများကိုဖော်ပြသောအတတ်။

Myopy, *n.* အနီးကြည့်မှသာမြင်နိုင်ခြင်း။

Myriad, *n.* ten thousand, အသောင်း။ တသောင်း။ ၁၀၀၀၀။ an indefinitely large number, အထောင်အသောင်းမကသောအရေအတွက်။

Myrmidon, *n.* ကြမ်းတမ်းသောစစ်သူရဲ။

Myrrh, *n.* မရနံ့စေး။

Myrtle, *n.* သစ်ပင်တမျိုး။

Mystagogue, *n.* နက်နဲသောအရာတို့ကိုဖော်ပြသောဆရာ။

Mysterious, *a.* လူတို့ညာဏ်နှင့်မကြံစည်နိုင်အောင်ခက်ခဲနက်နဲသော။

Mysteriousness, *n.* from above.

Mystery, *n.* a subject beyond the reach of the human intellect, လူတို့ညာဏ်နှင့်မကြံစည်နိုင်အောင်ခက်ခဲနက်နဲသောအရာ။ a handicraft, လက်မှုပညာ။

Mystic, Mystical, *a.* အတွင်းအနက်နှင့်ပြည့်စုံသော။

Mysticism, *n.* from above; obscurity of doctrine, အနက်မရှင်းလင်းသောအယူဝါဒ။

Mystification, *n.* from next.

Mystify, *v. t.* နားမလည်နိုင်အောင်ရှုပ်ထွေးစေသည်။

Mythic, Mythical, *a.* ဒဏ္ဍာရီဖြစ်သော။

Mythological, *a.* နတ်ဘုရား၏တရားနှင့်ဆိုင်သော။

Mythology, *n.* နတ်ဘုရား၏တရား။

N

Nab, *v. t.* ရုတ်ခနဲဖမ်းသည်။

Nabob, *n.* a viceroy in India, ဇမ္ဗူပြည်မှာဝန်ကြီးအရာရှိသောမင်း။ one who has enriched himself in India, ဇမ္ဗူပြည်မှာနေ၍ငွေရတတ်သောသူ။

Nadir, *n.* အောက်ဗဟိုရ်ချက်မ။

Nag, *n.* မြင်းကလေး။

Naiad, *n.* ရေနတ်သမီး။

Nail, *n.* —of the fingers or toes, a claw, လက်သည်း၊ ခြေသည်း။ —of iron, သံချွန်။ သံမှို။ the 16th part of a yard, လက် ၄ သစ်ရှိသောအတိုင်းအထွာ။ —*v. t.* သံရိုက်၍ထားသည်။

Naive, *a.* ဟန်ဆောင်ခြင်းမရှိ၊ ပကတိသဘောအတိုင်း အတည့်အလင်းဖြစ်သော။

Naivete, *n.* from above.

Naked, *a.* having no clothes on, အချည်းစည်းရှိသော။ အဝတ်မဝတ်ဘဲရှိသော။ open, exposed, ပလာ။ ဟင်းလင်း။ အဖုံးမရှိသော။ အကွယ်

အကာမရှိသော။ plain, undisguised, တည့်လင်းသော။ mere, သက်သက်။

Nakedness, *n.* from above.

Name, *n.* that by which a person or thing is called, အမည်။နာမ။ နာမည်။ character, reputation (good or bad,) သိတင်း။ appearance, အဟန်။ —*v. t.* to give a name, မှည့်သည်။ သမုတ်သည်။ to mention by name, အမည်။ နာမကိုထုတ်၍ပြောသည်။

Nameless, *a.* နာမည်မရှိသော။

Namely, *adv.* ဟူ။ ဟူ၍။ ဟူသော။ ဟူသည်ကား။

Names [call,] *v. t.* ယုတ်မာသောနာမကိုတင်၍ကဲ့ရဲ့သည်။

Namesake, *n.* သူတပါးနာမကိုတင်၍အမှည့်ခံရသောသူ။

Nankeen, *n.* တရုပ်ပိတ်။

Nap 1, *v. i.* ခဏကလေးအိပ်ပျော်သည်။ —1, *n.* from *do.* —2, the villous substance of woolen cloth, သက္ကလတ်အမွေး။

Nape, *n.* လည်ကုပ်။ ကုပ်ဆက်။

Naphtha, *n.* ရေနံကြတ်သစ်။

Napkin, *n.* လက်သုတ်ပဝါ။

Narcotic, *a.* ထုံကျည်စေတတ်သော (ဆေး။)

Nard, *see.* Spikenard.

Narrate, *v. t.* အကြောင်းအရာအထူးထူးတို့များကိုအစဉ်အတိုင်းပြောသည်။ ရေရွတ်၍ပြန်ပြောသည်။

Narration, *n.* the act of narrating, from above; the narrative, ထိုသို့ပြောသောစကား၊ စာ။

Narrative, *n. see* above. —*a.* relating events, ထိုသို့ပြောသော။ disposed to relate, &c. ထိုသို့ပြောတတ်သောသဘောရှိသော။

Narrator, *n.* agent, from Narrate.

Narrow, *a.* not wide, အနံငယ်သော။ ဖြက်ငယ်သော။ ကျဉ်းသော။ small, ငယ်သော။ နည်းသော။ exact, accurate, စေ့စပ်သော။ just, ရိုးမှုဖြစ်သော။ —minded, အမျှော်အမြင်နည်း၍ သူတပါးတို့ကို စေတနာစိတ်မရှိ၊ ကိုယ်အကျိုးကိုသာငဲ့ကွက်တတ်သော။ —*v. i.* to become narrow, ကျဉ်း၍သွားသည်။ —*v. t.* to make narrow, ကျဉ်းအောင်ပြုသည်။ ချုံးသည်။ to lessen, ငယ်စေသည်။ နည်းစေသည်။

Narrowness, *n.* from Narrow, *a.*

Narrows, *n. plur.* ပင်လယ်ချင်းဆက်သောရေကျော်။

Nasal, *a.* pertaining to the nose, နှာခေါင်းနှင့်ဆိုင်သော။ pronounced from the nose, နှာခေါင်းနှင့်မြွက်ဆိုသော။

Nascent, *a.* ဖြစ်စရှိသော။

Nastiness, *n.* from next.

Nasty, *a.* ညစ်ပတ်သော။

Natal, *a.* ဖွားမြင်ခြင်း[illegible]ဆိုင်သော။

Natant, *a.* ပေါ[illegible]သော။ ပေါလောမျောသော။

Nation, *n.* [illegible]။

National, *a.* pertaining to a nation, တစုံတမျိုးသောလူမျိုးနှင့် ဆိုင်သော။ public, general, ပြည်သူပြည်သားအပေါင်းတို့နှင့်ဆိုင်သော။ unduly attached to one's own country, ကိုယ်နေရင်းပြည်၏ဘာသာလေ့ကိုသာနှစ်သက်သော။

Native, *a.* possessed at birth, ဝမ်းတွင်းကပါသော။ produced by nature, လူမလုပ်၊ အလိုလိုဖြစ်သော၊ pertaining to one's birth place, မွေးဖွားရာဌာနနှင့်ဆိုင်သော။ original, မူလအရင်းဖြစ်သော။—*n.* (ဤမည်သောပြည်၌)မွေးဖွားသောသူ။

Nativity, *n.* birth (of a person,) ဖွားမြင်ခြင်း။ circumstantials of one's birth, ဇာတာ။

Natural, *a.* pertaining to, produced by, agreeing with nature, ပကတိအတိုင်းဖြစ်သော။ ပကတိနှင့်ညီသော။ unaffected, ဟန်ဆောင်ခြင်းမရှိ၊ပကတိသဘောအတိုင်းအတည့်အထင်းဖြစ်သော။ illegitimate, မင်း ဦးမင်းလွှင်ရသော။—*n.* ငယ်ရူး။

Naturalist, *n.* ကမ္ဘာတန်ဆာများကိုစစ်ဆေးလေ့ကျက်သောသူ။

Naturalize, *v. t.* to invest with the privilege of a native, ပြည်သူပြည်သားအရိပ်အရောက်ကိုပေးသည်။ to familiarize, အကျင့်အလေ့ပါသောအရာကဲ့သို့ဖြစ်စေသည်။

Nature, *n.* visible things collectively, ကမ္ဘာတန်ဆာစု။ a producing power, ဖန်ဆင်းသောတန်ခိုး။ constitution, original make, နဂိုရ်။ qualities, attributes collectively, ပကတိ။ သဘော။ the regular course of things, ဖြစ်မြဲ။ ဓမ္မတာ။ the aggregate powers of the bodily constitution, အစွမ်းသတ္တိ။ sort, kind, အမျိုး။

Naught, *a.* မကောင်းသော။ —*n.* ဘာမျှမဟုတ်သောအရာ။

Naughtiness, *n.* from next.

Naughty, *a.* ဆိုးသော။

Nausea, *n.* ပျို့တို့တို့ရှိခြင်း။

Nauseate, *v.* to be disposed to vomit, အော်ဂလီဆန်သည်။ ပျို့တို့တို့ရှိသည်။ to loathe, စက်ဆုပ်ရွံရှာသည်။

Nauseous, *a.* စက်ဆုပ်ရွံရှာဖွယ်ဖြစ်သော။

Nauseousness, *n.* from above.

Nautical, *a.* ပင်လယ်ကူးခြင်းနှင့်ဆိုင်သော။

Nautilus, *n.* ရွက်တိုက်ခရု။

Naval, *a.* သင်္ဘောနှင့်ဆိုင်သော။

Nave, *n.* —of a wheel, ပုံတောင်းအိမ်။ —of a church, သုစမ္မာဇရပ်အလယ်ပိုင်း။

Navel, *n.* ချက်။ ချက်မ။ —string, ချက်ကြိုး။

Navigable, *a.* သင်္ဘောနှင့်ကူးနိုင်ဖွယ်ဖြစ်သော။
Navigate, *a.* သင်္ဘောနှင့်(ပင်လယ်ကို)ကူးသည်။
Navigation, *n.* the act of navigating, from above; the art of navigating, သင်္ဘောနှင့်ပင်လယ်လမ်းသို့ကူးတတ်သောအတတ်။
Navigator, *n.* သင်္ဘောနှင့်ကူးတတ်သောသူ။
Navy, *n.* သင်္ဘောစု။ တိုက်သင်္ဘောစု။
Nay, *adv.* no, မဟုတ်။ not only so, ထိုမျှမက။
Neap-tide, *n.* ရေသေ။
Near, *a.* nigh, နီးသော။ အနီးအပါးဖြစ်သော။ intimate, သိကျွမ်းသော။ frugal, ချွေတာသော။ —sighted, အနီးကြည့်မှသာမြင်နိုင်သော။ —*adv.* လုပြီ။ လုနီးပြီ။ လုမတတ်။ ကုန်မတတ်။ —*v. t.* အနီးသို့ရောက်သည်။
Nearness, *n.* from Near, *a.*
Neat 1, *n.* နွား။ —2, *a.* clean, အညစ်အကြေးမပါ၊ စင်ကြယ်သော။ free from tawdry appendages, ကျစ်လစ်၍တင့်တယ်သော။ pure (as style,) ဒေါသနှင့်ကင်းလွတ်၍ပြေပြစ်သော။ clear (as weight,) သက်သက်။
Neatness, *n.* from above.
Nebulous, *a.* တိမ်ဖုံးသော။
Necessarian, *n.* ဖြစ်သမျှတို့သည်မဖြစ်ဘဲမနေနိုင်အောင်ဖြစ်သည်ဟု အယူရှိသောသူ။
Necessaries, *n. plur.* အသက်ရှင်စေဖို့ရာ အစား အသောက် အသုံးအဆောင်တို့။
Necessary, *a.* that must be indispensably requisite, မဖြစ်ဘဲမနေရသော။ မချွတ်မလွဲဖြစ်ရသော။ acting from necessity, ကိုယ်အလိုအလျောက်မပြုဘဲအနိုင်အထက်လိုက်၍ပြုရသော။ —*n.* ရေအိမ်။
Necessitate, *v. t.* မ(ပြု)ဘဲမနေနိုင်အောင်ပြုသည်။
Necessitous, *a.* အလွန်ဆင်းရဲသော။
Necessity, *n.* the cause of that which must be and cannot be otherwise, မဖြစ်ဘဲမနေနိုင်အောင်ဖြစ်စေသောအကြောင်း။ irresistible compulsion, ကိုယ်အလိုအလျောက် မပြုရဘဲ သူတပါးအနိုင်အထက်ပြုစေခြင်း။ extreme indigence, အလွန်ဆင်းရဲခြင်း။
Neck, *n.* —of an animal or a vessel, လည်ပင်း။ —of land, တကျွန်းနှင့်တကျွန်းဆက်သောကုန်းရိုး။ —cloth, လည်စည်း။ လည်စည်းပဝါ။ —kerchief, လည်သိုင်းပဝါ။ —lace, လည်ဆွဲ။ ဘယက်။
Necromancer, *n.* မှော်ဝင်။ မှော်ဆရာ။s.
Necromancy, *n.* မှော်အတတ်။
Nectar, *n.* the drink of the gods, အမြိုက်ရည်။ any sweet liquor, ချိုသောသောက်ရည်။
Nectareous, *a.* ချိုသောသောက်ရည်ကဲ့သို့အလွန်ချိုသော။

Nectary, *n.* ပန်းရက်တည်သောနေရာ။
Need, *v. t.* to be in want of, လိုသည်။ အသုံးလိုသည်။ —*n.* want, အလို။ indigence, ဆင်းရဲခြင်း။
Needful, *a.* အသုံးလိုသော(အရာ။)
Needle, *n.* —for sewing, အပ်။ —of a mariner's compass, အိမ်မြှောင်။ —work, အပ်နှင့်ချုပ်လုပ်ရာ။
Needleful, *n.* အပ်ခြည်တပင်စာ။
Needless, *a.* အသုံးမလိုသော။
Needs, *adv.* မဖြစ်ဘဲမနေရသည်နှင့်။
Needy, *a.* သုံးဆောင်ရန်မရှိသော။ ဆင်းရဲသော။
Nefarious, *a.* အလွန်ဆိုးယုတ်သော။
Negation, *n.* မဟုတ်ဟုပြောထားခြင်း။ ငြင်းခုံခြင်း။
Negative, *a.* denying, မဟုတ်ဟုပြောထားသော။ not positive, implying silence, ဝန်မခံဘဲတိတ်ဆိတ်စွာနေသော။ not positive or having actual existence, မုချမဖြစ်၊ တစုံတခုမဖြစ်သောအားဖြင့်သာဖြစ်သော။ —*n.* a proposition that denies, မဟုတ်ဟု ပြောထားချက်။ the right of preventing an enactment, အမိန့်အမှာကိုပယ်နိုင်သောအခွင့်။ —*v. t.* to disprove, မဟုတ်ကြောင်းကိုပြသည်။ to reject an enactment, အမိန့်အမှာကိုပယ်သည်။
Neglect, *v. t.* to leave undone, မပြုဘဲလျှပ်ထားသည်။ to slight, not to notice, ပမာဏမပြု။ အမှုမထား။ —*n.* from *do.*
Neglectful, *a.* apt to leave undone, မပြုဘဲပြစ်ထားတတ်သော။ apt to slight, ပမာဏမပြု၊ အမှုမထားတတ်သော။ heedless, သတိလစ်တတ်သော။
Negligence, *n.* from Neglect, *v. t.*; habitual omission of what ought to be done, ပြုသင့်သော အမှု ကို မ ပြု ဘဲ နေတတ် သော အကျင့်ဓလေ့။
Negligent, *a.* ပြုသင့်သောအမှုကိုသတိလစ်၍မပြုဘဲနေတတ်သော။
Negotiate, *v.* အမှုပြီးစီးအောင်နှီးနှောဘိုင်ပင်သည်။
Negotiation, *n.* from above.
Negotiator, *n.* agent from same.
Negress, *n.* ကပ္ပလီမိန်းမ။
Negro, *n.* ကပ္ပလီ။
Neigh, *v. i.* ဟီသည်။
Neighbor, *n.* အိမ်နီးချင်း။ နီးစပ်သောသူ။
Neighborhood, *n.* ပတ်ဝန်းကျင်နီးစပ်သောအရပ်။
Neighborly, *a.* အိမ်နီးချင်းဝတ်တရားနှင့်ညီသော။
Neither, *a.* (thing,) နှစ်ခုတွင်တခုမျှမဟုတ်သော။ —(person,) နှစ်ယောက်တွင်တယောက်မျှမဟုတ်သော။ —*conj.* ထိုမျှမက။

Nemine contradicente, (by contraction, Nem. con.) *adv.* ဘယ်သူမျှမငြင်းဘဲသဘောတညီတညွတ်တည်း။
Neology, *n.* စကားသစ်ကိုသွင်းခြင်း။
Neophyte, *n.* ဘာသာဝင်သောလူသစ်။
Nephew, *n.* the son of a man's brother or of a woman's sister, သား။ သားဖွား။ the son of a man's sister or of a woman's brother, တူ။
Nephritic, *a.* pertaining to the kidneys, ကျောက်ကပ်နှင့်ဆိုင်သော။ subject to the gravel or stone, ကျင်ငယ်အိမ်မှာကျောက်စွဲသော။ curative of the gravel or stone, ကျင်ငယ်အိမ်မှာကျောက်စွဲသောအနာကိုပျောက်စေတတ်သော။
Nepotism, *n.* သားဖွားနှင့်တူတို့ကိုအလွန်ချစ်ခြင်း။
Nerve, *n.* an organ of sensation, အာရုံကြော။ firmness of mind, ခိုင်ခံ့မြဲမြံသောသဘော။ —*v. t.* ခိုင်ခံ့မြဲမြံစေသည်။
Nervous, *a.* pertaining to the nerves, အာရုံကြောနှင့်ဆိုင်သော။ having weak or diseased nerves, ထိတ်လန့်တတ်သော။ strong, vigorous, သန်မာသော။
Nervousness, *n.* from above.
Nest, *n.* အသိုက်။ —egg, အလင်မပြတ်အောင်ချန်ထားသောဥ။
Nestle, *v. i.* တိုးဝှေ၍ဝပ်နေသည်။
Nestling, *n.* အသိုက်နှင့်မကွာသေးသောငှက်ကလေး။
Net 1, *n.* a casting net, ကွန်။ a seine, ပိုက်။ —work, ကွန်ရွက်။ ကွန်ခြာ။ —2, *a.* remaining after all expenses are paid, စရိတ်ပြင်၊ ပို၍ကျန်သော။ အဖတ်တင်သော။ being clear of all deductions, သက်သက်။ —2, *v. t.* စရိတ်ပြင်၊ ပို၍အမြတ်ရသည်။
Nether, *a.* အောက်ဖြစ်သော။ —most, အောက်ဆုံးကျသော။
Netting, *n.* ကွန်ရွက်။ ကွန်ခြာ။
Nettle, *n.* ထိပ်ဆသွေးပင်။ one species, ဖက်ယား။ the *urtica heterophylla*, —*v. t.* စိတ်ညစ်စေသည်။
Neuralgy, *n.* အာရုံကြောတို့၌စွဲသောအနာ။
Neuter, *a.* အဘယ်ဘက်ကမနေ၊ စပ်ကြားမှာနေသော။ အတရားနေသော။ —gender, *n.* နပုလ္လိန်။ —ထိုသို့နေသောသူ။ an animal of neither sex, နပုန်း။
Neutral, *a.* *see* Neuter, *a.* —*n.* စပ်ကြားမှာနေသောသူ။
Neutrality, *n.* from Neuter, *a.*
Neutralization, *n.* from next.
Neutralize, *v. t.* to destroy the peculiar properties of substances by combining them, ဓာတ်ချင်းရောနှော၍ပြယ်စေသည်။ to render inert or inefficient, အရှိန်ကိုပြယ်ပျောက်စေသည်။
Never, *adv.* အဘယ်ကာလ၌မျှမ(ဟုတ်။)

Nevertheless, *adv.* သို့သော်လည်း။

New, *a.* not old, သစ်သော။ အသစ်ဖြစ်သော။ not familiar, unacquainted with, မလေ့ကျက်၊မကျွမ်းကျင်သော။ —fangled, အသစ်ဖြစ်သည်ကိုကြိုက်၍ လုပ်သော (အရာ။) —fashioned, ထုံးစံသစ်အတိုင်းလုပ်သော။ —moon, *n.* လသစ်။

Next, *a.* adjoining, နီးစပ်သော။ အနားမှာရှိသော။ nearest, အနီးဆုံးဖြစ်သော။

Nib, *n.* —of a bird, နှုတ်သီး။ the point of a thing, အချွန်။ အဖျား။

Nibbed, *a.* ချွန်သော။ အဖျားရှိသော။

Nibble, *v.* to bite in small bits, တိခနဲ့ကိုက်သည်။ to bite, as a fish the bait, တွယ်သည်။ to carp at, ရှာကြံ၍အပြစ်တင်သည်။

Newness, *n.* from New.

News, *n.* သိတင်း။ သိတင်းစကား။ —paper, သိတင်းစာ။

Nice, *a.* savory, ဆိမ့်သော။ အရသာရှိသော။ fine, ချောသော။ delicate, နူးသော။ tender, not firm, မခိုင်ခံ့၊နူးနယ်သော။ accurate, စေ့ငုတ်သော။ သေချာသော။ exact in dress or manners, ကျစ်လစ်သော။ rather handsome in dress or manners, သပ်သပ်ရပ်ရပ်ဖြစ်၍တင့်တယ်သော။ good (in a general sense,) ကောင်းသော။ accurately, discriminating, ဉာဏ်ရှိ၍စိစစ်တတ်သော။ requiring close scrutiny, ပိုင်းခြား၍သိနိုင်ခဲသော။ scrupulously cautious, စေ့စေ့သတိပြုတတ်သော။ extremely dainty, အလွန်ရွေးချယ်စိစစ်တတ်သော။ fastidious, စိတ်နှင့်တွေ့ခဲသော။ squeamish, နှစ်လုံးမသန့်၊ ရွံ့တတ်သော။

Niceness, Nicety, *n.* from above.

Niche, *n.* လှိုင်ခေါင်း။ လှိုင်။ လှိုင်မုတ်ကူ။

Nick, *n.* အချိန်ကာလ၏အချက်။ *see also* Notch. —*v. t.* to hit at the right moment, အချက်ကျအောင်ပြုသည်။ —a horse's tail, မြင်းမြီးကိုထောင်ကြွစေခြင်းငှါမြီးထူးမြီးရင်းကိုတိုး၍ပြုပြင်သည်။

Nickname, *n.* ကျီစယ်၍ပေးသောနာမည်။ —*v. t.* ကျီစယ်၍နာမည်ပေးသည်။

Niece, *n.* the daughter of a man's brother, or of a woman's sister, သမီး။ သမီးဖျား။ the daughter of a man's sister, or of a woman's brother, တူမ။

Niggard, *a.* စေးနှဲသော။ —*n.* လူစေးနှဲ။

Niggardly, *a.* *see* Niggard, *a.*

Niggardliness, *n.* from above.

Nigh, *a.* နီးသော။ အနီးအပါးဖြစ်သော။ —*adv.* *see* Near, *adv.*

Night, *n.* ည။ ညဉ့်။ —[to,] *adv.* ယနေ့ညမှာ။ —cap, *n.* အိပ်ရာ၌ဆောင်းသောဦးထုပ်။ —dress, အိပ်ရာ၌ဝတ်သောအဝတ်။ —fall, ညဦး။ —gown, ညမှာဝတ်သောအင်္ကျီ။ —walker, ညမှာလှည့်လည်

တတ်သောသူ။ —watch, a division of the night, ညဦးယံ။ သန်းခေါင်ယံ။ မိုးသောက်ယံ။ a watch or guard in the night, ညစောင့်။

Nightingale, *n.* ညည့်အခါသာယာစွာမြည်တတ်သောငှက်တမျိုး။

Nightjar, *n.* မြေဝပ်။M. ငှက်ပျင်း။ Aracan.s.

Nightly, *a.* ညည့်အချိန်နှင့်ဆိုင်သော။ —*adv.* by night, ညမှာ။ every night, ညတိုင်း။

Nightmare, *n.* ဘီလူးစီး၍ယောင်ယမ်းခြင်း။

Nightshade, *n.* ဆေးပင်တမျိုး။

Nigrescent, *a.* အဆင်းမည်းနက်၍သွားသော။

Nihility, *n.* ဘာမျှမဟုတ်သောအဖြစ်။

Nimble, *a.* ပေါ့ပါးလျှင်မြန်သော။

Nimbleness, *n.* from above.

Nine, *a.* ကိုး။ ၉။ —fold, *n.* ကိုးဆဖြစ်သော။ —pins, ခွင်ထောင်ဇယ်။

Nineteen, *a.* ဆယ်ကိုး။ ၁၉။

Nineteenth, *a.* ဆယ်ကိုးခုမြောက်သော။ နဝဒသမ။

Ninetieth, *a.* ကိုးဆယ်ပြည့်သော။

Ninety, *a.* ကိုးဆယ်။ ၉၀။

Ninny, *n.* လူမိုက်ကလေး။

Ninth, *a.* ကိုးခုမြောက်သော။ နဝမ။

Nip, *v. t.* to pinch, ဆိတ်သည်။ to blast, ဥတုမသင့်၊ထိခိုက်၍ရွက်ခနဲ ဖျက်သည်။ —*n.* from *do.*

Nippers, *n.* ညှပ်။

Nipple, *n.* နို့သီး။

Nit, *n.* သန်းဥ။

Nitre, *n.* ယမ်းစိမ်း။

Nitrogen, *n.* နိုတရောဇင်တည်းဟူသောအုပ်ဇုဇင်နှင့်ရောနှော၍လေကိုဖြစ်စေသောဓာတ်ငွေ့။

Nitrous, *a.* ယမ်းစိမ်းနှင့်ဆိုင်သော။

No, *adv.* nay, မဟုတ်။ not (before a comparative adjective,) သာ၍မ။ —(repeated,) ဟည့်အင်။ —*a.* not any, none, ဘယ်မျှမဟုတ်သော။

Nobility, *n.* high excellence, မြင့်မြတ်ခြင်း။ high birth, အမျိုးမြတ်ခြင်း။ distinguished rank, မှူးမတ်အရာ။ persons of rank, မှူးမတ်စု။

Noble, *a.* excellent, exalted, မြင့်မြတ်သော။ of high birth, အမျိုးမြတ်သော။ of distinguished rank, အရာကြီးသော။ မှူးမတ်အရာရှိသော။ —man, *n.* အမတ်။ မှူးမတ်။ —same.

Nobleness, *n.* high birth, အမျိုးမြတ်ခြင်း။ high rank, အရာကြီးခြင်း။ greatness of mind, magnanimity, စိတ်သဘောမြင့်မြတ်ခြင်း။

Nobody, *n.* (is,) အဘယ်သူမျှမ (ရှိ။)

Noctambulation, *n.* အိပ်ပျော်လျက်ထ၍လှည့်လည်ခြင်း။
Noctambulist, အိပ်ပျော်လျက်ထ၍လှည့်လည်တတ်သောသူ။
Nocturnal, *a.* pertaining to night, ညည့်နှင့်ဆိုင်သော။ taking place in the night, ညည့်၌ဖြစ်သော။
Nod, *v. i.* ငိုက်မျည်း။ *v.* to decline the head with a quick motion, ခေါင်းညိတ်သည်။ to drop the head through drowsiness, ငိုက်သည်။ to have a momentary fit of drowsiness, မှေးခနဲပျော်သည်။ —*n.* from *do*, 1st and 2d def.
Noddle, *n.* the head (in contempt,) ဥကွောင်း။
Noddy, *n.* လူမိုက်ကလေး။
Node, *n.* a knob, အဖု။ a place of intersection, ကန့်လန့်ဖြတ်ချက်။
Nodule, *n.* အဖုကလေး။
Noggin, *n.* သစ်သားကိုလုပ်သောရေခွက်။
Noise, *n.* sound, အသံ။ အသံမြည်ခြင်း။ clamor, ဟစ်ကျော်ခြင်း။ much public talk, ကျော်ညာခြင်း။ —*v. t.* ကျော်ညာစေသည်။
Noiseless, *a.* တိတ်ဆိတ်သော။
Noisiness, *n.* from Noisy.
Noisome, *a.* noxious to health, အနာရောဂါကိုဖြစ်စေတတ်သော။ disgusting, ရွံရှာစက်ဆုပ်ဖွယ်ဖြစ်သော။
Noisomeness, *n.* from above.
Noisy, *a.* making a loud sound, အသံကြီးသော။ အသံများသော။ အုတ်အုတ်ကျက်ကျက်ဖြစ်သော။
Noisily, *adv.* သောင်သောင်း။ သောင်သောင်းသဲသဲ။
Nolens volens, *adv.* အတိုရှိသည်ဖြစ်စေ။ မရှိသည်ဖြစ်စေ။
Nomad, *n.* လယ်ယာမလုပ်၊ဆိတ်၊သိုး၊နွား၊ကိုသာထိန်းကျောင်း၍အတည်မကျ၊အရပ်ရပ်လည်သောသူ။
Nomadic, *a.* ကျက်စားရာကိုရှာ၍ထိန်းကျောင်းခြင်းဆိုင်သော။
Nombles, *n.* ဒရယ်အူ။
Nomenclature, *n.* ခေါ်ဝေါ်သမုတ်သောနာမည်စု။
Nominal, *a.* pertaining to names, နာမည်နှင့်ဆိုင်သော။ existing in name only, စေန်အမှန်မဟုတ်၊ ခေါ်ဝေါ်သမုတ်ခြင်းသာရှိသော။
Nominally, *adv.* ခေါ်ဝေါ်သမုတ်ခြင်းအားဖြင့်။
Nominate, *v. t.* to mention by name, နာမကိုထုတ်၍ပြောသည်။ to denominate, မှည့်သည်။ သမုတ်သည်။ to designate for some situation, ခန့်ထားရန်ရွေးကောက်လျာထားသည်။
Nomination, *n.* from above, last def.
Nominative, *n.* ကတ္တား။
Nominator, *n.* agent, from Nominate.
Nominee, *n.* ခန့်ထားရန်ရွေးကောက်လျာထားခြင်းကိုခံရသောသူ။
Non, *pref.* *in composition,* အ။ မ။

Nonage, *n.* တရားမဝင်ရသေးသောအသက်အရွယ်။
Nonagon, *n.* ကိုးထောင့်ပုံ။ နဝဂံ။ a regular nonagon, နဝရန်း။
Nonappearance, *n.* လာရောက်ရသောနေ့ရက်အချိန်၌မလာမရောက်နေခြင်း။
Nonattendance, *n.* ပါရှိအောင်မလာဘဲနေခြင်း။
Nonchalance, *n.* from next.
Nonchalant, *a.* လျစ်လျူသော။
Nonce, *n.* အကြိမ်။ အကြိမ်အစည်။
Noncompliance, *n.* ဝန်မခံဘဲနေခြင်း။
Non compos mentis, *a.* ရူးသွပ်သော။
Nonconductor, *n.* လျှပ်စစ်မီးမရှောက်နိုင်သောအရာ။
Nonconformist, *n.* မင်းစီရင်သည့်အတိုင်းမကိုးကွယ်သောသူ။
Nonconformity, *n.* want of conformity, စိတ်သဘော၊အပြုအကျင့်အားဖြင့်မတူဘဲနေခြင်း။ dissent from an established church, မင်းစီရင်သည့်အတိုင်းမကိုးကွယ်ဘဲနေခြင်း။
Noncontagious, *a.* ကူးစေတတ်သောအဆိပ်မပါသော။
Nondescript, *a.* သရုပ်သကန်မဖော်မပြသေးသော (အရာ။)
None, *a.* not one, တခုမျှမရှိသော။ not any, အလျှင်းမရှိသော။
Nonentity, *n.* *see* Nonexistence.
Nonessential, *n.* အဓိကမဖြစ်သောအရာ။
Nonesuch, *n.* အတုမရှိသောသူ။ အတုမရှိသောအရာ။
Nonexistence, *n.* absence of existence, မဖြစ်ခြင်း။ a thing not existing, မဖြစ်သောအရာ။
Nonillion, *n.* ရာနဟုတ။
Nonjuring, *a.* အရှိုးအရာမဟုတ်သော့ကြောင့်သစ္စာမခံဘဲနေသော။
Nonjuror, *n.* agent, from above.
Nonnatural, *n.* မညီမမျှလျှင်အနာရောဂါကိုဖြစ်စေနိုင်သောအရာ။
Nonpareil, *a.* အတုမရှိသော။
Nonpayment, *n.* ကြွေးမဆပ်ဘဲနေခြင်း။
Nonplus, *v. t.* မကြံစည်နိုင်အောင်ပြုသည်။ —*n.* မကြံစည်နိုင်ခြင်း။
Nonresidence, *n.* from next.
Nonresident, *a.* ကိုယ်နေရာ၌မနေသော။
Nonresistant, *a.* သူတပါးကိုမဆီးတားသည်းခံသော။
Nonsense, *n.* senseless talk, အဖျင်းစကား။ idle talk, အလကားစကား။
Nonsensical, *a.* အလကားဖြစ်သော။
Nonsuit, *v. t.* တရားလိုသူသည်တရားမတွေ့စေနှင့်ဟုစီရင်သည်။
Noodle, *n.* လူမိုက်။
Nook, *n.* ထောင့်ကြား။
Noon, *n.* မွန်းတည့်။ —day, —tide, မွန်းတည့်အချိန်။
Noose, *v. t.* ကျော့မိသည်။ —*n.* a snare, ကျော့ကွင်း။ any slip-knot, ကွင်းလျှော။

Nor, *adv.* လည်း —မ။ လည်း —မ။ as, မိတ်ဆွေကိုလည်းမချစ်၊ ရန်သူကိုလည်းမကြောက်။ he neither loves a friend, nor fears an enemy.

Normal, *a.* according to rule, တံမျဉ်းနှင့်ညီသော။ နည်းဥပဒေသအတိုင်းဖြစ်သော။ teaching rudiments, သိပ္ပံအတတ်တွင်ရှေဦးစွာသင်ရသောအရာတို့ကိုသင်ချသော။

North, *n.* the northern quarter of the heavens, မြောက်။ မြောက်မျက်နှာ။ the northern parts of the earth, မြောက်အရပ်။ —*a.* မြောက်မှာရှိသော။ —east, *n.* အရှေ့မြောက်မျက်နှာနှင့်ဆိုင်သော။ —eastern, *see* —east, —star, *n.* ဓူဝံ။ —west, အနောက်မြောက်။ *a.* အနောက်မြောက်မျက်နှာနှင့်ဆိုင်သော။ —western, *see* —west.

Northerly, Northern, *n.* situated in the north, မြောက်မျက်နှာ။ မြောက်မျက်နှာအရပ်၌ရှိသော။ pertaining to the north, မြောက်မျက်နှာ။ မြောက်အရပ်နှင့်ဆိုင်သော။

Northerner, *n.* မြောက်ပြည်၊ မြောက်အရပ်၌နေသောသူ။

Northernmost *a.* မြောက်မျက်နှာ၌အဝေးဆုံးဖြစ်သော။

Northward, *adv.* မြောက်မျက်နှာသို့။

Nose, *n.* နှာ။ နှာခေါင်း။ —of a bellows, ဖိုနှာတံ။ —*v. t.* နမ်းသည်။

Nosegay, *n.* ပန်းခိုင်။

Nosology, *n.* အနာရောဂါတို့ကိုအစဉ်အတိုင်းမှတ်သားသောစာရင်း။

Nostril, *n.* နှာခေါင်းပေါက်။

Nostrum, *n.* ဖော်နည်းကိုမပြသေးသောဆေး။

Not, *adv.* မ။

Nota bene (by contraction, N. B.) *int.* ကောင်းကောင်းမှတ်တော့။

Notable, *a.* distinguished, remarkable, အမိကရဖြစ်သော။ ကျော်စောသော။ active, industrious, ကြည့်ရှု၍လုလ္လအားထုတ်တတ်သော။

Notarial, *a.* စာချုပ်ထိန်းနှင့်ဆိုင်သော။

Notary, *n.* စာချုပ်လက်မှတ်အမျိုးမျိုးကိုလက်ခံထိန်းသိမ်းသောအရာရှိ။ စာချုပ်ထိန်း။

Notation, *n.* မှတ်သားရေးထားခြင်း။ *in arithmetic, see* Numeration.

Notch, *v. t.* ထစ်သည်။ —*n.* အထစ်။

Note, *v. t.* to mark down in writing, မှတ်သားသည်။ to observe, mark in the mind, မှတ်သည်။ မှတ်ထားသည်။ —*n.* something marked down, a short remark, အမှတ်အသား။ မှတ်သားချက်။ a mark, token, လက္ခဏာ။ notice, heed, မှတ်ခြင်း။ reputation, consequence, အသရေ။ a musical sound, မြည်သံ။ သီချင်းသံ။ a mark of sound in music, သီချင်းသံပုံ။ a short letter, a billet, မှာစာကလေး။ a note of hand or other short writing on business, လက်မှတ်။ an annotation, comment, အနက်အဓိပ္ပာယ်ကိုပြသောအဖွင့်။ —book, မှတ်စုစာ။

Noted, *a.* much known, ကျော်စောသော။

Nothing, *n.* not any thing (is,) ဘာမျှမ(ရှိ။) nonexistence, မဖြစ်ခြင်း။ —*adv.* အလျှင်းမဟုတ်ဘဲ။

Nothingness, *n.* ဘာမျှမဖြစ်ခြင်း။

Notice, *v. t.* to observe, မှတ်သည်။ to heed, regard, အမှုထားသည်။ to remark upon, အကြောင်းပြု၍ပြောသည်။ to treat with civilities, လောကဝတ်ပြုသည်။ —*n.* observation, မှတ်ခြင်း။ information, ကြားပြောခြင်း။ a writing that communicates information, သိတင်းကြားစာ။ civility, လောကဝတ်။ (for sub-def. *see do.*)

Noticeable, *a.* မှတ်စရာကောင်းသော။

Notification, *n.* the act of notifying, သိအောင်ပြောခြင်း။ notice given, သိအောင်ပြောချက်။ the writing that notifies, သိတင်းကျော်ညာစာ။ —[public,] ကျော်ညာအောင်ပြုခြင်း။

Notify, *v. t.* သိအောင်ပြောသည်။ ကြားပြောသည်။

Notion, *n.* conception, အာရုံထင်ခြင်း။ opinion, စိတ်ထင်။

Notional, *a.* အမှန်မဟုတ်၊ အာရုံထင်ရုံမျှသာရှိသော။

Notoriety, *n.* from next.

Notorious, *a.* ထင်ရှားကျော်ညာသော။

Notwithstanding, *adv.* သို့သော်လည်း။

Noun, *n.* နာမ်။

Nourish, *v. t.* to supply with nutriment, ကျွေးမွေးသည်။ to promote the growth of, တိုးပွားအောင်ပြုစုသည်။

Nourishing, *a.* nutritious, အသွေးအသားကိုပြုစုတတ်သော။

Nourishment, *n.* food, sustenance, အစာအာဟာရ။ the act of promoting the growth of, တိုးပွားအောင်ပြုစုခြင်း။ the act of promoting animal growth, အသွေးအသားကိုပြုစုခြင်း။

Novel, *a.* သစ်သော။ အသစ်ဖြစ်သော။ —*n.* အမှန်မရှိဘဲအလိုလိုစိတ်ကူး၍လုပ်သောစာ။ ဝတ္ထာရှိစာ။

Novelist, *n.* an innovator, ပြောင်းလဲ၍အသစ်ပြုဖှင်သောသူ။ a writer of novels, ဝတ္ထာရှိစာကိုစီရင်ရေးထားသောသူ။

Novelty, *n.* newness, သစ်ခြင်း။ something new and curious, ထူးဆန်းသောအရာ။

November, *n.* အင်္ဂလိပ်နှစ်တွင် ဆယ်တခုမြောက်သောလတည်းဟူသော နိုဝင်ဘာလ။

Novice, *n.* one who is new in any business, လူမိမ်း။ a probationer for the priesthood, ဆရာလောင်း။ ရှင်လောင်း။ (Boodhistic,) သာမဏေ။ ရှင်။ မောင်ရှင်။

Novitiate, *n.* လူမိမ်းဖြစ်၍စုံစမ်းခြင်းကိုခံရာကာလ။

Now, *adv.* at the present time, ယခု။ (introductory or explanatory,) မှုကား။ ထိုသို့ဆိုသော်။ —a days, ယခုကာလတွင်။ —and then, တခါတလေ။ —*n.* ယခုကာလ။

Noway, Noways, *see* Nowise.

Nowhere, *adv.* (is,) တယ်ဆီမှာမ(ရှိ။)

Nowise, *adv.* (is,) ဘွဲ့နှယ်မျှမ(ရှိ။)

Noxious, *a.* အကျိုးကိုဖျက်တတ်သော။ ဘေးဖြစ်စေတတ်သော။

Noxiousness, *n.* from above.

Noyau, *n.* အရက်ချို။

Nozzle, *n.* နှုတ်သီး။

Nucleus, *n.* a kernel, အဆန်။ a centre of conglomeration, စုမိ၍လုံးရာအလယ်ချက်မ။ the head of a comet, ကြယ်တံခွန်အတွင်းဆန်။

Nudge, *v. t.* တို့သည်။

Nudity, *n.* အချည်းစည်းဖြစ်ခြင်း။

Nugatory, *a.* အချည်းနှီးဖြစ်သော။ လိုသောအကျိုးကိုမဖြစ်စေနိုင်သော။

Nuisance, *n.* နှောင့်ရှက်တတ်သောအရာ။

Null, *a.* မတည်၊ ပလပ်သော။ တည်တံ့နိုင်သောအားမရှိသော။

Nullification, *n.* from next.

Nullify, *v. t.* ပလပ်စေသည်။

Nullity, *n.* nothingness, ဘာမျှမဖြစ်ခြင်း။ want of legal force, တည်တံ့နိုင်သောအားမရှိခြင်း။ မတည်ပလပ်ခြင်း။

Numb, *a.* ထုံသော။ ထုံကျဉ်သော။ —*v. t.* from *do.*

Number, *v. t.* ရေတွက်သည်။ —*n.* an arithmetical designation of one or more, ကိန်း။ numerical quantity, အရေအတွက်။ many, အများ။ harmonious measure, လင်္ကာအပိုက်၏အတိုင်းအတွာ။ *in grammar,* the singular, ဧကဝုစ်။ the plural, ဗဟုဝုစ်။

Numberless, *a.* မရေတွက်နိုင်အောင်များသော။

Numbers, *n.* ခမ္မဟောင်းကျမ်းတို့တွင်စတုတ္ထကျမ်းတည်းဟူသောရေတွက်ရာကျမ်း။

Numbness, *n.* ထုံခြင်း။

Numerable, *a.* ရေတွက်နိုင်သော။

Numeral, *a.* အရေအတွက်နှင့်ဆိုင်သော။

Numerally, *adv.* အရေအတွ အားဖြင့်။

Numeration, *n.* the act of mbering, ရေတွက်ခြင်း။ the act of arranging and readi numeral figures, ဂဏန်းစီစဉ်၍မှတ်သားခြင်း။

Numerator, *n.* ပိုင်းဝေ။

Numeric, Numerical, *a. see* Numeral.

Numerous, *a.* များပြားသော။

Numskull, *n.* ညာဏ်ထိုင်းသောသူ။
Nun, *n.* မယ်သီလရှင်။
Nuncheon, *see* Luncheon.
Nuncio, *n.* ရဟန်းမင်းစေလွှတ်သောသံတမန်။
Nuncupative, Nuncupatory, *a.* ထင်ရှားအောင်ပြောထားသော။
Nunnery, *n.* မယ်သီလရှင်နေသောကျောင်း။
Nuptial, *a.* လက်ထပ်မင်္ဂလာနှင့်ဆိုင်သော။
Nuptials, *n. plur.* လက်ထပ်မင်္ဂလာဆောင်ခြင်း။
Nurse, *v. t.* to tend (a child,) ထိန်းသည်။ to suckle, နို့တိုက်သည်။ to tend (the sick,) စောင့်ထိန်းသည်။ to take care of (in various senses,) ကြည့်ရှုပြုစုသည်။ —*n.* a woman that tends a child, အထိန်း။ wet nurse, နို့ထိန်း။ one that tends the sick, (လူနာကို) စောင့်ထိန်းသောသူ။ one that takes care of, ကြည့်ရှုပြုစုသောသူ။
Nursery, *n.* the room where children are nursed, အကလေးထိန်းခန်း၊ a plantation of young trees, စိုက်ရန်အပင်မျိုးကိုပျိုး၍ထားသောခြံ။
Nursling, *n.* နို့စို့သူငယ်။
Nurture, *v. t.* ကျွေးမွေးပြုစုဆုံးမသွန်သင်သည်။ —*n.* from *do.*
Nut, *n.* the fruit, အခွံမာသောအသီးမျိုး။ —of a screw, ဝက်အူဖိမ်၊ —shell, မာသောအစေ့ခွံ။
Nutgall, *n.* ပညွှကာနီသီး။
Nutmeg, *n.* ဇာဒိဗ္ဗိုလ်။
Nutriment, *n.* အစာအာဟာရ။
Nutrition, *n.* same; the act of promoting animal growth, အသွေးအသားကိုပြုစုခြင်း။
Nutritious, Nutritive, *a.* အသွေးအသားကိုပြုစုတတ်သော။
Nuzzle, *v.* နှုတ်သီးနှင့်ထိုး၍ရှာသည်။
Nymph, *n.* ရုက္ခစိုးနတ်သမီး။

O

O, *int.* အို။
Oaf, *n.* ငယ်ရူး။
Oak, *n.* ဝက်သစ်ချပင်။ —apple, ပဩရသင်္ချေ၊ သပိတ်။M.
Oaken, *a.* ဝက်သစ်ချသားကိုလုပ်သော။
Oakum, *n.* ကျစ်ဆံနီထွေး။
Oar, *n.* တက်။
Oasis, *n.* သွေ့ခြောက်သောအရပ်၌စိမ်းလန်းသောအကွက်။
Oat, Oats, *n.* စပါးတမျိုး။
Oath, *n.* သစ္စာပြုခြင်း။ ကျိန်ဆိုခြင်း။ —[make,] ကျိန်ဆိုသည်။ ကျမ်းကိုင်သည်။
Obduracy, *n.* from next.

Obdurate, *a.* မပြောင်းလဲနိုင်အောင်စိတ်နှစ်လုံးခိုင်မာသော

Obedience, *n.* နားထောင်ခြင်း။

Obedient, *a.* နားထောင်တတ်သော။ အနေ်အတာခံသော။

Obeisance, *n.* ရှိုတ်ဆက်ခြင်းနှင့်ဆိုင်သော ဦးညွှတ်၊ ဒူးညွှတ်ခြင်း။

Obelisk, *n.* a kind of pyramid, ချွန်းသောကျောက်တိုင်။ a mark in writing, စာ၌သုံးသောအမှတ်တမျိုး။ (†)

Obese, *a.* ဆူဖြိုးသော။

Obeseness, Obesity, *n.* from above.

Obey, *v. t.* နားထောင်သည်။ အုပ်စိုးခြင်းကိုဝန်ခံသည်။

Obfuscate, *v. t.* မိုက်စေသည်။ မှိုင်းစေသည်။

Obit, *n.* မသာ။

Obituary, *n.* a list of the dead, သေသောသူတို့စာရင်း။ an account of a person deceased, သေသောသူ၏အကြောင်းအထူးပြုခြင်းများကိုမှတ်သားရေးထားသောစာ။ —*a.* —notice, same.

Ob'ject, *n.* —of sense, အာရုံ။ —of desire, အလိုရှိရာ။ —of pursuit ရအောင်ရှာသောအရာ။ ကြံရွယ်သောအကျိုး။ —acted on, ရာ။ (in verbal nouns, from အရာ။)

Object', *v. t.* to throw before, ကန့်လန့်ထားသည်။ to propose against, မနှစ်သက်စရာအကြောင်းကိုပြ၍ထားသည်။

Objection, *n.* မနှစ်သက်စရာအကြောင်းကိုပြ၍ထားချက်။

Objectionable, *a.* liable to objection, ငြင်းခုံစရာရှိသော။ that may be found fault with, အပြစ်တင်စရာရှိသော။

Objective, *a.* pertaining to an object, (ပြုရာ)နှင့်ဆိုင်သော။ —*n.* ကမ္မ။ ကံ။

Objector, *n.* မနှစ်သက်စရာအကြောင်းကိုပြ၍ထားသောသူ။

Oblate, *a.* ထိပ်ဝပိမ့်သော။ လုံးပိမ့်ဖြစ်သော။

Oblation, *n.* ပူဇော်သကာ။

Obligate, *v. t.* *see* Oblige, 1st def.

Obligation, *n.* a reason which compels to the performance of something, မ(ပြု)ဘဲမနေရမည့်အကြောင်း။ favor conferred, ကျေးဇူးရှိခြင်း။

Obligatory, *a.* မ(ပြု)ဘဲမနေရမည့်အကြောင်းရှိသော။

Oblige, *v. t.* to constrain to (do,) မ(ပြု)ဘဲမနေရမည့်အကြောင်းကိုစီရင်သည်။ to do a favor, confer an obligation, ကျေးဇူးပြုသည်။

Obliging, *a.* ကျေးဇူးပြုတတ်သော။

Oblique, *a.* deflected, ကွေ့သော။ inclined, စောင်းသော။ တိမ်းသော။ ယိမ်းသော။ လွဲသော။ indirect in management, တိုက်ရိုက်မဟုတ်၊ သွယ်ဝိုက်သော။

Obliqueness, *n.* from above.

Obliquity, *n.* from Oblique, 1st and 2d def. deviation from right, မှားယွင်းခြင်း။

Obliterate, *v. t.* ချေသည်။

Obliteration, *n.* from above.

Oblivion, *n.* forgetfulness, မေ့လျော့ခြင်း၊ amnesty, လွှတ်သမျှလွှတ်စေဟု ချမ်းသာပေးခြင်း။

Oblivious, *a.* forgetful, မေ့လျော့တတ်သော။ causing forgetfulness, မေ့လျော့စေတတ်သော။

Oblong, *a.* လျားသော။ —*n.* လျားသောပုံ။

Obloquy, *n.* ကဲ့ရဲ့သင်းပြုတ်ခြင်း။

Obnoxious, *a.* amenable, ခေါ်လျှင်အစစ်ခံရသော။ exposed to, အကွယ်အကာမရှိ၊နေရသော။ censurable, အပြစ်တင်ဖွယ်ဖြစ်သော။ odious, မြင်ပျင်းစရာရှိသော။

Obnoxiousness, *n.* from above.

Obscene, *a.* lewd, ကိလေသာညစ်ညမ်းခြင်းနှင့်ရှည်သော။ disgusting, စက်ဆုပ်ရွံရှာဖွယ်ဖြစ်သော။

Obsceneness, Obscenity, *n.* ကိလေသာညစ်ညမ်းခြင်းနှင့်ရှည်သောစကားဖြစ်စေ၊ အပြုအမူဖြစ်စေ။

Obscuration, *n.* the act of darkening, မိုက်စေခြင်း။ the state of being darkened, အလင်းကွယ်ခြင်း။

Obscure, *a.* dark, မိုက်သော။ not clear in meaning, အနက်မထင်ရှားသော။ not easily legible, အက္ခရာမထင်သော။ dim, not clearly seen, မှုန်သော။ ရေးရေးသာထင်သော။ —*v. t.* from *do.*

Obscureness, Obscurity, *n.* from same.

Obscurely, *adv.* indistinctly, ရှိုးရှိုးရိရိ။s. ရေးရေး။ by glimpses, ရေးရေးရိပ်ရိပ်။ dubiously, ဝိုးတိုးဝါးတား။

Obsequies, *n. plur.* သေခမ်းသေနားပြုပျင်ဆောင်ရွက်ခြင်း။

Obsequious, *a.* very obedient, သူအလိုသို့လိုက်၍ခစားနားထောင်တတ်သော။ servile, သဘောနေ၊သဘောထားယုတ်ညံ့၍သူအလိုသို့အလွန်လိုက်တတ်သော။

Obsequiousness, *n.* from above.

Observable, *a.* ကြည့်၍မှတ်စရာကောင်းသော။

Observance, *n.* the act of observing or keeping, စောင့်ခြင်း။ respect paid, ရိုသေစွာပြုခြင်း။ performance of rites, ဝတ်ပြုခြင်းအခမ်းအနားနှင့်တကွပြုလုပ်ခြင်း။

Observant, *a.* ကြည့်ရှု၍မှတ်ထားတတ်သော။ —of, စောင့်တတ်သော။

Observation, *n.* the act of observing, ကြည့်၍မှတ်ခြင်း။ remark, အကြောင်းပြု၍ပြောသောစကားချက်။

Observatory, *n.* ကြယ်နက္ခတ်တို့ကိုကြည့်၍မှတ်သားရာတိုက်မြင့်။

Observe, *v. t.* to look at attentively, ကြည့်၍မှတ်သည်။ to remark,

အကြောင်းပြု၍ပြောသည်။ to keep, celebrate, စောင့်သည်။ to practice, ကျင့်ဆောင်သည်။ ဆောက်တည်သည်။

Observing, *a.* ရှေ့ရှေ့ကြည့်၍မှတ်တတ်သော။

Obsolescent, *a.* ရှေးကသုံး၍ယခုသုံးခြင်းနည်းသော။

Obsolete, *a.* ရှေးကသုံး၍ယခုသုံးခြင်းမရှိသော။

Obstacle, *n.* အဆီးအတား။

Obstetric, *a.* ဝမ်းဆွဲအတတ်နှင့်ဆိုင်သော။

Obstinacy, *n.* from next.

Obstinate, *a.* stubborn, စိတ်ခိုင်မာ၍ဖျောင်းဖျမရနိုင်သော။ firmly fixed, အမြဲစွဲသော။

Obstinately, *adv.* ဇွတ်ကွဲ။

Obstreperous, *a.* ဟစ်ကျော်သံများသော။

Obstreperousness, *n.* from above.

Obstruct, *v. t.* to block up, ကန့်လန့်ထားသည်။ ပိတ်ဆို့၍ထားသည်။ to impede, ဆီးတားသည်။

Obstruction, *n.* အဆီးအတား။

Obstructive, *a.* ဆီးတားတတ်သော။

Obtain, *v. t.* to get, ရသည်။ —*v. i.* to have subsistence, be established, တည်လျက်ရှိသည်။

Obtainable, *a.* ရနိုင်ဖွယ်ဖြစ်သော။

Obtest, *v. t.* တောင်းပန်သည်။

Obtrude, *v. t.* —by force, အနိုင်အထက်သွင်းသည်။ —by fraud, လိမ်လည်၍သွင်းသည်။ —*v. i.* to enter uninvited, အခွင့်မရှိဘဲဝင်သည်။

Obtrusion, *n.* from above.

Obtrusive, *a.* အခွင့်မရှိဘဲသွင်းတတ်သော။ —ဝင်တတ်သော။

Obtuse, *a.* blunt, not sharp pointed, မချွန်၊တုံးသော။ dull, stupid, ညာဏ်တုံးသော။ not clear, not shrill, အသံအုပ်သော။

Obtuseness, *n.* from above.

Obviate, *v. t.* ပယ်ထားသည်။

Obvious, *a.* ထင်ရှားသော။

Occasion, *v. t.* ဖြစ်စေသည်။ ပေါ်စေသည်။ —*n.* a cause, (အကျိုးကိုဖြစ်စေသော)အကြောင်း။ a circumstance of need, အသုံးလိုခြင်းနှင့်ရှည်သောအမှုအရာ။ an opportunity, အဆင်သင့်ခြင်း၏အခွင့်။

Occasional, *a.* အစဉ်အမြဲမဟုတ်၊တခါတလေဖြစ်တတ်သော။

Occasionally, *adv.* တခါတလေ။

Occident, *n.* အနောက်မျက်နှာ။

Occidental, *a.* အနောက်မျက်နှာနှင့်ဆိုင်သော။

Occiput, *n.* နောက်စေ့။

Occult, *a.* မထင်ရှား၊ကွယ်လျက်ရှိသော။

Occultation, *n.* (ကြယ်)ကွယ်ခြင်း။
Occupancy, *n.* သိမ်း၍နေခြင်း။
Occupant, *n.* သိမ်း၍နေသောသူ။
Occupation, *n.* the act of taking possession, သိမ်းယူခြင်း။ the keeping in use, သုံးဆောင်၍နေခြင်း။ business, အလုပ်အကိုင်။
Occupied, *a.* engaged, busy, လုပ်ဆောင်၍မအားသော။
Occupy, *v. t.* to take possession, သိမ်းယူသည်။ to keep in use, သုံးဆောင်၍နေသည်။ to take up, fill up, ပြည့်အောင်နေသည်။ to employ one's self, လုပ်ဆောင်၍နေသည်။ to follow (as business,) အမြဲလုပ်ဆောင်၍နေသည်။
Occur, *v. i.* to happen, take place, ဖြစ်လာသည်။ —to the mind, စိတ်ထင်မှတ်သည်။ to be found (in a writing,) ပါရှိသည်။
Occurrence, *n.* a happening or taking place, ဖြစ်လာခြင်း။ an incident, event, အဖြစ်အပျက်။ အကြောင်းအရာ။
Ocean, *n.* ပင်လယ်။ သမုဒ္ဒရာ။
Ochre, *n.* အရောင်အဆင်းရှိသောမြေ။
Octagon, *n.* ရှစ်ထောင့်ပုံ။ အဋ္ဌံ။ a regular octagon, အဋ္ဌရန်း။
Octangular, *a.* ရှစ်ထောင့်ရှိသော (ပုံ။)
Octave, *n.* the eighth day after a festival, ပွဲလမ်းပြီး၍ ရှစ်ရက်မြောက်သောနေ့။ *in music,* သီခြင်းဆိုသံတို့တွင် ရှစ်ခုမြောက်သောအသံ။
Octavo, *n.* and *a.* ၄ ခေါက်ချိုး။
Octennial, *a.* happening every eighth year, ရှစ်နှစ်တွင် တခါဖြစ်တတ်သော။ lasting eight years, ရှစ်နှစ်တိုင်တိုင်တည်တတ်သော။
Octillion, *n.* သန်းပကောဋိ။
October, *n.* အင်္ဂလိပ်နှစ်တွင် ဆယ်ခုမြောက်သော လ ဟည်းဟူသော အုတ္တိုဘာလ။
Octogenarian, *n.* အသက်ရှစ်ဆယ်ရှိသောသူ။
Octuple, *a.* ရှစ်ဆဖြစ်သော။
Ocular, *a.* မြင်ခြင်းနှင့်ဆိုင်သော။
Oculist, *n.* မျက်စိနာကိုကုတတ်သောဆေးသမား။
Odd, *a.* not even, မစုံသော။ left, remaining, ကြွင်းသော။ singular, strange, ထူးခြားသော။ —looking, သူတပါးနှင့်အဆင်းအရည်မတူ၊ ခြားနားသော။
Oddity, *n.* singularity, strangeness, ထူးခြားခြင်း။ a singular person, သူတပါးနှင့်မတူ၊ထူးခြားသောသူ။
Oddness, *n.* the state of being odd, မစုံခြင်း။ singularity, strangeness, ထူးခြားခြင်း။
Odds, *n.* excess, အပိုအမို၊ advantage, သာသောအခွင့်။ နိုင်သောအခွင့်၊ dissension, မသင့်မတင့်ဖြစ်ခြင်း။

Ode, *n.* လင်္ကာသီခြင်းတမျိုး။

Odious, *a.* hateful, မုန်းစရာရှိသော။ disgusting, စက်ဆုပ်ရွံရှာဖွယ်ဖြစ်သော။

Odiousness, *n.* from above.

Odium, *n.* hatred, မုန်းခြင်း။ hatefulness, မုန်းစရာရှိခြင်း။

Odor, *n.* အနံ့။

Odoriferous, Odorous, *a.* မွှေးသော။

Of, *prep. sign of the possessive*, ၏။ among, တွင်။ out of, ထဲက။ about, concerning, အကြောင်းအရာနှင့်ဆိုင်လျှက်။ by means of, ကြောင့်။ အားဖြင့်။

Off, *int.* သွားဟဲ့။ —*prep.* အပေါ်မှာမဟုတ်။ —*adv.* at some distance, အဝေးမှာ။ away from, ကွာသည်နှင့်။ towards the outside, အပသို့။ —[be,] *v. i.* to give up a purpose, အကြံပျက်သည်။ to be gone, သွားခဲ့ပြီ။ —[be badly *or* ill,] အရေးမသာ။ အကျိုးနည်းသည်။ —[be well,] အရေးသာသည်။ အကျိုးရှိသည်။ —hand, *adv.* မဗျင်ဆင်ဘဲ။ မသိုင်းဝိုင်းဘဲ။

Offal, *n.* the parts of an animal unfit for eating, တိရိစ္ဆာန်တကောင်လုံးတွင်မစားသင့်၊ ဖြစ်ကောင်းသောအရာ။ refuse, စွန့်ပြစ်စရာကောင်းသောအရာ။

Offence, *n.* displeasure, စိတ်ဆိုးခြင်း။ transgression, ပြစ်မှားခြင်း။ an occasion of transgressing, ပြစ်မှားစေသောအကြောင်း။ attack, တိုက်ခြင်း။

Offend, *v. t.* to displease, စိတ်ဆိုးစေသည်။ to annoy, hurt, နှောင့်ရှက်သည်။ နာစေသည်။ to transgres, ပြစ်မှားသည်။ to cause to transgress, ပြစ်မှားစေသည်။

Offender, *n.* ပြစ်မှားသောသူ။

Offensive, displeasing, မကြိုက်မနှစ်သက်အောင်ဖြစ်သော။ disgusting, စက်ဆုပ်ရွံရှာဖွယ်ဖြစ်သော။ injurious, နာစေသော။ assailant, စတင်၍တိုက်သော။ suitable for attack, တိုက်ရာတွင်သုံးစရာကောင်းသော။

Offensiveness, *n.* from above, 1st, 2d and 3d def.

Offer, *v. t.* to present for acceptance, ပေးသည်။ to present in worship, ပူဇော်သည်။ လှူသည်။ ဆက်ကပ်သည်။ to place in view, ပြသည်။ to bid (a price,) (ဤမျှလောက်) ပေးမည်ပြောသည်။ —*v. i.* to become present, ရောက်သည်။ to propose to (do,) (ပြု) မည်ပြောသည်။ to make an attempt to (do,) (ပြု) စမ်းသည်။ —violence, အနိုင်အထက်ပြုမည်လက္ခဏာကိုပြသည်။ —*n.* the act of offering, ပေးခြင်း။ price bid, ပေးမည်ပြောသောအဘိုး။

Offering, *n.* ပူဇော်သကာ။ food to a pagoda or idol, သင်ပုတ်။

Office, *n.* a situation of delegated employment, အရာ။ an official situation, ရာထူး။ appropriate business, အခန်း။ အတာ။ ကိုယ်ဆောင်ရသောအမှု။ ပြုရသောဝတ်။ a deed done to another, သူတပါး၌ပြုသောအမှု။ a place where business is transacted, အမှုဆောင်ရာအခန်း။ an out-house, အခြံအရံအိမ်။

Officer, *n.* အရာရှိ။

Official, *a.* pertaining to office, အရာနှင့်ဆိုင်သော။ done by authority, မင်းအခွင့်ဖြင့်ရသော။ —*n.* ဂိုဏ်းအုပ်ခန့်ထားသောအရာရှိ။

Officiate, *v. i.* အရာရှိဆောင်ရွက်ရသောအမှုကိုဆောင်ရွက်သည်။

Officinal, *a.* ဘယဆေးဆိုင်မှာပါတတ်သော။

Officious, *a.* kind, ကျေးဇူးပြုတတ်သော။ importunately kind, ကျေးဇူးပြုလွန်းသော။ meddlesome, စွက်ဖက်သော။

Officiousness, *n.* from above, 2d and 3d def.

Offing, *n.* ပင်လယ်ဝ။

Offscouring, *n.* ပွတ်တိုက်၍ထွက်သောအချေးအညှော်။

Offset, *n.* a sprout from a root, အတက်။ —*in surveying*, မညီညာသောထောင့်။ *in accounts*, စာရင်းတဖက်၌မှတ်သားသောအချက်။

Offspring, *n.* သားသမီး။ သားစဉ်မြေးဆက်။

Oft, Often, Ofttimes, Oftentimes, *adv.* frequently, ခဏခဏ။ many times, ကြိမ်ဖန်များစွာ။

Ogle, *v. t.* စောင်းကာကြည့်သည်။

Ogre, *n.* ဘီလူး။

Ogress, *n.* ဘီလူးမ။

Oh, *int.* အို။ အော်။

Oil, *n.* ဆီ။ —cloth, ဆီသုတ်သောအထည်။ —color, ဆီနှင့်ဖျော်သောသုတ်ဆေး။ —gas, ဆီငွေ့။ —*v. t.* ဆီလူးသည်။

Oilliness, *n.* from next.

Oily, containing oil, ဆီပါသော။ like oil, ဆီကဲ့သို့ဖြစ်သော။

Oint, *see* Anoint.

Ointment, *n.* ဖယောင်းချက်။ ဖယောင်းဆီ။

Okra, *n.* ရုံးပတီ။S.

Old, *a.* advanced in life, not young, အိုသော။ အသက်ကြီးသော။ of a certain age, (ဤမည်သော) အရွယ်ရှိသော။ of long continuance, တာရှည်ပြီးသော။ ကြာပြီးသော။ not new, ဟောင်းသော။ ancient, ရှေးကာလ၌ဖြစ်သော။ —age, *n.* အသက်ကြီးခြင်း။အိုခြင်း။ —fashioned, *a.* ရှေးထုံးစံအတိုင်းလုပ်သော။ —maid, *n.* အပျိုကြီး။ အပျိုဟိုင်း။ —ancient time, ရှေးကာလ။

Olden, *a.* ရှေးကာလနှင့်ဆိုင်သော။

Oldness, *n.* from Old, *a.*

Oleaginous, *a.* ဆီပါသော။

Olfactory, *a.* ဃန္ဓါရုံနှင့်ဆိုင်သော။ —nerve, *n.* အနံ့ကိုတွေ့တတ်သောအမျှင်ကြော။

Oligarchy, *n.* မှူးမတ်အုပ်စိုးခြင်း။

Olio, *n.* အရောအနှော။

Olive, *n.* သံလွင်။

Olympiad, *n.* ၄ နှစ်။

Omega, *n.* ဟေလသ ဘာသာ ဗျည်း သရ စု တွင် နောက် ဆုံး သော အက္ခရာ ဩမေဃ။

Omelet, *n.* ကြက်ဥကြော်။

Omen, *n.* တိတ်၊ နိမိတ်။

Omentum, *n.* အူကိုဖုံးလွှမ်းသောအမြှေး။

Ominous, *a.* တိတ်နိမိတ်ဖြစ်သော။

Omission, *n.* from next.

Omit, *v. t.* to leave undone, မ(ပြု)ဘဲလျှပ်ထားသည်။ to leave out in writing, စာရေးကူးရာ၌ချွခဲ့သည်။

Omnibus, *n.* ဈေးရထားကြီး။

Omnifarous, *a.* ခပ်သိမ်းသောအမျိုးပါသော။

Omnific, *a.* ခပ်သိမ်းသောအရာတို့ကိုဖန်ဆင်းသော။

Omniform, *a.* ခပ်သိမ်းသောပုံသဏ္ဍာန်ကိုဆောင်သော။

Omnigenous, *a.* ခပ်သိမ်းသောအမျိုးပါသော။

Omnipotence, *n.* အနန္တတန်ခိုး။

Omnipotent, *a.* အနန္တတန်ခိုးရှိသော။

Omnipresence, *n.* ခပ်သိမ်းသောအရပ်တို့၌ရှိခြင်း။

Omnipresent, *a.* ခပ်သိမ်းသောအရပ်တို့၌ရှိသော။

Omniscience, *n.* သဗ္ဗညုတဉာဏ်။

Omniscient, *a.* ခပ်သိမ်းသောအရာတို့ကိုသိသော။

Omnivorous, *a.* ခပ်သိမ်းသောအစာမျိုးကိုစားတတ်သော။

On, *prep.* upon, အပေါ်မှာ။ အပေါ်သို့။ at, မှာ။ တွင်။ ၌။ *denoting the objective*, ကို။ —*adv.* forward, ရှေ့သို့။ in continuance, ဦး။

Once, *adv.* one time, တခါ။ one time only, တခါတည်း။ one former time, အရင်တခါ။ တရံရောအခါ။ —[at,] at the same point of time, တချက်တည်း။

One, *a.* တစ်။ ၁။ —eyed, မျက်စိတဖက်သာရှိသော။ —sided, တဖက်သို့ငဲ့ကွက်တတ်သော။

Oneness, *n.* singleness in number, တခုတည်းဖြစ်ခြင်း။ union in one, တလုံးတဝတည်းဖြစ်ခြင်း။

Onerous, *a.* ပင်ပန်းစေတတ်သော။

Onion, *n.* ကြက်သွန်။

Only, *a.* တ(ခု)တည်း။ တ(ယောက်)တည်း။ —*adv.* merely, သာ။ nothing but, သက်သက်။

Onset, *n.* တိုက်ခြင်း။

Onslaught, *n.* same.

Ontology, *n.* ပရမတ်သင်းပြိုဟ်။

Onward, *a.* going forward, ရှေ့သို့တိုး၍သွားသော။ increasing, တိုးပွားသော။ —*adv.* forward, ရှေ့သို့။ in a state of advanced progression, ရှေ့သို့တိုး၍တက်သည်နှင့်။

Onyx, *n.* မဟူရာ။

Ooze, *v. t.* စိမ့်သည်။ —*n.* နွံနှစ်။ ညွန်ပြောင်း။

Oozy, *a.* နွံနှစ်ပါသော။

Opal, *n.* မဟူရာ။

Opaque, *a.* လင်းရောင်မဖောက်နိုင်သော (အရာ။)

Ope, *see* Open, *v.*

Open, *a.* ဒါယာဟာ။ not shut, မပိတ်။ ပွင့်လျှက်ရှိသော။ လစ်လျှက်ရှိသော။ spread, expanded, ဖြန့်လျှက်ရှိသော။ not covered, ဟင်းလင်းရှိသော။ not stopped, မဆို့မပိတ်သော။ unsealed, တံဆိပ်မခတ်သော။ unobstructed, အဆီးအတားမရှိသော။ unscreened, အကွယ်အကာမရှိသော။ not concealed, လျှို့ဝှက်ခြင်းမရှိသော။ အတည့်အလင်းဖြစ်သော။ —handed, လက်ကြီးသော။ ရက်ရောစွာပေးကမ်းတတ်သော။ —hearted, လျှို့ဝှက်ခြင်းမရှိ။ ဟောဟောတိုင်းတိုင်းဖြစ်သော။ —mouthed, ရမက်ကြီးသော။ —*v. t.* to unloose, set open, ဖွင့်သည်။ လှစ်သည်။ to spread, expand, ဖြန့်သည်။ to unstop, အဆို့ကိုနှုတ်သည်။ to remove obstruction, အဆီးအတားကိုပယ်ရှင်းသည်။ ရှင်းလင်းစေသည်။ to perforate, ဖောက်သည်။ to divide, split, ခွဲသည်။ to disclose, reveal, ဖော်ပြသည်။ to begin, ဦး၍ပြုသည်။ အစပြုသည်။ *and see* Lay open. —*v. i.* to unclose itself, ဖွင့်သည်။ (intrans.;) to begin, ဦးသည်။ စသည်။

Opening, *n.* an aperture, အပေါက်။ အဝ။ the dawn, နေအာရုဏ်။ မိုဃ်းလင်းစ။

Openly, *adv.* publicly, ထင်ရှားစွာ။ plainly, ပွင့်လင်းစွာ။

Openness, *n.* freedom from covering or obstruction, ဟင်းလင်းဖြစ်ခြင်း။ plainness, clearness, ရှင်းလင်းခြင်း။ freedom from disguise, လျှို့ဝှက်ခြင်းမရှိ၊ အတည့်အလင်းဖြစ်ခြင်း။ expression of frankness, ပကတိမျက်နှာ။

Opera, *n.* တီးမှုတ်သောဇာတ်ပွဲ။

Operate, *v. i.* to act, produce effect, ပြုသည်။ ပြုလုပ်သည်။ အကျိုးရှိအောင်လုပ်သည်။ *in surgery,* ဆေးသမားတန်ဆာနှင့်လုပ်သည်။

Operation, *n.* from above.

Operative, *a.* exerting, အားထုတ်သော။ efficacious, (အကျိုးကို) ဖြစ်စေသော။ —*n.* လုပ်ဆောင်သောသူ။

Operose, *a.* ပင်ပန်းအောင်လက်ဝင်များသော။
Ophthalmy, *n.* မျက်စိပူစပ်သောအနာ။
Opiate, *n.* အိပ်ပျော်စေတတ်သောဆေး။
Opine, *v. i.* စိတ်ထင်သည်။
Opinion, *n.* a notion, စိတ်ထင်။ ထင်မှတ်ခြင်း။ a sentiment, အယူ။ good estimation, နှစ်သက်ခြင်း။ —[be of,] *v.* စိတ်ထင်သည်။ သဘောရှိသည်။
Opinionated, Opinionative, *a.* ကိုယ်အယူ၌စိတ်စွဲလမ်းတတ်သော။
Opium, *n.* ဘိန်း။ polite name, ဆေးနက်။
Opodeldoc, *n.* လိမ်းသုတ်ရန်ဆပ်ပြာဆေး။
Opponent, *n.* ဆန့်ကျင်ဖက်။ ဆန့်ကျင်ဘက်ပြုသောသူ။
Opportune, *a.* occurring at the proper time, တော်သင့်သောအချိန်ဖြစ်သော။ occurring at a convenient or desirable time, အဆင်သင့်သော။ အခန့်သင့်သော။ happening just right, အချက်ကျသော။
Opportunity, *n.* a convenient time, အဆင်သင့်သောအချိန်ကာလ။ convenient means, အဆင်သင့်သောအခွင့်။
Oppose, *v. t.* to set against, မျက်နှာချင်းဆိုင်လျက်တဖက်၌ထားသည်။ to act against, ဆန့်ကျင်ဘက်ပြုသည်။ ဆီးတားသည်။
Opposed, *a.* adverse, ဆန့်ကျင်ဘက်ဖြစ်သော။
Opposite, *a.* fronting, မျက်နှာချင်းဆိုင်လျက်တဖက်၌ရှိသော။ adverse ဆန့်ကျင်ဘက်ဖြစ်သော။ —*n.* ဆန့်ကျင်ဖက်။
Opposition, *n.* the state of being in front of, မျက်နှာချင်းဆိုင်လျက်တဖက်၌နေခြင်း။ the act of opposing, ဆီးတားခြင်း။ contrariety, ဆန့်ကျင်ဘက်ဖြစ်ခြင်း။
Oppress, *v. t.* နှိပ်စက်သည်။ ညှဉ်းဆဲသည်။
Oppressed, [be,] *v. i.* as the stomach with food, အစာမကြေ၊ ဝမ်းလေးသည်။
Oppression, *n.* the act of oppressing, နှိပ်စက်ခြင်း။ ညှဉ်းဆဲခြင်း။ a sense of heaviness in the stomach, အစာမကြေ၊ ဝမ်းလေးခြင်း။ dullness of spirit, ညှိုးနွမ်းခြင်း။
Oppressive, *a.* treating rigorously and unjustly, ညှဉ်းဆဲနှိပ်စက်တတ်သော။ heavy, overwhelming, အလွန်ပင်ပန်းစေတတ်သော။
Opprobrious, *a.* အသရေပျက်သော။ အရှက်ကွဲစေသော။
Opprobrium, *n.* အသရေပျက်ခြင်း။ အရှက်ကွဲခြင်း။
Oppugn, *v. t.* ဆန့်ကျင်ဘက်ပြု၍ဆီးတားသည်။
Oppugnancy, *n.* from above.
Optative, *a.* အလိုကိုဖော်ပြသော။
Optic, *a.* စက္ခုာယတနနှင့်ဆိုင်သော။ —nerve, *n.* မျက်စိ၌တည်၍မြင်စေသောအမျှင်ကြော။ —စက္ခုာယတန။

Optical, *see* Optic, *a*.

Optician, *n*. စက္ခုဿယတနနှင့် ရူပါရုံအကြောင်းကို စစ်ဆေး လေ့ကျက်သော ဆရာ။

Optics, *n*. စက္ခုဿယတနနှင့်ရူပါရုံအကြောင်းကိုထုတ်ဖော်သောအတတ်ပညာ။

Optimism, *n*. ဖြစ်လေသမျှတို့သည်ကောင်းမြတ်သောအကျိုးကိုပြုစုမည် အကြောင်းစီရင်တော်မူသည်ဟုယူသောအယူဝါဒ။

Option, *n*. choice, preference, အလိုရှိ၍ရွေးကောက်ခြင်း။ the power of selection, ရွေးကောက်ရသောအခွင့်။

Optional, *a*. အလိုရှိသည်အတိုင်းရွေးကောက်ရသော။

Opulence, *n*. from next.

Opulent, *a*. ဥစ္စာရတတ်သော။ ကြွယ်ဝသော။

Or, *conj*. သို့မဟုတ်။

Oracle, *n*. a supernatural communication, ဗျာဒိတ်။ the place where supernatural communications are made, ဗျာဒိတ်ထားရာအရပ်ဌာန။ one famed for wisdom, ထူးဆန်းသောပညာရှိ။

Oracular, *a*. uttering oracles, ဗျာဒိတ်ထားသော။ like an oracle, ဗျာဒိတ်လက္ခဏာတူသော။

Oral, *a*. နှုတ်မြွက်၍ပြောသော။ —language, *n*. နှုတ်ထွက်စကား။

Orally, *adv*. နှုတ်တိုက်။

Orange, *n*. လိမ္မော်သီး။

Orangery, *n*. လိမ္မော်ဥယျာဉ်။

Orang-outang, *n*. လူဝံ။

Oration, *n*. ပရိသတ်ရှေ့မှာအကျိုးအကြောင်းကိုထုတ်ဖော်၍အစည်အတိုင်းမြွက်ဆိုသောစကား။

Orator, *n*. ထိုသို့မြွက်ဆိုသောသူ။

Oratorical, *a*. ပရိသတ်ရှေ့မှာမြွက်ဆိုခြင်းနှင့်ဆိုင်သော။

Oratory, *n*. the act of public speaking, ပရိသတ်ရှေ့မှာအစည်အတိုင်းမြွက်ဆိုခြင်း။ a place for prayer, ဆုတောင်းရာအရပ်။

Orb, *n*. a spherical body, အလုံး။ a circular body that turns on an axis, စက်။ a circle, အဝိုင်း။ စက်ဝိုင်း။ the path of a planet, ဂြိုဟ်လှည့်လည်ရာလမ်း။ a period of time, ကပ်ကာလ။

Orbid, Orbicular, *a*. spherical, လုံးသော။ circular, ဝန်းသော။ ဝိုင်းသော။

Orbit, *n*. ဂြိုဟ်အစရှိသောမိုဃ်းကောင်းကင်အလုံးလှည့်လည်ရာလမ်း။

Orchard, *n*. ဥယျာဉ်။

Orchestra, *n*. ပွဲသဘင်၌စုရုံးလျှက်ရှိသောအတီးသမားစု။

Ordain, *v. t.* to direct, appoint, စီရင်သည်။ to institute, establish, တည်သည်။ to place in an ecclesiastical office, ဓမ္မဆရာအရာ၌ခန့်ထားသည်။

Ordeal, *n*. (four kinds,) ကမ္ဘာလေးရပ်။

Order, *v. t.* to regulate, dispose, စီစည်သည်။ to manage, direct, စီရင်သည်။ to command, မှာသည်။ မိန့်သည်။ မိန့်တော်မူသည်။ —*n.* regular disposition, အစီအစည်။ proper state, ကောင်းကောင်းစီရင်ပြုပြင်သောအဖြစ်။ settled mode, ဖြစ်မြဲထုံးစံ။ a command, အမှာ။ အမိန့်။ အမိန့်တော်။ စီရင်ချက်။ a direction in writing, မှတ်ချက်။ persons of the same class, ဂုဏ်ရည်တူသောလူစု။ things of the same denomination, လက္ခဏာတူသောအရာစု။ a measure to secure an end, တစုံတခုသောအကျိုးကိုရခြင်းငှါပြုမူသောအပြုအမူ။ —to [in,] ငှါ။ အလိုငှါ။ (noun affix;) အောင်။ (verbal affix.)

Orderly, *a.* methodical, စီစည်သော။ according to good order, ကောင်းကောင်းစီရင်ပြုပြင်သော။ သပ်သပ်ရပ်ရပ်ရှိသော။ according to established method, ဖြစ်မြဲထုံးစံအတိုင်းဖြစ်သော။ —book, *n.* ဗိုလ်စီရင်ချက်ပါသောစာအုပ်။ —sergeant, ဗိုလ်ထံမှာခစားသောအကျပ်။

Orders, *n. plur.* ဓမ္မဆရာ၏အခွင့်အရေး။

Ordinal, *a.* အစီအစည်ကိုပြသော။ —number, *n.* ပဌမ၊ ဒုတိယ၊ တတိယမှစ၍။

Ordinance, *n.* an established rule, ဥပဒေထားချက်။ an instituted rite, စီရင်ထုံးဖွဲ့သောမင်္ဂလာ။

Ordinary, *a.* according to uniform custom, ဖြစ်နေကျအတိုင်းဖြစ်သော။ common, usual, လူများပြုတတ်သော။ common, undistinguished, သာမည။ plain in appearance, အဆင်းမလှသော။ —*n.* a judge of ecclesiastical causes, သာသနာမှုကိုစစ်ကြောစီရင်ပိုင်သောအရာရှိ။ a settled station or state, အတည်ကျသောနေရာ။ an eating house, ထမင်းဆိုင်။

Ordination, *n.* the state of being appointed, ခန့်ထား၍နေရာကျခြင်း။ the conferring an ecclesiastical office, ဓမ္မဆရာအရာ၌ခန့်ထားခြင်း။

Ordnance, *n.* အမြောက်စု။

Ordure, *n.* မစင်။

Ore, *n.* သတ္တုကျောက်။ သတ္တုမချေသေးသောကျောက်။

Organ, *n.* a natural instrument of action or operation, ကိုယ်ကာယ၏ကရိယာ။ an instrument or means of communication, ကြားပြောရာလမ်း။ the musical instrument so called, ပြွေစုံကြီး။ သံစုံသစ်တာကြီး။ —loft, ပြွေစုံတင်ထားသောအပေါ်ဆင့်။

Organic, Organical, *a.* consisting of organs, ကိုယ်ကာယ၏ကရိယာနှင့်ပြည့်စုံသော။ produced by the organs, ကိုယ်ကာယ၏ကရိယာအားဖြင့်ဖြစ်သော။

Organism, *n.* ကိုယ်ကာယ၏ကရိယာအစုံအလင်ပြုပြင်ခြင်း၏အခြေအနေ။

Organist, *n.* ကြွေစုံကိုတီးတတ်သောသူ။

Organization, *n.* from next; organized structure, အင်္ဂါနှင့်ကရိယာအစုံအလင်ပြုပြင်သောအရာ။

Organize, *v. t.* to form with suitable organs, ကိုယ်ကာယ၏ကရိယာအစုံအလင်ဖြစ်အောင်ပြုပြင်သည်။ to arrange and systematize, အင်္ဂါနှင့်ကရိယာစုံလင်အောင်ပြုပြင်သည်။

Orgies, *n. plur.* သေသောက်ပွဲ။

Orient, *a.* rising as the sun, နေထွက်သကဲ့သို့တက်သော။ eastern, အရှေ့မျက်နှာ။ အရှေ့အရပ်၌ရှိသော။ bright, shining, ပြောင်လက်သော။ —*n.* အရှေ့မျက်နှာ။

Oriental, *a.* အရှေ့မျက်နှာနှင့်ဆိုင်သော။ —*n.* အရှေ့တိုင်းပြည်သား။

Orientalism, *n.* အရှေ့တိုင်းပြည်သားတို့သာပြောတတ်သောစကား၏အနေ။

Orientalist, *n.* အရှေ့တိုင်းပြည်၏စာပေကျမ်းဂန်တို့ကိုလေ့ကျက်သောသူ။

Orifice, *n.* အဝ။

Origin, *n.* the beginning (of a thing,) အစ။ အဦး။ foundation, source, cause, မူလ။ အရင်း။ အမြစ်။

Original, *n.* same; a writing from which a trans-script or translation is made, မူ။ —*a.* first in order, အဦးဆုံးသော။ primitive, pristine, မူလအရင်းဖြစ်သော။ able to originate new thought, အဘယ်သူမျှမကြံစည်ဘူးသောအကြံကိုကြံစည်တတ်သော။ —suit, စွဲရင်းအမှု။

Originality, *n.* from above.

Originate, *v. i.* စ၍ဖြစ်သည်။ *v. t.* စ၍ဖြစ်စေသည်။

Origination, *n.* from above.

Orison, *n.* ပဌနာ။

Orlop, *n.* သင်္ဘောအောက်ဝမ်းကြမ်း။

Ornament, *n.* တန်ဆာ။ —*v. t.* တန်ဆာဆင်သည်။

Ornamental, *a.* ဆင်တတ်သောတန်ဆာဖြစ်သော။

Ornate, *a.* တန်ဆာဆင်သော။

Ornithologist, *n.* သြနိသောလဇိအတတ်ပညာကိုပြုစုသောဆရာ။

Ornithology, *n.* သြနိသောလဇိအတတ်တည်းဟူသော ငှက်အမျိုးမျိုးကိုမှတ်သားလေ့ကျက်သောအတတ်ပညာ။

Orphan, *n.* bereaved of father, ဘသက်ဆိုး။ bereaved of mother, မိသက်ဆိုး။ —*v. t.* မိဘမဲ့ဖြစ်အောင်ပြုသည်။

Orphanage, *n.* မိသက်ဆိုး။ ဘသက်ဆိုးဖြစ်ရသောအဖြစ်။

Orpiment, *n.* ဆေးဒန်း။

Orrery, *n.* လများနှင့်တကွဂြိုဟ်တို့လှည့်ဟန်ကိုပြသောစက်တန်ဆာ။

Ort, *n.* ဖြစ်လိုက်သောအစအန။

Orthodox, *a.* ဟုတ်မှန်သောအယူဝါဒကိုယူသော။

Orthodoxy, *n.* from above.

Ortlioepy, *n.* ခေါ်ရိုးပြောစည်အတိုင်း အသံနေရာကျ အောင်သင် ပေးသော အတတ်။

Orthography, *n.* ဌာန်ကရိုဏ်း ကျကျ ရေးသားနိုင် အောင် သင်ပေးသော အတတ်။

Ortolan, *n.* နှံပြည်စုတ်။ ?

Oscillate, *v. i.* တောက်တက်ခတ်လှုပ်၍နေသည်။

Oscillation, *n.* from above.

Ospray, *n.* ဝံလက်။

Osseous, *a.* အရိုးကဲ့သို့ဖြစ်သော။

Ossify, *v. i.* အသားကအရိုးဖြစ်သည်။ —*v. t.* from same.

Ossification, *n.* from above.

Ostensible, *a.* ထင်ရှားသော။

Ostentation, *n.* from next.

Ostentatious, *a.* ဝါကြွားသော၊ ပလွှားသော။

Osteology, *n.* ကိုယ်ကာယ၌ရှိသောအရိုးတို့ကိုဖော်ပြသောအတတ်။

Ostrich, *n.* ငှက်ကုလားအုတ်။

Other, *a.* အခြား။ တခြား။ တပါး။ တထူး။ —[each,] တယောက် (ကို) တယောက်။ —day, [the] ယမန္နေ့။ —where, *adv.* အခြားတပါးမှာ။ —wise, *conj.* သို့မဟုတ်။ —wise, *adv.* in a different manner, အနည်း။ အခြား။ တပါးသောနည်းအားဖြင့်။

Ottar of roses, *n.* နှင်းဆီ။

Otter, *n.* ဖျံကောင်။

Ottoman, *a.* တုရုကပြည်နှင့်ဆိုင်သော။ —*n.* ခြေတင်ခုံတမျိုး။

Ouch, *n.* မျက်အိမ်။ မျက်အိုး။

Ought, *v. i.* ရသည်။ ရမည်။

Ounce 1, *n.* the weight, အောင်စတမျိုးတည်းဟူသောဒြမ်း ၁၆ ခုရှိသော အချိန်။ အောင်စ တမျိုးတည်းဟူသော ပင်နိ ဝေတ် ၂၀ ရှိသော အချိန်။ —2, *n.* the animal, ကျားသစ်ကမျိုး။

Our, Ours, *poss. of* We, *which see.*

Ourself, Ourselves, *pron.* ငါတို့ကိုယ်တိုင်။

Oust, *v. t.* နှင်ထုတ်သည်။

Out, *adv.* without, အပြင်။ အပ။ to the end, အဆုံးတိုင်အောင်။ loudly, အသံကျယ်ကျယ်။ —[be,] *v. i.* to be disclosed, ဖော်ပြလျက်ရှိသည်။ to be extinguished, သေသည်။ to be spent, သုံး၍ကုန်သည်။ to be destitute, မရှိဘဲနေသည်။ to be in error, မှားသည်။ to be at a loss, တွေးတောသည်။ —of, *adv.* on the outside of, (တစုံတခုသောအရာ။) ၏ပြင်မှာ။ from the inside, အထဲက။ beyond, အလွန်။ aside, အလွဲ။ in consequence of, ကြောင့်။ *v. t.* ပြင်သို့ထုတ်သည်။

Outact, *v. t.* သာ၍ပြုသည်။

Outbalance, *v.* .. သာ၍လေးသည်။
Outbar, *v. t.* မဝင်နိုင်အောင်ကန့်လန့်ထိုး၍ပိတ်ထားသည်။
Outbid, *v. t.* သာ၍ပေးမည်ပြောသည်။
Outbound, *see* Outwardbound.
Outbrave, *v. t.* ထောင်လွှား၍နိုင်သည်။
Outbrazen, *v. t.* အရှက်မရှိ၊မျက်နှာခဲ ရင့်၍နိုင်သည်။
Outbreak, Outbreaking, *n.* ပေါက်၍ဟုန်းခနဲထွက်ခြင်း။
Outbreathe, *v. t.* သက်လုံကောင်း၍နိုင်သည်။
Outcast, *a.* နှင်ထုတ်ခြင်းကိုခံရသော။ —*n.* one who is cast out. နှင်ထုတ်ခြင်းကိုခံရသောသူ။ one who has lost caste, ဇာတ်ပျက်၍ အဘယ်သူမျှမပေါင်းဖော်ရသောသူ။
Outcry, *n.* a scream, ကြွေးကြော်၍အော်ဟစ်ခြင်း။ an auction, လေလံ။
Outdare, *v. t.* သာ၍ပြုဝံ့သည်။
Outdo, *v. t.* လွန်ကဲ၍ပြုသည်။
Outdoors, *adv.* အိမ်ပြင်မှာ။ အိမ်ပြင်သို့။
Outer, *a.* ပြင်မှာရှိသော။
Outermost, *see* Outmost.
Outface, *v. t.* မျက်နှာထားခဲရင့်၍နိုင်သည်။
Outfit, *n.* အခြားအရပ်သို့သွားရာသုံးဆောင်ရန်ပြင်ဆင်သောအသုံးအဆောင်။
Outflank, *v. t.* တပ်တဖက်စောင်းကချွန်၍နေသည်။
Outfly, *v. t.* ပျံကြရာတွင်သာလွန်၍သွားသည်။
Outgeneral, *v. t.* စစ်မှူးစစ်ရေး၌လိမ္မာ၍နိုင်သည်။
Outgive, *v. t.* (ဤမည်သောသူ)ထက်သာ၍ပေးသည်။
Outgo, *v. t.* to go beyond, သွားကြရာတွင်သာလွန်၍ သွားသည်။ to excel, လွန်ကဲသည်။ to circumvent, သွယ်ဝိုက်၍လိမ်လည်သည်။
Outgoing, *n.* a going out, ပြင်သို့ထွက်သွားခြင်း။ outer border, အစွန်အနား။
Outgrow, *v. t.* to surpass in growth, ကြီးမြင့်ကြရာတွင်သာလွန်၍ ကြီးမြင့်သည်။ to become too large or too old (for something,) မတော်နိုင်အောင်ကြီးမြင့်သည်။ မတတ်နိုင်အောင်ကြီးရင့်သည်။
Outguard, *n.* ကင်းတပ်။
Outhouse, *n.* အခြံအရံအိမ်။
Outlandish, *a.* foreign, တတိုင်းတပြည်နှင့်ဆိုင်သော။ rustic, clownish, ကျေးတောသားကဲ့သို့ဖြစ်သော။ မယဉ်ကျေးသော။
Outlast, *v. t.* သာ၍တာရှည်သည်။
Outlaw, *v. t.* to withdraw the protection of law, လွှတ်၊ရှုံးပယ်သည်။ to sentence to death wherever found, တွေ့ရာသင်းချိုင်းဖြစ်စေဟု စီရင်သည်။ —*n.* one deprived of the protection of law, လွှတ်၊ရှုံးပယ်သောသူ။ one sentenced to death wherever found, တွေ့ရာသင်းချိုင်းဖြစ်သောသူ။

Outlawry, *n.* from Outlaw, *v. t.*
Outlay, *n.* သုံး၍ကုန်သောငွေ။
Outleap, *v. t.* ခုန်ကြရာတွင်သာလွန်၍သွားသည်။ —*n.* ထွက်၍ပြေးခြင်း။
Outlet, *n.* ထွက်ပေါက်။
Outline, *n.* contour, ရုပ်ပုံပေါ်ရုံမျှသာရေးသားသည်အကြောင်း။ a brief sketch, အကျဉ်းအားဖြင့်ဖော်ပြသောစကား။
Outlive, *v. i.* (သေသောသူထက်)သာလွန်၍အသက်ရှင်သည်။
Outlying, *v.* စီစဉ်သောအရာတို့တွင်မပါ၊ပြင်မှာကျန်ရစ်သည်။
Outmarch, *v. t.* ချီကြရာတွင်သာလွန်၍သွားသည်။
Outmost, *a.* အစွန်းဆုံးသော။
Outnumber, *v. t.* သာ၍များသည်။
Outpost, *n.* ကင်းတပ်။ ရံတပ်။s.
Outpour, *v. t.* သွန်သည်။
Outrage, *v. t.* ကြမ်းတမ်းစွာညှဉ်းဆဲသည်။ —*n.* from *do.*
Outrageous, *a.* violently transgressive, ကြမ်းတမ်းစွာလွန်ကျူးသော။ very excessive, အတိုင်းထက်လွန်သော။
Outre, *a.* ထူးခြားသော။
Outreach, *v. t.* လိမ်လည်သည်။
Outride, *v. t.* မြင်းနှင့်သွားကြရာတွင်သာလွန်၍သွားသည်။
Outrider, *n.* မြင်းနှင့်သွားရာပါသောမြင်းအခြံအရံ။
Outrigger, *n.* တွန်းခင်း။ (*pron.* တကင်း။)
Outright, *adv.* instantly, ချက်ချင်း။ completely, အကုန်အစင်။
Outroot, *v. t.* အမြစ်ပါနှုတ်သည်။
Outrun, *v. t.* to pass in running, ပြေးကြရာတွင်သာလွန်၍ပြေးသည်။ to exceed, လွန်သည်။
Outsail, *v. t.* ရွက်တိုက်၍သွားကြရာတွင်သာလွန်၍သွားသည်။
Outsell, *v. t.* သာ၍ကြီးသောအဘိုးနှင့်ရောင်းသည်။
Outset, *n.* အစပြုခြင်း။
Outshine, *v. t.* သာ၍ထွန်းလင်းသည်။
Outside, *n.* the surface, or the space without, အပြင်။ the highest price, အကြီးဆုံးသောအဘိုး။
Outsit, *v. t.* အချိန်လွန်အောင်ထိုင်နေသည်။
Outskirt, *n.* အစွန်အနား။.
Outspread, *v. t.* ဖြန့်သည်။
Outstanding, *a.* မဆပ်သေးသော(ကြွေး။)
Outstare, *v. t.* မျက်နှာထားရဲရင့်၍နိုင်သည်။
Outstretch, *v. t.* ကားသည်။
Outstrip, *v. t.* ပြေးကြရာတွင်သာလွန်၍ပြေးသည်။
Outswear, *v. t.* ကျိန်ဆို၍နိုင်သည်။
Outtalk, *v. t.* စကားများ၍နိုင်သည်။

Outvie, *v. t.* ပြိုင်လွန်ကဲသည်။
Outvote, *v. t.* လူကိုရွေးကောက်ခန့်ထားသောအမှုမှစ၍အခြားသောအမှုကိုစီရင်ကြရာတွင်၊အသီးအသီးကိုယ်အလိုကိုဖော်ပြ၍သဘောတူများသောသူတို့သည်သဘောတူနည်းသောသူတို့ကိုအောင်သည်။
Outwalk, *v. t.* ခြေချင်းသွားကြရာတွင်သာလွန်၍သွားသည်။
Outward, *a.* exterior, အပြင်၌ရှိသော။ apparent, visible, ထင်ရှားသော။ tending to the outside, ပြင်သို့သွားသော။ —*adv.* ပြင်သို့။ —bound, *a.* တကျွန်းတနိုင်ငံသို့သွားလျက်ရှိသော။
Outwards, *adv.* ပြင်သို့။
Outwear, *v. t.* သာ၍တာရှည်စွာအသုံးပြုခြင်းကိုခံနိုင်သည်။
Outweigh, *v. t.* to exceed in weight, သာ၍လေးသည်။ to exceed in importance, သာ၍အရေးကြီးသည်။
Outwit, *v. t.* ပရိယာယ်အားဖြင့်နိုင်သည်။
Outwork, *n.* မြင်းတား။
Oval, *n.* ဝဲ့ဥပုံ။ —*a.* ဝဲ့ဥပုံရှိသော။
Ovary, *n.* သန္ဓေတည်ရာ။
Oven, *n.* ပေါင်းဖို။
Over, *prep.* or *adv.* above in place or position, အထက်။ အပေါ်။ above, more than, သာလျက်။ ကျော်။ beyond, အလွန်။ above in authority, အစိုးရလျက်။ upon the surface at large, တပြင်လုံးအရပ်ရပ်။ across from side to side, ကျော်လျက်။ တဖက်မှတဖက်သို့။ from one to another, လွှဲလျက်။ during, throughout, ပတ်လုံး။ တိုင်တိုင်။ on a side, *see* Turn over, Roll over, &c. —again, *adv.* တဖန်။ —against, မျက်နှာချင်းဆိုင်လျက်တဖက်၌ရှိသည်နှင့်။ —and above, အပြင်။ မှတပါး။ —and over, အထပ်ထပ်။ —*a.* past, လွန်ပြီးသော။
Overabound, *v. i.* အလွန်အကျူးပေါများသည်။
Overact, *v. t.* အလွန်အကျူးပြုလိုက်သည်။
Overalls, *n.* ပြင်ပေါင်းဘီ။
Overanxious, *a.* စိုးရိမ်လွန်းသော။
Overarch, *v. t.* ပေါင်းကူးကဲ့သို့ရက်တင်လွှမ်းမိုးသည်။
Overawe, *v. t.* ကြောက်ရွံ့ရိုသေအောင်ပြုသည်။
Overbalance, *v. t.* သာ၍လေးသည်။ —*n.* အပိုအမို။
Overbear, *v. t.* ဖိစီးသည်။
Overbearing, *a.* ထောင်လွှားစော်ကား၍ပြုမူတတ်သော။
Overblown, *a.* လွင့်၍ပျောက်သော။
Overboard, *adv.* သင်္ဘောပေါ်က။
Overburden, *v. t.* ဝန်လေးအောင်တင်သည်။
Overcast, *a.* မိုးအုံ့သော။ —*v. t.* from same; to sew over, အပ်ပြန်ပေါက်သီ၍ချုပ်သည်။

Overcautious, *a.* သတိပြုလွန်းသော။

Overcharge, *v. t.* to load to excess, ပို၍ဝန်တင်သည်။ to charge too much, စာရင်း၌မှတ်သင့်သည်ထက်ပို၍မှတ်သည်။ —*n.* an excessive load, အပိုတင်သောဝန်။ an unfair charge, စာရင်း၌ပို၍သွင်းသောအချက်။

Overcloud, *v. t.* မိုဃ်းအုံ့စေသည်။

Overcoat, *n.* ပြင်အင်္ကျီ။

Overcome, *v. t.* to conquer, နိုင်သည်။ အောင်သည်။ to surmount a difficulty, အကြီးထမြောက်သည်။

Overdo, *v. t.* to do too much, ပြုလွန်းသည်။ to fatigue, ပင်ပန်းစေသည်။ to cook too much, အချက်အပြုတ်လွန်သည်။

Overdraw, *v. t.* ခံရန်ရှိသည်ထက်ပိုလျှံ၍ငွေထုတ်လက်မှတ်ကိုပေးလိုက်သည်။

Overdress, *v. t.* အလွန်အကျူးဝတ်ဆင်သည်။

Overdrive, *v. t.* အလွန်အကျူးနှင်မောင်းသည်။

Overeager, *a.* စိတ်အားကြီးလွန်းသော။

Overeat, *v. t.* စားကြူးသည်။

Overflow, *v. t.* to run over, လျှံသည်။ to spread over, လွှမ်းသည်။ to inundate, လွှမ်းမိုးသည်။ —*n.* from *do.*

Overgrow, *v. t.* အပင်ပေါက်၍ (မြေကို) ဖုံးလွှမ်းသည်။

Overgrown, *a.* ကိုယ်ကြီးလွန်းသော။

Overhang, *v. t.* အမြင့်ကအငူစွန်းထွက်၍မိုးနေသည်။

Overhaul, *v. t.* to examine, စစ်ဆေးသည်။ to overtake, လိုက်၍မှီသည်။

Overhead, *adv.* အထက်မှာ။

Overhear, *v. t.* အမှတ်တမဲ့ကြားသည်။

Overjoy, *v. t.* အလွန်ဝမ်းမြောက်စေသည်။

Overlabor, *v. t.* to harass with toil, ပင်ပန်းအောင် လုပ်ကိုင်စေသည်။ to spend too much work on, လက်ဝင်များလွန်းသည်။

Overlade, *v. t.* (လှေ၊သင်္ဘောကို) ဝန်တင်သင့်သည်ထက်တိုး၍တင်သည်။

Overland, *n.* ကုန်းကြောင်း။

Overlarge, *a.* ကြီးလွန်းသော။

Overlay, *v. t.* to lay too much upon, ပိုမို၍တင်သည်။ to oppress by weight, ဖိ၍နှိပ်စက်သည်။ to spread over the surface, မွမ်းမံသည်။

Overleap, *v. t.* ခုန်ကျော်၍သွားသည်။ ခုန်လွှား၍သွားသည်။

Overload, *v. t.* ဝန်ပိုမို၍တင်သည်။ —the stomach, စားပိုနင့်သည်။

Overlook, *v. t.* to view from a higher place, အမြင့်ကကြည့်သည်။ to peruse, စာကြည့်သည်။ to oversee, ကြည့်ရှုကြပ်မသည်။ to let pass with impunity, အပြစ်ကိုမမှတ်။ အပြစ်အလျှောက်မစီရင်ဘဲနေသည်။ to neglect, သတိလစ်၍မမှတ်ဘဲနေသည်။

Overmaster, *v. t.* နိုင်သည်။

Overmatch, *v. t.* ပြိုင်၍နိုင်သည်။ —*n.* agent from *do.*
Overmuch, *a.* များလွန်းသော။ —*adv.* လွန်ကျူးစွာ၊ လွန်း၊ (verbal affix.)
Overnight, *adv.* ညအချိန်မရောက်မှီ။
Overpast, *a.* လွန်ပြီးသော။
Overpay, *v. t.* ပိုမို၍နေသည်။
Overplus, *n.* အပိုအမို။
Overpoise, *v. t.* သာ၍လေးသည်။ —*n.* သာ၍လေးသောအလေး။
Overpower, *v. t.* အားကြီး၍နိုင်သည်။
Overpress, *v. t.* ဖိစီးသည်။
Overprize, *v. t.* တန်ဘိုးထက်လွန်၍ဖြတ်သည်။
Overrate, *v. t.* same.
Overreach, *v. t.* လိမ်လည်သည်။
Overripe, *a.* မှည့်လွန်းသော။
Overrule, *v. t.* to manage by predominant power, အချုပ်အချာဖြစ်၍စီရင်ပြုပြင်သည်။ to supersede or reject, ပယ်သည်။
Overrun, *v. t.* လွှမ်းမိုးသည်။
Oversea, *a.* သတော်ပြည်ကဖြစ်သော။
Oversee, *v. t.* ကြည့်ရှုကြပ်မသည်။ စောင့်ကြပ်သည်။
Overseer, *n.* အကြီးအကြပ်။
Overset, *v. t.* to throw down on the side, လှည်းသည်။ to turn bottom upwards, မှောက်လှန်သည်။
Overshade, *v. t.* မှောင်မိုက်နှင့်ဖုံးလွှမ်းသည်။
Overshadow, *v. t.* to throw a shadow over, အရိပ်နှင့်ဖုံးလွှမ်းသည်။ to shelter, ကွယ်ကာသည်။
Overshoot, *v. t.* ရွယ်သောအချက်ကိုလွန်၍မှန်းသည်။
Overshot, *a.* (စက်ရဟတ်)အပေါ်ကိုရှပ်၍တိုက်သော။
Oversight, *n.* superintendence, ကြည့်ရှုကြပ်မခြင်း။ a mistake, သတိလစ်၍မှားခြင်း။
Oversleep, *v. i.* အိပ်ကြူးသည်။
Oversoon, *adv.* အချိန်မရောက်မှီ။
Overspread, *v. t.* ဖုံးလွှမ်းသည်။ လွှမ်းသည်။ လွှမ်းမိုးသည်။ —with a cloth, ချုံသည်။ ချုံရုံသည်။ အုပ်ချုံသည်။
Overstep, *v. t.* ကျော်လွှားသည်။
Overstock, *v. t.* အလွန်အကျူးသွင်းထားသည်။
Overstrain, *v. t.* အလွန်အကျူးအားထုတ်သည်။
Overt, *a.* evident, ထင်ရှားသော။ involving action, အပြုအမူဖြစ်သော။
Overtake, *v. t.* လိုက်၍မှီသည်။
Overtask, *v. t.* အလွန်အကျူးလုပ်စေသ[illegible]
Overthrow, *v. t.* to turn upside down, [illegible]က်လှန်သည်။ to throw

down from an erect position, လှည်းသည်။ to demolish, ဖြိုဖျက်သည်။ to defeat, ရှုံးအောင်တိုက်သည်။ to destroy, ဖျက်ဆီးသည်။ —*n.* from *do.*

Overtop, *v. t.* to rise above the top, သာ၍မြင့်အောင်တက်သည်။ to excel, surpass, လွန်ကဲသည်။

Overture, *n.* a proposal, အဦးတင်၍ပြောထားသည်။ a prelude, (in music,) သီချင်းသံ၊တီးမှုတ်သံကိုပွဲဦးခွဲပြုခြင်း။

Overturn, *v. t.* to throw down on the side, လှည်းသည်။ to turn bottom upwards, မှောက်လှန်သည်။ to destroy, ဖျက်ဆီးသည်။ —*n.* from *do.*

Overturning, *n.* same; a change, revolution, ပြောင်းလဲခြင်း။

Overvalue, *v. t.* အလွန်အကျူးအဘိုးဖြတ်သည်။

Overweening, *a.* စိတ်မြင့်လွန်းသော။

Overweigh, *v. t.* သာ၍လေးသည်။

Overweight, *n.* သာ၍လေးသောအလေး။

Overwhelm, *v. t.* လွှမ်းမိုးသည်။

Overwhelmingly, *adv.* ပြားစီး။

Overwork, *v. t.* ပင်ပန်းအောင်လုပ်ကိုင်စေသည်။

Overworn, *a.* ပင်ပန်းစွာ လုပ်ကိုင်သောအား ဖြင့် ခွန်အား ဆုတ်ယုတ်၍ ကုန်သော။

Overwrought, *a.* လက်ဝင်များသော (အရာ။)

Overzealous, *a.* စိတ်အားကြီးလွန်းသော။

Oviform, *a.* ဥနှင့်ပုံသဏ္ဍာန်တူသော။

Oviparous, *a.* ဥတတ်သော။

Owe, *v. t.* to be indebted, ကြွေးရှိသည်။ to be obliged for, ကျေးဇူးတင်လျက်ရှိသည်။

Owing, *a.* due, ကြွေးတင်၍ဆပ်ရသော။ consequential, following as an effect, တစုံတခုသောအကြောင်းကြောင့်ဖြစ်သော။

Owl, *n.* (different species,) ဇီးကွက်။ ခင်ပုပ်။ တီတုတ်။ ငှက်ဆိုး။

Own 1, *an emphatic appendage* to the possessive of pronouns, ကိုယ်တိုင်၏။ —2, *v. t.* to be the owner of, ပိုင်သည်။ to acknowledge, admit to be true, ဝန်ခံသည်။ to confess, ဝန်ချသည်။

Owner, *n.* အရှင်။ ပိုင်သောသူ။

Ownership, *n.* ပိုင်ခြင်း။

Ox, *n.* နွားဖြီး။ နွားသင်း။

Oxygen, *n.* အုပ်ဇုဇင်တည်းဟူသောအချည်ကိုဖြစ်စေတတ်သောဓာတ်ငွေ့။

Oxymel, *n.* ပျားရည်နှင့်ရောသောပုံးရည်။

Oyster, *n.* ကနုကမာ။ —bed, က[illegible]သောအရပ်။

P

Pabular, Pabulous, *a.* အစာအာဟာရနှင့်ဆိုင်သော။

Pabulum, *n.* အစာအာဟာရ။

Pace, *v. i.* to step along, လှမ်းသွားသည်။ to amble, ဆင်ရိုသွားသည်။ လှမ်းထိုးသွားသည်။ —*v. t.* to measure by steps, လှမ်း၍တိုင်းသည်။ —*n.* a step of the foot, အလှမ်း။ manner of walking, လှမ်းသွားခြင်း၏အခြေအနေ၊ a measure of 5 feet, ၅ ပေအတိုင်းအထွာ။

Pacer, *n.* ဆင်ရိုသွားတတ်သောမြင်း။ လှမ်းထိုးသွားတတ်သောမြင်း။

Pacific, *a.* calm, tranquil, ငြိမ်သော။ tending to appease, ငြိမ်းစေတတ်သော။

Pacification, *n.* from pacify; the act of making peace between contending powers, စစ်မှုငြိမ်း၍မိတ်ဆွေဖွဲ့စေခြင်း။

Pacify, *v. t.* to still, quiet, ငြိမ်းစေသည်။ to appease passion, မိတ်ပြေအောင်ပြုသည်။

Pack, *v. t.* to place in a snug compass, သိပ်သိပ်သည်းသည်း ထည့်သည်။ to bind up in a package, ထုပ်သည်။ to sort and arrange cards privately, ကစားရန်ဖဲအနေကိုဖျင်သည်။ to unite picked persons for some private end, ရွေးကောက်၍ဖွဲ့စေသည်။ —cloth, *n.* ထုပ်သောအဝတ်။ —off, *v. i.* အလျင်အမြန်ထွက်သွားသည်။ —thread, *n.* ဗန်ခြည်။ —a bundle, package, bale, အထုပ်။ a set of cards, ဖဲတပုံ။ a number of persons confederated in some bad design, လူဆိုးချင်းစည်းဖွဲ့သောအပေါင်းအသင်း။ a number of dogs hunting together, သားလိုက်သောခွေးစု။ —horse, ဝန်တင်မြင်း။ —saddle, ကုံးကွဲ။

Package, *n.* အထုပ်။

Packet, *n.* a small pack, အထုပ်ကလေး။ a vessel that carries letters and passengers, *see* next. —ship, လူနှင့်စာပို့သောကုတ္တိသင်္ဘော။

Pact, Paction, *n.* သဘောတူဖွဲ့သောပဋိညာဉ်။

Pad 1, *n.* a flat saddle, ကုံး။ —2, an easy paced horse, အသွားကျသောမြင်း။ *adv. see* Foot-pad.

Padded, *a.* ဖွမ်းခံ။

Paddle, *v.* to row with a pawing motion, လှော်သည်။ to play in the water with a pawing motion, ရေရက်၍ကစားသည်။ —*n.* လှော်တက်။

Paddock 1, *n.* a large frog or toad, ဖားကြီး။ —2, an inclosure for deer &c. သမင်၊ ဒရယ်ခြံ။

Paddy 1, *n.* rice in the hull, စပါး။ —2, an Irishman, (a cant word.) ဆူရလ်ကျွန်းသား။

Padlock, *n.* သော့ခလောက်။ —*v. t.* သော့ခလောက်ခတ်သည်။

Pœan, *n.* အောင်ပွဲသီခြင်း။

Pagan, *n.* သာသနာပလူ။ ဘုရား၊ တရားကိုမသိသောသူ။ —*a.* pertaining to pagans, သာသနာပလူတို့နှင့်ဆိုင်သော။ pertaining to paganism, ဘုရား၊ တရားကိုမသိ၊ မိုက်မဲခြင်းနှင့်ဆိုင်သော။

Paganism, *n.* ဘုရား၊တရားကိုမသိ၊မိုက်မဲသောအဖြစ်။

Paganize, *v. t.* ဘုရား၊ တရားကိုမသိ၊ မိုက်မဲသောအဖြစ်သို့သွင်းသည်။

Page 1, *n.* a boy in attendance on a great man, လူကြီးထံခစားသောလူကလေး။ —2, one side of the leaf of a book, စာမျက်နှာ။ —2, *v. t.* စာချုပ်မျက်နှာစဉ်ကိုဂဏန်းနှင့်မှတ်သည်။

Pageant, *n.* ပွဲသဘင်အခမ်းအနားနှင့်ဆောင်သွားသောအရုပ်မှစ၍အထူးထူးအပြားပြားသောအရာ။

Pageantry, *n.* ပွဲသဘင်အခမ်းအနားနှင့်အထူးထူးအပြားပြားသောအရာတို့ကိုထင်ရှားစွာပြ၍ဆောင်သွားခြင်း။

Pagoda, *n.* စေတီ။

Pail, *n.* ရေဆွဲစည်ပိုင်း။

Pain, *n.* —of body, နာခြင်းဝေဒနာ။ distress of mind, စိတ်ပူခြင်းဝေဒနာ။ —*v. t.* နာအောင်ပြုသည်။ စိတ်ပူအောင်ပြုသည်။

Painful, *a.* giving pain, နာစေသော။ စိတ်ပူစေသော။ full of pain, နာသော။ ဆင်းရဲသော။ difficult, ခက်ခဲသော။ making toilsome efforts, ပင်ပန်းစွာလုပ်ရသော။

Painfulness, *n.* from above.

Painless, *n.* နာခြင်းဝေဒနာမရှိသော။ စိတ်ပူခြင်းဝေဒနာမရှိသော။

Pains, *n. plur.* toilsome efforts, ပင်ပန်းစွာလုပ်ရခြင်း။ the distress of travail, သားဖွားခြင်းဝေဒနာ။ —taker, agent from next. —taking, *a.* လုံ့လဝီရိယကိုတဲသော။ —taking, *n.* from *do.*

Paint, *n.* ချယ်သုတ်ရန်ဆေး။ —*v. t.* to besmear with paint, ဆေးသုတ်သည်။ to form a figure or likeness in colors, ပန်းချီရေးသည်။ to diversify with colors, ဆေးချယ်သည်။ to describe, သရုပ်သကန်ကိုဖော်ပြသည်။

Painter 1, *n.* —of houses, ဆေးသုတ်သောသူ။ —of pictures, ပန်းချီ။ —2, a rope to fasten a boat with, သံဘန်ကိုချည်ထားသောကြိုး။

Painting, *n.* the art of forming figures or likenesses in colors, ပန်းချီသမားအတတ်။ a picture, ဆေးရေးသောရုပ်ပုံ။ —in a frame, ကားရုပ်။

Pair, *n.* အစုံ။ အရံ။ —*v. i.* to be united in couples, စုံဖက်သည်။ to fit as a counter-part, အဖက်ဖြစ်သည်။ —*v. t.* to unite in couples, စုံဖက်စေသည်။

Palace, *n.* the residence of a king, နန်းတော်။ the residence of a grandee, အိမ်တော်။

Palanquin, *n.* ပါလကီ။ —carriage, ပါလကီရထား။
Palatable, *a.* အရသာကောင်းသော။
Palatal, *a.* pertaining to the palate, အာခေါင်နှင့်ဆိုင်သော။ pronounced from the palate, တာလုဇာ။
Palate, *n.* the roof of the mouth, အာခေါင်။ taste, ဇိဝှါယတန။
Palaver, *n.* စကားစမည်။
Pale 1, *a.* blanched (in countenance from fright,) ဖြူသော။ wan, deficient in color, ဖျော့သော။ not brilliant, အရောင်မှေးသော။ —eyed, မျက်စိမှုန်သော။ —faced, မျက်နှာဖျော့သော။ မျက်နှာဖျော့တော့တော့ရှိသော။ —*v. t.* from Pale 1, —2, *n.* a narrow pointed board, used in making a fence, ဝင်းခတ်သောပျဉ်ချွန်။ ဝင်းခတ်သောသင်ပုံးခေါင်း။ an inclosing fence, ပျဉ်ခတ်သောဝင်း။ a limited territory, နယ်။ —2, *v. t.* ဝင်းခတ်သည်။
Paleness, *n.* from Pale, *a.*
Palfrey, *n.* မိန္မစီးသောမြင်း။
Pali, *n.* ပါဠိဘာသာ။
Paling, *n.* ထိုးခတ်သောပျဉ်ချွန်။
Palisade, *n.* သစ်တပ်တိုင်။ ရင်တား။ —*v. t.* သစ်တပ်တည်သည်။
Palish, *a.* ခပ်ဖျော့ဖျော့။ ဖျော့တော့တော့။
Pall 1, *n.* a cloak of state, ကြီးသောအရာနှင့်ဆိုင်သောဝတ်လုံ။ the cloth thrown over a coffin, တလားကိုဖုံးလွှမ်းသောအဝတ်။ —2, *v. i.* to become vapid, အရသာပေါ့သွားသည်။ —*v. t.* to make vapid, အရသာပေါ့စေသည်။ to weaken, impair, အားလျော့စေသည်။ to cloy, အီစေသည်။
Palladium, *n.* ဘေးမှလွတ်အောင်ဆီးတားကွယ်ကာသောအရာ။
Pallet 1, *n.* a small bed, တင်ကလေး။ —2, the board of a painter's colors, ပန်းချီရေးရန်ဆေးစုံတင်သောလက်ကိုင်ပျဉ်ပြားငယ်။
Palliate, *v. t.* to extenuate a fault, အပြစ်ပေါ့အောင်ပြောသည်။ to mitigate, လျော့စေသည်။
Palliation, *n.* from above.
Palliative, *a.* ပေါ့စေတတ်သော။ လျော့စေတတ်သော။
Pallid, *a.* ဖျော့သော။
Pallor, *n.* from above.
Palm, *n.* the inner part of the hand, လက်ဖဝါး။ the measure of 3 inches, လက် ၄ သစ်။ a genus of trees, including, အုန်း၊ ကွမ်းသီး၊ စွန်ပလွံ၊ ထန်း၊ ဓနိ၊ and ပေ။ a token of victory, အောင်ပန်း။ —*v. t.* လက်ကပ်ခိုးသည်။
Palmated, *a.* လက်ခြားကဲ့သို့သဏ္ဍာန်ရှိသောအရွက်။
Palmiped, *a.* ဝမ်းကဲ့သို့တပြားတည်းခြေရှိသော။
Palmira, *n.* ပေပင်။

Palmistry, *n.* ယက်ဝါးလက္ခဏာကိုကြည့်၍ဟောခြင်း။

Palmy, *n.* prosperous, စွန်ပလွံပင်ကဲ့သို့စည်ပင်သော။

Palpability, Palpableness, *n.* from next.

Palpable, *a.* tangible, တွေ့ရသော။ အတွေ့ခံရသော။ plain, obvious, ထင်ရှားသော။

Palpitate, *v. i.* —from weakness, နှစ်လုံးခုန်သည်။ —from fear, နှစ်လုံးတုန်သည်။

Palpitation, *n.* from above.

Palsied [be,] *v. i.* to have the palsy, လေကြောသေနာစွဲသည်။ to be deprived of energy, ခွန်အားပျက်သည်။

Palsy, *n.* လေကြောသေနာ။ —*v. t.* from Palsied [be.]

Palter, *v. i.* တိမ်းရှောင်သည်။

Paltry, *a.* ယုတ်ညံ့သော။

Pamper, *v. t.* ဆိမ့်အိမ့်သောအစာအာဟာရနှင့်ကျွေးသည်။

Pamphlet, *n.* ခိုင်ခံ့သောမျက်နှာဖုံးမပါသောစာအုပ်။

Pamphleteer, *n.* ထိုသို့သောစာအုပ်ကိုစီရင်ရေထားသောသူ။

Pan, *n.* a vessel broad and shallow, အင်တုံ။ လင်ပန်း။ —of a gun, နားခွက်။ *and see* Frying pan. —cake, အိုးကင်းပူတိုက်သော မုန့်ပြား။

Panacea, *n.* အနာအမျိုးမျိုးကိုနိုင်သောဆေး။

Panada, *n.* ပြုတ်၍ဖျော်သောမုန့်။

Pancake, *n.* ကျော်သောမုန့်ပြား။

Pancreas, *n.* အစာအိမ်နှင့်ကြောရိုးစပ်ကြားမှာတည်သောရကြောထွေး။

Pandect, *n.* ချုပ်ချာသောစာ။ ပေါင်းချုပ်။

Pander, *n.* agent from next. —*v.* မိမ္မကူးသည်။ မိမ္မကုန်ကူးသည်။ (provincial.)

Pane, *n.* မှန်တချပ်။

Panegyric, *n.* ချီးမွမ်းသောစကား။

Panegyrist, *n.* agent from next.

Panegyrize, *v. t.* ချီးမွမ်းသောစကားကိုစီကုံးသည်။

Panel, *n.* a board inserted in a frame, မှန်အိမ်ကွက်။ a roll of jurors, တရားသူကြီးနှင့် တိုင်ပင် စီရင်သော သူတို့စာရင်း။ —*v. t.* ပျဉ်ထောင်မှာမှန်အိမ်ကွက်ထည့်၍ကာသည်။

Pang, *n.* ပြင်းစွာသောဝေဒနာ။

Pangolin, *n.* သင်းခွေချပ်။

Panic, *n.* from next. —struck, *a.* အကြောင်းမရှိဘဲထိတ်လန့်သော။

Pannel, *n.* ကုန်းနှီးတမျိုး။

Pannier, *n.* တင်ခြင်း။ ဝန်တင်ခြင်း။

Panoply, *n.* ထက်နက်စုံ။

Panorama, *n.* ပိုင်းရုံသောကားရုပ်ကြီး။

Pant, *v. i.* ပန်းဟိုက်။ to palpitate, နှစ်လုံးတုန်သည်။ to be out of breath, ဟိုက်သည်။ to long earnestly, အလွန်တောင့်တသည်။
Pantaloons, *n. plur.* ဘောင်းဘီ။
Pantheism, *n.* ခပ်သိမ်းသောအရာတို့သည်ဘုရားသခင်ဖြစ်သည်ဟုယူသော အယူဝါဒ။
Pantheon, *n.* ခပ်သိမ်းသောနတ်ဘုရားကိုကိုးကွယ်ရာဗိမာန်။
Panther, *n.* ကျားသစ်တမျိုး။
Pantile, *n.* အုတ်ကြွပ်ခုံး။
Pantler, *n.* မင်းအိမ်မှာမုန့်တိုက်စိုး။
Pantofle, *n.* အိပ်ရာခန်းမှာစီးရန်ခြေနင်း။
Pantomime, *n.* အမူပ်အမှတ်သာပေး၍ပြသောဇာတ်ပွဲ။
Pantomimic, *a.* ထိုသို့သောဇာတ်ပွဲနှင့်ဆိုင်သော။
Pantry, *n.* စားရန်အစာမျိုးကိုထားသောအခန်း။
Panurgy, *n.* အလုပ်အမျိုးမျိုးကိုလုပ်တတ်သောအတတ်။
Pap 1, *n.* a nipple, နို့သီး။ —2, soft food for an infant, သူငယ် စားဖို့ပျော့သောမုန့်။
Papa, *n.* အဘ။ ဖခင်။
Papacy, *n.* ရဟန်းမင်း၏အရာ။
Papal, *a.* ရဟန်းမင်းနှင့်ဆိုင်သော။
Papaya, *n.* သင်္ဘောသီး။
Paper, *n.* the manufactured substance used for writing and printing, စက္ကူ။ a newspaper, သတင်းစာ။ a written instrument, စက္ကူစာ။ —maker, စက္ကူလုပ်သောသူ။ —mill, စက္ကူလုပ်ရန် အဝတ်စုတ်ကြိတ်သောဆုံ။ —stainer, စက္ကူကိုဆေးချယ်သောသူ။ —*a.* စက္ကူ။ စက္ကူကိုလုပ်သော။ —money, *n.* ငွေလက်မှတ်။ —*v. t.* ဆေးချယ်သောစက္ကူကိုအခန်းနံရံ၌အောင်ကပ်သည်။
Papilio, *n.* လိပ်ပြာ။
Papist, *n.* ရဟန်းမင်းဘာသာကိုယူသောသူ။
Pappy, *see* Pulpy.
Par, *n.* အညီအမျှ။
Parable, *n.* ပုံဥပမာ။
Parabola, *n.* ပရာဗလတည်းဟူသောအုပ်ဆောင်းပုံကိုလွှနှင့်ဖြတ်၍ရသော ပုံတမျိုး။
Parabole, *see* Parable.
Parabolic, Parabolical, *a.* ပုံဆောင်သော။
Parachute, *n.* ဗလွန်စက်နှင့်မိုဃ်းကောင်းကင်ထိုတက်ပြီးမှ ဖြည်းဖြည်း ဆင်းရန်တန်ဆာ။
Paraclete, *n.* ဘုရားသခင်စေလွှတ်တော်မူသောဥပစ္ဈာယ်ဆရာ။
Parade, *v. t.* to make a display of, ကျင်းပ၍ပြသည်။ to present in

military array, တပ်ပြသည်။ —*n.* display, ကျင်းပ၍ပြခြင်း။ the place where troops assemble for exercise, စစ်ရေးပြရာအရပ်။

Paradigm, *n.* ပုံသက်သေ။

Paradise, *n.* the garden of Eden, ကမ္ဘာဦးဥယည်။ a place of felicity, သုခသက်သက်ရှိသောအရပ်။ the state of justified spirits, ပရဒိသုတဝ။

Paradisiacal, *a.* blissful, ချမ်းသာနှင့်ပြည့်စုံသော။ pertaining to Paradise, ပရဒိသုဘဝနှင့်ဆိုင်သော။

Paradox, *n.* ဟုတ်လျက်နှင့်မဟုတ်ရောင်ဆောင်သောစကား။

Paradoxical, *a.* ဟုတ်လျက်နှင့်မဟုတ်ရောင်ဆောင်သော။

Paragon, *n.* ထူးဆန်းသောပုံပန်း။

Paragraph, *n.* ပုဒ်ကြီး။ ပုဒ်မ။

Parallax, *n.* နေ၊လ၊ကြယ်နက္ခတ်တို့ကိုအရပ်ရပ်ကကြည့်ရှုလျှင်ထိုအရာတို့သည်ရွေ့ဟန်ရှိသောလက္ခဏာ။

Parallel, *a.* extended side by side at the same distance, ချည်းခြင်း၊ကွာခြင်းမရှိ၊တညီတည်းပြိုင်၍နေသော။ being in accordance with, တညီတညွတ်တည်းဖြစ်သော။ similar in the main, ခပ်တူတူဖြစ်သော။ —*v. t.* to place parallel, ချည်းခြင်း၊ကွာခြင်းမရှိ၊တညီတည်းပြိုင်၍နေစေသည်။ to make accordant, တညီတညွတ်တည်းဖြစ်စေသည်။ to have the same general character, သရုပ်သကန်တူသည်။ to compare with, နှိုင်းရှည်သည်။ —*n.* a line running parallel, ချည်းခြင်း၊ကွာခြင်းမရှိ၊တညီတည်းပြိုင်၍နေသောအကြောင်း။ အကြောင်းပြိုင်။ လိနာပြိုင်။ conformity, တညီတညွတ်တည်းဖြစ်ခြင်း။ comparison made, နှိုင်းရှည်ခြင်း။

Parallelism, *n.* from Parallel, *a.*

Parallelogram, *n.* အလျားချင်း၊ အနံချင်းညီမျှလျက်ရှည်လျားသော ၄ ထောင့်ပုံ။ စတုလျားပုံ။

Paralysis, *n.* လေကြောသေနာ။

Paralytic, *a.* လေကြောသေနာစွဲသော။

Paralyze, *v. t.* to affect with palsy, လေကြောသေနာစွဲစေသည်။ to deprive of energy, ခွန်အားကိုဖျက်သည်။

Paramount, *a.* အကြီးဆုံးသော။

Paramour, *n.* ရည်းစား။

Parapet, *n.* မြေကတုပ်။

Paraphernalia, *n. plur.* မယားပိုင်သောဥစ္စာ။

Paraphrase, *v. t.* ပါဠိအနက်ကိုအကျယ်အားဖြင့်ဖွင့်ပြသည်။ —*n.* ထိုသို့ဖွင့်ပြသောအချက်။

Paraphrast, *n.* ထိုသို့ဖွင့်ပြသောသူ။

Paraphrastic, *a.* အကျယ်အားဖြင့်ဖွင့်ပြသော။

Parasite, *n.* one who flatters and fawns for a living, သူတပါးစိတ်ကို

ကြွအောင်မြှောက်ပင့်၍ကိုယ်အသက်မွေးသောသူ။ a plant which takes root in another, သစ်၊ သစ်ခွ၊ ကျီးပေါင်း ကဲ့သို့ အခြားသော အပင်ကိုမှီ၍ပေါက်သောအပင်မျိုး။

Parasitic, *a.* given to flattery, မြှောက်ပင့်တတ်သော။ rooted, as a parasite plant, အခြားသောအပင်၌အမြစ်စွဲသော။

Parasol, *n.* မိုးမခံဆောင်းသောထီးကလေး။

Parboil, *v. t.* ပြုတ်သည်။

Parcel, *v. t.* ခွဲဝေသည်။ —*n.* a part, အပိုင်း။ a quantity, mass, အပုံ။ တပုံ။ a small bundle, အထုပ်ကလေး။ a number (of persons,) လူတွေး။

Parch, *v. t.* to burn the surface of, လှော်သည်။ to dry to extremity, အလွန် သွေ့ခြောက်အောင် ပူစေသည်။ —with thirst, ရေငတ်၍ အာခေါင်ခြောက်အောင်ပြုသည်။

Parchment, *n.* စာရေးရန်သားရေ။

Pardon, *v. t.* အပြစ်လွှတ်သည်။ ချမ်းသာပေးသည်။ —*n.* from *do.*

Pardonable, *a.* အပြစ်လွှတ်နိုင်ဖွယ်ဖြစ်သော။

Pare, *v. t.* to peel with a knife, နွှင်သည်။ နွှာသည်။ နွှေးသည်။ သင်သည်။ to shave off, ဖြီးလွှာ၍ခွာသည်။

Paregoric, *n.* အကိုက်အခဲကိုပြေစေသောဆေး။

Parent, *n.* a father, အဘ။ a mother, အမိ။ *plur.* မိဘ။

Parentage, *n.* အမျိုး။

Parental, *a.* pertaining to parents, မိဘနှင့်ဆိုင်သော။ affectionate as parents, မိဘကြင်နာတတ်သကဲ့သို့ကြင်နာသော။

Parenthesis, *n.* စကားချပ်။

Parenthetic, Parenthetical, *n.* စကားချပ်နှင့်ဆိုင်သော။

Parhelion, *n.* နေနှင့်တူသောအရောင်။

Pariah, *n.* ဇာတ်ပျက်၍နှင်ထုတ်ခြင်းကိုခံရသောသူ။

Parietal, *a.* ကျောက်ရိုး၊အုတ်ရိုးနှင့်ဆိုင်သော။

Paring, *n.* နွှေးနွှာသောအခွံ။

Parish, *n.* သင်းအုပ်ဆရာအုပ်စု။

Parishioner, *n.* သင်းအုပ်ဆရာအုပ်စုအတွင်းနေသောသူ။

Parity, *n.* ညီမျှခြင်း။

Park, *n.* အမဲကိုလိုက်ရန်ခြံထိုး၍ထားသောတောအုပ်ကြီး။ —of artillery, စစ်ဆောင်အမြောက်စု။

Parlance, *n.* စကား စမည်။ ဝေါဟာရစကား။

Parley, *v. i.* ဆွေးနွေးတိုင်ပင်သည်။ —*n.* from *do.*

Parliament, *n.* အင်္ဂလိပ်လွှတ်တော်။

Parliamentary, *a.* လွှတ်တော်နှင့်ဆိုင်သော။

Parlor, *n.* a room for receiving company, ဧည့်ခံရာအခန်း။ the room occupied by the family in common, အိမ်သူအိမ်သားထိုင်နေရာအခန်း။

Parochial, *a.* သင်းအုပ်ဆရာပိုင်းခြား၍ထိန်းသိမ်းသောအရပ်နှင့်ဆိုင်သော။

Parody, *n.* သူတပါးရေးထားသောစာကိုမျှောင်၍အတုအပလုပ်သောစာ။

Parole, *n.* a promise, ဂတိထားသောစကား။ a password, အဆီးအတားမရှိ၊သွားရသောအခွင့်နှင့်ဆိုင်သောစကား။

Paroquet, *n.* ကျေးကျွတ်။

Parotid, *a.* နားရင်းအခြေအနေနှင့်တံထွေးတည်သောကြောထွေးနှင့်ဆိုင်သော။

Paroxysm, *n.* အနာတက်ခြင်း။

Parricidal, *a.* အမိ၊အဘကိုသတ်ခြင်းနှင့်ဆိုင်သော။

Parricide, *n.* အမိကိုသတ်သောသူ။ အဘကိုသတ်သောသူ။

Parrot, *n.* ကျက်တူရွေး။ ကျေးသား။

Parry, *v. t.* ဖယ်ရှားသည်။

Parse, *v. t.* သဒ္ဒါရေးအလိုက်၊စာ၏အခြေအနေလက္ခဏာတို့ကိုပြသည်။

Parsimonious, *a.* ခြွေတာလွန်းသော။

Parsimony, *n.* from above.

Parsnip, *n.* မုံလာဥချို။

Parson, *n.* သင်းအုပ်ဆရာ။

Parsonage, *n.* သင်းအုပ်ဆရာနေရာကျောင်းနှင့်ဝတ်မြေ။

Part, *v. t.* divide, ပိုင်းသည်။ ခွဲသည်။ to divide into shares, ခွဲဝေသည်။ to separate, ခွဲခွာသည်။ to make a division between, ပိုင်းခြားသည်။ to screen, secrete, သီးသန့်အောင်ခွဲနှုတ်၍အခြားစီထားသည်။ —*v. i.* to become separated, detached ကွာသည်။ ကွဲကွာသည်။ to depart from, ကွာသွားသည်။ —*n.* a portion, not the whole, အပိုင်း။ some, အချို့။တချို့။ a member, component part, အင်္ဂါ။ a portion which falls to one share, အဖို့။ an allotment, portion of work, အငန်းအတာ။ side, party, ဖက်။ character appropriated in a play, ဇာတ်ပွဲ၌ပြောဆိုဆောင်ရွက်ရန်တာဝန်၍လုပ်ရသောအမှု။ *see* Parts.

Partake, *v. i.* ဆက်ဆံ၍ယူသည်။

Parterre, *n.* ပန်းခင်း။

Partial, *a.* inclined to favor one side, ငဲ့ကွက်သော။ မျက်နှာကိုထောက်သော။ preferring, သာ၍ကြိုက်သော။ relating to a part only, not general, တပိုင်း၊ တဖို့၊ တဖက်နှင့်သာဆိုင်သော။

Partiality, *n.* from above, 1st and 2d def.

Partially, *adv.* from Partial, *a.*; in part, not wholly, အကုန်အစင်မဟုတ်ဘဲ။

Partible, *a.* ခွဲဝေနိုင်ဘွယ်ဖြစ်သော။

Participant, *a.* and *n.* agent, from next.

Participate, *v.* ဆက်ဆံသည်။ ဆက်ဆံ၍ခံယူသည်။

Participation, *n.* from above.

Participle, *n.* နာမ်သဘောနှင့်ကရိယာသဘောကိုဆက်ဆံသောသဒ္ဒါ။

Particle, *n.* a minute portion of, matter, အစအနု။ a very small part (of any thing,) အနည်းငယ်မျှ။

Particular, *a.* pertaining to a single person or thing, (တယောက်) တည်း၊ တ (ခု) တည်းနှင့်ဆိုင်သော။ minute, exact, ငွေစပ်သော။ odd, singular, ထူးခြားသော။ nice in taste, အလွန်ရွေးချယ်ခြစ်တတ်သော။ uncommon, သာမညမဟုတ်သော။ *n.* an article, item, အချက်။ အချက်အရာ။ an individual, တယောက်သောသူ။

Particularity, *n.* specification of particulars, အသီးအသီးတို့ကိုမှတ်သားခြင်း။ a petty matter, သေးနုပ်သောအကြောင်းအရာ။ something singular, ထူးခြားသောအရာ။

Particularize, *v. t.* to specify in detail, အသီးအသီးတို့ကိုအစဉ်အတိုင်းပြောထားသည်။ to select and specify, ရွေး၍ပြောထားသည်။

Parting, *n.* from Part, *v.*

Partisan 1, *n.* an adherent to a party, တဖက်၌နေသောသူ။ တဖက်သား။ —2, *n.* a kind of pike, လှံတမျိုး။

Partition, *n.* the act of dividing, ပိုင်းခြင်း။ ခွဲခြင်း။ ပိုင်းခြားခြင်း။ the act of dividing into shares, ခွဲဝေခြင်း။ a separate room, အခန်း။ that by which rooms are divided, အကာ။ —of boards, ခန်းဆီးပျဉ်ထောင်။ —of brick, ခန်းဆီးနံရံ။ —*v. t.* to divide into distinct parts, ပိုင်းခြားသည်။ to divide into shares, ခွဲဝေသည်။

Partly, *adv.* အကုန်အစင်မဟုတ်။ တပိုင်း။ တချို့သာ။

Partner, *n.* one who partakes or shares with another, ဆက်ဆံသောသူ။ an associate in work, လုပ်ဖော်ဆောင်ဖက်။ an associate in trade, ကုန်ဖက်။ one who dances with another, ဖက်တွဲ၍ကသောသူ။ a correlate in marriage, စုံဖက်။ ခင်ပွန်း။

Partnership, *n.* ကုန်ဖက်လုပ်ခြင်း။

Partridge, *n.* ခါ။

Parts, *n. plur.* talents, ဉာဏ်သတ္တိ။ country, region, ပြည်။ ဒေသအရပ်။

Parturient, *a.* မွေးဖွားလုသော။

Parturition, *n.* မွေးဖွားခြင်း။

Party, *n.* a number of persons united in opposition to others, တဖက်၌နေသောလူစု။ one of two litigants, အမှုသည်။ တရားတွေ့ဖက်။ တရားဖက်။ one concerned in an affair, (အမှု၌) ပါသောသူ။ a company at an entertainment, ပွဲဝင်သောလူစု။ a detachment of soldiers, စေလွှတ်သောစစ်သည်စု။ —colored, *a.*

အဘူးထူးအပြားပြားသော အဆင်း အရောင် ရှိသော။ —man, *n.* တဖက်၌နေသောသူ။ —spirit, တဖက်၌ပွဲလမ်း၍အားသန်သောစိတ်။ —wall, တိုက်၊အိမ်အကြား၌ကာသောအုတ်ရိုး။

Paschal, *a.* ပသခါပွဲနှင့်ဆိုင်သော။

Pass, *v. i.* to go, သွားသည်။ to move from one state to another, ကူးသည်။ ပြောင်းသည်။ to vanish, cease, လွန်သည်။ to be current (as a bank bill,) အနှံ့အပြားသုံးစွဲသကဲ့ သို့ တခြိုးသို့ရှည့်လည်သည်။ —*v. t.* to go by, အနားမှာရှောက်သွားသည်။ to go beyond, လွန်သွားသည်။ to surpass, excel, သာသည်။ လွန်သည်။ လွန်ကဲသည်။ to go along the length of, ရှောက်သည်။ to go through the midst of, ဖောက်သွားသည်။ to go across or over, ကူးသည်။ to spend, live through (time,) လွန်စေသည်။ to cause to go, သွားစေသည်။ to hand, ကမ်းသည်။လှမ်း၍ပေးသည်။ to transfer from one to another, လွှဲအပ်သည်။ to neglect, leave behind, ချန်ထားသည်။ to utter, မြွက်ဆိုသည်။ ပြောထားသည်။ to be approved after discussion, or on examination, (the house, &c. being understood,) အခွင့်ရသည်။ to admit, approve, အခွင့်ပေးသည်။ မှန်ကြောင်းကို ဝန်ခံသည်။ to enact, ဥပဒေထားသည်။ ပညတ်ထားသည်။ to impose fraudulently, လိမ်လည်၍ယူစေသည်။ —away, လွန်သွားသည်။ —*v. t.* လွန်စေသည်။ —by, *v. i.* အနားမှာရှောက်သွားသည်။ —*v. t.* to disregard, မမှတ်ဘဲနေသည်။ to set a-side, dispense with, လွှဲပယ်သည်။ to let go with impunity, အပြစ်မပေးဘဲနေသည်။ —off, သူတပါးယုံမှတ်လက်ခံစေခြင်းငှါအရောင်ဆောင်၍ပြုသည်။ —on, *v. i.* တိုး၍သွားသည်။ —over, to go from side to side, ကူးသွားသည်။ to go over without touching, ကျော်သွားသည်။ —*v. t.* to disregard, မမှတ်ဘဲနေသည်။ —over [the eye,] ရိပ်ကာကြည့်သည်။ —over [the hand,] စမ်းသတ်သည်။ —word, *n.* အဆီးအတားမရှိ၊သွားရသောအခွင့်နှင့်ဆိုင်သောစကား။ —a narrow passage, ဖောက်သွားသောလမ်း။ a passport, အဆီး အတားမရှိ၊ သွားလာစေဟုအခွင့်ပေးသောစာ။ a thrust, တချက်ထိုးခြင်း။ a state, condition, ဖြစ်ဟန်။ —[come to,] *v. i.* ဖြစ်လာသည်။

Passable, *a.* that may be passed, ရှောက်သွားနိုင်ဖွယ်ဖြစ်သော။ tolerable, တော်တော်ရှိသော။

Passage, *n.* the act of passing, သွားခြင်း။ ရှောက်သွားခြင်း။ ဖောက်သွားခြင်း။ ကူးသွားခြင်း။ the time of passing from one place to another, ခရီးသွား၍ကြာသောကာလ။ road, way, လမ်း။ a particular part of a book or writing, စာ၌ပါသောအချက်။ an occurrence, အဖြစ်အပျက်။ အကြောင်းအရာ။

Passenger, *n.* a traveller, ခရီးသွားသောသူ။ one who has a place in a public conveyance, ကုတ္တိစီးသောသူ။ ချောင်မြင်းကိုခံ၍ ခရီးသွားသောသူ။

Passibility, Passibleness, *n.* from next.

Passible, *a.* ဝေဒနာခံနိုင်ဖွယ်ဖြစ်သော။

Passim, *adv.* စာ၌ပါလေရာရာ။

Passing, *a.* surpassing, လွန်ကဲသော။ —*adv.* အလွန်။

Passing bell, *n.* လူသေသောအချိန်၌ခေါင်းလောင်းထိုးခြင်း။

Passion, *n.* sensation, ဝေဒနာ။ suffering, ခံခြင်း။ emotion, စိတ်။ စိတ်ရှိခြင်း။ ardor, zeal, စိတ်အားကြီးခြင်း။ anger, ဒေါသအမျက်။ love, ချစ်ကြိုက်ခြင်း။ —flower, ရူကာပွင့်။ အာသာဝတီပွင့်။

Passionate, *a.* highly excited, စိတ်အားကြီးသော။ irritable, easily provoked, စိတ်တိုသော။

Passionless, *a.* စိတ်လျှော့လျှူသော။

Passive, *a.* receiving or capable of receiving impressions, ဝေဒနာခံသော။ဝေဒနာခံတတ်သောသဘောရှိသော။ unresisting, မဆီးတား၊ သည်းခံတတ်သော။

Passiveness, Passivity, *n.* from above.

Passover, *n.* ပသခါပွဲ။

Passport, *n.* အဆီးအတားမရှိ၊သွားလာစေဟုအခွင့်ပေးသောစာ။ ကင်းစာ။

Past, *a.* လွန်ပြီးသော။ —*n.* အတိတ်။လွန်ပြီးသောကာလ။ —*prep.* အလွန်။

Paste, *n.* —used as a cement, မုန့်ညက်ကော်။ —used in cookery, မုန့်မိမ်းပြား။ artificial stones, ချက်ကျောက်။ —board, ထူအောင်ထပ်သောစက္ကူ။ စက္ကူထူ။ —*v. t.* ကော်နှင့်ကပ်သည်။

Pastern, *n.* မြင်းဖနှောင့်။

Pastil, *n.* ဆေးတောင့်။

Pastime, *n.* ပျော်မွေ့ခြင်း။

Pastor, *n.* a shepherd, သိုးထိန်း။ minister of a church, သင်းအုပ်ဆရာ။

Pastoral, *a.* pertaining to the care of flocks, သိုးထိန်းခြင်းနှင့်ဆိုင်သော။ pertaining to the care of a church, သင်းအုပ်ဆရာအရာနှင့်ဆိုင်သော။ —*n.* သိုးထိန်းခြင်းအမှုနှင့်ဆိုင်သောလင်္ကာစာ။

Pastorate, Pastorship, *n.* သင်းအုပ်ဆရာ၏အရာ။

Pastry, *n.* မုန့်အမျိုးမျိုး။ —cook, မုန့်အမျိုးမျိုးကိုလုပ်သောသူ။

Pasturage, *n.* the business of feeding or grazing cattle, မြင်း၊ နွားကိုစားကျက်၌လွှတ်၍စားစေခြင်းအမှု။ ground fit for grazing, မြင်း၊နွားကျက်စားရာဘို့ကောင်းသောအရပ်။

Pasture, *n.* ကျက်စားရာစားကျက်ဖြစ်သောမြေကွက်။ —*v. t.* ကျက်စားရာအရပ်၌ထားသည်။

Pat 1, *a.* အချက်ကျသော။ —2, *v. t.* ပေါ့ပေါ့ပုပ်သည်။ —2, *n.* ပေါ့ပေါ့ပုပ်ခြင်းအချက်။

Patch, *n.* a piece sewed on, အဖာ။ a small plaster stuck on the face, မျက်ခွက်၌ကပ်ထားသောပိုးထည်စကလေး။ a small piece of ground, မြေကွက်ကလေး။ —*v. t.* to close a hole by a patch or any material inserted, ဖာသည်။ to stick a small plaster on the face, မျက်ခွက်၌ပိုးထည်စကလေးကိုကပ်ထားသည်။ —work, *n.* သရက်ထည်စ၊ ပိတ်စအမျိုးမျိုးကိုစပ်၍ချုပ်သောအထည်။

Pate, *n.* ခေါင်း။

Patella, *n.* ဒူးခေါင်းချောင်း။

Patent, *a.* open to the perusal of all, တံဆိပ်မခတ်၊ ဖွင့်လျက်ရှိသော။ appropriated by letters patent, တဦးတည်းရောင်းပိုင်၊ သုံးပိုင်သောအခွင့်ကိုပေးသောစာနှင့်ဆိုင်သော။ —*n.* အခွင့်အရာကိုပေးသောစာ။ —*v. t.* တဦးတည်းရောင်းပိုင်၊ သုံးပိုင်သောအခွင့်ကိုပေးသည်။

Patentee, *n.* တဦးတည်းရောင်းပိုင်၊သုံးပိုင်သောအခွင့်ကိုရသောသူ။

Paternal, *a.* pertaining to a father, အဘနှင့်ဆိုင်သော။ inherited from a father, အဘလက်မှာအမွေခံသော (ဥစ္စာ။)

Paternity, *n.* အဘဖြစ်ခြင်း၏အဖြစ်။

Path, *n.* a way, course, track, လမ်း။ a narrow way, *see* next. —way, လမ်းကြား။ လမ်းကလေး။

Pathetic, Pathetical, *a.* ကရုဏာသက်စေတတ်သော။

Pathless, *a.* လမ်းပေါက်မရှိသော။

Pathology, *n.* အနာ ရောဂါ အမျိုး မျိုး တို့ ကို နား လည် ၍ ကုတတ် သော အတတ်ပညာ။

Pathos, *n.* နှိုးဆော်ခြင်းအမှု၌စိတ်အားသန်ခြင်း။

Patience, *n.* ခန္တီ။ သည်းခံခြင်း။

Patient, *a.* သည်းခံသော။ —*n.* one who is acted on, အပြုကိုခံသောသူ။ a person diseased, လူနာ။

Patois, *n.* တစုံတခုသောအရပ်၌ပြောတတ်သောစကား၏အခြေအနေ။

Patriarch, *n.* the father of a race, အဘ၏အမျိုး။

Patriarchal, *a.* သာသနာပိုင်နှင့်ဆိုင်သော။

Patrician, *n.* မှူးတော် မတ်တော်။ —*a.* မှူးမတ်အရာရှိသော။

Patrimonial, *a.* ဘိုးစဉ်ဘဆက်အမွေခံသောဥစ္စာနှင့်ဆိုင်သော။

Patrimony, *n.* ဘိုးစဉ်ဘဆက်အမွေခံသောဥစ္စာ။

Patriot, *n.* ကိုယ်ပြည်ကိုအလွန်နှစ်သက်သောသူ။

Patriotic, *a.* ကိုယ်ပြည်ကိုအလွန်နှစ်သက်သောစိတ်နှင့်ပြည့်စုံသော။

Patriotism, *n.* from above.

Patrol, *v. i.* တပ်၌လှည့်လည်၍စောင့်ထိန်းသည်။ —*n.* agent from same.

Patron, *n.* ချီးပင့်မစသောကျေးဇူးရှင်။

Patronage, *n.* from Patronize.

Patroness, *n.* ချီးပင့်မစသောကျေးဇူးရှင်မ။

Patronize, *v. t.* ချီးပင့်မစသည်။

Patronymic, *n.* ဘိုးဘေးတို့မှ ဆက်ခံ၍ရသောအမည်နာမ။

Patten, *n.* သံကွင်းတပ်သောခုံဘိနပ်။

Patter, *v. i.* ဖြောက်ဖြောက်မြည်သည်။

Pattern, *n.* a model, example, ပုံ။ ပုံပန်း။ ပုံသက်သေ။ a sample, specimen, ဘန်း။ —*v. t.* ပုံတူအောင်လုပ်သည်။ —after, နည်းတူကျင့်သည်။ နည်းကိုယူ၍လိုက်သည်။

Paucity, *n.* နည်းခြင်း။ ရှားပါးခြင်း။

Paunch, *n.* ဝမ်း။ အူအိမ်။

Pauper, *n.* အလှူနိဆင်းရဲ၍သူတပါးကျွေးမွေးခြင်းကိုခံရသောသူ။

Pause, *v. i.* တန့်သည်။ တန့်ရပ်သည်။ —*n.* a short stop, from same; temporary suspense, တွေးတော၍ရပ်ခြင်း။ a break in writing, ပုဒ်မ။

Pave, *v. t.* to lay with stones or bricks, ကျောက်။အုတ်နှင့်ခင်းသည်။ to prepare a passage, လမ်းကိုပြုင်သည်။

Pavement, *n.* ကျောက်ခင်း။ အုတ်ခင်း။

Pavilion, *n.* ကုလားတဲ။ —*v. t.* ကုလားတဲ၌နေရာချ၍ပေးသည်။

Paving, *n.* *see* Pavement.

Paw, *n.* တိရစ္ဆာန်လက်။ —*v. t.* ယက်သည်။

Pawn, *v. t.* ပေါင်သည်။ ပေါင်နှံသည်။ —*n.* the thing pawned, အပေါင်အနှံ။ the state of being pawned, ပေါင်နှံလျက်ရှိခြင်း။ —broker, အပေါင်ခံ၍ငွေချေးသောသူ။

Pay, *v. t.* to give the price of, အဘိုးချေသည်။ to discharge a debt, ကြွေးဆပ်သည်။ to repay, ဆပ်ပေးသည်။ to smear, daub, လူးသည်။ —attention, *v.* နားထောင်သည်။ —day, *v.* ကြွေးဆပ်ရသောနေ့။အခပေးရသောနေ့။ —for, *v. t.* အစားပေးသည်။ —master, *n.* ငွေကိုထိန်း၍ပေးရသောသူ။ —off, *v. t.* အခပေး၍လွှတ်လိုက်သည်။ —out, (ကျောက်ဆူးကြိုးကို) လျှော့ပေးသည်။ —respect, ရိုသေစွာပြုသည်။ —*n.* wages, အခ။ money due, ပေးစရာငွေ။

Payable, *a.* ပေးရသောအချိန်စေ့သော (ငွေ။)

Payment, *n.* from Pay, *v.*

Pea, *n.* ပဲတမျိုး။

Peace, *n.* respite from war, စစ်ငြိမ်းခြင်း။ freedom from quarrels, ရန်မရှိ၊သင့်တင့်ခြင်း။ quietness, tranquility, ငြိမ်ဝပ်ခြင်း။ ငြိမ်သက်ခြင်း။ —[be at,] *v. i.* ရန်မရှိ၊သင့်တင့်သည်။ —[break the,] *v.* မငြိမ်မဝပ်၊ ရန်းရင်းခတ်မှုပြုသည်။ —[hold one's,] တိတ်ဆိတ်စွာနေသည်။ —[keep,] ရန်မဖြစ်အောင်ပြုသည်။ —[keep the,] ငြိမ်ဝပ်အောင်ပြုသည်။ —[make,] ရန်ငြိမ်းစေသည်။ ဖျန်ဖြေသည်။ —breaker, *n.* agent from —[break the,] —maker, agent from —[make,] —offering, မိဿဟာရပူဇော်သကာ။ —officer, ရုန်းရင်းခတ်မှုမဖြစ်စေခြင်းငှါစောင့်ကြပ်ရသောအရာရှိ။ —*int.* တိတ်တိတ်။

Peaceable, *a.* free from war, စစ်တိုက်ခြင်းနှင့်လွတ်သော။ free from quarrels, ရန်ဘြွေခြင်းမရှိ၊သင့်သင့်တင့်တင့်ဖြစ်သော။ quiet, unagitated, ငြိမ်သက်သော။ not violent, bloody, unnatural, ဘေးဒါဏ်နှင့်ကင်းလွတ်၍ငြိမ်သက်စွာ(သေခြင်း။)

Peaceableness, *n.* from above.

Peaceful, *a.* free from war, စစ်တိုက်ခြင်းနှင့်လွတ်သော။ quiet, undisturbed, ငြိမ်သက်သော။ ငြိမ်ဝပ်သော။ pacific, ငြိမ်းစေတတ်သော။

Peacefulness, *n.* from above.

Peach, *n.* သစ်သီးတမျိုး။

Peacock, *n.* ဥဒေါင်း။ the male, ဒေါင်းဖို။

Peahen, *n.* ဒေါင်းမ။

Peak, *n.* the top of a hill, တောင်ထိပ်ဖျား။ the end of a thing that terminates in a point, အချွန်။

Peaking, *a.* ချွန်သော။

Peal, *v. i.* ဟိန်းသည်။ —*n.* from *do.*

Pear, *n.* သစ်သီးတမျိုး။

Pearl, *n.* ပုလဲ။

Pearl-ash, *n.* စင်ကြယ်သောပြာဆား။

Pearly, *a.* containing pearls, ပုလဲပါသော။ clear as pearls, ပုလဲကဲ့သို့ကြည်လင်သော။

Peasant, *n.* ကျေးတောသား။

Peasantry, *n.* ကျေးတောသားစု။

Pease, *n.* ပဲကျက်။

Peat, *n.* ထင်းကဲ့သို့မီးဆိုက်သောမြေမိုင်။

Pebble, *n.* အလုံးကြီးသောကျောက်စရစ်။

Pebbly, *a.* ကျောက်စရစ်များသော။

Peccability, *n.* from next.

Peccable, *a.* ဖောက်ပြန်နိုင်သောသဘောရှိသော။

Peccadillo, *n.* ငယ်သောအပြစ်။

Peccant, *a.* sinful, အပြစ်ရှိသော။ morbid, ကိုယ်ကာယ၌အပြစ်ပြုတတ်သော။

Peccavi, *int.* ပြစ်မှားပါပြီ။

Peck 1, *n.* နှစ်ပြည်ခန့်လောက်ရှိသောချင်တွယ်ခြင်း၏ပမာဏ။ —2, *v. t.* to strike with the beak, ဆိတ်ပေါက်သည်။ to pick up food with the beak, နှုတ်သီးနှင့်ကောက်စားသည်။ to strike with a pointed instrument, ချွန်သောအရာနှင့်ပေါက်သည်။

Pectinated, *a.* ဘီးသွားကဲ့သို့စိတ်သော။

Pectoral, *a.* ရင်နှင့်ဆိုင်သော။

Peculate, *v. i.* ပုံပါသကငွေကိုမတရားသဖြင့်သိမ်းယူသည်။

Peculation, *n.* from above.

Peculiar, *a.* belonging to a person and to him only, တဦးတည်းနှင့်သာဆိုင်သော။ singular, particular, ထူးခြားသော။ —*n.* တဦးတည်းလုံးလုံးပိုင်သောဥစ္စာ။

Peculiarity, *a.* သူတပါးနှင့်မတူ၊ထူးသောအခြင်းအရာ။

Pecuniary, *a.* ကြေးငွေနှင့်ဆိုင်သော။

Pedagogue, *n.* စာသင်ဆရာ။

Pedal, *a.* ခြေနှင့်ဆိုင်သော။ —*n.* အခြေ။

Pedant, *n.* agent from next.

Pedantic, *a.* ကိုယ်တတ်သောအတတ်ကိုပဲ့သွား၍ပြတတ်သော။

Pedantry, *n.* from above.

Peddle, *v. i.* to be employed about small matters, သေးနုပ်သောအမှုများကိုပြုလုပ်၍နေသည်။ to hawk, ကုန်တို။ ကုန်စကိုလည်၍ရောင်းသည်။

Peddler, *n.* agent from above, 2d def.

Peddling, *a.* unimportant, အတွက်မရှိသော။

Pedestal, *n.* ထိုင်ခုံ။ ဘိနပ်၊ ခြေခုံ။

Pedetrian, *a.* ခြေကျင်သွားသော။ —*n.* agent from above.

Pedicle, *n.* အညှာ။

Pedigree, *n.* lineage, ဆွေစဉ်မျိုးဆက်။ genealogy, ဆွေစဉ်မျိုးဆက်စာရင်း။

Pediment, *n.* မြှုပြတင်း၊ တံခါး၊ ပေါင်းကူးထုပ်ပေါ်၌ထည့်သောတန်ဆာ။

Pedler, *see* Peddler.

Pedobaptism, *n.* ယုံကြည်သောသူ၏ သားသမီးတို့အား ခရစ်ယာန်ဘာသာသွင်းသောမင်္ဂလာကိုပေးခြင်း။

Pedobaptist, *n.* ယုံကြည်သောသူ၏သားသမီးတို့အားခရစ်ယာန်ဘာသာသွင်းသောမင်္ဂလာကိုပေးရမည်ဟုယူသောသူ။

Peel, *n.* အခွံ။ —*v. t.* to take off the skin or rind, အခွံကိုနွှင်သည်၊ သင်သည်။ to plunder, လုရက်သည်။

Peep, *v. i.* to begin to appear, စ၍ပေါ်သည်။ to look slily, ချောင်း၍ကြည့်သည်။ to cry as a chicken, *see* Pip. —hole Peeping hole, *n.* ချောင်း၍ကြည့်သောအပေါက်။ —from *do.*

Peer 1, *n.* one of the same rank, အရာချင်းတူသောသူ။ one of the same qualities, တန်းတူသောသူ။ ရည်တူသောသူ။ အထားတူသောသူ။ a companion, fellow, အပေါင်းအဖော်။ a nobleman, အမတ်။ မှူးတော်၊ မတ်တော်။ —2, *v. i.* to come just in sight, ပေါ်စရုံရှိသည်။ to look narrowly, စေ့စေ့ကြည့်သည်။

Peerage, *n.* the rank of peer, မှူးမတ်အရာ။ the body of peers, မှူးမတ်စု။

Peeress, *n.* အမတ်ကတော်။

Peerless, *a.* အတုမရှိသော။ အဖက်မရှိသော။

Peerlessness, *n.* from above.

Peevish, *a.* fretful, စိတ်ညစ်တတ်သော။ irritable, စိတ်ဆိုးတတ်သော။

Peevishness, *n.* from above.

Peg, *n.* a wooden nail, ခွိ။ the pin of a musical instrument, on which the string is strained, လက်လှည့်။ —*v. t.* ခွိရိုက်သည်။

Peguan, *see* Talaing.

Pelf, *n.* ယုတ်ညံ့သောဥစ္စာ။ ကြေးငွေ။

Pelican, *n.* ဝံပို။

Pelisse, *n.* မိန္မဝတ်လုံ။

Pellet, *n.* a small ball, အလုံးကလေး။ a ball for a pellet bow, လောက်စာ။ —bow, လောက်။ လောက်လေး။

Pellicle, *n.* အမြှေး။

Pell-mell, *adv.* ကပျာကယာ။

Pellucid, *a.* ကြည်လင်သော။

Pelt 1, *n.* သားရေ။ —2, *v. t.* ပြစ်ခတ်သည်။

Peltry, *n.* သားရေများ။

Pelvis, *n.* ဝမ်းခေါင်းအခေါက်ပိုင်း။

Pen 1, *n.* an instrument of writing, မှင်တံ။ —knife, မှင်တံချွန်သောထားကလေး။ —man, စာရေး။ —manship, the art of writing, စာရေးခြင်း၏အခြေအနေ။ —2, *v. t.* to compose writing, စာစီကုံးသည်။ —2, *n.* a small inclosure, ခြံကလေး။ —2, *v. t.* to shut up in a pen, ခြံ၌လှောင်ထားသည်။

Penal, *a.* enacting punishment, ဒဏ်ထားသော။ incurring punishment, ဒဏ်ခံထိုက်ခြင်းနှင့်ဆိုင်သော။ —settlement, *n.* ရာဇဝတ်သင့်သောသူတို့နေရာ။

Penalty, *n.* ဒဏ်။ အပြစ်ဒဏ်။ ခံရသောအပြစ်။

Penance, *n.* ကိုယ်အပြစ်ပြေအောင်ခံရသောဒဏ်။

Penchant, *n.* ငဲ့ကွက်သောစိတ်။

Pencil, *n.* —of hair, စုတ်တံ။ —of lead, ခဲတံ။ —of iron, ကညစ်။ —of soapstone, ကန့်ကူဆန်။ —of stone for writing on a slate, ကျောက်တံ။ —of light, စုဲ၍ထိုးသောရောင်ခြည်လျှံ။ —*v. t.* ခဲတံနှင့်သားသည်။

Pendant, *n.* an ear-drop, နားသန်သီး။ any thing hanging by way of ornament, တွဲလွဲနေသောတန်ဆာ။ a flag with two points, ငှက်တော်မြီးယံ။

Pendency, *n.* အမှုမပြီးမှီနေခြင်းအဖြစ်။

Pendent, *a.* တွဲလျက်ရှိသော။

Pending, *a.* unsettled, undecided, မစီရင်မဆုံးဖြတ်သေးသော။

Pendulous, *a.* တွဲလွဲနေသော။

Pendulum, *n.* တောက်တက်ခတ်လှုပ်၍နေစေသော စက်ချိန်သီးတန်ဆာ။ ချိန်ခွက်။s.

Penetrability, *n.* from next.

Penetrable, *a.* ပေါက်နိုင်ဖွယ်ဖြစ်သော။

Penetrant, *a.* ဖောက်နိုင်သော။ ဝင်နိုင်သော။

Penetrate, *v. t.* to pierce and enter, ဖောက်၍ဝင်သည်။ to pass into the interior, အထဲသို့ဝင်သည်။ to affect the mind, နှစ်လုံးကို ခိုက်စေသည်။ to reach the meaning of, အနက်အဓိပ္ပာယ်ကို နားလည်သည်။

Penetrating, *a.* discerning, ထိုးထွင်းတတ်သောညာဏ်ကောင်းသော။

Penetration, *n.* the act of piercing and entering, ဖောက်၍ဝင်ခြင်း။ strength of intellect, ထိုးထွင်းတတ်သောညာဏ်။

Penetrative, *a.* ဖောက်၍ဝင်တတ်သော။ ထိုးထွင်းတတ်သော။

Penguin, *n.* ရေငှက်တမျိုး။

Peninsula, *n.* ကျွန်းဆွယ်။

Peninsular, *a.* ကျွန်းဆွယ်နှင့်ဆိုင်သော။

Peninsulate, *v. t.* ရေပတ်လည်ပိုင်းလု၍ဆက်ဆွယ်သောကျွန်းငယ်ဖြစ်စေသည်။

Penis, *n.* လိင်။ ယောကျ်ားအင်္ဂါဇာတ်။

Penitence, *n.* နောင်တ။ နောင်တရခြင်း။

Penitent, *a.* နောင်တရသော။ —*n.* နောင်တရသောသူ။

Penitential, *a.* နောင်တရခြင်းနှင့်ဆိုင်သော။

Penitentiary, *n.* ဆုံးမခြင်းကိုခံဖို့ရာအပြစ်သင့်သောသူတို့နေရာအိမ်။

Pennant, *n.* အလျားရှည်သောအလံ။

Penniless, *a.* ငွေကြေးမရှိသော။ ကြေးမဲ့သော။

Pennon, *n.* အလံငယ်။

Penny, *n.* ဖာသိန် ၄ ခုနှင့်မျှသောပင်နီတည်းဟူသောအင်္ဂလိတ်ကြေးနီဒင်္ဂါး။ —weight, ပင်နီဝေတ် တည်းဟူသော ဂရင် ၂၄ ခုနှင့်မျှသောအချိန်။ —wise, *a.* ကြီးသောအမှုကိုဆောင်စရာရှိလျက်နှင့် ငယ်သောအမှုကို သာဆောင်တတ်သော။ —worth, *n.* as much as is worth a penny, ပင်နီတပြားအဘိုးထိုက်သောအရာ။ a cheap bargain, အဘိုးအနည်းငယ်နှင့်ဝယ်၍ရသောအရာ။

Pensile, *a.* တွဲလွဲနေသော။

Pension, *n.* အမှုထမ်းမှုလွတ်၍ခံရသောအငြိမ်းစားစရိတ်။ —*v. t.* အမှုထမ်းခြင်းမှလွတ်စေ၍အငြိမ်းစားစရိတ်ပေးသည်။

Pensionary, အမှုထမ်းခြင်းမှလွတ်၍အငြိမ်းစားရခြင်းနှင့်ဆိုင်သော။

Pensioner, *n.* အမှုထမ်းခြင်းမှလွတ်၍အငြိမ်းစားရသောသူ။ အငြိမ်းစား။

Pensive, *a.* အောင်းမေ့၍စိတ်မရွှင်သော။

Pensiveness, *n.* from above.

Pentachord, *n.* ကြိုးငါးပင်ရှိသော။

Pentagon, *n.* ငါးထောင့်ပုံ၊ပဥ္စဂံ။ a regular pentagon, ပဥ္စရန်း။
Pentangular, *a.* ငါးထောင့်ရှိသော (ပုံ။)
Pentateuch, *n.* ဓမ္မဟောင်းကျမ်းတို့တွင်ပညတ်ကြိုကျမ်းငါးကျမ်း။
Pentecost, *n.* ပတေကုတ္တေပွဲ။
Penthouse, *n.* အဒီ။
Penumbra, *n.* နေ၊ လတာမိတ်၊ တခြမ်းကြတ်ရာအမိုက်နှင့် အလင်းကြားခွဲ မှေးသောအရိပ်။
Penurious, *a.* ကိုယ်ဆင်းရဲအောင်ငွေတာလွန်းသော။
Penuriousness, *n.* from above.
Penury, *n.* သုံးဆောင်ရန်မရှိ၊ ဆင်းရဲခြင်း။
Peon, *n.* မင်းလုလင်၊ မင်းစေပြေတာ။
People, *n.* persons in general, the inhabitants of a country, ပြည်သူပြည်သား။ the populace, ဆင်းရဲသားများ။ —*v. t.* အိမ်ခြေ၊ လူနေရှိအောင်ပြုစုသည်။
Pepper, *n.* [red,] ငရုတ်။ [black,] ငရုတ်ကောင်း။ —box, ငရုတ်ကောင်း မှုန့်ထည့်သောဘူး။ —caster, ငရုတ်ကောင်းမှုန့်ထည့်သောဖန်ဘူး။ —corn, ငရုတ်ကောင်းစေ့။ —mint, ဆေးပင်တမျိုးပက်ပါမိန့်ပင်။ —*v. t.* ငရုတ်ကောင်းမှုန့်နှင့်ဖျူးသည်။
Per, *prep.* by, through, အားဖြင့်၊ လက်တွင်။ apiece, စီ။ လျှင်။
Peradventure, *adv.* (ဖြစ်) မည်၊ မ (ဖြစ်) မည်ကိုမသိသည်နှင့်။
Perambulate, *v. t.* ရှောက်၍သွားသည်။
Perambulation, *n.* from above.
Perannum, *adv.* တနှစ်လျှင်။
Perceivable, *see* Perceptible.
Perceive, *v. t.* to obtain an idea of, by the senses, အာယတနအား ဖြင့်သိမှတ်သည်။ to get some knowledge of, ရိပ်မိသည်။ to know, သိရသည်။
Percentage, *n.* တရာစီကောက်သောအရာ။
Percentum, (by contraction, per cent.) *adv.* တရာလျှင်။
Perceptibility, *n.* from next.
Perceptible, *a.* အာယတနအားဖြင့်သိမှတ်နိုင်ဖွယ်ဖြစ်သော။
Perception, *n.* from Perceive; a notion, idea, အထင်အမှတ်။
Percentive, *a.* အာယတနအားဖြင့်သိမှတ်တတ်သော။
Perch, *n.* a measure of length, *see* Rod; a roost for fowls, ကြက် အိပ်တန်း။ ငှက်နားတန်း။ —*v. i.* နားနေသည်။
Perchance, *adv.* (ဖြစ်) မည်၊ အကြောင်းမရှိဘဲ(ဖြစ်) မည်၊ မ(ဖြစ်)မည်ဟု မဆိုနိုင်သည်နှင့်။
Percipience, *n.* from next.
Percipient, *see* Perceptive.

Percolate, *v. t.* to filter, စစ်သည်။ —*v. i.* to pass through a filter, ရေစစ်တန်ဆာမှစိမ့်ထွက်၍ယိုကျသည်။

Percolation, *n.* from above.

Percuss, *v. t.* တိုက်သည်၊ ခတ်သည်။

Percussion, *n.* from above.

Perdition, *n.* ပျက်စီးခြင်း။

Perdue, *adv.* လျှို့ဝှက်သည်နှင့်။

Peregrinate, *v. i.* အတိုင်းတိုင်းအပြည်ပြည်လှည့်လည်သည်။

Peregrination, *n.* from above.

Peremptoriness, *n.* from next.

Peremptory, *a.* absolutely decisive, ပြောရန်မရှိအောင်အပြီးဆုံးဖြစ်သော။ positive in opinion, သူတပါးစကားကိုနားမထောင်ဘဲခိုင်ခံ့စွာနေတတ်သော။

Perennial, *a.* lasting through the year, တနှစ်လုံးတည်တတ်သော။ perpetual, အစဉ်မပျက်ဘဲနေတတ်သော။

Perfect, *a.* complete, စုံလင်သော။ replete, ပြည့်စုံသော။ perfected in knowledge or skill, အကုန်အစင်တတ်မြောက်သော။ —*v. t.* from *do*.

Perfectibility, *n.* from next.

Perfectible, *a.* စုံလင်နိုင်သော။

Perfection, *n.* from Perfect, *a*; an excellent quality, ဂုဏ်၊ မြတ်သောဂုဏ်အင်္ဂါလက္ခဏာ။

Perfective, *a.* စုံလင်စေတတ်သော။

Perfectly, *adv.* in the highest degree, အမြတ်ဆုံးသောအားဖြင့်။ wholly, entirely, အကုန်အစင်။ အကြွင်းမဲ့။

Perfectness, *n.* from Perfect, *a.*

Perfidious, *a.* သစ္စာပျက်သော။

Perfidiousness, Perfidy, *n.* from above.

Perforate, *v. t.* ဖောက်သည်။

Perforation, *n.* from above; an aperture, အပေါက်။

Perforce, *adv.* အနိုင်အထက်။

Perform, *v. t.* to do, work, ပြုသည်။ လုပ်သည်။ ကျင့်သည်။ လုပ်ဆောင်သည်။ to finish, accomplish, ပြီးစီးစေသည်။ ပြည့်စုံစေသည်။

Performance, *n.* from above; a deed, act, အပြု။ အမှု။ အကျင့်။ a work written, စီကုံးသောစာ။

Perfume, *v. t.* ထုံသည်။ —*n.* a perfuming substance, အထုံ။ a fragrant smell, အမွှေး။

Perfumer, *n.* အထုံသည်။

Perfumery, *n.* အထုံအမျိုးမျိုး။

Perfunctory, *a.* အမှုမထားဘဲပြုသော။

Perhaps, *adv.* (ဖြစ်) မည်၊ မ (ဖြစ်) မည်ကိုမသိသည်နှင့်။
Pericardium, *n.* နှစ်လုံးကဖုံးလွှမ်းသောအမြှေး။
Pericarp, *n.* အစေ့အိမ်။
Pericranium, *n.* ဦးခေါင်းခွံကိုဖုံးလွှမ်းသောအမြှေး။
Perigee, *n.* ဂြိုဟ်လှည့်ပတ်ရာ၌မြေကြီးနှင့်နီးသောအချက်။
Perihelion, *n.* နေကိုဂြိုဟ်လှည့်ပတ်ရာ၌နေနှင့်နီးသောအချက်။
Peril, *n.* ဘေးရောက်စရာအကြောင်း။ —*v. t.* ဘေးရောက်စရာအကြောင်းကို ပြုသည်။
Perilous, *a.* ဘေးရောက်စရာအကြောင်းရှိသော။
Perimeter, *n.* ပတ်လည်အနားပေါင်း၊ ပရိမဍ္ဍိ။
Period, *n.* the time of a circuit or revolution, လှည့်ပတ်ခြင်းအချိန်ကာလ။ a division of time, an era, ကပ်။ ကာလအပိုင်းအခြား။ length of life, အသက်တာ။ end, termination, အဆုံး။ a complete sentence, အပုဒ်။ one mark of punctuation, အင်္ဂလိပ်စာ၌အပိုက်တမျိုး။ (.)
Periodic, Periodical, *a.* pertaining to a period of time, လှည့်ပတ်ခြင်းအချိန်ကာလနှင့်ဆိုင်သော။ occurring at certain intervals, အစည်အတိုင်းချိန်းချက်သော နှစ် လ နေ့ ရက် အချိန်စေ့ရောက်လျှင်ဖြစ်တတ်သော။
Periosteum, *n.* အရိုးကိုဖုံးလွှမ်းသောအမြှေး။
Peripatetic, *a.* pertaining to walking to and fro, စင်္ကြံသွားခြင်းနှင့်ဆိုင်သော။ Aristotelian, ဆရာအာရိတ္တော့တလအယူဝါဒဖြစ်သော။
Periphery, *n.* အဝန်း။
Periphrase, *v.* သွယ်ဝိုက်၍ပြောသည်။ —*n.* သွယ်ဝိုက်သောစကား။
Periphrastic, *a.* သွယ်ဝိုက်သောစကားနှင့်ပြောသော။
Perish, *v. i.* to die, သေသည်။ to be destroyed, ပျက်သည်။ပျက်စီးသည်။
Perishable, *a.* ပျက်တတ်သော။
Perishableness, *n.* from above.
Peristaltic, *a.* spiral, လိမ်ရစ်သော။
Peristyle, *n.* ခိုနန်းချိုးစိုက်သောလက်ခံတိုင်။
Periwig, *n.* ဆံပင်ဦးထုပ်။
Periwinkle, *n.* the plant, စလပ်။ စလပ်ဖြူ။ စလပ်နီ။ စလပ်ကျား။M.
Perjure, *v.* မဟုတ်မမှန်ဘဲကျိန်ဆိုသည်။
Perjury, *n.* from above.
Perk, *v.* ဟန်ချိုသည်။ —*a.* from above.
Permanence, Permanency, *n.* from next, နိစ္စ။ ရူဝါ။ (Pali.)
Permanent, *a.* တည်သော။ မြဲသော။
Permeable, *a.* စိမ့်၍ပေါက်နိုင်ဖွယ်ဖြစ်သော။ထိုး၍ဖောက်နိုင်ဖွယ်ဖြစ်သော။
Permeate, *v. t.* စိမ့်၍ပေါက်သည်။ ထိုး၍ဖောက်သည်။
Permissible, *a.* အခွင့်ပေးစရာကောင်းသော။ အခွင့်ရနိုင်ဖွယ်ရှိသော။

Permission, အခွင့်။ အခွင့်ပေးခြင်း။

Permissive, *a.* from next.

Permit, *v. t.* to allow, အခွင့်ပေးသည်။ to suffer, let alone, မဆီးတား၊ ကြည့်၍နေသည်။ —*n.* အကောက်တော်ပြေစာ။

Permutation, *n.* လဲလှယ်ခြင်း။

Pernicious, *n.* ဖျက်ဆီးတတ်သော။

Perniciousness, *n.* from above.

Peroration, *n.* အချုပ်အချာစကား။ နိဂုဏ်း။

Perpendicular, *a.* မတ်တတ်ဖြစ်သော။ —(of a right angled triangle,) *n.* အနားမတ်။

Perpetrate, *v. t.* (မကောင်းသောအမှုကို) ပြုသည်။

Perpetration, *n.* from above.

Perpetual, *a.* unceasing, အစဉ်မပြတ်သော။ permanent, တည်သော။ မြဲသော။

Perpetuate, *v. t.* မြဲစွဲအောင်ပြုသည်။

Perpetuation, *n.* from above.

Perpetuity, *n.* အစဉ်မပြတ်တည်ခြင်း။

Perplex, *v. t.* to entangle, make intricate, ရှုပ်ထွေးအောင်ပြုသည်။ to disturb with doubts, ဇဝေဇဝက်ဖြစ်အောင်ပြုသည်။

Perplexity, *n.* entanglement, intricacy, ရှုပ်ထွေးခြင်း။ embarrassment of mind, စိတ်ဇဝေဇဝက်ဖြစ်ခြင်း။

Perquisite, *n.* အခမှတပါးသီးခြား၍ပေးသောအရာ။

Perry, *n.* သစ်သီးရည်တမျိုး။

Perse, *adv.* တခြားစီ။

Persecute, *v. t.* ညှဉ်းဆဲသည်။

Persecution, *n.* from above.

Perseverance, *n.* from next.

Persevere, *v. i.* စွဲမြဲသည်။

Persian, *a.* ပေရှပြည်နှင့်ဆိုင်သော။

Persimon, *n.* တည်။ *Diospyros kaki.*M.

Persist, *v. i.* ခိုင်မာသောစိတ်နှင့်စွဲမြဲသည်။

Persistence, *n.* from above.

Persistent, *a.* from Persist.

Person, *n.* a rational being, သူ။ a human being, လူသတ္တဝါ။ the form and appearance of a human being, လူ၏အဆင်းသဏ္ဍာန်။ (ဤမည်သောသူ၏) အရောင်အဆင်း။

Personable, *a.* ကောင်းသောအဆင်းအရည်ရှိသော။

Personage, *n.* ကြီးမြတ်သောသူ။

Personal, *a.* pertaining to an individual, လူများနှင့်မဆိုင်၊ တယောက်

တည်းနှင့်သာဆိုင်သော။ pertaining to the corporeal nature, ကိုယ်ကာယနှင့်ဆိုင်သော။ —(estate,) ကိုယ်နှင့်ပါမြိုင်သော (ဥစ္စာ။)

Personality, *n.* that which constitutes individuality, ကိုယ်တိုင်ကိုယ်ဖြစ်ခြင်းအဖြစ်။ something said with direct reference to a person, ရည်စောင်း၍ပြောသောစကား။

Personally, *adv.* in person, ကိုယ်တိုင်။ individually, တစ်ယောက်တည်းနှင့်သာဆိုင်လျက်။

Personate, *v. t.* အရောင်ဆောင်သည်။

Personation, *n.* from above.

Personification, *n.* from next.

Personify, *v. t.* အသက်မရှိသောအရာကိုအသက်ရှိသောသူကဲ့သို့ပုံဆောင်၍ပြောသည်။

Perspective, *a.* စက္ခုာယတနနှင့်ဆိုင်သော။ —*n.* ပန်းချီရေးရာ၌ရုပ်ပုံများကိုပကတိအတိုင်း အနီးအဝေးထင်မြင်ရအောင်ရေးတတ်သောအတတ်။

Perspicacious, *a.* quicksighted, မျက်စိရှင်သော။ of acute discernment, ဉာဏ်ကောင်းသော။ ဉာဏ်ထက်သော။

Perspicacity, *n.* from above.

Perspicuity, Perspicuousness, *n.* from next.

Perspicuous, *a.* ရှင်းလင်းသော။

Perspirable, *a.* ချွေးထွက်နိုင်ဖွယ်ဖြစ်သော။

Perspire, *v. i.* ချွေးထွက်သည်။

Persuadable, Persuasible, *a.* သွေးဆောင်၍ရနိုင်ဖွယ်ဖြစ်သော။

Persuade, *v. t.* သွေးဆောင်သည်။ ဖြားယောင်းသည်။ ဖျောင်းဖျသည်။

Persuasion, *n.* the act of persuading, သွေးဆောင်ခြင်း။ the state of being persuaded or settled in opinion, သဘောကျခြင်း။ a system of opinions, သဘောကျသောအယူဝါဒ။ the persons who adopt the same opinions or system of belief, အယူဝါဒတူသောလူစု။

Persuasive, Persuasory, *a.* သွေးဆောင်တတ်သော။

Pert, *a.* lively, ပေါ့ပါးလျှင်မြန်သော။ saucy, မလေးမစားဖြစ်သော။

Pertain, *v. i.* ဆိုင်သည်။ စပ်ဆိုင်သည်။

Pertinacious, *a.* persistive in opinion, စိတ်စွဲလမ်း၍ဖျောင်းဖျမရနိုင်သော။ constant, steady, တည်ကြည်သော။

Pertinacity, *n.* from above.

Pertinence, Pertinency, *n.* from next.

Pertinent, *a.* ဆိုင်သော။ တိုက်မိသော။ အချက်ကျသော။

Pertness, *n.* from Pert.

Perturb, Perturbate, *v. t.* to agitate, ချွေသည်။ ချွေချောက်သည်။ to disquiet, မငြိမ်မဝပ်အောင်ပြုသည်။

Perturbation, *n.* disturbance, မွှေနှောက်ခြင်း။ disquiet, မငြိမ်မဝပ်ခြင်း။
Peruke, *n.* ဆံပင်ဦးထုပ်။
Perusal, *n.* from next.
Peruse, *v. t.* (စာ) ကြည့်သည်။
Pervade, *v. t.* to pass through (an aperture,) ဖောက်၍သွားသည်။ to spread throughout, နှံ့ပြားသည်။
Pervasion, *n.* from above.
Pervasive, *a.* နှံ့ပြားတတ်သော။
Perverse, *a.* ကတ်သတ်သော။ ဆန့်ကျင်ဘက်ပြုတတ်သော။
Perverseness, **Perversity**, *n.* from above.
Perversion, *n.* from next.
Pervert, *v. t.* အမှန်မှလွှဲဖယ်သည်။ (another's words,) အထကောက်သည်။
Pervious, *a.* မြင်၍ပေါက်နိုင်ဖွယ်ဖြစ်သော။ ထိုး၍ဖောက်နိုင်ဖွယ်ဖြစ်သော။
Perviousness, *n.* from above.
Pest, *n.* a fatal epidemic, သေစေတတ်သောကာလနာ။ any thing noxious, destructive, နှောင့်ရှက် ဖျက် ဆီး တတ် သော အရာ။ —house, *n.* ကာလနာစွဲသောသူတို့နေရာအိမ်။
Pester, *v. t.* နှောင့်ရှက်သည်။
Pestiferous, **Pestilent**, **Pestilential**, *a.* producing epidemic disease, ကာလနာကိုဖြစ်စေတတ်သော။ noxious, destructive, နှောင့်ရှက်ဖျက်ဆီးတတ်သော။
Pestilence, *n.* သေစေတတ်သောကာလနာ။
Pestle, *n.* ကျည်ပွေ့။
Pet 1, *n.* a slight fit of displeasure, စိတ်ပေါက်ခြင်း။ —2, *n.* any thing fondled and indulged, စုံမက်၍ကျွေးမွေးသောအရာ။ —2, *v. t.* to fondle, ပါးလူးနားလူးပြုသည်။ to indulge (one) in any thing, အရာရာ၌ (သူ) အလိုသို့လိုက်သည်။
Petal, *n.* အလွှာ။ ပွင့်ချပ်။
Petard, *n.* သံယမ်းအိုး။
Petiole, *n.* သစ်ရွက်ရိုးတံအညှာ။
Petition, *v. t.* ပန်ကြားသည်။ တောင်းသည်။ တောင်းပန်သည်။ ဆုတောင်းသည်။ လျှောက်၍တောင်းသည်။ —*n.* from above; written petition, လျှောက်စာ။ လျှောက်လွှာ။
Petitionary, *a.* တောင်းပန်ခြင်းနှင့်ဆိုင်သော။
Petrean, *a.* ကျောက်နှင့်ဆိုင်သော။
Petrifaction, *n.* conversion into stone, ကျောက်ဖြစ်လာခြင်း။ that which is converted into stone, ကျောက်ဖြစ်လာသောအရာ။
Petrifactive, **Petrific**, *a.* ကျောက်ဖြစ်စေတတ်သော။

Petrify, *v. i.* ကျောက်ဖြစ်၍ထသည်။ —*v. i.* to convert to stone, ကျောက်ဖြစ်စေသည်။ to make callous, unfeeling, မကြင်နာတတ်သောစိတ်ရှိစေသည်။
Petroleum, *n.* ရေနံ။
Petronel, *n.* မြင်းသေနတ်။
Petticoat, *n.* ထမိန်။
Pettifogger, *n.* ငယ်သောအမှုကိုလိုက်တတ်သောရှေ့နေ။
Pettiness, *n.* from Petty.
Pettish, *a.* စိတ်တိုသော။
Pettishness, *n.* from above.
Pettitoes, *n.* နို့စို့ဝက်ကလေးခြေ။
Petty, *a.* small, ငယ်သော။ သေးနုပ်သော။ unimportant, ပမာဏမပြုလောက်သော။
Petulance, Petulancy, *n.* from next.
Petulant, *a.* ရှုပ်ဆတ်သော။
Pew, *n.* သုစမ္မာဇရပ်၌ကြက်ကန့်၍အသီးအသီးလုပ်ထားသောနေရာထိုင်ရာ။
Pewter, *n.* ခဲမပုပ်နှင့်ခဲမဖြူရောသောသတ္တု။ တင်။
Phaeton, *n.* ဘီးနှစ်စုံတပ်သောရထားပေါင်းချုပ်။
Phalanx, *n.* လေးမျက်နှာတပ်ဖွဲ့၍နေသောရဲမက်စစ်သည်စု။
Phantasm, *n.* အမှန်မဟုတ်ဘဲလျှက်ထင်မြင်သောအရာ။
Phantom, *n.* a spectre, စုန်း။ a fancied vision, *see* Phantasm.
Pharisaic, Pharisaical, *a.* ဖာရိရှဲနှင့်ဆိုင်သော။
Pharisee, *n.* ဖာရိရှဲတည်းဟူသော၊ ကိုယ်ကုသိုလ်ကိုအမှီပြု၍ဝါကြွားသောသူ။
Pharmacopeia, *n.* ဆေးဖော်နည်းစာ။
Pharmacy, *n.* ဆေးအမျိုးမျိုးကိုဖော်သောအတတ်။
Pharos, *n.* ပင်လယ်နားခွ်တည်သောမီးပြတိုက်။
Pharynx, *n.* အစာရေစာဝင်ဝဖြစ်သောလည်ချောင်းအထက်ပိုင်း။
Phase, Phasis, *n.* ထင်ရှားစွာသောအဆင်းသဏ္ဍာန်၏အခြေအနေ။
Pheasant, *n.* ရစ်။ the crow pheasant, ဗုတ်။
Phenix, *n.* a fabulous bird, ဒဏ္ဍာရီငှက်တမျိုး။ an extraordinary person, ထူးဆန်းသောသူ။
Phenomenon, *n.* ထင်ရှားစွာသောအဆင်းသဏ္ဍာန်။
Phial, *n.* ဖန်ဘူးငယ်။
Philanthropic, Philanthropical, *a.* လူမျိုးကိုချစ်ခြင်းနှင့်ဆိုင်သော။
Philanthropist, *n.* လူမျိုးကိုချစ်၍ကျေးဇူးပြုတတ်သောသူ။
Philanthropy, *n.* လူမျိုးကိုချစ်၍ကျေးဇူးပြုခြင်း။
Philippic, *n.* ရေရွတ်ဖော်ပြ၍ပရိသတ်ရှေ့မှာကြွပ်တည်းစွာအပြစ်တင်သောစကား။
Philological, *a.* ဘာသာစကားအမျိုးမျိုးနှင့်ဆိုင်သော။

Philologist, *n.* ဗိဿောလဗ္ဗိအတတ်ပညာကိုလေ့ကျက်သောဆရာ။
Philology, *n.* ဗိဿောလဗ္ဗိအတတ်တည်းဟူသော ဘာသာစကားမျိုး၏မူလ အချုပ်အချာမှစ၍ ခြားနားသောလက္ခဏာများ ကို ဖော်ပြသောအတတ်ပညာ။
Philosopher, *n.* ပညာအတတ်အမျိုးမျိုးတို့ကိုစိစစ်ရှာဖွေတတ်သောသူ။
Philosophic, Philosophical, *a.* ဗိဿောစဗိအတတ်နှင့်ဆိုင်သော။
Philosophize, *v. i.* အကျိုးအကြောင်း ကို လိုက်စစ်မေးမြန်း၍ဖော်ပြသည်။
Philosophy, *n.* ဗိဿောစဗိ အတတ်တည်းဟူသော၊ ပညာ အမျိုးမျိုးတို့ကို စိစစ်၍ဖော်ပြသောအတတ်ပညာ။
Philter, *n.* အနူ။ မျက်ချစ်။ မျက်နှာပွင့်။ —*v. t.* —a person, မျက်ချစ် ဆေးနှင့်ထိုးသည်။ —a draught, မျက်ချစ်ဆေးနှင့်ခတ်သည်။
Phiz, *n.* မျက်နှာ။
Phlebotomist, *n.* သွေးဖောက်တတ်သောဆရာ။
Phlebotomize, *v. t.* သွေးဖောက်သည်။
Phlebotomy, *n.* from above.
Phlegm, *n.* သလိပ်။ ချွဲခန်း။
Phlegmagogue, *n.* သလိပ်စင်စေတတ်သောဝမ်းနှုတ်ဆေး။
Phlegmatic, *a.* abounding in phlegm, သလိပ်များသော။ dull, heavy, မိတ်ဆေးနှေးသော။
Phlogiston, *n.* မီးအတွင်းဓာတ်။
Phonics, *see* Acoustics.
Phosphorus, *n.* the morning star, ကြယ်နီ။ *in chemistry*, အမိုက်၌ ပိုးစုံးကဲ့သို့အရောင်ထွက်တတ်သောအရာ။
Phosphoric, *v. i.* ပိုးစုံးကဲ့သို့အရောင်ထွက်သည်။
Phosphorescent, *a.* from above.
Phrase, *n.* စကားပြောဆိုနည်း၏အခြေအနေ။ —*v. t.* ခေါ်ဝေါ်သည်။
Phraseology, *n.* *see* Phrase, *n.*
Phrenology, *n.* ဖရေနောလဗ္ဗိအတတ်တည်းဟူသော ဥက္ကောင်းကို စစ်ဆေး လေ့ကျက်သောအတတ်ပညာ။
Phrensy, *n.* ရူးခြင်း။
Phthisis, *see* Consumption.
Phylactery, *n.* လက်ဖွဲ့။
Physic, *n.* a substance used in healing diseases, ဆေး။ the science of healing, ဆေးကုခြင်းအတတ်။ —*v. t.* to treat with physic, ဆေးကုသည်။ to cleanse the bowels by evacuation, ဝမ်း နှုတ်သည်။
Physical, *a.* pertaining to visible nature, ထင်ရှားသောကမ္ဘာတန်ဆာ နှင့်ဆိုင်သော။ pertaining to corporeal substance, ရူပကာယနှင့် ဆိုင်သော။ visible, apparent, အပေါ်ယံကဖြစ်သော။ relating to the science of healing, ဆေးကုခြင်းအတတ်နှင့်ဆိုင်သော။

Physician, *n.* ဆေးသမား။ အကုသမား။

Physics, *n. plur.* လောကဓာတ်တန်ဆာများကို စစ်ဆေးလေ့ကျက်သော အတတ်ပညာ။ လောကဓာတ်ပညာ။

Physiognomist, *n.* မျက်နှာအခြေအနေ၏ လက္ခဏာတို့ကိုထောက်၍ စိတ်သဘောကိုသိတတ်သောသူ။

Physiognomy, *n.* configuration of countenance, မျက်နှာအခြေအနေ၏လက္ခဏာ။ the science of discovering the character of the mind from the features of the face, မျက်နှာအခြေအနေ၏ လက္ခဏာတို့ကိုထောက်၍စိတ်သဘောကိုသိနိုင်သောအတတ်ပညာ။

Physiological, *a.* ဖုမ်ိဳသြောလဇီအတတ်နှင့်ဆိုင်သော။

Physiologist, *n.* ဖုမ်ိဳသြောလဇီအတတ်ကိုတတ်သောသူ။

Physiology, *n.* ဖုမ်ိဳသြောလဇီ အတတ်တည်းဟူသော ကိုယ်ခန္ဓာအပေါင်း အစု၊အကြောင်းအရာများကိုဖော်ပြသောအတတ်ပညာ။

Physiology, *see* Botany.

Piacular, *a.* အပြစ်ကိုဖြေတတ်သော။

Piano-forte, *n.* ပြွေစုံတမျိုး။ သံစုံသစ်တာတမျိုး။

Piazza, *n.* အိမ်မနှင့်ဆက်၍အမိုးပါသောစင်္ကြံ။

Picaroon, *n.* ပင်လယ်ထားပြ။

Pice, *n.* ပဲမိတ်။ ပိုက်ဆံ။

Pick, *v. t.* to pluck, ဘွတ်သည်။ to clean or clear, by pulling off what adheres, ထွင်၍ယူသည်။ to strike with the beak, ဆိတ်ပေါက်သည်။ to strike with a sharp instrument, ချွန်သောအရာနှင့်ပေါက်သည်။ to select, ရွေးကောက်သည်။ —(a bone,) ထွင်၍စားသည်။ —(cotton or wool,) ဖန်သည်။ —(the ear,) ကော်သည်။ —a lock, သော့ကျင်ကို သံကောက် နှင့် ရွေ ၍ ဖွင့်သည်။ —(a pocket,) နှိုက်၍ခိုးသည်။ —a quarrel, ရန်တွေသည်။ —*v. i.* to eat slowly and by morsels, ရွေးချယ်မိစစ်၍စားသည်။ —ax, *n.* ပေါက်တူးလုံး။ —from, *or* off, *v. t.* ကောက်၍ပြစ်သည်။ —lock, *n.* an instrument, for picking a lock, သော့ကျင်ကိုရွေဖွင့်သောသံကောက်။ a person who picks locks, သော့ကျင်ကိုသံကောက်နှင့်ရွေ၍ဖွင့်တတ်သောသူခိုး။ —out, *v. t.* ရွေးကောက်သည်။ —pocket, —purse, *n.* ငွေအိတ်ထဲကနှိုက်၍ခိုးသောသူ။ —thank, ကိုယ်အကျိုးကိုသာ ငဲ့ကွက်၍ သူ အ လို သို့ လိုက် သော သူ။ —up, *v. t.* ကောက်ယူသည်။ —*n.* a sharp pointed iron tool, ချွန်သောသံချောင်း။ option, ရွေးကောက်ရသောအခွင့်။

Pickback, *adv.* ကြောပေါ်မှာ။

Picked, *a.* ချွန်သော။

Pickedness, *n.* from above.

Picket, *n.* a pale, ဝင်းခတ်သောဖျည်းချွန်။ ဝင်းခတ်သောသင်ပုံးခေါင်း။ a palisade, သစ်တပ်တိုင်။ an advanced guard, ကင်းတပ်။ —*v. t.*

to inclose with pales, ဖျည်ခွန်ဝင်းခတ်သည်။ သင်ပုံးခေါင်းဝင်းခတ်သည်။ to fortify with palisades, သစ်တပ်တည်သည်။

Pickle, *n.* the liquor, ချည်ရည်။ an eatable impregnated with vinegar, salt, &c. ချည်ဖတ်။ သနပ်။ —*v. t.* ချည်ရည်၌စိမ်၍ထားသည်။ ချည်စိမ်သည်။ ချည်ထည့်သည်။

Picnic, *n.* အသီးသီး ကိုယ်စားသောက်ဖို့ ရာ ကို ယူ ခဲ့ ၍ ပျော် ဆင် သော စားသောက် ပွဲ။

Pictorial, *a.* ပန်းချီရေးသော။

Picture, *n.* a painting, ဆေးရေးသောရုပ်ပုံ။ a likeness, ပုံ။ —frame, ကားပေါင်။ —*v. t.* to paint resemblance, တူအောင်ပန်းချီရေးသည်။ to form an ideal likeness, အာရုံအားဖြင့်တူအောင်ထင်သည်။

Picturesque, *a.* ညာဏ်ကွန့်မြူးခြင်းနှင့်ဆိုင်၍ပန်းချီရေးဖို့ရာကောင်းအောင်ကြည့်ရှုစချင်ဖွယ်အဆင်းအရည်ရှိသော။

Piddle, *v. i.* to deal in trifles, သေးနုပ်သောအမှုများကိုပြုလုပ်၍နေသည်။ to pick at table, မစားချင်သလိုလိုစားသည်။

Pie 1, *n.* a crust baked with contents, ဌာပနာသွင်းမုန့်။ မုန့်ဌာပနာ။ —2, printers' types thrown together, ရောနှောသော စာလုံးပုံများ။ —3, the smallest copper coin in India, မတ်ပြား။ပိုင်။s.

Pie-bald, *a.* ကျားသောအဆင်းရှိသော။

Piece, *a.* part, portion, fragment, အစ။ အတစ်။ အပိုင်း။ အကျိုး။ အပဲ့။ —of cloth, အထည်။ —of composition, စာတစောင်။ —of music, အစည်သင့်ထားသောသီခြင်းသံတခါး။ a picture, ဆေးရေးသောရုပ်ပုံ။ a coin, ဒင်္ဂါး။ a musket or gun, သေနတ်။ အမြောက်။ —[a,] *adv.* စီ။ —[of a,] တမျိုးတည်း။တထည်တည်း။တဝတည်း။ —meal, *a.* ခြား ခြား နား နား ဖြစ် သော။ —meal, *adv.* into fragments, အစိတ်စိတ်အမွှားမွှား။ by pieces, တစတစ။ —*v. t.* ဆက်၍ထုတ်သည်။

Pied, *a.* pie-bald, ကျားသောအဆင်းရှိသော။ variegated, ချယ်လှယ်သော။

Pier, *n.* a stone pillar supporting an arch, တန်တားပေါင်းကူးတိုင်။ a mole, ရေကတုပ်။ the part of the wall of a house between windows, ပြတင်းပေါက်နှစ်ခုအကြား၌ တိုက်သားနံရံ။ —glass, အခန်းတွင်း၌ကပ်ထားသောမှန်ကြီး။

Pierce, *v.* စူးသည်။ ထိုး၍ဖောက်သည်။

Piercer, *n.* စူး။

Piety, *n.* reverence for God and religion, ဘုရား၊တရားကိုရိုသေခြင်း။ performance of duty to God, ဘုရားဝတ်ကိုပြုခြင်း။ performance of filial duties, မိဘဝတ်ကိုပြုခြင်း။

Pig, *n.* the young of swine, ဝက်ကလေး။ an oblong mass of lead or iron, ခဲတုံး။ သံတုံး။ —*v.* to farrow, ဝက်မွေးသည်။

Pigeon, *n.* ခို။ the green species, ငှု။ —house, ခိုအိမ်။

Piggery, *n.* ဝက်ခြံ။
Piggin, *n.* ရေမှုတ်တမျိုး။
Pigment, *n.* အရောင်တင်ဆေး။
Pigmy, *n.* လူပု။ —*a.* ပုသော။ သောင်သော။
Pigtail, *n.* the hair of the head tied in a cue, ဝက်အူကျစ်သောဆံ။ a small roll of tobacco, ကျစ်၍ထားသောဆေးတောင့်။
Pike, *n.* လှံရှည်။ —staff, လှံရိုး။
Piked, *a.* ချွန်သော။
Pilaster, *n.* ၄ ထောင့်တိုင်။
Pile 1, *n.* a heap, အဖို့။ a large edifice, တည်ဆောက်သောအရာကြီး။ —1, *v. t.* to heap up, ပုံသည်။ ပုံထားသည်။ to fill above the brim, မိုမောက်အောင်ပြုသည်။ —2, *n.* a large post driven into the earth, မြေ၌စိုက်နှက်၍စိုက်သောတိုင်ကြီး။ —3, the nap of cloth, သက္ကလတ်အမွေး။
Piles, *n.* မြင်းသရိုက်။
Pilfer, *v.* လက်ဆော့၍ယူသည်။
Pilferer, *n.* သူခိုး။
Pilgrim, *n.* ခရီးသွားသောဖျော်သည်အာဂန္တု။
Pilgrimage, *n.* ဖျော်သည်အာဂန္တုဖြစ်၍ခရီးသွားခြင်း။
Pill, *n.* ဆေးလုံး။
Pillage, *v. t.* အနိုင်အယက်ပြု၍လုယူသည်။ —*n.* လုယူသောဥစ္စာ။
Pillar, *n.* a post, တိုင်။ any thing that affords support, အမှီတကဲ။
Pillion, *n.* ယောက်ျားစီးသောကုန်းနှီးနောက်ကဆက်၍မိန္မစီးသောကုန်းနှီး။
Pillory, *n.* လည်ထိတ်။ လက်ထိတ်။
Pillow, *n.* ခေါင်းအုံး။ —bier, —case, *n.* ခေါင်းအုံးစွပ်အိပ်။ —*v.* ခေါင်းအုံးသည်။
Pilot, *n.* ရေကြောင်းမာလိန်။ —*v. t.* သင်္ဘောသွားရာရေကြောင်းကိုပြသည်။
Pilotage, *n.* ရေကြောင်းမာလိန်ခွက်။
Pimento, *n.* ယမဲကကျွန်းမှာဖြစ်သောငရုပ်ကောင်း။
Pimp, *n.* and *v.* *see* Pander, *n.* and *v.*
Pimple, *n.* အဖု။
Pin, *n.* the instrument used for fastening clothes, တွယ်အပ်။ a peg, ချို။ a bolt, bar, &c. အကျင်။ (used in composition only,) —cushion, *n.* တွယ်အပ်ထိုးထားသောအုံးငယ်။ —feather, မွေးနု။ —hole, အပ်ထိုးသောအပေါက်။ —money, မယားသုံးပိုင်သောသင်းသီးငွေ။ —*v. t.* အပ်နှင့်တွယ်သည်။ ချိုရိုက်သည်။
Pinafore, *n.* အပေါ်ရင်ဖုံး။
Pincers, *n.* ညှပ်။ ဓာဂဏာ။ ကျေးနှုတ်သီး။
Pinch, *v. t.* —as with the fingers, ဆိတ်သည်။ to compress, as between two substances, ညှပ်သည်။ to straiten, distress, ကြပ်

တည်းစွာပြုသည်။ နာစေသည်။ ဆင်းရဲစေသည်။ —*v. i.* to be over frugal, ခြွေတာလွန်းသည်။ —*n.* from above, *v. t.*

Pinchbeck, *n.* ကြေးနီနှင့်သွပ်ရောသောသတ္တု။ ခပ်ဖျာ။

Pinchers, *see* Pincers.

Pine 1, *n.* ထင်းရှူး။ —2, *v. i.* စိတ်နေမကောင်း၊ ပိန်သွားသည်။

Pine-apple, *n.* နာနတ်သီး။

Pinfold, *n.* လှောင်ခြံ။

Pinion, *n.* the extreme joint of a wing, တောင်ပံအဖျားဆစ်။ a wing, အတောင်။ the tooth of a smaller wheel answering to that of a larger, စက်ကြီးနှင့်ဖက်တွဲ၍ထားသောစက်ငယ်၏အသွား။ bands for the arms, လက်ပြန်ကြိုး။ —*v. t.* to bind the wings, အတောင်ချင်းရှက်၍ချည်သည်။ to bind the arms, လက်ပြန်ကြိုးချည်သည်။ လက်ပြန်ချည်၍ထားသည်။ to restrict, စည်းကမ်းသတ်၍ထားသည်။

Pink (color,) *n.* ပန်းနုအရောင်။ —*v. t.* ထိုးသည်။

Pinnace, *n.* သိဘန်တမျိုး။

Pinnacle, *n.* အထွဋ်ဖျား။

Pinnacled, *a.* အထွဋ်ဖျားရှိသော။

Pint, *n.* ဒိန္နတည်းဟူသော ၂ ရိ အချိန်ဝင်သောအခြင်အတွယ်။

Pioneer, *n.* သူတပါးရှေ့သို့သွား၍လမ်းကိုဖွင့်သောသူ။

Pious, *a.* reverencing God and religion, ဘုရား၊တရားကိုရိုသေသော။ being in the habit of performing duty to God, ဘုရားဝတ်ကိုပြုတတ်သော။ being in the habit of performing filial duties, မိဘဝတ်ကိုပြုတတ်သော။

Pip 1, *n.* ကြက်၌စွဲသောအနာတမျိုး။ —2, *v. i.* ကြက်ကလေးကဲ့သို့မြည်သည်။

Pipe, *n.* a wind instrument, ခြွေ။ a tube, hollow cylinder, ပြွန်။ a tobacco-pipe, ဆေးတံ။ a puncheon, ဂါလံ ၁၂၀ ဝင်သောစည်ကြီး။ —*v.* to play on a wind instrument, မှုတ်သည်။ to whistle (as the wind,) လေချွန်သကဲ့သို့မြည်သည်။

Pipkin, *n.* လက်ကိုင်ပါသောမြေအိုး။

Pippin, *n.* သစ်သော့သီးတမျိုး။

Piquancy, *n.* from next.

Piquant, *a.* sharp, stimulating to the taste, မြက်မြက်စက်စက်ရှိသော။ sharp, smart, pointed (as style,) မြက်မြက်စက်စက်ရှိသကဲ့သို့ဖြစ်သော (စကား။)

Pique, *n.* မိတ်ညှစ်ခြင်း။ —*v. t.* to nettle, မိတ်ညှစ်စေသည်။ to rouse some uneasy passion, မိတ်ညှစ်စေ၍နှိုးဆော်သည်။ —one's self (on,) *v.* ဝါကြွားသည်။

Piquet, *see* Picket.

Piracy, *n.* from Pirate, *v.*

Pirate, *n.* ပင်လယ်ထားမြ။ —*v.* to rob on the sea, ပင်လယ်ပေါ်မှာ ထားမြတိုက်သည်။ to take surreptitiously, (သူတပါးစီသောစာကို) ခိုး၍သုံးသည်။

Piratical, *a.* from above, *v.*

Pirouette, *n.* ကိုယ်ကိုလှည့်လည်ခြင်း။

Piscatory, *a.* ငါးနှင့်ဆိုင်သော။

Pisces, *n.* မိန်ရာသီ။

Piscine, *a.* ငါးမျိုးနှင့်ဆိုင်သော။

Pish, *int.* ဒွိ။

Pismire, *n.* ပရွက်ဆိတ်။

Piss, *n.* ကျင်ငယ်။ သေး။ —*v. i.* သေးပေါက်သည်။

Pistol, *n.* မြင်းသေနတ်။ —*v. t.* မြင်းသေနတ်နှင့်ပြစ်သည်။

Piston, *n.* ထိုးတံ။

Pit, *n.* a hole in the earth, တွင်း။ the middle part of a theatre, ဇာတ်ရုံတွင်ပွဲကြည့်ရန်အလယ်ခန်း။ —of the stomach, ရင်ညွန့်။ a dent in the flesh, အဗိမ့်။ a mark left by the small pox, ကျောက်ပေါက်မာ။ —coal, ကျောက်မီးသွေး။ —fall, ကျအောင် ထောင်သောတွင်း။ —man, အောက်ကနေ၍လွှဆွဲသောသူ။ —saw, သစ်ကိုတိုက်သောလွှ။ —*v. t.* to dent, ဗိမ့်အောင်နှိပ်သည်။ *adv.* *see* Pitted.

Pitapat, *adv.* နှစ်လုံးတုန်လှုပ်လျက်။

Pitch 1, *n.* ထင်းရှူးစေး။ —black, *a.* အလွန်နက်သော။ —1, *v. t.* ထင်းရှူးစေးနှင့်လူးသည်။ —2, *n.* a point or degree of elevation, အမြင့်။ the highest point, အထွဋ်။ အဖျား။ —2, *v.* to fall headlong, ခေါက်ထိုးကျသည်။ to light, settle, နား၍နေသည်။ encamp, တပ်ချသည်။ to fix choice (upon,) ရွေးယူသည်။ —as a boat or ship, ခုန်သည်။ —*v. t.* to throw, ပြစ်သည်။ to throw down, ပြစ်ချသည်။ —to throw headlong, ခေါက်ထိုး ချသည်။ —a tent, တဲဆောင်သည်။ —a tune, သီခြင်းသံကိုတိုင် သည်။ *adv. see* Pitched battle. —fork, *n.* (for hay,) မြက်ကော်ခက်ရင်းခွ။ (for thorns,) ဆူးထောက်ခွ။ —pipe, သီခြင်းသံကိုဖမ်းသောတန်ဆာ။

Pitched (battle,) *n.* အပွန်းအတီးခံ၍တိုက်ခြင်း။

Pitcher, *n.* ကရား။ ရေကရား။

Pitchy, *a.* like pitch, ထင်းရှူးစေးကဲ့သို့ဖြစ်သော။ very dark, မှောင် မိုက်သော။

Piteous, *a.* excitative of pity, သနားစရာဖွယ်ဖြစ်သော။ compassionate, သနားတတ်သော။ wretched, အလွန်ဆင်းရဲသော။ paltry, ယုတ်ညံ့သော။

Pitcousness, *n.* from above, 1st and 2d def.
Pith, *n.* —of a plant or tree, အူ။ strength, force, ခွန်အား။အနှစ်သာရ။
Pithiness, from Pithy.
Pithless, *a.* without pith, (as a plant or tree,) အူမရှိသော။ wanting force, အနှစ်သာရမရှိသော။
Pithy, containing pith, consisting of pith, အူရှိသော။ အူများသော။ forcible, အနှစ်သာရရှိသော။
Pitiable, *a.* to be pitied, သနားဖွယ်ဖြစ်သော။ wretched, အလွန်ဆင်းရဲသော။
Pitiableness, *n.* from above.
Pitiful, *a.* compassionate, သနားတတ်သော။ excitative of pity, သနားစချင်ဖွယ်ဖြစ်သော။ paltry, ယုတ်ညံ့သော။
Pitifulness, *n.* from above.
Pitiless, *n.* destitute of pity, မသနားတတ်သော။ not exciting pity, သနားဖွယ်မဟုတ်သော။
Pitilessness, *n.* from above.
Pittance, *n.* သူတပါးပေးသောအနည်းငယ်။
Pitted, *a.* ကျောက်ပေါက်မာရှိသော။
Pity, *v. t.* သနားသည်။ —*n.* compassion, သနားခြင်း။ ကရုဏာ။ a ground or cause of compassion, သနားရန်အကြောင်း။
Pivot, *n.* a horizontal one, မောင်းကန့်လန့်ကျင်။ လက်တံကန့်လန့်ကျင်။ an upright one, မဏ္ဍိုင်။
Pix, *n.* ဗရင်ကိုတာသာဒ္ဓိကိုးကွယ်ရန်မုန့်ပြားကိုထည့်ထားသောသစ်တာ။
Placability, Placableness, *n.* from next.
Placable, *a.* စိတ်ပြေနိုင်သော။
Placard, *n.* အနှံ့အပြားသိစေခြင်းငှါကပ်ထားသောစာ။
Placate, *v. t.* စိတ်ပြေအောင်ပြုသည်။
Place, *n.* a certain portion of space, a locality, အရပ်။ a portion or passage of writing, စာဒ္ဓိပါသောအချက်။ situation, station, office, rank, အရာ။ room, stead, အစား။ —[give,] *v.* to make room (for,) ဆုတ်၍နေရာပေးသည်။ to give room or advantage, နေရာအခွင့်ကိုပေးသည်။ —[take,] to come to pass, ဖြစ်လာသည်။ to take precedence, သူ့ရှေ့မှာနေရာရှိသည်။ —man, *n.* အရာရှိသောသူ။ —*v. t.* to put, ထည့်သည်။ ထားသည်။ ထည့်ထားသည်။ နေရာချသည်။ to fix in a place, တည်သည်။ တည်ထားသည်။ to appoint, ခန့်ထားသည်။
Placenta, *n.* အချင်း။
Placid, *a.* calm, tranquil, ငြိမ်သော။ ငြိမ်သက်သော။ serene, pleasant, သာသော။ သာယာသော။ gentle, mild, နူးညံ့သိမ်မွေ့သော။
Placidity, Placidness, *n.* from above.

Plagiarism, *n.* from Plagiarize.

Plagiarist, *n.* agent from same.

Plagiarize, *v. t.* သူတပါးမိကုံးသောစာကိုနှုတ်ယူ၍ကိုယ်မိကုံးသောစာကဲ့သို့ သုံးသည်။

Plagiary, *n.* *see* Plagiarism, and Plagiarist.

Plague, *v. t.* to annoy, နှောင့်ရှက်သည်။ to affect with some calamity, ဘေးဖြစ်အောင်ပြုသည်။ —*n.* any thing annoying, နှောင့်ရှက်သောအရာ။ a calamity, ဘေးဥပါဒ်။ a kind of malignant fever, ကာလနာတမျိုး။

Plagùy, *a.* နှောင့်ရှက်တတ်သော။

Plaid, *n.* စကောတလံအထည်တမျိုး။

Plain, *a.* level, ညီညာသော။ simple, void, of ornament, တန်ဆာမဆင်၊ရိုးသော။ not handsome, မလှသော။ simple, artless, ပရိယာယ်မပြု၊ရိုးသော။ unaffected, undisguised, ဖျို့ဖွက်ခြင်းမရှိ၊ တည့်လင်းသော။ clear, evident, easily understood, ထင်ရှားသော။ ရှင်းလင်းသော။ simple, unmixed, အရောအနှောမရှိ၊ သက်သက်ဖြစ်သော။ —dealing, ပရိယာယ်မပြု၊ရိုးသားသော။ —dealing, *n.* ဒလဟာ။ လဟာပြင်။ from above. —work, မချယ်လှယ်ဘဲရိုးရိုးချုပ်သောအချုပ်။ —*adv.* not obscurely, ရှင်းလင်းစွာ။ distinctly, ပြတ်သားသည်နှင့်။ straight forward, တိုက်ရိုက်။ အတည့်အလင်း။ —hearted, *a.* ရိုးသားသော။ —spoken, အတည့်အလင်းပြောတတ်သော။ —*n.* လွင်ပြင်။ —*v. t.* ညီညာစေသည်။

Plainness, *n.* from Plain, *a.*

Plaint, *n.* from next; a plaintiff's charge or accusation in court, တရားလိုစွဲသောဆင်ခြေ။

Plaintful, *a.* မြည်တမ်းသော။

Plaintiff, *n.* တရားလို။

Plaintive, *a.* မြည်တမ်းတတ်သော။

Plaintiveness, *n.* from above.

Plait, *v. t.* to fold, double, ခေါက်သည်။ to weave, ရက်သည်။ to intertwist three strands into one, ဝက်အူကျစ်သည်။ —*n.* a fold, အခေါက်။ something woven, ရက်သောအရာ။ three strands intertwisted into one, ဝက်အူကျစ်သောအရာ။

Plan, *v. t.* to form a draft or representation, ပုံထုတ်သည်။ စနစ်ပုံထုတ်သည်။ to form in design, မိတ်ကူး၍ကြံစည်သည်။ —*n.* a draft or form, ပုံ။ စနစ်ပုံ။ a scheme, project, အကြံအစည်။ အကြံအရွယ်။

Plane, *n.* a level surface, ညီညာသောမျက်နှာပြင်။ ပြန့်ပြူးသောအရာ။ a carpenter's plane, ရွေပေါ်။ —*v. t.* ရွေပေါ်ထိုးသည်။

Planeirons, *n.* ရွေပေါ်သွားများ။

Planet, *n.* ဂြိုဟ်။ —struck, *a.* ဂြိုဟ်အမှိန့်ပါ၍ပျက်သော။
Planetarium, *see* Orrery.
Planetary, *a.* ဂြိုဟ်နှင့်ဆိုင်သော။
Planisphere, *n.* အပြားပေါ်မှာရေးသောအလုံးပုံ။
Plank, *n.* ထူသောပျဉ်ပြား။ —*v. t.* ထူသောပျဉ်ခင်းသည်။
Plano-concave, *a.* တဖက်ပြား၍တဖက်ခွက်သော။
Plano-convex, *a.* တဖက်ပြား၍တဖက်ခုံးသော။
Plant, *n.* အပင်။ —*v. t.* —a seed or plant, စိုက်သည်။ —with the intention of transplanting, ပျိုးသည်။ to erect, set upright, စိုက်သည်။ထူသည်။ထောင်သည်။ to settle, establish, တည်ထောင်သည်။ to place (as cannon,) တင်သည်။
Plantain, *n.* ငှက်ပျော။
Plantation, *n.* the act of planting, စိုက်ပျိုးခြင်း။ the place planted, ကိုင်း။ ယာခင်း။
Planter, *n.* လယ်ယာလုပ်သောသူ။ စိုက်ပျိုးသောသူ။
Planting, *n.* စိုက်ပျိုးခြင်း။
Plash, *n.* a puddle, ရွှံ့ဗွက်။ *and see* Splash.
Plashy, *a.* ရွှံ့ဗွက်များသော။
Plaster, *n.* a composition for coating walls, အင်္ဂတေ။ a covering for a sore, spread with salve, အနာအုပ်ရန်ဖယောင်းချက်သုတ်လူးသောဖျင်၊သားရေ။ —*v. t.* to overlay with plaster, အင်္ဂတေကိုင်သည်။ to cover with a plaster, ဖယောင်းချက်နှင့်ဖုံးသည်။ to smooth over, extenuate a fault, အပြစ်ပေါ့လျော့အောင်ပြောသည်။
Plastering, *n.* အင်္ဂတေ။
Plastic, *a.* ပုံပေါ်အောင်ဖန်ဆင်းတတ်သော။
Plat 1, *n.* မြေအကွက်။ —2, *see* Plait, *v. t.*
Plate, *n.* a flat piece of metal, သွပြားအစရှိသောသတ္တုကိုလုပ်သောအပြား။ wrought silver, ခတ်လုပ်သောငွေတန်ဆာအသုံးအဆောင်။ a small shallow vessel used to eat from, ပုကန်ပြား။ a piece of timber which supports the ends of the rafters, လျှောက်။ —*v. t.* to beat into thin plates, အပြားခတ်သည်။ to cover with plates, ရွှေပြားအစရှိသည်တို့နှင့်ချယ်လှယ်သည်။ to cover with metal plates, မိန်းကွပ်သည်။ to overlay with metal in a state of fusion, ရွှေရည်အစရှိသည်တို့နှင့်ပွတ်သည်။
Platform, *n.* a level spot, တလင်း။ a floor, ကြမ်း။ a stage, စင်။ *see also* Plate, လျှောက်။
Platina, *n.* ရွှေ၊ ငွေ၊ သံထက်မကာအလေးဆုံး၊ အမာဆုံးဖြစ်သောလောဟာ။ ကြေးဖြူ။
Platoon, *n.* လေးမျက်နှာဖွဲ့၍ခံသောတပ်။

Platter, *n.* [wooden,] ဗျပ်။ [earthen,] ပုကန်ပြားကြီး။
Plaudit, *n.* ချီးမွမ်းခြင်း။
Plausibility, Plausibleness, *n.* from next.
Plausible, *a.* ကောင်းရောင်၊ မှန်ရောင်ဆောင်သော။
Play, *v. i.* to sport, ကစားသည်။ to contend in a game, ကစားသည်။ to gamble, လောင်းတမ်းကစားသည်။ to perform on an instrument of music, တီးမှုတ်သည်။ to move this way and that, လှုပ်ရှားသည်။ to operate, ပြုလုပ်သည်။ to act on the stage, ဇာတ်ပြသည်။ to act like, personate a character, ပြုသည်။ လုပ်သည်။ —*v. t.* to put in action, ပြုလုပ်စေသည်။ to show off in sport, ကစား၍ပြသည်။ to act (a part) on the stage, ဇာတ်ပြသည်။ —a trick with, ကျီစားသည်။ —day, *n.* ကစားရသောနေ့။ —false, *v. t.* လိမ်လည်၍လှည့်စားသည်။ —fellow, *n.* ကစားဖက်။ သူငယ်ချင်း။ —game, *n.* လူကလေးကစားခြင်း။ —mate, *see* —fellow. —off, *v. t.* ကစား၍ပြသည်။ on, —upon, *v. t.* ကျီစားသည်။ —thing, *n.* သူငယ်ကစားသောအရာ။ —*n.* from above; a drama, ဇာတ်။ ဇာတ်ပွား။ a dramatic exhibition, ဇာတ်ပွဲ။ room for motion, လှုပ်ရှားရာအခွင့်။ liberty of acting, ပြုလုပ်ရာအခွင့်။ —bill, *n.* ပွဲသတင်း၌ဇာတ်ခင်းကျင်းရာစာရင်း။ —house, *n.* ဇာတ်ရုံ။
Playful, *a.* ကစားတတ်သော။
Plea, *n.* an argument in a court of justice, လွှတ်၊ ရုံး၌တရားလို၊ တရားခံပြောဆိုသောစကား။ a cause in court, တရားတွေ့မှု။ a defendant's reply, တရားခံချေသောဆင်ခြေ။ an apology, အပြစ်ဖြေရာစကား။ entreaty, တောင်းပန်သောစကား။
Plead, *v. i.* to argue in a court of justice, လွှတ်၊ ရုံး၌တရားလို၊ တရားခံပြောဆိုသည်။ လျှောက်လဲချေပသည်။ to argue, urge reasons for or against, အကျိုးအကြောင်းကိုဆွေးနွေးပြသ၍ (သွေးဆောင်သည်။) to urge intreatingly, တောင်းပန်၍ (သွေးဆောင်သည်။) —*v. t.* to adduce in proof, သက်သေပြသည်။ to allege in self defence, တရားခံချေပပြောဆိုသည်။ to offer as an excuse, အပြစ်ပြေအောင်ပြောသည်။
Pleader, *n.* an attorney, ရှေ့နေ။ an arguer, အကျိုးအကြောင်းကိုဆွေးနွေးပြသ၍သွေးဆောင်သောသူ။
Pleading, *n.* လွှတ်၊ရုံး၌တရားလို၊တရားခံအလှည့်လှည့်ပြောဆိုခြင်း၊ဆင်ခြေ။
Pleasant, *a.* သာသော။ သာယာသော။ စိတ်သာစေတတ်သော။ ပျော်ပါးစေတတ်သော။
Pleasantness, *n.* from above.
Pleasantry, *n.* gayety, ပျော်ရွှင်ခြင်း။ humorous speech, ရယ်ရွှင်ဖွယ်သောစကား။

Please, *v. i.* (ပြုခြင်းငှါ) အလိုရှိသည်။ (ပြု) ချင်သည်။ —*v. t.* from next.

Pleased [be,] *v. i.* to feel satisfied, happy, စိတ်သာသည်။ to enjoy one's self, ပျော်ပါးသည်၊ ပျော်မွေ့သည်။ to like to (do,) *see* Please, *v. i.* —with, *v. t.* ကြိုက်သည်။ နှစ်သက်သည်။ စိတ်တွေ့သည်။

Pleaser, *n.* သူအလိုသို့လိုက်သောသူ။

Pleasing, *a.* affording pleasure, စိတ်သာစေတတ်သော။ ပျော်မွေ့စေတတ်သော။ gaining approbation, နှစ်သက်ခြင်းကိုခံတတ်သော။

Pleasurable, *a.* same, 1st def.

Pleasure, *n.* agreeable feeling, satisfaction, စိတ်သာခြင်း။ ပျော်မွေ့ခြင်း။ approbation, နှစ်သက်ခြင်း။ will, အလို။ a favor, ကျေးဇူး။

Plebian, *n.* ဆင်းရဲသား။ —*a.* ဆင်းရဲသားနှင့်ဆိုင်သော။

Pledge, *v. t.* to pawn, ပေါင်သည်။ ပေါင်နှံသည်။ to give as a warrant or security, ပေါင်ထားသကဲ့သို့ဂတိထားသည်။ —*n.* a thing pawned, အပေါင်အနှံ။ a thing given or considered as security, အာမခံအရာ။ a hostage, အာမခံအရာ၌ထားခြင်းကိုခံသောသူ။

Pledget, *n.* အနာပေါ်မှာအုပ်၍ထားသောအဝတ်စ။

Pleiades, *n. plur.* ခြောက်ဆိပ်။

Plenary, *a.* စုံလင်သော။

Plenipotence, *n.* from next.

Plenipotent, *a.* စုံလင်သောအခွင့်တန်ခိုးရှိသော။

Plenipotentiary, *n.* စီရင်ပိုင်သောအခွင့်တန်ခိုးစုံလင်သောသံတမန်။

Plenitude, *n.* fullness, ပြည့်ခြင်း။ completeness, စုံလင်ခြင်း။

Plenteous, Plentiful, *a.* copious, ပေါများသော။ များပြားသော။ yielding abundance, များများဖြစ်စေတတ်သော။ having abundance, ကြွယ်ဝသော။ ဝပြောသော။

Plenteousness, Plentifulness, Plenty, *n.* from above. အပုံ။

Pleonasm, *n.* from next.

Pleonastic, *a.* စကားပိုမိုသော။

Plethora, *n.* from next.

Plethoric, *a.* သွေး၊ အရည်ထန်သော။

Pleurisy, *n.* လေတံကျင်နာ။

Pliability, Pliableness, Pliancy, Pliantness, *n.* from next.

Pliable, Pliant, *a.* flexible, ပျော့သော။ ပျောင်းသော။ easily persuaded, သွေးဆောင်လွယ်သော။ သဘောလွယ်သော။

Pliers, *n.* ညှပ်။

Plight 1, *see* Pledge, *v. t.* 2d def. —2, *n.* အဖြစ်။ အနေအခြေ။

Plinth, *n.* တိုင်ခုံ။ ဘိနပ်။

Plod, *v. i.* တကုတ်ကုတ်လုပ်သည်။

Plot 1, *n.* a plat of ground, မြေအကွက်။ a draft or plan of a piece of ground, မြေအကွက်ပုံ။ —2, *v.* to contrive, စိတ်ကူးသည်။

to intrigue, plan secretly, လျှို့ဝှက်၍ကြံစည်သည်။ to make a plan of ground, လယ်၊ ယာ၊ ဥယည်ဉ် အစရှိသော။ မြေပုံရေးသည်။ —2, *n.* a secret scheme, လျှို့ဝှက်၍ကြံစည်ခြင်း။ the frame work of a story or play, ဇတ္တာရိစာကိုကြံစည်၍ထုတ်လုပ်သော အခမ်းအနားအစီအစဉ်။

Plough, *n.* ထယ်။ —share, ထယ်သွား။ —*v. t.* to cut the ground in furrows, ထယ်နှင့်ထွန်သည်။ to run through in sailing, (ပင်လယ်ရေကို) ခွဲ၍သွားသည်။ —man, *n.* ထယ်လုပ်သောသူ။

Plover, *n.* (one species,) ငှက်တလိုင်း။ (another species,) တီတီတွူး။

Pluck 1, *v. t.* to twitch out, ဆတ်ခနဲနှုတ်သည်။ to strip by plucking, အမွေးအတောင်ကိုနှုတ်သည်။ to gather (fruit, &c.) ဆွတ်သည်။ —2, *n.* နှစ်လုံးသည်းပွတ်။

Plug, *n.* ဆို့။ —*v. t.* ဆို့သည်။ ဆို့ပိတ်သည်။

Plum, *n.* the fruit, အစေ့တလုံးပါသောသစ်သီးတမျိုး။ a dried raisin, စပျစ်သီးခြောက်။ £100,000, ရူပီတသန်း။ —cake, *n.* စပျစ်သီးခြောက်ပါသောမုန့်ချို။ —pudding, *n.* စပျစ်သီးခြောက်ပါသော မုန့်ပျော့။

Plumage, *n.* ငှက်အမွေးအတောင်။

Plumb, *v. t.* ချိန်သည်။ —*n.* ချိန်သီး။ —line, *n.* ချိန်ကြိုး။ —*adv.* မတ်တတ်။ မတ်ထတ်။

Plumbago, *n.* ခဲနက်။

Plumber, *n.* ခဲတန်ဆာလုပ်သောသူ။

Plume, *n.* a feather, အမွေးအတောင်။ a feather worn as an ornament for the head, ခေါင်း၌တန်ဆာဆင်သောငှက်မွေး၊ငှက်တောင်။ reputation, credit, ဂုဏ်အသရေ။ —*v. t.* to trim and adjust feathers, အမွေးအတောင်ကိုပြုပြင်သည်။ to adorn with plumes, ငှက်မွေး၊ငှက်တောင်နှင့်တန်ဆာဆင်သည်။ —one's self (on,) *v.* ဝါကြွားသည်။

Plummet, *n.* a plumb, ချိန်သီး။ ချိန်ထုပ်။ မှန်ထုပ်။ a piece of lead used in ruling paper, မျဉ်းသားသောခဲတောင့်၊ခဲပြား။

Plump, *a.* ဝသော။ ဝဖြိုးသော။ —as a child, or any young animal, ဖွံ့သော။ —*v. i.* ဗိုးခနဲကျသည်။ —out, —up, *v. t.* ဖောင်းကြွအောင်ပြုသည်။ —*adv.* ဗိုးခနဲ။

Plumply, *adv.* တည့်တည့်။

Plumpness, *n.* from Plump, *a.*

Plumy, *n.* အမွေးအတောင်နှင့်ပြည့်စုံသော။

Plunder, *v. t.* လုယူသည်။ —*n.* လုယူသောဥစ္စာ။ သက်ရဥစ္စာ။

Plunderer, *n.* လုယူသောသူ။ ထားပြ။

Plunge, *v. i.* ရုတ်ခနဲဝင်သည်။ ရုတ်ခနဲကိုယ်ကိုသွင်းသည်။ —*v. t.* နှစ်သည်။ ထိုး၍သွင်းသည်။

Plural, *a.* တခုထက်သာ၍များသော။ —*n.* ဗဟုဝုစ်။

Pluralist, *n.* မင်းမိရင်သောသာသနာ၌အရာအများရှိသောဓမ္မဆရာ။

Plurality, *n.* တခုထက်သာ၍များခြင်း။

Plus, *adv.* ပေါင်းသည်နှင့်။

Pluvial, Pluvious, *a.* မိုဃ်းရွာခြင်းနှင့်ဆိုင်သော။

Ply, *v. i.* to bend, yield, ညွတ်သည်။ to go in haste, အလျင်အမြန်သွားသည်။ —*v. t.* to lay on, တိုက်သည်။ to importune, ပူဆာသည်။ *v. t.* and *v. i.* to work steadily, practice with diligence, တကုပ်ကုတ်လုပ်သည်။ ကြိုးစားအားထုတ်သည်။

Pneumatic, *a.* consisting of air, လေဖြစ်သော။ relating to air, လေနှင့်ဆိုင်သော။

Pneumatics, *n.* လေကိုသုံး၍ပြုပြင်ခြင်းနှင့်ဆိုင်သောအတတ်။

Pneumatology, *n.* လေတည်းဟူသော ဝါယောဓာတ်နှင့်ဆိုင်သော အတတ်ပညာ။

Poach, *v. t.* to parboil, ပြုတ်သည်။ to steal, ခိုးသည်။ to steal game, မယူအပ်သောသားငှက်တို့ကိုဖမ်းယူသည်။

Poacher, *n.* agent from above, last def.

Poachy, *a.* စို၍ပျော့သောကြောင့်အနင်းမခံသော (မြေ။)

Pock, *n.* ကျောက်ပေါက်သောအဖု။ —mark, *n.* ကျောက်ပေါက်မာ။ —marked, *a.* ကျောက်ပေါက်မာထင်သော။

Pocket, *n.* အင်္ကျီအိတ်။ ပေါင်းဘီအိတ်။ —book, *n.* မှတ်သားရန်လက်စွဲစာအုပ်ငယ်။ —glass, *n.* လက်စွဲဆောင်သောမှန်ငယ်။ —hole, *n.* အင်္ကျီအိတ်ဝ။ ပေါင်းဘီအိတ်ဝ။ money, *n.* အသေးအနှုပ်သုံးရန်ကိုယ်၌ဆောင်သောငွေ။ —*v. t.* အင်္ကျီအိတ်၊ ပေါင်းဘီအိတ်ထဲမှာထည့်သည်။

Pod, *n.* ပဲတောင့်။

Poem, *n.* လင်္ကာတစောင်။

Poesy, *see* Poetry.

Poet, *n.* လင်္ကာဆရာ။ စာစပ်ဆိုသောဆရာ။ —laureat, *n.* စာဆိုတော်။

Poetaster, *n.* ထုံးထွင်းသောညာဏ်နည်းသောလင်္ကာဆရာ။

Poetess, *n.* စာစပ်ဆိုသောမိန်းမ။

Poetic, Poetical, *a.* pertaining to poetry, လင်္ကာနှင့်ဆိုင်သော။ like poetry, လင်္ကာစာကဲ့သို့ဖြစ်သော။ လင်္ကာလက္ခဏာရှိသော။ လင်္ကာသဘောရှိသော။

Poetry, *n.* လို့၊ ကဗျာ၊ လင်္ကာ။

Poh, *int.* ရှူး။

Poignancy, *n.* from next.

Poignant, *a.* stimulating to the taste, မြက်မြက်စက်စက်ရှိသော။ acrimonious, biting, နားခါးဖွယ်ဖြစ်သော။ piercing, severe, ပြင်းသော။ ထန်သော။

Point, *n.* a sharp end, အချွန်။ ချွန်သောအဖျား။ a small cape or headland, ငယ်သောအငူ။ *in geometry,* အမှတ်။ a particular spot in space or time, အချက်။ a particular matter, အချက်အရာ။ an object aimed at, ရွယ်ချက်။ a particular sentiment intended to strike with force, ထိမိုက်သောစကားချက်။ a stop in writing, အပိုက်။ a quarter of the heavens, မျက်နှာ။ a point of the mariner's compass, အိမ်မျှောင်ကြိုး။ a string furnished with a tag, ပိုတောင်းတပ်သောကြိုး။ —*v. t.* to sharpen the end, ချွန်သည်။ to direct to-wards (an object,) ချိန်သည်။ to punctuate, ပိုက်သည်။ —at, *v. t.* —as by the finger, လက်ညွှန်သည်။ to allude to, ရည်ခေါ်သည်။ —out, *v. t.* ညွှန်၍ပြသည်။

Pointer, *n.* any thing that points, ညွှန်ပြတတ်သောအရာ။ a dog that shows the game, သားငှက်တို့ကိုပြတတ်သောခွေး။

Pointless, *a.* တုံးသော။

Poise, *v. t.* to make of equal weight, ချိန်စက်သည်။ ညီမျှအောင် ချိန်စက်သည်။ —*n.* equilibrium, ချိန်စက်၍ညီမျှခြင်း။ a counter-poising weight, ချိန်စက်၍ညီမျှစေသောအရာ။

Poison, *n.* အဆိပ်။ အဆိပ်အတောက်။ —*v. t.* to make poisonous (as an arrow,) အဆိပ်နှင့်လူးသည်။ to infect with a poisonous quality, အဆိပ်ဖြစ်စေတတ်သောသဘောကိုသွင်းသည်။ to administer poison to, အဆိပ်ခတ်၍ပေးသည်။ to kill by poison, အဆိပ်နှင့်သေစေသည်။ to corrupt, taint, ယိုယွင်းစေသည်။

Poisonous, *a.* တောက်စေတတ်သော။ သေစေတတ်သော။ အဆိပ်ရှိသော။ ယိုယွင်းစေတတ်သော။

Poke 1, *n.* a bay, အိတ်။ —2, *n.* an impediment attached to the neck of a beast, လည်ထိတ်။ —3, *v. t.* to feel about (as in the dark,) စမ်းတီစမ်းတမ်းသွားသည်။ to touch or disturb with something long, ဒုတ်အစရှိသည်တို့နှင့်ထိုးသည်။

Poker, *n.* မီးမွှေသံချောင်း။

Pokerish, (Amer.) *a.* ကြောက်လန့်ဖွယ်ဖြစ်သော။

Polar, *a.* မြေကြီးလုံးဝင်ရိုးဖျားနှင့်ဆိုင်သော။

Polarity, *n.* တစုံတခုသောမျက်နှာသို့လိုက်တတ်သောသဘော။

Polarize, *v. t.* ထိုသို့သောသဘောကိုသွင်းသည်။

Pole 1, *n.* an extremity of the earth's axis, မြေကြီးလုံးဝင်ရိုးဖျား။ —star, *n.* ဓူဝံ။ —2, *n.* a long stick, ဒုတ်ချောင်းရှည်။ မျော။ a measure of length, *see* Rod; —of a carriage, ရထားသန်။ လှည်းသန်။ —ax, *n.* ရဲတင်းပုဆိန်။ —2, *v. t.* to furnish with poles for support, တိုင်ထောင်သည်။ to impel by poles (as a boat,) ထိုးဝါးနှင့်ထိုးသည်။ —cat, *n.* ကြောင်ဥကျည်။

Polemic, Polemical, *a.* ငြင်းခုံခြင်းနှင့်ဆိုင်သော။
Police, *n.* the internal government of a place, မြို့သူမြို့သားတို့အမှုအရေးကိုစီရင်ခြင်း။ those who have the charge of preserving order, &c. ရာဇဝတ်ရုံးအရာရှိစု။ —office, *n.* ရာဇဝတ်ရုံး။
Policy, *n.* a system of legislative and administrative measures, ပြည်မှုပြည်ရေးကိုစီရင်ခြင်းတရား။ wisdom and prudence in management, အမှုအရေးကို ကောင်းမွန်စွာ စီရင်တတ်သော ဉာဏ်ပညာ။ —of insurance, *n.* လုံချုံအောင်ဝန်ခံသောစာချုပ်။
Polish, *v. i.* to become smooth and glossy, အရောင်တက်သည်။ —*v. t.* to make permanently smooth and glossy, အရောင်တင်သည်။ to make refined, ကျော့ရှောင်ပြုသည်။ ယဉ်ကျေးအောင်သင်သည်။ —*n.* glossy smoothness produced by friction, ပွတ်၍ထွက်သောအရောင်။ refinement, ကျော့ခြင်း။ယဉ်ကျေးခြင်း။
Polite, *a.* of polished manners, ကျော့သော။ ယဉ်ကျေးသော။ complaisant, obliging, လောကဝတ်ပြုတတ်သော။
Politeness, *n.* from above, ဖြစ်၍။
Politic, *a.* sagacious in pursuing measures adapted to the public welfare, ပြည်မှုပြည်ရေးကိုကောင်းမွန်စွာစီရင်ခြင်း၌ ဉာဏ်ပညာရှိသော။ cunning, artful, လိမ္မာသော။ adapted to gain an end, လိုရာအကျိုးကိုဖြစ်စေတတ်သော။ *see also* next.
Political, *a.* ပြည်မှုပြည်ရေးနှင့်ဆိုင်သော။
Politician, *n.* one skilled in politics, ပြည်မှုပြည်ရေးကိုနားလည်သောသူ။ a man of artifice, ပရိယာယ်ပြုတတ်သောသူ။
Politics, *n.* ပြည်မှုပြည်ရေးကိုစီရင်ခြင်းနှင့်ဆိုင်သောအတတ်ပညာ။
Polity, *n.* တိုင်းနိုင်ငံရေးကိုစီရင်အုပ်ချုပ်ခြင်း၏ထုံးနည်း။
Poll, *n.* the head, ဥက္ကောင်း။ a register of persons, လူစာရင်း။ an election of officers, မင်းအရာရှိတို့ကိုရွေးကောက်၍ခန့်ထားခြင်း။ the place of electing officers, ရွေးကောက်၍ခန့်ထားရာအရပ်။ —tax, *n.* လူခွန်။ လူဦးရေခွန်။ —*v. t.* to cut off the end, clip, အဖျားကိုဖြတ်သည်။ တိသည်။ to shear, ညှပ်သည်။ to enter in a register, ဦးရေစာရင်း၌မှတ်သားသည်။
Pollen, *n.* ဝတ်မှုန်။
Pollute, *v. t.* to make unclean, ညစ်စေသည်။ ညစ်ညမ်းစေသည်။ to make turbid, နောက်စေသည်။ to defile by illicit sexual intercourse, ဖျက်ဆီးသည်။ ရှုတ်ချသည်။
Pollution, *n.* from above; uncleanness, ညစ်ခြင်း။ ညစ်ညမ်းခြင်း။
Polt, (Amer.) *n.* ရိုက်ပုတ်ခြင်းတချက်။
Poltroon, *n.* အသည်းနည်းသောလူညစ်။
Polygamist, *n.* မယားအများရှိသောသူ။
Polygamy, *n.* မယားအများရှိခြင်း။

Polyglot, *a.* စကားအမျိုးမျိုးနှင့်ဆိုင်သော။
Polygon, *n.* အထောင့်အများရှိသောပုံ။ ပေါလုဂံ။ a regular polygon, ပေါလုရန်း။
Polygonal, *a.* အထောင့်အများရှိသော (ပုံ။)
Polypus, *n.* a kind of zoophyte, ရေတိရိစ္ဆာန်တမျိုး။ a kind of tumor, အနာဆိုးတမျိုး။
Polysyllabic, Polysyllabical, *a.* အသံအများရှိသောသဒ္ဒါနှင့်ပြည့်စုံသော (ဘာသာစကား။)
Polysyllable, *n.* အသံအများရှိသောသဒ္ဒါ။
Polytheism, *n.* ဘုရားများစွာရှိသည်ဟုယူသောအယူဝါဒ။
Polytheist, *n.* ဘုရားများစွာရှိသည်ဟုယူသောသူ။
Pomace, *n.* သစ်သီးအရည်ကိုယူ၍ကျန်သောအဖတ်။
Pomade, Pomatum, *n.* မွှေးအောင်ထုံ၍လုပ်သောဆီခဲ။
Pomatum, *v. t.* မွှေးသောဆီခဲနှင့်သုတ်သည်။
Pomegranate, *n.* သလဲသီး။
Pomfret, *n.* ငါးမှူ။ ငါးပါမောင်။M.
Pommel, *n.* —of a sword, ဓားရိုးနောက်ပိတ်ခွေး။ —of a saddle, ကဠိုး။ —*v. t.* ထုရိုက်သည်။
Pomp, *n.* ဆန်းကြယ်သောအခမ်းအနားနှင့်ကျောင်းပမြင်း။
Pomposity, Pompousness, *n.* from next.
Pompous, *a.* displaying pomp, ဆန်းကြယ်သောအခမ်းအနားနှင့်တကွကျောင်းပ၍ပြမြင်းနှင့်ပြည့်စုံသော။ ostentatious, ဝါကြွားသော။ ပလွှားသော။
Pond, *n.* a natural one, အိုင်။ အင်း။ an artificial one, ရေကန်။
Ponder, *v. t.* ဆင်ခြင်သည်။
Ponderosity, Ponderousness, *n.* from next.
Ponderous, *a.* အလွန်လေးသော။
Poniard, *n.* တိုသောသန်လျက်။ —*v. t.* သန်လျက်နှင့်ထိုးသည်။
Pontiff, *n.* a high priest, ယဇ်ပုရောဟိတ်မင်း။ a pope, ရဟန်းမင်း။ သာသနာပိုင်။
Pontific, Pontifical, *a.* ယဇ်ပုရောဟိတ်မင်းနှင့်ဆိုင်သော။ ရဟန်းမင်းနှင့်ဆိုင်သော။
Pontificate, *n.* ရဟန်းမင်း၏အရာ။
Pontoon, *n.* လှေခင်းသောတန်တား။
Pony, *n.* မြင်းငယ်။
Poodle, *n.* ခွေးငယ်တမျိုး။
Pool, *see* Pond.
Poop, *n.* ဘသော်ပဲ့ကုန်းပတ်မြင့်။
Poor, *a.* destitute of property, ဥစ္စာမရှိ၊ဆင်းရဲသော။ destitute of good qualities, mean, paltry, ယုတ်သော။ ယုတ်ညံ့သော။

မကောင်းသော။ အထွက်မရှိသော။ အသုံးမရသော။ destitute of fertility, sterile, (မြေ)ညံ့၍အသီးအနှံများစွာမထွက်သော။ unhappy, ဆင်းရဲသော။ ဒုက္ခိတဖြစ်သော။ lean, ပိန်သော။ exciting tender feeling, ကြင်နာဖွယ်ဖြစ်သော။ —house, *n.* သူတပါးစွန့်ကြဲ၍ကျွေးမွေးခြင်းခံသောသူတို့နေရာအိမ်။ —law, *n.* ဆင်းရဲငတ်မွတ်၍တောင်းစားသောသူတို့အမှုကိုစီရင်သောဥပဒေ။ —rate, *n.* ဆင်းရဲငတ်မွတ်သောသူတို့ကိုကျွေးမွေးရန်ခွဲသောစရိတ်။ —spirited, *n.* သဘောမနေ၊သဘောထားယုတ်ညံ့သော။

Poorly, *a.* မကျန်းမမာသော။

Poorness, *n.* from Poor.

Pop, *v. i.* ဖောက်ခနဲသွားလာသည်။ *v t.* ဖောက်ခနဲသွင်းသည်။ —gun, *n.* ဖောင်ဖောင်ထိုးသောကျည်တောက်။ —*n.* ပေါက်သံ။

Pope, *n.* ရဟန်းမင်း။ သာသနာပိုင်။

Popedom, *n.* ရဟန်းမင်း၏အရာ။

Popery, *n.* ရဟန်းမင်း၏ဘာသာ။ ဖရင်ဂျီဘာသာ။

Popish, *a.* ရဟန်းမင်းဘာသာနှင့်ဆိုင်သော။

Poppy, *n.* ဘိန်းပင်။

Populace, *n.* ဆင်းရဲသားများ။

Popular, *a.* pertaining to the common people, ဆင်းရဲသားတို့နှင့်ဆိုင်သော။ suitable to the common people, ဆင်းရဲသားတို့နှင့်တော်တန်သော။ pleasing to the people at large, ပြည်သူပြည်သားတို့နှစ်သက်သော။ prevalent among the people, ပြည်သူပြည်သားတို့တွင်နှံ့ပြားသော။

Popularity, *n.* လူများနှစ်သက်ခြင်း။

Populate, *v. i.* to breed people, မွေးဖွားခြင်းကိုပြုစုသည်။ —*v. t.* to furnish with people, အိမ်မြေ၊လူနေရှိအောင်ပြုစုသည်။

Population, *n.* from above. *v. t.*; the whole number of inhabitants, ပြည်သူပြည်သားပေါင်း။

Populous, *a.* ပြည်သူပြည်သားစည်ပင်သော။

Populousness, *n.* from above.

Porcelain, *n.* ကြွေပုကန်ချော။

Porch, *n.* အမိုးရှိသောခွေးကတက်။ ကနားပြင်။

Porcine, *a.* ဝက်နှင့်ဆိုင်သော။

Porcupine, *n.* ဖြူကောင်။

Pore 1, *n.* ချွေးပေါက်။ —2, *v. i.* စေ့စေ့ကြည့်၍နေသည်။

Pork, *n.* ဝက်သား။

Porker, *n.* ဝက်။

Porkling, *n.* ဝက်ကလေး။

Porosity, Porousness, *n.* from next.

Porous, *a.* စိမ့်ယိုရန်အပေါက်များသော။

Porpoise, *n.* လင်းပိုင်။
Porphyry, *n.* ခေတ်ကျောက်တမျိုး။
Porridge, *n.* (Eng.,) ဟင်းရည်။ (Amer.,) မုန့်နှပ်။
Porringer, *n.* အကိုင်ပါသောဇလားဖိမ့်။
Port, *n.* a harbor, သင်္ဘောဆိပ်။ a gate, တံခါးဝ။ an aperture in the side of a ship, သင်္ဘောနံရံ၌ရှိသောအပေါက်။ manner of bodily deportment, သွား လာ နေထိုင် ခြင်း ၏ အခြေအနေ။ —hole, *n.* သင်္ဘောနံရံ၌ရှိသောအပေါက်။
Portable, *a.* ဆောင်သွားနိုင်ဖွယ်ဖြစ်သော။
Portableness, *n.* from above.
Portage, *n.* the act of carrying, ပို့ဆောင်ခြင်း။ the price of carrying, ပို့ဆောင်ခ။
Portal, *n.* တံခါး။
Portcullis, *n.* မြို့၊ တပ်၌သံတံခါးဖိတ်။
Porte, *n.* တုရကလွှတ်တော်။
Portend, *v. t.* မဖြစ်မှီဖော်ပြသည်။ ဖြစ်မည်လက္ခဏာကိုပြသည်။
Portent, *n.* အမင်္ဂလာဖြစ်သောတိတ်နိမိတ်။
Portentous, *n.* ominous of ill, ဘေးဖြစ် မည် လက္ခဏာကို ပြသော။ prodigious, monstrous, ကြီးမား၍ကြောက်မက်ဖွယ်ဖြစ်သော။
Porter, *n.* a door-keeper, တံခါးစောင့်။ a carrier of burdens, အထမ်းသမား။ a kind of beer, ဂျုံရည်တမျိုး။
Porterage, *n.* ထမ်းခ။
Portfolio, *n.* စာရေးစက္ကူထည့်ထားရန်တန်ဆာ။
Portico, *n.* အမိုးရှိသောစင်္ကြံ။
Portion, *v. t.* to parcel, ခွဲဝေသည်။ to endow, လက်ဖွဲ့သည်။ —*n.* a part (of a whole,) အပိုင်း။ some, အချို့။ တချို့။ a part that falls to one's share, အဖို့။ (*see* Share; one's part of an inheritance,) အမွေခံရသောအဖို့။ a wife's dowry, လက်ဖွဲ့ဥစ္စာ။
Portliness, *n.* from next.
Portly, *a.* grand of mien, သွားဟန်၊နေဟန်ကြီးကျယ်သော။ stout, corpulent, တုပ်တုပ်ဝဝရှိသော၊
Portmanteau, *n.* ခရီးသွားရာဆောင်သောသားရေသစ်တာ။
Portrait, *n.* ပန်းချီရေးသောမျက်နှာရုပ်ပုံ။
Portraiture, *n.* —in colors, ဆေးရေးသောရုပ်ပုံ။ —in words, သရုပ်သကန်ကိုဖော်ပြသောစကား။
Portray, *v. t.* to delineate in colors, ရုပ်ပုံပေါ်အောင်ပန်းချီရေးသည်။ to describe in words, သရုပ်သကန်ကိုဖော်ပြသည်။
Portress, *n.* တံခါးစောင့်မိန်း။
Pose, *v. t.* တဖက်သားဖြေကြပေါက်မရအောင်ပိတ်၍ပြောသည်။
Posited, *a.* တည်ထားလျက်ရှိသော။

Position, *n.* situation, တည်ရာ။ တည်နေရာ။ attitude, အနေအထိုင်။ နေထိုင်ခြင်း၏အခြင်း၏အခြေအနေ။ a principle laid down, ပြောထားသောအကြောင်း။

Positive, *a.* directly expressed, တည့်တည့်ပြောထားသော။ absolute, unconditional, အခြားတပါးရှိသည်ဖြစ်စေ၊ မရှိသည်ဖြစ်စေ၊ တည်သော။ absolute, not relative, အခြားတပါးနှင့်မဆိုင်ဘဲသက်သက်ဖြစ်သော။ actually existing, not negative, မုချဖြစ်သော။ settled by arbitrary appointment, တရားကိုယ်ရင်းမဟုတ်၊ ပညတ်ပေးပိုင်သော အရှင်၏ အာဏာအားဖြင့်သာတည်သော။ confident, ယုံမှားခြင်းမရှိသော။ dogmatic, ခိုင်ခံ့စွာပြောတတ်သော။

Positiveness, *n.* from above.

Posse comitatus, *n.* ရာဇဝတ်ရုံးအရာရှိနှင့်မင်းလုလင်စု။

Possess, *v. t.* to own, ပိုင်သည်။ to occupy, have in use, သုံးဆောင်၍နေသည်။ to obtain, get possession of, ရသည်။ —as a spirit, (in various ways,) ဖမ်းသည်။ ဖမ်းစားသည်။ အမိမ်းအဝါးဖမ်းသည်။ ပူးသည်။ ဝင်သည်။ စွဲသည်။ မှင်တက်မိသည်။ —of, *v. t.* ပိုင်ရသောအခွင့်ကိုပေးသည်။ —one's self of, *v.* သိမ်းယူသည်။ —with, *v. t.* ပြည့်စုံအောင်ပြုသည်။

Possession, *n.* from possess; the thing possessed, property, goods, ဥစ္စာ။ ပစ္စည်း။

Possessive, *a.* having possession, ပိုင်သော။ သုံးဆောင်၍နေသော။ —*n.* သမ္ဗန္ဓ။

Possessor, *n.* ပိုင်သောသူ။ သုံးဆောင်၍နေသောသူ။

Posset, *n.* အချည်ထည့်၍ခဲသောနို့။

Possibility, *n.* from next.

Possible, *a.* ဖြစ်နိုင်သော။

Post 1, *n.* a piece of timber set upright, တိုင်။ သစ်တိုင်။ a military station, တပ်သားစောင့်နေရာ။ an official situation, အရာ။ a carrier from one stage to another, ချောပို့သောသူ။ —bill, *n.* ချောပို့ရာပါသောစာစာရင်း။ —boy, *n.* ချောပို့မြင်းစီးသောလူကလေး။ —chaise, *n.* ချောပို့ရထား။ —haste, *n.* ချောပို့သကဲ့သို့လျင်မြန်ခြင်း။ —horn, *n.* ချောပို့သူတို့မှုတ်သောတံပိုး။ —horse, *n.* ချောပို့မြင်း။ —man, *n.* စာပို့လုလင်။ စာကိုချောပို့သောသူ။ —mark, *n.* စာချောပို့တိုက်ကခတ်သောတံဆိပ်။

Post-master, *n.* စာချောပို့တိုက်စိုး။ —master general, *n.* စာချောပို့တိုက်ဝန်။ —office, *n.* စာချောပို့တိုက်။ ချောပို့တိုက်။ —paid, *a.* ချောပို့ခပေးပြီးသော။ —town, *n.* a town in which a post office is established, စာချောပို့တိုက်ရှိသောမြို့ရွာ။ a town in which post-horses are kept, ချောပို့မြင်းထားသောမြို့ရွာ။ —1, *v. t.* to put up a public notification, အနံ့အပြားသိစေခြင်းငှါစာကပ်၍

ထားသည်။ to place, station, နေရာချထားသည်။ to engross, သေချာရှင်းလင်းစွာရေးကူးသည်။ —v. i. အလျှင်အမြန်ခရီးသွားသည်။ —1, adv. ချောပို့သည်နှင့်။ —2, *pref. in composition*, နောက်။

Postage, n. စာချောပို့ခ။

Post-date, v. t. နှစ်လနေ့ရက်ကိုလွန်၍သတ္တုရေးထားသည်။

Postdiluvian, a. ဓါဃိရေကြီးစွာသွန်းမိုးသောနောက်ဖြစ်သော။

Posterior, a. နောက်ဖြစ်သော။

Posteriors, n. *plur.* တင်ပါး။ ဖင်ရိုး။

Posterity, n. သားစဉ်မြေးဆက်။ နောက်ဆွေစဉ်မျိုးဆက်။

Postern, n. ယံပေါက်ငယ်။ မလွယ်တံခါး။

Post-existence, n. နောင်တမလွန်ဘဝ၌ဖြစ်ခြင်း။

Postfix, v. t. စကားဖျားနှင့်ဆက်သည်။ —n. စကားဖျားနှင့်ဆက်သောပိဘတ်။

Posthumous, a. လူသေသောနောက်ဖြစ်လာသော(အရေး)

Postil, n. အနက်အဓိပ္ပာယ်ပြသောအဖွင့်။

Postillion, n. ရထားကသည့်မြင်းကိုစီးသောသူ။

Post-meridian, a. နှိန်းလွဲမှဖြစ်လာသော။

Post-nuptial, a. လက်ထပ်မင်္ဂလာဆောင်ပြီးမှဖြစ်လာသော။

Postpone, v. t. အချိန်ကာလကိုရွှေ့၍ပြုသည်။ ရွှေ့ထားသည်။

Postponement, n. from above.

Postscript, (by contraction, P. S.) n. စာအဆုံး၌ဆွဲ၍ရေးသွင်းသော စကား။

Postulate, v. t. ဟုတ်မှန်ကြောင်းကိုမပြဘဲ ဟုတ်မှန်သည်ကို အလိုလိုမှတ်ထားသည်။ —n. ဟုတ်မှန်ကြောင်းကိုမပြဘဲဟုတ်မှန်သည်ကိုအလိုလိုမှတ်ထားသောအချက်။

Postulation, n. from above, v. t.

Postulatum, n. *see* Postulate, n.

Posture, n. attitude, အနေအထိုင်။ နေထိုင်ခြင်း၏အခြေအနေ။ state, condition, အဖြစ်။ အနေ။ အခြေအနေ။

Posy, n. an inscription on a ring, လက်စွပ်၌အက္ခရာတင်သောစာ။ a bouquet, nosegay, ပန်းခိုင်။

Pot, n. အိုး။ —bellied, a. ဝမ်းပူသော။ —belly, n. ပူသောဝမ်း။ —companion, n. သောက်ဖော်သောက်ဖက်။ —herb, n. ဟင်းရွက်။ —hook, n. မီးဖို၌အိုးဆွဲသောသံချိတ်။ —lid, n. စလောင်း။ —sherd, n. အိုးစောင်ခြမ်း။ စောင်ခြမ်းကွဲ။ —valiant, a. သေရက်သောက်၍ရဲသော။ —v. t. အိုး၌ထည့်ထားသည်။

Potable, a. သောက်ဖွယ်ကောင်းသော။

Potash, n. မီးဖိုပြာရည်ကိုချက်၍ရသောဆား။ ပြာဆား။

Potation, n. the act of drinking, သောက်ခြင်း။ a drinking bout, သောက်ပွဲ။ a draught, တခါသောက်။

Potatoe, n. သဘော်ကြောက်ဥ။ the sweet potatoe, ကန်စွန်းဥ။ ကဇွန်းမြစ်။

Potent, *n.* powerful, အားကြီးသော၊ တန်ခိုးကြီးသော၊ အရှိန်ကြီးသော၊ possessing great dominion, မင်းအာဏာကြီးသော။

Potentate, *n.* ရှင်ဘုရင်။

Potential, *a.* not actually existing, but possible to exist, အကယ်၍မဖြစ်သော်လည်းဖြစ်နိုင်ဖွယ်အခွင့်ရှိသော၊ not capable of sensation, but capable of producing it, စိတ်မရှိသော်လည်းစိတ်ကိုဖြစ်စေတတ်သော။

Pother, *v. t.* ရှုပ်ထွေးအောင်နှောင့်ရှက်သည်။

Pother, *n.* အနှောင့်အရှက်ခံ၍ရှုပ်ထွေးခြင်း။

Potion, *n.* တခါတည်းသောက်ရသောဆေး။

Pottage, *n.* ဟင်းရည်။

Potter, *n.* အိုးထိန်း။

Pottery, *n.* earthen ware, မြေအိုးအမျိုးမျိုး။ the place where pots are made, အိုးဖို။

Pottle, *n.* ၅ဒိုင်အချိန်ဝင်သောအခြင်အတွယ်။

Pouch, *n.* အိတ်ငယ်။

Poulterer, *n.* ကြက်သည်။

Poultice, *n.* အနာကိုမှည့်အောင်အုံသောဆေး။

Poultice, *v. t.* အနာကိုမှည့်အောင်ဆေးအုံသည်။

Poultry, *n.* ကြက်၊ ငန်း၊ ဝမ်းဲအမျိုး။

Pounce 1, *n.* the talon of a bird of prey, ငှက်ရဲ၏ခြေသည်း။ —on *v. t.* ခြေသည်းနှင့်ကုတ်သည်။ —2, *n.* the pulverized gum, စာရေးရာ၌မှင်မပြန့်အောင်ဖျူးရန်သဲ။ —2. *v. t.* သဲဖျူးသည်။

Pound 1, *n.* the weight, ပေါင်တည်းဟူသော၂ရိခန့်ရှိသောအချိန်၊ money equal to 20 shillings ရှိလိန်၂၀မျှသောအင်္ဂလိတ်ငွေ။ —2, *v. t.* ထောင်းသည်။ —3, *n.* a pinfold, လှောင်ခြံ။ *v. t. see* Impound.

Poundage, *n.* so much per pound, အကောက်။

Pounder, *n.* a pestle, ကျည်ပွေ့။ a gun carrying a ball of a certain number of pounds, ကျည်အချိန်ဤမျှလောက်ဝင်သောအမြောက်။

Pour, *v. t.*—out, သွန်သည်။—into or upon, သွန်းသည်၊ လောင်းသည်။ to emit, send forth, လွှတ်သည်။ —*v. i.* to flow impetuously, ပြင်းစွာစီးသည်။

Pout, *v. i.* to stick out the lips, နှုတ်ခမ်းစူသည်။ to be sullen, မာန်မူသည်။

Poverty, *n.* destitution of property, ဥစ္စာမရှိ၊ဆင်းရဲခြင်း၊ jejuneness,

Powder, *v. t.* to reduce to fine particles, ညက်ညက်ပြုသည်။ ညက်ညက်မှုန့်မှုန့်ဖြစ်အောင်ပြုသည်။ to sprinkle with powder, အမှုန့်ဖြူးသည်။ —*n.* a dry substance composed of fine particles, အမှုန့်။ gun-powder, ယမ်း။—for the hair, ဆံပင်၌ဖြူးရန်နံ့သာမှုန့်။

Powder box, *n.* နံ့သာမှုန့်ထည့်သောအစ်။ —cart, *n.* ခဲ၊ ယမ်းတင်သောလှည်း။ —chest, *n.* ခဲ၊ ယမ်းထည့်သောသစ်တာ။ —flask, *n.* ယမ်းဘူး။ —horn, *n.* ယမ်းကျည်တောက်။ —mill, *n.* ယမ်းချက်လုပ်ရန်ယန္တရားစက်။ —room, *n.* သင်္ဘော၌ယမ်းထားသောအခန်း။

Powdery, *a.* easily pulverized, ကြေမွသော။ dusty, ဖုံတင်သော။

Power, *n.* ability, အစွမ်းသတ္တိ။ တတ်နိုင်သောအခွင့်။ force, strength, အား။ ခွန်အား။ အရှိန်။ တန်ခိုး။ mental capacity, ဉာဏ်သတ္တိ။ a faculty of the mind, အတွင်းအာယတန။ influence, သြဇာ။ dominion, authority, အာဏာ။ အာဏာစက်။ အစိုးရခြင်း။ အုပ်စိုးရသောအခွင့်။ acting government, စီရင်အုပ်စိုးသောမင်း။ military force, ဗိုလ်ခြေ။ delegated authority, အရှင်ကိုယ်စားစီရင်ရသောအခွင့်။ —of attorney, ကိုယ်စားစီရင်စိမ့်သောငှါတွဲအပ်သောအခွင့်။

Powerful, *a.* able to accomplish, အစွမ်းသတ္တိရှိသော။ တတ်စွမ်းနိုင်သော။ strong, forcible, ခွန်အားကြီးသော။ အရှိန်တန်ခိုးကြီးသော။ influential, သြဇာရှိသော။ သူတပါးတို့ကိုသွေးဆောင်နိုင်သော။ possessing great dominion, မင်းအာဏာကြီးသော။

Powerfulness, *n.* from above.

Powerless, *a.* မတတ်နိုင်သော။ အားမရှိသော။

Pox, *n.* pustules, အဖုများ။ the venereal disease, လူပျိုနာ။ လူယည်နာ။

Practicability, Practicableness, *n.* from next.

Practicable, *a.* that may be done or effected, ပြု၍ဖြစ်သော။ ပြု၍ဖြစ်နိုင်သော။ လုပ်နိုင်ဖွယ်ဖြစ်သော။ ပြီးစီးနိုင်ဖွယ်ဖြစ်သော။ that may be used, သုံးဆောင်နိုင်ဖွယ်ဖြစ်သော။

Practical, *a.* pertaining to practice or action, လုပ်ဆောင်ပြုမူခြင်းနှင့်ဆိုင်သော။ doing, not speculating merely, လုပ်ဆောင်ပြုမူတတ်သော။

Practice, *n.* habitual action, ပြုမြဲပြုခြင်း။ customary use, သုံးဆောင်မြဲသုံးဆောင်ခြင်း။ performance, not theory, လုပ်ဆောင်ပြုမူခြင်း။ frequent use in order to acquire skill, အကျင့်ပါအောင်အထပ်ထပ်ပြုခြင်း။ the exercise (of a profession,) လုပ်ဆောင်၍နေခြင်း။ medical treatment, ဆေးကုနည်း။ artifice, ပရိယာယ်ပြုခြင်း။ —*v.* to do habitually, ပြုမြဲပြုသည်။ လေ့ကျက်သည်။ to perform repeatedly, in order to become skilled in, အကျင့်ပါအောင်အထပ်ထပ်ပြုသည်။ to follow (as a business,) လုပ်ဆောင်၍နေသည်။ to use artifice, ပရိယာယ်ပြုသည်။ to use artifice in persuading, ပရိယာယ်ပြု၍ဖျားယောင်းသည်။ to try experiments, စုံစမ်း၍ပြုသည်။

Practitioner, *n.* တစုံတခုသောအတတ်ကိုအမြဲပြု၍လုပ်ဆောင်သောသူ။

Pragmatic, Pragmatical, *a.* စွက်ဖက်တတ်သော။

Pragmaticalness, *n.* from above.

Prairie, *n.* လွင်ပြင်ဒလဟော။

Praise, *v. t.* ချီးမွမ်းသည်။ —*n.* from above. —worthy, *a.* ချီးမွမ်းထိုက်သော။

Prance, *v. i.* to leap, spring, ခုန်လွှားသည်။ to walk affectedly, ဟန်ယူသည်။

Prank 1, *v. t.* တန်ဆာဆင်သည်။ —2, *n.* ကျီစားခြင်း။

Prankish, *a.* ကျီစားတတ်သော။

Prate, *v.* ဖြန်းဖျင်းသောစကားများသည်။

Prattle, *v.* အကလေးကဲ့သို့တီတီတွတ်တွတ်ပြောသည်။ —*n.* from above.

Pravity, *see* Depravity.

Prawn, *n.* ပုစွန်ထုပ်။

Praxis, *n.* သင်ရာတွင်လိုက်ရန်ပုံသက်သေ။

Pray, *v.* to petition God, ဆုတောင်းသည်။ ပဌနာပြုသည်။ to entreat a favor, တောင်းပန်သည်။

Prayer, *n.* from above. —book, *n.* ပဌနာစာအုပ်။ meeting, *n.* ပဌနာစည်းဝေးခြင်း။

Prayerful, *a.* ဆုတောင်းလေ့ရှိသော။ ဆုတောင်းတတ်သောသဘောရှိသော

Prayerfulness, *n.* from above.

Prayerless, *a.* ဆုတောင်းလေ့မရှိသော။

Pre, *pref. in composition,* အရင်။

Preach, *v.* တရားဟောသည်။

Preacher, *n.* တရားဟောဆရာ။

Preaching, *n.* ဒေသနာ။

Preachment, *n.* တရားဟောချက်။

Pre-acquaintance, *n.* အရင်ကျွမ်းဝင်ခြင်း။

Pre-adamic, *a.* အာဒံအရင်ဖြစ်သော။

Preamble, *n.* အချီး။ စကားချီး။ —*v. t.* ချီး၍ဆိုသည်။

Pre-appoint, *v. t.* အရင်ချိန်းချက်သည်။

Pre-appointment, *n.* from above.

Pre-apprehension, *n.* မစစ်မဆေးမှီယူမိသောအယူ။

Prebend, *n.* အင်္ဂလိတ်ဘာသာ၌ကျောင်းကစ၍ဝတ်တကန်အတွင်းကေ[illegible]သောပစ္စည်းဥစ္စာ။

Prebendary, *n.* ထိုပစ္စည်းဥစ္စာကိုစားသောဆရာ။

Prec[illegible], *a.* တည်မြဲ၊ မတည်[illegible]ကို[illegible]ဖြစ်[illegible]

Precar[illegible]ness, [illegible] from above.

Precative, Precatory, *a.* တောင်းပန်ခြင်းနှင့်ဆိုင်သော။

Precaution, *n.* အမှုမရောက်မှီပေးသောသတိ။ —*v. t.* အမှုမရောက်မှီသတိပေးသည်။တင်းကျ၍သတိထားသည်။

Precautionary, *a.* အမှုမရောက်မှီသတိပေးခြင်းနှင့်ဆိုင်သော။

Precede, *v. t.* to be previous to, အရင်ဖြစ်သည်။ to be before in place or rank, သူ့ရှေ့မှာနေရာရှိသည်။အရာသာ၍ကြီးသည်။

Precedence, Precedency, *n.* from above; superior advantage over, သာ၍အခွင့်ရခြင်း။

Precedent, *a.* အရင်ဖြစ်သော။—*n.* သက်သေဖြစ်မှီရာပြဘူးသောအမှု။ —in law, ဖြတ်ထုံး။

Precentor, *n.* သီခြင်းသံပေးသောသူ။

Precept, *n.* a rule for the direction of conduct, နည်းဥပဒေ၊ *in law*, a written command or mandate, မှတ်စုတ်။

Preceptive, *a.* နည်းဥပဒေပေးသော။

Preceptor, *n.* သင်ပေးသောဆရာ။

Preceptress, *n.* သင်းပေးသောမိန်းမ။

Precession, *n.* ရှေ့သို့သွားခြင်း။

Precinct, *n.* an outer limit, အစွန်း၊ အနား။နယ်နိမိတ်။ the parts of a territory collectively, နယ်။

Precious, *a.* being of great price or value, များစွာသောအဘိုးထိုက်သော၊ very estimable, အလွန်နှစ်သက်ဖွယ်ဖြစ်သော။

Preciousness, *n.* from above.

Precipice, *n.* တောင်စောက်။

Precipitance, Precipitancy, *n.* from next.

Precipitant, *a.* *see* Precipitate, *a.* —*v. i.* to fall headlong, စောက်ထိုးကျသည်။ to sink to the bottom, on being disengaged in solution.

Predal, *a.* pertaining to prey, ဖမ်းစားခြင်းနှင့်ဆိုင်သော၊ practising plunder, လုရက်တတ်သော။

Predatory, *a.* လုရက်တတ်သော။

Predecessor, *n.* (တစုံတဦး)သောသူ၏အရာကိုအရင်ခံရဘူးသောသူ။

Predestinarian, *n.* ခပ်သိမ်းသောအမှုအရာတို့ကိုဘုရားသခင်သည်အရင်တင်၍စီရင်ခန့်ထားတော်မူသည်ဟုယူသောသူ။

Predestinate, *see* Predestine.

Predestination, *n.* from next.

Predestine, *v. t.* အရင်တင်၍စီရင်ခန့်ထားသည်။

Predetermination, *n.* from next.

ပ ... လိုက် ... ကျင်း ... ရက်တတ်သော။

Precipitousness, *n.* from above.

Precise, *a.* definite, exact, သေချာသော။ excessively nice, punctilious, လွန်ကျူး၍စေ့စပ်သေချာလွန်းသော။ စေ့စပ်စည်းကျပ်လွန်းသော။

Preciseness, *n.* from above.

Precision, *n.* same, 1st def.

Preclude, *v. t.* တားမြစ်သည်။ ပိတ်ပင်သည်။

Preclusion, *n.* from above.

Preclusive, *a.* တားမြစ်တတ်သော။

Precocious, *a.* early ripe, စောစောမှည့်တတ်သော။ being in advance of one's own age, အသက်အရွယ်နှင့်မလိုက်၊ လွန်ကျူး၍တတ်မြောက်သော။

Precociousness, Precocity, *n.* from above.

Precogitate, *v. t.* တင်ကူး၍ကြံရွယ်သည်။

Precognition, *n.* အရင်စစ်ကြော၍သိရခြင်း။

Preconceive, *v. t.* အရင်ထင်မှတ်သည်။

Preconception, *n.* from above.

Preconcert, *v. t.* အရင်ညှိနှိုင်းတိုင်ပင်စည်းကြပ်၍ထားသည်။

Preconstitute, *v. t.* အရင်တည်သည်။

Precontract, *v. t.* အရင်သဘောတူ၍ဂတိထားသည်။

Precursor, *n.* ဖြစ်လတံ့သောအမှုအရာကိုပြသောနိမိတ်လက္ခဏာ။

Predaceous, *a.* သားရဲကဲ့သို့ဖမ်းစားတတ်သော။

Predal, *a.* pertaining to prey, ဖမ်းစားခြင်းနှင့်ဆိုင်သော။ practising plunder, လုယက်တတ်သော။

Predatory, *a.* လုယက်တတ်သော။

Predecessor, *n.* (တစုံတဦး)သောသူ၏အရာကိုအရင်ခံရဘူးသောသူ။

Predestinarian, *n.* ခပ်သိမ်းသောအမှုအရာတို့ကိုဘုရားသခင်သည်အရင်တင်၍စီရင်ခန့်ထားတော်မူသည်ဟုယူသောသူ။

Predestinate, *see* Predestine.

Predestination, *n.* from next.

Predestine, *v. t.* အရင်တင်၍စီရင်ခန့်ထားသည်။

Predetermination, *n.* from next.

Predetermine, *v. t.* အရင်တင်၍ပြဋ္ဌာန်းသည်။

Predial, *a.* လယ်၊ယာ၊ဥယျာဉ်နှင့်ဆိုင်သော။

Predicability, *n.* from next.

Predicable, *a.* တစုံတခုသောအခြင်းအရာနှင့်ဆိုင်သည်မဆိုင်သည်ကိုပြောထားနိုင်ဖွယ်ရှိသော။

Predicament, *n.* a category, a series or order, အစီအစဉ်။ state, condition, အဖြစ်။ အခြေအနေ။

Predicant, *n.* agent from next.

Predicate, *v. t.* တစုံတခုသောအခြင်းအရာနှင့်ဆိုင်သည်မဆိုင်သည်ကိုပြောထားသည်။ —*n.* ဆိုင်သည်မဆိုင်သည်ကိုပြောထားသောအရာ။
Predication, *n.* from above.
Predict, *v. t.* ဖြစ်လတံ့သောအမှုအရာကိုဟောပြောနှင့်သည်။
Prediction, *n.* from above, အနာဂတ္တိစကား။
Predilection, *n.* အလိုရှိရင်း။
Predispose, *v. t.* အရင်တင်၍တော်လျော်အောင်ပြုပြင်သည်။
Predisposition, *n.* predilection, အလိုရှိရင်း။
Predominance, *n.* from next.
Predominant, *a.* from next.
Predominate, *v. i.* အားကြီး၍လွန်ကဲသည်။
Predomination, *n.* from above.
Preelect, *v. t.* အရင်ရွေးကောက်သည်။
Preeminence, *n.* from next.
Preeminent, *a.* လွန်ကဲသော။
Preemption, *n.* အရင်ဝယ်သောအခွင့်။
Preen, *v. t.* အမွေးအတောင်ကိုပြုပြင်သည်။
Preengage, *v. t.* to engage by previous contract, အရင်တင်၍ဂတိထားစေသည်။ to attach by previous influence, အရင်သွေးဆောင်၍ရသည်။
Preengagement, *n.* prior engagement, အရင်ဂတိထားခြင်း။ prior attachment, အရင်ငြိတွယ်ခြင်း။
Preestablish, *v. t.* အရင်တင်၍တည်ထားသည်။
Preestablishment, *n.* from above.
Preexamination, *n.* from next.
Preexamine, *v. t.* အရင်တင်၍စစ်ဆေးသည်။
Preexist, *v. i.* ရှေ့ဘဝဖြစ်သည်။
Preexistence, *n.* from above.
Preexistent, *a.* from same.
Preface, *n.* အချီး။ စကားချီး။ နိဒါန်း။ —*v.* စကားချီး၍စီကုံးသည်။
Prefatory, *a.* စကားချီးလျှက်ဖြစ်သော။
Prefect, *n.* မြို့ဝန်။
Prefecture, *n.* မြို့ဝန်အရာ။
Prefer, *v. t.* to regard more (than another,) သာ၍ကြိုက်နှစ်သက်သည်။ to advance in rank or office, အရာတိုး၍ပေးသည်။ ချီးမြှောက်သည်။ to present formally, ဆက်သည်။ ဆက်သွင်းသည်။
Preferable, *a.* သာ၍ကြိုက်နှစ်သက်စရာကောင်းသော။
Preference, *n.* the act of regarding more (than another,) သာ၍ကြိုက်နှစ်သက်ခြင်း။ the act of promoting one above another, တဦးထက်တဦးကိုသာ၍ချီးမြှင့်ခြင်း။

Preferment, *n.* အရာတိုး၍ပေးခြင်း။ ချီးမြှောက်ခြင်း။
Prefiguration, *n.* from Prefigure.
Prefigurative, *a.* from next.
Prefigure, *v. t.* အရင်တင်၍ပုံပြသည်။
Prefix, *v. t.* to place or fix before or at the beginning, အရင်းခွဲတပ်သည်။ to add (a syllable) at the beginning of a word, စကားရင်းခွဲထားသည်။ —*n.* စကားရင်းခွဲထားသောဝိဘတ်။
Pregnancy, *n.* from next, ကိုယ်ဝန်ရှိသည်။
Pregnant, *a.* being with young, as a woman, ကိုယ်ဝန်ဆောင်သော။ ကိုယ်ဝန်ရှိသော။ —as an animal, ဗိုက်ရှိသော။ ဝမ်းပိုး ရှိသော။ illustrative, ရှင်းလင်းစွာပြသော။
Prejudge, Prejudicate, *v. t.* to form an opinion, without understanding the merits of the case, အကျိုးအကြောင်းကိုနားမလည်ဘဲသဘောကျသည်။ to decide before examination, မစစ်မကြောမှီစီရင်ဆုံးဖြတ်သည်။
Prejudication, *n.* from above.
Prejudice, *n. and v. t.* from next.
Prejudiced [be,] *v. i.* to be inclined for or against, without a proper understanding, အကျိုးအကြောင်းကိုနားမလည်ဘဲစိတ်စွဲလမ်းလျှက်ရှိသည်။ to be injured, အကျိုးနည်းသည်။အကျိုးပျက်သည်။
Prejudicial, *a.* အကျိုးနည်းစေတတ်သော။ အကျိုးပျက်စေတတ်သော။
Prelacy, *n.* the office of a prelate, ဂိုဏ်းအုပ်အရာ။ episcopacy, ဂိုဏ်းအုပ်၊အုပ်စိုးရာဘာသာ။
Prelate, *n.* ဂိုဏ်းအုပ်။
Prelatical, *a.* ဂိုဏ်းအုပ်အရာနှင့်ဆိုင်သော။
Prelection, *n.* ပရိသတ် ရှေ့မှာ အ ကျိုး အကြောင်း ကို ထုတ် ဖော် ၍ ပြ သသောစာ။
Prelibation, *n.* စားချိန်မရောက်မှီမြည်းစမ်းခြင်း။
Preliminary, *a.* introductory in discourse, ချီး ၍ ညွှန်း ပြ သော။ preparatory in business, ကြီးသောအမှု ကို ဆောင် ရွက်အံ့သော်ငှါ ရှင်းလင်းရသော။ —*n.* ကြီးသောအမှုကိုဆောင်ရွက်အံ့သော်ငှါရှင်းလင်းရသောအမှုငယ်။
Prelude, *v.* to play an overture, သီခြင်းသံနှင့် တီးမှုတ်ခြင်းသံကို ဦးစွာပြသည်။ —*n.* an overture, from same; something introductory, နောက်ဖြစ် သော အရာ နှင့် သဘော တူ ၍ သွင်းသောအရာ။ a prognostic, ဖြစ်လတ္တံ့သောအမှုအရာ၏နိမိတ်လက္ခဏာ။
Prelusive, Prelusory, *a.* နောက်ဖြစ်သောအရာနှင့် သဘောတူ၍ နိမိတ်ပြသော။
Premature, *a.* ripe before the proper time, အချိန်မရောက်မှီမှည့်သော။

happening too soon or before the proper time, အချိန်မရောက်မှီဖြစ်သော။ စောလွန်းသော။ လျင်လွန်းသော။

Prematureness, Prematurity, *n.* from above.

Premeditate, *v. i.* အရင်တင်၍ဆင်ခြင်သည်။ —*v. t.* အရင်တင်၍ကြံရွယ်သည်။

Premeditation, *n.* from above.

Premier, *a.* အကြီးဆုံးသော။ —*n.* တိုင်းရေး၊ပြည်ရေးကိုသာ၍စီရင်ရသောအတွင်းဝန်ကြီး။

Premiership, *n.* အတွင်းဝန်ကြီးအရာ။

Premise,′ *v. t.* အရင်ပြောထားသည်။

Prem′ise, *n.* အရင်ပြောထားသောအချက်။

Premises, *n. plur.* သတ်မှတ်သောအိမ်ရာမှစ၍၊ ထယ်ယာမိုဃ်းမြေ။

Premium, *n.* bounty, reward, ဆု။ interest on money loaned, အတိုး။ extra pay, မြှောက်၍ပေးသောအမြှောက်ငွေ။

Premonish, *v. t.* အမှုမရောက်မှီသတိပေးသည်။

Premonition, *n.* from above.

Premonitory, *a.* from same.

Prentice, *see* Apprentice.

Preoccupancy, *n.* from Preoccupy, 1st def.

Preoccupation, *n.* from next.

Preoccupy, *v. t.* to take possession before another, သူတပါးမသိမ်းမယူမှီသိမ်းယူသည်။ to prepossess, နှစ်သက်ခြေင်းငှါတင်ကူး၍ပြုသည်။

Preordain, *v. t.* အရင်တင်၍စီရင်ခန့်ထားသည်။

Preordination, *n.* from above.

Preparation, *n.* from Prepare, *v. t.*; the state of being prepared, or in readiness, အသင့်ရှိခြင်း။ medicine prepared for use, ဖော်သောဆေး။

Preparative, *a.* ဖွင်ဆင်တတ်သော။ —*n.* ဖွင်ဆင်တတ်သောအရာ။

Preparatory, *a.* ဖွင်ဆင်တတ်သော။

Prepare, *v. t.* to fit, adapt, တော်လျော်အောင်ဖွင်သည်။ to make ready, ဖွင်ဆင်သည်။ to provide for future use, အသင့်ထားသည်။ ရန်၍ထားသည်။ —medicine, ဆေးဖော်သည်။

Prepay, *v. t.* အရင်ပေးနှင့်သည်။

Prepense, *a.* အရင်တင်၍ကြံရွယ်သော။

Prepollency, *n.* သာ၍နိုင်တတ်ခြင်း။

Preponderance, Preponderancy, Preponderation, *n.* from next.

Preponderant, *a.* from next.

Preponderate, *v.* to exceed in weight, သာ၍လေးသည်။ to exceed in potency or influence, သာ၍အားကြီးသည်။

Preposition, *n.* အင်္ဂလိပ်ဘာသာစကားတွင် နာမ်ရှေ့၌ ပိဘတ်ထားသော စကား။
Prepossess, *v. t.* နှစ်သက်စေခြင်းငှါတင်ကူး၍ပြုသည်။
Prepossessing, *a.* tending to invite favor, ကြိုက်နှစ်သက်ဖွယ်ဖြစ်သော။
Prepossession, *n.*, တဖက်သို့ငဲ့ကွက်၍မိတ်စွဲလမ်းခြင်း။
Preposterous, *a.* inverted in order, ပြောင်းပြန်ဖြစ်သော။ absurd, လူတို့ဉာဏ်နှင့်ဆန့်ကျင်ဘက်ဖြစ်သော။
Preposterousness, *n.* from above.
Prepuce, *n.* လိင်အရေဖျား။
Prerequire, *v. t.* အရင်တင်၍တောင်းသည်။
Prerequisite, *a.* အရင်မရှိဘဲအလိုမပြည့်စုံနိုင်သည်ဖြစ်၍မရှိဘဲမနေရသော။ —*n.* ထိုသို့မရှိဘဲမနေရသောအရာ။
Prerogative, *n.* အများသောသူတို့နှင့်မဆိုင်၊ဆိုင်သင့်သောသူတို့နှင့်သာဆိုင်သောအခွင့်။
Presage′, *v. t.* to indicate a future event, ဖြစ်လတ္တံ့သောအမှုအရာ၏လက္ခဏာဖြစ်သည်။ to foretell, မဖြစ်မှီဟောပြောနှင့်သည်။
Pres′age, *n.* ဖြစ်လတ္တံ့သောအမှုအရာ၏လက္ခဏာ တိတ်နိမိတ်။
Presbyter, *n.* an elder, အသက်ကြီးသောသူ။ အသက်ကြီး။ a pastor of a church, သင်းအုပ်ဆရာ။
Presbyterian, *a.* ပရက်ဗုတေရိဘာသာနှင့်ဆိုင်သော။ —*n.* ပရက်ဗုတေရိဘာသာကိုယူသောသူ။
Presbyterianism, *n.* သာသနာတော် အတွင်း ၌ သင်းအုပ်၊ အသက်ကြီး တို့သည်စည်းဝေး၍အသင်းတော်တို့ ကို အုပ်စိုးခြင်းတည်းဟူသော ပရက်ဗုတေရိဘာသာ။
Presbytery, *n.* အသင်းတော်တို့ကို အုပ်စိုးသော သင်းအုပ်၊ အသက်ကြီးတို့ အစည်းအဝေး။
Prescience, *n.* from next; the attribute of fore-knowledge, အနာဂတံသဉာဏ်။
Prescient, *a.* အမှုမဖြစ်မှီသိနှင့်သော။
Prescribe, *v.* to lay down a rule, ဥပဒေပေးသည်။ to direct medically, လူနာသောက်ရန်ဆေးကိုစီရင်သည်။
Prescript, *see* next, 1st and 2d def.
Prescription, *n.* a rule, precept, ဥပဒေနည်း။ a medical direction, လူနာသောက်ရန်ဆေး ကို စီရင်ချက်။ right derived from long usage, ကြာမြင့်စွာသုံးသော့ကြောင့်ပိုင်ထိုက်သောအခွင့်။
Prescriptive, *a.* ကြာမြင့်စွာသုံးသော့ကြောင့်ပိုင်ထိုက်သော။
Presence, *n.* the being present, ပါရှိခြင်း။ ရင်ပြင်။ the place before or near a person, အထံ။ ရှေ့။ ရှေ့မှောက်။ personal appearance, နေထိုင်ခြင်း၏လက္ခဏာသဘော။ —of mind, သတိရှိခြင်း။ —chamber, —room, *n.* ညှော်ခံရာအခန်း။ —of a king, ညီလာခံရာအခန်း။

Present 1, *a.* being not absent, ပါရှိသော။ being now, ယခုရှိသော။ ready at hand, အသင့်ရှိသော။ favorably attentive, နားညောင်းသော။ not absent in mind, သတိရှိသော။ —1, *n.* time being, ပစ္စက္ခ။ ယခုကာလ။ ပစ္စုပ္ပန်။ —[at,] *adv.* ယခု။

Pres'ent 2, *n.* a gift, လက်ဆောင်။ *plur.* a letter or official writing, မှာစာ။ လက်မှတ်စာ။ —*v. t.* to introduce into the favor of, သွင်းပေးသည်။ to show, place in view, ပြသည်။ to give with some form or ceremony, ဆက်သည်။ ဆက်ပေးသည်။ to offer, (သူတပါးလှူစေခြင်းငှါ)ပေးသည်။ to lay before some authority, လျှောက်ထိုးသည်။ လျှောက်စာသွင်းသည်။ to point (a weapon,) ချိန်သည်။ ရွယ်သည်။ —arms, သေနတ်ကိုထောင်၍လက်စုံကိုင်သည်။ —one's self, မျက်နှာပြသည်။

Presentable, *a.* သွင်းဖွယ်ကောင်းသော။ ဆက်ဖွယ်ကောင်းသော။

Presentation, Presentment, *n.* from Present, *v. t.*

Presentiment, *n.* ဖြစ်လတံ့သောအမှုအရာ၏အရိပ်အမြွက်ကိုသိရခြင်း။

Presently, *adv.* မကြာမမြင့်မှီ။

Preservable, *a.* ဘေးနှင့်လွတ်အောင်စောင့်ထားနိုင်ဖွယ်ဖြစ်သော။ မပျက်နိုင်အောင်သိမ်းထားနိုင်ဖွယ်ဖြစ်သော။ယိုကြိုဖွယ်ကောင်းသော။ —for sub-def. *see* Preserve, *v. t.*

Preservative, Preservatory, *a.* မပျက်အောင်လုံစေတတ်သော။ —*n.* မပျက်အောင်လုံစေတတ်သောအရာ။

Preserve, *v. t.* to keep from evil, ဘေးနှင့်လွတ်အောင်စောင့်ထားသည်။ to save from decay, မပျက်အောင်သိမ်းထားသည်။ to season with sugar, &c. ယိုကြိုသည်။ —*n.* ယို။

Preside over, *v. t.* အုပ်သည်။ အုပ်ချုပ်သည်။ ကြီးကြပ်သည်။

Presidency, *n.* the state of presiding over, အုပ်ချုပ်ခြင်းအရာ။ the office of president of a nation, နိုင်ငံအုပ်အရာ။ the term of presidential rule, ဤမည်သောနိုင်ငံအုပ်လက်ထက်ကာလ။ *in the East Indies,* မြို့ဝန်စီရင်သောမြို့နယ်ရှိရပ်။

President, *n.* one that presides, အုပ်သောသူ။ —of a meeting, စည်းဝေးအုပ်။ —of a company, အပေါင်းအသင်းအုပ်။ —of a nation, နိုင်ငံအုပ်။

Presidential, *a.* presiding over, အုပ်လျက်ရှိသော။ pertaining to a president, သိပ္ပံကျောင်းအုပ်။ နိုင်ငံအုပ်နှင့်ဆိုင်သော။

Presidial, *a.* ရဲတိုက်နှင့်ဆိုင်သော။

Press, *v. t.* to act on with weight or force, ဖိသည်။ နှိပ်သည်။ to squeeze, ညှစ်သည်။ to hug, ပိုက်ဖက်၍ညှစ်သည်။ to constrain to, အနိုင်အထက်ပြုသည်။ to force into service, အမှုထမ်းစေခြင်းငှါအနိုင်အထက်သွင်းသည်။ to urge, enforce importunately, ကြပ်တည်းစွာနှိုးဆော်သည် to drive with violence,

ကြပ်ကြပ်နှင်သည်။ to straiten, distress, နှိပ်စက်သည်။ —*v. i.* to use strong effort, ကြိုးစားအားထုတ်သည်။ to push in a crowd, စုဝေး၍ကျပ်ရုံမှာတိုးသည်။ —gang, *n.* အမှုထမ်းစေခြင်းငှါလူကိုရှာ၍ဖမ်းဆီးသောလူစု။ —money, အမှုထမ်းရမည်သူခံရသောငွေ။ —a pressing machine, နှိပ်သောတန်ဆာ။ ဖိသောတန်ဆာ။ ညှစ်သောတန်ဆာ။ a printing machine, ပုံနှိပ်တန်ဆာ။ the art or business of printing, စာပုံနှိပ်ခြင်းအမှု။ a crowd or throng, ထူထပ်သောလူယု။ ကျပ်၍နေသောအစုအဝေး။ a multiplicity of business, များပြားသောအမှု။ a case or closet for clothes, အဝတ်တန်ဆာထည့်သောမတ်တတ်သစ်တာ။ —bed, *n.* ခေါက်ခုတင်။ —man, *n.* စာပုံနှိပ်သောသူ။

Pressing, *a.* urgent, not easily dispensed with, မလွှဲသာသော(အမှု။)

Pressure, *n.* from Press, *v. t.*; the force of one body acting on another, အား။ အရှိန်။

Prestige, *n.* dominant influence, ဟိတ်။ *plur.* juggling tricks, မျက်လှည့်ပြခြင်းအတတ်။

Presto, *adv.* တခဏချင်း။

Presumable, *a.* အတပ်မသိသော်လည်း အမှန်ဖြစ်လိမ့်မည် ဟု ယူ ဖွယ်ကောင်းသော။

Presume, *v.* to take for granted, without actual knowledge, အတပ်မသိသော်လည်းအမှန်ဖြစ်လိမ့်မည်ဟုယူသည်။ to venture without permission, အခွင့်မရှိဘဲပြုဝံ့သည်။ to venture from over confidence, ကိုယ်ကိုကိုးစားလွန်း၍ရဲရင့်စွာပြုသည်။ to be arrogant, ထောင်လွှားစော်ကားသည်။

Presumption, *n.* from above; probability, ဖြစ်ကောင်းဖြစ်လိမ့်မည်အကြောင်း။ ဖြစ်ဟန်လက္ခဏာရှိခြင်း။

Presumptive, *a.* အတပ်မသိဘဲထင်စရာအကြောင်းရှိသော။ ယုံထောက်တန်သော။

Presumptuous, *a.* bold to excess, ရဲရင့်လွန်းသော။ arrogant, ထောင်လွှားစော်ကားသော။ irreverent, မထိမဲ့မြင်ပြုသော။ bold in sin, ပြစ်မှားခြင်းအမှု၌ရဲသော။

Presumptuousness, *n.* from above.

Presupposal, Presupposition, *n.* from next.

Presuppose, *v. t.* အရင်ဖြစ်ကြောင်းကိုပြသည်။

Presurmise, *v. t.* အမှုမဖြစ်မှီဇဝေဇဝက်ထင်သည်။

Pretence, *n.* from next; a right to claim, တောင်းပိုင်သောအခွင့်။

Pretend, *v.* to assume an appearance not conformable to reality, (ဖြစ်)ကြွန်ပြုသည်။ အဟန်ပြုသည်။ အရောင်ဆောင်သည်။

Pretension, *n.* the laying claim to some accomplishment, ပြည့်စုံကြောင်းကိုပြောထားခြင်း။ the laying claim to some right,

တောင်းပိုင်ကြောင်းကိုပြောထားခြင်း။ a right to claim, တောင်းပိုင်သောအခွင့်။

Preterition, *n.* လွန်ခြင်း။

Preterlapsed, *a.* လွန်လေပြီးသော။

Pretermission, *n.* from next.

Pretermit, *v. t.* မမှတ်ဘဲထားသည်။

Preternatural, *a.* ဖြစ်မြဲမဟုတ်သော။ပကတိအတိုင်းမဟုတ်၊ထူးထွေသော။

Pretext, *n.* ဥပါယ်ခိုခြင်း။

Pretor, *n.* တရားမသူကြီး။

Prettiness, *n.* from next.

Pretty, *a.* handsome, လှသော။ neat, တင့်တယ်သော။ pleasing, မိတ်ပျော်စေတတ်သော။ —*adv.* တော်တော်။

Prevail, *v.* to have force, တတ်စွမ်းနိုင်သည်။ to have effect, influence, အားရှိ၍အခွင့်ရသည်။ to conquer, နိုင်သည်။ to induce, persuade effectually, သွေးဆောင်၍ရသည်။ to gain some end, အကြံထမြောက်သည်။

Prevalence, Prevalency, *n.* from above.

Prevalent, *a.* from same.

Prevaricate, *v. t.* တိမ်းကာပါးကာပြောသည်။

Prevarication, *n.* from above.

Prevenient, *a.* တင်ကူး၍ပြုသော။

Prevent, *v. t.* to hinder, တားသည်။ ဆီးတားသည်။ to go before, (obsol.) ရှေ့ကသွားသည်။

Prevention, *n.* from above.

Preventive, *a.* ဆီးတားတတ်သော။ —*n.* ဆီးတားတတ်သောအရာ။

Previous, *a.* အရင်ဖြစ်သော။

Prey (upon,) *v. t.* to plunder, လုယူသည်။ to seize and devour, ဖမ်းစားသည်။ to waste away, တဖြည်းဖြည်းစားသည်။ —*n.* spoil, plunder, လုယူသောဥစ္စာ။ လက်ရဥစ္စာ။ ravin, သားရဲ၊ ငှက်ရဲဖမ်းစားသောအကောင်။ ravage, လုယူဖမ်းစားခြင်း။

Price, *n.* အဘိုး။ —current, *n.* ဈေးနှုန်းပေါက်စာရင်း။

Priceless, *a.* အဘိုးအနှုန်းထိုက်သော။

Prick, *v. t.* to pierce with something sharp, စူးအောင်ထိုးသည်။ to erect (the ear,) (နားရွက်ကို) ထောင်သည်။ တစွင့်စွင့်ရှိသည်။ to stick in (the point,) ထိုးထားသည်။ to designate by a puncture or mark, မှတ်ထားသည်။ to incite, နှိုးဆော်သည်။ to pain (the mind,) စူးရှအောင်ပြုသည်။ to make acid, ချဉ်အောင်ပြုသည်။ —*n.* a piercer, စူး။ a sharp, stinging pain, စူးရှ၍နာခြင်း။ a puncture, စူးရာ။

Pricker, *n.* စူး။

Pricking, *n.* from Prick, *v. t.*; a sensation of being pricked, အပ်နှင့်ဆွသကဲ့သို့ဖြစ်ခြင်း။

Prickle, *n.* ဆူး။ —*v. i.* (Amer.) to have a pricking sensation on checking the circulation of the blood, ကျည်သည်။

Prickly, *a.* ဆူးများသော။

Pride, *n.* high opinion of one's self, စိတ်မြင့်ခြင်း။ selfish feeling of superiority to others, မာန်။ မာန။ haughtiness, မာနထောင်လွှားခြင်း။ decoration, ornament, တန်ဆာဆင်ခြင်း။ တင့်တယ်ခြင်း။ ostentation, ဝါကြွားခြင်း။ ပလွှားခြင်း။ —one's self, (in *or* on,) *v.* ဝါကြွားသည်။

Priest, *n.* one who officiates in sacred offices, ဓမ္မဆရာ။ ဖုန်းကြီး။ one authorized to offer sacrifices, ယဇ်ပရောဟိတ်။ the pastor of a church, သင်းအုပ်။ —craft, *n.* ဖုန်းကြီးပရိယာယ်။ —ridden, *a.* မစည့်းစား၊ မဆင်ခြင်ဘဲဖုန်းကြီးအလိုသို့သာလိုက်သော။

Priestess, *n.* ဓမ္မဆရာအရာကိုခံရသောမိန္မ။

Priesthood, *n.* the office of a priest, ဖုန်းကြီးအရာ။ the priests collectively, ဖုန်းကြီးစု။ သဃ်ာတော်။

Priestly, *a.* pertaining to a priest, ဖုန်းကြီးနှင့်ဆိုင်သော။ becoming a priest, ဖုန်းကြီးနှင့်တော်သင့်သော။

Prig, *n.* ဟန်ချီ၍မလေးမစားပြုတတ်သောလူငယ်။

Prim, *a.* ဝတ်ဆင်နေထိုင်ပြုမူရာ၌ကျစ်လစ်လွန်းသော။ —*v. t.* ကျစ်လစ်စွာတန်ဆာဆင်သည်။

Primacy, *n.* ဂိုဏ်းအုပ်ချုပ်အရာ။

Primary, *a.* primitive, မူလအရင်းဖြစ်သော။ first in order of time, အဦးဆုံးသော။ first in importance and excellence, အကြီးဆုံး၊ အမြတ်ဆုံးသော။

Primate, *n.* ဂိုဏ်းအုပ်ချုပ်။

Prime, *a.* original, အရင်းဖြစ်သော။ early, စောသော။ first in rank or excellence, အကြီးဆုံး၊ အမြတ်ဆုံးသော။ —minister, *see* Premier. —*n.* the early morning, စောစောနံနက်အချိန်။ the beginning, first part, ဖြစ်စ။ ပွင့်စ။ the best part, အကောင်းဆုံးသောအမှို။ the height of perfection, အမြတ်ဆုံးသောနေရာ။ —*v. t.* to put powder in the pan of a musket, နားဆေးခတ်သည်။ နားယမ်းခတ်သည်။ to lay on the first coat of paint, အရောင်ခံဆေးသုတ်သည်။

Primer, *n.* သူငယ်တို့သင်ရန်စာလုံးပေါင်းစာ။ သင်ပုံးကြီး။

Primeval, *a.* မူလအရင်းဖြစ်သော။

Priming, *n.* the powder in the pan of a musket, နားဆေး။ နားယမ်း။ the first coat of paint, အရောင်ခံဆေး။

Primitive, *a.* primeval, မူလအရင်းဖြစ်သော။ radical, not derived,

မူလဖြစ်သော။ formal, precise, ရှေ့စေ့ခြင်းငှာသေသေချာချာနေတိုင်ပြင်ရှိသော။ —*n.* မူလစကား။

Primitiveness, *n.* from Primitive, *a.*

Primness, *n.* from Prim, *a.*

Primogenial, *a.* ဖြစ်ရင်းဇာတိသက်သက်ဖြစ်သော။

Primogenitor, *n.* ရှေးဦးစွာသောအဘ။

Primogeniture, *n.* သားဦးဖြစ်ခြင်း။

Primordial, *a.* ရှေးဦးစွာသောကာလမှစ၍ဖြစ်သော။

Prince, *n.* the son of a king, မင်းသား။ a subordinate sovereign, စော်ဘွား။ a king, မင်းကြီး။ a chief, ဝန်။ အကြီးအကဲ။ —regent, ရှင်ဘုရင်ကိုယ်စားပြု၍အုပ်စိုးသောမင်းသား။

Princedom, *n.* မင်း၏အရာ။

Princely, *a.* having royal rank, မင်းမျိုးဖြစ်သော။ resembling a prince, မင်းကဲ့သို့ဖြစ်သော။ becoming a prince, မင်းနှင့်တော်သင့်သော။ magnificent, အလွန်ဆန်းကြယ်မြင့်မြတ်သော။

Princess, *n.* မင်းသမီး။

Principal, *a.* chief in rank or standing, အရာကြီးသော။ the greatest (in various respects,) အကြီးဆုံးသော။ —*n.* a head person, အကြီးအကဲ။ ခေါင်း။ a presiding person, အအုပ်အချုပ်။ a chief actor, not an accessory, အကြီးလုပ်သောသူ။ကိုယ်တိုင်စီရင်သောသူ။ money at interest, အတိုးချသောငွေ။

Principality, *n.* sovereignty, အစိုးရခြင်း။ the domain of a prince, မင်းသားစားသောမြို့နယ်။

Principally, *adv.* chiefly, အထူးသဖြင့်။ for the most part, အများအားဖြင့်။

Principia, *n. plur.* အခြေအမြစ်ဖြစ်သောတရား။ ရှေးဦးစွာသင်ရသောတရားနည်း။

Principle, *n.* an element, a constituent primordial substance, ဓာတ်။ ဖြစ်ရင်းဇာတိအတိုင်းတည်သောအရာ။ a first cause, source or origin, မူလအကြောင်း။ an operative cause, ဖြစ်စေသောအကြောင်း။ fundamental truth, တရား။ အခြေအမြစ်ဖြစ်သောတရား။ တရားရင်း။ constitutional propensity, ပကတိသဘော။ tenet, အယူဝါဒ။ —*v. t.* အယူဝါဒစွဲလမ်းစေသည်။

Print, *v. t.* to imprint, stamp, ပုံနှိပ်သည်။တံဆိပ်ခတ်သည်။ to impress letters or words, စာပုံနှိပ်သည်။ စာပုံရိုက်သည်။ —*n.* a mark made by impression, နှိပ်ရာ။ an instrument for making an impression, နှိပ်ရန်ပုံ။ a representation made by impression, နှိပ်သောပုံ။ the state of being printed, စာပုံနှိပ်လျက်ရှိခြင်း။ a news paper, သတင်းစာ။ —[be out of,] *v.* ပုံနှိပ်သောစာကုန်၍မရှိ။

Printer, *n.* ပုံနှိပ်သောဆရာ။

Printing, *n.* from Printer, *v. t.* —press, ပုံနှိပ်တန်ဆာ။

Printless, *a.* လှမ်းသွား၍ခြေရာမထင်တတ်သော။

Prior 1, *a.* အရင်ဖြစ်သော။ —2, *n.* ဗရင်ဂျီဘာသာ၌ကျောင်းအုပ်တမျိုး။

Prioress, *n.* မယ်သီလရှင်အကြီး။

Priority, *n.* the state of being previous, အရင်ဖြစ်ခြင်း။ precedence in place or rank, သူ့ရှေ့မှာနေရာရှိခြင်း။ အရာသာ၍ကြီးခြင်း။

Priory, *n.* ကျောင်းတမျိုး။

Prism, *n.* ပြဒါးခဲတည်းဟူသောနေရောင်ခြည်ကွဲပြားသောဖန်တန်ဆာ။

Prison, *n.* —for criminals, ထောင်။ —for debtors, တန်း။ any place of confinement, နှောင်အိမ်။ ချုပ်ထားရာအရပ်။ —*v. t.* *see* Imprison.

Prisoner, *n.* အချုပ်ခံသောသူ။ one in irons, အကျဉ်းခံရသောသူ။ အကျဉ်းသမား။

Pristine, *a.* မူလအရင်းဖြစ်သော။

Prithee, *int.* တောင်းပန်ပါ၏။

Privacy, *n.* a state of being retired, ဆိတ်ကွယ်ရာ၌နေခြင်း။ a place of retirement, ဆိတ်ကွယ်ရာအရပ်။

Private, *a.* pertaining to one's self, not public, သူတပါးတို့နှင့်မဆိုင်၊ ကိုယ်နှင့်သာဆိုင်သော။ retired, sequestered, ဆိတ်ကွယ်သော။ kept secret, not publicly known, မထင်မရှားဖြစ်သော။ ပုန်းကွယ်သော။ လျှို့ဝှက်လျက်ရှိသော။ not invested with public office or employment, အရာမရှိသော။ —*n.* တပ်သား။ လက်နက်ကိုင်။ —[in,] *adv.* မထင်မရှား။ လျှို့ဝှက်သည်နှင့်။

Privateer, *n.* ကုန်သည်တိုက်သင်္ဘော။ —*v.* မင်းရန်သက်ရှိရာကိုယ်သင်္ဘော၊ ကိုယ်စရိတ်နှင့်လှည့်လည်၍တိုက်သည်။

Privateness, *n.* from Private, *a.*

Privately, *adv.* ရုပ်ဖျောက်။

Privation, *n.* the act of taking from, နှုတ်ယူခြင်း။ the state of being deprived, (တစုံတခု) မဲ့နေခြင်း။ absence, မရှိမပါခြင်း။

Privative, *a.* (တစုံတခု) မဖြစ်အောင်ပြုတတ်သော။ နှုတ်ယူတတ်သော။

Privilege, *n.* အခွင့်။ —*v. t.* အခွင့်ပေးသည်။ အခွင့်ဖြစ်အောင်ပြုသည်။

Privity, *n.* အတွင်းသိ၊ သိခြင်း။

Privy, *a.* pertaining to one's self, not public, သူတပါးနှင့်မဆိုင်၊ ကိုယ်နှင့်သာဆိုင်သော။ secret, clandestine, လျှို့ဝှက်သော။ secret, not open or publicly exposed, ကွယ်ထားလျက်ရှိသော။ privately knowing, အတွင်းသိ၊ သိလျက်ရှိသော။ —council, *n.* တိုင်ပင်မှူးမတ်စု။ —*n.* ရေအိမ်။ ရေသွန်။ (polite,) အိမ်သာ။

Prize 1, *n.* something wrested from an enemy, လက်ရဥစ္စာ။ a reward gained in successful rivalry, ပြိုင်၍ရသောဆု။ any reward, ဆု။ ဆုလဒ်။ —fighter, ဆုရအောင်ပွဲ၌ပြိုင်သောသူ။ —2, *v.* to apprize, အဘိုးဖြတ်သည်။ to value highly, ကောင်းသည်၊ မြတ်သည်ဟုထင်သည်။ စုံမက်သည်။ နှစ်မြော်သည်။ —3, *see* Pry, 2.

Pro, *adv.* ဖက်မှာ။

Probability, *n.* from next.

Probable, *a.* ဖြစ်ကောင်းဖြစ်လတ္တံ့သော။ ဖြစ်မည်လက္ခဏာရှိသော။

Probate, *n.* သေတန်းစာမှန်ကြောင်းကိုသက်သေပြခြင်း။

Probation, *n.* the act of trying, စုံစမ်းခြင်း။ the act of showing the truth of, ဟုတ်မှန်ကြောင်းကိုပြခြင်း။

Probational, Probationary, *a.* စုံစမ်းတတ်သော။ စုံစမ်းခြင်းနှင့်ဆိုင်သော။

Probationer, *n.* စုံစမ်းခြင်းကိုခံသောသူ။

Probative, Probatory, *a.* pertaining to trial, စုံစမ်းခြင်းနှင့်ဆိုင်သော။ pertaining to proof, ဟုတ်မှန်ကြောင်းကိုပြခြင်းနှင့်ဆိုင်သော။

Probe, *n.* အနာကိုထိုးထောက်၍စမ်းသောထိုးတံ။ —*v. t.* to examine (a wound) with an instrument, ထိုးတံနှင့်ထိုးထောက်၍စမ်းသည်။ to investigate thoroughly, အကုန်အစင်စစ်ဆေးသည်။

Probity, *n.* ဖြောင့်မတ်ခြင်း။ ရိုးသားခြင်း။

Problem, *n.* ပြောဖလင်တည်းဟူသော၊ဟုတ်သည်မဟုတ်သည်ကိုသေချာစွာသိအောင်စုံစမ်းစရာဖြစ်သောအရာ။

Problematical, *a.* အမှန်မသိ၊ယုံမှားဖွယ်ဖြစ်သော။

Proboscis, *n.* နှာမောင်း။

Procedure, *n.* from next.

Proceed, *v. i.* to go, သွားသည်။ (respectful,) ကြွသည်။ to pass on regularly, အစဉ်အတိုင်းလိုက်သည်။ to go forward, ရှေ့သို့တိုး၍သွားသည်။ to advance, တိုးတက်သည်။ to issue, ထွက်သည်။ to descend from an ancestor, ဆင်းသက်သည်။ to do, act, carry on, transact, ပြုမူသည်။ ပြုလုပ်သည်။ ဆောင်ရွက်သည်။

Proceeds, *n. plur.* တက်ငွေ။

Proceeding, *n.* from Proceed, *v. t.*

Process, *n.* progressive course, အစဉ်အတိုင်းလိုက်၍တိုးသွားခြင်း။ a series of actions tending to some end, ပြီးစီးခြင်းသို့ရောက်အောင်ပြုလုပ်ခြင်း။ a series of motions in growth, decay, &c. အစဉ်အတိုင်းတရွေ့ရွေ့ဖြစ်ခြင်း။ ပျက်ခြင်း။ course of law, တရားတွေ့မှုကိုဆောင်ရွက်စီရင်ခြင်း။

Procession, *n.* the act of proceeding or issuing, ထွက်ခြင်း။ a formal, ceremonious march, အခမ်းအနားကိုခင်းကျင်း၍သွားခြင်း။

Processional, Processionary, *a.* အခမ်းအနားကိုခင်းကျင်း၍သွားခြင်းနှင့်ဆိုင်သော။

Proclaim, *v. t.* to announce in a loud voice, ကြွေးကြော်သည်။ to publish (in any way,) ကျော်ညာစေသည်။

Proclamation, *n.* from above: —in writing, ကျော်ညာစေသောစာ။
Proclivity, *n.* ဝါသနာ။
Proclivous, *a.* ဝါသနာရှိသော။
Proconsul, *n.* ရှေးကာလ၊ရောမလွှတ်တော်စေလွှတ်ခန့်ထားသောမြို့ဝန်။
Proconsular, *a.* ထိုသို့သောမြို့ဝန်နှင့်ဆိုင်သော။
Procrastinate, *v.* တာရှည်သွေးသည်။
Procrastination, *n.* from above.
Procreant, Procreative, *a.* from next.
Procreate, *v. t.* ဖြစ်ပွားစေသည်။
Procreation, *n.* from above.
Proctor, *n.* an agent, ကိုယ်စားလှယ်။ an attorney in a spiritual court, သာသနာရေးနှင့်ဆိုင်သောရှေ့နေ။ a magistrate in a university, သိပ္ပံကျောင်း၌အကြီးအကဲ။
Procumbent, *a.* မှောက်လျက်နေသော။
Procurable, *a.* ရနိုင်ဖွယ်ဖြစ်သော။
Procuration, Procurement, *n.* from Procure.
Procurator, *n.* ကိုယ်စားလှယ်။
Procure, *v. t.* to obtain, ရသည်။ to bring about, ဖြစ်အောင်ပြုသည်။
Procurer, *n.* agent from above, *and see* Pander, *n.*
Procuress, *n.* မိမ္ဘကူးသောမိမ္ဘ။ မိမ္ဘကုန်ကူးသောမိမ္ဘ။ (provincial.)
Procuring, *a.* ဖြစ်စေတတ်သော။
Prodigal, *a.* အသုံးဖြုန်းသော။ လက်ကြီးသော။ —*n.* agent from *do.*
Prodigality, *n.* from same.
Prodigious, *a.* huge, ရေ့ကြီးသော။ အလွန်ကြီးမားသော။ very wonderful, အလွန်အံ့ဩဖွယ်ဖြစ်သော။
Prodigy, *n.* a preternatural wonder, ပကတိအတိုင်းမဟုတ်၊ အံ့ဩဖွယ်ဖြစ်သောအရာ။ အံ့ဖွယ်သရဲ။ an alarming portent, ကြောက်မက်ဖွယ်သောတိတ်နိမိတ်။
Produce′, *v. t.* to bring out or forward, ဖော်သည်။ ထုတ်ဖော်သည်။ to exhibit, ဖော်ပြသည်။ to effect, cause to be, be the means of the existence of, ဖြစ်စေသည်။ ဖြစ်အောင်ပြုသည်။ ဖြစ်မည်အကြောင်းကိုပြုသည်။ to make, လုပ်သည်။ to yield in the way of profit, ပေးသည်။ ထွက်အောင်ပြုသည်။ စီးပွားဖြစ်အောင်ပြုသည်။
Prod′uce, *n.* that which is produced, brought into being, ဖြစ်စေသောအရာ။ that which is produced from the ground, အသီးအနှံ။ increase, profit, အတိုးအပွား။ စီးပွား။
Product, *n.* same; a result of operation, လုပ်၍ရသောအရာ။ the amount of two numbers multiplied, မြှောက်ရကိန်း။
Production, *n.* from Produce, *v. t.*; that which is produced,

brought into being, ဖြစ်စေသောအရာ။ a result of operation, လုပ်၍ရသောအရာ။

Productive, *a.* capable of producing, efficient. ဖြစ်စေတတ်သော။ yielding profit, စီးပွားဖြစ်စေသော။ အကျိုးကိုပေးသော။

Productiveness, *n.* from above.

Proem, *n.* အချီး။ စကားချီး။

Profanation, *n.* from Profane, *v. t.*

Profane, *a.* irreverent, ဘုရား၊ တရားကိုမရိုသေသော။ secular, not sacred, လောကနှင့်ဆိုင်သော။ unclean, not holy, မစင်ကြယ်၊ ညစ်ညမ်းသော။ —*v. t.* to desecrate, (ဘုရား၊ တရားနှင့်ဆိုင်သောအရာကို) လောကီအရာပြု၍သုံးစွဲသည်။ (မြင့်မြတ်သင့်သောအရာကို) ရှုတ်ချ၍သုံးဆောင်သည်။ to treat with irreverence, မရိုမသေပြုသည်။ မထိမဲ့မြင်ပြုသည်။ to pollute, မစင်ကြယ်အောင်ပြုသည်။ ညစ်ညမ်းစေသည်။

Profaneness, Profanity, *n.* irreverence, ဘုရား၊တရားကိုမရိုသေခြင်း။ profane language, ဘုရား၊တရားကိုမရိုသေပြောဆိုခြင်း။

Profess, *v. t.* to declare openly, avow, အတည့်အလင်းပြောသည်။ to publish as one's character or vocation, ဤမည်သောအတတ်ကိုတတ်သည်၊ ဤမည်သောအယူဝါဒရှိသည်ဟုအနှံ့အပြားပြောသည်။

Profession, *n.* from above; a calling, vocation, မြဲစွဲ၍လုပ်သောအတတ်။

Professional, *a.* ထိုသို့သောအတတ်နှင့်ဆိုင်သော။

Professor, *n.* agent from Profess, *v. t.*; a teacher of any art or science, သိပ္ပံအတတ်ကိုသင်ပေးသောဆရာ။

Professorial, *a.* သိပ္ပံအတတ်ဆရာနှင့်ဆိုင်သော။

Professorship, *n.* သိပ္ပံအတတ်ဆရာ၏အရာ။

Proffer, *v. t.* ယူရသောအခွင့်ကိုပေးသည်။

Proficience, Proficiency, *n.* တိုးတက်၍တတ်ခြင်း။

Proficient, *n.* လေ့ကျက်သောသူ။

Profile, *n.* မျက်နှာတခြမ်းပုံ။

Profit, *v. i.* to improve (intrans.,) တိုးပွားသည်။ derive benefit, အကျိုးရှိသည်။ အာနိသင်ရှိသည်။ to make gain, အမြတ်ရသည်။ —*v. t.* to improve (trans.,) တိုးပွားစေသည်။ to benefit, အကျိုးကိုပေးသည်။ စီးပွားဖြစ်စေသည်။ —*n.* advantage, benefit, အတိုးအပွား။ စီးပွား။ အကျိုး။ ကျေးဇူး။ gain, အမြတ်။ အမြတ်အစွန်း။

Profitable, *a.* advantageous, အကျိုးရှိသော။ အကျိုးကိုဖြစ်စေတတ်သော။ ကျေးဇူးပြုတတ်သော။ gainful, lucrative, စီးပွားဖြစ်စေတတ်သော။ အကျိုးဖွံ့ဖြိုးသော။

Profitableness, *n.* from above.

Profitless, *a.* အကျိုးမရှိသော။

Profligacy, Profligateness, *n.* from next.

Profligate, *a.* ဆိုးသွမ်းသော။ အလဇ္ဇီကျင့်သော။ —*n.* လူဆိုးလူသွမ်း။ အလဇ္ဇီကျင့်သောသူ။

Profluent, *a.* စီးသွားလျှက်ရှိသော။

Profound, *a.* very deep, အလွန်နက်သော။ intellectually deep, penetrating, နက်နဲသော။ ထိုးထွင်းသော။ ဉာဏ်ကောင်းသော။ very humble, အလွန်မိတ်ရှိမ့်ချသော။ sound, as sleep, (အအိပ်) ကြီးသော။ —*n.* the sea, ပင်လယ်။ a very deep place, အလွန်နက်သောအရပ်။

Profoundly, *adv.* with deep penetration, ထိုးထွင်းသည်နှင့်။ with deep sorrow, အလွန်ဝမ်းနည်းသည်နှင့်။

Profoundness, Profundity, *n.* from Profound, *a.*

Profuse, *a.* exuberant, အလွန်ပေါများသော။ lavish, အသုံးဖြုန်းသော။ လက်ကြီးသော။

Profuseness, Profusion, *n.* from above.

Profusely, *adv.* as perspiration, ဖျိုင်ဖျိုင်။

Prog, *n.* စားစရာ။

Progenitor, *n.* အထက်ဆွေစည်မျိုးဆက်အဝင်ဖြစ်သောသူ။

Progeny, *n.* သားသွီး၊ သားစည်မြေးဆက်။

Prognostic, *a.* from Prognosticate. —*n.* ဖြစ်လတ့်သောအရာ၏နိမိတ်လက္ခဏာ။ —*v. t.* မဖြစ်မီဖော်ပြသည်။ တိတ်နိမိတ်ပြသည်။

Prognostication, *n.* from above.

Programme, *n.* a preface, အချီး။ စကားချီး။ a notification, သိတင်းကျော်ညာစာ။

Progress′, *v. i.* to move forward, ရှေ့သို့တိုး၍သွားသည်။ to advance, တိုးတက်သည်။

Prog′ress, *n.* from above; increase, တိုးပွားခြင်း။

Progression, *n.* from Progress, *v. i.*; [arithmetical,] ပေါင်း၍ရေတွက်ခြင်း။ [geometrical,] ဆတိုး၍ရေတွက်ခြင်း၊ ဆတက်၍ရေတွက်ခြင်း။

Progressive, *a.* from Progress, *v. i.*

Progressiveness, *n.* from above.

Prohibit, *v. t.* to forbid, interdict, မြစ်တားသည်။ ကမြစ်သည်။ to hinder, ဆီးတားသည်။

Prohibition, *n.* မြစ်တားခြင်း။

Prohibitive, Prohibitory, *a.* မြစ်တားသော။

Project′, *v. i.* to jut, အစွန်းထွက်သည်။ to protrude, as from a hole, ပြူသည်။ to stick out, ငေါသည်။ ငေါက်တောက်တောက်ရှိသည်။ *v. t.* to throw or impel forward, ရှေ့သို့ဖြစ်သည်။ ရှေ့သို့တွန်းသည်။ to plan, မိတ်ကူး၍ကြံစည်သည်။ to sketch, ပုံထုတ်ရေးသည်

Pro′ject, *n.* မိတ်ကူး၍ကြံစည်ခြင်း။ အကြံအစည်။

Projectile, *a.* impelling forward, ရှေ့သို့တွန်းတတ်သော။ impelled forward, ရှေ့သို့တွန်းခြင်းကိုခံသော။ —*n.* ရှေ့သို့တွန်းသောအရာ။

Projection, *n.* the act of throwing or impelling forward, ရှေ့သို့ပြစ်ခြင်း။ ရှေ့သို့တွန်းခြင်း။ something jutting out, ထွက်သောအစွန်း။ the act of planning, ကြံစည်ခြင်း။ a work planned, ကြံစည်သောအမှု။ a plan, sketch, ထုတ်သောပုံ။

Projector, *n.* ကြံစည်သောသူ။

Prolapse, *n.* အောက်သို့လျှောကျခြင်း။

Prolate, *a.* ထိပ်ဝမောက်သော။ လုံးစောက်ဖြစ်သော။

Prolepsis, *n.* from next.

Proleptic, *a.* တင်ကူး၍ပြောသော။

Prolific, *a.* bearing much fruit, များစွာအသီးကိုသီးသော။ bearing many children, သားသမီးများသော (မိမ္မ။) productive from internal resources, တိုးပွား၍များစွာထွက်တတ်သော။

Prolix, *a.* ကြာရှည်သော။

Prolixness, Prolixity, *n.* from above.

Prolocutor, *n.* စည်းဝေးအုပ်။

Prologue, *n.* အချီး။ စကားချီး။

Prolong, *v. t.* to extend the duration of, ကြာမြင့်အောင်ပြုသည်။ ကြာမြင့်စေသည်။ to draw out by delay, ဇင့်နွှဲသည်။ to change an appointed time to one more distant, ကာလအချိန်ကိုရွှေ့သည်။ to prolongate, *which see.*

Prolongate, *v. t.* သာ၍ရှည်အောင်ပြုသည်။

Prolongation, *n.* from the two last.

Promenade, *v. i.* ပျော်မွေ့ခြင်းငှါလှည့်ပတ်သွားလာသည်။ —*n.* from same; the place of promenading, လှည့်ပတ်သွားလာရာအရပ်။

Prominence, Prominency, *n.* from next; that which is prominent, မောက်သောအရာ။ မိုသောအရာ။

Prominent, *a.* rising above the surface, မောက်သော၊မို့သော။ —as the eyes, ပြူးသော။ distinguished, ထင်ပေါ်သော။ အဓိကရဖြစ်သော။

Promiscuous, *a.* ရောနှော၍ရှုပ်ထွေးသော။

Promiscuously, *adv.* ရောရီရောရာ။s.

Promise, *v.* to make a binding declaration, ဂတိထားသည်။ to afford reason to expect, မျှော်လင့်ရသောအခွင့်ကိုပေးသည်။ —*n.* a binding declaration, ဂတိ။ ဂတိထားခြင်း။ a ground of expectation, မျှော်လင့်ရသောအခွင့်။

Promissory, *a.* ဂတိပါသော။

Promontory, *n.* မြင့်သောအငူ။ အမော်။

Promote, *v. t.* to forward, advance, တိုးတက်အောင်ပြုသည်။ တိုးပွား

ဘောင်ပြုသည်။ to elevate in rank or office, ချီးမြှောက်သည်။ ရာထူးတိုး၍ပေးသည်။

Promotion, *n.* from Promote, *v. t.*

Prompt, *a.* ပြုစရာအကြောင်းရှိ လျှင် ချက်ချင်းပြုတတ်သော။ ကာလအချိန် ရောက်မှမြန်ထက်သော။ —*v. t.* to excite to action, နှိုးဆော်တိုက် တွန်းသည်။ to suggest to a speaker in aid of his memory, သတိရအောင်ထောက်သည်။ to suggest to the mind, အကြံ ပေးသည်။

Promptitude, Promptness, *n.* from Prompt, *a.*

Promulgate, *v. t.* ကျော်ညာစေသည်။

Promulgation, *n.* from above.

Promulge, *v. t.* to promulgate, ကျော်ညာစေသည်။ to teach (new doctrines,) (အယူဝါဒသစ်ကို) သင်ပေးသည်။

Prone, *a.* bending forward (in a greater or less degree,) ငုံ့သော။ ကိုးသော။ ဝပ်သော။ lying with the face downwards, မှောက် လျက်ရှိသော။ rapidly descending, အောက် သို့ ဆင်းပြေးသော။ declivous, ဆင်ခြေလျှောဖြစ်သော။ propense, ဝါသနာရှိသော။

Proneness, *n.* from above.

Prong, *n.* ခက်ရင်းသွား။

Pronominal, *a.* နာမ်စားနှင့်ဆိုင်သော။

Pronoun, *n.* နာမ်စား။

Pronounce, *v. t.* to utter articulately, အက္ခရာကျအောင်မြွက်သည်။ to utter formally or strongly, မြွက်ဆိုသည်။ ပြောထားသည်။

Pronunciation, *n.* အက္ခရာကျအောင်မြွက်သည်။

Proof, *n.* trial, experiment, စုံစမ်းခြင်း။ certain evidence, ငြင်းခုံရန် မရှိအောင် ခိုင်ခံ့စွာ သက်သေ ဖြစ်သောအရာ။ firmness, stability, မလှုပ်ရှားနိုင်အောင်ခိုင်ခံ့ခြင်း။ impenetrable hardness, ထိုး၍ မဖောက်နိုင်အောင် ခိုင်မာခြင်း။ the bubbles on the surface of spirituous liquor, အရက် ၌ ထ သော ဗလုံ။ the strength of spirituous liquor, အရက်၏အရှိန်။ —impression, စာပုံနှိပ်ရာတွင် မှန်မမှန်ကိုစမ်း၍နှိပ်သောပုံ။ —sheet, same. —*a.* firm, stable, မလှုပ်ရှားနိုင်အောင်ခိုင်ခံ့သော။ impenetrably hard, ထိုး၍မဖောက် နိုင်အောင်ခိုင်မာသော။

Prop, *v. t.* ခုသည်။ ထောက်သည်။ ထောက်မသည်။ —*n.* အခု။ အထောက်။ အထောက်အမ။ —of timber, ထောက်။

Propagate, *v. t.* to multiply by births or successive productions, မျိုးပြန့်ပွားအောင်ပြုသည်။ to spread in space, as sound or light, စက်၍ကူးသည်။ စက်၍ နှံ့ပြားသည်။ to spread abroad, as news, (သိတင်း) နှံ့ပြားစေသည်။ to extend and establish in different places, အရပ်ရပ်တိုးပွားစေသည်။ to produce, ဖြစ်စေသည်။

Propagation, *n.* from above.

Propel, *v. t.* ရှေ့သို့တွန်းသည်။

Propeller, *n.* စက်ပုန်းမီးသင်္ဘော။s.

Propense, *a.* ဝါသနာရှိသော။

Propension, Propensity, *n.* —of mind, ဝါသနာ။ —of matter, (ဖြစ်) တတ်သောသဘော။

Proper, *a.* peculiar, not common, အများနှင့်မဆိုင်၊တဦးတည်းနှင့်သာဆိုင်သော။ fit, suitable, တော်လျော်သော။ တော်သင့်သော။ လျောက်ပတ်သော။ being exactly in place, အချက်ကျသော။

Property, *n.* an attribute, ဆိုင်သောအရာ။ ဂုဏ်။ သတ္တိ။ right of possession, ပိုင်ထိုက်ခြင်း။ the thing possessed, goods, ဉစ္စာပစ္စည်း။ ပိုင်နက်။

Prophecy, *n.* from next, အနာဂတ္တိစကား။

Prophesy, *v. t.* ဖြစ်လတံ့သောအမှုအရာကိုဟောပြောနိုင်သည်။

Prophet, *n.* agent from above, ပရောဖက်။

Prophetess, *n.* ပရောဖက်မိမ္မ။

Prophetic, Prophetical, *a.* ဖြစ်လတံ့သောအမှုအရာကိုဟောပြောခြင်းနှင့်ဆိုင်သော။

Prophylactic, *a.* အနာကိုကွယ်ကာဆီးတားနိုင်သော (ဆေး။)

Propinquity, *n.* နီးခြင်း။ အနီးအပါး၌ရှိခြင်း။

Propitiate, *v. t.* ကြေချမ်းအောင်ပြုသည်။ စိတ်ပြေ၍စေတနာရှိအောင်ပြုသည်။

Propitiation, *n.* from above.

Propitiatory, *n.* from Propitiate. —*n.* အပြစ်ပြေရာပလ္လင်။

Propitious, *a.* favorable, ကျေးဇူးပြုလျက်ရှိသော။ disposed to be favorable, ကျေးဇူးပြုချင်သော။

Propitiousness, *n.* from above.

Proponent, *n.* one who makes a proposal, ဆင်ခြင်ရန်တို့တင်၍ပြောသောသူ။ one who lays down a proposition, အဦးပြောထားသောသူ။

Proportion, *n.* the comparative relation of one part to an-other, အချိုးအစား။ symmetry, အချိုးအစားရခြင်း။ အတက်အဆင်း ညီမျှခြင်း။ —*v. t.* အချိုးအစားရအောင်ပြုသည်။ အတက် အဆင်း ညီမျှအောင်ပြုသည်။

Proportionable, Proportional, Proportionate, အချိုးအစားရသော။ အတက်အဆင်းညီမျှသော။

Proposal, *n.* ဆင်ခြင်ရန်တို့တင်ကူး၍ပြောထားသောအရာ။

Propose, *v. t.* ဆင်ခြင်ရန်တို့တင်ကူး၍ပြောထားသည်။

Proposition, *n. see* Proposal; a statement made, အဦးပြောထားသောအရာ။

Propound, *see* Propose.

Proprietary, *a.* ပိုင်သောသူနှင့်ဆိုင်သော။ —*n.* *see* next.

Proprietor, *n.* ပိုင်သောသူ၊ အရှင်။

Propriety, *n.* correctness, အပြစ်တင်ခွင့်မရှိ၊မှန်ခြင်း။ consonance with right or good custom, ဖွယ်ရာလျှောက်ပတ်ခြင်း။

Propulsion, *n.* from Propel.

Propulsive, *a.* from same.

Prorogation, *n.* from next.

Prorogue, *v. t.* (စည်းဝေးသူတို့ကို)လွှတ်၍တဖန်စည်းဝေးရသောအချိန်ကို ချိန်းချက်၍ထားသည်။

Prosaic, *a.* လင်္ကာမဟုတ်သောစာနှင့်ဆိုင်သော။

Proscribe, *v. t.* to sentence to the heaviest penalties of the law, ရာဇဝတ်ပေးသည်။ to outlaw, တွေ့ရာသင်းချိုင်းဖြစ်စေဟုစီရင်သည်။ to interdict the use of, မသုံးရဟုမြစ်တားသည်။

Proscription, *n.* from above.

Proscriptive, *a.* from same.

Prose, *n.* လင်္ကာမဟုတ်သောစာ။ စကားပြေ။ —*v. i.* to write unmeasured language, လင်္ကာမဟုတ်သော စာကို စီကုံးသည်။ to be tedious in detailing, ကြားသောသူ နားငြီးသည် တိုင် အောင် ကြာရှည်စွာပြောဆိုသည်။

Prosecute, *v. t.* to persevere in endeavours, အကြံထမြောက်အောင် တိုးတက် ၍ ဆောင်ရွက်သည်။ to sue, တရား စွဲ ဆိုသည်။ စာထား၊ တရားပြုလုပ်သည်။

Prosecution, *n.* from above.

Prosecutor, *n.* agent from same, တရားလို။

Proselyte, *n.* ဘာသာဝင်သူ။ —*v. t.* ဘာသာဝင်အောင်ပြုသည်။

Proselytism, *n.* သူတပါးတို့ကိုဘာသာဝင်စေခြင်းငှါကြိုးစားခြင်း။

Prosody, *n.* လင်္ကာစပ်နည်း။

Prospect, *n.* a view of things within reach of the eye, မျက်စိတဆုံး လှမ်းကြည့်၍မြင်ခြင်း။ scenery at some distance, မျှော်ခင်း။ expectation, ထင်စားခြင်း။ ground of expectation, မျှော်လင့် ရသောအခွင့်။

Prospective, *a.* looking forward, မျှော်၍ကြည့်သော။ using foresight, မျှော်ခေါ်သော။

Prospectus, *n.* စာစီကုံးသည်အခြေအနေကိုပြသောစာ။

Prosper, *v. i.* to be successful, အကြံထမြောက်သည်။ to thrive, စီးပွားတိုးသည်။ —*v. t.* from above.

Prosperity, *n.* အကျိုးစီးပွားတိုးတက်ခြင်း။ စည်းစိမ်ရှိခြင်း။

Prosperous, *a.* အကျိုးစီးပွားတိုးတက်သော။

Prostitute, *v.* to devote to indiscriminate lewdness, ပြည်တန်ဆာ ဖြစ်အောင်ပြုသည်။ to sell for some vile purpose, ငွေရအောင်

ယုတ်ညံ့သောအမှုဥ္ဆုံးသည်။ —*n.* a whore, ပြည်တန်ဆာ။ မိန္မရှင်။ a base hireling, ယုတ်ညံ့သောအမှုကိုပြုသောသူ။

Prostitution, *n.* from Prostitute, *v.*

Prostrate, *a.* အလျားပြပ် စပ်ဝပ် ၍ နေသော။ အလျားမှောက် ၍ နေ သော။ —*v. t.* to throw down, demolish, လှည်း၍ထားသည်။ မှောက်လှန်သည်။ —one's self, ပြပ်ဝပ်၍နေသည်။ ဝပ်တွား၍နေသည်။

Prostration, *n.* from above; sudden loss of natural strength and vigor, ခွန်အားတိတ်သွားခြင်း။

Prosy, *a.* စိတ်ကိုမနှိုးဆော်တတ်သော။

Protean, *a.* ရုပ်ပုံသဏ္ဌာန်ပြောင်းလဲတတ်သော။

Protect, *v. t.* ကွယ်ကာစောင့်မသည်။

Protection, *n.* the act of protecting, ကွယ်ကာစောင့်မခြင်း။ that which protects, ကွယ်ကာစောင့်မသောအရာ။ a writing that secures from molestation, အဆီးအတားအနှောင့်အရှက်မရှိစေနှင့်ဟုအခွင့်ပေးသောစာ။

Protective, *a.* from Protect.

Protege, *n.* မြောက်စားခြင်းကိုခံရသောသူ။

Protempore, *adv.* အစဉ်မြဲမဟုတ်၊ခဏသာ။

Protest′, *v.* to attest positively, ကြပ်တည်း စွာ ပြော ထား သည်။ —against, *v. t.* သဘောမတူ၊ဝန်မခံ၊ငြင်းပယ်သည်။

Pro′test, *n.* from above; —(in writing,) သဘောမတူ၊ ဝန်မခံ၊ ငြင်းပယ်သောစာ။

Protestant, *n.* ပရောတေတ္တံဘာသာကိုဝင်သောသူ။ —*a.* ပရောတေတ္တံဘာသာနှင့်ဆိုင်သော။

Protestantism, *n.* ရောမဘာသာကိုငြင်းပယ်၍သမ္မာကျမ်းစာကိုအမှီပြုသောဘာသာတည်းဟူသောပရောတေတ္တံဘာသာ။

Protestation, *n.* from Protest, *v.*

Proto, *a.* ပဌမ။ အဦးဆုံးဖြစ်သော။

Prototype, *n.* ပုံရင်း။

Protract, *v. t.* to lengthen in time, တာရှည်စေသည်။ to defer, အချိန်ကာလကိုရွှေ့သည်။

Protraction, *n.* from above.

Protractive, *a.* from same.

Protrude, *v. i.* to jut, stick out, အစွန်းထွက်သည်။ ပြင်သို့ထွက်၍နေသည်။ to project a little, as from a hole, ပြူသည်။ —*v. t.* to thrust forward, ရှေ့သို့တိုးသည်။ to thrust out, ပြင်သို့တိုးသည်။ —the lips, နှုတ်သီးကိုစူသည်။

Protrusion, *n.* from above.

Protrusive, *a.* from Protrude.

Protuberance, *n.* ဖုသောအရာ။ အဖု။

Protuberant, *a.* from next.

Protuberate, *v. i.* ဖုသည်။ —in a point, ရူသည်။

Protuberation, *n.* from above.

—in a point, ရူသည်။

Protuberation, *n.* from above.

Proud, *a.* high minded, စိတ်မြင့်သော။ selfishly feeling superior to others, မာနရှိသော။ haughty, မာနထောင်လွှားသော။ ostentatious, ဝါကြွားသော။ ပလွှားသော။ grand, ကြီးမြတ်သော။ မြင့်မြတ်သော။ —flesh, *n.* အသားဆိုး။

Prove, *v. t.* to try, စုံစမ်းသည်။ to evince, establish by evidence, ဟုတ်မှန်ကြောင်းကိုသက်သေပြသည်။ to experience, ကိုယ်တိုင်ခံ၍သိရသည်။ —*v. i.* to be ascertained by a trial or a subsequent event, တစုံတခုသောအားဖြင့်ဟုတ်မှန်ကြောင်းထင်ရှားသည်။

Provender, *n.* မြင်း၊နွားစားသောအစာခြောက်။

Proverb, *n.* သုတ္တံစကားပုံ။ ပုံစကား။

Proverbs, *n.* ဓမ္မဟောင်းကျမ်းတို့တွင်သုတ္တံကျမ်း။

Proverbial, *a.* သုတ္တံစကားပုံနှင့်ဆိုင်သော။

Provide, *v. t.* to procure beforehand, တင်ကူး၍ရန်ထားသည်။ to furnish, အသုံးလိုသောအရာကိုပေးသည်။ အသုံးခံသည်။ to stipulate previously, အရင်ပြော၍ထားသည်။

Provided that, *conj.* ဖြစ်လျှင်။

Providence, *n.* provident regard to the future, from next; the divine superintendence and care, ဘုရားသခင်ကြည့်ရှုပြုစုတော်မူခြင်း။

Provident, *a.* မျှော်ခေါ်၍ကြံထားသော။

Providential, *a.* ဘုရားသခင် ကြည့်ရှုပြုစုတော်မူသောအားဖြင့်ဖြစ်သော။

Province, *n.* a small country dependent on a larger, ကျေးလက်ဖြစ်သောပြည်ငယ်။ a region, ဒေသအရပ်။ the proper affair or business of any one, အင်္ဂနိုးအတာ။ sphere of operation, ကိုယ်နှင့်ဆိုင်၍ဆောင်ရွက်စည်အတိုင်းဆောင်ရွက်ရသောနေရာ။

Provincial, *a.* ကျေးလက်ဖြစ်သောပြည်ငယ်နှင့်ဆိုင်သော။

Provincialism, *n.* ဝေးသောကျေးလက်၌ခြားနားစွာပြောဆိုနည်း။

Provision, *n.* from Provide; measures taken beforehand, တင်ကူး၍ပြုသောအပြုအမူ။ stores provided, သိုထားသောအရာ။ eatables, food, အစာ။ စားဘွယ်သောက်ဘွယ်။ previous stipulation, အရင်ပြော၍ထားသောအချက်။ —*v. t.* စားရန်သောက်ရန်လောက်အောင်ပေး၍ထားသည်။

Provisional, Provisionary, *a.* ခဏသာစီရင်၍ထားသော။

Proviso, *n.* စကားခြွင်း။ စကားရှင်။

Provocation, *n.* from Provoke; that which excites anger, ဒေါသအမျက်ကိုနှိုးဆော်သောအရာ။

Provocative, *a.* နှိုးဆော်တတ်သော။

Provoke, *v. t.* to rouse, နှိုးဆော်သည်။ to incense, စိတ်ဆိုးအောင်ပြုသည်။ ဒေါသအမျက်ကိုနှိုးဆော်သည်။ to cause to be, ဖြစ်စေသည်။

Provost, *n.* the chief magistrate of a city, မြို့ဝန်။ the president of a college, သိပ္ပံကျောင်းအုပ်။ a military sheriff, တပ်၌ပါသော ထောင်မှူး။

Prow, *n.* သင်္ဘောဦးချွန်း။ လှေဦးချွန်း။

Prowess, *n.* ရဲရင့်စွာတိုက်တတ်သောသဘော။

Prowl, *v. i.* အလုအရက်ရှာ၍ပတ်သည်။

Prowler, *n.* agent from above.

Proximate, *a.* အနီးဆုံးသော။

Proximity, *n.* အနီးဆုံးဖြစ်ခြင်း။

Proxy, *n.* ကိုယ်စားလှယ်။

Prude, *n.* ရှက်ကြောက်ဟန်ပြုသောမိန်းမ။

Prudence, *n.* ပညာသတိနှင့်ပြုတတ်သောသဘော။

Prudent, *a.* ပညာသတိနှင့်ပြုတတ်သော။

Prudential, *a.* pertaining to prudence, ပညာသတိနှင့်ဆိုင်သော။ exercising discretionary power, ကိုယ်ပညာသတိရှိသည်အတိုင်းပြုရသောအခွင့်ရှိသော။

Prudentials, *n. plur.* ပညာသတိနှင့်ဆိုင်သောနည်းဥပဒေ။

Prudery, *n.* from next.

Prudish, *a.* ရှက်ကြောက်ဟန်ပြုတတ်သော။

Prune, *v. t.* —a tree, အကိုင်းအခက်ကိုခုတ်ထွင်သည်။ —feathers, အမွေးအတောင်ကိုပြုပြင်သည်။

Pruning-hook, Pruning-knife, *n.* အကိုင်းအခက်ကိုခုတ်ထွင်သောဓား။

Prurience, *n.* ယားခြင်း။

Prurient, *a.* ယားလျက်ရှိသော။

Pry 1, *v. i.* to search into, သိချင်သောစိတ်နှင့်နှိုက်နှိုက်နှဲ့နှဲ့ရှာဖွေသည်။ —2, (Amer.) *v. t.* to raise as with a lever, ကော်သည်။

Psalm, *n.* ဆာလံသီခြင်း။

Psalmist, *n.* ဆာလံသီခြင်းကိုစီကုံးသောဆရာ။

Psalmody, *n.* ဆာလံသီခြင်း၊ ဓမ္မသီခြင်းကိုဆိုခြင်း။

Psalter, *n.* ဆာလံကျမ်းစာ။

Psaltery, *n.* စောင်းတမျိုး။

Pseudo, *n.* ပဝတ္တိဖြစ်သော။

Pshaw, *int.* ဗွိ။

Psychology, *n.* စိတ်ဝိညာဉ်နှင့်ဆိုင်သောအတတ်ပညာ။

Puberty, *n.* အပျို၊ လူပျိုဖြစ်သောအရွယ်။

Pubes, *n.* အမွေး။

Pubescence, *n.* from next.

Pubescent, *a.* အမွှယ်ပေါက်သော။

Public, *a.* pertaining to the people at large, ပြည်သူပြည်သားများနှင့်ဆိုင်သော။ open to all, generally known, လူများသိရသော။ ပွင့်လင်းသော။ open to common use, လူများသုံးရသော။ ပိုပါသက ဖြစ်သော။ —house, *n.* ထမင်းဆိုင်။—spirited, *a.* လူများအကျိုးကို ပြုစုချင်သောသဘောရှိသော။—*n.* ပြည်သူပြည်သားများ။—[in,] *adv.* လူများရှေ့မှာ။

ဆိုင်ရှင်။

Publication, *n.* from Publish; a work printed and offered to the public, လူများကြည့်ဘို့ပုံရိုက်သောစာ။

Publicity, *n.* the state of being before the public, လူများရှေ့မှာထင်ရှားခြင်း။ notoriety, ကျော်စောခြင်း။

Publish, *v. t.* to make known to the public, ကျော်ညာအောင်ပြုသည်။ သိတင်းလွှင့်သည်။ to print for public use, လူများကြည့်ဘို့ပုံရိုက်သည်။

Publisher, *n.* agent from above.

Pucker, *v. t.* from next.

Puckered [be,] *v. i.* ရှုံ့သည်။

Pudenda, *n.* whether male or female, လိင်္ဂ။ အင်္ဂဇာတ်။ နိမိတ်။ ဘော။

Pudding, *n.* မုန့်ပျော့။

Puddle, *n.* ရွှံ့ဗွက်။

Pudency, Pudicity, *n.* ဟိရိ။ ရှက်ခြင်း။

Puerile, *a.* သူငယ်ကဲ့သို့ဖြစ်သော။

Puerility, *n.* from above.

Puerperal, *a.* သားဖွားခြင်းနှင့်ဆိုင်သော။

Puff, *v.* to blow with a quick blast, ဟုတ်ခနဲမှုတ်သည်။ ဖွားသည်။ to pant, ဟိုက်သည်။ to inflate, လေသွင်း၍ဖောင်းစေသည်။ to praise with exaggeration, ကား၍ချီးမွမ်းသည်။ —away, *v. t.* လွှင့်အောင်မှုတ်သည်။ —up, to inflate, လေနှင့်ဖောင်းစေသည်။ လေသွင်း၍ဖောင်းစေသည်။ to elate, မိတ်မြင့်အောင်ပြုသည်။ —*n.* a sudden emission of breath, ဟုတ်ခနဲမှုတ်လိုက်သောလေတမှုတ်။ any thing light and porous, အနှစ်သာရမရှိ၊ ဖောင်းသွတ်သောအရာ။ a substance of loose texture to sprinkle powder, တို့ဖတ်။ exaggerated praise, ကား၍ချီးမွမ်းသောစကား။

Pugilism, *n.* လက်ဝှေ့သတ်ခြင်း။

Pugilist, *n.* လက်ဝှေ့သတ်သောသူ။

Pugnacious, *a.* ရန်ရှာ၍တိုက်တတ်သော။

Pugnacity, *n.* from above.

Pugnosed, *a.* နှာတံနိမ့်၍နှာသီးမြင့်သော။

Puisne, *a.* အရာငယ်သော။

Puissance, *n.* from next.

Puissant, *a.* ခွန်အားကြီးသော။ တန်ခိုးကြီးသော။

Puke, *v.* အန်သည်။ —*n.* အန်ဆေး။

Pulchritude, *n.* လှခြင်း။ တင့်တယ်ခြင်း။

Pule, *v. i.* တအဲ့အဲ့ညည်းသံပြုသည်။

Pull, *v. t.* to draw, ဆွဲသည်။ငင်သည်။ to draw (as a beast of burden,) ရုန်းသည်။ to gather (fruit, &c.) ဆွတ်သည်။ —down, အောက်သို့ဆွဲ၍ချသည်။ to demolish, ဖြိုဖျက်သည်။ to humble, degrade, နှိမ့်ချသည်။ ရှုတ်ချသည်။ —off, ချွတ်သည်။ —out, —up, နှုတ်သည်။ —*n.* ဆွဲငင်ခြင်း။

Pullet, *n.* ကြက်မကလေး။

Pulley, *n.* the wheel of a block, နားဆန်။ the block, နားသီး။ နားသီးစက်။ လက်ခုပ်သီး။

Pullulate, *v. i.* to germinate from a seed, အညွှောက်ပေါ်သည်။ to bud, as a leaf or flower, အဖူးထွက်သည်။

Pulmonary, Pulmonic, *a.* အဆုတ်နှင့်ဆိုင်သော။

Pulp, *n.* any soft mass, ရေကြွေင့်ပျော့သောအရာ။ the soft part of fruit, အသီး၌ပျော့သောအသား။

Pulpiness, *n.* from Pulpy.

Pulpit, *n.* တရားဟောပလ္လင်။

Pulpy, *a.* soft from the admixture of a liquid, ရေကြွေင့်ပျော့သော။ soft as the pulp of fruit, အသီးကဲ့သို့ပျော့သော။

Pulsate, *v. i.* သွေးတိုးသည်။ သွေးခုန်သည်။

Pulsation, *n.* from above.

Pulse 1, *n.* the motion of an artery, သွေးတိုးခြင်း။ သွေးခုန်ခြင်း။ the act of impinging, ထိခိုက်ခြင်း။ —2, ပဲမျိုး။

Pulverable, *a.* အမှုန့်ဖြစ်နိုင်သော။

Pulverize, *v. t.* အမှုန့်ဖြစ်အောင်ပြုသည်။

Pumice, *n.* မီးတောင်ကထွက်သောကျောက်။

Pummel, *see* Pommel.

Pump, *n.* ဗုံပိုင်။ —handle, ဗုံပိုင်မောင်းလက်။ —*v.* to raise water by a pump, ဗုံပိုင်ထိုးသည်။ to question artfully, သွယ်ဝိုက်၍မေးစစ်သည်။

Pumpkin, *n.* ဖရုံသီး။

Pun, *n.* ပကတိအနက်၊ရယ်ဖွယ်စွာအနက်၊နှစ်ချက်ပါသောစကား။ —*v. i.* ထိုသို့သောစကားနှင့်ပြောသည်။

Punch 1, *n.* an iron instrument for perforating, ရှူး။ ဖောက်ရှူး။ a piece of steel with a letter on the end in relievo, စာလုံးပုံရအောင်တံဆိပ်ခတ်ရန်သံပုံ။ —1, *v. t.* to perforate with an iron instrument, စူးနှင့်ဖောက်သည်။ (Amer.) to thrust against, ထိုးသည်။ —2, *n.* the liquor, အရက်နှင့်ရေရော၍အချိုအချဉ်ခတ်သောအဖျော်ရည်။ —3, a harlequin, လူပြက်။

Puncheon, *n.* ဂါလံ ၁၂၀ ဝင်သောစည်ကြီး။

Punchy, *a.* တုပ်ဝသော။

Punctilio, *n.* ထုံးတမ်းနှင့်ဆိုင်၍ပြုသင့်သောအမှုကလေး။

Punctilious, *a.* ထုံးတမ်းနှင့်ဆိုင်၍ပြုသင့်သောအမှုကလေးတို့ကိုပြုတတ်သော။

Punctiliousness, *n.* from above.

Punctual, *a.* အချိန်မလွဲ၊ မှန်မှန်ပြုတတ်သော။

Punctuality, *n.* from above.

Punctuate, *v. t.* ပိုက်သည်။

Punctuation, *n.* from above.

Puncture, *v. t.* စူးအောင်ထိုးသည်။—*n.* from above; the hole made by puncturing, စူးရာ။ စူးပေါက်ရာ။

Pundit, *n.* ဟိန္ဒူဆရာ။

Pungency, *n.* from next.

Pungent, *a.* pricking, stimulating to the nostrils, အနံ့စူးသော။ sharp

Puniness, *n.* from Puny.

Punish, *v. t.* ဒါဏ်ပေးသည်။ အပြစ်ပေးသည်။

Punishable, *a.* ဒါဏ်ခံထိုက်သော။

Punishment, *n.* ဒါဏ်။

Punitive, *a.* ဒါဏ်ပေးသော။

Punka, *n.* သဘေးယပ်။

Punster, *n.* စကားပျက်၊ စကားချော်ပြောတတ်သောသူ။

Puny, *a.* ကျစ်သော။ ညှက်သော။ လှီသော။

Pup, *n.* ခွေးကလေး။ —*v.* ခွေးကလေးမွေးသည်။

Pupil 1, *n.* the apple of the eye, မျက်ဆန်။ မျက်ငွေ။ မျက်စိသူငယ်အိမ်။ —2, a scholar, တပည့်။

Pupilage, *n.* တပည့်၏အဖြစ်။

Puppet, *n.* ရုပ်သေး။ —show, ရုပ်သေးပွဲ။

Puppy, *see* Pup, *n.*

Purblind, *a.* မျက်စိသီသော။ မှုန်သော။

Purchase, *v. t.* ဝယ်သည်။ —*n.* from above; that which is purchased, ဝယ်သောအရာ။ a fulcrum, အခူ။

Pure, *a.* clean, စင်ကြယ်သော။ သန့်ရှင်းသော။ သန့်ပြန့်သော။ free from foreign admixture, ရှင်းလင်းသော။ clear (as water,) ကြည်သော။ clear, mere, အတိ။ စစ်။ သက်သက်။

Pureness, *n.* from above.
Purgation, *n.* from Purge.
Purgative, *a.* cleansing, ရှင်းလင်းစေတတ်သော။ cathartic, ဝမ်းနှုတ်တတ်သော။
Purgatory, *a.* ရှင်းလင်းစေတတ်သော။ —*n.* ဗရင်ဂျီဘာသာအတိုင်းအပြစ်ရှင်းလင်းစေသောငရဲငယ်။
Purge, *v. t.* to cleanse, ရှင်းလင်းစေသည်။ to evacuate the intestines, ဝမ်းနှုတ်သည်။ —*v. i.* ဝမ်းကျသည်။ —*n.* ဝမ်းနှုတ်ဆေး။
Purging, *n.* ဝမ်းကျနာ။
Purification, *n.* from Purify.
Purificative, Purificatory, *a.* သန့်ရှင်းစေတတ်သော။ ရှင်းလင်းစေတတ်သော။
Purifier, *n.* သန့်ရှင်းစေသောအရာ။ ရှင်းလင်းစေသောအရာ။
Purify, *v. t.* from Pure, 1st, 2d, and 3d def.
Puritan, *n.* ရှေးကာလမင်းမိရင့်သွေးဥပဒေကိုမလိုက်၊ကျမ်းအတွက်ကိုလိုက်၍ကိုးကွယ်သောသူ။
Purity, *n.* from Pure.
Purl, *v. i.* သွင်သွင်မြည်သည်။
Purlieu, *n.* အစွန်။ အနား။
Purlin, *n.* ထုပ်လုလင်။ မြှား။s.
Purloin, *v. t.* ကဲ့ဝှက်သည်။ ကဲ့ဝှက်၍ယူသည်။
Purple, *a.* နီမောင်းသော။ မြပ်ရောင်ရှိသော။ မြပ်မြပ်။ —*n.* purple color, နီမောင်းသောအဆင်း။ မြပ်ရောင်။ a purple robe, နီမောင်းသောဝတ်လုံ။ —*v. t.* နီမောင်းအောင်ပြုသည်။
Purport, *v. t.* to indicate, ပြညွှန်သည်။ to mean, import, ဆိုလိုသည်။ —*n.* from above; meaning, ဆိုလိုချက်အနက်အဓိပ္ပာယ်။ သရုပ်။
Purpose, *v. t.* ကြံစည်သည်။ ကြံရွယ်သည်။ —*n.* intention, design, အကြံအစည်။ အကြံအရွယ်။ an object aimed at, ကြံရွယ်သောအရာ။ end, effect, consequence, အကျိုး။
Purr, *v. i.* ကုတ်ဟီးသံနှင့်မြည်သည်။
Purse, *n.* ငွေအိတ်။ —proud, *a.* ဥစ္စာဂုဏ်တက်သော။ —*v.* မှို့သည်။
Purser, *n.* တိုက်သင်္ဘောတွင်စားနပ်ရိက္ခာကိုဝေငှသောအရာရှိ။
Purslain, *n.* မြေပြစ်ပင်။
Pursuance [in,] *see* next.
Pursuant, *prep.* နှင့်အညီ။ အတိုင်း။ ကြောင့်။
Pursue, *v. t.* to follow in course, အစည်အတိုင်းလိုက်သည်။ to follow in order to overtake, မှီအောင်လိုက်သည်။ လိုက်လံသည်။ commonly combined with, ရှာဖွေသည်။ to practise, လုပ်ဆောင်၍နေသည်။
Pursuit, *n.* from same.

Pursuivant, *n.* မင်းပါးတွင်စေသောအရာရှိ။

Pursy, *a.* တုပ်ဝ၍ပန်းဟိုက်စွာရှူတတ်သော။

Purulence, *n.* ပြည်ဖြစ်ခြင်း။

Purulent, *a.* ပြည်ပါသော။

Purvey, *v. t.* အသုံးခံသည်။

Purveyance, *n.* from above; provisions, စားစရိတ်။

Purveyor, *n.* စားပွဲမှုကိုဆောင်၍အသုံးခံသောသူ။

Purview, *n.* အကျယ်အဝန်း။

Pus, *n.* ပြည်။

Push, *v. t.* to press against, တွန်းသည်။ တွန်းထိုးသည်။ to thrust at, ထိုးသည်။ to urge forward, တိုက်တွန်းသည်။ to make an effort, အားထုတ်သည်။ to constrain, အနိုင်အထက်ပြုသည်။ —*v. i.* to go ahead, ရှေ့သို့တိုး၍တက်သည်။ —off (a boat,) *v. t.* ကန့်သည်။ —*n.* from *do.*

Pusillanimity, *n.* from next.

Pusillanimous, *a.* သူရဲဘောနည်းသော။

Puss, Pussy, *n.* ကြောင်အခေါ်။

Pustulate, *v. i.* အဖုပေါက်သည်။

Pustule, *n.* အဖု။

Put, *v. t.* to place, ထည့်သည်။ ထားသည်။ ထည့်ထားသည်။ နေရာချသည်။ —*v. i.* to steer, ပဲ့သည်။ —about, *v. t.* လှည့်သည်။ (trans.) —aside, ထားသည်။ —away, ပယ်ရှားသည်။ —a wife, ကွာသည်။ ကွာရှင်းသည်။ —by, to turn aside, လွှဲသည်။ လွှဲပယ်သည်။ to deposit, သိုထားသည်။ —down, to set down, ထားသည်။ to enter in writing, မှတ်သားသည်။ to make low, နှိမ့်သည်။ နှိမ့်ချသည်။ to confute, ချေသည်။ —forth, to propose, ဆင်ခြင်ရန်တင်၍ပြောသည်။ to reach out, လှမ်းသည်။ to germinate, အညှောက်ထိုးသည်။ အဖူးထွက်သည်။ အရွက်ပေါက်သည်။ to exert, အားထုတ်သည်။ to publish, လူများကြည့်ဘို့ပုံနှိပ်သည်။ —*v. i.* to leave port, လွှင့်သည်။ —in, *v. t.* သွင်းသည်။ —fear, ကြောက်အောင်ပြုသည်။ —mind, သတိပေးသည်။ —order, စီစဉ်သည်။ ဆင်သည်။ ပျင်ဆင်သည်။ —practice, လုပ်ဆောင်ပြုမူသည်။ —*v. i.* (သင်္ဘောဆိပ်သို့) ဝင်သည်။ —in for, သူတပါးနှင့်ပိုင်း၍ကိုယ်ဘို့တောင်းသည်။ —into, *v. t.* သွင်းသည်။ —off, to lay aside, ချွတ်သည်။ to turn aside, လွှဲပယ်သည်။ to postpone, အချိန်ကာလကိုရွှေ့၍ပြုသည်။ to pass into other hands falaciously, အရောင်ဆောင်၍သူတပါးယူစေသည်။ to discard, ပယ်ထားသည်။ —*v. i.* to push from land, ကမ်းကစွာ၍သွားသည်။ —on, *v. t.* to place on, တင်သည်။ to clothe, ဝတ်သည်။ to assume, ဆောင်သည်။ to deceive, လှည့်စားသည်။ —trial, တရားစစ်ခံရ

ခေါင်ပြုသည်။ —*v. i.* to make more effort, သာ၍ကြိုးစားသည်။ —out, *v. t.* to place at interest, အတိုးနှင့်ချသည်။ ငွေတိုးချသည်။ to extinguish, သတ်သည်။ သေသည်။ ငြိမ်းသည်။ to germinate, အညှောက်ထိုးသည်။ အဖူးထွက်သည်။ အရွက်ပေါက်သည်။ to reach out, ဆန့်သည်။ to expel, နှင်ထုတ်သည်။ to disconcert, စိတ်ကို ရှုပ်ထွေးအောင်ပြုသည်။ —the eyes, မျက်စိကန်းအောင်ပြုသည်။ —over, အချိန်ကာလကိုရွှေ၍ပြုသည်။ —to, to unite, ပေါင်းသည်။ —bed, သားဖွားရာ၌ပြုစုသည်။ —death, သတ်သည်။ —(a door,) စေ့ထားသည်။ —it, အနေကျဉ်းကြပ်ရအောင်ပြုသည်။ —sea, ဆိပ်ကမ်းကထွက်၍ပင်လယ်သို့လွှင့်သွားသည်။ —a stand, ရပ်စေသည်။ —the sword, သတ်သည်။ —torture, အပူအပြင်းစစ်သည်။ —trial, စုံစမ်းသည်။ —together, ပေါင်းသည်။ —up, to lay aside, ထားသည်။ to deposit, သိုထားသည်။ to expose for sale at auction, လေလံပြစ်သည်။ —up with, သည်းခံသည်။

Putative, *a.* သူတပါးထင်မှတ်သော။

Putrefaction, *n.* from next.

Putrefy, *v. i.* ပုပ်သည်။ *v. t.* from same.

Putrescence, *n.* from next.

Putrescent, *n.* ပုပ်လျှက်ရှိသော။

Putrid, *a.* ပုပ်သော။ ပုပ်စပ်သော။

Putridity, Putridness, *n.* from above.

Putty, *n.* the powder of calcined tin, ခဲမဖြူကိုမီးဖုတ်၍ထွက်သော အချေး။ Burmese cement, သားချိုး။ cement used by European glaziers, မြေဖြူနှင့်ဆီရော၍လုပ်သောသားချိုး၊

Puzzle, *v. i.* to be bewildered, စိတ်နားဝေနားဝါဖြစ်သည်။ မှိုင်တွေး သည်။ —*v. t.* from above; to entangle, make confused, ရှုပ်ထွေးစေသည်။ —*n.* from *do.*

Pygmy, *n.* အမြင့်တတောင်သာရှိသောသူ။

Pylorus, *n.* အစာအိမ်၏ထွက်ဝ။

Pyramid, *n.* ချွန်ချွန်ပုံထားသောအရုပ်ပုံ၊ ကျောက်ပုံကြည်းဟူသောပိရမိဒ်ပုံ။

Pyre, *n.* သူကောင်ကိုတင်၍သင်းဂြိုဟ်ရန်ပုံထားသောထင်းပုံ။

Pyrite, *n.* ဗဟန်းကျောက်။

Pyrology, *n.* တေဇောဓာတ်နှင့်ဆိုင်သောအတတ်ပညာ။

Pyrometer, *n.* မီးပူခြင်းအရှိန်ကိုတိုင်းထွာသောတန်ဆာ။

Pyrotechnics, *n.* မီးပန်းကိုစီရင်သောအတတ်။

Pyrrhonism, *n.* အမှုခပ်သိမ်းတို့ကိုယုံမှားခြင်း။

Pyx, *n.* ဖရင်ဂီဘာသာ၌ ဘုရားဟူ၍ အယူရှိသောမုန့်ကို တည့်ထားသော သစ်တာ။

Q

Quack, *v. i.* (ဝမ်ဘဲ)မြည်သည်။—*n.* a boastful pretender, လူဝါ။ a pretender to medical skill, ဆေးမတတ်ဘဲတတ်ရောင်ဆောင်၍ဆေးကုသောသူ။
Quackery, *n.* ဆေးမတတ်ဘဲတတ်ရောင်ဆောင်၍ဆေးကုခြင်း။
Quadragesima, *n.* ဝါရှောင်ရသောရက်ပေါင်းလေးဆယ်။
Quadrangle, *n.* ၄ထောင့်ပုံ။
Quadrangular, *a.* ၄ထောင့်ရှိသော(ပုံ။)
Quadrant, *n.* the fourth part, အမိတ်။ the quarter of a circle, စက်ဝိုင်းလေးမိတ်တွင်တမိတ်။ a sextant, နေတိုင်း။
Quadrate, *n.* စတုရန်း။—*v. i.* ညီညာသည်။
Quadrature, *n.* a square, စတုရန်း။ the act of squaring, စတုရန်းဖြစ်စေသည်။
Quadrennial, *a.* happening every fourth year, ၄နှစ်တွင်တခါဖြစ်တတ်သော။ lasting four years, ၄နှစ်ဘိုင်အောင်တည်တတ်သော။
Quadrilateral, *a.* အနားလေးဖက်ရှိသော(ပုံ။)
Quadrille, *n.* ဖဲကစားခြင်းတမျိုး။
Quadrillion, *n.* ဆယ်ကောဋိ။
Quadruped, *n.* သား။ အခြေလေးချောင်းရှိသောတိရိစ္ဆာန်။
Quadruple, *a.* လေးဆဖြစ်သော။
Quaff, *v.* သောက်ချင်ခြင်းရမ္မက်အာသာနှင့်သောက်သည်။
Quagmire, *n.* အပေါ်တင်း၍အိသောနုန်း။
Quail 1, *n.* ငုံး။—pipe, ငုံးတယ်သောပြွေ။—2, *v. i.* ရွံ့သည်။
Quaint, *a.* nice, exact, ခေ့ပွတ်သော။သေချာသော။ ridiculously plain, ရိုးလွန်း၍ရယ်ဖွယ်ဖြစ်သော(စကား။)
Quaintness, *n.* from above.
Quake, *v. i.* တုန်လှုပ်သည်။
Qualification *n.* that which makes fit or capable, လျှောက်ပတ်၍တတ်နိုင်သောအစွမ်းသတ္တိ။ abatement, diminution, လျော့ခြင်း။ limitation of meaning, အနက်အဓိပ္ပာယ်ကျဉ်းအောင်ပြုခြင်း။
Qualify, *v. t.* to make fit for, တော်သင့်အောင်ပျင်ဆင်သည်၊ ပြုပြင်သည်။ တတ်နိုင်အောင်ပြုသည်။ to abate, diminish, လျော့စေသည်။ လျှော့သည်။ to modify the meaning, အနက်ကျဉ်းအောင်ပြုသည်။
Quality, *n.* an attribute, ဆိုင်သောအရာ။ ဂုဏ်။ သတ္တိ။ character, lead-

Qualm, *n.* from next.
Qualmish, *a.* နှစ်လုံးနာသော။ အော်ဂလီဆန်သော။
Quandary, *n.* ယုံမှားခြင်း။ ဇဝေဇဝက်ရှိခြင်း။

Quantity, *n.* မည်မျှမည်ရွေ့၊တစုံတခုသောအပိုင်း။ ခန့်မှန်း။ အချို့။
Quantum, *n.* အမျှ။
Quarantine, *n.* ကာလနာကူးမည်စိုးရိမ်သော့ကြောင့်မြို့ဆိပ်သို့ရောက်သော သင်္ဘောမဝင်၊ရပ်ဆိုင်း၍နေရသောရက်ပေါင်း။
Quarrel, *v. i.* ရန်တွေ့သည်။ခိုက်ရန်ဖြစ်သည်။ —*n.* from above, ခိုက်ရန်။
Quarrelsome, *a.* ရန်တွေ့တတ်သော။
Quarry, *n.* ကျောက်ကိုတူးယူသောကျောက်တွင်း။ —*v. t.* ကျောက်တွင်းက တူးယူသည်။
Quart, *n.* ကွတ်တည်းဟူသော ၂ ပိုင့်နှင့်မျှသောအခြင်အတွယ်။
Quartan, *n.* and, *a.* လေးရက်တခါတက်တတ်သော (ဖျားနာ။)
Quarter, *n.* the fourth part, လေးစိတ်တွင်တစိတ်။လေးမျိုတမျို။အစိတ်။ a cardinal point, မျက်နှာ။ a particular region (of a town or country,) အရပ်။ *plur.* a place of lodging or temporary residence, တည်းရာအရပ်။ sparing the life of a captive, အောင်သူမသတ်ဘဲအသက်ချမ်းသာပေးခြင်း။ —day, သုံးလတကြိမ် ချိန်းချက်၍ အတိုးအခပေးသောနေ့။ —deck, သင်္ဘောပဲ့ကုန်းပတ်။ —master, တပ်သားတို့ကိုတည်းနေရာချထား၍ စားနတ်ပိုက္ခာအစရှိ သည်တို့ကိုအုပ်ချုပ်စီရင်သောဗိုလ်။ —*v. t.* to divide into four parts, လေးစိတ်စိတ်သည်။ to divide into compartments, အကန့် အကွက်လုပ်သည်။ to station in a temporary dwelling, တည်း နေရာချပေးသည်။
Quarterly, *a.* consisting of a fourth part, လေးစိတ်တစိတ်ဖြစ်သော။ recurring once in three months, သုံးလတကြိမ်ဖြစ်သော။
Quarto, *n.* and, *a.* ၂ ခေါက်ချိုး။
Quash, *v. t.* to crush, ကြိုးပဲ့အောင်မိခ္ဈိပ်သည်။ to subdue, နှိပ်နင်း သည်။ to cancel, ချေဖျက်သည်။
Quarternion, *n.* လေးခု။ လေးယောက်။
Quaver, *v. i.* to tremble, တုန်လှုပ်သည်။ the shake the voice in speaking or singing, တုန်လှုပ်သံပြု၍ပေးသည်။ —*n.* from same: one of the notes in music, သီခြင်းသံပိုတမျိုး။
Quay, *n.* လှေ၊သင်္ဘောရှည်သောတန်တားဦးတို။
Quean, *n.* ယုတ်မာသောမိန်းမ။
Queasy, *a.* qualmish, နှစ်လိုးနာသော။ squeamish, နှစ်လိုးမသန့်၊ ဖြံ တတ်သော။
Queen, *n.* မိဖုရား။ —*v. i.* မိဖုရားလုပ်သည်။
Queenly, *a.* မိဖုရားကဲ့သို့ဖြစ်သော။
Queer, *a.* သူတပါးတို့နှင့်မတူ၊ရယ်စချင်ဖွယ်သောလက္ခဏာရှိသော။
Quell, *v. t.* to subdue, နှိပ်နင်းသည်။ to quiet, ငြိမ်းစေသည်။ ငြိမ်း အောင်ပြုသည်။
Quelque-chose, *see* Kickshaw.

Quench, *v. t.* to extinguish, (မီးကို)သတ်သည်။ သေသည်။ ငြိမ်းသည်။ to quiet, ငြိမ်းအောင်ပြုသည်။—thirst, ရေငတ်ပြေအောင်ပြုသည်။ to check the force of, အရှိန်ကိုသတ်သည်။

Quenchless, *a.* မငြိမ်းနိုင်သော။မသေနိုင်သော။

Querist, *n.* မေးမြန်းသောသူ။

Querl, *v. t.* ခွေသည်။

Quern, *n.* လက်လှည့်ကြိတ်ဆုံ။

Querulous, *a.* မြည်တမ်းတတ်သော။

Querulousness, *n.* from above.

Query, *v.* မေးမြန်းသည်။—*n.* အမေး။

Quest, *n.* ရှာဖွေခြင်း။

Question, *v.* to inquire, မေးမြန်းသည်။ to interrogate, မေးစစ်သည်။ to be in uncertainty about, ယုံမှားသည်။ —*n.* the act of inquiring, or interrogating, မေးမြန်းခြင်း။ မေးစစ်ခြင်း။ that which is asked, အမေးဝုဿာ။ discussion, နှီးနှောခြင်း။ debate, ဆွေးနွေးငြင်းခုံခြင်း။ judicial examination, စစ်ကြောခြင်း။ examination by torture, အပူအပြင်းစစ်ခြင်း။

Questionable, *a.* ယုံမှားဖွယ်ဖြစ်သော။

Questor, *n.* ဘဏ္ဍာစိုး။

Quib, *n.* ကရော်ကမည်ပြောချက်။

Quibble, *v. i.* သုစကားကျေအောင်လိမ်လည်၍ပြောသည်။ —*n.* from *do.*

Quick, *a.* living, အသက်ရှင်သော။ swift, လျှင်မြန်သော။ brisk, nimble, ပေါ့ပါးလျှင်မြန်သော။ —lime, *n.* မဖောက်ထုံး။ —sand, ကျွံတတ်သောသဲသောင်။ —set, စည်းစောင်ရန်းဖြစ်အောင်စိုက်သောအပင်။ —sighted, *a.* မျက်စိပ်ကောင်းသော။ —silver, *n.* ပြဒါး။ —witted, *a.* ညာဏ်ထက်မြက်သော။ —*n.* နာကြင်တတ်သောအသား။

Quicken, *v. i.* to become alive, အသက်ရှင်လာသည်။ —*v. t.* to make alive, အသက်ရှင်စေသည်။ to accelerate, မြန်စေသည်။ to stimulate, အားကြွစေသည်။

Quickness, *n.* from Quick, *a.* 2d, 3d and 4th def.

Quickly, *adv.* လျှင်မြန်စွာ။ အသော့။ အလျှင်အမြန်။ မြမြ။ မြိုက်မြိုက်။ instantly, ခိုတမင်။ ခိုမိခိုမင်။ violently, ရက်ရက်။

Quick-sighted, *a.* မျက်စိရှင်သော။

Quid, *n.* အယာ။ အယာစား။

Quiddle, *v. i.* ပေါ့လျော့၍ပြုသည်။

Quidnunc, *n.* သိတင်းသစ်စကားကိုမေးမြန်းရှာဖွေတတ်သောသူ။

Quiescence, *n.* from next.

Quiescent, *a.* still, quiet, ငြိမ်သော။ composed, undisturbed, ငြိမ်

သက်သော။ silent, not sounded, as a silent letter, ရေးသား သည်အတိုင်းမဖတ်ရှုတ်သော(အက္ခရာ။)
Quiet, *a.* still, ငြိမ်သော။ တိတ်ဆိတ်သော။ undisturbed, ငြိမ်သက်သော။ not giving trouble, not turbulent, အမှုမလုပ်။ ငြိမ်ဝပ်စွာနေသော။ —soothing, pleasant, as a wilderness, ဆည်းကြသော။ —*n.* from above, 1st and 2d def. —*v. t.* to still, appease, calm, ငြိမ်းစေသည်။ —the mind, နှစ်သိမ့်စေသည်။
Quietism, *n.* စိတ်ငြိမ်ဝပ်ခြင်း။
Quietist, *n.* စိတ်ငြိမ်ဝပ်ခြင်းပါရမီကိုအမြတ်ဆုံးထားသောသူ။
Quietness, Quietude, *n.* from Quiet, *a.*
Quietus, *n.* ပြေလွှတ်ခြင်း။
Quill, *n.* —of a fowl's wing, ခံတောင်။ —of a shuttle, ရက်ခေါက်။
Quilt, *n.* ဋွမ်းပေါက်အိပ်ရာခင်း။ —*v. t.* ဋွမ်းခံ၍ချုပ်သည်။
Quinine, *n.* ကွီနိုန်။ အဖျားဖြတ်ဆေးတမျိုး။
Quinquangular, *a.* ၅ ထောင့်ရှိသော(ပုံ။)
Quinquenial, *a.* happening every fifth year, ၅ နှစ်တွင်တခါဖြစ်တတ်သော။ lasting five years, ၅ နှစ်တိုင်အောင်တည်တတ်သော။
Quincy, လည်ခြောင်းရောင်သောအနာတမျိုး။
Quintal, *n.* ပေါင်တရာရှိသောအချိန်။
Quintessence, *n.* အထပ်ထပ်ပြန်၍ချက်သောအရည်။
Quintillion, *n.* သောင်းကောဋိ။
Quintuple, *a.* ၅ ဆဖြစ်သော။
Quip, *see* Quib.
Quire 1, *see* Choir. —2, *n.* 24 sheets of paper, စက္ကူ ၂၄ ချပ်။
Quirk, *n.* a quibble, သုစကားကျေအောင်လိမ်လည်၍ပြောချက်။
Quit, *v. t.* to leave, ထွက်သွားသည်။ to abandon, give up, စွန့်သည်။ ပြစ်ထားသည်။ to discharge, ပြေလွှတ်သည်။ —*a.* free from difficulty, အမှုနှင့်လွတ်သော။
Quitclaim, *n.* ကိုယ်ပိုင်သောအိမ်။ မြေစသည်တို့ကိုသူတပါးသို့လွှဲအပ်သော စာချုပ်။
Quite, *adv.* အကုန်အစင်။ လုံးလုံး။ အကြွင်းမဲ့။
Quitrent, *n.* အိမ်၊မြေကိုလုံးလုံးမပိုင်၍အနည်းငယ်ပေးရသောအခ။
Quits, *int.* နှစ်ဦးနှစ်ဝပင်အမှုပြေ၍ရှင်းလင်းကြပြီ။
Quittance, *n.* ပြေစာ။
Quiver 1, *n.* မြှားကျည်တောက်။ မြှားထောင့်။ —2, *v. i.* တုန်လှုပ်သည်။
Quixotic, *a.* အမှုနှင့်မတန်အောင်စွန့်စားတတ်သော။
Quiz, *v. i.* သုအလိုကိုရယ်ဖွယ်ဖြစ်အောင်မြှောက်၍သရော်သည်။
Quoit, *n.* ထွေပြား။
Quondam, *a.* ရှေးဖြစ်ဘူးသော။ ဟောင်းသော။
Quorum, *n.* အမှုအရေးကိုစီရင်ပိုင်အောင်များသောအရာရှိစု။

Quota, *n.* အငန်းအတာ။
Quotation, *n.* from next; a passage quoted, နှုတ်ထုတ်သောအချက်။
Quote, *v. t.* to cite from another, သူတပါးစကားကိုနှုတ်ထုတ်သာက်သေပြသည်။ to name, as the price of an article, ဈေးနှုန်းပေါက်ဈေကိုထုတ်ပြသည်။
Quoth, *v. i.* ပြောဆိုသည်။
Quotidian, *a.* နေ့တိုင်းတက်တတ်သော (အဖျား။)
Quotient, *n.* စား၍ရသောလဒ်။ ရလဒ်။

R

Rabbet, နားပေထပ်၍စပ်သည်။
Rabbi, *n.* ယုဒဆရာရဗ္ဗိ။ အရှင်ဘုရား။
Rabbinical, *a.* ယုဒဆရာရဗ္ဗိတို့နှင့်ဆိုင်သော။
Rabbit, *n.* ယုန်ငယ်မျိုး။ သင်္ဘောယုန်။
Rabble, *n.* ဆင်းရဲသောလူနှုပ်စု။
Rabid, *a.* furious, ပြင်းထန်သောစိတ်ရှိသော။ insane, ရူးသော။
Race 1, *n.* a particular breed, အမျိုး။ lineage, အမျိုးအနွယ်။ —2, *v.* to run swiftly, အလျင်အမြန်ပြေးသည်။ to contend in running, ပြိုင်၍ပြေးသည်။ —3, *n.* from above; *see also* Mill-race. —ground, *n.* မြင်းပြိုင်ရာတလင်း။ —horse, *n.* အပြေးပြိုင်ရန်ထားသောမြင်း။
Raciness, *n.* from Racy.
Rack 1, *n.* an engine of torture, အပူအပြင်းစစ်ကြောရန်စက်တန်ဆာ။ extreme pain, ပြင်းစွာသောဝေဒနာ။ a wooden grate in which hay is placed for cattle, မြင်း၊ နွားတို့အတန်မိ နှုတ်ယူ၍စားရန်ကာဆီးသောခြံ။ —1, *v. t.* to torture on a rack, စက်တန်ဆာနှင့်အပူအပြင်းစစ်သည်။ to excruciate, ပြင်းထန်စွာသောဝေဒနာကိုဖြစ်စေသည်။ to wrest, လိမ်ဖယ်၍ယူသည်။ —2, *n.* a thin fleecy cloud, တိမ်မှိုင်း။ —3, *v. t.* to draw off from the lees, အနှစ်မပါအောင်ဖောက်၍စစ်ယူသည်။
Racket 1, *n.* rattling noise, အုတ်အုတ်ကျက်ကျက်သောအသံ။ —2, *n.* an instrument for striking a tennis ball, ဗလီရိုက်ခွက်။
Racy, *a.* ဩဇာလေးနက်သော။
Radiance, Radiancy, *a.* from next.
Radiant, *a.* အရောင်တောက်ပသော။
Radiate, *v.* ရောင်ခြည်ဖြာ၍သွားသည်။
Radiation, *n.* from above.
Radical, *a.* pertaining to original constitution, နဂိုရှိခဲ့ပါသော။ ပကတိအတိုင်းဖြစ်သော။ fundamental, မူလအရင်းနှင့်ဆိုင်သော။ underived, မူလဖြစ်သော။ —*n.* a primitive word, မူလဖြစ်သော

ဓကား။ an advocate of extreme reform, မကောင်းသောအမှုကို အကုန်အစင်ပယ်ရှင်းခြင်းငှါအားထုတ်လွန်းသောသူ။

Radicate, *v. i.* အမြစ်ကျသည်။

Radication, *n.* from above.

Radish, *n.* မုန်လာ။

Radius, *n.* the semidiameter of a circle, စက်ဝန်း၏အချင်းတဝက်။ the large bone between the elbow and the wrist, တံတောင်ရိုးကြီး။

Radix, *n.* အမြစ်။

Raffle, *v.* ထည်ကစားသည်။ ထည်ကောက်သည်။ ဖှင်းကူးကစားသည်။ —*n.* from *do.*

Raft, *n.* ဖောင်။ —*v. t.* ပေါလောမျောစေသည်။

Rafter, *n.* an upper one of bamboo, အခြင်။ an upper one of wood, ရနယ်။ an under one, whether of bamboo or wood, ကြားမေ့။

Rag, *n.* အဝတ်စုတ်။ —man, အဝတ်စုတ်ကိုဝယ်၍ရောင်းသောသူ။

Ragamuffin, *n.* ဆိုးယုတ်သောသူ။

Rage, *v. i.* to be enraged, ပြင်းစွာအမျက်ထွက်သည်။ to be violently agitated, ပြင်းထန်စွာလှုပ်ရှားသည်။ to ravage without restraint, အဆီးအတားမရှိ၊နိုင်လျှက်၊ညှဉ်းဆဲလျှက်ရှိသည်။ —*n.* from *do.*

Ragged, *a.* —as cloth, စုတ်လျှက်ရှိသော။ —as a person, အဝတ်စုတ်သော။ jagged, ခွေးသွားစိပ်စိတ်လျှက်ရှိသော။

Raggedness, *n.* from above.

Ragout, *n.* ဩဇာလေးနက်သောအစာ။ .

Rail 1, *n.* ရက်မလျှိုမြင်းတား။ —road, မီးရထားသွားရန်သံချောင်းသွယ်၍ခင်းသောလမ်း။ —1, *v. t.* to inclose with rails, ရက်မလျှိုမြင်းတားနှင့်ဝင်းခတ်သည်။ —2, to use abusive language, ဆဲသည်။ ဆဲရေးသည်။

Railing, *n.* ဝင်းခတ်သောရက်မလျှိုမြင်းတား။

Raillery, *n.* ကလူစားခြင်း။ ကျီစားခြင်း။

Raiment, *n.* အဝတ်။

Rain, *v. i.* မိုဃ်းရွာသည်။ —*n.* water suspended in a cloud, မိုဃ်း။ the act of raining, မိုဃ်းရွာခြင်း။ the water falling in drops, မိုဃ်းရေပေါက်။ —bow, သက်တံ့။ —water, မိုဃ်းရေ။

Rainy, *a.* abounding with rain, မိုဃ်းများသော။ raining most of the time, မိုဃ်းစွေသော။

Raise, *v. t.* to lift, ကြွသည်။ ချီသည်။ ပင့်သည်။ to set upright, ထောင်သည်။ ထူသည်။ to set up, build, establish, တည်သည်။ တည်ဆောက်သည်။တည်ထောင်သည်။ to promote, ချီးမြှောက်သည်။ to increase, enhance, တိုးတက်စေသည်။ တိုးပွားစေသည်။ to excite, stir up, နိုးဆော်သည်။ to bring up, တက်စေသည်။ to bring from death to life, ထမြောက်စေသည်။ to begin, originate, စ၍ပြုသည်။ to occasion, cause to be, ဖြစ်စေသည်။ to make prominent, conspicuous, ပေါ်ထွန်းစေသည်။ to cause to grow, ထယ်၊ယာ၊ ဥယည်ာ်လုပ်၍ဖြစ်စေသည်။ to leaven, ဖောင်းကြွစေသည်။ —(money,) ရှာဖွေ၍စုထားသည်။ —a shout or cry, အော်ဟစ်သည်။ ဟစ်ကြွေးသည်။ —a siege, ဝန်းရံသောတပ်ကို ရုပ်သိမ်း၍ပြန်သည်။ —troops, န္တိုးဆော်စုရုံးစည်းကြပ်၍တပ်ဖွဲ့သည်။ —the voice, ကျယ်ကျယ်ပြောသည်။

Raisin, *n.* စပျစ်သီးခြောက်။

Rajah, *n.* ရာဇာ။ မင်းကြီး။

Rake 1, *n.* a dissolute fellow, ကာမဂုဏ်လွန်ကျူး၍သွမ်းသော့သောသူ။ —2, *n.* the instrument, ထွန်ခြစ်။ —2, *v. t.* to scratch or scrape with an instrument having teeth, ခြစ်သည်။ to gather with a rake, ထွန်ခြစ်နှင့်ခြစ်၍စုပုံသည်။ to search closely, စေ့စေ့ရှာဖွေသည်။ to enfilade, မီးပေါက်လက်နက်နှင့်လမ်းတရှောက်လုံးပြစ်ခတ်သည်။ —together, အရပ်ရပ်တို့က သယ်ယူ၍ စုပုံသည်။ —up, စု၍ဖုံးထားသည်။

Rakish, *a.* ကာမဂုဏ်လွန်ကျူး၍သွမ်းသော့သော။

Rally 1, *v. i.* to recover from defeat, ရှုံးပြီးမှတဖန်တက်ပြန်သည်။ to recover strength, အားဖြည့်၍လာသည်။ —1, *v. t.* and *n.* from above. —2, to banter, ကျီစားသည်။ ကျီစယ်သည်။ —2, *n.* from *do.*

Ram 1, *n.* the male of the sheep, သိုးထီး။ Aries, the 1st sign of the zodiac, မိဿရာသီ။ *see also* Battering ram. —2, *v. t.* နှက်သည်။

Ramble, *v. i.* အရပ်ရပ်လှည့်လည်၍သွားသည်။ —*n.* from *do.*

Ramblingly, *adv.* ကတောက်ကတက်။

Ramification, *n.* from Ramify.

Ramify, *v.* ဖြာ၍သွားသည်။

Rammer, *n.* ထိုးတံ။

Ramous, *a.* အခက်အလက်များသော။

Ramp, *v. i.* ခုန်လွှားသည်။

Rampant, *a.* overleaping, ခုန်လွှား၍သွားသော။ exuberant, အလွန်ပေါ်များသော။ *in heraldry*, ပတတ်ရပ်လျက်ရှိသော။

Rampart, *n.* မြေတပ်၊ မြေကတုပ်။

Ramrod, *n.* သေနတ်ထိုးတံ။

Rancid, *a.* ဟောင်စပ်စပ်ရှိသော။

Rancidity, Rancidness, *n.* from above.

Rancor, *n.* from next.

Rancorous, *a.* ရန်ငြိုးဖွဲ့သော။

Random, *a.* အမှတ်တမဲ့ဖြစ်သော။ အမှတ်တမဲ့ပြုသော။ —[at,] *adv.* ယမ်း၍ပြုသည်နှင့်။

Range, *v. i.* to rove at large, လှည့်ပတ်၍သွားသည်။ to be in a line with, အပြေးဖြောင့်သည်။ —*v. t.* to set in a row, စည်သည်။ to dispose in classes, ဆိုင်ရာဆိုင်ရာသီးသန့်၍ထားသည်။ to arrange, စီစည်သည်၊ခင်းကျင်းသည်၊ပြင်ဆင်သည်။ —along, *v. t.* ရှောက်၍သွားသည်။ —*v.* a row, အစီအစည်၊အတန်း။ a class, လက္ခဏာတူသောအရာစု။ a wandering or roving, လှည့်ပတ်၍သွားခြင်း။ compass or extent of excursion, လှည့်ပတ်၍ရောက်ရာအရပ်။

Rank 1, *a.* vigorous, thrifty, အားကြီးသော။ သန်သော။ fertile, (မြေ) ကောင်း၍များစွာဖြစ်စေတတ်သော။ strong scented, ဟောင်စပ်သော အနံ့ခွဲသော။ strong scented, as fish, flesh, &c. ညှီသော၊ညှီဝေါက်သော။ strong to the taste, အရသာပြင်းသော။ —2, *v. i.* to take one's place in regard to others, သူတပါးတို့တွင်ကိုယ်နေရာရှိသည်။ —*v. t.* to place in order, စီစည်သည်။ to assign a certain place among others, သူတပါးတို့တွင်(တစုံတခုသော)နေရာ၊ ကိုယ်နေရာကိုပေးသည်။ —2, *n.* a line of men placed abreast, ယင်တောင်တန်း။ a row, အတန်း။ a class, လက္ခဏာတူသော အရာစု။ grade, degree, အမြင့်၊အနိမ့်အစရှိသောအရာ။ high degree, dignity, မြတ်သောအရာ။

Rankle, *v. i.* —as a wound or sore, ပြည်ဖြစ်အောင်ပူစပ်ကိုက်ခဲသည်။ —as an evil passion, ဆူပွက်သည်။

Rankness, *n.* from Rank, *a.*

Ransack, *v. t.* to search unceremoniously, မွှေနှောက်၍ရှာသည်။ to pillage thoroughly, အကုန်အစင်လုရက်၍ယူသည်။

Ransom, *v. t.* ရွေးသည်။ ရွေးနှုတ်သည်။ —*n.* release from bondage, ရွေးနှုတ်ခြင်း။ the price paid for release, ရွေးပေးသောငွေ။

Rant, *v. i.* အကျိုးအကြောင်းကိုမပြဘဲကျယ်ကျယ်ပြောဟောသည်။ —*n.* from *do.*

Rap, *v. t.* to slap, ပုတ်သည်။ to knock, ခေါက်သည်။ to transport (the mind,) တဝင်ဖြစ်အောင်ပြုသည်။ —*n.* from above, 1st and 2d def.

Rapacious, *a.* လုယူတတ်သော။

Rapaciousness, *n.* from above.

Rapacity, *n.* the act of plundering, လုယူခြင်း။ addictedness at plunder, လုယူတတ်ခြင်း။ ravenousness, အားကြီးစွာစားခြင်း။ greediness of gain, ရမ္မက်ကြီးခြင်း။

Rape, *n.* မုဒိမ်းကျင့်ခြင်း။

Rapid, *a.* မြန်သော။ လျင်သော။

Rapidity, *n.* from above.

Rapids, *n. plur.* ရေမော်။
Rapier, *n.* ထားမြှောင်၊ ထားရှည်။
Rapine, *n.* လုယူခြင်း။ လုရက်ခြင်း။
Rapture, *n.* uncontrollable joy, စိတ် မချုပ်တည်းနိုင်အောင် အလွန်ဝမ်းမြောက်ခြင်း။ the state of being rapt, ဘဝင်ဖြစ်ခြင်း။
Rapturous, *a.* စိတ်မချုပ်တည်းနိုင်အောင်အလွန်ဝမ်းမြောက်သော။
Rare 1, *a.* infrequent, တခါတလေသာ ဖြစ်သော။ uncommonly excellent, ထူးဆန်းသော။ tenuous, not dense, မသိပ်၊ ပွသော။ —2, *a.* partially cooked, မကျက်တကျက်ရှိသော။
Raree-show, *n.* လှည့်လည်၍လက်ခံဖို့ရာသစ်တာ၌ပါသောရုပ်ပိုတန်ဆာ။
Rarefaction, *n.* from next.
Rarefy, *v. i.* မသိပ်၊ ပွ၍သွားသည်။ —*v. t.* မသိပ်၊ ပွအောင်ပြုသည်။
Rarely, *adv.* တခါတလေသာ။
Rareness, *n.* from Rare, 1 and 2.
Rarity, *n.* uncommonness, infrequency, တခါ တလေသာ ဖြစ် ခြင်း။ a thing valued for its scarcity, ရှားပါးသောကြောင့်နှစ်သက်ဖွယ်သောအရာ။ tenuity, opposed to denseness, မသိပ်၊ ပွခြင်း။
Rascal, *n.* လူဆိုး။
Rascality, *n.* from next.
Rascally, *a.* ဆိုးယုတ်သော။
Rase, *see* Erase and Raze.
Rash 1, *a.* မဆင်ခြင်ဘဲအဆောတလျင်ပြုတတ်သော။ —2, *n.* အဖုပေါက်ခြင်းမျိုး။
Rasher, *n.* ဝက်သားခြောက်တလွှာ။
Rashness, *n.* from Rash, *a.*
Rasp, *n.* သစ်သား တိုက်သော တံစဉ်းကြမ်း။ —*v. t.* တံ စဉ်း ကြမ်း နှင့် တိုက်သည်။
Rasure, *see* Erasure.
Rat, *n.* ကြွက်။
Ratable, *a.* that may be apprized, အ ဘိုး ဖြတ် နိုင် ဖွယ် ဖြစ် သော။ taxable, အခွန်ခံဖွယ်ဖြစ်သော။
Ratan, *n.* ကြိမ်။
Rate 1, *n.* price, အဘိုး။ estimated value, ဖြတ်သောအဘိုး။ a sum assessed, ခွဲခန့်သောငွေ။ so much as, အမျှ။ ဤမည်မျှ။ degree, rank, အရာ။ နေရာ။ —1, *v. t.* to apprize, အဘိုးဖြတ်သည်။ to rank, assign a place among others, သူ တ ပါး တို့တွင် နေ ရာ ချပေးသည်။ —2, to scold in rough, abusive language, တိုင်းထွာသည်။
Rather, *adv.* more willingly, သာ၍အလိုရှိသည်နှင့်။ a little more

or greater, သာ၍များသည်နှင့်။ သာ၍ကြီးသည်နှင့်။ somewhat, ခပ်။ (before adjectives reduplicated from verbal roots.)

Ratification, *n.* from next.

Ratify, *v. t.* သဘောတူ၍တည်စေခြင်းအခွင့်ကိုပေးသည်။

Ratio, *n.* အချိုးအစား။

Ratiocination, *n.* သိသောအကြောင်းအရာကိုထောက်၍မသိသောအကြောင်းအရာကိုသိခြင်း။

Ration, *n.* ဝေမြဲအတိုင်းဝေဌသောအစားအသောက်။

Rational, *a.* endowed with reason, လူ့ညာဏ်ရှိသော။ ဝေနေယျသတ္တဝါဖြစ်သော။ agreeable to reason, လူ့ညာဏ်နှင့်ညီလျော်သော။ judicious, wise, သတိပညာနှင့်ညီလျော်သော။

Rationale, *n.* အကျိုးအကြောင်းကိုဖော်ပြခြင်း။

Rationalist, *n.* လူ့ညာဏ်ကိုအမှီပြုသောသူ။

Ratsbane, *n.* ကြွက်သေအောင်အစာကျွေးရန်အဆိပ်အတောင်း။

Rattle, *v. i.* မြိမ့်မြိမ့်မည်သည်။ —*v. t.* မြိမ့်မြိမ့်မြည်အောင်လှုပ်သည်။ —*n.* မြိမ့်မြိမ့်မည်သောတန်ဆာ။ —snake, အမြီးထဲက မြိမ့်မြိမ့်မြည်သောမြွေ။

Ravage, *v. t.* လုယူဖျက်ဆီးသည်။ —*n.* from *do.*

Rave, *v. i.* to be delirious, စိတ်ကတောင်ကရင်ဖြစ်သည်။ to utter mad outcries, အရူးကဲ့သို့လှည့်လည်၍အော်ဟစ်သည်။

Ravel, *v. t.* to entangle, ရှုပ်ထွေးစေသည်။ to disentangle, အရှုပ်အထွေးကိုဖြင်သည်။ ရှင်းလင်းစေသည်။

Ravelin, *n.* တပ်ပြင်၌ဝက်ခေါင်းထိုး၍လုပ်သောမြေကတုပ်။

Raven, (ra-vn,) *n.* ကျီးအ။ —(rav-n,) *v. t.* အားကြီးစွာလုယူ၍ဖမ်းစားသည်။

Ravenous, *a.* voracious, အားကြီးစွာစားတတ်သော။ violently bent on seizing and devouring, အားကြီးစွာလုယူ၍ဖမ်းစားတတ်သော။

Ravenousness, *n.* from above.

Ravine, *n.* မြောင်ရိုး။

Ravish, *v. t.* to seize and carry off by violence, အနိုင်အထက်ပြု၍လုယူသည်။ to commit a rape upon, မုဒိမ်းကျင့်သည်။ to transport (the mind,) မချုပ်တည်းနိုင်အောင်စိတ်အားကြီးစေခြင်းငှါပြုသည်။

Ravishment, *n.* from above.

Raw, *a.* not cooked, မကျက်၊ စိမ်းသော။ not covered with skin, အသားနီလန်၍နေသော။ unskilled, မလေ့ကျက်သော။ cold and damp, စိုထိုင်းထိုင်းရှိအောင်ချမ်းသော။ unwrought, မလုပ်သေးသော။

Rawness, *n.* from above.

Ray, *n.* ရောင်ခြည်။

Rayless, *a.* မှောင်မိုက်သော။

Raze, *v. t.* အကုန်အစင်သုတ်သင်ပယ်ရှင်းသည်။
Razor, *n.* သင်တုန်း။
Re, *pref. in composition,* တဖန်။
Reach, *v. t.* to extend or stretch from a distance, လက်လှမ်းသည်။ to extend to, မှီသည်။ လှမ်း၍မှီသည်။ to hand, ကမ်းသည်။ to arrive at, ရောက်သည်။ to gain, obtain, ရသည်။ —after, ရအောင်အားထုတ်သည်။ —out, လှမ်းသည်။ —to, —unto, ထိအောင်ရောက်သည်။မှီသည်။ —*n.* a space that can be reached, မှီနိုင်ရာအရပ်။ power of reaching, မှီနိုင်သောအစွမ်းသတ္တိ။ contrivance, ပရိယာယ်။ extent, အရှည်အလျား။
Re-act, *v. t.* အတုံ့ပြန်၍ပြုသည်။
Re-action, *n.* from above.
Read (*pron.* reed,) *v.* —audibly, ဖတ်သည်။ ဖတ်ရွတ်သည်။ —silently, စာကြည့်သည်။ —as a scholar to his teacher, အံသည်။ to discover from certain signs, လက္ခဏာကိုထောက်၍ သိနားလည်သည်။ —(*pronounced* red,) *a.* စာတတ်သော။
Readiness, *n.* from Ready, *a.*
Reading, *n.* from Read, *v.*; variation of copies, မူနှင့်လက်ခြားနား ကွဲပြားသောအချက်။
Re-admission, *n.* from next.
Re-admit, *v. t.* တဖန်ဝင်ရသောအခွင့်ကိုပေးသည်။
Ready, *a.* prompt, ကာလအချိန်ရောက်မှမြန်ထက်သော။ quick-witted, ဉာဏ်ထက်သော။ dextrous, အလျင်အမြန်ပြီးစီးစေတတ်သော။ present in hand, လက်ငင်းချေးသော (ငွေ။) prepared, fitted, အသင့်ရှိသော။ favorably disposed, not reluctant, စေတနာရှိသော။ သဘောရောက်သော။ being about to, (ဖြစ်)လုသော။ facile, လွယ်သော။ —[make,] *v. t.* ဖျင်ဆင်သည်။ —made, *a.* လုပ်ပြီးသော။ —witted, ဉာဏ်ထက်သော။
Real, *a.* actually existing, ကေန်အမှန်ဖြစ်သော။ genuine, true, not counterfeit, ပဝတ္တိမဟုတ်၊ ဇာတိဖြစ်သော။ စင်စစ်ဖြစ်သော။ true, not assumed, အရောင်မဆောင်၊ မှန်သော။ —(estate,) အိမ်၊ မြေကဲ့သို့ကိုယ်နှင့်မပါနိုင်သော (ဥစ္စာ။)
Realger, *n.* ဆေးဒန်းနီ။ မြင်းသီလာ။
Reality, *n.* actual existence, ကေန်အမှန်ဖြစ်ခြင်း။ truth, ဟုတ်မှန်ခြင်း။ something important, အမှုကြီးသောအရာ။
Realize, *v. t.* to bring into actual being, ဖြစ်စေသည်။ ကေန်အမှန် ဖြစ်အောင်ပြုသည်။ to obtain actual possession of, ကိုယ်လက်သို့ ရောက်အောင်ရသည်။ to impress on the mind as a reality, ကေန်အမှန်ဖြစ်သည်ကိုအောင်းမေ့သည်။
Really, *adv.* ကေန်။ အမှန်။ အဘယ်။ စင်စစ်။ မချွတ်။

Realm, *n.* နိုင်ငံ။
Ream, *n.* စက္ကူရွက်ပေါင်း ၄၈၀ ဝင်သောစက္ကူထုပ်။
Re-animate, *v. t.* to restore to life, တဖန် အသက် ရှင် စေသည်။ to inspire with new spirit, (အားလျော့သောသူကို) အားပေးသည်။
Re-animation, *n.* from above.
Reap, *v. t.* to cut with a sickle, ရိတ်သည်။ to ob-tain, ရသည်။
Reaping-hook, *n.* တံစဉ်။
Re-appear, *v. i.* တဖန်ပေါ်လာသည်။
Re-appearance, *n.* from above.
Rear 1, *n.* the hinder part, နောက်ဖေး။ the hinder part of an army or fleet, နောက်ထပ်။ —admiral, ရေကြောင်းဗိုလ်ချုပ်ငယ်။ —guard, နောက်ကင်းတပ်။ —ward, *see* Rear 1. —2, *v. t.* to raise, ကြွသည်။ မြှင့်သည်။ ပင့်သည်။ to bring up to maturity, ကြီးအောင် ကျွေးမွေးသည်။ to educate, တတ်အောင် ဆုံးမ သွန်သင်သည်။ to exalt, ချီးမြှောက်သည်။
Re-ascend, *v. i.* တဖန်တက်ပြန်သည်။
Reason, *n.* the rational faculty, ဉာဏ်။ ဆင်ခြင် တတ်သောဉာဏ်။ a cause, အကြောင်း။ a ground of action, ပြုစရာခြင်းငှါစိတ်ကို နှိုးဆော် တတ်သော အကြောင်း။ right, justice, တရား။ —*v.* to exercise the faculty of reason, အကျိုးအကြောင်းကိုဆင်ခြင်သည်။ to infer, သိသောအကြောင်းအရာကိုထောက်၍ မသိသောအကြောင်းအရာကိုသိသည်။ to discuss, ဆွေးနွေးနှီးနှောသည်။ to persuade by reasoning, အကျိုးအကြောင်းကိုပြ၍သွေးဆောင်သည်။
Reasonable, *a.* rational, လူဉာဏ်ရှိသော။ အကျိုးအကြောင်းကိုဆင်ခြင်တတ်သော။ agreeable to reason, လူဉာဏ်နှင့်ညီလျော်သော။ just, suitable, အတော်အတန်ဖြစ်သော။
Reasonableness, *n.* from above.
Reasoning, *n.* from Reason, *v.*
Re-assemble, *v. t.* တဖန်စုဝေးပြန်စေသည်။
Re-assert, *v. t.* ဟုတ်ကဲ့ဟု တဖန်ပြောထားသည်။
Re-assume, *v. t.* ယူပြန်သည်။
Re-assure, *v. t.* စိတ်လုံအောင်ပြုပြန်သည်။
Re-baptize, *v. t.* ခရစ်ယာန်ဘာသာသွင်းမင်္ဂလာကိုထပ်၍ပေးသည်။
Rebel′, *v. i.* ပုန်ကန်သည်။ ပုန်စားသည်။
Reb′el, *n.* ပုန်ကန်သောသူ။ သူပုန်။
Rebellion, *n.* ပုန်ကန်ခြင်း။
Rebellious, *a.* တော်လှန်သော။ engaged in rebellion, ပုန်ကန်လျက်ရှိသော။ prone to rebel, ပုန်ကန်တတ်သော။
Rebound, *v. i.* to spring back from contact, အကန်ခံ၍ခုန်သည်။ to reverberate, အသံရိုက်၍ပြန်လာသည်။

Rebuff, *v. t.* ပုတ်ခနဲဆီးတားသည်။ —*n.* from *do.*
Rebuild, *v. t.* အသစ်တဖန်တည်ဆောက်ပြန်သည်။
Rebuke, *v. t* to blame, အပြစ်တင်သည်။ to reprove, ဆုံးမသည်။ —*n.* from *do.*
Rebus, *n.* စကားဝှက်။ စကားလိမ်။
Rebut, *v. t.* သူစကားကျေအောင်လှန်၍ချေသည်။ ထုချေသည်။
Rebutter, *n.* တရားတွေ့မှုဌ်နောက်ထပ်လောင်း၍ချေပသောစကား။
Recall, *v. t.* to call back, ပြန်လာအောင်ခေါ်ပြန်သည်။ to call to mind, သတိရသည်။ to take back (words,) (ပြောမိသောစကားကို) နှုင်ပြန်သည်။ to revoke, ပြန်၍နုတ်သိမ်းသည်။ —*n.* from above, 1st def.
Recant, *v. t.* —a declaration, ပြောထားသောစကားကိုနုတ်ပြန်သည်။ —an opinion, ယူမိသောအယူဝါဒကိုစွန့်ပြန်သည်။
Recantation, *n.* from above.
Recapitulate, *v. t.* ပြောဆိုခဲ့ပြီးသောအချုပ်အချာစကားကိုထပ်ဆင့်၍ပြောပြန်သည်။
Recapitulation, *n.* from above.
Recapture, *v. t.* လက်ရသိမ်းယူသွားသောအရာကိုရန်သူတို့လက်မှနုတ်ယူပြန်သည်။
Recede, *v. i.* to draw back, ဆုတ်သည်။ to desist from, တန့်ရပ်၍နေသည်။ —Re-cede, *v. t.* လက်လွှတ်၍အပ်သောအရာကိုအရှင်ဟောင်းလက်သို့တဖန်ပြန်၍အပ်ပြန်သည်။
Receipt, *n.* the act of receiving, ခံယူခြင်း။ money received, ခံယူသောငွေ။ a writing acknowledging the taking (of money or goods.) ခံယူကြောင်းကိုထားသောစာချုပ်။ a recipe, ဆေးဖော်နည်း။
Receivable, *a.* ခံယူဖွယ်ကောင်းသော။
Receive, *v. t.* to accept, ခံယူသည်။ to take by way of obtaining, ခံရသည်။ to admit in the way of friendly intercourse, လက်ခံသည်။ to be able to contain, ဆံ့သည်။
Receiver, *n.* one who receives, ခံယူသောသူ။ ခံရသောသူ။ one who partakes of stolen goods, သူခိုးလက်ခံ။ a vessel for receiving the product of distillation, အရက်ရည်ခံသောအိုး။ the vessel of an air-pump, လေထုတ်ရာဖြစ်သောဖန်အိုး။
Recency, *n.* from Recent, *a.*
Recension, *n.* (စာကို) တဖန်ကြည့်၍ဖြင်ပြန်ခြင်း။
Recent, *a.* being of late origin or existence, မကြာမမြင့်ဖြစ်သော။ fresh, of late occurrence, အသစ်ဖြစ်သော။
Recentness, *n.* from above.
Receptacle, *n.* စုဝေး၍ထည့်ထားရာအရပ်။
Reception, *n.* from Receive, *v.*

Receptive, *a.* ခံယူတတ်သော။

Recess, *n.* a withdrawing, ဆုတ်ခြင်း။ retreat, retirement, ဆိတ်ကွယ်ရာအရပ်၌နေခြင်း။ place of retirement or secrecy, ဆိတ်ကွယ်ရာအရပ်။ ပုန်းကွယ်ရာအရပ်။ intermission or suspension of business, အမှုကိုဖြတ်၍အားလပ်ခြင်း။ a secret or abstruse part, နက်နဲသောအရာ။

Recession, *n.* from Recede, *v.* Re-cession, *n.* from Re-cede, *v.*

Recipe, *n.* ဆေးဖော်နည်း။

Recipient, *n.* ခံယူသောသူ။ ခံရသောသူ။

Reciprocal, *a.* အပြန်အလှန်ဖြစ်သော။

Reciprocate, *v. t.* အပြန်အလှန်ပြုသည်။

Reciprocation, *n.* from above.

Reciprocity, *n.* from Reciprocal, *a.*

Recision, *n.* ဖြတ်ခြင်း။

Recital, *n.* the act of repeating from memory, ရွတ်ခြင်း။ the act of relating an account, ရေရွတ်၍ပြန်ပြောခြင်း။

Recitation, *n.* သင်၍ရသောစာကိုဆရာ၍ရှေ့မှာပြန်ခြင်း။

Recitative, *a.* သီခြင်းဆိုခြင်းတမျိုး။

Recite, *v. t.* to repeat from memory, ရွတ်သည်။ to rehearse a lesson (before an instructor,) စာပြန်သည်။ to relate, ရေရွတ်၍ပြန်ပြောသည်။

Reckless, *a.* သတိမရှိသော။ သတိလစ်သော။ ကန့်စင်းမရှိသော။ wanton, အကာစင်းမရှိသော။

Recklessness, *n.* from above.

Reckon, *v. t.* to number, ရေတွက်သည်။ to compute, တွက်သည်။ to assign in an account, မှတ်ထားသည်။ to regard, ထင်မှတ်သည်။ —on, —upon, *v. t.* ဖြစ်မည်ကိုထင်စားသည်။ —with, *v. t.* စာရင်းရှင်းလင်းအောင်ပြုသည်။ to examine judicially, စစ်ကြောသည်။

Reckoning, *n.* the act of counting or of computing, ရေတွက်ခြင်း။ တွက်ခြင်း။ an account taken, အရေအတွက်။ a register of charges, ငွေစာရင်း။ အရေအတွက်စာရင်း။ a settlement of accounts, စာရင်းရှင်းလင်းအောင်ပြုခြင်း။ regard, ထင်မှတ်ခြင်း။ judicial investigation, စစ်ကြောခြင်း။

Reclaim, *v. t.* to demand to have returned, ပြန်၍တောင်းသည်။ to reform, bring back from evil to good, ဆိုးသောအဖြစ်မှကောင်းသောအဖြစ်သို့ရောက်အောင်ပြုသည်။ ပြန်၍ကောင်းအောင်ပြုသည်။

Recline, *v.* လျောင်းသည်။ လည်လျောင်းသည်။

Recluse, *a.* ဆိတ်ကွယ်ရာ၌နေသော။ —*n.* agent from above.

Recognition, Recognizance, ***n.*** **from next;** ***in law,*** **an acknowledgment, ဝန်ခံခြင်း။**

Recognize, ***v. t.*** **သတိရ၍မှတ်မိသည်။**

Recoil, ***v. i.*** **to fall back, ဆုတ်သည်။ to rebound, ထိ၍ပြန်လာသည်။—*n.* from *do.***

Re coin, ***v. t.*** **ဒင်္ဂါးအသစ်ခတ်ပြန်သည်။**

Re coinage, ***n.*** **from above.**

Recollect, ***v. t.*** **သတိရသည်။**

Re-collect, ***v. t.*** **စုရုံးပြန်သည်။**

Recollection, ***n.*** **from Recollect.**

မျက်နှာရအောင်ချီးမွမ်းသည်။ to make acceptable, သူတပါးနှစ်သက်အောင်ပြုသည်။

Recommendation, *n.* from above.

Recommendatory, *a.* from same.

Re-commit, *v. t.* တဖန်အပ်ပြန်သည်။

Re-commitment, *n.* from above.

Recompence, *v. t.* to reward for service, ဆုချသည်။ to give in consideration of sufferings endured, ဒုက္ခခံသည်အတွက်အကျိုးကိုပေးသည်။ to give in consideration of losses incurred, ဘဏ္ဍာစားပေးသည်။ to requite, အတို့အလှည့်ပြန်၍ပြုသည်။ အတို့ချေသည်။ —*n.* from above; that which is paid, ပေးသောအရာ။

Re compose, *v. t.* to compose anew, အသစ်စီစဉ်၍လုပ်ပြန်သည်။ to quiet anew, အသစ်တဖန်ငြိမ်းစေသည်။

Reconcilable, *a.* in, နိုင်ဖွယ်။ from next.

Reconcile, *v. t.* ဖျန်ဖြေသည်။ to remove alienation, ကြေချမ်းအောင်ပြုသည်။ သင့်သင့်တင့်တင့်ဖြစ်စေသည်။ to bring to acquiescence, မငြင်းဘဲဝန်ခံ၍နေအောင်ပြုသည်။ to make congruous, ညီလျော်အောင်ပြုသည်။

Reconcilement, Reconciliation, *n.* from above.

Reconnoitre, *v. t.* လှည့်လည်၍ကြည့်ရှုသည်။ —in war, ကင်းထိုးသည်။

Re-conquer, *v. t.* ထပ်၍အောင်ပြန်သည်။

Re-consider, *v. t.* အသစ်တဖန်ဆင်ခြင်သည်။

Re-consideration, *n.* from above.

Re-convey, *v. t.* ပြန်၍ပို့သည်။

Rec′ord, *n.* မှတ်ပုံ။ မှတ်စု။ —keeper, မှတ်ပုံထိန်း။

Record′, *v. t.* မှတ်ပုံတင်သည်။

Recorder, *n.* agent from above; a certain law officer, တရားစီရင်ခြင်းအမှုနှင့်ဆိုင်ဝန်၏ထိုင်ပင်ဖက်။

Recount, *v. t.* အစဉ်အတိုင်းပြန်ပြောသည်။

Recourse, *n.* application for some favor, ကျေးဇူးခံအံ့သောငှါချည်း ကပ်၍တောင်းပန်ခြင်း။ the act of applying to a certain use, အသုံးပြုခြင်း။

Recover, *v. i.* ထမြောက်သည်။ သက်သာသည်။ —*v. t.* from above; to regain, ရပြန်သည်။ to bring back from evil, (မကောင်းသောအရာထဲက) နှုတ်၍အရင်နေရာသို့ပြန်စေသည်။

Recoverable, *a.* in, နိုင်ဖွယ်။ from above.

Recovery, *n.* from Recover, *v.*

Recreancy, *n.* from next.

Recreant, *a.* cowardly, သူရဲဘောနည်းသော။ ကြောက်တတ်သော။ apostate, ဖောက်ပြန်လျက်ရှိသော။

Recreate, *v. t.* to refresh, အားဖြည့်အောင်ပြုသည်။ အမောအပန်းဖြေ၍နေသည်။ to gratify, အားရစေသည်။ ပျော်မွေ့စေသည်။ —*v. i.* to take pleasure, ပျော်မွေ့လျက်နေသည်။

Recreation, *n.* from above.

Recreative, *a.* refreshing, အမောအပန်းဖြေတတ်သော။ gratifying, ပျော်မွေ့စေတတ်သော။

Recriminate, *v.* လှန်ပြန်၍အပြစ်တင်သည်။

Recrimination, *n.* from above.

Recruit, *v. t.* to repair by fresh supplies, လျော့ပါးသည်ကိုထပ်၍ဖြည့်စွက်ပြန်သည်။ to supply an army with new men, လက်နက်ကိုင်အသစ်ထပ်၍ခွဲခန့်သည်။ —*v. i.* to gain fresh supplies, အားဖြည့်သည်။ —*n.* အသစ်ခွဲခန့်သောလက်နက်ကိုင်။

Rectangle, *n.* အလျား၊ အနံမမျှသောရိက်ထောင့်လေးထောင့်ပုံ။ ရိဋ္ဌဂံ။

Rectangular, *a.* ကျင်တွယ်ထောင့်ရှိသော။ ရိတ်ထောင့်ရှိသော။

Rectification, *n.* from next.

Rectify, *v. t.* to make right, correct, ဖြောင့်အောင်ပြုသည်။ to improve by repeated distillation, ထပ်၍ပြန်သည်။ အထပ်ထပ်ပြန်၍ချက်သည်။

Rectilinear, *a.* ဖြောင့်တန်းသော။

Rectitude, *n.* ဖြောင့်မတ်ခြင်း။

Rector, *n.* a ruler, အုပ်စိုးသောသူ။ a priest of superior rank, အင်္ဂလိတ်ဘာသာ၌အကြီးသောသင်းအုပ်။ the president of a college, သိပ္ပံကျောင်းအုပ်။

Rectory, *n.* အရာကြီးသောသင်းအုပ်ဆရာနေရာကျောင်းနှင့်ဝတ်မြေ။

Rectum, *n.* အူမ၏အောက်ဆုံးပိုင်း။

Recumbency, *n.* from next.

Recumbent, *a.* လျောင်းလျက်ရှိသော။

Recur, *v. i.* to occur again to the mind, စိတ်ထင်မှတ်ပြန်သည်။ to have recourse, အသုံးပြုသည်။

Recur, *v. i.* to occur again to the mind, စိတ်ထင်မှတ်ပြန်သည်။ to have recourse, အသုံးပြုသည်။

Recurrence, *n.* return, ပြန်ခြင်း။ တဖန်ဖြစ်ခြင်း။ recourse, နောက်မှအသုံးပြုခြင်း။

Recurrent, *a.* အဖန်ဖန်ဖြစ်သော။

Recusant, *a.* မင်းစီရင်သော့ဘာသာကိုဝန်မခံ၊ငြင်းသော၊—*n.* agent from *do.*

Red, *a.* နီသော။—haired, ဆံပင်နီသော။—hot, ရဲအောင်ပူသော။—lead, *n.* ဆုံး။—နီသောအဆင်း။

Redden, *v. i.* နီ၍လာသည်။—*v. t.* နီအောင်ပြုသည်။

Reddish, *a.* ခပ်နီနီ။

Redeem, *v. t.* ရွေးသည်။ရွေးနှုတ်သည်။

Redeemer, *n.* agent from above; the Saviour, ရွေးနှုတ်ကယ်တင်တော်မူသောသခင်။

Re-deliver, *v. t.* ပြန်၍အပ်သည်။

Re-demand, *v. t.* တောင်းဝန်သည်။

Redemption, *n.* from Redeem.

Redintegrate, *v. t.* အသစ်တဖန်ပြုပြင်သည်။

Redintegration, *n.* from above.

Redness, *n.* from Red, *a.*

Redolence, from next.

Redolent, *a.* မွှေးသော။

Re-double, *v. t.* to repeat more than once, အထပ်ထပ်ပြုသည်။ to conduce to, အကျိုးကိုဖြစ်စေသည်။

Redress, *v. t.* to repair, ပြုပြင်သည်။ to make up for, အစားပေးသည်။ —*n.* from *do.*

Reduce, *v. t.* to bring to a former state, အရင်ဖြစ်စေသည်နည်းတူတဖန်ဖြစ်စေသည်။ to bring to some state or condition, တစုံတခုသောအဖြစ်သို့ရောက်စေသည်။ to diminish, လျော့စေသည်။ to lower, ယုတ်စေသည်။ ရှုတ်ချသည်။ to subdue, အောင်သည်။ to classify, ဆိုင်ရာဆိုင်ရာသီးသန့်၍ထားသည်။

Reducible, *a.* in, နိုင်ဖွယ်။ from above.

Reduction, *n.* from Reduce.

Redundant, *a.* အကျိုးမရှိဘဲပိုမိုသော။

Reduplicate, *v. t.* ခေါက်ချိုးချိုးသည်။

Reduplication, *n.* from above.

Re-echo, *v.* ဝှဲတင်သံပြန်၍ခတ်သည်။

Reed, *n.* ကျူပင်။ ဖောင်းပင်။ —of a weaver, ရည်ခွငါး။

Reef 1, *n.* ပင်လယ်၌ပေါ်သောကျောက်တန်း။ —2, *v. t.* ရွက်ကိုလိုရာတွင် ခေါက်လိပ်၍ချည်ထားသည်။

Reek, *n.* အငွေ့။ —*v. i.* အငွေ့ထွက်သည်။

Reel 1, *n.* တည္စင်းလုံး။ ရဟတ်။ ရဟတ်ချား။ —1, *v. t.* to gather thread from a spindle, ရဟတ်ချားထဲသို့သွင်းသည်။ —2, *v. i.* to stagger, ကတိမ်းကပါးသွားသည်။

Re-elect, *v. t.* ရွေးကောက်ပြန်သည်။

Re-elective, *a.* တဖန်ရွေးကောက်နိုင်ဖွယ်ဖြစ်သော။

Re-embark, *v.* to gō again on board ship, သင်္ဘောပေါ်သို့တဖန်တက်ပြန်သည်။ to put on board ship again, သင်္ဘောပေါ်သို့တဖန်တင်ပြန်သည်။

Re-enact, *v. t.* ထပ်၍ဥပဒေထားပြန်သည်။

Re-enforce, *v. t.* to strengthen, ထောက်မသည်။ to add fresh troops, တပ်သားထပ်၍ဖြည့်ပြန်သည်။

Re-enforcement, *n.* from above; additional force, ထပ်၍ဖြည့်ပြန်သောတပ်သား။

Re-enter, *v.* ဝင်ပြန်သည်။

Re-enthrone, *v. t.* နန်းတင်ပြန်သည်။

Re-establish, *v. t.* တည်ထောင်ပြန်သည်။

Re-establishment, *n.* from above.

Re-examine, *v. t.* စစ်ဆေးပြန်သည်။

Re-examination, *n.* from above.

Refection, *n.* refreshment, အားဖြည့်ခြင်း။ a luncheon, သားရေစာ။

Refectory, *n.* အချိန်မရွေးဘဲသားရေစာကိုဝင်၍စားရာအခန်း။

Refer, *v. i.* to have relation, ဆိုင်သည်။ to allude (to,) ရည်စောင်သည်။ to have recourse for information, ကိုယ်တိုင်မသိသောအရာကိုသိအောင်သူတပါးကိုအမှီပြုသည်။ —*v. t.* to transfer to (some other jurisdiction,) လွှဲအပ်သည်။ to send elsewhere for information, ကိုယ်တိုင်မသိသောအရာကိုသိအောင်သူတပါးထံသို့စေလွှတ်သည်။ to connect subordinately, နှိမ့်ထား၍ဆိုင်စေသည်။ to classify, ဆိုင်ရာဆိုင်ရာသီးသန့်၍ထားသည်။

Referable, *a.* in, နိုင်ဖွယ်။ from above.

Referee, *n.* အလွှဲခံရသောသူ။

Reference, *n.* from Refer, *v. i.* 1st and 2d def. and Refer, *v. t.* 1st and 2d def. —to [in,] ဆိုင်သည်အမှုမှာ။

Refine, *v. i.* to become pure, clear, ကြည်၍လာသည်။ to become better (in any respect,) ကောင်း၍လာသည်။ to affect nicety, နူးညံ့သိမ်မွေ့ရောင်ဆောင်သည်။ —*v. t.* from next; to purify, as metal, ချွတ်သည်။

Refined [be,] *v. i.* to be clarified, ကြည်လင်သည်။ ရှင်းလင်းသည်။

to be fine, delicate, နူးညံ့သိမ်မွေ့သည်။ to be polished in manners, ကျေခွသည်။ ယဉ်ကျေးသည်။ to be of nice, discriminating taste, မိစစ်၍ပိုင်းခြားတတ်သောညာဏ်ရှိသည်။ to have pure and correct moral principles, နူးညံ့သိမ်မွေ့ချစ်သနားတတ်သောစိတ်သဘောရှိသည်။

Refinement, *n.* from above, and from Refine, *v. t.* 1st and 2d def. and from Refine, *v. i.* last def.; artificial practice, ပရိယာယ်။

Refit, *v. t.* အသစ်ပျှင်ပြန်သည်။

Reflect, *v. t.* to throw back, လှန်သည်။ *v. i.* to throw back light, အရောင်ပြန်သည်။ to turn the thoughts on the past, ဆင်ခြင်အောင်းမေ့သည်။ to consider attentively, စေ့စေ့ဆင်ခြင်သည်။ to bring reproach, ကဲ့ရဲ့စရာရှိအောင်ပြုသည်။ to make a reproachful intimation, အပြစ်ရိပ်ကိုပြ၍ပြောဆိုသည်။

Reflection, *n.* from above; အဆင်ခြင်။s. light reflected, ပြန်သောအရောင်။ an observation, remark, အကြောင်းပြု၍ ပြောသောစကားချက်။

Reflective, *a.* throwing back images, အရိပ်ကိုပြန်၍ပြသော။ meditative, ဆင်ခြင်တတ်သော။

Reflex, *a.* နောက်သို့လှန်သော။

Reflexible, *a.* in, နိုင်ဖွယ်။ from above.

Reflexive, *a.* လှန်ပြီးသောအရာနှင့်ဆိုင်သော။

Reflorescence, *n.* အပွင့်ပွင့်ပြန်ခြင်း။

Re-flourish, *v. i.* တဖန်စည်ကားဝေဆာသည်။

Re-flow, *v. i.* to flow back, လှန်၍စီးသည်။ to ebb, ဒီရေကျသည်။

Refluence, Reflux, *n.* from above.

Refluent, *a.* from same.

Reform, *v. i.* ဆိုးသောအဖြစ်မှကောင်းသောအဖြစ်သို့ပြောင်းလဲသည်။ —*v. t.* from above, ပြုပြင်သည်။ အသစ်ပြုပြင်သည်။ —reformation, *n.* from *do.*

Refracted [be,] *v. i.* (ရောင်ခြည်) သွေတိမ်းသည်။

Refract, *v. t.* from above.

Refraction, *n.* from above.

Refractive, *a.* (ရောင်ခြည်) သွေတိမ်းစေတတ်သော။

Refractoriness, *n.* from next.

Refractory, *a.* နားမထောင်၊ကျော်တကန်ပြုတတ်သော။ အဂိုအဂါပြုသော။

Refragable, *a.* ကျေပနိုင်ဖွယ်ဖြစ်သော။

Refrain, *v. i.* to forbear, မပြုဘဲနေသည်။ —*v. t.* to prevent doing, မပြုဘဲနေအောင်ဆီးတားသည်။

Refrangibility, *n.* from next.

Refrangible, *a.* (ရောင်ခြည်)သွေတိမ်းနိုင်ဖွယ်ဖြစ်သော။
Refresh, *v. t.* to cool, အေးစေသည်။ to recreate, အားဖြည့်အောင်ပြုသည်။ အမောအပန်းကိုဖြေ၍နေသည်။ to re-animate, (အားလျော့သောသူကို)အားပေးသည်။ to renovate what is impaired, ယိုယွင်းသည်ကိုပြုပြင်သည်။
Refreshment, *n.* the state, of being refreshed. အားဖြည့်ခြင်း။ a revival of spirits, အားတက်ခြင်း။ that which affords refreshment, အစာအာဟာရမှစ၍အားဖြည့်စေသောအရာ။
Refrigerant, *a.* from next.
Refrigerate, *v. t.* အေးစေသည်။
Refrigeratory, *n.* အငွေ့ပူ၏အရှိန်ကိုသတ်၍အရည်ဖြစ်စေသောတန်ဆာ။
Refuge, *n.* လုံခြုံသောနေရာ။ ခိုလှုံရာ။ မှီခိုရာ။ —(take,) *v.* ခိုလှုံသည်။ မှီခိုသည်။
Refugee, *n.* ဘေးလွတ်၍ခိုလှုံရာရာပြေးသောသူ။
Refulgence, Refulgency, *n.* from next, အရောင်အဝါ။
Refulgent, *a.* အရောင်ထွန်းလင်းသော။
Refund, *v. t.* ပြန်၍ပေးသည်။
Refusal, *n.* from next; the power of taking or refusing, ယူရ၊ ပယ်ရသောအခွင့်။
Refuse′, *v. t.* to deny a request, မပေးဘဲငြင်းသည်။ to reject, ငြင်းပယ်သည်။
Ref′use, *a.* စွန့်ပစ်အပ်သော။ —*n.* စွန့်ပစ်သောအရာ။ အမှိုက်။ အမှိုက်သရိုက်။ the threshed pods of peas and beans, အမှော်။
Refutable, *a.* ချေပနိုင်ဖွယ်ဖြစ်သော။
Refutation, *n.* from next.
Refute, *v. t.* ချေပသည်။ ထုချေသည်။
Regain, *v. t.* ရပြန်သည်။
Regal, *a.* pertaining to a king, ရှင်ဘုရင်နှင့်ဆိုင်သော။ like a king, ရှင်ဘုရင်ကဲ့သို့ဖြစ်သော။
Regale, *v. t.* ပျော်ရွှင်အောင်ပြုသည်။
Regalement, *n.* from above.
Regalia, မင်းမြောက်တန်ဆာ။
Regality, *n.* စိုးစံခြင်း။
Regard, *v. t.* to look at, ကြည့်ရှုသည်။ to observe, look at, with some attention, ကြည့်၍မှတ်သည်။ to account, reckon, ထင်သည်။ ထင်မှတ်သည်။ to have regard to, ထောက်ထားသည်။ to make account of, အမှုထားသည်။ ပမာဏပြုသည်။ to esteem, ကောင်းမြတ်သည်ဟုထင်၍နှစ်သက်သောစိတ်ရှိသည်။ to keep religiously, စောင့်သည်။ to relate to, ဆိုင်သည်။ —*n.* from same.

—to [have,] *v. t.* to have respect to, ထောက်ထားသည်။ to feel for, ထောက်စာသည်။

Regardful, *a.* မှတ်တတ်သော။ ပမာဏပြုတတ်သော။ သတိပြုတတ်သော။

Regarding, *prep.* in regard to, ကို။ မှာ။ မှုကား။ ဟူမှုကား။

Regardless, ပမာဏမပြုတတ်သော။ သတိမထားသော။ အမှတ်တမဲ့နေသော။

Regatta, *n.* လှေ၊သိဘန်ချင်းပြိုင်သောပွဲ။

Regency, *n.* rule, government, အစိုးရခြင်း။ vicarious government မင်းကြီးကိုယ်စားပြု၍အုပ်စိုးခြင်း။ a body of men intrusted with vicarious government, မင်းကြီးကိုယ်စားပြု၍အုပ်စိုးရသောမင်းစု။

Regenerate, *a.* and *v. t.* from next.

Regenerated [be,] *v. i.* ဒုတိယမွေးခြင်းကိုခံသည်။ ဇာတိပကတိသဘော ပြောင်းလဲသည်။

Regeneration, *n.* from above.

Regent, *a.* ruling, governing, အုပ်စိုးသော။ exercising vicarious authority, မင်းကြီးကိုယ်စားပြု၍အုပ်စိုးလျက်ရှိသော။ —*n.* agent from same; one who rules in the minority of the rightful prince, ရင်ခွင်ပိုက်။

Regicide, *n.* the murderer of a king, ရှင်ဘုရင်ကိုသတ်သောသူ။ the murder of a king, ရှင်ဘုရင်ကိုသတ်ခြင်း။

Regimen, *n.* ဓာတ်ကြိုက်ရာသို့လိုက်၍အာဟာရမှုစသော။ ဇွာမိယာပုပ်မှုတ အောင်ဆုံးဖြတ်၍ပေးသောအရာ။

Regiment, *n.* လူ ၁၀၀၀ ရှိသောတပ်။

Regimental, *a.* လူ ၁၀၀၀ ရှိသောတပ်နှင့်ဆိုင်သော။

Regimentals, *n. plur.* တပ်သားဆင်သောအဝတ်တန်ဆာ။

Region, *n.* a tract of country, အရပ်ဒေသ။ place where a thing is, ရှိရာအရပ်။

Register, *n.* a record, မှတ်ပုံ။ a list, account, စာရင်း။ an officer who registers, မှတ်ပုံတင်သောအရာရှိ။ —*v. t.* to record, မှတ်ပုံတင်သည်။ or account, စာရင်း၌မှတ်သားသည်။

Registrar, *n.* မှတ်ပုံတင်သောအရာရှိ။

Registry, *n.* the act of registering, မှတ်ပုံတင်ခြင်း။ the place where a register is kept, မှတ်ပုံထားသောတိုက်။

Reglet, *n.* သပ်မျဉ်း။

Regnant, *a.* အုပ်စိုးလျက်ရှိသော။

Re gorge, *v. t.* to vomit up, အန်သည်။ to swallow again, တဖန်မျိုပြန်သည်။

Regress, *n.* ထွက်၍သွားပြန်ခြင်း။

Regret, *v. t.* to be sorry for (one's own conduct,) နောင်တရသည်။ to be sorry for the loss of (something valuable.) နှမြော

သည်။ to be sorry for the loss of (friends,) လွမ်းသည်၊ လွမ်းဆွတ်သည်။ —*n.* from *do.*

Regular, *a.* conformed to rule, နည်းဥပဒေနှင့်ညီသော။ orderly, methodical, အစီအစဉ်အတိုင်းဖြစ်သော။ according to custom, ထုံးစံအတိုင်းဖြစ်သော။ even, uniform, ညီမျှသော။ steady, constant, ဖြစ်မြဲဖြစ်သော။

Regularity, *n.* from above.

Regulate, *v. t.* to adjust by rule, နည်းဥပဒေအတိုင်းကျအောင်ပြုသည်။ to put in good order, ကောင်းမွန်စွာစီရင်ပြုပြင်သည်။

Regulation, *n.* from above; an order, ဥပဒေ။ စီရင်ချက်။

Regulator, *n.* agent from Regulate; that part of a machine that regulates its motion, ယန္တရားစက်၌အလျင်နှင့်အနှေးကိုဖြစ်စေသောတန်ဆာ။

Regurgitate, *v. t.* to throw out violently, ပြင်းစွာထုတ်ပြစ်သည်။

Re-hear, *v. t.* (စီရင်ပြီးသောတရားကို) တဖန်စစ်ဆေးပြန်သည်။

Rehearsal, *n.* from next.

Rehearse, *v. t.* to repeat from memory, ရွတ်သည်။ to narrate, အကြောင်းအရာအထုပ္ပတ္တိများကိုအစဉ်အတိုင်းပြန်ပြောသည်။

Reheat, *v. t.* လှုံသည်။

Reign, *v. i.* to enjoy sovereign power, စိုးစံသည်။ to have dominion, အစိုးရသည်။ to predominate, အားကြီး၍လွန်ကဲသည်။ —*n.* sovereignty, စိုးစံခြင်း။ စည်းစိမ်။ the time of a king's government, စိုးစံရာကာလ။ လက်ထက်။ dominion, အစိုးရခြင်း။ preponderance, အားကြီး၍လွန်ကဲခြင်း။

Re-imburse, *v. t.* အစားပြန်ပေးသည်။

Re-imbursement, *n.* from above.

Re-impression, *n.* a re-printing, အသစ်တဖန်စာပုံနှိပ်ခြင်း။ a new impression on the mind, တစုံတခုသောစိတ်ဖြစ်ပြန်ခြင်း။

Rein, *n.* the strap or cord of a bridle, ဇက်ကြိုး။ reins to guide oxen, နွားကန်ကြိုး။ the power of controlling, နိုင်၍အုပ်ချုပ်သောအခွင့်။ —*v. t.* to manage by a bridle, ဇက်ကြိုးနှင့်ပဲ့ပြင်သည်။ to control, နိုင်၍အုပ်ချုပ်သည်။

Reins, *n. plur.* the kidneys, ကျောက်ကပ်။

Re-instate, *v. t.* နေမြဲအခြေနှင့်ထားပြန်သည်။

Re-iterate, *v. t.* အထပ်ထပ်ပြုသည်။

Re-iteration, *n.* from above.

Reject, *v. t.* to refuse, not accept, ပယ်သည်။ ငြင်းပယ်သည်။ to throw away, ပြစ်သည်။ ပြစ်ထားသည်။ to forsake, စွန့်သည်။ စွန့်ပြစ်သည်။

Rejection, *n.* from above.

Rejoice, *v. i.* ဝမ်းမြောက်သည်။ ရွှင်လန်းသည်။ —*v. t.* from same.
Rejoicing, *n.* from above.
Re-join, *v. t.* to join again, ဆက်ပြန်သည်။ &c. *see under* join; to meet again, တွေ့ပြန်သည်။ —*v. i.* answer to a reply, ပြန်၍ပြောဆိုသည်။ *in law, pleading,* ထုချေပြောဆိုသည်။
Rejoinder, *n.* from last def.
Re-kindle, *v. t.* မီးညှိပြန်သည်။
Relapse, *v. i.* to return to error or vice, ရွေလျော့ဖောက်ပြန်သည်။ to be subject to a return of illness, အနာလှန်၍လာပြန်သည်။ —*n.* from above.
Relate, *v. t.* to narrate, အကြောင်းအရာအထုပ္ပတ္တိများကိုအစဉ်အတိုင်းပြောသည်။ ရေရွတ်၍ပြန်ပြောသည်။ —*v. i.* to have reference, ဆိုင်သည်။ စပ်ဆိုင်သည်။
Related, *a.* —by consanguinity, ပေါက်ဖော်တော်သော။ —collaterally, တော်စပ်သော။
Relation, *n.* from Relate, *v. t.* and *v. i.* and from Related, *a.*; a relation, kinsman, ဆွေမျိုးပေါက်ဖော်။
Relative, *a.* having relation, စပ်သော။ စပ်ဆိုင်သော။ not absolute, not positive, ကိုယ်တိုင်သက်သက်မဖြစ်၊ အခြားသောအရာနှင့်နှိုင်းရှည်မှသာဖြစ်သော။ —*n.* a relation, kinsman, ဆွေမျိုးပေါက်ဖော်။ that which has relation to something else, ဆိုင်သောအရာ။
Relatives, *n.* ညာတကာ။ ညာတိ။
Relax, *v. t.* to slacken, လျော့သည်။ to loosen, make less firm, နှဲ့အောင်ပြုသည်။ to ease, relieve, သက်သာအောင်ပြုသည်။ to remove constipation, ဝမ်းပျော့စေသည်။ to make languid, ညှိုးနွမ်းစေသည်။
Relaxation, *n.* from above.
Relay, *n.* ချောမြင်း။
Release, *v. t.* လွှတ်သည်။ လွှတ်လိုက်သည်။ —*n.* from *do.*
Relent, *v. i.* ကြင်နာသောစိတ်ဝင်သည်။
Relentless, *a.* ကြင်နာသောစိတ်မရှိ၊ ခိုင်မာတတ်သော။
Relevancy, *n.* from next.
Relevant, *a.* ဆိုင်သော။ တိုက်မိသော။ အချက်ကျသော။ နေရာကျ၍ခိုက်မိသော (စကား။)
Reliable, *a.* ကိုးစားစရာကောင်းသော။
Reliance, *n.* ကိုးစားခြင်း။
Relic, *n.* that which remains after the loss or decay of the greater part, ပျက်ပျက်စီးစီးကျန်ကြွင်းသောအရာ။ that which

remains of a dead person, သေသော သူ၏ ကျန်ရစ်သော အရာ။ —of a Boodh, ဓာတ်တော်၊ မွေတော်။

Relict, *n.* မုတ်ဆိုးမ။

Relief, *n.* from next, 1st and 2d def.; the prominence of a figure above the ground on which it is formed, ရင်ပို့မောက်၍ ထင်ပေါ်ခြင်း။

Relieve, *v. t.* to alleviate, or remove pain, သက်သာစေသည်။ ချမ်းသာပေးသည်။ to release from service, အမှုထမ်းရာမှ နုတ်သည်။ to abate the inconvenience of a thing by something dissimilar, နှောင့်ရှက်သောအရာကိုလျော့ညှို့အောင်ပြုသည်။

Relievo, *see* Relief, last def.

Religion, *n.* performance of the law of God, ဘုရား၏တရားကိုကျင့်ခြင်း။ a particular system of faith and worship, ဘာသာ။

Religionist, *n.* ဘုရား၏တရား၌စိတ်စွဲထမ်းသောသူ။

Religious, *n.* pertaining to religion, ဘုရား၏တရားကိုကျင့်ခြင်းနှင့်ဆိုင်သော။ pious, ဘုရား ဝတ်ကိုပြုတတ်သော။ conscientiously exact, တရားကိုထောက်ထား၍ စေ့စပ်သေချာသော။

Relinquish, *v. t.* to let alone, withdraw from, လက်လွှတ်၍ထားသည်။ to forsake, စွန့်ပြစ်သည်။

Relinquishment, *n.* from above.

Reliquary, *n.* သေသော သူ၏ ကျန်ရစ်သော အရာတို့ကို ထည့်ထားသော သစ်တာ။

Relish, *v.* နှစ်ချိုက်သည်။ mostly used in the adverbial form, နှစ်နှစ်ချိုက်ချိုက်။ *v. i.* အရသာရှိသည်။ ဆိမ့်သည်။ —*v. t.* from above; to like the taste of, မြိန်သည်။ မြိန်ရှက်သည်။ to like (any thing,) ကြိုက်သည်။ —*n.* taste, အရသာ။ liking, ကြိုက်ခြင်း။ the faculty of liking or being pleased with, ကြိုက်တတ်သောစိတ်။

Relishable, *a.* ဆိမ့်သော။

Reluctance, *n.* from next.

Reluctant, *a.* စိတ်မပါသော။ (ပြု)ခြင်းငှါအလိုမရှိသော။ အလိုမရှိ၊ ဆေးဆေးနှေးနှေးဖြစ်သော။

Reluctate, *v. i.* စိတ်မပါသောကြောင့်လေးလေးကန်ကန်နေသည်။

Relume, Relumine, *v. t.* to rekindle, မီးညှိပြန်သည်။ to enlighten anew, လင်းစေပြန်သည်။

Rely, *v. i.* ကိုးစားသည်။

Remain, *v. i.* to continue, နေသည်။ to be left, နေရစ်သည်။ ကျန်ရစ်သည်။ ကျန်ကြွင်းသည်။ to be left out of a greater number or quantity, ကြွင်းသည်။

Remainder. *n.* အကျန်၊ အကြွင်း။ ကျန်ကြွင်းသောအရာ။ —in subtraction. နုတ်ကြွင်း။ —in division. သေသာ။

Remains. *n. plur.* what remains after a part has been destroyed, ပျက်စီးသော နေရာ၌ ကျန်ကြွင်း ရစ်သော အစအနု။ a dead body, a corpse, အလောင်းကောင်။

Remand. *v. t.* ပြန်စေသည်။

Remark. *v. t.* to take notice of. ကြည့်၍မှတ်သည်။ to speak about, အကြောင်းပြု၍ပြောသည်။ —*n.* အကြောင်းပြု၍ပြောသောစကားချက်။

Remarkable. *a.* observable, ကြည့်၍မှတ်စရာကောင်းသော။ extraordinary. ထူးခြားသော။ အံ့ဩဖွယ်ဖြစ်သော။

Remarkably. *adv.* extraordinarily, in a good sense, ခဲအောင်။

Remediable, *a.* (မကောင်းသောအမှုအရာ) ပပျောက်နိုင်ဖွယ်ဖြစ်သော။

Remedial, *a.* ပပျောက်စေနိုင်မို့ရာဖြစ်သော။

Remediless, *a.* incurable, မပြုပျင်နိုင်ဖွယ်ဖြစ်သော။

Remedy, *v. t.* to cure, ဆေးကု၍(အနာကို)ပျောက်စေသည်။ to remove (an evil,) ပပျောက်စေသည်။ —*n.* that which cures disease, ကု၍အနာကိုပျောက်စေနိုင်သောဆေး။ that which removes an evil, မကောင်းသောအမှုအရာကိုပပျောက်စေသောအရာ။

Remember, *v. t.* to bear in mind, မှတ်မိသည်။ to recollect, သတိရသည်။ to bear in mind with interest or affection, အောင်းမေ့သည်။

Remembrance, *n.* from above; a memorial, မှတ်မိစေခြင်းငှါစီရင်သောအရာ။ the time within which past events can be remembered, မှတ်မိနိုင်သောကာလ။ a written memorandum, မှတ်စာ။ —*n.* သတိပေးသောသူ။

Remind, *v. t.* သတိပေးသည်။ လှုံ့သည်။ *lit. to heat again.*

Reminiscence, *n.* the faculty of remembering, မှတ်မိတတ်သောစိတ်။ မှတ်ဉာဏ်။ recollection, သတိရခြင်း။

Remiss, *a.* ပေါ့လျော့သော။ ပြုသင့်သောအမှုကိုသတိမထား၍လစ်ဟင်းစေတတ်သော။

Remission, *n.* from Remit, 1st, 2d, 3d and 4th def.

Remissness, *n.* from Remiss.

Remit, *v. i.* to become less intense, လျော့သည်။ —*v. t.* to relax, slacken, လျှော့သည်။ to release from (a tax or duty,) လွှတ်သည်။ to pardon, အပြစ်လွှတ်သည်။ to deliver over, အပ်သည်။ to transmit (specie or bills,) ပေးလိုက်သည်။

Remittance, *n.* ငွေကိုပေးလိုက်ခြင်း။

Remnant, *n.* ကျန်ကြွင်းသောအရာ။ အကျန်။ အကြွင်း။

Re-model, *v. t.* ပုံနှင့်ညီအောင်လုပ်ပြန်သည်။

Remonstrance, *n.* from next.

Remonstrate, *v. i.* အပြစ်သင့်စရာအကြောင်းကိုပြ၍ တားမြစ်အောင်ပြော
သည်။
Remorse, *n.* from next.
Remorseful, *a.* ကိုယ်အပြစ်ကြောင့်စိတ်ကြွင်နာသော။
Remorseless, *a.* ကရုဏာမရှိ။ ရက်စက်သော။
Remote, *a.* distant, ဝေးသော။ not consonant, မသင့်မတင့်သော။
separate, distinct, သီးသန့်သော။ slight, ဆိတ်မိဖြစ်သော။
Remoteness, *n.* from above.
Removable, *v.* in, နိုင်ဖွယ်။ from Remove.
Removal, *n.* from next.
Remove, *v. i.* to change place or position, ရွှေ့သည်။ နေရာမှပြောင်း
သည်။သွားသည်။ to change the place of residence, နေရာပြောင်း
သည်။ ပြောင်းလဲသည်။ —*v. t.* to move (a thing) from its
place, ရွှေ့သည်။ to cause to change place, နေရာပြောင်းစေသည်။
to displace from office, အရာမှချသည်။ to take or put away
in any manner, ယူသွားသည်၊ ပယ်သည်။ ပပျောက်စေသည်။ —*n.*
from above.
Remunerable, *a.* in, နိုင်ဖွယ်။ from next.
Remunerate, *v. t.* to reward for service, ဆုချသည်။ to give in
consideration of sufferings endured, ဒုက္ခခံသည်အတွက်အကျိုး
ကိုပေးသည်။ to give in consideration of losses incurred,
တလျော်စားပေးသည်။
Remuneration, *n.* from above; that which is paid, ပေးသောအရာ။
Remunerative, *a.* အစားပေးတတ်သော။ ဆုချတတ်သော။
Re-murmur, *v. i.* ပြန်၍တအေးအေးမြည်သည်။
Renascent, *a.* အသစ်တဖန်ပေါ်လာသည်။
Rencounter, *n.* a meeting face to face, ဆိုင်တွေ့ခြင်း။ a meeting in
rivalry or contest, ဆိုင်ပြိုင်ခြင်း။ a combat, fight, စစ်ပြိုင်ခြင်း။
Rend, *v. t.* ဆုတ်သည်။ ဆုတ်ဖွဲ့သည်။ ခွဲဖျက်သည်။
Render, *v. t.* to pay back, ပြန်၍ပေးသည်။ to repay, requite, အတုံ့
ချေသည်။ အတုံ့အလှည့်ပြန်၍ပြုသည်။ to give on demand,
သူတပါးတောင်း၍အပ်ပေးရသည်။ to make or cause to be,
ဖြစ်စေသည်။ to translate, အနက်ပြန်သည်။ to afford, ပေးသည်။
ပေးကမ်းသည်။
Rendezvous, *v.* ချိန်းချက်၍စုဝေးသည်။ —*n.* ချိန်းချက်၍စုဝေးရာအရပ်။
Renegade, *n.* an apostate, ဖောက်ပြန်သောသူ။ a vagabond, နေရာမရှိ၊
အရပ်ရပ်လှည့်လည်သောလူဆိုး။
Renew, *v. t.* to renovate, အသစ်တဖန်ပြုပြင်သည်။ to make again,
အသစ်တဖန် လုပ်ပြန်သည်။ to repeat, do again, ထပ်မံ၍ပြုပြန်
သည်။ to begin again, တဖန်စ၍ပြုပြန်သည်။

Renewal, *n.* from above.
Rennet, *n. see* Runnet.
Renounce. *v. t.* ပယ်သည်။ ငြင်းပယ်သည်။
Renouncement. *n.* from above.
Renovate, *v. t.* အသစ်တဖန်ပြုပြင်သည်။
Renovation, *n.* from above.
Renown, *n.* ကျော်စော၊ကိတ္တိ။
Renowned, [be,] *v. i.* ကျော်စောသည်။
Rent 1, —in cloth, အစုတ်အပဲ့။ —in a building, &c. အကွဲအပျက်-
—2, *v. t.* အခပေး၍ငှါးသည်။ အခယူ၍ငှါးသည်။ —2, *n.* money paid or received for rent, ငှါးခ။
Rental, *n.* အိမ်၊ ထယ်၊ ယာအစရှိသည့်တို့ကိုငှါးသောစာရင်း။
Renunciation, *n.* from Renounce.
Repair 1, *v. t.* to restore to a good condition, ပြင်သည်။ ပြင်ဆင်သည်။ ပြုပြင်သည်။ to make amends, ပြစ်မှားသည်အတွက်ပေးရသည်။ အစားပေးရသည်။ —1, *n.* from *do.* —2, *v. i.* to betake one's self, (တစုံတခုသောအရပ်)သို့သွားသည်။
Reparable, *a.* ပြုပြင်နိုင်ဖွယ်ဖြစ်သော။
Reparation, *n.* from Repair.
Repartee, *n.* ရယ်ဖွယ်ဖြစ်အောင်ပြန်ပြောသောစကားချက်။
Re-pass, *v.* ကူးပြန်သည်။ ရှောက်ပြန်သည်။ —*see* Pass.
Repast, *n.* the act of eating, အစာစားခြင်း။ a meal, တနပ်စာ။
Repay, *v. t.* to pay back, ပြန်၍ပေးသည်။ ဆပ်သည်။ to requite, အတုံ့အလှည့်ပြန်၍ပြုသည်။
Repayment, *n.* from above; the money or thing repaid, ပြန်၍ပေးသောအရာ။
Repeal, *v. t.* (အမိန့်တော်ကိုရုတ်)သိမ်းသည်။ —*n.* from *do.*
Repeat, *v. t.* to do again, ထပ်၍ပြုသည်။ ထပ်မံ၍ပြုသည်။ တဖန်ပြုပြန်သည်။ to say over again, ထပ်၍ပြောသည်။ —from memory, ရွတ်သည်။
Repeatedly, *adv.* အဖန်ဖန်။ အထပ်ထပ်။ ထပ်ခါထပ်ခါ။ အကြိမ်ကြိမ်။ တလုံးလဲလဲ။ တလဲလဲ။ အလီလီ။ ကြိမ်ဖန်များစွာ။ &c.
Repel, *v. t.* to force back, နောက်သို့ဆုတ်အောင်ဆီးတားသည်။ to make rebound, ကန်သည်။
Repellent, *a.* ဆုတ်စေတတ်သော။
Repent, *v. i.* နောင်တရသည်။
Repentance, *n.* နောင်တ။ နောင်တရခြင်း။
Repentant, *a.* နောင်တရသော။
Re-people, *v. t.* တဖန်အိမ်ခြေ။ လူနေရှိအောင်တည်ထောင်ပြုစုပြန်သည်။
Re-percussion, *n.* ပြန်၍ခတ်ခြင်း။

Repertory, *n.* စုရုံးသိုထားရာ။
Repetition, *n.* from Repeat.
Repetitious, *a.* အထပ်ထပ်ပြောဆိုတတ်သော။
Repine, *v. i.* to be discontented and unhappy, စိတ်ညစ်ညူး၍နေသည်။ to complain discontentedly, စိတ်ညစ်ညူး၍မြည်တွန်သည်။
Replace, *v. t.* to put again in the former place, အရင်နေရာ၌ထားပြန်သည်။ to put in a new place, နေရာသစ်၌ထားသည်။ to refund, ပြန်၍ပေးသည်။ to furnish a substitute, အစားထားသည်။
Replenish, *v. t.* ပြည့်အောင်ထည့်သည်။ လုံလောက်အောင်ထားသည်။
Replete, *a.* ပြည့်သော။ ပြည့်ဝသော။ ပြည့်စုံသော။
Repletion, from above; plethora, သွေးအရည်တန်ခြင်း။
Replevin, *n.* အာမခံပေး၍လွှတ်ခြင်း။
Replication, *n.* from next.
in return, ပြန်၍ပြောသည်။ to answer to a question, proposition or charge, ဖြေသည်။ to answer a charge in court, လုချေသည်။ ချေပသည်။ —*n.* စကားတုံ့။ an answer to a call, ထူးချက်။ what is said in answer, ပြန်၍ပြောချက်။ an answer to a question, proposition or charge, ဖြေချက်။ အဖြေ။ ဖြေစာ။ the plea of a defendant, လုချေချက်။ ချေပချက်။
Report, *v. t.* to bring back an account of, ပြန်လာ၍ (ကြားမြင်သောအရာကို)ပြောသည်။ (ကြားမြင်သောအရာကို)ပြန်ပြောသည်။ to communicate information, ကြားပြောသည်။ သကြောင်းကြားသည်။ to relate, (အမှုအရာကို)ပြန်ပြောသည်။ to present an account of, အမှုအရာကိုမှတ်၍မှတ်စာကိုသွင်းသည်။ to tell from one to another, တယောက်ကိုတယောက်ပြောသည်။ —*n.* an account returned, ပြန်လာ၍ (ကြားမြင်သောအရာကို) ပြောသောစကား။ a relation, အမှုအရာကိုပြန်ပြောသောစကား။ a statement of facts, မှတ်စုစာရင်း။ rumor, common fame, အန္တံအပြားပြောခြင်း။ repute, public character, အသရေ။ sound emitted, မြည်သောအသံ။
Repose, *v. i.* to lie at rest, အိပ်သည်။ to rest in confidence, ကိုးစား၍ငြိမ်ဝပ်စွာနေသည်။ —*v. t.* to lay at rest, ငြိမ်ဝပ်စွာနေအောင်ပြုသည်။ to deposit, သိုထားသည်။ —confidence or trust, ယုံသည်။ —*n.* a lying at rest, အိပ်ခြင်း။ quiet, tranquillity, ငြိမ်ဝပ်ခြင်း။
Reposit, *v. t.* သိုထားသည်။
Repository, *n.* သိုထားရာအရပ်။
Re-possess, *v. t.* အပိုင်ရပြန်သည်။
Re-possession, *n.* from above.

Reprehend, *v. t.* to find fault with, အပြစ်တင်သည်။ to reprove, အပြစ်တင်၍ဆုမ္မသည်။

Reprehensible, *a.* in, နိုင်ဖွယ်။ from above.

Reprehension, *n.* from same.

Reprehersive, Reprehensory, *a.* အပြစ်တင်ခြင်းနှင့်ဆိုင်သော။

Represent, *v. t.* to show by something similar, ပုံသဏ္ဍာန်အားဖြင့်ပြသည်။ to describe, သရုပ်သကန်ကိုဖော်ပြသည်။ to state in words, အကြောင်းကိုကြားပြောသည်။ to act as a substitute, ကိုယ်စားလုပ်သည်။

Representation, *n.* from above; that which exhibits, by resemblance, ပုံ။

Representative, *n.* a deputy, ကိုယ်စားလှယ်။ a member of the House of Representatives, အမေရိကပြည်မှာပြည်သူပြည်သားတို့ ယဲကရွေးကောက်၍လွှတ်တော်၌စီရင်ရသောအရာရှိ။

Repress, *v. t.* to quell, နှိပ်နင်းသည်။ to restrain, ချုပ်တည်းသည်။

Repression, *n.* from above.

Repressive, *a.* နှိပ်နင်းတတ်သော။ ချုပ်တည်းတတ်သော။

Reprieve, *v. t.* ကွပ်မျက်ရသောနေ့ရက်အချိန်ကာလကိုရွှေ့သည်။ —*n.* from above.

Reprimand, *v. t.* ကြပ်တည်းစွာအပြစ်တင်၍ဆုမ္မသည်။ —*n.* from do.

Re-print, *v. t.* အသစ်တဖန်ပုံနှိပ်သည်။ —*n.* အသစ်တဖန်ပုံနှိပ်သောစာ။

Reprisal, *n.* တိုက်စားတိုက်၍ယူခြင်း။

Reproach, *v. t.* ကဲ့ရဲ့၍အပြစ်တင်သည်။ —*n.* from above; a cause of reproach, ကဲ့ရဲ့၍အပြစ်တင်စရာအကြောင်း။

Reproachful, *a.* expressing censure opprobriously, ကဲ့ရဲ့၍အပြစ်တင်သော။ opprobrious, အသရေပျက်သော။ အရှက်ကွဲစေသော။

Reprobate, *v. t.* to condemn and reject with detestation, ရွံရှာ၍ပယ်ထားသည်။ to abandon to all evil, ပျက်စီးရန်အမှိုပယ်ထားသည်။ *a.* rejected on examination, စစ်ဆေး၍ပယ်ထားသော။ abandoned, အလွန်ဆိုးသွမ်းသော။ —*n.* အလွန်ဆိုးသွမ်းသောသူ။

Reprobation, *n.* from Reprobate, *v. t.*

Re-produce, *v. t.* အသစ်တဖန်ဖြစ်သည်။ အသစ်တဖန်ဖြစ်မည့်အကြောင်းကိုပြုသည်။

Reproduction, *n.* from above.

Reproof, Reproval, *n.* from next.

Reprove, *v. t.* to censure, အပြစ်တင်၍ဆုမ္မသည်။

Reptile, *a.* creeping as a worm, လိမ်လွန့်၍သွားတတ်သော။ creeping as an animal with short legs, တွား၍သွားတတ်သော။ groveling, ကိုယ်အသရေကိုမငဲ့၊ ယုတ်ညံ့သောအမှုကိုပြုတတ်သော။ —*n.* လိမ်လွန့်၍သွားတတ်သောတိရစ္ဆာန်။ တွား၍သွားတတ်သောတိရစ္ဆာန်။

Republic, *n.* ပြည်သူပြည်သား သမတရွေးကောက်သော မင်းအုပ်စိုးသောပြည်။
Republican, *a.* ထိုသို့သောအုပ်စိုးခြင်းနှင့်ဆိုင်သော။ —*n.* ထိုသို့သော အုပ်စိုးခြင်းကိုကြိုက်နှစ်သက်သောသူ။
Republication, *n.* from next.
Republish, *v. t.* လူများကြည့်ရန်အဖို့အသစ်တဖန်ပုံနှိပ်သည်။
Repudiate, *v. t.* to disavow, ငြင်းပယ်သည်။ to divorce (a wife,) ကွာသည်။ ကွာရှင်းသည်။
Repudiation, *n.* from above.
Repugnance, *n.* contrariety, ဆန့်ကျင်ဘက်ဖြစ်ခြင်း။ strong dislike, အလိုမရှိ၊ ရွံရှာခြင်း။
Repugnant, *a.* ဆန့်ကျင်သော။ ဆန့်ကျင်ဘက်ဖြစ်သော။
Repulse, *v. t.* နောက်သို့ဆုတ်အောင်ဆီးတားသည်။ —*n.* from *do.*
Repulsion, *n.* the act of repelling, ဆုတ်စေခြင်း။ the power of repelling, ဆုတ်စေနိုင်သောအခွင့်။
Repulsive, *a.* repelling, ဆုတ်စေတတ်သော။ forbidding, မျက်နှာထားနှင့်နေသော။
Repulsiveness, *n.* from above.
Reputable, *a.* အသရေရှိသော။
Reputation, *n.* အသရေ။ ကောင်းသောအသရေ။
Repute, *v. t.* ထင်သည်။ ထင်မှတ်သည်။ —*n.* character, good or bad, သိတင်း။ reputation, ကောင်းသောအသရေ။
Request, *v. t.* တောင်းသည်။ တောင်းပန်သည်။ —*n.* from *do*; the thing requested, တောင်းသောအရာ။ a desiring or seeking after, လိုချင်၍ရှာခြင်း။
Requiem, *n.* ဖရင်ကျီဘာသာ၌သေလွန်သောသူသည်ငြိမ်သက်စွာနေရအောင် တောင်းပန်သောသီချင်း။
Require, *v. t.* to demand, တောင်းသည်။ to need, လိုသည်။ အသုံးလိုသည်။
Requirement, *n.* တောင်းခြင်း။
Requisite, *a.* အသုံးလိုသော (အရာ။)
Requisition, *n.* တောင်းခြင်း။
Requital, *n.* from next.
Requite, *v.* အတုံ့အလှည့်ပြန်၍ပြုသည်။
Rereward, *see* Rearward.
Rescind, *v. t.* (အမိန့်တော်ကို) နှုတ်သိမ်းသည်။
Rescission, *n.* from above.
Rescript, *n.* အမိန့်တော်။
Rescue, *v. t.* ကယ်လွှတ်သည်။ —*n.* from *do.*
Research, *v. t.* မိစစ်၍ရှာဖွေသည်။ —*n.* from *do.*
Resemblance, *n.* likeness, တူခြင်း။ something similar, ပုံ။

Resemble, *v.* to be like, တူသည်။ to liken, ပုံမှိုင်းသည်။ ပုံပြသည်။
Resent, *v.* မိတ်ခိုးသည်။ မုက်ဆုန်းကြီးသည်။ မျက်ဆုန်းလိုသည်။
Resentful, *a.* မိတ်ဆိုးသော။
Resentment, *n.* from Resent.
Reservation, *n.* from next; something reserved, ချန်ခြွင်း၍ထားသောအရာ။
Reserve, *v. t.* ချန်ခြွင်း၍ထားသည်။ ချန်ခြွင်း၍သိုထားသည်။ —*n.* from same; something reserved, ချန်ခြွင်း၍ထားသောအရာ။ a body of troops reserved for some exigence, အသင့်ရန်၍ထားသောတပ်။ restraint in behavior, ဣန္ဒြေကိုချုပ်၍နေခြင်း။
Reserved, *a.* ဣန္ဒြေကိုချုပ်၍နေတတ်သော။
Reservedness, *n.* from above.
Reservoir, *n.* ရေလှောင်ထားရာကန်။
Re-ship, *v. t.* သင်္ဘောပေါ်သို့တဖန်ပြန်၍တင်ပြန်သည်။
Re-shipment, *n.* from above.
Reside, *v. i.* နေသည်။ နေရာကျသည်။
Residence, *n.* from above; the place of abode, နေရာအရပ်။
Resident, *a.* နေလျက်ရှိသော။ —*n.* (ဤမည်သောအရပ်၌) နေသောသူ။
Residual, Residuary, *a.* အကြွင်းနှင့်ဆိုင်သော။
Residue, *n.* အကြွင်း။ အကြွင်းအကျန်။
Residuum, *n.* ဆေးဖော်လုပ်၍ကျန်ကြွင်းသောအဖြုန်းအဖတ်။
Resign, *v. t.* to lay down, as an office, (အရာကို) လက်လွှတ်သည်။ to cease maintaining, လက်လျှော့သည်။ to give up to (another,) စွန့်၍အပ်သည်။ —one's self, ကိုယ်အလိုသို့မလိုက်၊ သူ့အလိုကိုဝန်ခံသည်။ ကိုယ်ကိုအပ်သည်။
Resignation, *n.* from above.
Resigned, *a.* submissive to another's will, သူ့အလိုသို့လိုက်၍ဝန်ခံသော။
Resin, *n.* အဆီပါသောသစ်စေး။
Resinous, *a.* သစ်စေးပါသော။
Resist, *v. t.* to oppose, ဆန့်ကျင်ဘက်ပြုသည်။ ဆီးတားသည်။ to withstand, maintain the ground against, ခုခံသည်။ to remain unyielding to pressure, မလျှော့၊တင်းမာစွာခံသည်။
Resistance, *n.* from above.
Resistible, *a.* ခုခံ၍ဆီးတားနိုင်ဖွယ်ဖြစ်သော။
Resistless, *a.* ခုခံ၍မဆီးတားနိုင်အောင်ဖြစ်သော။
Resoluble, Resolvable, *a.* that may become fluid, အရည်ဖြစ်နိုင်ဖွယ်။ that may be resolved into its parts, ခွတ်ကွဲနိုင်သော။
Resolute, *a.* မိတ်မိုင်ခိုင်သော။ မိတ်သန်သော။
Resoluteness, *n.* from above.

Resolution, *n.* from next; resoluteness, စိတ်မိုင်ခံ့သောသဘော။ a determination defined by vote, အများသဘောတူ၍စီရင်ချက်။

Resolve, *v. i.* to become fluid, အရည်ဖြစ်၍သွားသည်။ to be separated into component parts, ခွတ်ကွဲသည်။ to adopt a settled purpose, သံဓိဋ္ဌာန်ချသည်။ စိတ်ပြဋ္ဌာန်းသည်။ to determine by vote, အများသဘောတူ၍စီရင်သည်။ —*v. t.* to make fluid, အရည်ဖြစ်စေသည်။ to separate into component parts, ခွတ်ခွဲသည်။ to disentangle, clear, explain, ရှင်းလင်းစေသည်။ to solve a difficult question, ပြဿနာကိုဖြေသည်။ to settle in an opinion, သဘောချသည်။ to constitute by vote, ဖြစ်အောင်အများသဘောတူ၍စီရင်သည်။ —*n.* a fixed purpose, settled intention, သံဓိဋ္ဌာန်။ a determination defined by vote, အများသဘောတူ၍စီရင်ချက်။

Resonant, *a.* from Resound.

Resort, *v. i.* to repair to, (တစုံတခုသောအရပ်) သို့သွားသည်။ to have recourse to, နောက်မှအသုံးပြုသဉ်။ —*n.* from above; concourse, အစုအဝေး။ a place frequented, ခဏခဏရောက်လာရာအရပ်။

Resound, *v. i.* to sound back, ပြန်၍မြည်သည်။ to be full of sound, အသံနှင့်မြည်၍နေသည်။ to sound abroad, အနှံ့အပြားကျော်စေသည်။

Resource, *n.* a means of accomplishing one's wishes, အလိုပြည့်စုံစေခြင်းငှါအသုံးပြုသောအရာ။ an expedient, ဥပါယ်။ *plur.* သုံးဆောင်ရန်ဘဏ္ဍာပစ္စည်း။

Respect, *v. t.* to have regard to, ထောက်ထားသည်။ to esteem with some degree of reverence, လေးမြတ်သည်။ to relate to, ဆိုင်သည်။ —the person of, မျက်နှာကိုထောက်သည်။ မျက်နှာကိုမှတ်သည်။ —*n.* from *do.* —to [have,] *v. t.* ထောက်ထားသည်။

Respectability, from next, 1st def.

Respectable, *a.* possessing qualities which deserve or command respect, လေးမြတ်ဖွယ်သောဂုဏ်ရှိသော။ အသရေကောင်းသော။ passable, tolerable, တော်တော်ရှိသော။

Respecter of persons, *n.* မျက်နှာကိုထောက်သောသူ။ မျက်နှာကိုမှတ်သောသူ။

Respectful, *a.* ရိုသေလေးမြတ်သော။ ရိုသေလေးမြတ်သောလက္ခဏာရှိသော။

Respecting, *prep.* with respect to, ကို။ မှာ။ မူကား။ ဟူမူကား။

Respective, *a.* relative, ဆိုင်သော။ စပ်ဆိုင်သော။ pertaining to a particular person, ကိုယ်နှင့်သာဆိုင်သော။ကိုယ်စီအသီးအသီးဆိုင်သော။

Respirable, *a.* အသက်ရှူဖွယ်ကောင်းသော။

Respiration, *n.* from next.

Respire, *v.* အသက်ရှူသည်။

Respite, *v. t.* to relieve by a pause, တန့်ရပ်အောင်အခွင့်ပေးသည်။ to reprieve, ကွပ်မျက်ရသောနေ့ရက်အချိန်ကာလကိုရွှေ့သည်။ —*n.* an interval of rest, တန့်ရပ်ရသောအခွင့်။ a reprieve, ကွပ်မျက်ရသောနေ့ရက်အချိန်ကာလကိုရွှေ့ခြင်း။

Resplendence, *n.* from next.

Resplendent, *a.* brilliant, အရောင်ထွန်းတောက်သော။ very conspicuous, distinguished, ထွန်းသော။ ဂုဏ်အသရေထင်ပေါ်သော။

Respond, *v. i.* to answer to a call, ထူးသည်။ to speak in return, ပြန်၍ပြောသည် to correspond, အဖက်ဖြစ်သည်။

Respondent, *n.* စကားချေသောသူ။ ချေပသောသူ။ *in law,* ဆင်ခြေလဲဆိုသောသူ။

Response, *n.* ထူးချက်၊ ပြန်၍ပြောချက်။ ဖြေချက်။

Responsibility, *n.* from next.

Responsible, *a.* liable, သူတပါးအတွက်ဝန်မကင်းဖြစ်သော။ able to discharge an obligation, ဝန်ခံသည်အတိုင်းတတ်နိုင်သော။

Responsive, *a.* from Respond.

Rest 1, *v. i.* နားသည်။s. to cease from motion, တန့်သည်။ ရပ်သည်။ to be still, quiet, ငြိမ်သည်။ ငြိမ်ဝပ်သည်။ ငြိမ်သက်သည်။ to lie, repose, အိပ်သည်။ to sleep, အိပ်ပျော်သည်။ to lean on, မှီသည်။ to be placed on, တင်နေသည်။ to be fixed, settled, deposited, တည်နေသည်။ —*v. t.* to lay at rest, ငြိမ်စေသည်။ to place, as on a support, အမှီပြုစေသည်။ —*n.* from above *v. i.*; a resting place, ငြိမ်၍နေရာအရပ်။ that on which any thing leans or is supported, အခု။ အခုအခံ။ —2, that which remains, အကြွင်း။ others, ကြွင်းသောသူ။ အခြားသောသူ။

Restaurateur, *n.* ထမင်းဆိုင်။

Restiff, *a.* (as a horse,) ကပ်ခိုတတ်သော။

Restiffness, *n.* from above.

Restitution, *n.* the act of restoring what has been taken away, သိမ်းယူမိသောအရာကိုပြန်၍ပေးခြင်း။ the act of making amends for a loss, အစားပေးသည်။

Restless, *a.* unquiet, မငြိမ်သော။ sleepless, အိပ်၍မပျော်နိုင်၊တကြောင်ကြောင်နေသော။

Restlessness, *n.* from above.

Restoration, *n.* from Restore.

Restorative, *a.* တဖန်အားပြည့်စေတတ်သော။ —*n.* တဖန်အားပြည့်စေတတ်သောဆေး။

Restore, *v. t.* to give back, ပြန်၍ပေးသည်။ to replace, အရင်နေရာ၌ထားပြန်သည်။ to recover, (မကောင်းသောအရာထဲက)နုတ်၍အရင်

နေရာသို့ပြန်စေသည်။ to recover from disease, အနာမှထမြောက်စေသည်။ to make restitution, အစားပေးသည်။ to make amends, ပြစ်မှားမိသည်အတွက်ပြန်ပေးသည်။ to renew, အသစ်တဖန်ဖြစ်စေပြန်သည်။

Restrain, *v. t.* မလွှန်ကျူးစေခြင်းငှါ တားမြစ်သည်။ ချုပ်တည်းသည်။ —feeling, အောင့်သည်။ —force or motion, အရှိန်ကိုသတ်သည်။

Restraint, *n.* from above; that which restrains, မလွှန်ကျူးစေခြင်းငှါတားမြစ်သောအရာ။ ချုပ်တည်းသောအရာ။

Restrict, *v. t.* စည်းကမ်းသတ်၍ဥပဒေထားသည်။

Restriction, *n.* from above.

Restrictive, *a.* from Restrict, *v. t.*

Result, *v. i.* အကြောင်းကြောင့်ဖြစ်သည်။ —*n.* အကျိုး။ အကြောင်း၏အကျိုး။

Resume, *v. t.* to take back, ပြန်ယူသည်။ to take again, ယူပြန်သည်။ to recommence, စ၍ပြုပြန်သည်။

Resumption, *n.* from above, 1st and 2d def.

Resurrection, *n.* သေခြင်းမှထမြောက်၍ရှင်ပြန်ခြင်း။

Resuscitate, *v. t.* တဖန်အသက်ရှင်စေပြန်သည်။

Resuscitation, *n.* from above.

Retail, *v. t.* to sell in small quantities, လက်လီရောင်းသည်။ လက်လီမိတ်၍ရောင်းသည်။ အသေးမိတ်၍ လက်လီရောင်းသည်။ to report from place to place, လှည့်လည်၍သိတင်းစကားကိုကြားပြောသည်။ —*n.* from *do.* 1st def.

Retailer, *n.* agent, from above.

Retain, *v. t.* to keep in possession, သူတပါးလက်သို့မလွှဲမအပ်၊ ကိုယ်လက်၌ထားမြဲထားသည်။ to hold from escape, ထိန်းသည်။ ခွဲစေသည်။ ဆွဲထားသည်။ to keep in pay, ငှါး၍ထားသည်။

Retainer, *n.* agent, from above, 1st def.; a follower, နောက်ပါလူငယ်။ a retaining fee, ခြေကြွ။

Retake, *v. t.* တဖန်သိမ်းယူပြန်သည်။

Retaliate, *v.* လက်စားချေသည်။

Retaliation, *n.* from above.

Retard, *v. t.* to make slow, နှေးစေသည်။ to render more late, ကြန့်ကြာအောင်ပြုသည်။

Retardation, *n.* from above.

Retch, *v. i.* ရှို့သည်။

Retention, *n.* from Retain, 1st def.; the act of retaining in the mind, အာရုံကပ်ခြင်း။ the faculty of retaining in the mind, အာရုံကပ်တတ်သောစိတ်။ မှတ်ညာဏ်။

Retentive, *a.* having the power to keep from escape, ထိန်းတတ်

Retribution. n. from above.

Retributive, Retributory, a. from same.

Retrievable, a. in နိုင်ဖွယ်။ from next.

Retrieve, v. t. to recover from loss or injury, ကယ်နှုတ်၍ရပြန်သည်။

Retrocede, *see* Recede.

Retrocession, *see* Recession.

Retrograde, v. i. နောက်သို့ပြန်သည်။ ဆုတ်သည်။—*a.* from *do.*

Retrogression, n. from same.

Retrogressive, a. from Retrograde, v. i.

Retrospect, v. နောက်သို့ပြန်ကြည့်သည်။—Retrospection, n. from *do.*

Retrospective, a. from same.

Retiring, *a.* ကိုယ်ဂုဏ်ကိုမပြလိုဘဲ ဆိတ်ကွယ်ရာ၌ နေချင်သော သဘောရှိသော။

Retort, *v. t.* to throw back, ပြန်၍ပြစ်သည်။ to answer back desrespectfully, လှန်ပြန်၍ ပြောသည်။ to return an accusation, ပြန်လှန်၍အပြစ်တင်သည်။ to bend back, နောက်သို့ကွေးအောင်ပြုသည်။ —*n.* from above, 2d and 3d def.; a curved pipe used in distillation, ပေါင်းခြွေးခံသောပြွန်ကောက်။

Retouch, *v. t.* ဆေးထပ်၍ပြုပြင်ပြန်သည်။

Retrace, *v. t.* (လာခဲ့သောလမ်းကို)လှည့်၍ပြန်သည်။

Retract, *v. t.* ပြောမိသောစကားကိုနှုတ်ပြန်သည်။

Retractation, Retraction, *n.* from above.

Retreat, *v. i.* ဆုတ်သည်။ ဆုတ်သွားသည်။ —*n.* from *do*; retirement, ဆိတ်ညံရာသို့ထွက်၍နေခြင်း။ a place of retirement, ဆိတ်ညံရာဖြစ်၍ထွက်နေသောအရပ်။

Retrench, *v. t.* to cut off, ဖြတ်၍ပြစ်သည်။ to lessen expenses, စရိတ်နည်းအောင်ပြုသည်။

Retrenchment, *n.* from above.

Retribute, *v. t.* to requite, အတုံ့အလှည့်ပြန်၍ပြုသည်။ to award rewards and punishments, အကျိုးအပြစ်ကိုစီရင်သည်။

Retribution, *n:* from above.

Retributive, Retributory, *a.* from same.

Retrievable, *a.* in, နိုင်ဖွယ်။ from next.

Retrieve, *v. t.* to recover from loss or injury, ကယ်နှုတ်၍ရပြန်သည်။

Retrocede, *see* Recede.

Retrocession, *see* Recession.

Retrograde, *v. i.* နောက်သို့ပြန်သည်။ ဆုတ်သည်။ —*a.* from *do.*

Retrogression, *n.* from same.

Retrogressive, *a.* from Retrograde, *v. i.*

Retrospect, *v.* နောက်သို့ပြန်ကြည့်သည်။ —Retrospection, *n.* from *do.*
Retrospective, *a.* from same.
Retrude, *v. t.* နောက်သို့တွန်းသည်။
Retund, *v. t.* တုံးအောင်ပြုသည်။
Return, *v. t.* to come back, ပြန်လာသည်။ to go back, ပြန်သွားသည်။ to answer, ပြန်၍ပြောသည်။ to retort, လှန်ပြန်၍ပြောသည်။ —*v. t.* to bring back, ပြန်၍ယူခဲ့သည်။ to carry back, ပြန်၍ဆောင်သွားသည်။ to send back (hither or thither,) ပြန်၍ပေးလိုက်သည်။ to pay back, ပြန်၍ပေးသည်။ to requite, အတုံ့အလှည့်ပြန်၍ပြုသည်။ to render an account, စာရင်းယူ၍သွင်းသည်။ —*n.* from *do*; profit, ရသောအကျိုး။
Re-union, *n.* from next.
Re-unite, *v. i.* to unite again, ပေါင်းပြန်သည်။ —*v. t.* from same: to reconcile, သင့်တင့်အောင်ပြုသည်။
Reveal, *v. t.* ဖော်ပြသည်။
Revel, *v. i.* to feast with loose merriment, ပွဲလုပ်၍ကာမဂုဏ်အမှု၌ယစ်မူးပျော်ပါးသည်။ to play wantonly or without restraint, ပေါက်လွှတ်ကစားသည်။ —*n.* from *do.*
Revelation, *n.* the act of disclosing, ဖော်ပြခြင်း။ a divine communication, ဗျာဒိတ်ထားတော်မူခြင်း။ that which is divinely communicated, ဗျာဒိတ်ထားတော်မူချက်။ the books, containing such communication, သစ္စာကျမ်း။ apocalypse, ဗျာဒိတ်ကျမ်း။
Revelry, *n.* from Revel, *v. i.*
Revenge, *v. t.* လက်စားကျေအောင်ရန်တုံ့ပြန်၍ပြုသည်။ —*n.* from *do.*
Revengeful, *a.* လက်စားကျေအောင်ရန်တုံ့ပြန်၍ပြုချင်သောစိတ်ရှိသော။
Revenue, *n.* အခွန်၊အကောက်မှစ၍ခွဲခန့်၊ကောက်ခံ၍ရသောဘဏ္ဍာတော်။
Reverberate, *v. i.* ပြန်၍မြည်သည်။ အသံရိုက်၍ပြန်လာသည်။ —*v. t.* from same.
Reverberation, *n.* from above.
Revere, Reverence, *v. t.* ရိုသေလေးမြတ်သည်။
Reverence, *n.* from above; an act of respectful obeisance, ရိုသေစွာနှုတ်ဆက်ခြင်းနှင့်ဆိုင်သောဦးညွှတ်၊ဒူးညွှတ်ခြင်း။ a title of the clergy, အရှင်ဘုရား။
Reverend, *a.* ရိုသေထိုက်သော။
Reverent, Reverential, *a.* ရိုသေသော။
Reversal, *n.* from next.
Reverse, *v. t.* to turn upside down, ပြောင်းပြန်ထားသည်။ လှည့်၍မှောက်သည်။ to turn to the contrary direction, လှန်ပြန်သည်။ to annul, ပယ်သည်။ —*n.* a change, ပြောင်းလဲခြင်း။ a con-

trary, opposite, ဆန့်ကျင်ဘက်။ the back side of a medal or coin, အောက်ဖက်။

Reversion, *n.* from next, 2d def.

Revert, *v. i.* to return, ပြန်သည်။ to the proprietor at the death of a temporary possessor, ခဏပိုင်သောသူ သေမှအရင်ပိုင်သောသူ လက်သို့ရောက်ပြန်သည်။

Revery, *n.* တွေဝေလျှက်အချည်းနှီးကြံစည်၍နေခြင်း။

Review, *v. t.* to look back upon, လှည့်၍ကြည့်သည်။ နောက်သို့ပြန်၍ ကြည့်သည်။ to see again, တဖန် မြင်ပြန်သည်။ to inspect, ကြည့်ရှုသည်။ to re-examine, တဖန် ပြန် ၍ စစ်ဆေး ပြန်သည်။ —a writing, စာကိုကြည့်လျှက် ကောင်းသောလက္ခဏာ၊ မကောင်း သောလက္ခဏာတို့ကိုပိုင်းခြား၍ဖော်ပြသည်။ —*n.* from above.

Revile, *v. t.* ဆဲသည်။ ဆဲရေးသည်။

Revisal, Revision, *n.* from next.

Revise, *v. t.* (စာကို)ပြုပြင်ခြင်းငှါစေ့စေ့ကြည့်ရှုသည်။

Re-visit, *v. t.* တဖန်တွေ့မြင်အောင်သွားပြန်သည်။

Revival, *n.* from next; a season of uncommon attention to religion, မြို့သူ၊ ရွာသားအများတို့သည်စည်းစားသောအားဖြင့်သံဝေဂ ရ၍တပည့်တော်အဖြစ်သို့ရောက်ခြင်း။

Revive, *v. i.* to return to life, အသက်ရှင်ပြန်သည်။ to recover new strength, အားဖြည့်သည်။ to recover public regard, ပေါ်ထွန်း ပြန်သည်။ —*v. t.* to restore to life, တဖန်အသက်ရှင်စေသည်။ to impart new spirit, (အားလျော့သောသူကို)အားတိုးပွားအောင် ပြုသည်။ to bring again into notice or action, (ထိမ်မြုပ်သော အရာကို)တဖန်ပေါ်အောင်ဖော်ပြန်သည်။ to restore to public regard, တဖန်ပေါ်ထွန်းအောင်ပြုပြန်သည်။

Revivification, *n.* from next.

Revivify, *v. t.* *see* Revive, *v. t.* 1st and 2d def.

Reviviscence, *n.* အသက်ရှင်ပြန်ခြင်း။

Revocable, *a.* in, နှုတ်ပယ်။ from Revoke.

Revocation, *n.* from next.

Revoke, *v. t.* နှုတ်သိမ်းပြန်သည်။

Revolt, *v. i.* to renounce allegiance and go over to the enemy, အာဏာတော်ကို ငြင်းဆန် ၍ ရန်သူဘက် သို့ ပြောင်းလဲသည်။ to be shocked, ရွံသည်။ —*n.* from above, 1st def.

Revolting, ရွံစေသော။

Revolution, *n.* from Revolve, *v. i.*; a change in government, မင်းရိုးမှစ၍နိုင်ငံမှုရေးကိုစီရင်သောထုံးဖြတ်ဟောင်းကိုပြောင်းလဲခြင်း။

Revolutionary, *a.* ထိုသို့သောပြောင်းလဲခြင်းနှင့်ဆိုင်သော။

Revolutionize, *v. t.* ထိုသို့သောပြောင်းလဲခြင်းကိုဖြစ်စေသည်။

Revolve, *v. i.* to turn round itself, လည်သည်။ ချာချာလည်သည်။ to move round something else, လည်သည်။ လှည့်ပတ်သည်။ —*v. t.* to consider, ဆင်ခြင်သည်။

Revulsion, *n.* ဆုတ်သွားခြင်း။

Reward, *v. t.* to render according to desert, ထိုက်သည်အားလျော်စွာ အကျိုးအပြစ်ကိုဆပ်ပေးသည်။ to give in consideration of service, ဆုချသည်။ ဆုပေးသည်။ —*n.* that which is rendered according to desert, ထိုက်သည်အားလျော်စွာဆပ်ပေးသောအကျိုး၊ အပြစ်။ a present made in consideration of service, ဆု။ stipulated pay, အခ။

Rhapsody, *n.* အချိတ်အဆက်မသင့်သောစကား။

Rhetoric, *n.* ရေတောရိတ်အတတ်တည်းဟူသော၊ မိတ်ပါစေခြင်းငှါလျောက်ပတ်ဖွယ်ရာယဉ်ကျေးသောစကားနှင့်ပြောဆိုတတ်သောအတတ်။

Rhetorical, *a.* ရေတောရိတ်အတတ်နှင့်ဆိုင်သော။

Rhetorician, *n.* ရေတောရိတ်ကိုလေ့ကျက်သောဆရာ။

Rheum, *n.* အနာရောဂါတမျိုး။

Rheumatic, *a.* တူလာနာနှင့်ဆိုင်သော။

Rheumatism, *n.* တူလာနာ။

Rhinoceros, *n.* ကြံ့ကောင်။

Rhomb, *n.* မှန်ကူကွက်။ ရမ္ဘု။

Rhomboid, *n.* မညီမညာသောမှန်ကူကွက်။ ရမ္ဘော့ဒ်။

Rhubarb, *n.* ဝမ်းနှုတ်ဆေးခါးမြစ်တမျိုး။

Rhyme, *n.* လင်္ကာပုဒ်စုံ၌နောက်ဆုံးသောအသံညီညာသောလင်္ကာ။

Rib, *n.* a side bone of the thorax, နံရိုး။ a knee in a ship, ထံကူ။

Ribald, *a.* ဆိုးညစ်သော။

Ribaldry, *n.* ဆိုးညစ်သောစကား။

Riband, Ribbon, *n.* ပိုးကြိုးပြား။ ကျပ်ရက်ပိုးကြိုးပြား။

Ribbed, *a.* furnished with ribs, နံရိုးပါသော။ marked by wales and channels, အရိုးအကြောင်းပေါ်သော (အထည်။)

Rice, *n.* the grain, ကောက်စပါး။ the kernel, ဆန်။ the kernel boiled, ထမင်း။

Rich, *a.* wealthy, ဥစ္စာရတတ်သော။ having in abundance, ကြွယ်ဝသော။ costly, valuable, အဘိုးများစွာထိုက်သော။ plentiful, abundant, ပေါများသော။ များပြားသော။ abounding in (provisions,) ဝပြောသော။ replete with, ပြည့်စုံသော။ fertile, productive, များစွာဖြစ်စေတတ်သော။ high colored, အရောင်ရဲသော။ high flavored, ဩဇာလေးနက်သော။

Riches, *n.* များစွာသောဥစ္စာ။

Richness, *n.* from Rich.

Rick, *n.* *see* Hay-rick.

Rickets, *n.* သူငယ်ကိုစွဲတတ်သောအနာတမျိုး။
Rickety, *a.* ထိုသို့သောအနာစွဲသော။
Rid, *v. t.* to free, deliver, လွှတ်သည်။ to free from, disencumber, ကင်းလွတ်အောင်ပြုသည်။ ရှင်းလင်းစေသည်။
Riddance, *n.* from above.
Riddle 1, *n.* a coarse sieve, ဆန်ခါကျဲ။ —1, *v. t.* to sift, ဆန်ခါကျဲနှင့်ချသည်။ to perforate with small holes, အပေါက်အပေါက်လုပ်သည်။ —2, *n.* an enigma, စကားထာ။
Ride, *v.* စီးသည်။ —*n.* မြင်း၊ နွားစီးခြင်း။ လှည်း၊ ရထားစီးခြင်း။
Ridge, *n.* —of a roof, အိမ်ခေါင်။ —the earth, large, မြေရိုး။ (small,) ကန်စင်းရိုး။ a range of hills, တောင်ရိုး။ —*v. t.* အရိုးအကြောင်းပေါ်အောင်လုပ်သည်။
Ridicule, *v. t.* ပျက်ရယ်ပျက်ပြယ်ပြုသည်။ ကချော်ကချွတ်ပြုသည်။ —*n.* from above.
Ridiculous, *n.* ရယ်စရာကောင်းသော။
Ridiculousness, *n.* from above.
Riding-coat, Riding-habit, *n.* မြင်းစီးသောအခါ ဝတ်သောအင်္ကျီ။
Rife, *a.* ပေါများသော။
Riff-raff, *n.* အမှိုက်သရိုက်။
Rifle 1, *v. t.* လုယူသည်။ လုရက်သည်။ —2, *n.* အမြောင်းချိုးပါသောသေနတ်။
Rift, *v. i.* အက်သည်။ ကွဲသည်။ —*n.* အအက်။ အကွဲ။
Rig, *v. t.* to accoutre, အဝတ်တန်ဆာဆင်သည်။ to fit (a ship) with tackling, ရွက်ကြိုးတန်ဆာဖျင်ဆင်သည်။
Rigging, *n.* dress, အဝတ်တန်ဆာ။ the tackle of a ship, ရွက်ကြိုးတန်ဆာ။
Right, *a.* သဗ္ဗာသော။ straight, ဖြောင့်သော။ equitable, ဖြောင့်မတ်သော။ not wrong, မှန်သော။ true, ဟုတ်သော။ not left, but the opposite, လက်ျာနှင့်ဆိုင်သော။ ဘယ်နှင့်ဆိုင်သော။ —*n.* conformity to truth and justice, တရား။ ဖြောင့်မတ်ခြင်း။ မှန်ခြင်း။ ဟုတ်မှန်ခြင်း။ just claim, legal title, ownership, ဆိုင်ခြင်း။ ပိုင်ခြင်း။ ပိုင်ထိုက်ခြင်း။ တောင်းပိုင်သောအခွင့်။ —angle, *n.* ကျင်တွယ်ထောင့်။ —angled, *a.* ကျင်တွယ်ထောင့်ရှိသော။ —hand, *n.* လက်ျာလက်။ —hearted, *a.* စိတ်သဘောဖြောင့်သော။ —minded, *a.* ဖြောင့်မတ်စွာကြံစည်တတ်သော။ ရိုးသားသော။ —side, *n.* လက်ျာဖက်။ —*v. i.* မတ်မိပြန်သည်။ —*v. t.* ညှဉ်းဆဲခြင်းကိုခံရရာထဲကနှုတ်ယူသည်။ —*int.* ဟုတ်ကဲ့။
Righteous, *a.* ဖြောင့်မတ်သော။
Righteousness, *n.* from above, တရား။

Rightful, *a.* having a just claim, ပိုင်ထိုက်သော။ consonant to justice, မှန်သော။ တရားနှင့်ညီသော။

Rightfulness, *n.* from above.

Rightness, *n.* from Right, *a.*

Rigid, *a.* stiff, not flexible, တောင့်သော။ strict, stringent, ကြပ်တည်းသော။

Rigidity, Rigidness, *n.* from above.

Right, *n.* *see* Reglet.

Rigmarole, *n.* အကျိုးအကြောင်းနှင့်မဆိုင်သောဒဿာရီစကား။

Rigor, *n.* rigidness, တင်းမာခြင်း။ chilliness, ချမ်း၍တုန်ခြင်း။ stiffness of temper, စိတ်ခိုင်မာခြင်း။ strictness, ကြပ်တည်းခြင်း။ severe cold, အလွန်ချမ်းအေး၍ခက်ထန်ခြင်း။

Rigorous, *a.* strict, rigid, ကြပ်တည်းသော။ severely cold, အလွန်ချမ်းအေး၍ခက်ထန်သော။

Rigorousness, *n.* from above.

Rill, *n.* စမ်းရေစီးရာချောင်းငယ်။

Rim, *n.* နှုတ်ခမ်းနား။

Rime, *n.* နှင်းခဲ။

Rimple, *v. t.* တွန့်စေသည်။ —*n.* အတွန့်။

Rimy, *a.* နှင်းခဲများသော။

Rind, *n.* —of a plant, ပင်ပပ်။ —of a tree, သစ်ခေါက်။ —of fruit, အသီးခွံ။

Ring 1, *n.* အကွင်း။ ကွင်း။ ခွေ။ စက်ဝိုင်း။ —for the finger, လက်စွပ်ကွင်း။ —leader, *n.* အာဏာကိုဆန်သောသူတို့၏အကဲအမှူး။ —streaked, *a.* အကွက်အပြောက်ရှိသော။ —worm, *n.* ပွေး။ —2, *v. i.* to sound as a bell, နောင်နောင်မြည်သည်။ ခေါင်းလောင်းမြည်သည်။ ခေါင်းလောင်းသံမြည်သည်။ to be filled with the fame of, ကျော်စောသောသိတင်းနှံ့ပြားသည်။ —*v. t.* to cause (a bell) to sound, (ခေါင်းလောင်း)ထိုးသည်။

Ringlet, *n.* ခွေလိပ်သောဆံပင်တခက်။

Rinse, *v. t.* ကျင်းသည်။

Riot, *v. i.* to revel, ပွဲလုပ်၍ကာမဂုဏ်အမှု၌ယစ်မူးပျော်ပါးသည်။ to banquet luxuriously, ပွဲလုပ်၍မြိန်ရှက်စွာစားသောက်သည်။ to act wilfully and without control, ပေါက်လွှတ်ပြုသည်။ to raise an uproar or sedition, အာဏာတော်ကိုဆန်၍ရုန်းရင်းခတ်မှုပြုသည်။ —*n.* from above.

Riotous, *a.* from same.

Rip, *v. t.* to separate by tearing and cutting, ဆုတ်ဖြတ်သည်။ —open, (a seam,) *v.* ချုပ်ရိုးကိုဖြုတ်သည်။ —up, *v. t.* လှန်လှော၍စစ်သည်။ —*n.* ဆုတ်ဖြတ်ရာ။

သည်။—*n.* ဆုတ်ဖြတ်ရာ၊

Ripe, *a.*—as grain, fruit, &c. မှည့်သော၊ brought to perfection, ရင့်သော။ prepared for action, ကြိုချက်၍ပြီးစီးသော။

Ripen, *v. i.* မှည့်၍လာသည်၊ ရင့်၍လာသည်။ ကြိုချက်၍ပြီးစီးသည်၊ *t.* from same, (for sub-def. *see under*—Ripe.)

Ripeness, *n.* from Ripe.

Rise, *v. i.* to get up, ထသည်။ to ascend, တက်သည်။ —as the sun, ထွက်သည်။ to begin, ဦးသည်။ စသည်။ to advance, တိုးတက်သည်။ —as from the dead, ထမြောက်သည်။ to appear, come into notice, ပေါ်သည်။ပေါ်ထွန်းသည်။ —*n.* from above; elevation or degree of ascent, အမြင့်။ source, origin, မူလ။ အမြစ်။ အရင်း။

Risibility, *n.* from next, 1st def.

Risible, *a.* having the faculty of laughing, ရယ်တတ်သော။ laughable, ရယ်ဖွယ်ဖြစ်သော။

Rising, *n.* from Rise, *v.*

Risk, *v. t.* to hazard, မိုးရိပ်မိစရာ ရှိလျက်နှင့် စမ်း၍ ပြုသည်။ အဆိုး၌ အဘယ်သို့ဖြစ်မည်ကိုမသိဘဲလျက် စွန့်၍ပြုသည်။ စွန့်စားသည်။ —*n.* ဘေးဖြစ်မည်ကိုမိုးရိပ်စရာအကြောင်း။

Rite, *n.* ဝတ်ပြုခြင်း၏အခမ်းအနား။

Ritual, *a.* ဝတ်ပြုခြင်း၏အခမ်းအနားနှင့်ဆိုင်သော။ —*n.* ဝတ်ပြုခြင်း၏အခမ်းအနားကိုပြသောစာ။

Rival, *v. t.* ပြိုင်သည်။ —*a.* ပြိုင်လျက်ရှိသော။ —*n.* ပြိုင်သောသူ။ ပြိုင်ဖက်။

Rivalry, from Rival, *v.*

Rive, *v. i.* ကွဲသည်။ —*v. t.* ခွဲသည်။

River, *n.* မြစ်။ —horse, *n.* ရေမြင်း။ —water, *n.* မြစ်ရေ။

Rivet, *n.* စွဲပြီးမှအဖျားပေအောင်တေသောသံမှို။ —*v. t.* သံမှိုစွဲပြီးမှအဖျားပေအောင်တေ၍မြဲစေသည်။

Rivulet, *n.* ချောင်း။ မူး။

Road, *n.* a public passage, လမ်း။ anchorage, ကျောက်ဆူးချရာအရပ်။ —stead, *n.* same, 2d def.

Roam, *v. i.* လှည့်လည်၍သွားသည်။

Roan, *a.* (မြင်း)သလိုးခွေး။

Roar, *v. i.* —as a lion, ဟောက်သည်။ —as a tiger, a storm, fire, the waves of the sea, ဟုန်းသည်။ to cry aloud, ကျယ်သောအသံနှင့်မြည်သည်။ အော်ဟစ်သည်။

Roast, *v. t.* မီးနားမှာကင်သည်။

Rob, *v. t.* အနိုင်အထက်လုယူသည်။ ထားပြတိုက်သည်။

Robber, *n.* ထားပြ။ rebel, ရန်ပြောင့်။

Robbery, *n.* from Rob.

Robe, *n.* ဝတ်လုံ။ —*v. t.* to put on a robe, ဝတ်လုံဝတ်သည်။ to array, တန်ဆာဆင်သည်။

Robin, *n.* ငှက်တမျိုး။

Robust, *a.* သန်မာသော။ သန်စွမ်းသော။

Robustness, *n.* from above.

Rochet, *n.* ဓမ္မဆရာဝတ်သောအင်္ကျီဖြူ။

Rock 1, *n.* ကျောက်။ ကျောက်ခဲ။ —salt, *n.* သိန္ဓောဆား။ —2, *v.* လှုပ်သည်။

Rocket, *n.* (of different kinds,) မီးပုံး။ မီးကျည်။ မီးပ‌ဒဲ့။ မီးပုစည်း။ မီးလင်းမြှား။ ခိုပုံး။

Rockiness, *n.* from Rocky.

Rocking-chair, *n.* လှုပ်တတ်သောကုလားထိုင်။

Rocky, *a.* full of rocks, ကျောက်များသော။ hard as a rock, ကျောက်ခဲကဲ့သို့မာသော။

Rod, *n.* a long stick, တံပျာ။ နှင်တံ။ a staff of authority, လှံတံ။ a measure of length, ဆယ်တတောင်ရှိသောအတိုင်းအတွား။

Rodomontade, *n.* အချည်းနှီးဝါကြွားသောစကား။

Roe 1, *n.* the female of the hart, သမင်ဒရယ်အမ။ —2, *n.* the eggs of fish, ငါးဥ။

Rogation, *n.* တောင်းပန်ခြင်း။

Rogue, *n.* လိမ်သည်တတ်သောလူဆိုး။

Roguery, Roguishness, *n.* from next.

Roguish, *a.* knavish, ဆိုးညစ်လိမ်လည်သော။ playing tricks with, ကျီစားတတ်သော။

Roil (Amer.) *v. t.* to render turbid, နောက်စေသည်။ to fret, စိတ်ညစ်အောင်ပြုသည်။

Roll, *v. i.* to turn over and over, (intrans.,) လိမ့်သည်။ —away, လိမ့်လန်သည်။ to run on wheels, (ရထား) စီး၍သွားသည်။ to turn from side to side, (intrans.,) လူးသည်။ လူးလည်သည်။ to revolve, လည်သည်။ လှည့်လည်သည်။ —*v. t.* to turn over and over, (trans.,) လှိမ့်သည်။ —away, လှိမ့်လှန်သည်။ to turn from side to side, (trans.,) လူးအောင်လှုပ်သည်။ to wrap round in itself, လိပ်သည်။ to inwrap, ပတ်၍ထားသည်။ to form into balls, လက်နှင့်ပွတ်၍လုံးအောင် လုပ်သည်။ to level with a roller, ဒလိမ့်ဆွဲ၍ညှိသည်။ to spread with a rolling-pin, လက်လိမ့်နှင့်လှိမ့်၍ ပြားအောင်လုပ်သည်။ to bring a continuous sound from a drum, အသံမစဲအောင်စည်ကိုတီးခတ်သည်။ —*n.* the act of rolling, လိမ့်ခြင်း။ လှိမ့်ခြင်း။ the thing rolling, လိမ့်သောအရာ။ a mass made cylindrical, အတောင့်။ cloth, paper, made cylindrical, အတောင့်။ cloth, paper, &c rolled up, အလိပ်။ a register, စာရင်း။ a chronicle, မှတ်စာ။ the beating of a drum so as to produce a continuous sound, အသံမပြတ်အောင်စည်ကိုတီးခတ်ခြင်း။

Roller, *n.* a cylinder used in levelling ground, ဒလိမ့်။ cloth rolled up for a bandage, ကြပ်စည်းဖို့ရာလိပ်သောအဝတ်လိပ်။

Rolling, *a.* rising and falling in slopes, ကုန်း၊ ကျင်းရှိသော(မြေ။)

Rolling-pin, *n.* မုန့်ပြားလုပ်ရန်လက်လိမ့်။

Rolling-press, *n.* လှိမ့်၍နှိပ်သောပုံနှိပ်တန်ဆာ။

Roman, *n.* ရောမအမျိုးသား။

Roman, *a.* pertaining to the Romans, ရောမအမျိုးသားနှင့်ဆိုင်သော။ papal, *see* next.—catholic, *a.* ရောမဘာသာတည်းဟူသောဇရင်ကိုဘာသာနှင့်ဆိုင်သော။ ရဟန်းမင်းနှင့်ဆိုင်သော။

Romance, *n.* အမှန်မရှိဘဲအလိုလိုစိတ်ကူး၍လုပ်သောစာ။ ဒဏ္ဍာရီစာ။

Romanism, *n.* ဇရင်ကိုဘာသာ။

travagant, အကြောင်းမတန်သော။

Romish, *see* Roman catholic.

Romp, *v. i.* ကခုန်မြူးတူး၍ကစားသည်။ —*n.* ကခုန်မြူးတူး၍ကစားတတ်သောမိန်းမကလေး။

Rood, *n.* အလျားအတောင် ၁၁၀၊ အနံ ၄၀ ရှိသောမြေအတိုင်းအထွာ။

Roof, *n.* အမိုး။ of the mouth, အာခေါင်။ —*v. t.* မိုးသည်။

Roofing, *n.* ဟျည့်၊ အုတ်ကြွပ်မှစ၍အပေါ်ဝါကိုမိုးရန်တန်ဆာ။

Roofless, *a.* အမိုးမရှိသော။

Rook, *n.* ကျီးအ။

Room, *n.* place, နေရာ။ stead, အစား။ an apartment, အခန်း။ —*v. i.* နေရာရှိသည်။

Roomy, *a.* နေရာအခန်းကျယ်ဝန်းသည်။

Roost, *v. i.* ဝပ်၍အိပ်သည်။ —*n.* ကြက်အိပ်တန်း။

Rooster, *n.* ကြက်ဖ။

Root, *n.* အမြစ်။ —*v.* to take root, အမြစ်စွဲသည်။ to turn up with the snout, နှုတ်သီးနှင့်ထိုး၍ကော်သည်။ —out, —up, *v. t.* to extirpate, အမြစ်ပါနှုတ်သည်။ to destroy thoroughly, သုတ်သင်ပယ်ရှင်းသည်။ ရှင်းရှင်းဖျက်ဆီးသည်။

Rope, *n.* ကြိုးကြီး။ —ladder, *n.* ကြိုးလှေကား။ —maker, *n.* ကြိုးကျစ်သောသူ။ —walk, *n.* ကြိုးကျစ်ရာတဲတန်း။

Ropiness, *n.* from next.

Ropy, *a.* ကျိသော။ ချွဲသော။

Rosary, *n.* စိပ်ပုတီး။

Rose, *n.* နှင်းဆီ။ —water, *n.* နှင်းရည်။

Roseate, *a.* နှင်းဆီကဲ့သို့လှသော။
Rosin, *see* Resin.
Rostrum, *n.* the head of a ship, သင်္ဘောဦး။ an elevated place for public speaking, စုဝေးသောလူတို့ကြားခြေခြင်းငှါ တက်၍ ပြောဆိုရာစင်။
Rosy, *a.* နှင်းဆီပွင့်ကဲ့သို့အဆင်းရှိသော။
Rot, *v. i.* to be decayed, ဆွေးမြေ့သည်။ to putrify, ပုပ်သည် —*v. t.* from the same. —*n.* from above; a disease among sheep, သိုးကိုစွဲတတ်သောအနာ။
Rotary, *a.* ဝေမှိုသော။
Rotation, *n.* from next.
Rotatory, *a.* rotary, ဝေမှိုသော။ coming in turn, အလှည့်အလည်ကျဖြစ်သော။
Rote, *n.* နှုတ်ကျက်ရသောဝင်အလေ့ပေါ်ခြင်း။
Rotten, *a.* decayed, ဆွေးမြေ့သော။ putrid, ပုပ်သော။ not solid or hard, အနှစ်မရှိသော။ unsound, treacherous, သစ္စာမရှိသော။
Rottenness, *n.* from above.
Rotund, *a.* circular, ဝန်းသော။ မိုင်းသော။ spherical, လုံးသော။
Rotundity, *n.* from above.
Rotundo, *n.* တိုက်မိုင်း။
Rouge, *n.* ပါးလှသောင်လူးရန်ဆေးနီ။ —*v. t.* (ပါးကို)ဆေးနီနှင့်လူးသည်။
Rough, *a.* rude, ကြမ်းကြုတ်သော။ not smooth, ကြမ်းသော။ ကြမ်းတမ်းသော။ —as the sea, လှိုင်းထပိုးတသော။ —as the weather, မိုးသဲလေပြင်းမသာသောဖြစ်သော။ harsh to the taste, ခါးဖန်ဖြစ်သော။ harsh to the ear, နားမခံသာသော။ unpolished, rude, မယဉ်ကျေးမှိုင်းသော။ harsh in temper, speech, or manners, ကြမ်းတမ်းသော။ —cast, *v. t.* ပုံလောင်း၍ထားသည်။ —*n.* အလောင်း။ (in composition,) ပုံလောင်း၍ထားသောအရာ။ —draft, *n.* ရုပ်ပုံပေါ်သောင်သာ၊ ရေးသားသောအရာ။ —draw, *v. t.* ရုပ်ပုံပေါ်သောင်သာ၊ရေးသားသည်။ —hew, *v. t.* အကြမ်းတစ်၍လောင်းသည်။ —rider, *n.* မြင်းကျင့်သောသူ။ —shod, *a.* မြင်းခွာမှာရိုက်သောကွေးချွန်းတပ်သော။ —work, *v. t.* အကြမ်းလုပ်သည်။
Roughen, *v. i.* ကြမ်း၍သွားသည်။ —*v. t.* ကြမ်းစေခြင်းပြုသည်။
Roughness, *n.* from Rough.
Roughly, *adv.* (unevenly) applied to language and things, အထစ်ထစ်။ အရစ်ရစ်။ violently, အကြမ်း။
Round, *a.* circular, ဝန်းသော။ မိုင်းသော။ cylindrical or spherical, လုံးသော။ ample, လုံလောက်သော။ downright, တိုက်ရိုက်ဖြစ်သော။ open, plain, ထင်ရှားလင်းဖြစ်သော။ smooth, flowing,

မိလျှည်ဳိသော။ full, complete, မချို့တဲ့၊ စုံလင်သော။ —house *n.* a constable's prison, ကင်းကချုပ်ထားရာတန်း။ a house on a ship's quarter deck, သင်္ဘောပဲ့ကုန်းပတ်ပေါ်မှာ တည်သော သံဘန်ခံပါင်း။ —*n.* a circular thing, အဝိုင်း။ စက်ဝိုင်း။ a circuit, လှည့်ပတ်ရာ။ rotation, အလှည့်အလည်ကျ ဖြစ်ခြင်း။ a rundle, လှေကားထစ်။ a general discharge of fire arms, တတပ်လုံး တပြိုင်နက်သေနတ်ဖောက်ခြင်း။ —*v. i.* to become round, ဝန်း၍ လာသည်။ ဝိုင်း၍လာသည်။ လုံး၍လာသည်။ to go round, လှည့် လည်သည်။ —*v. t.* to make circular or spherical, ဝိုင်းအောင် ပြုသည်။ လုံးအောင်ပြုသည်။ to encircle, ပတ်သည်။ ရစ်သည်။ ဝန်းရံ သည်။ ဝိုင်းသည်။ to move round (a thing,) လှည့်လည်သည်။ to go round (a point of land,) ကုပ်မိ၍သွားသည်။ to mould into smoothness, အမိအလျှည်သင့်အောင်မိကုံးသည်။ —*adv.* or *prep.* on all sides, ပတ်လည်။ ပတ်ဝန်းကျင်။ here and there, ဤမှာ။ ဟိုမှာ။ အရပ်ရပ်။ circularly, လည်လည်။ from side to side, တဖက်မှတဖက်သို့။ not in a direct line, အကွေ့အားဖြင့်။ ဝိုက်ဝိုက်။ —[come,] —[get,] *v. t.* ကွယ်ဝိုက်၍လိမ်လည်သည်။ —about, *a.* circuitous in speech, ကွယ်ဝိုက်သော။ encompassing, ပတ်လည်သော။

Roundelay, *n.* သီခြင်းတမျိုး။

Roundish, *a.* ခပ်လုံးလုံး

Roundness, *n.* from Round, *v.*

Rouse, *v. t.* to awaken, နှိုးသည်။ to excite, နှိုးဆော်သည်။

Rout 1, *n.* ရုန်းရင်းခတ်မှုဖြစ်သောအစုအဝေး။—2, *v. t.* စစ်သည်တို့ကိုဖရိုဖရဲပြေးစေအောင်တိုက်ဖျက်သည်။—2, *n.* from above.

Route, *n.* ခရီးသွားရာလမ်း။

Routine, *n.* အစဉ်ပြုမြဲ။

Rove, *v. i.* အရပ်ရပ်လှည့်လည်၍သွားသည်။

Rover, *n.* agent from same; a pirate, ပင်လယ်ဓားမြ။

Row 1, *n.* အတန်း။ အစီအစဉ်ထားသောအရာ။—2, *v. t.* တက်ခတ်သည်။ —(rou,) *n.* ရုန်းရင်းခတ်မှုပြုခြင်း။

Rowel, *n.* the wheel of a spur, မြင်းစီးခြေနင်းဖနှောင့်၌ထည့်သောသံစက်။ a large seton, မြင်း၌ရှိသောအနာကိုပျောက်စေခြင်းငှါအသား၌ထုတ်ချင်းခပ်ဖောက်၍ပြည်ဖြစ်အောင်လျှိုထားသောကြိုး။—*v. t.* အသား၌ထုတ်ချင်းခပ်ဖောက်၍ကြိုးကိုလျှိုထားသည်။

Rower, *n.* တက်ခတ်သောသူ။

Rowlock, *n.* တက်ခတ်ဖို့ရာသံဘန်စပ်၌ထစ်သောအထစ်။

Royal, *a.* pertaining to a king, ရှင်ဘုရင်နှင့်ဆိုင်သော။ like a king, ရှင်ဘုရင်ကဲ့သို့ဖြစ်သော။

Royalist, *n.* ရှင်ဘုရင်ဖက်ကသားနေသောသူ။

Royalty, *n.* မင်းမိခြင်း။

Rub, *v. t.* ပွတ်သည်။ —against, *v. t.* တိုက်သည်။ —down (a horse,) *v. t.* ပွတ်သတ်သည်။ —hard, တိုက်ပွတ်သည်။ —lightly, သုတ်သည်။ —off, ကုန်အောင်ပွတ်သည်။ —out, to erase, ချေသည်။ ချေဖျက်သည်။ to separate by friction, ပျောက်အောင်ပွတ်ပိုက်သည်။ —through, တိုက်ခိုက်၍သွားသည်။ ဘေးဒါခခိုက်များ၍သွားသည်။ —up, to brighten by friction, ပြောင်အောင်ပွတ်သည်။ to stir up, နှိုးဆော်သည်။ —*n.* the act of rubbing, from above; that which makes progress difficult, အသွားခက်စေသောအရာ။ a difficult point, ခက်ခဲသောအရာ။

Rubber, *n.* agent, from Rub, *v.*; the instrument used in rubbing, ပွတ်ရန်တန်ဆာ။ *see also* India-rubber.

Rubbish, *n.* broken fragments of buildings, ပြိုဖျက်ကျိုးပဲ့သောအတိုအစ။ useless stuff, အမှိုက်သရိုက်။

Rubescent, *a.* နီ၍လာသော။

Rubicund, *a.* ခပ်နီနီ။

Rubied, *a.* ကျောက်နီကဲ့သို့အဆင်းနီသော။

Rubific, နီစေသော။

Rubric, *n.* ပဌနာစာအုပ်၌ပါသောမိရင်ချက်များ။

Ruby, *n.* the precious stone, ကျောက်နီ။ ပတ္တမြား။ redness, နီသောအဆင်း။ —*a.* ကျောက်နီကဲ့သို့အဆင်းနီသော။

Ruck, (Amer.) *v. t.* တွန့်စေသည်။ —*n.* အတွန့်။

Ructation, *n.* လေကျွင်တက်ခြင်း။

Rudder, *n.* တက်မ။

Ruddiness, *n.* from next.

Ruddy, *a.* အဆင်းနီသော။

Rude, *a.* disrespectful in addressing others, နင့်သီးသော။သီးရင့်သော။ ရင့်သီးသော။ not well finished, မငွေ့စပ်၊ မသေချာသော။ unpolished, မယဉ်ကျေး။ ရိုင်းသော။ rough, ကြမ်းသော။ coarse of manners, ကြမ်းတမ်းသော။ impetuous, အဟုန်ပြင်းသော။ ပြင်းထန်သော။ unquiet, troublesome, as a child, ဆော့သော။

Rudeness, *n.* from above.

Rudely, *adv.* disrespectfully, ရင့်ရင့်သီးသီး။s.

Rudiment, *n.* an element of an art or science, အင်္ဂါအတတ်ကျွမ်းရှေ့ဦးစွာသင်ရသောအရာ။ germ, origin, မူလအမြစ်။

Rudimental, *a.* elementary, အင်္ဂါအတတ်ကျွမ်းရှေ့ဦးစွာသင်ရသောအရာဖြစ်သော။ initial, ရှေ့ဦးဖြစ်သော။

Rue, *v. t.* to repent bitterly, [illegible]
ingly sorry for some evil, [illegible]

Rueful, [illegible]

Ruff, *v. t.* တွန့်စေသည်။ —*n.* တွန့်သောလည်စည်း။

Ruffian, *n.* ရက်စက်သောသူ။

Ruffle, *v. t.* to wrinkle, တွန့်စေသည်။ to disorder the surface of water, လှိုင်းကြက်ခွပ်ထအောင်ပြုသည်။ to discompose the mind, (စိတ်) မငြိမ်မဝပ်ဖြစ်အောင်ပြုသည်။ to furnish with frills, အဝတ်နားခွံတွန့်၍ထည့်သည်။ —*n.* a frill, အဝတ်နားခွံတွန့်၍ထည့်သောအနားဆက်။ discomposure, မငြိမ်မဝပ်ဖြစ်ခြင်း။

Rug, *n.* မွေးရှည်ကော်စော။

Rugged, *a.* very uneven, အဖုအထစ်များသော။ hard favored, မျက်နှာကြမ်းသော။ rough in temper, speech or manner, ကြမ်းတမ်းသော။ rough in style, အစီအလျှည့်မသင့်သော။ shaggy, စုတ်ဖွားထသော။ tempestuous, မိုးသည်းလေမှု၍မသာယာဖြစ်သော။

Ruggedness, *n.* from above.

Rugous, *a.* အတွန့်များသော။

Ruin, *v. t.* ပျက်သည်။ ပျက်ဆီးသည်။ —*n.* the act of destroying, ပျက်ဆီးခြင်း။ the state of being destroyed, ပျက်စီးခြင်း။ that which destroys, ပျက်ဆီးခြင်းအကြောင်း။ the remains of a building demolished, ပြိုပျက်သောအကျိုးအပဲ့။

Ruins, *n. plural*, ပြိုပျက်ရာ။s.

Ruinous, *a.* destructive, ပျက်ဆီးတတ်သော။ demolished, destroyed, ပြိုပျက်သော။ ပျက်စီးသော။

Rule, *v.* to have authority, အစိုးရသည်။ to govern, စီရင်သည်။ အုပ်ချုပ်သည်။ အုပ်စိုးသည်။ to mark with lines by a ruler, မျဉ်းတံချသည်။ မျဉ်းသားသည်။ —*n.* the possession of authority, အစိုးရခြင်း။ government, စီရင်ခြင်း။ အုပ်ချုပ်ခြင်း။ အုပ်စိုးခြင်း။ an instrument for drawing lines, မျဉ်းတံ။ a large one used by carpenters, တန်သား။ a direction, precept, canon, စီရင်ချက်။ နည်းဥပဒေ။

Ruler, *n.* a governor, အုပ်စိုးသောသူ။ မင်း။ an instrument for drawing lines, မျဉ်းတံ။

Ruling, *a.* predominant, အားကြီး၍လွန်ကဲသော။

Rum, *n.* တင်လဲကိုချက်သောအရက်။

Rumble, *v. i.* ကြိုးကြိုးမြည်သည်။ as an earthquake, တော်လည်းသည်။

Ruminant, *a.* from next, 1st def.

Ruminate, *v. i.* to chew the cud, စားမြုံပြန်သည်။ to reflect, ဆင်ခြင်အောင်းမေ့သည်။

Rumination, *n.* from Ruminate.

Rummage, *v. t.* လှန်လှော၍ရှာဖွေသည်။ —*n.* from above.

Rummer, *n.* ဖန်ခွက်တိုးကြီး။

Rumor, *v. t.* အနံ့အပြားပြောသည်။ —*n.* အနံ့အပြားပြောသောသိတင်းစကား။

Rump, *n.* the root of the tail, မြီးဇွေး။ the buttocks, တင်သား။

Rumple, *v. t.* ရှုံ့တွန့်အောင်လုပ်သည်။

Run, *v. i.* to move swiftly, ပြေးသည်။ to pass and repass regularly, သွားလာမြဲသွားလာသည်။ to flow (as a fluid,) စီးသည်။ to flow out, ထွက်စီးသည်။ to discharge, as matter, ပြည်ထွက်သည်။ to turn on an axis, လည်သည်။ to be smooth, gliding, as language, စီလျှည်သည်။ to pass (as time,) လွန်သည်။ to proceed, go in some direction. သွားသည်။ as a boundary line. တန်း၍သွားသည်။ to dwell on, in the mind, စိတ်ထင်မှတ်လျက်နေသည်။ to have reception, အခွင့်ရသည်။ —*v. t.* to thrust, ထိုးသည်။ to drive, အနှင်သွားစေသည်။ to cause to go and come regularly, သွားလာမြဲသွားလာစေသည်။ to smuggle, မင်းအခွင့်မရှိဘဲ(ကုန်ကို)ဝှက်ကဲ့၍ထုတ်သွင်းသည်။ to prosecute in thought, အစည်အတိုင်းလိုက်၍ဆင်ခြင်သည်။ to fuse, အရည်ကြိုသည်။ to cast in a mold, ပုံခွဲသွန်းသည်။ —the hazard or risk, မိုးမိမ်စရာရှိလျက်နှင့်စမ်း၍ပြုသည်။ —a line, မိုင်းခြားလျက်မှတ်သား၍ထားသည်။ —after, *v. t.* to follow hastily, မြန်မြန်လိုက်သည်။ to search for, ရှာဖွေသည်။ —against, *v. t.* တိုက်သွားသည်။ —a-muck (Malay,) စိတ်ပေါက်၍ပြေးလျက်ထိုးသွားသည်။ —away, *v. i.* ထွက်ပြေးသည်။ —down, *v. t.* to chase and take, လိုက်၍ဖမ်းမိသည်။ to come upon (a vessel) and sink it, တိုက်၍နှစ်မြုပ်သည်။ to crush, နှိပ်စက်သည်။ —high, *v. i.* အားကြီးသည်။ —*v. t.* ဝင်သည်။ —on, *v. i.* to continue for some time, ကြာ၍နေသည်။ to talk incessantly, မပြတ်ပြောသည်။ —*v. t.* to bear hard on, အနေခက်အောင်ပြုသည်။ —out, *v. i.* to come to an end, ကုန်သည်။ to expatiate, ကျယ်ကျယ်ပြောဆိုသည်။ —*v. t.* to waste, ဖြုန်းတီးအောင်သုံးသည်။ —over, *v.* to pass over (the edge or brim,) လျှံသည်။ to do cursorily, ရှပ်ကာပြုသည်။ —through, *v. t.* ကုန်အောင်သုံးသည်။ —up, *v. i.* ထိုးတက်သည်။ —*v. t.* from above, —*n.* the act of running, ပြေးခြင်း။ successive motion, လိုက်သွားခြင်း။ course, process, စီးညီခြင်း။ way, will, uncontrolled course, ကိုယ်အလိုအလျောက်ပြုမူခြင်း။ reception, success, အခွင့်ရခြင်း။ distance passed over, ခရီးရောက်ခြင်း၏အတိုင်းအရှည်။ the generality, အများ။ —[in the long,] *adv.* အဆုံး၌။

Runagate, *n.* နေရာမရှိ၊ အရပ်ရပ်လှည့်လည်သောလူဆိုး။

Runaway, *n.* ထွက်ပြေးသောသူ။

Rundle, *n.* လှေကားထစ်။

Rung, *pret.* of Ring.
Runner, *n.* one that runs, ပြေးသောသူ။ a racer, ပြိုင်၍ပြေးသောသူ။ a messenger, စေလုလင်။ a young twig, အညွန့်။ one of the timbers on which a sled or sleigh slides, ခွပ်ဖဘး။
Runnet, *n.* နွားသငယ်၏အစာအိမ်။
Running, *n.* from Run, *v.*; that which runs or flows, ထွက်စီးသောအရာ။ —*a.* being in succession, ဆက်။ as, ရက်ဆက်။ အဆက်ဆက်။ —fight, *n.* တဖက်ကစီးလျှက် တဖက်ကဆုတ်ခံ၊ ဆုတ်ခံပြုလျှက်တိုက်ခြင်း။ —title, *n.* ချုပ်စည်ထိုးသောလိပ်စာ။
Runt, လိုညွှတ်သောအကောင်။
Rupee, *n.* ငွေဒင်္ဂါး။ ရူပီ။
Rupture, *v. t.* to break or burst, ဖောက်ခွဲသည်။ —*n.* the act of breaking or bursting, ဖောက်ခွဲခြင်း။ the state of being broken or burst, ပေါက်ကွဲခြင်း။ breach of friendship, မိတ်ဆွေပျက်ခြင်း။ breach of peace between nations, စစ်ငြိမ်ရာအကြောင်းကိုဖျက်ခြင်း။ hernia, မုဋ္ဌာ။
Rural, *a.* ကျေးတောနှင့်ဆိုင်သော။
Ruse, *n.* ပရိယာယ်။ မာယာ။ ဝေဝုစ်။
Rush 1, *n.* ကိုင်းပင်မျိုး။ —candle, —light, *n.* ကိုင်းမီးတိုင်။ —2, *v. i.* ဟုန်ခနဲပြေးသည်။ —*n.* from above.
Rushing, *n.* same.
Rushy, *a.* abounding with rushes, ကိုင်းတောရှိသော။ made of rushes, ကိုင်းပင်နှင့်ရက်သော။
Rusk, *n.* မုန့်ကင်။
Russet, *a.* ဝါတာတာ။
Rust, *n.* the oxyd of metals, သံချေးမှစ၍သတ္တုနှင့်လက်သောအချေး။ any foul matter contracted, အချေး။ အချေးအညှော်။ —*v. i.* to contract rust, အချေးတက်သည်။ to become dull by inaction, ပျင်းမိုးထသည်။ —*v. t.* from above.
Rustic, *a.* pertaining to the country, ကျေးတောနှင့်ဆိုင်သော။ rude, unpolished, ကျေးတောသားကဲ့သို့မယဉ်ကျေး။ ရိုင်းသော။ plain, simple, unadorned, တန်ဆာမဆင်၊ရိုးသော။ —*n.* ကျေးတောသား။ တောတွင်းသား။ တောသား။
Rusticate, *v. i.* ကျေးတော၌တည်းနေသည်။ —*v. t.* ကျေးတောသို့နှင်ထုတ်သည်။
Rustication, *n.* from above.
Rusticity, *n.* from Rustic, *a.*
Rustiness, *n.* from Rusty.
Rustle, *v. i.* ခြွပ်ခြွပ်မြည်သည်။

Rusty, *a.* covered with rust, သံချေးတက်သော။ dull from inaction, ဗျင်းမိုးတသော။
Rut, *n.* လှည်းကြောင်း။
Ruth, *n.* mercy, ကရုဏာ။ misery, ဒုက္ခ။
Ruthless, *a.* pitiless, မသနားတတ်သော။ cruel, inhuman, ရက်စက်သော။
Ruthlessness, *n.* from above.
Rye, *n.* စပါးတမျိုး။
Ryot, (East Indian,) *n.* လယ်လုပ်သောသူ။

S

Sabaoth, *n.* ဗိုလ်ခြေ။
Sabbatarian, *n.* စနေနေ့က ဥပုသ်စောင့်ရသော နေ့ဖြစ်သည် ဟု ယူသောသူ။
Sabbath, *n.* a day of rest and religious observance, ဥပုသ်နေ့။ a season of rest, ငြိမ်ဝပ်စွာနေရသောအချိန်ကာလ။ —breaking, *n.* ဥပုသ်နေ့၌ဥပုသ်မစောင့်ဘဲနေခြင်း။
Sabbatic, Sabbatical, *a.* ဥပုသ်နေ့နှင့်ဆိုင်သော။
Sabianism, *n.* နေ၊လ၊ကြယ်နက္ခတ်တို့ကိုကိုးကွယ်သောဘာသာ။
Sable, *a.* ညိုသော။
Sabre, *n.* ထားလွယ်ကောက်တမျိုး။ —*v. t.* ထားနှင့်ခုတ်၍သတ်သည်။
Saccharine, *a.* သကြားဓာတ်ပါသော။
Sacerdotal, *a.* ဓမ္မဆရာ၊ ယဇ်ပုရောဟိတ်၊ သင်းအုပ်နှင့်ဆိုင်သော။ *see under* Priest.
Sachel, *see* Satchel.
Sack 1, *n.* a large, coarse bag, အိတ်ကြီး။ ဂုန်အိတ်။ —cloth, ဂုန်အထည်။ —2, *v. t.* (မြို့ကို) တိုက်၍ရက်စက်စွာလုယက်သည်။ —2, *n.* from *do.*
Sackbut, *n.* နှဲခရာတမျိုး။
Sacking, *n.* အထည်ကြမ်း။
Sack-posset, *n.* စပျစ်ရည်ထည့်၍ခဲသောနို့။
Sacrament, *n.* သစ္စာပြုသောဓမ္မမင်္ဂလာ။
Sacramental, *a.* ဓမ္မမင်္ဂလာနှင့်ဆိုင်သော။
Sacred, *a.* set apart for religious purposes, ဘုရား၊တရားအဖို့ခြားနား၍ထားသော။ pertaining to religion, ဘုရား၊ တရားနှင့်ဆိုင်သော။ exclusively appropriated to, (တစုံတယောက်သောသူ) အဖို့ သီးခြားခွဲထားသော။ inviolable, မဖျက်ရသော။
Sacredness, *n.* from above.
Sacrifice, *v. t.* kill and offer to deity, ယဇ်ပူဇော်သည်။ to give up for the sake of something else, (တစုံတခု) ကိုရအောင်စွန့်အပ်သည်။ to give up with loss, စွန့်ပြစ်ရသည်။ —*n.* the act of

sacrificing, *from same*; the thing sacrificed, ယဇ်ပူဇော်သော အရာ။ ရွန့်အပ်သောအရာ။ ရွန့်ပြစ်သောအရာ။

Sacrificial, *a.* ယဇ်ပူဇော်ခြင်းနှင့်ဆိုင်သော။

Sacrilege, *n.* from next.

Sacrilegious, *a.* (ဘုရား၊ တရားနှင့်ဆိုင်သောအရာကို) လောကီအရာပြု၍ သုံးစွဲသည်။

Sacristan, *n.* သုဓမ္မဇရပ်စောင့်။

Sacristy, *n.* သုဓမ္မဇရပ်နှင့်ဆိုင်သောဝတ်စားတန်ဆာ၊ အသုံးအဆောင်တို့ကို ထားရာအခန်း။

Sacrum, *n.* မြီးညှောင်း။

Sad, *a.* not pleased, unsatisfied, unhappy, စိတ်မသာသော။ sorrowful, ဝမ်းနည်းသော။ downcast, မျက်နှာညှိုးငယ်သော။ calamitous, ဘေးကိုဖြစ်စေတတ်သော။ bad, ဆိုးသော။

Sadden, *v. t.* စိတ်မသာဖြစ်အောင်ပြုသည်။ ညှိုးငယ်စေသည်။

Saddle, *a.* က။ ခုနီးနှီး။ —bags, မြင်းတင်သားရေအိတ်။ —cloth, တင်ရန်။ —horse, စီးရန်ထားသောမြင်း။ —tree, ခုနီးနှီးအတွင်းကခံသော သစ်သား။ —*v. t.* to put on a saddle, ခုနီးနှီးတင်သည်။ to impose a burden, ဝန်တင်သည်။

Saddler, *n.* ခုနီးနှီးချုပ်သမား။

Sadducean, *a.* ဇဒ္ဒုကဲနှင့်ဆိုင်သော။

Sadducee, *n.* ဇဒ္ဒုကဲတည်းဟူသော။ နောင်ဘဝမရှိ၊ ကောင်းကင်တမန်မရှိ၊ နံဝိညာဉ်မရှိဟုယူသောသူ။

Sadness, *n.* from Sad.

Safe, *a.* free from danger, လုံချုံသော။ free from hurt, ဘေးနှင့်လွတ်သော။ securing from harm, ဘေးနှင့်လွတ်အောင်ပြုသော။ being in close custody, မလွတ်နိုင်အောင်ချုပ်ထားလျက်ရှိသော။ —conduct, *n.* အဆီးအတားမရှိ၊ သွားရသောအခွင့်။ —guard, ဘေးလွတ်မည့်အကြောင်း။ —keeping, လုံချုံစွာထားခြင်း။ အစားအသောက် ထည့်ထားရန်မတ်တတ်သစ်တာ။

Safety, *n.* from Safe, *a.* —lamp, ဘေးကင်းသောမီးခွက်။ —valve, ရေငွေ့ပေါက်ကိုပိတ်သောအဝိတ်။

Safflower, *n.* ဆူးပန်း။

Saffron, *n.* ကုံဂမံ။

Sag, *v. i.* လျော့၍တွဲကျသည်။

Sagacious, *a.* လိမ္မာသော။ ညာဏ်ထက်သော။

Sagaciousness, Sagacity, *n.* from above.

Sage, *n.* ပညာရှိ။ (mint wort,) ဘူဒိနာ။M. —*a.* ပညာရှိသော။

Sageness, *n.* from above.

Sagittarius, *n.* ဓနုရာသီ။

Sago, *n.* သာဂူ။ ပင်ပွား။

Sail, *n.* cloth to be extended on a mast, ရွက်။ a vessel, သင်္ဘော။ —[make,] *v.* ရွက်ကိုထိုး၍ဖွင့်သည်။ —[set,] ရွက်ဖွင့်လိုက်သွားသည်။ —[strike,] ရွက်ကိုရုပ်သည်။ —cloth, *n.* ရွက်ထည်။ —loft, ရွက်ချုပ်ရာအခန်း။ —maker, ရွက်ချုပ်သမား။ —yard, ရွက်လက်။ —*v.* ရွက်တိုက်သည်။ လွှင့်သည်။ သင်္ဘောစီးသည်။ as with poized wings, ဝဲသည်။

Sailer, *n.* ပင်လယ်ကိုလွှင့်တတ်သောသင်္ဘော။

Sailor, *n.* သင်္ဘောသား။

Saint, *n.* သန့်ရှင်းသောသူ။ —*v. t. see* Canonize.

Sainted, *a.* သန့်ရှင်းခြင်းပါရမီနှင့်ပြည့်စုံသော။

Saintlike, Saintly, *a.* like a saint, သန့်ရှင်းသောသူကဲ့သို့ဖြစ်သော။ suiting a saint, သန့်ရှင်းသောသူနှင့်တော်သင့်သော။

Sake, *n.* purpose of obtaining, ရခြင်းငှါကြံရွယ်ခြင်း။ account, အတွက်။ —of [for the,] ငှါ။ အလိုငှါ။ (noun affix;) အောင်။ (verbal affix.)

Salable, *a.* ရောင်း၍ထွက်သော (ဥစ္စာ။)

Salacious, *a.* တပ်မက်ခြင်းအားကြီးသော။ ကာမရာဂနှင့်ဆိုင်သော။

Salaciousness, Salacity, *n.* from above.

Salad, *n.* အစိမ်းစားဟင်းရွက်။

Salam, *n.* ဆလိတည်းဟူသော၊ ချမ်းသာပါစေဟုနှုတ်ဆက်ခြင်း။

Salamander, *n.* မီးမလောင်နိုင်ရဟုဆိုသောအကောင်။

Salaried, *a.* နှစ်ခ၊လခကိုရသော။

Salary, *n.* လခ။

Sale, *n.* the act of selling, ရောင်းခြင်း။ opportunity of selling, ရောင်းရသောအခွင့်။ an auction, လေလံ။ —work, ရောင်းဖို့လုပ်သောအရာ။

Saleable, *a.* ရောင်းနိုင်သော။

Saleableness, *n.* from above.

Salesman, *n.* ချုပ်ပြီးသောအဝတ်ကိုရောင်းသောသူ။

Salient, *a.* leaping, ခုန်တတ်သော။ projecting, အစွန်းထွက်သော။

Saline, *a.* consisting of salt, ဆားဖြစ်သော။ pertaining to salt, ဆားနှင့်ဆိုင်သော။

Saliva, *n.* တံတွေး။

Salivary, *a.* တံတွေးနှင့်ဆိုင်သော။

Salivate, *v. t.* ဆေးတိုက်၍တံတွေးရှင်စေသည်။

Salivation, *n.* from above.

Sallow, *a.* ဖြူဖတ်ဖြူရော်ရှိသော။

Sallowness, *n.* from above.

Sally, *v. i.* တဟုန်တည်းထွက်၍တိုက်သည်။ —*n.* a sortie, တဟုန်တည်းထွက်၍လိုက်ခြင်း။ sudden speech, ရုပ်ခနဲပြောဆိုခြင်း။ an excursion, ထွက်၍လည်သွားခြင်း။ any act of levity or extravagance, ပေါက်တွတ်ပြုလုပ်ခြင်း။ —port, ထွက်ရန်အပေါက်။ မလွယ်ပေါက်။

Saloon, *n.* ကောင်းမွန်စွာကျင်းပသောဧည့်ခံခန်း။

Salt, *n.* ဆား။ —*a.* ငန်သော။ —cellar, *n.* ဆားခွက်။ —marsh, ရေငန်လွှမ်းသောကွင်း။ —mine, ဆားတွင်း။ —pan, ဆားရည်ချောင်သောကန်။ —petre, ယမ်းစိမ်း။ —water, ရေငန်။ —work, ဆားဖို။ ဆားတော။ —*v. t.* ဆားနယ်၍ထားသည်။ ဆားစိမ်၍ထားသည်။

Saltant, *a.* ခုန်လျှက်ရှိသော။

Saltation, *n.* ခုန်ခြင်း။

Saltish, *a.* ငန်ငန်။ ခပ်ငန်ငန်။

Saltness, *n.* ငန်ခြင်း။

Salts, *n. plur.* ဝမ်းနှုတ်ဆား။

Salubrious, *a.* ကျန်းမာစေတတ်သော။

Salubriousness, Salubrity, *n.* from above.

Salutariness, *n.* from next.

Salutary, *a.* healthful, ကျန်းမာစေတတ်သော။ beneficial, အကျိုးကိုဖြစ်စေတတ်သော။ အကျိုးရှိသော။

Salutation, *n.* from Salute, *v.*

Salutatory, *a.* နှုတ်ဆက်ခြင်းနှင့်ဆိုင်သော။

Salute, *v. t.* to greet, နှုတ်ဆက်သည်။ နှုတ်ခွန်းဆက်သည်။ to kiss, နမ်းရှုပ်သည်။ to offer some testimonial of respect, ဥပဒေအတိုင်းရိုသေစွာပြုသည်။ —*n.* from above.

Salutiferous, *a.* ကျန်းမာစေတတ်သော။

Salvable, *a.* ကယ်တင်နိုင်ဖွယ်ဖြစ်သော။

Salvage, *n.* ဆယ်သိုး။ ဆယ်ခ။

Salvation, *n.* ကယ်တင်ခြင်း။

Salve, *n.* ဖယောင်းချက်။

Salver, *n.* ကလပ်။

Salvo, *n.* ချန်ခြွင်း၍ထားသောအရာ။

Samaritan, *a.* ရှမာရိအမျိုးနှင့်ဆိုင်သော။ —*n.* ရှမာရိအမျိုးသား။

Same, *a.* တူသော။ အတူတူဖြစ်သော။

Sameness, *n.* from above.

Sample, *n.* a specimen, ဘန်း။ an example, instance, ပုံသက်သေ။

Sampler, *n.* ပန်းမှုစ၍အကွက်ရာထိုးသောကားပုံ။

Sanable, *a.* ဆေးကု၍ပျောက်နိုင်ဖွယ်ဖြစ်သော။

Sanatary, *a.* အနာရောဂါကိုကာဆီးတတ်သော။

Sanative, *a.* ဆေးကု၍ပျောက်စေတတ်သော။

Sanctification, *n.* from Sanctify.

Sanctifier, *n.* agent, from next.

Sanctify, *v. t.* to set apart for a sacred purpose, ဘုရားတရားအမှို သီးသန့်ခြားနား၍ခွဲထားသည်။ to make morally pure, သန့်ရှင်း စေသည်။ to make the means of holiness, သန့်ရှင်းခြင်းအကြောင်း ဖြစ်စေသည်။ to protect, ကွယ်ကာစောင့်မသည်။

Sanctimonious, *a.* သန့်ရှင်းခြင်းပါရမီရှိရောင်ဆောင်သော။

Sanctimoniousness, *n.* from above.

Sanction, *v. t.* တည်စေခြင်းငှါသဘောတူ၍အခွင့်ပေးသည်။

Sanctity, *n.* သန့်ရှင်းခြင်းပါရမီ။

Sanctuary, *n.* a holy place, သန့်ရှင်းရာဌာန။ house devoted to divine worship, ဘုရားဝတ်ပြုရာသူဓမ္မဇရပ်။ a place of safety, လုံချုံသောနေရာ။

Sand, *n.* သဲ။ —bank, *n.* သောင်။ —blind, *a.* သဲကဲ့သို့ထင်မြင်သော။ မျက်စိမှုန်မွဲသော။ —box, *n.* မှင်စာလုံးခြောက်အောင် ယူရန်သဲအိုး။ —fly, *n.* ဖြုတ်။ —stone, *n.* သဲကျောက်။ —paper, တော်ဖက်။s. —*v. t.* သဲကိုဖျူးသည်။

Sandal 1, *n.* a kind of shoe, ဘိနပ်။ —2, *n.* the wood, စန္ဒကူး။

Sanders, same.

Sandiness, *n.* from Sandy.

Sandwich, *n.* အမဲသား၊ဝက်သားကိုလှီး၍ချုပ်ထားသောမုန့်ပြား။

Sandy, *a.* abounding with sand, သဲများသော။ of the color of sand, သဲကဲ့သို့ဖြူဝါဝါရှိသော။

Sane, *a.* healthy, ကျန်းမာသော။ of a sound mind, စိတ်မပေါ့သွတ်။ အကောင်းသားရှိသော။

Sangfroid, *n.* လျှစ်လျူသောစိတ်။

Sanguiferous, *a.* သွေးကိုသယ်ပိုးပို့ဆောင်တတ်သော (အကြော။)

Sanguify, *v. t.* သွေးဖြစ်စေသည်။

Sanguinary, *a.* bloody, အသေသတ်ခြင်းများသော။ blood-thristy, အသေသတ်ချင်သောသဘောရှိသော။

Sanguine, *a.* red, နီသော။ abounding with blood, သွေးများသော။ ardent, စိတ်အားကြီးသော။

Sanguineness, *n.* from above.

Sanguineous, *a.* consisting of blood, သွေးဖြစ်သော။ abounding with blood, သွေးများသော။

Sanhedrim, *n.* ယုဒလွှတ်တော်။

Sanies, *n.* သားနံ့ရည်။

Sanious, *a.* သားနံ့ရည်ထွက်သော။

Sanity, *n.* စိတ်မပေါ့သွတ်။ အကောင်းသားရှိခြင်း။

Sanscrit, *n.* သံသကြိုက်ဘာသာ။

Sap 1, *n.* the juice of plants and trees, ပင်ရည်။ သစ်ရည်။ —2, *v. t.*

မြို့ရိုးအောက်သို့တွင်းဖောက်သော။ —*n.* a military mine, ခေါင်း၌တူးသောတွင်း။

Sapan wood, *n.* တိန်းညက်သား။

Sapid, *a.* အရသာရှိသော။

Sapience, *n.* ဉာဏ်ပညာ။

Sapient, *a.* ဉာဏ်ပညာရှိသော။

Sapless, *a.* သစ်ရည်မရှိသော(အပင်။)

Sapling, *n.* ငယ်သောအပင်။

Saponaceous, *a.* ဆပ်ပြာပါသော။

Sapor, *n.* အရသာ။

Saporific, *a.* အရသာဖြစ်စေတတ်သော။

Sapper, *n.* ခေါင်း၌တူးသောသူ။

Sapphire, *n.* နီလာ။

Sappiness, *n.* from next.

Sappy, *a.* abounding with sap, သစ်ရည်များသော။ not firm, tender, နူးညံ့သော။ weak in intellect, ဉာဏ်နည်းသော။

Sarcasm, *n.* ကရော်ကမည်ပြုခြင်း။ သရော်သောစကား။

Sarcastic, *a.* ကရော်ကမည်ပြုသော။ သရော်သော။

Sarcophagus, *n.* ရှေးကာလ၌သုံးသောကျောက်တလား။

Sardine, Sardius, *n.* ကျောက်နီတမျိုး။

Sardonic laugh, *n.* မလိုသံနှင့်ရယ်မောခြင်း။

Sardonyx, *n.* ကြောင်။

Sassafras, *n.* မှန်သင်း။s. ငလင်ကျော်။M.

Sash, *n.* a belt, ခါးစည်း။ ခါးပတ်။ ခါးပန်း။ the frame of a window in which the glass is set, ပြတင်းမှန်အိမ်ကွက်။

Satan, *n.* မာရ်နတ်၊ စာတန်။

Satanic, Satanical, *a.* မာရ်နတ်နှင့်သဘောတူသော။

Satchel, *n.* စာထည့်သောလွယ်အိတ်ငယ်။

Sate, *v. t.* စားပိုနင့်အောင်ပြုသည်။

Satellite, *n.* ဂြိုဟ်ကိုလှည့်ပတ်သောလ။

Satiate, *v. t.* to feed to the full, ဝအောင်ကျွေးသည်။ to sate, glut, စားပိုနင့်သည်တိုင်အောင်စားသည်။

Satiety, *n.* စားပိုနင့်ခြင်း။

Satin, *n.* ဖဲ။

Satire, *n.* from Satirize.

Satirical, *a.* from same.

Satirist, *n.* agent, from same.

Satirize, *v. t.* နားခါးဖွယ်သောစကားနှင့်ကဲ့ရဲ့ပြောဆိုသည်။

Satisfaction, *n.* the act of gratifying desire, အလိုပြည့်စုံစေခြင်း။ the state of being gratified, အလိုပြည့်စုံခြင်း။ အားရခြင်း။ amends, စိတ်ကျေနပ်အောင်ပြုခြင်း။

Satisfactory, *a.* giving satisfaction, အလိုပြည့်စုံစေတတ်သော။ အားရစေတတ်သော။ making amends, စိတ်ကျေနပ်အောင်ပြုတတ်သော။

Satisfy, *v. t.* to feed to the full, ဝအောင်ကျွေးသည်။ to gratify desire, အားရအောင်ပြုသည်။ အလိုပြည့်စုံစေသည်။ to settle the mind, သဘောချသည်။ to make amends, စိတ်ကျေနပ်အောင်ပြုသည်။

Saturate, *v. t.* နှံ့ပြားငုံမိအောင်ထည့်သည်။

Saturation, *n.* from above.

Saturday, *n.* စဏ္ဍြေ။ စနေနေ့။

Saturn, *n.* the planet, စနေဂြိုဟ်။

Saturnine, *a.* စိတ်ဆေးဆေးလေးလေးဖြစ်သော။

Satyr, *n.* အဠျွမနုဿ။ လူတဝက်။ ဆိတ်တဝက်ဖြစ်သော။

Sauce, *n.* a condiment, စမဲ။ any culinary appendage to rice or bread, ဟင်း။ ဟင်းလျာ။ —pan, *n.* အဖုံးနှင့်လက်ကိုင်တံပါသော သံအိုးလုံး။ —*v. t.* အရသာရှိအောင်ရောနှော၍ချက်ပြုတ်သည်။

Saucebox, *n.* မထီလေးစားပြောတတ်သောသူ။

Saucer, *n.* လက်ဖက်ရည်ပုကန်ပြား။

Sauciness, *n.* from next.

Saucy, *a.* မထီလေးစားပြောတတ်သော။

Saunter, *v. i.* အချည်းနှီးလှည့်လည်သွားလာသည်။

Saurian, *a.* အိမ်မြှောင်မျိုးနှင့်ဆိုင်သော။

Sausage, *n.* ဝက်အူကျော်။

Savage, *a.* pertaining to the forest, တောနှင့်ဆိုင်သော။ wild, ရိုင်းသော။ inhuman, ရက်စက်သော။ —*n.* an uncivilized man, လူရိုင်း။ a cruel man, ရက်စက်သောသူ။

Savageness, *n.* from Savage, *a.*

Savanna, *a.* လွင်တီးခေါင်။

Savant, *n.* လူတတ်။

Save, *v. t.* to deliver from some evil, ကယ်ချွတ်သည်။ ကယ်ဆယ်သည်။ ကယ်တင်သည်။ ကယ်မသည်။ ကယ်ယူသည်။ ကယ်လွှတ်သည်။ to keep from being spent or lost, မကုန်အောင်ပြုသည်။ to lay up without spending, မသုံးဘဲသိုထားသည်။ to hinder from occurrence, မဖြစ် အောင် ပြု သည်။ တား ဆီးသည်။ to except, (မပါစေဘဲ) ထားသည်။

Saving, *a.* frugal, ခြွေတာသော။ securing against loss, မရှုံးမယုတ်ဘဲ အရင်းသာရအောင်ဖြစ်သော။ delivering from evil, ကယ်တင်တတ်သော။ —*n.* something kept from being expended or lost, ကုန်အောင်မသုံးဘဲထားသောအရာ။ exception, reservation, ချန်ခြွင်း၍ထားသောအရာ။

Savingness, *n.* from Saving, *a.*

Saviour, *n.* one who saves, ကယ်တင်သောသူ။ the Redeemer of mankind, ကယ်တင်တော်မူသောသခင်။

Savor, *n.* odor, အနံ့။ taste, အရသာ။ —*v. i.* to emit some odor, ဤမည်သောအနံ့ရှိသည်။ to have a particular taste, ဤမည်သော အရသာရှိသည်။ to partake of the quality or nature of, ဤမည်သောသဘောရှိသည်။ —*v. t.* to like, ကြိုက်သည်။ နှစ်သက်သည်။

Savoriness, *n.* from next.

Savory, *a.* pleasant to the taste, ဆိမ့်သော။ odorous, မွှေးသော။

Saw, *n.* လွှ။ —dust, လွှစာ။ —pit, *n.* လွှတွင်း။ —fish, *n.* ငါးမန်း။ one species, ငါးတက်ဝဲ။M. —*v.* လွှတိုက်သည်။ *v. t.* လွှဆွဲသည်။

Saw-set, Saw-wrest, *n.* လွှငယ်။

Sawyer, *n.* လွှသမား။

Say, *v. t.* ပြောသည်။ ဆိုသည်။ မြွက်သည်။

Say, Saying, *n.* ပြောချက်။ စကား။

Scab, *n.* an incrustation over a sore, အဖေး။ the disease, ဝဲနာ။

Scabbard, *n.* ထားအိမ်။

Scabbed, Scabby, *a.* affected with scabs, အဖေးဖြစ်တတ်သောအနာ တမျိုးစွဲသော။ diseased with the scab, ဝဲနာစွဲသော။

Scabbiness, *n.* from above.

Scabious, *a.* နူနာတမျိုးစွဲသော။

Scabrous, *a.* အဖုအထစ်များသော။

Scaffold, *n.* a temporary structure by the side of a building, ငြမ်း။ a stage, elevated platform, စင်။

Scaffolding, *n.* same, 1st def.

Scald, *v. t.* ရေပူလောင်သည်။ —meat, &c. ရေပူနှင့်နှစ်သည်။ —milk, &c. ချက်သည်။ —1, *n.* ရေပူလောင်သောအနာ။ —2, scurf on the head, ဖက်နာ။ —head, *n.* ခေါင်းနှင့်စွဲသောနူနာတမျိုး။

Scale, *n.* the cup of a balance, ချိန်ခွင်ခွက်။ a balance, ချိန်ခွင်။ of a fish, ငါးကြေး။ any thin lamina, အထပ်။ အလွှာ။ *plur.* a balance, or pair of balances, ချိန်ခွင်။ a small kind, ကပ္ပယ်။ a large kind, ရာဇူ။ ဆွဲ။ Libra, တူရာသီ။ —1, *v. t.* to compare with, နှိုင်းရှည်သည်။ to clear of scales, အကြေးထိုးသည်။ to take off in thin laminas, အလွှာခွာသည်။ —*v. i.* အလွှာကွာသည်။ —2, *n.* a ladder, လှေကား။ an escalade, စစ်တိုက်ရာတွင် လှေကားဖြင့်တက်၍ကျော်ဝင်ခြင်း။ regular gradation, အယုတ်၊ အလတ်၊ အမြတ်အားဖြင့် အဆင့်ဆင့်နေကြသောပုံ။ a graduated instrument, စနစ်ပုံထုတ်ရန်မျဉ်းတံ။ a graduated measure for ascertaining the proportions between a picture and the

thing represented, အကျည်းစနစ်တော်ပုံ။ the gamut, သံပြင်းဆိုရာ၌အလက်သိ၊အောက်သိကုပ်သောပုံ။ —2, v. t. to climb by a ladder, လှေကားဖြင့်တက်သည်။
Scaled, *a.* having scales, အကြေးရှိသော။
Scalene, *a.* အချိုးအစားမညီမမျှသော (သုံးထောင့်ပုံ။)
Scaliness, *n.* from Scaly.
Scaling-ladder, *n.* စစ်ထိုက်ရာတွင်တက်၍ကျော်ဝင်ရန်လှေကား။
Scall, *see* Scald head.
Scallop, *n.* the shell fish, အတွင်း၌အကျေးပါသောခရု။ a curve in an edge, လှိုင်းအိုကွေး။ —*v. t.* အဝတ်နားကိုလှိုင်းအိုကိုက်သည်။
Scalp, *n.* ဦးကျောင်းရေ။ —*v. t.* ဦးကျောင်းရေကိုခွာသည်။
Scalpel, *n.* ဆေးသမားသုံးသောထား။
Scaly, *a.* having scales, အကြေးရှိသော။ resembling scales, or laminas, အထပ်အလွှာကဲ့သို့ဖြစ်သော။
Scamp, *n.* လူအဖျင်း။ အသုံးမရသောသူ။
Scamper, *v. i.* ကပျာကယာပြေးသည်။
Scan, *v. t.* to scrutinize, စစ်ဆေးသည်။ to divide a line of poetry into feet, လင်္ကာစာကြောင်းကိုပုဒ်ပါးအားဖြင့်ပိုင်းခြားသည်။
Scandal, *n.* calumny, သူအသရေဖျက်အောင်ကဲ့ရဲ့ခြင်း။ disgrace, အသရေဖျက်ခြင်း။
Scandalize, *v. t.* to offend by some trespass, သူတပါးစိတ်ဆိုးအောင်ဖြစ်မှားသည်။ to calumniate, သူအသရေဖျက်အောင်ကဲ့ရဲ့ပြောဆိုသည်။
Scandalous, *a.* offending by some trespass, စိတ်ဆိုးအောင်ဖြစ်မှားသော။ disgraceful, အသရေကိုဖျက်တတ်သော။ shameful, ရှက်ဖွယ်ဖြစ်သော။
Scant, *a.* မလောက်တလောက်ဖြစ်သော။ —*v. t.* မကြီးလောက်၊ မများလောက်အောင်ပြုသည်။
Scantiness, Scantness, *n.* from Scanty.
Scantling, *n.* အနိုင်ငယ်သောဖျည်းပြား။
Scanty, *a.* narrow, not broad, ကျဉ်းသော။ not sufficient, မလောက်သော။ မလုံမလောက်သော။
Scape, *see* Escape.
Scapula, *n.* လက်ပြင်ရိုး။
Scar, *n.* အနာရွတ်။ —*v. t.* အနာရွတ်ထင်အောင်ပြုသည်။
Scarce, *a.* ရှားသော။ ရှားပါးသော။ —*adv.* hardly, မရှိတရှိ။ with difficulty, ဖြစ်ခဲသည်နှင့်။
Scarcely, *adv.* same.
Scarceness, Scarcity, *n.* from Scarce.
Scare, *v. t.* ခြောက်သည်။ —crow, *n.* ငှက်ခြောက်။

Scarf, *n.* တပက်။
Scarf-skin, *n.* အပေါ်သားရေ။
Scarification, *n.* from next.
Scarify, *v. t.* သွေးခုတ်သည်။
Scarlet, *a.* ထွေးသွေးနီသော။ ရဲရဲနီသော။
Scarp, *n.* အတွင်းကျုံးသိပ်။
Scath, *v. t.* အကျိုးပျက်စေသည်ပြုသည်။ အပြစ်ပြုသည်။ —*n.* from above.
Scathful, *a.* အပြစ်ပြုတတ်သော။
Scathless, *a.* အကျိုးပျက်ခြင်းနှင့်ကင်းလွတ်သော။
Scatter, *v. t.* to throw about, ကြဲသည်။ to spread abroad, ဖြန့်ကြဲသည်။ to disperse, ကွဲပြားစေသည်။
Scavenger, ထမ်းကိုသုတ်သင်သောသူ။
Scene, *n.* the stage, ဇာတ်ပြရာတလင်း။ one division of a play, ဇာတ်တခန်း။ a view presented to the eye, မျက်မြင်တလွှာ။ an assemblage of things looked at, ကြည့်ရှု၍မြင်ရသောအခြင်းအရာစု။
Scenery, *n.* the appearance of places, မျှော်မြင်ခင်း။ the arrangement and decoration of the stage, ဇာတ်ပြရန်အခမ်းအနား။
Scenic, Scenical, *a.* ဇာတ်ပြခြင်းနှင့်ဆိုင်သော။
Scent, *n.* the sense of smelling, သောနာယတန။ အနံ့ရတတ်သောသတ္တိ။ the substance smelt, odor, ဂန္ဓာရုံ။ အနံ့။ —*v. t.* to smell, အနံ့ရသည်။ အနံ့ခံသည်။ to perfume, ထုံသည်။
Scentless, *a.* အနံ့မရှိသော။
Sceptre, *n.* ရာဇလှံတံ။
Sceptred, *a.* ရာဇလှံတံကိုပိုင်ထိုက်သော။
Schedule, *n.* စာရင်း။
Scheme, *n.* an arranged system, စီစဉ်၍ထားသောအရာ။ a design, plan, အကြံအစည်။ a horoscope, ဇာတာပုံ။ —*v.* to contrive, မိတ်ကူးသည်။
Schism, *n.* အသင်းတော်၌ကွဲပြားခြင်း။
Schismatic, *n.* သင်းခွဲသောသူ။ ဇောတိ။ —*a.* သင်းခွဲခြင်းနှင့်ဆိုင်သော။
Schismatical, *a.* same.
Scholar, *n.* one who attends school, စာသင်သား။ a disciple (of any kind,) တပည့်။ a man of learning, လူတတ်။
Scholarship, *n.* learning, စာပေတတ်ခြင်း။ a foundation for supporting a scholar, စာသင်သားစားသောက်သုံးဆောင်ရန်စရိတ်ကိုလုံလောက်အောင်စီရင်၍ထားသောအမွှိတကဲ။
Scholastic, *a.* pertaining to schooling, စာသင်ခြင်းနှင့်ဆိုင်သော။ scholar-like, စာသင်တပည့်ကဲ့သို့ဖြစ်သော။
Scholiast, *n.* အနက်အဓိပ္ပာယ်ကိုဖွင့်ပြသောသူ။

Scholium, *n.* ထပ်၍ဖွင့်ပြသောစကားချက်။

School, *n.* a place of education, စာသင်သောနေရာအရပ်။ a collection of scholars, စာသင်တပည့်စု။ persons united in any particular system of philosophy or religion, အယူဝါဒတူသော အပေါင်းအသင်း။ —boy, *n.* စာသင်သောလူကလေး။ —dame, *see* —mistress, —fellow, စာသင်ဖော် သင်ဖက်။ —girl, စာသင်သော မိန်းကလေး။ —house, စာသင်ဇရပ်။ —madam, *see* —mistress. —master, စာသင်ဆရာ။ —mistress, စာသင်ဆရာကတော်။ —*v. t.* to instruct, သင်ချသည်။ သွန်သင်သည်။ to discipline, ဆုံးမသည်။

Schooner, *n.* ၂ ပင်တိုင်သင်္ဘောတမျိုး။

Sciatica, *n.* ခါးဆစ်ခါးရင်းကိုက်သောအနာ။

Science, *n.* သိပ္ပံအတတ်။

Scientific, *a.* သိပ္ပံအတတ်နှင့်ဆိုင်သော။

Scimitar, *see* Cimeter.

Scintillate, *v. i.* မီးပွားထွက်သည်။

Scintillation, *n.* from above.

Sciolist, *n.* အပေါ်ယံကတတ်သောသူ။

Scion, *see* Cion.

Scirrhus, *n.* အကျိတ်အခဲစွဲသောအကြော။

Scirrhosity, *n.* အကြောကိုမှီ၍ဖြစ်သောအကျိတ်အခဲ။

Scirrhous, *a.* အကြောကိုမှီသောအကျိတ်အခဲပေါက်သော။

Scission, *n.* ဖြတ်ခြင်း။

Schooling, *n.* instruction, သင်ချခြင်း။ သွန်သင်ခြင်း။ discipline, ဆုံးမခြင်း။ pay for teaching, စာသင်ခ။

Scissors, *n.* ကတ်ကြေး။ —bill, ပင်လယ်ပေါ်ငှက်။ M.

Scissure, *n.* ပြတ်ရာ။

Scoff, *v. i.* မရိုမသေကဲ့ရဲ့သည်။ —*n.* from above.

Scoffer, *n.* agent, from Scoff, *v. i.*

Scold, *v. i.* တောက်တီးမြည်တွန်သည်။ —*n.* တောက်တီးမြည်တွန်တတ်သော မိန်းမ။

Scollop, *see* Scallop.

Sconce, *n.* the head, ဦးခေါင်း။ a hanging candlestick, ဆွဲသောမီးခုံ။

Scoop, *v. t.* to lade out, ခါးခွက်နှင့်ခပ်ပြစ်သည်။ —to excavate, ခလိုင်သည်။ —*n.* a bailing ladle, ခါးခွက်။ a vessel used for bailing a boat, ပက်ခွံ။

Scope, *n.* room for action, ညာဏ်မှီတိုင်းပြုနိုင်သောအခွင့်အရေး။ aim, purpose, အကြံအရွယ်။

Scorbutic, *a.* သွေးရည်ကြည်းသောအနာစွဲသော။

Scorch, *v. t.* to burn slightly, ရှိုက်သည်။ to dry to extremity, အလွန်သွေ့ခြောက်အောင်ပူစေသည်။

Score, *v. t.* to notch, ထစ်သည်။ to mark down, မှတ်သားသည်။ —*n.* a notch, အထစ်။ the number of twenty, နှစ်ဆယ်။ a long incision, ခြစ်ရာ။ a line drawn, အကြောင်း။ a register of articles purchased on credit, ယူသောအမိုးကို မှတ်သားသော စာရင်း။ reason, account, အကြောင်း။ အတွက်။ အမှု။

Scoria, *n.* ချေး။

Scorn, *v. t.* မိမိနှင့်မတန်မရာထင်၍မာနမိတ်နှင့်မှိုရှုသည်။ —*n.* from *do.*

Scorner, *n.* agent, from Scorn, *v. t.*

Scornful, *a.* contemptuous, မထိမ့်မြင်ပြုတတ်သော။ insolent, စော်ကားသော။

Scorpion, *n.* the reptile, ကင်းမြီးကောက်။ eighth sign of the zodiac, ဗြိစ္ဆာရာသီ။

Scortatory, *a.* ကာမဂုဏ်လွန်ကျူးခြင်းနှင့်ဆိုင်သော။

Scot 1, *n.* a Scotchman, သကော့တလိအမျိုးသား။ —2, money assessed on each individual, ငွေခွဲ၍အသီးအသီးပေးရသောခွဲပုံကျ။ —free, *a.* free from taxation, ငွေခွဲခြင်းနှင့်လွတ်သော။ unharmed, အမှုမထိဘဲနေသော။

Scotch 1, *see* Scottish. —man, *n.* သကော့တလိအမျိုးသား။ —2, *v. t.* to cut with shallow incisions, ခုတ်ပေါက်သည်။ —3, (Amer.) *v. t.* to prop (a wheel,) ခုသည်။

Scottish, *a.* သကော့တလိပြည်။ သကော့တလိအမျိုးနှင့်ဆိုင်သော။

Scoundrel, *n.* ဆိုးညစ်သောသူ။

Scour, *v. t.* to scrub, အကြမ်းတိုက်ပွတ်သည်။ to purge violently, ဝမ်းကိုအပြင်းချသည်။ to range by, over, or along, with rapidity and force, အပြင်းရှောက်၍အနှံ့အပြားသွားသည်။ —*v. i.* to be purged violently, ပြင်းစွာဝမ်းကျသည်။ to race, အလျင်အမြန်ပြေးသည်။

Scourge, *v. t.* to lash severely, အစည်ကြိုးတပ်၍ရိုက်သည်။ ကြိမ်နှင့်ပြင်းစွာရိုက်သည်။ to punish severely, ပြင်းစွာဒါဏ်ပေးသည်။ to harass, ပင်ပန်းအောင်နှောင့်ရှက်သည်။ —*n.* a lash, အစည်ကြိုး။ any whip, တံဗျာ။ ကြိမ်လုံး။ a severe punishment, ပြင်းစွာသော ဒါဏ်။ a cause of great calamity, ဘေးဥပါဒ်ပြုသောအကြောင်း။

Scout 1, *v. i.* ကင်းထောက်ကြည့်ထည့်သည်။ —1, *n.* agent, from *do.* —2, (Amer.) *v.* to put to shame, အရှက်ခွဲသည်။

Scowl, *v. i.* မျက်မှောင်ကုပ်၍ကြည့်သည်။ မျက်မှောင်ကျုတ်၍ကြည့်သည်။ —*n.* from *do.*

Scrabble, *v. i.* to scratch with the hand, လက်နှင့်ခြစ်သည်။ to make irregular marks, ကြောင်ခြစ်သည်လိုရေးသည်။

Scrag, ကြုံလှီလျက်အဖုအထစ်များသောအရာ။

Scragged, Scraggy, *a.* rough with irregular points, အဖုအထစ်များ သော။ lean with roughness, ကြုံလှီကျက်အပုအထစ်များသော

Scraggedness, Scragginess, *n.* from above.

Scramble, *v. i.* to climb irregularly or disorderly, ကမ္ဘာကယာ ဆွဲငင်၍တက်သည်။ to catch and pull with others, အချင်းချင်း လုယူသည်။ —*n.* from *do.*

Scrap, *n.* အစအန။ —book, အစစအနနရေးထားသောစာအုပ်။

Scrape 1, *v. t.* ခြစ်သည်။ —acquaintance, *v.* အကျွမ်းဝင်အောင် အပေါက်အစရှာကြံ၍ပြုသည်။ —off, *v. t.* ခြစ်ခွာသည်။ —together, တကုတ်ကုတ်ဆည်းဖူးသည်။ —1, *n.* from Scrape 1, *v. t.* —2, နှောင့်ရှက်သောအမှု။

Scraper, *n.* an instrument for scraping, ခြစ်သောတန်ဆာ။ a shoe-scraper, ခြေနင်းခြစ်။

Scraping, *n.* from Scrape; that which is scraped off, ခြစ်ခွာ၍ ရသောအစာ။

Scratch, *v. t.* to make marks with something pointed, ခြစ်သည်။ to wound by striking in the nails, ကုပ်သည်။ to rub with the nails, ဖွောက်သည်။ to paw (the earth.) ယက်သည်။ to wound slightly, ရှသည်။ —off, ခြစ်၍ပွံ့သည်။ —out, ချေသည်။ —*n.* a mark made by scratching, ခြစ်ရာ။ a slight wound, ရှနာ။ personal contest, ပြိုင်၍တိုက်ခြင်း။

Scratches, *n. plur.* မြင်းခွာဆစ်၌ဖြစ်သောအနာတမျိုး။

Scrawl, *v. t.* မညီမညာ၊မပြီမသရေးသားသည်။ —*n.* မညီမညာ၊မပြီမသ ရေးသားသောစာ။

Screak, *v. i.* ကြိတ်ကြိတ်မြည်သည်။ —*n.* from *do.*

Scream, *v. i.* အော်ဟစ်သည်။ —*n.* from above; the sound of screaming, အော်ဟစ်သံ။

Screaming, *n.* same.

Screech, *v. i.* ငယ်သံပါအောင်အော်ဟစ်သည်။ —*n.* from *do.* —owl, ငှက်ဆိုး။ မိန်ကောင်း။ လင်ကောင်မိုး။ ခင်ပုပ်။M.

Screen, *v. t.* to protect by interposing, ကွယ်ကာသည်။ to sift, ဆန်ခါနှင့်ချသည်။ —*n.* what protects by interposing, အကွယ် အကာ။ a curtain suspended for concealment, ကုလားကာ။ a sieve, ဆန်ခါ။

Screw, *n.* ဝက်အူ။ —pine, the sail leaf variety, ဆတ်သွားပင်။ the fragrant variety, ဆတ်သွားဖူးပင်။M. —*v. t.* to apply a screw, ဝက်အူလှည့်၍ညှပ်သည်။ to put on with a screw, ဝက်အူနှင့် တပ်သည်။ to force, အနိုင်အထက်ပြုသည်။ to extort, ငွေညှစ်သည်။ to distort the features, ယွဲ့အောင်ပြုသည်။

Scribble, *v. t.* တချက်လွှတ်ရေးသည်။ သော့လက်ရေးရေးသည်။ —*n.* တချက်လွှတ်ရေးသောစာ။ သော့လက်ရေးရေးသောစာ။

Scribbler, *n.* agent, from Scribble, *v. t.*; a petty writer, စာဝိုစာစများကိုပြုလုပ်ရေးသားတတ်သောသူ။

Scribe, *n.* a writer, clerk, စာရေး။ one skilled in scriptural law, ကျမ်းတတ်ဆရာ။

Scrimp, (Amer.) မလောက်အောင်ပြုလုပ်သည်။

Scrip 1, *n.* a small bag, အိတ်ငယ်။ —2, a note, small writing, လက်မှတ်။

Scriptural, *a.* ကျမ်းစာ၌ပါသော။

Scripture. *n.* ကျမ်းစာ။

Scrivener, *n.* စာချုပ်ကိုမိကိုးတတ်သောစာရေး။

Scrofula, *n.* ကျုပ်နာ။ —*a.* pertaining to scrofula, ကျုပ်နာနှင့်ဆိုင်သော။ affected with scrofula, ကျုပ်နာစွဲသော။

Scroll, *n.* စာလိပ်။

Scrotum, *n.* လိင်နှုံ။ ဌေးစေ့အိတ်။ ကပ်ပယ်အိတ်။

Scrub, *v. t.* to scour, အကြမ်းဘိုက်ပွတ်သည်။ —*v. i.* to struggle (for a living,) ကုတ်ကုတ်ကတ်ကတ်လုပ်သည်။ —*n.* အယုတ်စားကသူ။

Scrubbed, Scrubby, *a.* ယုတ်ညံ့သော။

Scruple 1, *n.* the weight, စကြုပလတည်းဟူသောဂရင် ၂၀ နှင့်ဖြစ်သောအချိန်။ —2, *v.* to doubt, ယုံမှားသည်။ ဝိဇိကိစ္ဆာရှိသည်။ ဇဝေဇဝက်ရှိသည်။ to hesitate in regard to duty, ပြစ်ဘွယ်မှု၌ဆုတ်ဆိုင်းလျက်နေသည်။ —*n.* fear of doing wrong, ပြစ်ဘွယ်မှု။ hesitation in regard to duty, from Scruple, *v.* 2d def.

Scrupulosity, Scrupulousness, *n.* from next.

Scrupulous, *a.* hesitating from fear of doing wrong, ပြစ်ဘွယ်မှုရှိ၍ဆုတ်ဆိုင်းလျက်နေသော။ nicely careful, သေသေချာချာသတိပြုတတ်သော။

Scrutinize, *v. t.* မိစစ်သည်။ စစ်ဆေးသည်။

Scrutiny, *n.* from above.

Scrutoir, *see* Escritoir.

Scud, *v. i.* အလျင်အမြန်ပြေးသည်။ —*n.* လေ၌လွင့်သောတိမ်လွှား။ တိမ်ပြေး။

Scuffle, *v. t.* လုံးထွေး၍တိုက်ခိုက်သည်။ —*n.* from *do.*

Scull, *n.* the brain-pan, ဦးခေါင်းခွံ။ a cock boat, သိတန်ကလေး။ a short oar, ခတ်တက်တို။ —cap, သံပရာခွံ။ —*v. t.* ထိုးခတ်သူမပါဘဲသိတန်သွားအောင်ပဲ့ကနေ၍ခိုင်းမက်သည်။

Sculler, *n.* agent, from Scull, *v.*

Scullery, *n.* အိုး၊ခွက်၊ပုကန်မှစ၍ထမင်းချက်သောတန်ဆာထားရာအခန်း။

Scullion; *n.* ဒိုးသူကြီးလက်အောက်ကလုပ်သောမိန္မကလေး။

Sculptor, *n.* agent, from next. —in wood, ပန်းပုသမား။

Sculpture, *v. t.* သစ်သား၊ကျောက်အစရှိသည်တို့ကိုအရုပ်ထုသည်။ —in wood, ပန်းထုသည်။ —*n.* the act of carving, engraving, &c. ထိုသို့အရုပ်ထုတတ်သောအတတ်။ carved work, ထုသောရုပ်ပုံ။

Scum, *n.* froth, အမြှုပ်။ excrement, အချေး။ —*v. t.* သဲ့သည်။

Scupper, *n.* သင်္ဘောပြွန်ပေါက်။

Scurf, *n.* အပေါ်မှရေ၌ကွာသောအမျှေးအလျှပ်။

Scurfiness, *n.* from next.

Scurfy, *a.* အမျှေးအလျှပ်ထလျှက်ရှိသော။

Scurrility, *n.* ဆိုးညစ်ကြမ်းတမ်းသောစကား။

Scurrilous, ဆိုးညစ်ကြမ်းတမ်းသော။

Scurvy 1, *n.* သွေးရည်ကြည်းသောအနာ။ —2, *a.* Scurfy, *which see*; mean, vile, ယုတ်ညံ့သော။

Scuttle 1, *n.* a flat bottomed basket, တန်း။ —2, a small hatchway, ကုန်းပတ်ပေါက်ငယ်။ an opening in the roof of a house, အိမ်မိုး၌ဖောက်သောပြတင်းပေါက်။ —*v. t.* to make a hole in the bottom of a ship, သင်္ဘောဝမ်းကိုဖောက်သည်။ to sink by perforating the bottom, သင်္ဘောနစ်မြုပ်အောင်ဖောက်သည်။

Scythe, *n.* မြက်ခုတ်ထား။

Sea, *n.* ပင်လယ်။ သမုဒ္ဒရာ။ —air, ပင်လယ်လေ။ —beat, —beaten, *a.* လှိုင်းတံပိုးရိုက်သော။ —board, *n.* ပင်လယ်ကမ်းနား။ *adv.* ပင်လယ်ကမ်းနားသို့။ —boat, ပင်လယ်ကူးနိုင်သောသင်္ဘော။ —born, *a.* ပင်လယ်မွေးဖွားသော။ —bound, ပင်လယ်ဝိုင်းသော။ —boy, သင်္ဘောမှာလုပ်သောလူကလေး။ —breach, ပင်လယ်ကမ်းပြိုဖျက်၍ရေလျှမ်းခြင်း။ —breeze, ပင်လယ်ကလာသောလေ။ —built, *a.* ပင်လယ်ကူးဘို့တည်သော။ —calf *see* Seal. —chart, *n.* ပင်လယ်ပုံ။ —circled, *a.* ပင်လယ်ဝိုင်းသော။ —coal, *n.* ကျောက်မီးသွေး။ —coast, ပင်လယ်ကမ်းနား။ —compass, အိမ်မြှောင်အိမ်။ —faring, *a.* ပင်လယ်ကူးတတ်သော။ —fight, *n.* သင်္ဘောချင်းတိုက်ခြင်း။ —fish, ပင်လယ်ငါး။ —fowl, ပင်လယ်ငှက်။ —girt, *a.* ပင်လယ်ဝိုင်းသော။ —god, ပင်လယ်စောင့်နတ်။ —green, *a.* ပင်လယ်ရေကဲ့သို့အရောင်စိမ်းသော။ —man, *n.* သင်္ဘောသား။ —manship, သင်္ဘောသားတတ်သောအတတ်။ —mark, သင်္ဘောသားတို့သိမှတ်ရန်ပြထားသောမှတ်တိုင်။ —monster, ပင်လယ်၌ကြီးမားထူးဆန်းသောအကောင်။ —port, သင်္ဘောဆိပ်။ —risk, ပင်လယ်ပေါ်မှာဘေးဖြစ်မည် စိုးရိမ်စရာအကြောင်း။ —room, သင်္ဘော လှည့်ပတ်သွားလာလောက်သောနေရာ။ —serpent, ပင်လယ်ရေမြွေ။ —service, တိုက်သင်္ဘောနှင့် အမှုထမ်းခြင်း။ —shell, ပင်လယ်ကမ်းနား၌ ရှိသောခရု။ ယောက်သွားခွံ။ —shore, ပင်လယ်ကမ်း။ —sick, *a.* သင်္ဘော

သောက်၍မူးသော။ —sickness, *n.* from *do.* —side, ပင်လယ်ကမ်းနား။ —term, သင်္ဘောသားစကား။ —ward, *adv.* ပင်လယ်သို့။ ပင်လယ်ဘက်သို့။ —water, *n.* ပင်လယ်ရေ။ —weed, ပင်လယ်ကျောက်ပွင့်။ —perch, ပင်လယ်ငါးပြေမ။M. —slug, ဆင်မျှော့။ ပင်လယ်ပိုး။ သဲပလုပ်။M. —urchin, ကျောက်သင်္ဘော။ —worthiness, from next. —worthy, *a.* ပင်လယ်ကူးသန်းသော(သင်္ဘော။)

Seal 1, *n.* a sea calf, သားတပိုင်း၊ ငါးတပိုင်းရှိသောအကောင်။ —2, a stamp, တံဆိပ်။ တံဆိပ်ပုံ။ a mark or impression made by stamping, တံဆိပ်။ ခတ်သောတံဆိပ်။ တံဆိပ်ခတ်ရာ။ an act of confirmation, တည်စေခြင်း။ —*v. t.* to stamp, တံဆိပ်ခတ်သည်။ တံဆိပ်ရိုက်သည်။ to confirm, တည်စေသည်။

Sealer, *n.* တံဆိပ်ခတ်သောအရာရှိ။

Sealing-wax, *n.* သင်္ဘောချိပ်။

Seam, *n.* —in cloth, ချုပ်ရိုး။ —in boards, စပ်ကြောင်း။ a scar, အနာရွတ်။ —*v. t.* to join by suture, ချုပ်သည်။ —or otherwise, စပ်သည်။ to scar, အနာရွတ်ထင်အောင်ပြုသည်။

Seamless, *a.* ချုပ်ရိုးမရှိသော။

Seamster, *n.* အချုပ်သမား။

Seamstress, *n.* အချုပ်သည်မ။

Sear, *v. t.* to cauterize, သံပူအပ်သည်။ to wither and dry, နွမ်း၍သွေ့ခြောက်စေသည်။ to make callous or insensible, ကြွင်နာခြင်းမရှိအောင်ပြုသည်။ —*a.* နွမ်း၍သွေ့ခြောက်သော။

Search, *v. t.* to look through for the purpose of ascertaining, စေ့နှံ့အောင်ကြည့်ရှုသည်။ to seek, ရှာသည်။ ရှာဖွေသည်။ —into, စစ်ဆေးသည်။ —*n.* from Search, *v. t.* —warrant, ရှာဖွေရသောလက်မှတ်စာ။

Season 1, *n.* a division of the year, ဥတု။ a proper or convenient time, အချိန်။ အခါ။ အဆင်သင့်သောအချိန်။ a time of some continuance, အင်တန်ကာလ။ —2, *v. t.* to render palatable, အရသာကောင်းအောင်ပြုသည်။ to render more agreeable, or pleasant, သာ၍နှစ်သက်ဖွယ်ဖြစ်အောင်ပြုသည်။ to qualify by admixture, ရောနှော၍အရှိန်ညှိစေသည်။ to imbue, နှစ်လုံးသွင်း၍စွဲလမ်းစေသည်။ to prepare for use, အသုံးဝင်စေခြင်းငှါပြုပြင်သည်။

Seasonable, *a.* occurring at the proper time, တော်သင့်သောအချိန်၌ဖြစ်သော။ occurring at a convenient or desirable time, အဆင်သင့်သော။ အခန့်သင့်သော။ happening just right, အချက်ကျသော။

Seasonableness, *n.* from above.

Seasoning, *n.* အရသာကောင်းစေသောအရာ။

Seat, *n.* a sitting place or thing to sit on, ထိုင်ရာ။ ထိုင်ခုံ။ a sitting place of authority, ပလ္လင်။ a place of settled abode, တည်နေရာအရပ်။ —*v. t.* to cause to sit down, ထိုင်စေသည်။ to place on (an elevated situation,) တင်သည်။ to assign a situation, နေရာပေးသည်။ နေရာချသည်။ to fix in a place, တည်သည်။ တည်ထားသည်။ —one's self, *v. i.* ထိုင်သည်။

Secant, *a.* ကန့်သော။

Secede, *v. i.* အပေါင်းအသင်းထဲကထွက်၍အသီးအခြားနေသည်။

Seceder, *n.* agent, from above.

Secern, *v. t.* သီးသန့်အောင်ခွဲနှုတ်၍အခြားမီထားသည်။

Secession, *n.* from Secede.

Seclude, *v. t.* to exclude, မဝင်အောင်ဆီးထားသည်။ to keep apart from society, ထောင့်ကွယ်သောအရပ်၌နေစေသည်။

Seclusion, *n.* from above; the state of living apart from society, ထောင့်ကွယ်ရာ၌နေခြင်း။

Seclusive, *a.* ထောင့်ကွယ်သောအရပ်၌နေစေတတ်သော။

Second, *a.* next to the first, ဒုတိယ။ နှစ်ခုမြောက်သော။ inferior, ယုတ်သော။ —hand, received from another, သူတပါးလက်မှတဆင့်ခံရသော။ applied to clothes, တပတ်ရစ်။ not new, that has been used by another, သူတပါးသုံးပြီးသော။ —rate, *n.* ဒုတိယအရာ။ —sight, ဖြစ်လတ့ံသောအမှုအရာကိုမြင်တတ်သောဉာဏ်။ —*v. t.* to support, ထောက်သည်။ ထောက်မသည်။ —*n.* agent, from above; one who attends a duelist, သတောတူစိးချင်းထိုးသောသူ၏အပေါင်းအဖေ်။ the 60th part of a minute, စက္ကံတည်းဟူသောနှစ်ခရာခွဲ။

Secondary, *a.* not primary, မူလအရင်းမဟုတ်။ နောက်ဖြစ်သော။ of the second order or rate, ဒုတိယအရာနှင့်ဆိုင်သော။

Seconder, *n.* ထောက်သောသူ။ အတူလိုက်ပြောသောသူ။

Secresy, *n.* from next.

Secret, *a.* concealed, hidden, ဝှက်ထားလျှက်ရှိသော။ လျှို့ဝှက်လျှက်ရှိသော။ removed from sight, retired (as a place,) ဆိတ်ကွယ်သော (အရပ်။) being in privacy, ဆိတ်ကွယ်ရာ၌နေသော။ ပုန်းရှောင်လျှက်နေသော။ not apparent, occult, မထင်ရှားသော။ close, not apt to divulge, မဖော်ပြတဲလိုတတ်သော။ —*n.* something concealed, ဝှက်ထားသောအရာ။ လျှို့ဝှက်သောအရာ။ something unknown or difficult to be known, မထင်ရှားနက်နဲသောအရာ။ —[in,] *adv.* လျှို့ဝှက်သည်နှင့်။

Secretary, *n.* a scribe, စာရေး။ a head of some department of government, ဝန်၊ ဝန်ကြီး။

Secrete, *v. t.* to hide, conceal, ဝှက်သည်။ ဝှက်ထားသည်။ to secern,

သီးသန့်ဆောင်ခွဲနှုတ်၍အခြားမီထားသည်။ —one's self, *v.* ပုန်း၍နေသည်။

Secretion, *n.* from Secrete, 2d def.; matter secreted, သီးသန့်ဆောင်ခွဲနှုတ်၍အခြားမီထားသောအရာ။

Secretness, *n.* from Secret, *a.*

Sect, *n.* အယူဝါဒသီးသန့်၍ကွဲပြားသောလူစု။

Sectarian, *n.* အယူဝါဒသီးသန့်၍ကွဲပြားသောသူ။ —*a.* အယူဝါဒသီးသန့်၍ကွဲပြားခြင်းနှင့်ဆိုင်သော။

Sectarianism, *n.* အယူဝါဒသီးသန့်၍ကွဲပြားခြင်း။

Sectary, *n. see* Sectarian, *n.*

Section, *n.* the act of cutting asunder, ပိုင်းဖြတ်ခြင်း။ a part separated from the rest, a distinct part, ပိုင်းဖြတ်သောအရာ၊ အပိုင်း။ a division of a book or writing, အပိုင်း၊ အခဏ်း။

Sectional, *a.* အပိုင်းနှင့်ဆိုင်သော။

Sector, *n.* ဂဲဩမင္ဂရိအတတ်၌သုံးသောတန်ဆာတမျိုး။

Secular, *a.* လောကီ။ လောကီအရာဖြစ်သော။ လောကီနှင့်ဆိုင်သော။

Secularity, *n.* လောကီအရာတို့၌စိတ်စွဲလမ်းခြင်း။

Secularization, *n.* from next.

Secularize, *v. t.* (သာသနာတော်အမှုနှင့်ဆိုင်သောအရာကို) လောကီအရာပြု၍သုံးစွဲသည်။

Secundines, *n. plur.* အချင်း။

Secure, *a.* safe, free from danger, လုံချုံသော။ free from apprehension, မစိုးရိမ်သော။ wanting caution, သတိမရှိဘဲနေသော။ certain, assured in mind, ယုံမှားခြင်းမရှိဘဲအမှန်သိသော။ confident in, တွေးတောခြင်းမရှိဘဲယုံကြည်သော။ —*v. t.* to make safe, လုံချုံစွာပြုသည်။ to keep (liquids, &c.) from escaping, မယိုမထွက်နိုင်အောင်လုံစေသည်။ to keep in safe custody, မလွတ်နိုင်အောင်ချုပ်ထားသည်။ to make certain of attainment, မချွတ်မလွဲရအောင်ပြုသည်။

Security, *n.* from Secure, *a.*; that which ensures safety, လုံချုံစေသောအရာ။ a surety, အာမခံ။ a pledge, အပေါင်၊ အပေါင်အနှံ။ —bond, အာမခံစာချုပ်။ (bail,) ခံဝန်၊ တိုင်ခံ။

Sedan, *n.* ထမ်းစင်။

Sedate, *a.* composed in manner, ဣန္ဒြေဆောင်သော။ staid in mind, တည်ကြည်သော။

Sedateness, *n.* from above.

Sedative, *a.* ဝေဒနာကိုညှိမ့်စေတတ်သော။

Sedentary, *a.* accustomed to sit much, အထိုင်ရများသော။ pertaining to a sitting posture, ထိုင်ခြင်းနှင့်ဆိုင်သော။

Sedge, *n.* ပန်းဖျားတော။

Sedgy, *a.* ပန်းဖျားပင်ပေါများသော။
Sediment, *n.* အနှစ်။ အနည်။
Sedition, *n.* ပုန်ကန်ခြင်း။
Seditious, *a.* pertaining to sedition, ပုန်ကန်ခြင်းနှင့် ဆိုင်သော။ disposed to, or tending to excite sedition. ပုန်ကန်စေခြင်းငှါ နှိုးဆော်တတ်သော။
Seditiousness, *n.* from above.
Seduce, *v. t.* to entice to some sin, မှားအောင်သွေးဆောင်သည်။ to entice (a woman) to a surrender of chastity, (မိန္မကို) အလိုသို့ပါအောင်လှည့်ဖြားသွေးဆောင်သည်။
Seducement, Seduction, *n.* from above.
Seductive, *a.* မှားအောင်သွေးဆောင်တတ်သော။
Sedulity, Sedulousness, *n.* လုလ္လဝီရိယ။
Sedulous [be,] *v. i.* လုလ္လပြုသည်။ ဝီရိယထုတ်သည်။
See 1, *n.* ဂိုဏ်းအုပ်၊ ဂိုဏ်းချုပ်၊ ရဟန်းမင်းပိုင်သောနယ်။ —2, *v. t.* to perceive by the eye, မြင်သည်။ to look (in order to ascertain,) ကြည့်သည်။ ကြည့်ရှုသည်။ to understand, know, နားလည်သည်။ သိသည်။ to meet with, တွေ့မြင်သည်။ to take care, သတိပြုသည်။ —to, *v. t.* to look to, ကြည့်ရှုသည်။
Seed, *n.* —of plants, အစေ့။ —of animals, သုတ်။ ကာမရည်။ for sowing, မျိုးစေ့။ origin, မူလ။ အရင်း။ အမြစ်။ offspring, progeny, သားသမီး။ သားစဉ်မြေးဆက်။ lineage, race, အမျိုး။ အမျိုးအနွယ်။ —grain, မျိုးစေ့။ —plot, မျိုးခင်း။ —time, စိုက်ပျိုးရသောအချိန်ကာလ။ မျိုးစေ့ကြဲရသောအချိန်ကာလ။ —*v. i.* အစေ့တည်သည်။
Seedling, *n.* မျိုးပင်။
Seedy, *a.* အစေ့များသော။
Seeing, *n.* မြင်ခြင်း။ —*adv.* သော့ကြောင့်။
Seek, *v. t.* to search, look for, ရှာသည်။ ရှာဖွေသည်။ to ask for, တောင်းသည်။ တောင်းပန်သည်။
Seem, *v. i.* to appear to (be,) (ဖြစ်) ဟန်ရှိသည်။ to assume an appearance of, (ဖြစ်) ရောင်ဆောင်သည်။ ဟန်ဆောင်သည်။
Seeming, *a.* plausible, ကောင်းရောင်၊ မှန်ရောင် ဆောင် သော။ —*n.* အဟန်။ အရောင်။
Seemingness, *n.* from above.
Seemliness, *n.* from next.
Seemly, *a.* တင့်တယ်လျှောက်ပတ်သော။
Seer, *n.* ဖြစ်လတ့ံသောအမှုအရာကိုမြင်တတ်သောသူ။
See-saw, *v. i.* မောင်းတံလှုပ်သကဲ့သို့လှုပ်သည်။ —*n.* from *do.*
Seethe, *v. t.* ပြုတ်သည်။

Segar, *n.* ဆေးလိပ်။
Segment, *n.* စက်ဝိုင်းပိုင်း။
Segregate, *v. t.* အခြားစီခွဲထားသည်။
Seignior, *n.* a lord, master, အရှင်။ သခင်။ the lord of a territory, မြို့စား။
Seigniory, *n.* the dignity of a lord, သခင်၏အရာ။ the territory, or domain of a prince or nobleman, မြို့စားပိုင်သောနယ်။
Seine, *n.* ပိုက်။ ပိုက်ကွန်။
Seizable, *a.* ဖမ်းနိုင်ဖွယ်ဖြစ်သော။
Seize, *v. t.* to catch, ဖမ်းမိသည်။ to arrest, ဖမ်းဆီးသည်။ to take forcible possession of, အနိုင်အထက်ယူသည်။ အတင်းယူသည်။ လုယူသည်။ to take (property) by legal authority, သိမ်းသည်။ to fasten by tying, ချည်သည်။
Seized of, [be,] *v.* လက်မှာရှိသည်။
Seizure, *n.* from Seize; the thing seized, ဖမ်းမိသောအရာ။လက်ရဥစ္စာ။
Seldom, *adv.* တခါတလေသော။
Select, *v. t.* ရွေးကောက်သည်။ ရွေးချယ်သည်။ —*a.* choice, ရွေးကောက်ထိုက်သော။ ထူးမြတ်သော။
Selection, *n.* from Select *v. t.*; a number of things selected, ရွေးကောက်သောအရာစု။
Self, *n. or pron.* ကိုယ်။ ကိုယ်တိုင်။ ကိုယ်တိုင်ကိုယ်ကြပ်။ မိမိ။ —abasement, မိမိကိုယ်ကိုနှိမ့်ချခြင်း။ —abhorrence, မိမိကိုယ်ကိုမိမိရွံရှာခြင်း။ —approving, *a.* မိမိအကျင့်ကိုမိမိနှစ်သက်သော။ —conceit, *n.* from next. —conceited, *a.* ငါမြတ်သည်ဟုကိုယ်ကိုအလွဲထင်တတ်သော။ ထောင်လွှားသော။ —condemnation, *n.* ငါ၌အပြစ်ရှိသည်ဟုဆို၍ကိုယ်တိုင်စီရင်ခြင်း။ —confidence, from next. —confident, *a.* မိမိကိုယ်ကိုမိမိကိုးစားသော။ —deceived, ကိုယ်ကိုကိုယ်လှည့်စားသော။ —defence, *n.* ရန်သူဘေးမှလွတ်အောင်မိမိကိုယ်ကိုမိမိကွယ်ကာစောင့်မခြင်း။ —denial, from next. —denying, *a.* ကိုယ်အလိုကိုငြင်းပယ်သော။ —destruction, *n.* ကိုယ်ကိုကိုယ်ဖျက်ဆီးခြင်း။ —determination, from next. determining, *a.* —ကိုယ်အလိုအလျောက်စီရင်ဆုံးဖြတ်သော။ —devotement, *n.* မိမိကိုယ်ကိုမိမိပေးအပ်ခြင်း။ —esteem, *n.* မိမိကိုယ်ကိုမိမိလေးမြတ်ခြင်း။ —evident, *a.* နဂိုရှိအားဖြင့်ထင်ရှားသော။ —examination, *n.* ကိုယ်ကျင့်ကြံပြုမူသောအမှုကိုစစ်ဆေးခြင်း။ —existence, from next. —existent, *a.* သူတပါးကိုအမှီမပြုဘဲကိုယ်အလိုအလျောက်ဖြစ်သော။ —inflicted, ကိုယ်ကိုကိုယ်ပေးသော (ဒဏ်။) —interest, *n.* ကိုယ်အကျိုး။ —interested, *a.* ကိုယ်အကျိုးကိုမှတ်တတ်သော။ —knowledge, *n.* မိမိသဘောကိုမိမိသိခြင်း။ —love, မိမိကိုယ်ကိုမိမိချစ်ခြင်း။ —murder. မိမိအသက်

ကိုမိမိသတ်ခြင်း။ —opinioned, *see* Opinionated. —possession, *n.* စိတ်ဏှ ငြိမ်တည်ကြည်သော။ —preservation, သေးမှလွတ်အောင် မိမိကိုယ်ကိုမိမိစောင့်ထားခြင်း။ —restraint, ကိုယ်ကိုကိုယ်ချုပ်တည်း ခြင်း။ —sacrificing, *a.* မိမိကိုယ်ကိုမိမိစွန့်အပ်သော။ —righteous, ကိုယ်၌ကုသိုလ်ရှိသည်ဟုထင်သော။ —righteousness, *n.* from *do.* same, *a.* တူသော။ အတူတူဖြစ်သော။ —satisfied, မိမိကိုယ်ကိုမိမိ နှစ်သက်အားရသော။ —seeking, ကိုယ်အကျိုးကို ရှာတတ်သော။ —sufficiency, *n.* from next. —sufficient, *a.* သူတပါးကိုအမှီ မပြုဘဲကိုယ်ညာဏ်၊ ကိုယ်အစွမ်းသတ္တိကို ကိုးစားသော။ —taught, သင်ချသောသူမရှိဘဲ ကိုယ်တိုင် ကြိုးပန်း၍တတ်သော။ —will, one's own will, ကိုယ်အလို။ wilfulness, ကိုယ်အလိုသို့အားကြီးစွာလိုက် တတ်သောသဘော။ —willed, *a.* ကိုယ်အလိုသို့သာလိုက်တတ်သော။

Selfish, *a.* ကိုယ်အကျိုးကိုသာမှတ်တတ်သော။

Selfishness, *n.* from above.

Sell, *v. t.* ရောင်းသည်။

Seller, *n.* agent, from above.

Selvage, Selvedge, *n.* ကလနား။

Semblance, *n.* resemblance, တူခြင်း။ အဟန်ရှိခြင်း။ external appearance, အသွင်အပြင်။

Semen, သုတ်။ ကာမရည်။

Semi, *pref. in composition*, တဝက်။

Semi-annual, *a.* ခြောက်လတခါဖြစ်တတ်သော။

Semi-annular, *see* —circular.

Semi-barbarian, *n.* ခပ်ယည်ယည်၊ ခပ်မိုက်မိုက်ဖြစ်သောသူ။

Semi-breve, *n.* သီခြင်းသံပုံတမျိုး။ (၀)

Semi-circle, *n.* စက်ဝိုင်းတခြမ်း။

Semi-circular, *a.* စက်ဝိုင်းတခြမ်းဖြစ်သော။

Semicolon, *n.* အင်္ဂလိပ်စာ၌အပိုက်တမျိုး။ (;)

Semi-diameter, *n.* အချင်းတဝက်။

Semi-fluid, *n.* မကြည်။ ပျစ်သောအရည်။

Semi-metal, *n.* ထုရိုက်၍မဆန့်ထွက်တတ်သောသတ္တု။

Seminal, *a.* pertaining to seed, အစေ့နှင့်ဆိုင်သော။ original, radical, မူလအရင်းဖြစ်သော။ နဂိုရှိ၌ပါသော။

Seminary, *n.* သိပ္ပံအတတ်များကိုသင်ရာအရပ်နှင့်သင်ပေးသောဆရာ။ သင်ကြားသောတပည့်စု။

Semi-sextile, *n.* ဂြိုဟ်နှစ်လုံးအသီး ၃၀ ကွာသောအနေ။

Semi-vowel, *n.* သရသဘောပါသောဗျည်း။

Sempiternal, *a.* အစဉ်အမြဲတည်သော။ ထာဝရဖြစ်သော။

Senate, *n.* an assembly of rulers, ပြည်မှုပြည်ရေးကို တိုင်ပင် စီရင်သော

အရာရှိအစည်းအဝေး။ *in United States*, the higher branch of the legislature, အထက်လွှတ်တော်။

Senator, *n.* အထက်လွှတ်အရာရှိ။

Senatorial, *a.* လွှတ်အရာရှိနှင့်ဆိုင်သော။

Send, *v. t.* to cause to be conveyed, ပေးလိုက်သည်။ ပါးလိုက်သည်။ to cause to go from one place to another, စေသည်။ စေလွှတ်သည်။ to cause to come to or upon, ရောက်စေသည်။ —away, လွှတ်လိုက်သည်။ —for, ခေါ်သည်။ —forth, —out, ထွက်စေသည်။

Senescence, *n.* တိုးခြင်း။

Seneschal, *n.* မင်းအိမ်၌အခမ်းအနားကိုစီရင်သောအရာရှိ။

Senile, *a.* အိုသောအသက်အရွယ်နှင့်ဆိုင်သော။

Senility, *n.* အိုခြင်း။

Senior, *a.* older in age, သာ၍အသက်ကြီးသော။ older in standing or office, သာ၍တာရှည်စွာအရာနှင့်နေသော။ —*n.* agent, from same.

Seniority, *n.* from same.

Senna, *n.* ပွေးကိုင်း။

Sennight, *n.* ခုနှစ်ရက်လည်။

Sensation, *n.* perception, အာယတနအားဖြင့်သိမှတ်ခြင်း။ အမှတ်သညာရှိခြင်း။ feeling resulting from an impression, ဝေဒနာခံစားခြင်း။

Sense, *n.* the faculty of seeing, hearing, &c. မနာယတနကိုထား၍အခြားသောအာယတနငါးပါးတွင်တစိုတပါး။ sensation, *see above*; mental perception, apprehension, discernment, မနာယတန။ ညာဏ်။ knowledge, understanding, သိနားလည်ခြင်း။ opinion, judgment, စိတ်ထင်မှတ်ခြင်း။ meaning, import, ဆိုလိုသောအနက်အဓိပ္ပာယ်။

Senseless, *a.* insensible, အမှတ်သညာမရှိသော။ ဝေဒနာကိုမခံစားတတ်သော။ foolish, stupid, မိုက်သော။

Senselessness, *n.* from above.

Sensibility, *n.* capability of perceiving, အာယတနအားဖြင့်သိမှတ်နိုင်သောအစွမ်းသတ္တိ။ susceptibility of impression, ဝေဒနာခံစားလွယ်သောသဘော။ နှစ်လုံးခိုက်မိလွယ်သောသဘော။ capability of being easily affected by external agency, *from next*, last def.

Sensible, *a.* capable of perceiving, အာယတနအား ဖြင့် သိမှတ်တတ်သော။ အမှတ်သညာရှိသော။ အာရုံခံစားတတ်သော။ perceptible, အာယတနအား ဖြင့် သိ မှတ် နိုင် ဖွယ် ဖြစ် သော။ having feelings easily excited, ဝေဒနာခံစားလွယ်သော။ နှစ်လုံးခိုက်မိလွယ်သော။ intelligent, ညာဏ်ကောင်းသော။ convinced, settled in mind, သဘောကျလျက်ရှိသော။ easily affected by external agency, အကြောင်းတစုံတခုဖြူပျင်ခြင်းကိုအလွယ်တကူခံတတ်သော။

Sensitive, *a.* see Sensible; 1st and 3d def. —plant, *n.* ထိကရုံးပင်။

Sensitiveness, *n.* from Sensitive, last def.

Sensorium, Sensory, *n.* စိတ်တည်ရာ။

Sensual, *a.* pertaining to the five senses, မနာယတနကိုထား၍အခြားသောအာယတနငါးပါးနှင့်ဆိုင်သော။ pertaining to the flesh or fleshly gratifications, ကာမဂုဏ်နှင့်ဆိုင်သော။ devoted to the indulgence of the appetites, ကာမဂုဏ်၌စွဲလမ်းသော။

Sensualist, *n.* ကာမဂုဏ်၌စွဲလမ်းသောသူ။

Sensuality, *n.* from Sensual, last def.

Sensualize, *v. t.* ကာမဂုဏ်၌စွဲလမ်းစေသည်။

Sentence, *n.* a judicial decision, ကောက်ချက်။ ဆုံးဖြတ်ချက်။ a short pithy saying, လေးနက်သောစကားတို။ a period, အပုဒ်။ —*v. t.* စီရင်ဆုံးဖြတ်သည်။

Sententious, *a.* အကျဉ်းအားဖြင့်လေးနက်စွာပြောတတ်သော။

Sentient, *a.* အာယတနအားဖြင့်သိမှတ်တတ်သော။အာရုံကိုခံစားတတ်သော။

Sentiment, *n.* opinion, စိတ်ထင်။ အယူ။ opinion blended with feeling, စိတ်။ sickly sensibility, an over indulgence of soft feelings, နူးညံ့သောစိတ်အလိုကိုလိုက်လွန်းတတ်သောသဘော။

Sentimental, *a.* presenting sentiments, ဩဝါဒပါသော။ over indulgent of soft feelings, နူးညံ့သောစိတ်အလိုကိုလိုက်လွန်းသော။

Sentinel, Sentry, *n.* ကင်းစောင့်။

Sentry-box, *n.* ကင်းတဲ။

Sentry-post, *n.* ကင်း။

Separable, *a.* ကွဲကွာနိုင်သော။

Separate, *v. i.* to part (intrans.,) ကွာသည်။ ကွဲကွာသည်။ to cleave (intrans.,) အက်ကွဲသည်။ —*v. t.* to part (trans.,) ခွဲခွာသည်။ to set apart, ခွဲထားသည်။ to divide, make a space between, ပိုင်းသည်။ ပိုင်းခြားသည်။ ခြားနားစေသည်။ to divorce, (လင်မယားကို) ကွာစေသည်။ —*a.* တခြားစီရှိသော။ ခြားနားသော။

Separation, *n.* the act of separating, *from* Separate, *v. t.* the state of being separated, from Separate, *v. i.*

Separatist, *n.* အပေါင်းအသင်းထဲကထွက်၍အသီးအခြားနေသောသူ။

Sepoy, *n.* စစ်ပါဓိ၊ စစ်ပိုင်။ ကုလားနက်လက်နက်ကိုင်။

Septagon, *n.* ခုနှစ်ထောင့်ပုံ။ သတ္တဂံ။ a regular septagon, သတ္တရန်း။

Septangular, *a.* ခုနှစ်ထောင့်ရှိသော (ပုံ။)

September, *n.* အင်္ဂလိပ်နှစ် တွင် ကိုး ခု မြောက် သော လ တည်း ဟူ သော စက်တင်ဘာလ။

Septenary, *a.* ခုနှစ်ခုဖြစ်သော။

Septennial, *a.* happening every seventh year, ခုနှစ်နှစ်တွင်တခါဖြစ်တတ်သော။ lasting seven years, ခုနှစ်နှစ်တိုင်တိုင်တည်တတ်သော။

Septillion, *n.* ယောင်ပကောဋိ။

Septuagenarian, *n.* အသက်ခုနှစ်ဆယ်ရှိသောသူ။
Septuagint, *n.* ဟေလသဘာသာအနက်ပြန်သောဓမ္မဟောင်းကျမ်းစာ။
Septuple, *a.* ခုနှစ်ဆဖြစ်သော။
Sepulchral, *a.* သင်းချိုင်းတွင်းနှင့်ဆိုင်သော။
Sepulchre, *n.* သင်းချိုင်းတွင်း။
Sepulture, *n.* သင်းချိုင်းတွင်း၌သင်းဂြိုဟ်ခြင်း။
Sequacious, *a.* လိုက်တတ်သော။
Sequel, *n.* a subsequent part, နောက်ပိုင်း။ a consequence, အကျိုး။
Sequence, *n.* order of succession, အစဉ်အတိုင်းလိုက်ခြင်း။ series, arrangement, အစီအစဉ်။
Sequent, *a.* အစဉ်အတိုင်းလိုက်သော။
Sequester, Sequestrate, *v. t.* to take and keep from the owner for a time, အကြောင်းရှိ၍ဥစ္စာရှင်လက်မှခဏသိမ်း၍တခြားမှာထားသည်။ to place in retirement, လူစုထဲကထွက်၍ဆိတ်ငြိမ်ရာအရပ်၌နေစေသည်။
Sequestration, *n.* from above.
Seraglio, *n.* မောင်းမမိဿံတို့နေရာ။
Serai, *n.* တည်းခိုရာဇရပ်။
Seraph, *n.* ကောင်းကင်တမန်တမျိုး။
Seraphic, *a.* angelic, ကောင်းကင်တမန်ကဲ့သို့ဖြစ်သော။ pure, သန့်ရှင်းသော။
Seraphim, *plur.* of Seraph, *which see.*
Serenade, *v. t.* ကြိုက်ချစ်သောမိန္မအိမ်နားမှာညအချိန်တွင်တီးမှုတ်ခြင်းကိုပြု၍သီခြင်းဆိုသည်။ —*n.* ထိုသို့သောသီခြင်းဆိုခြင်း။
Serene, *a.* ကြည်လင်သော။
Sereneness, Serenity, *n.* from above.
Serf, *n.* ရိုးစဉ်ကျွန်။
Serge, *n.* သက္ကလတ်တမျိုး။
Sergeant, *n.* a high bailiff, အရာကြီးသောမြို့စာရေး။ a high law-officer, အရာကြီးသောရှေ့နေ။ a subordinate military officer, အကြပ်ကြီး။
Seriatim, *adv.* အစဉ်အတိုင်း။
Series, *n.* အစီအစဉ်။
Serious, *a.* grave in mind, ပေါ့လျော့ခြင်းမရှိ၊ သမ္ပဇာသတိရှိသော။ being in earnest, ပျက်ရယ်ခြင်းမဟုတ်၊ ကေန်အမှန်ဖြစ်သော။ important, အမှုကြီးသော။
Seriousness, *n.* from Serious.
Sermon, *n.* ဟောသော်ဒေသနာ။
Sermonize, *v. i.* တရားဟောသည်။
Serous, *a.* ကြက်တက်ရည်သဘောရှိသော။
Serpent, *n.* မြွေ။

Serpentine, *a.* ကွေ့ကောက်သော။
Serrated, *a.* ခွေးသွားစိတ်ပိတ်သော။
Serum, *n.* ကြက်တက်ရည်။
Servant, *n.* one who attends another and acts at his command, အစေအပါ။ အစေခံ။ အစေခံကျွန်။ a slave, ကြေးကျွန်။ a hired person, အခစား။ the subject of a king, ကျွန်တော်မျိုး။ one in the employ of government, အမှုတော်ထမ်း။
Serve, *v. t.* to attend at command, အစေခံသည်။ အစေအပါခံသည်။ to perform the work of, အမှုကိုဆောင်သည်။ အမှုကိုထမ်းသည်။ to obey and worship, ဝတ်ပြုသည်။ to comply with, အလိုကိုလိုက်သည်။ to supply with food at table, စားပွဲ၌ဖျင်၍ပေးသည်။ to be of use to, အသုံးရှိသည်။ to be sufficient for, လောက်သည်။ တန်သည်။ to be in the place of, အစားဖြစ်သည်။ to deal with, (တစုံတပါး)၌ပြုကျင့်သည်။ to serve, as an occasion, အဆင်သင့်သည်။ —an execution, မှတ်ချက်အရနှင့်သိမ်းသည်။ —a warrant, မှတ်ချက်အရနှင့်ဖမ်းဆီးသည်။ —out, ဝေငှသည်။ —up, စားပွဲပေါ်မှာဖျင်၍ထားသည်။
Service, *n.* labor performed at the command of another, သူတပါးစေစား၍လုပ်ဆောင်ခြင်း။ သူတပါး၏အမှုဆောင်ခြင်း။ performance of duty, ဝတ်ပြုခြင်း။ military or naval duty, အမှုထမ်းခြင်း။ use, အသုံး။ usefulness, အသုံးရှိခြင်း။ a course at table, စားပွဲ၌ခင်းကျင်းသောစားဖွယ်သောက်ရန်။ a set of dishes used at a meal, နံနက်စာ၊ နေ့လယ်စာအမှီခင်းကျင်းရသောပုကန်စု။
Serviceable, *a.* အသုံးဝင်သော။ကျေးဇူးရှိသော။အကျိုးကိုဖြစ်စေတတ်သော။
Serviceableness, *n.* from above.
Servile, *a.* pertaining to servitude, အစေခံသော။ အစေကျွန်ဖြစ်သော။ အစေခံခြင်းနှင့်ဆိုင်သော။ meanly submissive, သဘောနေ။သဘောထားယုတ်ညံ့၍သူအလိုသို့အလွန်လိုက်တတ်သော။
Servileness, Servility, *n.* from above.
Serving-maid, *n.* အစေခံမိန်း။
Serving-man, *n.* အစေခံယောကျ်ား။
Servitor, *n.* နောက်လိုက်သောသူ။
Servitude, *n.* အစေခံကျွန်အဖြစ်။ ကြေးကျွန်အဖြစ်။
Sesamum, *n.* နှမ်းပင်။ —oil, နှမ်းဆီ။
Session, *n.* the act of sitting, ထိုင်ခြင်း။ the sitting of a court, လွှတ်၊ ရုံးပေါ်မှာထိုင်၍တရားစီရင်ခြင်း။ the period of court session, လွှတ်ရုံးပေါ်မှာထိုင်၍တရားစီရင်ရာကာလ။
Set, *v. t.* to place in its natural position, တည့်တည့်ထားသည်။ to place erect, ထောင်၍ထားသည်။ to put, place, (indefinitely,) ထည့်ထားသည်။ to put, fix, place (more or less permanently,)

တည်၍ထားသည်။ to plant, စိုက်သည်။ to fix (as a gem in metal,) တင်သည်။ to stud (with gems.) (ကျောက်) စီသည်။ to join (a broken bone,) ဆက်သည်။ to adjust by (something,) ညီအောင်ဖျင်သည်။ to adapt musical notes to words, သီခြင်းသံ နေရာကျအောင်ဖျင်သည်။ to put on a fine edge, ကျင်းသည်။ —eyes on, ကြည့်၍မြင်သည်။ —one's self, အားထုတ်သည်။ —one's self against, ဆန့်ကျင်ဘက်သို့ဝင်သည်။ —a price, အဖိုးထားသည်။ —a sail, ရွက်ကိုဖြန့်သည်။ —a time, ချိန်းချက်သည်။ —a trap, ထောင်သည်။ —a watch, sentry, ကင်းထားသည်။ ကင်းစောင့်ထားသည်။ *see also under* —[be,] *v. i.* —as the sun, ဝင်သည်။ to become hard, ခဲသည်။ to flow, စီးသည်။ —about, *v.* အစပြုသည်။ (လုပ်) စပြုသည်။ —against, *v. t.* to place in opposition or as an equivalent, ပြိုင်၍တဖက်၌ထားသည်။ to provoke enmity between others, ရန်ဖက်ဖြစ်အောင်ကိုးတိုက်သည်။ —a-going, *v. t.* (ဖြစ်) အောင်အစအဦးပြုသည်။ —apart, တခြားစီခွဲထားသည်။ သီးသန့်သည်။ သီးခြားသည်။ —aside, to put aside, not to take into the account, ထားသည်။ to pass by, reject, ထွဲပယ်သည်။ ပယ်ထားသည်။ to annul, ပစေသည်။ —at ease, ငြိမ်းစေသည်။ —at naught, အမှုမထား။ ပမာဏမပြု။ —at rest, to quiet, ငြိမ်စေသည်။ to settle and place beyond controversy, ငြင်းစရာမရှိအောင်သေချာစွာစီရင်၍ထားသည်။ at work, လုပ်ဆောင်အောင် စီရင်သည်။ by, to put aside, ထားသည်။ to esteem, နှစ်သက်သည်။ —down, to put down, ထားသည်။ to enter in writing, မှတ်သားသည်။ —forth, to present to view, ဖော်ပြသည်။ to propagate, ကျော်ညာစေသည်။ —forward, to promote, တိုးတက်အောင်ပြုသည်။ —*v. i.* to move or march, ချီသည်။ ချီသွားသည်။ —free, လွှတ်သည်။ —in, *v.* to arrive (as a season,) ရောက်သည်။ to become settled, နေရာကျသည်။ —in order, စီစဉ်သည်။ ဆင်သည်။ ဖျင်ဆင်သည်။ —off, to decorate, တန်ဆာဆင်သည်။ လှအောင်ဖျင်ဆင်သည်။ to present favorably, ကောင်းသောလက္ခဏာကိုသာပြသည်။ to place in opposition or as an equivalent, ပြိုင်၍တဖက်၌ထားသည်။ to set apart, တခြားစီခွဲထားသည်။ —off, *n.* နှိမ်၍ကြွေးဆပ်ရန်အချက်။ —on, *v. t.* to place on, တင်သည်။တင်ထားသည်။ to instigate, တိုက်တွန်းသည်။ to assault, တိုက်သည်။ —on edge, (သွား) ကြိန်းအောင်ပြုသည်။ —on fire, မီးရှို့သည်။ —out, to allot, ခွဲဝေ၍ထားသည်။ to mark by boundaries, ပိုင်းခြားသည်။ to decorate, တန်ဆာဆင်သည်။ လှအောင် ဖျင်ဆင်သည်။ to present favorably, ကောင်းသောလက္ခဏာကိုသာပြသည်။ to begin, စသည်။ အစပြုသည်။ to start on a journey, or course, ထွက်သည်။ သွားစပြုသည်။ —over,

အရှုပ်ချုပ်ထားသည်။ —right, ဖြောင့်စေအောင်ပြုပြင်သည်။ —to, အစပြုသည်။ (လုပ်) စပြုသည်။ —up, to place erect, ထောင်သည်။ ထူသည်။ to build, establish, တည်သည်။ တည်ဆောက်သည်။ တည်ထောင်သည်။ to propose, ဆင်ခြင်ရန် သို့တင်၍ ပြောသည်။ to raise (from depression,) ချီပင့်သည်။ —a cry, အော်ဟစ်သည်။ *v. i.* to begin business, ထူထောင်သည်။ to assume a character, ဤမည်သောသူဖြစ်သည်ဟုပြောထားသည်။ —upon, *see* —on, *a.* orderly, regular, စီစဉ်သော။ စီရင်ခြင်းအတိုင်းဖြစ်သော။ [be,] *v. i.* to be fixed, as in the mud, ကျွံ၍နေသည်။ to be fixed (as the eyes,) စိုက်၍နေသည်။ to be fixed (as the lower jaw,) နိုင်သည်။ to be settled, adjusted by rule, သေဝပ်သည်။ သေချာသည်။ to be firmly attached in mind, စိတ်စွဲလမ်းသည်။ စိတ်ဝင်စား၍နေသည်။ to be firm, obstinate, စိတ်ခိုင်မာသည်။ to be hard up, cornered, မလှုပ်နိုင်အောင် ကျဉ်းကျပ်ရာ သို့ ရောက်သည်။ —*n.* a number of things fitted to be used together, မိုလင်သော အရာစု။ a number of persons of similar characters or habits, အပေါင်းအသင်း။ the going down (of a luminary,) ဝင်ခြင်း။

Seton, *n.* အသား၌ထုတ်ချင်းခပ်ဖောက်၍သွေးပုပ်၊သွေးဆိုးတစိုမိုထွက်ယိုစေခြင်းငှါလျှိုထားသောကြိုး။

Settee, *n.* အမှီပါသောထိုင်ခုံရှည်။

Setter, agent, from Set, *v.*; *see also* Setting-dog.

Setting, *n.* from Set, *v.*

Setting-dog, *n.* ငှက်ကိုရှာတတ်သောခွေး။

Settle 1, *n.* ထိုင်ခုံ။

Settle 2, *v. t.* to place in a permanent state, အတည်ချသည်။ နေရာချသည်။ သေဝပ်အောင်ပြုသည်။ to set up in business, ထူထောင်စေသည်။ to confirm, make permanent, တည်စေသည်။ မြဲစေသည်။ to place beyond controversy, ငြင်းခုံရာမရှိအောင်သေချာစွာစီရင်၍ထားသည်။ to free from wavering, စိတ်သဘောကျအောင်ပြုသည်။ to cause to subside and become compact, (မွသောမြေကို) သိပ်အောင်ပြုသည်။ to establish by gift, အစဉ်အမြဲခံယူပိုင်စေဟုစီရင်သည်။ to fix firmly (in the mind,) စိတ်စွဲလမ်းစေသည်။ to cause sediment to sink, အနှစ်ကျအောင်ပြုသည်။ to compose, tranquilize, ငြိမ်းစေသည်။ to plant with inhabitants, အိမ်ခြေ၊လူနေရှိအောင်ပြုစုသည်။ —accounts, စာရင်းကိုရှင်းစေသည်။ စာရင်းကိုရှင်းလင်းအောင်ပြုသည်။ —a difficulty, ဖြေဖျန်သည်။ အမှုပြီးပြေအောင်ပြုသည်။ အမှုကျေချမ်းအောင်ပြုသည်။ —the rate of house or land tax, ငွေခွဲပုံထားသည်။ အခွန်ခွဲပုံထားသည်။ —*v. i.* to become fixed or stationary, အတည်ကျသည်။ to fix one's residence, နေရာကျသည်။ to establish a domestic state, အိမ်ထောင်သည်။ to become calm, ငြိမ်း၍သွားသည်။ to sink out of place, ယို့သည်။ to sink to the bottom, as sediment, (အနှစ်)ကျသည်။ to sink and become compact, လျှော့၍သိပ်သွားသည်။

Settlement, *n.* from above; a place or colony formed by emigration from the mother country, နေရင်းပြည်ကထွက်၍လွတ်သပ်သောဖခြားသောအရပ်၌တည်ထောင်သောမြို့ရွာ။ property settled on a wife, လင်မပိုင်၊မယားသာပိုင်သောဥစ္စာ။

Settling, *n.* from Settle, *v.*; *plur.* sediment, အနှစ်။ အနည်။

Seven, *n.* ခုနှစ်။ ၇။ —fold, *a.* ခုနှစ်ဆဖြစ်သော။ —night, *see* Sennight. —score, *a.* တရာလေးဆယ်။ ၁၄၀။

Seventeen, *a.* ဆယ်ခုနှစ်။ ၁၇။

Seventeenth, *a.* ဆယ်ခုနှစ်မြောက်သော။ သတ္တရသမ။

Seventh, *a.* ခုနှစ်မြောက်သော။ သတ္တမ။

Seventieth, *a.* ခုနှစ်ဆယ်ပြည့်သော။

Seventy, *a.* ခုနှစ်ဆယ်။ ၇၀။

Sever, *v. t.* to cut off, ဖြတ်သည်။ to disjoin, ခွဲခွာသည်။ to separate and place apart, တခြားမိခွဲထားသည်။ to divide or separate into parts, ပိုင်းသည်။ ပိုင်းခြားသည်။ အပိုင်းပိုင်းဖြတ်သည်။

Several, *a.* distinct, ခြားနားသော။ some, not many, divers, မနည်း၊ မများသော။ အချို့။ တချို့။ appropriate to each distinctly, ကိုယ်မိကိုယ်မိအသီးသီးဆိုင်သော။

Severally, *adv.* အသီးသီးအခြားခြား။

Severance, *n.* from Sever.

Severe, *a.* very strict, stringent, အလွန်ကြပ်တည်းသော။ hard, harsh, rigorous, ပက်ထန်သော။ ကြမ်းတမ်းသော။ violent, ပြင်းသော။ ပြင်းပြသော။ —in countenance, မျက်နှာထားနှင့်နေသော။

Severity *n.* from above.

Sew, *v. t.* ချုပ်သည်။ —up, ပိတ်၍ချုပ်သည်။

Sewer, *n.* အချုပ်သမား။ (*pron.* su-er,) *n.* ပေါင်းကူးမြောင်း။

Sewing-needle, *n.* အပ်။

Sex, *n.* gender, လိင်။ womankind, မိန္မမျိုး။ —[male,] *n.* ယောက်ျားမျိုး။ —[female,] *n.* မိန္မမျိုး။

Sexagenarian, *n.* အသက်ခြောက်ဆယ်ရှိသောသူ။

Sexagon, *n.* ခြောက်ထောင့်ပုံ။ ဆဋ္ဌဂံ။ a regular sexagon, ဆဋ္ဌရန်း။

Sexangular, ခြောက်ထောင့်ရှိသော (ပုံ။)

Sexennial, *a.* happening every sixth year, ခြောက်နှစ်တခါဖြစ်တတ်သော။ lasting six years, ခြောက်နှစ်တိုင်တိုင်တည်တတ်သော။

Sextant, *n.* the sixth part of a circle, စက်ပိုင်း ၆ စိတ်တွင်တစိတ်။ an instrument for measuring the altitude of the sun, &c. နေတိုင်း။

Sextillion, *n.* ပကောဋိ။

Sextile, *n.* ဂြိုဟ်နှစ်လုံးအသီး ၆၀ ကွာသောအနေ။

Sexton, *n.* သုဿန္ဓာဇရပ်စောင့်။

Sextuple, *a.* ခြောက်ဆဖြစ်သော။

Sexual, *a.* အထီး၊အမ၊ယောကျ်ား၊မိန္မ၊ခြားနားခြင်းနှင့်ဆိုင်သော။

Shabbiness, *n.* from next.

Shabby, *a.* ragged and dirty, ညစ်စုတ်သော။ paltry, ညစ်ညှိုးသော။

Shackle, *v. t.* to bind the limbs, (လက်၊ခြေကို) ချည်နှောင်သည်။ to obstruct free action, အလိုရှိတိုင်းမပြုနိုင်အောင်ဆီးတားကန့်ကွက်၍ထားသည်။

Shackles, *n. plur.* —for the feet, ခြေချင်း။ —for the hands, သံကွင်းလက်ထိတ်။

Shaddock, *n.* ကျွဲကော။ ရှောက်တုံအိုး။M.

Shade, *n.* interception of light, အရိပ်။ darkness, မှောင်မိုက်။ a shady place of retreat, အရိပ်သင်္ခမ်း။ a screen, အကွယ်အကာ။ a gradation of color, အရောင်နှစ်ခုရောနှောစပ်ရှက်ခြင်း။ the dark part of a picture, မည်းအောင်ရေးသောအရိပ်သဏ္ဍာန်။ a spirit, ghost, စဉ္စေ။ applied to plants, growing in the shade, လောင်းရိပ်။ —*v. t.* to intercept the light, အရိပ်နှင့်လွှမ်းမိုးသည်။ to overspread with darkness, မှောင်မိုက်နှင့်ဖုံးလွှမ်းသည်။ to screen, ကွယ်ကာသည်။ to mark, with gradations of color, အရောင်နှစ်ခုရောနှောစပ်ရှက်အောင်ရေးသည်။ to paint in obscure colors, အရိပ်သဏ္ဍာန်မည်းအောင်ရေးသည်။

Shades, *n. plur.* မရဏာနိုင်ငံ။

Shadiness, *n.* from Shady, *a.*

Shading, *n.* အရိပ်သဏ္ဍာန်မည်းအောင်ရေးခြင်း။

Shadow, *n.* a defined shade, အရိပ်။ darkness, မှောင်မိုက်။ a screen, အကွယ်အကာ။ a faint representation, မထင်ရှားသောအရိပ်အရောင်။ a typical representation, ပုံဆောင်၍ပြသောအရိပ်အရောင်။ —*v. t. see* Shade, *v. t.*; to represent faintly or imperfectly, အရိပ်အရောင်ကိုသာပြသည်။ to represent typically, ပုံဆောင်၍အရိပ်အရောင်ကိုပြသည်။

Shadowy, *a.* full of shade, အရိပ်လွှမ်းမိုးသော။ partaking of shade, အရိပ်ပါသော။ faintly representative, အရိပ်အရောင်ကိုသာပြသော။ unsubstantial, unreal, အကောင်အထည်မဟုတ်။ အရိပ်သာဖြစ်သော။

Shady, *a.* အရိပ်လွှမ်းမိုးသော။ အရိပ်များသော။

Shaft 1, *n.* an arrow, မြှား။ any thing straight, ဖြောင့်တန်းသောအရာ။

အတံ။ a column, pillar, တိုင်။ the pole of a carriage, ရထားသန်။ လှည်းသန်။ the handle of a spear, လှံရိုး။ —2, *n.* a deep narrow pit opening into a mine, ခေတ်။ သတ္တုထွက်သောတွင်းထဲသို့ဝင်ရာအပေါက်။

Shag, *n.* ရှန်ကြမ်းသောသက္ကလတ်အမွေး။

Shagged, Shaggy, *a.* —as hair, စုတ်ဖွား။ စုတ်ဖွားထသော။ —as nap, အမွေးရှည်သော။

Shaggedness, Shagginess, *n.* from above.

Shake, *v. i.* to be agitated with a vibratory motion, လှုပ်သည်။ (intrans.;) to tremble, quake, တုန်သည်။ တုန်လှုပ်သည်။ to become weak, အားလျော့သည်။ —*v. t.* from same; —hands, လက်ဆွဲ၍နှုတ်ဆက်သည်။ —off, *v. t.* ခါသည်။ ခါပြစ်သည်။ —*n.* from above, *v. i.* and, *v. t.*

Shaking, *n.* from Shake, *v. i.* and, *v. t.*

Shaky, *a.* အပေါက်အအက်များသော (သစ်သား။)

Shall, *verb. aff. of tense,* မည်။ ရမည်။ အံ့။ လတ့်။

Shallop, *n.* သံဘန်တမျိုး။

Shallow, *a.* တိမ်သော။ —in intellect, ဉာဏ်တိမ်သော။ —brained, *a.* ဉာဏ်တိမ်သော။ —*n.* စည်းတိမ်။ သောင်တိမ်။

Shallowness, *n.* from Shallow, *a.*

Sham, *v.* ဟန်ဆောင်သည်။ —*n.* from above.

Shambles, *n. plur.* အမဲရောင်းဈေး။

Shambling, *a.* အသွားအလာနှင်းခွက်မကျသော။

Shame, *n.* ဟိရိ။ ရှက်ခြင်း။ ရှက်ကြောက်ခြင်း။ modesty, (Pali) လဇ္ဇီ။ —[put to,] *v. t.* အရှက်ခွဲသည်။ —*v. t.* ရှက်စေသည်။ ရှက်ကြောက်စေသည်။ —faced, *a.* ရှက်တတ်သော။ —facedness, *n.* from above.

Shameful, *a.* ရှက်ဖွယ်သော။

Shamefulness, *n.* from above.

Shameless, အရှက်မရှိသော။

Shamelessness, *n.* from above.

Shamelessly, *adv.* အလဇ္ဇီ။

Shampoo, *v. t.* နှိပ်သည်။ နှိပ်နယ်သည်။

Shank, *n.* the leg, ခြေထောက်။ the long part of an instrument, အတံ။ အရိုး။

Shanty, (Amer.) *n.* တဲကုပ်ကလေး။

Shape, *n.* ပုံ။ ပုံပန်း။ သဏ္ဌာန်။ —*v. t.* to give form to, ပုံလုပ်သည်။ to form, make, ဖန်ဆင်းသည်။ —a course, ဤမည်သောလမ်းသို့လိုက်သည်။ —to, *v. t.* တညီတည်းဖြစ်အောင်ပြုလုပ်သည်။

Shapeless, *n.* ပုံသဏ္ဌာန်မရှိသော။

Shapely, *a.* ပုံပန်းတော်သင့်သော။
Shard, *n.* ခေါင်ခြမ်း။ အိုးခေါင်ကြမ်း။
Sharded, *a.* having wings sheathed with a hard case, အတောင်ပေါ်မှာအခွံအုပ်သော(ပိုးကောင်။)
Share, *v. t.* to divide among two or more, ခွဲဝေသည်။ to partake with another, ဆက်ဆံ၍ယူသည်။ —*n.* the part belonging to each one on distribution, အစုသင့်။ ဝေစု။ ဝေပုံ။ ခွဲဝေ၍အသီးအသီးခံရသောအဖို့။ a portion, quantity, တပိုင်း။ တပုံ။ အချို့။ တချို့။ an allotment, portion of work, အငန်းအတာ။ a part or portion of, any thing owned by a number in common, စုပုံဆက်ဆံ၍ပိုင်ကြရာတွင် ကိုယ်စီကိုယ်စီ အသီးအသီးဆိုင်သော ပိုင်စုသင့်။ *see also* Plough-share. —holder, *n.* အသီးအသီးစုပုံကြရာပါဝင်သောသူ။
Sharer, *n.* agent, from Share, *v. t.*; one who takes a share, အစုသင့်ကိုခံသောသူ။ ဝေစုကိုခံသောသူ။ ဝေပုံကိုခံသောသူ။
Shares, [go,] *v.* ဆက်ဆံ၍ယူသည်။
Shark, *n.* the fish, ငါးမန်းယိုင်း။ a greedy fellow who gets the property of others, လောဘထိုက်တွန်း၍သူတပါးဥစ္စာကိုပရိယာယ်နှင့်ရအောင်ယူသည်။ —*v.* သူတပါးဥစ္စာကိုပရိယာယ်နှင့်ရအောင်ယူသည်။
Sharp, *a.* having a keen edge or fine point, ထက်သော။ acute, not obtuse, ချွန်သော။ thin-faced, မျက်နှာလုံးသော။ astute, ဉာဏ်ထက်မြက်သော။ quick of apprehension, နားပါးသော။ quick sighted, မျက်စိရှင်သော။ shrill, piercing, အသံစူးသော။ very acid, စူးအောင်ချဉ်သော။ harsh, bitter, as words, နားခွဲခါးသော။ severely rigid, inflexible, အာဏာထက်သော။ eager for food, စားချင်သောအာသာငမ်းငမ်းရှိသော။ eager, ardent, စိတ်အားကြီးသော။ severe, violent, ပြင်းသော။ ထန်သော။ vigilant, လုလ္လပြု၍စောင့်တတ်သော။ subtle in bargaining, ရောင်းဝယ်မှုတွင်လိမ္မာသော။ severely cold, စိမ့်အောင်အေးသော။ —edged, *a.* အသွားထက်သော။ —pointed, *a.* အဖျားထက်သော။ —set, having a sharp appetite, စားချင်အားကြီးသော။ eager in desire, လိုချင်အားကြီးသော။ —shooter, *n.* ထက်မြောင့်သောသူ။ —sighted, *a.* မျက်စိရှင်သော။ —sightedness, *n.* from above. —visaged, *a.* မျက်နှာလုံးသော။ —witted, *a.* ဉာဏ်ထက်မြက်သော။
Sharpen, *v. t.* from Sharp, *a.*
Sharper, *n.* လူလိမ်လူကောက်။
Sharpness, *n.* from Sharp, *a.*
Shaster, *n.* သျှတ္တရာကျမ်း။
Shatter, *v. t.* to break to pieces, မရွှမ်းမတာခွဲသည်။ to burst into

pieces, အစိတ်စိတ် အမွှာမွှာ ဖောက်ခွဲသည်။ to disorder (the intellect,) (စိတ်ကို) ပေါ့စေသည်။ —brained, *a.* စိတ်ပေါ့သော။

Shatters, *n. plur.* အစိတ်စိတ် အမွှာမွှာ။

Shave, *v. t.* as with a razor, ရိတ်သည်။ to cut off in slices, လှီးလွှာ၍ ခွာသည်။ to make smooth by cutting off slices, ထား၊ ကိုက်၊ ရွေပေါ်၊ တံစဉ်းနှင့်ချောအောင်ထိုးသပ်သည်။ to fleece, အကုန်အစင်သိမ်းယူသည်။ to skim along the surface, သီသွားသည်။ —*n.* ကိုက်။

Shaveling, *n.* ဦးဖြည်းထိပ်ပြောင်။

Shaver 1, *n.* agent, from Shave. —2, (Amer.,) *n.* လူကလေး။

Shaving, *n.* from Shave, *v. t.*; a slice pared off, လှီးလွှာ၍ ခွာသောအလွှာ။ —made by a shave, ကိုက်စာ။ —made by a plane, ရွေပေါ်စာ။

Shawl, *n.* အနံကြီးသောတပက်။

She, *pron.* သူ။ (fem.) —*a.* အမ။

Sheaf, *n.* လှိုင်း။ ကောက်လှိုင်း။

Shear, *v. t.* ညှပ်သည်။ ကိုက်ညှပ်သည်။ ညှပ်ဖြတ်သည်။

Shearing, *n.* from Shear, *v. t.*

Shears, ကတ်ကြေးကြီး။

Sheath, *n.* ထား၊ လှံစသည်တို့ကိုသွင်းထားသောအိမ်။ အအိမ်။ —winged, *a.* အတောင်ပေါ်မှာအခွံအုပ်သော (ပိုးကောင်။)

Sheathe, *v. t.* to put into a sheath, (ထား၊ လှံစသည်တို့ကို) အိမ်၌သွင်းထားသည်။ to cover with mucilaginous matter, ကျိချွဲသောဆေးနှင့်လူးသည်။ to cover as a ship's bottom with thin boards, ပိုးကာကပ်သည်။ —with copper, ကြေးနီကွပ်သည်။

Sheathing, *n.* သင်္ဘောရေဝမ်းရိုး၊ နံစောင်ကိုကွပ်ကပ်သောအရာ။ —*n.* board, ပိုးကာ။

Sheave, *n.* လက်ခုပ်သီးစက်ဆန့်။

Shed 1, *v. t.* —blood, အသွေးကိုသွန်သည်။ အသေသတ်သည်။ —feathers, အတောင်ကျွတ်သည်။ —fragrance, မွှေးသည်။ —leaves, အရွက်ကြွေသည်။ —light, ထွန်းလင်းသည်။ အရောင်ထွက်သည်။ —skin, အရေလဲသည်။ —tears, မျက်ရည်ယိုသည်။ —2, *v. t.* to cause to fall clear, (မိုးရေစက်ကို) လျှောကျစေသည်။ —*n.* တင်းကုပ်။

Shedder, *n.* agent, from Shed 1, *v. t.*

Shedding, *n.* from Shed 1, and Shed 2.

Sheen, *n.* အရောင်အဝါ။

Sheep, *n.* သိုးကောင်။ a large species, ဆက်။ —cot, *n.* သိုးခြံငယ်။ —fold, *n.* သိုးခြံ။ —hook, *n.* သိုးဖမ်းသောချိတ်။ —market, *n.* သိုးရောင်းဈေး။ —shearer, *n.* သိုးမွေးကိုညှပ်သောသူ။ —shearing, *n.* the act of shearing sheep, သိုးမွေးကိုညှပ်ခြင်း။ the time of shearing sheep, သိုးမွေးညှပ်ချိန်ကာလ။ —skin, *n* သိုးရေ။ —stealer, *n.* သိုးခိုး။ —stealing, *n.* သိုးကိုခိုးခြင်း။ —walk, *n.* သိုးကျက်စားရာအရပ်။

Sheepish, *a.* ရှက်ကြောက်လွန်းသော။

Sheepishness, *n.* from above.

Sheep's-eye, *n.* ရှက်သောအဟန်နှင့်မိုပ်ကာကြည့်ခြင်း။

Sheer 1, *a.* clear, အတိ။ သက်သက်။ —2. *v. i.* ဖယ်သွားသည်။ —off, *v. i.* ဖယ်ရှောင်သည်။

Sheers, *n. plur.* ဝက်ခွ။

Sheet, *n.* —of a bed, အိပ်ရာခင်း။ ချုံထည်။ of a sail, သိကြိုး။s. —fish, ငါးပတ်။s. —of paper, စက္ကူတချပ်။ any thing expanded, အခင်း။ အလွှာ။ —anchor, *n.* အကြီးဆုံးသောကျောက်ဆူး။ —copper, *n.* ကြေးနီပြား။ —iron, *n.* သံပြား။ —lead, *n.* ခဲပြား။

Shekel, *n.* ရှေးကာလသုံးသောငွေဒင်္ဂါးတမျိုး။ တကျပ်ခန့်ရှိသောငွေဒင်္ဂါး။

Shelf, *n.* a board fixed against a supporter, ခန်းဆီး။နံရံနားမှာကပ်၍လုပ်သောစင်။ a sand-bank, သောင်။ a ledge of rocks under water, ရေထဲမှာကျောက်တန်း။

Shell, *n.* the covering of certain animals, အခွံ။ an outer covering or case, ပြင်က အကြမ်းခံသော အရာ။ အနှသွင်းရန် အကြမ်းအိမ်။ —*v. t.* to take off the shell, အခွံကိုခွာသည်။ to separate from the ear, ချွေယူသည်။ —fish, *n.* အခွံရှိသောရေတိရိစ္ဆာန်။

Shelter, *v. t.* to be spread over the head of, အမိုးဖြစ်သည်။ to ward off from over head, မိုးကာသည်။ to protect, ကွယ်ကာစောင့်မသည်။ —*n.* something spread over head, အမိုး။ something which covers from an evil, အမိုးအကာ။ something which protects, အကွယ်အကာ။ —[take,] *v.* to get under cover of, ခိုသည်။ to take refuge in, မှီခိုသည်။ ခိုလှုံသည်။

Shelterless, *a.* မှီခိုရာမရှိသော။

Shelve, *v. i.* ဆင်ခြေလျှောရှိသည်။

Shepherd, *n.* a keeper of sheep, သိုးထိန်း။ သိုးကျောင်း။ a pastor of a church, သင်းအုပ်ဆရာ။

Sherbet, *n.* သကြားနှင့်ရှောက်ရည်ရော၍လုပ်သောသောက်ရန်အရည်။

Sherd, *see* Shard.

Sheriff, *n.* မြို့သူကြီး။

Shew-bread, *see* Show-bread.

Shibboleth, *n.* စုံစမ်းရန်ထားသောအရာ။

Shield, *n.* a buckle, ကာ။ ဒိုင်း။ လွှား။ that which protects, by interposing, အကွယ်အကာ။ —*v. t.* to protect by interposing, ကွယ်ကာသည်။

Shift, *v. i.* to change place or position, ရွှေ့သည်။ ပြောင်းသည်။

(intrans:) to change its direction, as the wind, လဲသည်။ to contrive, မိတ်ကူးသည်။ to practice indirect methods, ဥပါယ်တမျှည်ပြုသည်။ —*v. t.* to change, (trans.;) ပြောင်းသည်။ ပြောင်းလဲသည်။ (trans.;) to change (clothes,) လဲသည်။ —off, *v. t.* (အနှောင့်အရှက်နှင့်ကင်းလွတ်အောင်ပြုသည်။) —*n.* a change, ပြောင်းလဲခြင်း။ an expedient, ဥပါယ်တမျည်။ a chemise, မိန္မဝတ်သောအင်္ကျီခံအင်္ကျီ။

Shiftless, *a.* မိတ်မကူးတတ်သော။

Shilling, *n.* ပင်နီ ၁၂ ခုနှင့်မျှသော။ရှိလိန်ဟည်းဟူသောအင်္ဂလိတ်ငွေဒင်္ဂါး။

Shin, *n.* မြင်းခေါင်း။ ညိုကျည်း။ ညိုတံကျည်း။

Shine, *v. i.* to shed light, အရောင်ထွက်သည်။ ထွန်းသည်။ ထွန်းလင်းသည်။ to be bright, ပြောင်သည်။ to be conspicuous, distinguished, ထွန်းသည်။ ဂုဏ်အသရေထင်ပေါ်သည်။ —*n.* fair weather, မိုဃ်းကြည်လင်ခြင်း။ brightness, အရောင်အဝါ။

Shingle, *n.* a thin board for roofing, ပျဉ်ပြားအုတ်ကြွပ်။ small, round stones, pebbles, ကျောက်စရစ်။ —*v. t.* ပျဉ်ပြားအုတ်ကြွပ်နှင့်မိုးသည်။

Shining, *n.* from Shine, *v.*

Shiny, *a.* from Shine, *v.*

Ship, *n.* သင်္ဘော။ *properly*, သုံးပင်တိုင်သင်္ဘော။ —board, *adv.* သင်္ဘောပေါ်။ —boy, *n.* သင်္ဘောပေါ်မှာအစေခံလူကလေး။ —builder, *n.* သင်္ဘောကိုတည်သောဗိသုကာ။ —building, *n.* သင်္ဘောကိုတည်ခြင်း။ —carpenter, *n.* သင်္ဘောကိုတည်သောလက်သမား။ —chandler, *n.* သင်္ဘောတန်ဆာများကိုရောင်းသောသူ။ —holder, *n.* သင်္ဘောသူကြီး။ —master, *n.* ကပ္ပိတန်။ —mate, *n.* သင်္ဘောမိးပေါင်း၊စီးဖော်။ —money, *n.* တိုက်သင်္ဘောစရိတ်ပေးဘို့ခွဲသောငွေ။ —owner, သင်္ဘောရှင်။ —wreck, *n.* from next. —wrecked, [be] *v. i.* သင်္ဘောပြွမ်းသည်။ —wright, *n.* *see* —builder. —*v. t.* သင်္ဘောပေါ်မှာတင်သည်။

Shipment, *n.* from Ship, *v. t.*; the goods shipped, သင်္ဘောပေါ်မှာတင်သောကုန်။

Shipping, *n.* သင်္ဘောများ။

Ship-shape, *adv.* ပိုပန်းကျသည်နှင့်။

Shire, *n.* မြို့နယ်။

Shirk, *v.* တိမ်းရှောင်သည်။

Shirt, *n.* ခြွေးခံ။

Shirting, *n.* ခြွေးခံလုပ်ရန်ကောင်းသောအထည်။

Shittim, *n.* ရှေးကာလ၌သုံးသောသစ်သားတမျိုး။

Shiver, *v. i.* to break (intrans.) into small pieces, အစိတ်စိတ်အမွှာမွှာကျိုးပဲ့သည်။ to quake, tremble, တုန်လှုပ်သည်။ —*v. t.* from above, 1st def. —*n.* ကျိုးပဲ့သောအစအန။

Shivering, *n.* from Shiver, *v.*

Shoal, *v.* to grow shallow, တိမ်သွားသည်။ to crowd around, ဝိုင်း၍ ကျုပ်လျှက်နေကြသည်။ —*n.* a sand bank, shallow, သောင်တိမ်။ စည်းတိမ်။ a crowd, ထူထပ်သောအစုအဝေး။ —*a.* တိမ်သော။

Shoaly, *a.* သောင်များသော။

Shock, *v. t.* to shake by violent collision, လှုပ်အောင်ပြင်းစွာတိုက်ခိုက်သည်။ to strike with disgust, အလွန်စက်ဆုပ်ရွံရှာအောင်ပြုသည်။ to horrify, အလွန်ကြောက်လန့်စေသည်။ —*v. i.* ကောက်လှိုင်းပုံထားသည်။ —*n.* from above, *v. t.* a communication of electric fluid, လျှပ်စစ်မီးကိုသွင်းခြင်း။ a pile of sheaves, ပုံထားသောကောက်လှိုင်း။

Shoe, *n.* an outer covering for the foot, ခြေနင်း။ a sandal, ဘိနပ်။ a horse-shoe, မြင်းခွာ၌ရိုက်သောသံကွင်း။ the shoe of a runner, စွပ်ဖားကွပ်။ —black, ခြေနင်းကိုသုတ်ပွတ်သောသူ။ —blacking, ခြေနင်းသုတ်ရန်ဆေးနက်။ —buckle, ခြေနင်းထိကပေါက်။ —leather, ခြေနင်းလုပ်ရန်သားရေ။ —maker, ခြေနင်းထိုးသမား။ —string, —tye, *n.* ခြေနင်းကြိုး။ —*v. t.* to furnish with shoes, စီးစေခြင်း ငှါခြေနင်းကိုပေးသည်။ —a horse, မြင်းခွါ၌သံကွင်းကိုရိုက်သည်။ —a sled or sleigh, စွပ်ဖားကိုကွပ်သည်။

Shoeing-horn, *n.* ခြေနင်းထဲသို့ခြေကိုသွင်းလွယ်အောင်လုပ်သောတန်ဆာ။

Shoo, *int.* ရှော့။

Shoot, *v. t.* to throw with force, ပြစ်သည်။ to send forth, ထွက်စေသည်။ to pass through with swiftness, ထုတ်ချင်းခပ်ပေါက်အောင်တဟုန်တည်းပြေးသည်။ —*v. i.* to send forth, အညွန့်ထွက်သည်။ to jut, အစွန်းထွက်သည်။ to feel a darting pain, ထိုး၍ကိုက်သည်။ —out, *v. t.* —(as the lips,) စူးသည်။ —up, *v. i.* ကြီးမြင့်၍တက်သည်။ —*n.* a young twig or branch, အညွန့်။ a sprout from a stump or root, အတက်။

Shooter, *n.* ပြစ်သောသူ။

Shop, *n.* ဆိုင်။ work-shop, လက်ပညာအတတ်ရုံ။ —board, *n.* ရုံ၌အလုပ်ကိုတင်၍လုပ်သောခုံ။ —keeper, *n.* ဆိုင်ရှင်။ —lifter, *n.* ဆိုင်မှာခိုးသောသူ။ —man, *n.* ဆိုင်စောင့်။ —*v. i.* ဆိုင်များကိုလည်၍လိုသောအရာကိုဝယ်သည်။

Shore 1, *n.* the bank of a lake or sea, ကမ်း။ —2, *n.* a buttress, ဒိုင်း။ ကြား။ —2, *v. t.* ဒိုင်းကန်သည်။

Shoreless, *a.* ကမ်းမရှိသော။

Short, *a.* not long, တိုသော။ not far distant, in time, မကြာမမြင့်သော။ insufficient, မလောက်သော။ not of adequate extent or quantity, မမှီလောက်သော။ incomplete, deficient, မစုံလင်။ ချို့တဲ့သော။ shallow (in mind,) တိမ်သော။ not retentive (as the memory,) မမှတ်မိတတ်သော။ abrupt, လမ်းတန်းမသင့်ဘဲ ဘွားခနဲဖြစ်သော။ friable, crusty, ရွသော။ —armed, *a.* လက်တိုသော။ —coming, *n.* from come short, *v.* —hand, *n.* အထိမ်းအမှတ်အဘို့ဖြင့်အကျဉ်းရေးသောစာ။ —legged, *a.* ခြေထောက်တိုသော။ —lived, *a.* not living long, အသက်တိုသော။ being of short continuance, ခဏသာတည်သော။ —of, [be] *v.* လောက်အောင်မရနိုင်။ rib, *n.* နံတို။ —sighted, *a.* near-sighted, အနီးကြည့်မှသာမြင်နိုင်သော။ being of limited intellect, အမြော်အမြင်မရှိသော။ —sightedness, *n.* from above, —waisted, *a.* ခါးတိုသော။ —winded, *a.* သက်လုံမကောင်းသော။ —witted, *a.* ညာဏ်နည်းသော။ stunted, တိုက်တိုက်။ —Short, *n.* အချုပ်အချာ။ —(in,) *adv.* အကျဉ်းအားဖြင့်။.

Shorten, *v. i.* to grow shorter, တိုသွားသည်။ —*v. t.* to make short, တိုအောင်ပြုသည်။ တိုစေသည်။ to lessen, နည်းအောင်ပြုသည်။ နည်းစေသည်။ to cut short, တိုအောင်ဖြတ်သည်။ to make friable, ရွအောင်ပြုသည်။

Shortening, *n.* မုန့်ကိုရွစေတတ်သောအရာ။

Shortly, *adv.* soon, မကြာမမြင့်မှီ။ briefly, နည်းသောစကားနှင့်အကျဉ်းအားဖြင့်။

Shortness, *n.* from Short, *a.*

Shot 1, *n.* the act of shooting, ပြစ်ခြင်း။ the reach of any thing shot, ပြစ်၍လှမ်းမှီရာအရပ်။ cannon shot, အမြောက်ဆန်။ musket shot, သေနတ်ကျည်စေ့။ small shot, စရိတ်။ —hole, *n.* ကျည်ပေါက်သောအပေါက်။ —2, *n.* a charge for eating, ထမင်းဆိုင်၌စားသောက်၍ကုန်သောစရိတ်။ —free, *a.* စရိတ်မပေးရဘဲလွတ်သော။

Shote, *n.* ဝက်ပျိုကလေး။

Should, *pret. of* Shall, ရမည်။

Shoulder, *n.* ပခုံး။ —belt, *n.* ရင်သိုင်း။ —blade, *n.* လက်ပြင်ရိုး။ —knot, ပခုံးစွန်းပန်းပွား။ —*v. t.* to push with the shoulder, ပခုံးစောင်းထိုးသည်။ to place on the shoulder, ပခုံးပေါ်မှာတင်သည်။

Shout, *v. i.* ကြွေးကြော်သည်။ —*n. do.*

Shove, *v. t.* တွန်းသည်။ တွန်းထိုးသည်။ —off (a boat,) *v. t.* ကန်သည်။ —*n. do.*

Shovel, *n.* တူးရွင်းပြား။ —*v. t.* တူးရွင်းပြားနှင့်ထိုးကော်၍ပက်သည်။

Show, *v. t.* ပြသည်။ ပြသသည်။ ပြညွှန်သည်။ ထုတ်ပြသည်။ ဖော်ပြသည်။ —favor, ကျေးဇူးပြုသည်။ —mercy, ချမ်းသာပေးသည်။ —*v. i.* to appear, ထင်သည်။ —bread, *n.* ပူဇော်သောမုန့်။ ရှေ့တော်မုန့်။ —forth, *v. t.* ထင်ရှားစေသည်။ —up, *v. t.* ဖော်ပြသည်။ —*n.*

semblance, အဟန်။ external appearance, အသွင်အပြင်။ assumed appearance, (ဖြစ်)ဟန်ဆောင်သောအရောင်။ publicity, လူများရှေ့မှာထင်ရှားခြင်း။ a spectacle exhibited to view, ကြည့်ရှုစေဖို့ရာထုတ်ပြသောအရာ။ ostentatious display, ပလွှားစွာကျင်းပ၍ပြခြင်း။ representative action, ဇာတ်ပွဲပြခြင်း။

Shower, *n.* a fall of rain of short duration, ခဏမိုဃ်းရွာခြင်း။ a fall of fire, stones, &c. မီးမိုဃ်းရွာခြင်း။ ကျောက်မိုဃ်းရွာခြင်း။ a liberal distribution, အပေးအကမ်းဖွားခြင်း။ —*v. t.* to wet with rain, စိုစွတ်အောင်မိုဃ်းရွာသည်။ to distribute liberally, ရက်ရောစွာပေးကမ်းသည်။ to wet with falling water, (as in a shower-bath,) ကိုယ်ပေါ်သို့ရေပေါက်ဖွားဖွားချသည်။ —bath, *n.* ကိုယ်ပေါ်သို့ရေပေါက်ဖွားဖွားချ၍ချိုးသောအခန်း။

Showery, *a.* ခဏခဏမိုဃ်းရွာလျက်ရှိသော။

Showy, *a.* fine, gay, သစ်သစ်လွင်လွင်ဝတ်စားတန်ဆာတို့ကိုဝတ်ဆင်လျက်ရှိသော။ gaudy, ဝင့်ဝင့်ဝါဝါဝတ်ဆင်လျက်ရှိသော။ splendid, အသရေတင့်တယ်သော။

Shred, *v. t.* အစအနထွက်အောင်ကိုက်ညှပ်သည်။ —*n.* ကိုက်ညှပ်၍ထွက်သောအစအန။

Shrew, *n.* တောက်တီးမြည်တွန်တတ်သောမိန်းမ။ —mouse, *n.* ကြွက်စုတ်။

Shrewd, *a.* cunning, လိမ္မာသော။ of nice discernment, ညာဏ်ထက်သော။

Shrewdness, *n.* from above.

Shrewish, *a.* တောက်တီးမြည်တွန်တတ်သော။

Shriek, *v. i.* ငယ်သံပါအောင်အော်ဟစ်သည်။ —*n.* *do.*

Shrift, *n.* (ဖရင်ဂျီဖုန်းကြီးရှေ့မှာ)အပြစ်ကိုဖော်ပြ၍တောင်းပန်ခြင်း။

Shrill, *a.* အသံထက်သော။ အသံစူးသော။ အသံစာသော။

Shrillness, *n.* from above.

Shrimp, *n.* ပုစွန်ဆိတ်။

Shrine, *n.* ဌာပနာတိုက်။

Shrink, *v. i.* to contract (intrans.,) ကျုံသည်။ ကျုံ့ယှို့သည်။ to draw in from fear, တွန့်၍ဆုတ်သည်။ —*v. t.* from above, 1st def. —from, *v. i.* to with-draw and avoid, တွန့်၍ဆုတ်သွားသည်။ —up, *see* Shrink, *v. i.* and *v. t.* —*n.* from Shrink, *v. i.*

Shrive, *v. t.* အပြစ်ကိုဖော်ပြ၍တောင်းပန်ခြင်းကိုခံသည်။

Shrivel, *v. i.* ရှုံ့ယှို့သည်။ —*v. t.* from above. —up, *see* Shrivel, *v. i.* and *v. t.*

Shroud, *v. t.* to overspread, ဖုံးလွှမ်းသည်။ to cover from some evil, မိုးကာသည်။ to dress for burial, (အလောင်းကောင်ကို)ဝတ်ရုံသည်။ —*n.* an overspreading cover, ဖုံးလွှမ်းတတ်သောအရာ။

something that covers from evil, အမိုးအကာ။ the dress of a corpse, အလောင်းကောင်ကိုဝတ်ရုံသောအဝတ်။

Shrouds, *n. plur.* ရွက်တိုင်ဆိုင်းကြိုး။

Shrub, *n.* မကြီးတတ်သောအပင်မျိုး။

Shrubbery, *n.* မကြီးတတ်သောအပင်မျိုးကိုပြုစုသောခြံ။

Shrubby, *a.* မကြီးတတ်သောအပင်မျိုးများသော။

Shrug, *v.* ပခုံးတွန့်သည်။ —*n. do.*

Shudder, *v. i.* ထိတ်လန့်၍တုန်လှုပ်သည်။

Shuffle, *v. t.* mix confusedly, ရှုပ်ထွေးအောင်ရောနှောသည်။ —cards, ဖဲဖန်သည်။ to do privately, in the midst of confusion, ရှုပ်ထွေးသည်အတွင်းလျှို့ဝှက်၍ပြုသည်။ —*v. i.* to practice artifice, အလူးလူးအလဲလဲပြုသည်။ to move with an irregular gait, နင်းခွက်မကျဘဲလှမ်းသွားသည်။ to shove the feet in walking, ရှုပ်တိုက်၍သွားသည်။ —off, *v. t.* ကင်းလွတ်အောင်ဥပါယ်တမျည်ပြုသည်။ —*n.* from Shuffle, *v. t.* 1st def. and *v. i.* 1st def.

Shuffling, *n.* from Shuffle, *v.*

Shun, *v. t.* to avoid, as a moral evil, ရှောင်သည်။ ကြည်ရှောင်သည်။ to avoid, as a natural evil, ရှောင်သည်။ ရှောင်လွှဲသည်။ တိမ်းရှောင်သည်။

Shut, *v. t.* to close (an opening with something,) ပိတ်သည်။ —the eyes, မျက်စိမှိတ်သည်။ —the hand, လက်ဆုပ်သည်။ —(the mouth,) စေ့ထားသည်။ to stop up, ဆို့သည်။ ပိတ်ဆို့သည်။ —*v. i.* to be closed, as a flower, ငုံသည်။ —in, *v. t.* to inclose, ပိတ်ထားသည်။ to confine, ချုပ်ထားသည်။ to cover or intercept the view, ကွယ်ကာသည်။ —out, *v. t.* မဝင်အောင်ဆီးတားသည်။

Shut-up, *v. t.* to close the entrance into, တံခါးပေါက်ကိုပိတ်သည်။ to obstruct, ပိတ်ဆို့၍ထားသည်။ to confine, ချုပ်ထားသည်။

Shutter, *n.* ပြတင်းရွက်။ ပြတင်းပိတ်။

Shuttle, *n.* လွန်း။

Shuttlecock, *n.* ဗလိတောင့်။

Shy, *a.* fearful of near approach, ကြောက်ရွံ့၍ရှောင်တတ်သော။ ရှောင်တတ်သောသဘောရှိသော။ cautious, wary, သတိပြုတတ်သော။ —*v. i.* ထိတ်လန့်၍နံဖေးစောင်းခုန်လိုက်သည်။

Shyness, *n.* from Shy, *a.*

Siamese, *n.* native of Siam, ယိုးဒရား။ ယိုးဒရားလူ။ the language, ယိုးဒရားစကား။ —*a.* ယိုးဒရားပြည်နှင့်ဆိုင်သော။

Sibilant, *a.* ရှုထိုးသံပါသော။

Sibyl, *n.* ရှေးကာလဂြိုဟ်ထင်ပေါ်သောစိဗိလဟုသမုတ်ခြင်းကိုခံရသောနတ်ဝင်မ။

Sibylline, *a.* စိဗိလနတ်ဝင်မနှင့်ဆိုင်သော။

Sick, *a.* ill, diseased, နာသော။ အနာရှိသော။ —as the stomach,

နှစ်လိုးနာသော။ —list, *n.* လူနာစာရင်း။ —of, *a.* disgusted with, ခိုးရှာသော။

Sicken, *v. i.* နာလာသည်။ နှစ်လိုးနာလာသည်။ for sub-def. *see above*; to grow weak, အားလျော့သည်။ —*v. t.* from Sick, *a.*

Sickish, *a.* မှိုစေတတ်သော။

Sickle, *n.* တံစည်း။

Sickliness, *n.* from next.

Sickly, *a.* disposed to disease, နာတတ်သောသဘောရှိသော။ tending to produce disease, အနာဖြစ်စေတတ်သော။ faint, weak, အားလျော့လျက်ရှိသော။

Sickness, *n.* from Sick, *a.*; a disease, အနာရောဂါ။

Side, *n.* —of a superficies, အနား။ of an animal, နံဖေး။ နံပါး။ နံစောင်း။ —of a house, chest, &c. နံဖေး။ —of a boat or ship, နံဖေး။ နံစောင်း။ —of a hill, ခါးပန်း။ —of a river, road, country, &c. တဖက်။ အစွန်အနား။ one of two, corresponding parts, အဖက်။ တဖက်။ a party, ဖက်။ တဖက်၌နေသောလူစု။ —board, *n.* စားပွဲ တဖက်။ a party, ဖက်။ ဇာတ်ရုံတွင် ပွဲကြည့်ရန် အနားတဖက် ဖျင်ဆင်သောခုံ။ —box, *n.* ဇာတ်ရုံတွင် ပွဲကြည့်ရန် အနားတဖက် တချက်၌ဆောက်သောစင်။ —saddle, *n.* မိန္မစီးရန်ကုန်းနှီး။ —table, *n.* အခန်းနားမှာထားသောစားပွဲလွတ်။ —walk, *n.* လမ်းမကြီးတွင် တဖက်တချက် ကခြေကျင်သွားရာ အနားလမ်း။ —*n.* ငဲ့ကွက်သော။ —*v. i.* တဖက်၌ပါဝင်သည်။

Sidelong, *a.* အလျားအလိုက်ဖြစ်သော။

Sidereal, *a.* ကြယ်နက္ခတ်တို့နှင့်ဆိုင်သော။

Sideways, Sidewise, *adv.* towards one side, စောင်းသည်နှင့်။ laterally, အလျားအလိုက်ဖြစ်သည်နှင့်။

Sidle, *v. i.* တစောင်းထိုး၍သွားသည်။

Siege, *n.* ဝန်းရံ၍တပ်ချခြင်း။

Sieve, *n.* ဆန်ခါ။

Sift, *v. t.* to separate by a sieve, ဆန်ခါနှင့်ချသည်။ to scrutinize, စစ်ဆေးသည်။

Sigh, *v. i.* ပင့်သက်ရှူ၍ညည်းသည်။ —*n.* *do.*

Sight, *n.* the sense of seeing, စက္ခုာယတန။ the act of seeing, မြင်ခြင်း။ space visible, ကြည့်၍မြင်နိုင်သောအကွာအဝေး။ an aperture to direct the vision, ကြည့်ရာအပေါက်။ an object of sight, ရူပါရုံ။ a spectacle, ကြည့်ရှုဖွယ်ဖြစ်သောအရာ။ —[take,] *v. i.* တည့်အောင်ကြည့်ရှုသည်။

Sightless, *a.* မျက်စိကန်းသော။

Sightliness, *n.* from next.

Sightly, *a.* ကြည့်ရှုဖွယ်ကောင်းသော။

Sign, *n.* a token, လက္ခဏာ။ a significant gesture or motion, အမှတ်။

a mark of distinction, အမှတ်အသား။ a signature, sign manual, လက်မှတ်။ လက်ရေးလက်မှတ်။ an exhibition of one's name, occupation, &c. *see* —board; a typical representation, ပုံပမာ။ a memorial or a signal, အထိမ်းအမှတ်။ something presented as proof or evidence, သက်သေ။ a remarkable phenomenon, attesting an assertion, or indicating a future event, နိမိတ်။ နိမိတ်လက္ခဏာ။ a twelfth part of the zodiac, ရာသီ။ —board, *n.* အိမ်ရှေ့မျက်နှာစာ၌ကပ်ထားသောကမ္ဗည်းစာ။ —manual, *n.* လက်ရေးလက်မှတ်။ —post, *n.* ကမ္ဗည်းကပ်ထားသောတိုင်။ —*v. t.* to affix one's signature, လက်မှတ်ထိုးသည်။ to mark, မှတ်သားသည်။ to make a significant gesture or motion, အမှတ်ပေးသည်။

Signal, *n.* အထိမ်းအမှတ်ထားသောနိမိတ်လက္ခဏာ။ အထိမ်းအမှတ်။ —fire, *n.* အထိမ်းအမှတ်ပြသောမီး။ —*a.* ထူးဆန်းသော။

Signalize, *v. t.* to make distinguished, ဂုဏ်အသရေထွန်းစေခြင်းပြုသည်။ to give notice by a signal, အထိမ်းအမှတ်ကိုပြသည်။

Signature, *n.* a sign manual, လက်မှတ်။ a mark, အမှတ်။ အမှတ်အသား။

Signet, *n.* တံဆိပ်တော်။

Significance, Significancy, *n.* meaning, import, ဆိုလိုချက်။ အနက်အဓိပ္ပာယ်။ imposingness, အရှိန်ကြီးခြင်း။ moment, importance, အမှုကြီးခြင်း။

Significant, Significative, *a.* ဆိုလိုသော။ အနက်အဓိပ္ပာယ်ရှိသော။

Signify, *v. t.* to make known, သိစေခြင်းပြုသည်။ ထင်ရှားစေသည်။ to mean, ဆိုလိုသည်။ to import, be of some consequence, တစုံတခုသောအကျိုးနှင့်စပ်ဆိုင်သည်။ အတွက်ရှိသည်။

Silence, *n.* from Silent, *a.* —*v. t.* to prevent (one's) speaking, နှုတ်ကိုပိတ်၍ထားသည်။ မပြောဘဲတိတ်ဆိတ်စွာနေစေသည်။ to still, ငြိမ်စေသည်။ to put an end to, ဆုံးစေသည်။ —*int.* တိတ်တိတ်။

Silent, *a.* not speaking, စကားမပြောဘဲနေသော။ taciturn, စကားနည်းသော။ still, အသံမပြုဘဲရှိသော။ တိတ်ဆိတ်သော။ ဆိတ်ညံ့သော။ calm, quiet, ငြိမ်သော။ ငြိမ်သက်သော။ wanting efficiency, ခေမသော။

Silently, *adv.* ခပ်မဆိတ်။ တုဏှီသော။ *Pali.*

Silk, *n.* —thread, ပိုး။ ပိုးခြည်။ —cloth, ပိုးထည်။ —mercer, *n.* ပိုးထည်ရောင်းသောသူ။ —weaver, *n.* ပိုးထည်ရက်သောသူ။ —worm, *n.* ပိုးကောင်။

Silken, *a.* made of silk, ပိုး။ ပိုးကိုလုပ်သော။ soft, delicate, နူးညံ့သော။

Silkiness, *n.* from next.

Silky, *a.* made of silk, ပိုး။ ပိုးကိုလုပ်သော။ smooth, fine, ပိုးကဲ့သို့ ချောသော။
Sill, *n.* တံခါးခုံ။
Sillabub, *n.* နို့နှင့်စပျစ်ရည်ရောသောသောက်ရန်အရည်။
Silliness, *n.* from next.
Silly, *a.* wanting in common intellect, ရူနှံသော။ unwise, မိုက်သော။
Silver, *n.* ငွေ။ pure silver, ဘောင်။ —beater, *n.* ငွေခတ်သောသူ။ —smith, *n.* ပန်းတိမ်သမား။ —*a.* made of silver, ငွေ။ ငွေကို လုပ်သော။ pale like silver, ဘောင်ကဲ့သို့ဖြူသော။ soft in voice, အသံချိုသော။ —*v. t.* overlay with silver, ငွေနှင့်မွမ်းမံသည်။ to make bright, ပြောင်စေသည်။ to whiten, ဖြူစေသည်။
Silvery, *a.* ငွေကဲ့သို့ဖြစ်သော။
Similar, *a.* တူသော။
Similarity, *n.* from above.
Simile, *n.* ဥပမာ။ ပုံပမာ။
Similitude, *n.* the state of being similar, တူသောအခြင်း။ a simile, *which see.*
Simmer, *v. i.* စိစိမြည်၍ ပွက်သေးထသည်။
Simony, *n.* ဓမ္မဆရာအရာကိုရောင်းဝယ်ခြင်းအပြစ်။
Simper, *v. i.* စိတ်ပေါ့သွတ်သကဲ့သို့ပြုံးသည်။ —*n. do.*
Simple, *a.* consisting of one thing, uncompounded, မူလတစ်သော။ ရောနှောခြင်းမရှိဘဲတသန့်တည်းရှိသော။ not complex or complicated, ကရိယာတန်ဆာကျည်း၍ရှင်းလင်းသော။ unaffected, undisguised, လှို့ဝှက်ခြင်းမရှိ၊တည့်လင်းသော။ plain unadorned, တန်ဆာမဆင်၊ရိုးသော။ plain, artless, ပရိယာယ်မပြု၊ ရိုးသော။ silly, not cunning, မလိမ္မာ၊ မိုက်သော။ —hearted, *a.* ဖြောင့်သောစိတ်သဘောရှိသော။ —minded, *a.* ပရိယာယ်မရှိ၊ ရိုးသားသော။ —*n.* ရောနှောခြင်းမရှိ၊တမျိုးတည်းဖြစ်သောဆေး။
Simpleness, Simplicity, *n.* from Simple, *a.*
Simpleton, *n.* သူမိုက်။
Simplification, *n.* from next.
Simplify, *v. t.* ရောနှောရှုပ်ထွေးခြင်းကို ရှင်းလင်း၍ အစီအစဉ်အလိုက် ထားသည်။
Simply, *adv.* artlessly, ပရိယာယ်မပြု၊ရိုးရိုးသားသား။ merely, ချည်းသာ။ ကာမျှ။
Simulate, *v. t.* အရောင်ဆောင်သည်။
Simulation, *n.* from above.
Simultaneous, တပြိုင်နက်ဖြစ်သော။
Simultaneousness, *n.* from above.
Sin, *n.* ပြစ်မှားခြင်း။ ဒုစရိုက်။ အပြစ်။ —offering, *n.* အပြစ်ဖြေရာပူဇော်

သကာ။ —*v. i.* ပြစ်မှားသည်။ ဒုစရိုက်ပြုသည်။ အပြစ်ပြုသည်။ —against, *v. t.* ပြစ်မှားသည်။

Since, *adv.* because that, သောကြောင့်။ after, from the time that, နောက်မှ။ ago, လွန်ခဲ့ပြီး။ အထက်။

Sincere, *a.* pure, unmixed, စစ်။ သက်သက်။ undissembling, လှည့်ဖြားခြင်းမရှိ၊ သဘောဖြောင့်သော။

Sincerity, *n.* from above.

Sinecure, *n.* အမှုမထမ်းဘဲအမြဲမ်းစားရခြင်းအရာ။

Sinecurist, *n.* အမှုမထမ်းဘဲအမြဲမ်းစားရသောသူ။

Sine-die, *adv.* နေ့ရက်ကိုမချိန်းချက်ဘဲ။

Sinew, *n.* လေကြော။ *figuratively*, ခွန်အား။

Sinewy, *a.* consisting of sinews, လေကြောဖြစ်သော။ strong, vigorous, သန်မာသော။

Sinful, *n.* အပြစ်ရှိသော။

Sinfulness, *n.* အပြစ်။

Sing, *v.* သီခြင်းဆိုသည်။ —as a bird, မြည်သည်။ မြည်တွန်သည်။

Singe, *v. t.* မျှိုက်သည်။

Singer, *n.* သီခြင်းသည်။

Singing-book, *n.* သီခြင်းဆိုရန်၊သံနိမ့်၊သံမြင့်ကိုပြသသောစာအုပ်။

Singing-master, *n.* သီခြင်းဆရာ။

Single, *a.* one only, တဦးတည်းဖြစ်သော။ တခုတည်းဖြစ်သော။ not double, having one thickness only, လွှာချင်း။ unmarried (man,) မယားမရှိသော (သူ။) unmarried (woman,) လင်မရှိသော (မိန်း။) performed with one antagonist on a side, စီးချင်း။ unbiased and clear, ငဲ့ကွက်ခြင်းမရှိ၊ ကြည်လင်သော။ —handed, *a.* လုပ်ကိုင်သူတယောက်တဦးရှိသော။ —hearted, Single-minded, *a.* စိတ်တသမတ်တည်းရှိသော။ —out, *v. t.* ရွေးကောက်သည်။

Singleness, *n.* from Single, *a.* 1st, 2d, and last def.

Singly, *adv.* alone, (as a person travelling by himself,) ငေါ်င်တောင်းတောင်း။

Singular, *a.* one only, တဦးတည်းဖြစ်သော။ တခုတည်းဖြစ်သော။ peculiar, ထူးခြားသော။ rare eminent, ထူးဆန်းသော။ *n.* ဧကဝုစ်။

Singularity, *n.* peculiarity, ထူးခြားသောအခြင်းအရာ။ something curious or extraordinary, ထူးဆန်းသောအရာ။

Sinister, *a.* left, လက်ဝဲ။ evil, ဆိုးယုတ်သော။ inauspicious, နိမိတ်လက္ခဏာမကောင်းသော။

Sink, *v. i.* to fall through (a medium of less gravity,) နစ်သည်။ to go down gradually, လျော့ကျသည်။ to go down through, ကျွံသည်။ to enter or penetrate, ဖောက်၍ဝင်သည်။ to become low, subside, နိမ့်သွားသည်။ to become deep, as the eyes,

(မျက်တွင်း) ဟောက်သည်။ to fall, as price, လျှော့သည်။ to decline, ငွေ ဈှော့သည်။ —*v. t.* to immerse, နှစ်သည်။ to make by digging, ပွင်းတူးသည်။ to bring low, နှိမ့်သည်။ to depress, degrade, နှိမ့်ချသည်။ to bring down (price,) လျှော့စေသည်။ —*n.* a sewer, ပေါင်းကူးမြောင်း။ a place for throwing water, ရေသွန်ရာအရပ်။

Sinless, *a.* အပြစ်မရှိသော။ အပြစ်ကင်းလွတ်သော။

Sinner, *n.* အပြစ်ရှိသောသူ။ ပြစ်မှားသောသူ။

Sinuosity, *n.* from next.

Sinuous, *a.* ကွေ့ကောက်သော။

Sinus, *n.* a deep narrow bay, အဆောင်ထိုင်ထောင့်ကွေး။ an elongated abscess, တွင်းနက်သောအနာပေါက်။

Sip, *v. t.* —with the lips, ရှုပ်သည်။ to suck, စုတ်သည်။ —*n. do.*

Siphon, *n.* ရေမိုးပြွတ်။

Sir, *n. a title of compellation,* ခင်ဘုရား။ ရှင်။ a title of a baronet or knight, အရှင်။

Sire, *n.* father, အဘ။ the male parent of a horse. သားကိုရသောမြင်းထီး။ *a term of compellation, addressed to a king,* ဘုရား။

Siren, *n.* a singing goddess, သီခြင်းသည်နတ်သမီး။ a fascinating, woman, မြူတတ်သောမိန်း။

Sirloin, *n.* ခါးဆစ်သား။

Sirrah, *n.* ဟဲ့။

Sister, *n.* the elder sister of a man or woman, အစ်မ။ the younger sister of a man, နှမ။ the younger sister of a woman, ညီမ။ —in-law, *n.* (of different kinds,) မရီး။ ခယ်မ။ ယောက်မ။

Sisterhood, *n.* သင်းဖွဲ့သောမိန်းမစု။

Sisterly, *a.* like a sister, ညီအစ်မ၊ နှမကဲ့သို့ဖြစ်သော။ affectionate, ချစ်ခင်စုံမက်သောသဘောရှိသော။

Sit, *v. i.* to rest on the posteriors, ထိုင်သည်။ to incubate, ဝပ်သည်။ to lean on, မှီးသည်။ to be put on as a garment, ဝတ်လျက်ရှိသည်။ —down, *v. i.* to place one's self on the posteriors, ထိုင်သည်။ to begin a siege, (မြို့ရှေ့မှာ) တပ်ချသည်။ to settle (intrans.;) နေရာကျသည်။ —up, *v. i.* to rise from lying to sitting, အိပ်ရာမှထ၍ထိုင်သည်။ to stay, without going to bed, မအိပ်ဘဲစောင့်နေသည်။

Site, *n.* အရာ။ as, မြို့ရာ။ အိမ်ရာ။

Sitting, *n.* from Sit; *see* Session, 2d def.

Situate, Situated, *a.* placed, တည်လျက်ရှိသော။ sustaining some relation to, စပ်ဆိုင်သော။

Situation, *n.* position, တည်ရာ။ တည်နေရာ။ state, condition, ဖြစ်ခြင်း၏အကြောင်းအရာ။ place, office, အရာ။
Six, *a.* ခြောက်။ ၆။ —fold, *n.* ခြောက်ဆဖြစ်သော။ score, *a.* တရာနှစ်ဆယ်။ ၁၂၀။
Sixteen, *a.* ဆယ်ခြောက်။ ၁၆။
Sixteenth, *a.* ဆယ်ခြောက်ခုမြောက်သော။ သောဠသမ။
Sixth, *a.* ခြောက်ခုမြောက်သော။ ဆဋ္ဌမ။
Sixtieth, *a.* ခြောက်ဆယ်ပြည့်သော။
Sixty, *a.* ခြောက်ဆယ်။ ၆၀။
Sizable, *a.* အလုံးအရပ်တော်သော။
Size 1, *n.* bigness, bulk, magnitude, အထုအထည်။ commonly, ဒုဒယ်။ အလုံးအရပ်။ အကြီးအငယ်ပမာဏ။ —1, *v. t.* အကြီးအငယ်အလိုက်စီစဉ်သည်။ —2, *n.* a glutinous substance, ကော်ရည်။ —2, *v. t.* ကော်ရည်နှင့်သုတ်သည်။
Sized, *a.* ဤမည်သောအလုံးအရပ်ရှိသော။
Siziness, *n.* from Size.
Sizing, *n.* ကော်ရည်။
Sizy, *a.* စေးသော။
Skate, *n.* a fish, လိပ်ကျောက်။ လိပ်ကျောက်ငွန်။ လိပ်ကျောက်တံခွန်။M. ရေခဲပေါ်တွင်စီးရန်၊ သံချောင်းတပ်သောခြေနင်း။ —*v. i.* သံချောင်းတပ်သောခြေနင်းကိုစီးလျှက်ချောတိုက်၍သွားသည်။
Skein, *n.* ခြည်ခင်။
Skeleton, *n.* အရေ၊ အသားကျ၍ကုန်သောကိုယ်ခန္ဓာရိုး။ အကောင်အလိုက်နေရာမပျက်၊ ထားသောအရိုး။
Skeptic, *n.* အမှုမျိုးကိုယုံမှားသောသူ။
Skeptical, *a.* အမှုမျိုးကိုယုံမှားတတ်သော။
Skepticism, *n.* အမှုမျိုးကိုယုံမှားခြင်း။
Sketch, *v. t.* ပုံသဏ္ဍာန်ပေါ်ရုံမျှသာရေးသား၍ထားသည်။ —*n.* ပုံသဏ္ဍာန်ပေါ်ရုံမျှသာရေးသား၍ထားသောအရာ။
Skewer, *n.* တံစို့ကန့်ထန့်ကျင်။ —*v. t.* တံစို့မှာကန့်လန့်ကျင်နှင့်ထိုးသည်။
Skiff, *n.* သံဘနင်ငယ်။
Skilful, *a.* တတ်မြောက်၍လိမ္မာသော။
Skilfulness, Skill, *n.* from above.
Skilled, *a.* တတ်မြောက်၍လိမ္မာသော။ ကြေပြွန်သော။
Skillet, *n.* လက်ကိုင်တံပါသောသံအိုးလုံး။
Skim, *v. t.* to take off what rises on the surface, သဲ့သည်။ သဲ့ယူသည်။ —*v. i.* to glide near the surface, ဘီသွားသည်။ to treat with slight attention, အပေါ်ယံရှုကာသာပြုသည်။ —milk, *n.* နို့ဆီကိုသဲ့ယူ၍ကျန်ရစ်သောနို့ရည်။
Skimmer, *n.* သဲ့ယူရန်ယောက်ချို။

Skimmings, *n. plur.* —သွဲ့၍ဖြစ်သောအရာ။

Skin, *n.* —of any animal, အရေ။ အရေပြား။ —of a beast, သားရေ။ —of fruit, အခွံ။ —deep, *a.* အရေလောက်ရုံမျှရှိသော။ —flint, *n.* လူကပ်စေးနှဲ။ လူကောက်ချေး။ —*v. t.* to strip off the skin, ခွာသည်။ သားရေကိုဆုတ်ခွါသည်။ to peel, အခွံကိုနွှေးခွါသည်။ to cover with skin, အရေဖုံးလွှမ်းအောင်ပြုသည်။

Skinny, *a.* အရေကပ်၍နေသော။

Skip, *v. i.* ခုန်သည်။ —*v. t.* to leap over, ခုန်သွားသည်။ to omit, မ(ပြု)ဘဲလွှပ်ထားသည်။ —over, *v. t. see* Skip, *v. t.* last def. —*n.* ခုန်ခြင်း။

Skipper, *n.* သင်္ဘောငယ်တွင်အကြီးအကဲလုပ်သောသူ။

Skirmish, *v. i.* စစ်ရေးမငင်ဘဲအဆင်သင့်ဆိုင်မိ၍တိုက်သည်။ —*n. do.*

Skirt, *n.* the loose part of a coat below the waist, အင်္ကျီအောက်ဒိုင်း။ a close petticoat, လုံချည်။ a border, edge, margin, အစွန်အနား။ —*v. t.* အစွန်အနားဖြစ်အောင်ပြုသည်။

Skittish, *a.* ကြောက်လန့်တတ်၍အတွေ့မခံဝံ့သော။

Skittishness, *n.* from above.

Skulk, *v. i.* ကွက်လျှိုး၊ကြောင်လျှိုးနေသည်။

Sky, *n.* မိုဃ်းကောင်းကင်။ —blue, *a.* မိုဃ်းကောင်းကင်ကဲ့သို့ပြာသော။ color, *n.* မိုဃ်းကောင်းကင်အရောင်။ —colored, *a.* မိုဃ်းကောင်းကင်အရောင်ရှိသော။ —high, *a.* မိုဃ်းကိုနှိုက်အောင်မြင့်သော။ —lark, *n.* ထိုး၍ပျံတက်စည်းမြည်တတ်သောငှက်။ —light, *n.* အမိုးပြတင်း။ —rocket, *n.* မီးပုံး။

Skyey, *a.* မိုဃ်းကောင်းကင်ကဲ့သို့ဖြစ်သော။

Skyward, *adv.* မိုဃ်းကောင်းကင်သို့။

Slab, *n.* —of wood, ပိုးကာစောင်း။ —of stone, ကျောက်ပျဉ်း။

Slabber, *see* Slav-er.

Slack, *a.* not tense, လျော့သော။ remiss, not duly attentive, ပေါ့လျော့သော။ not putting forth effort, အားမထုတ်၊ပျော့ပျော့ညံ့ညံ့လုပ်သော။ slow, နှေးသော။ —[be,] *v. i.* as the tide, (ရေ)စစ်သည်။ —*v. i.* and *v. t. see* Slacken, *v. i.* and *v. t.* —*n.* ကြိုးအိတ်ကျသောအပိုင်း။ —*adv.* အကုန်အစင်မထုတ်ဘဲ။

Slacken, *v. i.* to become less tense, လျော့သွားသည်။ to relax effort, လုလ္လနွှေးလျော့သည်။ to abate (intrans.;) အားလျော့သည်။ to become slow, နှေးသွားသည်။ to lose cohesion, အစေးပြယ်သည်။ —*v. t.* to make less tense, လျော့သည်။ to cause efforts to relax, လုလ္လနွှေးလျော့အောင်ပြုသည်။ to abate (trans.,) mitigate, ပေါ့စေသည်။ လျော့စေသည်။ ညံ့စေသည်။ to make slow, နှေးစေသည်။ to deprive of cohesiveness, အစေးပြယ်အောင်ပြုသည်။

Slackness, *n.* from Slack, *a.*

Slake, *v. t.* —(thirst,) ပြေစေအောင်သောက်သည်။ —fire, သတ်သည်။ —(lime,) ဖောက်သည်။

Slam, *v. t.* (ဆောင့်၍တွန်းလိုက်သည်။

Slander, *v. t.* သူအသရေပျက်အောင်မဟုတ်မမှန်ပြောသည်။ အတင်းပြောသည်။ —*n. do.*

Slanderous, *a.* from Slander, *v. t.*

Slang, *n.* ကာန်းစကား။

Slant, *a.* (in various ways,) တိမ်းသော။ ယိမ်းသော။ စောင်းသော။ ရွဲ့သော။ —*v. t. do.*

Slap, *v. t.* လက်ဝါးနှင့်ပုတ်သည်။ —dash, *adv.* တပြိုင်နက်။

Slash, *v. t.* ခုတ်သည်။ —*n.* ခုတ်ရာ။

Slat, *n.* ခါးပတ်ပျဉ်။

Slate, *n.* —for roofing, ကျောက်အုတ်ကြွပ်။ —for writing, ကျောက်သင်ပုန်း။ —pencil, *n.* ကျောက်တံ။ —*v. t.* ကျောက်အုတ်ကြွပ်နှင့်မိုးသည်။

Slattern, *n.* အနေ အထိုင် အဝတ် အစား ပက်စက်သောမိန်း။

Slaughter, *v. t.* သတ်ဖြတ်သည်။ —house, *n.* သားကောင်ကိုသတ်သောတင်းကုပ်၊ —*n. do.*

Slaughterous, *a.* from Slaughter, *v. t.*

Slave, *n.* ကြေးကျွန်။ —born, *a.* သားပေါက်ကျွန်ဖြစ်သော။ —holder, —owner, *n.* ကျွန်ရှင်။ —trade, *n.* လူကိုဖမ်း၍ရောင်းစားခြင်းအမှု။ —*v. i.* ကြေးကျွန်ကဲ့သို့ပင်ပန်းစွာအလုပ်လုပ်သည်။

Slaver, *n.* လူကိုဖမ်း၍ရောင်းသောသင်္ဘော။

Slav-er, *n.* သွားရည်။ —*v. i.* သွားရည်ယိုသည်။

Slavery, *n.* ကျွန်ခံခြင်း။

Slavish, *a.* ကျွန်ခံသကဲ့သို့ဖြစ်သော။

Slavishness, *n.* from above.

Slay, *v. t.* သတ်ဖြတ်သည်။

Slayer, *n.* agent, from above.

Sleazy, *a.* ပါးပါးလျှလျှဖြစ်သော။

Sled, *n.* စွပ်ဖားအိမ်။

Sledge, *n.* a large hammer, ပန်းပဲသုံးသောသံတူကြီး။ a sled, *which see.*

Sleek, *a.* ချောလွင်သော။ —*v. t. do.*

Sleekness, *n.* from Sleek, *a.*

Sleep, *v. i.* —as common people, အိပ်ပျော်သည်။ —as kings, စက်တော်ခေါ်သည်။ —as priests, ကျိန်းသည်။

Sleepiness, *n.* from Sleepy, *a.*

Sleepless, *a.* အိပ်မပျော်နိုင်၊ တကြောင်ကြောင်နေသော။

Sleepy, *a.* inclined, to sleep, အိပ်ချင်သော။ soporiferous, အိပ်ပျော်စေတတ်သော။

Sleet, *n.* ဖွဲဖွဲမှုန်မှုန်ကျသောနှင်းခဲ။
Sleety, *a.* ဖွဲဖွဲမှုန်မှုန်ကျသောနှင်းခဲနှင့်ဆိုင်သော။
Sleeve, *n.* အင်္ကျီလက်။ —button, *n.* အင်္ကျီလက်မှာထည့်သောအသီး။
Sleigh, *n.* စွပ်ဖားအိမ်။
Sleight, *n.* မျက်လှည့်ပြခြင်းအမှု။ —of hand, လက်လှည့်အားဖြင့်ပြုသောအမှု။
Slender, *a.* small in bulk compared to the length, သေးသော။ small, not large, ငယ်သော။ weak, အားနည်းသော။
Slenderness, *n.* from above.
Sley, *n.* ရည်သွား။
Slice, *v. t.* လှီးသည်။ —lengthwise, လွှာသည်။ ညှပ်းသည်။ —*n.* အလွှာ။ —of dried flesh, သားညှပ်း။
Slide, *v. i.* to slip along, ချောသည်။ to slip, lose footing, ချော်သည်။ to pass insensibly, အမှတ်တမဲ့သွားသည်။ —along, *v. t.* ချောသွားအောင်တွန်းလိုက်သည်။ —in, *v. t.* အမှတ်တမဲ့သွင်းသည်။ —*n.* ချောသွားခြင်း။
Slight, *a.* small, inconsiderable, အနည်းငယ်ဖြစ်သော။ not strong or violent, ပေါ့သော။ အားနည်းသော။ of loose texture, ပါးလျှသော။ —*v. t.* လေးစားမမှုပြုသည်။ —*n.* *do.*
Slightness, *n.* from Slight, *a.*
Slim, *a.* သေးသော။
Slime, *n.* (of various sorts,) အချွဲ။ အညှိ။ ရေညှိ။
Sliminess, *n.* from Slimy.
Slimness, *n.* from Slim.
Slimy, *a.* အချွဲပါသော။ အညှိပါသော။
Sliness, *n.* from Sly.
Sling, *n.* an instrument for throwing stones, သားရေကြိုးလက်လွှဲ။ a hanging bandage to sustain the arm, လက်ကိုသိုင်းထားသောကြိုး။ an instrument for suspending a load, ဆိုင်း။ —*v. t.* to throw with a sling, လက်လွှဲနှင့်ပြစ်သည်။ to suspend (the arm) in a sling, (လက်ကို) သိုင်းထားသည်။ to suspend (a load) in a sling, ဆိုင်းနှင့်ဆွဲထားသည်။
Slink, *v. i.* ယှိုး၍ထွက်သွားသည်။
Slip, *v. i.* to slide along, ချောသည်။ to slide and lose footing, ချော်သည်။ to err, မှားသည်။ to escape insensibly, အမှတ်တမဲ့လွတ်သည်။ —*v. t.* to lose by negligence, လက်လွတ်အောင်သတိလစ်သည်။ to let loose (as hounds,) လွှတ်သည်။ to throw off, (a bridle,) ချွတ်သည်။ to part (twigs from a tree,) ဖဲ့သည်။ —away, *v. i.* မထင်မရှားထွက်သွားသည်။ —into, *v. i.* အမှတ်တမဲ့ဝင်သည်။ *v. t.* အမှတ်တမဲ့သွင်းသည်။ —knot, *n.*

ကွင်းလျှော။ —off, *v. t.* အလျှင်အမြန်ချွတ်သည်။ —on, *v. t.* အလျှင်အမြန်ဝတ်သည်။ —out, *v. i.* ချွတ်ယွင်းသည်။ —over, *v. t.* မ(ပြု)ဘဲလှပ်ထားသည်။ —shod, *a.* ခြေနင်းဖနောင့်ပိတ်ကိုမိ၍ ဖိနင်းသော။ —*n.* the act of slipping, ချော်ခြင်း။ an error, မှားခြင်း။ အမှား။ a twig separated from the main stock, ဖဲ့ယူသော အကိုင်း၊ အခက်၊ အညွှန့်။ an escape, လွတ်အောင်ပြေးခြင်း။ a long, narrow piece, ရှည်သောအစအန။

Slipper, *n.* အိမ်တွင်စီးရန်ခြေနင်း။

Slipperiness, *n.* from next.

Slippery, *a.* having lubricity, ချောသော။ changeable, မတည်ကြည်၊ ပြောင်းလဲတတ်သော။

Slit, *v. t.* to cut into strips, အလျားအလိုက်သေးသေးဆုတ်ဖြတ်သည်။ —as flesh for drying, ညှင်းသည်။ to make a long fissure, အနဦး ငယ်မျှသာစုတ်ပြတ်အောင်ဖြတ်သည်။ —*n.* စုတ်ပြတ်သောအရာ။

Sliver, *v. t.* အလျားအလိုက်ဖဲ့ယူသည်။ —*n.* အလျားအလိုက်ဖဲ့ယူသော အစအန။

Slobber, *see* Slav-er.

Sloop, *n.* တပင်တိုင်သင်္ဘော။

Slop, *v. i.* ရေစရေနတင်အောင်လုပ်သည်။ —*n.* တင်၍နေသောရေစရေန။

Slope, *v. i.* လျှောလျှောနေသည်။ —*v. t.* from above; to cut obliquely, ချော၍ဖြတ်သည်။ —*n.* လျှောလျှောနေသောမြေ။

Sloppiness, *n.* from next.

Sloppy, *a.* ရွှံ့ပွက်များသော။

Slopseller, *n.* ချုပ်ပြီးသောအဝတ်ကိုရောင်းသောသူ။

Slopshop, *n.* ချုပ်ပြီးသောအဝတ်ကိုရောင်းသောဆိုင်။

Slot, *n.* သမင်ဒရယ်နင်းရာ။

Sloth, *n.* dilatoriness, ဆေးဆေးနှေးနှေးဖြစ်ခြင်း။ indolence, ပျင်းရိခြင်း။

Slothful, *a.* ပျင်းရိသော။

Slothfulness, *n.* from above.

Slouch, *v. i.* ငိုက်လျှိုးလျှိုးဖြစ်သော။ —*n.* *do.*

Slough, (*pron. slou,*) *n.* နက်သောရွှံ့ပွက်။ —(*pron. sluff,*) *n.* the cast skin of a serpent, မြွေရေလဲ။ the part which separates from a sore, အသားယိ။ အသားဆွေး။ —*v. i.* အသားယိ၊ အသား ဆွေးကွာကျသည်။

Sloven, *n.* agent, from Slovenly.

Slovenliness, *n.* from next.

Slovenly, *a.* အနေအထိုင် အဝတ် အစား ပက်စက်သော။

Slow, *a.* not quick, နှေးသော။ dilatory, tardy, လေးလံသော။ ဆေးဆေး လေးလေးဖြစ်သော။ moderate, gentle, ဖြည်းသော။

Slowness, *n.* from above.

Slowly, *adv.* မိမိမိမိဖြေးဖြေး။ မိမ့်မိမ့်လေးလေး။ မိမ်ဖြေးနှေးနှေး။
Sludge, *n.* ရွံ့။
Slue, *v. t.* လှည့်သည်။
Slug, *n.* a sluggard, လူပျင်း။ a kind of snail, ပက်ကျိ။ a piece of metal used for the charge of a gun, ကျည်ဆံ။
Sluggard, *n.* လူပျင်း။
Sluggish, *a.* lazy, ပျင်းရိသော။ dull, heavy, ထိုင်းသော။ လေးလံသော။ ဆေးဆေးလေးလေးဖြစ်သော။ inert, မလှုပ်ရှားတတ်သော။
Sluggishness, *n.* from above.
Sluice, *n.* a vent for water through a dam or embankment, ဆည်မြောင်းပေါက်။ a water-gate, ဆည်မြောင်းတံခါး။
Slumber, *v. i.* မှေးခနဲပျော်သည်။
Slumberous, *a.* အိပ်ပျော်စေတတ်သော။
Slump, (Amer.) *v. i.* ကျွံသည်။
Slur, *v. i.* to soil, sully (character,) ညစ်နွမ်းစေသည်။ to pass over lightly, အပေါ်ယံရှုံ၍ပြောသည်။ *v. t.* အသံရစ်သည်။ *—n.* အသရေရှုံ့ခြင်း။
Slut, *n.* အနေအထိုင် အဝတ် အစား ပက်စက်သောမိန်း။
Sluttish, *a.* မကျစ်လစ်၊ ပက်စက်သော။
Sluttishness, *n.* from above.
Sly, *a.* လျှို့ဝှက်၍လိမ္မာစွာပြုတတ်သော။
Smack, *v. i.* to kiss audibly, စုတ်သိုးသည်။ to part the lips audibly in tasting, စုတ်၍မြည်းသည်။ to have taste of, ဤမည်သောအရသာရှိသည်။ to have a taint of, အနံ့အသက်ရှိသည်။ *—v. t.* to crack (a whip,) ဖျောက်ခနဲမြည်အောင် သွဲ့တုပ်လိုက်သည်။ *—n.* from above, *v. i.*; a small vessel, သင်္ဘောငယ်တမျိုး။
Small, *a.* little, not great, ငယ်သော။ little in size, as the young of animals, ကလေး။ slender, သေးသော။ weak, အားနည်းသော။ —arms, *n.* သေနတ်မျိုး။ —pox, *n.* ကျောက်ကြီး။ *—n.* ငယ်သောအပိုင်း။
Smallness, *n.* from Small, *a.*
Smart, *a.* causing a hot or pungent sensation, စပ်စေသော။ ပူစေသော။ rather violent, ခပ်ပြင်းပြင်း။ brisk, vivacious, ဖြတ်ဖြတ်လတ်လတ်ပြောသော။ vivacious and pertinent, ဖြတ်ဖြတ်လတ်လတ်နှင့်အချက်ကျသော။ showy, သစ်သစ်လွင်လွင်ဝတ်ဆင်လျက်ရှိသော။ *—v. i.* to feel a hot or pungent sensation, စပ်သည်။ ပူသည်။ to be distressed in mind, စိတ်ပူသည်။ ပူပန်သည်။ *—n.* from above, *v. i.*
Smartness, *n.* from Smart, *a.*
Smash, *v. t.* ချိုးဖွဲ့ဖျက်ဆီးသည်။

Smell, *v. t.* to perceive by the nose, အနံ့ရသည်။ အနံ့ခံသည်။ —*v. i.* to affect the olfactory nerves, အနံ့ရှိသည်။ —of, *v. t.* နမ်းသည်။ *v. i.* ညှီမည်သောအနံ့ရှိသည်။ —*n.* the sense of smelling, ဃာနာယတန။ အနံ့ရတတ်သောသတ္တိ။ scent, odor, ဂန္ဓာရုံ။ အနံ့။

Smelling, *n.* from Smell, *v.* —bottle, *n.* နှာဘူး။ နှာနှတ်ဘူး။

Smelt, *v. t.* သတ္တုကျအောင်ချက်သည်။

Smerk, *v. i.* လော်မာသောလက္ခဏာနှင့်ပြုံးသည်။ —*n.* from *do.*

Smile, *v. i.* ပြုံးသည်။ —*n.* from *do.*

Smirch, *v. t.* ညစ်နွမ်းအောင်ပြုသည်။

Smirk, *see* Smerk.

Smite, *v. t.* to strike, ရိုက်သည်။ ပုတ်သည်။ ခတ်သည်။ to kill by violence, ရိုက်သတ်သည်။ to punish, ဒဏ်ခတ်သည်။ to affect with some passion, နှစ်လုံးကိုခိုက်စေသည်။ to collide, ထိခိုက်သည်။

Smiter, *n.* agent from above.

Smith, *n.* a blacksmith, ပန်းပဲ။ a brasier, ပန်းတည်းသမား။ a gold or silver smith, ပန်းထိမ်သမား။

Smithy, *n.* ပန်းပဲရုံ။

Smock, *n.* မိမ္မဝတ်သောချွေးခံအင်္ကျီ —faced, *a.* မိမ္မမျက်နှာပုံရှိသော။

Smoke, *n.* မီးခိုး။ —dried, *a.* သွေ့ခြောက်အောင်မီးခိုးတိုက်၍ထားသော။

Smoke, *v. i.* to emit smoke, မီးခိုးထွက်သည်။ —*v. t.* tobacco, ဆေးသောက်သည်။ opium, ဘိန်းရှူသည်။ to apply smoke to, မီးခိုးတိုက်သည်။

Smoker, *n.* ဆေးသောက်သောသူ။

Smoking, *n.* from Smoke, *v.*

Smoky, *a.* emitting smoke, မီးခိုးထွက်သော။ like smoke, မီးခိုးကဲ့သို့ဖြစ်သော။ subject to be filled with smoke, မီးခိုးလှောင်၍ရှိသော။ tarnished with smoke, မီးခိုးစွဲ၍နေသော။

Smooth, *a.* even on the surface, ချောသော။ gently flowing, သာယာစွာစီးလျှက်ရှိသော။ even, as verse, အစီအလျဉ်သင့်သော။ bland, pleasing, ချောမောသော။ ပြေပြစ်သော။ —faced, *a.* မျက်နှာချောနွတ်သော။ —paced, *a.* အသွားကျသော။ —tongued, *a.* နှုတ်ချိုသော။

Smooth, *v. t.* from above; to make easy, လွယ်စေသည်။ to make

Smoothly, *adv.* from Smooth, *a.*; without opposition, အဆီးအတားမရှိသည်နှင့်။ easily, အလွယ်တကူ။

Smoothness, *n.* from Smooth, *a.*

Smother, *v. t.* to suffocate with smoke, မီးခိုးနှင့်မွန်စေသည်။ to suffocate by close covering, အလောက်မရှူနိုင်အောင်ဖုံးအုပ်သည်။ suppress, မထင်ပေါ်အောင်ဖုံးအုပ်သည်။ —*n.* smoke, မီးခိုး။ thick dust, ထောင်းထောင်းထသောဖုတ်။

Smouldering, *a.* မီးခိုးမထွက်၊ အထဲမှာလောင်လျက်ရှိသော။

Smuggle, *v. t.* မင်းအခွင့်မရှိဘဲ (ကုန်ကို) ဖုက်ကွဲ၍ထုတ်သွင်းသည်။

Smuggler, *n.* agent, from above.

Smuggling, *n.* from Smuggle, *v.*

Smut, *v. i.* from Smutty, *a.* —*n.* a spot made with soot, မီးသွေး၊ ကြပ်ခိုးအစရှိသည်တို့ နှင့် စွန်းကွက်သောအကွက်။ black mildew, စပါးဥ္စွဲတတ်သောမှို။ obscenity, စကားညစ်။

Smutch, *v. t.* အခိုးအငွေ့နှင့်စွန်းကွက်အောင်ပြုသည်။

Smuttiness, *n.* from next.

Smutty, *a.* soiled with soot, &c. မီးသွေး၊ ကြပ်ခိုးအစရှိသည်တို့နှင့်စွန်းကွက်သော။ tainted with black mildew, as grain, မှိုစွဲသော (စပါး။) obscene, as language, ညစ်သော (စကား။)

Snack, *n.* a share, ဝေပုံ။ a slight repast, သရေစာ။

Snaffle, *n.* မြင်းဇက်တမျိုး။

Snag, *n.* a sharp, short branch, အခက်ငုတ်စွန်း။ ငုတ်ရူ။ the branch of a sunken tree, တံစုန်းသစ်ငုတ်။ a projecting tooth, ခေါသောသွား။

Snagged, Snaggy, *a.* အခက်ငုတ်စွန်းများသော။

Snail, *n.* ခရုတမျိုး။

Snake, *n.* မြွေ။

Snake-gourd, *n.* ပဲလင်းမြွေ။M.

Snaky, *a.* like a snake, မြွေကဲ့သို့ဖြစ်သော။ having snakes, မြွေရှိသော။

Snap, *v. i.* to break short (intrans.;) ဆတ်ခနဲကျိုးပြတ်သည်။ တုပ်ခနဲကျိုးပြတ်သည်။ to bite at, ဟပ်သည်။ to utter short angry words, ဆိုးဆိုးဆတ်ဆတ်ပြောသည်။ —*v. t.* to break short (trans.,) ဆတ်ခနဲချိုးဖြတ်သည်။ တုပ်ခနဲချိုးဖြတ်သည်။ to bite suddenly, ဟပ်၍ကိုက်သည်။ to hit, as with the finger and thumb, လက်ဖြစ်တီးသည်။ to crack (a whip,) ဖျောက်ခနဲမြည်အောင်သွဲတုပ်လိုက်သည်။ —at, *v. t.* ဟပ်သည်။ —off, *v. t.* ဆတ်ခနဲကိုက်ဖြတ်သည်။ —up, *v. t.* ဆတ်ဆတ်ခါခါငြင်းသည်။ —*n. do.*

Snappish, *a.* apt to snap, ဟပ်တတ်သော။ irritable, စိတ်ဆတ်သော။

Snappishness, *n.* from above.

Snare, *n.* ကျော့ကွင်း။ ညွှတ်။ —*v. t.* ကျော့မိသည်။

Snarl 1, *v. i.* ဟိန်းသည်။ —2, *v. t.* ရှုပ်ထွေးစေသည်။

Snarler, *n.* agent, from Snarl 1.

Snatch, *v. t.* ဆတ်ခနဲယူသည်။ —*n. do.*

Sneak, *v. i.* to move privately, as if ashamed, ကြွက်လျှို၊ကြောင်လျှို ပြု၍သွားသည်။ to behave with meanness and servility, သူအလိုသို့လိုက်၍ညစ်ပတ်စွာပြုသည်။

Sneaking, *a.* စေးနှဲသော။

Sneer, *v. i.* ကဲ့ရဲ့သောစိတ်နှင့်ရှုံ၍မေးငေါ့သည်။ —*n. do.*

Sneeze, *v. i.* ချေသည်။ —*n. do.*

Snicker, *v. i.* တခိခိရယ်သည်။

Sniff, *see* Snuff, *v.*

Sniggle, *v. t.* ကျော့ခ်ိ၍ဆွဲယူသည်။

Snip, *v. t.* ကတ်ကြေးနှင့်အစထွက်အောင်ညှပ်သည်။ —*n.* ကတ်ကြေးစ။

Snipe, *n.* ဇင်ရော်။

Snivel, *v. i.* to run at the nose, နှာရည်ယိုသည်။ to cry, as children, တညည့်ညည့်ငိုသည်။ —*n.* နှာရည်။

Snore, *v. i.* ဟောက်သည်။

Snort, *v. i.* နှာခေါင်းနှင့်မှုတ်သည်။

Snot, *n.* နှပ်။

Snotty, *a.* နှပ်ပေသော။

Snout, *n.* ဝက်၏နှာခေါင်း။

Snow, *n.* မိုးသီးပွင့်။ —ball, *n.* မိုးသီးပွင့်လုံး။ —drift, *n.* လေတိုက်၍ စုပုံလျက်နေသောမိုးသီးပွင့်။ —white, *a.* ငွေမိုးကဲ့သို့ဖြူသော။ —*v. i.* မိုးသီးပွင့်ကျသည်။

Snowy, *a.* မိုးသီးပွင့်များသော။

Snub, *v. t.* လမ်းဘန်းမသင့်တဲ့ရှုပ်ခနဲဆူပူသည်။

Snub-nose, *n.* ဖိမ့်သောနှာခေါင်း။

Snub-nosed, *a.* နှာခေါင်းဖိမ့်သော။

Snuff, *v.* to inhale, ရှူသည်။ to inhale with a sudden and strong effort, ရှုပ်သည်။ to crop the wick of a lamp or candle, မီးစာကိုညှပ်သည်။ —*n.* pulverized tobacco, နှာခေါင်းဆေး။ နှာနှတ်ဆေး။ the charred part of a wick, မီးစာကျွမ်း။ —[take,] *v. t.* နှာရှူသည်။ နှာနှတ်သည်။ —box, *n.* နှာခေါင်းအစ်။ —taker, *n.* နှာရှူသောသူ။

Snuffers, *n. plur.* မီးညှပ်။

Snuffle, *v. i.* to speak through the nose, နှာခေါင်းသံနှင့်ပြောသည်။ to breathe with difficulty through the nose, အသက်ရှူခက်သည်။

Snuffy, *a.* နှာနှတ်၍ပေးလျက်ရှိသော။

Snug, *a.* well arranged in small compass, compact, သိပ်သည်းသော။ ကျစ်လစ်သော။ close, not exposed to notice, ပုန်းကွယ်သော။

Snuggle, *v. i.* တိုးရွှေ့၍ဝပ်နေသည်။

Snugly, *adv.* ဗိဗိရိရိ။

So, *adv.* in like manner, ထိုအတူ။ ထိုနည်းတူ။ in such a degree, ထို

မျှလောက်။ thus, ထိုသို့။ therefore, ထိုကြောင့်။ သို့ဖြစ်၍။ provided that, သို့ဖြစ်လျှင်။ —as to, *adv.* အောင်။ တိုင်အောင်။ —forth, *adv.* မှစ၍။ ကြွင်းသောအရာနှင့်ဆိုင်လျက်။ —much, *a.* and *adv.* ဤမျှလောက်။ ထိုမျှလောက်။ so. *adv.* တော်တော်ကလေး။ —that, *adv.* it being so. သို့ဖြစ်၍။ so as to, အောင်။ တိုင်အောင်။ in order to, ငှါ။ အလိုငှါ။ (noun affix;) အောင်။ (verbal affix.) —then, *adv.* သို့ဖြစ်လျှင်။

Soak, *v. t.* to steep, စိမ်သည်။ စိမ်ထားသည်။ to drench, ရွှဲရွှဲစိုစွတ်စေသည်။ —*v. i.* to be steeped, စိမ်ထားလျက်နေသည်။ —into, *v. t.* စိမ့်၍ဝင်သည်။ —through, *v. t.* စိမ့်၍ထွက်သည်။

Soap, *n.* ဆပ်ပြာ။ —boiler, *n.* ဆပ်ပြာချက်သောသူ။ —stone, *n.* ကန့်ကူကျောက်။ suds, *n.* ဆပ်ပြာမြှုပ်။ —berry, ဆိတ်ချေးသီး။ M. —*v. t.* ဆပ်ပြာနှင့်လူး၍ထားသည်။

Soapy, *a.* ဆပ်ပြာနှင့်လူးလျက်ရှိသော။

Soar, *v. i.* to fly aloft, အထက်သို့ပျံတက်သည်။ to rise high, အမြင့်သို့တက်သည်။

Sob, *v. i.* ရှိုက်သည်။ —*n.* *do.*

Sober, *a.* temperate in drinking, သောက်ရာ၌မလွန်မကျူးသော။ not intoxicated, မယစ်မမူးသော။ having the passions well regulated, ဣန္ဒြေစောင့်သော။ serious, ပေါ့လျော့ခြင်းမရှိ၊သမ္မာသတိရှိသော။ —minded, *a.* ဣန္ဒြေစောင့်တတ်သော။ —*v. t.* ယစ်မူးခြင်းကိုဖြေသည်။

Soberness, Sobriety, *n.* from Sober, *a.*

Sobriquet, *n.* ကျီစယ်၍ပေးသောနာမည်။

Sociableness, Sociability, *n.* from next.

Sociable, disposed to associate, ပေါင်းဖော်ချင်သောသဘောရှိသော။ disposed to familiar conversation and intercourse, လိုက်လိုက်လျောလျောပေါင်းဖော်နှီးနှောချင်သောသဘောရှိသော။

Social, *a.* pertaining to society, ပေါင်းဖော်သောသူတို့နှင့်ဆိုင်သော။ sociable, *which see*, in both def.

Socialness, *n.* from above.

Society, *n.* a number of persons associated, ပေါင်းဖော်သောလူစု။ သင်းဖွဲ့သောလူစု။ အပေါင်းအသင်း။ company, fellowship, ပေါင်းဖော်ခြင်း။ သင်းဖွဲ့ခြင်း။

Sock, *n.* ခြေစွပ်။

Socket, *n.* —of a candlestick, မီးခုံ၌ဖယောင်းတိုင်စိုက်သောနေရာ။ —of the eye, မျက်တွင်း။ မျက်လုံးအိမ်။ —of a tooth, သွားမြစ်တွင်း။ —of a post, တိုင်ခြေစွပ်။

Sod, *n.* မြက်ဖုတ်ပါသောမြေလွှာ။

Soda, *n.* ပင်လယ်အပင်ကိုချက်၍ရသောပြာဆား။ ပြာဆားနု။

Soder, *see* Solder.

Sodomy, *n.* ယောက်ျားချင်းမေထုန်ပြုခြင်း။
Sofa, *n.* ခေါ်ပါသောစိုရှည်။
Soft, *a.* not hard, ပျော့သော။ gentle, mild, delicate, နူးညံ့သိမ်မွေ့သော။ gentle, moderate, ဖြည်းညှင်းသော။ —as sound, same; —as color, နုသော။ —as air, သာယာသော။ —as water, မှိုသော။ —hearted, *a.* ကြင်နာတတ်သော။ —voiced, *a.* ဖြည်းညှင်းသောအသံရှိသော။
Soften, *v. t.* from Soft, *a.*; to mitigate, ပေါ့စေသည်။ လျော့စေသည်။ ညံ့စေသည်။
Softly, *adv.* from Soft, *a.*; not loudly, တိုးတိုး။ in low sound, သို့သို့။ တဖြ ဖြ။
Softness, *n.* from Soft, *a.*
Soggy, (Amer.,) *a.* စိုစွတ်လေးသော။
Soho, *int.* ဟော။
Soi-disant, *a.* အရောင်ဆောင်သော။
Soil 1, *n.* the upper stratum of the ground, အပေါ်ယံမြေလွှာ။ country, ပြည်။ —2, *v. t.* to make dirty, ညစ်စေသည်။ to stain, စွန်းစေသည်။ —*n.* dirt, အညစ်အကြေး။ a stain, အစွန်း။
Soiree, *n.* ညဦးပွဲ။
Sojourn, *v. i.* တည်းခိုသည်။ တည်းနေသည်။ —*n.* *do.*
Sojourner, *n.* agent, from Sojourn, *v.*
Sojournment, *n.* from Sojourn, *v.*
Solace, *v. t.* သက်သာစေသည်။ နှစ်သိမ့်စေသည်။ —*n.* သက်သာခြင်း။ နှစ်သိမ့်ခြင်း။ that which solaces, သက်သာစေသောအရာ။ နှစ်သိမ့်စေသောအရာ။
Solar, *a.* နေနှင့်ဆိုင်သော။
Solder, *v. t.* ဂဟေနှင့်ဆော်သည်။ စေ့ဆော်သည်။ —*n.* ဂဟေ။
Soldier, *n.* စစ်သည်။ စစ်သူရဲ။ တပ်သား။ လက်နက်ကိုင်။ စစ်သူခက်။ ရဲမက်။ ရဲသား။
Soldierlike, Soldierly, *a.* စစ်သူရဲနှင့်ထိုက်တန်သော။
Soldiership, *n.* စစ်သူရဲအဖြစ်။
Soldiery, *n.* စစ်သူရဲစု။
Sole 1, *n.* the bottom of the foot, ခြေဖဝါး။ the bottom of a shoe, ခြေနင်းခိုခံ။ —leather, *n.* ခြေနင်းခိုခံထည့်ရန်သားရေထူ။ —1, *v. t.* ခြေနင်းခိုခံထည့်သည်။ —2, *a.* တဦးတည်း။ တခုတည်း။
Solecism, *n.* ပြောဆိုး၊ ပြောစည်းကိုမလိုက်၊ နေရာမကျသောစကား။
Solemn, *a.* religiously sober, ဘုရား၊တရားကိုရိုသေ၍ဣန္ဒြေစောင့်သော။ pertaining to religious solemnity, ဘုရား၊တရားကိုရိုသေ၍ဣန္ဒြေစောင့်ခြင်းနှင့်ဆိုင်သော။

Solemnity, *n.* from above, 1st def.; religious ceremony, သာသနာရေးနှင့်ဆိုင်၍အခမ်းအနားနှင့်ခင်းကျင်းစီမံသောအခြင်းအရာ။
Solemnize, *v. t.* ဝတ်ပြုခြင်း၏အထိမ်းအမှတ်အခမ်းအနားနှင့်စီရင်သည်။
Solemnization, *n.* from above.
Solicit, *v. t.* to intreat, တောင်းပန်သည်။ to excite, နှိုးဆော်သည်။
Solicitation, *n.* from above.
Solicitor, *n.* agent, from Solicit; a lawyer, ရှေ့နေ။
Solicitous, *a.* very desirous, လိုချင်အားကြီးသော။ anxious, စိုးရိမ်သော။
Solicitude, *n.* from above.
Solid, *a.* hard, မာသော။ not hollow, အခေါင်းမရှိသော။ တသားတည်းသိပ်သည်းသော။ compact and firm, တသားတည်းဖြစ်၍ခိုင်ခံ့သော။ စတိ။ substantial, အခြေအမြစ်ခိုင်ခံ့သော။ —*n.* မာသောအရာ။
Solidity, Solidness, *n.* from Solid, *a.*
Soliloquize, *v. i.* အပေါင်းအဖော်မရှိဘဲတယောက်ချင်းတည်းပြောသည်။
Soliloquy, *n.* တယောက်ချင်းတည်းပြောသောစကား။
Solitariness, *n.* from next.
Solitary, *a.* lone, အထီး။ ကိုယ်ထီး။ still, remote from society, ဆိတ်ညံလျက်ရှိသော။ —*n.* ဆိတ်ကွယ်ရာ၌နေသောသူ။
Solitude, *n.* from Solitary, *a.*
Solstice, *n.* the summer solstice, ဥတ္တရာယဉ်အစွန်း။ the winter, solstice, ဒက္ခိဏာယဉ်အစွန်း။
Solubility, *n.* from next.
Soluble, *a.* အရည်ဖြစ်နိုင်သော။
Solution, *n.* the act of becoming liquid, အရည်ဖြစ်ခြင်း။ the liquid thus made, အရည်ဖြစ်သောအရာ။ dissolution of parts, ဖြုတ်ဖျက်ခြင်း။ resolution, explanation, ရှင်းလင်းစေခြင်း။
Solvable, *a.* ရှင်းလင်းနိုင်သော။
Solve, *v. t.* ရှင်းလင်းစေသည်။
Solvency, *n.* ကြွေးကိုဆပ်နိုင်ခြင်း။
Solvent, *a.* having the power of dissolving, အရည်ဖြစ်စေနိုင်သော။ able to pay debts, ကြွေးကိုဆပ်နိုင်သော။ —*n.* အရည်ဖြစ်စေနိုင်သောဆေး။
Somatology, *n.* ကိုယ်ခန္ဓာတရား။
Sombre, *a.* မှိုင်းဝေသော။
Some, *pron. a.* a part, not the whole, အချို့။ တချို့။ some one (indefinite,) တစုံတဦး။ တစုံတခု။ —body, *n.* တစုံတယောက်သောသူ။ —how, *adv.* တစုံတခုသောအားဖြင့်။ —thing, *n.* တစုံတခုသောအရာ။ —time, *adv.* at one time or another, တစုံတခုသောအချိန်၌။ formerly, အထက်က။ အရင်က။ ယခင်က။ —times, *adv.* တခါတလေ။ —what, *n.* something, တစုံတခုသောအရာ။

some, more or less, အချို့။ တချို့။ *adv.* rather, ခပ်။ (before adjectives reduplicated from verbal roots.) —where, *adv.* တစုံတခုသောအရပ်၌။

Somerset, *n.* ခုန်၍ထြွမ်းထိုးသည်။

Somnambulism, *n.* မှင်တက်မိလျှက်လှည့်လည်ခြင်း။

Somnambulist, *n.* မှင်တက်မိလျှက်လှည့်လည်တတ်သောသူ။

Somniferous, Somnific, *a.* အိပ်ပျော်စေတတ်သော။

Somniloquist, *n.* အိပ်ပျော်လျှက်ယောင်ယမ်း၍စကားပြောသောသူ။

Somnolence, Somnolency, *n.* from next.

Somnolent, *a.* အိပ်ချင်သော။

Son, *n.* သား။ —in-law, *n.* သမက်။

Song, *n.* သီခြင်း။ တေးခြင်း။

Songster, *n.* သီခြင်းသည်။

Songstress, သီခြင်းသည်မ။

Sonent, *n.* တဆယ်လေးကြောင်းသာရှိရသောလင်္ကာ။

Sonorous, *a.* yielding sound, အသံထွက်သော။ loud sounding, အသံကျယ်သော။

Sonorousness, *n.* from above.

Sonship, *n.* သား၏အဖြစ်။

Soon, *adv.* before long, မကြာမမြင့်မှီ။ early, စောစော။ lief, သဘောတူသည်နှင့်။ —as, [as] *adv.* —ပြီးမှချက်ချင်း။

Soot, *n.* ကြပ်ခိုး။

Sooth, [in] *adv.* ကေန်အမှန်။ စင်စစ်။ —Soothe, *v. t.* to please, with blandishments, ချော့မော့သည်။ to please, delight, မြှူသည်။ to quiet (the mind,) ငြိမ်းစေသည်။ နှစ်သိမ့်စေသည်။ to mollify, လျှော့စေသည်။ ညွှတ်စေသည်။

Soothsay, *v. t.* ဖြစ်လတံ့သောအမှုအရာကိုဟောပြောနိုင်သည်။

Soothsayer, *n.* agent, from above.

Sootiness, *n.* from next.

Sooty, *a.* consisting of soot, ကြပ်ခိုးဖြစ်သော။ producing soot, ကြပ်ခိုးဖြစ်စေတတ်သော။ black as soot, ကြပ်ခိုးကဲ့သို့မည်းသော။

Sop, *n.* စားဖို့ရာအရည်၌နှစ်သောမုန့်။

Sophism, *n.* ဟုတ်မှန်ရောင်ဆောင်၍လိမ်လည်သောစကား။

Sophist, *n.* agent, from next.

Sophistic, Sophistical, *a.* ဟုတ်မှန်ရောင်ဆောင်၍လိမ်လည်သော။

Sophisticate, *v. t.* ဓာတ်ရင်းကိုဖျက်၍ပဝတ္တိဖြစ်စေခြင်းပြုသည်။

Sophistication, *n.* from above.

Sophistry, *n.* ဟုတ်မှန်ရောင်ဆောင်သောစကားနှင့်လိမ်လည်ခြင်း။

Sophomore, *n.* သိပ္ပံကျောင်းမှာဒုတိယနှစ်တွင်သင်သောတပည့်။

Soporiferous, Soporific, *a.* အိပ်ပျော်စေတတ်သော။

Sorcerer, *n.* မှော်အတတ်၊ နတ်ဝိဇ္ဇာအတတ်အားဖြင့်ပြုသောသူ။
Sorceress, *n.* နတ်ကတော်။ မုံးမ။
Sorcery, *n.* မှော်အတတ်၊ နတ်ဝိဇ္ဇာအတတ်အားဖြင့်ပြုခြင်း။
Sordid, *a.* dirty, ညစ်သော။ vile, ယုတ်မာသော။ stingy, စေးနှဲသော။
Sordidness, *n.* from above.
Sore, *a.* tender to the touch, နာသော။ hurt in feelings, grieved, စိတ်နာသော။ severe, ခက်ထန်သော။ ပြင်းထန်သော။ —*n.* အနာ။
Soreness, *n.* from Sore, *a.*
Sorrow, *v. i.* ဝမ်းနည်းသည်။ —*n. do.*
Sorrowful, *a.* feeling sorrow, ဝမ်းနည်းသော။ producing sorrow, ဝမ်းနည်းစေတတ်သော။
Sorrowfulness, *n.* from above, 1st def.
Sorry, *a.* feeling sorrow, ဝမ်းနည်းသော။ poor, paltry, ယုတ်သော။ ယုတ်ညံ့သော။
Sort, *n.* kind, အမျိုး။ အတည်။ အဝ။ manner, နည်း။ နှယ်။ —*v. t.* to classify, အမျိုးအလိုက်တခြားစီခွဲထားသည်။ ဆိုင်ရာဆိုင်ရာသီးသန့်၍ထားသည်။ to conjoin, ဖက်တွဲသည်။ ရှည်တွဲသည်။ to select, ရွေးကောက်သည်။ —*v. i.* to be joined with others of the same kind, အမျိုးအလိုက်စုပေါင်းသည်။ to suit, တော်သင့်သည်။
Sortie, *n.* တပယုန်တည်းထွက်၍တိုက်ခြင်း။
Sortilege, *n.* စာရေးတံချခြင်း။ မဲချခြင်း။
Sot, *n.* a dolt, လူမိုက်။ a drunkard, ယစ်ထုပ်ကြီး။ **Sottish**, *a.* ညာဏ်မဲ့သော။
Sottishness, *n.* from above.
Sought, *pret.* and *part.* of Seek.
Soul, *n.* spirit of a rational being, ဝေနေယျသတ္တဝါ၏ဝိညာဉ်။ a human being, လူ။
Soulless, *a.* ယုတ်ညံ့သောသဘောရှိသော။
Sound 1, *n.* a piece of water separating an island from the mainland, ကျွန်းနှစ်ကျွန်းပိုင်းခြားသောလက်ကြား။ —2, *n.* noise, အသံ။ —2, *v. i.* to make a noise, အသံမြည်သည်။ to seem like in sound, ဤကဲ့သို့သောအသံရှိသည်။ —*v. t.* to cause to make a noise, အသံထွက်အောင်ပြုသည်။ to give a signal by sound, အထိန်းအမှတ်ပြု၍အသံပေးသည်။ to proclaim, ကျော်ညာစေသည်။ —3, *v. t.* to try the depth of water, ရေစမ်းချသည်။ to try to find out, စုံစမ်းသည်။ —4, *a.* free from disease, အနာမရှိသော။ free from a flaw or defect, အနာအဆာနှင့်လွတ်သော။ free from error, မိစ္ဆာဒိဋ္ဌိနှင့်လွတ်သော။ strong, valid, ခိုင်ခံ့သော။ laid on with force, as a blow, ပြင်းသော။ profound, as sleep, (အအိပ်)ကြီးသော။ not broken or weakened in

mind or body. မချွေလျော့၊ ပကတိအတိုင်းဖြစ်သော။ —*adv.* fast (asleep). ကြွပ်ကြွပ်။

Soundings, *n. plur.* ရေစမ်းကျဉ်မှီနိုင်သောအရပ်။

Soundness, *n.* from Sound, *a.*

Soup, *n.* အမဲသား၊ ကြက်သားပြုတ်ရည်။ —ladle, *n.* ယောက်ချို။

Sour *a.* acid, ချဉ်သော။ cross, စိတ်မြိုသော။ —in countenance, မျက်နှာအောက်သိုးသိုးဖြစ်သော။ —to the smell, ချဉ်နံ့ရသော။ —*v. i.* ချဉ်ပေါက်၍လာသည်။ —*v. t.* from Sour, *a.* —Sop, *n.* နွားရည်ဩဇာ။s.

Source, *n.* the head of a river, မြစ်ဖျား။ first cause, origin, မူလ။ အရင်း။ အမြစ်။

Sourish, *a.* ချဉ်ချဉ်။ ခပ်ချဉ်ချဉ်။ ဖြန်းဖြန်းချဉ်သော။

Sourness, *n.* from Sour, *a.*

Souse, *v. t.* to steep in pickle, ချဉ်စိမ်သည်။ to plunge into water, ရေ၌နှစ်သည်။ —*v. i.* to rush upon, as a bird of prey, သုတ်သည်။ —*n.* ချဉ်စိမ်သောအစာ။

South, *n.* the southern quarter of the heavens, တောင်။ တောင်မျက်နှာ။ the southern parts of the earth, တောင်အရပ်။ —*a.* တောင်မှာရှိသော။ —east, *n.* အရှေ့တောင်။ *a.* အရှေ့တောင်မျက်နှာနှင့်ဆိုင်သော။ —eastern, *see* —east, *a.* —west, *n.* အနောက်တောင်။ *a.* အနောက်တောင်မျက်နှာနှင့်ဆိုင်သော။ —western, *see* —west, *a.*

Southerly, Southern, *a.* situated in the south, တောင်မျက်နှာ၊ တောင်အရပ်၌ရှိသော။ pertaining to the south, တောင်မျက်နှာ၊ တောင်အရပ်နှင့်ဆိုင်သော။

Southerner, *n.* တောင်ပြည်၊ တောင်အရပ်၌နေသောသူ။

Southernmost, *a.* တောင်မျက်နှာ၌အဝေးဆုံးဖြစ်သော။

Southward, *adv.* တောင်မျက်နှာသို့။

Sovereign, *n.* ဧကရာဇ်မင်း။ ရှင်ဘုရင်။ —*a.* supreme in power, စိုးစံသောအခွင့်တန်ခိုးရှိသော။ supremely efficacious, အရှိန်တန်ခိုးအကြီးဆုံးသော။

Sovereignty, *n.* စိုးစံခြင်း။

Sow (sou,) *n.* ဝက်မ။ —(so,) *v. t.* (မျိုးစေ့)ကြဲသည်။

Sowbug, *n.* ပိုးလုံးကောင်။

Sower, *n.* agent, from Sow, *v. t.*

Space, *n.* (boundless,) အဇာတကာသ။ *Pali.* အဆုံးမရှိသောကောင်းကင်။ —in regard to place, ဩကာသ။ —in regard to time, ကာလ။ distance between two bodies, အကွာ။ အကွာအဝေး။ length of time, အကြာအမြင့်။ unoccupied space, လဟာ။

Spacious, *a.* ကျယ်ဝန်းသော။

Spaciousness, *n.* from above.

Spade, *n.* တူးရွင်း။

Span, *n.* the length of half a cubit, အထွာ။ a pair (of horses,) အရှည်း။ တရှည်း။ —*v. t.* to measure with a span, ထွာသည်။ to measure (in general), တိုင်းထွာသည်။

Spangle, *v.* ကြယ်ပွင့်။ —*v. t.* နဂါးသာထိုးသည်။ ရွှေပွင့်။ ငွေပွင့်ထိုးသည်။

Spaniel, *n.* ခွေးတမျိုး။

Spank, *v. t.* လက်ဝါးနှင့်ပုတ်သည်။

Spanker, *n.* ပဲ့ကြက်လျှာရွက်။ ပဲ့အောက်ပိုး။ —boom, *n.* ပဲ့ကြက်လျှာရွက်လက်။

Spar 1, *n.* crystalized mineral, ကျောက်တမျိုး။ a round piece of timber used for masts and yards, ရွက်တိုင်၊ ရွက်လက်လုပ်ရန်သစ်လုံး။ —*v. i.* လက်ပန်းပြသည်။

Spare 1, *v. t.* to use frugally, without being lavish or profuse, အသုံးမဖွား။ ခြွေတာသည်။ to give with reluctance, as unable to part with, နှစ်မြော၍ပေးသည်။ to forbear from pity, သနား၍မ(ပြု)ဘဲနေသည်။ to forbear using, မသုံးဘဲနေသည်။ —1, *a.* that is disengaged and can be disposed of, အားလပ်၍သုံးနိုင်ဖွယ်ဖြစ်သော။ —2, *a.* lean, ဝိန်ကြုံသော။ အကင်းပါးသော။ scanty, မလုံလောက်သော။

Spareness, *n.* from above.

Sparerib, *n.* ဝက်နံတချပ်။

Spark, *n.* a particle of fire emitted, မီးပေါက်၊ မီးပွား။ a showy, gay fellow, လှပစွာဝတ်ဆင်၍ရွှင်လန်းသောကာလသား။

Sparkle, *n.* မီးပေါက်။ —*v. i.* to emit sparks, မီးပေါက်စည်သည်။ to glitter, အရောင်လျှပ်သည်။

Sparrow, *n.* စာငှက်။

Sparse, *a.* ပါးသော။ ပါးရားသော။

Sparseness, *n.* from above.

Spasm, *n.* (of various kinds,) အကြောဆွဲခြင်း။ တွန့်ခြင်း။ တက်ခြင်း။ ကြွက်တက်ခြင်း။

Spasmodic, *a.* အကြောဆွဲခြင်း၊ တက်ခြင်းနှင့်ဆိုင်သော။

Spatter, *v. t.* ဖြန်းသည်။ —dashes, *n.* သားရေခြေစွပ်။

Spatula, *n.* ဖယောင်းချက်ညှိသောတံပြား။

Spavin, *n.* ခွာဆစ်နာ။

Spawn, *n.* ငါးဥ။ —*v. i.* (ငါး)ဥသည်။

Spawner, *n.* ငါးမ။

Speak, *v.* ပြောသည်။ ဆိုသည်။ မြွက်သည်။ စကားပြောသည်။ နှုတ်မြွက်သည်။ ပြောဆိုသည်။ မြွက်ဆိုသည်။

Speaker, *n.* agent, from above; a chairman, စည်းဝေးအုပ်။

Speaking-trumpet *n.* အရဝေးသို့လှမ်း၍ကြွတ်ဆက်သောတံပိုး။

Spear, *n.* လှံ။ —man, *n.* လှံကိုင်သူရဲ။ —*v. t.* လှံနှင့်ထိုးသည်။

Spearmint, *n.* မိန္တပင်။

Special, *a.* noting a sort or species, အမျိုးအမည်ကိုမှတ်သားသော။ peculiar, ထူးခြားသော။ အထူးသဖြင့်ဖြစ်သော။ appropriate, designed for a particular purpose, တစုံတခုသောအကြောင်းနှင့်တော်သင့်အောင်လုပ်သော၊ uncommon, သာမည်မဟုတ်သော။ chief in excellence, လွန်ကဲသော။

Specially, *adv.* အထူးသဖြင့်။

Specie, *n.* ကြေးငွေ။

Species, *n.* ချုပ်ချာသောအမျိုးတွင်အသီးအသီးကွဲပြားသောအမျိုး။အမျိုးကွဲ။

Specific, *a.* pertaining to a particular species, တမျိုးတည်းနှင့်ဆိုင်၍ခြားနားစေသောလက္ခဏာဖြစ်သော။ specified, တန်းမှန်း၍ပြောထားသော (အရာ။) —*n.* အနာရောဂါကိုအစည်ပျောက်စေတတ်သောဆေး။

Specifically, *adv.* အမျိုးအားဖြင့်။ အမျိုးအလိုက်။

Specificate, Specify, *v. t.* to designate by name, အမည်အားဖြင့်မှတ်သားသည်။ to mention particularly, တန်းမှန်း၍ပြောသည်။

Specification, *n.* from above.

Specimen, *n.* တန်း။

Specious, *a.* ကောင်းရောင်၊ မှန်ရောင်ဆောင်သော။

Speciousness, *n.* from above.

Speck, *n.* a small spot, အပေါက်အစက်ခလေး။ a small particle, သေးနုပ်သောအစအန။

Speckle, *n.* ညှင်းပြောက်။ —on a beast, ဝါခွေပြောက်။

Speckled, *a.* ညှင်းပြောက်ရှိသော။ ဝါခွေပြောက်ရှိသော။

Spectacle, *n.* ကြည့်ရှုဖွယ်ဖြစ်သောအရာ။ ကြည့်ရှုဖို့ရာထုတ်ပြသောအရာ။ *plur.* glasses, မျက်မှန်။

Spectator, *n.* ကြည့်ရှုသောသူ။

Spectral, *a.* စုန္ဒြေနှင့်ဆိုင်သော။

Spectre, *n.* စုန္ဒြေ။

Spectrum, *n.* ရုပ်ပါရုံ။

Specular, *a.* ကြေးမုံနှင့်ဆိုင်သော။

Speculate, *v. i.* to consider attentively, ကြည့်ရှုဆင်ခြင်သည်။ to buy in expectation of an advance in price, အမြတ်ရမည်မျှော်ထောက်၍ဝယ်ထားသည်။

Speculation, *n.* from above; the act of devising, scheming, မိတ်ကူးခြင်း။

Speculatist, *see* Speculator; a theorist, မိတ်ကူး၍ထောက်ရှုနိုင်းချိန်တတ်သောသူ။

Speculative, *a.* meditative, ဆင်ခြင်တတ်သော။ pertaining to theory not practice, မိတ်ကူးခြင်းနှင့်သာဆိုင်သော။
Speculator, *n.* agent, from Speculate.
Speculum, *n.* ကြေးမုံ။
Speech, *n.* the act of speaking, နှုတ်မြွက်ခြင်း။ စကားပြောခြင်း။ the power of speaking, စကားပြောနိုင်သောသတ္တိ။ language, စကား။ that which is spoken, ပြောချက်။ a formal discourse in public, ပရိသတ်ရှေ့မှာ အကျိုးအကြောင်းကို ထုတ်ဖော်၍ အစဉ်အတိုင်းပြောဆိုသောစကား။
Speechless, *a.* dumb, အသော။ silent, စကားမပြောဘဲနေသော။
Speed, *v. i.* to make haste, လျင်မြန်အောင်ကြိုးစားသည်။ to succeed, အကြံထမြောက်သည်။ to fare, ချမ်းသာသော်၎င်း၊ ဆင်းရဲသော်၎င်း၊ ရှိ၍နေသည်။ —*v. t.* to accelerate movement, လျင်မြန်အောင်နှိုးဆော်သည်။ to cause to succeed, အကြံထမြောက်စေသည်။ —*n.* swiftness, လျင်မြန်ခြင်း။ success, အကြံထမြောက်ခြင်း။
Speedy, *a.* လျင်မြန်သော။
Spell, *n.* ဂါထာ။s. a formula of incantation, မန္တန်။ မန္တရား။ a turn, အလှည့်။ —bound, *a.* မန္တန်အားဖြင့်အချုပ်ခံရသော။ —*v.* to put letters together, စာဖော်သည်။ to name letters and pronounce, စာလုံးပေါင်း၍အံသည်။ —out, *v. t.* သိမြင်သောအရာကိုထောက်၍မသိမမြင်သောအရာကိုရိပ်မိသည်။
Spelling, *n.* from Spell, *v.* —book, *n.* သင်ပုံးကြီး။
Spelter, *n.* သွပ်မိုင်း။
Spend, *v. t.* to expend, သုံး၍ကုန်သည်။ to waste lavishly, ဖွားဖွားသုံး၍ဖြုန်းတီးသည်။ —time, လွန်စေသည်။
Spendthrift, *n.* agent, from last def.
Sperm, *n.* semen, သုတ်။ the white of whales, ငါးကြီးအဆီခဲ။
Spermaceti, *see* last definition.
Spew, *v.* အန်သည်။
Sphere, *n.* a globular body, အလုံး။ a circuit, လှည့်ပတ်ရာလမ်း။ province, ကိုယ်နှင့်ဆိုင်၍ဆောင်ရွက်စည်းအတိုင်းဆောင်ရွက်ရသောနေရာ။ rank, အရာ။
Spherical, *a.* လုံးသော။
Spheroid, *n.* —[prolate,] ထိပ်ဝမောက်သောအလုံး။ —[oblate,] ထိပ်ဝမိုသောအလုံး။
Sphincter, *n.* ရှုံ့၍ရသောအကြော။
Sphinx, *n.* မနုသီဟ။
Spice, *n.* ဂေရုတ်ကောင်း၊သစ်ကြံပိုး၊ဇီယာစသော။ မွှေးစပ်သောအသီးအပွင့်။ —*v. t.* အရသာကောင်းအောင်မွှေးစပ်သောအသီးအပွင့်ကိုခပ်သည်။
Spicery, *n.* မွှေးစပ်သောအသီးအပွင့်စု။

Spiciness, *n.* from next.

Spicy, *a.* producing spice, မွှေးစပ်သောအသီးအပွင့်ထွက်သော(ပြည်။) aromatic and pungent, မွှေးစပ်သော။

Spider, *n.* ပင့်ကူ။

Spigot, *n.* အဆို့။

Spike, *n.* an ear of corn, အနှံ။ a large nail, သံချွန်ကြီး၊ မယ်နဲ။ —*v. t.* to fasten with a spike, မယ်နဲစွဲ၍ထားသည်။ to stop a vent by driving a spike in, (အမြောက်နား) ဝက်ိုသံမှိုရိုက်၍ထားသည်။

Spile, *n.* a spigot, အဆို့။

Spill, *v. t.* to let run over, ဖိတ်သည်။ to pour out, သွန်သည်။

Spin, *v. t.* to draw out and twist into thread, ငင်သည်။ ဝင့်သည်။ to twirl (trans.) မွှေသည်။ —*v. i.* to twirl (intrans.,) ချာချာလည်သည်။ to stream out in a small current, မျှင်မျှင်ပန်း၍နေသည်။

v. t. to draw out, ငင်သည်။ to prolong, သွယ်ဝိုက်သည်။ to procrastinate, ရှည်သွေးသည်။

Spinal, *a.* ကျောရိုးနှင့်ဆိုင်သော။

Spindle, *a.* a spinning pin, ဝင်ရိုး။ the pin of a spool, ယောက်လည်တံ။ a slender stalk, သေးသောအပင်ရိုး။

Spine, *n.* the back bone, ကျောရိုး။ a thorn, ဆူး။

Spinet, *n.* ခြွေစုံတမျိုး။

Spinning-wheel, *n.* ရစ်။

Spinster, *n.* မိုင်းဝင့်သောမိန်း။ an unmarried woman, အပျို။

Spiraile, *n.* အပေါက်ငယ်။

Spiral, *a.* —as a screw, ဝက်အူရစ်ကဲ့သို့ဖြစ်သော။ as a winding staircase, ကြောင်လိမ်။

Spire, *n.* a winding line like the thread of a screw or a creeper, ဝက်အူရစ်။ နွယ်လိမ်။ a steepie, ပြာသာဒ်။ blade of grass, မြက်ရွက်။

Spirit, *n.* an immaterial, intelligent substance, နံ။ ဝိညာဉ်။ the soul ဝေနေယျသတ္တဝါ၏ဝိညာဉ်။ an immaterial, intelligent being, နံသက်သက်ဖြစ်သောသူ။ vigor of intellect, ဉာဏ်သတ္တိ။ mental excitement, စိတ်။ temper, သဘော။ စိတ်သဘော။ strength, energy, အား။ အရှိန်။ a ghost, စုန်း။ distilled liquor, အရက်။ —*v. t.* to excite, နှိုးဆော်သည်။ —away, *v. t.* ဖျားယောင်းသွေးဆောင်သည်။

Spirited, *a.* animated, စိတ်အားကြီးသော။

Spiritedness, *n.* from above.

Spiritless, *a.* စိတ်အားနည်းသော။

Spiritual, *a.* immaterial, အရူပဖြစ်သော။ ရုပ်မပါ၊ နံသက်သက်ဖြစ်သော။

mental, ဝိညာဉ်နှင့်ဆိုင်သော။ မိတ်နှစ်လုံးနှင့်ဆိုင်သော။ pertaining not to the carnal, but renewed nature, ဇာတိပကတိနှင့်မဆိုင်၊ ဝိညာဉ်ပကတိနှင့်ဆိုင်သော။ pertaining not to temporal, but religious, လောကီနှင့်မဆိုင်၊ သာသနာတော်နှင့်ဆိုင်သော။

Spirituality, *n.* from above.

Spiritualize, *v. t.* from Spiritual.

Spirituous, *a.* အရက်ဖြစ်သော။

Spiry, *see* Spiral.

Spissitude, *n.* ပျစ်ခြင်း။

Spit 1, *n.* a long pointed instrument, used for roasting, impaling, &c. တံရှူ။ တံကျင်။ a narrow shoal running into the sea, စည်းစွန်းစည်းစွယ်။ —1, *v. t.* တံရှူထိုးသည်။ တံကျင်လျှိုသည်။ —2, *v.* ထွေးသည်။ တံထွေးထွေးသည်။ —box, *see* Spittoon.

Spite, *v. t.* ငြိုးသည်။ အငြိုးထားသည်။ အငြိုးဖွဲ့သည်။ —*n. do.* —of, [in] ဆီးတားသော်လည်း။

Spiteful, *a.* from Spite, *v. t.*

Spitefulness, *n.* from above.

Spittle, *n.* တံထွေး။

Spittoon, *n.* ထွေးအင်။ ထွေးခံ။

Splash, *v.* ရွှံ့စည်သည်။

Splashy, *a.* ရွှံ့ပွက်များသော။

Splayfoot, *a.* ခြေဖယ်သော။

Spleen, *n.* the milt, သရက်ရွက်။ *a.* from next, both definitions.

Spleeny, *a.* cross, ill-humored, sullen, မိတ်ငြိုသော။ hypochondriac, ဥပါဒါန်ကြောင့်ဖြစ်သော မိတ္တဇာနာစွဲသော။

Splendent, *see* Resplendent.

Splendid, *a.* resplendent, ထွန်းတောက်သော။ အရောင်အဝါထွန်းလင်းသော။ ကြီးကျယ်မြင့်မြတ်သော။ illustrious, ဂုဏ်အသရေထင်ရှားကျော်စောသော။

Splendor, *n.* from above. အဖွန်းအဖွါ။

Splenetic, *see* Spleeny.

Splice, *v. t.* (ကြိုးပြတ်စချင်း) ခွဲဆက်သည်။

Splint, Splinter, *n.* a small piece split off lengthwise, ခွဲမိတ်၍ရသောအချောင်းကလေး။ a thin board used in surgery, ကြပ်စည်းသောဒုတ်ပြား။ —*v. t.* to split off lengthwise, အလျားလိုက်ခွဲမိတ်သည်။ to bind up with a splint, ဒုတ်ပြားပေါင်း၍ကြပ်စည်းသည်။

Split, *v. i.* ကွဲသည်။ *v. t.* ခွဲသည်။

Spoil 1, *v. t.* to seize by violence, လုယူသည်။ လုရက်သည်။ —1, *n.*

လုယူသောဥစ္စာ။ လက်ရဥစ္စာ။ — 2, *v. i.* to be corrupt, vitiated, ruined, ပျက်သည်။ ယိုယွင်းသည်။ *v. t.* *do.*

Spoke, *n.* လှည်းဘီးကန့်။

Spokesman, *n.* ရှေ့နေ။

Spoliate, *v. t.* လုယူသည်။

Spoliation, *n.* from above.

Sponge, *n.* the marine vegetable substance, ရေမှို။ an instrument for cleaning cannon, အမြောက်ကိုရေကျုပ်သောတံပွတ်။ — *v. t.* to wipe with a sponge, ရေမှိုနှင့်သုတ်သည်။ to clean a cannon, အမြောက်ကို တံပွတ်နှင့် ရေကျုပ်သည်။ *v. i.* ပရိယာယ်နှင့်ရအောင် ညှစ်၍ယူသည်။

Sponginess, *n.* from next.

Spongy, *a.* ရေမှိုကဲ့သို့ပွရောင်းရောင်းဖြစ်သော။

Sponsal, *a.* လက်ထပ်မင်္ဂလာနှင့်ဆိုင်သော။

Sponsor, *n.* အာမခံ။ ဝန်ခံသူ။

Spontaneity, Spontaneousness, *n.* from next.

Spontaneous, *a.* အလိုလိုဖြစ်သော။ ကိုယ်အလိုအလျောက်ဖြစ်သော။

Spontoon, *n.* လှံတို။

Spool, *n.* တည္ငင်းလုံး။

Spoon, *n.* ဇွန်း။ — meat, *n.* ဟင်းရည်။

Spoonful, *n.* တဇွန်းစာ။

Sport, *v.* ကစားသည်။ — *n.* play, ကစားခြင်း။ mockery, ကရော်ကမည်ပြုခြင်း။ that with which one plays, ကစားသောအရာ။ a diversion of the field, အမဲကိုလိုက်ခြင်း။ ငှက်ကိုဖမ်းခြင်း။ ငါးကိုမျှားခြင်း။

Sportful, Sportive, *a.* ကစားတတ်သော။

Sportfulness, Sportiveness, *n.* from above.

Sportsman, *n.* တောကစားသောသူ။

Spot, *n.* a small place discolored, အပေါက်အစက်။ အစွန်းအကွက်။ a mark on an animal, အကွက်အကျား။ a small place or subdivision of a district, အရပ်အကွက်။ a small extent of ground, မြေကွက်။ — *v. t.* to maculate, အစွန်းအကွက်ဖြစ်အောင်လုပ်သည်။ to tarnish reputation, အသရေယုတ်လျော့အောင်ပြုသည်။

Spotless, *a.* free from spots, အစွန်းအကွက်မရှိသော။ pure, စင်ကြယ်သော။

Spotted, *a.* marked with some discoloration, စွန်းကွက်သော။ —as an animal, ကွက်ကျားသော။

Spousal, *a.* လက်ထပ်မင်္ဂလာနှင့်ဆိုင်သော။

Spousals, *n. plur.* လက်ထပ်မင်္ဂလာဆောင်ခြင်း။

Spouse, *n.* ခင်ပွန်း။ အိမ်ထောင်ဖက်။

Spout, *n.* the projecting mouth of a vessel, နှုတ်။ နှုတ်သီး။ a pipe, ပြွန်။

see also Water-spout. — *v. i.* ပန်းသည်။ — *v. t.* to blow out, မှုတ်သည်။ to mouth, အသံထ၍ပြောသည်။

Sprain, *v. t.* and *n.* from next.

Sprained [be], *v. i.* အကြောဖြက်သည်။ အကြောမြစ်သည်။ အဆစ်မြက်သည်။ slightly sprained, အကြောတုပ်သည်။

Sprawl, *v. i.* ကိုးရိုးကားရားနေသည်။

Spray, *n.* the end of a branch, သစ်ခက်ဖျား။ the flying foam of a wave, လှိုင်းကစည်သောရေပန်း။

Spread, *v. i.* to become larger in superficial extent, ကျယ်သွားသည်။ to be diffused, as odor, မွှာသည်။ to catch from one to another, တရပ်မှတရပ်သို့ကူးသည်။ to be propagated, as news, အရပ်ရပ်နှံ့ပြားသည်။ — *v. t.* from above; to extend in length and breadth, ခင်းသည်။ to set out and furnish; as a table, ခင်းကျင်းသည်။ to expand, scatter over a certain surface, ဖြန့်သည်။ ဖြန့်ကြဲသည်။ —*n.* superficial extent, အကျယ်အဝန်း။

Sprig, *n.* အညွန့်။ — *v. t.* ပန်းညွန့်ထိုးသည်။

Sprightliness, *n.* from next.

Sprightly, *a.* မြန်ဆန်သော။

Spring, *v. i.* to rise, as from seed, ပေါက်သည်။ to appear, come to light, ပေါ်လာသည်။ to proceed, issue, as a progeny, ဆင်းသက်သည်။ to proceed as from a cause, (တစုံတခုသောအကြောင်း) ကြောင့်ဖြစ်သည်။ to proceed or issue, as from a source, ထွက်စီးသည်။ to leap, ခုန်သည်။ to rush, ထုန်းခနဲပြေးသည်။ to fly, as a spring (မောင်း), ကျသည်။ to rise suddenly, ရုတ်ခနဲထသည်။ —*v. t.* to cause to rise suddenly, ရုတ်ခနဲထစေသည်။ to produce suddenly, ရုတ်ခနဲဖြစ်စေသည်။ — aleak (သင်္ဘော), ပေါက်၍ရေဝင်သည်။ — a mine, မြှုပ်သောယမ်းအိုးကိုရှို့သည်။ —as a trap, ထောင်ချောက်မောင်းကျအောင်ပြုသည်။ —*n.* a leap, ခုန်ခြင်း။ the flying back (of a bow), ကန်၍ပြန်ခြင်း။ elastic force, ကန်တတ်သောသတ္တိ။ any active power, ပြုပြင်တတ်သောသတ္တိ။ an elastic body, မောင်း။ a fountain, စမ်းရေပေါက်။ origin, source, မူလအရင်း။ the vernal season, အပင်ပေါက်သောဥတုတည်းဟူသောအင်္ဂလိတ်ပြည်မှာပဌမဥတု။ ဆောင်းကာလနှင့်နွေကာလအကြားဥတု။ — back, *v. i.* ကန်၍ပြန်သည်။ အကန်ခံ၍ပြန်သည်။ — tide, *n.* ရေထ။

Springe, *n.* မောင်းကျထောင်သောကျော့ကွင်း။

Springiness, *n.* from next

Springy, *a.* elastic, ပြုပြင်တိုင်းမနေ၊နေမြဲနေရာသို့ကန်၍ပြန်တတ်သော။ abounding in fountains, စမ်းရေပေါက်ပေါများသော။

Sprinkle, *v. t.* to scatter (a liquid), ဖြန်းသည်။ to scatter (in fine particles), ဖွဲ့သည်။ *v. i.* to rain moderately, တမိတ်မိတ် ရွာသည်။

Sprinkling, *n.* from above.

Sprite, *n.* စုန်း။

Sprout, *v. i.* အညွှောက်ထိုးသည်။ အပင်ပေါက်သည်။ — *n.* from a seed, အညွှောက်။ — from a stump or root, အတက်။

Spruce 1, *n.* ထင်းရှူး။ — 2, *a.* ကျစ်လစ်စွာဝတ်ဆင်၍တန့်ချိသော။

Spruceness, *n.* from above.

Spry (Amer.), *a.* ပေါ့ပါးလျင်မြန်သော။

Spume, *n.* အမြှုပ်။ — *v. i.* အမြှုပ်ထွက်သည်။

Spumy, *a.* အမြှုပ်ပါသော။

Spunge, *see* Sponge.

Spunging-house, *n.* တန်း။

Spungy, *see* Spongy.

Spunk, *n.* သစ်ဆွေး။

Spur, *n.* — of a horseman, မြင်းစီးခြေနင်းဖနှောင့်၌ထည့်သောသံစက်ခွ။ — of a cock, ကြက်တက်။ an instigating cause, နှိုးဆော်ခြင်း အကြောင်း။ a projection, ထွက်သောအစွန်း။ — *v. t.* to goad, with a spur, ခြေဖနှောင့် သံစက် နှင့် ထိုးသည်။ to instigate, နှိုးဆော်သည်။

Spurious, *a.* not genuine, ပဝတ္တိဖြစ်သော။ illegitimate, မင်းဦး မင်းလွင်ရသော။

Spuriousness, *n.* from above.

Spurn, *v. t.* to kick, ကန်သည်။ ကျောက်သည်။ to reject with pride, မိတ်နေမြင့်၍ပယ်သည်။

Spurt, *v.* ပန်းသည်။ — *n.* from *do.*

Sputter, *v. i.* to emit in small particles, ဖြစ်သည်။ ဖြစ်ဖြစ်သံနှင့်ဖွာ၍ စည်ထွက်သည်။ to speak quickly and indistinctly, တဖြစ် တောက်တောက်ပြောသည်။ to speak confusedly and incoherently, ပထွေးပလုံးဖွာအောင်ပြောသည်။

Spy, *n.* တံလျှို။ သူလျှို။ — *v. t.* to espy (မထင်ရှားသောအရာကိုသော်၎င် ဝေးသောအရာကိုသော်၎င်), ကြည့်၍မြင်သည်။ to discover on close examination, စေ့စေ့စစ်ဆေး၍သိရသည်။ to explore secretly, (ရန်သူတို့အခြင်းအရာများကိုသိအောင်) သူလျှိုလုပ်၍ ကြည့်ရှုသည်။ — glass, *n.* တိုသောမှန်ပြောင်း။

Squab, *a.* ထွားသော။ ဖိုးသော။

Squabble, *v. i.* ခိုက်ရန်ဖြစ်သည်။ — *n.* *do.*

Squad, *n.* စစ်သည်စု။

Squadron, *n.* a body of troops, စစ်သည်တပ်။ a number of armed vessels, လှေတပ်။ သင်္ဘောတပ်။

Squalid, *a.* ညစ်ထေးသော။

Squalidness, *n.* from above.

Squall 1, *v. i.* အော်ဟစ်သည်။ — *n.* from above. — 2, *n.* a gust of wind, လေပုန်း။

Squally, *a.* လေပုန်းတိုက်တတ်သော။

Squallor, *n.* from Squalid.

Squamous, *a.* ငါးကြေးကဲ့သို့အကြေးအခွံရှိသော။

Squander, *v. t.* ဖွာဖွာသုံး၍ဖြုန်းတီးသည်။

Square, *n.* a figure having four equal sides and four right angles, a regular tetragon, စတုရန်း။ a carpenter's square, ကျင်တွယ်။ par, ညီမျှခြင်း။ superficial content, အလျားနှင့် အနံမြှောက်၍ ရသောအရာ။ a number multiplied into itself, ဂဏန်းအလားတူ ချင်းမြှောက်၍ရသောကိန်း။ — *a.* having four equal sides and four right angles, အလျား အနံ မျှ၍ ကျင်တွယ်ထောင့် ကျသော။ square built, ဗိုင့်ဗိုင့်ရှိသော။ honest, ရိုးသော။ even, leaving no balance, အကြွင်းမရှိ။ ညီမျှသော (စာရင်း။) — *v. t.* to make rectangular, ကျင်တွယ် ထောင့် ကျအောင် လုပ်သည်။ to make square, အလျားနှင့်အနံညီမျှ၍ကျင်တွယ်ထောင့်ကျအောင်လုပ်သည်။ to make accord (တစုံတခုနှင့်), ညီညာအောင်လုပ်သည်။ to make fit, တော်သင့်အောင်ပြုသည်။ to settle accounts, ရှင်းလင်းအောင် ပြုသည်။ to multiply a number into itself, ဂဏန်းအလားတူချင်း မြှောက်သည်။ — *v. i.* to accord with, quadrate, ညီညာသည်။

Squareness, *n.* from Square, *a.*

Squash, *v. t.* အိ၍ပြားသွားအောင်ဆောင့်သည်။ — *n.* from *do.*

Squat, *v. i.* ဆောင့်ခြောင့်ထိုင်သည်။ — *a.* from *do.*

Squeak, *v. i.* to Squeal, ငယ်သံပါအောင်အော်ဟစ်သည်။ to creak, ကြိတ်ကြိတ်မြည်သည်။ — *n.* from *do.*

Squeamish, *a.* နှစ်လုံးမသန့်၊ ရွံတတ်သော။

Squeamishness, *n.* from above.

Squeeze, *v. t.* to press closely, ညှစ်သည်။ to hug, ပိုက်ဖက်၍ညှစ်သည်။ to oppress, နှိပ်စက်သည်။ to compress in the hands, နယ်သည်။ ဆုပ်နယ်သည်။ — *v. i.* to push in a crowd, စုဝေ၍ကျပ်ရာမှာ ထိုးသည်။ — *n.* from *do.*

Squib, *n.* a small rocket, ဗျောက်အိုး။ မီးပုစွန်ဆိတ်။ a petty lampoon, ကရော်ကမည်ပြုသောစကားကလေး။

Squill, *n.* ပင်ထယ်ကျက်သွန်။

Squint, *v. i.* မျက်စိစောင်းသည်။

Squint-eyed, *a.* from above.

Squire, *see* Esquire.

Squirm, *v. i.* တွန့်လိမ်သည်။

Squirrel, *n.* ရှဉ့်။ a flying squirrel, ရှူး။ ရှူးပျံ။

Squirt, *n.* ပြွတ်။ — *v. t.* ပြွတ်နှင့်ထိုးသည်။

Stab, *v. t.* ထိုး၍ဖောက်သည်။ — *n.* from *do.*

Stability, Stableness, *a.* from next.

Stable 1, *a.* firm, durable, ခိုင်ခံ့မြဲမြံသော။ steady in purpose, persevering, မြဲမြံတည်ကြည်သော။ — 2, *n.* မြင်းဇောင်း။ — 2, *v. t.* ဇောင်းသွင်းသည်။

Stack, *see* Hay-stack. — *v. t.* (မြက်ချောက်ကို) ပုံထားသည်။

Staff 1, *n.* a walking-stick, တောင်ဝေး။ an ensign of office, အရာရှိသောဒုတ်။ လှံတံ။ — 2, *n.* the officers immediately connected with the chief commander, ဗိုလ်ချုပ်မင်း၏အခြံအရံ။

Stag, *n.* ဆတ်ဖို။?

Stage, *n.* a raised platform, စင်။ the scene of a theatre, ဇာတ်ပြဲရာတလင်း။ a stopping-place on a journey, စားခန်း။ a step, degree, အထစ်။ အဆင့်။ အတန်း။ a stage coach, *see* next. — coach, *n.* ချောပို့ရထား။ — play, *n.* ဇာတ်ပွဲ။ — player, *n.* ဇာတ်သမား။

Stagger, *v. i.* to reel, ကတိမ်းကပါးသွားသည်။ to waver, တွေးတောသည်။ — *v. t.* from *do.*

Staggeringly, *adv.* ယိုင်တီးယိုင်တိုင်။

Staggers, *n.* မြင်း၌စွဲသောရောဂါတမျိုး။

Staging, *n.* ငြမ်း။

Stagnancy, Stagnation, *n.* from Stagnate.

Stagnant, *a.* from next.

Stagnate, *v. i.* to cease to flow, မစီးဘဲဇိုင်သည်။ to cease to move, မလှုပ်ရှားဘဲရပ်နေသည်။ to be dull (as business), ဆေးဆေးလေးလေးဖြစ်သည်။

Staid, *a.* sedate in manners, ဣန္ဒြေဆောင်သော။ sedate in mind, စိတ်တည်ကြည်သော။

Staidness, *n.* from above.

Stain, *v. t.* to maculate, စွန်းကွက်အောင်ပြုသည်။ to dye, ဆိုးသည်။ ဆေးဆိုးသည်။ to tarnish character, အသရေယုတ်လျော့အောင်ပြုသည်။ — *n.* a discolored spot, အစွန်းအကွက်။ a blemish on character, အသရေပျက်သောအရာ။

Stainless, *a.* free from a stain, အစွန်းအကွက်မရှိသော။ having an unblemished character, အသရေမယုတ်မလျော့သော။ အသရေမပျက်သော။

Stair, *n.* a step, rundle, လှေကားထစ်။ *plur.* လှေကား။ — case, *n.* လှေကားကာ။

Stake, *n.* ပနက်သဲ။ a post sharpened at one end, နှက်၍စိုက်ရန်

ချွန်သောတိုင်။ one used for a mark or limit, မှတ်တိုင်။ ပနက်တိုင်။ one used to moor a boat at, ကြက်ဆူးတိုင်။ that which is wagered, လောင်းသောအရာ။ the state of being wagered, အလောင်းခံခြင်း။ — *v. t.* to set a stake, တိုင်စိုက်သည်။ to mark a limit by a stake, ပနက်ရိုက်သည်။ to wager, လောင်းသည်။ လောင်းစားသည်။

Stalactite, *n.* ကျောက်နို့။

Stale, *a.* vapid, အရသာပြယ်သော။ trite (as a remark), ကြားရဖန်များ၍ပေါ့သော။

Staleness, *n.* from above.

Stalk 1, *n.* အရိုး (in composition, as ငှက်ပျောရိုး။ စပါးရိုး)။ — 2, *v. i.* to walk proudly, ဟန်ရှိ၍သွားသည်။ to walk skulkingly, ကြွက်လျှိုးကြောင်လျှိုးသွားသည်။

Stalking-horse, *n.* ကွယ်ကာရာအရာ။

Stall, *n.* a crib, မြင်း၊နွားထားသောအကန့်။ a frame on which goods are exposed for sale, ဆိုင်ခုံ။ the seat of a church dignitary, သုဓမ္မာဇရပ်၌ဂိုဏ်းအုပ်၊ဂိုဏ်းထောက်ထိုင်ရာအရပ်။ — fed, *a.* ဇောင်းသွင်း၍မွေးသော။ — *v. t.* ဇောင်းသွင်းသည်။

Stallion, *n.* မြင်းလား။ မြင်းသိုး။

Stamen, *n.* the filament and anther of a flower, ဝတ်ဆံတိုင်။ the solid part of a body, အနှစ်သာရ။

Stamina, *plur.* of above, 2d definition.

Stammer, *v. i.* စကားထစ်သည်။

Stamp, *v. t.* — with the foot, ခြေနှင့်ဆောင့်သည်။ to impress with some mark or figure, တံဆိပ်ခတ်သည်။ —— to impress on the mind, စိတ်၌လမ်းအောင်ပြုသည်။ စိတ်နှလုံး၌စွဲလျက်နေအောင်ပြုသည်။ —— *n.* a seal, တံဆိပ်။ တံဆိပ်ပုံ။ a mark or impression made by stamping, တံဆိပ်။ ခတ်သောတံဆိပ်။ တံဆိပ်ခတ်ရာ။ a kind, sort, အမျိုး။

Stanch 1, *v. t.* (သွေး) တိတ်အောင်ပြုသည်။ — 2, *a.* firm, sound, strong, ခိုင်ခံ့သော။ firm in principle, မြဲမြံတည်ကြည်သော။

Stanchion, *n.* ထောက်တိုင်။

Stand, *v. i.* to be erect, ရပ်သည်။ မတ်တတ်နေသည်။ ထောင်လျက်ရှိသည်။ to be placed or situated, တည်လျက်ရှိသည်။ to persevere, တည်ကြည်သည်။ to stop, halt, ရပ်သည်။ တန့်သည်။ to continue, be permanent, တည်သည်။ to maintain one's ground, ရပ်ခံသည်။ to have a place among others, နေရာရှိသည်။ to be, ဖြစ်သည်။ to hold a course (at sea), (တစုံတခုသော) လမ်းသို့လိုက်သည်။ — *v. t.* to bear, endure, ခံသည်။ to resist, ခုခံသည်။ to abide (trans.), စောင့်နေသည်။ — against, *v. t.* ဆီးတားသည်။ — by, *v. i.* အနားမှာရပ်နေသည်။ *v. t.* (တစုံတဦးသောသူ။) ဖက်၌နေသည်။ အားပေးသည်။ — fast, *v. i.* တည်ကြည်မြဲမြံသည်။ — fire, *v. i.* သေနတ်နှင့်ပြစ်ခတ်သော်လည်း တန့်ရပ်၍နေသည်။ — for, *v. i.* to offer one's self as a candidate for office, အရာလိုချင်သောသဘောကိုဖော်ပြ၍ထားသည်။ to side with, (တစုံတဦးသောသူ) ဖက်၌နေသည်။ to signify, ဆိုလိုသည်။ — (one's) ground, *v.* မဆုတ်ဘဲရပ်ခံ၍နေသည်။ — (one) in, *v.* to cost, (ဤမည်သော) စရိတ်ရှိသည်။ — (one) in hand, *v.* လိုသောအကျိုးနှင့်စပ်ဆိုင်သည်။ — (off), *v. i.* to keep off, မချည်းဘဲနေသည်။ not to comply, ဝန်မခံဘဲနေသည်။ — out, *v. i.* to be prominent, မောက်သည်။ မို့သည်။ — as the eyes, ပြူးသည်။ to persist in opposition, အတင်းနေသည်။ — to, *v. i.* to make effort, အားထုတ်သည်။ to persevere, တည်ကြည်သည်။ to persist, ခိုင်မာသောစိတ်နှင့်တည်ကြည်သည်။ — trial, *v. i.* စစ်ကြောမည်အမှုကိုမတိမ်းမရှောင်ဘဲနေသည်။ — up, *v. i.* to arise, ထသည်။ — up for, *v. t.* စောင့်မသည်။ — upon, *v. t.* to take pride in (တစုံတခုသောအကြောင်း), ကြောင့်ဝါကြွားသည်။ — with, *v. i.* to be consistent with, ညီလျော်သည်။ — *n.* a stop, halt, ရပ်ခြင်း။ တန့်ခြင်း။ the act of maintaining one's ground, ရပ်ခံခြင်း။ a place or post where one stands, ရပ်နေရာ။ rank, အရာ။ a frame or table for supporting things, ခုံ။ — of arms, သေနတ်နှင့်တကွကရိယာအစုံ။ — [be at a] *v. i.* နှောင့်နှေးသည်။

Standard, *n.* an ensign, flag, အလံ။ a test, criterion, စံ။ a rule of judging, စုံစမ်းရန်ထားသောအရာ။ — bearer, *n.* အလံကိုင်။

Standing, *a.* established, settled, permanent, မြဲသော။ အမြဲဖြစ်သော။ ဖြစ်မြဲဖြစ်သော။ အတည်ကျသော။ နေရာကျသော။ သေဝပ်သော။ ပိုသေသော။ stagnant, အိုင်၍နေသော။ fixed, not movable, အသေဖြစ်သော။ — *n.* a place to stand on, ရပ်နေရာ။ state, condition, အနေအစား။ rank, အရာ။ duration, ဖြစ်စဉ်ကာလအတန်။

Standish, *n.* မှင်အိုးနှင့်မှင်တံထည့်သောသစ်တာ။

Stannary, *n.* သံဖြူထွက်၍လုပ်သောအရပ်။

Stanza, *n.* ဂါထာ။

Staple 1, *n.* a settled mart or market, အတည်ကျသောဈေး။ the chief commodity of a place, မြားရွာထွက်၍ထုတ်ရောင်းရသောကုန်။ — 1, *a.* settled in trade, ရောင်းဝယ်မှု၌အတည်ကျသော။ ပိုသေသော။ chiefly produced and exposed for sale, ရောင်းချရန်မြားရွာထွက်သောကုန်။ — 2, *n.* the pile of wool, သိုးမွေး။ of cotton, ဝါဂွမ်းဆန်။ — of flax, ပိုက်ဆံလျှော်မျှင်။ — 3, *n.* a loop of iron, ကျီးခြေ။ ကျီးခြေကွင်း။

Star, *n.* ကြယ်။ an asterisk, ကြယ်ပုံ။ a spangle, နဂါးထား။ ရွှေပွင့်။ ငွေပွင့်။ — gazer, *n.* ကြယ်နက္ခတ်တို့ကိုကြည့်မှတ်၍ဗေဒင်တွက်တတ်သောသူ။ — light, *n.* ကြယ်ရောင်။ — lit, *a.* ကြယ်ရောင်နှင့်ထင်းသော။ — spangled, *a.* ကြယ်တံဆိပ်အများပါသော။

Starless, *a.* ကြယ်မထင်သော။

Starry, *a.* abounding in stars, ကြယ်များသော။ proceeding from stars, ကြယ်ကထွက်သော။ shining like stars, ကြယ်ကဲ့သို့တောက်ပသော။

Starboard, *n.* သင်္ဘောလက်ျာ။

Starch, *n.* ကစီ။ — *v. t.* ကစီတင်သည်။

Starched, *a.* precise in manners, ဣန္ဒြေစောင့်၍ဓေ့စပ်သေချာလွန်းသော။

Stare, *v. i.* မိန်းမိန်းကြည့်သည်။ — *n. do.*

Staringly, *adv.* ပြူးတူးပြောင်တောင်။

Stark, *a.* sheer, အတိ။ သက်သက်။ — *adv.* entirely, အကုန်အစင်အကြွင်းမဲ့။

Starling, *n.* ဇရက်မျိုး။M.

Start, *v. i.* to move suddenly, ဆတ်ခနဲလှုပ်သည်။ to set out (from a place), သွားစပြုသည်။ ထွက်သည်။ — *v. t.* to cause to move suddenly, ဆတ်ခနဲလှုပ်အောင်ပြုသည်။ to cause to rise and come out suddenly, ဆတ်ခနဲထ၍ထွက်စေသည်။ to commence, set a going, (ဖြစ်)အောင်အစအဦးပြုသည်။ to dislocate (အဆစ်ကို), ဖြုတ်သည်။ — up, *v. i.* ဆတ်ခနဲထသည်။ — *n.* from above. — *v.* [get the] ဦးအောင်ပြုသည်။ သူမပြုမီပြုနှင့်သည်။

Starting-post, *n.* လက်ရင်းမှတ်တိုင်။

Startle, *v. i.* to start from fear, လန့်သည်။ ထိတ်လန့်သည်။ — *v. t. do.*

Starvation, *n.* from next.

Starve, *v. i.* to be in a famishing state, ငတ်မွတ်သည်။ to perish with hunger, ငတ်မွတ်၍သေသည်။ — *v. t.* to famish (trans.), အစာသတ်၍ထားသည်။ to kill with hunger, အစာသတ်ထား၍သတ်သည်။

Starveling, *n.* ငတ်မွတ်၍ပိန်ကြုံသောသူ။

State, *n.* condition, အဖြစ်။ ဖြစ်ခြင်း၏အကြောင်းအရာ။ အနေအထား။ rank, အမြင့်၊အနိမ့်အစရှိသောအရာ။ high degree, dignity, မြတ်သောအရာ။ pomp, ဆန်းကြယ်သောအခမ်းအနားနှင့်ကျင်းပခြင်း။ body politic, တချုပ်တချာတည်းဖြစ်သောပြည်သူပြည်သားအပေါင်းအစု။ တနိုင်ငံတည်းဖြစ်သောပြည်သူပြည်သားအပေါင်းအစု။ the principal persons in government, တိုင်းနိုင်ငံရေးကိုစီရင်အုပ်ချုပ်သောမင်းစု။ — room, *n.* the receiving room in a government house, မင်းအိမ်၌ဧည့်ခံရာအခန်း။ a high-class room on board ship,

သဘော်ဝပ္ပံနံတော်ခန်း။ — *v. t.* — in words, ပြောထားသည်။ — in writing, ရေးထားသည်။

Stated, *a.* regular, occurring at regular times, ဥပဒေထား၍ပုံသေသော။

Stateliness, *n.* from next.

Stately, *a.* မြင့်မြတ်သော။

Statement, *n.* from State, *v*; the substance stated by word or writing, ပြောထားချက်။ ရေးထားချက်။

Statesman, *n.* တိုင်းမှုနိုင်ငံရေးကိုသိကျွမ်းနားလည်သောသူ။

Statics, *n.* ချိန်တွယ်ခြင်းအမှုနှင့်ဆိုင်သောအတတ်။

Station, *n.* a place of standing, ရပ်နေရာ။ position, တည်ရာ။ တည်နေရာ။ office, situation, rank, အရာ။ occupation, အလုပ်အကိုင်။ — *v. t.* နေရာချသည်။

Stationary, *a.* တိုး၍မသွားဘဲနေသော။

Stationer, *n.* စက္ကူမှစ၍စာရေးတန်ဆာစုံကိုရောင်းသောသူ။

Stationery, *n.* စက္ကူမှစ၍စာရေးတန်ဆာ။

Statistic, Statistical, *a.* ပြည်သူပြည်သားဦးရေမှစ၍အကြောင်းအရာတို့နှင့်ဆိုင်သော။

Statistics, *n.* ပြည်သူပြည်သားဦးရေမှစ၍အကြောင်းအရာများကိုမှတ်သားသောစာရင်း။

Statuary, *n.* the art of carving in wood, ပန်းပုသမားအတတ်။ — in stone, ကျောက်ဆစ်သမားအတတ်။

Statue, *n.* ရုပ်တု။

Stature, *n.* အရပ်။ အထောက်အရပ်။

Statute, *n.* ဓမ္မသတ်။

Stave 1, *n.* စည်လုပ်ရန်ဖြူဖျင်သောပျဉ်ပြား။ — 2, *v. t.* ဖောက်ခွဲသည်။ — off, *v. t.* ဖယ်ရှားသည်။

Staves, *plur.* of Staff.

Stay, *v. i.* to remain, နေသည်။ to stop, stand still, ရပ်တန့်သည်။ to wait, ငံ့သည်။ ဆိုင်းသည်။ to rest, rely, မှီသည်။ ကိုးစားသည်။ — *v. t.* to cause to remain, prevent from proceeding, နေစေသည်။ တန့်ရပ်စေသည်။ မသွားအောင်ဆီးတားသည်။ to cause to wait, ဆိုင်းစေသည်။ to support, hold up, ထောက်သည်။ ထောက်မသည်။ — *n.* continuance, နေခြင်း။ a stand, stop, တန့်ရပ်ခြင်း။ a hinderance, အဆီးအတား။ a prop, support, အထောက်။ အထောက်အမ။ — of a mast, ရှေ့ဆိုင်းကြိုး။ နောက်ဆိုင်းကြိုး။ *plur.* a bodice, ထောက်ခံကိုယ်ကျပ်အင်္ကျီ။ — sail, *n.* ကြက်လျှာရွက်။

Stead, *n.* အစား။ ကိုယ်စား။ — [stand in], *v.* အကျိုးရှိသည်။

Steadfast, *a.* fast-fixed, firm, ခိုင်ခံ့မြဲမြံသော။ steady in mind, မြဲမြံတည်ကြည်သော။

Steadfastness, *n.* from above.

Steadiness, *n.* from next.

Steady, *a.* firm, ခိုင်ခံ့သော။ — *n.* သမာဓိ။ constant in mind, တည်ကြည်သော။ တည်တံ့သော။ uniform, သမတ်သော။ — *v. t.* ခိုင်ခံ့အောင်ပြုသည်။

Steadily, *adv.* တရေးရေး။ applied chiefly to words of seeing.

Steak, *n.* ကင်သောအမဲသား၊ ဝက်သား။

Steal, *v. t.* to take by theft, ခိုးသည်။ to gain clandestinely, လျှို့ဝှက်ခြင်းနှင့်ပရိယာယ်ပြု၍ရသည်။ — away, *v. i.* တိတ်ဆိတ်စွာမထင်မရှားထွက်သွားသည်။ — in, *v. i.* တိတ်ဆိတ်စွာမထင်မရှားဝင်သည်။

Stealth, *n.* theft, ခိုးခြင်း။ clandestine practice, လျှို့ဝှက်စွာပြုခြင်း။

Stealthy, *a.* လျှို့ဝှက်စွာပြုသော။

Steam, *n.* ရေငွေ့။ — boat, *n. see* — vessel. — car, *n.* မီးရထား။ — engine, *n.* မီးယန္တရားစက်တန်ဆာ။ — vessel, *n.* မီးသင်္ဘော။ — *v. i.* အငွေ့ထသည်။ — *v. t.* to apply steam to, အငွေ့တိုက်သည်။ to cook by steam, ပေါင်းသည်။

Steamer, *n.* မီးသင်္ဘော။

Steed, *n.* မြင်း။

Steel, *n.* သံမဏိ။ — *v. t.* to point or edge with steel, သံမဏိအသွားတင်သည်။ to make firm, unyielding, ခိုင်ကျည်အောင်ပြုသည်။

Steelyard, *n.* စည်းချိန်။

Steep 1, *a.* စောက်သော။ — 1, *n.* တောင်စောက်။ — 2, *v. t.* စိမ်သည်။ စိမ်၍ထားသည်။

Steeple, *n.* ပြအိုး။

Steepness, *n.* from Steep, *a.*

Steer 1, *n.* နွားပိုက်။ — 2, *v. t.* to direct the course of a vessel, ပဲ့သည်။ to direct the course of conduct, ပဲ့ကိုင်သည်။

Steerage, *n.* from above; *in a ship*, the apartment before the great cabin, ပဲ့ခန်းရှေ့မှာရှိသောအခန်း။

Steersman, *n.* တက်မကိုင်။ ပဲ့နင်း။

Stellar, *a.* ကြယ်နက္ခတ်နှင့်ဆိုင်သော။

Stem, *n.* the stock of a tree, ပင်စည်။ a petiale or pedicle, အညှာ။ a race, generation, အမျိုး။ the prow of a ship, သင်္ဘောဦးချွန်း။ — *v. t.* go against (a current), ဆန်၍သွားသည်။ to check, အရှိန်ကိုသတ်သည်။

Stench, *n.* အနံ့အခော်။

Stenography, *n.* အထိမ်းအမှတ်အားဖြင့်အကျဉ်းရေးတတ်သောအတတ်။

Stentorian, *a.* အလွန်အသံကျယ်သော။
Step, *v.* ခြေလှမ်းသည်။ — *n.* from above; the space passed by the foot in walking, ခြေလှမ်း။ progression, the act of advancing, တိုးတက်ခြင်း။ one remove in ascending or descending, တက်ရာ၊ဆင်းရာ၌တဆင့်။ a rundle, လှေကားထစ်။
Step-brother, *n.* အမိခြား၊ အဘခြားသောညီ၊ အစ်ကို၊ မောင်။
Step-daughter, *n.* လင်ပါသမီး။ မယားပါသမီး။
Step-father, *n.* ပထွေး။ — *n.* မိထွေး။
Stepping-stone, *n.* နင်းလှတ်အောင်စီခင်းသောကျောက်။
Step-sister, *n.* အမိခြား၊ အဘခြားသောညီအစ်မ၊ နှမ။
Step-son, *n.* လင်ပါသား။ မယားပါသား။
Stereography, *n.* ညီညာသောအပေါ်မှာရုပ်ပုံရအောင်ရေးသောအတတ်။
Stereometry, *n.* ရုပ်ကိုတိုင်းထွာသောအတတ်။
Stereotype, *v.* စာပုံကိုတပြားတည်းသွန်းလုပ်၍ထားသည်။ — *n.* တပြားတည်းသွန်းလုပ်၍ထားသောစာပုံ။
Sterile, *a.* barren, as land, ညံ့၍အသီးအနှံ များစွာမထွက်သော။ barren of ideas, ထိုးထွင်းသောညာဏ်မရှိသော။
Sterility, *n.* from above.
Sterling, *a.* pertaining to English coin, အင်္ဂလိပ်ဒင်္ဂါးမျိုးနှင့်ဆိုင်သော။ of solid worth, အနှစ်သာရရှိသော။
Stern 1, *n.* ပဲ့။ — port, *n.* ပဲ့ပြတင်းပေါက်။ — post, *n.* ရာဇတိုင်။ — way, *n.* လှေ၊သင်္ဘောဆုတ်၍မျောခြင်း။ — 2, *a.* — in countenance, မျက်နှာထားသော။ — in conduct, ကြပ်တည်းသော။
Sternmost, *a.* နောက်ဆုံး၌ရှိသော (သင်္ဘော)။
Sternness, *n.* from Stern, *a.*
Sternum, *n.* ရင်ရိုး။
Sternutation, *n.* ချေခြင်း။
Stew 1, *v. t.* တနွေးနွေးပြုတ်ထားသည်။ — 1, *n.* တနွေးနွေးချက်သောဟင်းပြုတ်။ — 2, *n.* a brothel, ပြည်တန်ဆာများနေသောအိမ်။
Steward, *n.* a butler, စားပွဲထိန်း။ a superintendent of income and expenditure, ငွေထိန်း။ ဘဏ္ဍာစိုး။
Stewardship, *n.* စားပွဲထိန်းအရာ။ ငွေထိန်းအရာ။ ဘဏ္ဍာစိုးအရာ။
Stick 1, *n.* ဒုတ်။ — lac, *n.* အမြီးအတံပါသောချိပ်။ — 2, *v. t.* to stab, ထိုး၍ဖောက်သည်။ to fix on a pointed instrument, ထိုး၍ထားသည်။ — 3, *v. i.* to adhere by tenacity, စေးကပ်သည်။ to stay in contact, ကပ်သည်။ to be fixed in, စွဲသည်။ to cleave to, စွဲကပ်သည်။ to hesitate, နှောင့်နှေးသည်။ to be stopped or hindered from proceeding, မတိုးမတက်နိုင်အောင်ဆီးတားလျက်ရှိသည်။ — *v. t.* to make adhere, စေးကပ်အောင်ပြုသည်။ — by, *v. t.* (တစုံတခိုးသောသူ) ဖက်၌နေသည်။ — out,

v. i. to jut, အစွန်းထွက်သည်။ to protrude as from a hole, ပြူသည်။ to project, as a snag, ငေါသည်။ ငေါက်တောက်တောက်ရှိသည်။ to be prominent, မောက်သည်၊ မို့သည်။ to stand out, as the eyes, ပြူးသည်။ to persist, အတင်းနေသည်။ — up, *v. i.* ထောင်လျှက်ရှိသည်။ — as the ears, တစွင့်စွင့်ရှိသည်။

Stickiness, *n.* from Sticky, *a.*

Stickle, *v. i.* ဆန့်ကျင်ဘက်ပြု၍ငြင်းခုံသည်။

Stickler, *n.* agent, from above.

Sticky, *a.* စေးသော။ စေးကပ်တတ်သော။

Stiff, *a.* not flexible, not pliant, တောင့်သော။ tense, taught, တင်းသော။ တင်းမာသော။ inspissated, ပျစ်သော။ strong, violent, ပြင်းသော။ unyielding, firm in mind, ခိုင်မာသော။ not smooth and easy, as style, အစီအလျှည်မသင့်သော။ not easy and natural in behavior, ပြောဆိုပြုမူနေထိုင်ခြင်းအမှု၌ပကတိအလိုသို့မလိုက်၊ကျုံ၍နေသော။ —hearted, —necked, *a.* စိတ်ခိုင်မာသော။

Stiffen, *v. i.* to become stiff, တောင့်သွားသည်။ &c. (for sub. def. *see* above), *v. t.* from Stiff, *a.*

Stiffness, *n.* from Stiff, *a.*

Stifle 1, *v. t.* to suffocate, as with smoke, dust, &c. မွန်အောင်ပြုသည်။ to extinguish, ငြိမ်းသည်။ to repress, restrain, ချုပ်တည်းသည်။ to suppress. မထင်မပေါ်နိုင်အောင်ဖုံးဖိသည်။
2, *n.* မြင်းခြေဆစ်။

Stigma, *n.* a brand, သံပူနှင့်ခတ်သောတံဆိပ်။ a mark of infamy, အသရေပျက်ခြင်းအကြောင်းအရာ။

Stigmatize, *v. t.* to brand, သံပူနှင့်တံဆိပ်ခတ်သည်။ to set a mark of disgrace on, အသရေပျက်အောင်မှတ်ထားသည်။

Stile, *n.* ကျော်၍ထွက်ဝင်ရန်လှေကားခုံ။

Stiletto, *n.* ဓားရှူး။

Still 1, *n.* ပေါင်းခံ၊ပေါင်းအိုးအစရှိသောအရက်ချက်ရန်တန်ဆာ။ — 2, *a.* silent, တိတ်သော၊ တိတ်ဆိတ်သော။ quiet, *a.* ငြိမ်သော။ motionless, မလှုပ်ဘဲနေသော။ — born, *a.* သျှောသွေးဖြစ်သော။ — 2, *v. t.* to appease, ငြိမ်းစေသည်။ — 3, *adv.* till, and at the present time, သေး။ notwithstanding, သို့သော်လည်း။

Stilt, *n.* ကုလားမခြေထောက်။

Stimulant, *n.* အားကြွစေတတ်သောဆေး။

Stimulate, *v. t.* to excite, နှိုးဆော်သည်။ တိုက်တွန်းသည်။ to quicken (internal action), အားကြွစေသည်။

Stimulation, *n.* from above.

Stimulus, *n.* နှိုးဆော်သောအရာ။

Sting, *n.* — of an insect, အမြီး၌ပါသောဆူး။ အစွယ်ဆူး။ any thing which gives deep pain, စပ်စပ်ပါအောင်နာစေတတ်သောအရာ။ — *v. t.* to pierce with a sting, တုပ်သည်။ to inflict sharp pain, စပ်စပ်ပါအောင်နာစေသည်။

Stinginess, *n.* from next.

Stingy, *a.* စေးနှဲသော။

Stink, *v. i.* နံသည်။ နံစော်သည်။ — *n.* from *do.*

Stint, *v. t.* to restrain within certain limits, အလိုအတိုင်းမဖြစ်စေခြင်းငှါတားမြစ်သည်။ to assign a task, အငန်းအတာချ၍ပေးသည်။ — *n.* a restraint, တားမြစ်သောအရာ။ a task assigned, အငန်းအတာ။

Stipend, *n.* အခ။

Stipendiary, *a.* အခစားခြင်းနှင့်ဆိုင်သော။ — *n.* အခစားသောသူ။

Stipulate, *v. i.* ဝန်ခံ၍ဂတိထားသည်။

Stipulation, *n.* from above, an agreement or covenant, ဝန်ခံ၍ဂတိထားချက်။

Stir, *v. i.* to move, လှုပ်သည်။ — *v. t.* to move, လှုပ်သည်။ to remove a little, ဆိတ်စိရွှေသည်။ to set a going, (ဖြစ်)အောင်အစအဦးပြုသည်။ to agitate, မွှေသည်။ to excite, နှိုးဆော်သည်။ ဆော်အော်သည်။ — backwards and forwards, *v. t.* လှော်သည်။ — up, *v. t.* to agitate, မွှေသည်။ to excite, နှိုးဆော်သည်။ — *n.* ရုန်းရင်းခတ်မှုပြုခြင်း။

Stirring, *a.* မနေမနားအားထုတ်၍လုပ်ကိုင်လျက်နေတတ်သော။

Stirrup, *n.* နင်းခွက်။

Stitch, *v. t.* to sew, ခပ်ချုပ်သည်။ — in a particular manner, အပ်ပြန်ပေါက်ချုပ်သည်။ — *n.* a single pass of the needle and thread, အပ်တချက်ချုပ်။ a turn of thread in knitting, ထိုး၍ရက်ရာ၌ခြည်အကွင်း။ a sharp pain, လေတံကျင်။

Stitching, *n.* from above, *v.*

Stithy, *n.* ပေ။

Stoccado, *n.* ထားနှင့်ထိုးခြင်းတချက်။

Stock, *n.* the stem of a tree, ပင်စည်။ a log of wood, သစ်တုံး။ the handle of a tool, အရိုး။ — of a musket, သေနတ်အိမ်။ — of an anchor, ကျောက်ဆူးလက်။ a cravat, လည်စည်း။ a race, family, အမျိုး။ capital, ရင်းနှီးသောငွေ။ အရင်းအနှီး။ funded money, bearing interest, အတိုးရအောင်သွင်းထားသောငွေ၊ *plur.* — for the legs, ထိတ်။ ထိတ်တုံး။ — for a ship in building, အုံးတုံး။ — broker, *n.* အတိုးရအောင် သွင်းထားသော ငွေလက်ခံပွဲစား။ — holder, *n.* အတိုး ရအောင် သွင်း ထား သော ငွေရှင်။ — jobber, *n.* တိုးရအောင်သွင်းထားသောငွေကိုရောင်းဝယ်သောသူ။ — still, *a.* သစ် တုံး ကဲ့ သို့ မလှုပ် ဘဲ နေ သော။ — Stock, *v. t.* လုံလောက်အောင်သိုထားသည်။

Stockade, *n.* သစ်တပ်။ — *v. t.* သစ်တပ်တည်သည်။

Stocking, *n.* ခြေစွပ်။

Stocky, *a.* တုပ်သော။ တုပ်တုပ်ရှိသော။

Stoic, *a.* လျစ်လျူသော။ — *n.* agent, from *do.*

Stoical, *see* Stoic, *a.*

Stoicism, *n.* from above.

Stoker, *n.* မီးဖို၊မီးသင်္ဘောအစရှိသည်တို့၌မီးကိုစောင့်ထိန်းရသောသူ။

Stole, *n.* ရှည်သောအင်္ကျီတမျိုး။

Stolid, *a.* ညာဏ်တုံးသော။

Stomach, *n.* the ventricle of digestion, အစာအိမ်။ appetite, စားသောက်ချင်ခြင်း။ inclination, အလို။ sullenness, မာန်မူခြင်း။

Stomacher, *n.* ရင်စည်းတန်ဆာ။

Stomachful, *a.* မာန်မူတတ်သော။

Stomachic, *a.* pertaining to the stomach, အစာအိမ်နှင့်ဆိုင်သော။ recreating the stomach, အစာအိမ်ကိုအားဖြည့်စေတတ်သော။

Stone, *n.* common stone, ကျောက်။ ကျောက်ခဲ။ precious stone, gem, ကျောက်မြတ်။ ကျောက်မျက်။ ကျောက်မွန်။ a calculus, ကျင်ငယ်အိမ်ကျောက်။ a testicle, ဝှေးစေ့။ the nut of a drupe, အစေ့တလုံးပါသောသစ်သီး၏အစေ့။ the weight of 14 pounds, ၁၄ပိဿာနှင့်ရှိသောအချိန်။ *see also* Gravestone. — blind, *a.* ဖြိုဖြိုမမြင်နိုင်အောင်ကန်းသော။ — cutter, *n.* ကျောက်ဆစ်သမား။ — dead, *a.* အလျှင်းအသက်မရှိသော။ — fruit, *n.* အစေ့တလုံးပါသောသစ်သီး။ — horse, *n.* မြင်းလား။မြင်းသိုး။ — pit, *n.* ကျောက်တွင်း။ — *v. t.* ကျောက်ခဲနှင့်ပြစ်သည်။

Stoniness, *n.* from next.

Stony, *a.* made of stone, ကျောက်နှင့်ပြီးသော။ abounding with stones, ကျောက်ခဲများသော။ hard hearted, ခြကြင်နာတတ်သော။ ရက်စက်သော။ — hearted, *a.* *see* last definition.

Stool, *n.* a seat, ထိုင်ခုံ။ matter evacuated from the intestines, စွန့်သောကျင်ကြီး။

Stoop, *v. i.* to bend the body downward and forward, ငုံ့သည်။ ကုန်းသည်။ ကုပ်သည်။ to take a lower place, ကိုယ်ကိုနှိမ့်ချ၍နိမ့်သောနေရာ၌နေသည်။ to come down, အောက်သို့ဆင်းသည်။ to yield, submit, ဝန်ချသည်။ to condescend, ကိုယ်ဂုဏ်အသရေကိုမမှတ်ဘဲကိုယ်ထက်ငယ်သောသူတို့နှင့်လိုက်လိုက်လျော်လျော်ပြုသည်။ *to bow down*, ကျိုးသည်။ — *n.* from *do.*

Stop, *v. i.* to cease to go forward, တန့်သည်။ ရပ်သည်။ to cease, leave off, စဲသည်။ — *v. t.* from *do;* to obstruct (a passage), ကန့်လန့်ထားသည်။ပိတ်ဆို့၍ထားသည်။ to hinder, impede, တားမြစ်သည်။ ဆီးတားသည်။ to put an end to the motion or action of.

သတ်သည်။ to close (an aperture), ဆို့သည်။ ပိတ်သည်။ — cock, *n.* သေ့ာ့ပါသောပြွန်။ — short, *v. i.* ရုပ်ခနဲရပ်နေသည်။ — *n.* from above, trans. and intrans.; an obstacle, impediment, အဆီးအတား။ a mark of punctuation, အပိုဒ်။

Stoppage, *n.* from Stop, *v. t.* — of urine, ကျင်ချုပ်ခြင်း။ ဆီးချုပ်ခြင်း။

Stopper, Stopple, *n.* အဆို့။

Storage, *n.* တိုက်၌သိုထားခြင်း။ the price of storage, သိုထားခ။

Store, *v. t.* to lay up, သိုသည်။ သိုထားသည်။ သိုမှီးသည်။ replenish, လုံလောက်အောင်ထားသည်။ — *n.* goods stored up, သိုထားသော ဥစ္စာ။ ဘဏ္ဍာ။ a plenty, large quantity, အပုံ။ *see also* — house. — [be in], *v. i.* သိုထားလျက်ရှိသည်။ — house, *n.* တိုက်။ ဘဏ္ဍာတိုက်။ — keeper, *n.* တိုက်စောင့်။

Stored, *a.* ဆေးရေးသောရုပ်ပုံနှင့်တန်ဆာဆင်လျက်ထားသော။

Stork, *n.* တောငန်း။

Storm, *n.* a tempest, မုန်တိုင်း။ မိုဃ်းသက်မုန်တိုင်း။ a violent assault on a fortified place, မြို့ကိုရုပ်ရုပ်ရှုံ့ရှုံ့တိုက်ခြင်း။ — *v. i.* to be a tempest, မိုဃ်းသက်မုန်တိုင်းဖြစ်သည်။ to act under the impulse of rage, ပြင်းစွာအမျက်ထွက်၍ကြမ်းတမ်းစွာပြုသည်။ *v. t.* မြို့ကိုရုပ်ရုပ်ရှုံ့ရှုံ့တိုက်သည်။

Stormy, *a.* tempestuous, မိုဃ်းသက်မုန်တိုင်းကျသော။ violent in language and conduct, အပြုအမူအပြောအဆိုပြင်းထန်သော။

Story, *n.* a narration, အကြောင်းအရာအထုပ္ပတ္တိများကိုအစဉ်အတိုင်း ပြောသောစကား။ a religious story, ဝတ္ထု။ a fabulous story, ဒဏ္ဍာရီ။ a set of rooms on the same floor, တိုက်ဆင့်။ အိမ်ဆင့်။ — teller, *n.* ဒဏ္ဍာရီကိုချဲ၍ပြောတတ်သောသူ။

Stout, *a.* strong, lusty, သန်မာသော။ bold, ရဲရင့်သော။ သူရဲဘော ရှိသော။ firm, resolute, ခိုင်ခံ့သော။ large and bulky, ထွားသော။ ကျိုင်းသော။ large of compass, in comparison with the height, တုတ်သော။ တုတ်ဝသော။ — hearted, *a.* သူရဲဘောရှိသော။

Stoutness, *n.* from Stout.

Stove, *n.* an iron fire-place, သံမီးဖို။ a foot-stove, ခြေတင်သံမီးဖို ကလေး။

Stow, *v. t.* to put in place, နေရာ၌ထည့်ထားသည်။ to lay up, သိုထားသည်။

Stowage, *n.* from above.

Straddle, *v. i.* ခြေကိုကားသည်။ *v. t.* ခွ၍စီးသည်။ ကားရားခွ၍စီးသည်။

Straggle, *v. i.* to wander from the way, လမ်းမှလွဲ၍အရပ်ရပ် လှည့်လည်သည်။ to shoot out irregularly, အစဉ်အတိုင်းမလိုက်၊ ထိုး၍ထွက်သည်။

Straight, *a.* ဖြောင့်သော။ — *adv.* ချက်ချင်း။ ရုတ်တရက်။ — forward, *adv.* ရှေ့သို့စိုက်စိုက်။

Straighten, *v. t.* from Straight, *a.*

Straightness, *n.* from Straight, *a.*

Straightway, *adv. see* Straight, *adv.*

Strain, *v. t.* to stretch tight, တင်းအောင်ဆွဲသည်။ to put to the utmost effort, တင်းတင်းကြပ်ကြပ်အားထုတ်အောင်ပြုသည်။ to constrain against nature, ပကတိအတိုင်းသို့မလိုက်၊ ကျုံ၍နေအောင်ပြုသည်။ to sprain, အဆစ်မြက်အောင်ပြုသည်။ to press in the arms, ပိုက်ဖက်၍ညှစ်သည်။ to filter, စစ်သည်။ — *v. i.* to make a violent effort, အပန်းကြီးစွာအားထုတ်သည်။ — *n.* from above, *v. i.*; a heavy stretch, ကြပ်ကြပ်တင်းအောင်ဆွဲခြင်း။ a sprain, အဆစ်မြက်သောအနာ။ — of speaking, ပြောဆိုခြင်း၏လက္ခဏာ။ — of writing, စာစီကုန်းခြင်း၏လက္ခဏာ။ some particular mode of music, တနည်းတသွယ်ဖြစ်သောသီခြင်းသံထွက်ခြင်း။ natural bent, ဝါသနာ။

Strainer, *n.* ရေစစ်ပဝါ။

Strait, *a.* narrow, ကျဉ်းသော။ strict, rigorous, ကြပ်တည်းသော။ difficult, distressful, ခက်ခဲသော။ ခဲယဉ်းသော။ — *n.* a narrow passage between two continents or islands, ကျွန်းလက်ကြား။ a difficult, distressing affair, ခက်ခဲသောအမှု။ ခဲယဉ်းသောအမှု။

Straiten, *v. t.* to make narrow, ကျဉ်းအောင်ပြုသည်။ to confine, within narrow limits, ကျဉ်းကျပ်အောင်ပြုသည်။ to distress, ပင်ပန်းစေသည်။ to make tense or tight, တင်းအောင်ဆွဲသည်။

Strait-laced, *a.* tight laced, ကိုယ်ကျပ်အင်္ကျီဝတ်သော။ stiff, constrained, ပကတိအလိုသို့မလိုက်၊ ကျုံ၍နေသော။ strait, rigid, ကြပ်တည်းသော။

Straitness, *n.* from Strait, *a.*

Stramineous, *a.* ကောက်ရိုးသဘောရှိသော။

Stramonium, Stramony, *n. see thorn apple.*

Strand 1, *n.* a beach, ကမ်းခြေသောင်ပြင်။ — 1, *v. t.* ကမ်းခြေသောင်ပေါ်မှာသင်္ဘောကိုတင်သည်။ — 2, *n.* one twist of a rope, လွန်း။ ကြိုးလွန်း။

Strange, *a.* foreign, တတိုင်းတပြည်နှင့်ဆိုင်သော။ new, သစ်သော။ အသစ်ဖြစ်သော။ wonderful, အံ့ဩဖွယ်ဖြစ်သော။ odd, ထူးခြားသော။

Strangeness, *n.* from above.

Stranger, *n.* a foreigner, တတိုင်းတပြည်သား။ one unknown or unacquainted, မသိမကျွမ်းသောသူ။ a guest, ဧည့်သည်။ လူစိမ်း။

Strangle, *v. t.* to choke, stop in the throat, နင်သည်။ — by compressing the neck, လည်ကိုအစ်သည်။ — by applying a rope,

လည်ကြိုးတပ်၍သတ်သည်။ to suppress, hinder from coming to the light, မထင်ပေါ်နိုင်အောင်ဖုံးဖိသည်။

Strangulation, *n.* from above.

Strangury, *n.* ဆီးအောင့်နာ။

Strap, *n.* ကြိုးပြား။ — *v. t.* to beat with a strap, ကြိုးပြားနှင့်ရိုက်သည်။ to bind with a strap, ကြိုးပြားနှင့်ချည်သည်။ to draw (a razor) flatwise on a strap, ကျောင်းသည်။

Strapping, *a.* ထွားကျိုင်းသော။

Stratagem, *n.* မာယာ။ ပရိယာယ်။

Strategy, *n.* စစ်တိုက်ခြင်းအမှုကိုမိရင်တတ်သောအတတ်။

Stratify, *v. t.* အထပ်ထပ်အလွှာလွှာဖြစ်အောင်ပြုသည်။

Stratum, *n.* အထပ်အလွှာ။

Straw, *n.* ကောက်ရိုး။ — color, *n.* နို့သာရောင်။ — colored, *a.* နို့သာရောင်ဖြစ်သော။ — roofed, — thatched, *a.* ကောက်ရိုးနှင့်မိုးသော။

Strawberry, *n.* အသီးငယ်တမျိုး။

Strawy, *a.* ကောက်ရိုးဖြင့်ပြီးသော။

Stray, *v. i.* to leave the way, လမ်းမှလွဲသည်။ to rove out of the way, လမ်းမှလွဲ၍လှည့်လည်သည်။ to rove at large, အလိုအလျောက်လှည့်လည်၍သွားသည်။ to deviate from right, to err, မှားသည်။ မှားယွင်းသည်။ — *n.* လွတ်၍လည်သောတိရိစ္ဆာန်။

Streak, *n.* အကြောင်း။ — in stone or wood, ကြိုး။ — *v. t.* အကြောင်းထင်အောင်လုပ်သည်။

Stream, *v. i.* စီးသည်။ စီးသွားသည်။ စီးထွက်သည်။ စီးယိုသည်။ — *n.* a current of water, ရေစီး။ စီးသောရေ။ a current of any liquid substance, စီးသောအရည်။ successive course, အစဉ်အလိုက်သွားခြင်းသွားခြင်း။ a brook or river, ချောင်း။ မြစ်။

Streamer, *n.* a long flag, အလံရှည်။ one offered in worship, တံခွန်။

Streamlet, *n.* ချောင်း။

Streamy, *a.* စီးသောရေများသော။

Street, *n.* a road, လမ်း။ a road by houses, အိမ်တန်းလမ်း။ — walker, *n.* လမ်းလည်မိန်းမရှင်။

Strength, *n.* (of various kinds), အား။ ခွန်အား။ အရှိန်။ power of endurance, ခိုင်ခံ့ခြင်းသတ္တိ။

Strengthen, *v. i.* to gain strength, အားတိုးသည်။ — *v. t.* to impart strength to, အားတိုးအောင်ပြုသည်။ to animate, encourage, hearten, အားပေးသည်။ to make strong, enduring, ခိုင်ခံ့စေသည်။ to confirm, establish, တည်စေသည်။

Strenuous, *a.* စိတ်အားကြီး၍ကြိုးစားအားထုတ်တတ်သော။

Strenuousness, *n.* from above.

Stress, *n.* အား။ အရှိန်။

Stretch, *v. t.* to extend in a line, တန်းသည်။ to strain, make tense, တင်းအောင်ဆွဲသည်။ to extend, as the hand and arm. ဆန့်သည်။ to spread, expand, ဖြန့်သည်။ to extend, as a superficies and make fast, ကြက်သည်။ to make an effort, အားထုတ်သည်။ t exceed, လွန်ကျူးသည်။ — *v. i.* to reach to. မှီသည်။ ထိအောင် ရောက်သည်။ to bear pulling without breaking, ဖျဉ်းသည်။ to hold a course (at sea), (တမိုတခုသော) လမ်းသို့လိုက်သည်။ — apart, *v. t.* ကားအောင်ဖြဲသည်။ — out, *see* Stretch, *v. t.* 3d and 4th definition. — *n.* from *do.*

Stretched, (to be), *v. i.* စန့်သည်။ စင်းသည်။ draw out, as an iron by beating.

Strew, *v. t.* ကြဲသည်။

Strickle, *n.* တံသုတ်။

Stricken (in years or age), *a.* အသက်ကြီးရင့်သော။

Strict, *a.* close, tight, ကျပ်သော။ tense, တင်းသော။ exact, သေချာသော၊ severe, rigorous, ကြပ်တည်းသော။

Strictness, *n.* from above.

Stricture, *n.* a hit, အထိအခိုက်။ an animadversion, အကြောင်းပြု၍ ပြောချက်။ a constriction, အောင့်ခြင်း။

Stride, *v. i.* to straddle (intrans.), ခြေကိုကားသည်။ to walk with long steps, ကျယ်ကျယ်ခြေလှမ်း၍သွားသည်။ — *v. t.* to pass over at a step, တလှမ်းတည်းနှင့်ကျော်၍သွားသည်။ — *n.* ကျယ်သောခြေလှမ်း။

Stridulous, *n.* ကြိတ်ကြိတ်မြည်သော။

Strife, *n.* emulative contest, အားကျ၍ပြိုင်ခြင်း။ contention, ဆန့်ကျင်ဘက်ပြု၍ပြိုင်ခြင်း။ a quarrel, ပဋိဃာတ်ဖြစ်ခြင်း။ ရန်တွေ့ခြင်း။

Strike, *v.* to give a blow, ရိုက်သည်။ ပုတ်သည်။ to stamp, ခတ်သည်။ to hit in order to produce sound, တီးသည်။ ထိုးသည်။ to punish, ဒါဏ်ခတ်သည်။ to affect (the mind), နှစ်လုံးခိုက်အောင်ပြုသည်။ to appear, occasion a thought or sentiment, ထင်သည်။ (intrans.), အထင်ဖြစ်စေသည်။ to level (a measure), တံသုတ်နှင့်ကျမ်းသည်။ to ground, တင်သည်။ — a bargain, လက်ဝါးရိုက်သည်။ ရောင်းဝယ်မှုတွင်သဘောတူ၍ဝန်ခံသည်။ a flag, အလံကိုချသည်။ — a root, အမြစ်ကျသည်။ a sail, ရွက်ကိုရုတ်သည်။ ရွက်ကိုသိမ်းသည်။ — hither and thither, *v.* ယမ်းသည်။ — in, *v. i.* to enter suddenly, ရုတ်ခနဲဝင်သည်။ to recede from the surface, ငုပ်၍ဝင်သည်။ — in with, *v. t.* တညီတည်းလိုက်လျော်သည်။ — off, *v. t.* to erase from an account, လျှော့သည်။ to cut off, ဖြတ်၍ကွဲကွာစေသည်။ to print, ပုံနှိပ်သည်။ — out.

v. t. to produce by collision, (မီး) ရအောင်ခတ်သည်။ to erase, ချေသည်။ ချေဖျက်သည်။ to invent, ထိုးထွင်း၍လုပ်သည်။ v. i. ထွက်၍လှည့်လည်သည်။ — through, v. t. ထုတ်ချင်းခပ်သည်။ — up, v. t. သီခြင်းဆိုစ၊တီးမှုတ်စပြုသည်။ — n. တံသုတ်။

Striking, a. impressive, နှစ်လုံးကိုခိုက်စေတတ်သော။

String, n. a small cord, ကြိုးသေး။ several things placed on file, သီထားသောအရာစု။ a line of things strung for ornament, အကုန်း။ သီကုန်းသောအရာစု။ a fibre, အမျှင်။ a nerve, အကြော။ a series, အစီအစဉ်။ the tough substance that unites the sides of a pod, ပဲတောင့်အမျှင်။ — v. t. to furnish with strings, ကြိုးနှင့်ပြည့်စုံအောင်လုပ်သည်။ to file on a string, သီသည်။ သီကုန်းသည်။ to make tense, တင်းအောင်ပြုသည်။ to strip the strings from the sides of pods, ပဲတောင့်အမျှင်ကိုသင်သည်။

Stringent, a. ကြပ်တည်းသော။

Stringy, a. အမျှင်များသော။

Strip, v. t. to pull off, ချွတ်သည်။ to peel off, အခွံကိုနွှင်သည်။ နွှာသည်။ နွှေးသည်။ သင်သည်။ to deprive, (ဘစ္စုံတခု) မဲ့ဖြစ်အောင်ပြုသည်။ to plunder, လုယူသည်။ — n. အလျားရှည်သောအဝတ်စ။

Stripe, n. a line of different color, အစင်း။ a blow with a whip, အစည်ကြိုးနှင့်သော်၎င်း၊ ကြိမ်နှင့်သော်၎င်း၊ ရိုက်သည့်အချက်။ — v. t. အစင်းထင်အောင်လုပ်သည်။

Striped, a. (longitudinally), အစင်း။ အစင်းပါသော။ အကြောင်းအစင်းပါသော။ (transversely), အတန်းအတန်းပါသော။

Stripling, n. လူပျိုကလေး။

Strive, v. i. to make efforts, ကြိုးစားသည်။ အားထုတ်သည်။ — with, v. t. to vie with, အားကျ၍ပြိုင်သည်။ to contend with, ပြိုင်၍နိုင်အောင်အားထုတ်သည်။

Striving, n. from above.

Stroke 1, n. a blow, ရိုက်ပုတ်သည့်အချက်။ a sudden calamity, ဘေးသင့်ချက်။ the sound of a clock, တီးချက်။ a touch of the pencil, စုတ်တံနှင့်တချက်တည်းရေးသားခြင်း။ a touch of the pen, မှင်တံနှင့်တချက်တည်းရေးသားခြင်း။ a masterly effort, ကြိုးစား၍ထိုးထွင်းသောအမှု။ much business, များစွာအမှုဆောင်ရွက်ခြင်း။ — 2, v. t. သပ်သည်။ စမ်းသပ်သည်။

Stroll, v. i. အားလပ်၍လှည့်လည်သည်။ — n. from do.

Strong, a. having strength (of various kinds), စွမ်းမာသော။ ခွန်အားရှိသော။ အားကြီးသော။ သန်စွမ်းသော။ firm, having the power of endurance, ခိုင်ခံ့သော။ zealous, စိတ်အားကြီးသော။ having some quality in a high degree, အရှိန်ကြီးသော။ ပြင်းသော။ well impregnated with some pungent or stimulating ingredient, လေးသော။ အနှစ်အရသာရှိသော။ hard of digestion, ကျော့ခဲသော (အစာ)။ — hand, *n.* အနိုင်အထက်ပြုခြင်း။ — handed, *a.* လက်အားကြီးသော။ — hold, *n.* ရဲတိုက်။ — minded, *a.* ဉာဏ်ကြီးကျယ်သော။

Strop, *n.* သင်တုန်းကျောင်းသောသားရေတန်ဆာ။ — *v. t.* (သင်တုန်းကို) ကျောင်းသည်။

Strophe, *n.* ဂါထာ။

Structure, *n.* an edifice, တည်ဆောက်သောအရာ။ construction, conformation, တည်ဆောက်ခြင်းအခြေအနေ။

Struggle, *v. i.* to writhe and pull, လွန့်လိမ်၍ရုန်းသည်။ to strive violently, make painful effort, အပန်းတကြီးကြိုးစားသည်။ — *n.* from above; contention, ဆန့်ကျင်ဘက်ပြု၍ပြိုင်ခြင်း။

Strumpet, *n.* ပြေးစားမ။

Strut, *v. i.* ဟန်ချီလျှောက်မော့၍သွားသည်။ — *n.* from *do.*

Stub, *n.* သစ်ငုတ်။ — *v. t.* to grub up, တူးဆွ၍နုတ်ပြစ်သည်။ to hit the toes against, ခြေဖျားနှင့်တိုက်မိုက်မိသည်။

Stubbed, Stubby, *a.* တုံးသော။

Stubble, *n.* ရိုးပြတ်။

Stubborn, *a.* obstinate, စိတ်ခိုင်မာ၍ဖျောင်းဖျမရနိုင်သော။ to be firm in mind, persevering, စိတ်ခိုင်ကျည်သော။ inflexible, မကိုင်း မညွတ်နိုင်အောင်မာသော။

Stubbornness, *n.* from above.

Stub-nail, *n.* တိုသောသံချွန်။

Stucco, *n.* အင်္ဂတေအနူ။

Stud, *n.* a short post supporting some beam or other timber, မျှော။ မျှောတိုင်။ a large-headed nail, မှို။ a button for a shirt sleeve, အင်္ကျီလက်ဖျားတွင်တွယ်ရန်အသီးရှင်။ a collection of breeding horses and mares, ပွားများစေခြင်းငှါထားသောမြင်းလားး၊ မြင်းမအစု။ — *v. t.* to adorn with studs, မှိုစိ၍တန်ဆာဆင်သည်။

Studding-sail, *n.* ရွက်လက်မဥ္စဆက်၍ထိုးသောရွက်ရှင်။

Student, *n.* a scholar, စာသင်တပည့်။ စာသင်သောသူ။ a man given to books, စာနှင့်မွေ့လျော်သောသူ။

Studied, *a.* versed, လေ့ကျက်သော။

Studio, *n.* အတတ်ပညာသင်သောရုံ။

Studious, *a.* given to learning, စာသင်သောဝါသနာရှိသော။ diligent, လုံ့လပြုတတ်သော။ careful, သတိပြုတတ်သော။

Studiousness, *n.* from above, 1st definition.

Study, *v. i.* to apply the mind to books, စာသင်သည်။ to endeavour, ကြိုးစားသည်။ — *v. t.* to apply the mind to, in order to understand, သိနားလည်အောင်သင်သည်။ to consider attentively, စေ့စေ့ဆင်ခြင်သည်။ သုံးသပ်သည်။ — *n.* from above, *v. i.* and *v. t.* an apartment devoted to study, စာကြည့်ခန်း။ စာသင်ခန်း။

Stuff, *n.* substance, matter, အထည်ကိုယ်။ materials, လုပ်ဆောင်ဘို့ဖြစ်သောအရာ။ furniture, goods, ပရိက္ခရာ။ ဝတ္ထု။ wove-cloth, fabrics of the loom, အထည်အလိပ်။ any thing, တာ။ အရာ။ — *v. i.* to eat gluttonously, စားပိုနင့်အောင်စားသည်။ — *v. t.* to crowd in, cram, သိပ်သွင်းသည်။

Stuffing, *n.* သိပ်သွင်းသောအရာ။

Stuffy, *a.* သုန်မှုန်၍နေသော။

Stultify, *v. t.* မိုက်ကြောင်းကိုပြသည်။

Stum, *n.* မပေါက်သောစပျစ်ရည်။

Stumble, *v. i.* ထိမိ၍လည်းသည်။ to err, မှားသည်။ မှားယွင်းသည်။ to light on by chance, အမှတ်တမဲ့တွေ့သည်။ — *v. t.* to nonplus, မကြံစည်နိုင်အောင်ပြုသည်။ — *n.* from above, *v. i.* 1st and 2nd definition.

Stumbling-block, *n.* ထိမိ၍လည်းစရာအကြောင်း။

Stumbling-stone, *n.* ထိမိ၍လည်းစရာကျောက်။

Stump, *n.* — of a tree, သစ်ငုတ်။ — of a tooth, သွားငုတ်။ — of an arm or leg, လက်တို။ ခြေတို။

Stumpy, *a.* သစ်ငုတ်များသော။

Stun, *v. t.* from next.

Stunned [be], *v. i.* မေ့သည်။

Stunt, *v. t.* from next.

Stunted [be], *v. i.* ပုသည်။ ကျစ်သည်။

Stupefaction, *n.* from Stupefy; stupor, ထုံခြင်း။

Stupefactive, *a.* ထုံစေတတ်သော။

Stupefy, *v. t.* ထုံအောင်ပြုသည်။

Stupendous, *a.* အလွန်အံ့သြဖွယ်ဖြစ်သော။

Stupendousness, *n.* from above.

Stupid, *a.* dull in intellect, ဉာဏ်တုံးသော။ ထိုင်းသော။ ထိုင်းမှိုင်းသော။ dull of apprehension, နားထူသော။ uninteresting, စိတ်နှစ်လုံးကိုမနှိုးဆော်တတ်သော။

Stupidity, *n.* from above, 1st and 2d definition.

Stupor, *n.* ထုံခြင်း။

Stuprate, *v. t.* မုဒိမ်းကျင့်သည်။

Sturdiness, *n.* from next.

Sturdy, *a.* သောင်းမာသော။ သန်မာခိုင်ခံ့သော။

Stutter, *v. i.* စကားထစ်သည်။

Stutteringly, *adv.* ထစ်ထစ်။

Sty, *n.* ဝက်ခြံ။
Stygian, *a.* ငရဲနှင့်ဆိုင်သော။
Style, *n.* an iron pen, ကညစ်။ the character of language, music, painting, &c. အခြေအနေ။ လင်္ကာ။ သတော။ a mode of appellation, ခေါ်ဝေါ်ရသောနည်း။ a mode of reckoning time, နှစ်လနေ့ရက်ကိုမှတ်သောနည်း။ manner, way of doing, ပြုသောနည်း။ — *v. t.* ခေါ်ဝေါ်သည်။
Stylish, *a.* ကာလအလိုက်လှလှဝတ်ဆင်သော။
Styptic, သွေးကြောဝကိုပိတ်စေတတ်သော။
Suasible, Suasion, Suasive, Suasory, *see* Persuasible, &c.
Suavity, *n.* နူးညံ့ချိုသာခြင်း။
Sub, *pref.* *in composition*, အောက်။
Sub-acid, *a.* ခပ်ချဉ်ချဉ်။
Subaltern, *a.* တပ်၌အရာငယ်သော။ — *n.* ဗိုလ်ထောက်။
Sub-dean, *n.* ဂိုဏ်းထောက်ကိုယ်စားလှယ်။
Sub-divide, *v. t.* ထပ်၍ခွဲစိတ်ပြန်သည်။
Subdivision, *n.* from above; a part of a larger part, ခွဲစိတ်ပြန်သောအရာ။
Subduct, *v. t.* နှုတ်သည်။
Subduction, *n.* from above.
Subdue, *v. t.* to reduce to subjection, အောင်၍နှိမ့်ထားသည်။ to conquer, overcome, အောင်သည်။ နိုင်သည်။ to crush, နှိပ်နင်းသည်။ to overcome and remove, နိုင်၍ပျောက်စေသည်။
Subduer, *n.* agent, from above.
Subjacent, *a.* အနိမ့်မှာနီးစပ်လျက်ရှိသော။
Sub'ject, *a.* situate under, အောက်မှာရှိသော။ being under dominion, အုပ်စိုးခြင်းကိုခံလျက်ရှိသော။ unable to avoid, မလွတ်၊ခံရသော။ — *n.* one who is under a sovereign, ကျွန်။ ကျွန်တော်မျိုး။ the object acted on, အရာ။ ရာ။ (in verbal nouns) a topic, အကြောင်းအရာ။ — *v. t.* to bring under dominion, အုပ်စိုးခြင်းကိုခံစေသည်။ to enslave, ကျွန်ခံစေသည်။ to reduce to the necessity of enduring, မလွတ်နိုင်ဘဲခံရအောင်ပြုသည်။ to submit for examination, အစစ်ခံရအောင်အပ်သည်။
Subjection, *n.* from above, *v. t.*; the state of being subject, အုပ်စိုးခြင်းကိုခံခြင်း။
Subjective, *a.* စိတ်ထင်သောအရာနှင့်ဆိုင်သော။
Subjoin, *v. t.* ဆက်၍ထည့်သည်။
Subjugate, *v. t.* တိုက်ယူ၍အုပ်စိုးသည်။
Subjugation, *n.* from above.
Subjunctive, *a.* တစုံတခုသောအရာနှင့်ဆက်လျက်ရှိသော၊

Sublimate, *v. t.* to evaporate and re-condense, ပြန်၍ကြိုချက်သည်။ to improve, make more excellent, တိုး၍ကောင်းမြတ်အောင်ပြုသည်။
Sublimation, *n.* from above.
Sublime, *a.* high, မြင့်သော။ high in excellence, မြင့်မြတ်သော။ great and lofty, ကြီးမြင့်သော။ — *v. t. see* Sublimate.
Sublimity, *n.* from above, *a.*
Sublunary, *a.* ဤလောကနှင့်ဆိုင်သော။
Submarine, *a.* ပင်လယ်အောက်မှာရှိသော။
Submerge, *v. t.* မြှုပ်သည်။
Submersion, *n.* from above.
Submission, *n.* the act of submitting one's self, သူတပါးအုပ်စိုးခြင်းကိုဝန်ခံခြင်း။ the act of yielding, ဝန်ချခြင်း။ acknowledgment of a fault, အပြစ်ရှိသည်ဟုဝန်ချခြင်း။ တောင်းပန်ခြင်း။ resignation, ကိုယ်အလိုသို့မလိုက်၊သူအလိုကိုဝန်ခံခြင်း။
Submissive, *a.* yielding to another, ဝန်ချသော။ သူအလိုကိုဝန်ခံသော။ နားထောင်သော။ humble, နှိမ့်ချသော။
Submissiveness, *n.* from above.
Submit, *v. i.* to yield (intrans.), ဝန်ချသည်။ — *v. t.* to lay before (a superior), တင်သည်။ to refer for decision, လွှဲအပ်သည်။ — one's self, *v. t.* (တစုံတဦးသောသူ၏) အုပ်စိုးခြင်းကိုဝန်ခံသည်။
Subordinate, *a.* inferior in order, အရာသာ၍ငယ်သော။ descending in a regular series, အစဉ်အတိုင်းအဆင့်ဆင့်ဆုတ်ယုတ်သော။ — *v. t.* အစဉ်အတိုင်း အဆင့်ဆင့် ဆုတ်ယုတ်သောအရာ၌ခန့်ထားသည်။
Subordination, *n.* from above.
Suborn, *v. t.* to induce one to swear falsely, မမှန်သောကျိန်ဆိုခြင်းကိုပြုစေသည်။ to procure privately or by collusion, လျှို့ဝှက်၍ရအောင်ပြုသည်။
Subornation, *n.* from above.
Subpœna, *n.* သက်သေချခေါ်သောလက်မှတ်စာ။
Subscribe, *v. t.* လက်မှတ်ထိုးသည်။ *v. i.* ဝန်ခံသည်။
Subscription, *n.* from Subscribe; a writing with names subscribed, လက်မှတ်ထိုးသောစာ။ consent given by subscribing, လက်မှတ်ထိုး၍ဝန်ခံခြင်း။ sum subscribed, လက်မှတ်ထိုး၍ပေးသွင်းသောငွေပေါင်း။
Subsequent, *a.* နောက်ဖြစ်သော။
Subsequently, *adv.* နောက်မှ။
Subserve, *v. t.* ညီသည်။ မသည်။ အကျိုးကိုပြုစုတတ်သည်။
Subservience, Subserviency, *n.* from above.

Subservient, *a.* from Subserve.

Subside, *v. i.* to settle, as sediment, (အနှစ်)ကျသည်။ to sink, become low, နိမ့်သွားသည်။ to become tranquil, ငြိမ်သွားသည်။ to abate, လျော့သည်။

Subsidence, Subsidency, *n.* from above.

Subsidiary, *a.* ကူညီသော။ ထောက်ပင့်သော။ မစသော။ — *n.* agent, from above.

Subsidize, *v. t.* ကူညီထောက်ပင့်စေခြင်းငှါလက်ဆောင်တံမိုးပေးသည်။

Subsidy, *n.* ကူညီထောက်ပင့်စေခြင်းငှါပေးသောလက်ဆောင်တံမိုး။

Subsist, *v. i.* to be, exist, ဖြစ်သည်။ to continue, retain the present state, တည်သည်။ to have the means of living, အသက်မွေးရန်အကြောင်းရှိသည်။ to inhere, စွဲလျက်ရှိသည်။

Subsistence, Subsistency, *n.* the act of subsisting, ဖြစ်ခြင်း။ that which subsists, ဖြစ်သောအရာ။ means of living, အသက်မွေးရန်အကြောင်း။ provision for sustaining life, အသက်မွေးရန်အစာအာဟာရစသောအသုံးအဆောင်။ inherence, စွဲ၍ရှိခြင်း။

Subsistent, *a.* from Subsist, *v. i.* 1st and last def.

Substance, *n.* any thing that exists, အရာ။ ဟာ။ ဥစ္စာ။ သရုပ်သကောင်။ အကောင်အထည်။ that which supports accidents, ဖြပ်။ the essential part (of a thing), ဖြစ်ရင်းပကတိဖြင့်ပါသောအရာ။ နဂိုရှိနှင့်ဆိုင်သောအရာ။ something real, not apparent or imaginary, အဖြူ။ the solid part (of a thing), အနှစ်။ သာရ။ goods, property, ဥစ္စာ။ ပစ္စည်း။ ဝတ္ထု။

Substantial, *a.* real, actually existing, ကေန်အမှန်ဖြစ်သော။ having real substance, not empty or imaginary, အဖြူဖြစ်သော။ အနှစ်သာရရှိသော။ material, အထည်ကိုယ်ဖြစ်သော။ strong, ခိုင်ခံ့သော။ moderately wealthy, ကုံတန်သော။

Substantiality, *n.* from above, 1st, 2d and 3d def.

Substantialness, *n.* from Substantial.

Substantiate, *v. t.* တည်စေသည်။

Substantive, *a.* ဖြစ်ခြင်းနှင့်ဆိုင်သော။ — *n.* နာမ်။

Substitute, *v. t.* အစားထိုးသည်။ အစားစိုက်သည်။ — *n.* a person substituted for another, ကိုယ်စား။ ကိုယ်စားထားသောသူ။ ကိုယ်စားထိုးသောသူ။ a thing substituted for another, အစားထိုးသောအရာ။

Substitution, *n.* from above, *v. t.*

Substract, *see* Subtract

Substratum, *n.* အောက်ကခင်းသောအထပ်အလွှာ။

Substructure, *n.* အောက်ခံ။

Subtend, *v. t.* အောက်ကတန်းသည်။

Subtense, *n.* အောက်ကတန်းသောအရာ။ အောက်ကတန်း။
Subterfuge, *n.* လွတ်အောင်ပြုသောဥပါယ်တမျည်။
Subterranean, Subterraneous, *a.* မြေကြီးအောက်မှာတည်သော။
Subtile, *a.* fine and minute, နူးညံ့သေးနုပ်သော။ fine, nice, delicate, နူးညံ့သိမ်မွေ့သော။ piercing, as pain, စူးသော။ cunning, လိမ္မာသော။ deceitful, လိမ်လည်သော။ over-nicely distinguished, ခွဲဝေ့စပ်စပ်ခြားနားလွန်းသော။
Subtilization, *n.* from next.
Subtilize, *v. t.* from Subtile, 1st and last def.
Subtle, *see* Subtile.
Subtract, *v. t.* နုတ်သည်။
Subtraction, *n* from above.
Subtrahend, *n.* နုတ်ကိန်း။
Suburb, *n.* မြို့၏ဥပစာ။ ဆင်ခြေဖုံး။
Suburban, *a.* မြို့၏ဥပစာ၌တည်သော။
Subversion, *n.* from Subvert.
Subversive, *n.* from next.
Subvert, *v. t.* မှောက်လှန်ဖျက်ဆီးသည်။
Succedaneous, *n.* အစားထိုး၍သုံးရသော။
Succedaneum, *n.* အစားထိုး၍သုံးသောအရာ။
Succeed, *v.* to follow in order, အစည်အတိုင်းလိုက်သည်။ to take place in regular succession, ဆက်ခံသည်။ to come in the place of another, (တစုံတဦးသောသူ၏) အရာ၌ဝင်သည်။ to follow, come after, နောက်သို့လိုက်သည်။ to terminate successfully, ပြီး၍ဖြစ်သည်။ to obtain one's end, အကြံထမြောက်သည်။ —*v. t.* from two last def.
Success, *n.* အကြံထမြောက်ခြင်း။
Successful, *a.* အကြံထမြောက်သော။ အကျိုးစီးပွားကိုရသော။
Succession, *n.* from Succeed, 1st and 2d def.; a series of descendants, ဆင်းသက်သောအမျိုးအနွယ်။
Successive, *a.* အစည်အတိုင်းလိုက်သော။ တခုနောက်တခုလိုက်သော။ ဆက်ကာဆက်ကာဖြစ်သော။
Successless, *a.* အကျိုးစီးပွားကိုမရသော။
Successor, *n.* (တစုံတဦးသောသူ၏) အရာကိုဆက်ခံရသောသူ
Succinct, *a.* အကျဉ်းအားဖြင့်ချုပ်၍ပြောသော(စကား။)
Succulence, *n.* from next.
Succulent, *a.* အရည်ရှမ်းသော။
Succumb, *v. i.* ဝန်ချသည်။

Such, *pron. a.* of this or that sort, သို့။ ဤသို့။ ထိုသို့။ ယင်းသို့။ — (refering to what has been specified.) ဤမည်သော။ the same that, သော။ (connecting particle.)

Suck, *v. t.* to draw (milk from the breast,) နို့သည်။ to draw by any mode of suction, or to imbibe, absorb, စုတ်သည်။ —*n.* from above, 1st def.; milk drawn from the breast, နို့သောနို့။

Sucker, *n.* any thing that sucks or draws, စုတ်သောအရာ။ a pipe used in sucking, ပစပ်နှင့်စုတ်သောပြွန်တံ။ ခေါင်တံ။ ပလွေတ်။ the shoot of a tree from the root, အတက်။

Suckle, *v. t.* နို့တိုက်သည်။

Suckling, *n.* နို့စို့သူငယ်။ နို့စို့ကလေး။

Suction, *n.* စုတ်ခြင်း။

Sudden, *a.* ရုပ်ခနဲဖြစ်သော။ —[on a] *adv.* ရုပ်ခနဲ။

Suddenness, *n.* from Sudden.

Suddenly, *adv.* စုတ်ခနဲ။ စုတ်ချင်း။ or စုတ်ချည်။ ရုတ်ခနဲ။ ဖြုတ်ခနဲ။ ဆတ်ခနဲ။ ဆတ်ချည်။

Sudorific, *a.* ချွေးထွက်စေသော။

Sudorous, *a.* ချွေးဖြစ်သော။

Suds, *n.* ဆပ်ပြာမြှုပ်။

Sue, *v. t.* to prosecute at law, တရားစွဲဆိုသည်။ ဧဒထားတရားပြုလုပ်သည်။ —*v. i.* to petition, တောင်းပန်သည်။ လျှောက်တောင်းသည်။

Suet, *n.* ကျောက်ကပ်၌ကပ်သောအဆီခဲ။

Suffer, *v. t.* to bear, as pain, or to endure, sustain, ခံသည်။ to permit, မဆီးမတားဘဲနေသည်။ —*v. i.* to undergo pain, နာသည်။ to be injured, ယိုယွင်းသည်။

Sufferable, *a.* ခံနိုင်ဖွယ်ဖြစ်သော။

Sufferance, *n.* the bearing of pain, ဝေဒနာခံခြင်း။ နာခြင်း။ patience, သည်းခံခြင်း။ permission, မဆီးမတားဘဲနေခြင်း။

Sufferer, *n.* agent, from Suffer.

Suffering, *n.* from Suffer.

Suffice, *v. i.* to be sufficient, လောက်သည်။ —*v. t.* to satisfy, အလိုပြည့်စုံစေသည်။

Sufficiency, *n.* enough, အလုံအလောက်။ adequacy, တန်ခြင်း။ ထိုက်တန်ခြင်း။ ability, တတ်နိုင်သောအစွမ်းသတ္တိ။

Sufficient, *a.* enough, လောက်သော။ adequate, တန်သော။ ထိုက်တန်သော။ able, capable, competent to, နိုင်သော။ တတ်နိုင်သော။

Suffix, *v. t.* စကားဖျားန၌ဆက်သည်။ —*n.* စကားဖျားန၌ဆက်သောဗိုတတ်။

Suffocate, *v. t.* — with water, မွန်းအောင်ပြုသည်။ to stifle, as with smoke, dirt, &c. မွန်အောင်ပြုသည်။

Suffocation, *n.* from above.

Suffragan, *n.* ဂိုဏ်းချုပ်ဓိရင်ရာပါဝင်သောဂိုဏ်းအုပ်။
Suffrage, *n.* တဖက်၌နေ၍သဘောရှိရာအမှတ်လက္ခဏာကိုပြသည်။
Suffuse, *v.* ဖုံးလွှမ်းသည်။
Suffusion, *n.* from above.
Sugar, *n.* သကြား။ —candy, *n.* သကြားခဲ။ သကြားပွင့်။ —cane, *n.* ကြံ။ —loaf, *n.* သကြားတိုင်။ —plum, *n.* အဆီးယော်သဏ္ဌာန်လုပ်သောသကြားလုံး။
Sugary, *a.* sweet as sugar, သကြားကဲ့သို့ချိုသော။ containing sugar, သကြားပါသော။
Suggest, *v. t.* to hint, အရိပ်ပေးသည်။ to furnish a thought, အကြံပေးသည်။
Suggestion, *n.* from above; something suggested, အကြံပေးချက်။
Suicidal, *a.* ကိုယ်အသက်ကိုသတ်ခြင်းနှင့်ဆိုင်သော။
Suicide, *n.* self-murder, ကိုယ်အသက်ကိုသတ်ခြင်း။
Suit, *n.* a set, number of things fitted to be used together, စုံလင်သောအရာစု။ a petition, တောင်းပန်ခြင်း။ courtship, (မိန္မကို) လှည့်ခြင်း။ a lawsuit, တရားမှု။ တရားတွေ့မှု။ —*v. i.* တန်သည်။ တော်သည်။ လျော်သည်။ သင့်သည်။ —*v. t.* from *do.*
Suitable, *a.* from Suit, *v. i.*
Suitableness, *n.* from above.
Suite, *n.* နောက်ပါအခြွေအရံ။
Suited [be], *v. i.* အားရသည်။
Suitor, *n.* agent, from Sue, and Sue to; a wooer, (မိန္မကို) လှည့်သောသူ။
Sulkiness, *n.* from next.
Sulky, *see* Sullen.
Sullen, *a.* စိတ်ပြုသော။ သုန်မှုန်၍နေသော။ မာန်မူသော။ သိုးသော။
Sullenness, *n.* from above.
Sullenly, *adv.* သိုးကျားကျား။
Sully, *v. t.* to soil, ညစ်စေသည်။ to tarnish (in various ways,) မှိန်အောင်၊ မှုန်အောင်၊ မှေးအောင်ပြုသည်။ to tarnish character, အသရေယုတ်လျော့အောင်ပြုသည်။
Sulphur, *n.* ကန့်မှုန့်။
Sulphureous, Sulphuric, Sulphurous, *a.* ကန့်ပါသော။ ကန့်သဘောရှိသော။
Sultan, *n.* တုရကၡှင်ဘုရင်။
Sultriness, *n.* from next.
Sultry, *a.* ညှိုးနွမ်းအောင်ပူအိုက်သော။
Sum, *v. t.* to collect into one, ပေါင်းသည်။ to bring into a small compass, အကျဉ်းချုပ်သည်။ —*n.* amount, ပေါင်း။ a quantity,

အချုံ။ တချုံ။ what contains the whole in brief, အချုပ်အချာ။ completion. စုံလင်ခြင်း။

Summary, *a.* compendious, အကျဉ်းချုပ်သော။ အချုပ်အချာဖြစ်သော။ performing in a short, off hand manner, မဆိုင်းမိုင်းဘဲ အဆောတလျင်ပြုသော။ —*n.* အချုပ်အချာ။ စကားချုပ်။

Summer 1, *n.* the season, အင်္ဂလိပ်ပြည်မှာဇွန်လ၊ဇူလိုင်လ၊ဩဂုတ်လတည်းဟူသော နွေကာလ။ —2, *n.* the principal beam of a floor, မိကျောင်းတုံး။

Summerset, *n.* ကြွမ်းထိုးခြင်း။

Summit, *n.* ထိပ်။ အထွဋ်အထိပ်။

Summon, *v. t.* အာဏာနှင့်ခေါ်သည်။ ချခေါ်သည်။

Summons, *n.* ချခေါ်သောလက်မှတ်စာ။ (Eng.) သမ္မန်စာ။

Summum bonum, *n.* အကောင်းဆုံး။ အမြတ်ဆုံးသောအကျိုး။

Sumpter, *n.* အသုံးအဆောင်များကိုတင်သောမြင်း။

Sumptuary, အသုံးစရိတ်နှင့်ဆိုင်သော။

Sumptuous, *a.* စရိတ်အကုန်များ၍အဆန်းအကြယ်ဖြစ်သော။

Sumptuousness, *n.* from above.

Sun, *n.* နေ။ —beam, *n.* နေရောင်ခြည်။ bright, *a.* နေကဲ့သို့တောက်ပသော။ —burnt, *a.* နေပူခံ၍ညိုသော။ — dial, *n.* နေတိုင်းနာရီ။ —down, *a.* နေဝင်ချိန်။ —dried, *a.* နေပူခံ၍သွေ့ခြောက်သော။ —light, *n.* နေရောင်။ —lit, *a.* နေရောင်နှင့်လင်းသော။ —proof, *a.* ခြည်မထိုးမဖောက်နိုင်သော။ —rise, —rising, *n.* the rising of the sun, နေထွက်ခြင်း။ the time of the sun's rising, နေထွက်ချိန်။ —set, —setting, *n.* the setting of the sun, နေဝင်ခြင်း။ the time of the sun's setting, နေဝင်ချိန်။ —shine, *n.* နေရောင်။ —shiny, *a.* နေရောင်ထွန်းလင်းသော။ —stroke, *n.* နေရောင်ထိချက်။ —*v. t.* နေပူမှာလှန်းသည်။

Sunday, *n.* စနေ။ တနင်္ဂနွေနေ့။

Sunder, *v. t.* ခွာသည်။ ခွဲခွာသည်။ ခွဲဖြတ်သည်။ ပိုင်းသည်။ —[in], *adv.* ပိုင်း၍ဖြတ်သည်နှင့်။

Sundry, *a.* မနည်းမများသော။ အချို့။ တချို့။ ဗိနာ။

Sunflower, *n.* နေကြာ။

Sunny, *a.* like the sun, နေကဲ့သို့ဖြစ်သော။ proceeding from the sun, နေထဲကထွက်သော။ exposed to the rays of the sun, နေရောင်ကိုခံလျက်ရှိသော။

Sup, *v. t.* ရှုပ်သည်။ —*v. i.* ညစာစားသည်။ —*n.* from above, *v. t.* တရှုပ်။

Super, *pref. in composition,* အပေါ်။

Superabound, *v. i.* အလွန်ပေါများသည်။

Superabundance, *n.* from next.

Superabundant, *a.* အလွန်ပေါများသော။

Superadd, *v. t.* တပ်လောင်းသည်။
Superaddition, *n.* from above.
Superangelic, *a.* ကောင်းကင်တမန်ထက်အရာသာ၍ကြီးသော။
Superannuated, [be] *v. i.* အသက်အရွယ်လွန်၍အမှုထမ်း။ အရာထမ်းက လွတ်သော။
Superannuation, *n.* from above.
Superb, *a.* မြင့်မြတ်ဆန်းကြယ်သော။
Supercargo, *n.* သင်္ဘောခွဲလိုက်၍ကုန်စည်ကိုရောင်းဝယ်ရသောသူ။
Supercelestial, *a.* မိုဃ်းကောင်းကင်ထက်မြင့်သော။
Supercilious, *v.* ထောင်လွှားစော်ကားသော။
Superciliousness, *n.* from above.
Supereminence, *n.* from next.
Supereminent, *a.* အလွန်မြင့်မြတ်သော။
Supererogation, *n.* from next.
Supererogatory, *a.* ပြုသင့်သည်ထက်သာလွန်၍ပြုသော။
Superexcellence, *n.* from next.
Superexcellent, *a.* အလွန်မြတ်သော။
Superficial, *a.* being on the surface, အပေါ်ယံ၌ရှိသော။ shallow, မနက်၊ တိမ်းသော။ smattering, အပေါ်ယံရှိကာလျှာတတ်သော။
Superficialness, *n.* from above.
Superficies, *n.* အပြင်။ မျက်နှာပြင်။
Superfine, *a.* အချောဆုံးသော။
Superfluity, *n.* အသုံးလိုသည်ထက်ပိုမို၍ရှိသောအရာ။
Superfluous, *a.* အသုံးလိုသည်ထက်ပိုမို၍ရှိသော။
Superhuman, *a.* လူပကတိ၊ လူအစွမ်းသတ္တိထက်သာ၍ထူးမြတ်သော။
Sundry, *a.* မနည်းမများသော။ အချို့။ တချို့။
Sunny, *a.* like the sun, နေကဲ့သို့ဖြစ်သော။ proceeding from the sun, နေထံကထွက်သော။ exposed to the rays of the sun, နေရောင်ကိုခံ လျက်ရှိသော။
Sup, *v. t.* ရှုပ်သည်။ —*v. i.* ညစာစားသည်။ —*n.* from above, *v. t.* တရှုပ်။
Super, *pref. in composition,* အပေါ်။
Superabound, *v. i.* အလွန်ပေါများသည်။
Superabundance *n.* from next.
Superabundant, *a.* အလွန်ပေါများသော။
Superlative, *a.* အမြင့်ဆုံးဖြစ်သော။
Superlativeness, *n.* from above.

Supernal, *a.* having a higher position, သာ၍မြင့်သော။ relating to things above, ကောင်းကင်ဘုံနှင့်ဆိုင်သော။

Supernatant, *a.* ပေါ်လောနေသော။

Supernatural, *a.* လူဘို့တန်ခိုးထက်လွန်ကဲသောတန်ခိုးဖြင့်ဖြစ်သော။

Supernumerary, *a.* ပိုမိုသော။ —*n.* ပိုမိုသောသူ။

Superposition, *n.* တင်ခြင်း။

Superscribe, *v. t.* လိပ်စာရေးသည်။

Superscription, *n.* လိပ်စာ။

Supersede, *v. t.* အစားသွင်းသောအားဖြင့်(တဦးသောသူ။ တခုသောအရာကို)ပယ်သည်။

Supersession, *n.* from above.

Superstition, *n.* from next; false religion, မိစ္ဆာဒိဋ္ဌိ။ credulity, ယုံလောက်သောသက်သေမရှိဘဲအလွယ်ယုံခြင်း။

Superstitious, *a.* unreasonably fearful in religious matters, ဘုရား၊ တရားနှင့်ဆိုင်သောအမှု၌အထောက်မတန်ကြောက်ရွံ့သော။ excessively scrupulous in the performance of duty, ဝတ်ပြုရာတွင်ဩတ္တပ္ပစိတ်အားကြီး၍စောင့်စည်းလွန်းသော။

Superstructure, *n.* ထပ်ဆင့်၍တည်ဆောက်သောအရာ။

Supervene, *v. i.* ထပ်၍ပေါ်လာသည်။

Supervenient, *a.* from above.

Supervision, *n.* from next.

Supervise, *v. t.* ဖျင်ဆင်အောင်ကြည့်ရှုသည်။

Supervisor, *n.* agent, from above.

Supine, *a.* lying on the back, ပက်လက်နေသော။ careless, and indolent, သတိမရှိ၊ ပျင်းရိသော။

Supineness, *n.* from above.

Supper, *n.* ညစာ။

Supperless, *a.* ညစာမစားသော။

Supplant, *v. t.* ပရိယာယ်အားဖြင့်သူနေရာကိုလု၍ရသည်။

Supple, *a.* ပျော့သော။ ပြောင်းသော။ —*v. t.* from *do.*

Supplement, *n.* a supply of what is wanting, ဖြည့်စွက်၍ထည့်သောအရာ။ an appendix to a writing, ဆက်သောစာ။စကားဆက်။

Supplemental, Supplementary, *a.* ဆက်လက်၍ထည့်သော။

Suppleness, *n.* from Supple *a.*

Suppliant, Supplicant, *a.* တောင်းပန်သော။ —*n.* agent, from *do.*

Supplicate, *v. t.* တောင်းပန်သည်။

Supplication, *n.* from above.

Supply, *v. t.* to fill up a deficiency, ဖြည့်စွက်သည်။ to furnish, အသုံးခံသည်။ အသုံးလိုသမျှကိုပေးသည်။ to use instead of, ၁ခစား ထားသည်။ —*n.* the act of furnishing what is wanted, လို

သောအရာကိုဖြည့်စွက်၍ထည့်ထားခြင်း။ the things furnished, အသုံးလိုသည့်အတိုင်းဖြည့်စွက်၍ထည့်ထားသောအရာ။

Support, *v. t.* to prop up, ခုသည်။ ထောက်သည်။ ထောက်မသည်။ to bear, sustain, ခံသည်။ အောက်ကခံသည်။ မသည်။ (on one or both arms,) ပွေ့သည်။ ပွေ့ချီသည်။ ပွေ့မက်သည်။ to support with one arm, and clasp with the other, ပွေ့ပိုက်သည်။ to endure, ခံသည်။ to endure with patience, သည်းခံသည်။ to aid, stand by, ကူညီသည်။ ထောက်ပင့်သည်။ to sustain by argument, ဥတ်မှန်ကြောင်းထင်ရှားအောင်ပြသည်။ to bear the expense of, စရိတ်ခံသည်။ to maintain with provision, &c. စရိတ်ခံ၍ကျွေးမွေးသည်။ —a good character, ကောင်းသော အသရေကိုဆောင်သည်။ to represent well, (တစုံတဦးသော)သူ၏ အရောင်ကိုတူအောင်ဆောင်သည်။ —*n.* the act of upholding, sustaining, &c. ထောက်ခြင်း။ မခြင်း။ ကူညီခြင်း။ any thing that supports, အခု။ ခုတိုး။ အောက်ခံ။ အမှီ။ အမှီတကဲ။ ထောက်။ အထောက်။ အထောက်အမ။ ထောက်ပင့်သောအရာ။ that which aids, ကူညီသောအရာ။ ထောက်မသောအရာ။ sustenance, အသက်မွေးခြင်း။ ကျွေးမွေးခြင်း။

Supportable, *a.* ခံနိုင်ဖွယ်ဖြစ်သော။

Supposable, *a.* ငင်မှတ်ဖွယ်ဖြစ်သော။

Supposal, *see* Supposition.

Suppose, *v. t.* to state as if true for the sake of argument, ဆွေးနွေးရန်မှိုစေခြင်းငှါအမှန်ကဲ့သို့ပြေဆထားသည်။ to infer the necessity of, မရှိဘဲမနေရဟုဖော်ပြသည်။ to imagine, think, ထင်မှတ်သည်။

Supposition, *n.* from above.

Suppositious, *a.* ခရောင်ဆောင်လျက်ရှိသော။

Suppress, *v. t.* to crush, နှိပ်နင်းသည်။ to restrain (feeling,) အောင့်သည်။ to retain without disclosure, ထိမ်ဝှက်သည်။ to stifle, မထင်မပေါ်နိုင်အောင်ဖုံးဖိသည်။ to check, stop (a discharge,) ရပ်စေသည်။ ချုပ်သည်။ အောင့်အောင်ပြုသည်။

Suppression, *n.* from above.

Suppurate, *v. i.* ပြည်မှည့်သည်။

Suppuration, *n.* from above.

Supremacy, *n.* from next, 1st def.

Supreme, *a.* highest in authority, အကြီးဆုံးသောအာဏာတိက္ကမရှိသော။ highest, most excellent, အမြင့်ဆုံး၊ အမြတ်ဆုံးဖြစ်သော။

Surcease, *see* Cease.

Surcharge, *v. t.* ဝန်ပိုမို၍တင်သည်။

Surcingle, *n.* မြင်းကုန်းပတ်ကြိုး။

Sure, *a.* certain, unfailing, ကောင်းစွာဖြစ်သော၊ မချွတ်မလွဲဖြစ်သော၊ assured in mind, လုံ့လမှားခြင်းမရှိ၊ အမှန်သိသော၊ ခိုင်ခံ့သော၊ firm, permanent, တည်သော၊ မြဲမြံသော၊ secure, လုံခြုံသော၊ —[to be]. *adv.* ကောင်းစွာ၊ —footed, *a.* ခြေသွားကျ၍မလည်း တတ်သော၊

Suretiship, *n.* အာမခံဖြစ်ခြင်း၊

Surety, *n.* certainty, ကောင်းစွာဖြစ်ခြင်း၊ မချွတ်မလွဲမှန်ခြင်း၊ security, safety, ဘေးလွတ်၍လုံခြုံခြင်း၊ one bound for another, အာမခံ၊ the act of being or giving security, အာမခံခြင်း၊ တိုင်ခံခြင်း၊

Surf, *n.* သောင်ပေါ်မှာရိုက်သောလှိုင်းချုပ်၊

Surface, *n.* အပြင်၊ မျက်နှာပြင်၊

Surfeit, *v. t.* စားနိုင်သည်ထက်အောင်စားသောက်သည်၊ —*v. i.* မကျိုမဆံ့စားသောက်သည်၊ —*n.* *do.*

Surge, *n.* လှိုင်းတံပိုး၊ —*v. i.* လှိုင်းငယ်ထသည်၊

Surgeon, *n.* ထားနှင့်ခွဲစိတ်ခြင်း၊ ဆေးလူးအိုးခြင်းအမှုနှင့်ကုသောဆေးသမား၊

Surgery, *n.* ထိုသို့ကုတတ်သောဆေးသမားအတတ်၊

Surgical, *a.* ထိုအတတ်နှင့်ဆိုင်သော၊

Surliness, *n.* from next.

Surly, *a.* မျက်နှာထားနှင့်မှုန်၍နေတတ်သော၊

Surmise, *v. t.* အမှုဖြစ်မှီဂဝေဂဝက်ထင်သည်၊ —*n.* from *do.*

Surmount, *v. t.* to rise above, အပေါ်သို့တက်သည်၊ —to overcome (a difficulty,) အကြံထပြောက်သည်၊ to surpass, exceed, သာသည်၊ လွန်သည်၊ လွန်ကဲသည်၊

Surmountable, *a.* in, နိုင်ဖွယ်၊ from above.

Surname, *v. t.* ဆင့်၍မှည့်သည်၊ —*n.* ထပ်ဆင့်၍မှည့်သောအမည်နာမ၊

Surpass, *v. t.* သာသည်၊ လွန်သည်၊ လွန်ကဲသည်၊ —in skill or execution, ထူးချွန်သည်၊

Surpassing, *a.* ထူးဆန်းသော၊ အလွန်မြတ်သော၊

Surplice, *n.* အင်္ဂလိပ်မင်းဆရာဝတ်သောအင်္ကျီဖြူ၊

Surplus, Surplusage, *n.* အပိုအမို၊

Surprisal, *n.* from next.

Surprise, *v. t.* to take unawares, ရှောင်တခင်ဖိုက်ယူသည်၊ to strike with wonder, အံ့ပြောစေသည်၊ to confuse the mind, စိတ်တွေဝေစေသည်၊ —*n.* from above, 1st def.; sudden wonder, ရုပ်ခနဲအံ့ပြောခြင်း၊

Surprising, *a.* အလွန်အံ့ပြောဖွယ်ဖြစ်သော၊ ထူးဆန်းသော၊

Surrender, *v. t.* ဝန်ချ၍အပ်သည်၊ —*n.* from *do.*

Surreptitious, *a.* သူတပါးမသိအောင်ကြံစည်၍ပြုသော၊

Surrogate, *n.* ဂိုဏ်းအုပ်ကိုယ်စားလှယ်၊

Surround, *v. t.* ဝန်းရံသည်။ ဝိုင်းသည်။ ပတ်ဝိုင်းသည်။ ခြံရံသည်။
Surtout, *n.* အပေါ်အင်္ကျီ။
Surveillance, *n.* ကြည့်ရှု၍စောင့်နေခြင်း။
Survey, *v. t.* to inspect throughout, အနှံ့အပြားကြည့်ရှုသည်။ to view in order to make some decision, (တခုံတခုကို)ဆုံးဖြတ်ခြင်းငှါစစ်ဆေး၍ကြည့်ရှုသည်။ to examine and mark the approaches of a coast, ပင်လယ်ရေချောင်း၊ မြစ်ရေချောင်းကိုရေစမ်းချ၍မှတ်သားသည်။ to measure land, မြေတိုင်းသည်။ —*n. do.*
Surveying, *n.* မြေတိုင်းအတတ်။
Surveyor, *n.* agent, from Survey. —general, *n.* မြေတိုင်းအမတ်။
Survival, *n.* from next.
Survive, *v. i.* to remain alive, အသက်ရှင်သေးသည်။ —*v. t.* to outlive, (သေသောသူထက်)သာလွန်၍အသက်ရှင်သည်။
Survivor, *n.* agent, from above.
Susceptibility, Susceptibleness, *n.* from next.
Susceptible, *a.* capable of receiving impression, ခံနိုင်သောသဘော ရှိသော။ having feelings easily excited, ဝေဒနာခံစားလွယ်သော။ မိတ်ကိုနှိုးဆော်နိုင်ဖွယ်ဖြစ်သော။
Suspect, *v. t.* to imagine without evidence, သက်သေမရှိဘဲထင်မှတ်သည်။ to think guilty without proof, ယုတ်ပတ်သည်။ to regard as doubtful, သင်္ကာမကင်း၊ယုံမှားသည်။
Suspend, *v. t.* to hang up, ဆွဲထားသည်။ to make depend on, မှီစေသည်။ to intermit, စဲစေသည်။ to stay (trans.), တန့်ရပ်စေသည်။ ဆိုင်းစေသည်။ to deprive of a privilege, အခွင့်ကိုနုတ်သိမ်းသည်။ —opinion, နှောင့်နှေးသည်။ —from office, အရာကိုမနုတ်ဘဲနှိမ့်ထားသည်။
Suspense, *n.* an intermission စဲခြင်း။ uncertainty of mind, နှောင့်နှေးခြင်း။
Suspensible, *a.* ပေါလောနေနိုင်သော။
Suspension, *n.* from Suspend.
Suspicion, *n.* from Suspect. doubt, ယုဇန။
Suspicious, *a.* ယုဇနရှိသော။ apt to imagine without evidence, သက်သေမရှိဘဲထင်မှတ်တတ်သော။ apt to think guilty without proof, ယုတ်ပတ်တတ်သော။ calculated to excite suspicion ယုတ်ပတ်ရန်ရှိသော။
Suspiciousness, *n.* from above.
Sustain, *v. t.* to bear, bear up, ခံသည်။ အောက်ကခံသည်။ မသည်။ to hold suspended, keep from falling, အောက်သို့မကျအောင်ဆွဲ၍ထားသည်။ to support, aid, stand by, ကူညီသည်။ ထောက်ပင့်သည်။ ထောက်မသည်။ to support by argument, ယုတ်မှန်

ကြေြာင်းထင်ရှားအောင်ပြသည်။ to bear, endure, ခံသည်။ to endure without failing, to hold out, ရပ်ခံသည်။ to bear the expense of, စရိတ်ခံသည်။ to maintain with provision, စရိတ်ခံ၍ကျွေးမွေးသည်။ —a good character, ကောင်းသောအသရေကိုဆောင်သည်။ to represent well, (ကစိုတဦးသော)သူ၏အရောင်ကိုလှအောင်ဆောင်သည်။

Sustainable, *a.* ထောက်နိုင်ဖွယ်ဖြစ်သော။

Sustainer, *n.* agent, from Sustain.

Sustenance, *n.* maintenance, ကျွေးမွေးခြင်း။ food, အစာ။ စားဘွယ် သောက်ဘွယ်။

Sustentation, *n.* from Sustain, and *see* Sustenance.

Sutler, *n.* တပ်၌လိုက်၍စားဘွယ်သောက်ရန်ကိုရောင်းသောသူ။

Suttee, *n.* လင်အလောင်းနှင့်အတူမီးသင်းပြိုဟ်ခြင်းကိုခံသောမယား။

Suture, *n.* the act of sewing, အပ်နှင့်ချုပ်ခြင်း။ the seam which unites the bones of the skull, ဥကျွောင်းခွဲဆက်။

Swab, *n.* တံပွတ်။ —*v. t.* တံပွတ်နှင့်သုတ်သည်။

Swaddle, *v. t.* (an infant), အဝတ်နှင့်ပတ်ရစ်သည်။

Swaddling-cloth, *n.* ဖွားမြင်စသူငယ်ကိုပတ်ရစ်သောအဝတ်။

Swag, *v. i. see* Sag.

Swagger, *v. i.* ဟိတ်ဟန်ဆောင်သည်။

Swain, *n.* ကျေးတောသားလူပျို။

Swallow 1, *n.* hirundo rustica, မိုးစွေငှက်။ hirundo Daurica, ပုံ လွှား။ hirundo esculens, ဇီဝဇိုး။ —2, *v. t.* မျိုသည်။ —2, *n.* the gullet, အစာရေစာဝင်ရာလည်ချောင်း။ as much as is swallowed at once, တကျိုက်။

Swamp, *n.* စိမ့်။ စိမ့်မြေ။ an extensive swamp, ညွန်ချောင်းကန္တာရ။ —*v. t.* (a boat or vessel), နှစ်မြှုပ်သည်။

Swampy, *a.* စိမ့်မြေဖြစ်သော။

Swan, *n.* ဟင်္သာ။

Swap, *v. t.* ထပ်သည်။ လဲသည်။

Sward, *n.* မြက်မြစ်တွယ်သောအပေါ်ယံမြေလွှာ။ မြက်ပင်ပါသောမြေစိုင်။

Swarm, *v. i.* —as bees, တအုံလုံးပြောင်းသွားသည်။ to collect in a crowd, အုံသည်။ to be crowded with animals in motion, အုံ တတ်သောအကောင်များနှင့်အပြည့်ရှိသည်။ *n.* —of bees, ပျားတမ။ —(of small animals,) အစုအရုံး။ —(of people), အစုအဝေး။

Swarthe, Swarthy, *a.* ညိုသော။

Swarthiness, *n.* from above.

Swash (Amer.), *n.* ရေခတ်ခြင်း။

Swath, *n.* a line of grass, &c. mowed down, တငန်းစာ။ the breadth of a sweep of a scythe, တငန်းစာအနံ။

Swathe, *v. t.* အဝတ်နှင့်ကြပ်စည်းသည်။ —*n.* ကြပ်စည်းသောအဝတ်။
Sway, *v. i.* to lean to one side, တိမ်းသည်။ ရိမ်းသည်။ —*v. t.* to bias, တဖက်သို့ငဲ့ကွက်စေခြင်းပြုသည်။ to wield, စွဲကိုင်၍ဆောင်သည်။ to rule, govern, အုပ်စိုးသည်။ —*n.* the swing (of a weapon,) ဝင့်ခြင်း။ influence, သွေးဆောင်နိုင်သောအစွမ်းသတ္တိ။ rule, အုပ်စိုးခြင်း။
Swear, *v. i.* to take an oath, ကျိန်ဆိုသည်။ ကျမ်းကိုင်သည်။ —*v. t.* to administer an oath to, သစ္စာတိုက်သည်။
Sweat, *n.* ချွေး။ —*v. i.* ချွေးထွက်သည်။ —*v. t.* from *do.*
Sweaty, *a.* ချွေးစိုစိုသော။
Sweep, *v. i.* to pass with swiftness and violence, ဟုန်းခနဲပြေးသွားသည်။ to glide along near the surface, သီသွားသည်။ —*v. t.* to clean or clear away with a broom, လှည်းသည်။ to remove with celerity and violence, ဟုန်းခနဲပယ်ရှားသည်။ ပြင်းစွာ သုတ်သင်ပယ်ရှင်းသည်။ to strike (a musical instrument) with a long stroke, သံရှည်တီးသည်။ သံရှည်ထိုးသည်။ to drag (the bottom of a river), ချောက်တိုက်သည်။ —*n.* extent of reach, မှီနိုင်ရာအရပ်။ a wellpole, မောင်း။ —net, *n.* ပိုက်တမျိုး။ —stake, *n.* လောင်းသောဥစ္စာကိုနိုင်၍ယူသောသူ။
Sweeper, *n.* အမှိုက်လှည်းသောမားs.
Sweepings, *n. plur.* တန်မြက်ချေး။
Sweet, *a.* —to the taste, ချိုသော။ —to the smell, မွှေးသော။ —to the ear, သာယာသော။ —to the eye, လှသော။ fresh, not salt, ချိုသော။ fresh, not turned (as milk), ဆိမ့်သော။ fresh, not stale, လတ်သော။ mild, gentle, နူးညံ့သိမ်မွေ့သော။ —bread, *see* Pancreas. —meat, *n.* ယို။ —scented, —smelling, *a.* မွှေးသော။ —tempered, *a.* စိတ်ကောင်းသော။ —toned, *a.* အသံသာယာသော။ —*n.* ချိုသောအရာ။
Sweeten, *v. t.* from Sweet, *a.*
Sweetheart, *n.* ရည်းစား။
Sweetish, *a.* ခပ်ချိုချို။ ချိုချိုတိုတို။
Sweetness, *n.* from Sweet, *a.*
Swell, *v. i.* to grow bigger; become turgid, ရောင်သည်။ to rise, as water in a river or the sea, မိုသည်။ မောက်သည်။ to rise, into waves, လှိုင်းအိထသည်။ to be inflated, puffed up or out, ဖောင်းသည်။ to protuberate, ဖုသည်။ to become larger, ကြီးပွားသည်။ to increase in sound, အသံတိုး၍ကြီးသည်။ to be inflated with pride or passion, မာနအားဖြင့်ဟူအန်းဖောင်းကြွ၍ရှိသည်။ —*v. t.* from above. —*n.* —of the sea, လှိုင်းအိ။

extension of bulk, ကြီးပွားခြင်း။ an ascent or elevation of land, ကုန်း။ an increase, of sound, အသံတိုး၍ကြီးခြင်း။
Swelling, *n.* a tumor, ရောင်သောအနာ။ a protuberance, အဖု။ inflation with pride or passion, မာနအားဖြင့်ယူအန်းဖောင်းကြွခြင်း။
Swelter, *v. t.* အိုက်ခြင်း၊ ပူခြင်းကြောင့်ညှိုးနွမ်းသည်။
Sweltry, *a.* ညှိုးနွမ်းအောင်ပူအိုက်သော။
Swerve, *v. i.* လွှဲသွားသည်။
Swift, *a.* လျင်သော။ မြန်သော။ — footed, *a.* အပြေးသန်မြန်သော။ — *n.* ချား။
Swiftness, *n.* from Swift, *a.*
Swig, *v.* ရမ္မက်ကြီးစွာနှင့်သောက်သည်။
Swill, *v. t.* နွားငယ်ရေချသောက်သကဲ့သို့သောက်သည်။ —*n.* ဝက်စာအရည်။
Swim, *v. i.* to float, ပေါလောနေသည်။ to be conveyed by the stream, မြော၍သွားသည်။ to move through water, by the motion of the limbs, ရေကူးသည်။ to be dizzy, မူးဝေသည်။
Swindle, *v.* သူဥစ္စာကိုလိမ်လည်၍ယူသည်။
Swindler, *n.* agent, from above.
Swine, *n.* ဝက်။
Swing, *v. i.* to oscillate, တောက်တက်ခတ်လျှပ်၍နေသည်။ to move in a swing, ဒန်းစီးသည်။ to turn on the anchor, (သင်္ဘော) လည်သွားသည်။ — *v. t.* to make oscillate, တောက်တက်ခတ်လျှပ်အောင်ပြုသည်။ to make move to and fro, as in a swing, လွှဲသည်။ ဒန်းတွဲသည်။ to move to and fro, as the arms, in walking, ဟန်လွှဲ၍သွားသည်။ to whirl round in the air, ဝှေ့သည်။ to make whirl round itself, ရွှေ့သည်။ —*n.* oscillation, တောက်ဟက်ခတ်လျှပ်၍နေခြင်း။ a rope or other apparatus to swing in, ဒန်း။ the sway (of a weapon), ဝှေ့ခြင်း။ momentum, သွားစေခြင်းငှါသွင်းသောအားအရှိန်။ unconstrained operation, ပေါက်လွှတ်ပြုခြင်း။
Swinge, *v. t.* ပြင်းစွာရိုက်ပုတ်သည်။
Swingle, *v. t.* to clean (flax), ထု၍ခြစ်သည်။
Swinish, *a.* ဝက်ကဲ့သို့ဖြစ်သော။
Switch, *n.* တံပျာ။ —*v. t.* တံပျာနှင့်ရိုက်သည်။
Swivel, *n.* a ring that turns on a staple, လှည့်နိုင်အောင်လုပ်ထားသောကွင်း။ a small cannon that may be turned in any direction, လှည့်၍လည်သောစိန်ပြောင်း။
Swoon, *v. i.* မျောသည်။ နစ်သည်။ သေငယ်သေသည်။ —*n.* from *do.*
Swoop, *v. t.* သုတ်သည်။ ထိုးသုတ်သည်။ —*n.* from *do.*
Sword, *n.* ထားလွယ်။ — bearer, *n.* ထားတော်ကိုဆောင်သောသူ။ —belt, *n.* ထားလွယ်ကြိုး။ — blade, *n.* ထားရွက်။ — fish,

n. ငါးဆင်။ — knot, *n.* ထားလွှယ်ကြိုးပန်းပွား။ — player, *n.* ထားရေးပြသောသူ။

Sybarite, *n.* ကာမဂုဏ်၌ပျော်မွေ့သောသူ။

Sycamore, *n.* တည်ပင်တမျိုး။

Sycophant, *n.* a tale bearer, ကုံးချောသောသူ။ a parasite, သူတပါး စိတ်ကြွအောင်မြှောက်ပင့်လှော့မှုသောသူ။

Syllabic, *a.* တပေါင်းတည်းဖြစ်သောစကားသံနှင့်ဆိုင်သော။

Syllabication, *n.* စာလုံးပေါင်းခြင်း။s.

Syllable, *n.* တပေါင်းတည်းဖြစ်သောစကားသံ။

Syllabub, *n.* နို့နှင့်စပျစ်ရည်ရောနှောသောအရည်။

Syllabus, နိုတ်ထုတ်၍ပေါင်းချုပ်သောစာ။

Syllogism, *a.* စကားသုံးရပ်ကိုဖွဲ့၍ကေန်မှုကျွဖော်ပြသောစကား။

Syllogistic, *a.* ထိုသို့သောစကားနှင့်ဆိုင်သော။

Syllogize, *v. i.* စကားနှစ်ရပ်ဟုတ်မှန်ကြောင်းကို သက်သေပြပြီးမှထိုစကား နှစ်ရပ်ကိုချင့်ချိန်၍တတိယစကားရပ်ကိုထုတ်ပြသည်။

Sylph, *n.* အာကာသစိုးနတ်သမီး။

Sylvan, *a.* တောနှင့်ဆိုင်သော။

Symbol, *n.* a compend, အကျဉ်းချုပ်သောစာ။ emblem, အနက် အဓိပ္ပာယ် ပါသောပုံ။

Symbolic, Symbolical, *a.* ပုံပမာအားဖြင့်အနက်အဓိပ္ပာယ်ကိုပြသော။

Symbolize, *v. i.* to have a resemblance of properties, သဘောတူ သည်။ —*v. t.* from above; to make emblematical, အနက် အဓိပ္ပာယ်ပါသောပုံဖြစ်စေသည်။

Symmetrical, *a.* အချိုးအစားရသော။

Symmetry, *n.* from above.

Sympathetic, *a.* from next.

Sympathize, *v. i.* to have a common feeling, ကိုယ်ချင်းစာနာသည်။ to feel in consequence of what another feels, ကြင်နာသည်။

Sympathy, *n.* from above.

Symphonious, *a.* အသံညီညာသော။

Symphony, *n.* from above.

Symptom, *n.* လက္ခဏာ။

Symptomatic, *a.* being a symptom, လက္ခဏာဖြစ်သော။ happening concurrently, ထပ်၍ပေါ်လာသော။

Synagogue, *n.* ယုဒဓမ္မဇရပ်။

Synchronism, *n.* from next.

Synchronize, *v. i.* တကာလတည်းတွင်ဖြစ်သည်။

Syncope, *n.* မျောခြင်း။ နစ်ခြင်း။ သေငယ်သေခြင်း။

Synod, *n.* ဓမ္မဆရာအစည်းအဝေးကြီး။

Synonym, *n.* အနက်တူသောစကား။

Synonymous, *a.* အနက်တူသော။
Synopsis, *n.* အကျဉ်းချုပ်သောစာ။
Synovia, *n.* အရိုးဆစ်ကိုစိုစေသောဆီ။ အဖဗ္ဗသည်းခြေ။
Syntax, *n.* သဒ္ဒါရေးနှင့်ညီလျော်အောင်စီရင်သောနည်းစု။
Synthesis, *n.* လက္ခဏာတူသောအရာတို့ကိုတချုပ်တချာစီပေါင်းစု၍ထားခြင်း။
Syphon, *see* Siphon.
Syringe, *n.* ပြွတ်။
Syrup, *n.* တင်လဲ။
System, *n.* order, method, အစီအစည်။ an arrangement of opinions and rules, လောက၊ ဓမ္မရေး၌အယူဝါဒ၊ နည်းဥပဒေသများကိုတချုပ်တချာစီ စီစည်ပြုပြင်သောအရာ။
Systematic, *a.* orderly, methodical, အစီအစည်သို့လိုက်သော။ arranged in a system, လောက၊ ဓမ္မရေး၌အယူဝါဒ၊ နည်းဥပဒေသများကိုတချုပ်တချာစီ စီစည်ပြုပြင်လျက်ရှိသော။
Systematize, *v. t.* from above.

T

Tabasheer, *n.* ဝါးထဲကကျောက်။
Tabby, *a.* အဆင်းကျားသော။
Tabefy, *v. i.* ပိန်သွားသည်။
Tabernacle, *n.* တဲ။ —*v. i.* တည်းသည်။
Tabid, *a.* နာ၍ပိန်သော။
Tablature, အမိုးနံရံ၌ပန်းချီရေးထားသောရုပ်ပုံ။
Table, *n.* a flat surface, အပြားအပျဉ်။ ပြားသောအရာ။ a raised frame for eating, &c. စားပွဲ။ စားပွဲတင်။ fare, provision, စားဘွယ်။ သောက်ရန်။ the persons sitting at table, စားပွဲ၌ထိုင်၍စားသောက်သောသူစု။ the ground of a record or register of any kind, အင်း။ a record, register, စာရင်း။ —cloth, *n.* စားပွဲလွှမ်း။ စားပွဲခင်း။ s. —knife, သားလှီးဓား။ s. —land, *n.* ဟောင်ထိပ်၊ ကုန်းထိပ်ပေါ်မှာပြန့်ပျူးသောမြေကွက်။
Tablet, *n.* ရေးမှတ်ရန်အပြားအပျဉ်။
Tabor, *n.* စည်ငယ်တမျိုး။
Tabular, *a.* pertaining to a flat surface, အပြားအပျဉ်နှင့်ဆိုင်သော။ entered in tables, အင်းစာရင်းဝင်သော။
Tache, *n.* ချိတ်။
Tacit, *a.* တိတ်ဆိတ်စွာနေသောအားဖြင့်ဝန်ခံရာရောက်သော။
Taciturn, *a.* စကားနည်းသော။
Taciturnity, *n.* from above.
Tack, *v. t.* to attach slightly, တည်းသည်။ တည်းထားသည်။ တွယ်သည်။ တွယ်ထားသည်။ to change the course of sailing, (သင်္ဘောကို)

လှည့်၍ကော်ထိုက်သည်။ —*n.* a small nail, သံချွန်ကလေး။ a rope to secure the lower corner of a sail, ရေသီးကြိုး။

Tackle, *n.* a block, pulley and appendages, ကြိုးပါသောနားသီးစက်။ a weapon, လက်နက်။ an implement, တန်ဆာ။ the rigging of a ship, ရွက်ကြိုးတန်ဆာ။ —*v. t.* to harness, ကသည်။ to grapple, ဆုပ်ကိုင်၍ဆွဲထားသည်။

Tackling, *n.* the rigging of a ship, ရွက်ကြိုးတန်ဆာ။ implements, တန်ဆာစု။ harness, ဖွဲ့ကြိုးတန်ဆာ။

Tact, *n.* touch, feeling, ကာယာတန။ တွေ့တတ်သောသတ္တိ။ good discernment, ပိုင်းခြား၍သိတတ်သောဉာဏ်။ peculiar skill in managing to gain an end, အလိုပြည့်စုံရအောင်လိမ္မာပြုပြင်တတ်သော ဉာဏ်သတ္တိ။

Tactic, *a.* စစ်ခင်းကျင်းအမှုနှင့်ဆိုင်သော။

Tactician, *n.* စစ်ခင်းကျင်းအမှုကိုစီရင်နိုင်သောသူ။

Tactics, *n.* စစ်ခင်းကျင်းအမှုကိုစီရင်တတ်သောအတတ်။

Tactile, *a.* အတွေ့ခံရသော။

Taction, *n.* တွေ့ခြင်း။

Tadpole, *n.* ဖားလောင်း။

Tag, *n.* သိတ်အပ်။ —*v. t.* to fit with a tag, (ကြိုးဖျားနှင့်)သိတ်အပ်တပ်သည်။ to append, ဆက်၍ထည့်သည်။

Tail, *n.* အမြီး။

Tailor, *n.* အချုပ်သမား။

Tailoress, *n.* အချုပ်သည်မ။

Taint, *v. t.* to impregnate with a bad quality, ယုတ်ညံ့သောဓာတ်ကူးအောင်ရောရှက်သည်။ to affect with incipient putrefaction, ပုပ်စရှိအောင်ပြုသည်။ to tarnish character, အသရေယုတ်လျော့အောင်ပြုသည်။ —*n.* the state of being impregnated with a bad quality, ယုတ်ညံ့သောဓာတ်ကူးအောင်ရောရှက်၍ယိုယွင်းခြင်း။ incipient putrefaction, ပုပ်စရှိခြင်း။ a depreciation of character, အသရေယုတ်လျော့ခြင်း။

Take, *v. t.* to possess one's self of, ယူသည်။ to receive, ခံယူသည်။ to catch, ဖမ်းမိသည်။ to capture, သိုဖမ်းဖမ်းသည်။ to entrap, ထောင်၍ဖမ်းသည်။ to apprehend (meaning), ယူသည်။ to lay hold of, ကိုင်ယူသည်။ to receive (as an impression), ခံသည်။ to receive into the stomach, စားသောက်သည်။ to copy, paint a likeness, ပုံတူအောင်ရေးသည်။ to admit, ဝင်ရသောအခွင့်ကိုပေးသည်။ to receive without resisting, သည်းခံသည်။ to derive, (တစုံတခုက)ခံ၍ရသည်။ to suppose, think, ထင်မှတ်သည်။ to hire, ငှါးသည်။ to attack and get possession of, တိုက်၍ရသည်။ to require, need, လိုသည်။ —*v. i.* to gain reception, အခွင့်

ရသည်။ မျက်နှာရသည်။ to succeed, ပြွမ်ဖြစ်သည်။ to catch (as disease), ကူးသည်။ to catch (as fire), ညိသည်။ —advantage of, *v. t.* အချက်ကိုဖမ်း၍သုံးသည်။ —after, *v. t.* နည်းကို လိုက်သည်။ နည်းတူကျင့်သည်။ — aim, *v. i.* ရွယ်သည်။ — air, ပေါ်၍ပျံ့လွင့်သည်။ — air, (the) လေခံသည်။ — along, *v. t.* ကိုယ်နှင့်အတူပါအောင်သွားသည်။ —away, *v. t.* to remove, ယူသွားသည်။ to take from (another), နှုတ်ယူသည်။ to put out of the way, ပယ်ရှားသည်။ —breath, *v. i.* အသားဖြည့်သည်။ —care, သတိပြုသည်။ —care of, *v. t.* ကြည့်ရှုပြုစုသည်။ —cold, *v.* အအေးခံမိသည်။ —course, [a] *v. i.* တစုံတခုကိုရခြင်းအလို့ငှါ ကျင့်ကြံပြုမူသည်။ —course, [one's own] *v. i.* ကိုယ်အလိုအလျောက် ကျင့်ကြံပြုမူသည်။ —delight, *v. i.* ပျော်မွေ့ရွှင်လန်းသည်။ —down, *v. t.* to bring low, နှိမ့်ချသည်။ to swallow, မျိုသည်။ to pull down, ဖြိုဖျက်သည်။ to write down, ရေးမှတ်သည်။ —effect, *v.* ဖြစ်စေသည်။ — for, *v. t.* တစုံတဦးသောသူ၊ တစုံတခုသောအရာကို အခြားသောသူ၊ အခြားသောအရာဖြစ်သည်ဟုအလွဲထင်မိသည်။ —for, granted, *v. t.* ဟုတ်သည် မဟုတ်သည်ကို မသိဘဲ အဟုတ်မှတ်ထား သည်။ —from, *v. t.* to subtract, နှုတ်သည်။ to take away, နှုတ်ယူသည်။ to derogate from, ယုတ်လျော့အောင် ပြုသည်။ —heed, *v. i.* သတိပြုသည်။ —hold, *v. t.* ကိုင်ယူသည်။ —in, *v. t.* to fence in, ခြံကာသည်။ to comprise, ငုံသည်။ ပါဝင်သောအရာ ကိုခံသည်။ to comprehend mentally, စိတ်ငုံမိသည်။ to withdraw from without, or from being spread, as a sail, ရုပ်သည်။ to receive, ခံယူသည်။ to receive, as a guest, လက်ခံသည်။ to cheat, လိမ်လည်သည်။ —in hand, *v. t.* လုပ်မည်အကြံနှင့်အစပြု သည်။ —in with, *v. t.* လိုက်လျော်သည်။ —liberty, [the] *v. i.* အခွင့်မရှိဘဲအလိုအလျောက်ပြုသည်။ —notice, *v.* to observe, မှတ်သည်။ to remark upon, အကြောင်းပြု၍ပြောသည်။ — oath, *v. i.* ကျိန်ဆိုသည်။ ကျမ်းကိုင်သည်။ —off, *v. t.* — (a hat, &c.) ချွတ်သည်။ —(a load, &c.) ချသည်။ —(a limb, &c.) ဖြတ်သည်။ —one's self, သွားသည်။ to take away, ယူသွားသည်။ to remove out of the way, ပယ်သည်။ to draw aside from, လွှဲသည်။ to swallow, မျိုသည်။ to copy, ပုံတူအောင်ရေးသည်။ ပုံတူအောင် လုပ်သည်။ to imitate, mimick, အတုလုပ်သည်။ —off from, *v. t.* to lessen, လျော့စေသည်။ —on, *v. i.* ငိုကြွေးမြည်တမ်းသည်။ —out, *v. t.* to remove from within, ထုတ်သည်။ နှုတ်သည်။ to clear away, ဖြေဖျောက်သည်။ —pains, *v. i.* လုလ္လပိမိယထုတ် သည်။ part, *v. i.* ဆက်ဆံ၍ယူသည်။ — part with, *v. t.* (တစုံတဦးသောသူ)ဖက်သို့ဝင်သည်။ — place, *v. i.* to occur, ဖြစ်လာသည်။ to gain the ground, အခွင့်ရသည်။ — pleasure, *v. i.* ပျော်မွေ့သည်။ —possession of, *v. t.* သိမ်းယူသည်။ —pride, *v. i.* ဝါကြွားသည်။ —resolution, [a] *v.* အမိဌာန်ချသည်။ —revenge, *v. i.* လက်စချေအောင်ရန်တုံ့ပြန်၍ပြုသည်။ —root, *v. i.* to become rooted, အမြစ်စွဲသည်။ to be established in principle, စွဲထမ်းသည်။ — satisfaction, *v. i.* စိတ်ကြေနပ်အောင်ပြုသည်။ —shame, *v. i.* ရှက်ကြောက်ခြင်းသို့ရောက်သည်။ —side with, *v. t.* (တစုံတဦးသောသူ)ဖက်သို့ဝင်သည်။ —thought, *v. i.* မှီးရိမ်သည်။ —time, *v. i.* ဆင်ခြင်တိုင်းထွာ၍ပြုသည်။ —to, *v. t.* to repair to, (တစုံတခုသောအရပ်)သို့သွားသည်။ — to become attached to, ဝါသနာရှိ၍စိတ်စွဲသည်။ to apply one's self with good will, ဝါသနာရှိ၍သယ်ပိုးကြိုးစားဆောင်သည်။ — to heart, *v. i.* စိတ်မပြေအောင်အောင်းမေ့လျှက်နေသည်။ —up, *v. t.* to take, ယူသည်။ to lift up, ကြွသည်။ မှီသည်။ ပင့်သည်။ to arrest, ဖမ်းဆီးသည်။ to reply to, ပြန်၍ပြောသည်။ to begin (a speech), မှီသည်။ to enter upon, engage in, (အမှု၌)ဝင်သည်။ to occupy, fill, ပြည့်အောင်နေသည်။ —time, ကာလကိုလွန်စေသည်။ —money, ငွေချေးသည်။ — a promissory note, ငွေလက်မှတ်ကိုချေသည်။ —up with, *v. t.* အားမရသော်လည်းမငြင်းဘဲဝန်ခံသည်။ —upon (one's self), *v.* မဆိုင်ဘဲလျှက်ဆိုင်သည်လိုပြုသည်။ —way, [a] *v. i.* တစုံတခုသောလမ်းသို့လိုက်သည်။ —with, *v.* စိတ်တွေ့သည်။

Taking, *n.* from Take; mental distress, စိတ်ပူဆွေးခြင်း။

Talaing, *n.* a native of Pegu, တလိုင်း။ တလိုင်းလူ။ the language, တလိုင်းစကား။ —*a.* တလိုင်းပြည်နှင့်ဆိုင်သော။

Talc, *n.* ထချေး။

Tale, *n.* a fictitious story, ဒဏ္ဍာရီ။ a reckoning, အရေအတွက်။ information, သိတင်းပြောချက်။ *see also* Tell tales, —bearer, *n.* ကုံးချောသောသူ။

Talent, *n.* the weight, ရှေးကာလ၌သုံးသောအချိန်ပမာဏတမျိုး။ faculty, ability, အစွမ်းသတ္တိ။

Talented, *a.* အစွမ်းသတ္တိနှင့်ပြည့်စုံသော။

Talisman, *n.* ဆေးရန်ကိုကွယ်ကာနိုင်သောအဆောင်။

Talk, *v. i.* စကားပြောသည်။ —*n.* from above: common parlance, စကားစမည်။ ဝေါဟာရစကား။

Talkative, *a.* စကားများသော။

Talkativeness, *n.* from above.

Talking, *n.* from Talk, *v.*

Tall, *n.* အရပ်မြင့်သော။

Tallness, *n.* from above.

Tallow, *n.* အဆီခဲ။ —candle, *n.* အဆီတိုင်။ —chandler, *n.* အဆီတိုင်သည်။ —*v. t.* အဆီခဲနှင့်သုတ်သည်။

Tally, *n.* a stick marked to keep a reckoning, ဂရှိုး a thing which corresponds to another, a match, fellow, အဖက်။ အဖက်ဖြစ်သောအရာ။ —[keep.] *v.* ဂရှိုးရိုးသည်။ —*v. t.* to score, with correspondent marks, ဂရှိုတဖက်မှတ်သည်။ —by breaking the stick, ဂရှိုတဖက်မှိချိုးသည်။ from next. —*v. i.* to correspond, be a match, ဖက်သည်။ အဖက်ဖြစ်သည်။

Talmud, *n.* ယုဒကျမ်းတတ်တို့စီရင်ရေးထားသောစကား။

Talon, *n.* (ငှက်ရဲ၏) ခြေသည်း။

Tamable, *a.* ယဉ်နိုင်သော။

Tamarind, *n.* မန်းကျည်း။

Tambor, *n.* စည်တမျိုး။ —work, *n.* ပန်းပွင့်ထိုးသောချေး။

Tamborine, *see* Tambor.

Tame, *n.* not wild, ယဉ်သော။ subdued in spirit, စိတ်နှိမ့်သော၊ နှိမ့်ချသော။ dull, စိတ်ကိုမနှိုးဆော်တတ်သော။ —*v. t.* to reclaim from a wild state, ယဉ်အောင်ဆုံးမသည်။ to subdue, နိုင်သည်၊ အောင်သည်။

Tamely, *adv.* စိတ်နှိမ့်၍သည်းခံသည်နှင့်။

Tameness, *n.* from Tame, *a.*

Tamper, *v. i.* to meddle slightly, ပေါ့ပေါ့ဝင်၍ပြုသည်။ to practise on, or use artifice in persuading, ပရိယာယ်ပြု၍ ဖြားယောင်းသည်။

Tan, *n.* ရေညှိမိမ်သောသစ်ခေါက်။ —*v. t.* to convert (skin) into leather, သားရေကိုသစ်ခေါက်ရည်၌စိမ်၍နယ်သည်။ to imbrown by the sun, နေပူခံ၍ ညိုအောင် ပြုသည်။ — pit, — vat, *n.* သားရေစိမ်သောကျင်း။

Tandem, *adv.* မြင်းတစီးနောက်တစီးစဉ်လျက်ရထားမှာဆက်ခတ်၍ကန္နင်သည်နှင့်။

Tang, *n.* အရသာ။

Tangent, *a.* အနားကိုသီ၍လွန်သွားသော။

Tangibility, Tangibleness, *n.* အတွေ့ခံနိုင်သောသတ္တိ။

Tangible, *a.* ဖောဿဗ္ဗါရုံဖြစ်သော။ တွေ့ခံရသော။ အတွေ့ခံရသော။ တွေ့ခြင်းကိုခံနိုင်သောသတ္တိရှိသော။

Tangle, *v. t.* to intermingle confusedly, ရှုပ်ထွေးအောင်ပြုသည်။ to insnare, ကျော့မိသည်။ —*n.* ရှုပ်ထွေးသောအရာ။

Tank, *n.* ရေကန်။

Tankard, *n.* ကရား။

Tanner, *n.* သားရေလုပ်သမား။

Tannin, *n.* သစ်ခေါက်ခတ်ရည်။

Tansy, *n.* ဆေးပင်တမျိုး။

Tantalize, *v. t.* စိတ်ကိုပူဆွေးစေခြင်းငှါလိုသောအရာကိုပြ၍မပေးဘဲနေသည်။

Tantamount, *a.* ညီမျှသော။

Tap 1, *v. t.* to strike gently, အသာပုတ်သည်။ to rap gently (at a door,) အသာခေါက်သည်။ —1, *n.* a gentle blow, အသာပုတ်ချက်။ —2, *v. t.* to pierce for letting out a liquid, အရည်ထွက်အောင်ဖောက်သည်။ —2, *n.* a pipe, ပြွန်။ a spigot, အဆို့။ —root, *n.* ရေသောက်မြစ်။

Tape, ကျွပ်ကြိုးပြား။ ထိုးကြိုးပြား။ —needle, *n.* ကြိုးသိအပ်။ ကြိုးထိုးအပ်။ —worm, *n.* ပြားသောသံကောင်။

Taper 1, *n.* ဖယောင်းတိုင်ကလေး။ —2, *v. i.* သွယ်သည်။ —*a.* from *do.*

Tapestry, *n.* ပန်းပြောက်ထိုးသကဲ့သို့ဖြစ်အောင်ရက်သော ရုပ်ပုံကုလားကော။

Tapis [on the], *adv.* ညှိနှိုင်းတိုင်ပင်ခြင်းကိုခံသည်နှင့်။

Tapster, *n.* ထမင်းဆိုင်၌သောက်ရန်အရည်ကိုထုတ်၍လိုက်ထည့်သောသူ။

Tar, *n.* ကတ္တရာစေး။ ထင်းရှူးဆီ။ —water, *n.* ကတ္တရာဆီနှင့်ရောနှောသောရေ။ —*v. t.* ကတ္တရာဆီနှင့်သုတ်သည်။

Tardiness, *n.* from next.

Tardy, *a.* slow, နှေးသော။ dilatory, လေးလံသော။ ဆေးဆေးနှေးနှေးဖြစ်သော။ late, not being in season, အချိန်လွန်မှဖြစ်သော။

Tare, *n.* ပယ်။ မိုက္ခက်။ ချင်းတွက်ပယ်သမျှ။

Target, *n.* a shield, ကာ။ ဒိုင်း။ လွှား။ a mark to shoot at, ပြစ်ရန်စက်။

Targum, *n.* ယုဒကျမ်းတတ်တို့စီရင်ရေးထားသောအဌကထာ။

Tariff, *n.* ထုတ်ကုန်၊ သွင်းကုန်ကောက်စာရင်းပုံ။

Tarnish, *v. t.* (in various ways,) မှိန်အောင်၊ မှုန်အောင်၊ မှေးအောင်ပြုသည်။ to sully character, အသရေယုတ်လျော့အောင်ပြုသည်။ —*v. i.* မှိန်သည်။ အရောင်မှေးသွားသည်။

Tarpaulin, *n.* ကတ္တရာဆီနှင့်သုတ်သောရွက်ထည်။

Tarry, *v. i.* to stay, နေသည်။ to stay behind, နေရစ်သည်။ to wait, ဆိုင်းသည်။ to be dilatory, ဖင့်နွဲ့သည်။

Tart, *a.* sour, ချဉ်သော။ sharp, stingy, နားခွဲခါးသော။ —*n.* မုံ့ပနာသွင်းမုန့်တမျိုး။

Tartar, စပျစ်ရည်ဆား။

Tartarean, *a.* ငရဲနှင့်ဆိုင်သော။

Tartness, *n.* from Tart, *a.*

Task, *n.* အငန်းအတာ။ လုပ်ငန်းလုပ်တာ။ —master, *n.* အငန်းအတာကိုချပေးသောသခင်။ —*v. t.* အငန်းအတာကိုချပေးသည်။

Tassel, *n.* ပန်းပွား။

Taste, *v. t.* to perceive by the palate, အရသာခံသည်။ to eat a little of, အနည်းငယ်စားသည်။ to experience, enjoy or suffer, ခံသည်။ ခံစားသည်။ —*v. i.* to affect the palate, အရသာရှိသည်။ —*n.* the act of tasting, အရသာခံခြင်း။ the sense of tasting, ဇိဝှါယတန။ အရသာခံတတ်သောသတ္တိ။ that quality which affects the palate, ရသာရုံ။ အရသာ။ liking, ကြိုက်တတ်သောသဘော။

the faculty of discerning what is good, proper, &c. ကောင်းမကောင်း၊ သင့်မသင့်၊ လျော်မလျော်ကိုပိုင်းခြား၍သိတတ်သောညာဏ်။ a specimen, တန်း။ —of, *v. t.* to try by tasting, မြည်းသည်။ မြည်းစမ်းသည်။ to experience, ခံသည်။ ခံစားသည်။ —*v. i.* ဤမည်သောအရသာရှိသည်။

Tasteful, *a.* savory, ဆိမ့်သော။ အရသာကောင်းသော။ having good taste, ကောင်းမကောင်း၊ သင့်မသင့်၊ လျော်မလျော်ကိုပိုင်းခြား၍ သိတတ်သောညာဏ်ရှိသော။

Tasteless, *a.* အရသာမရှိသော။ ပေါ့သော။

Taster, *n.* မြည်းစမ်းသောသူ။

Tasting, *n.* from Taste, *v.*

Tasty, *a.* tasteful, having good taste, ကောင်းမကောင်း၊ သင့်မသင့်၊ လျော်မလျော်ကိုပိုင်းခြား၍ သိမှတ်တတ်သော ညာဏ်ရှိသော။ neat, ကျစ်လစ်၍တင့်တယ်သော။

Tatter, *n.* အဝတ်စုတ်။

Tattered, *a.* စုတ်သော။

Tattle, *v. i.* to prate, ဖြန်းဖျင်းသောစကားများသည်။ to tell tales, စကားမှိုသည်။ —*n.* from above, 1st def.

Tattler, *n.* agent, from Tattle, *v.*

Tattoo 1, *n.* တပ်သားတို့ကိုသိမ်းသောစည်သံ။ —2, *v. t.* ထိုးကွင်းထိုးသည်။

Taught, *a.* drawn tight, as a rope, တင်းသော။

Taunt, *v. t.* မိတ်နာအောင်ကဲ့ရဲ့သည်။ — *n.* from *do.*

Taurus, *n.* the common ox or cow, နွား။ the 2d sign of the zodiac, ပြိဿရာသီ။ the wild taurus of Burmah, နိုင်။

Tautological, Tautologous, *a.* အနက်တူသောစကားကိုထပ်၍ပြောသည်။

Tautology, *n.* from above.

Tavern, *n.* ထမင်းဆိုင်။ —keeper, *n.* ထမင်းဆိုင်ရှင်။

Taw, *n.* ဗိုး။ ဗိုးလုံး။

Tawdriness, *n.* from next.

Tawdry, *a.* ထိန်ထိန်ဝါဝါ၊မတင့်တယ်သောအဝတ်ကိုဝတ်ဆင်လျက်ရှိသော။

Tawny, *a.* နီဝါသော။

Tax, *v. t.* to assess, ငွေခွဲသည်။ to charge with a fault, အပြစ်တင်သည်။ to load, ဝန်တင်သည်။ —*n.* money assessed, ခွဲသောငွေ။ ခွဲပုံကျငွေ။ ခွဲထမ်းကျငွေ။ charge, accusation, အပြစ်တင်ခြင်း။ that which is imposed, တင်သောဝန်။ —free, *a.* ငွေခွဲခြင်းနှင့်လွတ်သော။ ကြေးထမ်းလွတ်သော။ —gatherer, *n.* ခွဲထမ်းကျငွေကိုလိုက်၍ခံရသောသူ။

Taxable, *a.* ငွေခွဲခံရသော။ ကြေးထမ်းရသော။

Taxation, *n.* ငွေခွဲခြင်း။

Tea, *n.* the dried leaf, လက်ဖက်ခြောက်။ the liquor, လက်ဖက်ရည်။

—cup, *n.* လက်ဖက်ရည်ပုကန်လုံး။ —kettle, *n.* ရေနွေးတည်သောကရား။ —plant, *n.* လက်ဖက်ပင်။ —pot, *n.* လက်ဖက်ရည်ကရား။ —spoon, *n.* လက်ဖက်ရည်ဇွန်း။ —table, *n.* လက်ဖက်ရည်စားပွဲ။

Teach, *v. t.* to instruct, သင်ချသည်။ သင်ပေးသည်။ သွန်သင်သည်။ to teach books, စာပို့သည်။ to show, impart to the mind, ပြသသည်။ to communicate moral instruction, ဆုံးမြွက်ဩဝါဒပေးသည်။

Teachable, *a.* သင်တတ်သော။ သင်လွယ်သော။

Teachableness, *n.* from above.

Teacher, *n.* ဆရာ။

Teaching, *n.* from Teach.

Teak, *n.* the tree, ကျွန်းပင်။ the wood, ကျွန်းသား။

Teal, *n.* စစ်စလီ။

Team, *n.* မြင်းတသိုက်၊ နွားတွဲ။ နွားတချည်း၊ နွားရှည်း။

Teamster, *n.* နွားစီး၊ လှည်းမောင်းသောသူ၊ ရထားကိုနှင်သောသူ။

Tear, (*pron.* teer,) *n.* မျက်ရည်။ —(*pron.* tare,) *v. t.* to separate by violence, ဆုတ်သည်။ to rend (in various ways,) ဆုတ်ဖြဲသည်။ ဆုတ်ဖြတ်သည်။ ဆုတ်ဖျက်သည်။ ခွဲဖျက်သည်။ *v. i.* အရှူးကဲ့သို့ပြင်းပြစွာပေါက်လွှတ်ပြုသည်။ — from, *v. t.* အနိုင်အထက်နှုတ်ယူသည်။ အနိုင်အထက်ခွဲခွာသည်။ —off, *v. t.* အနိုင်အထက်ချွတ်သည်။ —out, *v. t.* အနိုင်အထက်ထုတ်သည်။ —up, *v. t.* အနိုင်အထက်ကော်ဖျက်သည်။

Tearful, *a.* မျက်ရည်ကျတတ်သော။

Tearless, *a.* မျက်ရည်မကျသော။

Tease, *v. t.* to annoy, နှောင့်ယှက်သည်။ to vex with impertinence or petty annoyances, ကလိသည်။ to vex with importunity, ပူစာသည်။

Teat, *n.* —of a woman, နို့သီး။ —of a beast, နို့တိုင်။

Technical, *n.* အသီးအသီးအတတ်ပညာနှင့်ဆိုင်၍သုံးသော (စကား။)

Techy, *see* Touchy.

Tedder, *see* Tether.

Tedious, *a.* ကြာရှည်၍ညောင်းစေသော။

Tediousness, *n.* from above.

Tedium, *n.* ကြာရှည်၍ငြီးငွေ့ခြင်း။

Teem, *v. i.* to bring forth young, မွေးသည်။ ဖွားသည်။ to be prolific, တိုးပွား၍များစွာထွက်တတ်သည်။

Teens, *n. plur.* ၁၃ နှစ်အရွယ်ကသည်၊ ၁၉ နှစ်တိုင်ရောက်အောင်အကြားတည်သောကာလ။

Teeter, (Amer.) *v.* မောင်းမိုး၍ကစားသည်။

Teeth, *n. plur.* of tooth. —[to the,] *adv.* ရင်ဆိုင်။ မျက်နှာချင်းဆိုင်။ — [cast in the,] *v.* အပြစ်တင်၍ကဲ့ရဲ့သည်။ —*v. i.* သွားပေါက်သည်။

Teething, *n.* from above.

Teetotal, *a.* အလျှင်းမသုံးအဲရှောင်ခြင်းနှင့်ဆိုင်သော။

Tegument, *see* Integument.

Telegraph, *n.* အဝေးကသိမြင်အောင်သညာအမှတ်ကိုပြရသောမှတ်တိုင်စည်း။ —*v. t.* နန်းကြိုးရိုက်သည်။s.

Telegraphic, *a.* ထိုသို့သောမှတ်တိုင်နှင့်ဆိုင်သော။

Telescope, *n.* မှန်ပြောင်း။

Telescopic, *a.* မှန်ပြောင်းနှင့်ဆိုင်သော။

Tell, *v. t.* to say, ပြောသည်။ ဆိုသည်။ ပြောဆိုသည်။ to give information, communicate, ကြားပြောသည်။ သိတင်းပြောသည်။ to number, count, ရေတွက်သည်။ to disclose, ဖော်ပြသည်။ —*v. i.* to take effect, ဖြစ်စေသည်။ to produce an effect, (တစုံတခုသော) အကျိုးကိုဖြစ်စေသည်။ —of, *v. t.* (တစုံတဦးသော)သူ၏အကြောင်းကိုပြောသည်။ —tale, *n.* စကားပို့သောသူ။ ကုန်းတိုက်သောသူ။ —tales, *v.* စကားပို့သည်။ စကားရောင်း စကားဝယ်ပြုသည်။

Temerity, *n.* အရဲကိုးခြင်း။

Temper, *v. t.* to qualify by mixture, တော်သင့်အောင်ရောနှောသည်။ to accommodate, adapt, တော်လျော်အောင်ပြုပြင်သည်။ to equalize, ညီမျှစေသည်။ to make gentle, နူးညံ့သိမ်မွေ့အောင်ပြုသည်။ to harden (metal,) ဆေးသည်။ —*n.* a state resulting from mixture, ရောနှော၍ဖြစ်သောအရာ။ disposition, of mind, စိတ်သဘော။ calmness of mind, စိတ်ငြိမ်ဝပ်ခြင်း။ heat of mind, စိတ်ဆိုးခြင်း။ induced hardness (of metal,) ဆေး၍မာခြင်း။

Temperament, *n.* —of the mind, စိတ်သဘော။ — of the body, ကိုယ်ခန္ဓာ၏သဘော။ ကိုယ်၏အသွေးအသားအနေ။ a state induced by due mixture, ရောနှောပြုပြင်၍တော်သင့်သောအခြေအနေ။

Temperance, *n.* from next, 3d and 4th def.

Temperate, *a.* moderate, not excessive, မလွန်မကျူးသော။ moderate, not violent, ပြင်းထန်စွာမဟုတ်။ ဖြည်းညှင်းသော။ moderate in eating and drinking, စားသောက်ခြင်းအမှု၌မလွန်မကျူးသော။ moderate in the indulgence of the natural appetites, ကာမဂုဏ်ချုပ်တည်းသော။

Temperature, *n.* အပူအအေးရော၍ဖြစ်သောအခြေအနေ။ *see also* Temperament.

Tempest, *n.* မုန်တိုင်း။ မိုးသက်မုန်တိုင်း။ လေဟုန်။

Tempestuous, *a.* မိုးသက်မုန်တိုင်းကျသော။

Temple 1, *n.* a building devoted to the deity, ဗိမာန်။ a place of public worship, သုခမ္မာဇရပ်။ —2, *n.* the upper part of the sides of the head, နားထင်။

Temporal, *a.* pertaining to the world, လောကီနှင့်ဆိုင်သော။ pertaining to time, contrasted with eternity, လောကီကာလနှင့်ဆိုင်သော။ pertaining to the temples of the head, နားထင်နှင့်ဆိုင်သော။

Temporalities, Temporals, *n. plur.* ဝတ်တကန်မြေနှင့်ဆိုင်၍စားရသော ပစ္စည်း။

Temporary, *a.* အမြဲမကျတ်။ ခဏသာတည်သော။

Temporize, *v. i.* ကာလ အလိုက်။ စရိုက် သင့် အောင် ပြု သည်။ ကာလကိုထောက်၍အလိုက်သင့်ပြုသည်။

Tempt, *v. t.* — by inciting, တိုက်တွန်းသည်။ နှိုးဆော်သည်။ by persuading, alluring, သွေးဆောင်သည်။ ဖျားယောင်းသည်။ to entice to evil, အပြစ်သို့သွေးဆောင်သည်။ to try, စုံစမ်းသည်။

Temptation, *n.* from above; an inducement to evil, အပြစ်သို့သွေးဆောင်သောအရာ။

Tempter, *n.* အပြစ်သို့သွေးဆောင်သောသူ။

Ten, *a.* တဆယ်။ ၁၀။ —fold, *a.* ဆယ်ဆပြစ်သော။ *num. a.* ကျိပ် (used for ဆယ် in numbering rational beings.)

Tenable, *a.* ရပ်ခံ၊ ဆီးတားနိုင်ဖွယ်ဖြစ်သော။

Tenacious, *a.* holding fast, လက်မလွှတ်။ အမြဲစွဲကိုင်တတ်သော။ retentive, အမှတ်မြဲသော။ မှတ်ဉာဏ်ရှိသော။ adhesive, စေးကပ်တတ်သော။

Tenaciousness, Tenacity, *n.* from above.

Tenancy, *n.* from next.

Tenant, *v. t.* (အိမ်၊ မြေ၊ လယ်ယာကို) ငှါး၍နေသည်။ — *n.* one that occupies a house or ground on lease, ငှါး၍ နေသော သူ။ a dweller, နေသောသူ။

Tenantless, *a.* ငှါး၍နေသောသူမရှိသော။

Tenantry, *n.* ငှါး၍နေသောသူများ။

Tend 1, *v. t.* ထိန်းသည်။ စောင့်ထိန်းသည်။ — 2, *v. i.* to move in a certain direction, (တစုံတခုသော) အရပ်သို့သွားလျက်ရှိသည်။ to aim at, ရွယ်စောင်သည်။ to contribute to, ညီညာသည်။ to feed, (as creatures,) ကျောင်းသည်။

Tendency, *n.* from above.

Tender 1, *n.* one that tends, ထိန်းသောသူ။ စောင့်သောသူ။ a small vessel attending on a larger, သင်္ဘောကြီး၌ အစေခံသိမ်ဘန်။ သင်္ဘောကလေး။ —2, *v. t.* to offer acceptance, သူတပါးယူအောင်လှမ်း၍ပေးသည်။ —2, *n.* an offer for acceptance, from above; the thing offered, သူတပါးယူအောင်ပေးသောအရာ။ —3, *a.* of delicate consistence, not firm, နူသော။ နူနယ်သော။ easily pained, နာတတ်သော။ နာကြင်တတ်သော။ inclined to feel for, ကြင်နာတတ်သော။ exciting kind concern, ကြင်နာစုံမက်ဖွယ်ဖြစ်သော။ careful not to injure, ထောက်ထား၍ကြင်နာစွာပြုသည်။ apt to occasion painful feelings, နာစေတတ်သော။ —hearted, ကြင်နာတတ်သောစိတ်ရှိသော။ —mouthed, ခံတွင်းနူသော။

Tenderness, *n.* from Tender, *a.*

Tendon, *n.* လေကြောနှင့်အရိုးကိုဆက်တွယ်သောအကြောဖြူ။

Tendril, *n.* အနွယ်နွယ်မောင်း။

Tenebrosity, *n.* from next.

Tenebrous, *a.* မှိုင်းဝေသော။

Tenement, *n.* property occupied on a lease, ငှါး၍သုံးဆောင်သောအိမ်၊ မြေ၊ လယ်ယာ။ a dwelling, နေရာအိမ်။

Tenesmus, *n.* ဝမ်းရေတွင်ဆီးသကဲ့သို့ဖြစ်၍ဖြင်းစွာခံရသောဝေဒနာ။

Tenet, *n.* အယူဝါဒ။

Tenis, *n.* ဗလီကစားခြင်းတမျိုး။

Tenon, *n.* စခွေး။

Tenor, *n.* a regular proceeding or passing on, a course, အစည်အတိုင်းလိုက်ခြင်း။ sense contained, အရေး အနက်။ သဘော။ ရုပ်။

Tense 1, *n.* ကာလ။ —[future], အနာဂတ်။ —[past], အတိတ်။ —[present], ပစ္စုပ္ပန်။ —2, *a.* တင်းသော။

Tenseness, *n.* from above.

Tension, *n.* the act of making tense, တင်းအောင်ပြုခြင်း။ the state of being tense, တင်းခြင်း။

Tensor, *see* Extensor.

Tent 1, *n.* a pavilion, ကုလားတဲ။ —2, a roll of lint or cloth, အနာ၌ချပ်ထားသောအဝတ်လိပ်ခ။

Tentative, *a.* (ပြု) စမ်းလျှက်ရှိသော။

Tenter, —hook, *n.* တင်းအောင်ဆွဲသောချိတ်။

Tenth, *a.* ဒသမ။ ဆယ်ခုမြောက်သော။ —*n.* ဆယ်ပုံတွင်တပုံ။

Tenuity, *n.* from next.

Tenuous, *a.* thin, ပါးသော။ slender, သေးသော။ rare, မသိပ်၊ ပွသော။

Tenure, *n.* manner of holding property, ပစ္စည်းဥစ္စာကိုပိုင်သောနည်း။ manner of holding in general, ပိုင်သောနည်း။ သုံးပိုင်သောနည်း။

Tepefaction, *n.* from next.

Tepefy, *v. t.* from next.

Tepid, *a.* ချုပ်ချုပ်ရှိသော။ ချုပ်ချုပ်နွေးသော။

Tepidness, Tepidity, *n.* from above

Tergiversation, *n.* ပရိယာယ်ပြု၍ပြောခြင်း။

Term, *n.* a limit, အပိုင်းအခြား။ a border, အစွန်အနား။ a specified time, ပိုင်းခြားသောကာလ။ *in grammar*, a word, စကား။ in logic, စကားသုံးရန်တွင်တရပ်။ a condition (of an engagement,) ဝန်ခံရန်တင်၍ထားသောဥပဒေချက်။ *see also* Terms. — *v. t.* သမုတ်သည်။ ခေါ်ဝေါ်သည်။ မှည့်သည်။

Termagant, *a.* တောက်တီ၊ မြည်တွန်၊ ရန်တွေ့တတ်သော။ —*n.* တောက်တီ၊ မြည်တွန်၊ ရန်တွေ့တတ်သောမိန်းမ။

Termes, *n.* ခြ။

Terminate, *v. i.* to come to an end (in various ways,) ဆုံးသည်။ အဆုံးသို့ရောက်သည်။ ကုန်သည်။ ပြီးသည်။ ငြိမ်းသည်။ — *v. t.* from *do*.

Termination, *n.* from above, *v. i.* and *v. t.*; point of terminating, ဆုံးချက်။ &c.; an end, အဆုံး။

Terms, *n. plur.* of Term. —[bring to], *v. t.* from next. —[come to], —[make], *v.* သဘောတူ၍ဝန်ခံသည်။

Ternary, *a.* သုံးခုဖြစ်သော။

Terrace, *n.* a raised bank of earth, ကမ်းထစ်။ an uncovered verandah, ဆင်ကပ်။

Terra firma, *n.* ကုန်း။

Terraqueous, *a.* မြေနှင့်ရေစပ်လျက်ရှိသော။

Terrene, Terrestrial, *a.* pertaining to the earth, မြေကြီးနှင့်ဆိုင်သော။ consisting of earth, မြေဖြစ်သော။ pertaining to the world, လောကီနှင့်ဆိုင်သော။

Terrible, *a.* ကြောက်မက်ဖွယ်ဖြစ်သော။

Terribleness, *n.* from above.

Terrier, *n.* မြေတွင်းထဲသို့ဝင်၍လိုက်တတ်သောခွေးမျိုး။

Terrific, *a.* ကြောက်လန့်စေတတ်သော။

Terrify, *v. t.* ခြောက်လှန့်သည်။ ထိတ်လန့်စေသည်။

Territorial, *a.* နယ်နှင့်ဆိုင်သော။

Territory, *n.* နယ်။

Terror, *n.* ထိတ်လန့်ခြင်း။

Terse, *a.* neat (in style,) ဒေါသနှင့်ကင်းလွတ်၍ပြေပြစ်သော။

Terseness, *n.* from above.

Tertian, *a.* ရက်ခြားတက်တတ်သော(ဖျားနာ။)

Tessalated, *a.* အကွက်အကန့်ချယ်လှယ်သော။

Test, *n.* crucible, မိုက်။ trial, စုံစမ်းခြင်း။ means of trial, စုံစမ်းခြင်းအကြောင်း။ a criterion, standard, စံ။ a rule of judging, စုံစမ်းရန်ထားသောအရာ။ —*v. t.* try by comparing with a standard, စံချသည်။ စံထိုးသည်။ ဝါသည်။s. to try the correctness of, မှန်သည်မမှန်သည်ကိုစုံစမ်းသည်။ to attest, သက်သေခံသည်။

Testaceous, *a.* အဆစ်အပတ် ... အခွံရှိသော(ရေတိရိစ္ဆာန်။)

Testament, *n.* a will, သေတန်းစာ။ the old Testament, ဓမ္မဟောင်းကျမ်း။ the new Testament, ဓမ္မသစ်ကျမ်း။

Testamentary, *a.* သေတန်းစာနှင့်ဆိုင်သော။

Testate, *a.* သေတန်းစာကိုရေးထားပြီးသော။

Testator, *n.* သေတန်းစာကိုရေးထားသောသူ။

Tester, *n.* ခုတင်၏မျက်နှာကြက်။

Testicle, *n.* ဝှေးစေ့။

Testification, *n.* from Testify.

Testifier, *n.* agent, from next.

Testify, *v.* သက်သေခံသည်။

Testimonial, *n.* သက်သေခံချက်။ သက်သေထွက်ချက်။

Testiness, *n.* from Testy.

Testy, *a.* စိတ်တိုသော။

Tete-a-tete, *adv.* ပါးတွေ့။ နားတွေ့။

Tether, *v. t.* လံသည်။ လံထားသည်။ —*n.* လံကြိုး။

Tetragon, *n.* လေးထောင့်ပုံ။ စတုဂံ။ a regular tetragon, စတုရမ်း။

Tetragonal, *n.* လေးထောင့်ရှိသော (ပုံ။)

Tetrarch, *n.* ရှေးကာလ၌ရောမနိုင်ငံအဝင်၊တခရိုင်ကိုအုပ်စိုးသောစော်ဘွား။

Tetter, *n.* ပွေးတမျိုး။

Text, *n.* the original writing from which a translation is taken, ပါဠိ။ ပါဠိပါဠိ။ a verse or passage of scripture quoted for some purpose, နှုတ်ထုတ်သောကျမ်းစာချက်။ —book, မူရင်းနှင့်တကွနေရာက်ဖွင့်သောစကားကိုမှတ်သားရန်စာအုပ်။ —hand, စာလုံးကြီးသောလက်ရေး။

Textile, *a.* woven, ရက်သော။ capable of being woven, ရက်ဖွယ်ကောင်းသော။

Textual, *a.* နှုတ်ထုတ်သောကျမ်းစာချက်၌ပါသော။

Textuary, *n.* ကျမ်းစာချက်များကိုလေ့ကျက်သောသူ။

Texture, *n.* the act of weaving, ရက်ခြင်း။ a web, thing woven, ရက်ကန်းသား၏အခြေအနေ။ the character of any substance composed of parts, အသားအပါး၏အခြေအနေ။

Than, *adv.* ထက်။

Thane, *n.* ရှေးကာလ၌အင်္ဂလိပ်မှူးမတ်တမျိုး။

Thank, *v. t.* ကျေးဇူးရှိသည်ဟုပြောသည်။ ကျေးဇူးရှိသည်ဟုဝန်ခံသည်။ ကျေးဇူးကိုချီးမွမ်းသည်။ ကျေးဇူးတင်သည်။s. *n. adv. plur.* from above. —offering, ကျေးဇူးတော်ဝန်ခံရာပူဇော်သကာ။ —worthy, *a.* ကျေးဇူးရှိသော။

Thankful, *a.* ကျေးဇူးတင်သော။ ကျေးဇူးသိသော။

Thankfulness, *n.* from above.

Thankless, *a.* ကျေးဇူးကိုမသိသော။ ကျေးဇူးမဲ့သော၊

Thanksgiving, *n.* ကျေးဇူးမြှိသည်ဟုဝန်ခံခြင်း။
That, *pron. a.* not this, but another, ထို။ ဟို။ who, which, (relative,) သော။ ယင်း။ —*adv. or conj.* —(noting indication,) ဟု။ ဟူ၍။ —(noting a consequence,) so as to, အောင်။ တိုင်အောင်။ —(noting a final end,) in order to, ငှါ။ အလိုငှါ။ အောင်။
Thatch, *n.* အိမ်မိုးရန်ဒနိ။ သက်ကယ်၊သစ်ရွက်တမျိုးမျိုး။ —*v. t.* ဒနိ၊သက်ကယ်၊ သစ်ရွက်တမျိုးမျိုးနှင့်မိုးသည်။
Thaw, *v. i.* (ရေ)အေး၍ခဲပြီးမှတဖန်ပူ၍အရည်ဖြစ်ပြန်သည်။ —*v. t.* from *do.* —*n.* from *do.* —*v. i.* and *v. t.*
The, *art.* ထို။
Theatre, *n.* ဇာတ်ရုံ။
Theatrical, *a.* ဇာတ်ရုံနှင့်ဆိုင်သော။
Thee, *obj.* of Thou, *which see.*
Theft, *n.* ခိုးခြင်း။ ခိုးမှု။
Their, Theirs, *poss.* of they, *which see.*
Theism, *n.* ဘုရားသခင်တဆူတည်းရှိတော်မူသည်ဟုယူသောအယူဝါဒ။
Theist, *n.* ဘုရားသခင်တဆူတည်းရှိတော်မူသည်ဟုယူသောသူ။
Them, *obj. of* They, *which see.*
Theme, *n.* a subject of discourse, ပြောဟောသောအကြောင်းအရာ။ a subject discussed in writing, စာစီကုံးသောအကြောင်းအရာ။
Themselves, *pron.* သူတို့ကိုယ်တိုင်။
Then, *adv.* at that time, ထိုအခါ။ afterwards, ထိုနောက်။ in that case, သို့ဖြစ်လျှင်။ therefore, ထိုကြောင့်။
Thence, *adv.* from that place, ထိုအရပ်မှ။ from that time, ထိုအခါမှ။ for that cause, ထိုအကြောင်းကြောင့်။ —forth,—forward, *adv.* ထိုအခါမှစ၍။
Theocracy, *n.* ဘုရားသခင်စီရင်အုပ်စိုးခြင်း။
Theocratical, *a.* ဘုရားသခင်စီရင်အုပ်စိုးခြင်းနှင့်ဆိုင်သော။
Theodolite, *n.* အမြင့်၊အဝေးကိုတိုင်းသောတန်ဆာ။
Theogony, *n.* နတ်ဘုရားတို့၏သားစဉ်မြေးဆက်စာရင်း။
Theologian, Theologist, *n.* တရားတော်နှင့်လေ့ကျက်သောဆရာ။
Theological, *a.* တရားတော်နှင့်ဆိုင်သော။
Theology, *n.* တရားတော်။
Theomachy, *n.* နတ်နှင့်အသူရာတိုက်ခြင်း။
Theorem, *n.* သိအိုရင်၊တည်းဟူသော၊ကေန်မုက္ခဖြစ်ကြောင်းကိုသက်သေအားဖြင့်တည်သောစကားချက်။
Theoretic, Theoretical, *a.* စိတ်ကူး၊ ထောက်ရှု၊ နှိုင်းချိန်ခြင်းနှင့်ဆိုင်သော။
Theorist, *n.* agent, from next.
Theorize, *v. i.* စိတ်ကူး၍ထောက်ရှုနှိုင်းချိန်သည်။

Theory, *n.* အတတ်မသိ။ မိတ်ကူး၊ သောက်ရှုနိုင်းချိန်ခြင်းအားဖြင့်ဖွဲ့လား သောအရာ။

Therapeutic, *a.* ဆေးကုခြင်းနှင့်ဆိုင်သော။

There, *adv.* in that place, ဟိုမှာ။ ထိုအရပ်မှာ။ thither, ဟိုကို။ ထိုအရပ်သို့။ (expletive before a verb.) —about, —abouts, *adv.* near that place, ထိုအရပ်အနီးအပါးတွင်။ *about* so much, ထိုမျှလောက်။ —after, *adv.* after that, ထိုနောက်။ accordingly, ထိုအတိုင်း။ ထိုသို့နှင့်အညီ။ —at, *adv.* at that place, ထိုအရပ်မှာ။ on that account, ထိုအတွက်ကြောင့်။ —by, *adv.* ထိုအကြောင်းအားဖြင့်။ —for, —fore, *adv.* for that reason, ထိုကြောင့်။ ထိုအကြောင်းကြောင့်။ on that account, ထိုအတွက်ကြောင့်။ —from, ထိုအရပ်မှ။ —in, ထိုအရပ်မှာ။ —of, ထိုအရာအချို့ကို။ —on, —upon, on that, ထိုအရာအပေါ်မှာ။ for that reason, ထိုအကြောင်းကြောင့်။ —to, unto, ထိုအရပ်သို့။ —with, together with that, ထိုအရာနှင့်တကွ။ by means of that, ထိုအရာအားဖြင့်။ when used in exclamation and expressive of disapprobation, ယော။

Thermometer, *n.* အပူအအေးကိုတိုင်းသောတန်ဆာ။ အပူတိုင်း။

These, *plur. of* This, ဤ—တို့။သည်—တို့။

Thesis, *n.* ဆွေးနွေးနိုးနှောရန်ဘို့တင်၍ပြောသောအကြောင်းအရာ။

Thew, *n.* ကိုယ်ခွန်ခိုင်မာသောအသား။

They, *plur. of* He and she, သူတို့။

Thick, *a.* dense, not thin, မကြည်း၊ပျစ်သော။ turbid, foul, နောက်သော။ cl e together, စိတ်သော။ ထူသော။ ထူထပ်သော။ close, as a thicket, စေးပျစ်။ frequent, ခဏခဏဖြစ်လှာသော။ indistinct (as utterance,) မပြတ်သားသော။ —of hearing, နားထိုင်းသော။ နားလေးသော။ noting the diameter of a body, (ဤမည်သော) ဒုရှိသော။ having much depth or extent from one surface to its opposite, မပါး။ ထူသော။ —headed, —skulled, ဉာဏ်တုံးသော။ —*n.* ထူထပ်စွာရှိသောနေရာ။

Thicken, *v. i.* to become more dense, ပျစ်သွားသ‌‌ to become close together, ထူထပ်၍သွားသည်။ — *v. t.* make dense, ပျစ်အောင်ပြုသည်။ to make close together, ထူထပ်အောင်ပြု သည်။

Thicket, *n.* ချုံစေးပျစ်။ တောအုံ။

Thickness, *n.* from Thick, *a.* the extent of a body from surface to surface, ဒု။ အထု။

Thickset, *a.* closely planted, စိပ်စိပ်စိုက်လျက်ရှိသော။ short and thick, တုပ်သော။

Thick-skulled, *a.* ဉာဏ်တုံးသော။

Thief, *n.* သူခိုး။ —catcher, —taker, သူခိုးကိုဖမ်းသောသူ။

Thieve, *v. i.* ခိုးလေ့ရှိသည်။

Thievish, *a.* ခိုးတတ်သောသဘောရှိသော။

Thigh, *n.* ပေါင်။

Thill, *n.* ရထားသန့်။ လှည်းသန့်။

Thimble, *n.* အချုပ်လက်စွပ်။

Thin, *a.* not thick or dense, မပျစ်၊ ကြည်းသော။ not close together, ကျဲသော။ ပါးသော။ ပါးရှားသော။ having little extent from one surface to the other, ပါးသော။ of a light flimsy texture, ပါးလျှသော။ lean, ပိန်သော။ slender (in sound,) သေးသော။ —*v. t.* from above, 1st and 2d def.

Thing, *n.* အရာ။ ဟာ။ ဥစ္စာ။ ပစ္စည်း။

Think, *v.* be of opinion, ထင်သည်။ မှတ်သည်။ ထင်မှတ်သည်။ စိတ်ထင်သည်။ to consider, ဆင်ခြင်သည်။ to intend, ကြံသည်။ ကြံစည်သည်။ အကြံရှိသည်။ — lightly of, *v. t.* အမှုမထား။ ဂရုမပြု။ —much of, လေးမြတ်သည်။ of, to consider, ဆင်ခြင်သည်။ to recollect, call to mind, သတိရသည်။ — on, — upon, to meditate, reflect on, ဆင်ခြင်သည်။ အောင်းမေ့သည်။ to conceive, အကြံရသည်။ —well of, လေးမြတ်သည်။

Thinker, *n.* agent; from Think.

Thinness, *n.* from Thin, *a.*

Third, *a.* တတိယ။ သုံးခုမြောက်သော။ —*n.* သုံးပုံတွင်တပုံ။

Thirst, *v. i.* to feel the want of drink, ရေငတ်သည်။ to have a longing desire, ဆာငတ်ခင်မွတ်သည်။ —*n. do.*

Thirstiness, *n.* from next, 1st def.

Thirsty, *a.* feeling the want of drink, ရေငတ်သော။ very dry, သွေ့ခြောက်သော။

Thirteen, *a.* ဆယ်သုံး။ ၁၃။

Thirteenth, *a.* ဆယ်သုံးခုမြောက်။ တေရသမ။

Thirtieth, *a.* သုံးဆယ်ပြည့်သော။

Thirty, *a.* သုံးဆယ်။ ၃၀။

This, *pron. a.* ဤ။ သည်။ in modern style, ထည်းကောင်း။ ၎င်း။

Thistle, *n.* ဆူးပင်တမျိုးမျိုး။

Thistly, *a.* ဆူးပင်ပေါ်များသော၊

Thither, *adv.* ဟိုကို။ ထိုအရပ်သို့။ —ward, ထိုအရပ်သို့။

Thole, *n.* ခတ်တိုင်။

Thong, *n.* သားရေကြိုး။

Thorax, *n.* ရင်ခေါင်း။

Thorn, *n.* a thorn bush, ဆူးပင်။ a spine on a thorn bush, ဆူး။ —apple, ပဒိုင်းနို။M. ပဒိုင်းခတ်တား။B.

Thorny, *a.* ဆူးများသော။

Thorough, *a.* စုံလင်သော။ —bred, အကုန်အစင်သင်ပြီးသော။ —fare, *n.* ထုတ်ချင်းခပ်ပေါက်သောလမ်း။ —going, *a.* မဆုတ်မဆိုင်းပြုလုပ်တတ်သော။ —paced, *see* —bred, and —going, —*prep. see* Through.

Thoroughly, *adv.* အကုန်အစင်။

Those, *plur.* of That, ထို—တို့။ ဟို—တို့။

Thou, *pron.* ကိုယ်တော်။ သင်။

Though, *conj.* သို့သော်လည်း။ သို့ရာတွင်။

Thought, *n.* the act of thinking, စိတ်ထင်ခြင်း။ ထင်မှတ်ခြင်း။ idea, စိတ်အထင်အမှတ်။ design, အကြံ။

Thoughtful, *a.* သတိနှင့်ဆင်ခြင်တတ်သော။

Thoughtfulness, *n.* from above.

Thoughtless, *n.* သတိမရှိသော။

Thoughtlessness, *n.* from above.

Thousand, *n.* အထောင်။ တထောင်။ ၁၀၀၀။

Thousandth, *a.* တထောင်ပြည့်သော။ သဟဿ။

Thrall, *n.* ကျွန်။

Thralldom, *n.* ကျွန်ခံခြင်း။

Thrash, *v. t.* to beat out (grain,) စပါးပုတ်သောဒုတ်တန်ဆာနှင့်ပုတ်သည်။ to whip, တံပျားနှင့်ရိုက်သည်။

Thrashing, *n.* from *do.* —floor, ကောက်တလင်း။

Thread, *n.* a small twist for sewing, ခြည်။ အပ်ခြည်။ any filament, အမျှင်။ arranged course, အစီအစဉ်။ —bare, *a.* worn to the naked threads, သုံးဆောင်၍ အမွေးတုံးသော။ trite, အသုံးများ၍ အိုသော (စကား။) —*v. t.* to pass a thread through (the eye of a needle,) ခြည်နှင့် (အပ်နဖားကို) လျှိုသည်။ to pass through (a narrow way,) စွပ်သွားသည်။

Threat, *n.* from next.

Threaten, *v. t.* to menace, ခြိမ်းသည်။ to terrify by threats, ခြိမ်းခြောက်သည်။ မောင်းမဲသည်။

Threatening, *n.* from above.

Three, *a.* သုံး။ ၃။ —cornered, သုံးထောင့်ရှိသော။ —fold, *a.* three times as much, သုံးဆဖြစ်သော။ thrice repeated, သုံးထပ်ဖြစ်သော။—masted, သုံးပင်တိုင်ရှိသော။ —score, ခြောက်ဆယ်။ ၆၀။

Thresh, *see* Thrash.

Threshold, *n.* the sill of a door, တံခါးခုံ။ entrance, ဝင်ဝ။

Thrice, *adv.* သုံးကြိမ်။

Thrid, *v. t.* စွပ်သွားသည်။

Thrift, Thriftiness, *n.* from Thrifty.

Thriftless, *a.* မခြွေတာ။ အသုံးဖြုန်းသော။

Thrifty, *a.* frugal, ခြွေတာသော။ making profit, prosperous, စီးပွားတိုးသော။ စီးပွားတက်သော။ growing rapidly, as a plant, သန်စွမ်း၍ကြီးပွားသော။

Thrill, *v. t.* to pierce, penetrate, စူးသည်။ —*v. i.* to be pierced with a sharp, pervasive feeling, နှစ်လုံးမိုက်၍တကိုယ်လုံးဖြန်းသည်။ —with a pleasurable sensation or with cold, စိမ့်သည်။ ခြင်ဆီစိမ့်သည်။ —with horripilation, ကြက်သီးထသည်။

Thrive, *v. i.* to make profit, prosper, အမြတ်ရသည်။ စီးပွားတိုးတက်သည်။ to be thrifty, as trees, or to increase, as animals, သန်စွမ်း၍ကြီးပွားသည်။

Throat, *n.* လည်ချောင်း။

Throb, *v. i.* (as the heart or pulse,) လှုပ်သည်။ ခုန်သည်။ *n. do.*

Throe, *n.* ပြင်းစွာသောအနာအကြင်။

Throne, *n.* ရာဇပလ္လင်။ —*v. t. see* Enthrone.

Throng, *v. i.* ဝိုင်း၍ကျပ်လျှက်နေကြသည်။ —*v. t.* ညှပ်အောင်လူစုင်းကျပ်၍နေကြသည်။ —*n.* a crowd of people, လူထပ်သောလူထု၊ လူချင်းကျပ်၍နေသောအစုအဝေး။ a large multitude, များစွာသောလူအစုအဝေး။

Throttle, *v. t.* လည်ကိုအစ်သည်။

Through, *prep.* from end to end, or from side to side, တရှောက်လုံး၊ထုတ်ချင်း။ by means of, အားဖြင့်။ —*adv.* အကုန်အစင်။ lengthwise, ဖိုးရို။ all over, ဗရပိန်။

Throughout, *prep.* and *adv.* တရှောက်လုံး။ အနှံ့အပြား။

Throw, *v. t.* to cast, fling, ပြစ်သည်။ ပြစ်လိုက်သည်။ to cast down or upon, လှည်း၍ချသည်။ —dice, အန်ထိုးသည်။ —aside, ပြစ်ထားသည်။ —away, to cast away, ပြစ်သည်။ စွန့်ပြစ်သည်။ to reject, ပယ်သည်။ —back, အပြစ်အလှန်ပြစ်သည်။ —by, ပြစ်ထားသည်။ —down, to cast down, ချသည်။ to break down, ဖြိုချသည်။ to put down, depress, နှိမ့်ချသည်။ —down [one's self,] အပ်သည်။ —in, သွင်းသည်။ —off, *v. t.* to free from, ကင်းလွတ်အောင်ပြုသည်။ to reject, ပယ်ထားသည်။ to strip off, ချွတ်သည်။ —on, အပေါ်သို့ပြစ်ထားသည်။ —on [one's self,] အပ်သည်။ —out, to reject, ပယ်သည်။ ပယ်ထားသည်။ to bring out, produce, ထုတ်သည်။ to distance, ရှေ့သို့လွန်၍နောက်၌ကျန်ရစ်စေသည်။ —up, to resign, အရာကိုချထားသည်။ to vomit, အန်သည်။ —*n.* a cast, fling, ပြစ်ခြင်း။ ပြစ်လိုက်ခြင်း။ —of dice, အန်ထိုးခြင်း။ the distance reached in throwing, ပြစ်၍မှီရာအရပ်။ effort, အားထုတ်ခြင်း။

Thrum 1, *n.* မြိတ်ဆာ။ —2, *v.* ဖြစ်ကတတ်ဆန်းတီးသည်။

Thrush, *n.* the bird, မြေလူးငှက်။ the disease, မကွဲရု။

Thrust, *v.* to push, တွန်းသည်။ to thrust at, တိုးသည်၊ — at, *v. t.* ထိုးသည်။ —down, အောက်သို့တွန်းထိုးသည်။ —in, သွင်းသည်။ —in [one's self], *v.* အခွင့်မရှိဘဲဝင်သည်။ —off, *v. t.* လွတ်အောင်တွန်းသည်။ —on, ရှေ့သို့တွန်းသည်။ —out, နှင်ထုတ်သည်။ —through, ထုတ်ချင်းခပ်ပေါက်အောင်ထိုးသည်။ —*n.* from Thrust, *v.*

Thumb, *n.* လက်မ။ —*v. t.* နေရာမကျ၊ကိုင်သည်။

Thump, *v. t.* ထုသည်။ —*n.* from *do.*

Thumping, *a.* large, stout, ကြီးမားသော။

Thunder, *v. i.* to fulminate, မိုဃ်းခြိမ်းသည်။ မိုဃ်းမြည်သည်။ to make a loud noise, မိုဃ်းခြိမ်းသကဲ့သို့ပြင်းထန်စွာမြည်သည်။ to menace by ecclesiastical authority, ဂိုဏ်းအုပ်၊ရဟန်းမင်းအာဏာနှင့်ခြိမ်းခြောက်၍အပြစ်ပေးသည်။ —*n.* from *do.* the sound of thunder, မိုဃ်းခြိမ်းသံ။ —bolt, မိုဃ်းကြိုး။ မိုဃ်းကြိုးစက်။ —clap, မိုဃ်းခြိမ်းသံတချက်။ —cloud, မိုဃ်းခြိမ်းခြင်းနှင့်ဆိုင်သောမိုဃ်းတိမ်။ —shower, မိုဃ်းခြိမ်း၍မိုဃ်းရွာခြင်း။ —storm, မိုဃ်းခြိမ်းခြင်းပါသောမိုဃ်းသက်မုန်တိုင်း။ —struck, *a.* အလွန်မှိုင်တွေသော။

Thurification, *n.* နံ့သာပေါင်းကိုမီးရှို့ခြင်း။

Thursday, *n.* သာစဒေး ကြာသပတေးနေ့။

Thus, *adv.* ဤသို့။ ထိုသို့။ သည်အတိုင်း။ သည်နှယ်။ ထိုအတူ။ ထိုနည်းတူ။ ဤကဲ့သို့။ ထိုကဲ့သို့။ —much, *a.* and *adv.* ဤမျှလောက်။

Thwack, *v. t.* တပြားနှင့်ရိုက်သည်။ —*n.* *do.*

Thwart, *v. t.* ကန့်လန့်ပြုသည်။ (သူ) အကြံကိုဖျက်သည်။ —*n.* ကန့်။

Thy, *poss. of* Thou, *which see.* —self, *pron.* ကိုယ်တော်တိုင်။

Tiara, *n.* ဦးရစ်။

Tibia, *n.* ညိုကျည်း။ မြင်းခေါင်း။

Tick 1, *n.* an account of articles bought on credit, အကြွေးအခင်းဝယ်သောစာရင်း။ —2, the animal, မွှား။ the small red kind, ကမျည်းနီ။ —3, the cover or case of a mattress, မွေ့ရာဘို့ချုပ်သောအထည်။ —4, *v. i.* (as a watch,) ဂျက်ဂျက်မြည်သည်။

Tickal, *n.* အကျပ်။

Ticken, *n.* မွေ့ရာချုပ်ဘို့တော်သင့်သောအထည်။

Ticket, *n.* အခွင့်ပေးသောလက်မှတ်။

Tickle, *v. t.* to affect with a prurient sensation by slight touches, ကလိထိုးသည်။ to excite any pleasant sensation, ပျော်ပါးအောင်ပြုသည်။

Ticklish, *a.* easily tickled, ကလိထိုး၍ယားတတ်သော။ not firm, easily moved, မမြဲ။ လှုပ်လွယ်သော။ difficult of management, ခက်ခဲသော။

Tid, *a.* နူသော။

Tide, *n.* the alternate ebb and flow of the sea, ဒီ။ ဒီရေ။ course, current of affairs, အစဉ်အလိုက်သွားမြဲသွားခြင်း။ —gate, ဒီရေသွင်းထုတ်ရာမြှုန်ပေါက်တံခါးဝပိတ်လျှာ။ —waiter, သင်္ဘောအကောက်စောင့်။ —way, ဒီရေကြောင်း။

Tidiness, *n.* from Tidy.

Tidings, *n.* သိတင်း။ သိတင်းစကား။

Tidy, *a.* သန့်ရှင်းကျစ်လစ်သော။

Tie, *v. t.* to bind, ချည်သည်။ ချည်နှောင်သည်။ —hand and foot, တုပ်သည်။ a knot in a string, ထုံးသည်။ —with a hard knot, နှစ်ကျိုက်ကျိုက်၍ချည်သည်။ —down, မထကြွနိုင်အောင်ချည်နှောင်၍ထားသည်။ —together, *v. t.* တွယ်၍နှောင်ဖွဲ့သည်။ —up, ချည်ထားသည်။ —in a bundle, ထုပ်ထားသည်။ —*n.* a knot in a string, အထုံး။ bond, obligation, မပြုဘဲမနေရမည်အကြောင်း။

Tier, *n.* အထပ်ထပ် အဆင့်ဆင့် ထားတတ် သော အတန်းတို့ တွင် တတန်း။ အတန်းဆင့်ထဲကတတန်း။

Tiff, စိတ်ပေါက်ခြင်း။

Tiffin, *n.* သားရေစာ။ မွန်းတည့်စာ။

Tiger, *n.* ကျား။ —lily, သစ္စာပန်း။M. *pardanthus chinensis.*

Tight, *a.* tense, as a rope, တင်းသော။ close, as a garment, or hard, as a knot, ကျပ်သော။ snug in dress, ကျစ်လစ်စွာဝတ်သော။ not pervious to a liquid, လုံသော။ close, confined as air, လေမလာသော။ close in dealing, ခဲရည်းသော။ not easily obtained, ရခဲသော။

Tighten, *v. t.* တင်းအောင်ဆွဲသည်။

Tigress, *n.* ကျားမ။

Tile, *n.* အုတ်ကြွပ်။ —*v. t.* အုတ်ကြွပ်နှင့်မိုးသည်။

Till 1, *n.* ဈေးနှုပ်စုထည့်သောအံ။ —2, *prep.* တိုင်အောင်။ —3, *v. t.* ထယ်၊ထွန်၊ဥယည်းလုပ်သည်။

Tillage, *n.* from above.

Tiller 1, *n.* agent, from Till 3.—2, *see* Till 1.—3, *n.* the handle of a rudder, တက်မကျင်။ —4, a shoot from the root or stump of a tree, အတက်။ —*v. i.* အတက်ပေါက်သည်။

Tilt 1, *n.* an arched covering, ပေါင်း။ ပေါင်းမိုး။ —2, *v. t.* to raise one end higher than the other, တစွန်းကိုမြှောက်၍ထားသည်။ စောက်ထိုးစုထားသည်။ —3, *v.* to thrust with spears on horseback, မြင်းစီးချင်းလှံ့ချိန်၍ထိုးသည်။ —*n.* the military exercise of tilting, မြင်းစီးချင်းလှံ့ထိုးပွဲ။

Timber, *n.* သစ်။ —yard, သစ်ထားသောဝင်း။

Timbered, *a.* သစ်ပင်ပေါများသော။

Timbrel, *n.* စည်တမျိုး။

Time, *n.* the measure of duration, ကာလ။ အခါ။ a season, convenient season, အချိန်။ အဆင်သင့်သောအချိန်။ a repeated time, a turn, အကြိမ်။ အစန်း။ အလီ။ time, as contrasted with eternity, လောကီကာလ။ a season (of day or night,) ယံ။ —[in] *adv.* sufficiently early, အချိန်မလွန်မှီ။ after some time, အင်တန်ကာလကြာမှ။ —keeper, —piece, *n.* နာရီ။ —server, agent, from next. —serving, *a.* ကာလအလိုက်၊စရိုက်သင့်အောင်ပြုတတ်သော။ ကာလကိုထောက်၍အလိုက်သင့်ပြုတတ်သော။ —serving from above, —*v. t.* to adapt to the time or occasion, ကာလအချိန်နှင့်တော်သင့်အောင်စီရင်သည်။ to regulate the time in music, သီခြင်းဆိုခြင်း၊ တီးမှုတ်ခြင်း၌သံတို၊ သံရှည်ကိုနေရာကျအောင်ညှိသည်။

Timely, *a.* being in sufficiently early time, အချိန်မလွန်မှီဖြစ်သော။ seasonable, အဆင်သင့်သော။ အခန့်သင့်သော။

Times [at], *adv.* တခါတလေ။

Timid, Timorous, *a.* ကြောက်တတ်သော။

Timidity, Timorousness, *n.* from above.

Tin, *n.* the metal, ခဲမဖြူ။ a thin plate of iron covered, with tin, သံဖြူ။ —foil, *n.* အလွှာပါးကဲ့သို့ခတ်သောသံဖြူပြား။ —man, သံဖြူသမား။ သံဖြူပန်းတိမ်။ —*v. t.* သံဖြူပြားနှင့်ကွပ်သည်။

Tincture, *n.* a liquid extract, ရသာဩဇာကိုနုတ်ယူ၍ရသောအရည်။ a tinge of color, ကူးသောအရောင်အဆင်း။ slight taste superadded, မိမ်သောအားဖြင့်ဖြစ်စေ၊ ရောရှက်သောအားဖြင့်ဖြစ်စေ၊ ကူးသောအရသာ။ some quality superadded, ရောရှက်ကူးဝင်သောဓာတ်၊သဘော။ —*v. t.* to impart a tinge of color, အရောင်အဆင်းကူးအောင်ပြုသည်။ to impregnate with some taste, အရသာကူးအောင်ပြုသည်။ to change or modify the quality of a thing, ဓာတ်ချင်း။ သဘောချင်းရောရှက်ကူးဝင်အောင်ပြုသည်။

Tinder, *n.* သောင်စာ။ —box, မီးခတ်ဖာ။ မီးခတ်အစ်။

Tine, *n.* ခက်ရင်းသွား။

Tinge, *v. t.* အရောင်၊ အနံ့၊ အရသာအစရှိသောဓာတ်တစုံတခု ကူးရှက်အောင်ပြုသည်။ —*n.* ကူးရှက်သောဓာတ်။

Tingle, *v. i.* to feel a thrilling sound, နားစူးလျှက်ရှိသည်။ to feel a twinging sensation, စိုးစိုးစစ်စစ်ရှိသည်။ to have a pricking sensation on checking the circulation of the blood, ကျဉ်သည်။

Tinkal, *n.* လက်ခြားရိုင်း။

Tinker, *n.* သံဒိုး၊ ကြေးဒိုးဖာသောသူ။

Tinkle, *v. i.* သွင်သွင်မြည်သည်။ တသွင်သွင်မြည်သည်။

Tinsel, *n.* ကုလားရွှေ။ —*v. t.* ကုလားရွှေနှင့်ချယ်လှယ်မွမ်းမံသည်။

Tint, *n.* အရောင်၏အသွေးအရည်။

Tiny, *a.* သေးနှုပ်သော။

Tip 1, *n.* အဖျား။ —staff, ရှုံးလုလင်အုပ်။ —toe, ခြေဖျား။ —[on], *adv.* ခြေဖျားထောက်သည်နှင့်။ —top, ထိပ်ဖျား။ အထွဋ်။ —1, *v. t.* အဖျားကိုကွပ်သည်။ to touch lightly, တို့သည်။ —the wink, မျက်ရိပ်ပေးသည်။—2, (Amer.), to make incline to one side, စောင်းထားသည်။ to tilt, စောက်ထိုးထားသည်။ —off, *v. i.* စောက်ထိုးကျသည်။

Tippet, *n.* သားမွေးပါသောလည်စည်းနံငယ်တပက်။

Tipple, *v. i.* သေရည်သေရက်ကိုခဏခဏသောက်သည်။

Tippler, *n.* agent, from above.

Tipsy, *a.* ဝေဝေရှိသော။

Tirade, *n.* အလွတ်မဲ့အပြစ်တင်သောစကား။

Tire, *n.* head-dress, မိန်းမဆောင်းသောခေါင်းအုပ်တန်ဆာ။ the iron band of a wheel, လှည်းဘီးကိုကွပ်သောသံပတ်ခွေ။ —woman, မိန်းမဆောင်းသောခေါင်းအုပ်တန်ဆာကိုလုပ်သောမိန်းမ။ —2, *v. i.* မောသည်။ ပင်ပန်းသည်။ —2, *v. t.* to fatigue, မောအောင်ပြုသည်။ ပင်ပန်းအောင်ပြုသည်။ to make uneasy by long continuance, ငြီးငွေ့အောင်ပြုသည်။ —out, same, 1st def.

Tired of, *a.* စိတ်ကုန်သော။

Tiresome, *a.* fatiguing, မောစေသော။ ပင်ပန်းစေသော။ rendering uneasy, (by long continuance,) ငြီးငွေ့စေသော။

Tiresomeness, *n.* from above.

Tissue, *n.* cloth interwoven with gold or silver, ရွှေခြည်၊ငွေခြည်ထိုး၍ရက်သောအထည်။ a connected series, အစီအစဉ်။ စီစဉ်သောအရာ။

Tithe, *n.* ဆယ်ဘို့တွင်တဘို့။ —*v. t.* ဆယ်ဘို့တွင်တဘို့ကိုကောက်ယူသည်။

Tithing, *n.* မိုးခေါင်းတဦးအုပ်သောဆယ်အိမ်။ —man, မိုးခေါင်း။

Titillate, *v.* ကလိထိုး၍လှုပ်ရှားသော။

Titillation, *n.* from above.

Title, *n.* a superscription, or the name of a writing or book, လိပ်။ လိပ်စာ။ a name, appellation, အမည်။ နာမ။ အမည်အရည်။ an appellation of honor, ဘွဲ့။ right, just claim, ဆိုင်ခြင်း။ ပိုင်းခြား။ ပိုင်ထိုက်ခြင်း။ တောင်းပိုင်သောအခွင့်။ the evidence of a claim, ပိုင်ထိုက်ခြင်းသက်သေ။ —deed, ပိုင်ထိုက်ခြင်းစာချုပ်။ —page, လိပ်စာပါသောပဌမမျက်နှာ။ —*v. t.* ဘွဲ့ပေးသည်။

Titter, *v. i.* တကျိကျိရယ်သည်။ —*n.* from *do.*

Tittle, *n.* သေးနှုပ်သောအစအန။

Tittle-tattle, *n.* ဗလောဗလျှင့်စကား။

Titubate, *v. i.* ထိမိ၍လည်းသည်။

Titular, *a.* ကေန်အမှန်မဟုတ်၊ ခေါ်ဝေါ်သမုတ်ခြင်းသာရှိသော။

To, *prep.* toward, သို့။ ကို။ noting accord or adaptation, contrast or opposition, နှင့်။ sign of the dative, အား။ for, အဖို့။ အဖို့အလိုငှါ။ unto, as far as, တိုင်အောင်။ noting the object, ကို။ in order to, ငှါ။ အလိုငှါ။ အောင်။ —and fro, *adv.* ခေါက်တုံ့ခေါက်ပြန်။ လူးလာ။

Toad, *n.* ဖားပြုပ်။ —stool, မှို။

Toast 1, *v. t.* to dry and scorch by a fire, ကင်သည်။ —1, *n.* toasted bread, မုန့်ကင်။ —2, *v. t.* to drink to the health of, (တစုံတဦးသော) သူအဖို့မေတ္တာပို့၍သောက်သည်။ — *n.* a lady whose health is drank, စပျစ်ရည်ပွဲတွင်မေတ္တာပို့၍သောက်ခြင်းကိုခံသောမိန္မ။

Toaster, *n.* မုန့်ကင်သောတန်ဆာ။

Tobacco, *n.* ဆေး။ ဆေးရွက်။ —pipe, ဆေးတံ။ —stopper, ဆေးတံ၌တပ်သောဆေးဖိုးဖုံး။

Tobacconist, *n.* ဆေးသေး။ ဆေးရွက်။ ဆေးလိပ်ကိုရောင်းသောသူ။

Tocsin, *n.* သတိပေးသောခေါင်းလောင်းထိုးခြင်း။

To-day, *n.* ယနေ့။

Toddle, *v. t.* ကတုန်ကရင်သွားသည်။

Toddy, *n.* palm liquor, ထန်းရည်။ ဓနိရည်။ sweetened grog, ရေနှင့်သကြားရောသောအရက်။

Toe, *n.* ခြေချောင်း။

Together, *adv.* in company, အတူ။ တကွ။ နှင့်အတူ။ နှင့်တကွ။ အတူတကွ။ unitedly, in concert, တညီတည်း။ တညွတ်တည်း။ in junction or union, အပေါင်းအဖက်။ အစပ်အရှက်။ အရောအနှော။ at once, တပြိုင်နက်။ တချက်တည်း။

Toil 1, *v. i.* ပင်ပန်းစွာလုပ်ဆောင်သည်။ —1, *n.* from *do.* —2, ဖမ်းမိုရာထောင်သောပိုက်ကွန်။

Toilet, *n.* a dressing table, အဝတ်တန်ဆာဆင်ရင်ရန်၊ ဘီး၊ မှန်တင်သောစားပွဲ။ the act of dressing and adorning, အဝတ်တန်ဆာဆင်ရင်ခြင်း။ —glass, အဝတ်တန်ဆာဆင်ရင်ရန်စားပွဲပေါ်မှာတင်သောမှန်။

Toilsome, *a.* ပင်ပန်းစေတတ်သော။

Toilsomeness, *n.* from above.

Token, *n.* a mark, အမှတ်။ အမှတ်အသား။ a sign, ထက္ခဏာ။ a memorial, မှတ်မိစေခြင်းငှါထားသောအရာ။ အထိမ်းအမှတ်။

Tole, *v. t.* မြူသည်။

Tolerable, *a.* endurable, ခံနိုင်ဖွယ်ဖြစ်သော။ moderately good, passable, တော်တော်ကောင်းသော။ တော်ရုံမျှရှိသော။

Tolerant, *a.* from next.

Tolerate, *v. t.* မဆီးတားး။ အခွင့်ပေးသည်။

Toleration, *n.* from above.

Toll 1, *n.* a tax paid for the liberty of passing, ဝင်ထွက်သွားလာရသောအခ။ a portion of flour taken for grinding, မုန့်ညက်ကြိတ်၍ကောက်ယူရသောအခ။ —bridge, အခခံယူသောတန်တား။ —gate, ရှောက်သွားခကိုခံယူရာတံခါး။ —gatherer, ရှောက်သွားခကိုခံယူသောသူ။ —house, ရှောက်သွားခကိုခံယူရာတဲ။ —2, *v.* ခေါင်းလောင်းလေးလေးထိုးသည်။ —2, *n.* from *do.*

Tomahawk, *n.* အမေရိကန္တလူသုံးသောပုဆိန်။ —*v.* ပုဆိန်နှင့်ခုတ်သတ်သည်။

Tomato, *n.* ခရမ်းသီး၊ ခရမ်းကျည်ဉ်။s.

Tomb, *n.* a grave; သင်းချိုင်းတွင်း။ a vault for the deposit of corpses, အလောင်းကောင်ကိုသွင်းထားသင်းဂြိုဟ်သော မြေတိုက်။ a monument, for the dead, သင်းချိုင်းရာ၌အမှတ်ထားသောကျောက်ပုံ။ အုတ်ပုံ။ stone or brick work inclosing or surmounting an urn, အရိုးအိုး။ —stone, ကမ္ဗည်းထိုး၍သင်းချိုင်းအမှတ်အသားထားသောကျောက်ပြား။

Tomboy, *n.* a rude boy, ရိုင်းသောလူကလေး။ a girl of masculine manners, ယောကျ်ားကလေး နည်းတူ၊ ကခုန် ကစား တတ် သော မိန္မကလေး။

Tome, *n.* စာအုပ်ကြီးတအုပ်။

Tom-fool, *n.* သူတပါးရယ်ဖွယ်ဖြစ်သောလူမိုက်၊လူသွပ်။

Tom-foolery, *n.* သူတပါးရယ်ဖွယ်ဖြစ်သောလူမိုက်၊ လူသွပ်ပြုမူခြင်း။

To-morrow, *n.* နက်ဖန်နေ့။

Tompion, *n.* အမြောက်ဆို့။

Tom-tom, (East Indian,) *n.* စည်တီးခြင်း။

Ton, *n.* genteel fashion, ခြေလည်လျှောက်ပတ်ယည်ကျေးဖွယ်ရာသောထုံးစံ။ —(*pron.* tun), the weight, တုန်တည်းဟူသော ၆၀၀၀ ခန့်ရှိသောအချိန်။

Tone, *n.* sound, အသံ။ modification of sound, အသံ၏အခြေအနေ။ အသံမြည်ခြင်း၏လက္ခဏာ။ an affected sound in speaking, ပကတိအသံမဟုတ်၊ပြုပြင်၍မြွက်ဆိုသောအသံ။ tension of the bodily organs, vigor, strength, ကိုယ်အကြောအချင်သန်မာခြင်း။ mental energy, ဉာဏ်အစွမ်းသတ္တိ။

Toned, *a.* (ဤမည်သော) အသံရှိသော။

Tongs, *n. plur.* common fire-tongs, မီးညှပ်။ blacksmith tongs, ညှပ်။ သံညှပ်ကြီး။

Tongue, *n.* the organ, လျှာ။ speech, စကားပြောခြင်း။ a language peculiar to a people, ဘာသာစကား။ —of a buckle, ထိတပေါက်

လျှာ။ —of a balance, ချိန်ခွင်လျှာ။ —of land, ကြက်လျှာစွန်း။ —tied, *a.* လျှာပါးဖျည်းကြောဆိုင်း၍ စကားပြောသအောင်မပြောနိုင်သော။

Tonic, *a.* increasing vigor and strength, အားတိုးတက်စေတတ်သော။ —*n.* အားတိုးတက်စေတတ်သောဆေး။

To-night, *n.* ယနေ့ညည့်။

Tonjon, *n.* ယည်ပြိပေါင်းချုပ်။

Tonnage, *n.* the amount of weight which a ship can carry, သင်္ဘောပါနိုင်သောချိန်ဝန်။ the duty on a ship's cargo per ton, သင်္ဘောပါနိုင်သောချိန်ဝန်အကောက်တွက်။

Tonsil, *n.* ပါးစေ့။

Tonsure, *n.* ဦးဆံကိုဖြတ်ခြင်း။ ခေါင်းရိတ်ခြင်း။

Too, *adv.* overmuch, လွန်း။ (verbal affix;) also, လည်း။

Tool, *n.* တန်ဆာ။ လုပ်ကိုင်ရန်တန်ဆာ။

Toot, *v. i.* ပူပူမှုတ်သည်။

Tooth, *n.* —of an animal, သွား။ —of a saw, လွှစွယ်။ an eye-tooth, အစွယ်။ —ache, သွားကိုက်ခြင်း။ —brush, သွားတိုက်တံပွတ်။ နံနက်စာတံပူ။ —drawer, သွားကိုနှုတ်တတ်သောသူ။ —pick, သွားကြားထိုး။

Toothless, *a.* သွားမရှိသော။

Toothsome, *a.* အရသာကောင်းသော။

Top, *n.* the highest part, ထိပ်။ the highest place or rank, အထွန်။ အမြင့်ဆုံးသောနေရာ။ the upper surface, အပေါ်ယံမျက်နှာပြင်။ a platform around the head of a lower mast, မာလိန်စင်။ a play top, ဂျင်။ —gallant mast, အထက်ဖုံတိုင်။ —gallant sail, အထက်ဖုံ။ —heavy, *a.* အထက်ဝါလေး၍လဲတတ်သော။ —knot, *n.* မိမ္မဦးထုပ်၌တန်ဆာဆင်သောခေါက်တုံ့ကြိုးတွန့်ကွင်း။ —mast, အလယ်ဖုံတိုင်။ —most, *a.* အထက်ဆုံးသော။ အမြင့်ဆုံးသော။ —sail, *n.* အလယ်ဖုံ။ —*v. t.* to cover on the top, ဖုံးသည်။ အဖုံးအအုပ်တင်သည်။ to rise above, သာ၍မြင့်အောင်တက်သည်။ to excel, surpass, လွန်ကဲသည်။ to crop, cut off the end, အဖျားကိုဖြတ်သည်။

Topaz, *n.* ဥဿဖရား။

Tope, *v. i.* အလွန်အကျူးသောက်သည်။

Toper, *n.* agent, from above.

Tophet, *n.* ငရဲ။

Topic, *n.* a subject treated on, အကြောင်းအရာ။

Topical, *a.* local, တစုံတခုသောအရပ်နှင့်ဆိုင်သော။ pertaining to a topic, အကြောင်းအရာနှင့်ဆိုင်သော။

Topmost, *a.* အမြင့်ဆုံးသော။

Topographer, *n.* အရပ်ဒေသအကြောင်းအရာများကိုမှတ်သားသောသူ။

Topography, *n.* အရပ်ဒေသ၏အကြောင်းအရာများကိုမှတ်သားခြင်း။

Topple, *v. i.* လဲသည်။

Topsy-turvy, *adv.* ပြောင်းပြန်။ ဒလိုင်းကျွမ်းမှောက်ခုံ။

Torch, *n.* မီးတိုင်။ —(of different kinds,) ဆီမီးတိုင်။ စွယ်ပေါင်တိုင်။ မီးစည်း။ မီးရှူး။ —bearer, မီးတိုင်ကိုင်။ —light, မီးတိုင်ရောင်။

Torment, *v. t.* to inflict excruciating pain, ပြင်းထန်စွာညှဉ်းဆဲသည်။ to harass, ပင်ပန်းအောင်နှောင့်ရှက်သည်။ —*n.* ပြင်းထန်စွာသောဝေဒနာ။

Tormenter, *n.* agent, from Torment, *v. t.*

Tornado, *n.* ပြင်းထန်စွာသောမိုဃ်းသက်မုန်တိုင်း။

Torpedo, *n.* ထုံကျဉ်စေတတ်သောငါး။

Torpid, *a.* numb, ထုံသော။ ထုံကျဉ်သော။ inert, inactive, မလှုပ်ရှားတတ်သော။ dull, sluggish, လေးလံသော။ ဆေးဆေးလေးလေးဖြစ်သော။

Torpidity, Torpor, *n.* from above.

Torrefaction, *n.* from next.

Torrefy, *v. t.* မီးကင်သည်။

Torrent, *n.* ရေပြင်းချောင်း။

Torrid, *a.* very hot, အလွန်ပူသော။ parched with heat, အလွန်ပူ၍ သွေ့ခြောက်သော။

Tortoise, *n.* လိပ်။ —shell, လိပ်ခွံ။

Tortuous, *a.* လိမ်သော။

Tortuousness, *n.* from above.

Torture, *v. t.* to inflict excruciating pain, ပြင်းထန်စွာညှဉ်းဆဲသည်။ to inflict pain under judicial examination, အပူအပြင်းစစ်သည်။ —*n.* from above; extreme pain, ပြင်းထန်စွာသောဝေဒနာ။

Tory, *n.* ရှင်ဘုရင်စိုးရင်ပိုင်သောအခွင့်ကျယ်စေခြင်းငှါအလိုရှိသောသူ။

Toss, *v. t.* to throw up, မြှောက်သည်။ to throw with the hand, လက်နှင့်ပြစ်သည်။ —the head (as a horse,) ဆတ်ခနဲမော့သည်။ ဇက်လန်၍ဆတ်ခနဲမော့သည်။ —with the horn, ခတ်၍ကော်လိုက်သည်။ to shake up and down (as a boat on the water,) ခုန်အောင်ပြုသည်။ —*v. i.* to roll and tumble, ငါးဖယ်ပြန် ပြန်နေသည်။ —up, *v. t.* same with Toss, four first def. —*n.* from Toss, *v. t.* 1st, 2d and 3rd def.

Tossing, *n.* from Toss, *v. t.* and *v. i.*

Total, *a.* အကုန်အစင်ဖြစ်သော။ စုံလင်သော။ —*n.* ပေါင်း။

Totality, *n.* same as above.

Totally, *adv.* အကုန်အစင်။ အကြွင်းမဲ့။

Totter, *v. i.* လဲလုမတတ်တုန်လှုပ်သည်။

Touch, *v. t.* to put in contact with, တို့သည်။ to come in contact with, ထိသည်။ to reach, နိုသည်။ to affect the mind, စိတ်တစုံတခုကိုဖြစ်စေသည်။ to strike (as a musical instrument,) တီးသည်။ —*v. i.* to be in contact, ထိသည်။ slightly, as a boat partially aground, မှေးသည်။ — at, *v. t.* ခဏဆိုက်သည်။ — on, — upon, (in discourse,) မြွက်ကာမျှပြောသည်။ — up, ပြုပြင်သည်။ — *n.* contact, ထိခြင်း။ the sense of feeling, ကာယာယတန။ တွေ့တတ်သောသဘ္ဘ။ the act of touching, တို့ခြင်း။ trial, စုံစမ်းခြင်း။ test, criterion, စုံ။ a stroke of the pencil, စုတ်တံနှင့်တချက်တည်းရေးသားခြင်း။ lineament, မျက်နှာ၏ပုံပန်းလက္ခဏာ။ the act of the hand on a musical instrument, တချက်တည်းတီးခြင်း။ power of exciting the feelings, စိတ်ကိုနိုးဆော်နိုင်ခြင်း။ feeling of passion or affection, ကြင်နာခြင်း။ —hole, နားပေါက်။ — stone, a stone by which metals are tried, မှတ်။ မှတ်ကျောက်။ any test or criterion, စံ။ — wood, သစ်ဆွေး။

Touchiness, *n.* from Touchy.

Touching, *a.* ကြင်နာဖွယ်ဖြစ်သော။ —*prep.* ဆိုင်လျှက်။ စပ်ဆိုင်လျှက်။ အကြောင်းအရာနှင့်ဆိုင်လျှက်။

Touchy, *a.* စိတ်ဆတ်သော။

Tough, *a.* yielding without breaking, not brittle, ပျော့ညီးသော။ stiff, not flexible, တောင့်သော။ firm, strong, ခိုင်ခံ့သော။

Toughen, *v. i.* ပျော့ညီးသွားသည်။ —*v. t.* from Tough, *a.*

Toughness, *n.* from Tough, *a.*

Tour, *n.* အရပ်ရပ်လှည့်ပတ်ခြင်း။

Tourist, *n.* အရပ်ရပ်လှည့်ပတ်သောသူ။

Tournament, *n.* မြင်းစီးသူရဲချင်းလှံထိုး၍စစ်ရှင်ကစားပွဲ။

Tourniquet, *n.* ဝက်အူ၊လက်လှည့်ပါလျှက်တင်းကျပ်အောင်ပတ်စည်းသောသားရေတန်ဆာ။

Tow 1, *n.* တင်းလျှော်။ — 2, *v. t.* ရေပေါ်မှာရှိသောအရာကိုဆွဲသည်။ —boat, *n.* ဆွဲသောလှေ၊ သံတန်။

Toward, Towards 1, *prep.* in the direction to, သို့။ in regard to, ကို။ မှာ။ — Towardly 2, *a.* သူအလိုသို့လိုက်လွယ်သော။ ဆုံးမသွန်သင်လွယ်သော။

Towardness, Towardliness, *n.* from above.

Towel, *n.* လက်သုတ်ပုဝါ။

Tower, *n.* an elevated structure surmounting the main edifice, တန်ဆောင်း။ a citadel, ရဲတိုက်။ —*v. i.* အမြင့်သို့တက်သည်။

Town, *n.* a city or village, မြို့။ ရွာ။ the inhabitants of a city or village, မြို့သူမြို့သား။ ရွာသူရွာသား။ —clerk, မြို့စာရေး။ —crier,

လည်၍ကျော်ညာစေသောသူ။ — house, မြို့သူမြို့သားတို့စည်းဝေး၍ ညှိနှိုင်းတိုင်ပင်စီရင်ရာရုံး။ — talk, မြို့သူမြို့သားတို့အချင်းချင်းအနှံ့ အပြောအဆိုခြင်း။

Township, *n.* မြို့နယ်။

Townsman, *n.* မြို့သား။

Toy, *n.* a plaything for children, မိနိငယ်။ (obsolete); အရုပ်ကလေး အစရှိသော သူငယ်ကစားရန်တန်ဆာ။ a bauble, အကျိုးမရှိသော ကစားစရာအရာ။ from Toy, *v. i.* —shop, အရုပ်ကလေးအစရှိ သောသူငယ်ကစားရန် တန်ဆာများကို ရောင်းသောဆိုင်။ ကာမရာဂနှင့် ရှည်၍ကစားသည်။

Trace 1, *n.* မြင်းကဆွဲသောကြိုး။ — 2, to mark out, ရေးသားသည်။ to follow out by certain marks, လက္ခဏာရိပ်ထင်ရှားရာကို ရှောက်၍လိုက်သည်။ to follow closely, ထက်ကြပ်လိုက်သည်။ —2, a mark left by something passing, ခြေရာ။ အကြောင်းရာ။ remains, ပျက်စီးသောနေရာတွင်ကျန်ကြွင်းရစ်သောအစအန။

Trachea, *n.* အသက်လေထွက်ဝင်ရာလည်ချောင်း။

Tracing, *n.* အစည်အတိုင်းလိုက်ခြင်း။

Track, *n.* a mark left by something passing, ခြေရာ။ အကြောင်းရာ။ a road, way, လမ်းကြောင်း။ —*v. t.* to follow footsteps, ခြေရာသို့လိုက်သည်။ to tow, ရေပေါ်မှာရှိသောအရာကိုဆွဲသည်။

Trackless, *a.* ခြေရာမရှိ၊မထင်သော။

Tract, *n.* something drawn out long, ရှည်လျားသော အရာ။ protracted duration, ရှည်လျားသောကာလ။ a region, အရပ်ဒေသ။ a short essay, ဆွေးနွေးသောစာငယ်။

Tractability, Tractableness, *n.* from next.

Tractable, *a.* သင်လွယ်သော။ ဆုံးမလွယ်သော။

Tractile, *a.* that may be drawn into wire, နန်းဆွဲနိုင်ဖွယ်ဖြစ်သော။ that may be extended by beating, ခတ်၍ဆန့်နိုင်ဖွယ်ဖြစ်သော။

Trade, *v. i.* ရောင်းဝယ်သည်။ ကုန်သွယ်သည်။ ဖောက်ကားသည်။ —*n.* from above; a craft, manual art, လက်မှုပညာအတတ်။ —wind, ရာသီကိုလိုက်သောလေ။

Trader, *n.* ကုန်သည်။

Tradesman, *n.* ဆိုင်ရှင်။

Trading, *n.* from Trade; *v. i.*

Tradition, *n.* the act of delivering in succession from one to another, ဆက်ကာဆက်ကာ တယောက်မှတယောက်သို့ လွှဲအပ်ခြင်း။ the act of handing down from age to age, ဘိုးဘေးတို့မှ ဆင်း သက်၍ ဆက်ကာဆက်ကာလွှဲအပ်ခြင်း။ a doctrine or practice handed down from age to age by oral communication, စဉ်

မပါ ဘဲ ဘိုးဘေးတို့ မှ ဆင်းသက် ၍ အဆက်ဆက် ခံယူ သော အယူဝါဒ။ နည်းဥပဒေသ။

Traditional, Traditionary, *a.* စာ၌မပါဘဲ ဘိုးဘေးတို့ မှ ဆင်းသက်၍ အဆက်ဆက်ခံယူသော။

Traduce, *v. t.* to censure unjustly, မဟုတ်မမှန်အပြစ်တင်သည်။ to calumniate, သူ့အသရေဖျက်အောင်မဟုတ်မမှန်ပြောသည်။

Traducer, *n.* agent, from above, 2d def.

Traffic, *v. i. see* Trade, *v. i.* —*n. see* Trade, *n.* 1st def.

Tragacanth, *n.* တမာစေး။

Tragedian, *n.* နှစ်လုံးကြေကွဲ၊ဝမ်းနည်းဖွယ်ပါသောဇာတ်သမား။

Tragedy, *n.* a mournful drama, နှစ်လုံးကြေကွဲ၊ဝမ်းနည်းဖွယ်ပါသောဇာတ်။ a calamitous event, အလွန်ဆင်းရဲညှိုးငြင်ဖွယ်ဖြစ်သောအမှု။

Tragic, Tragical, *a.* pertaining to Tragedy, နှစ်လုံးကြေကွဲ၊ဝမ်းနည်းဖွယ်ပါသောဇာတ်နှင့်ဆိုင်သော။ calamitous, အလွန်ဆင်းရဲညှိုးငြင်ဖွယ်ဖြစ်သော။

Trail, *v. t.* to hunt by the track, ခြေရာသို့လိုက်၍ရှာသည်။ to draw along the ground, ဒရွတ်သီဆွဲသည်။ — *n.* a track, ခြေရာ။ any thing long and flowing, တံခွန်ကဲ့သို့ရှည်လျားစွာလွင့်၍နေသောအရာ။

Train, *v. t.* to draw along, ဆွဲသည်။ ငင်သည်။ to draw by persuasion, ဖျားယောင်းသွေးဆောင်သည်။ to teach the manual exercise, စစ်ရေးသင်သည်။ to break (an animal,) ကျင့်သည်။ —a tree, ပြုပြင်သည်။ to educate, ဆုံးမသွန်သင်သည်။ —up, *see* last def. —*n.* the tail of a gown, ဒရွတ်သီဆွဲသောအင်္ကျီမြိတ်။ enticement, ဖျားယောင်းသွေးဆောင်ခြင်း။ a retinue, နောက်ပါအခြွေအရံ။ a series, အစီအစဉ်။ a process, အစဉ်အတိုင်းလိုက်၍တိုးသွားခြင်း။ —of gunpowder, စနက်။ —of artillery, တပ်၌ပါသောအမြောက်စု။ — band, ဖွဲ့စည်း၍ စစ်ရေး သင်သောလူစု။ —bearer, အင်္ကျီမြိတ်ကိုမသောသူ။ —oil, ငါးဆီ။

Training, *n.* from Train, *v. t.*

Traipse, *v. i.* ဏ္ဍခြေမရသွားသည်။

Trait, *n.* a touch, တချက်တည်းတို့ခြင်း။ a feature, ပုံပန်း။ လက္ခဏာ။ အခြေအနေ။

Traitor, *n.* သစ္စာဖျက်၍ရန်သူဘက်သို့ဝင်စားသောသူ။

Traitorous, *a.* သစ္စာဖျက်၍ရန်သူဘက်သို့ဝင်စားခြင်းနှင့်ဆိုင်သော။

Traitress, *n.* အရှင်သစ္စာဖျက်သောမိန်းမ။

Traject, *v. t.* ထုတ်ချင်းခပ်ထိုးသည်။

Trajection, *n.* from above.

Trammel, *n.* a kind of net, ငှက်နှင့်ငါးကိုမိအောင်ထောင်သောတန်ဆာ

တမျိုး။ a pot hook, မီးဖိုဌာ်အိုးဆွဲသောသံချိတ်။ —*v. t.* အလိုရှိတိုင်း မပြုနိုင်အောင်ဆီးတားကန့်ကွက်၍ထားသည်။

Tramp, *v. i.* to tread, ခြေလှမ်း၍နင်းသည်။ to go about, လှည့်လည်သည်။ —*n.* ခြေလှမ်း၍နင်းခြင်း။

Trample, *v.* ကျော်နင်းသည်။ နှိပ်နင်းသည်။

Trance, *n.* ဘဝင်ဖြစ်ခြင်း။

Tranquil, *a.* ငြိမ်သက်သော။ ငြိမ်ဝပ်သော။

Tranquilize, *v. t.* from above.

Tranquility, *n.* from Tranquil.

Trans, *pref.* *in composition*, အလွန်။ တဖက်။

Transact, *v. t.* သယ်ပိုးဆောင်ရွက်သည်။

Transaction, *n.* from above; something done, ဆောင်ရွက်သောအမှု။ အပြုအမှု။

Transcend, *v. t.* to surmount, အပေါ်သို့တက်သည်။ to be beyond, exceed, be more excellent than, သာသည်။ လွန်သည်။ မြတ်သည်။ to excel, surpass, သာ၍မြတ်သည်။ လွန်ကဲသည်။

Transcendence, Transcendency, *n.* from next.

Transcendent, Transcendental, *a.* အထူးသဖြင့် မြတ်သော။ အထွန့်အမြတ်ဖြစ်သော။

Transcendentalism, *n.* အထွန့်အမြတ်သို့ရောက်အောင်ကြိုးစားခြင်းတရား။

Transcendentalist, *n.* ထိုတရားကိုကျင့်သောသူ။

Transcribe, *v. t.* စာကူးသည်။ ရေးကူးသည်။

Transcriber, *n.* စာကူးသောသူ။

Transcript, *n.* လက်ခံ။

Transcription, *n.* စာကူးခြင်း။

Transcursion, *n.* လမ်းလွှဲ၍သွားခြင်း။

Transfer, *v. t.* to remove, cause to change place, ရာပြောင်းစေသည်။ —an entry, ပြောင်း၍မှတ်သားသည်။ to make over, လွှဲပေးသည်။ လွှဲအပ်သည်။ —*n.* from *do.*

Transferable, *a.* လွှဲအပ်နိုင်ဖွယ်ဖြစ်သော။

Transferree, *n.* လွှဲအပ်ခြင်းကိုခံသောသူ။

Transferrence, *n.* လွှဲအပ်ခြင်း။

Transferrer, *n.* လွှဲအပ်သောသူ။

Transfiguration, *n.* from next; the state of being transfigured, အဆင်းသဏ္ဍာန်ပြောင်းလဲခြင်း။

Transfigure, *v. t.* အဆင်းသဏ္ဍာန်ပြောင်းလဲစေသည်။

Transfix, *v. t.* ထုတ်ချင်းခပ်ပေါက်အောင်ထိုးသည်။

Transform, *v. t.* to change the form of, ပုံသဏ္ဍာန်ပြောင်းလဲစေသည်။ to transmute, ဓာတ်ကိုပြောင်းလဲစေသည်။ to change the disposition, စိတ်သဘောပြောင်းလဲစေသည်။

Transformation, *n.* from above.

Transfuse, *v. t.* to pour from one into another, တခုမှတခုသို့လောင်းသည်။ to cause to pass from one into another, တဦးမှတဦးသို့ဝင်စေ၍သွင်းသည်။

Transfusion, *n.* from above.

Transgress, *v. t.* လွန်ကျူးသည်။ မှားယွင်းသည်။

Transgression, *n.* from above.

Transgressor, *n.* agent, from Transgress.

Tranship, *v. t.* သင်္ဘောတစင်းမှတစင်းသို့ကူးပြောင်း၍တင်သည်။

Transhipment, *n.* from above.

Transient, *a.* အမြဲမတည်၊ ခဏသာတည်သော။

Transit, *n.* a passing over or through, ရှောက်သွားခြင်း။ conveyance over or through, ရှောက်၍ဆောင်သွားခြင်း။ the passage of a planet over the sun's disc, နေမျက်နှာကိုဂြိုဟ်သန်း၍သွားခြင်း။

Transition, *n.* a passing, from one place to another, ကူးပြောင်းခြင်း။ a change, ပြောင်းလဲခြင်း။

Transitive, *a.* ကူးပြောင်းတတ်သော။

Transitoriness, *n.* from next.

Transitory, *a.* အမြဲမတည်၊ ခဏသာတည်သော။

Translate, *v. t.* to remove, cause to change place, နေရာပြောင်းစေသည်။ to interpret, အနက်ပြန်သည်။

Translation, *n.* from above; a version, ဘာသာအနက်ပြန်ယူသောစာ။

Translator, *n.* အနက်ပြန်သောသူ။

Translucent, Translucid, *a.* *see* Transparent.

Transmarine, *a.* ပင်လယ်တဖက်မှာရှိသော။

Transmigrate, *v. i.* to migrate, တပြည်မှတပြည်သို့ပြောင်းသည်။ to pass from one body into another, သေ၍ကိုယ်ခန္ဓာပြောင်းသည်။

Transmigration, *n.* from above.

Transmigratory, *a.* တပြည်မှတပြည်သို့ပြောင်းတတ်သော။

Transmission, *n.* from next.

Transmit, *v. t.* to send from one to another, ပေးလိုက်သည်။ to make pass (through some medium,) ရှောက်သွားစေသည်။ to make pass from one to another, အဆင့်ဆင့်လွှဲအပ်သည်။

Transmutable, *a.* ဓာတ်တနည်းတခြားနိုင်ဖွယ်။

Transmutation, *n.* from next.

Transmute, *v. t.* ဓာတ်တနည်းတခြားဖြစ်စေသည်။

Transom, *n.* သင်္ဘောပဲ့ခန်းထုပ်။

Transparency, *n.* from next.

Transparent, *a.* ဖန်မှန်ကဲ့သို့ကြည်လင်၍ တဖက်မှ တဖက် သို့ အလင်း ထိုးဖောက်ထင်ရှားနိုင်သော။ အလင်းပေါက်နိုင်သော။

Transpierce, *v. t.* ထုတ်ချင်းခပ်ပေါက်အောင်ထိုးသည်။

Transpiration, *n.* from next, 1st def.

Transpire, *v. i.* to be emitted in vapor, အငွေ့ထွက်သည်။ to become public, ထင်ပေါ်၍သွားသည်။ to come to pass, ဖြစ်လာသည်။

Transplant, *v. t.* to remove and plant in another place, ပြောင်း၍စိုက်သည်။ to remove and settle in another place, အခြားသောအရပ်သို့ပြောင်း၍နေရာချသည်။

Transplantation, *n.* from above.

Transport, *v. t.* to convey from one place to another, သယ်ပိုးကြည်းဆောင်၍သွားသည်။ to send into exile, ရာဇဝတ်သင့်၍တရပ်တပါးသို့ပို့သည်။ to excite uncontrollable feeling, မချုပ်တည်းနိုင်အောင်စိတ်အားကြီးစေခြင်းငှါပြုသည်။ —*n.* from above, 1st def.; a ship employed to convey stores, &c. ချောသင်္ဘော။ uncontrollable emotion, မချုပ်တည်းနိုင်အောင်စိတ်အားကြီးခြင်း။

Transportation, *n.* from Transport, *v. t.* 1st and 2d def.

Transposal, Transposition, *n.* from next.

Transpose, *v. t.* နေရာချင်းလဲသည်။

Transubstantiate, *v. t.* ဓာတ်ကိုပြောင်းစေသည်။

Transubstantiation, *n.* from above.

Transude, *v. i.* စိမ့်သည်။

Transverse, *a.* ကန့်လန့်ဖြစ်သော။

Transversely, *adv.* ကန့်လန့်။

Trap, *n.* ထောင်ချောက်။ ကျွမ်း။ — door, ဝက်ပေါက်ဖုံး။ ကြမ်းပေါက်ဖုံး။ ကုန်းပတ်ပေါက်ဖုံး။ —*v. t.* ထောင်မိသည်။

Trapan, *v. t.* ကျော့မိသည်။

Trapezium, *n.* ထောင့်ချင်းမညီမမျှသော ၄ ထောင့်ပုံ။ တရာပေချွန်။

Trappings, *n. plur.* ornaments appendant to a saddle, ကကြိုးတန်ဆာ။ any ornamental appendages, လှပအောင်ဆင်ရင်သော တန်ဆာ။

Trash, *n.* any worthless stuff, အမှိုက်။ stuff unfit for food, မစားကောင်းသောအရာ။

Trashy, *a.* အသုံးမဝင်သော။

Travil, *v. i.* to toil, ပင်ပန်းစွာလုပ်ဆောင်သည်။ to suffer the pangs of child-birth, ဖွားမြင်ခြင်းဝေဒနာကိုခံသည်။ —*n. do.*

Travel, *v. i.* ခရီးသွားသည်။ —*n. do.*

Traveller, *n.* from Travel, *v. i.*; one who travels about from place to place, အရပ်ရပ်လှည့်လည်၍ခရီးသွားသောသူ။

Traverse, *v. t.* to cross, ကန့်သည်။ ကန့်လန့်ထားသည်။ to thwart, ကန့်လန့်ပြုသည်။ ဆန့်ကျင်ဘက်ပြုသည်။ to deny, ငြင်းခုံသည်။ to pass over in various directions, အရပ်ရပ်အနှံ့အပြားလှည့်ပတ်

သည်။ —*v. i.* to turn on an upright pivot, မဏ္ဍိုင်ပေါ်တွင်လှည့်လည်သည်။

Travesty, *v. t.* သူတပါးရေးသောစာကိုရယ်ဖွယ်ဖြစ်အောင်ဖျက်ချော်သောစကားဖြင့်ဖျက်၍ရေးသည်။ —*n.* ထိုသို့ဖျက်၍ရေးသောစာ။

Tray, *n.* ဗျပ်။

Treacherous, *a.* သစ္စာကိုဖျက်ခြင်းနှင့်ဆိုင်သော။

Treachery, *n.* သစ္စာကိုဖျက်၍ကျင့်ကြံပြုမူခြင်း။

Treacle, *n.* တင်းလဲ။

Tread, *v.* to set the foot, နင်းသည်။ to trample, ကျော်နင်းသည်။ to press with the foot, နင်းနယ်သည်။ to compress (as a male (bird, ကုတ်သည်။ —down, *v. t.* နှိပ်နင်းသည်။ —on, နင်းသည်။ —*n.* from Tread, *v.* —mill, အပြစ်သင့်သောသူနင်း၍လှည့်ရသောယန္တရားစက်။

Treadle, *n.* နင်းခွက်။

Treason, *n.* ပုန်ကန်ခြင်း။

Treasonable, *a.* pertaining to treason, ပုန်ကန်ခြင်းနှင့်ဆိုင်သော။ involving the crime of treason, ပုန်ကန်ခြင်းအပြစ်ပါသော။

Treasure, *n.* ဘဏ္ဍာ။ ဆည်းဖူးသိုထားသောဥစ္စာ။ —house, ဘဏ္ဍာတိုက်။ —up, *v. t.* ဆည်းဖူးသိုထားသည်။

Treasurer, *n.* ရွှေတိုက်စိုး။ ဘဏ္ဍာစိုး။ ဘဏ္ဍာထိန်း။ ငွေထိန်း။

Treat, *v. t.* to deal by or with, (တစုံတဦးသောသူ)၌ပြုသည်။ to discourse on, အကျိုးအကြောင်းကိုထုတ်ဖော်၍ အစဉ်အတိုင်းပြောဆိုသည်။ to apply medicine, ဆေးကုသည်။ to feed gratuitously, ခေါ်ဖိတ်၍ကျွေးသည်။ —with, အမှုပြီးစီးအောင်နှီးနှောတိုင်ပင်သည်။ —*n.* စားပွဲသောက်ပွဲ။

Treatise, *n.* အကျိုးအကြောင်းကိုထုတ်ဖော်၍ပြသသောစာ။

Treatment, *n.* from Treat, *v. t.* 1st and 3d def.

Treaty, *n.* from Treat with; a contract between national powers, မင်းချင်းဖွဲ့သောစာချုပ်။

Treble, *a.* threefold, သုံးဆဖြစ်သော။ of sharp sound, အသံစူးသော။ —*v. i.* သုံးဆတိုးပွားသည်။ —*v. t.* သုံးဆဖြစ်အောင်ပြုသည်။

Tree, *n.* အပင်။ သစ်ပင်။

Trellis, *n.* မျက်ကွက်။

Tremble, *v. i.* တုန်သည်။ တုန်လှုပ်သည်။

Tremendous, *a.* very dreadful, အလွန်ကြောက်မက်ဖွယ်ဖြစ်သော။ very violent, အလွန်ပြင်းထန်သော။

Tremor, *n.* from Tremble, *v. i.*

Tremulous, *a.* တုန်သော။ တုန်လှုပ်သော။ တုန်လှုပ်တတ်သော။

Tremulousness, *n.* from above.

Tremulously, *adv.* ခိုက်ခိုက်။

Trench, *n.* a ditch for water, မြောင်း။ a moat, ကျုံး။ — *v.* to dig a ditch, မြောင်းတူးသည်။ to furrow, အကြောင်းလုပ်သည်။ *see* Intrench, *v. t.*

Trenchant, *a.* အသွားထက်သော။

Trencher, *n.* သစ်သားပုကန်ပြား။ ဗျပ်။

Trend, *v. i.* တန်း၍သွားသည်။

Trepan 1, *v. t.* the perforate the skull, ဦးခေါင်းခွံကိုထွင်းဖောက်သည်။ —2, to insnare, *see* Trapan.

Trepang, *n.* *see* Sea slug.

Trepidation, *n.* ကြောက်လန့်၍တုန်လှုပ်ခြင်း။

Trespass, *v. i.* လွန်ကျူးသည်။ ပြစ်မှားသည်။ —*n.* from *do.* —offering, ဒုစရိုက်ဖြေရာယဇ်။

Tress, *n.* ဆံပင်တခက်။

Trestle, *n.* ခုံ။

Tret, *n.* ပယ်။

Triad, *n.* သုံးခုပေါင်း၍တခုတည်းဖြစ်သောအရာ။

Trial, *n.* from Try.

Triangle, *n.* သုံးထောင့်ပုံ။ တရိဂံ။ an equilateral triangle, တရိရန်း။ a right angled triangle, ရိဋ္ဌရိဂံ။ an isosceles triangle, အနားနှစ်ညီတရိဂံ။ a scalene triangle, စောင်းလျားတရိဂံ။

Triangular, *a.* သုံးထောင့်ရှိသော (ပုံ။)

Tribe, *n.* အမျိုး။

Tribulation, *n.* ညှဉ်းပန်းဆဲနှိပ်စက်ခြင်း။

Tribunal, *n.* တရားပလ္လင်။

Tribune, *n.* ရောမနိုင်ငံတောင်း၌မြို့သူကြီး။ a platform from which speeches are delivered, ပရိသတ်ရှေ့မှာပြောဆိုရာစင်။

Tributary, *a.* တပါးသောမင်း၌အခွန်ဆက်သွင်းရသော။

Tribute, *n.* တပါးသောမင်း၌ဆက်သွင်းရသောအခွန်။

Trice, *n.* တခဏ။ ကဒင်။

Trick 1, *v. t.* to decorate, တန်ဆာဆင်သည်။ —off, —out, —up, same. —2, to cheat, လိမ်လည်သည်။ —2, *n.* a stratagem to deceive, လိမ်လည်ရအောင်ပရိယာယ်ပြုခြင်း။ a dextrous artifice or sleight of hand, လက်လှည့်အားဖြင့်ပြုသောအမှု။ legerdemain, မျက်လှည့်ပြခြင်းအမှု။ a particular habit or manner of doing, ထူးခြားသောအကျင့်အလေ့။ —with [play], *v. t.* ကျီစားသည်။

Trickery, *n.* from Trick 1, *v. t.* and Trick 2, *v. t.*

Trickish, *a.* လိမ်တိမ်တိမ်ပြုတတ်သော။

Trickle, *v. i.* သေးသေးသွယ်သွယ်တမိမ့်မိမ့်စီးသည်။

Trickster, *n.* လိမ်လည်တတ်သောသူ။

Trident, *n.* သုံးခွရှိသောလှံခက်ရင်း။

Triennial, *a.* taking place once in three years, သုံးနှစ်တွင်တခါဖြစ်တတ်သော။ continuing for three years, သုံးနှစ်တိုင်အောင် တည်တတ်သော။

Trifle, *n.* အတွက်မရှိသောအရာ။ — *v. i.* ပေါ့လျော့စွာပြု၍ နေသည်။ —away, *v. t.* (ကာလကို) အချည်း နှီး လွန်စေသည်။ — with, ပျက်ရယ်ပြုသည်။

Trifling, *a.* အတွက်မရှိသော။

Triform, *a.* ပုံသုံးပုံရှိသော။

Trigger, *n.* လက်လှုပ်။

Trigon, *n.* သုံးထောင့်ပုံတည်းဟူသောဟရိဂံ။ a regular trigon, တရိရန်း။

Trigonometry, *n.* သုံးထောင့်ပုံကိုတိုင်းထွာတတ်သောအတတ်တည်းဟူသော တရိဂနောမဋ္ဌရိအတတ်ပညာ။

Trilateral, *n.* အနားသုံးဖက်ရှိသော (ပုံ။)

Trill, *v.* တုန်လှုပ်သံပြုသည်။ —*n.* from *do.*

Trillion, *n.* သိန်းကုဋေ။

Trim, *a.* ကျစ်လစ်သော။ —*v.t.* to put in order, ဖျင်သည်။ ဖျင်ဆင်သည်။ to decorate, တန်ဆာဆင်သည်။ — the hair, ဆံပင်ကို ညှပ်သည်။ to clear from any thing superfluous, ခုတ်ထွင်သည်။ to make smooth, as timber, ချောအောင်လုပ်သည်။ —a boat, ရေနှင့်ညီအောင်ညှိ၍တင်သည်။ sail, အသွားမြန်အောင်ရွက်ကိုတိုင်းထွာ၍ပြုဖျင်သည်။ — *v. i.* to seek the favor of adverse parties, စပ်ကြားတွင်နေ၍နှစ်ဖက်အလိုကိုအလိုက်သင့်စွာပြုသည်။ —up, *v. t.* same with Trim, 1st and 2d def. —*n.* the state of being in order, ဖျင်ဆင်သောအခြေအနေ။ ornamental dress, ဝတ်ဆင်သောတန်ဆာ။

Trimming, *n.* အဝတ်၌လှပအောင်ကွပ်လျက်တွန့်လျက်ဆင်ရင်သောတန်ဆာ။

Trimness, *n.* from Trim, *a.*

Trine, *n.* တြိန်း။ —*a.* သုံးခုဖြစ်သော။

Trinitarian, *a.* ဘုရားသခင်သည် သုံးပါးပေါင်း ၍ တဆူတည်း ဖြစ်တော်မူသည်ဟုယူသောသူ။

Trinity, *n.* တဆူတည်းဖြစ်အောင်သုံးပါးပေါင်းတော်မူခြင်း။

Trinket, *n.* အဘိုးမထိုက်သောတန်ဆာကလေး။

Trio, *n.* သုံးခုပေါင်းသောအရာ။

Trip 1, to throw by striking the feet from under one, ခြေကိုထိခိုက်၍လည်းစေသည်။ —an anchor, ကျောက်ဆူးကိုနုတ်၍မြေနှင့်ကွာခွါစေရွှေ့သည်။ — *v. i.* to stumble, ထိမိ၍လည်းသည်။ to take a wrong step, ချွတ်ယွင်းသည်။ — up, *v. t.* same with Trip 1st def. —1, *n.* from Trip 1, *v. t.* and *v. i.* —2, to walk with a light step, ကြွကြွကလေးနှင့်သွားသည်။ to take a journey or voyage, ကြည်းကြောင်း၊ ရေကြောင်းခရီးသွားသည်။ —2, from *do.* 2d def.

Tripartite, *a.* သုံးပိုင်းပိုင်းလျှက်ရှိသော။
Tripe, *n.* အူအိမ်။
Tripthong, *n.* အသံတခုတည်းဖြစ်အောင်ပေါင်းသောသရသုံးခု။
Triple, *a.* threefold, သုံးဆဖြစ်သော။ consisting of three, သုံးခုဖြစ်သော။ သုံးအင်္ဂါရှိသော။ —*v. t.* from *do.*
Triplet, *n.* three of a kind united, အမျိုးတူသုံးပါးကိုပေါင်း၍ဖြစ်သောအရာ။ a verse consisting of three lines, သုံးကြောင်းနှင့်ပြည့်စုံသောဂါထာ။
Triplicate, *a.* သုံးထပ်ဖြစ်သော။ —*v. t.* from *do.*
Triplication, *n.* from above.
Tripod, *n.* ခြေသုံးခုရှိသောခုံ။
Trisect, *v. t.* သုံးပိုင်းညီမျှအောင်ပိုင်းသည်။
Trisection, *n.* from above.
Trisyllable, *n.* သုံးလုံးသံရှိသောသဒ္ဒါ။
Trite, *a.* ကြားရဖန်များ၍ပေါ့သော။
Triteness, *n.* from above.
Tritheism, *n.* ဘုရားသခင်သုံးဆူရှိတော်မူသည်ဟုယူသောအယူဝါဒ။
Tritheist, *n.* ဘုရားသခင်သုံးဆူရှိတော်မူသည်ဟုယူသောသူ။
Triturate, *v. t.* ညက်အောင်ကြိတ်သည်။
Trituration, *n.* from above.
Triumph, *v. i.* to celebrate victory, အောင်ပွဲလုပ်သည်။ to rejoice on account of victory, အောင်သောကြောင့်ဝမ်းမြောက်သည်။ to obtain victory, အောင်သည်။ အောင်မြင်သည်။ — over, *v. t.* အောင်မြင်သည်။ —*n.* အောင်ပွဲ။ and from *do.*
Triumphal, Triumphant, *a.* အောင်ပွဲနှင့်ဆိုင်သော။ အောင်ပွဲခံလျှက်ရှိသော။ အောင်မြင်လျှက်ရှိသော။ အောင်မြင်၍ဝမ်းမြောက်သော။
Triumvir, *n.* သင်းဖွဲ့သောသူသုံးပါးတွင်တပါးပါး။
Triumvirate, *n.* သင်းဖွဲ့သောသူသုံးပါးအပေါင်းအသင်း။
Triune, *a.* သုံးပါးပေါင်း၍တဆူဖြစ်တော်မူသော။
Trivet, *n.* ခြေသုံးခုရှိသောခုံ။
Trivial, *a.* အပန်းမကြီးလောက်သောအမှု။ ပမာဏမပြုတန်သောအမှု။
Trocar, *n.* ဝမ်းကိုထိုးဖောက်သောပြွန်တန်ဆာ။
Troche, *n.* ဆေးပြား။
Troll, *v.* လိမ့်သည်။
Trollop, *n.* ညစ်ညမ်းသောမိန်းမ။
Troop, *n.* a collection of persons, လူစု။ a body of soldiers, ခဲမက်မိုလ်ခြေ။ a company of cavalry, မြင်းတပ်။ —*v. i.* to collect in numbers, စုဝေးသည်။ to march, ချီသည်။
Trooper, *n.* မြင်းစီးစစ်သူရဲ။
Trope, *n.* တင်စားသောစကား။

Trophied, *a.* အောင်မြင်ခြင်း၏အထိမ်းအမှတ်တို့နှင့်တန်ဆာဆင်သော။
Trophy, *n.* အောင်မြင်ခြင်း၏အထိမ်းအမှတ်။
Tropic, *n.* — of Cancer, မြောက်ဗဟိရစက်ပိုင်း။ မြောက်တရောဗိတ်။ —of Capricorn, တောင်ဗဟိရစက်ပိုင်း။ တောင်တရောဗိတ်။
Tropical, *a.* မြောက်ဗဟိရစက်ပိုင်းနှင့် တောင် ဗဟိရစက်ပိုင်း စပ်ကြားမှာ ဖြစ်တတ်သော။
Trot, *v. i.* သုံးချောင်းထောက်သွားသည်။ —*n.* from *do.*
Troth, *n.* သစ္စာ။
Trouble, *v. t.* to stir up or disturb, မွှေသည်။ မွှေနှောက်သည်။ to annoy, နှောင့်ရှက်သည်။ to tease, ပူဆာသည်။ —*n.* distress, ဆင်းရဲညှိုးငြင်ခြင်း။ စိတ်ပူပန်ခြင်း။ a cause of distress, ဆင်းရဲညှိုးငြင်စေသောအကြောင်း။ စိတ်ပူပန်စေသောအကြောင်း။ annoyance, နှောင့်ရှက်ခြင်း။ a cause of annoyance, နှောင့်ရှက်စေသောအကြောင်း။
Troubler, *n.* နှောင့်ရှက်တတ်သောသူ။
Troublesome, *a.* annoying, နှောင့်ရှက်တတ်သော။ ပင်ပန်းစေတတ်သော။ ပူဆာတတ်သော။
Troublesomeness, *n.* from above.
Troublous, *a.* agitated, လှုပ်ရှားလျက်ရှိသော။ full of troubles, အနှောင့်အရှက်များသော။ အမှုများသော။
Trough, *n.* ခေါင်း။ ကျင်း။ one for eating, စားကျင်း။ စားခွက်။ —of the sea, လှိုင်းတံပိုးကြား။ an eaves-trough, ရေတရောက်။
Trounce, *v. t.* ပြင်းစွာဒါဏ်ပေးသည်။
Trover, *n.* ကိုယ်ဥစ္စာကိုသူလက်၌တွေ့၍စာထားတရားပြုလုပ်ခြင်း။
Trow, *v. i.* စိတ်ထင်သည်။
Trowel, *n.* သံလက်။ သစ်သားလက်။
Trowsers, *n. plur.* ပေါင်းဘီ။
Troy-weight, *n.* အလေးမျိုးတမျိုး။
Truant, *a.* ပျင်းရိ၍လှည့်ပတ်သော။ —*n.* agent, from *do.*
Truce, *n.* a temporary suspension of hostilities, စစ်တိုက်သည်အတွင်း သဘောတူ ခဏရပ်ဆိုင်း၍ မတိုက်ဘဲ နေခြင်း။ short quiet, ခဏငြိမ်ဝပ်ခြင်း။
Truck 1, *v.* လဲသည်။ ထပ်သည်။ —1, *n.* from *do.* —2, a cart wheel, လှည်းဘီး။ a long cart, မိကျောင်းတုံး။ လှည်းရှည်။ လှည်းခင်တိတ်။
Truckle, *v. i.* သူအလိုသို့လိုက်၍ဝန်ချသည်။ — bed, *n.* ဘိန်းတပ်သော ခုတင်။
Truculence, *n.* from next.
Truculent, *a.* savage, cruel, ရက်စက်သော။ terrible of aspect, ကြောက်မက်ဖွယ်သောအဆင်းသဏ္ဌာန်ရှိသော။
Trudge, *v. i.* လေးလေးကန်ကန်ပင်ပန်းစွာသွားသည်။
True, *a.* conformable to fact, ဟုတ်သော။ right, မှန်သော။ genuine,

စစ်သော။စင်စစ်ဖြစ်သော။ဇာတိဖြစ်သော။ faithful, သစ္စာစောင့်သော။ addicted to speaking truth, veracious, ဟုတ်မှန်စွာပြောဆိုတတ်သော။ —born, ဇာတိစစ်သော။ — hearted, သဘောဖြောင့်သော။ — love, *n.* ချစ်ခြင်းကိုအမှန်ခံရသောသူ။

Trueness, *n.* from True.

Truism, *n.* ယုံမှားရန်မရှိသောစကား။

Trull, *n.* ကြေးစားမိန်းမ။

Truly, *adv.* indeed, ကောန်း၊ အမှန်။ အကယ်စင်စစ်။ according to truth, မှန်ကန်စွာ။ ဟုတ်မှန်သည်နှင့်။

Trump, *see* Trumpet.

Trumpery, *n.* idle talk, အချည်းနှီးသောစကား။ useless matter, အသုံးမဝင်သောအရာ။

Trumpet, *n.* တံပိုး။ —*v. t.* တံပိုးမှုတ်၍ကျော်ညာစေသည်။

Trumpeter, *v. t.* တံပိုးမှုတ်သောသူ။

Truncate, *v. t.* ခုတ်ဖြတ်သည်။

Truncheon, *n.* a cudgel, ဒုတ်။ a staff of authority, အရာရှိသောဒုတ်။

Trundle, *v. i.* လိမ့်သည်။ *v. t.* လှိမ့်သည်။ —bed, ဘီးတပ်သောခုတင်။ —*n.* ခလိမ့်။

Trunk, *n.* the stock of a tree, ပင်စည်။ the body of an animal without the limbs, လက်ခြေအင်္ဂါမပါ၊ ကိုယ်ချည်း။ the main part of a thing, မ (in composition); a proboscis, နှာမောင်း။ a chest covered with skin, သားရေကွပ်သောသစ်တာ။

Trunnion, *n.* နားပန်း။

Truss, *v. t.* to bind, စည်းသည်။ to tie in a bundle, ထုပ်သည်။ to stuff, သိပ်သည်။ သိပ်သွင်းသည်။ — *n.* a quantity of things tied up lengthwise, as grass, &c. အစည်း။ a bundle, pack, အထုပ်။ a bandage worn for hernia, မုဠကွဲသောသူ ပတ်စည်းရသောကိုက်။

Trust, *v. t.* to believe, place confidence in, ယုံသည်။ ယုံကြည်သည်။ to commit in confidence, ယုံ၍အပ်သည်။ to sell on credit, အကြွေးရောင်းသည်။ —*v. i.* (ဖြစ်မည်)သဘောကျလျက်ရှိသည်။ —in, *v. t.* ကိုးစားသည်။ —*n.* from Trust, *v. i.* and *v. i.* to Trust in; the object of confidence, ကိုးစားသောအရာ။ something committed in confidence, ယုံ၍အပ်သောအရာ။ something committed to the management of another, သူတပါးလက်သို့လွှဲအပ်၍ထားသောအရာ။ —worthy, *a.* ယုံလောက်သော။

Trustee, *n.* သူတပါးလွှဲအပ်ခြင်းကိုခံသောသူ။

Trustiness, *n.* from next.

Trusty, *a.* trust worthy, ယုံလောက်သော။ that will not fail, မချွတ်ယွင်းနိုင်သော။

Truth, *n.* the opposite of error, သစ္စာ။ the opposite of falsehood, သစ္စာ။ conformity to fact, ဟုတ်မှန်ခြင်း။ that which really is, ကေန်အမှန်ဖြစ်သောအရာ။ veracity, သစ္စာ။ fidelity, သစ္စာစောင့်ခြင်း။ [in] — [of a], *adv.* အကယ်စင်စစ်။

Truthful, *a.* ဟုတ်မှန်ရာပြောဆိုတတ်သော။

Try, *v. i.* to exert strength, အားထုတ်သည်။ —*v. t.* to make trial of, စုံစမ်းသည်။ စူးစမ်းသည်။ to test by a standard, စံခူသည်။ စံထိုးသည်။ to purify, refine (as metals), ချွတ်သည်။ to search into, စစ်ဆေးသည်။ to examine judicially, စစ်မေးသည်။ စစ်ကြောသည်။ to attempt, ပြုစမ်းသည်။ အားထုတ်စမ်းသည်။ to put to a severe test, ကြပ်တည်းစွာစုံစမ်းသည်။ tallow, &c. အဆီထွက်အောင်ချက်သည်။ —on, *v. t.* ဝတ်၍စမ်းသည်။ —out, အဆုံးတိုင်အောင်စုံစမ်းသည်။

Tub, *v. i.* စည်ပိုင်း။

Tube, *n.* ပြောင်း။ ပြွန်။

Tubercle, *n.* အဖု။

Tuberous, *a.* အဥဖြစ်သော။

Tubular, *a.* ပြောင်းသဏ္ဌာန်ရှိသော။

Tubulous, *a.* ဟောင်းလောင်းဖြစ်သော။

Tuck, *v. t.* ချုပ်မိ၍ထားသည်။ — *n.* အဝတ်၌ခေါက်သိ၍ထားသော အခေါက်။

Tucker, *n.* ရင်ဖုံးတန်ဆာ။

Tuesday, *n.* တူစဒေ။ အင်္ဂါနေ့။

Tuft, *n.* an ornamental bunch (of flowers, feathers, &c.), ပန်းပွား။ a cluster, clump (of trees), အရုံ။ —(of grass), အဖုတ်။ —of hair or feathers on the head, ဦးစွန်း။ ဦးစွန်းဖုတ်။

Tug, *v.* အားထုတ်၍ဆွဲငင်သည်။ —*n.* from *do.*

Tuition, *n.* the business of teaching various branches of learning, သိပ္ပံအတတ်သင်ပေးခြင်း။ the money paid for instruction, သင်ခ။

Tumble, *v. i.* to fall by losing the footing, လည်း၍ကျသည်။ to roll down, လိမ့်၍ကျသည်။ to toss, ငါးဖယ်ပြန်ပြန်နေသည်။ to exhibit feats of activity, ကြွမ်းထိုးသည်။ —*v. t.* to turn over or about for search or examination, မွှေသည်။ to disarrange, throw into confusion, လှန်လှော်မွှေနှောက်သည်။ —*n.* လည်း၍ကျခြင်း။

Tumbler, *n.* one who exhibits feats of activity, ကြွမ်းထိုးသမား။ a large glass cup, ဖန်ခွက်ကြီး။

Tumbrel, *n.* တပ်ဆောင်လှည်းတမျိုး။

Tumefaction, *n.* from next.

Tumefy, *v. i.* အကျိတ်အခဲဖြစ်သည်။

Tumid, *a.* swelled, ရောင်လျက်ရှိသော။ overstrained in expression, ပိုလျှံ၍ပလွှားသော(စကား။)

Tumor, *n.* အကျိတ်အခဲ။

Tumular, *a.* အပုံဖြစ်သော။

Tumulous, *a.* တောင်ပူဆာများသော။

Tumult, *n.* ရုန်းရင်းခတ်မှုပြုခြင်း။

Tumultuary. Tumultuous, *a.* making a confused noise, ရုန်းရင်းခတ်မှုပြုသော။ being agitated, in commotion, လှုပ်ရှားလျက်ရှိသော။

Tun, *n.* ဂါလံ ၂၄၀ ဝင်သောစည်ကြီး။

Tune, *n.* a series of musical notes, တီးမှုတ်သံ။ သီခြင်းဆိုသံအစီအစဉ်။ the state of being properly disposed, တော်သင့်အောင်ပြင်ဆင်၍ထားသောအခြေအနေ။ —*v. t.* to put into a state adapted to produce musical sound, တီးမှုတ်သံ။ သီခြင်းဆိုသံထွက်အောင်ပြင်ဆင်သည်· to sing melodiously, ကျူးသည်။ ကျူးရင့်သည်။

Tuneful, *a.* ကျူးသောအသံနှင့်ဆိုမြည်တတ်သော။

Tunic, *n.* a close jacket, ကိုယ်ကျပ်အင်္ကျီ။ an integument, ဖုံးအုပ်သောအရာ။ a covering membrane, ဖုံးလွှမ်းသောအမြှေး။

Tunnel, *n.* a cone-shaped tube, ကတော့။ a pipe for the passage of smoke, မီးခိုးပြွန်။ an arched passage through or under ground, ထုတ်ချင်းခေါ်ဖောက်သောဥမင်လမ်း။

Turban, *n.* ပေါင်းထုပ်။ ခေါင်းပေါင်း။

Turbid, *a.* နောက်သော။

Turbulence, *n.* from next.

Turbulent, *a.* agitated, tumultuous, မငြိမ်မဝပ်၊လှုပ်ရှားလျက်ရှိသော။ disposed to insubordination, မငြိမ်မဝပ်၊ ထချင်သော သဘောရှိသော။

Tureen, *n.* ဇလုံပုကန်စောက်။

Turf, *n.* sward, မြက်မြစ်တွယ်သောအပေါ်ယံမြေလွှာ။ မြက်ပင်ပါသော မြေစိုင်။ peat, ထင်းကဲ့သို့မီးဆိုက်သောမြေစိုင်။ horse racing, မြင်းပြိုင်ပြေးခြင်း။ raceground, မြင်းပြိုင်ရာတလင်း။ — *v.* မြက်ပင်ပါသောမြေစိုင်ကိုစီ၍ချထားသည်။

Turfy, *a.* မြက်ပင်ပါသောမြက်ဖုတ်ထူသော။

Turgent, Turgid, *a.* puffed up, inflated, ဖောင်းသော။ tumid, swelled, ရောင်သော။ tumid, pompous in expression, ပိုလျှံ၍ပလွှားသော(စကား။)

Turgency, Turgidity, Turgidness, *n.* from above.

Turkey, *n.* ကြက်ဆင်။

Turmeric, *n.* နံနွင်း၊ သနွင်း။

Turmoil, *n.* ပင်ပန်းခြင်း။ —*v. t.* ပင်ပန်းအောင်ပြုသည်။

Turn, *v. i.* to move round itself (wholly or in part), လည်သည်။ လှည့်သည်။ လှည့်လည်သည်။ လှည့်ပတ်သည်။ to turn from a forward direction, လှည့်သည်။ to change to another, ပြောင်းသည်။ ပြောင်းလဲသည်။ to change sides in lying, တဖက်မှတဖက်သို့လှည့်၍စောင်းသည်။ to change (as the tide) —on ceasing to flow, လည်သည်။ —on ceasing to ebb, လှန်သည်။ to become giddy, မူးသွားသည်။ to become acid (as milk,) ချဉ်သွားသည်။ — *v. t.* to make move round (wholly or in part), လှည့်သည်။ (trans.); to pass round (as a corner), ကွင်းသည်။ to put the upper side down, or the inside out, လှန်၍ထားသည်။ to change (trans.), ပြောင်းစေသည်။ ပြောင်းလဲစေသည်။ to form on a lathe, ပွတ်ခိသည်။ to translate, အနက်ပြန်သည်။ to transfer (to another), လွှဲအပ်သည်။ to cause to nauseate, ရှိုက်တိုက်ရှိအောင်ပြုသည်။ to make giddy, မူးစေသည်။ —the brain, စိတ်ပေါ့စေသည်။ မူးစေသည်။ to revolve in the mind, ဆင်ခြင်သည်။ to bend (the edge), ပေအောင်ပြုသည်။ to make sour, ချဉ်အောင်ပြုသည်။ —the back to or upon in contempt, ကျောခိုင်းသည်။ —the back, in order to flee, နောက်သို့လှည့်သည်။ —about, *v. i.* လှည့်သည်။ — aside, to go out of the way, လွှဲသည်။ — *v. t.* to avert, လွှဲသည်။ လွှဲဖယ်သည်။ — away, *v. i.* to deviate, လွှဲသည်။ to avert, လွှဲသည်။ လွှဲဖယ်သည်။ to dismiss from employ, လုပ်ဆောင်ရသောအခွင့်ကိုနုတ်၍လွှတ်လိုက်သည်။ — down, *v. t.* ခေါက်သည်။ — from, *v.* လွှဲသည်။ — in, *v. i.* to bend inward, ကောက်၍ဝင်သည်။ to enter for lodgings, တည်းအောင်ဝင်သည်။ to go to bed, အိပ်ရာသို့သွား၍အိပ်သည်။ — *v. t.* to fold in, ခေါက်၍သွင်းသည်။ — off, *v. i.* to take another direction, as a road, ဖယ်သွားသည်။ — to dismiss from employ, လုပ်ဆောင်ရသောအခွင့်ကိုနုတ်၍လွှတ်လိုက်သည်။ to divert, လွှဲသည်။ —on, —upon, *v. i.* to come back upon, ပြန်လှန်၍လာသည်။ — *v. t.* throw back upon, အပြန်အလှန်ပြစ်သည်။ —out, *v. i.* to bend outward, ငေါ့၍ထွက်သည်။ to rise from bed, အိပ်ရာမှထသည်။ to go abroad, ပြင်သို့ထွက်သွားသည်။ —*v. t.* to put out, expel, နှင်ထုတ်သည်။ to put to pasture, စားကျက်၌လွှတ်၍ထားသည်။ —over, *v. i.* to turn from side to side, တဖက်မှတဖက်သို့လှည့်၍စောင်းသည်။ —*v. t.* to put the upper side downward, လှန်၍ထားသည်။ to transfer, make over, လွှဲအပ်သည်။ to open (the leaves of a book) consecutively, (စာအုပ်ကို) တချပ်စီဖွင့်လှန်သည်။ to overset, လှည်းသည်။ —to, *v. t.* အသုံးပြုသည်။ —to account, *v. i.* အကျိုးရှိသည်။ ကျေးဇူးရှိသည်။ — under, *v.* အောက်သို့ကုပ်၍ဝင်သည်။

—up, *v. i.* to bend up, ကော့၍နေသည်။ to happen, ဖြစ်လာသည်။ — *n.* the act of turning, လည်ခြင်း။ လှည့်လည်ခြင်း။ a bend (in a river), အကွေ့။ a walk to and fro, စင်္ကြံသွားခြင်း။ change, ပြောင်းခြင်း။ ပြောင်းလဲခြင်း။ alternation, အလှည့်လှည့်ဖြစ်ခြင်း။ appropriate turn in a course of alternations, အလှည့်။ opportunity, အဆင်သင့်သောအချိန်ကာလ။ an act of dealing with, (တစုံတဦးသောသူ)၌ပြုမူသောအပြုအမူ။ an occasion, circumstance of need, အသုံးလိုခြင်းနှင့်ယှဉ်သောအမှုအရာ။ form, shape, ပုံသဏ္ဌာန်။ character, leading trait, လက္ခဏာသဘော။ အခြေအနေ။ change (of tide), လည်ခြင်း။ လှန်ခြင်း။ one round (of a rope), တပတ်။ —coat, ဖောက်ပြန်သောသူ။ —key, ထောင်တံခါးကိုသော့ခတ်သောသူ။ —out, ဂုဏ်ပြလျက်အခမ်းအနား ကျင်းပ၍သွားခြင်း။ —pike, the road, အခယူသောလမ်း။ the gate, လမ်းခံသောတံခါး။ —spit, တံစို့ကိုလှည့်၍ကင်ရသောသူ။ —stile, တံခါးဝ၌ထားသောဒလက်တံခါး။

Turned of, (in age), *a.* ကျော်လျက်ရှိသော။

Turner, *n.* ပွတ်သမား။

Turning, *n.* from Turn, *v. t.* and *v. i.* — point, လှည့်သောအချက်။

Turnip, *n.* မုန်လာဥပိုင်း။

Turpentine, *n.* ထင်းရှူးစေး။

Turpitude, *n.* ဆိုးညစ်ယုတ်မာခြင်း။

Turquoise, *n.* နဂါးသွဲ့။

Turret, *n.* တန်ဆောင်းငယ်။

Turtle, *n.* လိပ်။ — shell, လိပ်ခွံ။

Turtle-dove, *n.* ကူထွန်တတ်သောချိုး။

Tush, *int.* ဗို။

Tusk, *n.* အစွယ်။

Tut, *int.* တိတ်တိတ်နေ။

Tutelage, *n.* from next.

Tutelar, Tutelary, *a.* စောင့်ထိန်းသော။

Tutor, *n.* စာသင်ဆရာ။ —*v. t.* ဆုမ္မသွန်သင်သည်။

Tutoress, *n.* စာသင်ပေးသောမိမ္မ။

Tutty, *n.* သွပ်ပွင့်။

Twain, *a.* နှစ်။ အစုံ။

Twang, *v. i.* သုံခနဲမြည်သည်။ *v. t.* from *v. i.* —*n.* from Twang, *v. i.* a nasal twang, နှာခေါင်းသံပါအောင်လုပ်၍ပြောဆိုသောအသံ။

Twattle, *v. i.* ပြိန်းဖျင်းသောစကားများသည်။

Tweak, *v. t.* ဆွဲလိမ်သည်။

Tweezers, *n. plur.* မွေးညှပ်။

Twelfth, *a.* ဒွါဒသမ။ ဆယ်နှစ်ခုမြောက်သော။

Twelve, *a.* ဆယ့်နှစ်။ ၁၂။ —month, *n.* ဆယ့်နှစ်လ။ တနှစ်။
Twentieth, *v.* ဝီသတိ။ နှစ်ဆယ်ပြည့်သော။
Twenty, *a.* နှစ်ဆယ်။ ၂၀။
Twice, *adv.* two times, နှစ်ကြိမ်။ doubly, နှစ်ဆဖြစ်သည်နှင့်။
Twig, *n.* အညွန့်။
Twilight, *n.* ဆည်းဆာ။
Twilled, *a.* ရွတ်။ လဲလုံးပြောက်။
Twin, *n.* အမွှာဖွားဖက်။ —*a.* အမွှာဖွားဖက်ဖြစ်သော။ — born, same.
Twine, *v. t.* to twist several strands into one, လွန်းပေါင်းတင်သည်။ လွန်းပေါင်းတင်၍ကျစ်သည်။ to unite by intertwining of parts, ပူးလိမ်သည်။ to encircle, ရစ်ပတ်သည်။ — *v. i.* to be closely united by intertwining of parts, ပူးလိမ်လျက်ရှိသည်။ to wind, meander, make turns, ကောက်ကောက်ကွေ့ကွေ့သွားသည်။ to whirl round, လိမ့်သည်။ — round, *v. t.* (as a creeper), လိမ်ပတ်သည်။ — *n.* a string composed of several strands twisted together, လွန်းပေါင်းတင်သောကြိုး။ the act of winding round, လိမ်ပတ်ခြင်း။
Twinge, *v. i.* ထိုး၍ကိုက်သည်။ —*n.* from *do.*
Twinkle, *v. i.* as a star or the eyes, မှိတ်တုတ်မှိတ်တုတ်နေသည်။
Twinkling, *n.* from above; a wink of the eye, မျက်စိတမှိတ်။
Twirl, *v. i.* ချာချာလည်သည်။ —*v. t.* မွှေသည်။ —*n.* from *do.*
Twist, *v. t.* — one strand, လွန်းသည်။ လွန်း၍ကျစ်သည်။ to twine several strands into one, လွန်းပေါင်းတင်သည်။ လွန်းပေါင်းတင်၍ ကျစ်သည်။ to unite closely by intertwisting of parts, ပူးလိမ် သည်။ ထွေးလုံးရစ်ပတ်အောင်ပြုသည်။ to encircle, ရစ်ပတ်သည်။ to contort, လိမ်သည်။ လိမ်လစ်သည်။ to pervert, အမှန်မှလွဲဖယ်သည်။ *v. i.* လွန်းပေါင်းတင်ခြင်းကိုခံသည်။ — one's self into, *v.* လိမ်၍ ဝင်သည်။ စောင်းလိမ်၍ဝင်သည်။ —*n.* a twine, လွန်းပေါင်းတင်ကြိုး။ a contortion, လိမ်ခြင်း။ a small roll of tobacco, ဆေးလိမ့်။
Twit, *v. t.* ကဲ့ရဲ့သည်။
Twitch, *v. t.* to pull with a jerk, တုပ်၍ဆွဲသည်။ a spasmodic contraction, တွန့်သည်။ —*n.* from *do.*
Twitter, *v. i.* စစ်စစ်မြည်သည်။
Twixt, *see* Betwixt.
Two, *a.* နှစ်။ ၂။ — edged, အသွားနှစ်ဖက်ရှိသော။ —fold, twice as much, နှစ်ဆဖြစ်သော။ twice repeated, နှစ်ထပ်ဖြစ်သော။ two of a sort, နှစ်ဖက်ရှိသော။ —handed, လက်နှစ်ဖက်ရှိသော။ —legged, ခြေနှစ်ဖက်ရှိသော။ —masted, နှစ်ပင်တိုင်ရှိသော။
Tyke, *a.* ခွေးညံ့။

Tympan, *n.* a drum, စည်။ —of a printing press, ပုံနှိပ်တန်ဆာကားလက်။
Tympanum, *n.* နားခေါင်း၌စည်ကြက်သကဲ့သို့ရှိသောအမြှေး။
Tympany, *n.* လေဖျဉ်းနာ။
Type, *n.* an emblem, အနက်အဓိပ္ပါယ်ပါသောပုံ။ ပုံဥပမာ။ a printing letter, စာလုံးပုံ။ —metal, စာလုံးပုံသွန်းရန်ခနောက်စိမ်းရောသောခဲ။
Typhoon, *n.* တရုပ်ပင်လယ်၌ဖြစ်တတ်သောလေပြင်းမုန်တိုင်း။
Typhus, *n.* သွေးအားနည်းသောတုပ်ဖျား။
Typical, *a.* ပုံဆောင်သော။ ပုံပမာအားဖြင့်ပြသော။
Typify, *v. t.* ပုံပမာအားဖြင့်ပြသည်။
Typography, *n.* စာပုံနှိပ်သည့်အတတ်။
Tyrannic, Tyrannical, *a.* from next.
Tyrannize, *v. i.* ရက်စက်ကြမ်းကြုတ်စွာအုပ်စိုးသည်။
Tyranny, *a.* from above.
Tyrant, *n.* ရက်စက်ကြမ်းကြုတ်စွာအုပ်စိုးသောမင်း။
Tyro, *n.* စာသင်စရှိသောသူ။

U

Ubiquity, *n.* ခပ်သိမ်းသောအရပ်တို့၌ရှိခြင်း။
Udder, *n.* နို့အုံ။
Ugliness, *n.* from next.
Ugly, *a.* အရုပ်ဆိုးသော။ အဆင်းတန်သော။ အကျည်းတန်သော။
Ulcer, *n.* အနာစိမ်း။
Ulcerate, *v. i.* အနာစိမ်းဖြစ်လာသည်။
Ulceration, *n.* from above.
Ulcerous, *a.* having the nature of an ulcer, အနာစိမ်းကဲ့သို့သဘောရှိသော။ affected with an ulcer, အနာစိမ်းစွဲသော။
Ulcerousness, *n.* from above.
Ullage, *v.* စည်၌လျော့သောအလျော့။
Ulna, *n.* တံတောင်ရိုးငယ်။
Ulterior, *a.* ၎င်းပြင်ရှိသော။
Ultimate, *a.* farthest, most distant, အဝေးဆုံးဖြစ်သော။ last, နောက်ဆုံးသော။ final, အဆုံးဖြစ်သော။
Ultimatum, *a.* a final proposition, ဆင်ခြင်ရာတို့နောက်ဆုံး၌တင်ပြောသောအရာ။
Ultra, *a.* အကြီးအစည်၊ အပြုအမူလွန်သော။
Ultraism, *n.* from above.
Ultraist, *n.* agent, from Ultra.
Ultra-marine, *a.* ပင်လယ်ကမ်းတဖက်၌ရှိသော။
Ultra-mundane, *a.* ဤလောကတဖက်၌ရှိသော။
Umbilical, *a.* ချက်မနှင့်ဆိုင်သော။

Umbles, *n.* ဒရယ်အူ။

Umbrage, *n.* a shade, အရိပ်။ offence, displeasure, စိတ်ထွက်ခြင်း။

Umbrageous, *a.* အရိပ်နှင့်လွှမ်းမိုးသော။

Umbrella, *n.* ထီး။

Umpire, *n.* စပ်ကြားမှာစီရင်သောသူ။

Un, *pref. in composition.* (*privative or negative*) not, အ၊ မ။

Unabashed, *a.* အရှက်မကွဲသော။

Unabated, *a.* မလျော့သော။ အားမလျော့သော။

Unable, *a.* မတတ်နိုင်သော။

Unabolished, *a.* မပျက်စီးသော။ မပပျောက်သော။

Unacceptable, *a.* not acceptable, ခံယူစရာမကောင်းသော။ not pleasing, နှစ်သက်ဖွယ်မဟုတ်သော။

Unacceptableness, *n.* from above.

Unaccommodated, *a.* လိုရာကိုမရသော။

Unaccommodating, *a.* သူအလိုသို့မလိုက်၊ ကျေးဇူးမပြုတတ်သော။

Unaccompanied, *a.* လိုက်သူမရှိသော။ အခြွေအရံမပါသော။

Unaccomplished, *a.* မပြီးစီးသော။ မပြည့်စုံသော။

Unaccountable, *a.* inexplicable, မရှင်းလင်းနိုင်သော။ irresponsible, တာဝန်လွတ်သော။

Unaccountably, *adv.* အကြောင်းမတန်။

Unaccustomed, *a.* not habituated, အကျင့်မပါသော။ new, not familiar, မလေ့ကျက်၊ မကျွမ်းကျင်သော။

Unacknowledged, *a.* not acknowledged, လက်မခံသော့ကြောင့်အခွင့်မရသော။ not confessed, ပြုသောသူအမှုကိုမဖော်ပြ၊ ထိမ်ဖုံးလျှက်ရှိသော (အပြစ်။)

Unacquainted, *a.* not knowing as a friend, မသိမကျွမ်းသော။ not skilled in, မလေ့ကျက်သော။

Unadorned, *a.* တန်ဆာမဆင်သော။

Unadulterated, *a.* ဇာတိစစ်သော။ ညှိအောင်ရောနှောခြင်းမရှိသော။

Unadvised, *a.* တိုင်ပင်ခြင်းမရှိ၊ မဆင်ခြင်ဘဲပြုသော (အမှု။)

Unaffected, *a.* not affected in mind, နှစ်လုံးမထိခိုက်သော။ natural, ဟန်ဆောင်ခြင်းမရှိ၊ ပကတိသဘောအတိုင်း အတည့်အလင်း ဖြစ်သော။ real, not assumed, အရေးမဆောင်၊ မှန်သော။

Unaided, *a.* အကူအညီမရသော။

Unalienable, *a.* သူတပါးလက်သို့မလွှဲနိုင်သော (အရာ။)

Unallied, *a.* not allied by marriage, စုံဖက်ခြင်းအားဖြင့်အမျိုးမတော်သော။ not allied by voluntary engagement, ပဋိညာဉ်ပြု၍မိတ်မဖွဲ့သော။

Unalloyed, *a.* သန့်စင်ခြင်းသက်သက်ရှိသော။

Unalterable, *a.* မပြောင်းလဲနိုင်သော။

Unaltered, *a.* မပြောင်းလဲသော။
Unambitious, *a.* လွန်ကဲချင်သောစိတ်မရှိသော။
Unamiable, *a.* ချစ်ဖွယ်မဟုတ်သော။
Unanimity, Unanimousness, *n.* from next.
Unanimous, *a.* စိတ်သဘောတူကြသော။ သဘောတညီတညွတ်တည်း ဖြစ်ကြသော။
Unanswerable, *a.* ကျေပနိုင်ဖွယ်မဟုတ်သော။
Unanswered, *a.* not replied to, ပြန်ပြောခြင်းကိုမရသော။ not refuted, မကျေပသော။
Unappalled, *a.* မကြောက်လန့်သော။
Unappeasable, *a.* not to be appeased, မငြိမ်းနိုင်သော။ implacable, ငြိုး၍မပြေနိုင်သော။
Unappeased, *a.* မငြိမ်းသော။
Unapprehensive, *a.* မကြောက်မစိုးရိမ်တတ်သော။
Unapproachable, *a.* မချောက်နိုင်အောင်အဆီးအတားရှိသော။
Unapt, *a.* not fit, မတော်မသင့်သော။ having no tendency to, မ(—)တတ်သော။ dull in intellect, ညာဏ်တုံးသော။
Unaptness, *n.* from above.
Unarmed, *a.* လက်နက်ကရိယာမပါသော။
Unasked, *a.* အဘယ်သူမျှမတောင်းဘဲရှိသော။
Unaspirated, *a.* ဟထိုးသံမပါသော။
Unaspiring, *a.* ရောင့်ရဲလွယ်သော့ကြောင့်အထက်သို့မလှမ်းချင်သော။
Unassailable, *a.* တိုက်နိုင်ဖွယ်မဟုတ်သော။
Unassailed, *a.* တိုက်ခြင်းကိုမခံရသော။
Unassuming, *a.* မဆိုင်လျှင်ဆိုင်လျှောက်မပြုတတ်သော။
Unassured, *a.* not confident, စိတ်မလုံသော။ not to be trusted, မယုံထိုက်သော။
Unatoned, *a.* (အပြစ်)မပြေသော။
Unattached, *a.* အစွဲအလမ်းမရှိသော။
Unattainable, *a.* ရနိုင်ဖွယ်မဟုတ်သော။
Unattainableness, *n.* from above.
Unattained, *a.* မရသောအရာ။ မမှီသောအရာ။
Unattempted, *a.* အဘယ်သူမျှမပြုစမ်းသေးသော။
Unattended, *a.* unaccompanied, လိုက်သူမပါသော။ အခြွေအရံမပါသော။ not taken care of, ပြုစုသောသူမရှိသော။
Unauthorized, *a.* အခွင့်မရသော။
Unavailable, Unavailing, *a.* လိုသောအကျိုးကိုမဖြစ်စေနိုင်သော။
Unavoidable, *a.* မလွှဲမရှောင်နိုင်အောင်ဖြစ်သော။
Unavowed, *a.* မဖော်မပြ၊ ဝှက်ထားလျှက်ရှိသော။
Unawakened, *a.* အဘယ်သူမျှမနိုးသော။

Unaware, Unawares, *adv.* အမှတ်တမဲ့။

Unawed, *a.* မကြောက်ရွံ့၊ မရှိသေသော။

Unbacked, *a.* not having been mounted, အစီးမခံဘူးသော။ unsupported, အထောက်အပင့်မရှိသော။

Unbalanced, *a.* not poised, ချိန်စက်၌မညီမျှသော။ not settled (as an account), မရှင်းလင်းသော (ငွေစာရင်း။)

Unbaptized, *a.* ရေနှစ်မင်္ဂလာကိုမခံသော။ ခရစ်ယာန်ဘာသာသွင်းခြင်းမင်္ဂလာကိုမခံသော။

Unbar, *v. t.* (တံခါး) ကန့်လန့်ကိုချွတ်သည်။ ကန့်လန့်ကိုဖွင့်သည်။

Unbeaten, *a.* not beaten, အရိုက်မခံသော။ not trodden, မနင်းသော။

Unbecoming, Unbefitting, *a.* မလျောက်ပတ်သော။

Unbefriended, *a.* အဆွေခင်ပွန်း၏ကျေးဇူးကိုမခံရသော။

Unbegotten, *a.* အဖမရှိသော။ သန္ဓေပေးသူမရှိဘဲဖြစ်သော။

Unbelief, *n.* မယုံခြင်း။

Unbeliever, *n.* agent, from next, အယုံတရားမရှိသောသူ။

Unbelieving, *a.* မယုံသော။ မယုံကြည်သော။

Unbend, *v. t.* to free from flexure, လှန်၍ဖြောင့်သည်။ to relax, slacken, လျှော့သည်။ —a bow, လေးညှို့ချသည်။

Unbending, *a.* not suffering flexure, မကွေးမကောက်၊ မကိုင်းမညွှတ်နိုင်အောင်မာသော။ inflexible in purpose, သဘောမပြောင်းလဲနိုင်အောင်စိတ်ခိုင်မာသော။

Unbesought, *a.* အဘယ်သူမျှမတောင်းဘဲရှိသော။

Unbestowed, *a.* အဘယ်သူမျှမပေးမကမ်းဘဲရှိသော။

Unbewailed, *a.* အဘယ်သူမျှမမြည်တမ်းဘဲရှိသော။

Unbias, *v. t.* ငဲ့ကွက်သောစိတ်ပျောက်၍လျှစ်လျူသောစိတ်ရှိအောင်ပြုသည်။

Unbiassed, *a.* ငဲ့ကွက်သောစိတ်မရှိသော။

Unbid, Unbidden, *a.* not bid, အမိန့်မရှိဘဲဖြစ်သော။ not invited, မခေါ်မဖိတ်ဘဲလာသော။

Unbind, *v. t.* ဖြည်သည်။

Unblamable, *a.* အပြစ်တင်ဖွယ်မရှိသော။

Unblamed, *a.* အပြစ်တင်ခြင်းနှင့်ကင်းလွတ်သော။

Unblemished, *a.* အသရေမယုတ်မလျော့သော။

Unblenched, *a.* ယုတ်လျော့ခြင်းမရှိသော။

Unblenching, *a.* မတွန့်တိုလျက်ရှိသော။

Unblended, *a.* ရောနှောခြင်းမရှိသော။

Unblest, *a.* အမင်္ဂလာဖြစ်သော။ ကောင်းကြီးမင်္ဂလာကိုမခံရသော။

Unbloody, *a.* အသေသတ်ခြင်းနှင့်လွတ်သော။

Unblown, *a.* မပွင့်သေးသော။

Unblushing, *a.* အရှက်မရှိသော။

Unbodied, *a.* ကိုယ်ကာယမရှိသော။

Unboiled, *a.* မချက်မပြုတ်သော။
Unbolt, *v. t.* တံခါးကျင်ကိုနှုတ်သည်။ ချွတ်သည်။
Unborn, *a.* မဖွားမမြင်သေးသော။
Unborrowed, *a.* ဇာတိဖြစ်သော။
Unbosom, *v. t.* နှစ်လုံးသွင်းရှိသမျှကိုအတည့်အလင်းပြောသည်။
Unbought, *a.* မဝယ်သော။
Unbound, *a.* မချည်မနှောင်သော။ —as a book, မချုပ်သေးသော(စာအုပ်။)
Unbounded, *a.* အနန္တ။ အဆုံးအဆမရှိသော။
Unbrace, *v. t.* လျှော့သည်။
Unbraid, *v. t.* ဝက်အူကျစ်ကိုဖြည်သည်။
Unbred, *a.* မယဉ်ကျေး၊ ရိုင်းသော။
Unbridled, *a.* not bridled, ဇက်မပါသော။ unrestrained, ပေါက်လွှတ်ကျင့်ကြံပြုမူသော။
Unbroken, *a.* not broken, မကျိုး၊ မကွဲ၊ မပဲ့သော။ not violated (as a promise,) မပျက်သော(သစ္စာ။) not subdued, မနှိပ်နင်းသော။ not tamed (as an animal,) မကျင့်သော။
Unbrotherly, *a.* ညီအစ်ကိုကဲ့သို့မဟုတ်သော။
Unbuckle, *v. t.* ထိကပေါက်ဖြုတ်သည်။
Unburied, *a.* မသင်းဂြိုဟ်သော။
Unburnt, *a.* not consumed or injured by fire, မီးမလောင်သော။ not baked, as brick, မဖုတ်သော။
Unburden, *v. t.* to free from a load, ဝန်ကိုချသည်။ to relieve the mind by a disclosure, စိတ်ပူသည်အကြောင်းကိုဖော်ပြသည်။
Unbutton, *v. t.* အင်္ကျီသီးကိုဖြုတ်သည်။
Uncalled, *a.* မခေါ်သော။ မခေါ်မချသော။ မခေါ်မဖိတ်သော။ —for, အသုံးမလိုသော။
Uncancelled, *a.* မကျေမပျက်သော။
Uncandid, *a.* မှန်သည်မမှန်သည်ကိုမထောက်ဘဲငဲ့ကွက်၍စီရင်တတ်သော။
Uncanonical, *a.* နည်းဥပဒေအတိုင်းမဟုတ်သော။
Uncase, *v. t.* အဖုံးကိုဖွင့်သည်။ တန်ဆာအိမ်ကိုချွတ်သည်။
Uncaught, *a.* ဖမ်း၍မရသော။
Uncaused, *a.* ဖြစ်စေသောအကြောင်းမရှိသော။
Unceasing, *a.* အစဉ်မပြတ်သော။
Uncensured, *a.* အပြစ်တင်ခြင်းနှင့်ကင်းလွတ်သော။
Uncertain, *a.* not certain or sure, ကေနိမုက္ခမဖြစ်သော။ not having certain knowledge, အတပ်အမှန်မသိသော။ unsettled, မသေချာသော။
Uncertainty, *n.* from above; something unknown, မသိသောအရာ။
Unchain, *v. t.* သံကြိုးကိုချွတ်သည်။
Unchangeable, *a.* မပြောင်းလဲနိုင်သော။

Unchangeableness, *n.* from above.

Unchanged, *a.* မပြောင်းလဲသော။

Uncharitable, *a.* မေတ္တာစိတ်နည်း၍သူတပါးအမှု၌မကောင်းသောလက္ခဏာကိုရှုမှတ်တတ်သော။

Uncharitableness, *n.* from above.

Unchaste, *a.* ကိလေသာကာမကိုမချုပ်မတည်း။ လွန်ကျူးသော။

Unchastity, *n.* from above.

Unchecked, *a.* အဆီးအတားမရှိသော။

Unchristian, *a.* ခရစ်ယာန်ဘာသာနှင့်မညီသော။

Uncial, *a.* စာလုံးကြီးသော။

Uncircumcised, *a.* အရေဖျားလှီးခြင်းမင်္ဂလာကိုမခံသော။ ဓာတ်သွင်းမင်္ဂလာကိုမခံသော။

Uncircumcision, *n.* ထိုသို့မခံဘဲနေခြင်းအဖြစ်။

Uncircumscribed, *a.* ပတ်လည်၌သတ်မှတ်ခြင်းမရှိသော။ အပိုင်းအခြားမရှိသော။

Uncircumstantial, *a.* အတွက်မရှိသော။

Uncivil, *a.* rude, impolite, မယဉ်ကျေးသော။ not complaisant, လောကဝတ်မပြုတတ်သော။

Uncivilized, *a.* မယဉ်၊ ရိုင်းသော။

Unclasp, *v. t.* ချိတ်ကိုဖြုတ်သည်။

Uncle, *n.* a father's elder brother, ဘကြီး။ a father's younger brother, ဘထွေး။ a mother's elder brother, ဦးရီး။ ဝရီးကြီး။ a mother's younger brother, ဦးမင်း။ ဝရီးငယ်။

Unclaimed, *a.* အရှင်မပေါ်သော။

Unclean, *a.* ညစ်သော။ ညစ်ညူးသော။ ညစ်ညမ်းသော။ မစင်သော။ မစင်ကြယ်သော။ မသန့်စင်သော။ မသန့်ရှင်းသော။ မသန့်ပြန့်သော။

Uncleanliness, *n.* from next.

Uncleanly, *a.* ညစ်သော။ ညစ်ညူးသော။

Uncleanness, *n.* from Unclean.

Uncleansed, *a.* အညစ်အကြေးနှင့်မကင်းစင်သော။

Unclinch, *v. t.* လက်ဆုပ်ကိုဖြန့်သည်။

Unclog, *v. t.* to free from incumbrance, နှေးစေသောအရာနှင့်ကင်းလွတ်စေသည်။ to free from obstruction, အဆီးအတားအနှောင့်အရှက်နှင့်ကင်းလွတ်စေသည်။

Unclose, *v. t.* ဖွင့်သည်။

Unclosed, *a.* open, not inclosed, ဟင်းလင်းရှိသော။ not concluded, လက်စမသတ်သော။ not sealed, တံဆိပ်မခတ်သော။

Unclothe, *v. t.* အဝတ်ကိုချွတ်သည်။

Unclouded, *a.* free from clouds, မိုဃ်းမအုံ့သော။ တိမ်ကြေးစင်သော။ clear, not obscure, ကြည်လင်သော။ ရှင်းလင်းသော။

Uncloudedness, *n.* from above.

Unclutch, *v. t.* *see* Unclinch.

Uncoil, *v. t.* အခွေကိုဖြည်သည်။

Uncoined, *a.* ဒင်္ဂါးမခတ်သော။

Uncollected, *a.* not collected, မစုမသိမ်းဘဲရှိသော။ disconcerted, မကြံစည်နိုင်အောင်စိတ်နေရာမကျဘဲဖြစ်သော။

Uncolored, *a.* အဘာယ်အရောင်မှမတင်မဆိုးသော။

Uncombed, *a.* မဖီးဘဲထားလျက်ရှိသော။

Uncomeliness, *n.* from next.

Uncomely, *a.* not comely, မတင့်တယ်သော။ unbecoming, မလျှောက်ပတ်သော။

Uncomfortable, *a.* not happy, မချမ်းသာသော။ not affording comfort, ချမ်းသာမပေးသော။ giving distress, or uneasiness, ဆင်းရဲစေသော။ နှောင့်ရှက်တတ်သော။

Uncomfortableness, *n.* from above.

Uncommanded, *a.* ပညတ်တရားနှင့်မပါသော။ ဥပဒေထားရာနှင့်မပါသော။

Uncommon, *a.* not common, singular, ထူးခြားသော။ infrequent, တခါတလေသာဖြစ်သော။

Uncommunicated, *a.* not imparted, မဝေမျှ။ မပေးကမ်းသော (အရာ။) not told (to another), မကြားမပြောသော (အရာ။)

Uncommunicative, *a.* not disposed to impart, မဝေမျှ၊ မပေးကမ်းတတ်သော။ not disposed to give information, မကြားမပြောတတ်သော။

Uncompact, *a.* not snug, not well arranged, မကျစ်လစ်သော။ မသိပ်သည်းသော။ not united in a mass, တပိန်းတည်းမဖြစ်သော။

Uncompassionate, *a.* မသနားတတ်သော။

Uncomplaining, *a.* မမြည်တမ်းသော။

Uncomplaisant, *a.* လောကဝတ်မပြုတတ်သော။

Uncomplying, *a.* သူအလိုသို့မလိုက်၊ ဝန်မခံဘဲနေသော။

Uncompounded, *a.* ရောနှောခြင်းမရှိ၊ မူလစစ်သော။

Uncomprehensive, *a.* not comprehensive, မဆံ့နိုင်သော။ unable to understand, နားမလည်တတ်သော။

Uncompressed, *a.* မဖိမနှိပ်သေးသော။ မသိပ်လျက်ရှိသော။

Uncompromising, *a.* အမှုပြေအောင်အားကိုမလျှော့သော။

Unconceived, *a.* အာရုံမထင်သော။

Unconcern, *n.* from next, 1st def.

Unconcerned, *a.* not anxious, မစိုးရိမ်သော။ having no interest in, မဆိုင်သော။ not taking an interest in, အမှုမထားသော။

Unconcocted, *a.* မကြေသော။ မကြေမနပ်သော။

Uncondemned, *a.* အပြစ်တင်ခြင်းကိုမခံရသော။ အပြစ်ခံစေဟု စီရင်ခြင်းကို မခံရသော။

Unconditional, *a.* အခြားတပါးသောအကြောင်းရှိသည်ဖြစ်စေ၊ မရှိသည်ဖြစ်စေ၊ တည်သော။

Unconfessed, *a.* မဖော်မပြ၊ ထိမ်းဖုက်လျှက်ရှိသော။

Unconfined, *a.* not kept within limits, မချုပ်မထားး၊ လွတ်လျှက်ရှိသော။ illimitable, အပိုင်းအခြားမရှိသော။

Unconfirmed, *a.* not firm, အားမရှိ၊ မခိုင်ခံ့သော။ not supported by testimony, သက်သေမရှိသောကြောင့်မတည်သော။

Unconformable, *a.* မညီမလျော်သော။

Unconformity, *n.* from above.

Unconfounded, *a.* ရောနှောရှုပ်ထွေးခြင်းနှင့်ကင်းလွတ်သော။

Unconfused, *a.* မရှုပ်မထွေးသော။

Unconfutable, *a.* မကျေပနိုင်သော။

Uncongenial, *a.* of a different nature, အမျိုးချင်းမတူသော။ of a different temper, သဘောချင်းမတူသော။ not suitable, not adapted, မသင့်သော။

Unconjugal, *a.* ခင်ပွန်းဝတ်တရားနှင့်မညီလျော်သော။

Unconnected, *a.* မစပ်မရှက်သော။ incoherent, မစပ်မဟပ်သော။

Unconquerable, *a.* မအောင်နိုင်ဖွယ်ဖြစ်သော။

Unconquered, *a.* အရှုံးမခံရသေးသော။

Unconscientious, *a.* ဩတ္တပ္ပစိတ်မရှိ၊ မဖြောင့်မတ်သော။

Unconscionable, *a.* အကြောင်းမတန်သော။

Unconscious, *a.* not sentient, အာယတနအားဖြင့်မသိမမှတ်တတ်သော။ အာရုံကိုမခံစားတတ်သော။ not cognizant of the state of one's own mind, ကိုယ်စိတ်နေရာကိုမသိသော။

Unconsciousness, *n.* from above.

Unconsecrated, *a.* ဘုရားဝတ်နှင့်ဆိုင်သောအမှု၌သုံးဆောင်ရန်သီးသန့်၍ မခွဲမထားးသော။

Unconsenting, *a.* ဝန်မခံသော။

Unconstitutional, *a.* နိုင်ငံပမိုညည်ညီနှင့်မညီလျော်သော။

Unconstrained, *a.* အနိုင်အထက်ပြုခြင်းနှင့်ကင်းလွတ်သော။

Unconstraint, *n.* from above.

Unconsumed, *a.* not burnt up, မီးလောင်၍မကျွမ်းသော။ not destroyed, မပျက်စီးသော။

Uncontested, *a.* not striven for, ပြိုင်၍မလုမယူသော (အရာ။) not disputed, မငြင်းခုံသော (အရာ။)

Uncontradicted, *a.* မငြင်းခုံသော (အရာ။)

Uncontrite, *a.* နောင်တမရသော။

Uncontrollable, *a.* မဆီးတားနိုင်ဖွယ်ဖြစ်သော။

Uncontroverted, *a.* ငြင်းခုံခြင်းမရှိသော။
Unconverted, *a.* မပြောင်းလဲသော။
Unconvertible, *a.* မပြောင်းလဲနိုင်ဖွယ်ဖြစ်သော
Unconvinced, *a.* သဘောမကျသော။
Uncord, *v. t.* ကြိုးကိုဖြည်သည်။
Uncork, *v. t.* အဆို့ကိုနုတ်သည်။
Uncorrected, *a.* မပြင်သေးသော။
Uncorrupt, Uncorrupted, *see* Incorrupt.
Uncountable, *a.* မရေတွက်နိုင်သော။
Uncouple, *v. t.* တွဲထားရာမှလွှတ်သည်။
Uncourteous, *a.* လောကဝတ်မပြုတတ်သော။
Uncourteousness, *n.* from above.
Uncourtliness, *n.* from next.
Uncourtly, *a.* မယဉ်ကျေးသော။
Uncouth, *a.* ရိုင်းသော။
Uncouthness, *n.* from above.
Uncovenanted, *a.* ဝန်ခံခြင်းစာချုပ်ထဲသို့မဝင်သော။
Uncover, *v. t.* to take off a cover, အဖုံးကိုဖွင့်သည်။ to take off (a hat, clothes, &c.,) ချွတ်သည်။ to take off (a roof,) ဖျက်သည်။
Uncreated, *a.* not yet created, ဖန်ဆင်း၍မဖြစ်သေးသော။ not produced, by creation, သူတပါးဖန်ဆင်းသောအားဖြင့်မဖြစ်၊ ကိုယ်အလိုအလျောက်ဖြစ်သော။
Uncreditable, *see* Discreditable.
Uncropped, *a.* မရိပ်မသိမ်းသေးသော။
Uncrossed, *a.* မဆီးတားမကန့်ကွက်သော။
Uncrowded, *a.* ကျပ်၍နေအောင်မထူထပ်သော။
Uncrown, *v. t.* (Eng.,) မကိုဋ်ကိုချသည်။ (Burm.,) နန်းကချသည်။
Uncrowned, *a.* မကိုဋ်မဆောင်းသော။
Unction, *n.* the act of anointing, ဆီလိမ်းခြင်း။ ဆီလူးခြင်း။ pathos, နှိုးဆော်ခြင်းအမှုဌ်စိတ်အားသန်ခြင်း။ sanctifying grace, သန့်ရှင်းစေတတ်သောကျေးဇူးတော်။
Unctuous, *a.* containing oil, ဆီပါသော။ like oil, ဆီကဲ့သို့ဖြစ်သော။
Unculled, *a.* မကောက်မသိမ်းသော။
Unculpable, *a.* အပြစ်တင်ဖွယ်မရှိသော။
Uncultivated, *a.* not cultivated, မပြုပြင်၊ မတီထွင်သော။ not civilized, မယဉ်၊ ရိုင်းသော။
Uncurable, *see* Incurable.
Uncurbed, *a.* အဆီးအတားမရှိ၊ လေါက်လွှတ်နေသော။
Uncurl, *v. t.* အလိပ်ကိုဖြည်သည်။

Uncut, *a.* မဖြတ်မပိုင်းသော(အရာ၊)
Undamaged, *a.* မပျက်သော၊ မယိုယွင်းသော။
Undaunted, *a.* မကြောက်သော။
Undazzled, *a.* မျက်စိမဖန်သော။
Undebased, *a.* မယုတ်ညံ့သော။
Undebauched, *a.* ကာမဂုဏ်အားဖြင့်မပျက်သော။
Undecagon, *n.* ဆယ်တထောင့်ပုံ၊ ကောဒသဂံ၊ a regular undecagon, ကောဒသရန်း။
Undecayed, *a* မပျက်စီး၊ မယိုယွင်းသော။
Undecaying, *a.* မပျက်စီး၊ အမြဲတည်လျှက်ရှိသော။
Undeceive, *v. t.* လှည့်စားခံခြင်းအမှုနှင့်ကင်းလွတ်အောင်ပြုသည်။
Undecided, *a.* not settled or determined, မစီရင်မဆုံးဖြတ်လျှက်ရှိသော၊ not settled in mind, သဘောမကျသော၊ နှောင့်နှေးလျှက်ရှိသော။
Undecisive, *see* Indecisive.
Undeck, *v. t.* ဆင်သောတန်ဆာကိုချွတ်သည်။
Undecked, Undecorated, *a.* တန်ဆာမဆင်သော။
Undefaced, *a.* အဆင်းသဏ္ဍာန်မပျက်သော။
Undefeasible, *see* Indefeasible.
Undefinable, *a.* not capable of being marked out, မပိုင်းခြားနိုင်ဖွယ်ဖြစ်သော၊ being without an explainable meaning, အနက်အဓိပ္ပာယ်ကိုမဖော်ပြနိုင်ဖွယ်ဖြစ်သော။
Undefined, *a.* not defined, အပိုင်းအခြားမရှိသော၊ indefinite, မသေချာသော။
Undeformed, *a.* ရုပ်ပုံသဏ္ဍာန်မပျက်သော။
Undemolished, *a.* မပြိုမပျက်သော။
Undemonstrable, *a.* ယုံမှားရန်မရှိအောင်အတပ်အမှန်မပြနိုင်ဖွယ်ဖြစ်သော။
Undeniable, *a.* ငြင်းခုံရန်မရှိသော။
Undepraved, *a.* မယုတ်မာသော။
Undeprived, *a.* နှုတ်သိမ်းခြင်းကိုမခံရသော။
Under, *a.* ယုတ်သော၊ —*prep.* or *adv.* beneath, အောက်၊ less than, လျော့လျှက်၊ with the pretence of, အရောင်ဆောင်လျှက်၊ in a state of being subject to, ခံလျှက်၊ ထောက်ခံလျှက်၊ during the time of, လက်ထက်၊ bearing (a name, character, &c.) ဆောင်လျှက်၊ signed by, လက်မှတ်ထိုးသည်နှင့်။
Underbid, *v. t.* တဦးထက်တဦးလက်ခကံကြေးကိုလျော့၍တောင်းသည်။
Undercurrent, *n.* အောက်ထပ်ကစီးသောရေ။
Underdealing, *n.* လျှို့ဝှက်၍ပြုခြင်း။
Underdo, *v. t.* ပြုသင့်သည်ထက်လျော့၍ပြုသည်။
Underdone, *a.* မကျက်တကျက်ရှိသော။

Underfoot, *adv.* ခြေအောက်မှာ။
Undergarment, *n.* အတွင်းအဝတ်။ ခြွေးခံအဝတ်။
Underground, *adv.* မြေအောက်မှာ။ *a.* မြေအောက်မှာရှိသော။
Undergrowth, *n.* သစ်ပင်ကြီးအောက်၌ပေါက်သောချုံဖုတ်စု။
Under-hand, *a.* လျှို့ဝှက်သော။ *adv.* လျှို့ဝှက်သည်နှင့်။
Under-handed, (Amer.,) *a.* လျှို့ဝှက်သော။
Underived, *a.* အမှီတကဲ၊အဆက်အနွယ်မရှိဘဲအလိုအလျောက်ဖြစ်သော။
Underlay, *v. t.* အောက်မှာချထားသည်။
Underline, *v. t.* စာကြောင်းအောက်မှသားမှတ်၍ထားသည်။
Underling, *a.* သူတပါးကိုအမှီပြုသောသာမညလူ။
Undermine, *v. t.* to sap, အောက်သို့တွင်းဖောက်သည်။ to excavate (as the bank of a river,) ခလိုင်၍စားသည်။ to remove a foundation clandestinely, အခြေအမြစ်ကိုလျှို့ဝှက်၍ဖျက်သည်။
Underminer, *n.* agent, from above.
Undermost, *a.* အောက်ဆုံး၌ရှိသော။
Underneath, *prep.* or *adv.* အောက်။
Underogatory, *a.* မယုတ်လျော့စေသော။
Underpetticoat, *n.* ခြွေးခံထမိန်။
Underpinning, *n.* မိကျောင်းတုံးကိုခံသောကျောက်မြစ်။
Underprize, *v. t.* တန်ဖိုးကလျော့၍ဖြတ်သည်။
Underprop, *v. t.* အောက်ကထောက်သည်။
Underproportioned, *a.* အချိုးအစားမရအောင်နည်းလွန်းသော။
Underrate, *v. t.* to underprize, တန်ဖိုးကလျော့၍ဖြတ်သည်။ to undervalue, ကောင်းမြတ်သည်ဟုထင်သင့်သည်ထက်လျော့၍ထင်သည်။
Underscore, *see* Underline.
Undersell, *v. t.* သူတပါးဈေးကလျော့၍ရောင်းသည်။
Undershot, *a.* (စက်ရဟတ်)အပေါ်ကိုလျှံ၍တိုက်သော။
Undersign, *v. t.* လက်မှတ်ထိုးသည်။
Undersized, *a.* ညှက်သော။ လှီသော။
Understand, *v. t.* to comprehend, နားလည်သည်။ to learn, be informed of, ကြားသိရသည်။
Understanding, *n.* the intellect, ဉာဏ်။ the act of comprehending, နားလည်ခြင်း။ friendly intercourse, မိဿဟာရဖွဲ့ခြင်း။ —intelligent, knowing, ဉာဏ်ကောင်းသော။ သိနားလည်တတ်သော။
Understrapper, *n.* ယုတ်ညံ့သောအစေခံ။
Undertake, *v.* to enter upon, take in hand, (အမှု)၌ဝင်စပြုသည်။ လုပ်မည်အကြံနှင့်အစပြုသည်။ to attempt, ပြုစမ်းသည်။ အားထုတ်စမ်းသည်။ to promise, ဂတိထားသည်။ to covenant, ဂတိထား၍ဝန်ခံသည်။

Undertaker, *n.* agent, from above.
Undertaking, *n.* ဆောင်ရွက်ရန်အမှု။
Undertenant, *n.* တဆင့်ငှါးသောသူ။
Undervalue, *v. t.* to underprize, တန်ဖိုးကလျှော့၍ဖြတ်သည်။ to value not enough, ကောင်းမြတ်သည်ဟုထင်သင့်သည်ထက်လျှော့၍ထင်သည်။
Underwood, *see* Undergrowth.
Underwork, *v. t.* တဦးထက်တဦးထက်ခကိုလျှော့၍တောင်းသည်။
Underwrite, *v. t.* to subscribe, ထက်မှတ်ထိုးသည်။ to insure, လုံချုံအောင်ခံဝန်သည်။
Underwriter, *n.* agent, from above, last def.
Undescribed, *a.* သရုပ်သကန်ပေါ်အောင်အတယ်သူမှုမပြောသေးသော။
Undeserved, *a.* မခံထိုက်သော (အရာ။)
Undeserving, *a.* မခံထိုက်သော (သူ။)
Undesigned, *a.* အကြံအစည်မရှိဘဲဖြစ်သော။
Undesigning, *a.* not acting with a set purpose, အကြံအစည်မရှိဘဲပြုသော။ sincere, upright, ရိုးသားသော။ သဘောဖြောင့်သော။
Undesirable, *a.* လိုချင်ဖွယ်မရှိသော။
Undestroyed, *a.* မပျက်စီးသော။
Undetermined, *a.* not limited, မသတ်မှတ်သော။ အပိုင်းအခြားမရှိသော။ not settled, decided, မဆုံးဖြတ်သေးသော။
Undeterred, *a.* အတားအဆီးရှိသော့ကြောင့်စိတ်မပျက်သော။
Undeviating, *a.* လမ်းမှမလွဲ၊ ဖြောင့်တန်းစွာသွားကတ်သော။
Undevout, *a.* ဘုရားဝတ်၌စိတ်မစွဲလမ်းသော။
Undigested, *a.* မကြေသော။
Undignified, *a.* ဂုဏ်အသရေမရှိသော။
Undiminished, *a.* မလျော့သော။
Undine, *n.* ရေနတ်သမီး။
Undirected, *a.* လမ်းပြခြင်းကိုမခံရသော။
Undiscerned, *a.* ကြည့်၍မမြင်သော (အရာ။)
Undiscernible, *a.* ကြည့်၍မမြင်နိုင်ဖွယ်ဖြစ်သော။
Undiscerning, *a.* ပိုင်းခြား၍မသိမှတ်တတ်သော။
Undisciplined, *a.* ရိုင်းသော။ မသင်သေးသော။
Undiscoverable, *a.* ရှာ၍မတွေ့နိုင်ဖွယ်ဖြစ်သော။
Undiscovered, *a.* ရှာ၍မတွေ့သေးသော(အရာ။)မဖော်ပြသေးသော(အရာ။)
Undisguised, *a.* အရောင်မဆောင်၊ မူလဇာတိထင်ရှားသော။
Undismayed, *a.* မကြောက်ထိန့်သော။
Undisputed, *a.* ငြင်းခုံခြင်းမရှိသော။
Undissembled, *a.* လျှို့ဝှက်ခြင်းမရှိသော။
Undissipated, *a.* အနှံ့အပြားမပျံ့လွင့်သော။

Undistinguished, *a.* not distinctly separated, ခြားနားး၍မခွဲမထားသော (အရာ။) of ordinary reputation, အမိကရမရှိသော။

Undistinguishing, *a.* making no difference, ခြားနားး၍မခွဲမထားသော။ not discriminating, ပိုင်းခြားမသိမှတ်တတ်သော။

Undistracted, *a* စိတ်တည်ကြည်သော။

Undisturbed, *a.* ငြိမ်သော။

Undivided, *a.* united, မကွဲပြားသော။ not parted into shares, မခွဲမဝေသေးသော (အရာ။)

Undivulged, *a.* မဖော်မပြသော (အရာ။)

Undo, *v. t.* to annul, ဖြေဖျက်သည်။ to loose, ဖြည်သည်။ to ruin, ဖျက်သည်။ ဖျက်ဆီးသည်။

Undone, *a.* not done, မပြုသေးသော (အမှု။)

Undoubted, *a.* ယုံမှားရန်မရှိသော။

Undoubting, *a.* မယုံမှားသော။

Undress, *v. t.* အဝတ်ကိုချွတ်သည်။ —*n.* မပြုပြင်ဘဲဝတ်သောအဝတ်။

Undressed, *a.* being without clothes, အဝတ်မဝတ်သော။ not cooked, မချက်သေးသော။ not put in order, မပြင်ဆင်သေးသော။

Undried, *a.* not dried, wet, မသွေ့မခြောက်သော။ not dried, green, စိမ်းသော။

Undue, *a.* not right, not legal, မတရားသော။ exceeding proper bounds, လွန်ကျူးလျက်ရှိသော။

Undulary, Undulatory, *a.* from next

Undulate, *v.* လှိုင်းတံပိုးကဲ့သို့လှုပ်သည်။

Undulation, *n.* from above.

Unduly, *adv.* မတော်မလျော်သည်နှင့်။

Unduteous, Undutiful, *a.* not performing duty, ဝတ်မပြုသော။ not respectful, မရိုသေသော။

Undying, *a.* မသေတတ်သော။

Unearth, *a.* မြေတွင်းကထွက်ရသော။

Unearthly, *a.* မြေကြီးနှင့်မဆိုင်သော။ လောကီနှင့်မဆိုင်သော။

Uneasiness, *n.* from next, 1st and 2d def.

Uneasy, *a.* feeling pain, နာသော။ unquiet, မငြိမ်သက်သော။ annoying, နှောင့်ရှက်တတ်သော။ constrained, ကြောက်ရွံ့၍ အပြောအဆို၊ အနေအထိုင်ကျုံ့သော။

Uneducated, *a.* တတ်အောင်ဆုံးမသွန်သင်ခြင်းကိုမခံရသော။ အသင်အကြားမရှိသော။

Unembarrassed, *a.* clear in mind, စိတ်ရှင်းလင်းသော။ free from encumbrances, အပြုအတွယ်၊ အနှောင့်အရှက်နှင့် ကင်းလွတ်သော။

Unemployed, *a.* အလုပ်အဆောင်မရှိ၊ အလွတ်အလပ်နေသော။

Unending, *a.* အဆုံးမရှိသော။ အစဉ်အမြဲတည်သော။

Unengaged, *a.* not engaged by promise, ဂတိမထားသော။ free from binding attachment, အငြိအတွယ်၊အစွဲအလမ်းနှင့်ကင်းလွတ်သော။ not busy, unoccupied, အားလပ်သော။ not appropriated, အသုံးတစုံတခုသို့ရန်၍မထားသော(အရာ။)

Unengaging, *a.* not attractive, မဖျားယောင်း မသွေးဆောင်တတ်သော။

Unenlightened, *a.* မလင်းချင်း။ မိုက်မဲသော။

Unenviable, *a.* လိုချင်ဖွယ်မဟုတ်သော။

Unenvied, *a.* အဘယ်သူမျှမငြူစူသော။

Unequable, *a.* မညီညွတ်သော။

Unequal, *a.* not equal, not even, မညီမမျှသော။ inadequate, not suitable, မတန်သော။ မလောက်သော။

Unequalled, *a.* ပြိုင်ဖက်မရှိသော။

Unequivocal, *a.* ယုံမှားရန်မရှိအောင်ရှင်းလင်းသော။

Unerring, *a.* committing no mistake, မမှားတတ်သော။ incapable of erring, မမှားနိုင်သော။

Unessential, *a.* သာမညအသုံးဝင်သော။

Unestablished, *a.* အမြဲမတည်သော။

Unevangelical, *a.* ဧဝံဂေလိတရားနှင့်မညီသော။

Unevangelized, *a.* ဧဝံဂေလိတရားကိုမခံရသော။ သာသနာတော်တွင်းသို့ မရောက်သေးသော။

Uneven, *a.* မညီညာသော။ မညီညွတ်သော။

Unevenness, *n.* from above.

Unexamined, *a.* မစစ်ဆေးသော။ မစစ်ကြောသော။

Unexampled, *a.* နှိုင်းရှည်စရာမရှိသော။

Unexceptionable, *a.* အပြစ်တင်ဖွယ်မရှိသော.

Unexecuted, *a.* မပြီးသေးသော။

Unexhausted, *a.* မကုန်သေးသော။

Unexpanded, *a.* မပြန့်သော။

Unexpected, *a.* အရိပ်အမြွက်မထင်ဘဲဖြစ်သော။

Unexplored, *a.* အရပ်ရပ်သို့လိုက်၍မကြည့်ရှုသော(အရာ။)

Unexposed, *a.* ကွယ်ကာလျှက်ရှိသော။

Unfaded, *a.* မနွမ်းသော။

Unfading, *a.* မနွမ်းတတ်သော။

Unfailing, *a.* အစဉ်မပြတ်သော။

Unfair, *a.* တဖက်သို့လိုက်စား၍မမျှတသော။

Unfairness, *n.* from above.

Unfaithful, *a.* သစ္စာမစောင့်သော။ သစ္စာဖျက်သော။

Unfaithfulness, *n.* from above.

Unfashionable, *a.* ဝတ်စား၊နေထိုင်၊ပြုမူခြင်း၌ကာလသို့မလိုက်သော။

Unfashioned, *a.* ပုံသဏ္ဍာန်မရှိသေးသော။

Unfasten, *v. t.* to loose, ဖြည်သည်။ to free from fastenings, လိုချုပ်ခအောင်ကန့်သောအရာကိုပယ်ရှားသည်။

Unfathomable, *a.* that cannot be sounded by a line, ရေစမ်းချ၍မမှီနိုင်သော။ that cannot be reached by the understanding, ဉာဏ်မမှီနိုင်။

Unfavorable, *a.* ကျေးဇူးမပြုတတ်သော။ မမစ၊ မပြုစုတတ်သော။

Unfeasible, *a.* မဖြစ်နိုင်သော။

Unfeeling, *a.* မကြင်နာတတ်သော။ မေတ္တာ၊ ကရုဏာမသက်တတ်သော။

Unfeigned, *a.* အမှန်မဟုတ်၊ အရောင်ဆောင်သော။

Unfilled, *a.* မပြည့်သော။

Unfinished, *a.* မပြီးစီးသော။ လက်စမသတ်သော။ မစုံလင်သော။ တန်းလန်း။ လက်စတင်းလင်း။

Unfit, *a.* မတော်သော။ မလျော်သော။ မသင့်သော။ မလျောက်ပတ်သော။ —*v. t.* from *do.*

Unfitness, *n.* from Unfit, *a.*

Unfix, *v. t.* နှုတ်သည်။ ချွတ်သည်။

Unfixed, *a.* not settled, နေရာမမြဲသော။

Unfledged, *a.* အတောင်မပေါက်သေးသော။

Unflinching, *a.* တွန့်ရွံ့ခြင်းမရှိဘဲရဲရင့်သော။

Unfoiled, *a.* မရှုံးသော။

Unfold, *v. t.* to spread open, ဖြန့်သည်။ to disclose, ဖွင့်ပြသည်။ ဖော်ပြသည်။

Unforced, *a.* not forced, အနိုင်အပိုင်ပြုသောသူမရှိဘဲအလိုလိုလုပ်၍ဖြစ်သော။ not produced by effort, but coming of itself, မပြုပျင်ဘဲပကတိအတိုင်းဖြစ်သော။

Unforeseen, *a.* အရင်တင်၍မသိမမြင်သော (အရာ။)

Unforgiving, *a.* သူ့အပြစ်ကိုမလွှတ်တတ်သော။

Unforgotten, *a.* မမေ့လျော့သော (အရာ။)

Unformed, *a.* ပုံသဏ္ဍာန်မရှိသေးသော။

Unfortified, *a.* not secured by fortifications, သစ်တပ်၊မြို့ရိုး၊ကျုံး၊မြောင်း၊လက်နက်ကရိယာမရှိသော။ weak, infirm, မခိုင်ခံ့၊မမြဲမြံသော။

Unfortunate, *a.* unpropitious, အမင်္ဂလာရှိသော။ unsuccessful, အကြံမထမြောက်သော။ unhappy, ဆင်းရဲသော။

Unfounded, *a.* အခြေအမြစ်မရှိသော။

Unframed, *a.* အဖွဲ့ထည်မှုမပြီးသေးသော။

Unfrequent, *see* Infrequent.

Unfrequented, *a.* ခဏခဏသွား၍မနေသော။

Unfriended, *a.* being without a friend, မိတ်ဆွေမရှိသော။ not countenanced, မျက်နှာပေးသူမရှိသော။

Unfriendly, *a.* inimical, ရန်သတ်ဖြစ်သော။ hurtful, အကျိုးကိုဖျက်တတ်သော။

Unfrozen, *a.* ခဲ၍မခဲသော (ရေ။)

Unfruitful, *a.* not producing fruit, အသီးမသီးသော။ အသီးမဲ့ဖြစ်သော။ not bearing young, မမွေးမဖွားတတ်သော။ not productive, အကျိုးကိုမဖြစ်တတ်သော။ ကျေးဇူးမရှိသော။ not fertile, အသီးအနှံအထွက်နည်းသော (မြေ။)

Unfruitfulness, *n.* from above.

Unfulfilled, *a.* မပြည့်စုံသော။

Unfurl, *v. t.* ဖြည်၍ဖြန့်သည်။

Unfurnished, *a.* အသုံးအဆောင်ပရိက္ခရာမရှိသော။ ကရိယာမရှိသော။

Ungainly, *a.* အသွား အလာ အနေ အထိုင် မယဉ်ကျေးသော။

Ungenerous, *a.* ကိုယ်အကျိုးကိုငဲ့ကွက်၍သဘောယုတ်မာသော။

Ungenial, *a.* မသင့်သော။

Ungenteel, *a.* မယဉ်ကျေးသော။

Ungentle, *a.* ကြမ်းတမ်းသော။

Ungentlemanly, *a.* သူကောင်းပြုသင့်သည်မဟုတ်သော။

Ungentleness, *n.* from Ungentle.

Ungird, *v. t.* အစည်းကိုဖြည်သည်။ စည်းကြိုးကိုဖြည်သည်။

Unglazed, *a.* not furnished with glass windows, မှန်ပြတင်းမရှိသော။ not covered with vitreous matter, စဉ့်မသုတ်သော။

Ungodliness, *n.* from next.

Ungodly, *a.* ဘုရားသခင်ကိုမရိုမသေပြစ်မှားတတ်သော။

Ungovernable, *a.* မချုပ်တည်းနိုင်ဖွယ်ဖြစ်သော။

Ungoverned, *a.* မချုပ်တည်းသော (အရာ။)

Ungraceful, *a.* မတင့်တယ်သော။

Ungracefulness, *n.* from above.

Ungracious, *a.* not kindly disposed, ကျေးဇူးပြုချင်သောသဘောမရှိသော။ disagreeable, နှစ်သက်နှစ်လိုဖွယ်မရှိသော။

Ungrammatical, *a.* သဒ္ဒါရေးနှင့်မညီသော။

Ungrateful, *a.* unthankful, ကျေးဇူးမတင်သော။ disagreeable, နှစ်သက်နှစ်လိုဖွယ်မရှိသော။

Ungratified, *a.* အားမရသော။

Ungrounded, *a.* အခြေအမြစ်မရှိသော။

Unguarded, *a.* not defended, အကွယ်အကာအစောင့်အမ မရှိသော။ careless, သတိလစ်သော။ သတိမထားသော။

Unguent, *n.* ဖယောင်းချက်။ ဖယောင်းဆီ။

Unhand, *v. t.* ကိုင်စွဲခြင်းမှလွှတ်သည်။

Unhandsome, *a.* မလှသော။

Unhandsomeness, *n.* from above.

Unhandy, *a.* not ready, not dextrous, ပြုလုပ်ဖို့အသင့်မရှိသော။ not convenient for use, သုံးဆောင်ဖို့ရာအသင့်မရှိသော။

Unhappiness, *n.* ဒုက္ခ၊ ဆင်းရဲ။

Unhappy, *a.* ဒုက္ခရှိသော။ ဆင်းရဲသော။

Unharmed, *a.* အနာအဆာမရှိသော။

Unharness, *v. t.* ဖွဲ့ကြိုးတန်ဆာကိုချွတ်သည်။

Unhatched, *a.* ဥမပေါက်သေးသော။

Unhealthful, *a.* အနာရောဂါကိုဖြစ်စေသော။

Unhealthfulness, *n.* from above.

Unhealthiness, *n.* from next.

Unhealthy, *a.* wanting health, habitually indisposed, မကျန်းမာသော။ အနာရှိတတ်သော။ insalubrious, အနာရောဂါကိုဖြစ်စေတတ်သော။

Unheard, *a.* not heard, မကြားသော (အရာ။) not publicly known, မကျော်စောသော။ —of, unprecedented, ဤကဲ့သို့မဖြစ်စဖူးသော။

Unheated, *a.* မပူသော။

Unheeded, *a.* အဘယ်သူမျှမမှတ်ဘဲနေသော။

Unheedful, Unheeding, *a.* သတိမပြု၊အမှုမထားသော။

Unhesitating, *a.* နှောင့်နှေးခြင်းမရှိသော။

Unhinge, *v. t.* ဖြုတ်သည်။

Unholiness, *n.* from next.

Unholy, *a.* not devoted to religious purposes, ဘုရား၊တရားနှင့်မဆိုင်၊ လောကီနှင့်သာဆိုင်သော။ morally impure, မသန့်ရှင်း၊မစင်ကြယ်၊ ဆိုးညစ်ယုတ်မာသော။

Unhonored, *a.* ဂုဏ်အသရေမရှိသော။

Unhoped, *a.* မမျှော်လင့်သော (အရာ။)

Unhorse, *v. t.* မြင်းပေါ်ကတိုက်၍ချသည်။

Unhostile, *a.* ရန်ဘက်နှင့်မဆိုင်သော။

Unhouse, *v. t.* အိမ်ကနှင်ထုတ်သည်။

Unhoused, *a.* destitute of a habitation or shelter, အရိပ်ခိုရာမရှိသော။

Unhumbled, *a.* စိတ်မနှိမ့်ချသော။

Unhurt, *a.* အနာအဆာမရှိသော။

Unhurtful, *a.* အကျိုးကိုမဖျက်တတ်သော။

Unicorn, *n.* ကြံ့ကောင်း။

Uniform, *a.* ညီညွတ်သော။ ညီညာသော။ —*n.* တပုံတဆင်တည်းဝတ်သော အဝတ်။

Uniformity, *n.* from Uniform, *a.*

Unimaginable, *a.* စိတ်ကွန့်မြူး၍မပြုပျင်နိုင်ဖွယ်ဖြစ်သော။

Unimaginative, *a.* စိတ်ကွန့်မြူး၍မပြုပျင်တတ်သော။

Unimagined, *a.* စိတ်ကွန့်မြူး၍မပြုပျင်သော (အရာ။)

Unimpaired, *a.* မလျော့မပျက်သော။ မယိုယွင်းသော။
Unimpassioned, *a.* စိတ်အားနည်းသော။
Unimpeachable, *a.* အပြစ်တင်ခွင့်နှင့်ကင်းလွတ်သော။
Unimpeached, *a.* အပြစ်တင်ခြင်းနှင့်ကင်းလွတ်သော။
Unimpeded, *a.* အဆီးအတားမရှိသော။
Unimportant, *a.* အတွက်မရှိသော။ ပမာဏမပြုလောက်သော။
Unimportuned, *a.* တောင်းပန်ခြင်းကိုမခံရသော။
Unimpressive, *a.* စိတ်စွဲမှတ်စရာမရှိသော။
Unimprovable, *a.* တိုး၍ကောင်းဖွယ်ရာသောအကြောင်းမရှိသော။
Unimproved, *a.* not made better, တိုး၍မကောင်းသော။ not used to advantage, အကျိုးရှိအောင်မသုံးဆောင်သော (အရာ။)
Unimproving, *a.* တိုး၍ကောင်းအောင်မပြုသော။
Unindifferent, *a.* စိတ်ငဲ့ကွက်သော။
Uninflammable, *a.* မီးမလောင်နိုင်သော။
Uninformed, *a.* အသင်အကြားမရှိသော။
Uninhabitable, *a.* နေရာမကျနိုင်ဖွယ်ဖြစ်သော။
Uninhabited, *a.* နေမြဲနေသောသူမရှိသော။
Uninjured, *a.* အနာအဆာမရှိသော။
Uninspired, *a.* စိတ်နှစ်လုံး၌မှတ်သွင်း၍ပို့ပြင်ခြင်းကိုမခံရသော။
Uninstructed, *a.* သွန်သင်ခြင်းကိုမခံရသော။
Uninstructive, *a.* ပညာမတိုးပွားစေတတ်သော။
Unintelligent, *a.* not endowed with intellect, ဉာဏ်မရှိသော။ not knowing, ဉာဏ်မကောင်းသော။ မသိ၊ နားမလည်သော။
Unintelligible, *a.* နားမလည်နိုင်သော (အရာ။) နားမလည်နိုင်ဖွယ်ဖြစ်သော။
Unintended, Unintentional, *a.* မကြံစည်ဘဲပြုသော (အမှု။) အမှတ်တမဲ့ဖြစ်သော။
Uninterested, *a.* not concerned in, မဆိုင်သော။ not taking an interest in, စိတ်မပါမဝင်သော။ ပမာဏမပြုသော။
Uninteresting, *a.* စိတ်နှစ်လုံးကိုမနှိုးဆော်တတ်သော။
Uninterrupted, *a.* not broken in continuance, မပြတ်သော။ not stopped in progress, အဆီးအတားမရှိသော။
Uninvited, *a.* မခေါ်မဖိတ်သော။
Uninviting, *a.* မမြူတတ်သော။ စိတ်ပါအောင်မသွေးဆောင်တတ်သော။
Union, *n.* from Unite, *v. i.* and United [be], *v. i.*
Unique, *a.* အတုစုရှိသော။
Unison, *n.* အသံညီညာခြင်း။
Unit, *n.* အစ်။ တစ်။ အခု။ တခု။
Unitarian, *n.* ဘုရားသခင်သည် သုံးပါးပေါင်း၍ တဆူတည်း ဖြစ်တော်မူသည်ကိုမယုံကြည်သောသူ။
Unite, *v. i.* to be joined by contact of parts, စေ့သည်။ စေ့စပ်သည်။

to be joined in one, ပေါင်းသည်။ (intrans.); to join in action, act in concert, ညီညာသည်။ to coalesce, သမသည်။ တသားတည်းပေါင်းသည်။ to be mixed, ရောသည်။ ရောန္ဓောသည်။ to be joined in marriage, စုံဖက်သည်။ to associate, ပေါင်းဖော်သည်။ ပေါင်းဖက်သည်။ — *v. t.* from above; —(in various ways), ဆက်စပ်သည်။ ပူးသည်။ ကပ်သည်။ ပေါင်းသည်။ (trans.), ဖက်သည်။ ရှည်ိသည်။ တွဲသည်။

United [be], *v. i.* —in sentiment, သဘောတညီတညွတ်တည်းဖြစ်သည်။ —in affection, မိတ်ဆွေဖွဲ့သည်။ သင့်တင့်သည်။

Unity, *n.* the state of being one, တခုတည်းဖြစ်ခြင်း။ တလုံးတဝတည်းဖြစ်ခြင်း။ concord, agreement, ညီညာခြင်း။ ညီညွတ်ခြင်း။ တညီတညွတ်တည်းဖြစ်ခြင်း။

Univalve, Univalvular, *a.* ခရုကဲ့သို့အခွံတခုရှိသော။

Universal, *a.* အလုံးစုံနှင့်ဆိုင်သော။ အလုံးစုံဖြစ်သော။

Universalist, *a.* လူခပ်သိမ်းတို့သည်နောင်ဘဝမှာချမ်းသာရကြလိမ့်မည်ဟုယူသောသူ။

Universality, *n.* from Universal, *a.*

Universe, *n.* ဖြစ်လေသမျှသောစကြဝဠာ။

University, *n.* သိပ္ပံအတတ်သင်ရာကျောင်းစု။

Univocal, *a.* အနက်တခုတည်းရှိသော။

Unjust, *a.* မတရားသော။

Unjustifiable, *a.* မှန်ကြောင်းကိုပြနိုင်ဖွယ်မဟုတ်သော။

Unjustified, *a.* မှန်ကြောင်းထင်ရှားသော။ ဖြောင့်မတ်ရာသို့ရောက်သော။

Unkennel, *v. t.* မြေတွင်းထဲကနှင်ထုတ်သည်။

Unkept, *a.* not retained, ကိုယ်လက်၌မထားသော(အရာ။) not observed, မကျင့်မစောင့်သော (အရာ။)

Unkind, *a.* ကျေးဇူးမပြုချင်သော။

Unkindly, *a.* ကျေးဇူးမပြုတတ်သော။

Unkindness, *n.* from Unkind.

Unknowing, *a.* မသိသော။

Unknown, *a.* အဘယ်သူမျှမသိသော (အရာ။)

Unlabored, *a.* produced without labor, မလုပ်မဆောင်ဘဲဖြစ်သော။ spontaneous, အားမထုတ်ဘဲအလိုလိုဖြစ်သော။

Unlace, *v. t.* ခက်၍ချည်သောကြိုးကိုဖြည်သည်။

Unlade, *v. t.* ဝန်ကိုချသည်။

Unlaid, *a.* not placed, မထားသော (အရာ။) not stilled, မငြိမ်းသော (အရာ။)

Unlamented, *a.* မြည်တမ်းခြင်းကိုမခံသော။

Unlawful, *a.* တရားကိုလွန်ကျူးသော (အမှု။)

Unlawfulness, *n.* from above.

Unlearn, *v. t.* (သင်ပြီးသောအရာကို) မေ့လျော့အောင်ပြုသည်။

Unlearned, *a.* not acquired by study, မသင်ဘဲနှင့်တတ်သော။ illiterate, စာမတတ်သော။

Unleavened, *a.* တဆေးမဲ့သော၊တဆေးမခတ်သော (မုန့်။)

Unless, *conj.* except, မ(—)လျှင်။

Unlettered, *a.* စာမတတ်သော။

Unlicensed, *a.* ပြုရသောအခွင့်ကိုမရသော။

Unlighted, *a.* မီးမညှိသော။

Unlike, *a.* not like, မတူသော။ improbable, *see* next, 1st def.

Unlikely, *a.* improbable, ဖြစ်မည်လက္ခဏာမရှိသော။ဖြစ်မည်ဟုထင်စရာမရှိသော။ not promotive of success, အကြီးထမြောက်ခြင်းနှင့်မဆိုင်သော။

Unlikeness, *n.* မတူခြင်း။

Unlimited, *a.* အပိုင်းအခြားမရှိသော။

Unlink, *v. t.* ကွင်းဖြုတ်သည်။

Unload, *v. t.* ဝန်ကိုချသည်။

Unlock, *v. t.* သော့ခတ်၍ဖွင့်သည်။

Unlocked, *a.* not locked, သော့မခတ်သော။ သော့ခတ်၍မပိတ်သော။

Unlooked for, *a.* မမျှော်သော (အမှု။)

Unloose, *v. t.* ဖြည်သည်။

Unloveliness, *n.* from next.

Unlovely, *a.* ချစ်ဖွယ်မဟုတ်သော။

Unlucky, *a.* unpropitious, အမင်္ဂလာရှိသော။ not successful, အကြီးမထမြောက်သော။ not lucky, အခန့်မသင့်၍မရသော။ mischievously waggish, ဖျက်ရယ်ပြု၍နှောင့်ရှက်တတ်သော။

Unmaimed, *a.* မချို့တဲ့သော။

Unmake, *v. t.* (လုပ်သောအရာကို) ဖျက်ပြန်သည်။

Unman, *v. t.* to deprive of the qualities of a man, လူ၏ရုပ်၊သဘောကိုပြောင်းလဲအောင်ပြုသည်။ to emasculate, သင်းကွပ်သည်။ to dishearten, စိတ်ပျက်အောင်ပြုသည်။

Unmanageable, *a.* တတ်နိုင်ဖွယ်မဟုတ်သော။ ဆုံးမနိုင်ဖွယ်မဟုတ်သော။

Unmanly, *a.* unbecoming a man, ယောကျာ်းနှင့်မတော်သော။ effeminate, မိမ္မကဲ့သို့နူးညံ့သော။

Unmannerly, *a.* မယဉ်ကျေး၊ ရိုင်းသော။

Unmarked, *a.* not marked, အမှတ်မရှိသော။ not observed, အမှတ်တမဲ့ဖြစ်သော။

Unmarriageable, *a.* လက်မထပ်သင့်သော။

Unmarried, *a.* လက်မထပ်သော။

Unmask, *v. t.* to strip off a mask, ဝဲထဝါကိုချွတ်သည်။ to strip off any disguise, အရောင်ဆောင်ခြင်းကိုဖျက်သည်။

Unmastered, *a.* မရှုံးသော။
Unmatched, *a.* အပြိုင်အဖက်မရှိသော။
Unmeaning, *a.* having no meaning, အနက်မရှိသော။ unexpressive, ပကတိအတိုင်းအဘယ်လက္ခဏာမျှမထင်ရှားသော (မျက်နှာ။)
Unmeant, *a.* မကြံစည်ဘဲဖြစ်သော။
Unmeasurable, *see* Immeasurable.
Unmeasured, *a.* အတိုင်းအထွာမရှိသော။
Unmeet, *a.* မတော်မသင့်သော။
Unmeetness, *n.* from above.
Unmelted, *a.* not liquefied, ကြို၍အရည်မဖြစ်သော။ not softened in feeling, မနူးညွတ်သော။
Unmentionable, *a.* မပြောမဆိုသင့်သော။
Unmentioned, *a.* မပြောမဆိုခဲ့ပြီးသော။
Unmerciful, *a.* မသနားတတ်သော။ ရက်စက်သော။
Unmerited, *a.* မခံထိုက်သော (အရာ။)
Unmilitary, *a.* စစ်မှုစစ်ရေးနှင့်မတော်မသင့်သော။
Unmindful, *a.* သတိမပြုသော။
Unmindfulness, *n.* from above.
Unmingled, *a.* မရောနှော၊စင်ကြယ်သော။
Unministerial, *a.* ဓမ္မဆရာနှင့်မတော်မသင့်သော။
Unmitigable, *a.* မပေါ့မလျော့သော။ မညှိသော။
Unmixed, Unmixt, *a.* မရောမနှော။ စင်ကြယ်သော။
Unmodified, *a.* မပြုပြင်သော (အရာ။)
Unmolested, *a.* အနှောင့်အရှက်မခံရသော။
Unmoor, *v. t.* ထိပ်ဆံကြိုးကိုရုတ်သိမ်းသည်။
Unmoveable, *see* Immoveable.
Unmoved, *a.* not moved, မရွေ့သော။ unchanged in purpose, အကြံမြဲသော။ not affected in feelings, စိတ်မရှိသော။ not altered, မပြောင်းလဲသော။
Unmuffle, *v. t.* ချုံ့ရုံသောအရာကိုဖွင့်လှစ်သည်။
Unmusical, *a.* အသံညီညာခြင်း၊ အချိုအချစ်လျော်ခြင်းမသာယာသော။
Unmuzzle, *v. t.* (တိရိစ္ဆာန်၏) နှုတ်ခွံချုပ်တည်းသောတန်ဆာကိုချွတ်သည်။
Unnamed, *a.* အမည်နာမကိုထုတ်၍မပြောသော (အရာ။)
Unnatural, *a.* contrary to the laws of nature, ပကတိအတိုင်းမဟုတ်သော။ destitute of natural affection, စိမ်းခါးသော။
Unnecessary, *a.* မရှိသော်လည်းနေနိုင်သေးသော။
Unneighborly, *a.* အိမ်နီးချင်းဝတ်တရားနှင့်မညီသော။
Unnerve, *v. t.* အားလျော့စေသည်။
Unnoted, *a.* မမှတ်မိသော။

Unnoticed, *a.* not observed, မမှတ်မိသော။ not honored, အသရေမရှိသော။
Unnumbered, *a.* မရေတွက်သော (အရာ။)
Unobjectionable, *a.* အပြစ်တင်စရာမရှိသော။
Unobstructed, *a.* အဆီးအတားမရှိသော။
Unobtrusive, *a.* အခွင့်မရှိဘဲမသွင်းတတ်သော။ ဝင်တတ်သော။
Unoccupied, *a.* လွတ်လပ်သော။
Unoffending, *a.* မပြစ်မှားတတ်သော။
Unofficial, *a.* မင်းအခွင့်နှင့်မဆိုင်သော။
Unopposed, *a.* အဆီးအတားမရှိသော။
Unorganized, *a.* အင်္ဂါနှင့်ကရိယာအစုံအလင်ပြုပြင်၍မဖြစ်သော။
Unoriginated, *a.* ဖြစ်စေသောအကြောင်းမရှိဘဲဖြစ်သော။
Unorthodox, *a.* ဟုတ်မှန်သောအယူဝါဒကိုမယူသော။
Unostentatious, *a.* မဝါကြွားသော။ မပလွှားသော။
Unowned, *a.* having no owner, အရှင်မရှိသော။ not acknowledged, ဝန်မခံသော (အရာ။)
Unpack, *v. t.* အထုပ်ကိုဖြည်သည်။
Unpaid, *a.* not paid, as a debt, မချေသော။ မဆပ်သော။ not having received pay, အခကိုမခံရသေးသော။
Unpalatable, *a.* အရသာမကောင်းသော။
Unparalleled, *a.* အတုမရှိသော။
Unpardonable, *a.* အပြစ်လွှတ်နိုင်ဖွယ်မဟုတ်သော။
Unpardoned, *a.* အပြစ်မလွှတ်သော။
Unparliamentary, *a.* လွှတ်တော်တွင်တိုင်ပင်စီရင်သောထုံးနည်းနှင့်မညီသော။
Unparted, *a.* မကွာသော။
Unpawned, *a.* မပေါင်သော (အရာ။)
Unpeople, *v. t.* အိမ်ခြေ၊ လူနေမရှိအောင်ပြုသည်။
Unperceived, *a.* မသိမမှတ်သော (အရာ။)
Unperformed, *a.* မပြုမလုပ်သော (အရာ။)
Unperjured, *a.* မဟုတ်မမှန်ဘဲကျိန်ဆိုခြင်းအပြစ်မရှိသော။
Unperplexed, *a.* not intricate, မရှုပ်ထွေးသော။ not confused, စိတ်ရှင်းလင်းသော။
Unpersuadable, *a.* သွေးဆောင်၍ရနိုင်ဖွယ်မဟုတ်သော။
Unphilosophical, *a.* ဓမ္မတာတရားတို့ကိုဖော်ပြသောအတတ်ပညာနှင့်မညီ၊ ဆန့်ကျင်ဘက်ဖြစ်သော။
Unpin, *v. t.* တွယ်အပ်ကိုဖြုတ်သည်။ ချိုကိုနှုတ်သည်။
Unpitied, *a.* သနားခြင်းကိုမခံသော။
Unpitiful, *a.* မသနားတတ်သော။
Unpitying, *a.* မသနားသော။

Unplausible, *a.* ကောင်းဟန်၊ မှန်ဟန်မရှိသော။
Unpleasant, *a.* မသာယာသော။
Unpleasantness, *n.* from above.
Unpleasing, *a.* နှစ်သက်၊ နှစ်လိုဖွယ်မရှိသော-
Unpliant, *a.* မပျောင်းသော။
Unpoetical, *a.* လင်္ကာသဘောမရှိသော။
Unpointed, *a.* having no point, အစွန်းအစမရှိ၊ တိတိနေသော။ not punctuated, ပိုက်ချက်လွှတ်၍ထားသော(စာ။)
Unpolished, *a.* not made permanently smooth and bright, အရောင်တင်ခြင်းမခံသော။ not refined, မကျွမ်းသော။ မယဉ်ကျေးသော။
Unpolite, *see* Impolite.
Unpolluted, *a.* သန့်ရှင်းခြင်းမပျက်သော။
Unpopular, *a.* လူများမကြိုက်သော။
Unportable, *a.* ဆောင်သွားနိုင်ဖွယ်မဟုတ်သော။
Unportioned, *a.* လက်ဖွဲ့ခြင်းကိုမခံရသော။
Unpossessed, *a.* မရသေးသော(အရာ။) မခံစားသေးသောအရာ။
Unpractised, *a.* မလေ့ကျက်သော။
Unprecedented, *a.* ဤကဲ့သို့မဖြစ်စဖူးသော။
Unprejudiced, *a.* အကြောင်းမတော်ဘဲတဖက်၌စိတ်စွဲလမ်းခြင်းနှင့်ကင်းလွတ်သော။
Unpremeditated, *a.* အရင်တင်၍မဆင်ခြင်သော(အရာ။) အရင်တင်၍မကြံရွယ်သော(အရာ။)
Unprepared, *a.* အသင့်မရှိသော။ (သုံးဆောင်ရန်အလို့) မပြင်ဆင်သော(အရာ။)
Unpretending, *a.* ကိုယ်ကိုမချီးမြှောက်သော။
Unprincely, *a.* မင်းသားနှင့်မတော်မသင့်သော။
Unprincipled, *a.* not having settled principles, အယူဝါဒမစွဲလမ်းသော။ profligate, အလမ္မီကျင့်သော။
Unprinted, *a.* ပုံမနှိပ်သော။
Unprivileged, *a.* အခွင့်မရသော။
Unprized, *a.* ကောင်းသည်၊ မြတ်သည်ဟုမထင်သော(အရာ။)
Unproclaimed, *a.* မကျော်ညာသေးသော။
Unproductive, *a.* များစွာမဖြစ်စေတတ်သော၊ စီးပွားမဖြစ်စေတတ်သော၊
Unproductiveness, *n.* from above.
Unprofaned, *a.* (ချီးမြှောက်သင့်သောအရာကို) ရှုတ်ချ၍မသုံးဆောင်သော(အရာ။)
Unprofitable, *a.* အကျိုးကျေးဇူးမရှိသော။
Unprolific, *a.* မပွားမစီးသော။
Unpromising, *a.* မျှော်လင့်အခွင့်နှင့်မဆိုင်သော။
Unpropitious, *n.* အမင်္ဂလာနှင့်ဆိုင်သော။ ကျေးဇူးပျက်ခြင်းနှင့်ဆိုင်သော။

Unproposed, *a.* ဆင်ခြင်ရန်ဘို့တင်၍မပြောမထားသော (အရာ။)
Unprosperous, *a.* အကျိုးစီးပွားမတိုးမတက်သော။
Unprotected, *a.* အကွယ်အကာအစောင့်အမမရှိသော။
Unproved, *a.* not tried, မစုံစမ်းသော (အရာ။) not shown to be true, ဟုတ်မှန်ကြောင်းကိုမပြသော (အရာ။)
Unprovided, *a.* not qualified, တော်သင့်အောင်မဖျင်ဆင်သော (အရာ။) not furnished, အသုံးလိုသောအရာကိုမရသော။
Unprovoked, *a.* not instigated, သူတပါးမနှိုးဆော်သော။ not angry, စိတ်မဆိုးသော။
Unpublished, *a.* not made public, မကျော်ညာသော။ not printed for public use, လူများကြည့်ဘို့ပုံမရိုက်သော (စာ။)
Unpunished, *a.* ဒါဏ်မခံရသော။
Unpurchased, *a.* မဝယ်သော (အရာ။)
Unpurified, *a.* မစင်ကြယ်သော။
Unqualified, *a.* not having the requisite qualifications, တတ်နိုင်သောအခွင့်မရှိသော။ - modified, အနက်ကျဉ်းအောင် ပြုပျင်သော (စကား။)
Unquelled, *a.* not subdued, မနှိပ်နင်းသော (အရာ။) not quieted, မငြိမ်သော (အရာ။)
Unquenchable, *a.* မငြိမ်းနိုင်သော။
Unquenched, *a.* မငြိမ်းသော။ မအေးသော။
Unquestionable, *a.* ယုံမှားရန်မရှိသော။
Unquestioned, *a.* not doubted, မယုံမှားသော (အရာ။) not interrogated, မေးစစ်ခြင်းကိုမခံရသော။ indisputable, ငြင်းခုံဖွယ်မရှိသော။
Unquiet, *a.* မငြိမ်သော။
Unquietness, *n.* from above.
Unravel, *v. t.* အရှုပ်အထွေးကိုဖြေသည်။ ရှင်းလင်းစေသည်။
Unreached, *a.* မမှီသော (အရာ။)
Unread, *a.* မဖတ်သော (စာ။)
Unreadiness, *n.* from next.
Unready, *a.* ကာလအချိန်ရောက်မှအသင့်မရှိသော။
Unreal, *a.* not actually existing, တကယ်အမှန်မဟုတ်သော။ having appearance only, အမှန်မဟုတ်၊ အရောင်ဆောင်သော။
Unreasonable, *a.* not agreeable to reason, လူညာဏ်နှင့် မညီလျော်သော။ excessive, မတော်မတန်၊ လွန်ကျူးသော။
Unreasonableness, *n.* from above.
Unreclaimed, *a.* ဆိုးသောအဖြစ်မှကောင်းသောအဖြစ်သို့မရောက်သော။
Unreconciled, *a.* စိတ်မကြေချမ်းသော။
Unrecorded, *a.* စာရင်း၌မမှတ်သေးသော (အရာ။)
Unredeemed, *a.* ရွေးခြင်းကိုမခံရသော။

Unredressed, *a.* not reformed, မပြုပြင်သော (အရာ။) not having obtained redress, အစားမရသော။ တန်ဖိုးကိုမရသော။

Unreformed, *a.* အသစ်ပြုပြင်ခြင်းကိုမခံသော။

Unrefreshed, *a.* အားမဖြည့်သော။

Unrefreshing, *a.* အားဖြည့်မပြုတတ်သော။

Unregarded, *a.* not observed, မမှတ်မိသော (အရာ။) not made account of, ပမာဏမပြုသော (အရာ။) not esteemed, မလေးမြတ်သော (အရာ။)

Unregeneracy, *n.* from next.

Unregenerate, *a.* ဒုတိယမွေးခြင်းကို မခံရသော။ စိတ်သဘော မပြောင်းလဲသော။

Unregistered, *a.* စာရင်း၌မသွင်းသော (အရာ။)

Unrelenting, *a.* ကြင်နာသောစိတ်မရှိ၊ ခိုင်မာတတ်သော။

Unrelieved, *a.* not eased, မသက်သာသော။ not released from service, အမှုထမ်းရာမှနှုတ်ခြင်းကိုမခံရသော။

Unremediable, *a.* (မကောင်းသောအမှုအရာ) မပပျောက်နိုင်ဖွယ်ဖြစ်သော။

Unremedied, *a.* (မကောင်းသောအမှုအရာ) မပပျောက်သော။

Unremembered, *a.* သတိမရသော (အရာ။)

Unremitted, *a.* not slackened, မလျော့သော။ not forgiven, အပြစ်မလွှတ်သော။

Unremitting, *a.* မလျော့ဘဲအစဉ်ရှိမြဲရှိသော။

Unremoveable, *a.* နေရာမှရွှေ့နိုင်ဖွယ်ဖြစ်သော။

Unremoved, *a.* နေရာမှမရွှေ့သော (အရာ။)

Unrenewed, *a.* အသစ်တဖန်ပြုပြင်ခြင်းမခံရသော။

Unrepaid, *a.* မဆပ်မပေးသော (အရာ။)

Unrepealed, *a.* မနှုတ်မသိမ်းသော (အမိန့်တော်။)

Unrepentant, *a.* နောင်တမရသော။

Unrepining, *a.* စိတ်ညစ်ညူးခြင်းမရှိသော။

Unreplenished, *a.* ပြည့်အောင်မထည့်သော (အရာ။)

Unreprieved, *a.* ကွပ်မျက်ခြင်းနှင့်ခဏမလွှတ်သော။

Unreproached, *a.* ကဲ့ရဲ့၍အပြစ်တင်ခြင်းနှင့်လွှတ်သော။

Unreprovable, *a.* အပြစ်တင်ဖွယ်မရှိသော။

Unreproved, *a.* အပြစ်တင်ခြင်းကိုမခံရသော။

Unrepugnant, *a.* မဆန့်ကျင်သော။

Unrequested, *a.* အဘယ်သူမျှမတောင်းဘဲရှိသော။

Unrequited, *a.* အတုံ့အလျှည့်မကျေသော။

Unrescued, *a.* ကယ်လွှတ်ခြင်းကိုမခံရသော။

Unresented, *a.* စိတ်ဆိုးခြင်းကိုမခံရဘဲနေသော။

Unreserve, Unreservedness, *n.* from next, 2d def.

Unreserved, *a.* not kept back, ချန်ခြွင်း၍မထားသော(အရာ၊) not concealing or withholding, မထိမ်ချန်၊မဝှက်ထားတတ်သော၊

Unresigned, *a.* ဝန်မခံသော။

Unresisted, *a.* ဆီးတားခြင်းကိုမခံရသော။

Unresisting, *a.* မဆီးတားသော။

Unresolved, *a.* not separated into component parts, ဓာတ်မကွဲသော။ not made clear, မရှင်းလင်းသော။ not settled in purpose, စိတ်မချသော။

Unrespited, *a.* not having any pause, တန့်ရပ်အောင်အခွင့်မရှိသော။ unreprieved, ကွပ်မျက်ခြင်းနှင့်ခဏမလွတ်သော။

Unrestored, *a.* not given back, ပြန်၍မပေးသော(အရာ။) not replaced, အရင်နေရာ၌မထားပြန်သော(အရာ၊)

Unrestrained, *a.* အဆီးအတားမရှိသော။ မချုပ်တည်းသော၊ ပေါက်လွှတ်နေသော။

Unrestricted, *a.* အပိုင်းအခြားထား၍ကန့်ကွက်ခြင်းမရှိသော။

Unrevealed, *a.* မဖော်ပြသော(အရာ။)

Unrevenged, *a.* လက်စားမချေသော။

Unrevengeful, *a.* လက်စားချေအောင်ရန်တုံ့ပြန်၍ပြုချင်သောစိတ်သဘောမရှိသော။

Unreverently, *adv.* မရိုမသေသည်နှင့်။

Unrevoked, *a.* မနှုတ်မသိမ်း၊တည်လျက်ရှိသော။

Unrewarded, *a.* ဆုလပ်မရသော။

Unriddle, *v. t.* to solve a riddle, စကားထာကိုဖော်သည်။ to explain, ဖွင့်ပြသည်။

Unrig, *v. t.* ရွက်ကြိုးတန်ဆာကိုရုတ်သိမ်းသည်။

Unrighteous, *a.* မဖြောင့်မတ်သော။ မတရားသော။

Unrighteousness, *n.* from above.

Unrip, *v. t.* ချုပ်ရိုးကိုဖြုတ်သည်။

Unripe, *a.* —as fruit, မမှည့်သော။ not brought to maturity, မရင့်သော။ not prepared for action, ကြိုချက်၍မပြီးစီးသော၊

Unripeness, *n.* from above.

Unrivalled, *a.* အပြိုင်အဖက်မရှိသော၊

Unrol, *v. t.* (အလိပ်ကို)ဖြန့်သည်၊

Unroof, *v. t.* အမိုးကိုဖျက်သည်၊

Unruled, *a.* အုပ်စိုးသောသူမရှိသော၊

Unruliness, *n.* from next.

Unruly, *a.* ဆုံးမ၍မရသော၊ ချုပ်တည်း၍မဖြစ်နိုင်သော၊

Unsaddle, *v. t.* ကုန်းနှီးကိုချသည်၊

Unsaddled, *a.* ကုန်းနှီးမပါသော၊

Unsafe, *a.* မလုံခြုံသော၊

Unsaid, *a.* မပြောမဆိုသော (အရာ။)
Unsaleable, *a.* ရောင်း၍မထွက်သော။
Unsalted, *a.* ဆားမနယ်သော။
Unsanctification, *n.* from next.
Unsanctified, *a.* unconsecrated, ဘုရားဝတ်နှင့်ဆိုင်သောအမှု၌သုံးဆောင်ရန်သီးသန့်၍မခွဲမထားသော။ destitute of holiness, သန့်ရှင်းခြင်းပါရမီမရှိသော။
Unsanctioned, *a.* သဘောတူမှတ်တည်စေခြင်းအခွင့်မရသော။
Unsatiable, *see* Insatiable.
Unsatisfactoriness, *n.* from next.
Unsatisfactory, *a.* အလိုမပြည့်စုံစေတတ်သော။ အားမရစေတတ်သော။
Unsatisfied, *a.* not having eaten food enough, မဝသော။ not pleased or gratified, အားမရသော။ အလိုမပြည့်စုံသော။ not settled in opinion, သဘောမကျသော။
Unsatisfying, *see* Unsatisfactory.
Unsavoriness, *n.* from next.
Unsavory, *a.* tasteless, အရသာမရှိသော။ having a bad smell, နံသော။ unpleasing, နှစ်သက်၊နှစ်လိုဖွယ်မရှိသော။
Unsay, *v. t.* ပြောဖူးသောစကားကိုနှုတ်ပြန်သည်။
Unscarred, *a.* အနာရွတ်မရှိသော။
Unscathed, *a.* အနာအဆာမရှိသော။
Unschooled, *a.* အသင်အကြားမရှိသော။
Unscorched, *a.* မီးမလောင်သော။
Unscreened, *a.* အကွယ်အကာမရှိသော။
Unscrew, *v. t.* ဝက်အူကိုချွတ်သည်။
Unscriptural, *a.* ကျမ်းစာနှင့်မညီသော။
Unscrupulous, *a.* ဩတ္တပ္ပမရှိ၍မဆုတ်မဆိုင်းရှိသော။
Unscrupulousness, *n.* from above.
Unscrutable, *see* Inscrutable.
Unseal, *v. t.* တံဆိပ်ကိုခွာသည်။
Unsealed, *a.* having no seal, တံဆိပ်မခတ်သော။
Unsearchable, *a.* စစ်ဆေး၍နားမလည်နိုင်အောင်ဖြစ်သော။
Unsearchableness, *n.* from above.
Unsearched, *a.* စစ်ဆေးခြင်းကိုမခံရသော။
Unseasonable, *a.* occurring at an improper time, မတော်မသင့်သောအချိန်၌ဖြစ်သော။ occurring at an inconvenient or undesirable time, အဆင်မသင့်သော။ အခန့်မသင့်သော။
Unseasonableness, *n.* from above.
Unseasoned, *a.* not rendered palatable, အရသာကောင်းအောင်မပြုပြင်

သော(အရာ။) not prepared for use, အသုံးဝင်စေခြင်းငှါမပြုပြင်
သော(အရာ။).

Unseduced, *a.* မှားအောင်သွေးဆောင်ရာသို့မလိုက်သော။

Unseemliness, *n.* from next.

Unseemly, *a.* မတင့်တယ်မလျောက်ပတ်သော။

Unseen, *a.* မမြင်သော(အရာ။)

Unselfish, *a.* ကိုယ်အကျိုးကိုသာမမှတ်တတ်သော။

Unseparable, *see* Inseparable.

Unserviceable, *a.* အသုံးမဝင်သော။

Unserviceableness, *n.* from above.

Unsettle, *v. t.* from next.

Unsettled, *a.* အတည်မကျသော။ နေရာမကျသော။ မသေမဝပ်သော။ အမြဲ
မဟုတ်သော။ အမြဲမစွဲသော။

Unsevered, *a.* မခွဲမခွာသော(အရာ။)

Unsex, *v. t.* ပုန်းအာဝကိုပြောင်းလဲစေသည်။

Unshackle, *v. t.* ချည်နှောင်ခြင်းကိုဖြည်၍လွှတ်သည်။

Unshaded, Unshadowed, *a.* အရိပ်မလွှမ်းမိုးသော။

Unshaken, *a.* မလှုပ်သော(အရာ။)

Unshamed, *a.* မရှက်သော။

Unshapen, *a.* ပုံမကျဘဲလုပ်သော(အရာ။)

Unshared, *a.* မခွဲမဝေသော(အရာ။)

Unsheath, *v. t.* (ထားကို)အိမ်မှနှုတ်သည်။

Unshed, *a.* မဖိတ်သော(အရာ။) မသွန်သော(အရာ။)

Unsheltered, *a.* roofless, အမိုးမရှိသော။ exposed overhead, အမိုး
အကာမရှိသော။ unprotected, အကွယ်အကာအစောင့်အမမရှိသော။

Unshielded, *a.* အကွယ်အကာမရှိသော။

Unship, *v. t.* to take out of a ship, သင်္ဘောပေါ်ကဝန်ကိုချသည်။ to
remove from its place, နေရာကချွတ်သည်။

Unshod, *a.* ခြေနင်းမပါသော။

Unshorn, *a.* မညှပ်ဖြတ်သော(ဆံပင်။)

Unshrinking, *a.* မဆုတ်မတွန့်သော။

Unshut, *a.* မပိတ်ဘဲနေသော။

Unsifted, *a.* not separated by a sieve, ဆန်ခါနှင့်မချသော(မုန့်ညက်။)
not tried, မစစ်မစမ်းသော(အရာ။)

Unsightliness, *n.* from next.

Unsightly, *a.* အရုပ်ဆိုးသော။

Unsinged, *a.* မီးမမြိုက်သော။

Unsinning, *a.* မဖြစ်မှားသော။

Unsisterly, *a.* ညီအစ်မနှစ်မကဲ့သို့မဟုတ်သော။

Unskillful, *a.* လေ့ကျက်၊တတ်မြောက်ခြင်းမရှိသော။

Unskillfulness, *n.* from above.

Unslain, *a.* အထိအခိုက်မရှိ၊လက်နက်ဘေးနှင့်လွတ်သော။

Unslaked, *a.* —as thirst, သောက်၍မပြေသော။ —as lime, မဖောက်သော။

Unsociable, *a.* not disposed to associate, ပေါင်းဖော်ချင်သောသဘောမရှိသော။ not disposed to familiar conversation and intercourse, လိုက်လိုက်လျှောလျှော ပေါင်းဖော် နှီးနှော ချင် သော သဘောမရှိသော။

Unsociableness, *n.* from above.

Unsocial, *a.* not pertaining to society, ပေါင်းဖော်သောသူတို့နှင့်မဆိုင်သော။ unsociable, *which see* in both definitions.

Unsoiled, *a.* မညစ်သော။

Unsolaced, *a.* နှစ်သိမ့်ခြင်းမရှိသော။

Unsold, *a.* မရောင်းသော (အရာ။)

Unsoldierlike, *a.* စစ်သူရဲနှင့်မထိုက်တန်သော။

Unsolicited, *a.* မတောင်းပန်သော (အရာ။)

Unsolicitous, *a.* not very desirous, လိုချင်အားမကြီးသော။ not anxious, မစိုးရိမ်သော။

Unsolid, *a.* အခြေအမြစ်မခိုင်ခံ့သော။

Unsolvable, *a.* မရှင်းလင်းနိုင်သော။

Unsolved, *a.* မရှင်းလင်းသော။

Unsophisticated, *a.* ဇာတိရင်းပျက်၍ပဝတ္တိမဖြစ်သော။

Unsorted, *a.* အမျိုးအလိုက်တခြားစီခွဲမထားသော (အရာ။)

Unsought, *a.* မရှာသော (အရာ။)

Unsound, *a.* diseased, အနာရှိသော။ having some flaw or defect, အနာအဆာရှိသော။ not tight, မလုံသော။ not strong, မခိုင်ခံ့သော။ not free from error, မိစ္ဆာဒိဋ္ဌိနှင့်မလွတ်သော။ not profound, as sleep, အအိပ်ဆတ်သော။ broken or weakened in mind or body, ငွေ့လျော့၍ပကတိအတိုင်းမဖြစ်သော။

Unsoundness, *n.* from above.

Unsoured, *a.* not made acid, ချဉ်အောင်မလုပ်သော (အရာ။) not cross, စိတ်မငြိုသော။

Unsown, *a.* မစိုက်၊ မပျိုး၊ မကြဲသော။

Unsparing, *a.* profuse, အသုံးဖွားသော။ liberal, လက်ကြီးသော။ not forbearing from pity, မသနားသောကြောင့်ပြုတတ်သော။

Unspeakable, *a.* စကားအားဖြင့်ဖော်၍မပြောနိုင်ဖွယ်ဖြစ်သော။

Unspecified, *a.* တန်းမှန်း၍မပြောသော (အရာ။)

Unspent, *a.* not expended, သုံး၍ မကုန်သော။ not weakened, အားမလျော့သော။

Unspilt, *a.* မဖိတ်သော (အရာ။)

Unspoiled, *a.* not ruined, မပျက်သော။ not plundered, မလုမယူသော (အရာ။)
Unspoken, *a.* မပြောမဆိုသော (အရာ။)
Unspotted, *a.* not spotted, အစွန်းအကွက်မရှိသော။ not tarnished in character, အသရေမယုတ်မလျော့သော။
Unstable, *a.* not firm, မခိုင်ခံ့သော။ ဖောက်ဖက်။ not steady, inconstant, မမြဲမြံ၊ မတည်ကြည်သော။ ပြောင်းလဲတတ်သော။
Unstained, *a.* not dyed, ဆေးမဆိုးသော။ not tarnished in character, အသရေမယုတ်မလျော့သော။ ညစ်စွန်းခြင်းနှင့်ကင်းစင်သော။s.
Unstamped, *a.* တံဆိပ်မခတ်၊ မပါသော။
Unsteadiness, *n.* from next.
Unsteady, *a.* not firm, မခိုင်ခံ့သော။ not constant in mind, မတည်ကြည်သော။ not uniform, မသမတ်သော။ ပြောင်းလဲတတ်သော။
Unstinted, *a.* အလိုအတိုင်းမဖြစ်စေခြင်းငှါတားမြစ်ခြင်းမရှိသော။
Unstop, *v. t.* အဆို့ကိုနှုတ်သည်။
Unstored, *a.* သိုထားလျက်မရှိသော။
Unstrained, *a.* not filtered, မစစ်သော (အရာ။) occurring without effort, အားမထုတ်ဘဲပကတိအတိုင်းဖြစ်သော။
Unstraitened, *a.* မကျဉ်းကျပ်သော။
Unstring, *v. t.* to deprive of strings, ကြိုးကိုဖြုတ်၍ထားသည်။ to take from a string, (ပုတီးကို) ကြိုးမှနှုတ်သည်။ to relax tension, လျော့အောင်ပြုသည်။ to untie, ဖြည်သည်။ —a bow, လေးညှို့ကိုလျော့သည်။
Unstudied, *a.* unpremeditated, အရင်တင်၍မဆင်ခြင်သော (အရာ။) not labored, မကြိုးစား၊ အားမထုတ်ဘဲဖြစ်သော။
Unstuffed, *a.* ပြည့်အောင်မသိပ်သော။
Unsubdued, *a.* တောင်း၍နှိမ့်ထားခြင်းကိုမခံသော။
Unsubmissive, *a.* ဝန်မချသော။
Unsubstantial, *a.* not real, ကေန်အမှန်မဖြစ်သော။ not having real substance, အနတ္တဖြစ်သော။ အနှစ်သာရမရှိသော။
Unsuccessful, *a.* အကြံမထမြောက်သော။ အကျိုးစီးပွားကိုမရသော။
Unsucked, *a.* နို့စို့မခံသော။
Unsuitable, Unsuit, *a.* not suitable, မတော်သော။ မတန်သော။ မလျော်သော။ မသင့်သော။ not becoming, မလျောက်ပတ်သော။
Unsuitableness, *n.* from above.
Unsullied, *a.* not soiled, မညစ်သော။ not tarnished, မမှိန်သော။ မမှုန်သော။ မမှေးသော။ not disgraced, အသရေမယုတ်မလျော့သော။
Unsung, *a.* သီခြင်းမဖွဲ့မဆိုသော (အရာ။)
Unsupported, *a.* အထောက်အမမရှိသော။
Unsurpassed, *a.* အတယ်သူမှုမသာမလွန်သော။

Unsusceptible, *a.* not capable of receiving impression, ခံနိုင်သောသဘောမရှိသော။ having feelings not easily excited, ဝေဒနာကိုမခံစားလွယ်သော။ စိတ်ကိုမနိုးဆော်နိုင်ဖွယ်ဖြစ်သော။

Unsuspected, *a.* ယုတ်ပတ်ခြင်းကိုမခံရသော။

Unsuspecting, *a.* မယုတ်ပတ်သော။

Unsuspicious, *a.* not disposed to think evil, မယုတ်ပတ်တတ်သော။ not calculated to excite suspicion, ယုတ်ပတ်ရန်မရှိသော။

Unsustained, *a.* အထောက်အမမရှိသော။

Unswathe, *v. t.* ကြပ်စည်းသောအဝတ်ကိုဖြည်သည်။

Unswerving, *a.* မလွှဲသွားသော။

Unsworn, *a.* သစ္စာမခံသော။

Unsymmetrical, *a.* အချိုးအစားမရသော။

Unsystematic, *a.* အစီအစဉ်မလိုက်သော။

Untainted, *a.* not impregnated with a bad quality, ယုတ်ညံ့သောဓာတ်ကူးအောင် မရောမရှက်သော။ not affected with incipient putrefaction, ပုပ်စမရှိသော။ not tarnished in character, အသရေမယုတ်မလျော့သော။

Untaken, *a.* ဖမ်း၍မမိသော။

Untamable, *a.* မယဉ်နိုင်သော။

Untamed, wild, *a.* မယဉ်သော။ not subdued in spirit, စိတ်မနှိမ့်ကျသော။

Untangle, *v. t.* အရှုပ်အထွေးကိုဖြေသည်။ ရှင်းလင်းစေသည်။

Untarnished, *a.* —(in various ways), မမှိန်သော။ မမှုန်သော။ မမှေးသော။ unsullied in character, အသရေမယုတ်မလျော့သော။

Untasted, *a.* not tasted, အရသာမခံသော (အရာ။)

Untaught, *a.* not instructed, အသင်အကြားမရှိသော။ သွန်သင်ခြင်းကိုမခံရသော။ not skilled in, မလေ့ကျက်သော။

Unteachable, *a.* မသင်နိုင်သော။

Untempered, *a.* တော်သင့်အောင် မရောနှော၊ ပြုပြင်သော (အရာ။)

Untempted, *a.* ဖျားယောင်းသွေးဆောင်ခြင်းကိုမခံသော။

Untenable, *a.* မရပ်ခံ၊ မဆီးတားနိုင်ဖွယ်ဖြစ်သော။

Untenanted, *a.* ငှါး၍နေသောသူမရှိသော။

Untended, *a.* အစောင့်အထိန်းမရှိသော။

Untendered, *a.* သူတပါးယူရအောင်လှမ်း၍မပေးသော (အရာ။)

Unterrified, *a.* မကြောက်မလန့်သော။

Unthanked, *a.* ကျေးဇူးတင်သည်ဟုဝန်ခံခြင်းစကားကိုမကြားရသော။

Unthankful, *a.* ကျေးဇူးမတင်သော။ ကျေးဇူးကိုမသိသော။ ကျေးဇူးမဲ့။

Unthankfulness, *n.* from above.

Unthinking, *a.* မဆင်ခြင်သော။ သတိမရှိသော။

Unthought of, *a.* not brought to mind, သတိမရသော။ not considered, မဆင်ခြင်သော(အရာ။)
Unthread, *v. t.* ခြည်ကို(အပ်နဖားက)နှုတ်ချွတ်သည်။
Unthriftiness, *n.* from next.
Unthrifty, *a.* not frugal, မခြွေတာသော။ not making profit, not prosperous, စီးပွားမတိုးသော။ စီးပွားမတက်သော။ not thriving, as a plant, မသန်စွမ်း၊ မကြီးပွားသော။
Untidiness, *n.* from next.
Untidy, *a.* မသန့်ရှင်း၊ မကျစ်လစ်သော။
Untie, *v. t.* ဖြည်သည်။
Until, *prep.* တိုင်အောင်။
Untile, *v. t.* အုတ်ကြွပ်မိုးကိုဖျက်သည်။
Untilled, *a.* မလုပ်သော(လယ်၊ ယာ၊ ဥယျာဉ်။)
Untimely, *a.* အချိန်မရောက်မှီဖြစ်သော။
Untinged, *a.* အရောင်၊အနံ့၊အရသာအစရှိသောဓာတ်တစုံတခုကူးရှက်အောင်မပြုသော(အရာ။)
Untiring, *a.* ဆောင်ရွက်၍မပင်ပန်းနိုင်သော။
Untitled, *a.* ဘွဲ့မရှိသော။
Unto, *see* To.
Untold, *a.* မဖော်မပြောသော(အရာ။) မကြားမပြောသော(အရာ။)
Untouched, *a.* not touched (in various ways,) မတို့၊မထိ၊မမှီသော(အရာ။) not affected in mind, အဘယ်စိတ်မျှမရှိသော။
Untoward, *a.* ဆုမ္ပခဲသော။ ကတ်သတ်သော။ ဆန့်ကျင်ဘက်ပြုတတ်သော။
Untowardness, *n.* from above.
Untraceable, *a.* လက္ခဏာရိပ်ထင်ရှားရာကိုရှောက်၍ မလိုက်နိုင်ဖွယ်ဖြစ်သော။
Untraced, *a.* လက္ခဏာရိပ်ထင်ရှားရာကိုရှောက်၍မလိုက်သော(အရာ။)
Untractable, *see* Intractable.
Untrained, *a.* ဆုမ္ပသွန်သင်ခြင်းကိုမခံရသော။
Untransferable, *a.* မလွှဲအပ်နိုင်ဖွယ်ဖြစ်သော။
Untransferred, *a.* မလွှဲမအပ်သော(အရာ။)
Untranslated, *a.* အနက်မပြန်သော(စာ။)
Untransparent, *a.* အလင်းမပေါက်နိုင်သော။
Untravelled, *a.* not trodden by passengers, အဘယ်သူမျှမနင်းသော(လမ်း။) not having visited foreign countries, တတိုင်းတပြည်သို့မရောက်သော။
Untried, *a.* not tried, မစုံစမ်းသော(အရာ။) မစစ်ကြောသော(အရာ။) not attempted, မပြုစမ်းသော(အမှု။)
Untrod, Untrodden, *a.* လူရောက်ပေါက်ခြင်းမရှိသော။ ခြေကြောင်းခြေရာမရှိသော။

Untroubled, *a.* not disturbed, ခွဲနှောက်ခြင်းကိုမခံရသော။ not annoyed, နှောင့်ရှက်ခြင်းကိုမခံရသော။

Untrue, *a.* not conformable to fact, မဟုတ်သော။ မမှန်သော။ not faithful, သစ္စာဖောက်သော။

Untruth, *n.* falsehood, မမှန်သောစကား။ မုသာ။

Untune, *v. t.* တီးမှုတ်သံ၊သီခြင်းဆိုသံမသာမယာအောင်ဖျက်သည်။

Unturned, *a.* တဖက်မှတဖက်သို့လှည့်၍မစောင်းသော(အရာ။)

Untutored, *a.* ဆုံးမသွန်သင်ခြင်းကိုမခံရသော။

Untwine, Untwist, *v. t.* လွန်းပေါင်းတင်ကိုဖြည်သည်။ အရှုပ်အထွေးကိုရှင်းလင်းစေသည်။

Unurged, *a.* နှိုးဆော်တိုက်တွန်းခြင်းကိုမခံရသော။

Unused, *a.* not used, မသုံးဆောင်သော(အရာ။) not accustomed, အကျင့်အလေ့မပါသော။

Unuseful, *a.* အသုံးမဝင်သော။

Unusual, *a.* singular, not common, ထူးခြားသော။ infrequent, တခါတလေသာဖြစ်သော။

Unutterable, *a.* စကားအားဖြင့်ဖော်၍မပြောနိုင်ဖွယ်ဖြစ်သော။

Unvalued, *a.* ကောင်းသည်၊ မြတ်သည်ဟုမထင်သော(အရာ။)

Unvanquished, *a.* အရှုံးမခံသော။

Unvaried, *a.* မထူးထွေသော။

Unvariegated, *a.* မကျယ်လွယ်သော(အရာ။)

Unvarnished, *a.* not overlaid with varnish, ပြောင်သောအရောင်ထွက်အောင်ဆေးမသုတ်သော။ plain, not embellished, စကားရည်လှအောင်မဆင်၊ ရိုးသားသော(စကား။)

Unvarying, *a.* သဘောမပြောင်းလဲ၊ တညီတသမတ်တည်းဖြစ်သော။

Unveil, *v. t.* to remove a veil, မျက်နှာဖုံးကိုဖွင့်လှစ်သည်။ to disclose, ဖော်ပြသည်။

Unversed, *a.* မလေ့ကျက်သော။

Unviolated, *a.* not broken or destroyed, မဖျက်သော။ not transgressed, လွန်ကျူးခြင်းကိုမခံရသော။ not profaned, ရှုတ်ချ၍သုံးဆောင်ခြင်းကိုမခံရသော။ not ravished, မုဒိမ်းကျင့်ခြင်းကိုမခံရသော။

Unvisited, *a.* လာ၍ကြည့်ရှုသူမရှိသော။

Unwakened, *a.* အဘယ်သူမျှမနှိုးသော။

Unwalled, *a.* အုတ်ရိုး၊ ကျောက်ရိုးမရှိသော။

Unwariness, *n.* from Unwary.

Unwarlike, *a.* not suitable for war, စစ်မှုနှင့်မသင့်သော။ not addicted to war, စစ်မတိုက်တတ်သော။

Unwarned, *a.* သတိပေးခြင်းကိုမခံရသော။

Unwarrantable, *a.* အပြစ်တင်ခွင့်ရှိသော။ လွန်ကျူးသော။

Unwarranted, *a.* not authorized, အခွင့်မရှိသော။ not engaged for, ခံဝန်ခြင်းမရှိတဲရောင်းဝယ်သော။
Unwary, *a.* သတိမပြုသော။
Unwashed, *a.* ရေမဆေးသော။
Unwasted, *a.* (in various ways,) မလျော့၊ မကုန်၊ မဆိုး၊ မပျက်၊ မပြုန်းကီးသော။
Unwasting, *a.* မလျော့၊ မပျက်၊ တည်မြဲတည်သော။
Unwatched, *a.* အစောင့်အထိန်းမရှိသော။
Unwatered, *a.* ရေလောင်းခြင်းကိုမခံရသော။
Unwavering, *a.* မိတ်မဝေသော။ ဇဝေဇဝက်မရှိသော။
Unweakened, *a.* အားမလျော့သော။
Unwearied, *a.* not tired, မပင်ပန်းသော။ indefatigable, ဆောင်ရွက်၍ မပင်ပန်းနိုင်သော။
Unwedded, *a.* သက်မထပ်သော။
Unweeded, *a.* ပေါင်းမသင်သော။
Unweighed, *a.* not weighed, မချိန်တွယ်သော (အရာ။) not considered, မစည်းစား၊ မဆင်ခြင်သော (အရာ။)
Unwelcome, *a.* ခံစချင်ဖွယ်မကောင်းသော။ —(*see* under Welcome.)
Unwell, *a.* မကျန်းမမာသော၊
Unwept, ငိုကြွေး၊ မြည်တမ်းခြင်းကိုမခံရသော။
Unwet, *a.* မစိုသော။
Unwhipt, *a.* ဖရိုက်မခံရသော။
Unwholesome, *a.* insalubrious, အနာရောဂါကိုဖြစ်စေတတ်သော။ pernicious, အကျိုးကိုဖျက်တတ်သော။
Unwholesomeness, *n.* from above.
Unwieldiness, *n.* from next.
Unwieldy, *a.* ကြီးခြင်း၊ ထေးခြင်းကြောင့်အသုံးအကိုင်ခက်သော။
Unwilling, *a.* အလိုမရှိသော။ (ပြု) ဖျင်သော။
Unwillingness, *n.* from above.
Unwind, *v. t.* (ရစ်ပတ်၍ထားသောအရာကို) ဖြည်သည့်။
Unwise, *a.* ပညာမရှိသော။
Unwished, *a.* မလိုချင်သော (အရာ။)
Unwithered, *a.* မညှိုးနွမ်းသော။
Unwithering, *a.* မညှိုးနွမ်းတတ်သော။
Unwitnessed, *a.* သက်သေမရှိသော။ သိမြင်သူမရှိသော။
Unwittingly, *adv.* အမှတ်တမဲ့။
Unwomanly, *a.* မိန်းမနှင့်မတော်သော။
Unwonted, *a.* not used to, အလေ့မရှိသော။ အသေ့အကျင့်မရှိသော။ infrequent, တခါတလေသာဖြစ်သော။
Unworkmanlike, *a.* တတ်သောသူကဲ့သို့မထုတ်သော။

Unworldly, *a.* not pertaining to the world, လောကီနှင့်မဆိုင်သော။ destitute of the spirit of the world, လောကီသဘောမရှိသော။

Unworn, *a.* not used, as clothes, မဝတ်သော (အဝတ်။) not impaired by wear, မဝတ်၍မဟောင်းမနွမ်းသော။

Unworshipped, *a.* ကိုးကွယ်ခြင်းကိုမခံရသော။

Unworthiness, *n.* from next, 1st def.

Unworthy, *a.* not deserving, မထိုက်သော။ မထိုက်တန်သော။ bad, vile, ဆိုးယုတ်သော။

Unwounded, *a.* အထိအရှမရှိသော။

Unwove, *a.* မရက်သော (အရာ။)

Unwrap, *v. t.* အထုပ်ကိုဖြည်သည်။

Unwritten, *a.* ရေးမှတ်၍မထားသော (အရာ။)

Unwrought, *a.* မလုပ်သော (အရာ။)

Unyielded, *a.* လျှော့၍မပေးသော (အရာ။)

Unyielding, *a.* ဝန်မချသော။

Unyieldingly, *adv.* ဇွတ်တရဘယ်။ ဇွတ်တရွတ်။

Unyoke, *v. t.* to loose from a yoke, ထမ်းဘိုးကိုချွတ်သည်။ to disjoin, ခွဲခွာသည်။

Unzoned, *a.* ခါးကိုမစည်းဘဲနေသော။

Up, *prep.* အပေါ်သို့။ အညာသို့။ နိမ့်သောအရပ်မှမြင့်သောအရပ်သို့။ —*adv.* in an ascending direction, အထက်သို့တက်သည်နှင့်။ on high, အထက်၌။ above the horizon, ထွက်လျက်ရှိသော။ out of bed, အိပ်ရာမှထလျက်ရှိသော။ having risen from a seat, ထိုင်ရာမှထ၍မတ်တတ်နေသော။ in a state of approaching, ချဉ်းကပ်သည်နှင့်။ — bear, *v. t.* ချီမသည်။ — cast, ထန်၍ကြည့်သော (မျက်စိ။) —hill, *a.* ခက်ခဲသော။ တောင်၊ ကမ်းကိုတက်သကဲ့သို့ပင်ပန်းစွာလုပ်ရသော (အလုပ်။) — hold, *v. t.* to lift on high, ချီပင့်သည်။ to hold up, keep from falling or declension, ထောက်မသည်။ —lift, ချီသည်။ မြှောက်သည်။ —raise, same, —rear, same, —rise, *v. i.* ထသည်။ —as the sun, ထွက်သည်။ —root, *v. t.* အမြစ်ပါနှုတ်သည်။ —rouse, နှိုးသည်။ နှိုးဆော်သည်။ —set, *see* Overset. —start, *n.* အခြေအမြစ်မရှိ၊ ဘွားခနဲပေါ်ထင်သောသူ။ —turn, *v. t.* လှန်သည်။ whirl, အထက်သို့မြှေလွှင့်သည်။ —*int.* ထတော့။ —with, ကြွတော့။ ချီတော့။

Upbraid, *v. t.* ကဲ့ရဲ့ပြစ်တင်သည်။

Upholsterer, *n.* အိပ်ရာ၊ ခင်းနှီးနှင့်တကွအိမ်တွင်း၌ဆွဲ၍ကာရန်သုံးဆောင်သောအထည်စုကိုချုပ်လုပ်၍ရောင်းသောသူ။

Upholstery, *n.* အိပ်ရာ၊ ခင်းနှီးနှင့်တကွအိမ်တွင်း၌ဆွဲ၍ကာရန်သုံးဆောင်သောအထည်စု။

Upland, *n.* ကုန်းမြေ။

Upmost, *see* Uppermost.

Upon, *see* On, *prep.*

Upper, *a.* higher in place, အထက်ကျသော။ သာ၍မြင့်သော။ superior, သာ၍အရာကြီးသော။ မြင့်မြတ်သော။ —hand, *n.* နိုင်သောအခွင့်။

Uppermost, *a.* the highest in place, အထက်ဆုံးသော။ အမြင့်ဆုံးသော။ predominant, အားကြီး၍လွန်ကဲသော။

Upright, *a.* erect, မတ်သော။ sticking up, ထောင်လျက်ရှိသော။ —as the ears, တစွင့်စွင့်နေသော။ honest, ဖြောင့်မတ်သော။ တော်တည့်သော။

Uprightness, *n.* from above, last def.

Uproar, *n.* ရုန်းရင်းခတ်မှုဖြစ်ခြင်း။

Upshot, *n.* ultimate result, အဆုံး။

Upside-down, *adv.* ပြောင်းပြန်။

Upward, *a.* အထက်သို့တက်လျက်ရှိသော။ အထက်သို့မျက်နှာပြုလျက်ရှိသော။

Upwards, *adv.* toward a higher place, အထက်သို့။ toward the source, အညာသို့။ more than, ထက်မက။

Uranus, *n.* the planet, ဥရာနူဂြိုဟ်။

Urbane, *a.* ယဉ်ကျေး၍လောကဝတ်ပြုတတ်သော။

Urbanity, *n.* from above.

Urchin, *n.* a hedgehog, ဖြူပုမျိုး။ a troublesome child, ဆိုးသောလူကလေး။

Ureter, *n.* ကျောက်ကပ်မှကျင်ငယ်အိမ်သို့ဆင်းသောရေကြော။

Urethra, *n.* ကျင်ငယ်အိမ်မှဒွါရသို့ဆင်းသောကျင်ငယ်ရေကြော။ ဆီးချောင်း။

Urge, *v. t.* to impel, push forward, တွန်းသည်။ to press by motives, တိုက်တွန်းသည်။ to excite, နှိုးဆော်သည်။ to press forcibly, ကြပ်တည်းစွာတိုက်တွန်းသည်။ to importune, ကြပ်ကြပ်တောင်းပန်သည်။ to labor vehemently, ကြိုးစားအားထုတ်သည်။

Urgency, *n.* from above.

Urgent, *a.* from Urge, *v. t.* pressing, not easily dispensed with, မလွှဲသာသော (အမှု။)

Urinal, *n.* ကျင်ငယ်လောင်းသောအိုး။

Urinary, *a.* ကျင်ငယ်နှင့်ဆိုင်သော။

Urine, *n.* ကျင်ငယ်။ ရေပေါင်း။ သေး။

Urn, *n.* a water pot (different kinds), ရေအိုး။ ဖျက်အိုး။ ဝါအိုး။ ညောင်ရေအိုး။ a vessel containing the bones or ashes of the dead, အရိုးအိုး။

Ursine, *a.* pertaining to a bear, ဝက်ဝံနှင့်ဆိုင်သော။ like a bear, ဝက်ဝံကဲ့သို့ဖြစ်သော။

Us, *obj.* of We, *which see.*

Usable, *a.* သုံးဆောင်ဖွယ်ဖြစ်သော။ သုံးစရာကောင်းသော။

Usage, *n.* continuous treatment, (တစုံတဦး၌) ပြုမြဲပြုခြင်း။ custom, ထုံးစံ။ အလေ့။ ဓလေ့။

Use, *v. i.* to be accustomed, be in the habit of, အလေ့ရှိသည်။ (ပြု) လေ့ရှိသည်။ (ပြု)တတ်သည်။ —*v. t.* to employ, သုံးသည်။ သုံးဆောင်သည်။ သုံးစွဲသည်။ to accustom, habituate, အကျင့်အလေ့ဖြစ်အောင်ပြုသည်။ to treat habitually, (တစုံတဦး၌) ပြုမြဲပြုသည်။ —*n.* the act of using, သုံးခြင်း။ သုံးဆောင်ခြင်း။ need or occasion of using, သုံးဆောင်ရန်အကြောင်း။ advantage, benefit, ကျေးဇူး။ အကျိုး။ interest on money, အတိုးအညွန့်။

Useful, *a.* much used, အသုံးဝင်သော။ beneficial, profitable, အကျိုးရှိသော။ ကျေးဇူးပြုတတ်သော။

Usefulness, *n.* from above, last def.

Useless, *a.* unserviceable, အသုံးမဝင်သော။ unprofitable, အကျိုးကျေးဇူးမရှိသော။

Uselessness, *n.* from above.

Usher, *n.* an officer who introduces into the presence of his master, အရှင်ထံသို့ သွင်းပေးသောအရာရှိ။ an assistant in teaching, ဆရာလက်ထောက်။ —*v. t.* သွင်းပေးသည်။

Usual, *a.* အဖြစ်များတတ်သော။ ဖြစ်လေ့ရှိသော။

Usurer, *n.* အတိုးအညွန့်ကိုအလွန်အကျူးယူသောသူ။

Usurious, *a.* အတိုးအညွန့်ကိုအလွန်အကျူးယူတတ်သော။

Usurp, *v. t.* မပိုင်မဆိုင်ဘဲလုယူသည်။

Usurpation, *n.* from above.

Usurper, *n.* agent, from Usurp, *v. t.*

Usury, *n.* အလွန်အကျူးယူသောအတိုးအညွန့်။

Utensil, *n.* အသုံးအဆောင်။ သုံးဆောင်ရန်တန်ဆာ။

Utensils, *n.* ပရိကံ။ ပရိဘောဂ။

Uterine, *a.* သားအိမ်နှင့်ဆိုင်သော။

Uterus, *n.* သားအိမ်။

Utilitarian, *n.* ကျေးဇူးရှိသောအရာကိုသာမှတ်တတ်သောသူ။

Utility, *n.* ကျေးဇူးရှိခြင်း။ အကျိုးကိုပြုစုခြင်း။

Utmost, *a.* outmost, အစွန်ဆုံးသော။ being in the greatest or highest degree, အကြီးဆုံးသော။ အများဆုံးသော။ အပြင်းဆုံးသော။ —*n.* တတ်နိုင်သမျှ။

Utopian, *a.* ဇာတိမဟုတ်။ ဉာဏ်ကွန့်မြူး၍ကြံစည်သော(အရာ။)

Utter, *a.* outer, ပြင်မှာရှိသော။ extreme, အပြင်ဆုံးသော။ entire, အကြွင်းမဲ့ဖြစ်သော။ more, သက်သက်။ — *v. t.* to pronounce, speak, မြွက်သည်။ ပြောသည်။ to put or send into circulation, အနှံ့အပြားယူ၍သုံးစွဲစေခြင်းငှါပြုသည်။

Utterance, *n.* from above.

Utterly, *adv.* အကုန်အစင်။ အကြွင်းမဲ့။
Uttermost, *see* Utmost.
Uvula, *n.* လျှာခင်၊
Uxorious, *a.* မယားကိုချစ်လွန်းသော။
Uxoriousness, *n.* from above.

V

Vacancy, *n.* an empty place, လပ်သောနေရာ။ the state of a place or office unsupplied, လွတ်လပ်သောအရာ။ leisure, အားလပ်ခြင်း။ listlessness, သတိမရှိ၊ အမှုမထားခြင်း။
Vacant, *a.* empty, လပ်သော။ ပလာဖြစ်သော။ unoccupied, လွတ်လပ်သော။ being at leisure, အားသော။ အားလပ်သော။
Vacate, *v. t.* to make vacant, လပ်စေသည်။ လွတ်လပ်စေသည်။ to annul, ပပျောက်စေသည်။
Vacation, *n.* from above, last def.; an intermission or suspension of business, ဆောင်ရွက်သောအမှုကိုခဏလျှပ်ထား၍အားလပ်သောကာလ။
Vaccinate, *v. t.* နွားကျောက်ထိုးသည်။
Vaccination, *n.* from above.
Vaccine, *a.* နွားမနှင့်ဆိုင်သော။
Vacillancy, *n.* from next.
Vacillate, *v. i.* to fluctuate, ရထားလှုပြစ်သည်။ to waver in mind, စိတ်ဝေသည်။ ဇဝေဇဝက်ရှိသည်။
Vacillation, *n.* from above.
Vacuity, *n.* emptiness, လပ်ခြင်း။ ဘာမျှမပါ၊ ပလာဖြစ်ခြင်း။ an empty place, လပ်သောနေရာ။ empty space, အာကာသ။ အဇတကာသ။
Vacuum, *n.* လဟာသက်သက်။
Vade mecum, လက်စွဲစာ။
Vagabond, *n.* အတည်မကျ၊ လေလွင့်၍နေသောလူပျင်း။
Vagary, *n.* ပျံလွင့်သောစိတ်ရုပ်တရက်ပေါက်ခြင်း။
Vagrancy, *n.* from next.
Vagrant, *a.* အတည်မကျ၊အရပ်ရပ်လှည့်လည်သော။ —*n. see* Vagabond.
Vague, *a.* မသေချာသော။
Vail, *n.* a curtain or screen, ကုလားကာ။ a covering for the face, မျက်နှာဖုံး။ any thing which conceals, အကွယ်အကာ။ —*v. t.* the face, မျက်နှာကိုဖုံးအုပ်သည်။ — one's character, &c. လျှို့ဝှက်သည်။
Vain, *a.* empty, worthless, အချည်းနှီးသက်သက်ဖြစ်သော။ လျှပ်ပေါ်သော။s. ineffectual, မတတ်နိုင်သော။ အကျိုးကိုမဖြစ်စေနိုင်သော။ conceited and ostentatious, ပလွှားသော။ — [in], *adv.* အလကား။ အချည်းနှီး။ အကျိုးမဲ့။

Vain-glorious, *a.* vain without merit, ဂုဏ်မရှိဘဲပလွှားတတ်သော၊ greedy of empty praise, အချည်းနှီးသော ကျော်စောခြင်းကို တပ်မက်သော။
Vain-glory, *n.* from above.
Vainness, *n.* from Vain, *a.*
Vakeel, (East Indian), *n.* ရှေ့နေ။
Valance, *n.* ခုတင်မျက်နှာကြက်ဆွဲသတောင်းထည်။
Vale, *n.* ချိုင့်။
Valediction, *n.* သွားသောအခါနှုတ်ဆက်သောစကား။
Valedictory, *a.* သွားသောအခါနှုတ်ဆက်သော (စကား။)
Valentine, *n.* a sweetheart chosen on valentine's day, ဝါလင်တိန်နေ့ ရက်၌ရွေးချယ်သောချစ်သူ။ a love letter sent on valentine's day, ဝါလင်တိန်နေ့ရက်၌ရည်းစားကိုရေး၍ပေးလိုက်သောစာ။
Valet, *n.* အစေအပါ။ လက်ပါးစေလူကလေး။
Valetudinarian, *n.* မကျန်းမမာသောသူ။
Valetudinary, *a.* မကျန်းမမာသော။
Valiant, *a.* strong, powerful in body, ခွန်အားကြီးသော။ intrepid, သူရဲတော ရှိသော။
Valiantness, *n.* from above.
Valid, *a.* ခိုင်ခံ့သော။
Validity, *n.* from above.
Valise, *n.* ခရီးသွားရာဆောင်သောသားရေသစ်တာ။
Valley, *n.* ချိုင့်။ တောင်ကြား။
Valor, *n.* သူရဲတော။
Valorous, *a.* သူရဲတောရှိသော။
Valuable, *a.* having value, အသိုးထိုက်သော၊ အသိုးတန်သော၊ estimable, worthy of esteem, နှစ်သက်ဖွယ်ဖြစ်သော။
Valuation, *n.* from next.
Value, *v. t.* to apprize, အသိုးဖြတ်သည်။ to prize highly, နှစ်မြော နှိုမက်သည်။ to esteem, နှစ်သက်သည်။ to estimate, ခြင့်တွက်သည်။ — *n.* worth in price, တန်သိုး။ worth in utility or desert, (—ခြင်းငှါ) ထိုက်တန်ခြင်း။ efficacy, ဖြစ်စေနိုင်သောအစွမ်းသတ္တိ။ import (of a word), အနက်။
Valueless, *a.* of no value, အသိုးမတန်သော။ being of no worth, မထိုက်တန်သော။
Valve, *n.* lid which closes an aperture, အခင်း၊ a folding door, တံခါးရွက်။
Vamp, *n.* ခြေနင်းဖမိုးဖုံး။ —*v. t.* ဖာသည်။
Vampire, *n.* သွေးစုတ်လင်းဆွဲ။

Van, *n.* the front of an army, တပ်ဦး။ a wing, အတောင်။ —guard, တပ်ဦး။

Vane, *n.* — on a steeple or spire, ငှက်မနား။ —on board ship, ကုပ်ကားလိ။

Vanish, *v. i.* ကွယ်ပျောက်သည်။

Vanity, *n.* emptiness, unsubstantiality, အနတ္တ။ fruitless desire, အချည်းနှီးတပ်မက်ခြင်း။ fruitless endeavor, အချည်းနှီးကြိုးစားခြင်း။ idle talk, အလဟဿစကား။ self-conceit with ostentation, ပလွှားခြင်း။

Vanquish, *v. t.* နိုင်သည်။ အောင်သည်။ အောင်မြင်သည်။

Vantage, *see* Advantage. —ground, *n.* နိုင်ရသောအခွင့်။

Vapid, *a.* stale, အရသာပြယ်သော။ dull, unanimating, စိတ်ကိုမနှိုးဆော်တတ်သော။

Vapidness, *n.* from above.

Vapor, *n.* an exhalation, အငွေ့။ အခိုးအငွေ့။ vaporous particles in the atmosphere, မြူ။ *plur.* hypochondria, ဥပါဒါန်ကြောင့်ဖြစ်သောစိတ္တဇနာ။ — bath, အခိုးအငွေ့ခံရာအခန်း။ — *v. i.* to evaporate, အခိုးအငွေ့ဖြစ်၍ပျောက်လွင့်သည်။ to brag, ဝါကြွားသည်။ ထောင်လွှားသည်။

Vaporer, *n.* လူဝါ။

Vaporous, *a.* အခိုးအငွေ့များသော။

Vapory, *a.* ဥပါဒါန်ကြောင့်ဖြစ်သောစိတ္တဇနာစွဲသော။

Variable, *a.* changeable, အမှန်မဟုတ်၊ ထွေတတ်သော။ unsteady, inconstant, မတည်တံ့၊ တနည်း၊ တခြားဖြစ်တတ်သော။

Variableness, Variability, *n.* from above.

Variance, *n.* ပဋိပက္ခ။ မသင့်မတင့်ဖြစ်ခြင်း။

Variation, *a.* difference, ခြားနားခြင်း။ change, alteration, တနည်းတခြားဖြစ်ခြင်း။ deviation, လွဲခြင်း။

Variegate, *v. t.* ချယ်လှယ်သည်။

Variegation, *n.* from above.

Variety, *n.* difference, dissimilitude, ခြားနားခြင်း။ the dissimilarity of several things together, အထူးထူးအထွေထွေဖြစ်ခြင်း။ a different sort or kind, ထူးသောအမျိုး။ ထူးခြားသောအမျိုး။ many and different kinds, အထူးထူးအထွေထွေသောဥစ္စာ။ deviation, လွဲခြင်း။

Various, *a.* diverse, multifarious, ဝိနာဘာဝ။ ထူးခြားသော။ အထူးထူးအထွေထွေဖြစ်သော။ changeable, uncertain, unfixed, မသေချာသော။

Variously, *adv.* diversely, အသွယ်သွယ်။

Varioloid, *a.* ကျောက်လေး ကျောက်လွှင့်။

Varlet, *n.* ဆိုးညစ်သောသူ။

Varnish, *n.* အရောင်တင်ဆေး။ —*v. t.* to cover with varnish, အရောင်တင်ဆေးနှင့်သုတ်သည်။ to give a fair coloring to, အသရေတင်၍ပြောသည်။

Vary, *v. i.* to differ, be different, ခြားနားသည်။ to change, become different, တနည်း၊တခြားဖြစ်သည်။ to become different from itself, ထူးထွေသည်။ to deviate, လွှဲသည်။ — *v. t.* to change, alter, (trans.), တနည်း၊တခြားဖြစ်အောင်ပြုသည်။ to diversify, ထူးထွေစေသည်။ ထူးထွေအောင်ပြုသည်။

Vascular, *a.* အကြောအမျှားရှိသော။

Vase, *n.* ခြေခံ့ပါသောဖလား။

Vassal, *n.* a feudal tenant, အရှင်၏အမှုကိုဆောင်စည်ခြအခါအရှင်ချထားသောလယ်၊ယာ၊ဥယည်ကိုလုပ်၍နေသောသူ။ a tributary ruler, ကျွန်တော်မျိုးခံ၍အခွန်ဘဏ္ဍာကိုဆက်သွင်းသောသူ။

Vassalage, ထိုသို့နေရသောအဖြစ်။

Vast, *a.* great in extent, ကြီးကျယ်သော။ great in numbers, အလွန်များစွာသော။ great in force, အလွန်အားကြီးသော။ — *n.* ကြီးကျယ်သောလဟာပြင်။

Vastly, *adv.* အလွန်။ အထူးသဖြင့်။

Vastness, *n.* from Vast.

Vat, *n.* a large vessel for holding wine in an immature state, စပျစ်ရည်ကောင်းအောင်လှောင်ရန်စည်ကြီး၊သစ်သားကျင်း။ a tan-pit, သားရေနယ်လုပ်ရန်စိမ်သောကျင်း။

Vaticinate, *v. i.* ဖြစ်လတ္တံ့သောအမှုအရာကိုဟောပြောနှင့်သည်။

Vault 1, *n.* an arch of brick or stone, ပေါင်းကူး။ a cave, ဥမင်။ a cellar, မြေတိုက်။ a tomb, သင်းဂြိုဟ်ရန်မြေတိုက်။ — 1, *v. t.* ပေါင်းကူးသည်။ — 2, *v. i.* to leap from some distance, ခုန်လွှားသည်။

Vaunt, *v.* ဝါကြွားသည်။ — *n.* from above.

Vaunter, *n.* လူဝါ။

Veal, *n.* နွားကလေး၏အသား။

Veda, *n.* ဗေဒင်ကျမ်း။

Vedette, *n.* ကင်းထိုးမြင်းစီး။

Veer, *v. i.* လှည့်သည်။ —away, —out, *v. t.* လျှော့၍ပေးသည်။

Vegetable, *n.* a plant, အပင်မျိုး။ plants used for culinary purposes, ဟင်းသီး၊ဟင်းရွက်ပင်။ —*a.* အပင်မျိုးနှင့်ဆိုင်သော။

Vegetate, *v. i.* အပင်အသက်ရှိ၍ထိုးပွားသည်။

Vegetation, *n.* from above.

Vehemence, *n.* from next.

Vehement, *a.* forcible, violent, ပြင်းထန်သော။ ဟုန်သော။ ardent, စိတ်အားကြီးသော။

Vehicle, *n.* a conveyance of any kind, လှည်း၊ ရထားအစရှိသော၊ နေရာပြောင်း၍စီးရန်ယာဉ်။ a medium of communication, တဦးကိုတဦးသိကြား၊ နားလည်စေခြင်းငှါသုံးသောစာ၊ စကားအစရှိသောအထိမ်းအမှတ်မျိုး။

Veil, *see* Vail.

Vein, *n.* —in an animal body, နှစ်လုံးထဲသို့ဝင်သောသွေးကြော။ —in flowers and plants, အရည်ကြော။ in stone and wood, ကြိုး၊ ကြိုးကြောင်း။ course of metal in the mine, ကျောက်ကိုထိုးဖောက်၍ထွက်သောသတ္တုအချောင်း၊ အမျှင်။ a particular disposition or cast of mind or genius, စိတ်ဓါတ်သဘော။ ဉာဏ်ဓါတ်သဘော။

Veined, Veiny, *a.* ကြိုးကြောင်း၊ ကြိုးလှိုင်းပေါ်သော။

Vellum, *n.* စာရေးရန်လုပ်သောနွားသငယ်သားရေ။

Velocity, *n.* မြန်ခြင်း။ လျင်ခြင်း။

Velvet, *n.* ကတ္တီပါ။ different kinds, မှော်လျော်။ မှိုင်းလုံး။

Velveteen, *n.* ခြည်ကတ္တီပါ။

Venal, *a.* လက်ဆောင်တံစိုးထိုး၍ရသော (အရာ။)

Venality, *n.* လက်ဆောင်တံစိုးစားခြင်း။

Venation, *n.* အမဲကိုလိုက်ခြင်း။

Vend, *v. t.* ရောင်းသည်။

Vender, *n.* agent, from above.

Vendible, *a.* ရောင်းဖွယ်ဖြစ်သော။

Vendue, *n.* လေလံ။ —master, *n.* လေလံပြစ်သောသူ။

Veneer, *v. t.* ပါးလွှာစွာလုပ်၍ကွပ်သည်။

Venerable, *a.* အလွန်ရိုသေဖွယ်ဖြစ်သော။

Venerableness, *n.* from above.

Venerate, *v. t.* အလွန်ရိုသေသည်။

Veneration, *n.* from above.

Venereal, *a.* မေထုန်သံဝါသနှင့်ဆိုင်သော။

Venery, *n.* မေထုန်သံဝါသ။

Venesection, *n.* သွေးဖောက်ခြင်း။

Venetian blind, *n.* တရုပ်ကပ်။

Vengeance, *n.* လက်စားချေအောင်ရန်တုံ့ပြန်၍ပြုခြင်း။

Vengeful, *n.* လက်စားချေအောင်ရန်တုံ့ပြန်၍ပြုတတ်သော။

Venial, *a.* pardonable, အပြစ်လွှတ်ဖွယ်ဖြစ်သော။ allowed, အခွင့်ရှိသော (အမှု။)

Venison, *n.* သမင်၊ ဒရယ်သား။

Venom, *n.* poison, အဆိပ်။ spite, အငြိုးထားခြင်း။

Venomous, *n.* containing venom, အဆိပ်ပါသော။ noxious, ဘေးဖြစ်စေတတ်သော။ spiteful, အငြိုးထားလျက်ရှိသော။

Venous, *a.* နှစ်လုံးထဲသို့ဝင်သောသွေးကြောနှင့်ဆိုင်သော။

Vent, *n.* an aperture for passage outward, ထွက်ပေါက်။ passage outward, as from a state of restriction or confinement, ပေါက်၍ထွက်သွားခြင်း။ — *v. t.* to let out at an aperture, ဖောက်၍လွှတ်သည်။ to emit, send forth, ထုတ်သည်။ လွှတ်သည်။

Ventilate, *v. t.* to introduce fresh air, လေဝင်အောင်သွင်းသည်။ to winnow, လှေ့သည်။

Ventilation, *n.* from above.

Ventilator, *n.* လေသွင်းသောတန်ဆာ။

Ventral, *a.* ဝမ်းနှင့်ဆိုင်သော။

Ventricle, *n.* ရင်ခေါင်းမှစ၍ဝမ်းတွင်းသားဥ၌ရှိသောအခေါင်းငယ်။

Ventriloquist, *n.* အခြားကပြောဆိုသကဲ့သို့ထင်အောင်ပြုတတ်သောနားလှည့်သမား။

Venture, *v. i.* to dare, (ပြု) ဝံ့သည်။ — *v. t.* to risk, hazard, စိုးရိမ်စရာ ရှိလျက် နှင့် စမ်း ၍ ပြု သည်။ စွန့် သည်။ စွန့် စား သည်။ — *n.* a hazardous affair, ဘေးဖြစ်မည်ဟုစိုးရိမ်စရာအကြောင်းရှိသောအမှု။ an affair of uncertain result, အဆုံး၌အဘယ်သို့ဖြစ်မည်ဟုမသိသောအမှု။ the thing put to hazard, အဆုံး၌အဘယ်သို့ဖြစ်မည်ကိုမသိဘဲလျက်စွန့်၍ပြုသောအရာ။

Venturesome, Venturous, *a.* ရဲရင့်သောသဘောရှိသော။ ဘေးကိုအမှုမထား၊ ပြုဝံ့သော။ စွန့်၍ပြုဝံ့သော။ စွန့်စားဝံ့သော။

Venus, *n.* the planet, သောက်ကြာဂြိုဟ်။

Veracious, *a.* မှန်သောစကားကိုပြောတတ်သော။

Veracity, *n.* သစ္စာ။

Veranda, *n.* လက်ခံခန်း။

Verb, *n.* ကရိယာ။

Verbal, *a.* spoken, ပြောဆိုသော(အရာ။) oral, နှုတ်မြွက်သော(အရာ။) pertaining to words merely, စကားနှင့်သာဆိုင်သော။ literal, စကားကိုအစည်အတိုင်းလိုက်သော။

Verbatim, *adv.* စကားကိုအစည်အတိုင်းလိုက်သည်နှင့်။

Verbiage, Verbosity, Verboseness, *n.* from next.

Verbose, *a.* စကားများစွာချဲ့၍ပြောသော။

Verdancy, *n.* from next.

Verdant, *a.* စိမ်းလန်းသော။

Verderer, *n.* တောကဲ။

Verdict, *n.* ဆုံးဖြတ်ချက်။

Verdigris, *n.* သင်းတွဲ။

Verdure, *n.* အပင်စိမ်းလန်းခြင်း။

Verge 1, *n.* a staff of authority, လှံတံ။ a brink, edge, border, အစွန်။ အနား။ —2, *v. i.* to tend, (တစုံတဦးသော)အရပ်သို့သွားလျက်ရှိသည်။ to slope, လျှောလျှောနေသည်။

Verger, *n.* မင်းရှေ့၊ ဂိုဏ်းအုပ်ရှေ့သို့လှံတံကိုဆောင်သောသူ။

Verification, *n.* from next.

Verify, *v. t.* to prove to be true, မှန်ကြောင်းကိုပြသည်။ to establish, confirm, တည်စေသည်။

Verily, *adv.* ဧကန်။ အမှန်။ အမှန်အကန်။ အကယ်စင်စစ်။

Verisimilar, *a.* ဟုတ်ဟန်ရှိသော။

Verisimilitude, *n.* ဟုတ်ဟန်။

Verity, *n.* moral truth, သစ္စာ။ conformity to fact, ဟုတ်မှန်ခြင်း။ a true assertion, ဟုတ်မှန်သောစကား။

Verjuice, *n.* ချဉ်သောအသီးမျိုးကထွက်သောချဉ်ရည်။

Vermicelli, မုန့်တီ။ မုန့်ဟင်းခါး။ made by Chinese, မုန့်ကြာဆံ။s.

Vermicular, *a.* တီကောင်နှင့်ဆိုင်သော။

Vermifuge, *n.* သံချဆေး။

Vermillion, *n.* ဟင်းသပဒါး။

Vermin, *n.* နှောင့်ရှက်ဖျက်ဆီးတတ်သောအကောင်မျိုး။ — small, အလှူအလှေး။ အလှူအရွား။

Vermiparous, *a.* သံကိုဖြစ်စေတတ်သော။

Vernacular, *a.* ဇာတိအမျိုးဘာသာနှင့်ဆိုင်သော။ — *n.* ဇာတိအမျိုးဘာသာနှင့်ဆိုင်သောစကား။

Vernal, *a.* အပင်ပေါက်သောဥတုတည်းဟူသော၊အင်္ဂလိပ်ပြည်မှာပဌမဥတုနှင့်ဆိုင်သော။

Vernant, *a.* အပင်ပေါက်၍စိမ်းလန်းသော။

Versatile, *a.* that may be turned round, လှည့်တတ်သော။ variable, unsteady, မတည်တံ့ပြောင်းလဲတတ်သော။ possessing varied powers, အရာရာ၌တတ်နိုင်သော။

Versatility, *n.* from above.

Verse, *n.* poetry, လင်္ကာ။ ဇတ်စာ။ a line of poetry, လင်္ကာစာကြောင်း။ အပုဒ်။ a small paragraph or subdivision of a paragraph, အပုဒ်။ အပိုက်။

Versed, *a.* လေ့ကျက်သော။ လေ့ကျွမ်းသော။ ကျင်လည်သော။

Versification, *n.* from Versify.

Versify, *v.* ဂါထာဖွဲ့သည်။ လင်္ကာစပ်သည်။ စပ်ဆိုသည်။

Version, *n.* a translation, ဘာသာအနက်ပြန်ယူသောစာ။ a subsequent account, အသစ်တဖန်ပြုပြင်၍ပြန်ပြောသောစကား။

Vertebra, *n.* ကြောရိုးဆစ်။

Vertebral, *a.* ကြောရိုးဆစ်နှင့်ဆိုင်သော။

Vertex, *n.* a summit, ထိပ်။ အထွဋ်အထိပ်။ the zenith, အထက်ဖဟိုရ်ချက်မ။

Vertical, *a.* placed in the zenith, အထက်ဖဟိုရ်ချက်မ၌တည်သော။ perpendicular, မတ်တတ်ရှိသော။

Verticity, *n.* လှည့်လည်ခြင်း။

Vertiginous, *a.* turning round, လှည့်လည်တတ်သော။ giddy, အမူးနာစွဲသော။

Vertigo, *a.* အမူးနာစွဲခြင်း။

Very, *a.* real, genuine, စစ်သော။ စင်စစ်ဖြစ်သော။ ကေန်အမှန်ဖြစ်သော။ —*adv.* အလွန်။ အလွန်တရာ။ exceedingly, applied to words of depth, အသူတရာ။

Vesicate, *v. t.* အရေကိုဖောင်းစေသည်။ Vesication, *n.* from *do.*

Vesicle, *a.* a blister, အဖောင်း။ a small membranous cavity, ကိုယ်အတွင်း၌ရှိသောအခေါင်းငယ်။

Vesper, *n.* the evening star, နေဝင်ကျောဉ်ကိုပေါ်ထွန်းသောသောက်ကြာကြယ်။ the evening, ညဦး။ ညဦးယံ။

Vespers, *n. plur.* ညဦးဝတ်။

Vessel, *n.* a utensil for holding liquids (of various kinds), ခွက်။ ဖလား။ ပုကန်လုံး။ အိုး။ အင်တုံ။ a tube in the animal body containing blood or other humors, သွေးကြောမှစ၍အဆီ၊အရည်တည်သောအကြော။ a ship or large boat, သင်္ဘော။ သိဘန်။

Vest, *n.* an outer garment, ဝတ်လုံ။ a waistcoat, လက်တို၊ကိုယ်ကျပ်အင်္ကျီ။ —*v. t.* clothe, ဝတ်သည်။ ချုံသည်။ အဝတ်နှင့်ချုံသည်။ —in, to put in possession of, အပ်သည်။ အပ်နှင်းသည်။ to deposit (money) with a view to profit, ရင်းနှီးသည်။ —with, to commission, အခွင့်ပေး၍ခန့်ထားသည်။

Vestal, *a.* သိဝါသနှင့်မဆက်ဆံသော။ —*n.* သိဝါသနှင့်မဆက်ဆံဘူးသောသီလသည်မ။

Vested, *a.* settled beyond contingency, သေဝပ်သော။

Vestibule, *n.* အမိုးရှိသောဆွေးကတက်။

Vestige, *n.* a footstep, ခြေရာ၊ ခြေနင်းရာ။ a trace, အကြောင်းရာ။ remains, ပျက်စီးသောနေရာတွင်ကျန်ကြွင်းရစ်သောအစအန။

Vestment, *n.* အဝတ်။

Vestry, *n.* a sacristy, သုစမ္မာဇရပ်နှင့်ဆိုင်သောဝတ်စားတန်ဆာ၊ အသုံးအဆောင်တို့ကိုထားရာအခန်း။ a room where parochial meetings are held, သုစမ္မာဇရပ်နှင့်ဆိုင်သောသူတို့စည်းဝေးရာအခန်း။ a parochial assembly, သုစမ္မာဇရပ်နှင့်ဆိုင်သောသူတို့အစည်းအဝေး။

Vesture, *n.* အဝတ်။

Veteran, *a.* အကျင့်အလေ့ဖြစ်အောင် ရှည်မြင့်စွာလေ့ကျက်သော။ —*n.* နှစ်ကာလအရှည်စစ်သူရဲလုပ်သောသူ။

Veterinary, *a.* မြင်း၊ နွား၊ သိုး၊ ဆိတ်တို့၏အနာကိုကုသခြင်းနှင့်ဆိုင်သော။

Veto, *n.* မှူးမတ်တို့သွင်းချက်ကိုသဘောမတူလျှင်ပယ်နိုင်၊ နှုတ်နိုင်သောအခွင့်။

Vex, *v. t.* to disquiet, မငြိမ်မဝပ်အောင်ပြုသည်။ to annoy, နှောင့်ရှက်သည်။ to irritate, စိတ်ထွက်အောင်ပြုသည်။ to tease with impertinence or petty annoyance, ကလိသည်။

Vexation, *n.* from above.

Vexatious, *a.* from Vex, *v. t.*; annoying with petty prosecution, အမှုမမှန်ဘဲလျှောက်ရှာကြံ၍အမှုလုပ်သော။

Via, *adv.* ဤမည်သောလမ်းကြောင်းဖြင့်။

Viaduct, *n.* through a mountain, တောင်ကိုဖောက်ထွင်း၍လုပ်သောလမ်း။ —from one hill to another, တောင်တလုံးနှင့်တလုံးကိုပေါင်းကူး၍လုပ်သောလမ်း။

Vial, *n.* ဖန်ဘူးငယ်။

Viand, *n.* ချက်ပြုတ်သောအစာ။

Viaticum, *n.* လမ်းခရီးရိက္ခာ။

Vibrate, *v. i.* to oscillate, ယောက်တက်ခတ်လှုပ်၍နေသည်။ to quiver, တုန်လှုပ်သည်။ —*v. t.* to brandish, သိုင်းကသည်။

Vibration, *n.* from above.

Vibratory, *a.* from Vibrate, *v.*

Vicar, *n.* a deputy, ကိုယ်စားလှယ်။ a priest of inferior rank, အင်္ဂလိပ်ဘာသာ၌အရာငယ်သောသင်းအုပ်။

Vicarage, *n.* အရာငယ်သောသင်းအုပ်ဆရာနေရာကျောင်းနှင့်ဝတ်မြေ။

Vicarious, *a.* သူကိုယ်စားဖြစ်သော။

Vice 1, *n.* a sinful habit, ဆိုးညစ်သောအကျင့်အလေ့။ — 2, an iron press, ဖြစ္စူ။ —3, *pref. in composition*, ကိုယ်စား။

Vice admiral, *n.* ရေကြောင်းဗိုလ်ချုပ်ထပ်။

Vicegerent, *n.* မင်းကိုယ်စားလှယ်။

Vicepresident, *n.* နိုင်ငံအုပ်အောက်ကစောင်ရန်၍ထားသောသူ။

Viceregal, *a.* ရှင်ဘုရင်ကိုယ်စားပြု၍အုပ်စိုးခြင်းနှင့်ဆိုင်သော။

Viceroy, *n.* ရှင်ဘုရင်ကိုယ်စားပြု၍အုပ်စိုးသောမင်း။ ဘုရင်ခံမင်း။ဒ.

Viceroyalty, *n.* ရှင်ဘုရင်ကိုယ်စားပြု၍အုပ်စိုးသောမင်း၏အရာ။

Vice versa, *adv.* အပြန်အလှန်။

Vicinage, *n.* ပတ်ဝန်းကျင်နီးစပ်သောအရပ်။

Vicinity, *n.* nearness, နီးခြင်း။ neighborhood, ပတ်ဝန်းကျင်နီးစပ်သောအရပ်။

Vicious, *a.* ဆိုးညစ်သောအကျင့်အလေ့ရှိသော။

Viciousness, *n.* from above.

Vicissitude, *n.* regular alternation, အလှည့်အလှည့်ဖြစ်ခြင်း။ change, ပြောင်းလဲခြင်း။

Victim, *n.* a creature offered in sacrifice, ယဇ်ပူဇော်သောအကောင်။ a person ruined, ပျက်စီးသောသူ။

Victor, *n.* နိုင်သောသူ။

Victorious, *a.* conquering, overcoming, နိုင်သော။ အောင်သော။ အောင်မြင်သော။ pertaining to victory, အောင်မြင်ခြင်းနှင့်ဆိုင်သော။

Victory, *n.* from above, 1st def.

Victual, *v. t.* စားနပ်ရိက္ခာလုံလောက်အောင်ပေးသည်။

Victualler, *n.* agent, from above.

Victualling-house, *n.* ထမင်းဆိုင်။

Victuals, *n.* အစာ။ စားနပ်။

Vide, *int.* ကြည့်လော့။

Videlicet, *adv.* ဟူ။ ဟူ၍။ ဟူသော။ ဟူသည်ကား။

Vie, *v. i.* ဂုဏ်ပြိုင်သည်။ အားတု၍ပြိုင်သည်။

View, *v. t.* to look at attentively, စေ့စေ့ကြည့်ရှုသည်။ to consider, ဆင်ခြင်သည်။ —*n.* the act of seeing, မြင်ခြင်း။ the act of inspecting attentively, စေ့စေ့ကြည့်ရှုခြင်း။ intellectual or mental sight, သိမြင်ခြင်း။ consideration, ဆင်ခြင်ခြင်း။ a prospect of things within reach of the eye, မျက်စိတဆုံးလှမ်းကြည့်၍မြင်ခြင်း။ the space visible, or the whole extent seen, ကြည့်၍မြင်နိုင်သောအကွာအဝေး။ exhibition, presentation to the sight or mind, ပြခြင်း၊ထင်ရှားအောင်ပြခြင်း။ opinion, ထင်မှတ်ခြင်း။ prospect of interest, မျှော်လင့်ခြင်း။ intention, purpose, ကြံရွယ်ခြင်း။ regard, ထောက်ထားခြင်း။

Viewless, *a.* မထင်ရှားသော။ အရူပဖြစ်သော။

Vigil, *n.* watch, abstinence from sleep, မအိပ်ဘဲစောင့်နေခြင်း။ devotion performed in the customary hours of sleep, မအိပ်ဘဲစောင့်၍ဝတ်ပြုခြင်း။ religious duty performed on the evening previous to a sacred day, အဓိတ်နေ့ညဦးမှာသီလဆောက်တည်ခြင်း။

Vigilance, *n.* abstinence from sleep, မအိပ်ဘဲစောင့်နေခြင်း။ watchfulness, သတိနှင့်စောင့်နေခြင်း။

Vigilant, *a.* သတိနှင့်စောင့်နေသော။

Vignette, *n.* စာအုပ်ပဌမမျက်နှာမှာပုံနှိပ်သောရုပ်ပုံ၊ပန်းပြောက်။

Vigor, *n.* strength, အား။ ခွန်အား။ သန်မာခြင်း။ ability, အစွမ်းသတ္တိ။ သန်စွမ်းခြင်း။

Vigorous, *a.* strong, ခွန်အားရှိသော။ သန်မာသော။ done with effort, အားယုတ်၍ပြုသော။

Vile, *a.* mean, ယုတ်ညံ့သော။ base, wicked, ဆိုးညစ်သော။ ဆိုးယုတ်သော။ ယုတ်မာသော။

Vileness, *n.* from above.

Vilification, *n.* from next.

Vilify, *v. t.* to debase, degrade, ယုတ်ညံ့စေသည်။ ရှုတ်ချသည်။ to defame, သူအသရေဖျက်အောင်မဟုတ်မမှန်ပြောသည်။

Villa, *n.* ဥယာဉ်၌နေ၍ပျော်မွေ့ရာအိမ်။

Village, *n.* ရွာ။ ဇာနပုဒ်။

Villager, *n.* ရွာသူရွာသား။

Villain, *n.* ဆိုးသွမ်းသောသူ။ လူဆိုးလူသွမ်း။

Villainous, *a.* ဆိုးသွမ်းသော။

Villainy, *n.* from above.

Villous, *a.* အမွေးထူသော။

Vindicate, *v. t.* to show to be true, correct, မှန်ကြောင်းကိုပြသည်။ to maintain, support, ထောက်ပင့်သည်။

Vindication, *n.* from above.

Vindicative, Vindicatory, *a.* from Vindicate.

Vindicator, *n.* agent, from Vindicate.

Vindictive, *a.* လက်စားချေအောင်ရန်တုံ့ပြန်၍ပြုတတ်သော။

Vindictiveness, *n.* from above.

Vine, *n.* the plant that produces grapes, စပျစ်နွယ်ပင်။ any creeper, အနွယ်။ နွယ်ပင်။ — clad, *a.* စပျစ်နွယ်ပင်ဖုံးအုပ်လွှမ်းမိုးသော။ —dresser, *n.* စပျစ်ခြံကိုပြုစုသောသူ။ —yard, စပျစ်ခြံ။ စပျစ်ဥယာဉ်။

Vinegar, *n.* ပုံးရည်။

Vinous, *a.* စပျစ်ရည်သဘောရှိသော။

Vintage, *n.* the time of grape gathering, စပျစ်သီးကိုဆွတ်ယူရာကာလ။ the produce of the vine for the season, စပျစ်ခြံကအချိန်အခါတွင်ထွက်သောစပျစ်ရည်။

Vintner, *n.* စပျစ်ရည်ကိုရောင်းသောသူ။

Viol, *n.* တယော။

Violable, *a.* in, နိုင်ဖွယ်။ from next.

Violate, *v. t.* to do violence to, အနိုင်အထက်ပြုသည်။ to transgress, လွန်ကျူးသည်။ to destroy, ဖျက်ဆီးသည်။ to profane, ရှုတ်ချသည်။ to ravish, မုဒိမ်းကျင့်သည်။

Violation, *n.* from above.

Violence, *n.* from next.

Violent, *a.* forcible, vehement, ပြင်းသော။ ပြင်းထန်သော။ done by force, အလိုအလျောက်မဟုတ်။ အနိုင်အထက်ပြုခြင်းဖြင့် ဖြစ်သော။ acting by force, အနိုင်အထက်ပြုသော။ အစွမ်းပြုသော။

Violently, *adv.* by force, အတင်းအကြပ်။

Violet, *n.* ပန်းပင်တမျိုး။ —color, နီကျင်ကျင်။ နီကြန်ကြန်။

Violin, *n.* တယော။

Violincello, *n.* တယောကြီး။

Viper, *n.* သားကောင်မွေးတတ်သောမြွေ၊ မြွေဖွေး။
Viperous, *a.* မြွေဖွေးကဲ့သို့ဖြစ်သော။
Virago, *n.* သူရဲဘောရှိသောမိမ္မ။
Virgin, *n.* သိဝါသနှင့်မဆက်ဆံသောကညာ။ — *a.* remaining in a natural, unwrought state, မပြုပြင်ဘဲပကတိအတိုင်းရှိသော။ becoming a virgin, ကညာနှင့်တော်သင့်သော။
Virginal, *a.* ကညာနှင့်ဆိုင်သော။
Virginity, *n.* ကညာ၏အဖြစ်။ ပန်းဦး။ ပန်းကောင်းအညွန့်။
Virgo, *n.* ကန်ရာသီ။
Viridity, *n.* စိမ်းလန်းခြင်း။
Virile, *a.* ယောကျ်ားနှင့်ဆိုင်သော။
Virility, *n.* ယောကျ်ားအရွယ်ရောက်သောအဖြစ်။
Virtu, *n.* ထူးဆန်း၊လှပ၊ယဉ်ကျေးသောအတတ်ပညာတို့ကိုဝါသနာရှိခြင်း။
Virtual, *a.* မထင်ရှားသော်လည်း၊ကေန်အမှန်ဖြစ်သော။
Virtue, *n.* strength, efficacy, အား။ အစွမ်း။ တန်ခိုး။ moral goodness, or a particular moral excellence, ပါရမီ။
Virtuoso, *n.* ထူးဆန်း၊ လှပ၊ ယဉ်ကျေးသောအတတ်ပညာတို့ကိုဝါသနာရှိသောသူ။
Virtuous, *a.* morally good, ပါရမီနှင့်ပြည့်စုံသော။ conformed to the moral law, တရားနှင့်ညီလျှော်သော။ chaste, မတရားသောကိလေသာကာမနှင့်ကင်းစင်သော။
Virulence, *n.* from next.
Virulent, *a.* very poisonous, အဆိပ်ပြင်းထန်သော။ very malignant, အလွန်စိတ်ပြင်းထားသော။
Virus, *n.* the poisonous matter of a sore, အဆိပ်အကင်းပါသောအနာပြည်ရည်။ the small pox virus, ကျောက်ရည်။ ကျောက်ပေါက်ရည်။ the vaccine virus, နွားကျောက်ရည်။
Visage, *n.* မျက်နှာ။
Viscera, *n.* အူ။
Visceral, *a.* အူနှင့်ဆိုင်သော။
Viscid, Viscous, *a.* စေးသော။ စေးကပ်တတ်သော။
Viscidity, *n.* from above.
Viscount, *n.* ဗိကောင့်။ အင်္ဂလိပ်မှူးမက်ကမျိုး။
Visibility, *n.* from next.
Visible, *a.* ထင်ရှားသော။
Vision, *n.* the act of seeing, မြင်ခြင်း။ the faculty of seeing, စက္ခုာယတန။ something seen supernaturally, ထူးဆန်းသောရူပါရုံ။ a spectre, တစ္ဆေ။ a phantasm, မျက်စိဖြင့်ထင်မြင်သောရုပ်ပုံသဏ္ဍာန်။
Visionary, *a.* susceptible of impression on the imagination, အမှန်

မဟုတ်ဘဲစိတ်ကထင်မြင်တတ်သော။ imaginary, အမှန်မဟုတ်ဘဲစိတ်ထင်ရုံသာရှိသော။ — *n.* မဖြစ်နိုင်သောအမှုကိုအချည်းနှီးကြံတတ်သောသူ။

Visit, *v. t.* to go or come to see, အကြည့်အရှုသွားသည်။ အကြည့်အရှုလာသည်။ —for the purpose of inspecting, and examining, ကြည့်ရှုစစ်ဆေးခြင်းငှါသွားသည်၊ လာသည်။

Visit, Visitation, *n.* from above.

Visitant, *n.* agent, from Visit, *v. t.* 1st def.

Visitor, *n.* agent, from Visit, *v. t.*

Visitorial, *a.* ကြည့်ရှုစစ်ဆေးခြင်းငှါသွားလာခြင်းအခွင့်နှင့်ဆိုင်သော။

Visor, *n.* မျက်နှာဖုံး။ the front piece of a cap, နေရောင်ကာ။ the front piece of a cap of state, သင်းကျစ်။

Viss, *n.* ပိဿာ။

Vista, *n.* တဖက်တချက်သစ်ပင်ရှိ၍ပိုးရိုဖောက်မြင်ရသောမြောင်း။

Visual, *a.* မြင်ခြင်းနှင့်ဆိုင်သော။

Vital, *a.* living, အသက်ရှင်သော။ pertaining to life, အသက်ရှင်ခြင်းနှင့်ဆိုင်သော။ essential to life, အသက်တည်ရခြင်းအကြောင်းနှင့်ဆိုင်သော။ essential, highly important, အဓိကဖြစ်သော။

Vitality, *n.* အသက်ရှင်ခြင်းအကြောင်း။

Vitals, *n. plur.* ကိုယ်တွင်း၌အသက်တည်နိုင်သောအင်္ဂါစု။

Vitiate, *v. t.* to injure, damage, ယိုယွင်းစေသည်။ to invalidate, ချို့တဲ့၍မတည်အောင်ပြုသည်။

Vitiatio , *n.* from above.

Vitreous, *a.* pertaining to glass, ဖန်နှင့်ဆိုင်သော။ like glass, ဖန်ကဲ့သို့ဖြစ်သော။

Vitrifaction, *n.* from next, *v. t.*

Vitrify, *v. i.* ဖန်ဖြစ်လာသည်။ —*v. t.* ဖန်ဖြစ်အောင်ပြုသည်။

Vitriol, *n.* blue vitriol, ဒုတ္ထာ။ green vitriol, ပါလဒုတ္ထာ။ ဒုတ္ထာစိမ်း။ white vitriol, သွပ်ဒုတ္ထာ။ ဒုတ္ထာဖြူ။

Vitriolic, *a.* ဒုတ္ထာနှင့်ဆိုင်သော။

Vituperant, *v. t.* အပြစ်တင်သည်။

Vituperation, *n.* from above.

Vivacious, *a.* ပေါ့ပါးလျှင်မြန်သော။

Vivaciousness, Vivacity, *n.* from above.

Viva voce, *adv.* နှုတ်မြွက်ဆိုသည်နှင့်။

Vivid, *a.* —as light or color, တောက်သော။ ထိန်ထိန်တောက်သော။ —as impressions or operations of the mind, ကြည်လင်သော။ ရှင်းလင်းသော။ အာရုံအားဖြင့်ရှင်းလင်းစွာထင်မြင်တတ်သော။

Vividness, *n.* from above.

Vivification, *n.* from next.

Vivify, *v. t.* အသက်ရှင်စေသည်။
Viviparous, *a.* သားကောင်ကိုမွေးတတ်သော။
Vixen, *n.* နှုတ်သီးကြောင်းသောမိန်း။
Viz, *a.* *contraction* of Videlicet, *which see.*
Vizard, *see* Visor.
Vizier, *n.* တုရကပြည်မှာဝန်ကြီးချုပ်။
Vocabulary, *n.* အဘိဓါန်။
Vocal, *a.* having a voice, နှုတ်ထွက်သံရှိသော။ uttered by the voice, နှုတ်မြွက်ခြင်းနှင့်ဆိုင်သော။
Vocation, *n.* the act of calling, ခေါ်ခြင်း။ the act of calling to some state or situation, ခေါ်၍ခန့်ထားခြင်း။ stated employment, စွဲမြဲ၍လုပ်ကိုင်ဆောင်ရွက်သောအမှု။
Vocative, *a.* ခေါ်ခြင်းနှင့်ဆိုင်သော။ အာလုပ်ဖြစ်သော။
Vociferate, *v. i.* အော်ဟစ်သည်။
Vociferation, *n.* from above.
Vociferous, *a.* အော်ဟစ်တတ်သော။
Vogue, *n.* ခေတ်ကာလအလိုက်ပေါ်သောဓလေ့။
Voice, *n.* sound emitted by the mouth, (လူတိရိစ္ဆာန်၏) နှုတ်ကထွက်သောအသံ။ speech, နှုတ်မြွက်ခြင်း။ နှုတ်မြွက်သောအသံ။ vote, suffrage, တဖက်၌နေ၍သဘောရှိရာအမှတ်လက္ခဏာကိုပြခြင်း။
Void, *a.* empty, လပ်သော။ လွတ်လပ်သော။ ပလာဖြစ်သော။ null, မတည်။ ပလပ်သော။ destitute, (—)မဲ့သော။ (—)မရှိသော။ —[make,] *v. t.* to nullify, ပလပ်စေသည်။ to do away with, ပပျောက်စေသည်။ —*n.* လဟာ။ လွတ်လပ်လဟာ။ —*v. t.* to leave, quit, ထွက်သွားသည်။ to vacate, လပ်စေသည်။ လွတ်လပ်စေသည်။ —(excrement,) စွန့်သည်။ —(worms,) ချပြစ်သည်။ to nullify, ပလပ်စေသည်။
Voidable, *a.* ပလပ်နိုင်သော။
Voidance, *n.* the act of emptying, လပ်စေခြင်း။ လွတ်လပ်စေခြင်း။ the act of ejecting from a benefice, ဝမ်းဆရာအသက်မွေးရန်ဖြစ်သောအရာကိုနှုတ်သည်။
Volant, *a.* ပျံလျက်ရှိသော။
Volatile, *a.* capable of flying, ပျံတတ်သော။ capable of being dissipated, ပျံလွင့်တတ်သော။ lively, ပေါ့ပါးလျှင်မြန်သော။ fickle, စိတ်ကစားတတ်သော။
Volatility, *n.* from above, 2d, 3d, and 4th def.
Volatilize, *v. t.* ပျံလွင့်တတ်အောင်ပြုသည်။
Volcanic, *a.* မီးထွက်သောတောင်နှင့်ဆိုင်သော။
Volcano, *n.* မီးထွက်သောတောင်။ မီးတောင်။
Volitation, *n.* ပျံခြင်း။

Volition, *n.* the act of willing, အလိုရှိခြင်း။ the power of willing, အလိုရှိနိုင်သောသတ္တိ။

Volitive, *a.* အလိုရှိတတ်သော။

Volley, *n.* a flight of shot, တညီတည်းသေနတ်ပေါက်၍တပြိုင်နက်ကျည်မွေ့ထွက်ခြင်း။ a burst of words, ကျယ်သောစကားသံ တပြိုင်နက်ထွက်ခြင်း။

Volubility, *n.* from next.

Voluble, *a.* capable of rolling, လိမ့်တတ်သော။ rolling, လိမ့်သော။ nimble, ပေါ့ပါးလျှင်မြန်သော။ fluent, သွက်သွက် လွက်လွက်ပြောတတ်သော။

Volume, *n.* a coil, အခွေ။ a roll, အလိပ်။ a roll of writing, စာလိပ်။ a book, စာအုပ်။ compass, လုံးပတ်။

Voluminous, *n.* having many coils, အခွေများသော။ consisting of many books, စာအုပ်များသော။

Voluntary, *a.* အလိုလိုပြုသော။ ကိုယ်အလိုအလျောက်ပြုသော။

Volunteer, *v. i.* ဆောင်ရွက်ရန်အမှုကို ကိုယ်အလိုအလျောက်ဝင်သည်။ —one's services, *v. t.* same. —*n.* from above, *v. i.*

Voluptuary, *n.* agent, from next.

Voluptuous, *a.* ကာမဂုဏ်မှုနှင့်ပျော်မွေ့သော။

Voluptuousness, *n.* from above.

Vomit, *v.* အန်သည်။ အော့သည်။ —*n.* the matter ejected from the stomach, အန်ဖတ်။ an emetic, အန်ဆေး။

Vomiting, *n.* from Vomit, *v.*

Vomitive, Vomitory, *a.* အန်စေတတ်သော။

Voracious, *a.* အလွန်အစားကြီးသော။

Voracity, *n.* from above.

Vortex, *n.* ဝဲကတော့။

Vortical, *a.* ချာချာလည်တတ်သော။

Votary, *n.* သစ္စာပြုခဲ့သကဲ့သို့တစုံတခုသောအမှု၌သာစိတ်စွဲလမ်းသောသူ။

Vote, *v.* to give one's suffrage, တဖက်၌နေ၍သဘောရှိရာအမှတ်လက္ခဏာကိုပြသည်။ to decide by suffrage, သဘောတူ၍ဆုံးဖြတ်သည်။ —*n.* from *do.*

Votive, *a.* သစ္စာဂတိနှင့်ဆိုင်သော။

Vouch, *v.* to appeal to for the truth of, တိုင်တည်သည်။ to bear witness, သက်သေခံသည်။

Voucher, *n.* a witness, သက်သေခံသောသူ။ a testimonial, သက်သေခံသောစာ။

Vouchsafe, *v.* ကိုယ်ကိုနှိမ့်လျက်ကျေးဇူးပြု၍ပေးသည်။

Vouchsafement, *n.* from above.

Vow, *v.* သစ္စာပြုသည်။ သစ္စာဂတိပြုသည်။ —*n.* from *do.*

Vowel, *n.* သရ။
Voyage, *v.* ပင်လယ်ခရီးသွားသည်။ —*n.* from *do.*
Voyager, *n.* agent, from Voyage, *v.*
Vulgar, *a.* pertaining to the common people, ဆင်းရဲသားတို့နှင့်ဆိုင်သော။ vernacular, ဇာတိအမျိုးဘာသာနှင့်ဆိုင်သော (စကား။) mean, low, unrefined, မယဉ်ကျေးသော။ —fraction, *n.* အပိုင်းဂဏန်း။
Vulgarism, *n.* ရိုင်းသောစကား။
Vulgarity, *n.* မယဉ်ကျေး၊ ရိုင်းခြင်း။
Vulnerable, *a.* ထိုးစုတ်ပြစ်ခတ်၍နာနိုင်သော။
Vulnerary, *a.* ရှနာ၊ စုတ်ပြတ်သောအနာမျိုးကိုကုသရန်ဖြစ်သော (ဆေး။)
Vulture, *n.* လင်းတ။

W

Wabble, *v. i.* စောင်းဘိစောင်းဘင်းလိမ့်လည်သည်။
Wad, *n.* သေနတ်၊ အမြောက်ပြစ်ရန်ထိုးသောအစာ။
Wadding, *n.* အဝတ်နှစ်ထပ်ကြားသို့ထိုးသွင်းရန်အစာ။
Waddle, *v. i.* (ဝမ်းဘဲကဲ့သို့) ယမ်း၍သွားသည်။
Wade, *v. i.* (ရေထဲသို့) ဆင်း၍သွားသည်။
Wafer, *n.* a small thin cake, မုန့်ပြားကလေး။ မုန့်ကြွပ်။ paste for sealing letters, တံဆိပ်ခတ်ရန်ကော်ပြား။ —*v. t.* ကော်ပြားနှင့်တံဆိပ်ခတ်သည်။
Waft, *v. t.* လွင့်၍ပါသွားသည်။
Wag, *v. i.* —as the tail, နန့်သည်။ —as the head or the beard, လှုပ်သည်။ —*v. t.* from *do.* —*n.* လူပျက်။
Wage, *v. t.* (Amer.), to wager, *which see.* —war, *v.* စစ်တိုက်သည်။
Wager, *v. t.* to bet, လောင်းသည်။ လောင်းစားသည်။ —*n.* လောင်းသောဥစ္စာ။
Wages, *n.* အခ။ လက်ခ။ ကံကျွေးလက်ခ။
Waggery, *n.* from next.
Waggish, *a.* ကျီစားသော။ ပျက်ရယ်ပြုသော။
Waggle, *see* Waddle.
Wagon, *n.* လှည်းခင်တိတ်။
Wagoner, *n.* လှည်းခင်တိတ်နှင်သမား။
Wagtail, *n.* သပိတ်လွယ်။
Waif, *n.* တွေ့၍အရှင်မပေါ်မရှိသောဥစ္စာ။
Wail, *v.* ငိုကြွေးမြည်တမ်းသည်။ —*n.* from *do.*
Wain, *see* Wagon.
Wainscot, *n.* တိုက်၊ အိမ်နံရံအတွင်းဘက် လှပအောင် ကပ်သောပျဉ်ပြား။ —*v. t.* တိုက်၊ အိမ်နံရံအတွင်းဘက်လှပအောင်ပျဉ်ပြားကပ်သည်။
Waist, *n.* ခါး။ —of a ship, သင်္ဘောအလယ်ကုန်းပတ်။ — band, ပေါင်းဘီခါးစည်းအနားပတ်။ —coat, လက်တို၊ကိုယ်ကျပ်အင်္ကျီ။

Wait, *v. i.* to delay (intrans.), tarry, ဆိုင်းသည်။ – for, —*v. t.* ငံ့သည်။ ငံ့လင့်သည်။ ဆိုင်းလင့်သည်။ စောင့်နေသည်။ —on, —upon, to attend, as a servant, အစေအပါခံသည်။ ဝတ်ပြုသည်။ to attend or visit on business or for ceremony, ခစားသည်။ —*n.* *see under* Lay wait, and Lie in wait.

Waiter, *n.* လက်ပါးစေ၊ အစေအပါ။

Waiting, *a.* from Wait, *v. i.* —maid, *n.* အစေအပါမိန်းမ။

Wake, *v. i.* to be awake, မအိပ်ဘဲစောင့်နေသည်။ to cease from sleeping, နိုးသည်။ —*v. t.* to rouse from sleep, နှိုးသည်။ to rouse to action, နှိုးဆော်သည်။ — up, *v.* same, except the 1st def. —*n.* vigil, မအိပ်ဘဲစောင့်နေခြင်း။ a festival kept in the season of sleep, မအိပ်ဘဲစောင့်၍ ပွဲခံခြင်း။ — (of a ship), ရက်ကြောင်း။

Wakeful, *a.* indisposed to sleep, အိပ်မပျော်လိုဘဲနေသော။ easily, awaked, နိုးကြွားသော။ အအိပ်ဆတ်သော။

Wakefulness, *a.* from above, 1st def.

Waken, *v.* same as Wake, *v. i.* and *v. t.* except the 1st def.

Wale, *n.* the ridge in ribbed cloth, အထည်အလိပ်၌ထသောအကြောင်း။ the mark of a whip on the flesh, ရိုက်၍ထသောအရှိုး။

Walk, *v. i.* to advance by steps, ခြေလှမ်း၍သွားသည်။ to go afoot (as distinguished from other modes of travelling), ခြေကျင်သွားသည်။ to go about, for air or exercise, လည်သည်။ လည်သွားသည်။ to behave, conduct, ကျင့်ဆောင်ပြုမူသည်။ —*n.* from above; manner of walking, gait, လှမ်းသွားခြင်း၏ အခြေအနေ။ a length of space through which one walks, သွားရာလမ်းကြောင်း။ a place for walking to and fro, စင်္ကြံ။ range, လည်သွားရာအရပ်။ *see* Sheep walk.

Walking, *n.* from Walk, *v. i.* —staff, —stick, တောင်ဝေး။

Wall, *n.* an elevated line of brick or stone, အုတ်ရိုး။ ကျောက်ရိုး။ a brick or stone fence, တန်တိုင်း။ the wall of a fortification, အုတ်တပ်။ ကျောက်တပ်။ the brick or stone side of a house, တိုက်နံရံ။ —eyed, *a.* မျက်မိဖြူသော။ —fruit, *n.* ဥယျာဉ်တန်တိုင်းနံရံကိုမှီ၍ စိုက်မှမည့်တတ်သောအပင်အသီးမျိုး။ —*v. t.* to inclose with a wall, အုတ်ရိုး၊ ကျောက်ရိုးလုပ်၍ကာရံသည်။ to fill up with a wall, အုတ်၊ကျောက်နှင့်ပိတ်ဆို့၍ထားသည်။

Wallet, *n.* ရိက္ခာထည့်ရန်လွယ်အိတ်။

Wallop, *v. i.* ကျွက်ကျွက်ဆူသည်။

Wallow, *v. i.* to flounder, ပြောင်းဆန်၍နေသည်။ ပြောင်းဆန်အောင်လှုပ်သည်။ to roll one's self, လူးလည်သည်။

Walnut, *n.* သစ်ကျားသီး။

Waltz, *v. i.* ခြေရောလက်ပါတကိုယ်လုံးလိမ့်လည်လှည့်ပတ်၍ကသည်။

Wampum, *n.* ကြွေကုံး။

Wan, *a.* ဖျော့သော။

Wand, *n.* a rod, တံပျာ။ a staff of authority, လှံတံ။

Wander, *v. i.* to ramble, rove, အရပ်ရပ်လှည့်လည်၍သွားသည်။ to stray, လမ်းမှလွဲ၍လှည့်လည်သည်။ to deviate from right, မှားသည်။ မှားယွင်းသည်။ to be delirious, စိတ်ကတောင်ကရင်ဖြစ်သည်။

Wane, *v. i.* —as the moon, ဆုတ်သည်။ to decline, လျော့သည်။ ရွေ့လျော့သည်။ ယုတ်လျော့သည်။ —*n.* from above; —of the moon, လဆုတ်။ လပြည့်ကျော်။

Wanness, *n.* from Wan.

Want, *v. i.* to lack (intrans.), be wanting, improperly absent, လိုသည်။ (intrans.); to be deficient, defective, မစုံလင်၊ ချို့တဲ့သည်။ to fall short, ယုတ်။ (with a continuative affix understood,) —*v. t.* to be without, destitute of, not to have, လိုသည်။ (trans.), (တစုံတဦး)၌မရှိ။ —မဲ့ဖြစ်သည်။ to need, အသုံးလိုသည်။ to desire, အလိုရှိသည်။ လိုချင်သည်။ —*n.* a not being, မရှိခြင်း။ —မဲ့ခြင်း။ the state of not having, (တစုံတဦး)၌မရှိခြင်း။ —မဲ့ဖြစ်ခြင်း။ need, အသုံးလိုခြင်း။ poverty, ဆင်းရဲခြင်း။

Wanton, *a.* unsteady, in temper or conduct, လျှပ်ပေါ်သော။ လော်လည်သော။ immodest, မမြင်းသော။ ကလက်သော။ နန့်သော။ unrestrained, running to excess, ပေါက်လွှတ်ပြုတတ်သော။ လွန်ကျူးတတ်သော။ indulging sensuality, ကာမဂုဏ်ငါးပါး၌လွန်ကျူးတတ်သော။ lustful or lewd, တဏှာရာဂအားကြီးသော။ ကာမရာဂအားဖြင့်ညစ်ညူးသော။ —*n.* ကမြင်းသောမိန်းမ။ —*v. i.* to revel, play wantonly or without restraint, ပေါက်လွှတ်ကစားသည်။ to play lasciviously, ကိလေသာစိတ်နှင့်ဆွဲငင်၍ကစားသည်။

War, *n.* စစ်။ စစ်မက်။ စစ်မှု။ စစ်တိုက်ခြင်း။ — boat, ရဲလှေ။ ရဲသံဘန်။ —flag, ရဲအလံ။ —whoop, စစ်တိုက်မည်ဆဲဆဲတွင်ညာသံပေးခြင်း။ —worn, *a.* ကြာမြင့်စွာစစ်တိုက်၍ပိုပန်းလျော့ပါးသော။ —*v. i.* စစ်တိုက်သည်။

Warble, *v.* to quaver the voice in singing, (နားပျော်ဘွယ်)တုန်လှုပ်သံပြု၍သီခြင်းဆိုသည်။ to utter musically, ကျူးရင့်သည်။ to sing, as a bird, မြည်သည်။ မြည်တွန်သည်။

Warbler, *n.* မြည်တွန်သောငှက်။

Ward, —of, *v. t.* ကာဆီးသည်။ —*n.* the act of guarding, စောင့်နေခြင်း။ which wards off, ကာဆီးတတ်သောအရာ။ custody, ချုပ်ထားခြင်း။ a person under a guardian, စောင့်မအုပ်ထိန်းခြင်းကိုခံရသောသူ။ a division of a city, မြို့၏အရပ်အကွက်။ a check in a lock, သော့စက်သွား။

Warden, *n.* စောင့်ထိန်းသောလူ။

Warder, *n.* လူစောင့်၊ တံခါးစောင့်၊ တံခါးမှူး။

Wardrobe, *n.* a room where clothes are kept, အဝတ်စိုထားသော အခန်း။ wearing apparel in general, အဝတ်စို။

Wardship, *n.* guardianship, စောင့်မအုပ်ထိန်းခြင်း။ the state of being under a guardian, စောင့်မအုပ်ထိန်းခြင်းကိုခံရသောအဖြစ်။

Ware 1, *see* Aware. —2, *n.* goods for sale, ကုန်၊ ကုန်စည်။ manufactured articles, ထက်မှုပညာနှင့်လုပ်သောအရာ။ —house, ကုန်လှောင်ရာတိုက်။

Warfare, *n.* စစ်မှုကိုထမ်းခြင်း။

Wariness, *n.* from Wary.

Warlike, *a.* pertaining to war, military, စစ်မှုနှင့်ဆိုင်သော၊ disposed to war, martial, စစ်တိုက်တတ်သော၊ စစ်တိုက်မှုကိုအလိုရှိသော၊ fit for war, စစ်တိုက်ခြင်းအမှုနှင့်တော်သင့်သော၊ having the appearance of commencing hostilities, စစ်တိုက်မည်လက္ခဏာရှိသော၊

Warm, *a.* having heat in a moderate degree, နွေးသော၊ feeling warm, အိုက်သော၊ ardent in temper, စိတ်မြန်တတ်သော၊ eager, စိတ်အားကြီးသော၊ violent, ပြင်းသော၊ — hearted, ချစ်ကြည်ညိုတတ်သောသဘောရှိသော၊ —*v. i.* to acquire a moderate degree of heat, နွေးလာသည်။ to become ardent, စိတ်အားတိုးပွားသည်။ —*v. t.* to make warm, နွေးစေသည်၊ to make ardent, စိတ်အားကြီးစေသည်။

Warming-pan, *n.* အိပ်ရာကိုနွေးအောင်လုပ်သောမီးပူတန်ဆာ၊

Warmth, *n.* from Warm, *a.*

Warn, *v. t.* to give notice of danger, သတိပေးသည်၊ to give previous information, တင်ကူး၍ကြားပြောသည်၊ to notify by authority, ဆင့်ဆို၍ထားသည်၊

Warning, *a.* from above.

Warp 1, *n.* the threads that are crossed by the woof, အတိုင်၊ ရက်ကန်းပင်။ a warping line, လှေတားကြိုး။ —2, *v. i.* to turn up at the sides, ကော့သည်၊ ကော့ထန်သည်။ to twist out of a plane, ကော့လိမ်သည်၊ to incline from a straight course, လွှဲသည်။ —*v. t.* from above; —a ship, လှေတားဆွဲသည်။

Warrant, *v. t.* to authorize, အခွင့်ပေးသည်၊ to engage for, be security for, ခံဝန်သည်။ to guaranty, လုံချုံအောင်ခံဝန်သည်၊ to justify, မှန်ကြောင်းကိုပြသည်။ —*n.* authority (to do), အခွင့်၊ a legal precept to seize (a person), ဖမ်းဆီးရသောထက်မှတ်စာ၊ (Eng.), ဝါရန်စာ၊ a search warrant, ရှာဖွေရသောထက်မှတ်စာ၊

Warrantable, *a.* မှန်ကြောင်းကိုပြနိုင်ဖွယ်ဖြစ်သော(အမှု၊)

Warranter, *n.* one that authorizes, အခွင့်ပေးသောသူ။ a guarantee, လုံချုံအောင်ခံဝန်သောသူ။

Warranty, *n.* ခံဝန်သောစာချုပ်ခွဲပါသောဂတိချက်။

Warren, *n.* ယုန်မွေးသောခြံ။

Wart, *n.* ကြွက်နို့။

Wary, *a.* မယုံ၍သတိပြုသော။

Wash, *v. t.* to cleanse with water, ဆေးသည်။ ဆေးကြောသည်။ —as clothes or the hair, လျှော်သည်။ as clothes by beating, ဖွပ်သည်။ —as the face, သစ်သည်။ —as the body in bathing, ရေချိုးသည်။ to wet, စိုစွတ်အောင်ပြုသည်။ to overflow, လွှမ်းသည်။. to plate with fused gold or silver, ရွှေရည်၊ ငွေရည်နှင့်ပွတ်သည်။ —ball, *n.* ဆပ်ပြာလုံး။ —board, as of a boat, စပ်။ —of a room, ခန်းဆီးပျဉ်ထောင် နံရံအောက်ခြေ ကိုဖုံးကာ သောကမ္ဗတ်ကြီး။ — bowl, မျက်နှာသစ်ရန်ဇလုံပုကန်။ — pot, အင်တုံ။ —tub, အဝတ်လျှော်ရန်စည်ပိုင်း။ — alluvial matter, နုံး။ သွန်း။ a bog, စိမ့်မြေကွက်။ a lotion, ဆွတ်လူးရန်ဆေးရည်။ a plating of gold or silver, ပွတ်သောရွှေရည်၊ငွေရည်။ swill, ဝက်စာအရည်။ one washing of clothes, အဝတ်ကိုစု၍တခါတည်းလျှော်ခြင်း။

Washerman, *n.* ခဝါသည်။

Washerwoman, *n.* ခဝါသည်မ။

Washing, *n.* from Wash, *v.* and *see* Wash, *n.* last def. —machine, အဝတ်ကိုဖွပ်လျှော်သောတန်ဆာ။

Washy, *a.* watery, ရေတုံတုံဖြစ်သော။

Wasp, *n.* နကြည်။

Waspish, *a.* စိတ်ဆတ်သော။

Waspishness, *n.* from above.

Wassail, *n.* သေသောက်ပွဲ။

Waste, *v. i.* to dwindle, be diminished gradually, တဖြေးဖြေးလျော့ပါးသည်။ —*v. t.* to diminish gradually, တဖြေးဖြေးလျော့ပါးအောင်ပြုသည်။ to expend to no purpose, အချည်းနှီးသုံး၍ကုန်စေသည်။ to spend (time) to no purpose, အချည်းနှီးလွန်စေသည်။ to squander (property,) ဖွာဖွာသုံး၍ဖြုန်းတီးသည်။ to cause to be exhausted without profit, အကျိုးမဲ့ပြယ်ပျောက်စေသည်။ to desolate, ဖျက်ဆီးပယ်ရှင်းသည်။ —*a.* desert, desolate, လူမရှိ၊ ဆိတ်ညံ့သော။ desolated, ဖျက်ဆီး ပယ်ရှင်းလျက် ရှိသော။ uncultivated, မတီထွင်၊ မပြုစုသော (မြေ။) useless, အသုံးမဝင်သော။ —land, *n.* မြေရိုင်း။ မြေလပ်။ —from Waste, *v. i.* anc *v. t.*; uncultivated land, မြေရိုင်း။ မြေလပ်။ a desolate uncultivated tract, လွင်ပြင်လဟာ။

Wasteful, *a.* lavishly expending property to no good enc

အချည်းနှီးကုန်အောင်ဖွာဖွာသုံးတတ်သော။ destructive to property, ပြုန်းတီးစေသော။

Wastefulness, *n.* from above.

Waster, *n.* agent, from Waste, *v. t.*

Watch, *v. i.* to remain without sleeping, မအိပ်ဘဲစောင့်နေသည်။ to look out, be on the watch, စောင့်၍နေသည်။ to keep guard, act as sentry, ကင်းစောင့်သည်။ to be vigilant, သတိနှင့်စောင့်၍နေသည်။ to be insidiously attentive, ချောင်းမြောင်း၍နေသည်။ —*v. t.* to tend, စောင့်ထိန်းသည်။ to observe closely, စေ့စေ့ကြည့်၍မှတ်သည်။ to observe in ambush, ချောင်းမြောင်း၍ကြည့်သည်။ —for, to look out for, မျှော်သည်။ မျှော်၍နေသည်။ —over, to take care of, protect, စောင့်သည်။ —(one's own performance of duty,) စောင့်ရှောက်သည်။ —(one's own conduct, in order to avoid sin,) စောင့်စည်းသည်။ —*n.* abstinence from sleep, မအိပ်ဘဲစောင့်နေခြင်း။ attendance without sleep, စောင့်၍နေခြင်း။ close observation, စေ့စေ့ကြည့်၍မှတ်ခြင်း။ the act of watching for, မျှော်ခြင်း။ မျှော်၍နေခြင်း။ the act of watching over, စောင့်ခြင်း။ စောင့်ရှောက်ခြင်း။ စောင့်စည်းခြင်း။ for sub. def. *see* Watch over; a watchman or watchmen, အစောင့်။ လူစောင့်။ a sentry, ကင်းစောင့်။ one of the periods into which the night is divided, ယံ။ a portable time piece, ခါးပိုက်ဆောင်နာရီ၊ နာရီခွက်။ —dog, အိမ်စောင့်ကောင်းသောခွေး။ —house, ကင်းတဲ။ ကင်းရုံ။ —maker, *n.* ခါးပိုက်ဆောင်နာရီလုပ်သမား။ —man, အစောင့်။ လူစောင့်။ ကင်းစောင့်။ ကင်းသား။ —tower, ကင်းမျှော်စင်။ —word, အထိမ်းအမှတ်ပေး၍ထားသောစကား။

Watchful, *a.* သတိနှင့်စောင့်နေသော။

Watchfulness, *n.* from above.

Watching, *n.* from Watch, *v.*

Water, *n.* the element, ရေ။ အာပေါ။ Pali. urine, ရေဟောင်း။ ကျင်ငယ်။ the lustre of a diamond, စိန်၏အရည်အရောင်။ —carriage, ရေကြောင်းမှဆောင်ခြင်း။ —closet, ရေအိမ်။ —color, ရေနှင့်ဖျော်သောပန်းချီဆေး။ — course, ချောင်းငယ်၊ မြောင်း။ —craft, လှေ၊ သင်္ဘောအစရှိသောသင်္ဘောကလေးအမျိုးမျိုး။ —fall, ရေတံခွန်။ —fowl, ရေငှက်။ —gruel, *see* Gruel. —lily, ကြာပွင့်။ —logged, *a.* ရေများစွာဝင်၍တက်မမစားနိုင်သော(သင်္ဘော။) —man, *n.* လှေသား။ —mark, ရေရာ။ ရေကုန်တက်သောရေရာ။ —melon, ဖရဲသီး။ —mill, ရေယက်ရေးစက်။ —ordeal, ရေထားခြင်း။ — pot, —for holding water, ရေအိုး။ —for watering plants, ရေဖြန်းလောင်းသောခရား။ —proof, *a.* ရေမစိုစွတ်နိုင်သော

(အရာ။) —rat, *n.* ရေကြွက်။ —skipper, ရေပိုး။ —snake, ရေမြွေ။ —spout, ရေဘွေ။ —tight, *a.* ရေလုံသော။ —work, *n.* ရေပန်းထွက်အောင်ပြုပြင်သောတန်ဆာ။ —*v. i.* —as the eyes, မျက်ရည်ပွထွက်သည်။ —as the mouth, လျှာရည်ယိုသည်။ သွားရည်ယိုသည်။ to take in water, as a ship, သောက်ရေတင်သည်။ —*v. t.* to irrigate, ရေနှင့်စိုစွတ်အောင်ပြုသည်။ to pour water on, ရေလောင်းသည်။ to give (cattle) to drink, ရေတိုက်သည်။

Watering-place, *n.* ဆေးစမ်းတွင်း၌စုဝေး၍သောက်သောအရပ်။

Watering-trough, *n.* ရေတိုက်ရာကျင်း။ ရေကျင်း။

Watery, *a.* pertaining to water, ရေနှင့်ဆိုင်သော။ wet, abounding with water, စိမ့်၊စမ်းကြီးသော (အရပ်။) thin, washy, ရေတုံတုံဖြစ်သော။ vapid, tasteless, ပေါ့သော။

Wattle, *n.* a hurdle, သစ်ခက်ကိုရက်သောကပ်။ the fleshy excrescence under a cock's bill, ကြက်ပါးဖျည်း။ —*v. t.* သစ်ခက်ကိုရက်၍လုပ်သည်။

Wave 1, *n.* a billow, လှိုင်း။ တံပိုး။ a curving streak of color in silk, ကြိုးလှိုင်း။ unevenness, မညီမညာခြင်း။ —1, *v. i.* to play loosely, move to and fro, တလစ်လစ်နေသည်။ to undulate, လှိုင်းတံပိုးကဲ့သို့လှုပ်သည်။ လှိုင်းအိထသည်။ —*v. t.* to move one way and the other (as the hand,) တယန်းယန်းလှုပ်သည်။ —(as a sword,) တဝင့်ဝင့်လုပ်၍နေသည်။ —(as a religious offering,) ရှိလှဲသည်။ to beckon with the hand, လက်ယပ်သည်။ —offering, *n.* ရှိလှဲပူဇော်သကာ။ —2, *v. t.* to drop, (cease prosecuting a subject,) တိုး၍မပြုဘဲနေသည်။ လွှဲပယ်သည်။ to decline using, မသုံးဘဲနေသည်။

Waver, *v. i. see* Wave, *v. i.* 1st def.; to fluctuate, be unsettled in opinion, စိတ်ဝေသည်။ ဇဝေဇဝက်ရှိသည်။

Waveringly, *adv.* ယိုးတိုး ယားတား။

Wavy, *a.* from Wave, *v. i.*

Wax, *n.* bee's wax, ဖယောင်း။ ear-wax, နားဖာချေး။ sealing-wax, သင်္ဘောခြိပ်။ any tenacious matter, စေးကပ်တတ်သောအရာ။ —candle, ဖယောင်းတိုင်။ —chandler, ဖယောင်းတိုင်သည်။ —end, ခြေနင်းထိုးသောဖယောင်းတိုက်ဖနံခြည်။ —work, ဖယောင်းကိုလုပ်သောရုပ်ပုံတန်ဆာ။ —1, *v. t.* to rub with wax, ဖယောင်းတိုက်သည်။ —2, *v. i.* to increase in size, grow, တိုးပွားသည်။ —as the moon, ဆန်းသည်။ to become, သွား or လာ။ (qualifying affix).

Waxen, *a.* ဖယောင်းကိုလုပ်သော။

Waxy, *a.* ဖယောင်းကဲ့သို့ဖြစ်သော။

Way, *n.* a passage from one place to another, ခရီး။ a road, လမ်း။

means, တစိုတခုသောအကျိုးကိုရခြင်းငှါသုံးသောအရာ။ အား။ in အားဖြင့်။ manner, mode, နည်း။ နှယ်။ ထုံးတမ်း။ mode of religion, တာသာ။ —[by the], *adv.* ပြောစည်တွင်။ —[under be], *v. i.* (သဘော်)သွားလျှက်ရှိသည်။

Wayfarer, *n.* ခရီးသွားသောသူ။

Wayfaring, *a.* ခရီးသွားသော။

Waylay, *v. t.* လမ်းကချောင်း၍နေသည်။

Waymark, *n.* လမ်းမလွဲအောင်ချထားခဲ့သောအမှတ်။

Wayward, *a.* ဆုဋ္ဌခဲသော။ ခိုင်မာစွာပေါက်လွှတ်ပြုတတ်သော။

Waywardness, *n.* from above.

We, *plur.* of I, *which see.*

Weak, *a.* not strong, အားနည်းသော။ feeble, infirm, ညှိုးနွဲ့သော။ မသန်စွမ်းသော။ firm, having the power of endurance, ခိုင်ခံ့သော။ not much impregnated with pungent or stimulating ingredients, ပေါ့သော။ အနှစ်အရသာနည်းသော။ — in voice, အသံသေးသော။ —headed, ဉာဏ်နည်းသော။ —hearted, စိတ်ပျော့သော။ —side, *n.* ဝါသနာကြောင့်လွဲတတ်သောအချက်။

Weaken, *v. t.* from Weak, *a.*; to enfeeble gradually, အားလျော့အောင်ပြုသည်။

Weakly, *a.* မသန်မစွမ်း၊ ညှိုးနွဲ့သော။ — *adv.* from Weak, *a.*

Weakness, *n.* from Weak, *a.*; want of judgment, feebleness of mind, foolishness, မိုက်ခြင်း။ an infirmity, ပေါ့လျော့သောအပြစ်။

Weal, *n.* ကောင်းသောအကျိုး။

Wealth, *n.* riches, များစွာသောဉစ္စာ။ opulence, ဉစ္စာရတတ်ခြင်း။ ကြွယ်ဝခြင်း။ the enjoyment of opulence, စည်းစိမ်။

Wealthiness, *n.* from next.

Wealthy, *a.* ဉစ္စာရတတ်သော။ ကြွယ်ဝသော။

Wean, *v. t.* from next.

Weaned [be], *v. i.* —from the breast, နို့ကွာသည်။ —from a habit, အလေ့ပြတ်သည်။

Weapon, *n.* လက်နက်။

Wear, *v. t.* to consume by rubbing or attrition, စားသည်။ တိုက်၍စားသည်။ ပွတ်၍စားသည်။ ပွန်းအောင်ပြုသည်။ to affect by degrees, တရွေ့ရွေ့ဖြစ်အောင်ပြုသည်။ to carry appendant to the body, as clothes, ဝတ်သည်။ —as a cap, &c. ဆောင်းသည်။ —as shoes, စီးသည်။ —as stockings or gloves, စွပ်သည်။ —as a weapon, ဆောင်သည်။ to exhibit (on the countenance,) ပြသည်။ — away, *v. i.* to be consumed by slow degrees, တရွေ့ရွေ့လျော့ပါးကုန်ခန်းသည်။ —*v. t.* တရွေ့ရွေ့လျော့ပါးကုန်ခန်း

အောင်တိုက်ပွတ်သည်။ —off, တဖြေးဖြေးကုန်အောင်တိုက်ပွတ်သည်။ —out, *v. i.* ဟောင်းနွမ်းပျက်စီးသည်။ —*v. t.* ဟောင်းနွမ်းပျက်စီးအောင်ပြုသည်။ —*n.* from *do.*

Wearer, *n.* agent, from Wear, *v. t.*

Weariness, *n.* from Weary, *a.*

Wearisome, *a.* မောစေသော။ ပင်ပန်းစေသော။ ညောင်းစေသော။

Weary, *a.* tired, fatigued, မောသော။ ပင်ပန်းသော။ uneasy from long continuance, ညောင်းသော။ —of, tired of, စိတ်ကုန်သော။ —*v. t.* from Weary, *a.*

Weather, *n.* မိုဃ်းလေ၏အခြေအနေ။ —beaten, *a.* မိုဃ်းလေရိုက်ခြင်းကိုခံရသော။ —cock, *n.* ငှက်မနားကြြက်ရုပ်။ —driven, *a.* မိုဃ်းသက်မုန်တိုင်းတိုက်၍လွှင့်သော။ — glass, *n.* မိုဃ်းလေကိုတိုင်းချိန်ရန်အူကြောင်းပါသောဖန်ချောင်းတန်ဆာ။ — proof, *a.* မိုဃ်းလေလုံချုံသော။ —wise, မိုဃ်းရိပ်၊လေရိပ်ကိုနားလည်သော။ —*v. t.* to sail to the windward of, ကုတ်ကုတ်ကတ်ကတ်ရွက်တိုက်၍ကော်သွားသည်။ to pass with difficulty, အနားကိုကုတ်ကုတ်ကတ်ကတ်ရှောက်သွားသည်။ — a point, ကုတ်ကုတ်ကတ်ကတ်ပြု၍အကြံထမြောက်သည်။ —out, *v. t.* အဆုံးတိုင်အောင်ခံရပ်၍နေသည်။

Weave, *v. t.* to unite by intertexture of parts, ရက်သည်။ —cloth in a loom, ရက်ကန်းရက်သည်။ to unite by intermixture, ရောနှော၍ရက်တင်အောင်ပြုသည်။

Weaver, *n.* ရက်ကန်းသည်။ the bird, စာပေါင်းသောင်း။ စာဘူးတောင်း။

Weaving, *n.* from Weave, *v. t.*

Weazen, *a.* ဖိန့်ကျုံ့သော။

Web, *n.* cloth in the loom, ရက်ကန်းသား။ a film on the eye တိမ်သလာ။ a spider's web, ပင့်ကူမျှေး။ —footed, Webbed, *a.* ဝမ်းဘဲကဲ့သို့တပြားတည်းသောခြေရှိသော။

Wed, *v.* to marry, လက်ထပ်၍စုံဖက်သည်။ လက်ထပ်မင်္ဂလာဆောင်သည်။ to unite closely, ပူးကပ်အောင်ပြုသည်။

Wedding, *n.* လက်ထပ်မင်္ဂလာဆောင်ခြင်း။ —clothes, လက်ထပ်မင်္ဂလာပွဲနှင့်ဆိုင်သောအဝတ်။ — day, လက်ထပ်မင်္ဂလာဆောင်သောနေ့။ —feast, *v.* လက်ထပ်မင်္ဂလာပွဲ။

Wedge, *n.* a mass (of metal), အတုံး။ the double inclined plane, သပ်။ —shaped, *a.* သပ်၏ပုံသဏ္ဌာန်ရှိသော။ —*v. t.* to fasten with a wedge, ကျပ်အောင်သပ်ပင့်သည်။ to crowd or compress closely, မလှုပ်နိုင်အောင်ကျပ်၍ရှိအောင်ပြုသည်။

Wedlock, *n.* from Wed, 1st def.

Wednesday, *n.* ဝန်ဒေ။ ဗုဒ္ဓဟူးနေ့။

Weed 1, *n.* mourning dress, အထိမ်းအမှတ်ပြု၍ဝတ်သောမသာအဝတ်။ —2, *n.* a useless plant, အသုံးမရ၊ ရာသီကိုလိုက်၍ပေါက်သော

အပင်။ *plur.* ပေါင်း။ မြက်ပေါင်း။ —2, *v.* to free from weeds. ပေါင်းသင်သည်။ to extirpate (any thing noxious,) သုတ်သင်ပယ်ရှင်းသည်။

Weeding, *n.* from above.

Weedy, *a.* ထူပြောစွာပေါင်းပင်ပေါက်သော။

Week, *n.* ခုနှစ်ရက်။ one week, တသိတင်း။ two weeks, နှစ်သိတင်း။ &c. — day, ဥပုသ်နေ့မဟုတ်သောနေ့လွတ်။

Weekly, *a.* ခုနှစ်ရက်တခါဖြစ်တတ်သော။

Ween, *v. i.* မိတ်ထင်သည်။

Weep, *v.* to shed tears, မျက်ရည်ကျသည်။ to cry silently, ငိုသည်။ to bewail, ညည်းတွားမြည်တမ်းသည်။ to shed moisture, အရည်ယိုသည်။

Weeper, *n.* agent, from above.

Weeping, *n.* from Weep.

Weevil, *n.* စပါးပိုး။

Weft, *see* Woof.

Weigh, *v. i.* to have weight, အချိန်ရှိသည်။ to be considered as important, ပမာဏပြုစရာအကြောင်းရှိသည်။ to bear heavily, လေးလေးဖိလျက်ရှိသည်။ —*v. t.* to examine by the balance, ချိန်သည်။ ချိန်တွယ်သည်။ to be equivalent to in weight, that is, to be of a certain weight, ဤမည်မျှအချိန်ရှိသည်။ to raise (an anchor), နုတ်သည်။ to calculate in the mind, estimate, ခြင့်တွက်သည်။ to consider, ဆင်ခြင်သည်။ စည်းစားသည်။ —down, to overbalance, သာ၍လေးသည်။ to oppress with weight, လေးသောအရာနှင့်ဖိနှိပ်သည်။

Weighing, *n.* from Weigh, *v. t.*

Weight, *n.* the quantity of a body ascertained by weighing, အချိန်။ gravity, heaviness, လေးခြင်း။ လေးသောသဘော။ a mass by which bodies are weighed, အလေး။ something heavy, လေးသောအရာ။ a burden, load, (applied to cares or duties), ဝန်။ importance, အမှုကြီးခြင်း။ impressiveness, သြဇာ။

Weightiness, *n.* from next.

Weighty, *a.* heavy, လေးသော။ important, ကြီးသော (အမှု။) အမှုကြီးသော။ ဂရုပြုဖွယ်ဖြစ်သော။ having weight, adapted to influence, သြဇာရှိသော။

Welcome, *a.* gladly received and entertained, အားရဝမ်းမြောက်စွာ ညှော်သည် ဝတ်ပြုခြင်းကိုခံရသော။ desirable, လိုချင်ဖွယ်ရှိသော။ ကြိုက်နှစ်သက်ဖွယ်ဖြစ်သော။ free to take gratuitously, အဘိုးမပေးရဘဲ (ပြု) ရသောအခွင့်ရှိသော။ —[bid], *v. t.* လောကဝတ်ပြု၍

ခေါ်ဖိတ်သည်။ လောကဝတ်ပြု၍ဧည့်ခံသည်။ —*n.* from *do.* —*int.* အဆွေ၊ ဝင်ပါတော့။

Welcome, Welcoming, *n.* agent, and *a.* from Welcome, *v. t.*

Weld, *v. t.* မီးနှင့်စေ့ဆော်သည်။

Welfare, *n.* ကောင်းမွန်စွာနေခြင်း။ ကောင်းမွန်သောအနေ။

Welkin, *n.* ကောင်းကင်အမိုး။

Well 1, *n.* ရေတွင်း။ —curb, ရေတွင်းပေါင်။ —spring, ရေစမ်းပေါက်။ —sweep, မောင်း။ — water, တွင်းရေ။ — 2, *a.* မာသော။ ကျန်းသော။ ကျန်းမာသော။ being pleasant agreeable (as outward circumstances,) အရေးသာသော။ being in favor, မျက်နှာရသော။ —wisher, *n.* ချမ်းသာစေချင်သောသူ။ မေတ္တာပို့တတ်သောသူ။ —*adv.* in a good manner, ကောင်းကောင်း။ ကောင်းစွာ။ properly, လျောက်ပတ်စွာ။ sufficiently, လောက်အောင်။ အတော်အတန်။ very much, အလွန်။ favorably, with praise, ချီးမွမ်းသည်နှင့်။ —conveniently, အခန့်သင့်သည်နှင့်။ —being, *n.* ကောင်းမွန်စွာနေခြင်း။ ကောင်းမွန်သောအနေ။ —beloved, *a.* အလွန်ချစ်အပ်သော။ —born, အမျိုးမြတ်သော။ — bred, ယဉ်ကျေးသော။ — doing, ကောင်းမွန်စွာကျင့်ခြင်း။ —done, *int.* သာဓု။ ကောင်းပြီ။ —favored, *a.* အဆင်းလှသော။ — intentioned, ကောင်းသောအကြံရှိသော။ —meaning, ကောင်းသောအကြံကိုကြံသော။ —nigh, *adv.* လုပြီ။ လုနီးပြီ။ လုမတတ်။ ကုန်မတတ်။ —spent, *a.* ကောင်းမွန်စွာပြုသော အားဖြင့်လွန်စေသော (ကာလ။)

Welsh, *a.* ဝေလစ်ပြည်။ ဝေလစ်အမျိုးနှင့်ဆိုင်သော။ —man, *n.* ဝေလစ် အမျိုးသား။

Welt, *n.* အနားကွပ်။ —*v. t.* အနားကိုကွပ်သည်။

Welter, *v. i.* (ရွှံ့အသွေး၌) လူးလည်သည်။

Wen, *n.* မြင်း။ မြင်းဖု။

Wench, *n.* a young woman, အပျို။ a young woman of ill fame, မိမ္ဗရှင်။

Wencher, *n.* မိမ္ဗရှင်တို့နှင့်ပျော်ပါးတတ်သောသူ။

Wend, *v. i.* သွားသည်။

West, *n.* the western quarter of the heavens, အနောက်။ အနောက်မျက်နှာ။ the western parts of the earth, အနောက်အရပ်။ —*a.* အနောက်မှာရှိသော။

Westerly, Western, *a.* situated in the west, အနောက်မျက်နှာ၊ အနောက်အရပ်၌ရှိသော။ pertaining to the west, အနောက်မျက်နှာ၊ အနောက်အရပ်နှင့်ဆိုင်သော။

Westward, *adv.* အနောက်မျက်နှာသို့။

Wet, *a.* containing water inhering, စိုသော။ စိုစွတ်သော။ raining,

ခိုဆီးစွေသော။ — nurse, *n.* နို့ထိန်း။ — *v. t.* မိုအောင်ပြုသည်။ ဆွတ်သည်။ —Wetness, *n.* from Wet, *a.*

Wether, *n.* သိုးစင်။ သင်းပြီးသောသိုး။

Whack, *v. t.* တပြားနှင့်ရိုက်သည်။

Whale, *n.* ငါးဟွေလ။ ပင်လယ်၌အကြီးဆုံးသောငါး။ —bone, ငါးဟွေလ ပါးရိုး။ အာနန္ဒာ။

Whaler, *n.* ငါးဟွေလကိုဖမ်းယူတတ်သောသင်္ဘော။

Wharf, *n.* တန်တားဦးတို။

Wharfage, *n.* ကုန်ချရာတန်တားဦးတိုခ။

What, *pron. a.* that which, —သော (အရာ။) (interrog.) အဘယ်။ တယ်မည်။ —kind, —sort. *pron. a.* (interrog.) အဘယ်သို့သော။ —though, *adv.* သို့သော်လည်း။ — *used substantively*, What thing, တယ်အရာ။ တယ်ဟာ။ တာ။

Whatever, Whatsoever, *pron. a.* being one thing or another, တယ်အရာမဆို။ မည်သည်အရာမဆို။ ဤမည်သောအရာဖြစ်စေ၊ အခြား သောအရာဖြစ်စေ။ all that, the whole that, ရှိသမျှ။ ရှိလေရာရာ။

Whatso, (obsol.) *pron. a.* အကြင်။

Wheat, *n.* ဂျုံစပါး။

Wheaten, *a.* ဂျုံမှုန့်ကိုလုပ်သော။

Wheedle, *v. t.* ကန္တဲ့ကလျှပြောသည်။ ချော့မော့သည်။

Wheel, *n.* — of a carriage, ဒေါန်း။ ဘီး။ — of a machine, စက်။ ရဟတ်။ စက်ရဟတ်။ a spinning wheel, ရစ်။ a potter's wheel, အိုးထိန်းစက်။ a certain engine of torture, အပူအပြင်းခံစေကြော ရန်စက်တန်ဆာ။ rotation (as on an axis.) လိမ့်ခြင်း။ the act of moving circuitously, ပိုက်ခြင်း။ —barrow, ဘီးတခုသာပါသော ထိုးလှည်းကလေး။ — carriage, ဘီးပါသောယဉ်အမျိုးမျိုး။ —wright, လှည်း၊ ရထားအိုးကိုလုပ်သောလက်သမား။ — *v. i.* to turn on an axis, လိမ့်သည်။ to curve (to the right or left.) ပိုက်သည်။ ကွေ့သည်။ to fetch a compass round, ကွင်းသွားသည်။ —*v. t.* from *do.* 1st def.

Wheeze, *n.* ရှူသံပြင်းသည်။

Whelm, *v. t.* မြုပ်အောင်လွှမ်းသည်။

Whelp, *n.* the young of certain animals, ခွင်သွေ့သငယ်။ ဝက်ဝံသငယ်။ ခွေးသငယ်။ — *v. t.* to bring forth, as certain animals, (ခွင်သွေ့။ &c.) ခွေးဖွားသည်။

When, *adv.* the time in which, — သောအခါ။ (interrog. အဘယ် သောအခါ။ တယ်သောခါ။

Whenever, Whensoever, *adv.* တယ်အချိန်မဆို။ မည်သည်အချိန်မဆို။ ဤမည်သောအချိန်ဖြစ်စေ။ အခြားသောအချိန်ဖြစ်စေ။

Whence, *adv.* from which place, — အရပ်က။ on which account,

—အကြောင်းကြောင့်။ (interrog.) အဘယ်အရပ်က။ ဘယ်ဆီက။ ဘယ်က။

Where, *adv.* at which place, — သောအရပ်မှာ။ (interrog.) အဘယ်အရပ်မှာ။ ဘယ်ဆီမှာ။ ဘယ်မှာ။ whither, (interrog.) အဘယ်အရပ်သို့။ ဘယ်ဆီသို့။ ဘယ်သို့။ ဘယ်ကို။ — about, near which place, — သောအရပ်အနီးအပါးတွင်။ (interrog.) အဘယ်အရပ်အနီးအပါးတွင်။ concerning which, — သော အကြောင်းနှင့်ဆိုင်လျက်။ — as, so that, it being so, သို့ဖြစ်၍။ when on the contrary, ထိုသို့မဟုတ်ဘဲလျက်။ —at, at which place, — သောအရပ်မှာ။ at which time, — သောအခါ။ on which account, — သောအကြောင်းကြောင့်။ — by, by means of which, — သောအကြောင်းအားဖြင့်။ (interrog.) အဘယ်သောအားဖြင့်။ — fore, for which reason, — သောအကြောင်းကြောင့်။ — (interrog.) အဘယ်အကြောင်းကြောင့်။ —in, in which, —သောအမှုအရာမှာ။ (interrog.) အဘယ်အမှုအရာမှာ။ — of, concerning which, — သောအကြောင်းနှင့်ဆိုင်လျက်။ —on, —upon, upon which, —အရာအပေါ်မှာ။ for which reason, —အကြောင်းကြောင့်။ —to, — unto, to which place, — သောအရပ်သို့။ — with, together with which, — သောအရာနှင့်တကွ။ by reason of which, — သောအရာအားဖြင့်။ (interrog.), အဘယ်သို့သောအားဖြင့်။

Wherever, *adv.* (ရှိ)ရာရာ။ (ရှိ)လေရာရာ။

Wherry, *n.* လှေကလေး။

Whet, *v. t.* to rub for the purpose of sharpening, ထက်အောင်သွေးသည်။ to stimulate, နှိုးဆော်သည်။ —*n.* from above, 1st def. — stone, ထားသွေးကျောက်။

Whether, *pron. a.* which of two, နှစ်ဦးတွင်ဘယ်သူ။ နှစ်ခုတွင်ဘယ်သင်း။ — or, *adv.* ကို။ (after two alternatives, thus, လာမည်၊မလာမည်ကိုပြောပါ။ say whether you will come or not.)

Whey, *n.* ဒိန်ရည်။

Wheyey, *a.* ဒိန်ရည်ကဲ့သို့ဖြစ်သော။

Which, *pron. a. neut.* that (relative,) သော။ what, that which, —သော(အရာ။) (interrog.), ဘယ်သင်း။

Whichever, *pron. a.* ဤ—ရှိသည်ဖြစ်စေ၊ ထို—ရှိသည်ဖြစ်စေ။

Whiff, *v.* to puff, ဖွာသည်။ —*n.* အဖွာ။ တဖွာ။

Whiffle, *v. i.* လေတိုက်ရာပါသကဲ့သို့စိတ်မတည်ကြည်သော။

Whig, *n.* ရှင်ဘုရင်စိုးရင်ပိုင်သောအခွင့်ကျည်းစေခြင်းငှါအလိုရှိသောသူ။

While 1, *n.* and *adv.* time being, အတုန်း။ တုန်းခါ။ အခိုက်။ အစည်။ ရှိစည်ကာလ။ — 2, *v. i.* ပျင်းရိ၍ဖင့်နွဲ့သည်။ — away, *v. t.* (နေ့ရက်ကာလကို)လွန်အောင်ပြုသည်.

Whim, *n.* အကြောင်းမရှိဘဲ သူတပါးနှင့် ခြားနားသောအ [illegible] ကိုပြုသော [illegible]
စိတ်။

Whimper, *v. i.* တရှုပ်ရှုပ်ငိုသည်။

Whimsey, *see* Whim.

Whimsical, *a.* အကြောင်းမရှိဘဲသူတပါးတို့နှင့်ခြားနားစွာပြုတတ်သော

Whine, *v. i.* ညည်းသည်။ — *n.* from *do.*

Whinny, *v. i.* ဟီသည်။

Whip, *n.* ရိုက်စရာတံပျာ။ —cord, ကြိမ်လုပ်ရန်ကြိုး။ —lash. အစည်ကြိုး။ —stock, အစည်ကြိုးတပ်သောနှင်တံ။ —*v. t.* to strike with a whip, ကြိမ်လုံး၊ တံပျာ၊ ကြိုးသေး၊ ကြိုးမျှာနှင့်ရိုက်သည်။ to overcast in order to gather, တွန့်အောင်သီသည်။ — *v. i.* to move quick from one place to another, ရုပ်ခနဲထွက်ဝင်သွားလာသည်။ —into, ရုပ်ခနဲဝင်သည်။ *v. t.* ရုပ်ခနဲသွင်းသည်။ —out, *v. i.* ရုပ်ခနဲထွက်သည်။ *v. t.* ရုပ်ခနဲထုတ်သည်။ —up, ရုပ်ခနဲ ဆွဲယူသည်။

Whipping, *n.* from Whip, *v. t.* — post, ချည်၍ရိုက်ရန်စိုက်ထားသောတိုင်။

Whir, *v. i.* ဝည်ပည်မြည်သည်။

Whirl, *v. i.* ချာချာလည်သည်။ — *v. t.* to twirl, မွှေသည်။ to swing round with velocity, မြန်မြန်ဝင့်သည်။ —*n.* from above, *v. t.* and *v. i.*

Whirligig, *n.* လက်လှည့်ဂျင်။

Whirlpool, *n.* ဝဲ။

Whirlwind, *n.* လေဘွေ။

Whisk, *n.* တန်မြက်စည်းကလေး။ —*v. t.* အသာခတ်ပြစ်လိုက်သည်။ —*v. i.* လျှပ်ကာနင်းသွားသည်။

Whiskered, *a.* ပါးခုန်းမွေးရှိသော။

Whiskers, *n. plur.* ပါးခုန်း။ ပါးမျိုင်း။

Whisky, *n.* ဆန်အရက်။

Whisper, *v.* တိုးတိုးပြောသည်။ —*n.* စကားတိုး။

Whisperer, *n.* စကားဖွဲ့သောသူ။

Whist, *a.* တိတ်သော။ တိတ်ဆိတ်သော။

Whistle, *v.* — with the mouth, လေချွန်သည်။ — with a small fife, ပြွေမှုတ်သည်။ —*n.* from above; a small fife, ပြွေကလေး။

Whit, *n.* တဆိတ်တပေါက်။

White, *a.* — in color, ဖြူသော။ pure, ဖြူစင်သော။ သန့်ရှင်းသော။ —lead, *n.* ခဲပြာ။ —livered, *a.* ကြောက်တတ်သော။ —wash, *n.* ထုံးဖြူရည်။ —*v. t.* ထုံးဖြူသုတ်သည်။ အဖြူသုတ်သည်။ —*n.* white color, ဖြူသောအဆင်း။ a white person, အဆင်းဖြူသောသူ။ white clothes, ဖြူသောအဝတ်။ —of an egg, ဥအကာ။ —of the eye, မျက်ဖြူ။ —*v. t.* see next, *v. t.*

Whiten, *v. i.* ဖြူလာသည်။ —*v. t.* ဖြူအောင်လုပ်သည်။ ဖြူစေသည်။
Whiteness, *n.* from White, *a.*
Whither, *adv.* to which place, —သောအရပ်သို့။ (interrog.) အဘယ်အရပ်သို့။ အဘယ်ဆီသို့။ ဘယ်ကို။
Whithersoever, *adv.* (သွား)လေရာရာ။
Whitish, *a.* ခပ်ဖြူဖြူ။
Whitlow, *n.* ရူနာ။
Whittle, *v. t.* (သစ်သားကို)ထားကလေးနှင့်လှီးသည်။
Whiz, *v. i.* ရှီခနဲမြည်သည်။
Who, (*pron.* hoo) *pron. a. mas. and fem.* that (relative,) သော။ (interrog.) အဘယ်သူ။ မည်သူ။ —(*pron.* who,) *int.* ဝှူး(မြင်း၊နွားရပ်စေခြင်းငှါပြုသောအသံ။)
Whoever, *pron. a.* ဘယ်သူမဆို။ မည်သူမဆို။ ဤ မည် သော သူ ဖြစ်စေ၊ အခြားသောသူဖြစ်စေ။
Whoso, *pron.* အကြင်သူ။
Whole, *a.* all, the entire of (a thing,) အလုံး။ တ—လုံး။ complete, စုံလင်သော။ uninjured, အနာအဆာမရှိသော။ well, ပကတိ ကျန်းမာသော။ —*n.* ပေါင်း။
Wholesale, *adv.* ဖောက်သည်ချ၍(ရောင်းသည်။)
Wholesome, *a.* salubrious, ကျန်း မာ စေ တတ် သော။ beneficial, အကျိုးကိုဖြစ်စေတတ်သော။ အကျိုးရှိသော။
Wholesomeness, *n.* from above.
Wholly, *adv.* အကုန်အစင်။ အကြွင်းမဲ့။
Whom, *obj.* of Who, *which see.*
Whoop, *v. i.* အော်ဟစ်သည်။ ညာသံပေးသည်။ —*n.* from *do.*
Whore, *n.* ပြည်တန်ဆာ။ မိန်းမရှင်။ ကြေးစား။ —*v. i.* မတရားသောမေထုန်၌မှီဝဲသည်။
Whoremaster, Whoremonger, *n.* ပြည်တန်ဆာ တို့ နှင့် ပျော်ပါးတတ်သောသူ။
Whorish, *a.* ကာမတဏှာအလိုကြီးသော။
Whose, *poss.* of Who, *which see.*
Why, *adv.* for which reason, —သောအကြောင်းကြောင့်။ (interrog.) အဘယ်အကြောင်းကြောင့်။ အဘယ်ကြောင့်။ ဘဲ့နှယ်ကြောင့်။ ဘာပြုလို့။
Wick, *n.* မီးစာ။
Wicked, *a.* ဆိုးသော။ ဆိုးသွမ်းသော။
Wickedness, *n.* bad disposition, ဆိုးသောသဘော။ bad conduct, ဆိုးသောအကျင့်။ မတရားသောအမှု။
Wicker, *a.* သစ်ခက်ကိုရက်သော။
Wicket, *n.* တံခါးငယ်။ မလှယ်တံခါး။

Wide, *a.* broad, ကျယ်သော။ —as cloth, အနံကြီးသော။ —as a boat, ဖူက်ကြီးသော။ extensive, ကျယ်ဝန်းသော။ remote, ဝေးသော။

Widen, *v. i.* ကျယ်သွားသည်။ —*v. t.* ကျယ်အောင်လုပ်သည်။

Wideness, *n.* from Wide, *a.*

Widow, *n.* မုဆိုးမ။

Widowed, *a.* မုဆိုးမအဖြစ်ရှိသော။

Widower, *n.* မုဆိုးဖို။

Widowhood, *n.* မုဆိုး၏အဖြစ်။

Width, *n.* အနံ။ ဖူက်။

Wield, *v. t.* လက်စွဲပြု၍အလိုရှိတိုင်းသုံးသည်။

Wiery, *see* Wiry.

Wife, *n.* မယား။

Wig, *n.* ဆံပင်ဦးထုပ်။

Wight, *n.* သူ။

Wigwam, (Amer. Ind.) အိမ်။

Wild, *a.* untamed, uncivilized, မယဉ်၊ ရိုင်းသော။ growing without culture, တောဌ်အလေ့ပေါက်သော။ uncultivated, as land, မလုပ်သေးသော (မြေ။) desert uncultivated, as a wilderness, လူမရှိ၊မနေ၊မပြုပြင်သော (တောအရပ်။) undisciplined, disorderly, unrestrained, ဆုံးမခြင်းကိုမခံ။ နည်းဥပဒေသကိုမလိုက်။ ပေါက်လွှတ်ပြု၍နေသော။ delirious, စိတ်ကတောင်ကရင်ဖြစ်သော။ not planned with sound reason, အခြေအမြစ်ကိုမရှာ။ အကျိုးအကြောင်းကိုမဆင်ခြင်ဘဲကြံသောအ (ကြံ။) — boar, *n.* တောဝက်။ — cat, တောကြောင်။ — fire, ညှိလွယ်၍သေခဲသော မီးထုပ်။ — fowl, တောငှက်။ — honey, တောဌ်ဖြစ်သောပျားရည်။ — Wilderness, လူမရှိ၊မနေ၊ မပြုပြင်၊ ဆိတ်ညံ့သောအရပ်။ တောအရပ်။ တောကန္တာရ။

Wilder, *see* Bewilder.

Wildness, *n.* from Wild, *a.*

Wile, *n.* လိမ်လည်ရအောင်ပြုသောပရိယာယ်။ — *v. t.* ပရိယာယ်ပြု၍လိမ်လည်သည်။

Wilful, *a.* following one's own will, သူစကားကိုနားမထောင်၊ ကိုယ်အလိုသို့သာလိုက်တတ်သော။ froward, စိတ်ခိုင်မာ၍ဆုံးမခဲသော။

Wilfulness, *n.* from above.

Will, *n.* inclination, determination of the mind, volition, အလို။ အလိုရှိခြင်း။ a testament, သေတန်းစာ။ —*v. t.* to put forth an act of the will, အလိုရှိသည်။ to bequeathe by will, သေတန်းစာအားဖြင့်ပေးသည်။ *verb. affix. of tense,* မည်။ အံ့။ လတံ့။

Willing, *a.* consenting in mind, စိတ်ပါသော။

Willingness, *n.* from above.

Willow, *n.* မိုးမခ။

Wilt, *v. i.* to loe freshness, begin to wither, ညှိုးသည်။ နွမ်းသည်။ ညှိုးနွမ်းသည်။ —*v. t.* from *do.*

Wily, *a.* လိမ္မာသော။

Wimble, *n.* ရှူးကောက်။

Win, *v. t.* နိုင်၍ယူသည်။ —upon, တဖြေးဖြေးတိုးတက်၍ရသည်။

Wince, *v. i.* to flinch, တွန့်သည်။ to kick from uneasiness, ကန်ကျောက်သည်။

Winch, *n.* တုံလိုးစက်။

Wind, *n.* airin motion, လေ။ power of respiration, သက်လုံ။ — bound, *a.* လေဆန်ဖြစ်၍ မသွားနိုင်သော။ — fall, *a.* fruit blown fom a tree, လေတိုက်၍ကြွေသောအသီး။ an unexpected acquisiton, အခန့်တော်၍ ရသောဥစ္စာပစ္စည်း။ — mill, *n.* လေယန္တရားစက်။ —pipe, အသက်လေထွက်ဝင်ရာလည်ချောင်း။ —sail, သင်္ဘော၊မိုးထဲသို့လေသွင်းရန်လေပြွန်။ — tight, *a.* လေလုံသော။ —*v. t.* to follow by the scent, အနံ့ကိုခံ၍လိုက်သည်။ to ventilae, လေဝင်အောင်သွင်းသည်။ — *v. i.* to turn from one directon to another, လှည့်သည်။ (intrans.); to be serpentine in couse, ကွေ့ကောက်သည်။ to have a circular direction upward, as winding stairs or an ascending creeper, လိမ်သည်။ —*v. t* to sound by blowing, မှုတ်သည်။ to turn (trans.) from one drection to another, လှည့်သည်။ (trans.); to change, ပြောင်လဲသည်။ (trans.) ပြောင်းလဲစေသည်။ to encircle, ပတ်ရစ်သည်။ — as thread on a spool, ပတ်ထားသည်။ ပတ်ရစ်၍ထားသည်၊ to coil, ခွေသည်။ ခွေ၍ထားသည်။ —into, *v. t.* to introduce gradually, တဖြေးဖြေးဝင်အောင်ပြုသည်။ — off, *v. t.* (ရစ်ယှက်၍ထားသောအရာကို) ဖြည်သည်။ —round, *v. t.* ပတ်သည်။ ရစ်သည်။ — as an ascending creeper, လိမ်သည်။ လိမ်ပတ်၍တက်သည်။ —up, *v. t.* to wind, as thread on a spool, *which see*; to arrange and settle (one's affairs,) အမှုကိုဖြတ်လို၍ရှင်းလင်းအောင်ပြုသည်။ to convolve the spring or cord of a tinepiece, သော့နှင့်လှည့်၍ပတ်ရစ်အောင်ပြုသည်။ to straiter the string of a musical instrument, ကြိုးတင်းအောင်လက်လှည့်ကိုလှည့်သည်။ to renovate, impart fresh strength, ပြုပြင်၍ ခွန်အားကိုသွင်းသည်။ to excite and animate, နှိုးဆော်၍အားပေးသည်။

Winding, *n.* from Wind, *v.* —sheet, *n.* အလောင်းကောင်ကိုပတ်ရစ်သောအထည်။

Window, *n.* an aperture for light and air, ပြတင်း။ ပြတင်းပေါက်။ a glazed sash, မှန်ပြတင်း။ မှန်စီပြတင်း။ —blind, *n.* တရုပ်ကပ်။ —frame, *n.* ပြတင်းပေါင်နှင့်အထက်ထုပ်၊အောက်ထုပ်တည်းဟူသော

ပြတင်းပို။ (not in use.) — sash, *n.* တံခါးမှန်အိမ်ကွက်။ —shutter, *n.* ပြတင်းရွက်။ ပြတင်းပိတ်။

Windlass, *n.* တိုးလုံးစက်။

Windward, *adv.* လေညာသို့။ လေတင်သို့။

Windy, *a.* having wind, လေရှိသော။ လေပါသော၊ လေများသော။ empty, airy, လေကဲ့သို့ဖြစ်သော။

Wine, *n.* စပျစ်ရည်။ — bibber, *n.* စပျစ်ရည်သောက်ကျူးသောသူ။ —glass, *n.* ဖန်ခွက်တိုး။ —merchant, စပျစ်ရည်သည်။ —press, *n.* စပျစ်သီးနယ်ရာကျင်း။ စပျစ်ရည်ညှစ်သောတန်ဆာ။

Wing, *n.* —of a bird or insect, အတောင်။ —of an rmy, တပ်စွယ်။ တပ်နားရွက်။ flight, ပျံခြင်း။ —*v. t.* to furnia with wings, အတောင်ကိုပေးသည်။ — a flight, ခရီးတွင်အေင်အတောင်နှင့်ကြိုးစား၍ပျံသည်။

Winged, Wingy, *a.* having wings, အတောင်ရှိသော။ rapid, လျှင်မြန်သော။

Wink, *v. i.* to shut the eyes, မှိတ်သည်။ to close and pen the eyes, မျက်တောင်ခတ်သည်။ to give a hint by a motion f the eyelid, မျက်တောင်ခတ်၍အရိပ်ပေးသည်။ — at, *v. t.* အပြစ်မတင်၊ တိတ်ဆိတ်စွာအခွင့်ပေးသည်။ —*n.* from Wink, *v. i.*

Winkingly, *adv.* twinkingly, မှိတ်တုတ်မှိတ်တုတ်။

Winner, *n.* agent, from Win.

Winning, *n.* ပြိုင်၍နိုင်သောဥစ္စာ။ —*a.* adapted to plese and gain favour, စိတ်ညွတ်၍ပါအောင်ပြုတတ်သော။

Winnow, *v. t.* လှေ့သည်။

Winsome, *a.* ရွှင်လန်းသော။

Winter, *n.* ဟေမန္တဥတု။ ဆောင်းကာလ။ —*v. i.* to pass the winter, ဆောင်းကာလစဉ်နေသည်။ —*v. t.* to keep through he winter, ဆောင်းကာလပတ်လုံးပြုစုသည်။

Wintery, *a.* ဆောင်းကာလနှင့်တော်သင့်သော။

Wipe, *v. t.* သုတ်သည်။ — *n.* from above; a blow, ရိုက်ပုတ်သည်အချက်။ a sarcasm, သရော်သောစကား။

Wire, *n.* နန်းကြိုး။ နန်းခြည်။ —draw, *v. t.* to draw wire, နန်းငင်သည်။ နန်းဆွဲသည်။ —*v. t.* နန်းခြည်ခက်သည်။

Wiry, *a.* နန်းခြည်ကဲ့သို့ဖြစ်သော။

Wisdom, *n.* ပညာ။

Wise 1, *a.* having wisdom, ပညာရှိသော။ skilled, လေ့ကျက်သော။ —2, *n.* manner, နည်း။ နွယ်။

Wiseacre, *n.* ပညာရှိရောင်ဆောင်သောသူလူမိုက်။

Wish, *v.* to desire, အလိုရှိသည်။ လိုချင်သည်။ to ask, တောင်းသည်။ တောင်းပန်သည်။ — ill to, *v. t.* ကျိန်ဆဲသည်။ — well to, *v. t.*

မေတ္တာရှိသည်။ —*n.* from Wish, *v.*; desire (to obtain), အလိုဆန္ဒ။ that which is desired, လိုချင်သောအရာ။

Wishful, *a.* longing, တောင့်တသော။ showing strong desire, တောင့်တသောလက္ခဏာရှိသော။

Wisp, *n.* ကောက်ရိုး။ မြက်ခြောက်စည်းငယ်။

Wistful, *a.* ဆင်ခြင်အောင်းမေ့လျှက်ရှိသော။

Wit, *n.* the intellect, ဉာဏ်။ the faculty of forming and expressing ludicrous ideas, ရယ်ရွှင်ဖွယ်သောစကားကိုပြောတတ်သောသဘော။ a mode of speaking that excites mirth, ရယ်ရွှင်ဖွယ်သောစကားကိုပြောခြင်း။ a person of lively genius, ဉာဏ်ထက်မြက်သောသူ။ *plur.* saneness of intellect, ပေါ့သွတ်ခြင်းမရှိ။ ပကတိသောစိတ်။ power of invention, ထိုးထွင်းသောဉာဏ်။ —[to]. *v.* or *adv.* ပ၍။ ဟူ၍။ ဟူသော။ ဟူသည်ကား။

Witch, *n.* စုံးမ။ ရွာသွင်း။ — *v. t. see* Bewitch.

Witchcraft, Witchery, *n.* စုံးဖြစ်၍ပြုစားခြင်း။

With, *prep.* in connection or company with, နှင့်။ နှင့်အတူ။ နှင့်တကွ။ by, by means of, ဖြင့်။ အားဖြင့်။ နှင့်။ ကြောင့်။

Withal, *adv.* အခြားတပါးတို့နှင့်အတူ။

Withdraw, *v. i.* to depart from, ထွက်သွားသည်။ — *v. t.* to take out, ထုတ်ယူသည်။ နှုတ်ယူသည်။ to recal, ပြန်လာအောင်ခေါ်သည်။

Withdrawing-room, *n.* ဧည့်ခံရာအခန်း။

Withdrawment, Withdrawal, *n.* from Withdraw, *v.*

Withe, *n.* ကျောင်ကြိုး။

Wither, *v. i.* —as a plant, ညှိုးနွမ်းသွေ့ခြောက်သည်။ —as an animal substance, ဒိန်သွားသည်။ သွေ့ခြောက်သည်။ သေသည်။ — *v. t.* from above.

Withers, *n.* မြင်း၏လက်ပြင်ရိုးနှင့်ကြောရိုးဆက်သောအရိုးဆုံ။

Withhold, *v. t.* to hold back, keep from action, မပြုရအောင်တားသည်။ to keep back, not to grant, မပေးဘဲနေသည်။

Within, *prep.* အထဲမှာ။ အတွင်းတွင်။

Without, *prep.* on the outside of, အပြင်မှာ။ beyond, အလွန်။ with exemption from, ကင်းလွတ်လျှက်။ not with, မဲ့။ မ—ဘဲ။ unless, မ—လျှင်။

Withstand, *v. t.* (passively,) ရပ်ခံသည်။ ဟန့်တားသည်။ ခံဆီးသည်။ (actively,) ခုခံသည်။

Witless, *a.* ဉာဏ်မရှိ။ မိုက်သော။

Witling, *n.* ဉာဏ်ရှိရောင်ဆောင်သောကာလသား။

Witness, *v.* to see and know personally, ကိုယ်တိုင်သိမြင်သည်။ to attest, bear testimony, သက်သေခံသည်။ — *n.* one who knows from personal observation, ကိုယ်တိုင်သိမြင်သောသူ။

one who bears testimony, သက်သေ။ သက်သေခံသောသူ။ —[bear,] *v.* သက်သေခံသည်။

Witticism, *n.* ဟာကြ်ရယ်သောစကား။

Wittingly, *adv.* သိလျှက်နှင့်။

Wittol, *n.* ကိုယ်မယားလင်ခေါင်ထားသည်ကိုသိလျှက်နှင့်မြို့၍နေသောသူ။

Witty *a.* ညာဏ်ထက်မြက်သော။

Wive *v. i.* မယားနှင့်နေသည်။

Wizard, *n.* စုံး။ ရှသား။ သူပြု။s.

Woe, *n.* a calamity, ဘေးဥပါတ်။ a cause of calamity, အမင်္ဂလာ။ - begone, *a.* ဘေးဥပါတ်များ၏စိတ်မရပ်မတည်နိုင်အောင်ရှိသော။

Woeful, *a.* wretched, ဆင်းရဲညှိုးငြင်သော။ calamitous, ဘေးဥပါတ်ကိုဖြစ်စေတတ်သော။ ဆင်းရဲညှိုးငြင်စေတတ်သော။

Wolf, *n.* ဝံပုလွေ။

Wolfish, *a.* တောခွေးသဘောရှိသော။

Woman, *n.* a female of the human race, မိမ္မ။ ဇုမိမ္မ။ a female servant, အစေခံမိမ္မ။ ကျွန်မ။ —hater, မိမ္မမျိုးကိုမုန်းသောသူ။

Womanhood, *n.* မိမ္မ၏အဖြစ်။

Womanish, Womanly, *a.* like a woman, မိမ္မကဲ့သို့ဖြစ်သော။ becoming a woman, မိမ္မနှင့်တော်သင့်သော။

Womankind, *n.* မိမ္မမျိုး။

Womb, *n.* သားအိမ်။

Wonder, *v. i.* အံ့သြသည်။ —*n.* from above; a cause of wonder, a prodigy, အံ့သြဖွယ်။ အံ့ဖွယ်သရဲ။

Wonderful, Wondrous, *a.* အံ့သြဖွယ်သော။ အံ့ဩဖွယ်ဖြစ်သော။

Wont, *a.* being used to, being in the habit of, အလေ့ရှိသော။ (ပြု) လေ့ရှိသော။ (ပြု)တတ်သော။

Wonted, *a.* accustomed, habituated, အကျင့်ပါသော။ အကျင့်အလေ့ပါသော။ acquainted with, ကျွမ်းသော။ အကျွမ်းဝင်သော။

Woo, *v t.* to solicit in love, (မိမ္မကို)လှည့်သည်။ to entice, ဖြားယောင်းသွေးဆောင်သည်။

Wood, *n.* a collection, of trees, တော။ သစ်တော။ the substance of trees, သစ်သား။ fuel, ထင်း။ —cut, ပုံရိုက်ရန်ပျဉ်ပေါ်မှာထုသောရုပ်ပုံ။ — cutter, ထင်းခုတ်သမား။ — house, ထင်းရုံ။ — land, တောသစ်ပင်ပေါများသောမြေ။ —man, တောသား၊ —note, တောသီချင်း။ nymph, ရုက္ခစိုးနတ်သမီး။ — oil, ကညင်ဆီ။ — pecker, သစ်တောက်။ ခေါက်ရှာ။ ထောက်ရှာ။ —pile, ထင်းပုံ။ —apple, မှန်။

Wooded, *a.* သစ်ပင်မကြိုမစိပ်ပေါက်သော။

Wooden, *a.* သစ်သားကိုလုပ်သော။

Woody, *a.* သစ်ပင်များသော။

Wooer, *n.* (မိမ္မကို)လှည့်သောသူ။

Word, *n.* an articulate sound, သဒ္ဒါ၊ language, စကား။ a promise ဂတိ။ an order, command, အမိန့်။ tidings, သိတင်း။ a divine communication, နှုတ်ကပတ်။ ဗျာဒိတ်တော်။—*v. t.* စကားကိုစီကုံးသည်။

Wordless, *a.* နှုတ်မမြွက်နိုင်သော။

Wordy, *a.* စကားများသော။

Work, *v. i.* to move, as a machine, လှုပ်သည်။ လှုပ်ရှားသည်။ to labor, အလုပ်လုပ်သည်။ လုပ်ကိုင်သည်။ လုပ်ဆောင်သည်။ to operate, produce effects, ပြုသည်။ ပြုလုပ်သည်။ အကျိုးဖြစ်အောင်လုပ်သည်။ to ferment, ပေါက်သည်။ to make way with effort, ကုတ်ကုတ်ကပ်ကပ်တိုးလျှို၍သွားသည်။—*v. t.* to form or produce by labor, ဖြစ်အောင်လုပ်သည်။ to exert, အားထုတ်သည်။ to embroider, ပန်းပြောက်ထိုးသည်။ to cause to ferment, ဖောက်သည်။—on, ပြုလုပ်သည်။—out, *v. t.* to effect by exertion, (အကျိုးတစုံတခုကို)ဖြစ်စေခြင်းငှါကြိုးစားအားထုတ်သည်။ to solve, ရှင်းလင်းအောင်ပြုသည်။—up, to excite, နှိုးဆော်သည်။ to expend in work, လုပ်ရာတွင်ကုန်အောင်သုံးသည်း—*n.* labor, အလုပ်လုပ်ခြင်း။ လုပ်ကိုင်ခြင်း။ လုပ်ဆောင်ခြင်း။ that on which one is working, လုပ်သောအရာ။ that which is made, လက်ရာ။ an act, deed, ပြုသောအမှု။ a performance (good or evil,) အကျင့်။ a composition, writing, book, စီကုံးသောစာ။ embroidery, အထည်၌ထိုးသောပန်းပြောက်။ *plur.* fortification, *n.* တန်ဆောင်း။ ပြအိုး။ မြို့ရိုး။ မြို့တာ။—bag, *n.* အချုပ်တန်ဆာထည့်သောလက်စွဲအိတ်။—fellow, *n.* လုပ်ဖော်ဆောင်ဖက်။—house, *n.* ဆင်းရဲပင်ပန်းသောသူတို့ကိုအလုပ်ပေး၍ထားသောအိမ်။—shop, *n.* ရုံ။

Working, *n.* from same.—day, *n.* ဥပုသ်နေ့မဟုတ်သောနေ့လွတ်။

Workman, *a.* a man employed in labor, အလုပ်လုပ်သောသူ။ an artificer, လက်မှုပညာသည်။

Workmanlike, Workmanly, *a.* ခေ့စပ်သေချာစွာပြီးစီးသော။

Workmanship, *n.* manner of execution, အလုပ်။ that which is made, လုပ်၍ဖြစ်သောအရာ။

Workwomen, *n.* လုပ်ကိုင်သောမိန်း။

World, *n.* a mundane system, လောကဓာတ်။ the earth, ပထဝီမြေကြီး။ a division of the universe, ဘုံ။ a state of existence, ဘဝ။ the present state of existence, လောက။လောကီ။ the business or affairs of this life, လောကီအမှုအရေးများ။ the course of life, အသက်ရှင်၍ အစည်အတိုင်းလိုက်သောလမ်း။ mankind, the inhabitants of the world, people in general, လောကီသားများ။ a great multitude or quantity, အပုံ။

Worldliness, *n.* from Worldly.

Worldling, *n.* လောကီအမှုအရာတို့၌စိတ်စွဲလမ်းသောသူ။

Worldly, *a.* pertaining to this world, လောကီနှင့်ဆိုင်သော။ devoted to worldly affairs, လောကီအမှုအရာတို့၌စိတ်စွဲလမ်းသော။—minded. *a. see* last def.—mindedness, *n.* from above.

Worm, *n.* an insect without distinguishable bones, ပိုး။ an earth worm, တီ။ an intestinal worm, သံ။ the thread of a screw. ဝက်အူရစ်။ ဝက်အူလိမ်။ the worm of a still, ဝက်အူရစ်ပြွန်။—eaten, *a.* ပိုးစားသော။—powder, *n.* သံချဆေးမှုန့်။—wood, *n.* သံချဆေးခါး။ ဒေါနု။—*v.* to work gently and secretly, လျှို့ဝှက်စွာဖြည်းညှင်းစွာပြုသည်။ to draw out with the screw of a ramrod, ထိုးတံဝက်အူနှင့်နှုတ်သည်။

Wormy, *a.* ပိုးစားသော။

Worry, *v. t.* to annoy, နှောင့်ရှက်သည်။ to harass, ပင်ပန်းစွာနှောင့်ရှက်သည်။ to bite and mangle, ကိုက်ဖွဲ့သည်။

Worse, *a.* more bad, သာ၍ဆိုးသော။ more ill in health, သာ၍နာသော။ အနာတိုးသော။—[the], *n.* ရှုံးခြင်း။—off [be], *v. i.* သာ၍အရေးမသာ။ သာ၍အကျိုးနည်းသည်။

Worship, *v.* to adore, ကိုးကွယ်သည်။ to treat with reverence, ရိုသေကျိုးနွံသည်၊—*n.* from above; *a. title of honor,* မင်းဘုရား။

Worshipper, *n.* agent from Worship, *v.*

Worshipful, *a.* ရိုသေဖွယ်ဖြစ်သော။

Worst, *a.* အဆိုးဆုံးသော။

Worsted, *n.* သိုးမွေးခြည်တမျိုး။

Worth 1, *v. i.* ဖြစ်သည်။—2, *a.* equal in value to, ထိုက်သော၊တန်သော။အဘိုးထိုက်သော။ အဘိုးတန်သော။ အဘိုးတိုက်တန်သော။ deserving of, (အကျိုးကို)ခံထိုက်သော၊ ထိုက်တန်သော။ having property to the value of, ရတတ်သော။—*n.* value in price, အဘိုးထိုက်ခြင်း။ value in desert or utility, (အကျိုးကို)ခံထိုက်ခြင်း၊ ထိုက်တန်ခြင်း။ ground of desert or utility, အကျိုးကိုခံထိုက်စရာအကြောင်း။ နှစ်သက်ဖွယ်ရန်အကြောင်း။

Worthiness, *n.* from Worthy.

Worthless, *a.* being of no value, အဘိုးမတန်သော။ having no worth or worthiness, မထိုက်တန်သော။ having no ground of esteem, နှစ်သက်စရာအကြောင်းမရှိသော။ useless, အသုံးမဝင်သော။

Worthlessness, *n.* from above.

Worth *a.* deserving, ထိုက်သော။ ထိုက်တန်သော။ estimable, နှစ်သက်ဖွယ်ဖြစ်သော။—*n.* လေးမြတ်ဖွယ်သောဂုဏ်ရှိသောသူ။

Wot, *v.* သိသည်။

Wound, *v. t.* အနာဖြစ်စေအောင်ထိခိုက်သည်။—*n.* အနာ။ အနာအဆာ။

Wrangle, *v. i.* ပဋိပက္ခဖြစ်၍အချင်းချင်းငြင်းခုံသည်။

Wrap, *v. t.* to roll up, လိပ်သည်။ to cover with something rolled and thrown around, ထုပ်ရစ်သည်။ to conceal, ဖုံးထားသည်။ to comprise, ငုံသည်။ ထိန်းသိမ်းသည်။

Wrapper, *n.* အပေါ်ဖုံး။

Wrath, *n.* ပြင်းစွာသောအမျက်ဒေါသ။

Wrathful, *a.* အမျက်ထွက်သော။ စိတ်ဆိုးသော။

Wreak, *v. t.* (သူ့ခေါင်းပေါ်သို့) ရောက်စေအောင်ပြင်းစွာပြုသည်။

Wreath, *v. t.* to intertwine, ပူးလိမ်သည်။ to encircle as with a garland, ပူးလိမ်၍ရစ်ပတ်သည်။—*n.* ပူးလိမ်သောပန်းကုံး။

Wreck, *v. t.* to destroy a vessel on rocks or sands, သင်္ဘောကိုကျောက်ဆောင်၊ သောင်ပေါ်သို့တိုက်ဆောင့်ထိုးတင်၍ဖျက်သည်။ to ruin, ဖျက်ဆီးသည်။—*n.* from above; the ruins of a ship wrecked, သင်္ဘောပျက်။

Wrecker, *n.* သင်္ဘောပျက်တို့ကိုလိုက်ရှာသောသူ။

Wren, *n.* ငှက်ပြည်စုတ်တမျိုး။

Wrench, *v. t.* to force away by violent twisting, လိမ်ဖဲ့၍ယူသည်။ to sprain, အကြောပျက်အောင်ပြုသည်။—*n.* from *do.*

Wrest, *v. t.* to force away by violent twisting, လိမ်ဖဲ့၍ယူသည်။ to take by force, အနိုင်အထက်ယူသည်။ to distort, pervert (the meaning), လွှဲဖယ်၍ပြောသည်။—*n.* from *do.*

Wrestle, *v. i.* to struggle in efforts to throw one another, နပန်းလုံးထွေးသည်။ to strive with, ဆန့်ကျင်ဘက်ပြု၍ပြိုင်သည်။ ဆိုင်ပြိုင်၍တိုက်လှံသည်။

Wrestling, *n.* from above.

Wretch, *n.* agent from next.

Wretched, *a.* very miserable, အလွန်ဆင်းရဲညှိုးငြိုးသော၊ very low, despicable, အလွန်ယုတ်ညံ့သော။

Wretchedness, *n.* from above.

Wriggle, *v.* လွန့်လိမ်သည်။

Wright, *n.* လက်သမား။လက်မှုပညာသည်။

Wring, *v. t.* to twist, contort, လိမ်ဖက်သည်။ to squeeze by twisting, လိမ်၍ညှစ်သည်။—from,—out, *v. t.* ညှစ်၍ယူသည်။—off, *v. t.* လိမ်၍ဖြတ်သည်။

Wrinkle, *v.* တွန့်သည်။—*n.* အတွန့်။

Wrist, *n.* လက်ကောက်ဝတ်။—band, *n.* အင်္ကျီလက်ဖျားအနားပတ်။

Writ, *n.* a writing, စာ။ a sacred writing, ကျမ်းစာ။ a legal precept, မှတ်ချက်။

Write, *v.* to form characters expressive of language, အက္ခရာထိုးသည်။ ရေးသည်။စာရေးသည်။ ရေးသားသည်။ to compose, arrange in writing, စာစီကုံးသည်။စာကိုစီရင်ရေးထားသည်။

Writer, *n.* agent from above; a secretary, clerk, စာရေး။

Writhe, *v. i.* လွန့်လိမ်သည်။

Writing, *n.* from Write; any thing written, ရေးသောစာ။—book, *n,* စာရေးရန်စာအုပ်လွတ်။—desk, *n.* စာရေးစားပွဲခုံ။—master, *n.* လက်ရေးသင်ပေးသောဆရာ။—table, *n.* စာရေးစားပွဲ။

Wrong, *a.* not right, မမှန်သော။ not morally right, not just, မမှန်သော၊ မှားသော၊မှားယွင်းသော။မတရားသော၊မဖြောင့်မတ်သော။ erroneous, မှားသော။လွဲသော။ချွတ်ယွင်းသော။—doer, *n.* မတရားသဖြင့်ပြုသောသူ။—headed, *a.* အယူသန်၍စိတ်နိုင်မာသော။—timed, *a.* အချိန်မဟုတ်သော။—*v.* t. to injure, ပြစ်မှားသည်။—*n.* from above.

Wrongful, *a.* မတရားသဖြင့်ပြု၍ပြစ်မှားခြင်းနှင့်ဆိုင်သော။

Wroth, *a.* ပြင်းစွာအမျက်ထွက်သော။

Wrought, *pret.* of Work, *which see.*

Wry, *a.* twisted, လိမ်လျက်ရှိသော။ drawn aside, ယွဲ့သော။

Y

Yacht, *n.* ဖောင်။

Yam, *n.* မျောက်ခေါင်း။မျောက်ဥကြီး။

Yankee, *n.* (a cant word,) အမေရိကမြောက်ပိုင်းသား။

Yard 1, *n.* the measure of two cubits, ယာဒ်တည်းဟူသော၂ တောင်နှင့်မျှသောအတိုင်းအတွာ။—stick, *n.* ၂တောင်တာ။—2, *n.* an inclosure, ခြံကာလျှက်ရှိသောအရပ်။ ground inclosed by a fence of wrought materials, ဝင်းအတွင်းမြေ။—3, *n.* the piece of timber from which a sail is suspended, ရွက်လက်။

Yarn, *n.* woolen thread, သိုးမွေးခြည်။ any coarse thread, ကြမ်းသောခြည်။

Yawl, *n.* သင်္ဘော၌ပါသောသံဗာန်။

Yawn, *v. i.* to gape, သမ်းသည်။ to open wide (as a mouth,) ဟသည်။—*n.* from above.

Ye, *plur.* of Thou, *which see.*

Yea, *adv.* ဟုတ်ကဲ့။

Yean, *v. t.* (သိုး)မွေးသည်။

Year, *n.* နှစ်။—before last, *n.* တမြန်နှစ်။

Yearling, *n.* အခါလည်ရှိသောအကောင်။

Yearly, *a.* annual, နှစ်စဉ်ဖြစ်သော။တနှစ်တခါဖြစ်တတ်သော၊ lasting a year, တနှစ်သာတည်တတ်သော။

Yearn, *v. i.* ကြင်နာသည်။

Yeast, *n.* တဆေး။

Yeasty, *a.* အမြှုပ်ပါသော။

Yelk, *n.* ဥအနှစ်။

Yell, *v. i.* အော်ဟစ်သည်။—*n.* from above.

Yellow, *a.* ဝါသော။—*n.* ဝါသောအဆင်း။

Yellowish, *a.* ခပ်ဝါဝါ။

Yellowness, *n.* from Yellow, *a.*

Yelp, *v. i.* တိုးတိုးဟောင်သည်။

Yeoman, *n.* အိမ်၊ လယ်ယာမြေကိုပိုင်သောသူ။

Yeomanry, *n.* အိမ်၊ လယ်ယာမြေကိုပိုင်သောလူစု။

Yerk, *v. i.* ရုပ်ခနဲကန်သည်။

Yes, *adv.* ဟုတ်ကဲ့။

Yesterday, *n.* မနေ့။

Yesternight, *n.* မနေ့ည။

Yet, *conj.* သို့သော်လည်း။—*adv.* သေး။ဦး။

Yield, *v. t.* to bear (as fruit,) သီးသည်။ to produce in the way of profit, ပေးသည်၊ ထွက်အောင်ပြုသည်။ စီးပွားဖြစ်အောင်ပြုသည်။ to admit, ဝန်ခံသည်။ to concede, လျှော့၍ဝန်ခံသည်။ to give up (in contest,) လျှော့ပေးသည်။ to resign, give up, စွန့်၍အပ်သည်၊ to surrender, ဝန်ချ၍အပ်သည်။—*v. i.* to submit, ဝန်ချသည်။—to, *v. t.* to give place, ဆုပ်၍နေရာပေးသည်။ to give way, cease opposing, အားလျှော့၍နေရာပေးသည်။ to comply with (သူအလို) သို့လိုက်သည်။

Yielding, *a.* compliant, (သူအလို)သို့လိုက်တတ်သော။

Yoke, *n.*—for the neck or shoulder, ထမ်းဘိုး။ a pair (of cattle,) အရှည်း။တရှည်း။—fellow, *n.* လုပ်ဖော်ဆောင်ဖက်။—*v. t.* to put on a yoke, ထမ်းဘိုးကသည်။ to join, connect, couple, တွဲဖက်၍ထားသည်။—together, *v. t.* တွဲဖက်၍ထမ်းဘိုးတင်သည်။

Yolk, *see* Yelk.

Yon, Yonder, *a.* ဟို။—*adv.* ဟိုမှာ။ဟိုကို။

Yore, *n.* ရှေးကာလ။

You, *pron. obj.* of Ye, *which see*; 2d *person, sing.* သင်။မင်း။ မောင်မင်း။နင်။ကွယ်။ဟယ်။ (fem.) ညည်း။

Young, *a.* being in the early part of life, အသက်ငယ်သော။ငယ်ရွယ်သော။ adolescent, not old, ပျိုသော။—*n.* အကလေး။

Youngster, *n.* လူပျို။

Your, *poss.* of You and Ye, *which see.*—self, *pron.* သင်ကိုယ်။သင်ကိုယ်တိုင်။သင်ကိုယ်တိုင်ပင်။

Youth, *n.* the state between childhood and manhood, ပျိုသောအရွယ်။ a young man, လူပျို။ young persons collectively, လူငယ်လူပျိုစု။

Youthful, *a.* adolescent, ပျိုသော။အသက်ပျိုသော။ pertaining to the state of adolescence, ပျိုသောအရွယ်နှင့်ဆိုင်သော။

Z

Zany, *n.* လူပျက်။

Zayat (Burmese,) *n.* ဇရပ်။

Zeal, *n.* from Zealous.

Zealot, *n.* စိတ်စွဲလမ်းခြင်းအမှု၌အလွန်အကျွံအားသန်သောသူ။

Zealous, *a.* စိတ်အားကြီးသော။

Zebra, *n.* မြင်းကြောင်မျိုး။

Zemindar, (East Indian,) *n.* မြေတိုင်းသူကြီး။